Daum/Salán/Becher
Wörterbuch Recht

Diccionario jurídico

español – alemán
alemán – español

de

Ulrich Daum
María Engracia Salán García
Herbert J. Becher

2ª edición
2016

C.H.BECK
Helbing Lichtenhahn
MANZ

Wörterbuch Recht

Spanisch – Deutsch
Deutsch – Spanisch

von

Ulrich Daum
María Engracia Salán García
Herbert J. Becher

2. Auflage
2016

C.H.BECK
Helbing Lichtenhahn
MANZ

www.beck.de
www.helbing.ch
www.manz.at

ISBN 978-3-406-67469-3 (C.H.BECK)
ISBN 978-3-7190-3530-3 (Helbing Lichtenhahn)
ISBN 978-3-3-214-03042-1 (MANZ)

Druck und Bindung: Nomos Verlagsgesellschaft mbH & Co. KG
In den Lissen 12, 76547 Sinzheim

Satz: Druckerei C.H.Beck Nördlingen
(Adresse wie Verlag)
Umschlaggestaltung: Druckerei C.H.Beck Nördlingen

Gedruckt auf säurefreiem, alterungsbeständigem Papier
(hergestellt aus chlorfrei gebleichtem Zellstoff)

Inhalt

Vorwort

Das vorliegende Wörterbuch trägt dem von vielen Lesern geäußerten Wunsch Rechnung, ein handliches, aber gleichwohl zuverlässiges deutsch-spanisches Wörterbuch der Rechts- und Wirtschaftssprache an die Hand zu bekommen, das – als kleiner Bruder des „Becher" – in die Handtasche passt und dabei auch den Vorteil hat, besonders erschwinglich zu sein. So ist es gerade auch für Studierende oder solche Benutzer attraktiv, die nicht ständig in einem solchen Fachwörterbuch nachschlagen müssen. Die Straffung des lexikographischen Materials gelang dadurch, dass lateinamerikanische, rechtsgeschichtliche und kirchenrechtliche Begriffe weitgehend unberücksichtigt blieben. Alle für die normale Praxis wichtigen Stichwörter finden sich aber durchaus in diesem Taschenbuch, und es wurden bei dieser Gelegenheit aktuelle Begriffe, z.B. aus der Computertechnik, neu aufgenommen. Ferner wurden Rechtsänderungen wie im Familienrecht, Strafrecht, Insolvenzrecht und Zivilprozessrecht im Zuge einer großen Aktualisierung berücksichtigt, indem die meisten überholten Begriffe verschwanden, die neugeschaffenen aber Eingang fanden. Gleichzeitig wurde bei vielen mehrdeutigen Begriffen versucht, durch numerische Gliederung größere Übersichtlichkeit zu bewirken.

Die beiden Autoren, von denen jeder eine der beiden Lexikonsprachen als Muttersprache hat, haben sich bei dieser Arbeit von ihrer jahrzehntelangen Erfahrung als Übersetzer, Dozenten und Lexikographen leiten lassen. Für Anregungen und Verbesserungsvorschläge sind sie – ebenso wie der Verlag selbst – natürlich jederzeit dankbar.

München/Tutzing, Oktober 2015

Prefacio

El presente diccionario responde al deseo expresado por numerosos lectores de disponer de un diccionario alemán-español de terminología jurídica y económica de formato práctico y, a la vez, fidedigno; un diccionario que, como hermano menor del „Becher", quepa en el bolsillo y que, además, presente la ventaja de tener un precio especialmente accesible. La obra que ahora tiene en sus manos es muy apropiada para los estudiantes y para aquellos usuarios que no han de consultar con carácter continuo en una obra técnica de gran envergadura. La condensación del material lexicográfico se ha logrado renunciando en amplia medida a los conceptos latinoamericanos, histórico-jurídicos y jurídico-canónicos en el apartado español-alemán y reduciéndolos a una mínima expresión en el apartado alemán-español. Ahora bien, en este diccionario figuran los vocablos de importancia en la práctica jurídica normal. También se ha aprovechado la oportunidad para recoger en este diccionario de bolsillo conceptos actuales, p.ej., de la técnica informática. Por otro lado, se han tenido en cuenta los cambios introducidos en el Derecho de familia, en el Derecho penal, en el Derecho concursal y en el Derecho procesal civil habiéndose desistido de conceptos ya periclitados y dando entrada a los vocablos que caracterizan la actualidad jurídica. Al propio tiempo, se ha procedido a poner numerales en aquellos vocablos que presentan diferentes significados, con lo que se ha tratado de dar una buena visión de conjunto de la nueva normativa jurídica.

Al confeccionar esta obra, ambos autores – cada uno de lengua materna en el correspondiente idioma de este léxico – han aprovechado su experiencia de muchos años como traductores, docentes y lexicógrafos. No hace falta resaltar que, naturalmente, tanto los autores como la Editorial quedan gustosamente agradecidos por las sugerencias y propuestas de mejora que se tenga a bien hacerles llegar.

Múnich/Tutzing, octubre de 2015

Hinweise für den Benutzer

Die spanischen Substantive mit der Endung **o** und **or** sind in der Regel Maskulina; die mit der Endung **a, ad** und **ión** sind im Allgemeinen Feminina. Bei den anderen Endungen und den Ausnahmen ist das Geschlecht angegeben.

Wörter im Plural sind getrennt vom Singular aufgeführt (eventuell unter beiden nachsehen). Wörter verschiedenen Geschlechts, aber gleicher Schreibweise sind nacheinander geordnet, zuerst *m*, dann *f*, *n*.

Bei der alphabetischen Ordnung wurden Artikel, Präpositionen, Konjunktionen und Adjektive vor Substantiven und Verben nicht berücksichtigt. Zusammengesetzte Begriffe mit den Hilfsverben **ser, estar, haber, tener, hacer** sind unter dem nachfolgenden Substantiv, Verb, Adverb oder Adjektiv eingeordnet, zum Beispiel: **ser determinante de** finden Sie unter **determinante, ser ~ de.**

Advertencias para los usuarios

Los sustantivos españoles terminados en **o** y en **or** pertenecen, en la mayoría de los casos, al género masculino; los terminados en **a**, **ad** e **ión** son, en general, del género femenino. Los sustantivos con otras terminaciones, así como las excepciones, llevan indicado el género.

Las palabras en plural van incluidas separadas del singular (en caso necesario habrán de consultarse en ambos). Las palabras de diferente género pero que se escriben de idéntica manera van ordenadas una tras otra, primero en el género masculino y después en el femenino.

En cuanto al orden alfabético, no se han tenido en cuenta los artículos, las preposiciones, las conjunciones ni los adjetivos delante de los substantivos y los verbos. Los compuestos con los verbos auxiliares **ser, estar, haber, tener, hacer** se han ordenado de acuerdo con el substantivo, verbo, adverbio o adjetivo que les siguen, por ejemplo: **ser determinante de** = **determinante, ser ~ de.**

Deutsche und spanische Abkürzungen
Siglas y abreviaturas alemanas y españolas

a.	academia; activo; ante; apellido; aprobado; área; asiento; asociación
aa.	artículos; autores
a. a.	ad acta
AA.EE.	asuntos exteriores
ABE	Asociación de la Banca Española
abg.	abogado
ABP	Asociación de la Banca Privada
Abk.	Abkürzung
abr	abreviatura
Ac.	acuerdo
a. c.	asociación civil
a./c.	a cargo
A/C (a/c)	a cuenta
A. de C.	Administración de Correos
acc.	acción
Acc./T.	accidente de tráfico
accs.	acciones
acdo.	acusado
ACLC	Asociación Centroamericana de Libre Comercio
ACNUR	Alto Comisionado de las Naciones Unidas para los Refugiados
ACP	Países de Africa, del Caribe y del Pacífico
acr.	acreedor
ADI	Academia de Derecho Internacional
Adj.	adjunto
adj	adjetivo
adm.	administración; administrativo
admón.	administración
admor.	administrador
adv	adverbio
AEAT	Agencia Estatal de Administración Tributaria
AEEN	Agencia Europea de Energía Nuclear
AEL	Alianza Europea Libre
AELC	Asociación Europea de Libre Cambio
AEMA	Agencia Europea del Medio Ambiente
a/f	a favor
Ag. de Seg.	Agencia de Seguros
AGTC	Acuerdo General sobre Tarifas y Comercio
AID	Asociación Internacional de Desarrollo
AIEA	Agencia Internacional de la Energía Atómica
ALALC	Asociación Latinoamericana de Libre Comercio
alcde	alcalde
ALPRO	Alianza para el progreso
Am	América Latina
Am	Amerika
AME	Acuerdo Monetario Europeo
AN	Asamblea Nacional

AND	Andorra
And.	Andalucía
ANE	Acuerdo Nacional sobre el Empleo
AP	Allianza Popular; Audiencia Provincial
Ap.	aparte; apartado; apéndice
APD	Agencia de Protección de Datos
APDH	Asociación Por Derechos Humanos
Apdo.	apartado
APE	Asamblea Parlamentaria Europea
APEC	Paises de Asia y el Pacífico para la Cooperación Económica
APIM	arbitrio a la producción e importación de mercancías
APM	Asociación Profesional de la Magistratura
A. R.	Alteza Real
A/R	a todo riesgo (seguro)
arab	arábigo
Arag	Aragón
Aranzadi Jur.	Repertorio de Jurisprudencia (Aranzadi)
Aranzadi Leg.	Repertorio Cronológico de Legislación (Aranzadi)
ArbR	Derecho de trabajo
ARE	Asamblea de Regiones de Europa
Arg	Argentina
Art.	artículo
Arto	artículo
Arz.	Aranzadi, Repertorio de Jurisprudencia
Aseg.	asegurador
Asoc.	asociación
Ast.	Asturias
AT	Alianza de Trabajo; Audiencia Territorial
ATC	Auto del Tribunal Constitucional
ATE	Antiterrorismo ETA
ATS	Auto del Tribunal Supremo
Auda.	audiencia
Aud. Nac.	Audiencia Nacional
AUE	Acta Unica Europea
a/v.	a vista
Ayto.	ayuntamiento
B	banco; bien, bolsa
bo	beneficio
Bal	Islas Baleares
BANCAYA	Banco de Vizcaya
BANESTO	Banco Español de Crédito
BBV	Banco de Bilbao Vizcaya
BCE	Banco Comercial Español; Banco Central Europeo
Bco.	banco
BE	Banco España
BEC	Banco Español de Crédito
BEI	Banco Europeo de Inversiones
BERD	Banco Europeo de Reconstrucción y Desarrollo
BIC	Banco Internacional de Comercio; Brigada de Investigación Criminal
BIRD	Banco Internacional para la Reconstrucción y el Desarrollo

BM .... Banco Mundial
BNA .... Brigada Nacional Antiterrorista
BOCE .... Boletín Oficial de las Cortes Españolas
BOE .... Boletín Oficial del Estado
Bol .... Bolivien
Bol .... Bolivia
BOMEH .... Boletín Oficial del Ministerio de Economía y Hacienda
br. .... bachiller; bruto
Brig. .... brigada
BUP .... Bachillerato Unificado Polivalente
BüR .... Derecho civil

c .... cajas; capital; central; comandita; cuenta
c/. .... cargo; contra
co .... cambio
CA .... Comunidad Autónoma/Autonómica
CA .... Código Aduanero; Certificados de aportación (en las Sociedades Cooperativas) (Mex)
c/a. .... cuenta abierta
C. de A. .... Consejo de Administración
C. por A. .... Compañía por Acciones
CAE .... Código Alimentario Español
Can .... Islas Canarias
cap. .... capital; capítulo
capo .... capítulo
Cast .... Castilla
Cat .... Cataluña
CC .... Código Civil; Comité Central; Cuerpo Consular
C. C. .... carta de crédito; cuenta corriente; cuyo cargo
C/C .... carta de crédito
c/c .... cuenta corriente
C. de C. .... Código de Comercio
CCA .... Comunidad del Carbón y del Acero
CC.AA. .... Comunidades Autónomas
Ccal. .... comarcal
CCEE .... Comité de Cooperación Económica Europea
C. Co. .... Código de Comercio
Ccol .... convenio colectivo
Ccom .... Código de Comercio
CC.OO. .... Comisiones Obreras
c. c. p. .... cuenta corriente postal
CCRE .... Consejo de Municipios y Regiones de Europa
CD .... Centro Democrático; Cuerpo Diplomático
c/d. .... cuenta de; con descuento
C. de C. .... Código de Comercio
Cdnes. .... condiciones
CDO .... considerando
CdS .... Consejo de Seguridad
CE .... Constitución Española de 1978; Cáritas Española; Comunidad Europea; Consejo de Europa
CECA .... Comunidad Europea del Carbón y del Acero; Confederación Española de Cajas de Ahorro
Ch .... Chile
Ch .... Chile, Suiza
Col .... Colombia

CEDH	Comisión Europea de Derechos Humanos
CEE	Comunidad Económica Europea
CEEA	Comunidad Europea de la Energía Atómica
CEN	Consejo Ejecutivo Nacional
CEOE	Confederación Española de Organizaciones Empresariales
CEPYME	Confederación Española de la Pequeña y Mediana Empresa
CESC	Conferencia Europea de Seguridad y Cooperación
c/f.	costo de flete
Cfr.	confrontar, cotejar
c. f. s.	coste, flete y seguro
cga.	carga
cgo.	cargo
CGP	Cuerpo General de Policía
CGPJ	Consejo General del Poder Judicial
CGT	Confederación General de Trabajadores
Cía.	compañía
cial.	comercial
CIF	Código de Identificación Fiscal
CIJ	Corte Internacional de Justicia
Cio.	comercio
Circ.	circular
CiU	Convergència i Unió (Cat)
CLCI	Cámara Local de Comercio e Industria
CNMV	Comisión Nacional del Mercado de Valores
CNP	Cuerpo Nacional de Policía
CNT	Confederación Nacional de Trabajadores
CNU	Carta de las Naciones Unidas
CNUCED	Conferencia de las Naciones Unidas para el Comercio y el Desarrollo
CNV	Comisión nacional de Valores
c/o.	carta orden; al cuidado de (Mex)
Co.	compañia (Co)
Cód.	código
com.	comercio
Comiso.	comisario
Comp.	compañía; compilación
Comps.	compañeros
Conf(r).	confesor; confirma
Conso	consejo
Const.	constitución
Constl.	constitucional
Cont. Adm.	contencioso-administrativo
conto.	conocimiento
ConvEE	Convenio Europeo de Extradición
Convte.	conveniente
Coop.	cooperativa; cooperativismo
Coord.	coordinación; coordinador
Cor.	correo(s)
Corp.	corporación
Corrte.	corriente
COU	Curso de Orientación Universitaria
CP	Código Penal
CPCI	Cámara Provincial de Comercio e Industria

CPJI	Corte Permanente de Justicia Internacional
CPM	Código Penal Militar
Cps.	compañeros
CR	Costa Rica
CRE	Confederación Rural Española; Cruz Roja Española;
CRI	Cruz Roja Internacional
Crim	criminal
CS	Consejo de Seguridad (ONU)
C. s.	cantidad suficiente; cotización suspendida
CSCE	Conferencia sobre Seguridad y Cooperación en Europa v. OSCE
c. s. f.	coste, seguro y flete
CSP	Cuerpo Superior de Policía
cta.	cuenta
cta.cte.	cuenta corriente
cte.	Cuenta Corriente; corte
CTNE	Compañía Telefónica Nacional de España
Cu	Cuba
c. y. f.	coste y flete
D	decreto; debe; derecho; (posición) dinero (B); Alemania
D	Alemania
d/	día(s)
DA	derecho administrativo; disposición adicional
Dc.	decisión
DC	Derecho civil
Dcha.	derecha
Dcho.	derecho; Derecho
D. D.	decretos; doctores
d. d.	dicho día
DDHH	derechos humanos
Ddo.	duplicado
Decr.	decreto
Def.	definición; déficit
Del.	delegación; delegado
Dep.	departamento; depositario; depósito
Dept(o).	departamento
Der	derecho; Derecho
Des.	desarrollo
Desc.	desconocido; descuento
Descr.	descripción
Det.	determinación
D. f.	días fecha
D/f(ha)	días fecha
DFyT	Derecho financiero y tributario
DG	dirección general; director general
DGIFT	Dirección General de Inspección Financiera y Tributaria
DGRN	Dirección General de los Registros y del Notario
DGT	Dirección General de Tributos
Dho., Dha.	dicho, dicha
D. I.	Derecho internacional
Dión.	dirección; división
D. I. Pr.	Derecho internacional privado
Dir.	dirección; director
Dir.Gral.	dirección general

Disp. Der.	disposición derogatoria
Disp. Trans.	disposiciones transitorias
Distr.	distrito
DL	decreto ley
DLg	decreto legislativo
DM	derecho mercantil
DNI	Documento Nacional de Identidad
Do.	República Dominicana; descuento
Doc.	documento
DOCE	Diario Oficial de las Comunidades Europeas
Doctr.	doctrina
DOL	Diario Oficial de las Comunidades Europeas, Serie Legislación
DOUE	Diario Oficial de la Unión Europea
d/p.	días (de) plazo
DPC	Derecho procesal
Dpt.	depósito
Dpto.	departamento
D. R.	decreto reglamentario; derechos reservados
Dro.	Derecho
Ds.	días
DSC	Democracia Social Cristiana
DT	Derecho del trabajo
Dto.	descuento; distrito
DUDH	Declaración Universal de los Derechos Humanos
dup.	duplicado
D. v.; D/v	días vista
Dvsón.	división
E	España
e/	entrega
EA	Eusko Alkartasuna; Estatuto de Autonomía
Ec	Ecuador
Ec	Ecuador
EC	escrito-circular
ECOFIN	Consejo de Ministros de Economía y Finanzas (de la Unión Europea)
Econ.	economía; económico
ECOSOC	Consejo Económico y Social
ECU (Ecu)	European Currency Unit
Ed.	edición; editor; editorial
Ed(ic).	edición
EE.	Estados
EEE	Espacio Económico Europeo
EGB	Enseñanza General Básica
EG	Europäische Gemeinschaft
Ej.	ejemplo; ejército
Empr.	empresa
End.	endosante
engl	inglés
Ent.	entidad
EP	enseñanza profesional; entidad pública
e. p. m.	en propia mano
ErbR	Derecho de sucesiones
ES	España; Euzko Sozialistak (Socialistas Vascos)

ESO	Educación Secundaria Obligatoria
Esp.	España
Estad(íst).	estadística
ET	Estatuto de los Trabajadores
EU	Unión Europea
Eurofor	Eurofuerza Operativa Rápida
Exced.	excedente
Exp.	expediente; exportación; expreso
Exist.	existencia(s)
Ext(er).	exterior
extr.	extraordinario; extremo
f	fardo; folio
f	femenino
f/	favor
Fa.	factura
FAB	franco a bordo
f. a. b.	franco a bordo
Fac.	facultad
fac(t).	factura
FAD	Fondo de Ayuda al Desarrollo; Fondo Africano de Desarrollo
FBCF	formación bruta de capital fijo
F. C.	ferrocarril
FCCB	Federación Comunista Catalana-Balear
FED	Fondo Europeo de Desarrollo
FF	franco fábrica
FF.AA.	fuerzas armadas
FF.CC.	ferrocarriles
fha.	fecha
FIM	Fondo de Inversión Mobiliaria
FMI	Fondo Monetario Internacional
fo.	folio
f. o. b.	franco a bordo (free on board)
fol.	folio
fom.	fomento
f. o. r.	franco en el vagón (free on rail)
f. o. t.	franco en el camión (free on truck)
FP	Frente Popular; formación profesional; función pública
FPA	Fuerzas de la Policía Armada
FPI	formación profesional industrial
fra.	factura
franz	francés
FSE	Fondo Social Europeo
func.	funcionario
fund.	fundación
fus.	fusión
G	gobierno
g.	género; giro; gracia
g/	giro
Gac.	gaceta
Gal	Galicia
GAL	Grupos Antiterroristas de Liberación
gar.	garantía

GATT	Acuerdo General sobre Aranceles y Comercio
GC	Guardia Civil
G. G.	gastos generales
G. P.	ganancias y pérdidas; giro postal
grad.	grado; gradación; graduación
Gral.	general
GRAPO	Grupos de Resistencia Antifascista Primero de Octubre
grat.	gratificación; gratis; gratuito
gros.	géneros
G. T.	giro telegráfico
Gts. div.	gastos diversos
Guat	Guatemala
H	haber
HA	Hacienda
Hab.	habitación; habitante
HaR	Derecho mercantil general
HB	Herri Batasuna (Unión del Pueblo Vasco)
Her.	heredero; hermano
Hisp.	hispánico; hispano
Hond	Honduras
Hro.	heredero
I	instituto
IAE	impuesto de/sobre actividades económicas
IAJD	impuesto sobre actos jurídicos documentados
IB	Iberia (Líneas Aéreas de España, S. A.)
IBAN	International bank account number, código international de cuenta bancaria
Ibex	Indice Ibérico de Cotización de Acciones
IBI	impuesto de bienes inmuebles
IC	Ilustre Ciudad; Izquierda Comunista
ICIO	impuesto sobre construcciones, instalaciones y obras
i. d. R.	por regla general
IEM	Instituto de Enseñanza Media
i. e. S.	(en) sentido estricto
IES	Instituto de Enseñanza Secundaria
Igla.	iglesia
IGS	impuesto general sobre sucesiones
Ilma.	Ilustrísima
Ilmo.	Ilustrísimo
ILT	incapacidad laboral transitoria
IME	Instituto Monetario Europeo
IMIVT	impuesto sobre el incremento del valor de los terrenos de naturaleza urbana
Imp.	imperial; imprenta
IMPI	Instituto de la Mediana y Pequeña Empresa Industrial
In.	industria
Inc.	incierto; incorporated (engl);
Ind.	industria
Indep.	independiente
INE	Instituto Nacional de Estadística
INEM	Instituto Nacional de Empleo
Inf.	información; informe
INI	Instituto Nacional de Industria

INP	Instituto Nacional de Previsión
INSALUD	Instituto Nacional de la Salud
Insp(ec).	inspección; inspector
Inst.	institución; instituto
Int.	internacional
Inter.	interior; internacional
Inv.	investigación, inventario
Invest.	investigación; investigador
Inv. Ext.	inversión extranjera
IP	impuesto sobre el patrimonio
IPC	índice de precios al consumo
IPI	índice de producción industrial
IRPF	impuesto sobre la renta de las personas físicas
IPR	Derecho internacional privado
IRTP	impuesto sobre el rendimiento del trabajo personal
ISD	impuesto sobre sucesiones y donaciones
ISS	impuesto sobre la renta de las sociedades
ITP	impuesto general sobre transmisiones patrimoniales
ITPyAJD	impuesto sobre transmisiones patrimoniales y actos jurídicos documentados
ITV	inspección técnica de vehículos
IU	Izquierda Unida
IVA	impuesto sobre el valor añadido
IVTM	impuesto sobre vehículos de tracción mecánica
i. w. S.	(en) sentido lato (amplio)
J	junta
JCA	Juzgado de lo Contencioso-Administrativo
J. D.	junta directiva
J. de G.	Junta de Gobierno
JP	Juzgado de Paz
JPI	Juzgado de Primera Instancia
Juz.	juzgado
JVP	Juzgado de Vigilancia Penitenciaria
Kfz	vehículo de motor
KR	Derecho canónico
KR	Kirchenrecht
L	ley; licenciado
L/C	Letra de Cambio
LA	Ley de Aguas; Ley de Abogados
LAC	Ley de Auditoría de Cuentas
lat.	latino
L. Ac. Trab.	Ley Accidentes Trabajo
LAJ	Ley de Arancel Judicial
LAPPAC	Ley de Régimen Jurídico de las Administraciones Públicas y del Procedimiento Administrativo Común
LAProc	Ley de Abogados y Procuradores
LAR	Ley de Arrendamientos Rústicos
LAs	Ley de Asociaciones
lat	latino
LAU	Ley de Arrendamientos Urbanos; Ley de Autonomía Universitaria
LB	Ley de Base(s)

LBLR	Ley reguladora de las Bases del Régimen Local
LBPEA	Ley de Bases sobre Procedimiento Económico-Administrativo
LBRL	Ley de Bases de Régimen Local
LC	letra de cambio
l. c.	loco citato (en el lugar citado)
LCA	Ley de Comunidades Autónomas
LCCH	Ley Cambiaria y del Cheque
LCD	Ley de Competencia Desleal
LCEur	Legislación de las Comunidades Europeas (Aranzadi)
LCM	Ley de Comercio Minorista
LCont-Adm	Ley de la Jurisdicción Contencioso-Administrativa
LCT	Ley de Contratos de Trabajo
Ld.	limitada
LD	Ley de Deporte
Lda.	licenciada; limitada
LDA	Ley Reguladora del Derecho de Asilo y de la Condición de Refugiado
LDC	Ley de Defensa de la Competencia
Ldo.	licenciado; limitado
LEC	Ley de Enjuiciamiento Civil
LECrim	Ley de Enjuiciamiento Criminal
LEE	Ley de Extranjeros en España
Leg.	legal; legalidad
LGC	Ley General de Cooperativas
LGDCU	Ley General para la Defensa de los Consumidores y Usuarios
LGE	Ley General de Educación
LGS	Ley General de Sanidad
LGT	Ley General Tributaria
LH	Ley Hipotecaria
LHM	Ley de Hipoteca Mobiliaria y Prenda sin desplazamiento de Posesión
LIEE	Ley de Inversiones en España y de España en el Exterior
LIP	Ley de Impuesto sobre el Patrimonio
Liq.	liquidación
LIRPF	Ley de Impuesto sobre la Renta de las Personas Físicas
LIS	Ley del Impuesto sobre Sociedades
LJC-A	Ley Reguladora de la Jurisdicción Contencioso-Administrativa
LMar	Ley de Marcas
LMont	Ley de Montes
LO	Ley Orgánica
LOB	Ley de Ordenación Bancaria
Loc.cit.	loco citato (en el lugar citado)
LODLEE	Ley Orgánica sobre Derechos y Libertades de los Extranjeros en España
LOGP	Ley Orgánica General Penitenciaria
LOHN	Ley Orgánica de la Hacienda Nacional (Ven)
LOP	Ley de Orden Público
LOPJ	Ley Orgánica del Poder Judicial
LORTAD	Ley Orgánica de Regulación del Tratamiento Automatizado de Datos
LOT	Ley de Ordenación de las Telecomunicaciones
LOTC	Ley Orgánica del Tribunal Constitucional

LPA	Ley de Procedimiento Administrativo
LPat	Ley de Patentes
LPH	Ley de Propiedad Horizontal
LPI	Ley de Propiedad Intelectual
LPJDFP	Ley de Protección Jurisdiccional de los Derechos Fundamentales de la Persona
LPL	Ley de Procedimiento Laboral
LProAdm.	Ley de Procedimiento Administrativo
LRC	Ley del Registro Civil
LRJAE	Ley de Régimen Jurídico de la Administración del Estado
LRJEEA	Ley de Régimen Jurídico de las Entidades Estatales Autónomas
LRL	Ley de Relaciones Laborales
LRP	Ley de Registro Público
LRSOU	Ley del Suelo
LS	Ley del Suelo; Ley de Sociedades
LSA	Ley de Sociedades Anónimas
LSL	Ley de Sociedades Limitadas
LSOU	Ley sobre Régimen del Suelo y Ordenación Urbana
LSP	Ley de Suspensión de Pagos
LSRL	Ley de Sociedades de Responsabilidad Limitada
LT	Ley del Trabajo
LTCS	Ley de Bases sobre Tráfico, Circulación de Vehículos a Motor y Seguridad Vial
Ltda.	limitada
LTS	Ley sobre el Tribunal Supremo
LU	Ley de Universidades
LVPBM	Ley de venta a plazos de bienes muebles
LZM	Ley sobre Zona Militar de Costas y Fronteras
M	Majestad; ministerio
m	masculino
m/	marco(s); mes(es)
Mo	ministerio
Mag.	magisterio
Mag.trab.	Magistratura de Trabajo
Mall	Mallorca
MAP	Ministerio para Administraciones Públicas
MAP	Ministerio de Agricultura y Pesca
MC	Mercado Común; Ministerio de Cultura
m/c.	mi cargo; mi casa; mi cuenta
MCE	Mercado Común Europeo; mecanismo de cambios europeo
m/cta	mi cuenta
MD	Ministerio de Defensa
MdT	Magistratura de Trabajo
MEC	Ministerio de Educación y Ciencia
MEH	Ministerio de Economía y Hacienda
Men.	menores
Mer.	mercancía
Merc.	mercantil
m/fcha	meses fecha
m/g	mi giro
MI	Ministerio del Interior

MIE	Ministerio de Industria y Energía
Mil.	milicia; militar
Mino	ministerio; ministro
MJ	Ministerio de Justicia
m/l	mi letra; moneda legal
m. o.	moneda oficial
m/o	mi orden
Mon.	moneda
MOPT	Ministerio de Obras Públicas y Transportes
MOPTMA	Ministerio de Obras Públicas, Transportes y Medio Ambiente
MOPU	Ministerio de Obras Públicas y Urbanismo
ms	manuscrito
MT	Magistratura de Trabajo
MTC	Ministerio de Turismo y Comunicaciones
Mtro.	ministro
MUE	Mercado Unico Europeo
n	nacido; neto; nombre; nominal
n	neutro
n/	nuestro/nuestra
nac.	nacional
nal.	nacional
Nav	Navarra
Nav.	navegación
N. B.	nota bene
n/c	nuestra casa; nuestra cuenta; nuestro cargo
ncal.	nacional
n/cta.	nuestra cuenta
N. del T.	nota del traductor
n/f	nuestro favor
n/g	nuestro giro
Nic	Nicaragua
NIE	número de identificación de extranjero
NIF	número de identificación fiscal
NIV	número de identificación del vehículo
n/l	nuestra letra
NN.UU.	Naciones Unidas
n/o	nuestra orden
nom.	nominal
n. p.	nombre propio
NRP	número de registro personal
NU	Naciones Unidas
Núm.	número
O	oficial; orden; ordenanza
o/	orden
OACI	Organización de Aviación Civil Internacional
OAR	Oficina de Asilo y Refugio
Obr. cit.	obra citada
od	oder
OEA	Organización de Estados Americanos
OECE	Organización Europea de Cooperación Económica
OEP	Oficina Europea de Patentes
OEPM	Oficina Española de Patentes y Marcas

of.	oficina
ofna.	oficina
OIAC	Organización Internacional de la Aviación Civil
OIT	Organización Internacional de Trabajo
O. M.	orden ministerial; ordenanzas municipales
OMC	Organización Mundial de Comercio
OMPI	Organización Mundial de la Propiedad Intelectual
OMS	Organización Mundial de la Salud
ONU	Organización de las Naciones Unidas
ONUD	Organización de las Naciones Unidas para el Desarrollo
OO	órdenes
OP	oficina principal
o. p.	obras públicas
OPEP	Organización de Países Exportadores de Petróleo
OPV	oferta pública de venta
Org.	organismo; organización; órgano
Orig.	origen; original
OSCE	Organización de Seguridad y Cooperación en Europa
Öst	Austria
OTAN	Organización del Tratado del Atlántico Norte
OUA	Organización para la Unidad Africana
P	pasivo; poder; posición,
p	pagaré; pago; parte(s); partido; peso; poder(es); policía; póliza
p.a.	por autorización
PA	Pacto Atlántico; procedimiento administrativo
p. a.	por ausencia (en las antefirmas); por autorización
Pan	Panamá
pag.	pagaré
Par	Paraguay
Parl.	parlamentario; parlamento
Parr.	párrafo
part	participio
Part.	partida; partido; Las Siete Partidas
Patr.	patronato
p. b.	peso bruto
p/c	por cuenta
PC	Partido Carlista; Partido Comunista
PCE	Partido Comunista de España
p/c/o	por cuenta y orden
PCOE	Partido Comunista Obrero Español
p/cta	por cuenta
P. D.	posdata
p. d.	porte debido
pdr.	Poder
pdta.	posdata
PE	Parlamento Europeo
PED	procesamiento electrónico de datos
Pen	penal
Pens.	pensión, pensionista
Per	Perú
Per.	perito
PESC	Política exterior y de Seguridad Común (EU)
pfo.	párrafo

P. G.	Presidencia del Gobierno
PGOU	Plan General de Ordenación Urbana
PIB	producto interior bruto
pl	Plural
pl	plural
PM	policía militar; policía municipal; primer ministro
PNB	producto nacional bruto
PNV	Partido Nacionalista Vasco
P. O. (p. o.)	por orden
p/o	por orden
PP	Partido Popular
p. p.	padre putativo; por poder; porte pagado; pronto pago
PPE	Partido Popular Europeo
PR	Puerto Rico
Pr.	Provincia
Pral.	principal
Pres.	presidente
Priv.	privado; privilegio
Proc.	procedimiento; procurador
Prod.	producción; producto
Prof.	profesión; profesor
Profa.	profesora
Pro. Lab.	procedimiento laboral
Prom.	prometido; promoción
Prov.	Provincia
pr. pr.	por poder
pral.	principal
P. S. M.	por su mandato; precio según mercado
PSOE	Partido Socialista Obrero Español
PSS	prestación social sustitutoria
Pta(s).	Peseta(s)
Pte.	parte; presidente
Pts.	Pesetas
PV	País Vasco
Pv.	Provincia
P. y Gcias.	pérdidas y ganancias
PYME	pequeña y mediana empresa
PYRESA	Prensa y Radio Española, S. A.
Pza.	pieza
R.	ratificado
r/	remesa
Rbí	recibí
Rbo.	recibo
RC	responsabilidad civil
R. D.	Real Decreto
RDCC	Real Decreto sobre Convenios Colectivos
RDL	Real Decreto-Ley
Red.	redacción; reducción
REDERA	Red Española de Radiodifusión
Ref.	referencia
Reg.	región; regional; registro
Rég.	régimen
Reg. Civ.	Registro Civil
Regl.	reglamentación; reglamento

ReglH	Reglamento Hipotecario
Rel.	relación; religión
RENFE	Red Nacional de los Ferrocarriles Españoles
Reorg.	reorganización
Res.	resolución
Resp.	responsabilidad
Ress.	resoluciones
RFA	República Federal de Alemania
RG	historia del Derecho
RGC	Reglamento General de Circulación
Rgl.	reglamentación; reglamento
Rgstr.	registrado; registro
RI	recurso de inconstitucionalidad
RLIE	Reglamento de la Ley de Inversiones Extranjeras
R. M.	registro mercantil (Sp); resolución ministerial (Per)
RNE	Radio Nacional de España
R. O.	real orden
RP	relaciones públicas; reglamento penitenciario
RPC	renta per cápita
RPI	Registro de la Propiedad Industrial
RRC	Reglamento del Registro Civil
RR.DD.	reales decretos
RR.OO.	reales ordenes
Rs.	resolución
Rte.	remite; remitente
RTVE	Radiotelevisión Española
Rvdo.	reservado; reverendo
S.	sentencia
s.	véase
S.A.	Sociedad Anónima
s. a.	véase también
SAI	Su Alteza Imperial
Sal	El Salvador
S. A. L.	Sociedad anónima laboral
S. A. U.	Sociedad anónima unipersonal
s. b. c.	salvo buen cobro
s. b. r.	salvo buen recibo
S. C.	Sociedad en Comandita; Sociedad Colectiva
s. c.	su cargo; su cuenta
s/c	su cargo; su cuenta
s.cop.	sine copia (sin copia)
s/cta	su cuenta
s/ch	su cheque
Schw	Suiza
s. d.	sine die
Sdad.	sociedad
sdo.	saldo
S. E.	Sociedad anónima europea
SE	seguro escolar; Su Eminencia; Su Excelencia
SEBC	Sistema Europeo de Bancos Centrales
sec.	secretaría; secretario
Secc.	sección
SeeR	Derecho marítimo
S.en C.	Sociedad en Comandita

Sent.	sentencia
SEPA.	Single Euro Payments Area, Zona Única de Pagos en Euros
Servs.	servicios
s. e. u.o.	salvo error u omisión
s. f.	según factura; su favor; sin fecha
s/f	su favor
SGAE	Sociedad General de Autores Españoles/de España
Sind.	sindicalismo; sindicato
sing	Singular
s/L	su letra
S. L.	Sociedad (de Responsabilidad) Limitada
s. l.	sin lugar
S. L. L.	Sociedad limitada laboral
S. L. U.	Sociedad limitada uniperonal
SM	Su Majestad
SME	Sistema Monetario Europeo
s. n.; s/n	sin número
s/o	su orden
Soc.	sociedad
Soc. Civ.	Sociedad Civil
Soz	sociología
SP	servicio postal; servicio público
Sp	España
s. p.	su pedido; según peso; sin precio
s/p	su pagaré
S por A	Sociedad por Acciones
s/r	su remesa
sra.	secretaria
Sría.	secretaría
S. (de) R. L.	Sociedad de Responsabilidad Limitada
SRM	Su Real Majestad
S. R. L.	Sociedad de Responsabilidad Limitada
SS	servicio social; sentencias; seguridad social
SSAA(RR)	Sus Altezas (Reales)
SSMM	Sus Majestades
Stat	estadística
STC	Sentencia del Tribunal Constitucional
SteuerR	Derecho impositivo
SteuerR	Steuerrecht
StPrR	Derecho procesal penal
StrafR	Derecho penal
STS	Sentencia del Tribunal Supremo
sub	sustantivo
SVA	Servicio de Vigilancia Aduanera
T	tribunal
t.	tara; tarifa; tasa
T/	talón de cuenta corriente
TC	Tribunal Constitucional
TCEE	Tratado sobre la Comunidad Económica Europea
TCT	Tribunal Central de Trabajo
TDC	Tribunal de Defensa de la Competencia
TEDH	Tribunal Europeo de Derechos Humanos
Test.	testamento; testigo

Testo	testigo
TFUE	Tratado sobre el Funcionamientoo de la UE
TGSS	Tesorería General de la Seguridad Social
TIJ	Tribunal Internacional de Justicia
Tít.	título
TJCE	Tribunal de Justicia de las Comunidades Europeas
TJUE	Tribunal de Justicia de la Unión Europea
Tr.	tribunal
Tr. Const.	Tribunal Constitucional
TS	Tribunal Supremo
TSC	Tribunal Supremo (Sala de lo Contencioso)
TUE	Tratado de la Unión Europea
TVE	Televisión Española
U.	unión; universidad
u.	uso
UE	Unión Europea
UEA	Unión de Estados Africanos
UEDC	Unión Europea Demócrata Cristiana
UEM	Unión Económica y Monetaria
UEO	Unión de la Europa Occidental
UME	Unión Monetaria Europea
UN	Naciones Unidas
UNCTAD	Conferencia de las Naciones Unidas sobre Comercio y Desarrollo
UNIPYME	Unión de Organizaciones de la Pequeña y Mediana Empresa
Univ.	universal; universidad; universitario
UNO	Naciones Unidas
UPAE	Unión Postal de las Américas y España
Urug	Uruguay
UTI	Unión de Trabajadores Independientes
V	valor; vista; volumen; Grupo de los Verdes en el Parlamento Europeo
v	verbo
v.	versus (vuelto)
Val	Valencia
v/	vista
V. B.	visto bueno
Vo.Bo.	visto bueno
v/c.	valor en cuenta; vuelta de correo
Ven	Venezuela
V. E.	Vuestra Excelencia
VersR	Derecho de seguros
VerwR	Derecho administrativo
vgl.	compárese
VI	vivienda, Vuestra Ilustrísima
Vizc	Vizcaya
VöR	Derecho international público
VPO	vivienda de protección/promoción oficial
VR	Derecho de tráfico
vv.	viceversa
VZ	señal de tráfico
ZivPrR	Derecho procesal civil

Spanisch – Deutsch

A

abad *m (KR)* Abt *m.*

abadía *(KR)* Abtei *f,* Abtswürde *f.*

abajo, el ~ firmante *m* der Unterzeichnete.

abandera | da Konzerntankstelle *f (Gegensatz: freie Tankstelle)*; **~ción** Registrierung *f* eines Schiffes, Verleihung *f* des Flaggenrechts; **~r** das Flaggenrecht *n* verleihen; **~rse** das Flaggenrecht *n* erwerben.

abandona | do besitzlos, hilflos, verwahrlost; **~dor** Verzicht | ender *m,* -leistender *m*; **~nte *m* Vernachlässigender *m*** *(Personensorge).*

abandonar 1. aufgeben *(Gewerbe),* verlassen; 2. vernachlässigen, preisgeben, aussetzen *(Kinder)*; 3. verzichten *(auf ein Recht),* zurücknehmen *(Klage),* überlassen *(Versicherung),* niederlegen *(Arbeit),* abandonnieren *(Bank, HaR)*; **~ un acuerdo** ein Abkommen *n* kündigen; **~ un empleo** den Dienst *m* quittieren; **hacer ~ el local** des Gerichtssaales verweisen.

abandon | arse seine Pflichten *fpl* vernachlässigen; **~atorio** derjenige, der die aufgegebene Sache in Besitz nimmt; **~ismo** Verzichtspolitik *f*; **~ista** *m* Verzichtspolitiker *m.*

abandono 1. Aufgabe *f (des Eigentums),* Besitzaufgabe *f,* Preisgabe *f,* Überlassung *f,* Verzicht *m,* Verzichtleistung *f,* Verlassen *n,* Fernbleiben *n (vom Amt)*; 2. Vernachlässigung *f,* Aussetzung *f (von Kindern)*; 3. Abandon *m (Fracht, Schiff),* Einstellung *f (der Produktion)*; **~ de acción** Klagerücknahme *f (durch Nichtbetreiben)*; **~ aduanero** Zollabandonnierung *f*; **~ del campo** Landflucht *f*; **~ del cargo** unberechtigte Amtsaufgabe *f*; Verstoß *m* gegen die Residenzpflicht *(Beamter)*; **~ culpable de un cónyuge** böswilliges Verlassen *n* des Ehepartners; **~ de destino** Dienstflucht *f*; **~ de flete** Abandon *m* der Fracht; **~ injustificado de la función** unberechtigte Amtsaufgabe *f*; **~ injustificado del hogar** böswilliges Verlassen *n* der Ehewohnung *(oder der häuslichen Gemeinschaft)*; **~ intempestivo** Kündigung *f* zur Unzeit *(durch Arbeitnehmer)*; **~ de personas** Vernachlässigung *f* der Fürsorgepflicht; **~** *(Arg)* unterlassene Hilfeleistung *f*; **~ de la prima de opción** *(B)* Aufgabe *f* des Optionsrechts, Options | aufgabe *f,* Prämien- *f*; **~ de tiempo** Nichtanrechnung *f* von Dienstzeiten; **~ de tierras** Stilllegung *f* von Anbauflächen *(EU)*; **~ de la víctima** Fahrer | flucht *f,* Unfall- *f.*

abanico, ~ de la oferta Angebotspalette *f*; **~ de los precios** Preisstaffelung *f*; **~ de los salarios** Lohnskala *f.*

abaratamiento Verbilligung *f,* Preisherabsetzung *f*; **~ de la vida** Senkung *f* der Lebenshaltungskosten.

abaratar | verbilligen; **~se** im Preis *m* fallen, billiger werden.

abarca | dor Aufkäufer *m*; **~r** umfassen, einschließen; **~** aufkaufen

abarrotar horten, verstauen, monopolisieren *(Waren)*; **~ el mercado** den Markt *m* überschwemmen.

abarrote | *m* kleines Staugut *n.*

abasta | miento s. abastecimiento; **~r** s. abastecer.

abastecedor Lieferant *m,* Zulieferer *m,* Versorger *m*; **~ de mercancías** Warenlieferant *m.*

abastecer | beliefern, versorgen, einen Markt *m* beschicken, verproviantieren; **~se** sich eindecken.

abastecimiento Belieferung *f,* Versorgung *f,* Zufuhr *f,* Verproviantierung *f*; **~ deficitario** Versorgungslücke *f*; **~ energético** Energieversorgung *f*; **~ insuficiente** Unterversorgung *f*; **~ propio** Eigenversorgung *f.*

abasto Proviant *m*, Vorrat *m*.
abastos y servicios *pl* Versorgung *f* *(Gemeinde)*.
abatimiento, **~ del mercado** Lustlosigkeit *f* des Marktes.
abdicación Abdankung *f*; **~ de patria** Verzicht *m* auf die Staatsangehörigkeit.
abdicar abdanken, entsagen *(dem Thron)*, aufgeben *(Rechte)*.
aberración Abweichung *f* *(vom Kausalverlauf)*; **~ mental** Sinnesstörung *f*.
aberratio, **~ ictus** *(lat)* Fehlgehen *n* des Angriffs.
abertura s. apertura.
abierto offen, öffentlich *(Verhandlung)*.
abintestato 1. Erblasser *m* ohne Testament; 2. gesetzliche Erbfolge *f*; 3. Erbschaftsverfahren *n* bei Fehlen eines Testaments; 4. **~** *(adj)* testamentslos, ohne Testament *n*.
abo | camiento Zusammentreten *m* zu Verhandlungen; **~carse** zu Verhandlungen *fpl* zusammentreten; **~gable** rechtsgültig, rechtlich zu verteidigen.
abogacía *(Rechts)*Anwaltschaft *f*, Anwaltsstand *m*, Advokatur *f*; **~ del Estado** *(Sp)* Amt *n* des Vertreters des öffentlichen Interesses.
aboga | da Rechtsanwältin *f*; **~deras** Prozesstricks *mpl*; **~desco** rechtsverdreherisch; **~dil** anwalt*(schaft)*lich; **~dillo** Winkeladvokat *m*.
abogado Anwalt *m*, Rechtsanwalt *m*; **~ asociado** Mitverteidiger *m*; **~ en bufete** praktizierender Anwalt *m*; **~ civilista** Zivilanwalt *m*; **~ colegiado** in der Anwaltskammer eingetragener Anwalt *m*; **~ consultor** beratender Anwalt *m*, Rechtsberater *m*, Syndikusanwalt *m*; **~ de contrario** Gegenanwalt *m*; **~ defensor** 1. *(StPrR)* *(Straf)*Verteidiger *m*; 2. *(ZivPrR)* Anwalt *m* des Beklagten; **~ designado por la parte** Wahl | verteidiger *m*, -anwalt *m*; **~ en ejercicio** zugelassener Anwalt *m*; **~ de empresa** Syndikus *m*; **~ del Estado** *(Sp)* Vertreter *m* des öffentlichen Interesses *(Verwaltungssachen)*; **~ federal** Bundesanwalt *(D)* *m*; **~ fiscalista** Fachanwalt *m* für Steuerrecht; **~ general** Generalanwalt *m* *(EuGH)*; **~ intermediario** Verkehrsanwalt od. Korrespondenzanwalt *m*; **~ laborista** *(Fach)*Anwalt *m* für Arbeitsrecht; **~ legalmente habilitado** *(Sp)* zugelassener Anwalt *m*; **~ matrimonialista** Scheidungsanwalt *m*; **~ notario** Anwaltsnotar *m*; **~ de patentes** Patentanwalt *m*; **~ penalista** Strafverteidiger *m*; **~ titular** Kanzleiinhaber *m*.
abogar als Anwalt *m* tätig sein, vor Gericht *n* auftreten, vertreten *(anwaltlich)*.
abolición Abschaffung *f*, Aufhebung *f* *(eines Gesetzes)*, Außerkraftsetzung *f*.
abolido nicht mehr verbindlich.
abolir abschaffen, abbauen, aufheben *(ein Gesetz)*, außer Kraft setzen.
abonable anrechenbar, anrechnungsfähig, zahlbar *(Betrag)*.
abonado Bezieher *m*, Abonnent *m*, Ab | nehmer *m*, Besteller *m*; **~** *(adj)* abonniert; bürgschaftsfähig; **~ al** *(o **de**)* **teléfono** Telefonkunde *m*.
abona | dor Leumundszeuge *m*, Rückbürge *m*; **~miento** Beglaubigung *f*, Glaubwürdigkeit *f*, Bürgschaft *f*.
abonar 1. abonnieren; 2. bürgen, für glaubwürdig halten *(Zeugen)*, billigen; 3. vergüten, *(zu)*rückvergüten, zahlen, bezahlen, gut | bringen, -schreiben; 4. anrechnen *(Strafe, Dienstjahre)*; **~ una cuenta por un importe** einem Konto *n* einen Betrag gutschreiben; **~** *(los)* intereses verzinsen, Zinsen *npl* gutschreiben; **~ de más** überzahlen.
abonaré *m* 1. Schuldschein *m*; 2. Einzahlungsschein *m* *(Bank)*.
abonarse abonnieren.
abono 1. Abonnement *n*; 2. Zahlung *f*, Einzahlung *f*, Gutschrift, Vergütung; 3. Anrechnung *f*; 4. Bürgschaft *f*, Verbürgung *f* *(für jemanden)*, Gewähr *f*, Kaution *f*; **~ anual** Jahresabonnement *n*; **~ a cuenta** Abschlagszahlung *f*; **de ~** zu erstatten *(Kosten)*, anrechenbar *(auf Dienstalter, Strafe)*; **~ de prisión preventiva** Anrechnung *f* der Untersuchungshaft; **ser de ~ para** angerechnet werden auf die Dienstzeit; **~ telefónico** *(o **al teléfono**)* Fernsprech | anschluss *m*, Telefon- *m*.

abordable zugänglich für Schiffe; erschwinglich.
abordado | der passive Teil *m* beim Schiffszusammenstoß; **~r** der aktive Teil *m* beim Schiffszusammenstoß.
abordaje *m* Schiffszusammenstoß *m*, Kollision *f (von Schiffen oder Flugzeugen).*
abor | dar 1. anlegen *(Schiff)*, kollidieren *(Schiffe, Flugzeuge)*; 2. *(ein Thema)* behandeln, anschneiden; **~do** s. abordaje; **~tador** Abtreiber *m*; **~tamiento** s. aborto; **~tar** abtreiben; fehlschlagen *(Staatsstreich)*; **~tera** Abtreiberin *f*; **~tista** ***m/f*** Abtreiber/in *m/f*; **~tivo** Abtreibungsmittel *n*; **~** *(adj)* abtreibend.
aborto Schwangerschaftsabbruch *m*, Abtreibung *f*; **~ ético** Abtreibung *f* bei Vergewaltigung; **~ eugenésico** eugenische Indikation *f*; **~ preterintencional** fahrlässige Abtreibung *f*; **~ propio** Eigenabtreibung *f*.
abrasión marginal marginale Abschürfung *f (Schusswunde).*
ábrese la sesión die Sitzung *f* ist eröffnet *(Formel).*
abreviar verkürzen, beschleunigen *(Verfahren)*
abrir *(er)*öffnen, einleiten *(Verfahren)*, erschließen, gründen, ausschreiben *(Wettbewerb)*; **~ una carta de crédito** ein Akkreditiv *n* stellen *(oder eröffnen)*; **~ la causa a prueba** das Beweisverfahren *n* eröffnen; **~ crédito** Kredit *m* eröffnen *(oder gewähren)*; **~ diligencias** das Ermittlungsverfahren *n (oder Ermittlungen fpl)* einleiten; **~ expediente** eine Akte *f* anlegen, ein Verfahren *n* eröffnen, die Ermittlungen *fpl* einleiten; **~ el juicio oral** die Hauptverhandlung *f* eröffnen; **~ la rebeldía** Wiedereinsetzung *f* nach Versäumnisurteil bewilligen; **~ la suscripción** zur Zeichnung *f* auflegen; **~ un término** eine Frist *f* setzen; **~ al tráfico** für den Verkehr *m* freigeben.
abrirse erschließen *(Märkte).*
abroga | ble aufhebbar, widerruflich; **~ción** Aufhebung *f (Verwaltungsakt)*, Außerkraft | setzung *f*, -treten *n*, Abschaffung *f*; **~r** aufheben; **~torio** aufhebend, abschaffend.
absentia, in ~ *(lat)* in Abwesenheit *f*.
absentismo Fehlzeit*(en) f*, Arbeitsversäumnis *n*, Fehlen *n (Arbeitnehmer)*, Wahlenthaltung *f*.
absentista *m* unberechtigt der Arbeit fernbleibender Arbeitnehmer *m*.
absolución Frei | spruch *m*, -sprechung *f*, Klageabweisung *f*; **~ a** *(o* ***de)*** **la demanda** materielle Klageabweisung *f*; **~ de derecho** Freispruch *m* aus Rechtsgründen; **~ por falta de pruebas** Freispruch *m* mangels Beweises *(oder aus Mangel an Beweisen)*; **~ de hecho** Freispruch *m* aus tatsächlichen Gründen.
absolutismo Absolutismus *m*, Willkürherrschaft *f*.
absolu | tista *m* Anhänger *m* des Absolutismus; **~to** absolut, unbeschränkt, unumschränkt; **~torio** freisprechend; **excusa ~toria** Strafausschließungsgrund.
absolver frei | sprechen, entbinden *(von Verpflichtungen)*; **~ una consulta** beraten; **~ al demandado** die Klage *f* abweisen; **~ posiciones** Fragen *fpl* des Prozessgegners beantworten.
absorber aufnehmen *(eine andere Gesellschaft)*, auffangen *(Kosten)*, abschöpfen, absorbieren.
absorción Aufnahme *f (einer anderen Gesellschaft)*, Übernahme *f*, Absorption *f*; **~ del excedente de beneficios** Gewinnabschöpfung *f*; **~ fiscal** Finanzmittelbindung *f*; **~ forzada** feindliche Übernahme *f* einer Gesellschaft *(durch Aktienkauf).*
abstención Unterlassung *f*, Enthaltung *f*, Abstinenz *f*, Untätigkeit *f*, Wahl | enthaltung *f*, Stimm- *f*; **~ de la pena** Absehen *n* von Strafe.
abstencionismo, ~ electoral Wahl | enthaltung *f*, -müdigkeit *f*, -boykott *m*.
absten | cionista *m f* Nichtwähler*(in) m (f)*; **~erse** sich enthalten, sich der Stimme *f* enthalten, nicht wählen.
absuelto obsiegender Beklagter *m*; **~** *(adj)* freigesprochen.
abundancia Fülle *f*, Reichtum *m*.
abusar missbrauchen; **~ sexualmente a un niño** ein Kind *n* sexuell missbrauchen.
abusivo missbräuchlich.
abuso Missbrauch *m*, Schikane *f*; **~ de alcohol** Alkoholmissbrauch *m*; **~ de**

autoridad Amtsmissbrauch *m*; **~ de competencia** Wettbewerbsverzerrung *f*; **~ de discrecionalidad** Ermessensmissbrauch *m*; **~ de drogas** Drogenmissbrauch *m*; **~ de la patria potestad** Missbrauch *m* der elterlichen Sorge; **~ de poder** Machtmissbrauch *m*, Vollmachts | überschreitung *f*: **sexual** sexueller Missbrauch
acaba | do Fertigstellung *f*, Veredelung *f*; **bienes ~ dos** *pl* Fertiggüter; **~miento** Entfallen *n*.
acabar enden, beend*(ig)*en, vollenden, beschließen.
academia Akademie *f*; **~ científica** Akademie *f* der Wissenschaften.
académico Akademiemitglied *n*; **~** *(adj)* akademisch, Akademie-.
acaecimiento Eintritt *m (Bedingung u.a.)*; **~ del siniestro** Schadensereignis *n*.
acapara | ción s. acaparamiento; **~dor** Monopolist *m*, Hamsterer *m*.
acaparamiento Hortung *f*, Aufkaufen *n*, Hamstern *n*.
acaparar aufkaufen, speichern, hamstern *(Waren)*, horten.
acaparrarse sich einigen.
acarrea | dor Fuhrmann *m*, Frachtführer *m*, Rollfuhrunternehmer *m*; **~miento** Transport *m*.
acarrear befördern, transportieren, zuführen; **~ la nulidad** Nichtigkeit *f* zur Folge haben.
acarreo 1. Beförderung *f*, Transport *m*, Abtransport *m*, An | fuhr *f*, Ab- *f*, Zustellung *f*; 2. Fuhrlohn *m*, Rollfuhr*(geld) f (n)*; **~ aéreo** Lufttransport *m*; **~ a grandes distancias** Ferntransport *m*.
acata | miento Beachtung *f (einer Vorschrift)*; **~r** anerkennen, beachten *(Vorschrift)*.
acceder 1. zustimmen, stattgeben; 2. Zugang haben zu, erlangen; **~ a un cargo** ein Amt *n* antreten; **~ a un crédito** sich einen Kredit *m* verschaffen; **~ a la demanda** der Klage *f* stattgeben.
accesión Akzession *f (Sp)*, Erwerb *m*, Verbindung *f*, durch Verbindung Erworbenes *n*, Beitritt *m*, Zuwachs *m*, Fruchterwerb *m*; **~ industrial** Eigentumserwerb *m* durch Verarbeitung *(oder durch Anpflanzen)*.
acceso 1. Ein | fahrt *f*, Zu- *f*, Auf- *f*, Zutritt *m*, Zubringerstraße; 2. Zulassung *f*, Zugang *(Berufsleben, Eigentum)*, Einsicht *f (Akten)*, Erlaubnis *f (zur Akteneinsicht)*; Zugriff auf *(Daten)*; **~ carnal** Geschlechtsverkehr *m*; **~ casual** Direktzugriff *m (EDV)*; **~ a cotización oficial** Zulassung *f* zum Börsenhandel; **~ al empleo** Zugang *m* zum Arbeitsmarkt; **~ en Internet** Internetzugang *m*; **~ al lugar del crimen** Tatort | begehung *f*, -besichtigung *f*; **~ a la presidencia** Antritt *m* des Präsidentenamtes; **~ a la propiedad** Vermögensbildung *f*; **tener ~ a** Zugang *m* haben zu; **tener abierto el ~ a la jurisdicción** den Rechtsweg *m* beschreiten können.
accesoria legal Neben | entscheidung *f*, -strafe *f*.
accesorias *pl* Anbau *m*.
accesoriedad Zugehörigkeit *f*, Akzessorietät *f*.
accesorio Zubehör *n*, Zubehörstück *n*; **~** *(adj)* akzessorisch, Neben-.
accesorios *pl* Zubehörteile *npl*, Neben | sache *f*, -verpflichtungen *fpl*.
accidentado Verletzter *m*, Verunglückter *m*, Unfall | verletzter *m*, -geschädigter *m*, -opfer *n*.
accidental 1. vorübergehend, amtierend; 2. unfallbedingt.
accidentar | einen Unfall *m* verursachen; **~se** verunglücken.
accidente *m* Unfall *m*; **~ en acto de servicio** Dienstunfall *m*; **~ aéreo** Flugzeugunfall *m*; **~ automovilístico** Auto | unfall *m*, Kraftfahrzeug- *m*; **~ de circulación** Verkehrsunfall *m*; **~ ferroviario** Eisenbahnunglück *n*; **~ incapacitante** Unfall *m* mit Arbeitsausfall; **~ nuclear** Kernkraft | unfall *m*, Atom- *m*; **~ más grave posible** GAU *m (größter anzunehmender Unfall)*; **~ ocurrido en el trayecto al trabajo** Wegeunfall *m*; **~ de trabajo** Arbeits | unfall *m*, Dienst- *m*.
acción *(s. a. acciones pl)* 1. Tat *f*, Handlung *f*, Handeln *n*, Aktion *f*, Aktionsbereich *m*, Tätigkeit *f (einer Bank)*, Wirkung *f*, Wirkungsweise *f (eines Gesetzes)*; 2. Klage *f*, Klage | handlung *f*, -recht *n*,

Rechtsanspruch *m*, 3. Aktie *f*, Aktienurkunde *f*, Gesellschaftsanteil *m*, Schein *m*, Anteilschein *m*, Lotterielos *n*, Anteil *m* am Lotterielos; **~ de abstención** Unterlassungsklage *f*; **~ accesoria** Nebenklage *f*; **~ adicional a título de dividendo** Stockdividende *f*.

acción administrativa Verwaltungs|handeln *n*; **~ ~ de prestación** Leistungsverwaltung *f*.

acción, ~ admitida a cotización en bolsa börsengängige Aktie *f*; **~ amortizable** rückkaufbare Aktie *f*; **~ amortizada** eingezogene Aktie *f*; **~ de amparo** Verfassungsbeschwerde *f*; **~ antidelictiva** Verbrechensbekämpfung *f*; **~ antigua** alte Aktie *f*; **~ de aportación** Gründeraktie *f*; **~ de ayuda alimenticia** Nahrungsmittelhilfe | maßnahme *f*, -zuteilung *f*, -aktion *f (EU)*; **~ caducada** eingezogene *(oder kaduzierte)* Aktie *f*; **~ en caja** Vorratsaktie *f*.

acción cambiaria Wechsel*(regress)*klage *f*.

acción, ~ de cambio s. acción cambiaria; **~ de capital** bar eingezahlte Aktie *f*; **~ de capitales de fondos mutuos** Anteilschein *m* an einem Investmentvermögen; **~ en cartera** Vorratsaktie *f*; **~ cautelar** Antrag *m* auf Erlass einer einstweiligen Anordnung; **~ de cesación** *(Sp)* Unterlassungsklage *f (bei unlauterem Wettbewerb)*; **~ civil** Zivilklage *f*; **~ en cobro de dinero** Zahlungsklage *f*; **~ completamente liberada** voll eingezahlte Aktie *f*; **~ común** Stammaktie *f*; **~ concertada** einverständliches *(oder einvernehmliches)* Vorgehen *n*, konzertierte Aktion *f*; **~ de condena** *(de futuro)* Leistungsklage *f*, Klage *f* auf künftige Leistung; **~ conjunta** gemeinsames Vorgehen *n*, Jointventure *n*; **~ conminada con una pena** mit Strafe bedrohte Handlung *f*; **~ de conocimiento** Leistungs- und Feststellungsklage *f (Oberbegriff)*; **~ constitutiva** Gestaltungsklage *f*; **~ constitutiva de delito** strafbare Handlung *f*.

acción de control Kapitalkontrolle *f*; **~ convertible** umtauschfähige Aktie *f*; **~ cotizable** börsenfähige Aktie *f*, notierter Wert *m*; **~ del cuanto menos** Klage *f* auf Minderung, *(Preis)*Minderungsklage *f*; **~ de cuota** Quotenaktie *f*; **~ por daños** *(y perjuicios)* Schadensersatzklage *f*; **~ declarativa negativa/positiva** negative/positive Feststellungsklage *f* **~ declaratoria** s. acción declarativa; **~ depositada en garantía** Pflichtaktie *f*, treuhänderisch hinterlegte Aktie *f*; **~ con derecho al dividendo residual** Nachzugsaktie *f*; **~ con derecho de prioridad** vorrangiges Wertpapier *n*; **~ con derecho retroactivo a dividendo** rückwirkend dividendenberechtigte Aktie *f*; **~ sin derecho de suscripción** Aktie *f* ohne Bezugsrecht; **~ con derecho a voto** Stimmrechtsaktie *f*; **~ sin derecho a voto** stimmrechtslose Aktie *f*, Aktie *f* ohne Stimmrecht; **~ contra el despido** Kündigungsschutzklage *f*; **~ diferida** Nachzugsaktie *f*.

acción directa Selbsthilfe*(handlung) f*; Direktanspruch *m* gegen den Versicherer, Durchgriffsanspruch *m*.

acción de disfrute Genuss | aktie *f*, -schein *m*; **~ de dividendo** dividendenberechtigte Aktie *f*; **~ de dividendo diferido** Nachzugsaktie *f*; **~ de división** *(o **divisoria**)* Teilungs | anspruch *m*, -klage *f*; **~ de divorcio** Scheidungsklage *f*.

acción ejecutiva Vollstreckungs | handlung *f*, -anspruch *m*.

acción por emitir noch nicht ausgegebene Aktie *f*; **~ de estado civil** Status | klage *f*, Personenstands- *f*; **~ estimatoria** *(Preis)*Minderungsklage *f*; **~ de estímulo** Stimulierungsmaßnahme *f*; **~ exigida en la omisión** Handlungspflicht *f (oder Pflicht f zum Tätigwerden)* bei der Unterlassung; **~ a favor del empleo** Beschäftigungsinitiative *f*; **~ favorita** *(B)* Standardwert *m*, Spitzenpapier *n*; **~ de formación profesional** Berufsbildungsaktion *f (EU)*; **~ fraccionaria** kleingestückelte Aktie *f*; **~ fundacional** Stammaktie *f*; **~ fungible** vertretbare Handlung *f*; **~** *(del)* Gobierno Regierungs | geschäfte *npl*, -tätigkeit *f*; **~ de goce** Genuss | aktie *f*, -schein *m*; **~ de habeas corpus** Antrag *m* auf Haftprüfung; **~ hipotecaria** Hypothekenklage *f*, Befriedigungsklage *f* des Hypotheken- oder Pfandinhabers; **~ homicida** Tötungshandlung *f*; **~ de impugnación de legitimidad** Ehelichkeitsanfechtungsklage *f*; **~ impugnativa** s. acción de impugnación; **~ de inactividad** Untätigkeitsklage *f*; **~ de ingratitud** Widerrufsklage *f* wegen groben Undanks bei der Schenkung; **~ inhibitoria** Unterlassungsklage *f*; **~ inmediata** sofortiger Einsatz *m (Polizei)*; **~ investigadora** Ermittlungsmaßnahmen *fpl*; **~ liberada** voll eingezahlte *(oder zugeteilte)* Aktie *f*; **~ libre** Freiaktie *f*; **~ libre en su causa** actio libera in causa *(lat)*; **~ de litis-expensas** Klage *f* auf Zahlung der Prozesskosten gegen den Ehegatten; **~ en la lucha antidrogas** Drogenbekämpfungsmaßnahme *f*; **~ minera** Bergwerks | aktie *f*, -anteil *m*, Kux *m*, Montan | aktie *f*, -wert *m*; **~ mixta** gemischte Klage *f*, dinglich-schuldrechtliche Klage *f*.

acción negatoria Eigentums | freiheitsklage *f*, -störungsklage *f*; **~ ~ de la paternidad** Vaterschaftsanfechtungsklage *f*.

acción, ~ no desembolsada nicht einbezahlte Aktie *f*; **~ no distribuida** nicht zugeteilte Aktie *f*; **~ no imponible** nicht nachschusspflichtige Aktie *f*; **~ nominal** *(o **nominativa**)* Namensaktie *f*, auf den Namen lautende Aktie *f*, **~ nominativa vinculada** vinkulierte Namensaktie *f*; **~ nueva** junge *(oder neue)* Aktie *f*, Bezugsaktie *f*; **~ de nulidad** Nichtigkeits | anspruch *m*, -klage *f*, Anfechtungsklage *f*; **~ oficial** Amtshandlung *f*; **~ de oficio** nicht mitwirkungsbedürftiger Akt *m*; **~ de omisión** Unterlassungsklage *f*; **~ ordinaria** Stamm | aktie *f*, Normal- *f*, Risikopapier *n*; **~ pagada** vollgezahlte *(oder volleinbezahlte)* Aktie *f*; **~ parcialmente liberada** nicht voll eingezahlte Aktie *f*; **~ de partición de herencia** Erbteilungsklage *f*; **~ particular preferente** Vorzugsaktie *f*; **~ de patentar** Patentierung *f*.

acción penal Straf | klage *f*, -verfolgung *f*; **~ ~ privada** Privatklage *f*.

acción, ~ pequeña Kleinaktie *f*; **~ de personal** Belegschaftsaktie *f*; **~ popular** Popularklage *f*; Volksaktie *f*; **~ al portador** Inhaberaktie *f*, auf den Inhaber lautende Aktie *f*; **~ de posesión** *(o **posesoria**)* Besitz-*(schutz)*klage *f*, possessorische Klage *f*.

acción preferente Vorzugs | aktie *f*, Prioritäts- *f*; **~ ~ acumulativa** kumulative Vorzugsaktie *f*.

acción, ~ preparatoria Vorbereitungshandlung *f*; **~ con prima** über pari ausgegebene Aktie *f*, Deckungsstock *m*; **~ primada** s. acción con prima; **~ primitiva** Stammaktie *f*; **~ principal** Hauptsache *f (Gericht)*; **~ promocional** Einführungswerbung *f*, Werbemaßnahme *f*; **~ propia** eigene Aktie *f*; **~ de provisión** Vorratsaktie *f*; **~ pública** öffentliche Klage *f (oder Anklage f)*, Popularklage *f*; **~ punible** strafbare Handlung *f*, Straftat *f*; **~ de reclamación de filiación** Klage *f* in Kindschaftssachen; **~ reconvencional** Gegen | klage *f*, Wider- *f*; **~ de reconocimiento de legitimidad** Antrag *m* auf Ehelichkeitserklärung; **~ de rectificación** *(de las informaciones)* Gegendarstellungsklage *f*; **~ recursoria** Rückgriffs | klage *f*, Regress- *f*; **~ redhibitoria** Wandlungs | klage *f*, -anspruch *m*, Aufhebungsklage *f*; **~ de reducción del precio** Minderungsklage *f*; **~ regresiva** *(o **de regreso**)* Rückgriffs | klage *f*, Regress- *f*, Rückgabeanspruch *m*; **~ de reivindicación** *(o **reivindicatoria**)* *(Eigentums)*Herausgabeklage *f*; **~ de renta variable** Beteiligungs | aktie *f*, Dividenden- *f*; **~ de rescisión** Wiederaufnahmeantrag *m* gegen rechtskräftiges Versäumnisurteil; **~ de responsabilidad civil** Haftungsklage *f*; **~ de restitución** Klage *f* auf Herausgabe, Herausgabe | klage *f*, Rückerstattungs- *f*, Bereicherungs- *f*;

~ de revisión Restitutionsklage *f*; **~ revocatoria** Klage *f* auf Widerruf, Widerrufs|klage *f*, Anfechtungs- *f* *(im Insolvenzverfahren, gegen Schuldnerhandlungen)*; **~ de saneamiento** Gewährleistungsklage *f*; **~ segura** Aktie *f* mit gleich bleibender Dividende; **~ sindicada** vinkulierte Aktie *f*; **~ social** soziales Handeln *n*, Ansprüche *mpl* der Gesellschaft; **~** *(Sp)* Sozialhilfe *f*, Fürsorge *f* *(Beamtenrecht)*; **~ subsidiaria** Ersatzhandlung *f*, hilfsweise erhobene Klage *f*; **~ de** *(o* ***en****)* **tesorería** Verwaltungsaktie *f*, eigene Aktie *f*; **~ unitaria** Handlungseinheit *(StrafR) f*; **~ urbanística** Städtebautätigkeit *f*; **~ urgente** Soforthilfemaßnahme *f*; **~ con** *(o* ***por****)* **valor nominal** Namensaktie *f*; **~ con valor a la par** Nennwertaktie *f*; **~ sin valor a la par** nennwertlose Aktie *f*; **~ de venta** Verkaufsaktion *f*; **~ vieja** alte Aktie *f*; **~ vinculada** gebundene *(oder vinkulierte)* Aktie *f*; **~ sin voto** Aktie *f* ohne Stimmrecht, stimmrechtslose Aktie *f*; **~ de voto plural** *(o* ***privilegiado****)* Mehrstimmrechtsaktie *f*.

accionabilidad Einklagbarkeit *f*; **no ~** Nichteinklagbarkeit *f*.

accionar betätigen.

accionariado obrero Belegschaftsaktionäre *mpl*.

accionarial Aktien-.

acciones *pl*, **~ de ayuda humanitaria** humanitäre Hilfsaktionen *fpl*; **~ en cartera** Aktienbestand *m*; **~ en circulación** in den Händen des Publikums befindliche Aktien *fpl*; **~ diplomáticas** diplomatische Schritte *pl*; **~ de formación** Ausbildungsmaßnahmen *fpl*; **~ no emitidas** Emissionsreserve *f*.

accionista *m* Aktionär *m*, Aktien|besitzer *m*, -inhaber *m*; **~ censor de cuentas** rechnungsprüfender Aktionär *m*; **~ comanditario** Kommanditaktionär *m*; **~ importante** Großaktionär *m*; **~ mayoritario** Mehrheitsaktionär *m*.

accisa *(Sonder)*Verbrauchsteuer *f*.

acechador *m* Stalker *m*

acecho *m* Nachstellen *n*, Stalking *n*

acelerador Beschleunigungsfaktor *m*.

acens(u)a|do Eigentümer *m* eines mit einer Grundrente belasteten Grundstücks; **~dor** Erbzins|berechtigter *m*, Renten- *m* *(beim „censo“)*; **~r** verrenten *(mit ewiger Rente)*, mit Erbzins *m* belasten, in Erbpacht *f* geben.

acepción Parteilichkeit *f*; **sin ~** unparteiisch, unparteilich.

aceptabilidad Annehmbarkeit *f*, Annahme|pflicht *f*, Vertretbarkeit.

aceptable annehmbar, vertretbar.

aceptación An|nahme *f*, Entgegen- *f*, Ab- *f*, Über- *f*, Annahmevermerk *m*, Akzept *n*, Akzeptierung *f*; **~ del almacén** Verkäuferakzept *n*; **~ en blanco** Blankoakzept *n*; **~ cambiaria** Wechselakzept *n*; **~ de complacencia** Gefälligkeitsakzept *n*; **~ del cumplimiento** Erfüllungsübernahme *f*; **~ por honor** Ehrenannahme *f*; **~ por intervención** Ehrenannahme *f*, Wechselintervention *f*, Akzept *n* ehrenhalber; **~ de una letra** Annahme *f* eines Wechsels; **~ en moneda extranjera** Valutaakzept *n*; **no ~** Nichtannahme *f*, Ausschlagung *f*, Annahmeverweigerung *f*; **~ de una obra** Gebäudeabnahme *f*; **~ pagadera a tres meses fecha** Dreimonatsakzept *n*; **~ parcial** Teil|annahme *f*, -akzept *n*; **~ provisional del riesgo** vorläufige Deckungszusage *f*; **~ de riesgos** Gefahrtragung *f*; **~ de la sentencia** *(Rechtsmittelverzicht m)*.

acepta|da angenommen *(Annahmevermerk beim Wechsel)*; **~do** angenommen; **~dor** s. aceptante.

aceptante *m* Akzeptant *m*, Annehm*(end)*er *m*, Übernehmer *m*.

aceptar an|nehmen, auf-, über-, entgegen-, genehmigen, akzeptieren, anerkennen; **~ cheques** Schecks *mpl* honorieren; **~ la demanda** der Klage *f* stattgeben; **~ una oferta** ein Angebot *n* annehmen; **~ pura y simplemente** die Erbschaft *f* ohne den Vorbehalt der Inventarerrichtung annehmen.

acepto *(Sp)* angenommen.

acercamiento Annäherung *f*; Tatortfoto *n* aus der Nähe *(Ausschnittvergrößerung)*; **~ de las legislaciones** Rechtsangleichung *f*.

acertado richtig.
acervo Gemeinschaftsvermögen *n*, Vermögensmasse *f*, Besitzstand *m*; **~ cultural** Kulturerbe *n*; **~ hereditario** Nachlass *m*, Erbmasse *f*.
aclamación, por ~ durch Zuruf *(Abstimmung)*, per Akklamation.
aclamar einstimmig wählen.
aclaracion Aufklärung *f*, Klar | stellung *f*, Richtig- *f (Urteil)*.
aclarar berichtigen, richtig stellen *(Urteil)*; **~ sobre** sich erklären über.
aclaratorio aufklärend, erläuternd.
acogentes *mpl (Sp)* Pflegeeltern *pl.*
acoger aufnehmen.
acogerse, ~ a *(Vorteile)* in Anspruch *m* nehmen.
acogida Aufnahme *f*, Empfang, Bezahlung *f (Wechsel)*.
acogido *(Sp)* Pflegekind *n*; **~ a la franquicia postal** portofrei.
acogimiento familiar *(Sp)* Aufnahme *f* eines Pflegekindes *n*.
acometimiento Inangriffnahme *f*.
acomodado a la lex artis fachgerecht.
acomoda | miento 1. Vergleich *m*; 2. Unterbringung *f (in einem Beruf)*; **~r** 1. vergleichen *(streitende Parteien)*; 3. unterbringen *(in einem Beruf)*.
acomodo Beschäftigung *f*, Abfindung *f*; Auskommen *n*.
acompañante *m* Begleitperson *f*; **~del conductor** Beifahrer *m*.
acondicionamiento Aufmachung *f*; **~ portuario** Hafenanlage *f*.
aconfesional konfessionslos.
aconsejarse por letrado sich anwaltlich beraten lassen.
acontecer sich ereignen.
acontecimiento Ereignis *n*, Vorgang *m*, Geschäftsvorgang *m*; **~ dañoso** schädigendes Ereignis *n*; **~ inevitable** unabwendbares Ereignis *n*.
acontractual vertragslos.
acopia | dor Aufkäufer *m*; **~r** aufkaufen, auf Vorrat *m* kaufen.
acopio Aufkaufen *n*, Vorrat *m*, Bevorratung *f*; **~ del capital** Kapitalbeschaffung *f*.
acordada Beweisurkunde *f*.
acordar 1. entscheiden, beschließen; 2. vereinbaren, verabreden; **~ la ejecución provisional** für vorläufig vollstreckbar erklären; **~ la libertad** die Haftentlassung *f* beschließen; **~ no admitir a trámite** für unzulässig erklären *(Antrag)*; **~** *(la)* suspensión die Vollziehung *f* aussetzen.
acorde einverstanden; **~ con** im Einklang mit; **~ ~ el rendimiento** leistungsgerecht.
acortamiento Verkürzung *f*; **~ de un plazo** Fristverkürzung *f*.
acortar verkürzen.
acoso *m*, Nachstellung *f*, Nachstellen *n*, Stalking *n*; **~ sexual** sexuelle Belästigung *f*; sexueller Missbrauch *m* von Abhängigen
acostar anlegen *(Schiff)*, an die Küste *f* gelangen.
acotación 1. Abmarkung *f*; 2. Randvermerk *m*.
acotado befriedeter Bezirk *m* *(Jagdrecht)*.
acota | miento Einfriedung *f*, Abgrenzung *f (Grundstück)*; **~r** einfrieden; einen Randvermerk *m* machen.
acracia Anarchie *f*.
ácrata *m* Anarchist *m*.
acrecen | cia Anwachsung *f (bei Gesamthandsgemeinschaften)*; **~tamiento** Anwachsung *f*.
acrecentar, ~ beneficios Gewinne *mpl* steigern.
acre | cer anwachsen; **~cimiento** Anwachsung *f*, Vermehrung *f*, Erhöhung *f (Miet-)*; **~ción** Wert | zuwachs *m*, Vermögens- *m*.
acreditación 1. *(VöR)* Beglaubigung, Akkreditierung *f*; 2. Glaubhaftmachung *f*, Nachweis *m*; **de difícil ~** schwer nachzuweisen.
acreditado Kreditberechtigter *m*; **~** *(adj)* zuverlässig, solide, bestallt.
acreditamiento s. acreditación.
acreditante *m* Akkreditivsteller *m*; **~** *(adj)* kreditgebend.
acreditar 1. *(VöR)* akkreditieren; 2. glaubhaft machen, verbürgen, beweisen, nachweisen; 3. gutschreiben, im Haben *n* buchen; **~ en cuenta** gutschreiben; **~ la identidad** sich ausweisen.
acreditarse 1. sich bewähren, sich ausweisen; 2. als Botschafter sein Beglaubigungsschreiben *n* präsentieren.
acreditativo Beleg *m*; **~** *(adj)* Beweis-, Nachweis-.

acreedor Gläubiger *m*: ~ *(adj)* würdig, berechtigt zu, anspruchsberechtigt; **~ por aceptación** Akzeptgläubiger *m*; **~ cambiario** Wechselgläubiger *m*; **~ común** nicht bevorrechtigter Gläubiger *m*; **~ con derecho a separación** absonderungsberechtigter Gläubiger *m*; **~ ejecutante** Vollstreckungsgläubiger *m*, betreibender Gläubiger *m*; **~ embargante** Vollstreckungs | gläubiger *m*, Pfändungs- *m*; **~ embargante preventivo** Arrestgläubiger *m*; **~ con garantía** bevorrechtigter Gläubiger *m*; **~ garantizado** Absonderungsberechtigter *m*; **~ hipotecario** Hypotheken | gläubiger *m*, Pfand- *m*; **~ de insolvencia** Insolvenzgläubiger *m*; **~ de la masa** Massegläubiger *m* *(bei Masseschulden)*.

acreedor personal Privatgläubiger *m*.

acreedor, ~ peticionario betreibender Gläubiger *m*; **~ pignoraticio** s. acreedor prendario; **~ preferente** *(o **preferido**)* bevorrechtigter Gläubiger *m*; **~ prenda-*(ta)*rio** Pfandgläubiger *m*, Absonderungs | berechtigter *m*, -gläubiger *m*; **~ principal** Hauptgläubiger *m*; **~ privilegiado** bevorrechtigter Gläubiger *m*, Vorzugsgläubiger *m*; **~ real** Absonderungs | berechtigter *m*, -gläubiger *m*; **~ de regreso** Regressnehmer *m* *(Wechsel)*; **~ social** Gesellschaftsgläubiger *m*; **~ solidario** Gesamt | gläubiger *m*, Mit- *m*; **~ de la sucesión** Nachlassgläubiger *m*.

acreedores *pl* Verbindlichkeiten *fpl* *(Bilanz)*; **~ varios** sonstige Kreditoren *mpl (Bilanz)*.

acreencia Guthaben *n*, Forderung *f*; **~ eventual** Eventualforderung *f*.

acrimina | ción Beschuldigung *f*; **~dor** Ankläger *m*.

acriminar beschuldigen; **~ la causa** die Straftat *f* schwerer darstellen, als sie ist.

acta Akte *f*, Schriftsatz *m*, Protokoll *n*, Niederschrift *f*, Sitzungs | protokoll *n*, -bericht *m (Parlament)*; **~ de adhesión** Beitritts | akte *f*; **~ adicional** Zusatzprotokoll *n*; **apud ~** *(lat)* aktenkundig, zur Akte, nach Aktenlage, zu Protokoll *(Vollmachtserteilung)*, in den Akten *(vermerken)*; **~ de concesión** Verleihungs | urkunde *f*, Konzessions- *f*; **~ de constancia** Steuererklärung *f*; **~ de constitución** Errichtungsakt *m*, Gründungs | urkunde *f*, -vertrag *m*; **~ de defunción** Sterbeurkunde *f*; **~ de depósito** Hinterlegungsurkunde *f*; **~ de ensayos** Prüfbericht *m*; **~ de entrega** Übergabeprotokoll *n*; **~ del estado civil** Personenstandsurkunde; **~ final** Schluss | akte *f*, -protokoll *n*, -niederschrift *f*; **~ de inscripción** Aufnahmeurkunde *f*; **~ de inspección** Prüfungsbericht *m* *(Steuer)*; **~ del interrogatorio** Vernehmungs | protokoll *n*, -niederschrift *f*, -bogen *m*; **~ de matrimonio** Heirats | urkunde *f*, Ehe- *f*; **~ de modificación** Zusatz *m* zur Versicherungspolice; **~ de nacimiento** Geburtsurkunde *f*; **~ notarial** notarielle Urkunde *f (oder: Beurkundung f)*; **~ original** Urschrift *f*; **~ de policía judicial** Protokoll *m* der Kriminalpolizei; **~ del registro civil** standesamtliche Urkunde *f*; **~ de la reunión** Sitzungsprotokoll *n*, -niederschrift *f*, -bericht *m*; **~ de revisión** Prüfbericht *m*; **~ de la sesión** Sitzungsprotokoll *n*, **~ de última voluntad** Testamentsurkunde *f*; **~ Unica Europea** Einheitliche Europäische Akte *f*; **~ de variación** *(Sp)* Zusatz *m* zur Versicherungspolice.

actas *pl*, **~ de las sesiones parlamentarias** Parlamentsprotokoll *n*.

actio *(lat)*, **~ negatoria** Eigentumsstörungsklage *f*.

actitud *f* Haltung *f*, Einstellung *f (Soz)*, Attitüde *f (Soz)*; **~ hostil a la sociedad** gesellschaftsfeindliches Verhalten *n*.

activación Beschleunigung *f*; Aktivierung *f*.

activar beschleunigen, aktivieren; **~ una bomba** eine Bombe *f* zünden.

actividad *(s.a. actividades pl)* Handlung *f*, Betätigung *f*, Tätigkeit *f*, Aktivität *f*, Belebung *f*, Erwerbstätigkeit *f* *(Sozialversicherung)*; **~ accesoria**

Neben | beschäftigung *f*, -amt *n*; **~ asalariada** unselbstständige Tätigkeit *f*; **~ autónoma** selbstständige Handlung *f (oder Arbeit f)*; **~ comercial** gewerbliche Tätigkeit *f*, Geschäftstätigkeit *f*; **~ de la construcción** Bau | tätigkeit *f*, -industrie *f*, -gewerbe *f*, -fach *n*; **~ por cuenta ajena** unselbstständige Tätigkeit *f*; **~ por cuenta propia** selbstständige Erwerbstätigkeit *f*; **~ económica** wirtschaftliche Betätigung *f*, Wirtschaft *f*; **~ empresarial** Unternehmertätigkeit *f*; **~ femenina** Frauenarbeit *f*; **~ honorífica** ehrenamtliche Tätigkeit *f (SteuerR)*; **~ independiente** selbstständige Arbeit *f*; **~ industrial** Produktions | tätigkeit *f*, Industrie-, Gewerbe- *f*; **~ judicial** Rechtspflege *f*; **~ jurídica** Rechtshandlung *f*; **~ legislativa** gesetzgebende *(oder gesetzgeberische)* Tätigkeit *f*; **~ lucrativa** gewinnbringende Tätigkeit *f*; **~ mercantil** Geschäftsbetrieb *m*, Handelgewerbe *n*; **~ no asalariada** selbstständige Erwerbstätigkeit *f*; **~ peligrosa** gefahrgeneigte Tätigkeit *f*; **como ~ principal** hauptberuflich; **~ profesional libre** freiberufliche Tätigkeit *f*; **~ profesional secundaria** Neben | gewerbe *n*, -tätigkeit *f*; **~ remunerada** entgeltliche Tätigkeit *f*; **~ de servicio público** Leistungsverwaltung *f*; **~ de trabajador asalariado** Arbeitnehmertätigkeit *f*; **~ urbanística** Städtebau *m*; **~ vendedora** Absatztätigkeit *f*.

actividades, ~ bancarias Bankensektor *m*; **~ delictivas** verbrecherische Handlungen *fpl*; **~ docentes** Lehrtätigkeit *f*; **~ de ocio** Freizeitbeschäftigung *f*; **~ terroristas** Terrorismus *m*.

activo 1. *(s. a. activos)* Guthaben *n*, Aktivum *n*, Aktiva *pl*, Aktiven *pl*, Aktiv | posten *m*, -seite *f*, -vermögen *n*, Vermögens | wert *m*, -bestand *m*; 2. Berufstätiger *m*, Beschäftigter *m*; ~ 3. *(adj)* aktiv *(-e Zahlungsbilanz)*, tätig, belebt, aufnahmefähig, erwerbs | tätig, werk-, im Dienst; **~ amortizable** abschreibungsfähiges Vermögen *n*, abschreibungsfähige Anlagegüter *npl*; **~ de balance** Bilanzvermögen *n*; **~ bancario** Bankguthaben *n*; **~ circulante** Umlauf | vermögen *n*, -mittel *pl*, -kapital *n*; **~ disponible** verfügbare *(oder: flüssige, liquide)* Mittel *pl*, Aktivbestand *m*; **~ efectivo** Barvermögen *n*; **en ~** im *(aktiven)* Dienst, Dienst tuend; **~ de explotación** Betriebs | mittel *npl*, -vermögen *n*, Wirtschaftsvermögen *n*; **~ exterior** Auslands | vermögen *n*, -guthaben *n*, -besitz *m*, Fremd | werte *pl*, Devisen- *pl*; **~ fijo** *(inmovilizado)* Anlagevermögen *n*; **~ fijo intangible** Immaterialgüter *pl*; **~ fijo tangible** Sachanlagen *fpl*; **~ inmovilizado** Anlage | vermögen *n*, -kapital *n*, -gut *n*; **~ invisible** goodwill *(engl)*, stille Reserven *fpl*; **~ líquido** flüssiges *(oder bares)* Vermögen *n*, Reinvermögen *n*, verfügbares Guthaben *n*; **~ realizable** sofort realisierbare Aktiva *pl*; **~ social** Gesellschaftsvermögen *n*.

activos *pl* Vermögenswerte *mpl*; **~ brutos** Bilanzsumme *f*.

acto *(s. a. actos)* 1. Handlung *f*, Akt *m*, Tat *f*, 2. Rechtsgeschäft *n*, 3. Vorgang *m*, Veranstaltung *f*, Verhandlung *f (beim Notar)*; **~ abstracto** abstraktes Rechtsgeschäft *n*; **~ de Administración** Handlung *f* im Rahmen der Geschäftsführung; **~ de la administración de justicia** Justizverwaltungsakt *m*.

acto administrativo Verwaltungs | akt *m*, -handlung *f*; **~ ~ anulable** aufhebbarer *(oder: anfechtbarer, vernichtbarer)* Verwaltungsakt *m*; **~ ~ declaratorio** feststellender Verwaltungsakt *m*; **~ ~ definitivo** bestandskräftiger Verwaltungsakt *m*; **~ ~ de destinatario general** Allgemeinverfügung *f*; **~ ~ facultativo** Ermessensentscheidung *f*; **~ ~ favorable** begünstigender Verwaltungsakt *m*; **~ ~ de gravamen** belastender Verwaltungsakt *m*; **~ ~ nulo de pleno derecho** absolut nichtiger Verwaltungsakt *m*; **~ ~ viciado** fehlerhafter *(oder rechtswidriger)* Verwaltungsakt *m*.

acto, ~ adquisitivo Erwerbsakt *m*; **~ anterior impune** straflose Vortat *f*; **~ anulable** anfechtbares Rechtsgeschäft *n*; **~ apropiatorio** Aneignungsakt *m*; **~ arbitrario** Willkürakt *m*; **~ auténtico** öffentliche Urkunde *f*; **~ de autoridad** Hoheitsakt *m*, obrigkeitlicher Akt *m*, Machtwort *n*; **~ carnal** Geschlechtsverkehr *m*; **~ causal** Kausalgeschäft *n*, Verpflichtungsgeschäft; **~ de coacción** *(o **coactivo**)* Zwangsakt *m*; **~ colectivo** Gesamtakt *m*; **~ de comercio** Handelsgeschäft *n*; **~ de competencia prohibida** Wettbewerbsverstoß *m*; **~ de comprobación de valores** Feststellung *f* von Einheitswerten, Feststellungsbescheid *m (Einheitswert)*; **~ de comunicación** *(Verwaltungsakt)* Bekannt | machung *f*, -gabe *f*; **~ comunitario** *(EU)* Rechtsakt *m* der Gemeinschaft; **~ de conciliación** *(o **conciliatorio**)* Schlichtungs | maßnahme *f*, -verfahren *n*, einvernehmliche Streitbeilegung *f*, Sühne | verhandlung *f*, -termin *m*, Güteverhandlung *f*; **~ confirmatorio** Genehmigung *f*, Bestätigung *f*, Bestätigungsurkunde *f*; **~ conservativo** *(o **conservatorio**)* rechtserhaltende Handlung *f*, Maßnahme *f* zur Interessenwahrnehmung; **~ constitutivo de derecho** rechtsgestaltende Handlung *f*; **~ constituyente** verfassunggebender Akt *m*; **~ contable** Buchungsvorgang *m*; **~ continuado** fortgesetzte Handlung *f*; **~ contrario a derecho** rechtswidrige Handlung *f*; **~ criminal** kriminelle Handlung *f*; **~ de declaración de responsabilidad** Haftungsbescheid *m*; **~ declarativo** deklaratorisches Rechtsgeschäft *n*; **~ delictivo** strafbare Handlung *f*; **~ de determinación de la base tributaria** Feststellungsbescheid *m (SteuerR)*; **~ de determinación de la deuda tributaria** Steuerbescheid *m (nicht Feststellungsbescheid)*; **~ discrecional** Ermessens | akt *m*, -entscheidung *f*, -handlung *f*; **~ de disposición** Verfügungshandlung *f*, Verfügung *f*; **~ de ejecución** Ausführungs | handlung *f*, Vollstreckungs- *f*; **~ ejecutorio** vollziehbare *(oder vollstreckbare)* Entscheidung *f*; **~ electoral** Wahl | handlung *f*, Abstimmungs- *f*; **en el ~** auf frischer Tat *f*, sofort; **~ de Estado** *(o **estatal**)* Staatsakt *m*; **~ firme** bestandskräftiger Verwaltungsakt *m*; **~ formal** Formalakt *m*; **~ general** Allgemeinverfügung *f*; **~ de gobierno** Regierungs | handlung *f*, -akt *m*; **~ de gracia** Gnadenakt *m*; **~ de gravamen** belastender Verwaltungsakt *m*; **~ gubernamental** s. acto de gobierno; **~ de guerra** Kriegshandlung *f*; **hacer ~ de presencia** anwesend sein; **~ hostil** unfreundlicher Akt *m*; **~ ilícito** *(civil)* rechtswidrige *(oder: unerlaubte, verbotene)* Handlung *f*; **~ inaugural** Eröffnungs | akt *m*, -feier *f*; **~ individual** Einzel | akt *m*, Individual- *m*, einseitiges Rechtsgeschäft *n*; **~ inexistente** Nichtakt *m*; **~ de instrucción** Untersuchungshandlung *f*; **~ de intromisión** Eingriffshandlung *f*, unbefugte Einmischung *f*; **~ de investidura** Amtseinführung *f*.

acto jurídico Rechts | akt, -handlung *f*, -geschäft *n*, -vorgang *m*; **~ documentado** beurkundete Rechtshandlung *f*.

acto, ~ jurisdiccional prozessuale Handlung *f*; **~ legislativo** Gesetzgebungsakt *m*; **~ de liberalidad** freigebige Zuwendung *f*; **~ mortis causa** *(lat)* letztwillige Verfügung *f*, Rechtsgeschäft *n* von Todes wegen; **~ no formal** formfreies Rechtsgeschäft *n*; **~ oficial** Amtshandlung *f*; **~ de persecución** Strafverfolgungsmaßnahme *f*; **~ político** Regierungsakt *m*; **~ posterior impune** straflose Nachtat *f*; **~ de potestad discrecional** Ermessensentscheidung *f*; **~ preparativo** *(o **preparatorio**)* Vorbereitungshandlung *f*; **~ procedimental** *(o **del procedimiento**)* Verfahrenshandlung *f*; **~ procesal** Prozess | handlung *f*, Verfahrens- *f*; **~ público** öffentliche Urkunde *f*, öffentliche Veranstaltung *f*;

~ **punible** strafbare Handlung *f*, Straftat *f*; ~ **real** Realakt *m*; ~ **reglado** gebundener Verwaltungsakt *m*; ~ **seguido** unverzüglich; ~ **singular** Einzel | akt *m*, -anordnung *f*; ~ **de soberanía** Hoheits | akt *m*, Souveränitäts- *m*, Herrschafts- *m*; ~ **solemne** formbedürftiges Rechtsgeschäft *n*; ~ **de terrorismo** terroristischer Akt *m*; ~ **típico** tatbestandsmäßige Handlung *f*; ~ **-trámite** *(o* ***de trámite****)* verfahrensleitende Verfügung *f*; ~ **viciado** fehlerhaftes Rechtsgeschäft *n*; ~ **de violencia** Gewalt | tat *f*, -handlung *f*; ~ **volitivo** Willensbekundung *f*; ~ **de votar** Wahl | akt *m*, -vorgang *m*.

actor Ankläger *m*, Kläger *m*; ~ *(adj)* klägerisch; ~ **civil** Kläger *m*, Zivilkläger *m*, Antragsteller *m* im Adhäsionsverfahren; ~ **particular** Nebenkläger *m*; ~ **privado** Privatkläger *m*; ~ **reconvencional** Widerkläger *m*.

actora Klägerin *f*.

actos *pl*, ~ **desleales** Wettbewerbsverstoß *m*; ~ **de instrucción** Ermittlungshandlungen *fpl*; ~ **que no causan estado** im Verwaltungsverfahren anfechtbare Verwaltungsakte *mpl*; **en los ~ de oficio** in der Amtsausübung *f*.

actuable einklagbar.

actuación Amts | handlung *f*, -führung *f*, -tätigkeit *f*, Tätigkeit *f*, Handeln *n*, Durchführung *f (Gesetz)*, Vorgehen *n*, Verwaltungshandeln *n*, Prozesshandlung *f*, richterliche Handlung *f*; ~ **administrativa** Verwaltungstätigkeit *f*, Amtshandlung *f*; ~ **competitiva** Wettbewerbsverhalten *n*; ~ **gestora** Geschäftstätigkeit *f*; ~ **incorrecta** Fehlverhalten *n*; ~ **inspectora externa** Außenprüfung *f*; ~ **oficial** *(o* ***de oficio****)* Amtshandlung *f*; ~ **pericial** gutachterliche Tätigkeit *f*; ~ **profesional** beruflicher Einsatz *m*; ~ **subsanada** nachgeholte Handlung *f*; ~ **de voluntad** Willensbekundung *f*.

actuaciones *pl* Akten *fpl*, Strafakte *f*, Verfahrensgang *m*, Schriftverkehr *m*; ~ **preliminares** Vorverfahren *n*; ~ **de pruebas** Beweis | aufnahme *f*, -erhebung *f*.

actuado, lo ~ Vorgang *m*.

actualización Fortschreibung *f*, Aktualisierung *f*, Anpassung *f (Versorgungsbezüge, Mieten)*.

actualizar bereinigen *(Gesetze)*, anpassen *(Rente)*, auf den neuesten Stand bringen.

actuar Handeln *n*, Tun *n*; ~ *(v)* handeln, vorgehen, amtieren, einleiten *(Prozess)*, gerichtlich tätig sein, tätig werden *(Gericht)*, auftreten *(vor Gericht)*; ~ **bajo cuerda** als Lobbyist *m* tätig sein; ~ **en contra del deber** pflichtwidrig handeln; ~ **en** *(o* ***sobre****)* **el mercado** den Markt *m* beeinflussen; ~ **en nombre propio** im eigenen Namen *m* handeln; ~ **precedente** vorausgegangenes Tun *n*; ~ **soberanamente** hoheitlich tätig werden; ~ **típicamente** tatbestandsmäßig handeln.

actuarial *(adj)* Protokollführer-; versicherungsmathematisch.

actuario Protokoll | führer *m*, Schrift- *m*, Urkundsperson *f*, Urkundsbeamter *m* der Geschäftsstelle.

acuantiar bewerten.

acuartela | miento Kasernierung *f*; **~rse** sich in die Kasernen *fpl* zurückziehen.

acudir teilnehmen, sich einfinden, zu Hilfe *f* eilen; ~ *(a)* anrufen *(Gericht)*; ~ **en queja a** Beschwerde *f* einlegen *(oder erheben)* gegen.

acuerdo 1. Beschluss *m*, 2. Abrede *f*, Abmachung, Absprache, Übereinstimmung, Einigung *f*, Vertrag *m*, Vereinbarung *f*, Übereinkunft *f*, 3. *(VöR)* Übereinkommen *n*, Abkommen *n*; Pakt *m*, 4. Vergleich *m*; ~ **abstracto de transmisión** Auflassung *f*; ~ **accesorio** Nebenabrede *m*; ~ **de adhesión** Beitritts | abkommen *n*, -übereinkommen *n*; ~ **adicional** Zusatzabkommen *n*; ~ **de adjudicación** Zuteilungsbeschluss *m*; ~ **administrativo** Verwaltungs | abkommen *n*, -vereinbarung *f*; ~ **amistoso** gegenseitiges Einvernehmen *n*, gütliche Einigung *f (oder Verständigung f)*; ~ **de apertura**

Eröffnungsbeschluss *m*; **~ arancelario** Zollabkommen *n*, Tarif|abkommen *n*, -übereinkommen *n*; **~ de asistencia legal** Rechtshilfeabkommen *n*; **~ de asociación** Assoziierungsabkommen *n*; **~ de aumento de capital** Kapitalerhöhungsbeschluss *m*; **~ *(de)* base** Rahmen|abkommen *n*, -vertrag *m*; **~ de** *(o* ***entre)*** **caballeros** Gentlemen's Agreement *n*; **~ de Cartagena** *n* Andenpakt *m*; **~ cívico** gesellschaftlicher Konsens *m*; **~ de clearing** Clearing|abkommen *n*, -übereinkommen *n*; **~ de coalición** Koalitionsvereinbarung *f*; **~ colectivo de conciliación** Schlichtungsvereinbarung *f*; **~ comercial** Handels|abkommen *n*; **~ comercial y de pagos** Handels- und Zahlungsabkommen *n*; **~ de compensación** s. acuerdo de clearing; **común ~** allgemeine Übereinstimmung *f*, gemeinsames *(oder gegenseitiges)* Einvernehmen *n*; **de común ~** in gegenseitigem Einvernehmen *n*, einvernehmlich; **~ de conciliación** Schlichtungsvereinbarung *f*; **~ de congelación** Stillhalteabkommen *n*; **de ~ con lo convenido** laut Vertrag; **~ cuatripartito** Viermächteabkommen *n*; **~ de cuotas** Quotenregelung *f*; **~ de disolución** Auflösungsbeschluss *m*.

acuerdo de distribución Vertriebs|vereinbarung *f*, -bindung *f*, Aufteilungsbescheid *m (SteuerR)*.

acuerdo, ~ económico Wirtschafts|vereinbarung *f*, -abkommen *n*; **~ económico y social** *(Sp)* Sozialpakt *m*; **~ por escrito** schriftliche Vereinbarung *f*; **~ especial** Sondervereinbarung *f*; **estar de ~** übereinstimmen, zustimmen, einverstanden sein; **~ Europeo sobre Patentes Comunitarias** Europäisches Patentabkommen *n*; **~ para evitar la doble tributación** Doppelbesteuerungsabkommen *n*; **~ extrajudical** außergerichtlicher Vergleich *m*; **~ de franquicia** Franchisevertrag *m*; **~ General sobre Aranceles Aduaneros y Comercio** Allgemeines Zoll- und Handelsabkommen *n (GATT)*; **~ gubernamental** Staatsabkommen *n*; **~ de inmovilización** Stillhalteabkommen *n*; **~ interino** Zwischen|abkommen *n*, Interims- *n*; **~ de libre intercambio** Freihandelsabkommen *n*; **~ de licencia de patentes** Patentlizenz|vertrag *m*, -vereinbarung *f*; **~ de liquidación** Steuerbescheid *m*; **~ -marco** Manteltarif*(vertrag)* *m*, Rahmen|abkommen *n*; **~ de mayoría** *(o* ***mayoritario)*** Mehrheitsbeschluss *m*; **~ migratorio** Einwanderungsabkommen *n*; **~ Monetario Europeo** Europäisches Währungsabkommen *n*; **~ de moratoria** Stillhalteabkommen *n*; **de mutuo ~** durch beiderseitiges Abkommen *n*; **~ Nacional sobre Empleo** *(Sp)* Verbandstarifvertrag *m* für das ganze Staatsgebiet; **~ parcial** Teil|abkommen *n*, -vereinbarung *f*; **~ de partes** Parteivereinbarung *f*; **~ de partición** Teilungsabkommen *n*; **~ particional** Auseinandersetzungsvereinbarung *f (unter Miterben)*; **~ de participación** Beteiligungsvertrag *m*, Partnerschaftsabkommen *n*; **~ de paz** Friedens|vertrag *m*, -abkommen *n*; **de ~ con el pedido** auftragsgemäß; **de ~ con la petición** antragsgemäß; **~ Postal Internacional** Weltpostabkommen *n*; **~ sobre *(los)* precios** Preis|absprache *f*, -bindung *f*, -abstimmung *f*; **~ de preferencia** *(o* ***preferencial)*** Präferenzabkommen *n*; **~ presidencial** Vorstandsbeschluss *m*; **de ~ con lo previsto en el plan** planmäßig; **~ de principio** Rahmenabkommen *n*, Grund|lagenvertrag *m*, -satzvereinbarung *f*; **~ regional** Regionalabkommen *n*.

acuerdo, ~ de representación comercial Handelsvertretervertrag *m*; **~ de Schengen** Schengener Abkommen *f*; **~ en sesión** in einer Sitzung erfolgter Beschluss *m*; **de ~ con el sistema** systemgerecht; **~ social** Gesellschafterbeschluss *m*; **~ de suministro** Liefer|abkommen *n*, -vereinbarung *f*; **~ de swap** Swap-Abkommen *n*; **~ tácito** stillschweigende Vereinbarung *f (oder*

Übereinkunft f); **~ tipo** Mustervereinbarung *f*; **~ de transformación** Umwandlungsbeschluss *m*; **~ del tribunal** Gerichtsbeschluss *m*; **~ tributario** Steuerabkommen *n*; **~ de voluntades** Willensübereinstimmung *f*, Konsens *m*.
acuerdos *pl*, **~ generales de empréstito** allgemeine Kreditvereinbarungen *fpl*.
acuícolo wasserwirtschaftlich.
acuicultura Wasserwirtschaft *f*.
acuífero subterraneo Grundwasser *n*.
acumulable verbindbar, der Verbindung *f* unterliegend *(im Prozess)*.
acumulación Häufung *f (im Prozess)*, Anhäufung *f*, Anfall *m*, Klagen | häufung *f*, -verbindung *f*, Anspruchs- *f*, Aufstockung *f*, Auflaufen *n (von Zinsen)*, Anwachs | en *n*, -ung *f*, Ansammlung *f (von Zinsen)*, Zusammenrechnung *f*, Bevorratung *f*, Zinseszins *m*.
acumulación de acciones *(objektive)* Klagen | häufung *f*, -verbindung *f*, Anspruchshäufung *f*.
acumulación, ~ ***(de alguna cosa)*** Thesaurierung *f*; **~ de autos** Klagen | verbindung *f*, -häufung *f*, Prozessverbindung *f*; **~ de capital** Kapital | ansammlung *f*, -akkumulation *f*; **~ de cargos** Ämter | häufung *f*, -kumulierung *f*; **~ de datos** Daten | erfassung *f*, -erhebung *f*; **~ eventual** eventuelle Klagen | häufung *f (oder -verbindung f)*; **~ de existencias** Vorratsansammlung *f*; **~ de expedientes** Verbindung *f* von Verwaltungsverfahren; **~ de ingresos** Gewinnthesaurierung *f (SteuerR)*; **~ objetiva de acciones** objektive Klagenhäufung *f*; **~ de penas** Gesamtstrafe *f*, Strafenhäufung *f*; **~ de rentas** Zusammenveranlagung *f (Familie)*; **~ de riesgos** Risikokumulierung *f*; **~ sucesiva por inserción** Klageerweiterung *f*.
acumulado aufgelaufen *(-e Zinsen)*, angefallen; **tener ~** im Vorrat *m* haben.
acumulador 1. Beschuldiger *m*, 2. Speicher.
acumular *(an)*häufen *(Klagen, Ämter)*, Ämter *npl* auf sich vereinigen, verbinden *(Klagen)*, zusammenziehen *(Strafen)*, *(auf)*speichern, ansammeln *(Geld)*, aufheben *(Waren)*, beschuldigen, nebeneinander geltend machen *(Ansprüche)*; **~ acciones** die Klagen *fpl* verbinden; **~ beneficios** thesaurieren; **~ hechos** Daten *npl* sammeln, speichern; **~ a interés compuesto** aufzinsen; **~ intereses al capital** Zinsen *mpl* zum Kapital schlagen.
acumularse zusammentreffen, *(Zinsen)* anfallen, auflaufen.
acumula | tivamente in mehrfacher Zuständigkeit *f*; **~tivo** kumulativ.
acuñación Prägung *f*, Ausprägung *f*; **libre ~** Münz | freiheit *f*, -privileg *n*; **~ de moneda** Münzprägung *f*.
acuñar prägen; **~ moneda** Geld *n* prägen.
acusación Anklage *f*, Anklageschrift *f*, -rede *f*, -vertretung *f*, Anschuldigung *f*; **~ falsa** falsche Verdächtigung *f*; **~ fiscal** Anklage *f*; **~ particular** Nebenklage *f*; **~ popular** Popularklage *f*; **~ pública** öffentliche Anklage *f*.
acusado Angeklagter *m (im Strafprozess)*; **~ en libertad** auf freien Fuß gesetzter Angeklagter *m*; **~ en rebeldía** abwesender *(oder ausgebliebener)* Angeklagter *m*.
acusador Kläger *m*, Ankläger *m*; **~ particular** Nebenkläger.
acusante *m* Ankläger *m*.
acusar 1. anklagen, Anklage *f* erheben, an | schuldigen, be-, 2. anzeigen, ausweisen *(Verlust u. a)*, bestätigen *(den Eingang)*; **~ un alza** anziehen *(Kurse)*; **~ una baja** zurückgehen; **~** *(una)* rebeldía Versäumnisurteil *n* beantragen; **~ recibo** den Empfang *m* bestätigen.
acusat | ivo s. acusatorio; **~orio** anklägerisch, Anklage-.
acuse *m*, **~ de rebeldía** Säumigerklärung *f (ähnlich Versäumnisurteil)*; **~ de recibo** Empfangs | bestätigung *f*, -bescheinigung *f*, Rückschein *m (Post)*; **~ de recibo de pedido** Auftragsbestätigung *f*.
adaptabilidad Anpassungsfähigkeit *f*.
adaptación Anpassung *f*, Umschulung *f*, Umgestaltung *f (eines Werks)*; **~ monetaria** Währungsanpassung *f*.
adaptador Bearbeiter *m (Film)*.

adatar s. datar.
addendum *m (lat)* Zusatz *m*.
adecuación Zweck | mäßigkeit *f*, -bindung *f*, Angemessenheit *f*, Anpassung *f*, Adäquanz *f*; **~ a fin** Zweckmäßigkeit *f*; **~ física-psíquica** physisch-psychische Eignung *f*; **~ social** Sozialadäquanz *f*.
adecuado angemessen, geeignet, adäquat, zweckmäßig, zweckdienlich; **~ a la categoría, posición o nivel social** standesgemäß.
adehala Aufgeld *n*, Draufgabe.
adelantado Vorauszahlung *f*; **~** *(adj)* überholend *(Kausalität)*; **por ~** im Voraus *(bezahlen)*.
adelantamiento Vorrücken *n*; Über | holen *n*, -holvorgang *m*.
adelantar *(Geld:)* vorauszahlen, vorschießen, vorstrecken, auslegen, verauslagen, auf Kredit *m* liefern; vorverlegen, vorziehen *(Wahlen)*, aufrücken, im Rang *m* vortreten *(Hypothek)*, überholen *(VR)*.
adelanto Vor | lage *f*, -*(weg)*leistung *f*, -auszahlung *f*, -schuss *m*, Überziehung *f (eines Kontos)*; **~ de alquiler** Mietvorauszahlung *f*; **~ informativo** Vorausbericht *m*; **~ sobre letras** Wechsellombard *m*; **~ sobre mercancías** Warenlombard *m*; **~ de pago** Vorauszahlung *f*; **~ sobre una póliza** Policenbeleihung *f*.
ademán *m*, **~ amenazante** Drohgebärde *f*.
adeudado fällig.
adeudante *m* Zollschuldner *m*.
adeudar schulden, belasten *(Konto)*, in Rechnung *f* stellen, im Soll *n* buchen, debitieren; **~ en cuenta** das Konto *n* belasten.
adeudo Schuld *f*, Verschuldung *f*, Schuld | summe *f*, -posten *m*, Sollposten *m*, Lastschrift *f*, Debet *n*, Zoll *m*, Zoll | abgabe *f*, -schuld *f*.
adherencia Anhang *m*, Verbindung *f*; Bodenhaftung *f (Reifen)*.
adherente *m* Mitglied *n*.
adherido al suelo mit dem Boden *m* verbunden.
adherir anschließen; **~ el sello** siegeln.
adherirse sich anschließen *(Nebenkläger)*, eintreten *(Verein)*, beitreten *(Vereinbarung, Vertrag)*.
adhesión Anschließung *f*, Zustimmung *f*, Anschluss *m (an ein Rechtsmittel)*, Beitritt *m (zu einer Vereinbarung)*, Eintritt *m*; **~ a la deuda** Schuld | mitübernahme *f*, -beitritt *m*; **~ obligatoria** Beitrittszwang *m*.
adicción Abhängigkeit *f*, Drogenabhängigkeit *f*, Sucht *f*.
adición 1. Zusammenrechnung *f*, Addition *f*, 2. Zusatz *m*, Nachtrag *m (zum Vertrag)*; **~ de (la) herencia** Erbschaftsantritt *m*.
adicional Zusatz | bestimmung *f*, -gebühr *f*; **~** *(adj)* Zusatz-.
adicto Anhänger *m*, Abhängiger *m*, Süchtiger *m*; **~** *(adj)* abhängig, süchtig; zugeteilt *(Beamter)*; **~ a medicamentos** Medikamentenabhängiger *m*.
adinerado begütert.
adir ***(la herencia)*** die Erbschaft *f* annehmen *(oder antreten)*.
aditivo alimenticio Lebensmittelzusatz *m*.
adjudicación Zuschlag*(serteilung) m (f) (Versteigerung etc.)*, Zusprechung *f*, Zuerkennung *f*, Zuteilung *f*, Vergabe *f*, *(Preis)*Verleihung *f*; **~ de acciones** Aktienzuteilung *f*; **~ del contrato** Vergabe eines öffentlichen Auftrags; **~ directa** Vergabe *f* öffentlicher Aufträge ohne Ausschreibung; **~ judicial** gerichtliche Zuschlagserteilung *f*; **~ en pago** Leistung *f* an Erfüllungs Statt *(oder erfüllungshalber)*; **~ de premios** Prämierung *f*.
adjudicador Zuwendender *m*.
adjudicar zuerkennen, zusprechen, zuteilen, den Zuschlag *m* erteilen, vergeben *(Versteigerung)*, verleihen *(Preise)*; **~ a dedo** frei vergeben *(ohne Ausschreibung)*.
adjudicarse sich aneignen.
adjudicatario Erwerber *m*, Ersteher *m*; **hacerse ~** erstehen *(Auktion)*.
adjudicativo zuerkennend.
adjun | ción trennbare Verbindung *f (mehrerer Sachen)*; **~tar** beifügen.
adjunto *(Laien)*Beisitzer *m*, Schöffe *m*, Stellvertreter *m (im Amt)*; **~** *(adj)* beigeordnet, anliegend.
adminicular rechtlich stützen; **~ pruebas** weiteren Beweis *m* erbringen.

adminículo *(Rechts)*Behelf *m*, Beweisverstärkung *f*.
administración Verwaltung *f*, Amt *n*, Exekutive *f*, Geschäfts | führung *f*, Betriebs- *f*, Administration *f*, Geschäftsführertätigkeit *f*, Management *n*; **~ autónoma** Selbstverwaltung *f*; **~ autonómica** *(Sp)* Verwaltung *f* in den Autonomien, dezentrale Verwaltung *f*; **~ de bienes** Vermögensverwaltung *f*; **~ de bienes de ausente** Abwesenheits | pflegschaft *f*, Verschollenheits- *f*; **~ de la caja** Kassenführung *f*; **~ de cartera** Effektenverwaltung *f*; **~ del caudal** Vermögensverwaltung *f*; **~ del caudal relicto** Nachlassverwaltung *f*; **~ central** Hauptverwaltung *f*, Staats | verwaltung *f*, Zentral- *f*, Bundes- *f (im Bundesstaat)*; **~ central del Estado** *(Sp)* Staatsverwaltung *f (Ministerien)*; **~ contratante** Vergabebehörde *f*; **~ corporativa** Kammerwesen *n*, Staatsverwaltung *f* durch Körperschaften; **~ económica** Wirtschafts | verwaltung *f*, -führung *f*, Finanzverwaltung *f (nicht staatlich)*, Steuerbehörde *f*; **~ educativa** Schulverwaltung *f*; **~ de una empresa** Unternehmensverwaltung *f*; **~ de empresas** Betriebswirtschaftslehre *f*; **~ federal** Bundesverwaltung *f*; **~ fiduciaria** Treuhand*(verwaltung)* *f*, treuhänderische Verwaltung *f*; **~ fiscal** Finanz | verwaltung *f (staatlich)*, Abgaben- *f*, Steuer | verwaltung *f*, -behörde *f*, Fiskus *m*; **~ del fondo** Fondsverwaltung *f*; **~ de Hacienda** Finanzverwaltung *f (staatlich)*, Steuer | behörde *f*, -verwaltung *f*; **~ institucional *(y corporativa)*** mittelbare Staatsverwaltung *f*; **~ intervencionista** Eingriffsverwaltung *f*; **~ judicial** Justizverwaltung *f*, gerichtliche Vermögensverwaltung *f*; **~ de justicia** Justiz | verwaltung *f*, Rechtspflege *f*, Ausübung *f* der Gerichtsbarkeit; **~ militar** Wehr | verwaltung *f*, Militär- *f*; **~ municipal** Stadt | verwaltung *f*, Gemeinde- *f*, Kommunal- *f*; **~ del oficio** Amtsführung *f*; **~ patrimonial** Vermögensverwaltung *f*; **~ penitenciaria** Gefängnisverwaltung *f*, Strafvollzugs | verwaltung *f*, -behörde *f*; **~ periférica *(estatal)*** *(Sp)* Staatsverwaltung *f* auf regionaler Ebene; **~ del proyecto** Projektmanagement *n*.
administración pública öffentliche Verwaltung *f*.
administración, ~ de títulos en cartera Portfolio-Management *n*; **~ tributaria** Steuer | verwaltung, Abgaben- *f*, Finanz- *f*; **~ de valores** Effektenverwaltung *f*; **~ vinculada** gebundene Verwaltung *f*.
administrado *(Staats)*Bürger *m*, Adressat *m* eines Verwaltungsaktes.
administrador Sachwalter *m*, Verwalter *m*, Verweser *m*, Administrator *m*, Leiter *m*, Vorstands | mitglied *n*, *(geschäftsführendes)* Verwaltungsrats- *n (AG)*, Geschäftsführer *m*; **~ de bienes** Vermögensverwalter *m*; **~ fiduciario** treuhänderischer Verwalter *m*; **~ -gerente** geschäftsführendes Mitglied *n (Verwaltungsorgan AG)*; **~ de la hacienda municipal** Stadtkämmerer *m*; **~ judicial** Zwangsverwalter *m*; **~ de la testamentaría** Nachlassverwalter *m*; **~ único** alleiniger Geschäftsführer *m (Einmanngesellschaft)*.
administradores *pl* Vorstand *m (AG)*.
administrar verwalten, bewirtschaften, bekleiden *(ein Amt)*; **~ *(la)* justicia** Recht *n* sprechen; **~ las pruebas** Beweis *m* erheben; **~ por vía oral** oral verabreichen *(Droge, Medikament)*.
administrati | va weibliche Bürokraft *f*; **~vamente** im Verwaltungsverfahren *n*, im Verwaltungsweg *m*; **~vista** *m* Verwaltungsrechtler *m*.
administrativo männliche Bürokraft *f*; **~** *(Sp)* kaufmännischer Angestellter *m*, Beamter *m* der gehobenen Laufbahn; **~** *(adj)* Geschäftsführungs-, Verwaltungs-, verwaltungs | mäßig, -technisch, behördlich.
administrativos *pl* Verwaltungspersonal *n*.
admisibilidad Zulässigkeit *f*, Aufnahmefähigkeit *f*.
admisible zulässig, zuzulassen, zulassungsberechtigt, glaubhaft.

admisión Zulassung *f*, Annahme *f*, Ernennung *f*, Nichtbestreiten *n*, Einstellung *f*; **~ en (la) bolsa** Börsen|zulassung *f*, -einführung *f*; **~ al colegio** Kammerzulassung *f*; **~ a (la) cotización *(oficial en bolsa)*** Börsenzulassung *f*, Zulassung *f* zum Börsenhandel *(oder zum Börsenverkehr)*; **~ en franquicia aduanera** Zollfrei|schreibung *f*, -zulassung *f*; **no ~** Nichtzulassung *f*; **~ en una profesión** Zulassung *f* zu einem Beruf; **~ provisional** *(Sp)* Aufenthaltsgestattung *f (Asyl)*; **~ temporal** vorläufige Zulassung *f*.

admítase *m* Schiffszettel *m*.

admitido zulässig.

admitir zulassen, zugestehen, annehmen, anerkennen *(Anspruch)*, aufnehmen *(in eine Gesellschaft)*, einstellen *(Personal)*; **~ la apelación en ambos efectos** die Berufung *f* mit Suspensiv- und Devolutiveffekt zulassen; **~ a (la) cotización** zum Börsenhandel *m (oder zur Notierung f)* zulassen; **~ un hecho** Tatsachen *fpl* zugestehen; **~ el recurso** dem Rechtsmittel *n* stattgeben; **~ a trámite** für zulässig erklären *(Antrag)*, zum Verfahren *n* zulassen, auf die Tagesordnung *f* setzen *(Parlament)*.

admitirse, no ~ a trámite nicht zulassen *(Klage)*.

admonición *(Er)*Mahnung *f*, Verweis *m*; Verwarnung *f*.

admonitorio Mahn-, Warn-.

adolecer de vicio de nulidad mit einem Nichtigkeitsgrund *m* behaftet sein.

adolescencia Jugendlichenalter *n*.

adopción Adoption *f*, Annahme *f* an Kindes Statt; Einführung *f (oder Verabschiedung f) (eines Gesetzes)*, Erlass *m (eines Beschlusses)*; **~ de acuerdo*(s)*** Beschlussfassung *f*; **~ de medidas** Ergreifen *n* von Maßnahmen; **~ menos plena** *(Sp)* Adoption *f* unter Aufrechterhaltung der Rechtsbeziehungen zur natürlichen Familie; **~ plena** *(Sp)* Volladoption *f*.

adopta|bilidad Adoptierbarkeit *f*; **~do** Adoptivkind *n*, angenommenes Kind *n*, Angenommener *m*; **~dor** s. adoptante.

adoptante *m* Annehmender *m*, Adoptiv|vater *m*; **~** *f* -mutter *f*.

adoptar adoptieren, ein Kind *n (oder an Kindes Statt)* annehmen; erlassen *(Vorschrift)*; **~ un acuerdo** beschließen, einen Beschluss *m* fassen; **~ una medida** eine Maßnahme *f* ergreifen.

adopti|vamente *(adv)* durch Adoption; **~vo** Adoptiv-, Wahl-.

adquirente *m* Erwerber *m*, Käufer *m*; **~ de buena fe** gutgläubiger Erwerber *m*; **~ de justo título** rechtmäßiger Erwerber *m*; **~ de mala fe** bösgläubiger Erwerber *m*.

adquiri|ble erwerbbar; **~dor** Erwerber *m*.

adquirir erwerben, erlangen, anschaffen, *(an)*kaufen, einkaufen, beziehen, gewinnen; **~ conocimiento** Kenntnis *f* erlangen; **~ firmeza** rechtskräftig werden.

adquisición Anschaffung *f*, Beschaffung *f*, Erlangung *f*, *(An)*Kauf *m*, Akquisition *f*, Bezug *m*, Übernahme *f*; **~ de buena fe** gutgläubiger Erwerb *m*; **~ de datos** Daten|erfassung *f*, -beschaffung *f*; **~ del derecho** Rechtserwerb *m*; **~ inicial** usprünglicher Erwerb *m*; **~ intermediaria** Zwischenerwerb *m*; **~ inter-vivos** *(lat)* Erwerb *m* unter Lebenden; **~ de mala fe** bösgläubiger Erwerb *m*; **~ mortis causa** *(lat)* Erwerb *m* von Todes wegen; **~ a título gratuito** unentgeltlicher Erwerb *m*; **~ traslativa** Erwerb *m* durch Rechtsgeschäft.

adquisiciones *pl* Bezüge *pl*; **~ de una empresa** Kapitalverwendung *f* *(Betriebswirtschaft)*.

adquisi|dor Erwerber *m*; **~tivo** Erwerbs-; **poder ~tivo** Kaufkraft.

adscribir zuteilen, bei|ordnen, zu-, überweisen, ernennen.

adscripción Ernennung *f*, Erteilung *f*, Zugehörigkeit *f*, Zuordnung *f*.

adscri(p)to (a) beigeordnet; **estar ~** zugeordnet sein *(Behörde)*.

aduana *(s. a. aduanas)* Zoll *m*, Grenzzoll *m*, Zoll|amt *n*, -station *f*, -stelle *f*, -behörde *f*, -verwaltung *f*, -abfertigungsstelle *f*, -wesen *n*; **~ de entrada** Eingangszollstelle *f*,

Zollhafen *m*; **~ fronteriza** Grenzzoll|stelle *f*, -amt *n*; **~ de importación** Einfuhrzoll *m*; **~ interior** Binnenzoll*(stelle) m (f)*; **~ preferencial** Präferenzzoll, Vorzugszoll *m*; **sujeto a ~** zollpflichtig; **~ de tránsito** Durchgangszollstelle *f*.
aduanal Zoll-, zollamtlich; **~r** verzollen, deklarieren.
aduanas *pl*, **~ autónomas** autonome Zölle *mpl*; **de ~** Zoll-; **~ diferenciales** Unterscheidungs|zoll *m*, Differential- *m*; **~ discriminatorias** Diskriminierungszölle *mpl*; **~ mixtas** Mischzölle *mpl*; **~ móviles mixtas** gleitende Mischzölle *mpl*; **~ de tránsito** Durchgangs|zölle *mpl*, Durchfuhr- *mpl*; **~ ad valorem** Wertzölle *mpl*.
aduanero Zoll|beamter *m*, -aufseher *m*, Zöllner *m*; **~** *(adj)* Zoll-.
aducción Anmeldung *f (von Rechten)*.
aducir anführen *(Gesetze)*, vortragen *(Prozess)*, vorbringen *(Gründe)*; **~ una** *(o* **como***)* **prueba** Beweis *m* antreten *(oder liefern)*; **~ verosimilmente** glaubhaft machen.
adueñamiento Aneignung *f*.
adueñarse de erwerben.
adúltera Ehebrecherin *f*.
adulteración Verfälschung; **~ de comestibles** Lebensmittel|*(ver)*fälschung *f*.
adultera|dor Fälscher *f*; **~r** fälschen, verfälschen; ehebrechen.
adulterin|amente *(adv)* durch Ehebruch *m*; **~o** verfälscht; Ehebruchs-, im Ehebruch *m* gezeugt.
adulterio Ehebruch *m*.
adúltero Ehebrecher *m*; **~** *(adj)* s. adulterino.
adulto Erwachsener *m*; **~** *(adj)* voll|jährig, groß-.
adveración Bescheinigung *f*.
adverar beglaubigen, bescheinigen.
adversario Antragsgegner *m*; **~ de la pretensión** Anspruchsgegner *m*.
adverso gegnerisch.
advertencia Hinweis *m*, Vorbemerkung *f*, Verweis *m*, Mahnung *f*, Verwarnung *f*, Rechtsmittelbelehrung *f*, Abmahnung *f (ArbR)*; **~ de muerte** Morddrohung *f*; **~ de no aceptación** Ablehnungsandrohung *f*.
adver|tencias *pl* Rechtsbelehrung *f*; **~tir** verwarnen, mahnen, anzeigen *(Fahrtrichtungsänderung)*.
adyacente *m* Anrainer *m*; **~** *(adj)* angrenzend, benachbart.
aeronáutica Luftfahrt *f*; **~ civil** Zivilluftfahrt *f*.
aero|náutico Luftfahrt-; **~nave** *f* s. avión; **~navegabilidad** Flugtüchtigkeit *f*, Flugfähigkeit *f*; **~navegación** Luftfahrt *f*; **~postal** *(adj)* Luftpost-.
aeropuerto Flug|hafen *m*, -platz *m*, -betrieb *m*, Lufthafen *m*; **~ civil** Verkehrs|flughafen *m*, Passagier- *m*; **~ de destino** Bestimmungsflughafen *m*; **~ doméstico** Inlandsflughafen *m*; **~ de escala** Anflughafen *m*; **~ militar** Militärflugplatz *m*; **~ de salida** Ab|flughafen *m*, Abgangs- *m*, Ausgangs- *m*.
aerotranspor|tado Fluggast *m*; **~te** *m* Luftfracht *f*.
afán *m* **de lucro** Erwerbstrieb *m*, Gewinn|streben *n*, -absicht *f*; **sin ~ ~ ~** gemeinnützig.
afección Widmung *f*, Verpfändung *f*; **~ de bienes** Sachhaftung *f*.
afecta|bilidad Belastbarkeit *f*; **~ble** hypothekarisch belastbar.
afectación Widmung *f*, Zweck|bindung *f*, -bestimmung *f*, Belastung *f (Grundstück)*.
afectado Betroffener *m*; **~** *(adj)* betroffen, zweckgebunden; **estar ~ a** gebunden sein an *(Tarifvertrag)*.
afectar zuführen, belasten *(Grundstück)*, widmen *(SteuerR, Vermögen)*.
afecto Affekt *m*, Beschlagnahme *f*; **~** *(adj)* belastet, steuerpflichtig, zugewiesen *(einer Behörde)*, zweckbestimmt, unterstellt; **~ a** zugehörig, dinglich haftend für *(SteuerR)*.
affidavit *(lat)* s. afidávit.
afianzador Bürge *m*.
afianzamiento Bürgschaft *f*, Bürgschafts|übernahme *f*, -leistung *f*.
afianzar *(ver)*bürgen, mit einer Bürgschaft *f* sichern.
afianzarse fester tendieren *(B)*.
afidávit *m* eidesstattliche Versicherung *f*.
afiliación Anschluss *m*, Angliederung *f*, Zugehörigkeit *f*, Mitgliedschaft *f*, Beitritt *m (zu einem Verein)*; **~ forzosa** Zwangsmitgliedschaft *f*;

~ obligatoria a un seguro Versicherungspflicht *f*; **~ a partidos** Parteizugehörigkeit *f*; **~ al seguro** Versicherungszugehörigkeit *f*.
afiliado Angehöriger *m*, Mitglied *n* *(eines Vereins, einer Versicherung)*; **~** *(adj)* angeschlossen.
afiliar aufnehmen *(in einen Verein)*, eingliedern; **~ al seguro social** anmelden *(Sozialversicherung)*.
afiliarse beitreten, eintreten *(in einen Verein)*, sich anschließen.
afín *m* Schwager *m*, Verschwägerter *m*; **~** *(adj)* verschwägert.
afincar | Grundbesitz *m* erwerben; **~se** sich niederlassen.
afinidad Schwägerschaft *f*.
afirmación Behauptung *f*, Versicherung *f*, Vorbringen *n*, Zusicherung *f (eines Rechts)*; **~ falsa** irreführende Angabe *f (Werbung)*.
afirmante *m* Behauptender *m (Prozess)*.
afirmar behaupten, eine Behauptung *f* aufstellen, versichern *(glaubhaft bejahen)*.
afirmarse eine Behauptung *f* aufrechterhalten; **~ en** sich stützen auf.
afirmati | va Einwilligung *f*, Zustimmung *f*; **~vo** zustimmend.
afloración de plusvalías *(Sp)* Aktivierung *f* stiller Reserven.
afluencia Zufluss *m*, Zufließen *n (von Mitteln)*; **~ de mercancías** Güterandrang *m*.
aflujo dinerario Geldzufluss *m*.
aforado mit Immunität Ausgestatteter *m*, der Sondergerichtsbarkeit unterliegende Person *f*; **~** *(Sp)* dem Foralrecht Unterliegender *m*.
aforador Eichmeister *m*; **~ de aduana** Zollbeschauer *m*.
afora | miento Status *m* eines mit Immunität Ausgestatteten; **~r** einschätzen, eichen, taxieren.
aforo Bewertung *f*, Gewährung *f* von Privilegien, Verzollung *f*, Eichung *f*, Kapazität *f*.
afrenta Beleidigung *f*, Ehrverlust *m*.
afronta(miento) Gegenüberstellung *f*.
agencia Agentur *f*, Niederlassung *f*, Zweigstelle *f*, Vertretung *f* *(Institution)*, Außenstelle *f*, Behörde *f*; **~ de cambio** Wechselstube *f*; **~ Central de Inteligencia** CIA *(USA)*; **~ de cobros** *(o* ***de cobro de morosos****)* Inkasso | büro *n*, -stelle *f*; **~ de colocaciones** Stellen | vermittlung *f*, -nachweis *m*, Arbeits | agentur *f*, -vermittlung *f*; **~ de consignación de buques** Schiffs | agentur *f*, Reederei- *f*; **~ Europea del Medio Ambiente** Europäische Umweltagentur *f*; **~ exclusiva** Alleinvertretung *f*; **~ gestora** *(Sp)* Büro *n* zur Erledigung von Angelegenheiten bei Behörden etc. im Auftrage von Kunden; **~ de informe** Auskunftei *f*; **~ de informes** ***(comerciales)*** Nachrichtenagentur *f*; **~ de inmuebles** Grundstücks- und Immobilienfirma *f*.
Agencia Internacional internationale Organisation *f*; **~ ~ de Control de Narcóticos** Internationale Rauschgiftkontrollbehörde *f*; **~ ~ de Energía Atómica** Internationale Atomenergie-Organisation *f*.
agencia, ~ marítima Schiffs | agentur *f*, Schifffahrts- *f*, Schiffsmaklerbüro *n*; **~ de prensa** Presse | agentur *f*, -büro *n*; **~ de la propiedad inmobiliaria** *(o* ***inmueble****)* Wohnungsamt *n*, Immobilienbüro *n*; **~ de publicidad** Werbeagentur *f*, Anzeigen | vermittlung *f*, -annahmestelle *f*; **~ publicitaria** s. agencia de publicidad; **~ de seguros** Versicherungs | büro *n*, Assekuranz- *n*; **~ de transportes** Spedition *f*, Transport | unternehmen *n*, -agentur *f*; **~ de transportes marítimos** Seespedition *f*; **~ tributaria** *(Sp)* Finanzverwaltung *f*, Steuer | überwachungsbehörde *f*; **~ de valores** Brokerfirma *f*; **~ de vapores** Schiffsagentur *f*; **~ de ventas** Verkaufs | stelle *f*, -agentur *f*.
agenci | ar besorgen, betreiben; **~ero** Inhaber *m* einer Agentur.
agenda Tagesordnung *f*, Terminkalender *m*.
agente *m* Agent *m*, Vertreter *m*, Bevollmächtigter *m*, Makler *m*, Handelnder *m*, Täter *m*, subalterner Beamter *m*, Polizist *m*, Bediensteter *m*; Arbeitsstoff *m*; **~ de la administración** Verwaltungsbeamter *m*; **~ de aduanas** Zoll | agent *m*, -beamter *m*;

~ antidrogas Rauschgiftfahnder *m*; **~ autorizado** Vertragshändler *m*, zugelassener *(oder konzessionierter)* Händler *m*; **~ de bolsa** Börsenmakler *m*; **~ de cambio** Kurs | makler *m*, Wechsel- *m*, Börsen- *m*, Effekten- *m*, Geld- *m*; **~ de cambio y bolsa** Börsen | makler *m*, Kurs- *m*, Aktien- *m*; **~ de carga** Frachtmakler *m*; **~ de colocación** *(o **de colocaciones**)* Vermittlungsagent *m*, Stellen | vermittler *m*, Arbeits- *m*; **~ comercial** Handels | agent *m*, -bevollmächtigter *m*, *(selbstständiger)* Handelsvertreter *m*; **~ consular honorario** Honorarkonsul *m*; **~ de contaminación** *(o **contaminante**)* Schadstoff *m (Umweltschutz)*; **~ diplomático** Diplomat *m*, diplomatischer Vertreter *m*; **~ económico** Wirtschafts | faktor *m*, -subjekt *n*; **~ ejecutivo** Gerichtsvollzieher *m*, Vollstreckungsbeamter *m*, Vollzugs- *m*, Vollziehungs- *m*; **~ exclusivo** Alleinvertreter *m*; **~ de exportación** *(o **exportador**)* Exportvertreter *m*; **~ de extensión agraria** landwirtschaftlicher Berater *m*; **~ fiduciario** Treuhänder *m*; **~ financiero** Geldvermittler *m*; **~ fiscal** Steuer | beamter *m*, Finanz- *m*; **~ de futuros** *(B)* Terminhändler *m*; **~ general** General | vertreter *m*, Haupt- *m*; **~ de guardia** Polizeibeamter *m*; **~ importador** Einfuhr | vertreter *m*, -agent *m*, Importvertreter *m*; **~ inmobiliario** *(o **de inmuebles**)* Grundstücksmakler *m*; **~ judicial** Justizbeamter *m*, Gerichtsvollzieher *m*; **~ marítimo** Schiffs | agent *m*, -makler *m*, Frachtenmakler *m*, Reedereivertreter *m*; **~ marítimo de transportes** Seespediteur *m*; **~ oficial de la propiedad industrial** *(Sp)* Patentanwalt *m*; **~ del orden** Ordnungshüter *m*; **~ de patentes** *(y marcas)* Patentanwalt *m*; **~ de la policía** Polizist *m*, Polizeibeamter *m*; **~ de la policía judicial** Hilfbeamter *m* der Staatsanwaltschaft, Kriminalbeamter *m*; **~ de la propiedad industrial** Patentanwalt *m*; **~ provocador** Lockspitzel *m*, Agent *m* provocateur *(franz)*; **~ público** Beamter *m*, Staatsbediensteter *m*; **~ regional** Bezirks | vertreter *m*, General- *m*; **~ secreto** Geheimagent *m*; **~ de seguros** Versicherungs | vertreter *m*, -agent *m*, -makler *m*, -vermittler *m*; **~ en solitario** einzelner Streifenpolizist *m*; **~ de transporte y carga** Verladespediteur *m*; **~ de transporte marítimo** See*(hafen)*spediteur *m*; **~ único** Alleinvertreter *m*; **~ de valores y bolsa** Börsenmakler *m*.

agentes detonantes *mpl* explosive Kampfstoffe *mpl*.

agilización, ~ judicial Beschleunigung *f* der Gerichtsverfahren; **~ de pago** Zahlungserleichterung *f*.

agilizar vereinfachen *(Verwaltung)*.

agio | Agio *n*, Wechselagio *n*, Aufgeld *n*; **~tador** s. agiotista.

agiotaje *m* Agio | tage *f*, -geschäft *n*, Kurs | spekulation *f*, Aktien- *f*, Börsen | spiel *n*, -schwindel *m*.

agiotista *m* Börsen | spieler *m*, -spekulant *m*, Agiotist *m*.

agita | ción Agitation *f*, Aufwieg*(e)*lung *f*, Aufruhr *m*; **~dor** Agitator *m*, Aufwiegler *m*; **~r** Unruhe *f* stiften, aufwiegeln.

aglomeración Ballung *f (Soz)*.

agotado vergriffen *(Auflage)*, ausgegangen *(Ware)*; **estar ~** beendet sein *(Delikt)*.

agotamiento Abbauverlust *m*, Erschöpfung *f*, Raubbau *m*; **~ de las cuentas** Rechnungsabschluss *m*; **~ de la vía administrativa** Erschöpfung *f* des Verwaltungsweges.

agotar verbrauchen, erschöpfen; **~ un contingente** ein Kontingent *n* ausschöpfen.

agotarse ***(el plazo)*** ablaufen *(Frist)*.

agraciar bestallen, patentieren, verleihen *(Orden)*.

agrari | o landwirtschaftlich, Agrar-; **~sta** *m* Landwirtschaftsrechtler *m*.

agravación Verschlimmerung *f*, Verschärfung *f (Maßregel)*, Schlechterstellung *f*, Erschwerung *f (Strafe)*, Straferschwerungsgrund *m*; **~ de la pena** Straf | erhöhung *f*, -*(ver)*schärfung *f*; **~ de riesgos** Gefahrerhöhung *f*.

agravado schwerer *(bei erschwertem Fall eines Straftatbestands)*.

agravamiento Verschärfung *f* der Strafe.
agravante *f* Straf | erschwerungsgrund *m*, -schärfungsgrund *m*; **~** *(adj)* erschwerend, straferschwerend.
agrava | r erschweren, verschärfen, heraufsetzen *(Strafe)*; **~torio** erschwerend *(-e Umstände)*.
agraviado Geschädigter *m*, Verletzter *m*; **~** *(adj)* geschädigt.
agravia | dor Schädiger *m*; **~nte** *m* Schädiger *m*; **~** *(adj)* beleidigend; **~r** beleidigen.
agravio Beeinträchtigung *f*, Beschwer *f*, Ehrverletzung *f*.
agregación Beitritt *m*, Verbindung *f* *(einer Nebensache mit Hauptsache)*, Zuschreibung *f* *(einer Parzelle)*, Zusammen | legung *f* *(von Grundstücken)*
agregado Attaché *m*; Gesamtheit *f* *(Stat)*; **~** *(adj)* beigeordnet; **~ comercial** Handelsattaché *m*; **~ cultural** Kulturattaché *m*.
agregados económicos *pl* wirtschaftliche Gesamtgrößen *fpl*.
agregaduría Abteilung *f* einer Botschaft.
agregar beiordnen, aufnehmen *(in eine Körperschaft)*, zuweisen *(Beamte)*; **~ al expediente** zu den Akten *fpl* geben *(oder nehmen)*.
agremia | do vereinigt; **~r** vereinigen.
agresión Aggression *f*; **~ a la autoridad** Widerstand *m* gegen die Staatsgewalt; **~ sexual** *(StrafR)* sexuelle Nötigung *f*.
agresor Angreifer *m*, Aggressor *m*, Rechtsbrecher *m*, Verbrecher *m*.
agricultor Landwirt *m*; **pequeño ~** Klein | bauer *m*, -landwirt *m*; **~ a título principal** *(Sp)* Vollerwerbslandwirt *m*.
agricultura Landwirtschaft *f*; **~ latifundista** Latifundienwirtschaft *f*; **~ en pequeña escala** landwirtschaftlicher Kleinbetrieb *m*.
agro | nomía Agrarwissenschaft *f*; **~nómico** agrarwissenschaftlich; **~pecuario** Landwirtschafts-.
agrupación Gruppe *f*, Vereinigung *f*, Ansammlung *f*, Zusammenlegung *f* *(Grundstücke)*, Zusammenschluss *m*, Zusammenlegung *f* von Kapiteln und Titeln *(Haushalt)*; **~ de acciones** Zusammenlegung *f* von Aktien; **~ campesina** Bauernverband *m*; **~ de compras en común** Einkaufsverband *m*; **~ familiar** Familiennachzug, Familienzusammenführung *f*; **~ de fincas** Zusammenlegung *f* von Grundstücken; **~ forzosa** Zwangszusammenschluss *m*; **~** *(Sp)* Zweckverband *m* von Gemeinden; **~ intermunicipal** Gemeindeverband *m*; **~ patronal** Unternehmerverband *m*; **~ de productores agrarios** Erzeugergenossenschaft *f* *(Agrarrecht)*; **~ temporal** *(Sp)* Arbeitsgemeinschaft *f*; **~ transitoria** Jointventure *n*; **~ de usuarios** Verbraucherverband *m*.
agua Dachneigung *f* *(Traufrecht)*; **~ bruta** unbehandeltes Abwasser *n*; **~ desalinizada** entsalztes Meerwasser *n*; **~ embalsada** Wasservorrat *m*.
aguas *pl* Wässer *(Wasserarten)*; Gewässer *pl*; **~ de aprovechamiento común** Gewässer *pl* im Gemeingebrauch; **~ de aprovechamiento especial** einer Sondernutzung unterliegende öffentliche Gewässer *pl*; **~ comunitarias** Gemeinschaftsgewässer *pl* *(EU)*; **~ continentales** Binnengewässer *pl*; **~ costeras** Küstengewässer *pl*; **~ interiores** Binnen | gewässer *pl*, Eigen- *pl*; **~ protegidas** Wasserschutzgebiet *n*; **~ residuales** Abwässer *npl*; **~ subterráneas** Grundwasser *n*; **~ territoriales** Hoheits | gewässer *pl*, Territorial- *pl*.
aguinaldo Bonus *m* *(Lohn)*; Zulage.
ahija | do Adoptierter *m*, Pflegekind *n*; **~miento** Adoption *f*; **~r** adoptieren, an Kindes Statt annehmen.
ahogamiento Ersticken *n*.
ahorrador Spar | er *m*; **~** *(adj)* sparsam; **pequeño ~** Kleinsparer *m*.
ahorramiento Sparen *n*.
ahorrar sparen, ersparen; **~ para una vivienda** bausparen.
ahorrati | va Ersparnis *f*, Sparsamkeit *f*; **~vo** sparsam.
ahorrista *m* Sparer *m*.
ahorro Sparen *n*, Spar | leistung *f*, -tätigkeit *f*; **~ colectivo** Kollektivsparen *n*; **~ de costes** Kosten | einsparung *f*, -ersparnis *f*; **~ de impuestos** Steuerersparnis *f*; **~ por inversiones** Investmentsparen *n*; **~ neto** Nettoersparnis *f*;

~ de personal Personaleinsparung *f*; **~ popular** Volkssparen *n*; **~ público** öffentliches Sparwesen *n*; **~ -vivienda** Bausparen *n*.
ahorros *pl* Ersparnisse *fpl*, Spar|geld *n*, -einlagen *fpl*, -tätigkeit *f*.
ahuesarse *(Ch)* unverkäuflich werden.
aire *m*, **-al ~ libre** unter freiem Himmel; **~ territorial** Luftraum *m* über dem Staatsgebiet.
aislamiento Isolierung *f (in Haftanstalt)*, Isolier|haft *f*, Einzel- *f*.
aislar isolieren; **~ la escena del delito** den Tatort *m* absperren.
ajeno fremd, im fremden Eigentum *n* stehend; **~ a la explotación** betriebsfremd; **~ al matrimonio** ehefremd; **a la personalidad** persönlichkeitsfremd; **~ a la profesión** berufsfremd.
ajuar *m* Mitgift *f*, Heiratsgut *n*, Hausrat *m*; **~ familiar** Hausrat *m*.
ajuntarse in eheähnlicher Gemeinschaft *f* leben.
ajustado passend, gerecht; **~a Derecho** rechtmäßig.
ajustamiento Abrechnung *f*, Preis|vereinbarung *f*, -absprache *f*.
ajustar abrechnen, abschließen *(Rechnung)*, abmachen *(Geschäft)*, einrichten, ausgleichen *(Konto)*, berichtigen, regulieren, abstimmen; **~ alzadamente** zum Pauschalpreis *m* abschließen.
ajustarse sich einverstanden erklären, einhalten *(müssen)*.
ajuste *m* Verrechnung *f*, Berichtigung *f*, Bereinigung *f*, Regulierung *f*, Übereinkunft *f*, Vereinbarung *f*, Ausgleich*(ung) m (f)*, Abgleichung *f*, Anpassung *f*, Verständigung *f*, Einstellung *f (von Personen)*; **~ de la caja** Kassenabstimmung *f*; **~ de cuentas** Ab|rechnung *f*, Auf- *f*, Kostenabrechnung *f*, Kontenabstimmung *f*; **~ de datos** Datenabgleich *m*; **~ estacional** Saisonbereinigung *f*; **~ financiero** Finanzausgleich *m*; **~ presupuestario** Haushaltsausgleich *m*; **~ salarial** Lohnanpassung *f*; **~ de la valor(ación)** Wertberichtigung *f*.
ajustero Akkordarbeiter *m*.
ajustes *mpl*, **~ estructurales** Strukturanpassung *f*; **~ por periodificación** Rechnungsabgrenzungsposten *pl (Bilanz)*.
alarde *m* Musterung *f*, Gefängnisappell *m*.
alargar el plazo die Frist *f* verlängern.
alarma Alarm *m*.
albacea *m* Testamentsvollstrecker *m*; **~ mancomunado** Mittestamentsvollstrecker *m*.
alba | ceazgo Testamentsvollstreckeramt *n*; **~rán** *m*; Lieferschein *m*.
albedrío Wille *m*, Gewohnheitsrecht *n*; **al ~** nach Ermessen *n*; **libre ~** freier Wille *m*, Willensfreiheit *f*.
al | bergar Unterschlupf *m* gewähren *(StrafR)*; beherbergen.
alboro | que *m* Draufgabe *f*, Leihkauf *m*, Maklergebühr *f*; **~tador** Aufwiegler *m*; **~tar** aufwiegeln.
alboroto Aufruhr *m*, Schlägerei *f*, Tumult *m*.
álbum *m*, **~ de criminales sospechosos** *m* Verbrecheralbum *n*.
alcahuet | ar s. alcahuetear; **~e** *m* Hehler *m*, Kuppler *m*, Zuhälter *m*; **~ear** *(ver)*kuppeln, Kuppelei *f* treiben; **~ería** Hehlerei *f*, Kuppelei *f*, Zuhälterei *f*.
alcalde *m (Ober)*Bürgermeister *m*, Gemeindevorsteher *m*; **~ accidental** derzeit amtierender *(oder kommissarischer)* Bürgermeister *m*; **~ de barrio** Bezirks|bürgermeister *m*, -vorsteher *m*; **~ de distrito** Ortsvorsteher *m*; **~ mayor** Oberbürgermeister *m*; **~ -presidente** Oberbürgermeister *m*; **segundo ~** zweiter Bürgermeister *m*; **teniente ~** s. segundo alcalde.
alcaldesa Bürgermeisterin *f*.
alcaldía Bürgermeisteramt *n*, Stadtverwaltung *f*, Rathaus *n*, Anstaltsleitung *f (Haft)*; **~ de distrito** *(Sp)* Distrikts|verwaltung *f*, Bezirks- *f (Kommune)*.
alcaldicio *(adj)* Bürgermeister-.
alcance *m* 1. Reichweite *f*, Bereich *m*, Anwendungs|bereich *m*, Geltungs- *m (Gesetz)*, Umfang *m (Recht)*; 2. Fehlbetrag *m*, Defizit *n*, negativer Saldo *m*, Sollsaldo *m*; **~ de la pérdida** Schadenssumme *f*; **~ de los poderes** Vollmachtsumfang *m*; **~ de la protección** Schutzumfang *m*;

~ a vehículo Auffahrunfall *m*; **~ de la vista** Sichtweite *f*.
alcanzado verschuldet; **~ de deudas** Überschuldung *f*.
alcanzar 1. erreichen, sich erstrecken auf, aufbringen; 2. Saldogläubiger *m* sein; **~ el quórum** beschlussfähig sein.
alcista *m* Haussespekulant *m*.
alcoholemia de ... Blutalkohol | konzentration *f* von ....
alcoholismo, ~ agudo Alkoholrausch *m*; **~ crónico** Trunksucht *f*.
aleator | io vom Zufall *m* abhängig; **~iedad** Zufall *m*.
alegación *(s. a. alegaciones pl)* Behauptung *f (vor Gericht)*, Einwendung *f*, Einwand *m*, Vortrag *m*, Vorbringen *n*, Partei | vortrag *m*, -vorbringen *n*, Rüge *f*; **~ de** *(o en)* **derecho** Rechts | ausführungen *f (der Partei)*; **~ de quebrantamiento de preceptos formales** Verfahrensrüge *f*
alegaciones *pl* Schriftsatz *m*, Beweisführung *f*; **~ de conclusión** abschließende Stellungnahmen *fpl* der Parteien; **~ escritas** Schriftsatz *m*; **~ de hecho(s)** Tatsachenvortrag *m*; **~ orales** mündlicher Vortrag *m*.
alegal | ungesetzlich; **~idad** Lage *f* ohne rechtliche Regelung.
alegamiento Einwendung *f*, Vorbringen *n*.
alegar beibringen *(Beweise)*, vorgeben, sich berufen auf, beanspruchen, vorbringen, vortragen, anführen *(Bestimmung)*, einwenden, verweisen auf *(Gesetz)*, behaupten *(vor Gericht)*; **~ con credibilidad** glaubhaft machen; **~ un derecho** sich auf ein Recht *n* berufen; **~ hechos** Tatsachen *fpl* vortragen.
alegato *(Partei)*Vortrag *m*, -Vorbringen *n*, Schriftsatz *m*.
alegatorio *(adj)* Einwendungs-, Schriftsatz-.
alejamiento Entfernung *f (einer Person, Sache)*; **~ de sala** Entfernung *f* aus dem Sitzungssaal.
alerta Alarmbereitschaft *f*.
alertar in Alarmbereitschaft *f* versetzen.
alevosía Arglist *f*, Heimtücke *f*.
alevoso arglistig, heimtückisch.
alguacil *m* Bote *m*, Gerichtsvollzieher *m*, Zustellungsbeamter *m*; **~ mayor** Obergerichtsvollzieher *m*.
aliado Bundesgenosse *m*; **~** *(adj)* verbündet, alliiert.
alianza Allianz *f*, Bündnis *n*, Vereinigung *f*, Kartell *n*, Absprache *f (Wettbewerb)*; **~ Atlántica** Atlantikpakt *m*; **~ militar** Militärbündnis *n*; **~ Popular** *(Sp)* Volksallianz *(Spanische Rechtspartei f)*.
ali | arse sich verbünden, koalieren; **~as** *m* Deckname *m*; **~** *(adv)* alias; **~cate** *m* Komplize *m*.
aliciente *m* **fiscal** Steueranreiz *m*.
alícuota Steuersatz *m* in Prozenten, Tarif *m (Steuer)*; **~ de amortización** Abschreibungssteuersatz *m*; **~ cameral** Kammerbeitrag *m*.
alienabilidad Veräußerlichkeit *f*.
alienable veräußer | bar, -lich; **no ~** unveräußerlich.
aliena | ción Veräußerung *f*; **~r** veräußern.
aligerar leichtern.
alija | miento s. alijo; **~r** *(v)* leichtern, über Bord werfen *(Konterbande)*.
alijo Schmuggelware *f*, Überbordwerfen *n* von Konterbande.
alimen | tación Material | zuführung *f*, -zufuhr *f*; **~tador** s. alimentante; **~tante** *m* Unterhaltspflichtiger *m*; **~tar** verpflegen, unterhalten, Unterhalt *m* leisten; einspeisen *(Daten)*; **~tario** s. alimentista; **~** *(adj)* Nahrungs-, Ernährungs-; **~ticio** *(adj)* Unterhalts-; **~tista** *m* Unterhalts | empfänger *m*.
alimentos *pl* Alimente *pl*, Unterhalt *m*; **~ civiles** standesgemäßer Unterhalt *m*; **~ naturales** Unterhaltsleistung *f* in natura.
alinda | miento Abmarkung *f*; **~r** abgrenzen, abmarken.
alineación Bau*(flucht)*linie *f*.
alineado, no ~ blockfrei.
alineamiento Ausrichtung *f*; **no ~** Blockfreiheit *f*.
alistador Werber *m*; Registerführer.
alista | miento Ein | berufung *f*, -schreibung *f*; **~r** einberufen, anheuern; **~rse** sich anwerben lassen.
alivio Entlastung *f*, Auflockerung *f*.
allanador Täter *m* eines Hausfriedensbruchs *m*.
allanamiento 1. Hausfriedensbruch *m*, Durchsuchung *f*; 2. Anerkenntnis *n*; **~ a la demanda** Klageanerkenntnis *n*;

~ al fallo Rechtsmittelverzicht *m*; **~ de morada** Hausfriedensbruch *m*.
allanar Hausfriedensbruch *m* begehen, ein Haus *m* betreten *(zwecks Hausdurchsuchung)*, schlichten.
allanarse (a) anerkennen *(Klage)*; sich vergleichen; **~ a la demanda** den Klageanspruch *m* anerkennen.
allega | do gesuchte Person *f*; zur Akte eingereichte Urkunde *f*; **~r** aufbringen *(Mittel)*, zur Akte *f* einreichen.
almacén *m* Lager *n*, Lager | haus *n*, Vorrats- *n*, Speicher *m*, Magazin *n*; **~ de adeudo** Zolllager *n*; **~ de aduanas** Zolllager *n*; **en ~** auf Lager *n*, vorrätig; **~ de entregas** Auslieferungslager *n*; **estar en ~** lagern; **~ fiscal** Zolllager *n*; **~ de mercancías** Warenlager *n*; **~ minorista** Kleinhandel *m*; **tener en ~** auf Lager haben; **~ de terminados** Fertiglager *n*.
almacenable lagerfähig, *(auf)*speicherbar.
almacenado, estar ~ lagern.
almacena | dor Lagerhalter *m*; **~je** *m* s. almacenamiento.
almacenamiento *m* Lagerung *f*, Lagern *n*, Lager | haltung *f*, -geschäft *n*, Einlagerung *f*, Unterbringung *f*, Aufbewahrung *f*, Aufspeicherung *f*, Aufstapelung *f*; **~ de datos** Datenspeicherung *f*; **~ final** Endlagerung *f*; **~ interino** Zwischenlagerung *f*.
almacen | ar *(ein)*lagern, ablagern, unterbringen, speichern, aufspeichern; **~ero** Lager | halter *m*, -leiter *m*, -arbeiter *m*, Großhändler *m*.
almacenes *mpl* Kaufhäuser *npl (B)*; **grandes ~** Warenhaus *n*.
almacenista *m* s. almacenero.
almirantazgo Admiralität *f*, Admiralitäts | gericht *n*, See- *n*.
almirante *m* Admiral *m*; **gran ~** Großadmiral *m*.
almoneda Auktion *f*, gerichtliche Versteigerung *f*, Billigverkauf *m*.
almoned | (e)ar *(öffentlich)* versteigern; **~ero** Versteigerer *m*.
almota | cén *m* Eichamt *n*.
alocación de créditos Kreditgewährung *f*.
alojamiento Wohnung *f*, Wohn | raum *m*, -gelegenheit *f*, Unter | kunft *f*, -bringung *f (von Personen)*, Logis *n*, Quartier *n*; **~ de emergencia** Notunterkunft *f*; **~ de urgencia** Notunterkunft *f*.
alojar vermieten, einquartieren, Unterkunft *f* gewähren.
alquila | ble *(ver)*mietbar; **~dor** Mieter *m*, Vermieter *m (einer beweglichen Sache)*, Verpächter *m*; **~miento** Mieten *n*, Vermieten *n*.
alquilar *(ver)*mieten, anmieten, verleihen, chartern *(Flugzeug)*.
alquiler *m* Miete *f*, Vermietung *f*, Verleih *m*, Mietzins *m*; **~ de abono** Grundgebühr *f (Telefon)*; **~ anual** Jahresmiete *f*; **~ atrasado** Mietrückstand *m*; **~ -compra** Mietkauf *m*, Leasing *n*; **en ~** mietweise, zur Miete; **~ con opción a compra** Miete *f* mit Kaufoption; **~ tipo** Richtmiete *f*; **~ usurario** Wuchermiete *f*; **~ de viviendas** Wohnungsmiete *f*.
alta Anmeldung *f*, Eintritt *m (Verein)*, Wiederaufnahme *f* der Tätigkeit; Zulassung *f*; **~ en la contribución** Steueranmeldung *f*; **~ médica** Gesundschreiben *n*, Entlassungsschein *m (Krankenhaus)*; **~ en** Anmeldung *f* zur *(z. B. Sozialversicherung)*; **dar de ~** anmelden; gesundschreiben; **ser ~** wieder aktiv werden *(Militär)*.
alteración Störung *f*, *(Ab)*Änderung *f*, Veränderung *f (an einer Urkunde)*, Verfälschung *f*, Entstellung *f*, Überschreiben *n (Buchung)*, Kursbewegung *f*; **~ de alimentos** Lebensmittel*(ver)*fälschung *f*; **~ de la conciencia** Bewusstseinsstörung *f*; **~ del equilibrio económico general** Störung *f* des gesamtwirtschaftlichen Gleichgewichts; **~ de la evidencia** Fälschung *f* von Beweismitteln; **~ falaz de un balance** Bilanzfrisur *f*; **~ de lindes** Grenz | verrückung *f*, -änderung *f*; **~ de moneda** Münz | fälschung *f*, -verschlechterung *f*; **~ del orden** *(público)* Störung *f* der öffentlichen Ordnung; **~ de precios** Preismanipulation *f*; **~ de riesgo** Gefahrerhöhung *f*.
alterar *(ver)*ändern, stören *(Ordnung)*, verfälschen; **~ el estado civil** den Personenstand *m* verändern.

alternativa Alternative *f*, Absatzalternative *f (EG)*; **~ de huida interna** inländische Fluchtalternative *f*.
alternati | vamente wahlweise; **~vo** alternativ, alternierend.
Alteza, *(Vuestra)* ~ Real Königliche Hoheit *f*.
altibajos de la economía Auf *n* und Ab in der Wirtschaft.
alto Halt *m*, Pause *f (Militär)*; **~ a la contratación** Anwerbestopp *m*.
altura Höhe *f*; **~ de la edificación** Gebäudehöhe *f*.
alucinación Halluzination *f*, Sinnestäuschung *f*.
alumbrado, ~ de carretera Fernlicht *n*; **~ de corto alcance** Abblendlicht *n*; **~ de cruce** Abblendlicht *n*; **~ de gálibo** Begrenzungsleuchte *f*; **~ de largo alcance** Fernlicht *n*.
alumno Schüler *m*, Student *m*; **~ de enseñanza primaria** Grundschüler *m*.
alza Erhöhung *f*, Teuerung *f*, Anhebung *f*, *(Kurs)*Anstieg *m*, Aufschwung *m*, Aufschlag *m*, Steigerung *f*, Ansteigen *n (der Löhne)*; **~ abusiva de** *(los)* precios Preistreiberei *f*; **al ~** auf Hausse, nach oben *(B)*; **~ de los cambios** Kurs | steigerung *f*, -anstieg *m*, -plus *n*; **~ de la demanda** Nachfragewelle *f*; **en ~** steigend *(B)*; **~ de precios** Preis | steigerung *f*, -anstieg *m*, -erhöhung *f*, -anhebung *f*.
alzada Beschwerde *f*.
alzado Aufständischer *m*; Diebstahl *m*; **~** *(adj)* bankrott, pauschal, rebellisch; **un tanto ~** eine Pauschale.
alzamiento Erhebung *f*, Wiederaufhebung *f (Entmündigung)*, Aufhebung *f (der Beschlagnahme)*, Höhergebot *n*, Beiseiteschaffen *n (Insolvenz)*; **~ de bienes** Gläubigerbenachteiligung *f*.
alzar aufheben *(Unterbrechung des Verfahrens)*, einbringen *(Früchte)*, verbergen, wegnehmen *(Sache)*.
alzarse Berufung *f (oder Beschwerde f)* einlegen; sich erheben *(Truppen)*; zu Lasten der Gläubiger mit Vermögenswerten verschwinden.
ama Eigentümerin *f*, Dienstherrin *f*; **~ de casa** Haus | frau *f*, -hälterin *f*.
amalgamar verschmelzen *(Firmen)*.
amanuense *m* Büroangestellter *m*.
amañar libros Bücher *npl* fälschen.
ambiental | *(adj)* Umwelt-, umweltbezogen; **~ista** *m* Umweltschützer *m*.
ambiente *m* Umwelt *f*, Ambiente *n*, Milieu *n*, Tendenz *f (B)*.
ambientes económicos *mpl* Wirtschaftskreise *pl*.
ambigüedad Doppel | deutigkeit *f*, Mehr- *f*.
ambiguo mehrdeutig.
ámbito Bereich *m*, Anwendungs | bereich *m*, Geltungs- *m*, Zuständigkeits- *m*, Rahmenbedingungen *fpl*; **~ de actuación** Tätigkeitsgebiet *n*; **~ de aplicación** Anwendungs | gebiet *n*, -bereich *m*, Geltungsbereich *m (Gesetz)*, Einsatzgebiet *n*; **~ de aplicación material** sachlicher Geltungsbereich *m*; **~ de empresa** betrieblicher Geltungsbereich *m (Tarifvertrag)*; **~ nacional** Gesamtstaatsebene *f*; **~ personal** persönlicher Geltungsbereich *m*; **~ de protección** Schutzbereich *m (der Norm)*; **de ~ superior a la empresa** überbetrieblich.
amelgar abgrenzen, abmarken.
amenaza *(Be)*Drohung *f*, Androhung *f*; **~ a mano armada** Drohung *f* mit Waffengewalt *f*.
amenazador bedrohend.
amenazar *(be)*drohen, androhen; **~ la seguridad** die Sicherheit *f* gefährden.
amillaramiento Veranlagung *f (zur Steuer)*, Vermögensteuer *f*.
amillarar veranlagen *(zur Steuer)*.
aminoración Minderung *f*.
aminoramiento del crecimiento Wachstumsabschwung *m*.
aminorar vermindern, mindern *(Schaden)*, herabsetzen; **~ la marcha** die Fahrt *f* verlangsamen.
amistades *pl*, **hacer las ~** sich versöhnen *(Ehegatten)*.
amisto | samente auf gütlichem Wege; **~so** gütlich.
amnesia Erinnerungslosigkeit *f*.
amnistía Amnestie *f*; **~ internacional** amnesty international *(ai)*.
amnistiar amnestieren.
amo Eigentümer *m*, Haus | herr *m*, Dienst- *m*; **~ de casa** Hausbesitzer *m*, Hausmann.

amojona | dor Grenzscheider *m* *(veraltet)*; **~miento** Ver | markung *f*, Ab- *f*; **~r** Grenzsteine *mpl* setzen.
amoneda | ción Münzprägung *f*; **~r** *(aus)*münzen.
amonestación Mahnung *f*, *(Ver)*Warnung *f*; **~ con reserva de pena** Verwarnung *f* mit Strafvorbehalt.
amonestaciones *pl (KR)* kirchliches Aufgebot *n (Heirat)*.
amonesta | miento Rüge *f*; **~r** mahnen, *(ver)*warnen, zurecht | weisen, ver-; das Aufgebot *n* erlassen.
amortiguación de la coyuntura Konjunkturrückgang *m*.
amortizabilidad Tilgbarkeit *f*.
amortizable *(zu)*rückzahlbar, ablösbar, absetzbar, tilgbar.
amortización Ab*(be)*zahlung *f*, *(Zu)*Rückzahlung *f*, Abschreibung *f*, Ablösung *f*, Tilgung *f (einer Hypothek)*, Wertberichtigung *f (Bilanz)*, Löschung *f*, Amortisation *f*, Einziehung *f (von Aktien)*, Absetzung *f* für Abnutzung, Wegfall *m (Arbeitsplätze)*; **~ de acciones** Rückkauf *m* von Aktien; **~ contable** buchhalterische *(oder buchmäßige)* Abschreibung *f*; **~ creciente** steigende *(oder progressive)* Abschreibung *f*; **~ de la deuda** Schulden | tilgung *f*, -rückzahlung *f (periodisch)*; **~ financiera** Wertberichtigungen *fpl* auf das Finanzvermögen; **~ fiscal** steuerliche Abschreibung *f*; **~ del inmovilizado** Abschreibung *f* auf Sachanlagen; **~ por morosos individual** Einzelwertberichtigung *f*; **~ técnica** Absetzung *f* für Abnutzung; **~ tributaria** steuerliche Abschreibung *f*.
amortizamiento s. amortización.
amortizar abschreiben, ablösen *(Schuld)*, abbezahlen, abbuchen, abbauen *(Schulden)*, abtragen, amortisieren, tilgen, *(zu)*rückzahlen, löschen, einziehen *(Aktien)*, streichen *(Planstelle)*, für kraftlos erklären; **~ una deuda** eine Schuld *f* tilgen; **~ de manera lineal** linear abschreiben.
amotinado | Teilnehmer *m* an einem Aufruhr; **~r** Aufwiegler *m*, Rädelsführer *m*, Meuterer *m*; **~** *(adj)* aufwieglerisch, aufrührerisch.
amotinamiento Aufruhr *m*, Meuterei *f*.
amo | tinarse meutern, sich erheben; **~ver** absetzen *(Beamte)*, entlassen; **~vible** absetzbar, versetzbar *(Beamter)*, widerruflich; **~vilidad** Absetz | barkeit *f*, Versetz- *f*, Entlass- *f*.
amparado Beschwerdeführer *m* bei der Verfassungsbeschwerde.
amparar Rechtsschutz *m* gewähren, schützen *(Patent)*, verteidigen.
ampararse aufrechterhalten; **~ en** sich stützen auf *(eine Vorschrift)*.
amparo Schutz *m*, Obhut *f*, Rechtsschutz *m*, Verfassungs | beschwerde *f*; **al ~ de** unter Berufung *f* auf; **~ jurídico** Rechtsschutz *m*.
ampliación Erweiterung *f (Kapital)*, Aus | weitung *f*, -bau *m*, -gestaltung *f*, Verlängerung *f (Frist)*; **~ de la acusación** Anklageerweiterung *f*, Nachtragsanklage *f*; **~ de la capacidad** Kapazitätsausweitung *f*; **~ de capital** Kapital | erhöhung *f*, -erweiterung *f*; **~ al este** Osterweiterung *f (EU, NATO)*; **~ de(l) plazo** Nachfrist *f*, Fristverlängerung *f*; **~ de viviendas** Wohnungsausbau *m*.
ampliar erweitern *(Klage)*, erhöhen *(Kapital)*, ausweiten, ausbauen *(Geschäft, Gebäude)*; **~ la demanda** die Klage *f* erweitern; **~ las diligencias de prueba** die Beweisaufnahme *f* ausdehnen.
amplitud *f* Ausdehnung *f*; **~ de la cobertura** Erstreckung *f* des Versicherungsschutzes.
anales *mpl* Annalen *pl*, Jahrbücher *npl*; **~ de jurisprudencia** Rechtsprechungssammlung *f* in Jahresbänden; **~ legislativos** Gesetzessammlung *f* in Jahresbänden.
análisis *m f* Analyse *f*, Auswertung *f*; **~ de acciones** Aktienanalyse *f*; **~ de balance** Bilanzanalyse *f*; **~ comparativo de impresiones dactilares** Auswertung *f* von Fingerabdrücken; **~ *(de)* coste-beneficio** Kosten-Nutzen-Analyse *f*; **~ de inversiones *(y rentabilidades)*** Anlagebewertung *f*, Investitions | planung *f*, -rechnung *f*, Wirtschaftlichkeitsrechnung *f*; **~ del riesgo** Risikoanalyse *f*; **~ de *(la)* sangre**

s. análisis sanguíneo; ~ **sanguíneo** Blutprobe *f*; ~ **de** ***(los)*** **sistemas** Systemanalyse *f*; ~ **de la situación económica** Konjunkturanlayse *f*; ~ **del volumen de ventas** s. análisis de ventas.
analista *m* Analytiker *m*, Analyst *m (B)*; ~ **financiero** Finanzanalytiker *m*; ~ **de mercados** Marktforscher *m*; ~ **de sistemas** Systemanalytiker *m*.
analizador automático de huellas digitales automatischer Fingerabdruck-Abtaster *m*.
analizar auswerten, analysieren.
analogía Analogie *f*; ~ **jurídica** Rechtsanalogie *f*; ~ **legal** Gesetzesanalogie *f*; **por** ~ in Analogie *f*, analog, entsprechend.
analógico s. por analogía.
análogo s. por analogía.
anarquía Anarchie *f*, Gesetzlosigkeit *f*.
anárquico anarchisch, gesetzlos.
anarquista *m* Anarchist *m*; ~ *(adj)* anarchistisch.
anata jährlicher Ertrag *m*.
ana | tema *m* Bann *m*; ~ *(KR)* Exkommunikation *f*; **~tocismo** Anatozismus *m*, Zinseszinsen *pl*.
anchura de vía Spurweite *f*.
ancian | ato Alters | heim *n*, Senioren-*(wohn)*- *n*; **~idad** Altersgrenze *f*.
an | claje *m* Ankern *n*, Hafengebühr *f*, Ankergeld *n*; **~coraje** ***m*** **s. anclaje.**
andar, ~ **por cuenta de** auf Rechnung *f* gehen von; ~ **en pleitos** sich auf Prozesse *mpl* einlassen.
anex | ar annektieren, verbinden *(Sachen)*, als Anlage *f* beifügen.
anexidades *pl* Zubehör *n*.
anexión An | gliederung *f*, Ein- *f*, Annexion *f*, Anschluss *m*.
anexionar s. anexar; **~ismo** Anschlusspolitik *f*.
anexo Beilage *f*, Beifügung *f*, Anlage *f*, Anhang *m (zur Urkunde)*; ~ *(adj)* Zubehör-.
angostamiento, ~ **a un lado de la vía** einseitig verengte Fahrbahn *f*.
anillo de contrabando Schmugglerring *m*.
animación Belebung *f*, Aufnahmefreudigkeit *f*, Anziehen *n (B)*; **sin** ~ leblos *(B)*.
animado belebt, bewegt *(B)*.
animador de ventas Absatzförderer *m*.
animal útil *m* Nutztier *n*.
animales *mpl* Wildwechsel *m*.
ánimo Gesinnung *f*, Absicht *f*; ~ **de apropiación** Zueignungsabsicht *f*; ~ **de defraudar** Betrugsabsicht *f* *(Absichtsanfechtung)*; ~ **de lucro** Gewinn | absicht *f*, -erzielungsabsicht *f*, Vorteilsabsicht *f*, Erwerbsstreben *n*; **sin** ~ **de lucro** gemeinnützig; ~ **de ofender** Beleidigungsabsicht *f*; ~ **de perjudicar** Schädigungsabsicht *f*.
animus *(lat)* Absicht *f*; ~ **domini** Wille *m*, als Eigentümer zu besitzen; ~ **injuriandi** Beleidigungsabsicht *f*.
aniquilación Vernichtung *f*.
anomalía Regelwidrigkeit *f*, Unregelmäßigkeit *f*, Anomalie *f*.
anómalo anomal, regelwidrig.
anormalidad Entartung *f*, Abartigkeit *f*, Abnormität *f*.
anormalidades *pl* Unregelmäßigkeiten *pl*.
anotación Eintragung *f*, Registrierung *f*, Vermerk *m*, Aufzeichnung *f*, Akten | vermerk *m*, -notiz *f*, *(Ver)*Buchung *f (Bilanz)*, Registervermerk *f*, Kommentar *m*; ~ **de intereses** Zinsgutschrift *f*; ~ **marginal** Randvermerk *m*; ~ **preventiva** Vormerkung *f*, Widerspruch *m (im Grundbuch)*; ~ **preventiva de cancelación** Löschungsvormerkung *f*; ~ **de reserva de derechos de copia** Copyright-Vermerk *m*.
anotador Registrator *m*; ~ **de las cotizaciones de bolsa** Kursmakler *m*.
anotante *m* Eingetragener *m*, Vormerkungsberechtigter *m*.
anotar eintragen, registrieren, vormerken, auf | nehmen, -zeichnen, vermerken *(im Grundbuch)*; ~ **contablemente** buchen *(Buchhaltung)*; ~ **en cuenta** anschreiben, in Rechnung *f* stellen *(Kontokorrent)*; ~ **una orden** aufnehmen, eine Bestellung *f* vormerken.
anótese y comuníquese vermerken und zustellen *(Schlussklausel)*.
antápoca Schuld | schein *m*, -urkunde *f* *(bei Darlehen und Rentenschuld)*.
antecedente *m* Präzedenzfall *m*; ~ **penal** Vorstrafe *f*.
antecedentes *pl* Sachverhalt *m*, Hintergrund *m (Sachverhalt)*, früherer

Vorgang *m*, gegebene Tatsachen *fpl*, vorhergehende Umstände *mpl*, Geschichte *f (einer Person)*, Vorstrafen *fpl*, Prozessstoff *m*; **de buenos ~** mit gutem Leumund *m*; **~ penales** Vorstrafen *fpl*; **con ~ penales** vorbestraft; **sin ~ penales** nicht vorbestraft, unbescholten.

antecesor Vor | gänger *m*, -besitzer *m*; **~ en derecho** Rechtsvorgänger *m*.

ante | cesores *pl* Vorfahren *mpl*; **~contrato** Vorvertrag *m*; **~datar** *(zu)*rückdatieren; **~fecha** Rückdatierung *f*; **~fechar** *(zu)*rückdatieren.

antelación, por ~ im Voraus.

ante | natal vorgeburtlich; **~presupuesto** vorläufige Schätzung *f*; **~procesal** vorprozessual.

anteproyecto Vorentwurf *m*.

anterioridad Amts | alter *n*, Dienst- *n*; *(zeitlicher)* Vorrang *m*.

antetemporada Vorsaison *f*.

anti | abortismo Abtreibungsgegnerschaft *f*; ; **~autoritarismo** antiautoritäre Gesinnung *f*; **~bala*(s)*** kugelsicher; **~cíclico** antizyklisch.

anticipación Vorwegnahme *f*, Vor-griff *m*, Vorauszahlung *f*, Vorschuss *m*, Vorschussleistung *f (Gebühren)*; **~ de las costas** Kostenvorschuss *m*.

anticipado im Voraus; **por ~** pränumerando, im Voraus.

anticipar vorauszahlen, vorstrecken, vorschießen, Vorschuss *m* gewähren, vorwegnehmen, antizipieren, vorziehen *(Wahlen)*.

anticipo Vorleistung *f*, Vorschuss *m*, An | zahlung *f*, Voraus- *f*, Abschlags- *f*, Vorgriff *m*, Vorempfang *m (Erbschaft)*; **~ al abogado** Anwaltsvorschuss *m*; **~ de *(las)* costas** Kostenvorschuss *m*; **~ de los gastos** Kostenvorschuss *m*; **~ de** *(o* ***sobre la)*** **herencia** Vor*(aus)*empfang *m* auf den Erbteil, Erbvoraus *m*; **~ sobre los honorarios** Honorarvorschuss *m*; **~ de la renta** Mietvorschuss *m*; **~ de salario** Lohnvorschuss *m*.

anticipos *pl*; **~ de clientes** Kundenanzahlungen *fpl*, transitorische Passiva *pl*; **~ a proveedores** *(selbst)* geleistete Anzahlungen *fpl (Bilanz)*.

anti | comercial unkaufmännisch; **~competitivo** wettbewerbswidrig; **~comunitario** EU-Gegner *m*; **~constitucional** verfassungs | feindlich, -widrig; **~constitucionalidad** Verfassungswidrigkeit *f*; **~contaminacion** Umweltschutz *m*, Immissionsbekämpfung *f*; **~contractual** vertragswidrig.

anticresis *f* Nutzungspfandrecht *n*.

anti | cresista *m* Nutz*(ungs)*pfandgläubiger *m*; **~crético** *(adj)* Nutz*(ungs)*pfand-; **~cuario** Antiquar *m*; **~disturbios** *pl (Sp)* Polizeitruppe *f* zur Bekämpfung von Unruhen; **~droga*(s)*** *(adj)* Rauschgift | bekämpfungs-, Drogen-; **~económico** unwirtschaftlich; **~gubernamental** regierungsfeindlich.

antigüedad Dienstalter *n*, Dienstalterszulage *f*, Betriebs | zugehörigkeit *f*, Werks- *f*.

antiguo, el más ~ Dienstältester *m*.

antiinflacionista antiinflation | istisch, -är.

antijuridicidad Rechtswidrigkeit *f*, Unrecht *n*.

antijurídico rechtswidrig; **lo ~** das Unrecht *n*.

anti | legal gesetzwidrig; **~logía** Widerspruch *m (zwischen zwei Bestimmungen)*; **~monopolista** *(o* ***~monopolístico)*** monopolfeindlich; **~natural** widernatürlich; **~nomia** Antinomie *f*; **~nómico** widersprüchlich; **~nucleares *mpl*** Atomgegner ***mpl*; ~profesional** berufswidrig; **~rreglamentario** satzungs | widrig, vorschrifts-; **~rrepublicano** republikfeindlich; **~social** gesellschafts | widrig, sozial-; **~socialidad** Sozialwidrigkeit *f*; **~terrorista** Antiterror*(ismus)*-.

antropometría polizeilicher Erkennungsdienst *m*.

anualidad Annuität *f*, Jahres | leistung *f*, -zahlung *f*, -betrag *m*, -gebühr *f*, -rate *f*, -einkommen *n*, -rente *f*, *(Haushalt)*, jährliche Abschlagszahlung *f*; **~ amortizable** *(o* ***de amortización)*** jährliche Abschreibungsrate *(oder Tilgungsrate) f*; **~ libre de impuestos** steuerfreie Rente *f*; **~ temporal** Zeitrente *f*;

~ por tiempo fijo Zeitrente *f*, zeitlich begrenzte Rente *f*.

anulab | ilidad Anfechtbarkeit *f*, Aufhebbarkeit *f*, Auflösbarkeit *f*, Vernichtbarkeit *f*; **~le** anfechtbar, annullierbar, auf | lösbar, -hebbar, vernichtbar, für nichtig erklärbar.

anulación Nichtig*(keits)* | erklärung *f*, Unwirksamkeits- *f*, Ungültig*(keits)*- *f*, Kraftlos- *f*, Widerruf *m*, -gängigmachung *f*, -buchung *f*, Stornierung *f*, Storno*(buchung)* *n (f)*, Abbestellung *f*, Abschaffung *f*, Zurückziehung *f (des Angebots)*, Lösung *f (des Vertrags)*, Rücknahme *f (Verwaltungsrecht)*, Aufhebung *f (eines Verwaltungsakts, eines Vertrags)*; **~ de un cheque** Widerruf *m* eines Schecks; **~ de efectos timbrados** Entwertung *f* von Steuerzeichen; **~ de matrimonio** Nichtigerklärung *f* der Ehe; **~ de una orden** Widerruf *m (oder Stornierung f)* eines Auftrags, Auftragsannullierung *f*; **~ del permiso de conducir** Entziehung *f* der Fahrerlaubnis; **~ de *(la)* prima** Stornierung *f* der Prämie, Ristorno *m n*; **~ de la sentencia** Aufhebung *f* eines Urteils.

anular widerrufen, für unwirksam *(oder: ungültig, kraftlos, nichtig)* erklären, ungültig *(oder: nichtig, rückgängig, kraftlos)* machen, annullieren, absagen *(Auftrag)*, aufheben *(Entscheidung)*, lösen *(Verträge)*, abschreiben, streichen, tilgen, abbestellen, zurückziehen *(Angebot, Auftrag)*, vernichten, stornieren; **~ un contrato** einen Vertrag *m* auflösen; **~ la inscripción** abmelden; **~ la sentencia** das Urteil *n* aufheben.

anula | tivo aufhebend, Nichtigkeits-, Aufhebungs-; **~torio** s. anulativo.

anuncia | ción Aufruf *m*, Verkündigung *f*; **~dor** Inserent *m*; **~dora** Litfasssäule *f*; **~nte** *m*, Inserent *m*.

anunciar anmelden, annoncieren, aufgeben *(Annoncen)*, inserieren, ankündigen; **~ la licitación** zur Abgabe *f* von Geboten auffordern; **~ una vacante** eine offene Stelle *f* ausschreiben.

anuncio Annonce *f*, Inserat *n*, Reklame *f*, Mitteilung *f*, amtliche Anzeige *f*, Ausschreibung *f*, Anschlag *m* *(Werbung)*, Durchsage *f*; **~ breve** Kleinanzeige *f*; **~ de búsqueda** Suchanzeige *f*; **~ de empleo** Stellenanzeige *f*; **~ judicial** gerichtliche Bekanntmachung *f*; **~ luminoso** Lichtreklame *f*; **~ oficial** amtliche Bekanntmachung *f*; **~ de suscripción** Zeichnungsaufforderung *f*; **~ a toda plana** ganzseitige Anzeige *f*.

anverso Vorderseite *f* einer Urkunde.

añadido Nachtrag *m (in einer Urkunde)*, Allonge *f*.

añadir, ~ una cláusula eine Klausel *f* hinzufügen.

año Jahr *n*, Jahrgang *m (einer Zeitschrift)*; **~ académico** Studienjahr *n*; **~ agrícola** Ernte | jahr *n*, Landwirtschafts- *n*; **~ anterior** Vorjahr *n*; **~ civil** Kalenderjahr *n*; **~ comercial** Geschäfts | jahr *n (360 Tage)*, Berichts- *n*; **~ común** Jahr *n* zu 365 Tagen; **~ contributivo** Steuerjahr *n*; **~ de cotización** Beitragsjahr *n*; **~ en curso** laufendes Jahr *n*; **~ deficitario** Verlustjahr *n*; **~ económico** Rechnungs | jahr *n*, Geschäfts- *n*, Wirtschafts- *n*; **~ escolar** Schuljahr *n*; **~ fiscal** Rechnungs | jahr *n*, Haushalts- *n*, Finanz- *n*, Steuer- *n*, Wirtschafts- *n*; **~ impositivo** Steuerjahr *n*; **~ natural** Kalenderjahr *n*; **~ presupuestario** Haushalts | jahr *n*, Budget- *n*; **~ de referencia** Referenz | jahr *n*, Berichts- *n*, **~ sabático** Sabbatjahr *n*; **~ útil** Werktage *mpl* eines Jahres; **por ~** pro Jahr.

años *pl* **de servicio** Dienst | alter *n*, -jahre *npl*.

apalabra | miento Buchungsnote *f (SeeR)*; **~r** belegen, buchen, mündlich vereinbaren.

apantallamiento de ruido Lärmabschirmung *f*, Lärmschutz.

aparato Apparat *m*, Hilfsmittel *n*; **~ administrativo** Behördenapparat *m*; **~ de alarma** Alarmanlage *f*; **~ judicial** Justizapparat *m*; **~ policial** Polizeiaufgebot *n*.

aparcamiento Park | en *n*, -platz *m*; **~ para clientes** Kundenparkplatz *m*; **~ en zona prohibida** Falschparken *n*.

aparcar aufschieben *(Angelegenheit)*; parken.

aparcería Teilpacht *f*, Anteilwirtschaft *f*; **~ agrícola** landwirtschaftliche Teilpacht *f*.
aparcero Teil|pächter *m*, Halb- *m*.
aparecer erscheinen; **~ con claridad manifiesta** offensichtlich sein *(Beweis)*.
aparejado gepaart *(Stat)*; **estar ~** *(SeeR)* zum Auslaufen *n* bereit sein; **llevar ~** mit sich bringen.
aparejos *pl* Arbeitsgerät *n*, Schiffszubehör *n*; **~ de carga** Ladegeschirr *n (Schiff)*.
aparicion pública öffentliches Auftreten *n*.
apariencia Rechtsschein *m*.
apariencias *pl*, **bajo falsas ~** unter Vorspiegelung *f* falscher Tatsachen.
apartadero Parkbucht *f*, Ausweichstelle *f (Kfz)*.
apartado Post|fach *n*, Postschließ- *n*; Absatz *m (eines Artikels oder Paragraphen)*, Abschnitt *m*.
apartamiento Aussonderung *f*, *(Rechtsmittel)*, Klagerücknahme *f*; **~ funcional** Zweckentfremdung *f*.
apartarse sich trennen *(vom Ehepartner)*, zurücknehmen *(ein Rechtsmittel)*, abweichen *(von der Norm)*.
aparte *m* Absatz *m*.
apátrida *m* Staaten|loser *m*, Heimat- *m*; **~** *(adj)* staaten|los, heimat-; **~ nato** Staatenloser *m* von Geburt.
apear abgrenzen, abmarken.
apelable anfechtbar, berufungsfähig.
apelación Berufung *f*, Anfechtung *f*; **~ por adhesión** *(o* ***adhesiva****)* Anschlussberufung *f*; **~ en/con ambos efectos** Berufung *f* mit Suspensiv- und Devolutiveffekt; **~ al crédito** Kredit|*(auf)*nahme *f*, -beanspruchung *f*; **~ en un efecto** Berufung *f* ohne Suspensiveffekt; **susceptible de ~** mit Berufung *f* anfechtbar; **~ a un tribunal** Anrufung *f* des Gerichts.
apelado Berufungs|beklagter *m*, -gegner *m*.
apelante *m* Berufungs|kläger *m*, -führer *m*; **~ por adhesión** Anschlussberufungskläger *m*.
apelar anrufen, appellieren, Berufung *f* einlegen; **~ ante** Berufung *f* einlegen bei; **~ de** Berufung *f* einlegen gegen.
apelativo de origen Ursprungsbezeichnung *f*.
apellidar namhaft machen, einberufen.
apellido Familien|name *m*, Nach- *m*, Zu- *m*; **~ de nacimiento** Geburtsname *m*; **~ de soltera** Geburts|name *m*, Mädchen- *m*.
apéndice *m* Anhang *m*, Zusatz *m*, Zusatzklausel *f*, Nachtrag *m*.
apeo Abgrenzung *f*, Abmarkung *f*.
apercibido de que ... nach Belehrung *f* darüber, dass ...
apercibimiento Mahnung *f*, Ladung *f*, dienstliche Rüge *f*, Verwarnung *f* *(durch das Gericht)*, Verweis *m*; **bajo ~** unter Strafandrohung *f*.
apercibir verwarnen.
apersona | do Partei *f (prozessrechtlich)*; **~miento** s. personamiento; **~rse** s. personarse.
apertura Eröffnung *f*, Erschließung *f*, Beginn *m*; **~ de crédito*(s)*** Kredit|eröffnung *f*, -einräumung *f*; **~ de *(una)* cuenta** Kontoeröffnung *f*; **~ de la herencia** Erb*(schafts)*anfall *m*, Anfall *m* der Erbschaft; **~ del juicio** Eröffnung *f* des Verfahrens; **~ del juicio oral** Eröffnung *f* des Hauptverfahrens; **~ de ofertas** erstes Gebot *n (Auktion)*; **~ de plicas** Aufruf *m* zur Abgabe von Geboten *(Versteigerung)*; **~ de** *(los)* pliegos Eröffnung *f* der Angebote *(bei Ausschreibung)*; **~ de la sucesión** Erbfall *m*, Eintritt *m* des Erbfalls; **~ de testamento** Testamentseröffnung *f*; **~ al tráfico** Freigabe *f* für den Verkehr; **~ de la tutela** Beginn *m* der Vormundschaft; **~ de la vista** Eröffnung *f* der Hauptverhandlung.
aplaza | ble stundbar, verlängerungsfähig; **~da** Fristverlängerung *f*.
aplazamiento Aufschub *m*, Verschiebung *f*, Vertagung *f*, Verzögerung *f*, Stundung *f*, Verlegung *f* *(Termin)*; **~ de** *(o* ***en el****)* **pago** Zahlungs|stundung *f*, -aufschub *m*; **~ de la vista** Aussetzung *f* der Hauptverhandlung.
aplazar auf|schieben, ver-, verzögern, zurückstellen, befristen, stunden, vertagen, aussetzen, verlängern *(Wechsel)*; *(Termin:)* verlegen; **~ la ejecución** die Vollstreckung *f* aussetzen.

aplicabilidad Anwendbarkeit *f.*

aplicable anwendbar.

aplicación 1. Anwendung *f (eines Gesetzes)*, Umsetzung *f*, Durchführung *f*, Verwendung *f (von Geld)*, Zueignung *f*, Zuteilung *f (B, Aktien)*; 2. Fleiß, Arbeitseifer; **~ por analogía** *(o* ***analógica****)* Analogie *f*, analoge *(oder: sinngemäße, entsprechende)* Anwendung *f*; **~ de la gracia del indulto** Ausübung *f* des Gnadenrechts; **~ de la ley** Rechts | anwendung, -findung *f*, Gesetzesanwendung *f*; **no ~** Nicht | anwendung *f*, -beachtung *f*; **~ pacífica** friedliche Verwendung *f*; **~ de los pagos** Anrechnung *f* der Zahlungen *(bei mehreren Forderungen)*; **~ de la pena** Straf | zumessung *f*, -anwendung *f*; **ser de ~** anwendbar sein; **ser de ~ directa** unmittelbar anwendbar sein; **ser de ~ supletoria** subsidiär anwendbar sein; **~ territorial** räumlicher Geltungsbereich *m*; **~ de utilidades** Gewinnverteilung *f*; **de ~ voluntaria** fakultativ anwendbar.

aplicaciones *pl* **a** Zweckwidmung *f* für *(Mittel)*.

aplicante *m* Bewerber *m*.

aplicar an | wenden, ver-, handhaben, abstellen auf, einlegen *(Rechtsmittel)*, zueignen, zuerkennen, anlasten *(Delikt)*, be | rechnen, an-, erheben *(Ausgleichsabgaben)*, anbringen *(Zeichen)*; **~ la fuerza** Gewalt *f* anwenden.

aplicarse Anwendung *f* finden *(Bestimmung)*, gelten *(Vorschriften)*.

apoderado Bevollmächtigter *m*, Vollmachtsempfänger *m*, Vollmachtnehmer *m*, Delegierter *m (Partei)*, Disponent *m*, Manager *m (des Künstlers)*; **~** *(adj)* bevollmächtigt; **~ especial** s. apoderado gerente; **~ general** General | bevollmächtigter *m*, Haupt- *m*, Prokurist *m*; **~ gerente** Handlungsbevollmächtigter *m*; **~ de notificaciones** Zustellungsbevollmächtigter *m*.

apoderamiento Bevollmächtigung *f*, Vollmachterteilung *f*, Besitzverschaffung *f*, Aneignung *f*, Ergreifung *f*; **~ ilícito de aeronave** Flugzeugentführung *f*.

apoderar bevollmächtigen.

apoderarse (de) sich den Besitz *m* verschaffen, in Besitz *m* nehmen; **~ fraudulentamente** veruntreuen.

apología del delito öffentliche Aufforderung *f* zu Straftaten.

aportación Beitrag *m*, Zuschuss *m*, Ein | zahlung *f*, -lage *f*, Sach | einlage *f*, Gesellschafts- *f*, Einbringung *f*, Beschaffung *f*, Bereitstellung *f*; **~ adicional** Nachschuss *m (von Kapital)*; **~ de capital** Kapital | einlage *f*, -leistung *f*, -hilfe *f*, -aufbringung *f*, Zuführung *f* von Kapital; **~ del comanditario** Kommanditeinlage *f*; **~ en especie** Sacheinlage *f*; **~ a fondo perdido** verlorener Zuschuss *m*; **~ de medios de prueba** Beibringung *f* von Beweismaterial; **~ social** Gesellschafts | einlage *f*, Stamm- *f*; **~ suplementaria** Nachschuss *m*.

aportaciones *pl*, **~ de beneficencia** Spenden *fpl* für wohltätige Zwecke.

aportar *(Kapital:)* aufbringen, ein | legen, -schießen; einbringen *(in eine Gesellschaft)*, beitragen, beibringen *(Beweise, Urkunden)*, beschaffen *(Beweise)*, herbeischaffen, zuführen, beisteuern; **~ capital** eine Geldeinlage *f* leisten; **~ en especie** eine Sacheinlage *f* leisten.

aporte *m* Einlage *f*, Einbringung *f*, Bereitstellung *f*; **~ patronal** Arbeitgeberanteil *m (Sozialversicherung)*; **~ social** Geschäftseinlage *f*, Gesellschafts | einlage *f*, -beitrag *m*.

aposta | dor Wetter *m*; **~nte** s. apostador; **~r** wetten, setzen *(Geld)*.

apostilla Randvermerk *m*, Urkundennachtrag *m*, Apostille *f*.

apostillar glossieren, mit Apostille *f* *(oder Randvermerken mpl)* versehen, eine Apostille *f* einfügen.

apoyar *(unter)*stützen; **~ una moción** einen Antrag *m* unterstützen.

apoyo Unterstützung *f*, *(Kurs)*Stützung *f* *(B)*; **~ a la exportación** Exportförderung *f*; **~ fiscal** Steuervergünstigung *f*; **~ fiscal a la inversión** steuerlicher Investitionsanreiz *m*; **~ técnico-administrativo** verwaltungstechnische Beratung *f*; **tener su ~ legal** sich rechtlich stützen auf.

apreciabilidad Schätzbarkeit *f*; **~le** berechenbar, schätzbar.

apreciación Schätzung *f*, Abschätzung *f*, Beurteilung *f*, Prüfung *f*, Würdigung *f (von Tatsachen)*, Ansatz *m*, Wertsteigerung *f*, Bewertung *f*; **adecuada ~** pflichtgemäßes Ermessen *n*; **~ libre de la prueba** freie Beweiswürdigung *f*.
aprecia | dor Schätzer *m*; **~dura** Schätzung *f*; **~miento** s. aprecio.
apreciar *(ab)*schätzen, werten, beurteilen, würdigen *(Beweise)*. bejahen, taxieren, mitzählen *(eine Stimme)*, im Wert *m* steigen.
apreciarse in Ansatz kommen *(Wert)*.
apreci | ativo schätzend, Schätzungs-; **~o** Schätz | ung *f*, -wert *m*.
aprehender verhaften, festnehmen, aufgreifen *(Person)*, ergreifen *(Täter)*, beschlagnahmen, an sich nehmen.
aprehensión Ergreifung *f*, Festnahme *f*, Verhaftung *f*; Beschlag | nahme *f*, Weg- *f*, Ansich- *f*, Inbesitz- *f*; Erkenntnis *f*; **~ material** tatsächliche Inbesitznahme *f*.
aprehensor *(adj)* Festnahme-.
apremiar beitreiben, gerichtlich zwingen, Säumniszuschlag *m* erheben.
apremio Beitreibung *f*, Mahnung *f*, Zwang *m*, Vollstreckungsmaßnahme *f*, Zwangsmittel *n*, -geld *n*; **~ administrativo** Verwaltungszwang *m*; **por vía de ~** zwangsweise.
apremios *pl* Misshandlung *f*.
aprendiz *m* Auszubildender *m*, Lehrling *m*; **~ comercial** *(o **de comercio**)* kaufmännischer Auszubildender *m*; **~ industrial** gewerblicher Auszubildender *m*.
aprendiza Auszubildende *f*.
aprendizaje *m* Ausbildungszeit *f*, Lehr | zeit *f*, -verhältnis *n*.
aprensión s. aprehensión.
aprieto Zwangslage *f*.
aprisiona | miento Verhaftung *f*; **~r** verhaften.
aprobación Bewilligung *f*, Approbation *f*, Genehmigung *f (bei Vertretung ohne Vertretungsmacht)*, Bestätigung *f*, Bestimmung *f*, Billigung *f*, Anerkennung *f*, *(nachträgliche)* Zustimmung *f*, Beschluss *m*, Verabschiedung *f* eines Gesetzes; Bestehen *n* einer Prüfung; Abnahme *f (Bilanz)*; Druckerlaubnis *f*; **~ de la gestión social** Entlastung *f* des Vorstands; **~ de obra** Bauabnahme *f*; **~ de los presupuestos** Verabschiedung *f* des Haushalts; **previa ~** mit Zustimmung *f*; **~ del saldo** Saldoanerkenntnis *n (Kontokorrent)*.
aprobar *(Gesetze:)* erlassen, verabschieden, beschließen, annehmen; genehmigen, zustimmen, billigen, bestehen *(Prüfung)*, bestätigen *(Vergleich)*, entlasten *(Vorstand)*, stattgeben *(Asylantrag)*; **~ la gestión** entlasten, die Entlastung *f* erteilen; **~ una ley** ein Gesetz *n* verabschieden.
aprontar bereitstellen.
apropiación 1. Aneignung *f*, Ansichbringen *n*; 2. Anpassung *f*, **~ de cosas perdidas** Fundunterschlagung *f*.
apropiar | veruntreuen, unterschlagen; **~se** sich aneignen.
aprovechable nutzbar, verwertbar.
aprovechamiento Verwertung *f*, *(Aus)*Nutzung *f*, Nutzbarmachung *f*, Ausbeutung *f*; **~ industrial** gewerbsmäßige Verwertung *f*; **~ de residuos** *(Sp)* Abfallverwertung *f*; **~ por turnos** Time-sharing *n*.
aprovechar verwerten, auswerten, ausbeuten; **~ al máximo** auslasten.
aprovecharse *(de)* missbrauchen.
aprovisionamiento Versorgung *f*, Beschaffung *f*; **~ de armamento** Rüstungsbeschaffung *f*.
aproximación Annäherung *f*, Angleichung *f (von Rechtsvorschriften)*; Anflug.
aptitud *f* Befähigung *f*, Fähigkeit *f*, Begabung *f*, Qualifikation *f*; **~ para conducir** Fahrtüchtigkeit *f*; **~ física para el trabajo** Arbeitsfähigkeit *f*; **~ matrimonial** Ehefähigkeit *f*.
apto fähig, tauglich; **~ para el arresto** haftfähig; **~ para edificar** baureif; **~ para la navegación** seetüchtig.
apuesta Wette *f*, Wetten *n*.
apunta | ción Aufzeichnung *f*; **~miento** Terminbestimmung *f*, Aktenauszug *m*, kurzer Sachstand *m*.
apuntar vermerken, eintragen, betragen *(Inflation, Prozente)*; **~ una letra de cambio** einen Wechsel *m* protestieren lassen.

apuntarse, ~ ganancias Gewinn *m* mitnehmen; **~ al paro** sich arbeitslos melden.
apunte *m* Vermerk *m*, Protestvermerk *m* *(Wechsel)*, Saldowechsel *m*, Buchung *f.*
apuntes *mpl* Notizen *pl.*
apurar la vía gubernativa den Verwaltungsweg *m* erschöpfen.
apuro Klemme *f*, Geldverlegenheit *f.*
arancel *m (s. a. aranceles pl)* Gebühren | ordnung *f*, -tabelle *f*, Kosten | ordnung *f*, Honorar- *f*, Preisver- *f*, Tarif *m*, Satz *m*; **~ de aduanas** *(o* ***aduanero****)* Zoll *m*, Zoll | tarif *m*, -satz *m*; **~ aduanero común** gemeinsamer Zolltarif *(EU)*; **~ combinado** kombinierter Tarif *m*; **~ compensatorio** Ausgleichszoll *m*; **~ compuesto** Mischzoll *m*; **~ consular** Konsulatsgebühren | tabelle *f*, -ordnung *f*; **~ fijo** fester Tarif *m*; **~ financiero** Finanzzoll *m*; **~ de honorarios** Rechtsanwaltsgebühren | tabelle *f*, -ordnung *f*; **~ prohibitivo** Sperr | zoll *m*, Prohibitiv- *m*; **~ proteccionista** Schutz | zoll *m*, -tarif *m*; **~ de salida** Ausfuhrzoll *m*; **~ suplementario** Nachzoll *m*; **~ uniforme** Einheitszoll *m*; **~ ad valorem** Werttarif *m.*
arancelario Tarif-, tarifmäßig, Zoll-; **no ~** nicht | tarifär, -tariflich.
aranceles *pl* Gebühren *fpl*, Abgaben *fpl.*
aranceles aduaneros Zölle *mpl*; **~ ~ diferenciales** Differentialzoll *m*; **~ ~ discriminatorios** Diskriminierungszölle *mpl*; **~ ~ de tránsito** Durchfuhrzölle *mpl.*
aranceles *mpl*, **~ judiciales** Gerichtsgebühren *fpl.*
arbitrable durch Schiedsspruch *m* entscheidbar, schiedsgerichtsfähig.
arbitraje *m* 1. Schieds | spruch *m*, Schieds*(gerichts)* | verfahren *n*, Schlichtung *f*, Gutachten *n*; 2. Arbitrage *f*, Kursberechnung *f*; **~ de acciones** Effektenarbitrage *f*; **~ comercial** Handelsschiedsgerichtsbarkeit *f*; **~ contractual** vereinbartes Schiedsverfahren *n*; **~ de equidad** *(Sp)* Schiedsverfahren *n* nach billigem Ermessen; **~ judicial** gerichtliche Schlichtung *f*; **~ voluntario** vereinbarte *(oder freiwillige)* Schlichtung *f.*
arbitra | l schieds | richterlich, -gerichtlich, Schieds-; **~m*(i)*ento** Schieds | spruch *m*, -gerichtsver-fahren *n*; **~r** schiedsgerichtlich entscheiden, schlichten; **~riedad** Willkür *f*; **~rio** willkürlich; **~tivo** s. arbitrario.
arbitrio 1. *(richterliches)* Ermessen *n*, Schiedsspruch *m*; 2. Steuer *f*, Verbrauchsteuer *m*, Abgabe *f*, Gemeinde | abgabe *f*, Kommunal- *f*, Akzise *f*; **al ~** nach Ermessen *n*, nach Belieben *n*; **~ de equidad** billiges Ermessen *n*; **~ judicial** Ermessen *n* des Gerichts, richterliches Ermessen *n*; **libre ~** freies Ermessen *n (Gericht)*; **~ de plusvalía** *(Sp)* Wertzuwachssteuer *f*; **~ sobre solares sin edificar** *(Sp)* Baulandsteuer *f (Gemeinde).*
arbitrista *m* Börsenspekulant *m.*
árbitro Schieds | richter *m*, -stelle *f*, Kampfrichter *m*; **~ de derecho** Schiedsrichter *m (wie ein Richter entscheidend)*; **~ de equidad** nach Ermessen entscheidender Schiedsrichter *m*; **~ de seguros marítimos** Dispacheur *m (SeeR).*
arca Geldschrank *m*; **~ fiscal** Staatskasse *f*; **~ municipal** Stadtkasse *f.*
archivado | bei den Akten; **~r** Aktenordner *m.*
archivar weglegen *(Akten)*, ablegen, abheften, einstellen *(Verfahren).*
arch | ivero Archivar *m*, Urkundsbeamter *m*; **~ívese** erledigt; **~ivista** *m* s. **archivero.**
archivo Archiv *n*, *(Akten)*Ablage *f*, Archivierung *f*, Datei, Registratur *f*, **~ de datos** Datei *f*, Datenspeicherung *f*; **~ judicial** Gerichtsarchiv *n*; **~ protocolo** *(o* ***de protocolos****)* Urkundenrolle *f (Notar).*
arcén *m* Randstreifen *m (VR).*
área Bereich *m*, Amtsbereich *m*, Abteilung *f*; Gebiet *n*, Grund *m* und Boden; **~ de acción** Aufgabengebiet *n*; **~ aduanera** Zollgebiet *n*; **~ de aplicación** Geltungsbereich *m*; **~ del dólar** Dollar | raum *m*, -block *m*; **~ exenta** Zollausschlussgebiet *n*; **gran ~ de expansión industrial** industrielles Entwicklungsgebiet *n*; **~ industrial** Industriegelände *n*; **~ jurídica** Rechtsgebiet *n*; **~ de mercado** Absatz | gebiet *n*, -bereich *m*; **~ de negocio** Geschäfts-

bereich *m*; ~ **peatonal** Fußgängerzone *f*; ~ **protegida** Naturschutzgebiet *n*, Gebietsschutz *m*; ~ **de trabajo** Arbeitsbereich *m (EDV)*; ~ **útil** Nutzfläche *f*.
áreas *pl*, ~ **comunes** gemeinschaftliche Anlagen *fpl*; ~ **urbanizadas** Siedlungsbereich *m*.
Argentaria Spanische Postbank *f*.
argüir argumentieren, folgern.
argumentación Begründung *f*, Beweisführung *f*, Argumentation *f*.
argumentar begründen, argumentieren.
argumento Argument *n*, Beweisgrund *m*; ~ **en contrario** Umkehrschluss *m*.
arma *(s. a. armas pl)* Waffe *f*, Waffengattung *f*; ~ **de alcance medio** Mittelstreckenwaffe *f*; ~ **de fuego** Schusswaffe *f*; ~ **de fuego portátil** Handfeuerwaffe *f*; ~ **homicida** Mordwaffe *f*; ~ **de puño** *f* **Stichwaffe** *f*; ~ **utilizada** *(para el delito)* Tatwaffe *f*.
armador Ausrüster *m*, Reeder *m*, Verfrachter *m*; ~ **-fletador** Ausrüster *m*, Reeder-Verfrachter *m*; ~ **temporal** Ausrüster *m*; ~ **titular** Reeder-Eigentümer *m*.
armamento Rüstung *f*, Ausrüstung *f* *(des Schiffs)*, Bemannung *f*; ~ **nuclear** Atomrüstung *f*.
armar *(aus)*rüsten; ~ **una bomba** eine Bombe *f* zusammenbasteln.
armas *pl*, ~ **atómicas** Atomwaffen; ~ **blancas** Hieb- und Stichwaffen *fpl*; ~ **nucleares** Kern|waffen *fpl*.
armisticio Waffenstillstand *m*.
armonización Harmonisierung *f*; ~ **fiscal** Steuer|harmonisierung *f*, -angleichung *f*; ~ **de las legislaciones** Rechtsangleichung *f*.
armoniza|do gemeinschaftseinheitlich *(EU)*; **~r** harmonisieren.
arquea|dor Schiffsvermesser *m*; **~r** *(SeeR) (ein Schiff n)* vermessen.
arqueo Betriebsprüfung *f*, Kassen|prüfung *f*, -abschluss *m*, -revision *f*; ~ *(SeeR)* Rauminhalt *m*, Lade|vermögen *n*, -fähigkeit *f*, *(Schiffs)*Vermessung *f*, Eichung *f*; ~ **bruto** *(total)* Bruttotonnengehalt *m*.
arque|ro Kassierer *m (Bank)*; **~tipo** Urkundenoriginal *n*.
arra penitencial Vertragsstrafe *f*.
arraiga|do Grundbesitzer *m*; **~r** Grundbesitz *m* erwerben.
arraigo Grundbesitz *m*, Liegenschaften *fpl*; Sicherheitsleistung *f* für die Prozesskosten; ~ **del juicio** Vorschusspflicht *f*.
arrancar, ~ **el consentimiento** die Einigung *f* abnötigen.
arras *fpl* Drauf|gabe *f*, -geld *n*, Vorauszahlung *f*, Heiratsgabe *f* des Mannes an die Frau.
arrastrar nach sich ziehen; ~ **el saldo** den Saldo *m* ziehen.
arrastre *m* Fuhrlohn *m*, Schleppen *n*; ~ **de la grúa** Abschleppen *n (Kfz)*.
arrebato y obcecación Jähzorn *m* und Verblendung *f*.
arreglador Schadensgutachter *m*.
arreglar erledigen, regulieren, schlichten, reparieren; ~ **una cuenta** eine Rechnung *f* ausgleichen; ~ **una deuda** eine Schuld *f* tilgen.
arreglarse sich einigen.
arreglo Vereinbarung *f*, Einigung *f*, Ab|kommen *n*, Überein- *n*, Ver|gleich *m*, Aus- *m*, Regulierung *f*, Erledigung *f*, Bereinigung *f*, Reparatur *f*; ~ **amistoso** gütliche Beilegung *f (oder: Einigung f, Regelung f)*, Schlichtung *f*; **con** ~ **a** nach Maßgabe von; ~ **de cuentas** Abrechnung *f*; **con** ~ **a Derecho** rechtmäßig; **con** ~ **al Estado de Derecho** rechtsstaatlich; ~ **extrajudicial** außergerichtlicher Vergleich *m*; ~ **preferencial** Präferenzvereinbarung *f*.
arrendable mietbar, pachtbar.
arrendador Vermieter *m*, Verpächter *m*, Dienst|verpflichteter *m*, -nehmer *m*, Unter|nehmer *m (Werkvertrag)*, Auftrag- *m (Bau)*; ~ **rústico** Verpächter *m*.
arrendamiento Miete *f*, Pacht *f*, Vermietung *f*, Verpachtung *f*, Pacht|verhältnis *n*, -vertrag *m*, -geld *n*, -zins *m*, Miet|verhältnis *n*, -vertrag *m*, -zins *m*, Dienst|vertrag *m*, Werk- *m*; ~ **agrícola** landwirtschaftliche Pacht *f*, Pacht *f* eines Hofes; ~ **de servicios** Dienstvertrag *m*; **dar en** ~ verpachten; **en** ~ pachtweise, in Miete; ~ **financiero** Mietkauf *m*, Leasing *n*, Finanzierungsmiete *f*; ~ **de**

local comercial *(o* ***de negocio****)* Geschäfts|raummiete *f*, Gewerbe- *f*; **~ de obra*(s)*** Werkvertrag *m*; **~ con opción de compra** Mietkauf *m*; **~ rústico** städtische Vermietung, *(Sp)* Wohnraum- oder Geschäftsraummiete *f*, landwirtschaftliche Vermietung *f*; **~ urbano** Miete *f*; **~ de uso** Miete *f*; **~ de uso y disfrute** Pacht *f*; **~ de vivienda** Wohnraummiete *f*.
arrendar *(ver)*mieten, *(ver)*pachten.
arrendatario Mieter *m*, Pächter *m*, Dienstberechtigter *m*, Besteller *m* *(Werkvertrag)*, Bauherr *m*; **~ rústico** landwirtschaftlicher Pächter *m*; **~ urbano** Mieter *m*.
arrendaticio *(adj)* Miet-, Pacht-.
arrepentido reuiger Täter *m*; **~** *(adj)* reuig, ausgestiegen *(Drogenszene)*.
arrepentimiento Reue *f*, Widerruf *m*; **~ activo** tätige Reue *f*; **~ espontáneo** Rücktritt *m* *(StrafR)*.
arrepentirse Reue *f* zeigen.
arrestar festnehmen, verhaften, ergreifen *(StrafR)*.
arresto Arrest *m*, Haft *f*, Strafhaft *f*, *(vorläufige)* Festnahme *f*, Verhaftung *f*, Ergreifen *n* *(StrafR)*; **~ coactivo** Beuge|haft *f*, Erzwingungs- *f*; **~ domiciliario** Hausarrest *m*; **~ de menores** Jugendarrest *m*; **~ policial** Polizeigewahrsam *m*; **~ sustitutorio** Ersatz|freiheitsstrafe *f*, -haft *f*.
arribada Landung *f*, Einlaufen *n*, Anlaufen *n* *(eines Nothafens)*.
arrib|aje *m* s. arribada; **~ar** ankommen, einlaufen *(in den Hafen)*.
arriendo Miete *f*, Vermietung *f*, Mietzins *m*, Pacht| *f*, -zins *m*.
arrim|aje *m* Leichter|lohn *m*, -fracht *f*; **~ar** ankern, stauen.
arroba Klammeraffe *(@)* *m*.
arrogación Zuneigung *f*, Adoption *f*, Annahme *f* an Kindes Statt.
arroga|dor Adoptierender *m*, Annehmender *m*; **~r** adoptieren.
arrogarse sich anmaßen; **~ el dominio** sich des Eigentums *n* berühmen.
arrojar ausweisen *(etwas)*, aufweisen, einbringen, abwerfen *(Gewinn)*; **~ un aumento** eine Steigerung *f* ausweisen; **~ intereses** sich verzinsen; **~ un saldo** einen Saldo *m* aufweisen.
arruinar el matrimonio die Ehe *f* zerrütten.
arte *m f* Kunst *f*, Handwerk *n*; **~ industrial** Kunsthandwerk *n*.
artes *m fpl*, **~ gráficas** graphisches Gewerbe *n*.
artesan|ado Handwerkerschaft *f*; **~ía** Handwerk *n*.
artesano Handwerker *m*.
articulación Gliederung *f*, Einteilung *f* in Artikel *(Paragraphen)*.
articulado Beweisfragen *fpl*; Paragraphenwerk *n* *(Vertragsgesetz)*.
articular in Artikel *mpl (oder Paragraphen) mpl* einteilen; **~ posiciones** Behauptungen *fpl* aufstellen.
artículo *(s. a. articulos pl)* Artikel *m*, Beitrag *m* *(Zeitung)*, gesetzliche Vorschrift *f*, Absatz *m* *(Urkunde)*, Paragraph *m*, Kapitel *n* *(Haushalt)*, *(Haushalts)*Titel *m*, Beweisthema *n*; **~ adicional** Zusatzartikel *m*; **~ de calidad** Markenartikel *m*; **~ estrella** Spitzenprodukt *n*; **~ final** Schluss|artikel *m*, -bestimmung *f*, -vorschrift *f*; **~ de marca** Markenartikel *m*; **~ en masa** Massenprodukt *n*; **según el ~ ... y concordantes de ley** gemäß Artikel ... und den damit übereinstimmenden Vorschriften des Gesetzes; **~ de temporada** Saisonartikel *m*; **~ de venta** gängiger Artikel *m*; **~ sin venta** Ladenhüter *m*.
artículos *pl* Güter *pl*, Ware *f*; **~ básicos** Rohstoffe *mpl*; **~ de contrabando** Schmuggelware *f*; **~ domésticos** Haushaltsartikel *mpl*; **~ durables** langlebige Güter *pl*; **~ de mercería** Kurzwaren *pl*; **~ de temporada** Saisonware *f*; **~ de uso** Gebrauchsgüter *pl*.
artífice *m* Unternehmer *m* *(Werkvertrag)*, Urheber.
artificio Täuschungshandlung *f*.
artificioso *(adj)* Täuschungs-.
artista *m f* Künstler *m*, Künstlerin *f*.
arzobis|pado Erz|bistum *n*, -bischofsamt *n*; **~pal** erzbischöflich; **~po** Erzbischof.
asalariado Lohn|empfänger *m*, -bezieher *m*, -abhängiger *m*, Gehaltsempfänger *m*, Arbeitnehmer *m*, abhängig Erwerbstätiger *m*, unselbstständig Beschäftigter *m*.
asalariar besolden.

asaltante *m* Angreifer *m*.
asaltar überfallen, tätlich angreifen.
asalto Angriff *m*, Überfall *m*; **~ con allanamiento** Einbruch *m*; **~ bancario** Banküberfall *m*; **~ con propósito criminal** Angriff *m* in verbrecherischer Absicht; **~ simple** einfache Körperverletzung *f*.
asamblea Versammlung *f*, Gläubigerversammlung *f*, Parlament *n*; **~** *(Sp)* Landesparlament *(in einigen Autonomien)*; **~ de accionistas** ordentliche Hauptversammlung *f* *(AG)*; **~ constitutiva** *(o* ***constituyente)*** verfassunggebende Versammlung *f*; **~ consultiva** beratende Versammlung *f*; **~ de empresa** Betriebsversammlung *f*; **~ general** General | versammlung *f*, Haupt- *f*, Voll- *f (UNO)*; **~ municipal** Stadtrat *m*; **~ plenaria** Voll | versammlung *f*, Plenar- *f*; **~ de socios** Mitgliederversammlung *f*.
asamble | ario *(adj)* Hauptversammlungs-; **~ísta** *m* Versammlungsteilnehmer *m*, Parlamentarier *m*.
ascenden | cia Abstammung *f*, Vorfahren *mpl*; Gesamtbetrag *m*; **~te** aufsteigend *(Verwandtschaft)*; aufnahmefähig *(Markt)*.
ascender ansteigen, aufsteigen *(beruflich)*, aufrücken, befördern *(Beamte)*, befördert werden *(beruflich)*; **~ a *(cantidad)*** sich belaufen auf.
ascendiente *m* Verwandter *m* der aufsteigenden Linie; **~ directo** Vorfahre *m* in gerader Linie.
ascensión Thronbesteigung *f*; **~ social** sozialer Aufstieg *m*.
ascensional *(adj)* Beförderungs- *(Laufbahn)*.
ascenso Beförderung *f (im Amt)*, Beförderungsstufe *f*, Aufstieg *m* *(Laufbahn)*, Aufrücken *n (der Hypothek)*; **~ por antigüedad** *(Sp)* Beförderung *f* nach dem Dienstalter *n*; **~ por méritos** Bewährungsaufstieg *m*.
asegura | bilidad Versicherbarkeit *f*; **~ble** versicher | bar, -ungsfähig.
aseguración Versicherung *f*.
asegurado Versicherter *m*, Versicherungsnehmer *m*, Begünstigter *m*; **~** *(adj)* versichert; **~ social** Sozialversicherter *m*.
asegurador Versicherer *m*; **~ de la carga** Frachtversicherer *m*; **~ contra incendios** Feuerversicherer *m*; **~ marítimo** Seeversicherer *m*; **~ de vida** Lebensversicherer *m*.
aseguradora Versicherungsunternehmen *n*.
aseguramiento Sicher | ung *f*, -stellung *f*, Versicherung *f*; **~ de las huellas** Spurensicherung *f*; **~ de la*(s)* prueba*(s)*** Beweissicherung *f*.
asegurar sichern, ver | sichern, ab-, zu-, Sicherheiten *fpl* geben; **~ insuficientemente** unterversichern.
asegu | rarse sich versichern; **~ratorio** *(adj)* Sicherungs-.
asen | so Einwilligung *f*, Zustimmung *f*; **~tada** Sitzung *f*.
asentador de comercio Lieferant *m* an den Marktkleinhandel.
asentamiento Beschlagnahme *f*, Besitz | nahme *f*, -ergreifung *f*, Niederlassung *f*, Siedlung *f*, Ansiedlung *f (von Flüchtlingen)*; **~** *(Sp)* Niederlassung *f* als Selbstständiger.
asentar behaupten, belasten *(Grundstück)*, *(ver)*buchen, protokollieren, aufzeichnen; *(an)*siedeln; **~ al debe** belasten; **~ al haber** gutschreiben.
asentimiento Einwilligung *f*, Zustimmung *f*; **~ posterior** nachträgliche Zustimmung *f*; **~ previo** vorherige Zustimmung *f*.
asen | tir (a) einwilligen, zustimmen; **~tista *m* Lieferant *m*.**
aserción s. aserto.
aserto Behauptung *f*.
asesinar *(er)*morden.
asesinato Mord *m*, Ermordung *f*; **~ por afecto** Affektmord *m*; **~ por envenenamiento** Giftmord *m*; **~ frustrado** fehlgeschlagener Mordversuch *m*; **~ por impulso sexual** Lustmord *m*; **~ con robo** Raubmord *m*.
asesino Mörder *m*; **~ múltiple** Massen | mörder *m*, Serien- *m*; **~ a sueldo** gedungener *(oder berufsmäßiger)* Mörder *m*, Berufsmörder *m*.
asesor Assessor *m*, Berater *m*, Beisitzer *m* *(Gericht)*; **~** *(adj)* beratend; **~ financiero** Finanzberater *m*; **~ fiscal** Steuerberater *m*; **~ jurídico** Justitiar *m*, Rechtsberater *m*,

Syndikus *m*; ~ **legal** s. asesor jurídico; ~ **de orientación profesional** Berufsberater *m*.
asesoramiento Beratung *f*, Rat *m*, Beistand *m*; ~ **empresarial** *(o **a las empresas**)* Unternehmensberatung *f*; ~ **financiero** Finanzberatung *f*; ~ **fiscal** Steuerberatung *f*; ~ **jurídico** Rechtsberatung *f*.
asesorar | beraten; **~se** Rechtsrat *m* einholen, sich beraten lassen.
asesoría Rechtsabteilung *f* eines Ministeriums, Amt *n* des Beisitzers, Beratungsfirma *f*; ~ **fiscal** Steuerberatung *f*; ~ **jurídica** Rechtsabteilung *f*.
aseveración Bestätigung *f*, Behauptung *f*.
aseverar bestätigen, behaupten.
asiento 1. Sitz *m (des Gerichts)*, Gerichtsort *m*, Wohnsitz *m*, Amt *n*; 2. Ansatz *m*, *(Ver)*Buchung *f*, Buchungsvorgang *m*, Eintrag*(ung) m (f) (Grundbuch)*, *(Eingangs)*Vermerk *m*; ~ **de abono** Gutschrift *f*, Habenbuchung *f*; ~ **activo** Aktivposten *m*; ~ **de caja** Kassen | buchung *f*, -eintragung *f*; ~ **de cargo** Lastschrift *f*; ~ **de crédito** Habenbuchung *f*; ~ **de cuenta** Rechnungsposten *m*; ~ **de débito** Debet | buchung *f*, Soll- *f*; ~ **deudor** Schuld*(ner)*posten *m*; ~ **en el haber** Habenbuchung *f*, Gutschrift *f*; **hacer un ~ de una cuenta a otra** umbuchen; ~ **del juzgado** Gerichtssitz *m*; ~ **de libros** Buchung *f*; ~ **en otra cuenta** Umbuchung *f*; ~ **de la pena** Straf | festsetzung *f*, -zumessung *f*; ~ **provisional** Vormerkung *f*; ~ **de rescuentro** Stornierung *f*.
asignación Zu | teilung *f*, Auf- *f*, Zulage *f*, Zuweisung *f*, Zuwendung *f (von Todes wegen)*, An | weisung *f (von Geld)*, Über- *f*, Zahlungsanweisung *f*, Beitrag *m (Unterhalt)*; ~ **por carestía de vida** Teuerungszulage *f*; ~ **especial** Sonderzuwendung *f*, Spezialzuweisung *f*; ~ **financiera** Finanzzuweisung *f*; ~ **por matrimonio** Heiratsbeihilfe *f*; ~ **mensual por cada hijo** Kindergeld *n*; ~ **presupuestaria** Haushalts | mittel *pl*, -bewilligung *f*; ~ **de residencia** Orts | zuschlag *m*, -zulage *f*; ~ **tributaria a fines religiosos** *(Sp)* Kirchensteuer *f*; ~ **de viajes** Reisespesen *fpl (Diäten)*.
asignaciones *pl* Bezüge *pl*; ~ **por depreciación del capital** Abschreibungen *fpl*; ~ **por residencia** Auslands- und Trennungszulage *f*.
asignar anweisen, zu-, über- *(Geld)*, zuteilen, zuführen, zuwenden, ausstatten *(mit Mitteln)*, beiordnen *(Anwalt)*; ~ **a cuenta de** anrechnen auf; ~ **fondos** Mittel *pl* zuweisen; ~ **testamentariamente** testamentarisch bedenken.
asignatario Anweisungs | empfänger *m*, Zuwendungs- *m*, Bedachter *m (Erbschaft)*.
asignatura Fach *n (Schule)*, *(ordentliches)* Lehr | fach *n*, Unterrichts- *n*; ~ **complementaria** Zusatz | fach *n*, Ergänzungs- *n*.
asilado Asyl | bewerber *m*, -berechtigter *m*; ~ *(adj)* asylberechtigt.
asila | miento Asylgewährung *f*; **~r** Asyl *n* gewähren.
asilarse Asyl *n* suchen.
asilo Asyl *n*, Obdach *n*, Pflege | heim *n*, Alters- *n*; ~ **de desamparados** Obdachlosenasyl *n*; ~ **de huérfanos** Waisenhaus *n*.
asimilación Angleichung *f*, Anpassung *f*, Gleich | stellung *f*, -setzung *f*.
asimilar gleich | stellen, -setzen, angleichen, assimilieren.
asistencia 1. Beihilfe *f*, Hilfe*(leistung) f*, Amtshilfe *f*, Beistand*(schaft) m (f)*, Fürsorge *f*; 2. Teilnahme *f*, Mitwirkung *f*, Anwesenheit *f*, Sitzungsgeld *n (Beamter)*; ~ **de abogado** Beistand *m* eines Anwalts; ~ **administrativa** Amts | hilfe *f*, Verwaltungs- *f*; ~ **financiera** Finanzhilfe *f*; ~ **judicial** Rechts | hilfe *f*, Gerichts- *f*; ~ **letrada** anwaltliche Vertretung *f (oder Betreuung f)*, anwaltlicher Beistand *m*; **con ~ de letrado** anwaltlich vertreten; ~ **social** Sozial | hilfe *f*, -wesen *n*, Wohlfahrt *f*, soziale Betreuung *f*, Betreuungstätigkeit *f*; ~ **social de desempleo** Arbeitslosenhilfe *f (D)*; ~ **al trabajo** Anwesenheit *f* am Arbeitsplatz; ~ **vital** Daseinsvorsorge *f*.
asistencia | l *(adj)* Fürsorge-.
asistente *m* Assistent *m*, Beistand *m*, Teilnehmer *m*.

asistir teilnehmen, zustehen *(Rechte)*, Beistand *m* leisten, beiwohnen *(einer Versammlung)*, ärztlich behandeln, *(anwaltschaftlich)* vertreten.
asociación Verein *m*, Vereinigung *f*, Verbindung *f*, Zusammenschluss *m*, Verband *m*, Personenvereinigung *f*, Sozietät *f*, Angliederung *f*, Gremium *n*, Assoziierung *f*; **~ de abogados** Anwaltsverein *m*; **~ afiliada** angeschlossener Verband *m*; **~ de beneficencia** Wohltätigkeitsverein *m*, -verband *m*; **~ con capacidad jurídica** rechtsfähiger Verein *m*; **~ de ciudadanos** Bürgervereinigung *f*; **~ a las Comunidades Europeas** EU-Assoziierung *f*; **~ cooperativa de empresas comerciales** Einkaufsgenossenschaft *f*; **~ declarada** eingetragener Verein *m*; **~ delictiva, ~ para delinquir** kriminelle Vereinigung *f*; **~ económica** Wirtschaftsverband *m*, wirtschaftlicher Verein *m*; **~ empresarial** *(o **de empresarios**)* Arbeitgeber|verband *m*, Unternehmer- *m*.
Asociación Europea, ~ ~ de Libre Cambio *(o **Intercambio**)* Europäische Freihandelszone *f (EFTA)*.
asociación, ~ con un fin determinado Zweckverband *m*; **~ sin fin lucrativo** Idealverein *m*; **~ Hispano-Alemana de Juristas** Deutsch-Spanische Juristenvereinigung *f*; **~ de intereses** Interessenverband *m*; **~ intermunicipal** Gemeindeverband *m*.
asociación internacional internationale Vereinigung *f*, **~ ~ de Hostelería** Internationaler Hotelverband *m*; **~ ~ para la Protección de la Propiedad Industrial** Internationale Vereinigung *f* für gewerblichen Rechtsschutz.
asociación, ~ judicial Richterverein *m*; **~ de labradores** Bauernverband *m*; **~ Latinoamericana de Libre Comercio** Lateinamerikanische Freihandelszone *f*; **~ miembro** Mitgliedsorganisation *f*; **~ monetaria** Währungsverbund *m*; **~ de municipios** Gemeinde|verband *m*, Kommunal- *m*; **~ mutua** Verein *m* auf Gegenseitigkeit; **~ obligatoria** Zwangsverband *m*; **~ de padres de alumnos** Elternbeirat *m*; **~ en participación** Partner|schaft *f*, Teilhaber- *f*, stille Gesellschaft *f*; **~ patronal** Arbeitgeberverband *m*; **~ sin personalidad jurídica** nicht rechtsfähiger Verein *m*; **~ profesional** Berufs|verband *m*, -vereinigung *f*, Fachverband *m*; **~ profesional de jueces** *(o **de la magistratura**)* Richterbund *m*; **~ registrada** eingetragener Verein *m*; **~ religiosa** Religionsgesellschaft; **~ a la Unión Europea** EU-Assoziierung *f*.
asociacion|al *(adj)* Vereinigungs-, Vereins-; **~ismo** Verbandswesen *n*.
asociado Gesellschafter *m*, Teilhaber *m*, Partner *m*, Sozius *m*, Genosse *m* *(einer Genossenschaft)*, *(Vereins)*Mitglied *n*; **~** *(adj)* assoziiert.
asocial *m* Asozialer *m*; **~** *(adj)* asozial.
asocia|miento Vereinigung *f*; **~r** verbinden, vereinigen, angliedern, assoziieren.
asociarse sich zusammenschließen *(zu einer Gesellschaft)*, einen Verein *m* gründen; **~ a** beitreten.
asociativ|idad Organi|sierung *f*, **~o** Vereins-, assoziativ.
asona|da Auflauf *m*, Tumult *m*; **~rse** sich zusammenrotten.
aspecto Aspekt *m*, Aussicht *f*; **en el ~ fiscal** steuerlich.
aspirante *m* Anwärter *m*, Bewerber *m*, Kandidat *m*; **~ a la judicatura** Assessor *m (Jurist)*; **~ a un puesto** Stellenbewerber *m*.
aspirar a sich bewerben um.
astucia Arglist *f*, Hinterlist *f*.
Asturias *(Autonomía)* Asturien.
asumir an|nehmen *(Amt)*, über- *(Risiko, Regierung)*, wahr-, sich verpflichten; **~ un cargo público** ein öffentliches Amt *n* bekleiden; **~ las** eventuales **consecuencias** die Folgen (billigend) in Kauf nehmen; **los costes** die Kosten *pl* tragen; **~ la responsabilidad** die Verantwortung *f* übernehmen.
asunción Wahrnehmung *f*, Aufnahme *f* *(des Verfahrens)*, Übernahme *f (der Hypothek)*, Beförderung *f* zu hoher Würde; **~ de cumplimiento**

Erfüllungsübernahme *f*; **~ cumulativa de deudas** kumulative Schuldübernahme *f*; **~ del trabajo** Antritt *m* der Arbeit.

asunto *(s. a. asuntos)* Angelegenheit *f*, Fall *m*, Sache *f (bei Gericht)*, Rechts | sache *f*, Straf- *f*, Prozess *m*, Verhandlungsgegenstand *m*, Betreff *m*, Geschäft *n*; **~ administrativo** Verwaltungs | sache *f*, -obliegenheit *f*; **~ civil** Zivilsache *f*; **~ comercial** Handelssache *f*; **~ contencioso** streitige Sache *f*; **~ de gracia** Gnadensache *f*; **~ del jefe** Chefsache *f*; **~ judicial** *(o* ***jurídico****)* Rechtssache *f*; **~ mercantil** Handelssache *f*; **~ penal** Strafsache *f*; **~ principal** Hauptsache *f*, Schwerpunktthema *n*; **sobre el ~** zur Sache *f*; **~ de sucesión** *(o* ***sucesorio****)* Nachlasssache *f*.

asuntos *pl*, **~ acumulados** verbundene Rechtssachen *fpl*; **~ civiles** Zivilsachen *fpl*; **~ del Estado** Staatsgeschäfte *npl*; **~ exteriores** auswärtige Angelegenheiten *fpl*; **~ interiores** innere Angelegenheiten *fpl (UNO)*; **~ de mínima cuantía** Bagatellsachen *fpl*.

atacar angreifen, anfechten *(Gutachten, Urteil)*, verletzen *(ein Recht)*; **~ cajas de seguridad** Panzerschränke *mpl* knacken.

ataque *m* Angriff *m*, Attacke *f*; **~ actual** gegenwärtiger Angriff *m*; **~ armado** bewaffneter Angriff *m*; **~ de escucha** Lauschangriff *m*; **~ a mano armada** bewaffneter Überfall *m*; **~ preventivo** Präventivschlag *m*.

atasco *(Verkehrs)*Stau *m*.

atención, ~ al cliente Kundenbetreuung *f*; **~ domiciliaria** häusliche *(Kranken)*Pflege *f*; **~ médica** medizinische *(oder ärztliche)* Betreuung *f*; **~ primaria** Erste Hilfe *f*.

atender erfüllen, befolgen, einhalten, abfertigen *(Kunden)*; *(Wechsel:)* einlösen, honorieren; **~ a** erfüllen; **~ a algo** auf etwas abstellen; **~ un plazo** eine Frist *f* einhalten.

atendiendo al principio de reciprocidad auf Gegenseitigkeit.

atenerse sich halten an; **~ a instrucciones** weisungsgemäß handeln.

atentado Rechtsbruch *m*, rechtswidrige Entscheidung *f*, Anschlag *m*, Attentat *n*; **~ a** *(o* ***contra****)* **las buenas costumbres** Sittenwidrigkeit *f*, Verstoß *m* gegen die guten Sitten; **~ dinamitero** Sprengstoffanschlag *m*; **~ al medio ambiente** Umweltbeeinträchtigung *f*; **~ contra la vida** Mordanschlag *m*, Lebensnachstellung *f*.

atentador Attentäter *m*.

atentar rechtswidrig handeln *(oder entscheiden)*, verstoßen *(gegen)*, ein Attentat *n* begehen; **~ contra alguien** jemandem nach dem Leben *n* trachten; **~ al pudor** die Scham *f* verletzen.

atentatorio rechtsverletzend.

atenuación *(s. a. atenuante)* Strafmilderungsgrund *m*, **~ de la pena** Strafmilderung *f*.

atenuante *f (s. a. atenuación)* *(Straf)*Milderungsgrund *m*, mildernder Umstand *m*; **~** *(adj)* *(straf)*mildernd.

atenuar mildern.

atesoramiento Hortung *f*, Thesaurierung *f*.

atesorar horten, thesaurieren.

atestación Bezeugung *f*, Zeugenaussage *f*.

atestado Bescheinigung *f*, Beglaubigung *f*, Protokoll *n*.

atestar bezeugen, bescheinigen.

atestigua | ción Bezeugung *f*; **~miento** Bezeugung *f*; **~r** bezeugen.

atípico untypisch; **contrato ~** Vertrag eigener Art.

atormentar quälen, foltern.

atracador Straßenräuber *m*.

atracar überfallen; anlegen *(Schiff)*.

atraco *(Raub)*Überfall *m*; **~ a un banco** Banküberfall *m*.

atrasado im Rückstand *m*, ausstehend, rückständig *(Zahlung)*.

atrasa | dos *pl* Rückstände *mpl*; **~rse** im Rückstand *m* sein.

atraso Rückstand *m*, Säumnis *f*; **~ de recepción** Abnahmeverzug *m*.

atribución 1. Zuständigkeit *f*, Kompetenz *f*, Befugnis *f*, Aufgabe *f*; 2. Zuwendung *f*, Zuweisung *f*, Übertragung *f*, An | rechnung *f*, Zu- *f* *(SteuerR)*; **~ de potestad** Ermächtigung *f*; **~ a reservas** Zuweisung *f* an Reserven.

atribuciones *pl* Zuständigkeits | bereich *m*, Aufgaben- *m*.
atribuir zuweisen, zuerkennen, einräumen, verweisen *(in die Zuständigkeit)*, zuwenden *(Vermächtnis)*, zurechnen *(Gewinn)*, beisteuern.
atributo típico Tatbestandsmerkmal *n*.
atropella | miento Beleidigung *f*; **~r** beleidigen, missachten; überspringen *(Dienstjahre)*; überfahren *(VR)*.
atropello Gewalttätigkeit *f*, Ungerechtigkeit *f*; Verkehrsunfall *m*, Auffahren *n*, Anfahren *n (Unfall)*.
audición Anhörung *f*, Einvernahme *f*, Vernehmung, Termin *m (Sitzung)*.
audiencia Sitzung *f*, Gerichtssitzung *f*, Audienz *f*, *(gerichtliche)* Anhörung *f*, Termin *m (Verhandlung)*, Anhörung *f* der Parteien, rechtliches Gehör *n*; **con ~** unter Anhörung *f*; **con ~ fiscal** nach Anhörung *f* der Staatsanwaltschaft; **~ nacional** *(Sp)* Staatsgerichtshof *m*; **~ penal** Strafverhandlung *f*; **previa ~** nach Anhörung *f*; **~ provincial** Landgericht *n*; **~** *(Sp)* Strafgericht *n* und Berufungsgericht in Zivilsachen; **~ de prueba** Beweistermin *m*; **~ a puerta abierta** *(Sp)* öffentliche Sitzung *f*; **~ a puerta cerrada** *(Sp)* nichtöffentliche Sitzung *f*; **~ de testigos** Zeugen | anhörung *n*, -vernehmung *f*.
auditar steuerlich prüfen.
auditor Auditor *m*, Beisitzer *m*; Buch | prüfer *m*, Wirtschafts- *m*; **~ interno** Innenrevisor *m*.
auditoría Rechnungsprüfung *f*, Buchprüferpraxis *f*, Wirtschaftsprüfungsgesellschaft *f*; **~ de cuentas** Buchprüfung *f*; **~ externa** Außen | prüfung *f*, Betriebs- *f*; **~ fiscal** Steuerprüfung *f*.
auditorio Gerichtssaal *m*.
auge *m* Aufschwung *m*, Boom *m*; **~ de la economía** *(o* ***económico****)* wirtschaftlicher Aufschwung *m*; **estar en ~** eine Steigerung *f* aufweisen.
aumentar steige*(r)*n, zunehmen, vermehren, ausweiten; *(Preise:)* erhöhen, anheben, verteuern, anziehen; aufstocken *(Kapital)*; **~ demasiado** übersteigern *(Preise)*.
aumento Erhöhung *f*, Steigerung *f*, Anhebung *f*, Aufstockung *f*, Ausweitung *f*, Erweiterung *f (der Produktion)*, *(Wert)*Zuwachs *m*, Anwachsen *n*, Aufschwung *m*, Anstieg *m*, *(Ver)*Mehrung *f (Konto)*; **~ abusivo de los precios** Preistreiberei *f*; **~ brusco** Kurssprung *m*; **~ de la circulación monetaria** Vermehrung *f* des Geldumlaufs; **~ de la demanda** Nachfrage | belebung *f*, -steigerung *f*, Zunahme *f* der Nachfrage; **~ impositivo** *(o* ***de los impuestos****)* Steuererhöhung *f*; **~ de precios** Preis | steigerung *f*, -erhöhung *f*, -anstieg *m*, Verteuerung *f*; **~ salarial** Lohn | erhöhung *f*, -steigerung *f*, -aufbesserung *f*; **~ de*(l)* valor** Wert | steigerung *f*, -zuwachs *m*, -erhöhung *f*; **~ de las ventas** Umsatzerhöhung *f*.
ausencia Abwesenheit *f*, Verschollenheit *f*; **~ del trabajo** Arbeitsversäumnis *n*; **~ de vicios** Mängelfreiheit *f*.
ausentarse del salón den Sitzungssaal *m* verlassen.
ausente *m* Abwesender *m*, Nichterschienener *m*, Verschollener *m*; **~** *(adj)* abwesend, verschollen.
autarquía Autarkie *f*.
autárquico autark, Selbstversorger.
autenticación 1. Beglaubigung *f*, Beurkundung *f*, Bestätigung *f*; 2. Wertbereinigung *f*.
autenticar beglaubigen *(amtlich)*, bescheinigen.
autenticidad Echtheit *f*, Gültigkeit *f*.
auténtico echt, als echt anerkannt, gültig, beglaubigt.
autenti | ficación s. autenticación; **~ficar** s. autenticar; **~zar** s. autenticar.
auto *(s. a. autos pl)* Beschluss *m*, *(richterliche)* Entscheidung *f (außer Urteil und prozessleitender Verfügung)*; **~** *(Am)* s. a. coche; **~ de allanamiento** Durchsuchungsbefehl *m*; **~ de apertura** *(de juicio oral)* Eröffnungsbeschluss *m (Hauptverhandlung)*; **~ de conclusión de sumario** der das Ermittlungsverfahren abschließende Beschluss *m*; **~ declaratorio** *(o* ***de declaración****)* **del concurso** Eröffnungsbeschluss *m (Insolvenzverf.)*; **~ de detención** Haftbefehl *m*; **~ de**

embargo y adjudicación Pfändungs- und Überweisungsbeschluss *m*; **~ de embargo preventivo** Arrestbeschluss *m*; **~ de entrada y registro** Durchsuchungs | befehl *m*, Haussuchungs- *m*; **~ interlocutorio** Zwischen | entscheidung *f*, -verfügung *f*; **~de libertad** Haftentlassungsbefehl *m*; **~ de libertad condicional** Haftverschonungsbeschluss *m*; **~ de mejor proveer** Beweis | beschluss *m*, Aufklärungs- *m*, prozessleitende Verfügung *f*; **~ de prisión** Haftbefehl *m*; **~ de procesamiento** *(Sp)* Eröffnungsbeschluss *m*; **~ de recibimiento a prueba** Beweisbeschluss *m*; **~ de tasación de costas** Kostenfestsetzungsbeschluss *m*.

auto | abastecedor selbstversorgend; **~abastecerse** sich selbst versorgen; **~administración** Selbstverwaltung *f*; **~asistencia** Selbsthilfe *f*.

autoauxilio Selbsthilfe *f*.

auto | avaluo steuerliche Selbsteinschätzung *f*; **~ayuda** Selbsthilfe *f*.

auto | cálculo Selbstberechnung *f*; **~consumo** Eigen | verbrauch *m*, Selbst- *m*; **~contratar** selbstkontrahieren; **~contrato** Selbstkontrahieren *n*.

auto | decisión Selbstbestimmung *f*; **~defensa** Selbst | schutz *m*, -verteidigung *f*, -hilfe *f*; **~delación** Selbstanzeige *f*; **~despido** Eigenkündigung *f*.

autodeterminación Selbstbestimmung *f*; **~ informativa** informationelle Selbstbestimmung *f*.

auto | determinar selbstbestimmen; **~financiación** Selbst | finanzierung *f*, Eigen- *f*, Innen- *f*; **~gestión** Selbstverwaltung *f*.

autogobierno Selbst | regierung *f*, -verwaltung *f*; **~ local** kommunale Selbstverwaltung *f*.

autógrafo eigenhändige Urkunde *f*; **~** *(adj)* handschriftlich.

auto | imposición Steueranmeldung *f*, Selbstberechnung *f (von Steuern)*; **~inculpación** Selbst | bezichtigung *f*, -anzeige *f (SteuerR)*; **~liquidación** Selbstveranlagung *f*; **~mación** Automatisierung *f*.

automóvil *m* Kraftwagen *m*, Auto *n*.

autonomía Selbst | verwaltung *f*, -verwaltungsrecht *n*, Autonomie *f*; **~** *(Sp)* autonome Region *f*; **~ municipal** kommunale Selbstverwaltung *f*; **~ de las partes** Parteiautonomie *f*; **~ de la voluntad** *(o* ***voluntaria****)* Willensfreiheit *f*.

Autonomías *pl*, **las ~** die autonomen Regionen *fpl* Spaniens.

auto | nómicas *pl (Sp)* Regionalwahlen *fpl*; **~nómico** autonom, Autonomie-, regional.

autónomo Autonomer *m (politisch)*; **~** *(adj)* autonom, eigenständig.

autopista Autobahn *f*; **~ de datos** Datenautobahn *f*; **~ de peaje** gebührenpflichtige Autobahn *f*.

autopsia Autopsie *f*, Obduktion *f*.

autor Autor *m*, Verfasser *m*, Schriftsteller *m*; Veranlasser *m*, Urheber *m*, Täter *m*; **~ de un daño** Schädiger *m*; **~ del delito** Täter *m*; **~ mediato** mittelbarer Täter *m*; **~ ocasional** Gelegenheitstäter *m*; **~ presunto** mutmaßlicher Täter *m*.

autoría Urheberschaft *f*, Täterschaft *f*; **~ inmediata** unmittelbare Täterschaft; **~ mediata** mittelbare Täterschaft *f*.

autoridad Autorität *f*, Amts | gewalt *f*, Staats- *f*, Herrschaft *f*, Obrigkeit *f*; *(vorgesetzte)* Behörde *f*, Dienststelle *f*, höherer *(oder leitender)* Beamter *m*, Amtsträger *m*; **~ administrativa** Verwaltungsbehörde *f*; **~ antidrogas** Rauschgiftbekämpfungsbehörde *f*; **~ cartelaria** Kartellbehörde *f*; **~ de cosa juzgada** Rechtskraft*(wirkung)* *f*; **~ dependiente** nachgeordnete Behörde *f*; **~ de edificación** Baubehörde *f*; **~ escolar** Schulbehörde *f*; **~ estatal** Staats | gewalt *f*, -träger *m*, -behörde *f*, staatliche Behörde *f*; **~ de extranjeros** Ausländerbehörde *f*; **~ federal** Bundesbehörde *f*; **~ inferior** Unterbehörde *f*, untere *(oder nachgeordnete)* Behörde *f*; **~ intermedia** Mittelbehörde *f*; **~ judicial** Justiz*(behörde)* *f*; **~ laboral** Arbeits | behörde *f*, -amt *n*, -verwaltung *f*; **~ municipal** Stadt | behörde *f*, Gemeinde- *f*, Kommunal- *f*; **~ penitenciaria** Strafvollzugsbehörde *f*;

~ persecutoria penal Anklagebehörde *f*; **~ de policía** Polizei | behörde *f*, -dienststelle *f*; **~ pública** Behörde *f*, öffentliche Gewalt *f*, Staatsgewalt *f*; **~ subordinada** nachgeordnete Behörde *f*; **~ superior** Vorgesetzter *m*, vorgesetzte *(oder übergeordnete)* Behörde *f*, Oberbehörde *f*; **~ de vigilancia** Aufsichtsbehörde *f*.

autorización Genehmigung *f*, Befugnis *f*, Berechtigung *f*, Ermächtigung *f*, Erlaubnis *f* *(Verwaltungsakt)*, Bevollmächtigung *f*, Beglaubigung *f (einer Unterschrift)*, Beurkundung *f (Notar)*; **~ de cancelación** Löschungsbewilligung *f*; **~ de circulación** Zulassung *f* eines Fahrzeugs; **~ para el cobro** Einziehungsermächtigung *f*; **~ de declarar** Aussagegenehmigung *f*; **~ de establecimiento** Niederlassungs | genehmigung *f*, -bewilligung *f*, -recht *n*; **~ general** Generalvollmacht *f*; **~ a la importación** Einfuhrgenehmigung *f*; **~ normativa** Ermächtigung *f* zur Normsetzung; **~ notarial** notarielle Beurkundung *f*; **~ de permanencia** *(Sp)* Aufenthaltsgenehmigung *f*; **~ previa** Einwilligung *f*; **~ de residencia** *(Sp)* Aufenthalts | erlaubnis *f*, -berechtigung *f*; **~ para trabajar** *(o **de trabajo**)* Arbeitserlaubnis *f*; **~ de tráfico inmobiliario** Bodenverkehrsgenehmigung *f*.

autorizado Berechtigter *m*; **~** *(adj)* berechtigt, zulässig, legitimiert, autorisiert; **~ a disponer** verfügungsberechtigt; **~ para** *(o **a**)* **firmar** Unterschriftsberechtigter *m*; **~ para representar** vertretungsberechtigt.

autorizante *m* Zustimmender *m*; **~** *(adj)* beurkundend *(Notar)*.

autorizar berechtigen, er | mächtigen, bevoll-, zulassen, bewilligen, genehmigen, gestatten, beglaubigen, beurkunden, zustimmen; **~ la circulación** zulassen *(Kfz)*; **~ para** berechtigen zu.

autos *pl* Gerichtsakten *fpl*; **~ administrativos** Verwaltungsakten *fpl*.

autosuficiencia Selbstversorgung *f*.

auto | suficiente sich selbst versorgend; **~tutela** Selbsthilfe *f*.

autovía Schnell*(verkehrs)*straße *f*.

auxiliar *m* Hilf | sperson *f*, -kraft *f*, Gehilfe *m*, Amts | gehilfe *m*, Verrichtungs- *m*, Beistand *m*; **~** *(v)* Hilfe *f* leisten; **~ de la administración de justicia** Justiz | beamter *m*, -angestellter *m*, Hilfsbeamter *m* der Staatsanwaltschaft; **~ del comerciante** Handlungs | gehilfe *m*, Kaufmanns- *m*; **~ ejecutivo** Erfüllungsgehilfe *m*; **~ de prueba** Bewährungshelfer *m*.

auxiliatoria Rechtshilfeersuchen *n (des Obergerichts)*.

auxilio Hilfe *f*, Bei | hilfe *f*, Amts- *f*, Beistand *m*, Unterstützung *f*, Hilfeleistung *f*; **~ administrativo** Amtshilfe *f*; **~ en carretera** *(Sp)* Unfalldienst *m*, Pannenhilfe *f*; **~ judicial** Rechts | hilfe *f*; **~ de paro** Arbeitslosenfürsorge *f*.

auxilios *pl* Zeugengebühren *fpl*; **primeros ~** Erste Hilfe *f*.

aval *m* Aval*(kredit)* *m*, Wechsel | bürgschaft *f*, -garantie *f*; **~ en carta** Garantie | brief *m*, -schein *m*, Deckungszusage *f (Versicherung)*; **~ de letra** Wechselbürgschaft *f*.

avalado Bürgschaftsnehmer *m*.

avalante *m* Wechsel | bürge *m*, Scheck- *m*, Avalist *m*.

avalar *(Wechsel:)* bürgen, garantieren, Wechselbürgschaft *f* geben *(oder leisten)*.

aval | ista *m* s. avalante; **~oración** Bewertung *f*, Schätzung *f*; **~orar** aufwerten, schätzen; **~uación** s. avalúo; **~uador** Schätzer *m*, Taxator *m*; **~uar** s. avalorar.

avalúo Bewertung *f*, Schätz | ung *f*.

avance *m* Vorgehen *n*; Bilanz *f*, Saldo *m*, Kursgewinn *m*, Vorschuss *m*.

avanzar vorstrecken, vorschießen, anziehen *(Kurse)*.

avanzo s. avance.

avecindado sesshaft.

avecinda | miento Erwerb *m* des Ortsbürgerrechts; Wohnort *m*; **~rse** einen Wohnsitz *m* begründen.

aven | encia Übereinkunft *f*, Einigung *f*, Schlichtung *f*, *(gerichtlicher)* Vergleich *m*; **~idor** Schlichter *m*; **~** *(adj)* Vergleichs-; **-imiento**

Einverständnis *n*; Ver-gleich *m*; **~ir** vergleichen, sich einigen; **~irse** übereinkommen, sich vergleichen.
avería Havarie *f*, Haverei *f*, Seeschaden *m*, Beschädigung *f* *(Eisenbahn)*, Verkehrsunfall *m*; **~ gruesa** große Havarie *f*.
averia | do seebeschädigt, **~r** durch Havarie *f* beschädigen; **~rse** Havarie *f* erleiden.
averiguación Untersuchung *f*, Ermittlung *f*; **~ de la verdad** Wahrheits | ermittlung *f*, -erforschung *f*.
averiguar untersuchen, ermitteln *(im Strafprozess)*.
aviación Luftfahrt *f*; **~ civil** Zivilluftfahrt *f*, zivile Luftfahrt *f*.
aviar versorgen, ausrüsten.
avión *m* Flugzeug *n*; **por ~** per Luftpost; **~ sanitario** Sanitätsflugzeug *n*.
avisar ankündigen, anmelden, anschlagen *(Plakate)*; **~ el desahucio** die Wohnung *f* kündigen.
aviso Anzeige *f*, Ankündigung *f*, Benachrichtigung *f*, Bescheid *m*, *(An)*Meldung *f*, Mitteilung *f*, Avis*(ierung)* *m n (f)*, Unterrichtung *f*, Notiz *f*, Abruf *m*, *(Ab)*Mahnung *f*, Warnzeichen *n*, Anschlagzettel *m*; **~ de abono *(en cuenta)*** Gutschriftanzeige *f*; **~ de accidente** Unfall | anzeige *f*, -meldung *f*; **~ de adeudo** Lastschriftanzeige *f*; **~ de cambio de residencia** Abmeldung *f*; **~ de cargo** Belastungs | anzeige *f*, Lastschrift- *f*; **~ de crédito** Gutschrift | anzeige *f*, -avis *m n*; **~ de envío** Versandanzeige *f*; **~ de expedición** s. aviso de envío; **~ de modificación** Änderungskündigung *f*; **~ de pago** Zahlungs | ankündigung *f*; **~ de puesto vacante** Stellenangebot *n*; **~ de recibo** Rückschein *m (Post)*; **~ de siniestro** Schadens | meldung *f*, -anzeige *f*; **~ de vicios** Mängelanzeige *f*.
avocación Ansichziehen *n (an eine höhere Instanz)*.
avocar an sich ziehen *(an eine höhere Instanz)*.
ayuda Hilfe *f*, Beihilfe *f*, Beistand *m*, Unterstützung *f*, Subvention *f*, Zuschuss *m*, Beitrag *m*; **~ agraria** *(o **agrícola**)* Agrarsubvention *f*; **~ capital** Kapitalhilfe *f*; **~ en casos de catástrofes** Katastrophenhilfe *f*; **~ para costes** Kostenzuschuss *m*; **~ al desarrollo** Entwicklungshilfe *f*; **~ directa** Direktbeihilfe *f (EU)*; **~ para el establecimiento** Startbeihilfe *f*; **~ financiera** Finanz*(ierungs)*hilfe *f*, Zuschuss *m*;0 **~ a morir** Sterbehilfe *f*; **~ a los países en desarrollo** Entwicklungshilfe *f*; **~ postpenitenciaria** Entlassenenfürsorge *f*; **~ de *(o a la)* readaptación** Anpassungsbeihilfe *f*; **~ de reconversión profesional** Umschulungsbeihilfe *f*; **~ a la reestructuración** Umstrukturierungsbeihilfe *f (EU)*; **~ social** Sozialhilfe *f*; **~ de transición** *(o **transitoria**)* Übergangsbeihilfe *f (EU)*; **~ a la vivienda** Mietkostenzuschuss *m*.
ayudanta de médico Arzthelferin *f*.
ayudante *m* Hilfskraft *f*, Aushilfe *f*, *(wissenschaftlicher)* Assistent *m*, Hilfsbeamter *m*, Adjutant *m*; **~ de médico** Arzthelfer *m*; **~ en el pleito** Streithelfer *m*.
ayudantía Adjutantenstelle *f*; **~** *(Sp)* Marinebezirk *m*.
ayudas *pl*, **~ asistenciales** Sozialhilfeleistungen *fpl*; **~ para la compensación** Ausgleichshilfen *fpl*.
ayuntamiento Stadt | rat *m*, -verwaltung *f*, Magistrat *m*, Gemeinderat *m*, Rathaus *n*; Vereinigung *f*; **~ en pleno** *(Gemeinde)*Ratssitzung *f*.

B

bache *m*, **~ anual** Jahrestief *n*.
bachiller *m* Abiturient *m*.
bachillerato Abitur *n*, Reifeprüfung *f*; **~ elemental** *(Sp)* Einjähriges *n (etwa: mittlere Reife)*; **~ superior** Abitur *n*, Sekundarstufe *f*; **~ unificado polivalente** *(Sp)* spanisches Einheitsabitur *n*.

badén *m* **firme irregular** *(VZ)* unebene Fahrbahn *f.*
baja *(Preise, Kurse, Konjunktur, Börse:)* Fallen *n*, Sinken *n*, Senkung *f*, Abgleiten *n*, Sturz *m*, Abschwung *m*, Rückgang *m*, Baisse *f*; Ausscheiden *n*, Entlassung *f*, Austritt *m (aus einem Verein)*, Abbau *m (von Löhnen)*, Abmeldung *f (Kfz)*, Todesfall *m*; **a la ~** auf Baisse; **~ de**(l) **cambio** Kurs | verfall *m*; -abschlag *m*, -sturz *m*; **~ por enfermedad** Krankmeldung *f*; **~ incentivada** Vorruhestand *m* **~ por maternidad** Mutterschaftsurlaub *m*; **~ en el trabajo** Krank | meldung *f*, -schreiben *n.*
bajada Herabsetzung *f.*
bajar *(Preise, Kurse etc.:)* fallen, nachgeben, herabsetzen, senken, zurückgehen; liegen, *(ab)*sinken, abgleiten, abnehmen *(Tendenz)*; **~ de la circulación** aus dem Verkehr *m* ziehen *(Kfz)*; **~ las luces** *(VR)* abblenden.
bajas *pl* Abgänge *mpl (Bilanz)*; Tote und Verwundete *pl.*
bajelero Schiffseigner *m.*
bajis | mo Baissebewegung *f*; **~ta** *m* Preisdrücker *m*, Baissier *m*; **~** *(adj)* rückläufig, sinkend.
bajón *m* **en la cotización** Kurseinbruch *m.*
bala Geschoss *n.*
balance *m (s. a. balanza)* Bilanz *f*, Aufstellung *f*, Abschluss *m*, Ab | rechnung *f*, Abschluss- *f*, Abstimmung *f*, Geschäftsabschluss *m*, Saldo *m*, Ausgleich *m*, Status *m*; **~ acreedor** Kreditorensaldo *m*; **~ activo** Aktivbilanz *f*, Gewinn | bilanz *f*, -abschluss *m*; **~ de cierre** *(Ab)*Schlussbilanz *f*; **~ comercial** Handelsbilanz *f*; **~ consolidado** konsolidierte Bilanz *f*; **~ deficitario** Unterbilanz *f*; **~ de fundación** Gründungsbilanz *f*; **hacer ~** bilanzieren, Bilanz ziehen, die Bilanz *f* aufstellen, abschließen *(Bilanz)*; **~ intermed*(iar)*io** Zwischen | bilanz *f*, -abschluss *m*; **~ de inventario** Inventar *n*; **~ levantado en forma** ordnungsmäßige Bilanz *f*; **~ de liquidación** Liquidations | bilanz *f*, Auflösungs- *f*, Auseinandersetzungs- *f*; **~ neto** Nettobilanz *f*; **~ *(en)*** pasivo Unter | bilanz *f*, Passiv- *f*; **~ social** Gesellschaftsbilanz *f*; **~ total** Gesamtbilanz *f*; **~ de trabajo** Rechenschaftsbericht *m.*
balancear saldieren, aufrechnen; **~ los libros** Bücher *pl* abschließen.
balanza Bilanz *f (im Außenhandel)*, Tarif *m*; **~ básica** Grundbilanz *f*; **~ de bienes y servicios** Handels- und Dienstleistungsbilanz *f*; **~ de capital** Kapitalbilanz *f.*
balanza comercial Handels | bilanz *f*, Außen- *f*; **~ ~ de mercancías** Warenbilanz *f.*
balanza, ~ por cuenta corriente Leistungsbilanz *f*; **~ mercantil** Handelsbilanz *f.*
balanza de pagos Zahlungsbilanz *f.*
balanza, **~ pasiva** Passivbilanz *f*; **~ de servicios** Dienstleistungsbilanz *f*; **~ de transferencias** Übertragungsbilanz *f.*
baldío Ödland *n*; **~** *(adj)* brach, unbebaut.
baliza Seezeichen *n*, Boje *f*, Bake *f*; **~ de una solo raya** einstreifige Bake *f.*
balota | Stimm | zettel *m*, Wahl- *m*; **~je** *m* Stichwahl *f*; **~r** abstimmen.
banca die Banken *fpl*, Bank | wesen *n*, -gewerbe *n*, -betrieb *m*; **~ comercial** Handelsbanken *fpl*; **~ a domicilio** Homebanking *n*; **~ de inversiones** Investmentbanken *fpl*; **~ mayorista** Firmenkundengeschäft *n*; **~ al menudeo** Privatkundengeschäft *n*; **~ privada** Privatbanken *fpl*; **~ telefónica** Telebanking *n.*
banca | ble bankfähig, diskont | ierbar, -fähig; **~rio** *(adj)* Bank-, bankmäßig; **~rios** *pl* Bankgebühren *fpl.*
bancarrota Bankrott *m*; **~ fraudulenta** betrügerischer Bankrott *m.*
bancarrotista *m* Bankrotteur *m.*
banco Bank *f*, Bankgeschäft *n*; **~ de los acusados** Anklagebank *f*; **~ de ahorro y préstamo para la vivienda familiar** gemeinnützige Bausparkasse *f*; **~ de ahorros** Sparkasse *f*; **~ de asignación** anweisende Bank *f*; **~ azul** *(Sp)* Regierungsbank *f (Parlament)*; **~ central** Zentral | bank *f*, Noten- *f*; **~ Central Europeo** Europäische

Zentralbank *f*; **~ comercial** Handels | bank *f*, Geschäfts- *f*; **~ consorcial** Konsortialbank *f*; **~ cooperativo** Genossenschaftsbank *f*.

banco de crédito Geschäfts | bank *f*, Kredit- *f*; **~ ~ ~ agrícola** landwirtschaftliche Kreditbank *f*; **~ ~ ~ inmobiliario** Bodenkreditbank *f*.

banco, ~ de datos Datenbank *f*; **~ de depósito*(s)*** Depot | bank *f*, Depositen- *f*; **~ doméstico** Hausbank *f*; **~ de emisión** Emissions | bank *f*, Noten- *f*; **~ de España** Spanische Staatsbank *f*; **~ especializado** Spezialbank *f*; **~ Europeo de Inversiones** Europäische Investitionsbank *f*; **~ Europeo de Reconstrucción y Desarrollo** Europäische Bank *f* für Wiederaufbau und Entwicklung *f*; **~ gestor de la cuenta corriente** kontoführende Bank *f*; **~ hipotecario** Hypothekenbank *f*; **~ de incidencias** *(Sp)* Schuldnerverzeichnis *n*; **~ Internacional para la Reconstrucción y el Desarrollo** Internationale Bank *f* für Wiederaufbau und Entwicklung; **~ minorista** Privatkundenbank *f*; **~ mixto** Universalbank *f*; **~ Mundial** Weltbank *f*; **~ municipal** Gemeinde | bank *f*, Stadt- *f*, Kommunal- *f*; **~ de negocios** Geschäftsbank *f*; **~ de pagos a plazos** Abzahlungsbank *f*; **~ popular** Volksbank *f*; **~ de préstamos hipotecarios** Hypothekenbank *f*; **~ de transferencia** Girozentrale *f*; **~ universal** Universalbank *f*.

bancocracia Bankenherrschaft *f*.

bancos *pl* Bank | guthaben *n (Bilanz)*, -schulden *fpl*.

banda Bande *f*; **~ de fluctuación** Schwankungsbreite *f (Wechselkurse)*.

bandera Flagge *f*, Fahne *f*; **~ mercante** Handelsflagge *f*; **~ nacional** Staats | flagge *f*, National- *f*.

bandi | daje *m* Landfriedensbruch *m*; Banden | wesen *n*; **~do** Bandit *m*.

bando Bande *f*; öffentliche Bekanntmachung *f*, Erlass *m*; **~ municipal** Gemeinde | satzung *f*, Orts- *f*, Ortsstatut *n*.

bandoler | ismo s. bandidaje; **~o** s. bandido.

banking *m* **electrónico** Elektronik-Banking *n*.

banquero Bankier *m*, Geldwechsler *m*; **~ privado** Privatbankier *m*.

banquillo Anklagebank *f*; **~ de los testigos** Zeugenstand *m*.

baratería betrügerischer Tausch *m*; Betrug; Baratterie *f*.

baratillo Trödelmarkt *m*.

barbecho Brach | e *f*, -land *n*; **estar en ~** brach liegen.

barca | da Bootsladung *f*; **~je** *m* Fähr | ladung *f*, -geld *n*.

barco Schiff *n*; **~ de cabotaje** Küstenschiff *n*; **~ de carga** Fracht | schiff *n*, -dampfer *m*; **~ portacontenedores** Containerschiff *n*; **~ para transportar trenes** Eisenbahnfähre *f*.

baremo Satz *m*, Richtsatz *m*, Tabelle *f*; **~ de costas** Gebührenverzeichnis *n (Gericht)*; **~ de invalidez** Gliedertaxe *f (Versicherung)*.

barómetro Barometer *n*; **~ bursátil** *(B)* Standardwerte *pl*.

barra Gerichtsschranke *f*.

barrera *(Bahn)*Schranke *f*, Sperre *f*, Fahrkarten | sperre *f*, Straßen- *f*; **~ aduanera** Zoll | schranke *f*, -mauer *f*; **~ central de autopista** Leitplanke *f*; **~ comercial** Handels | schranke *f*.

barrio Stadt | teil *m*, -bezirk *m*; **~ comercial** Geschäftsviertel *n*; **~ residencial** Wohnviertel *n*.

basar, ~ una demanda eine Klage *f* begründen; **~ en** gründen auf.

base *f* Basis *f*, Grund | lage *f*, -wert *m*, Bezugsgrundlage *f*, Wertmesser *m*, Stützpunkt *m*; **~ aérea** Luft | stützpunkt *m*, Militärflug | hafen *m*, -platz *m*; **~ de cálculo** *(Be)*Rechnungs | grundlage *f*, Bemessungs- *f*; **~ de contrato** Vertragsgrundlage *f*; **~ de datos** Datenbank *f*; **~ de datos informática** computerisierte Datenbank *f*; **~ de determinación** Bemessungsgrundlage *f*; **~ imponible** *(Steuer)* Bemessungs | grundlage *f*, Besteuerungs- *f*, steuerbarer Betrag *m*; **~ jurídica** Rechtsgrundlage *f*; **en ~ a una ley** auf Grund eines Gesetzes *(Eingriff)*; **~ liquidable** zu versteuerndes Einkommen *n*;

~ militar Militärstützpunkt *m*; **~ negocial** *(o **del negocio**)* Geschäftsgrundlage *f*; **sobre la ~ de reciprocidad** auf Gegenseitigkeit *f*; **~ tributaria** Bemessungsgrundlage *f* der Abgabe, Steuermessbescheid *m*.
bases *fpl* Bedingungen *fpl*, Teilnahme | bedingungen *fpl*, Ausschreibungs- *fpl*; **~ de suministro** Lieferbedingungen *fpl*.
bastante, es ~ beglaubigt *(Vollmacht des Anwalts)*.
bastantea | do beglaubigte Vollmacht *f*; **~r** beglaubigen *(Vollmacht)*.
bastanteo Beglaubigung *f* der Vollmacht.
beca *(Studium:)* Stipendium *n*, Freiplatz *m*, Beihilfe *f*, Unterstützung.
becado Stippendiat *m*.
becar ein Stipendium *n* gewähren.
becario Stipendiat *m*.
beligerante *m* Kriegführender *m*, kriegführende Partei *f*.
beneficencia Wohlfahrt *f*, Wohlfahrtspflege *f*, Wohltätigkeit *f*.
beneficia | do Begünstigter *m*; **~r** begünstigen, verwerten, gewinnen, Nutzen *m* ziehen, verschleudern.
beneficiario Empfänger *m*, Bezieher *m*, Bezugs | berechtigter *m*, Nutzungs- *m*, Anspruchs- *m*, Inhaber *m*, Bedachter *m*, Begünstigter *m* *(z. B. aus Versicherungsvertrag)*, Remittent *m*, Wechselnehmer *m*; **~** *(adj)* -empfänger, -berechtigter, förderungswürdig; **~ de un cheque** Scheck | nehmer *m*, -empfänger *m*; **~ de la explotación** Nutzungsberechtigter *m*; **~ de un pago** Zahlungsempfänger *m*; **~ de la pensión** Renten | bezieher *m*, -berechtigter *m*; **~ de la prestación** Leistungsempfänger *m*; **tercer ~** Drittbegünstigter *m*.
beneficiarse ***(de)*** Nutzen *m* ziehen aus, in Anspruch *m* nehmen *(Dienste)*.
beneficio *(s. a. beneficios pl)* Gewinn *m*, Nutzen *m*, Vorteil *m*, Vorrecht *n*, Begünstigung *f*, Verwertung *f*, Verdienst *m*, Privileg *n*, Erwerb *m*, Ertrag *m*, Erlös *m*, Überschuss *m*, Bilanzgewinn *m*; Abbau *m*, Ausbeute *f*; **a ~ de** zugunsten von; **~ acumulado** nicht ausgeschütteter *(oder thesaurierter)* Gewinn *m*; **~ bruto** Brutto | gewinn *m*, Roh- *m* *(Bilanz)*; **~ de cambio** Aufgeld *n*, Kurs | gewinn *m*, Valuta- *m*; **de ~ común** gemeinnützig; **~ contable** Buchgewinn *m*, buchmäßiger Gewinn *m*; **~ empresarial** *(o **de empresas**)* Unternehmer | gewinn *m*, Unternehmens- *m*; **~ de excusión** Einrede *f* der Vorausklage; **~ de *(la)* explotación** Betriebs | ertrag *m*, -gewinn *m*, Geschäftsgewinn *m*; **~ fiscal** Steuer | präferenz *f*, -vergünstigung *f*, -vorteil *m*, -erleichterung *f*; **~ industrial** Gewerbeertrag *m*, gewerblicher Gewinn *m*; **~ de inventario** Inventar | recht *n* *(des Erben)*, Rechtswohltat *f* der Inventarerrichtung; **~ jurídico** Rechts | gut *n*, -wohltat *f*; **~ líquido** Reingewinn *m*, Rohertrag *m*; **~ máximo** Höchstgewinn *m*, Gewinnmaximierung *f*; **~ neto** Nettogewinn *m*, Rein | gewinn *m*, -ertrag *m*, -verdienst *m*; **en ~ del reo** zugunsten des Angeklagten *m*; **~ simulado** Scheingewinn *m*; **~ social** *(o **de socio**)* Gesellschaftsgewinn *m*; **~ tributable** *(o **a tributar**)* versteuerbarer Gewinn *m*; **~ usurario** Wuchergewinn *m*; **~ de *(la)* venta** Veräußerungsgewinn *m*.
beneficios *pl*, **~ exteriores** Auslandsgewinne *mpl*; **~ de la liquidación** Liquidationsgewinn *m*; **~ no repartidos** unverteilter Gewinn *m*; **~ penitenciarios** Haftvergünstigungen *fpl*.
beneficioso einträglich, nutz | bringend, gewinn-, rentabel, lukrativ.
beneplácito Einwilligung *f*, Einverständnis *n*, Agrément *n*.
benigno mild *(-e Strafe)*.
bequista *m* Stipendiat *m*.
berma (VR) Seitenstreifen *m*.
bicameral | Zweikammer-; **~idad** s. bicameralismo; **~ismo** Zweikammersystem *n*.
bicimoto Fahrrad *n* mit Hilfsmotor, Mofa *n*.
bien *m* *(s. a. bienes pl)* Gut *n*, Habe *f*, Wohl *n*, Sache *f*, Vermögensgegenstand *m*; **~ común** Gemeinwohl *n*, Wohl *n* der Allgemeinheit, Gemeingut *n*, herrenlose Sache *f*; **~ consumible** verbrauchbare Sache *f*;

~ **económico** Wirtschaftsgut *n*;
~ **del Estado** Staatswohl *n*;
~ **fungible** vertretbare Sache *f*;
~ **inmaterial** unkörperliche Sache *f*;
~ **de interés cultural** Kulturgut *n*.

bien *m* **jurídico** Rechtsgut *n*.

bien *m*, ~ **litigioso** Streit | gegenstand *m*, -sache *f*, im Streit befangene Sache *f*; ~ **matrimonial** Heiratsgut *n*; ~ **del niño** Kindeswohl *n*; ~ **público** Gemeinwohl *n*, öffentliches Wohl *n* *(oder Interesse n)*, öffentliche Sache *f*, Staatsgut *n*.

bienes *mpl* Güter *npl*, Wirtschafts-güter *pl*, Vermögen *n*, Besitz *m*, Vermögenswerte *mpl*; ~ **aportados** eingebrachtes Gut *n*; ~ **de capital** *(o **bienes-capital**)* Kapital | vermögen *n*, -güter *pl*, Investitionsgüter *npl*; ~ **comunes** gemeinsames Vermögen *n*, Gesamtgut *n*; ~ **constitutivos de la masa** Massegegenstände *mpl*.

bienes *mpl* **de consumo** Konsum | güter *pl*, Verbrauchs- *pl*, Gebrauchs- *pl*; ~ ~ **duraderos** langlebige Konsumgüter *pl*; ~ ~ **perecederos** kurzlebige Konsumgüter *pl*.

bienes *mpl*, ~ **divisibles** teilbare Sachen *fpl*; ~ **dotales** Heiratsgut *n*, Mitgift *f*, eingebrachtes Gut *n*; ~ **durables** langlebige Wirtschaftsgüter *pl*; ~ **de equipamiento** *(o **de equipo**)* Anlagen *fpl*; Anlage | güter *pl*, Ausrüstungs- *pl*, Investitions- *pl*; ~ **escasos** Mangelwaren *fpl*; ~ **de esparcimiento y recreo** Luxusgegenstände *mpl (SteuerR)*; ~ **en existencia** Lagerbestand *m*; ~ **de la federación** *(o **federales**)* Bundesvermögen *n*; ~ **finales** Endvermögen *n*; ~ **gananciales** *(Sp)* Gesamtgut *n (Errungenschaftsgemeinschaft)*; ~ **hereditarios** *(o **de la herencia**)* Nachlass *m*, Nachlass | vermögen *n*, -gegenstände *mpl*; ~ **incorporales** Immaterialgüter *pl*; ~ **inmateriales** immaterielle Güter *pl*; ~ **inmovilizados** unbewegliche Sachen *fpl*; ~ **inmuebles** Immobilien *fpl*, Grundstücke *npl*, unbewegliche Sachen *fpl*, Grundvermögen *n*, Liegenschaften *fpl*; ~ **de inversión** Investitions | güter *pl*, Anlage- *pl*; ~ **jurídicos personalísimos** höchstpersönliche Rechtsgüter *pl*; ~ **muebles** bewegliches Vermögen *n*, bewegliche Güter *pl (oder Sachen fpl)*, Mobilien *pl*, Mobiliarvermögen *n*, Fahrnis *f*; ~ **parafernales** Vorbehalts | gut *n*, Sonder- *n (der Ehefrau)*; ~ **de primera necesidad** das Lebensnotwendige *n*; ~ **privativos** *(Sp)* Vorbehalts | gut *n*, Sonder- *n* *(Ehe)*; ~ **públicos** im Gemeingebrauch stehendes Staatsvermögen *n*; ~ **raíces** Liegenschaften *fpl*, Grundstücke *npl*; ~ **semovientes** Tiere *npl*; ~ **sociales** Gesellschaftsvermögen *n*; ~ **de sucesión** *(o **sucesorios**)* Erbschafts | gegenstände *mpl*.

bienestar *m* Wohlfahrt *f*, Wohlstand *m*; ~ **común** Gemeinwohl *n*; **verdadero** ~ wohlverstandenes Interesse *n*.

bi | enio Zweijahreszeitraum *f*; ~**gamia** Bigamie *f*, Doppelehe *f*.

bígamo Bigamist *m*; ~ *(adj)* in Bigamie *f* lebend.

bilateral | zwei | seitig, gegen-, bilateral; ~**idad** Zweiseitigkeit *f (des Willens)*; ~**ismo** Bilateralismus *m*.

billete *m* Eintrittskarte *f*, Fahr | karte *f*, -schein *m*, -ausweis *m*, Billett *n*, Geld | schein *m*, Banknote *f*, Los *n*; ~ **de abono** Dauer | *(fahr)*karte *f*; ~ **de avión** Flug | schein *m*, -karte *f*, -billett *n*; ~ **bancario** *(o **de banco**)* Banknote *f*, Papiergeld *n*; ~ **de empeño** Pfandschein *m*; ~ **del Estado** Schatzanweisung *f*; ~ **de ida y vuelta** Rückfahrkarte *f*.

billetes *mpl*, ~ **y monedas** Geldsorten *fpl*.

bimestral zweimonatlich.

bínubo wiederverheiratet.

bipartidismo Zweiparteiensystem *n*.

blanco Lücke *f (Urkunde)*, leerer Stimmzettel *m*; ~ *(adj)* blanko; **en** ~ blanko, Blanko-, unausgefüllt.

blanquear dinero Geld *n* waschen.

blanqueo, ~ **de(l) dinero** Geldwäsche *f*.

bloc *m* Block *m*; ~ **de impresos de transferencia** Überweisungsheft *n*.

bloque Block *m*; ~ **de contacto** Kontaktsperre *f*; ~ **de la libra** *(**esterlina**)* Sterlingblock *m*; ~ **de medidas fiscales** Steuerpaket *n*.

bloquear stilllegen *(Kapital)*, einfrieren *(Preise)*, sperren *(Gelder, Wertpapiere)*.

bloqueo Blockade *f*, Sperre *f*, Sperrung *f (des Patents)*, Einfrieren *n*; *(von Preisen)*, Stillhalteabkommen *n*; **~ de alquileres** Mietzinsstopp *m*; **~ comercial** Handels | blockade *f*, -embargo *n*; **~ de las importaciones** Einfuhrsperre *f*.
boicot *m* Boykott *m*; **~ económico** Wirtschaftsboykott *m*.
boicote | ar boykottieren; **~o** s. boicot.
boleta *(s. a. boleto)* Marke *f (z. B. Garderoben-)*, Strafzettel *m*, Los *n*; **~ de depósito** Hinterlegungsschein *m*; **~ de equipaje** Gepäckschein *m*.
boletín *m* Amtsblatt *n*, Bulletin *n*; Schein *m*, Marke *f*, Preisliste *f*; **~ de alta** Entlassungsschein *m*; **~ de *(la)* bolsa** Börsen | blatt *n*, -bericht *m*, -zettel *m*; **~ de cambios** Kurszettel *m*; **~ de las Cortes** *(Sp)* Parlamentsdrucksachen *fpl*; **~ de denuncia** Strafzettel *m*, -mandat *n*.
Boletín *m* **Oficial** Gesetz | blatt *n*, Amts- *n*, Verordnungs- *n*; **~ ~ de la Unión Europea** Amtsblatt *n* der Europäischen Union; **~ ~ del Estado** *(Sp)* Staatsanzeiger *m*, Gesetzblatt *n*.
boletín *m*, **~ de precios** Preisliste *f*; **~ de reserva** Platzkarte *f (Eisenbahn)*.
boleto *(s. a. boleta)* Eintrittskarte *f*, Kaufschein *m*; **~ de empeño** Pfandschein *m*.
bolilla Stimmkugel *f*.
bolsa Börse *f*, Börsengeschäft *n*, Anlagemarkt *m*; **~ de cambios** Wechsel | börse *f*, Devisen- *f*; **~ comercial** *(o **de comercio**)* Waren | börse *f*, Handels- *f*; **~ de la compra** Warenkorb *m*; **~ de divisas** Devisenbörse *f*; **~ de*(l)* trabajo** Arbeitsnachweis *m*, Stellen | markt *m*, -börse *f*, -vermittlung *f*, -anzeigen *fpl*; **~ de valores** Effekten | börse *f*, Wertpapier- *f*.
bolsín *m* Neben | börse *f*, Vor- *f*.
bolsista *m* Börsen | händler *m*, -spekulant *m*, Börsianer *m*.
bomba Pumpe *f*; Bombe *f*; **~ en cartas** Briefbombe *f*; **~ de control remoto** ferngezündete Bombe *f*.
bonanza económica wirtschaftlicher Aufschwung *m*.
bonificación Gutschrift *f*, *(Rück)*Vergütung *f*, Vergünstigung *f*, Ermäßigung *f* **~ por cantidad** Mengenrabatt *m*; **~ en efectivo** Barvergütung *f*; **~ a la exportación** Ausfuhrvergütung *f*; **~ de fidelidad** Treuerabatt *m*; **~ por no siniestralidad** Schadensfreiheitsrabatt *m*; **~ de** *(o **en** o **sobre las**)* **primas** Prämien-*(rück)*vergütung *f*.
boni | ficar gutschreiben, vergüten; **~sta *m* Obligationeninhaber *m*.**
bono *(s. a. bonos pl)* Schein *m*, Gut | schein *m*, Bezugs- *m*, Bon*(us) m*, Schuldschein *m*, *(Staats)*Schuldverschreibung *f*, Schatzanweisung *f*, Obligation *f*; **~ de caja** Kassen | schein *m*, -anweisung *f*, -zettel *m*, -obligation *f*; **~ convertible** Wandel | anleihe *f*, -schuldverschreibung *f*; **~ con cupón cero** unverzinsliche Schatzanweisung *f*, Zerobond *m*; **~ de disfrute** Genussschein *m*; **~ del Estado** Staatsanleihe *f*; **~ de fidelidad** Treueprämie *f*; **~ fiscal** Schatzanweisung *f*; **~ de fundador** Vorzugsaktie *f*; **~ hipotecario** Pfandbrief *m*; **~ nominativo** Namens | obligation *f*, -schuldverschreibung *f*; **~ de opción** Optionsanleihe *f*; **~ del tesoro** Schatz | anweisung *f*, -wechsel *m*; **~ de bajo valor nominal** Baby Bond *m*; **~ de viaje** Voucher *m n*, Hotelgutschein *m*.
bonos *pl* Obligationen *fpl*; **~ públicas** Staatsanleihen *fpl*.
borde *m*, **~ de la calzada** Fahrbahnrand *m*; **~ rebajado** abgesenkter Bordstein *m*.
borderó Annahmeschein *m*; **~ recapitulativo** Schlussverzeichnis *n*.
bordo, a ~ an Bord.
borrador Entwurf *m (Abkommen)*, Vor | entwurf *m*, Urkunden- *m*.
borradura Streichung *f (auf Urkunde)*.
borrar durchstreichen, radieren *(Urkunde)*, löschen *(PC)*.
bosque *m* Wald *m*; **~ fiscal** Staats | forst *m*, -wald *m*.
bosquejo erster Entwurf *m*.
botar entlassen *(ArbR)*; vom Stapel laufen *(SeeR)*.
botín *m* Beute *f*, Diebesgut *n*.
bracero Hilfsarbeiter *m*.
brecha, ~ inflacionista inflatorische Lücke *f*; **~ de rendimiento** Renditengefälle *n*.

brigada *f* Brigade *f*, Kolonne *f*; **~ de bomberos** Löschzug *m (Feuerwehr)*; **~ de estafas** Betrugsdezernat *n*; **~ de estupefacientes** Rauschgiftdezernat *n*; **~ de homicidios** Mordkommission *f*; **~ de investigación *(criminal)*** Kriminalpolizei *f*; **~ judicial** Kriminalpolizei *f*; **~ regional de fronteras y extranjeros** *(Sp)* Grenz | polizei *f*, -behörden *fpl*.
brigadero Mitglied *n* einer Brigade.
brusco *(B)* sprunghaft.
bruto por neto brutto für netto.
bufete *m (Rechts)*Anwaltskanzlei *f*; **~ colectivo** *(Anwalts)*Sozietät *f*.
buhoner | ía Hausierhandel *m*, Reisegewerbe *n*; **~ías** *pl* Hausiererwaren *fpl*; **~o** Hausierer *f*.
bulto Fracht | stück *n*, Gepäck- *n*; **a ~** in Bausch und Bogen.
bultos *pl* **~ de mano** Handgepäck *n*.
buque *m* Schiff *n*; Joint *m (Haschischzigarette)*; **~ de cabotaje** Küsten | schiff *n*, -dampfer *m*; **~ de carga** Fracht | er *m*, -schiff *n*, -dampfer *m*; **~ -escuela** Schulschiff *n*; **~ de línea *(regular)*** Linienschiff *n*; **~ mercante** Handels | schiff *n*, Güter- *n*; **~ de pasaje** Passagierschiff *n*; **~ petrolero** Tanker *m*; **~ transatlántico** Überseedampfer *m*; **~ de vapor** Dampfer *m*, Dampfschiff *n*; **~ de vela** Segelschiff *n*.
burgués *m* Bürger *m*; **pequeño ~** Kleinbürger *m*.
burla Betrug *m*, Prellerei *f*, Nichtbefolgung *f (des Urteils)*; **~ de la ley** Gesetzesumgehung *f*.
burlar täuschen.
buró Büro *n*; **~ Internacional de Trabajo** Internationales Arbeitsamt *n*; **~ político** Politbüro *n*.
burocracia Bürokratie *f*; **~ ministerial** Ministerialbürokratie *f*.
burócrata *m* Bürokrat *m*.
burocrático bürokratisch.
bursátil Börsen-.
busca *f* Fahndung *f*; **~ de empleo** Stellensuche *f*.
busca | cabeza *m* Headhunter *m*; **~dor** Surfer *m (im Internet)*.
buscar *(durch)*suchen.
búsqueda Suche *f*; **~ de empleo** Stellensuche *f*.
buzón *m*, **~ electrónico** Mailbox *f*.

C

cabecera Kopf *m (einer Urkunde)*, Rubrum *n*; **~ de producción** Produktionszentrale *f*; **~ de provincia** Provinzhauptstadt *f*.
caber zulässig sein *(Rechtsmittel)*.
cabeza *m* Obmann *m*, Leiter *m*; **~ de lista** Spitzenkandidat *m*; **~ de motín** Rädelsführer *m*.
cabeza *f*, Eingangsformel *f*, Verwaltungssitz *m*; **~ de partido judicial** Sitz *m* des Amtsgerichts; **por ~** pro Kopf.
cabida Fassungsvermögen *n*, Grundstücksgröße *f*, Ladefähigkeit *f*.
cabildo Gemeinderat *m*; **~ insular** *(Can)* Inselparlament *n*.
cabina electoral Wahlkabine *f*.
cablegra | fiar kabeln; **~ma** *m* Kabel *n*, Kabel | nachricht *f*, -telegramm *n*.
cabo Chef *m*, Vorarbeiter *m*.
cabotaje *m* Küsten | schifffahrt *f*, -verkehr *m*, -handel *m*.
cacería Jägerei *f*, Jagd *f*, Jagdwesen *n*.
cach | ear durchsuchen *(Person)*, eine Leibesvisitation *f* vornehmen; **~eo** Leibesvisitation *f*.
cadena Konzern *m*, Handelskette *f*; Fernsehprogramm *n*; **~ de distribución** Handels | kette *f*, Verteiler- *f*; **~ perpetua** lebenslängliche Freiheitsstrafe *f*; **~ de producción** Fließband *n*, Fließ*(band)*arbeit *f*; **~ de tiendas** Ladenkette *f*.
caduca | ción Verfall *m*; **~do** hinfällig *(Rechte)*, verlustig; **~r** ablaufen *(Frist)*, verfallen, verwirken, ungültig *(oder: unwirksam)* werden.
caducidad Unwirksamkeit *f*, Verwirkung *f*, Kündigung *f*, Ungültigwerden *n (des Testaments)*, Erlöschen *n (der Fristen)*; **~ de la instancia** Erlöschen *n* des Rechtszuges *(durch Nichtbetreiben)*.
caduco erloschen, verfallen, hinfällig, unwirksam.

caer fallen, sinken *(Preise)*, nachgeben *(Kurse)*, stürzen *(Regierung)*; **hacer ~** stürzen *(Regierung)*; **~ en la indefensión** wehrlos werden.
caída Fall *m*, Sturz *m*, Sinken *n (Preise)*, Kurs | verfall *m*, Währungs- *m*, Rückgang *m (Export)*; **~ del empleo** Beschäftigungsrückgang *m*; **~ de *(los)* precios** Preis | verfall *m*, -sturz *m*, -rückgang *m*, -abfall *m*; **~ vertical de los precios** Preiseinbruch *m*.
caja Kasse *f*, Laden | kasse *f*, Spar- *f*, Bank *f*, Zahlstelle *f*, Tresor *m*, Kassekonto *n*, Kassen | bestand *m (Bilanz)*, -schalter *m*; **~ de alquiler** Bankfach *n*, Safe *m*; **~ asimilada de enfermedad** Ersatzkasse *f*; **~ de caudales** *(Tresor)*Fach *n*, Safe *m*, Geld | schrank *m*, -kassette *f*; **~ de compensación familiar** Familienausgleichskasse *f*; **~ de defuncion** Sterbekassekasse *f*; **~ de *(o para)* enfermedad** Krankenkasse *f*; **~ de enfermedad de empresa** Betriebskrankenkasse *f*; **~ -fuerte** Stahlkammer *f*, Geldschrank *m*; **~ local de enfermedad** Ortskrankenkasse *f*; **~ municipal** Stadt | kasse *f*, Gemeinde- *f*; **~ de pensiones** Pensions | kasse *f*, Renten- *f*, Versorgungsanstalt *f*; **~ de resistencia** Streik | kasse *f*, -fonds *m*; **~ de retiro** Pensionsversicherung *f*; **~ de seguridad** Schließfach *n*, Panzerschrank *m*, Safe *m*; **~ social** Gesellschaftskasse *f*; **~ del tesoro** öffentliche Kasse *f (Körperschaften und Kommunen)*; **~ del tribunal** Gerichtskasse *f*.
cajero Kassierer *m*; **~ automático** Geld | automat *m*, Kassen- *m*.
calabozo Dunkel | haft *f*, -arrest *m*, Zelle *f*, Haftlokal *n*.
calcula | bilidad Berechenbarkeit *f*; **~ble** berechenbar; **~ción** Kalkulation *f*, Kostenvoranschlag *m*.
calculador Rechnungsführer *m*, Kalkulator *m*, Rechner *m*.
calcular *(be)*rechnen, errechnen, kalkulieren, bemessen.
calculatorio rechnerisch.
cálculo Be | rechnung *f*, Er- *f*, Aus- *f*, Bemessung *f*, Veranschlagung *f*, Überschlag *m*, Kalkulation *f*; **~ anticipado por muestreo** Hochrechnung *f*; **~ aproximado** überschlägige Berechnung *f*; **~ de los derechos aduaneros** Zollberechnung *f*; **~ a destajo** Akkordberechnung *f*; **~ estimativo** Schätzung *f*, Voranschlag *m*; **~ de honorarios** Gebührenberechnung *f*; **~ de interés compuesto** Zinseszinsrechnung *f*; **~ de intereses** Zinsberechnung *f*; **~ de precios** Preis | gestaltung *f*, -kalkulation *f*; **~ de salario*(s)*** Lohn*(be)*rechnung *f*; **~ de*(l)* valor** Wert | berechnung *f*, -ansatz *m*.
calendario Zeit | plan *m*, Termin- *m*, Tagesangabe *f* im Fahrplan, Terminkalender *m (des Gerichts)*, Tagesordnung *f (Parlament)*; **~ de amortizaciones** Tilgungsplan *m*; **~ de pagos** Zahlungstermine *mpl*; **~ de trabajo** Zeitplan *m*.
calibración Eichung *f*.
calibre *(del arma de fuego)* *m* Kaliber *n (von Schusswaffen)*.
calidad Eigenschaft *f*, Qualifikation *f*, Beschaffenheit *f*, Fähigkeit, Bonität *f*, Stellung *f*; Qualität *f*, Marke *f*, Sorte *f*, Güte *f*; **a ~ de que ...** unter der Bedingung, dass ...; **de alta ~** hochwertig; **~ asegurada** zugesicherte Eigenschaft *f*; **en ~ de asesor** in beratender Eigenschaft; **~ de asociado** Mitgliedschaft *f*; **de ~ comercial** handelsübliche Qualität *f*; **~ corriente** gängige Sorte *f*; **~ excepcional** Spitzenqualität *f*; **de ~ inferior** minderwertig; **~ de la pena** Strafart *f*; **de primera ~** erstklassig; **~ requerida** Qualitätsanforderung *f*; **~ de socio** Teilhaberschaft *f*; **~ de vida** Lebensqualität *f*.
calidades *fpl*; **~ su*(b)*stanciales** wesentliche Eigenschaften *fpl*.
calificación Qualifi | zierung *f*, -kation *f*, Fähigkeit *f*, *(Prüfungs)*Note *f*, Benotung *f*, Zu | ordnung *f*, Ein- *f*, Einstufung *f*, Straferhöhung *f*; **~ profesional** fachliche *(oder berufliche)* Qualifikation *f*, berufliche Einstufung *f*; **~ por el resultado** Erfolgsqualifizierung *f (StrafR)*.
calificado befugt, ermächtigt, qualifiziert.
calificador Sachverständiger *m*.
calificar begutachten, prüfen, subsumieren *(StrafR)*, qualifizieren; **~ de admisible** für zulässig erklären.

calle *f* Straße *f*; **~ de acceso** Anlieger | straße *f*, Zugangs- *f*; **~ de dirección única** Einbahnstraße *f*; **hacer la ~** auf den Strich gehen; **~ preferente** Vorfahrtstraße *f*.
calumnia Verleumdung *f*, falsche Anschuldigung *f*, Verunglimpfung *f*.
calumni | ador Verleumder *m*; **~ante** *m* Verleumder *m*; **~ar** verleumden; **~oso** verleumderisch.
calzada Fahr | bahn *f*, -weg *m*, -damm *m*; **~ para bicicletas** Fahrradweg *m*; **~ de sentido único** Einbahnstraße *f*.
cámara Kammer *f (Parlament, Handel)*, Parlament *n*, Geschäftsstelle *f*; **~ acorazada** Stahlkammer *f*, *(Bank)* Tresor *m*, Safe *m*; **~ de agentes de patentes** *(o* ***de la propiedad industrial****)* Patent | anwaltschaft *f*, -anwaltskammer *f*; **~ Alta** Senat *m (Parlament)*, Oberhaus *n*; **~ del artesanado** *(o* ***de artesanía****)* Handwerkskammer *f*; **~ Baja** Unterhaus *n (Großbritannien)*; **~ de comercio** Handelskammer *f*; **~ de control de tráfico** *(VR)* Verkehrsüberwachungs | kamera *f*, Rotlicht- *f*; **~ de Industria y Comercio** Industrie- und Handelskammer *f*; **~ territorial** Länderkammer *f*.
camarilla politische Clique *f*.
cambial *m (gezogener)* Wechsel *m*, Tratte *f*; **~** *(adj)* wechselmäßig.
cambiar *(um)*wechseln, einwechseln, *(sich)* verändern, abändern, umsetzen, *(um)*tauschen; **~ dinero** Geld *n* wechseln; **~ de domicilio** verlegen *(Wohnsitz)*; **~ de dueño** in andere Hände *pl* übergehen; **~ la fecha** umdatieren.
cambiario Wechsel-, Devisen-, wechsel | mäßig, -rechtlich.
cambio Tausch *m*, Umtausch *m*, Geld wechsel *m*, Umrechnung *f*, Kurs *m (Währung)*, Umrechnungskurs *m*, Wechsel | kurs *m*, -geld *n*, -geschäfte *npl*, Devisenkurs *m*, Valuta *f*, Kleingeld *n*, Agio *n*; *(Ab)*Änderung *f*, Umgliederung *f*, Wende *f (Politik)*; **~ de acreedor** Gläubigerwechsel *m*; **~ de apellido*(s)*** Namensänderung *f*; **~ de apertura** Eröffnungskurs *m*; **~ bursátil** Börsen | kurs *m*, -notierung *f*; **~ de carril** Fahrspurwechsel *m*; **~ de cierre** Schlusskurs *m*; **al ~ corriente** zum Tageskurs *m (Devisen)*; **~ de destino** Versetzung *f (Beamter)*; **~ de dirección** *(Fahrt)* Richtungsänderung *f*, Ab | biegen *n*, Ein- *n*, Wenden *n (Kfz)*; **~ de domicilio** Wohnsitz | wechsel *m*, -verlegung *f*, Wegzug *m*; **~ de empleo** Stellungswechsel *m*; **~ de estructura** *(o* ***estructural****)* Strukturwandel *m*; **~ exterior** Auslandskurs *m*, Devisen *pl*; **~ fijo** fester Kurs *m*, feste Valuta *f*; **~ flexible** flexibler Wechselkurs *m*; **~ flotante** frei schwankender Wechselkurs *m*; **~ interior** Binnenkurs *m*; **~ jurídico** Rechtsänderung *f*; **~ de la jurisprudencia** Änderung *f* der Rechtsprechung; **libre ~** Freihandel *m*; **~ limitado** Kurslimit *n*; **~ de manos** Besitzerwechsel *m*; **al mejor ~** *(B)* bestens, bestmöglich; **~ de moneda*(s)*** Geld | wechsel *m*; **~ negro** ***(en el mercado)*** Schwarzmarktkurs *m*; **~ neto** Nettokurs *m*; **~ de notas** Noten | wechsel *m*, -austausch *m*; **~ oficial** amtlicher *(Wechsel)*Kurs *m*; **a ~ del pago** gegen Entgelt *n*; **~ a la par** Parikurs *m*, Parität *f*; **~ de rasante** Kuppe *f (Fahrbahn)*; **~ de ratificaciones** Austausch *m* von Ratifikationsurkunden; **~ de tendencia** Umschwung *m*; **~ único** Einheitskurs *m*; **~ de venta** Verkaufs | kurs *m*, Abgabe- *m*.
cambios *pl*, **~ en la distribución de la renta** Einkommensumverteilung *f*.
cambista *m* Devisenhändler *m*.
camello *(Klein)*Dealer *m*, Drogenkurier *m*.
cameral Kammer-.
camino Straße *f*, Weg *m*; **~ forestal** Wald | weg *m*, Forst- *m*; **~ de peatones** Fußweg *m*; **~ vecinal** Verbindungs | weg *m*, Feld- *m*.
camiona | da Wagenladung *f*; **~je** *m* **Abfuhr *f*, Rollfuhr***(geld) f (n)*.
camisa de fuerza Zwangsjacke *f*.
campaña Feldzug *m*, Kampagne *f*, Aktion *f*; **~ difamatoria** Rufmordkampagne *f*; **~ electoral** Wahl | kampf *m*, -feldzug *m*, -kampagne *f*; **~ de prensa** Pressekampagne *f*;

~ de propaganda Werbe|feldzug *m*, -aktion *f*, -kampagne *f*.
campesino Bauer *m*, Landwirt *m*.
campo 1. Feld *n*, Land *n*; 2. Bereich *m*, Sachgebiet *n*; 3. Lager; **~ de acción** Wirkungs|bereich *m*, Aktions- *m*; -kreis *m*, -bereich *m*; **~ de actuación** Geschäftsfeld *n*; **~ de actuación discrecional** Ermessensspielraum *m*; **~ de acogida** Auffanglager *n*; **~ de aplicación** Anwendungsbereich *m*, Geltungsbereich *m*; **~ protector** Schutzbereich *m*; **~ de refugiados** Flüchtlingslager *n*.
canal *m* Kanal *m*; **~ comercial** *(o **de comercialización**)* Vertriebs|weg *m*, Absatz- *m*; **~ de venta** Verkaufsweg *m*, Absatzgebiet *n*.
canasta, ~ básica Warenkorb *m*.
cancelable abzahl|bar, annullierbar.
cancelación Ausgleich*(ung)* *m (f)*, Austragung *f*, Tilgung *f*, *(Aus)*Streichung *f*, Annullierung *f*, Aufhebung *f*, Löschung *f* *(der Eintragung)*, Abbestellung *f*, Stornierung *f*, Aufgebot *n* *(Wertpapiere)*; **~ de asiento registral** Löschung *f* einer Registereintragung; **~ de datos** Datenlöschung *f*; **~ de oficio** Löschung *f* von Amts wegen, Amtslöschung *f*.
cancelar ausgleichen, *(aus)*löschen, austragen *(Register)*, annullieren, ungültig machen, außer Kraft setzen, aufheben, erlassen, tilgen, aufkündigen, entwerten, widerrufen, begleichen *(Schuld)*, ausbuchen, stornieren; **~ un cheque** einen Scheck *m* für kraftlos erklären; **~ datos** Daten *pl* löschen; **~ una hipoteca** eine Hypothek *f* tilgen.
canciller Kanzler *m (einer Botschaft, eines Staates)*.
cancillería *f* Kanzlei, Staatskanzlei *f*; **~ del Estado** Staatskanzlei *f*.
candidato Kandidat *m*, Prüfungskandidat *m*, Bewerber *m*, Anwärter *m*; **~ para las elecciones** Wahlkandidat *m*; **~ a la presidencia** *(o **presidencial** o **a presidente**)* Präsidentschaftskandidat *m*.
candidatura Kandidatur *f*.
canje *m* Tausch *m*, Tauschverkehr *m*, Umtausch *m (von Aktien)*, Austausch *m (z.B. von Gefangenen)*; Einlösung *f*; **~ de notas** Noten|wechsel *m*, -austausch *m*.
canjea|bilidad Einlösbarkeit *f*; **~ble** austauschbar, einlösbar; **~r** *(ein)*tauschen, umtauschen *(Aktien)*, austauschen *(Urkunden)*.
cannabis *f* Cannabis *m*.
canon *m* Lizenzgebühr *f*, Zins *m*, Nutzungs|entgelt *n*, Erbpacht- *m*; **~ de alquiler** Mietzins *m*; **~ anual** jährlich wiederkehrende Beträge *mpl*; **~ de censo** Grund|rente *f*, -zins *m*; **~ enfiteútico** Erbbauzins *m*; **~ de saneamiento** Abwasser|gebühren *fpl*, -abgaben *fpl*.
cantar, ~ de plano alles aussagen.
cantidad Betrag *m*, Summe *f*, Anzahl *f*, Größe *f*, Menge *f*, Nummer *f*, Quantum *n*, Quantität *f*, Schuldsumme *f*; **~ de alcohol en la sangre** Blutalkohol|gehalt *m*, -konzentration *f*; **~ alzada** Pauschalbetrag *m*; **~ exenta de impuestos por hijos** Kinderfreibetrag *m*; **~ a fondo perdido** verlorener Zuschuss *m*; **~ líquida** verfügbare Gelder *npl*; **~ máxima** Höchstbetrag *m*; **~ de producción** Ausstoß *m*; **~ a suministrar** Liefermenge *f*.
capa ~ directiva Führungsschicht *f*; **~ de menores ingresos** untere Einkommensschicht *f*.
capacidad Fähigkeit *f*, Befähigung *f*, Leistung *f*, Leistungs|fähigkeit *f*, Rechts- *f*, Geschäfts- *f*, Schuld- *f*, Fassungs|vermögen *n*, Arbeits- *n*, Kapazität *f*, Qualifikation *f*, Kompetenz *f*, Talent *n*; **~ de actuación procesal** Prozessfähigkeit *f*; **~ adquisitiva** Kaufkraft *f*; **~ de carga** Lade|fähigkeit *f*, -kapazität *f*; ökologische Belastbarkeit *f*; **~ de competir** *(o **competitiva**)* Wettbewerbs|fähigkeit *f*, Konkurrenz- *f*; **~ de compra** Kaufkraft *f*; **~ de comprender** *(o **de comprensión**)* Einsichtsfähigkeit *f*; **~ de conducir** Fahrtüchtigkeit *f*; **~ para contraer matrimonio** Ehefähigkeit *f*; **~ contractual** *(o **para contratar**)* Geschäftsfähigkeit *f*; **~ para contratar colectivamente** Tariffähigkeit *f*; **~ delictiva** *(o **delictual**)* Deliktsfähigkeit *f*; **~ de delinquir** s. capacidad

delictiva; **~ para disponer** Verfügungs | befugnis *f*, macht *f*; **~ docente** Lehr | befähigung *f*, -befugnis *f*; **~ electoral** Wahlrecht *n* *(subjektives ~)*; **~ electoral pasiva** passives Wahlrecht *n*; **~ de inhibición** Hemmungsvermögen *n*; **~ para el juicio** Verhandlungsfähigkeit *f*.
capacidad jurídica Rechtsfähigkeit *f*; **con ~ ~** rechtsfähig; **~ ~ internacional** Völkerrechtsfähigkeit *f*.
capacidad, ~ laboral Arbeitsfähigkeit *f*; **~ legal** Rechtsfähigkeit *f*; **~ de litigar** Parteifähigkeit *f*; **~ de obrar** Handlungs | fähigkeit *f*, Geschäfts- *f*; **~ de obrar limitada** beschränkte Geschäftsfähigkeit *f*; **~ de pago** Zahlungs | kraft *f*, -fähigkeit *f*; **~ de postulación procesal** Postulationsfähigkeit *f*; **~ procesal** Prozessfähigkeit *f*; **~ de resolución** Beschlussfähigkeit *f*; **~ de** *(o* ***para)*** **ser parte** Parteifähigkeit *f (vor Gericht)*; **~ para el servicio militar** Wehrdienstfähigkeit *f*; **~ de** *(o* ***para)*** **testar** Testierfähigkeit *f*; **~ de** *(o* ***para el)*** **trabajo** Erwerbs | fähigkeit *f*, Arbeits- *f*; **~ volitiva** Steuerungsfähigkeit *f*.
capacitación Ausbildung *f*, Berufsausbildung *f*, Schulung *f*; **~ básica** Grundausbildung *f*; **nueva ~** Umschulung *f*.
capacitado fähig, handlungsfähig.
capacitar bevollmächtigen.
capaz *m* geschäfts | fähig, leistungs-, rechts-, handlungs-; **~ para comparecer en juicio** prozessfähig; **~ de competir** konkurrenzfähig; **~ para conducir** fahrtüchtig; **~ de contraer matrimonio** ehefähig; **~ de delinquir** deliktsfähig; **~ de obrar** geschäftsfähig.
cápita, per ~ *(lat)* pro Kopf.
capitación Kopf | steuer *f*, -geld *n*.
capital *m* Kapital *n*, Vermögen *n*, Gelder *npl*, Anlagen *fpl*, Kapitalkonto *n* *(Gesellschaften)*; **~ -acciones** *(o* ***en acciones)*** Aktienkapital *n*; **~ ajeno** Fremdkapital *n*; **~ aportado** eingebrachtes Kapital *n*, Kapital | einlage *f*, Stamm- *f (GmbH)*; **~ asegurado** Versicherungssumme *f*; **~ en circulación** *(o circulante)* Betriebs | kapital *n*, -vermögen *n*, *(Netto)*Umlaufvermögen *n*; **~ comanditario** Kommandit | kapital *n*, -einlagen *fpl*; **~ de explotación** Betriebs | kapital *n*, -mittel *npl*, -vermögen *n*; **~ extranjero** Auslandskapital *n*; **~ extraño** Fremdkapital *n*; **~ fijo** Anlagevermögen *n*; **~ inmovilizado** Anlage | vermögen *n*, -kapital *n*; **~ integrado** voll eingezahltes Kapital *n*; **~ líquido** Rein | vermögen *n*, Aktiv- *n*, flüssiges *(oder verfügbares)* Kapital *n*; **~ mínimo** Mindest-kapital *n*; **~ neto** Eigen | kapital *n*, Netto- *n (Kapital, Rücklagen, Gewinn)*; **~ nominal** Nennkapital *n*, Grund- *n*; **~ propio** *(o* ***propio*** *~)* Eigenkapital *n*; **~ social** Gesellschafts | kapital *n*, Grund- *n*, Stamm- *n*, Aktien.
capital *f* Haupt | stadt *f*, Groß- *f*.
capitales *mpl* Kapital | ien *pl*, -decke *f*; **~ a colocar** Anlage suchendes Kapital *n*; **~ a corto** kurzfristige Gelder *npl*; **~ a largo** langfristige Gelder *npl*; **~ a plazo** Termingelder *npl*.
capitalidad Hauptstadt *f*, Hauptstadteigenschaft *f*.
capitalismo Kapitalismus *m*.
capitalista *m* Geld | geber *m*; **~** *(adj)* Kapital-, kapitalistisch.
capitalizable kapitalisierbar.
capitalización Kapital | bildung *f*, -ausstattung *f*, -isierung *f (Rente)*; **~ de intereses vencidos** Kapitalisierung *f* der fälligen Zinsen
capitalizar kapitalisieren, Kapital *n* bilden, aufzinsen, ablösen.
capitán *m* Kapitän *m*, Partei | führer *m*, -chef *m*; ~ *(Sp)* Hauptmann *m*, Mannschaftskapitän *m (Sport)*; **~ general** *(Sp)* General*(oberst)* *m*; **~ de industria** Wirtschaftsführer *m*; **~ del puerto** Hafenmeister *m*.
capitanía Hauptmannsstelle *f*, Hafenbehörde *f*.
capitulación Kapitulation *f (VöR)*.
capitulaciones *pl* **matrimoniales** Güterrechts | vertrag *m*, Ehe- *m*.
capítulo Kapitel *n*, Abteilung *f* *(Haushaltsplan)*; **~ presupuestario** Haushaltstitel *m*.
captación Abwerbung *f*; **~ de aguas** Entnehmen *n* und Ableiten von Wasser; **~ de divisas** Devisenbeschaffung *f*; **~ de herencia** Erb |

schleicherei *f*; **~ de votos** Stimmenfang *m*.
captador, ~ de emigrantes Schlepper *m*, Schleuser.
captar erschleichen; **~ clientes** Kunden *mpl* fangen.
captor Entführer *m*; **~ de rehenes** Geiselnehmer *m*.
captura Festnahme *f*, Ergreifung *f*; **~ autorizada** zulässige Gesamtfangmenge *f (EU)*; **~ de datos** Datenerfassung *f*.
capturar festnehmen, verhaften.
carabinero Zollwächter *m*.
carácter *m* Charakter *m*, Eigenschaft *f*; **con ~ cautelar** vorbeugend *(Maßnahme)*; **~ distintivo** Unterscheidungs|merkmal *n*, -kraft *f (von Patenten)*; **~ ejecutorio** Vollziehbarkeit *f*; **~ punitivo** Strafcharakter *m*; **~ remunerativo** Entgeltlichkeit *f*; **con ~ vitalicio** auf Lebenszeit.
característica Beschaffenheit *f*, Merkmal *n*, Charakteristik *f*.
caracteriza|ción Kennzeichnung *f*; **~dor** Kennwort *n*.
carátula Rubrum *n (Urteil)*.
cárcel *f* Gefängnis *n*, *(Straf)*Haft *f*, Haft|anstalt *f*, Strafvollzugs- *f*.
carcelaje *m* Haft *f*, Haftdauer *f*.
carcelero Gefängnis|wärter *m*, -aufseher *m*, -beamter *m*.
cardenal *m (KR)* Kardinal *m*.
carear gegenüberstellen *(Zeugen)*, vergleichen *(Sachen)*.
carecer *(de)* ermangeln, entbehren; **~ de fin de lucro** gemeinnützig sein; **por ~ de fondos** mangels Deckung.
carencia Karenz *f (Versicherung)*, rückzahlungsfreie Zeiten *fpl*.
carente *m*, **~ de nacionalidad** Heimatloser *m*.
careo de testigos Gegenüberstellung *f* von Zeugen.
carestía hoher Preis *m*, Teuerung *f*.
carga *(s. a.: cargamento, cargas pl, cargo)* Last *f*, Belastung *f*, Abgabe *f*, Obliegenheit *f*, Auflage *f (Erbrecht etc.)*, Überbürdung *f*, Beschuldigung *f*, Grundstücksbelastung *f*; *(Ver)*Ladung *f*, *(Ver)*Laden *n*, Beladen *n*, Abladung *f*, Fracht *f*, Frachtgut *n*, Kargo *m*; **~ admisible** Tragfähigkeit *f*; **~ aérea** Luftfracht *f*; **~ de alegación** *(o **de alegar** o **del alegato**)* Darlegungslast *f*; **~ contaminante** Umweltbelastung *f*; **~ por deudas** Schuldenlast *f*; **~ efectiva** Nutzlast *f*; **~ por eje** Achslast *f (Kfz)* **~ fiscal** steuerliche Belastung *f*, Steuer|last *f*, -belastung *f*, -betrag *m*; **~ de las obras** Straßenbaulast *f*; **~ del pasado** Altlasten *fpl*; **~ permisible** zulässiges Ladegewicht *n*; **~ de *(la)* prueba** Beweislast *f*, Nachweis-pflicht *f*; **~ real** dingliche Belastung *f*, Reallast *f*; **sin ~** unbeladen; **~ social** Sozialabgaben *fpl*; **~ útil** Nutz|last *f*, -ladung *f*; **~ de vuelta** Rückfracht *f*.
carga|da Ladung *f*; **~dero** Ladeplatz *m*.
cargado Belasteter *m (Schuldner)*; **~ de deudas** verschuldet, überschuldet; **ser ~ a** zur Last fallen.
cargador Befrachter *m*, Verfrachter *m*, Verlader *m*, Belader *m*.
cargamento *(SeeR, s. a. carga)* Beförderung *f*, Verladung *f*, Fracht *f*, Ladegut *n*, Kargo *m*.
cargar *(be)*laden, aufladen, be|frachten, ver-, Ladung *f* nehmen, Waren *fpl* einladen, überbürden; anschreiben, auferlegen *(Abgaben)*, belasten *(Konten; strafrechtlich)*, berechnen *(als Preis)*; **~ las costas** die Kosten *pl* auferlegen; **~ una cuenta por un importe** ein Konto *n* mit einer Summe belasten; **~ con exceso** über|laden, -lasten.
cargareme *m* Quittung *f (einer öffentlichen Kasse)*.
cargas *pl* Amtspflichten *fpl*; **~ de alquiler** Mietnebenkosten *pl*; **~ conyugales** ehelicher Aufwand *m*; **~ de familia** familienrechtliche Unterhaltspflichten *fpl*; **libre de ~** lastenfrei; **~ profesionales** Werbungskosten *pl (SteuerR)*; **~ públicas** Staatslasten *fpl*, öffentliche Lasten *fpl*; **~ reales** Reallasten *fpl*; **~ sociales** Sozial|lasten *fpl*, -belastung *f*.
cargo *(s.a. carga)* Ladung *f*, *(Be)*Laden *n*, Last *f*, Belastung *f*; Amt *n*, Amtsträger *m*, Stellung *f*; Lastschrift *f*, Soll *n*, Debet *n*; Schuld *f*, Schuldvorwurf *m*, Beschuldigung *f*; **a ~ de** zu Lasten von, zur Anrechnung auf, unter der Verantwortung *f*; **alto ~** Führungsstellung *f*; **~ en cuenta**

Lastschrift *f*; **~ directivo** leitende Stellung *f*;
hacerse ~ übernehmen *(Schuld)*, sich *(einer Sache)* annehmen, wahrnehmen; **~ honorífico** Ehrenamt *n*; **~ público** öffentliches Amt *n*, Staatsamt *n*; **ser a** *(o* ***de*** *o* ***en)*** **~** zu Lasten gehen; **~ vitalicio** unkündbare Stellung *f*.

cargos *pl* Belastungsmomente *npl*, Verdachtsgründe *mpl*.

carguero Frachter *m*; **~ de usos múltiples** Mehrzweckfrachtschiff *n*.

carguío Schiffsladung *f*.

carnet *m* Ausweis *m*, Abonnementsfahrkarte *f*; **~ de abono anual** Jahreskarte *f*; **~ de conducir** Führerschein *m*; **~ de identidad** Personalausweis *m*, Legitimationskarte *f*; **~ de periodista** *(Sp)* Presseausweis *m*; **~ de ruta** Fahrtenbuch *n*.

carpeta *(Akten-)*Mappe *f*; **~ de asuntos pendientes** Wiedervorlagemappe *f*.

carrera Laufbahn *f*, Beamten|-laufbahn *f*, Berufs- *f*, Bildungsgang *m*; Fahrt *f* *(Taxi)*; **~ armamentista** *(o* ***de armamentos)*** Wettrüsten *n*; **de ~** hauptamtlich, Berufs- *(Beamte)*, verbeamtet; **~ de derecho** Juristenlaufbahn *f*; **~ diplomática** Diplomatenlaufbahn *f*; **~ profesional** beruflicher Werdegang *m*.

carretera Land|straße, Überland- *f*, Fahrweg *m*; **~ municipal** Kommunal|straße *f*, Gemeinde- *f*; **~ nacional** Staats|straße *f*; **~ de peaje** gebührenpflichtige Straße *f*.

carril *m* Fahr|streifen *m*, -spur *f*; **~ de estacionamiento** Parkstreifen *m*.

carruaje *m*, **~ celular** Gefangenenwagen *m*.

carta Brief *m*, Schreiben *n*, Satzung *f*, Charta *f*, Dokument *n*; **~ admonitoria** Mahnschreiben *n*; **~ de advertencia** Mahnschreiben *n*; **~ por avión** Luftpostbrief *m*; **~ -bomba** Briefbombe *f*; **~ certificada con acuse de recibo** Einschreibebrief *m* mit Rückschein; **~ de ciudadanía** s. carta de nacionalidad; **~ conminatoria** Drohbrief *m*; **~ credencial** Akkreditiv *n*, Beglaubigungsschreiben *n*.

carta de crédito Kreditbrief *m*, Akkreditiv *n*; **~ ~ documentario** Dokumentenakkreditiv *n*.

carta, ~ de creencia Beglaubigungsschreiben *n*; **~ de fundamentales de la EU** Charta der Grundrechte der EU; **los derechos dirigida a lista de correos** postlagernder Brief *m*; **~ de embarque** Konnossement *n*; **~ de extorsión** Erpresserschreiben *n*; **~ de garantía** Garantie|brief *m*, -schein *m*, Deckungszusage *f* *(Versicherung)*; **~ hipotecaria** Hypothekenbrief *m*; **~ de intenciones** Absichtserklärung *f*; **~ de llamada** Abberufungsschreiben *n* *(Diplomat)*; **~ monitoria** Mahnschreiben *n*; **~ de nacionalidad** Einbürgerungsurkunde *f*; **~ de las Naciones Unidas** Satzung *f* der Vereinten Nationen, UN-Charta *f*; **~ de negocios** Geschäftsbrief *m*; **~ (-)orden** Anweisung *f*, Zahlungsanweisung *f*, Rechtshilfeersuchen *n*, Weisung *f* des Obergerichts; **~ de pago** Zahlkarte *f*, Empfangsbestätigung *f*, Quittung *f*; **~ -patente** *(o* ***de patente)*** Patent|urkunde *f*, -brief *m*.

carta de porte Ladeschein *m*, Fracht|brief *m*, -gutverzeichnis *n*; **~ ~ aéreo** Luftfrachtbrief *m*; **~ ~ a la orden** Orderladeschein *m*; **~ ~ al portador** Inhaberladeschein *m*.

carta, ~ de reclamación Beschwerdeschreiben *n*; **~ de recomendación** Empfehlungsschreiben *n*; **~ de requerimiento** Mahnschreiben *n*; **~ requisitoria** Ersuchen *n*, Rechtshilfeersuchen *n*, Steckbrief *m*; **~ Social Europea** Europäische Sozialcharta *f*; **~ de solicitud** Bewerbungsschreiben *n*; **~ urgente** Eilbrief *m*; **~ con valor*(es)* declarado*(s)*** Wert|brief *m*, Geld- *m*; **~ de vecindad** Ortsbürgerrecht *n*; **~ de vehículo** *(Kraft)*Fahrzeugbrief *m*.

cartas *pl*, **~ de cese** Rekreditiv *n* *(Diplomat)*, Bestätigungsschreiben *n* zur Abberufung; **~ recredenciales** s. cartas de cese.

cartel *m* Ankündigung *f*, Plakat *n*, **~ de propaganda** Wahlplakat *n*.

cártel *m* *(aber auch:* ***cartel)*** Kartell *n*; **~ de adquisición** Einkaufskartell *n*;

~ de condiciones Konditionen- *n*; **~ de cupos** Quotenkartell *n*; **~ de *(la)* droga** Drogenkartell *n*; **~ de exportación** Ausfuhrkartell *n*; **~ de precios** Preiskartell *n*; **~ de rebaja** Rabattkartell *n*; **~ de región** *(o **regional**)* Gebiets | kartell *n*, Regional- *n*.
carte | lar kartellieren; **~era** Anschlagtafel *f*; **~ismo** Kartellwesen *n*.
cartelización Kartellbildung *f*.
cartera Ressort *n*, Bestand *m (an Wertpapieren)*; Ministeramt *n*, Geschäftsbereich *m (des Ministers)*, Portefeuille *n*; **~ de clientes** Kunden | kartei *f*, -stamm *m*; **~ institucional** institutionelle Anleger *mpl*; **~ de productos** Produktpalette *f*.
carterista *m* Taschendieb *m*.
cartilla Bezugschein *m*, Sparkassenbuch *n*; **~ de afiliación a la seguridad social** *(Sp)* Sozialversicherungsausweis *m*; **~ de ahorros** Sparbuch *n*; **~ médico-farmacéutica** *(Sp)* Krankenschein *m*; **~ militar** Wehrpass *m*, Soldbuch *n*.
cartuchos *pl* Patronen *fpl*.
casa Haus *n*, Hausgrundstück *n*, Wohnung *f*; Firma *f (Geschäft)*, Betrieb *m*, Niederlassung *f*, Unternehmung *f*; **~** *(Sp)* Börse *f* von Madrid; **~ abastecedora** Lieferfirma *f*; **~ de banca** *(o **bancaria**)* Bank | haus *n*, -firma *f*; **~ comercial** *(o **de comercio**)* Handels | firma *f*, -haus *n*, Geschäftshaus *n*; **~ de comercio al por menor** Einzelhandelsfirma *f*; **~ de corretaje** Brokerhaus *n*; **dentro de la ~** hausintern *(Firma)*; **~ destinada a viviendas** Wohngebäude *n*; **~ de dos familias** *(o **dos viviendas**)* Zweifamilienhaus *n*; **~ editora** *(o **editorial**)* Verlag *m*, Verlagshaus *n*; **~ ficticia** Scheinfirma *f*; **~ filial** Filialbetrieb *m*; **~ de huéspedes** Pension *f*, Gästehaus *n*; **~ de importación** *(o **importadora**)* Import | firma *f*, -geschäft *n*; **~ matriz** Stamm | haus *n*, -firma *f*; **~ de mujeres maltratadas** Frauenhaus *n*; **~ naviera** Schifffahrtsunternehmen *n*, Reederei *f*; **~ penitenciaria** Strafvollzugsanstalt *f*; **~ principal** Stammhaus *n*; **~ productora** Hersteller*(firma) m (f)*, Herstellungsfirma *f*; **~ propia** Eigenheim *n*; **~ Real** *(o **Real** ~)* königlicher Hof *m*, Haushalt *m* des Königs; **~ de socorro** Unfallstation *f*, Erste-Hilfe-Station *f*, Sanitätswache *f*; **~ de ventas por catálogo** *(o **por correspondencia**)* Versand | haus *n*.
casación Aufhebung *f*, Revision *f*, Annullierung *f*; **~ adhesiva** Anschlussrevision *f*; **~ por quebrantamiento de forma** Revision *f* wegen Verfahrensmängeln; **~ por salto** Sprungrevision *f*.
casacional *(adj)* Revisions-.
casamiento Eheschließung *f*, Heirat *f*, Trauung *f*, Hochzeit *f*; **~ por poder*(es)*** Ferntrauung *f*.
casar *(jemanden:)* trauen; *(Urteil:)* kassieren, aufheben *(die Entscheidung in der Revisionsinstanz)*.
casarse heiraten, sich trauen lassen, sich verehelichen; **~ por lo civil** *(o **civilmente**)* standesamtlich heiraten; **~ en forma religiosa** kirchlich heiraten.
casa | tienda Laden *m* mit Wohnung; **~torio** s. casacional.
casco Schiffsrumpf *m*, Wrack *n*; **~ de protección** Schutzhelm *m*; **~ urbano** Ortskern *m*.
cascos azules *pl* Blauhelme *mpl* *(UNO)*.
casilla Abteilung *f (des Grundbuchs)*; **~ de correo*(s)*** Postfach *n*.
caso Fall *m*, Sache *f*, Rechtsfall *m*, Tatbestand *m*; **en cada ~ particular** im Einzelfall; **~ de emergencia** Notstandsfall *m*; **~ fortuito** höhere Gewalt *f*, Zufall *m*, zufälliges Ereignis *n*; **~ grave** Härtefall *m*; **hacer ~ omiso** unbeachtet lassen, nicht einhalten *(Förmlichkeiten)*, *(einem Einwand)* nicht stattgeben; **~ sin importancia** Bagatellfall *m*; **~ límite** Grenzfall *m*; **~ de litigio** *(o **litigioso**)* Streitfall *m*; **~ marginal** Grenzfall *m*; **~ de necesidad** Notfall *m*;**~ pendiente** schwebendes Verfahren *n*; **~ precedente** Präzedenzfall *m*, Präjudiz *n*; **~ de prueba** Musterprozess *m*; **~ regular** Regelfall *m*; **~ de urgencia** *(o **urgente**)* Eil | fall *m*, Not- *m*.
casquillo *(leere)* Patronenhülse *f*.
castigable straffähig.

castigar *(be)*strafen, ahnden.
castigo Strafe *f*, Bestrafung *f*, Ahndung *f*; **~ ejemplar** exemplarische Strafe *f*.
castrense *(adj)* Militär-, Feld-.
casuis | mo s. casuística; **~ta** *m* Kasuist *m*; **~** *(adj)* kasuistisch.
casuística Kasuistik *f*.
casuístico kasuistisch.
catalogación Katalogisierung *f*.
catalogar katalogisieren, im Katalog *m* aufführen.
catálogo Katalog *m*, Verzeichnis *n*; **~ de derechos fundamentales** Grundrechtskatalog *m*.
catastral *(adj)* Kataster-.
catastro Kataster *m (n)*, Grundstücksregister *n*, Katasteramt *n*; **~ de bienes raíces** Liegenschaftskataster *m*.
cate | *m* Nichtbestehen *n* einer Prüfung; **~ar** in einer Prüfung *f* durchfallen lassen.
cátedra Lehrstuhl *m*, Professur *f*.
catedrático *(Universitäts)*Professor *m*; **~ titular** Ordinarius *m*.
categoría Kategorie *f*, Gruppe *f*, Gattung *f*, Sorte *f*, Klasse *f (Beamtenrecht)*, Rang | klasse *f*, -stelle *f (Hypothek)*; **~ de calidad** Güteklasse *f*; **~ fiscal** Steuerklasse *f*; **~ de ingresos** Einkommensart *f*; **~ salarial** Lohngruppe *f*; **~ de tarifas** Tarifgruppe *f*.
cauce *m*, **~ jurídico** gesetzliche Grundlage *f*, Rechtsweg *m*.
caución Bürgschaft *f*, Kaution *f*, Sicherheit *f*, Sicherheitsleistung *f*; **bajo** gegen Sicherheitsleistung *f*; **~ bancaria** Bankbürgschaft *f*; **~ de licitador** Bieterkaution *f*.
cauciona | ble kautionsfähig; **~miento** Sicherheitsleistung *f*.
caucionar Sicherheit *f* leisten.
caudal *m* Einkommen *n*, Ertrag *m*, Reichtum *m*, Vermögen *n*, **~ hereditario** Erbschaft *f*, Nachlass *m*; **~ social** Gesellschaftsvermögen *n*.
causa 1. Grund *m*, Rechtsgrund, Ursache *f*, Veranlassung *f*; 2. Angelegenheit *f*, Rechts | sache *f*, -streit *m*, Prozess *m*, Klagesache *f*, Straf | sache *f*, -verfahren *n*; **~ del accidente** Unfallursache *f*; **~ de la acción** Klagegrund *m*; **~ de agravación** Strafschärfungs- *m*; **~ de atenuación de la pena** Strafmilderungs | grund *m*, Privilegierungs- *m*; **~ de calificación** *(o* ***calificadora****)* Straferhöhungs- *m*; **~ de casación** Revisionsgrund *m*; **~ civil** Zivil | prozess *m*, -sache *f*; **~ criminal** Straf | sache *f*, -verfahren *n*, -prozess *m*; **~ del daño** Schadensursache *f*; **~ de la demanda** Klagegrund *m*; **~ de denegación** *(o* ***denegatoria****)* Ablehnungs | grund *m*, Versagungs- *m*; **~ de divorcio** *(Ehe)*Scheidungsgrund *m*; **~ enjuiciada** Streitgegenstand *m*; **~ de exclusión** Ausschluss | grund *m*, *(Straf)*Ausschließungs- *m*; **~ de exculpación** Schuldausschließungsgrund *m*; **~ del fallecimiento** Todesursache *f*; **~ grave** schwerwiegender Grund *m*; **~ ilícita** gesetz- oder sittenwidriger Zweck *m*; **~ de impugnación** Anfechtungsgrund *m*; **~ de inimputabilidad** Straf | ausschließungsgrund *m*, Schuld- *m*; **~ jurídica** Rechts | grund *m*, -titel *m*; **~ justa** gerechter *(oder: berechtigter, wichtiger)* Grund *m*; **~ de justificación** Rechtfertigungsgrund *m*; **~ justificada** berechtigter Grund *m*; **~ lícita** erlaubter Rechtsgrund *m*; **~ lucrativa** erwerbswirtschaftlicher Zweck *m*; **~ matrimonial** Ehe | sache *f*, -prozess *m*; **por ~ de muerte** von Todes wegen; **~ no imputable** ein nicht zu vertretender Umstand *m*; **~ de recusación** Ablehnungs | grund *m*, Ausschließungs- *m*; **~ de responsabilidad** Haftungs | grund *m*, -grundlage *f*; **~ urgente** Eilsache *f*.
causación Verursachung *f*.
causador s. causante.
causahabiente *m* Rechtsnachfolger *m*; **~ particular** Einzelrechtsnachfolger *m*; **~ universal** Gesamtrechtsnachfolger *m*.
causal *f (s. a. causa)* Grund *m*, Rechtsgrund *m*; **~** *(adj)* ursächlich.
causalidad Ursache *f*, Ursächlichkeit *f*, Kausalität *f*.
causalismo Kausalitätsprinzip *n*.
causante *m* 1. Urheber *m*, Verursacher *m*, Veranlasser *m*; 2. Rechtsvorgänger *m*, Erblasser *m*; *(adj)* verursachend.
causar verursachen, veranlassen, herbeiführen, hervorrufen;

~ **adicción** abhängig machen *(Drogen)*; ~ **alta** sich anmelden; ~ **baja** ausscheiden, sich abmelden; ~ **ejecutoria** vollstreckbar *(oder vollziehbar)* werden; ~ **estado** rechtskräftig sein *(oder werden) (Verwaltungsverfahren)*; ~ **perjuicio** benachteiligen.
causídico Prozessbevollmächtigter.
cautela Vorsicht *f*, Vorbehalt *m*.
cautelam, ad ~ *(lat)* vorsorglich.
cautelar bewahren, schützen; *(adj)* vorläufig, Vorsorge-; **medida** ~ einstweilige Anordnung.
cautiverio de guerra Kriegsgefangenschaft *f*.
cauti | vidad s. cautiverio; **~vo** gefangen *(in Kriegsgefangenschaft)*.
caza Jagd *f*, Wild *n*; ~ **furtiva** Wilderei *f*.
cazador Jäger *m*; ~ **furtivo** Wilddieb *m*, Wilderer *m*.
ceda el paso! *(VZ)* Vorfahrt *f* beachten *(oder gewähren)*!
cedente *m* Abtretender *m*, Zedent *m*, Altgläubiger *m*.
ceder abtreten, über | geben, -tragen, -lassen, ab | geben, auf-, nach- *(Kurse)*; ~ **en arriendo** vermieten, verpachten; ~ **el paso** Vorfahrt *f* gewähren; ~ **el uso de la palabra** das Wort *n* erteilen.
cédula Schein *m*, Kupon *m*, Ladung *f*, Ladebrief *m*, Ladungs | schreiben *n*, -schrift *f (zum Termin)*; ~ **de ahorro** Spar*(kassen)*brief *m*; ~ **de citación** *(o **citatoria**)* Ladung *f (zum Termin)*, Zustellungs- *f*; ~ **de ciudadanía** Staatsangehörigkeitszeugnis *n*; ~ **de deuda inmobiliaria** *(o **territorial**)* Grundschuldbrief *m*; ~ **de emplazamiento** Ladung *f (mit Fristsetzung)*; ~ **hipotecaria** Pfandbrief *m*, Hypothekenpfandbrief *m*; ~ **de identificación** Personalausweis *m*; ~ **de identificación fiscal** Kraftfahrzeugschein *m*, Zulassung *f (Kfz)*; ~ **de inversiones** *(Sp)* steuerbegünstigtes Staatspapier *n*; ~ **de notificación** *(o **notificadora**)* Zustellungsurkunde *f*; ~ **urbanística** *(Sp)* Bescheinigung *f* über die Bebaubarkeit eines Grundstücks; ~ **de vecindad** Personalausweis *m*, Heimatschein *m*.
celador Aufsichtsbeamter *m (Haft)*.
celda Zelle *f*, Gefängniszelle *f*; ~ **de aislamiento** Isolierzelle *f*; ~ **común** Gemeinschaftszelle *f*; ~ **solitaria** Einzelzelle *f*.
celebración Vornahme *f (eines Rechtsgeschäfts)*, Abhaltung *f (von Terminen, Wahlen, Sitzungen)*, Eingehen *n (der Ehe)*, *(Vertrag:)* Schließung *f*, *(Ab)* Schluss *m*; ~ **del matrimonio** Eheschließung *f*, Eingehen *n* der Ehe.
celebrar abhalten, durchführen *(Handlung)*, vornehmen *(Rechtsgeschäft)*, veranstalten, vollziehen, *(ab)*schließen *(Verträge)*; ~ **un acuerdo** eine Vereinbarung *f* treffen; ~ **una audiencia** eine Sitzung *f* abhalten; ~ **una feria** eine Messe *f* veranstalten; ~ **un juicio** einen Fall *m* verhandeln.
celebrarse stattfinden *(Debatte)*.
célula s. celda.
cementerio Friedhof *m*.
censa | do Wählerschaft *f m*; **~r** schätzen *(Einwohner)*, Einwohner *mpl* zählen; **~tario** Rentenschuldner *m*, Erbpächter *m*, Erbzinspflichtiger *m*.
censo Volks | zählung *f*, Bevölkerungs- *f*, Zensus *m*, Einwohnerverzeichnis *n*, Wählerliste *f*, Umfrage *f*, Rente *f*, Rentenschuld *f*, Zins *m*, Erbzins *m*; ~ **consignativo** Reallast *f* gegen Kapitalhingabe; ~ **demográfico** Volkszählung *f*; ~ **electoral** Wahl | liste *f*, Wähler- *f*; ~ **enfitéutico** Erbpacht *f*; ~ **reservativo** Reallast *f* gegen Grundstücksübereignung; ~ **vitalicio** Leibrente *f*, Rente *f* auf Lebenszeit.
censor Zensor *m*, Prüfer *m (Rechnungshof)*, Aufsichtsbeamter *m*; ~ *(Sp)* Aufsichtsratsmitglied *n*; ~ **de cuentas** Buch | prüfer *m*.
censua | l *(adj)* Renten-, Rentenschuld-, Erbzins-; **~lista** *m*, Erbzinsberechtigter *m*; **~rio** s. censatario.
censura Zensur *f*, Überwachung *f*, Misstrauensvotum *n (im Parlament)*, *(amtliche)* Rüge *f*; ~ **voluntaria** freiwillige Selbstkontrolle *f*.
censurar verbieten, zensieren.
censuría Amt *n* des „censor“.
central *f* Zentrale *f*, Hauptniederlassung *f*, Spitze *f*; ~ **de compras** Einkaufszentrale *f*, Großmarkt *m*;

~ nuclear Atomkraftwerk *n*; **~ telefónica** Telefonzentrale *f*; **~ térmica** Wärmekraftwerk *n*.

centrali | smo Zentralismus *m*; **~sta** *(adj)* zentralistisch; **~zación** Zentralisierung *f*; **~zar** zentralisieren.

centro Zentrum *n*, Mittel | punkt *m*, Brenn- *m*, die Mitte *f (politisch)*, Zentral | stelle *f*, -behörde *f*, *(Bildungs)* Einrichtung *f*.

centro de acogida Aufnahme | stelle *f*, -einrichtung *f*.

centro, ~ administrativo Verwaltungsstelle *f*; **~ de asistencia letrada gratuita** Rechtsberatungsstelle *f*; **~ de atención** Betreuungszentrum *n (Drogen)*; **~ de capacitación** Ausbildungsstätte *f*; **~ comercial** Handels | platz *m*, Hauptumschlags- *m*, Einkaufszentrum *n*; **~ de comunicación** Verkehrszentrum *n*; **~ de consultas** Beratungsstelle *f*; **~ de datos** Datenbank *f*; **~ de desplazados** Obdachlosenunterkunft *f*; **~ de detención** Haft | anstalt *f*, Strafvollzugs- *f*; **~ de día** Tagesstätte *f*; **~ docente** Bildungs | stätte *f*, -einrichtung *f*, Lehranstalt *f*; **~ de educación preescolar** Vorschule *f*; **~ de emergencia** Rettungsstation *f*; **~ escolar** Schule *f*; **~ Español de Derechos Reprográficos** *(Sp)* Gesellschaft *f* für musikalische Aufführungs- und mechanische Vervielfältigungsrechte (GEMA) *(D)*.

centro, ~ de explotación Betriebs | stätte *f*, -standort *m*; **~ ferroviario** Eisenbahnknotenpunkt *m*; **~ de gravedad** Schwerpunkt *m*; **~ industrial** Industriezentrum *n*.

centro de información Informationszentrum *n*, **~ ~ profesional** Berufsinformationszentrum *n*.

centro, ~ de internamiento de extranjeros Abschiebungshaftanstalt *f*; **~ de orientación profesional** Berufsberatungsstelle *f*; **~ peatonal** Fußgängerzone *f*; **~ penitenciario** Straf | vollzugsanstalt *f*, Justiz- *f*; **~ de primeros auxilios** Erste-Hilfe-Station *f*; **~ psiquiátrico** psychiatrische Anstalt *f*, Nervenheilanstalt *f*; **~ de radiodifusión** Rundfunkanstalt *f*; **~ de rehabilitación** Rehabilitationszentrum *n*; **~ de trabajo** Betrieb *m (ArbR)*, Betriebs | stätte *f*, Arbeits- *f*; **~ urbano** Stadtzentrum *n*, Ballungsgebiet *n*.

centros *pl*, **en ~ gubernativos** in Regierungskreisen *pl*.

cercano a sus ciudadanos bürgernah.

cercenar schmälern.

ceremonia nupcial Eheschließungs | akt *m*, -zeremonie *f*.

cerradamente abschließend *(das Gesetz zählt ~ auf)*.

cerramiento Abschluss *m*, Einfriedung *f*.

cerrar *(ab)*schließen *(Verträge)*, einfrieden, stilllegen, auflösen, aufgeben *(Geschäft)*; **~ un balance** eine Bilanz *f* abschließen; **~ la cuenta** das Konto *n (oder die Rechnung f)* abschließen.

certeza Gewissheit *f*; **~ jurídica** Rechtssicherheit *f*.

certidumbre *f* **del Derecho** Rechtssicherheit *f*.

certificación *(s. a. certificado)* Bescheinigung *f*, Beglaubigung *f*, Ausfertigung *f (Urteil)*, Nachweis *m (Urkunde)*, Zeugnis *n*, Zertifi | zierung *f*, -kat *n*, Registerauszug *m*; **~ de bautismo** Taufschein *m*; **~ de ciudadanía** Staatsangehörigkeitszeugnis *n*; **~ de conducta** Führungszeugnis *n*; **~ de defunción** Sterbeurkunde *f*, Totenschein *m*; **~ de matrimonio** Heiratsurkunde *f*; **~ médica** ärztliches Attest *n*; **~ de nacimiento** Geburtsurkunde *f*; **~ negativa** *(Sp)* Negativattest *n*; **~ registral** *(o **del registro**)* Grundbuchauszug *m*; **~ del registro civil** Personenstandsurkunde *f*.

certificado *(s. a. certificación)* Bescheinigung *f*, Bestätigung *f*, Ausweis *m*, Zeugnis *n*, Zertifikat *n*, Einschreiben *n*; **~** *(adj)* beglaubigt, bestätigt *(Scheck)*; **~ de anotación en cuenta** Aktienzertifikat *n (Namensaktie)*; **~ de antecedentes** *(penales)* Strafregisterauszug *m*; **~ de aptitud** Befähigungsnachweis *m*; **~ de baja** Abmeldebescheinigung *f*; **~ de cambio de residencia** Abmeldebescheinigung *f*; **~ de capacidad matrimonial** Ehefähigkeitszeugnis *n*; **~ de carga** Ladeschein *m*; **~ de ciudadanía** Staatsangehörigkeitsausweis *m*; **~ de conducta** Führungszeugnis *n*; **~ de defunción** Sterbeurkunde *f*, Totenschein *m*.

certificado de depósito Lagerschein *m*; **~ ~ ~ a la orden** Orderlagerschein *m*.

certificado, ~ de despacho aduanero *(o* ***de aduana)*** Abfertigungsschein *m (Zoll)*; **~ de deuda** Schuldschein *m*; **~ de donación** Spendenbescheinigung *f*; **~ electoral** Wahl|schein *m*, -zettel *m*; **~ de estudios** Studienbescheinigung *f*; **~ de estudios primarios** Grundschulabschlusszeugnis *n*; **~ de examen** Prüfungs|zeugnis *n*, -bescheinigung *f*; **~ de existencia** Lebensbescheinigung *f*; **~ en extracto** Auszug *m (Personenstandsregister)*; **~ facultativo** s. certificado médico; **~ de favor** Gefälligkeits|zeugnis *n*, -attest *n*; **~ de fin de obra** Bauabnahmeschein *m*; **~ final** s. certificado de fin de obra; **~ de franquicia aduanera** Zollfreischein *m*; **~ de garantía** Garantieschein *m*; **~ de heredero** Erbschein *m*; **~ de hipoteca** Hypothekenbrief *m*; **~ de identidad** Nämlichkeitsbescheinigung *f*; **~ de incapacidad laboral** Arbeitsunfähigkeitsbescheinigung *f*; **~ de inmatriculación** Immatrikulationsbescheinigung *f*; **~ internacional de seguro** internationale Versicherungskarte *f* für Kraftverkehr *(grüne Versicherungskarte)*; **~ de matriculación** Zulassungsbescheinigung *f* Teil I; **de matrimonio** Heiratsurkunde *f*; **~ médico** ärztliches Zeugnis *n (oder Attest n)*; **~ de nacimiento** Geburtsurkunde *f*; **~ de nacionalidad** Staatsangehörigkeitsbescheinigung *f*; **~ de no objeción** Unbedenklichkeitsbescheinigung *f*; **~ de origen** Ursprungs|bescheinigung *f*, -zeugnis *n*.

certificado de participación, **~ ~ ~ en fondos de inversión** Investmentzertifikat *n*.

certificado, ~ de protesto Protesturkunde *f*; **~ de recibo** Eingangsbescheinigung *f*; **~ de residencia** Wohnsitzbescheinigung *f*, Aufenthaltsbestätigung *f*; **~ de revisión** Prüfungs|vermerk *m*, -protokoll *n*; **~ de sanidad** *(o* ***sanitario)*** Gesundheits|attest *n*, -zeugnis *n*, ärztliches Zeugnis *n*; **~ de seguro** Versicherungsschein *m*; **~ de sociedades de inversión mobiliaria** Investmentzertifikat *n*; **~ sucesorio** Erbschein *m*; **~ de suscripción** Zeichnungsschein *m*; **~ del tesoro** Schatzanweisung *f*, Kassenobligation *f*; **~ de vacuna *(ción)*** Impf|schein *m*, -bescheinigung *f*, -zeugnis *n*; **~ de voto por correo** Wahlschein *m* für die Briefwahl.

certificar bestätigen, beglaubigen, bescheinigen; **~ un cheque** einen Scheck *m* bestätigen.

certificatorio beglaubigend, bescheinigend, bestätigend.

cesación Unterbrechung *f*, Aussetzung *f*, Ausscheiden *n*, Amtsverlust *m*, Erlöschen *n*, Aufgabe *f (Geschäft)*, Einstellung *f (des Verfahrens)*; **~ de pagos** Zahlungseinstellung *f*; **~ del trabajo** Arbeitseinstellung *f*; **~ de vigencia** Außerkrafttreten *n*.

cesamiento s. cesación.

cesante *m* Ausgeschiedener *m*, Wartestandsbeamter *m*.

cesar aufgehoben werden, aufhören zu bestehen, abschließen *(Verfahren)*, zurücktreten *(Regierung)*, entlassen *(Minister)*, einstellen *(Arbeit)*, verabschieden *(Beamte)*, erlöschen, wegfallen, aufgeben *(Geschäft)*; **~ en el cargo** aus dem Amt *n* scheiden, zurücktreten; **~ *(en sus)* pagos** die Zahlungen *fpl* einstellen.

cese *m* Ausscheiden *n*, Einstellung *f (Verfahren)*, Aufgabe *f (Amt)*, Beendigung *f* des Amtes, Amtsenthebung *f*, Rücktritt *m (Kabinett)*, Entlassung *f (eines Beamten)*, Betriebsaufgabe *f*; **~ de la convivencia conyugal** *(o* ***matrimonial)*** Aufhebung *f* der ehelichen Lebensgemeinschaft.

cesib|ilidad Übertragbarkeit *f*; **~le** abtretbar, übertragbar.

cesión Abtretung *f*, Aufgabe *f*, Zession *f*, Über|lassung *f*, -tragung *f*, Veräußerung *f*, Verzichtsleistung *f*, Nachgeben *n (Kurse)*; **~ de bienes**

Vermögensübergang *m*; **~ en blanco** Blankozession *f*; **~ de cobranza** Inkassozession *f*; **~ en concepto de garantía** Sicherungs|abtretung *f*, -übertragung *f*; **~ global** Globalzession *f*; **~ legal** gesetzlicher Forderungsübergang *m*, cessio legis *(lat)*; **~ en pago** Hingabe *f* an Zahlungs Statt; **~ del riesgo** Gefahrübergang *m*; **~ de soberanía** Übertragung von Hoheitsrechten; - **de trabajadores** Arbeitnehmerüberlassung *f*; **transmisible por ~** abtretbar; **~ -traspaso** Mietkauf *m*, Leasing *n*; **~ del uso** Gebrauchsüberlassung *f*.

cesion|ario Rechtsnachfolger *m*, Zessionar *m*, Neugläubiger *m*; **~ista** *m* Abtretender *m*, Zedent *m*.

cesta, ~ de la compra Warenkorb *m*; **~ de negociaciones** Verhandlungspaket *n*.

cesto s. cesta.

chaleco antibalas kugelsichere Weste *f*.

chantaje *m* Erpressung *f*; **~ violento** räuberische Erpressung *f*.

chantaj|ear erpressen; **~ista** *m* Erpresser *m*.

chapa ~ de identificación Erkennungsmarke *f*; **~ de matrícula** Nummernschild *n*.

chárter *m* Charter *m*; **~ aéreo** Flugcharter *m*.

cheque *m* Scheck *m*; **~ abierto** Barscheck *m*; **~ para abonar** *(o **abono**)* **en cuenta** Verrechnungsscheck *m*; **~ en blanco** Blankoscheck *m*; **~ de caja** Bar|scheck *m*, Kassen- *m*; **~ certificado** beglaubigter *(oder bestätigter)* Scheck *m*; **~ confirmado** bestätigter Scheck *m*; **~ cruzado** gekreuzter Scheck *m*, Verrechnungsscheck *m*; **~ con cruzamiento especial** nur an eine Bank des Bezogenen zahlbarer gekreuzter Scheck *m*; **~ cubierto** gedeckter Scheck *m*; **~ en descubierto** ungedeckter Scheck *m*; **~ domiciliado** Zahlstellenscheck *m*; **~ en efectivo** Barscheck *m*; **~ sin fondos** ungedeckter Scheck *m*; **~ franco** Barscheck *m*; **~ impagado** unbezahlter *(oder nicht eingelöster)* Scheck *m*; **~ a la orden** Orderscheck *m*; **~ al portador** Inhaber|scheck *m*, Überbringer- *m*; **~ posdatado** vordatierter Scheck *m*; **~ postal** Postscheck *m*, Zahlkarte *f*; **~ postal de viaje** Postreisescheck *m*; **~ sin provisión** ungedeckter Scheck *m*; **~ -regalo** Geschenkgutschein *m*; **~ sin valor** ungedeckter Scheck *m*.

cheque|ar checken *(Ware)*, *(über)* prüfen, kontrollieren; **~** *(CR)* einen Scheck *m (oder Wechsel m ausstellen;* **~o** Überprüfung *f*; **~ra** Scheckheft *n*.

chivatazo *(Sp)* anonyme Anzeige *f*.

chivo expiatorio Sündenbock *m*.

choque *m* Zusammenstoß *m*, Aufprall *m*, Auffahren *n*; **~ de cadena** Massenkarambolage *f*; **~ frontal** Frontalzusammenstoß *m*.

ciber|comercio Cyberspacehandel *m*; **~espacio** Cyberspace *m*; **~nauta** *m* Computerfachmann *m*, Benutzer *m* *(Internet)*, Surfer *m*.

ciclistas *(VZ)* Radfahrer *pl* kreuzen.

ciclo Kreislauf *m*, Zyklus *m*, Universitätsjahr *n*; **~ comercial** Handelskreislauf *m*; **~ de conferencias** Vortragsreihe *f*; **~ económico** Wirtschaftszyklus *m*, Konjunkturzyklus *m*; **~ de fabricación** Fertigungsablauf *m*; **~ de trabajo** Arbeitszyklus *m*, Arbeitsablauf *m*.

ciencia *(s. a. ciencias pl)* Wissenschaft *f*, Lehre *f*; **~ de la administración** *(o **administrativa**)* Verwaltungswissenschaft *f*, **a ~ y conciencia** wissentlich und absichtlich; **~ de las constituciones** Verfassungslehre *f*; **~ del Derecho** Rechtswissenschaft *f*, Jurisprudenz *f*; **~ del Derecho penal** Strafrechtswissenschaft *f*, **según su mejor ~ y conciencia** nach bestem Wissen und Gewissen; **~ política** Staats|wissenschaft *f*, Politik- *f*, Politologie *f*; **~ social** Sozialwissenschaft *f*.

ciencias *pl* Naturwissenschaften *fpl*; **~ económicas** Volkswirtschaftslehre *f*, Wirtschaftswissenschaften *fpl*; **~ económicas y sociales** Wirtschafts- und Sozialwissenschaften *pl*; **~ empresariales** Betriebswirtschaft *f*.

científico Wissenschaftler *m*; **~** *(adj)* Wissenschafts-, wissenschaftlich.

cierre *m* Schließung *f*, Schluss *m*, Abschluss *m (eines Vertrags, eines Kontos)*,

Stilllegung *f (Firma)*; Aussperrung *f (ArbR)*; **~ del balance** Bilanzabschluss *m*; **~ de bolsa** Börsenschluss *m*; **~ de cuentas** Rechnungs | abschluss *m*, Konto- *m*; **~ de ejercicio** Jahresabschluss *m*; **~ patronal** Aussperrung *f*; **~ de vías** Straßensperre *f*.
cifra *(s. a. cifras pl)* Ziffer *f*, Zahl *f*, Chiffre *f*; Geheim | schrift *f*, -sprache *f*, Code *m*, Verschlüsselung *f*; **~ de estimación** *(o **estimada**)* Richtzahl *f*; **~ de garantía** Garantie | summe *f*, Haftungs- *f*; **~ global** Pauschalbetrag *m*; **~ de negocios** Umsatz *m*; **~ negra** Dunkelziffer *f*; **~ de ventas** Absatz *m*, Umsatz *m*.
cifra | dor Chiffrierer *m*; **~r** verschlüsseln, chiffrieren.
cinturón *m* Gürtel *m*, **~ de seguridad** Sicherheitsgurt *m*.
circuito Geschäftsbezirk *f*; Kreislauf *m*; **~ de distribución** Verteilungs | weg *m*, Vertriebs- *m*; **~ monetario** Geld | umlauf *m*, -kreislauf *m*.
circulación Umlauf *m*, Verkehr *m*, Straßen | verkehr *m*, Waren- *m*; Verbreitung *f*, Auflagenhöhe *f*; **~ de automóviles** Autoverkehr *m*; **~ de bienes** Güterumlauf *m*; **~ de billetes** Notenumlauf *m*; **~ de capitales** Kapitalverkehr *m*; **~ contraria** *(VZ)* Gegenverkehr *m*; **~ de dinero** Geld | umlauf *m*, -verkehr *m*; **fuera de ~** außer Kurs *m*, nicht gültig *(Geld)*; **~ giratoria** Kreisverkehr *m*; **libre ~** Freizügigkeit *f*; **libre ~ de mercancías** freier Warenverkehr *m*; **libre ~ de pagos** freier Zahlungsverkehr *m*; **~ de personas** Personenverkehr *m*.
circulación prohibida *(VZ)* Verkehrsverbot *n*.
circulación, ~ rodada Straßen | verkehr *m*, Fahr- *m*; **~ en sentido contrario** Gegenverkehr *m*; **~ de servicios** Dienstleistungsverkehr *m*.
circulante im Umlauf befindlich.
circular *f* Rund | erlass *m*, -schreiben *n*, Zirkular *n*; **~** *(v)* umlaufen, in Umlauf *m* sein *(oder setzen)*, kursieren; verkehren *(Verkehrsmittel)*, fahren *(mit der Bahn)*; **~ ministerial** Ministerialrunderlass *m*; **~ en servicio urgente** im Rettungseinsatz *m* unterwegs sein.
círculo Zirkel *m*, Klub *m*; Kreis *m*, Bezirk *m*, Distrikt *m*; **~ jurídico** Rechtskreis *m*; **~ vicioso** Zirkelschluss *m*, circulus vitiosus *(lat)*.
círculos *pl*, **~ comerciales** Geschäfts | kreise *pl*, -welt *f*; **~ financieros** Finanzkreise *pl*; **en ~ gubernamentales** in Regierungskreisen.
circunscripción Verwaltungsbezirk *m*; **~ municipal** Gemeindegebiet *n*; **~ policial** Polizeibezirk *m*.
circunstancia *(s. a. circunstancias pl)* Lage *f*, Umstand *m*, Tatumstand *m*, Konstellation *f*, Verhältnisse *pl*; **~ agravante** Straf | erschwerungsgrund *m*, -schärfungsgrund *m*; **~ atenuante** mildernder Umstand *m*, Strafmilderung*(sgrund) f (m)*; **~ de hecho** Tatumstand *m*.
circunstancia | do detailliert; **~l** Umstands-, umstandsbedingt.
circunstancias *pl* Sachverhalt *m*; **~ modificativas** strafschärfende und -mildernde Umstände *pl*; **~ personales** Personalien *pl*, Angaben *pl* zur Person; **~ sobrevenidas** Nachfluchtgründe *mpl*; **~ del tráfico** Verkehrsverhältnisse *pl*.
cita *(s. a. citación)* Termin *m*, Ladung *f (eines Zeugen)*; Zitat *n*.
citación Zitat *n*, Fundstellenangabe *f*; Ladung *f (zum Termin)*, Streitverkündung *f*, Zuziehung *f (eines Dolmetschers)*; **~ en buena y debida forma** formgerechte Ladung *f*; **~ de comparecencia** *(o **a comparecer**)* Ladung *f* zum Termin *(oder zur Verhandlung)*; **~ edictal** *(o **por edictos**)* öffentliche Ladung *f (oder Zustellung f)*; **~ a juicio** Ladung *f* vor Gericht; **~ pública** öffentliche Zustellung *f*.
cita | dor *m* Zustellungsbeamter *m*; **~nte** *m* der den Zeugen Benennende *m (im Strafprozess)*.
citar zitieren, *(vor)*laden, benennen *(als Zeugen)*; **~ debidamente** ordnungsgemäß laden; **~ a juicio** den Streit *m* verkünden.
ciudad Stadt *f*, Stadtverwaltung *f*; **~ -Estado** Stadtstaat *m (D)*; **~ hermanada** Partnerstadt *f*.

ciudadanía Staats | bürgerschaft *f*, -angehörigkeit *f*; **~ doble** doppelte Staatsangehörigkeit *f*; **~ de la Unión** Unionsbürgerschaft *f (EU)*.
ciudadano Bürger *m*, Staats | bürger *m*, Gemeinde- *m*, Staatsangehöriger *m*, Inländer *m*; **~ comunitario** Unionsbürger *m (EU)*; **~ de honor** Ehrenbürger *m*; **~ por naturalización** Staatsbürger *m* durch Einbürgerung.
ciudadanos *pl* Bürgerschaft *f*; **cercano a los ~** bürgernah.
cívico staatsbürgerlich, Staatsbürger-.
civil | bürgerlich*(-rechtlich)*, zivil-*(rechtlich)*, Zivil-; **~ista** *m* Zivil | rechtler *m*, -rechtslehrer *m*.
clandesti | nidad Heimlichkeit *f*; **~no** heimlich, schwarz *(Handel)*.
clase *f* Klasse *f*, Art *f*, Gruppe *f*, Berufsstand *m*, Jahrgang *m*, Gattung *f*, Handelsklasse *f*, Stand *m*, Schicht *f*, Qualität *f*, Sorte *f*, Marke *f*; Vorlesung *f*; **~ agraria** Bauernstand *m*; **~ de aprovechamiento** Nutzungsart *f*; **~ de calidad** Güte | klasse *f*, Qualitäts- *f*; **~ ejecutiva** gehobener Dienst *m*; **~ empresarial** Unternehmertum *n*; **~ inferior** Unterschicht *f*; **~ media** Mittelstand *m*; **~ obrera** Arbeiter | klasse *f*, -schaft *f*, -stand *m*; **~ superior** Ober | schicht *f (Soz)*.
clases *fpl* **pasivas** *(Haushaltsrecht)* Versorgungslasten *pl*.
clasificación Einordnung *f*, Einstufung *f*, Eingruppierung *f*, Gliederung *f*, Klassifizierung *f*, Feststellung *f (der Konkursforderungen)*; **~ aduanera** Zolltarifierung *f*; **~ arancelaria** Tarifeinstufung *f*; **~ tarifaria** Tarifklassifizierung *f*.
clasificador Registratur *f*, Nomenklatur *f (als Verzeichnis)*, Aktenordner *m*; **~ de asuntos pendientes** Wiedervorlagemappe *f*.
clasificar einordnen, einteilen, einstufen, *(auf)*gliedern, sortieren.
claustral *m* Mitglied *n* des Senats *(Universität)*.
claustro *(Sp, betr. Universität:)* Professorenschaft *f*, Lehrkörper *m*.
cláusula Klausel *f*, Bestimmung *f (Vertrag)*, Vertragsbestimmung *f*, Passus *m*; **~ accesoria** Nebenbestimmung *f*, Zusatzklausel *f*; **~ de adhesión** Beitrittsklausel *f*; **~ de ajustes** Preisgleit | klausel *f*, Index- *f*; **~ añadida** Nebenbestimmung *f*; **~ arbitral** *(o* ***arbitraria*** *o* ***de arbitraje****)* Schieds*(gerichts)*klausel *f*; **~ bélica** Kriegsklausel *f*; **~ de cobertura** Deckungs | klausel *f*, Revalierungs- *f*; **~ de compromiso** s. cláusula compromisoria; **~ de sin compromiso** Klausel *f* „Angebot freibleibend"; **~ compromisoria** Schieds*(gerichts)* | klausel *f*, Schlichtungs- *f (ArbR)*; **~ de*(l)* contrato** Vertrags | bestimmung *f*, -bedingung *f*, -klausel *f*; **~ convencional de salvaguarda** vertragliche Schutzklausel *f*; **~ ejecutiva** *(o* ***de ejecutoriedad****)* Unterwerfungs | klausel *f*, Vollstreckungs- *f*; **~ de elección de foro** Gerichtsstandsklausel *f*; **~ de equidad** Billigkeitsklausel *f*; **~ de escala móvil** Gleitklausel *f*; **~ de estabilidad** *(o* ***de estabilización****)* Wertsicherungs- *f*; **~ de exclusiva** *(o* ***de exclusividad****)* Ausschließlichkeits | klausel *f*, Alleinvertriebs- *f*; **~ exclusoria** Ausschlussklausel *f*; **~ eximente** Haftungsausschlussklausel *f* für Fahrlässigkeit; **~ de franco fábrica** Klausel *f* frei ab Werk; **~ franco sobre muelle** Klausel *f* frei Kai; **~ franco vagón** Klausel *f* frei Waggon; **~ de franquicia** Selbstbeteiligungsklausel *f*; **~ de garantía de cambio** Währungs | klausel *f*, Kurssicherungs- *f*; **~ general** Generalklausel *f*; **~ de índice variable** Indexklausel *f*; **~ de limitación** *(o* ***limitativa****)* Sperrklausel *f*; **~ limitativa de responsabilidad** Haftungsbeschränkungsklausel *f*; **~ del más privilegiado** Meistbegünstigungsklausel *f*; **~ monetaria** Währungsklausel *f*; **~ de la nación más favorecida** Meistbegünstigungsklausel *f*; **~ de no competencia** Wettbewerbs | klausel *f*, -verbot *n*; **~ no a la orden** Rektaklausel *m (Wechsel)*; **~ de no responsabilidad** Haftungsausschlussklausel *f*; **~ normativa** normative Bestimmung *f (Tarifvertrag)*; **~ obligacional** *(Tarifvertrag:)* schuldrechtliche Bestimmung *f*, **~ a la**

orden Orderklausel *f*; ~ **de paz social** Vereinbarung *f* der Friedenspflicht; ~ **penal** Vertragsstrafe *f*, Strafklausel *f*; ~ **al portador** Inhaber | klausel *f*, Überbringer- *f*; ~ **preferencial** Vorzugsklausel *f*; ~ ***(de)*** **quedando libre** Klausel *f* *(Angebot)* freibleibend; ~ **rebus sic stantibus** *(lat)* Derzeitklausel *f*, Klausel *f* rebus sic stantibus *(lat)*; ~ **de reciprocidad** Gegenseitigkeitsklausel *f*; ~ **de reserva de dominio** Eigentumsvorbehaltsklausel *f*; ~ **resolutiva** *(o* ***resolutoria****)* auflösende Bedingung *f*, Rücktrittsklausel *f*); ~ **restitutoria** Heimfallsklausel *f*; ~ **revocatoria** Widerrufsklausel *f*; ~ **de rigor** Härteklausel *f*; ~ **de salvaguard*(i)*a** Sicherheits | klausel *f*, Schutz- *f*, Vorbehalts- *f*; ~ **de salvedad** Vorbehaltsklausel *f*, salvatorische Klausel *f*; ~ **„salvo cobro efectivo"** Klausel *f* „Eingang vorbehalten"; ~ **social** Sozialklausel *f*; ~ **de soltería** Zölibatsklausel *f*; ~ **de sumisión** Gerichtsstands | klausel *f*, Rechtswahl- *f*; ~ **-tipo** Standardklausel *f*; ~ **transitoria** Übergangsklausel *f*; ~ **„valor en cuenta"** Klausel *f* „Wert in Rechnung" *(oder „nur zur Verrechnung")*; ~ **de valuta** Valutaklausel *f*; ~ **de vigencia** Abschlussnorm *f (Tarifvertrag)*.

clausulado del contrato Vertragstext *m*.

cláusulas *pl*, ~ **y condiciones generales** allgemeine Vertragsbedingungen; ~ **Internacionales de Comercio** Incoterms.

clausura Klausur *f*, Schluss *m*, Abschluss *m*; ~ **de debate** Schluss *m* der Debatte.

clausuración Abschluss *m*.

clausurar *(ab)*schließen *(Sitzung)*, einstellen *(Verfahren)*; ~ **una obra** einen Bau *m* stilllegen.

clave *f* Schlüssel *m*, Kennziffer *f*, Code *m*; ~ **de distribución** Verteilungs- *m*.

cleptomanía | Kleptomanie *f*, Stehltrieb *m*; **~co** s. cleptómano.

cleptómano Kleptomane *m*; ~ *(adj)* kleptoman.

clérigo *(KR)* Kleriker *m*.

clero Geistlichkeit *f*, Klerus *m*.

cliente *m* Kunde *m*, Auftraggeber *m*, Klient *m*, Mandant *m (Anwalt)*, Besteller *m*, Abnehmer *m*; ~ **estable** Dauerkunde *m*; ~ **habitual** Stammkunde *m*.

clientela Kundschaft *f*, Kundenkreis *m*, Mandanten *mpl*, Klientel *f*; ~ **básica** Stammkundschaft *f*; ~ **fija** Stammkundschaft *f*, Kundenstamm *m*; ~ **ocasional** Laufkundschaft *f*.

clientes *mpl* Klientel *f*; *(Bilanz:)* Forderungen *fpl* aus Lieferungen und Leistungen; ~ **y deudores de dudoso cobro** Wertberichtigungen *fpl* aus Forderungen *(Bilanz)*.

clima *m* Klima *n*; ~ **bursátil** Börsenstimmung *f*.

clínica médico-forense gerichtsmedizinisches Institut *n*.

coacción Zwang *m*, Erzwingung *f*, Nötigung *f*; **bajo** ~ unter Zwang *m*; ~ **inmediata** unmittelbarer Zwang *m*; ~ **pecuniaria** Zwangsgeld *n*.

coacciona | bilidad Durchsetz | barkeit *f*, Erzwing- *f*; **~ble** erzwingbar.

coaccionar nötigen, zwingen.

coacreedor Mitgläubiger *m*; ~ **solidario** Gesamtgläubiger *m*.

coactuación Mitwirkung *f*.

coacusa | do Mitangeklagter *m*.

coadyuvante *m*, Beigeladener *m*, Nebenintervenient *m*.

coadyuvar *(als Nebenintervenient m)* beitreten.

coagente *m* Mitwirkender.

coalición Koalition *f*; ~ **bipartidista** Zweiparteienkoalition *f*; ~ **centroizquierda** Mitte-Links-Koalition *f*; ~ **gobernante** Regierungskoalition *f*.

coalicion | arse sich verbinden; **~ista** *m* Koalitions | mitglied *n*, -partei *f*.

coaligar(se) eine Koalition *f* bilden.

coarrenda | dor Mitverpächter *m*; **~r** mitpachten; **~tario** Mitpächter *m*.

coarta | da Alibi *n*; **~r** die Handlungsfreiheit *f* einschränken.

coasegur | ar mitversichern; **~o** Mitversicherung *f*.

coasociado Mitteilhaber *m*; **~asunción** Schuldmitübernahme *f*; **~autor** *(Urheberrecht:)* Miturheber *m*; *(StrafR:)* Mittäter *m*.

coautoría Miturheberschaft *f*; Mittäterschaft *f*; **~ casual** Nebentäterschaft *f*.
cobertura Deckung *f (Währung, Versicherung)*, Abdeckung *f*, Absicherung *f*, positiver Saldo *m*; verdeckte Ermittlung *f*; **~ -oro** *(o **de oro**)* Gold | deckung *f*, -garantie *f*; **~ de pérdidas** Verlustdeckung *f*; **~ de plazas** Besetzung *f* von Stellen; **~ provisional** vorläufige Deckungszusage *f*; **~ de riesgos** Risikodeckung *f*.
cobrador Geldeinnehmer *m*, Kassierer *m*, Inkasso | beauftragter *m*, Zahlungsempfänger *m*; **~ de morosos** Inkassobüro *n*.
cobranza Erhebung *f (Steuer)*, Bei | treibung *f*, Ein- *f*, Einnahme *f*, Einforderung *f*, Einziehung *f (von Forderungen)*, Inkasso *n*.
cobrar ein | nehmen, -treiben, -fordern, -lösen, -ziehen, -bringen *(Forderungen)*, beitreiben *(Steuern)*, erheben *(Zinsen)*; **~ un cheque** einen Scheck *m* einziehen; **~ por nómina** Lohnempfänger *m* sein; **por ~** ausstehend.
cóbrese, ~ al destinatario vom Empfänger *m* zahlbar.
cobro Einnahme *f*, Einziehung *f (Forderung)*, *(Zahlungs)*Eingang *m*, Einzug *m (Geld)*, Eintreibung *f*, Beitreibung *f*, Erhebung *f (SteuerR)*, **~ de cheque** Scheckinkasso *n*; **~ ejecutivo** zwangsweise Beitreibung *f (oder Eintreibung f)*; **~ a la entrega** Nachnahme *f*; **~ de lo indebido** ungerechtfertigte Bereicherung *f*, Bezahlung *f* einer Nichtschuld; **salvo buen ~** Eingang *m (von Geldern)* vorbehalten.
cobros *pl* Außenstände *pl*.
co | causación Mitverursachung *f*; **~causar** mitverursachen.
coche *m* Wagen *m*, Auto *n*; **~ -bomba** Autobombe *f*; **~ celular** Gefangenenwagen *m*; **~ -patrulla** Streifenwagen *m*; **~ radiopatrulla** Funkstreifenwagen *m*; **~ usado** Gebrauchtwagen *m*.
codeci | dir mitentscheiden; **~sión** Mitentscheidung *f*, Kodezision *(EU)*.
co | delincuente *m* Mittäter *m*; **~demandado** Mitbeklagter *m*.
codeudor Mitschuldner *m*.
codicilio s. codicilo; **~llo** s. codicilo; **~o** *(Testament:)* Nachtrag *m*.
codificación Gesetzessammlung *f*, Kodifi | zierung *f*; Verschlüsselung *f*.
codificador Gesetzgebungs-, Kodifikations-.
codificar kodifizieren; verschlüsseln.
código 1. Gesetzbuch *n*, Gesetzessammlung *f*; 2. Code *m*, Kennzahl *f*; **~ de aduanas** Zollgesetz *n*; **~ del aire** *(Sp)* Luftfahrtgesetzbuch *n*; **~ alimentario** Lebensmittelgesetz *n*; **~ a barras** *(Warenauszeichnung:)* Strichcode *m*; **~ del centro de coste** Kostenschlüssel *m*; **~ cifrado** Code | schlüssel *m*, Chiffrier- *m*; **~ de *(la)* circulación** Straßenverkehrsgesetz *n*; **~ civil** Zivilgesetzbuch *n*; **~ de comercio** Handelsgesetzbuch *n*; **~ deontológico** Standes | recht *n*, -regeln *fpl*, Ehrenkodex; **~ de edificación** Baugesetz *n*; **~ fiscal** Steuergesetzbuch *n*, Abgabenordnung *f*; **~ genético** genetischer Code *m*; **~ de identificación bancaria** Bankleitzahl *f*; **~ de identificación de empresa** Betriebsnummer *f*; **~ industrial** Gewerbe | gesetz *n*, -ordnung *f*; **~ de justicia militar** *(Sp)* Militärstrafgesetzbuch *n*; **~ de minería** *(o **de minero**)* Berggesetz *n*; **~ penal** Strafgesetzbuch *n*; **~ postal** Postleitzahl *f*; **~ de seguridad** Sicherheitsvorschriften *fpl* für bestimmte Berufsgruppen; **~ SWIFT** Swift-Code *f*; **del trabajo** Arbeitsgesetz *(buch) n*; **~ tributario** Abgabenordnung *f*.
coeficiente *m* Koeffizient *m*, Bewertungs | zahl *f*, Verhältnis- *f*, Faktor *m*; **~ de ahorro** Sparquote *f*; **~ de amortización** Abschreibungssatz *m*; **~ de caja obligatorio** Mindestreservesatz *m*; **~ corrector de la inflación** Inflationsausgleichskoeffizient *m*; **~ de gasto*(s)*** *(Sp)* Betriebskostenpauschale *f (ohne Gehälter)*, Aufwandssatz *m (Prozentsatz pauschaliert)*; **~ intelectual** Intelligenzquotient *m*; **~ de mortalidad** Sterberate *f*; **~ de paro** Arbeitslosenquote *f*; **~ de utilización** Nutzungsgrad *m*.

coejecutor Mitvollstrecker *m* *(Testament).*
coerci | bilidad Erzwingbarkeit *f;* **~ble** erzwingbar.
coerción Zwang *m;* **~ administrativa** Verwaltungszwang *m;* **~ directa** unmittelbarer Zwang *m.*
coerciti | vidad Erzwingbarkeit *f;* **~vo** Zwangs-, zwingend.
coexistencia Koexistenz *f;* **~ de culpas** Mitverschulden *n;* **~ pacífica** friedliche Koexistenz *f.*
cofiador Mitbürge *m;* **~ fianza** Mitbürgschaft *f;* **~financiación** Mitfinanzierung *f.*
cofradía *(Sp)* Berufsvereinigung *f.*
cofundador Mitbegründer *m.*
cogestión Mitbestimmung *f;* **~ obrera** Mitbestimmung *f* der Arbeiter; **~ paritaria** paritätische Mitbestimmung *f.*
cognación Verwandtschaft *f* mütterlicherseits.
cognado Verwandter *m* mütterlicherseits.
cognición Erkenntnis *f.*
cognit | ivo Erkenntnis-, kognitiv; **~orio** Erkenntnis- *(Prozess).*
cogobernar mitregieren.
cohabitación Bei | schlaf *m,* -wohnung *f,* Zusammenwohnen *n.*
cohabitar ehelich zusammenleben, zusammenwohnen.
cohecha | dor Täter *m* einer Bestechung; **~r** bestechen.
cohecho Bestechung *f,* Bestechlichkeit *f;* **~ activo** aktive Bestechung *f;* **~ pasivo** passive Bestechung *f.*
coheredero Miterbe *m.*
cohesión Kohäsion *n.*
coincidencia Übereinstimmung *f;* **~ de cargos** Ämterhäufung *f.*
coincidir zusammentreffen; - **en forma de concurso real con** sachlich zusammentreffen mit, in Tatmehrheit mit; - **en forma de concurso ideal con** rechtlich zusammentreffen mit, in Tateinheit mit.
colaboración Mit | arbeit *f,* Zusammen- *f,* Mitwirkung *f.*
colaborador Mitarbeiter *m;* **~ a tiempo parcial** Teilzeitkraft *f.*
colaborar mit | arbeiten, zusammen-, mitwirken.
colación Kollation *f,* Ausgleichung *f* *(unter Miterben),* Verleihung *f (eines Titels),* Urkundenvergleich *m;* **~ de un grado académico** Verleihung *f* eines akademischen Grades; **~ de la primera piedra** Grundsteinlegung *f.*
colacionable ausgleichspflichtig.
colar ausgleichen *(unter Miterben).*
colchón *m,* **~ de capital** Kapitalpolster *n.*
colección Sammlung *f,* Sortiment *n;* **~ de jurisprudencia** Entscheidungssammlung *f;* **~ legislativa** Gesetzessammlung *f;* **~ de muestras** Musterkollektion *f.*
colectiva offene Handelsgesellschaft *f.*
colectividad Gemein | schaft *f,* -wesen *n,* Gesamtheit *f,* Personenmehrheit *f;* **~ de los Estados** Völkergemeinschaft *f.*
colectivo Kollektiv *n;* **~** *(adj)* kollektiv, gemein | schaftlich, körper-.
colector Lotterie | einnehmer *m.*
colega | *m* Kollege *m;* **~** *f* Kollegin *f;* **~r** mitvermachen; **~tario** Mitvermächtnisnehmer *m.*
colegiación Beitritt *m* zu einem Berufsverband.
colegiado Kammermitglied *n;* **~** *(adj)* körperschaftlich.
colegia | l *(adj)* Kammer-, zur Kammer *f* gehörig; **~lidad** Kollegialprinzip *n;* **~r** zulassen *(zum Beruf);* **~rse** einer Kammer *f* beitreten.
colegio 1. Kollegium *n,* Berufs | vertretung *f,* Standes- *f,* Berufsvereinigung *f,* Kammer *f (beruflich);* 2. Schule *f;* **~ de abogados** *(Rechts)*Anwaltskammer *f;* **~ de agentes de cambio y bolsa** Kammer *f* der Kurs- und Börsenmakler; **~ de arquitectos** Architektenkammer *f;* **~ de corredores de comercio** Kammer *f* der Handelsmakler; **~ de jueces** Richterkollegium *n;* **~ mayor** *(Sp)* Studentenheim *n;* **~ de médicos** Ärztekammer *f;* **~ nacional** öffentliche *(oder staatliche)* Schule *f;* **~ notarial** *(o **de notarios**)* Notarkammer *f;* **~ de procuradores** Kammer *f* der Prozessvertreter; **~ profesional** berufsständische Kammer *f.*

colegis | lador mit gesetzgebend *(zweite Kammer)*; **~ta** *(Wechsel:)* Anhang *m*, Allonge *f*.
coliga | ción Bündnis *n*, Zusammenschluss *m*; **~rse** sich verbünden.
colindante *m* Nachbar *m*, Anlieger *m*; **~** *(adj)* angrenzend.
colindar angrenzen.
colisión Kollision *f (von Rechtsnormen)*; Zusammenstoß *m*, Auffahren *n*; **~ por alcance** Auffahrunfall *m*; **~ de deberes** Pflichtenkollision *f*; **~ jurisdiccional** Kompetenzkonflikt *m*; **~ múltiple** Massenkarambolage *f*.
colisionar zusammenstoßen, kollidieren.
colocación *(Geld, Kapital, Anleihe:)* Anlage *f*, Anlegen *n*, Investition *f*, Stelle *f*, Stellung *f (beruflich)*, An | stellung *f*, Ein- *f*; Sitzordnung *f*, Unterbringung *f (Anstalt, Anleihe)*, Vermittlung *f*; **~ de fondos** Anlage *f*, Kapitalanlage *f*; **~ de la mano de obra** Vermittlung *f* von Arbeitskräften.
colocar *(Geld, Kapital, Anleihe:)* anlegen, unterbringen, platzieren, investieren; *(jemanden:)* an | stellen, ein-, engagieren.
colonia Kolonie *f*; **~ obrera** Werk | siedlung *f*, Arbeiter- *f*.
colonización *(Be)*Siedlung *f*.
colonizar *(be)*siedeln, erschließen.
colono Siedler *m*, Pächter *m*; **~ aparcero** Teilpächter *m*.
columna Kolonne *f*, Spalte *f*; **~ del debe** Debetseite *f*; **~ del haber** Habenseite *f*.
colu | sión Kollusion *f*; **~sor** der bei einer Kollusion Beteiligte *m*; **~sorio** abgekartet, kollusiv.
comandancia Kommandantur *f*; **~ del puerto** Hafenmeisterei *f*.
comandante *m* Befehlshaber *m*, Komman | dant *m*, -deur *m*; **~ de la aeronave** Flugkapitän *m*.
comandante general kommandierender General *m*, Admiral *m*.
comandante, ~ en jefe Oberkommandierender *m*.
comandar befehligen, kommandieren.
comandita Kommanditgesellschaft *f*; **~** *(adj)* Kommandit-; **~ por acciones** Kommanditgesellschaft *f* auf Aktien.
comanditario Kommanditist *m*; **~** *(adj)* Kommandit-.
comando Kommando *n*.
comarca Kreis *m*, Bezirk *m*.
comarcal | *(adj)* Bezirks-.
combate *m* Kampf *m*.
combatiente *m* Kämpfer *m*, Kombattant *m*; **ex- ~** Veteran *m*.
com | batir *(be)*kämpfen.
combinación Kombination *f*, Interessengemeinschaft *f*; **~ de listas** Listenverbindung *f*.
combinar | verbinden; **~se** sich verbinden.
combustible *m* Brennstoff *m*.
comenta | ción Kommentierung *f*; **~dor** s. comentarista; **~r** kommentieren, rezensieren; **~rio** Kommentar *m (Gesetzestext)*, Erläuterung *f*; **~rista** *m* Kommentator *m*.
comento s. comentación.
comenzar, ~ a correr beginnen *(Frist)*; **~ a existir** zustande kommen; **~ a regir** in Kraft treten.
comercia | bilidad Verkehrsfähigkeit *f*; **~ble** verkäuflich.
comercial *(adj)* Handels-, -üblich, kaufmännisch, kommerziell.
comerciali | dad handelsrechtlicher Charakter *m*; **~sta** *m* Handelsrechtler *m*.
comercialización Vermarktung *f*; **~ de patentes** Patentverwertung *f*.
comercial | izar in den Handel *m* bringen, absetzen, vermarkten.
comerciante *m* Geschäfts | mann *m*, Kauf- *m*, Händler *m*, Gewerbetreibender *m*; **~ almacenista** Groß | händler *m*, Zwischen- *m*; **~ ambulante** Reisegewerbetreibender *m*; **~ en divisas** Devisenhändler *m*; **~ fallido** Gemeinschuldner *m*; **~ individual** Einzelkaufmann *m*; **~ según la ley** Vollkaufmann *m*; **~ al por mayor** Großhändler *m*; **~ al por menor** Klein | händler *m*.
comerciantes *mpl* Kauf | leute *pl*, Geschäfts- *pl*, Kaufmannsstand *m*.
comerciar handeln *(mit Waren)*.
comercio Handel *m*, Handelsgewerbe *n*, *(Waren)*Verkehr *m*, Geschäft *n (Betrieb)*, Geschäfts | kreise *pl*, -welt *f*; **~ ambulante** Reisegewerbe *n*; **~ carnal** Geschlechtsverkehr *m*;

~ clandestino Schwarzhandel *m*; **~ de comisión** Kommissionsgeschäft *n*; **~ compensado** Kompensationsgeschäft *n*; **~ al detall*(e)*** *(o **detallista**)* Einzelhandel *m*; **~ de expedición** Speditionsgeschäft *n*; **~ interior** Binnenhandel *m*; **~ intermediario** *(o **intermedio**)* Zwischenhandel *m*; **~ intracomunitario** innergemeinschaftlicher Handel *m (E)*; **~ *(al)* por mayor** *(o **mayorista**)* Großhandel *m*; **~*(al)* por menor** Einzelhandel *m*; **~ pecuario** Viehhandel *m*; **ser usual en el ~** handelsüblich sein; **~ de trueco** *(o **de trueque**)* Tauschhandel *m*; **~ de ultramar** Überseehandel *m*; **~ visible** *(o **de visibles**)* Warenverkehr *m*.

cometer 1. *(Verbrechen:)* ausführen, begehen, verüben; 2. in Auftrag *m (oder Kommission f)* geben; ersuchen; **~ una infracción penal** eine strafbare Handlung *f* begehen.

cometido Auftrag *m*, Aufgabe *f*, Pflicht *f*, Obliegenheit *f*.

comicial *(adj)* Wahl-, Wahlen *fpl* betreffend.

comicios *pl* Wahlen *fpl*; **~ autonómicos** *(Sp)* Regionalwahlen *fpl*; **~ locales** Kommunal | wahlen *fpl*, Gemeinde*(rats)*- *fpl*; **~ presidenciales** Präsidentschaftswahlen *fpl*.

comienzo Anfang *m*, Beginn *m*, Eröffnung *f*; **~ en el trabajo** Arbeitsaufnahme *f*.

comisar beschlagnahmen.

comisaría Kommissariat *n*, Polizeiwache *f*; **~ general de la policía judicial** *(Sp)* Kriminalamt *n*; **~ de policía** Polizei | station *f*, -behörde *f*.

comisario Kommissar *m*, Beauftragter *m*, Kommissionsmitglied *n*; **Alto ~ de las Naciones Unidas para los Refugiados** Hoher Kommissar *m* der Vereinten Nationen für Flüchtlinge; **~ de averías** Havariekommissar *m*, Dispacheur *m*; **~ testamentario** Testamentsvollstrecker *m*.

comisión 1. Ausschuss *m*, Kommission *f*, Komitee *n*; 2. Kommissionsgeschäft *n*, Auftrag *m*; 3. Provision *f*, Bearbeitungs | gebühr *f*, Vermittlungs- *f*; 4. *(Verbrechen:)* Begehung *f*, Verübung *f*; **a ~** auf Provisionsbasis; **~ de *(los)* acreedores** Gläubigerausschuss *m (Vergleich)*; **~ de agente** Vertreterprovision *f*; **~ de apertura de crédito** Kreditprovision *f*; **~ de arbitraje** *(o **arbitral**)* Schieds | ausschuss *m*, -stelle *f*, Vermittlungsausschuss *m*; **~ asesora** Beirat *m*; **~ de asistencia jurídica gratuita** *(Sp)* Bewilligungsstelle *f* für Beratungs- und Prozesskostenhilfe; **~ de asuntos económicos** Wirtschaftsausschuss *m*; **~ por aval** Avalprovision *f*; **~ de buenos oficios** Schlichtungskommission *f*; **~ calificadora** Prüfungskommission *f*; **~ de la Unión Europea** Kommission *f* der Europäischen Union; **~ de conciliación** Schlichtungsstelle *f*, Vermittlungsausschuss *f*; **~ de conclusión** Abschlussprovision *f*; **~ culposa** fahrlässige Begehung *f*; **~ de cultura** Kulturausschuss *m (Parlament)*.

comisión delegada, **~ ~ de asuntos económicos** *(Sp)* Kabinettsausschuss *m* für Wirtschaftsfragen; **~ ~ de transportes y comunicaciones** *(Sp)* Kabinettsausschuss *m* für Verkehr und Nachrichten.

comisión, ~ delictiva *(o **de delito**)* Begehung *f (oder Ausführung f)* einer Straftat, Tathandlung *f*; **~ de Derechos Humanos** Menschenrechtskommission *f (UNO)*; **~ de descubierto** Überziehungsprovision *f*.

comisión económica Wirtschaftskommission *f*; **~ ~ y financiera** Wirtschafts- und Finanzausschuss *m*.

comisión, ~ electoral Wahlausschuss *m*; **~ de Energía Atómica** Atomenergie-Kommission *f (des Sicherheitsrates der UNO)*; **~ especial de cuentas** *(Sp, Gemeinde)* Haushaltsausschuss *m*; **~ Europea de Aviación Civil** Europäische Zivilluftfahrtkommission *f*; **~ Europea de Derechos Humanos** *(o **del Hombre**)* Europäische Kommission *f* für Menschenrechte; **~ de garantía** Garantie | provision *f*, Delkredere- *f*, **~ de gestión** Abschlussprovision *f*; **~ de giro en descubierto**

Überziehungsprovision *f*; **~ de gobernación** Innenausschuss *m* *(Parlament)*; **~ de gobierno interior** *(Parlament:)* Geschäfts|ordnungsausschuss *m*, -führungsausschuss *m*; **~ de hacienda** Finanzausschuss *m*.

comisión interministerial interministerieller Ausschuss *m*.

Comisión Internacional internationaler Ausschuss *m*, internationale Kommission *f*; **~ ~ de Juristas** Internationale Juristenkommission *f*.

comisión, ~ interparlamentaria Vermittlungsausschuss *m*; **~ jurídica** Rechtsausschuss *m*; **~ mercantil** Kommissionsgeschäft *n*; **~ mixta paritaria** Vermittlungsausschuss *m*; **~ de normalización** Normenausschuss *m*; **~ por omisión** Begehung *f* durch Unterlassung; **~ paritaria** paritätischer Ausschuss *m*; **~ parlamentaria de investigación** parlamentarischer Untersuchungsausschuss *m*; **~ de peticiones** Petitionsausschuss *m* *(Parlament)*; **~ para la prestación social sustitutoria** *(Sp)* Zivildienstbehörde *f*; **~ presupuestaria** *(o* ***de presupuestos****)* Haushalts|ausschuss *m*; **~ provincial de gobierno** *(Sp)* Provinzialregierung *f* *(statt Gouverneur)*; **~ de relaciones exteriores** auswärtiger Ausschuss *m* *(Parlament)*; **~ rogatoria internacional** Rechtshilfeersuchen *n* an ausländischen Richter; **~ senatorial** Senatsausschuss *m*; **~ sobre la*(s)* venta*(s)*** Absatz|provision *f*, Verkaufs- *f*.

comisionado Beauftragter *m*, Kommissar *m*, Kommissionär *m*, Kommissionsmitglied *n*; **alto ~ de las cortes generales** *(Sp)* parlamentarischer Beauftragter *m*.

comisionar in Kommission *f* geben, beauftragen, bevollmächtigen, abordnen *(Richter an anderes Gericht)*.

comisiones *pl*, **~ Obreras** *(Sp)* kommunistische Gewerkschaft *f*; **~ por transferencias** Überweisungsgebühren *fpl*.

comisionista *m* Auftragnehmer *m*, Kommissionär *m*, Handelsvertreter *m*, Reisender *m*~ **de aduanas** Zoll|spediteur *m*, -agent *m*; **~ comprador** Einkaufskommissionär *m*; **~ de garantía** Delkredereagent *m*; **~ de transporte*(s)*** Spediteur *m*, Schiffsmakler *m*.

comisivo *(adj)* Begehungs-.

comiso Beschlagnahme *f*, Einziehung *f* *(einer Sache)*, Verfall *m* *(einer Sache zugunsten des Staates)*; **en ~** eingezogen.

comisorio befristet, Verfall-.

comité *m* Ausschuss *m*, Komitee *n*, Kommission *f*; **~ de acogida** Empfangskomitee *n*; **~ ad hoc** Ad-hoc-Ausschuss *m*; **~ de adjudicaciones** Vergabeausschuss *m*.

comité *m*, **~ de Asuntos Económicos** Wirtschaftsausschuss *m* *(EU)*; **~ de Asuntos Sociales** Sozialausschuss *m* *(EU)*.

Comité *m* **Consultivo** beratender Ausschuss *m*; **~ ~ sobre la Utilización de la Energía Atómica con Fines Pacíficos** Beratungsausschuss *m* für die friedliche Verwendung der Atomenergie.

comité *m*, **~ de Cooperación para la Financiación del Desarrollo** Ausschuss *m* für die Zusammenarbeit bei der Entwicklungsfinanzierung.

comité de coordinación Koordinierungsausschuss *m*.

comité, ~ de crisis Krisenstab *m*; **~ de dirección** *(o* ***directivo****)* *(engerer)* Vorstand *m*, Direktorium *n*, geschäftsführender *(oder leitender)* Ausschuss *m*; **~ director** Lenkungsausschuss *m*; **~ dirigente** Lenkungsausschuss *m*; **~ Económico y Financiero** Wirtschafts- und Finanzausschuss *m* *(EU)*; **~ Económico y Social** Wirtschafts- und Sozialausschuss *m* *(EU)*; **~ ejecutivo** Exekutivausschuss *m*, Vorstand *m*; **~ electoral** Wahl|ausschuss *m*, -vorstand *m*; **~ de empresa** *(Sp)* Betriebsrat *m*; **~ de empresa conjunto** *(Sp)* Gesamtbetriebsrat *m*; **~ de estudio** Studienausschuss *m* *(EU)*.

Comité *m* **Europeo**, **~ ~ para la Investigación y el Desarrollo** Europäischer Ausschuss *m* für Forschung und Entwicklung; **~ ~ de Normalización** Europäischer Normenausschuss.

comité *m*, **~ de expertos** Sachverständigenausschuss *m*; **~ de huelga** Streik|ausschuss *m*, -komitee *n*, -leitung *f*; **~ de Industria y Comercio** Industrie- und Handelsausschuss *m*; **~ interministerial** interministerieller Ausschuss *m*.

Comité *m* **Internacional**, **~ ~ de la Cruz Roja** Internationales Komitee *n* vom Roten Kreuz; **~ ~ de Estandarización** Internationale Organisation *f* für Standardisierung *(ISO)*.

comité *m*, **~ de Inversión de Fondos** Investitionsausschuss *m (EU)*; **~ investigador** Untersuchungsausschuss *m*; **~ judicial** *(o **jurídico**)* Rechtsausschuss *m*; **~ de Ministros** *(Europarat)* Minister|ausschuss *m*, -komitee *n*; **~ negociador** Verhandlungsdelegation *f (bei Tarifverträgen)*; **~ Olímpico Internacional** Internationales Olympisches Komitee *n*; **~ organizador** Organisations|ausschuss *m*, -komitee *n*.

comité *m*, **~ parlamentario** parlamentarischer Ausschuss *m*; **~ de paros** Streikkomitee *n*.

comité *m* **permanente** ständiger Ausschuss *m*; **~ ~ de Desarrollo Regional** Ständiger Ausschuss *m* für Regionalentwicklung *(EU)*; **~ ~ de Productos Alimenticios** Ständiger Lebensmittelausschuss *m (EU)*.

comité *m*, **~ del personal** Personalrat *m*; **~ de presupuestos** Haushaltsausschuss *m*; **~ de las Regiones** Ausschuss *m* der Regionen *(EU)*; **~ de supervisión** Kontrollausschuss *m*; **~ de vigilancia** Kontrollausschuss *m*.

comitente *m* Besteller *m (Werkvertrag)*, Versender *m (bei Spedition)*.

"como mejor proceda" *(Sp)* „ordnungsgemäß", „formgerecht" *(Klageformel)*.

como|dable *(ver)*leihbar; **~dante** *m* Verleiher *m*; **~datario** Entleiher *m*.

comodato Leihe *f*.

compadrazgo Einverständnis *n* zur Schädigung eines Dritten.

compañer|a Kollegin *f*, Lebensgefährtin *f (auch: lesbisch)*; **~ismo** Kollegialität *f*; Kameraderie *f*.

compañero Kollege *m (Anwalt)*, Mitarbeiter *m*, Lebensgefährte *m (auch: homosexuell)*; **~ de partido** Parteifreund *m*; **~ de trabajo** Arbeitskollege *m*.

compañeros *pl*, **~ sociales** Tarifpartner *mpl*.

compañía Gesellschaft *f*, Handelsgesellschaft *f*; **~ administradora** Verwaltungsgesellschaft *f*; **~ aérea** Flug|gesellschaft *f*, Luftfahrt- *f*; **~ anónima** Aktiengesellschaft *f*; **~ armadora** Schifffahrtsgesellschaft *f*, Reederei *f*; **~ arrendadora** Leasing|gesellschaft *f*, -firma *f*; **~ aseguradora** Versicherungsgesellschaft *f*; **~ de capital** *(o **capitalista**)* Kapitalgesellschaft *f*; **~ central** Holding *f*, Dachgesellschaft *f*; **~ civil** Gesellschaft *f* des bürgerlichen Rechts; **~ colectiva** offene Handelsgesellschaft *f*; **~ en comandita** Kommanditgesellschaft *f*; **~ de explotación** Betriebsgesellschaft *f*; **~ fantasma** Scheingesellschaft *f*; **~ de fideicomiso** Treuhandgesellschaft *f*; **~ fiduciaria** s. compañía de fideicomiso; **~ filial** Tochtergesellschaft *f*; **~ de inversiones** Investment|gesellschaft *f*, Kapitalanlage- *f*; **~ líder** Marktführer *m*; **~ matriz** Muttergesellschaft *f*; **~ mercantil** Handelsgesellschaft *f*, **~ mutua de seguros** *(Sp)* Versicherungsgesellschaft *f* auf Gegenseitigkeit; **~ nacional** inländische Gesellschaft *f*; **~ reaseguradora** *(o **de reaseguros**)* Rückversicher|er *m*, -ungsgesellschaft *f*; **~ de responsabilidad limitada** Gesellschaft *f* mit beschränkter Haftung.

compañía de seguros Versicherung *f*, Versicherungs|gesellschaft *f*, -anstalt *f*; **~ ~ contra incendios** Feuerversicherer *m*; **~ ~ de vida** Lebensversicherungsgesellschaft *f*.

compañía, ~ de servicios públicos öffentliches Versorgungsunternehmen *n*; **~ de utilidad pública** gemeinnützige Gesellschaft *f*.

comparabilidad Vergleichbarkeit *f*.

comparación Vergleich *m*; **~ de letras** Schriftvergleich *m*.

compara | r vergleichen *(Urkunden)*; **~tista** *m* Rechtsvergleicher *m*.

comparecencia Erscheinen *n*, Auftreten *n* vor Gericht, Termin *m* *(Gericht)*; **no ~** Termin | versäumung *f*, Säumnis *f*, Nichterscheinen *n* *(Zeuge)*; **~ notarial** Erscheinen *n* vor dem Notar.

comparecer erscheinen *(vor Gericht, Notar)*, vor Gericht *n* auftreten, sich einlassen *(Klage)*; **~ en los autos** die Beteiligung am Prozess anzeigen *(Beklagter)*; **~ en juicio** vor Gericht *n* stehen; **no ~** ausbleiben *(Person)*; **~ por sí** ohne Anwalt *m* auftreten.

compareciente *m* vor Gericht Auftretender *m*, Erschienener *m*.

comparición s. comparecencia.

compartimentación de los mercados Marktaufteilung *f*.

compartir teilen; **~ el coche** eine Fahrgemeinschaft *f* bilden.

compatibilidad Vereinbarkeit *f*, Kompatibilität *f*.

compatible vereinbar, kompatibel; **~ con el medio ambiente** umweltverträglich.

com | peler nötigen, zwingen; **~pendio** Auszug *m*, Handbuch *n*; **~pensable** aufrechenbar.

compensación Ausgleich*(ung) m (f)*, Abfindung *f*, Clearing *n*, Auf | rechnung *f*, Ver- *f*, Schadens | abfindung *f*, -ersatz *m*, Abgeltung *f*, Kompensation *f*; **~ de beneficios** Vorteilsausgleichung *f*; **~ de costas** gegenseitige Aufhebung *f* der Kosten; **~ por enfermedad** Krankengeld *n*; **~ eventual** Eventualaufrechnung *f* *(im Prozess)*; **~ financiera** Finanzausgleich *m*, Ausgleichszahlung *f*; **~ por el lucro** Vorteilsausgleich*(ung) m (f)*; **~ por paro** Arbeitslosen | unterstützung *f*, -geld *n*, -hilfe *f*; **~ por pérdida de ganancia** Verdienstausfallentschädigung *f*; **~ por trabajo en horas extraordinarias** Überstundengelder *npl*; **~ por traslado** Umzugsentschädigung *f*

compensador Ausgleichspflichtiger *m*.

compensar abfinden, ausgleichen *(Verluste)*, ersetzen *(Kosten)*, auf | rechnen, ver- *(Schecks)*, vergüten, Verluste *mpl* decken, abgelten; **~ una deuda con un crédito** mit einer Forderung gegen eine Forderung *(des Schuldners)* aufrechnen; **~ las costas** *(recíprocamente)* die Kosten *pl* gegeneinander aufheben.

compensa | tivo ausgleichend; **~torio** s. compensativo.

competencia 1. Zuständigkeit *f*, Kompetenz *f*, Befugnis *f*, Aufgaben | kreis *m*, -bereich *m*, Geschäftsbereich *m*, Ressort *n*, Obliegenheit *f*; 2. Konkurrenz *f*, Wettbewerb *m*; **~ absoluta** ausschließliche Zuständigkeit *f*; **~ comercial ilícita** unlauterer Wettbewerb *m*; **~ por conexión** Gerichtsstand *m (oder Zuständigkeit f)* des Zusammenhangs; **~ contencioso-administrativa** verwaltungsgerichtliche Zuständigkeit *f*; **~ desleal** unlauterer Wettbewerb *m*; **~ exclusiva** *(o* ***excluyente)*** ausschließliche Zuständigkeit *f*; **~ funcional** instanzielle Zuständigkeit *f*; **~ leal** lauterer Wettbewerb *m*; **~ para legislar** *(o* ***legislativa)*** Gesetzgebungs | befugnis *f*, -kompetenz *f*; **libre ~** freier Wettbewerb *m*, Wettbewerbsfreiheit *f*; **~ local** örtliche Zuständigkeit *f*; **~ objetiva** sachliche Zuständigkeit *f*; **~ pactada** vereinbarter Gerichtsstand *m*; **~ privativa** ausschließliche Zuständigkeit *f*; **~ procesal** Gerichtsstand *m*; **~ profesional** berufliche Befähigung *f*; **~ real** dinglicher Gerichtsstand *m*; **ser de la ~** in die Zuständigkeit *f* fallen; **~ territorial** örtliche Zuständigkeit *f*, Gerichtsstand *m*.

competencial Zuständigkeits-.

competencias *pl* **~ asignadas** Auftragsangelegenheiten *fpl*.

competente zuständig, befugt, berechtigt, federführend.

competer zuständig sein, zukommen, obliegen.

competición Wettbewerb *m*.

competidor Konkurrent *m*.

competir con in Wettbewerb *m* stehen mit, konkurrieren mit.

competiti | vidad Wettbewerbs | fähigkeit *f*, Konkurrenzfähigkeit *f*; **~vo** konkurrenzfähig, Wettbewerbs-.

compilación Sammelwerk *n*; **~ foral** *(Sp)* Sammlung *f* des Regionalrechts.

complejo Komplex *m*; **~ industrial** Industriekomplex *m*; **~ turístico** *(Sp)* turistische Anlage *f*.
complementa | ción Ergänzung *f*; **~r** ergänzen; **~rio** zusätzlich.
complemento Ergänzung *f*, Nachzahlung *f*, Zulage *f*, *(Lohn)*Zuschlag *m*; **~ familiar** Familien | zulage *f*, -zuschlag *m*; **~ de penosidad** Erschwernis | zulage *f*, Schwerarbeiter- *f*; **~ presupuestario** Ergänzungshaushalt *m*; **~ de residencia**, Trennungsentschädigung *f*.
completamiento Ergänzung *f*.
completar auffüllen, ergänzen.
cómplice *m* Komplize *m*, Gehilfe *m*; **hacerse ~** Beihilfe *f* leisten.
complicidad *(StrafR)* Beihilfe *f*, Beteiligung *f*, Teilnahme *f*.
complot *m* Verschwörung *f*, Komplott *n*.
componedor Schiedsrichter *m*; **amigable ~** Schiedsgutachter *m*.
componenda Vergleich *m*.
componente *m* Mitglied *n (Gericht, Parlament)*; Komponente *f (Stat)*.
componer schlichten, vergleichen *(Streitigkeiten)*; **~ amistosamente** vergleichsweise schlichten.
componerse de bestehen aus *(Gremium)*.
comportamiento Betragen *n*, Verhalten *n*, Verhaltensweise *f*; **~ de los cambios** Kursentwicklung *f*; **~ del consumidor** Verbraucherverhalten *n*; **~ de los conductores** Fahrverhalten *n*; **~ según las reglas del tráfico** verkehrsgerechtes Verhalten *n*.
composición Zusammensetzung *f (des Ausschusses)*, Besetzung *f (des Gerichts)*; **amigable ~** gütliche Beilegung *f*.
compra *(s. a. compraventa)* Kauf *m*, Einkauf *m*, Ankauf *m*, Geld *n (B)*; **~ al contado** Barkauf *m*; **~ especulativa** Spekulationskauf *m*; **~ de herencia** Erbschaftskauf *m*; **~ de lance** Gelegenheitskauf *m*; **~ a plazos** Raten | kauf *m*, Teilzahlungs- *m*, Abzahlungsgeschäft *n*; **~ de provisión** Deckungskauf *m*; **~ a prueba** Kauf *m* auf Probe, Probekauf *m*; **~ con reserva de propiedad** Kauf *m* unter Eigentumsvorbehalt; **~ simulada** Scheinkauf *m*; **~ por vía de ensayo** Kauf *m* auf Probe.
comprador Käufer *m*, Ein- *m*, Erwerber *m*, Abnehmer *m*; **~ arrendatario** Mietkäufer *m*; **~ al por mayor** Großabnehmer *m*.
compradores *pl* Käuferschicht *f*, Abnehmerkreis *m*, Geld *n (B)*.
comprar kaufen, einkaufen, ankaufen, abkaufen, erwerben, anschaffen, beziehen, einhandeln, abnehmen *(Ware)*; **~ al contado** bar *(ein)*kaufen, gegen Barzahlung *f* kaufen; **~ a crédito** auf Kredit kaufen; **~ sobre muestra** nach Muster *n* kaufen; **~ de segunda mano** aus zweiter Hand *f* kaufen.
compras *pl* Einkauf *m*, Einkaufsabteilung *f*.
compraventa *(s. a. compra)* Kauf *m (Rechtsgeschäft)*; **~ al contado** Bar | kauf *m*, Hand- *m*; **~ de cosa específica** Spezieskauf *m*; **~ mercantil** Handelskauf *m*; **~ con reserva de dominio** Kauf *m* unter Eigentumsvorbehalt.
comprender einsehen, umfassen; **~ la ilicitud del acto** das Unerlaubte *n* der Tat einsehen.
comprensión Erkenntnis *f*, Einsicht *f*, Verständnis *n*.
comprobación Prüfung *f*, Beglaubigung *f*, Bekräftigung *f*, Bestätigung *f (der Richtigkeit)*, Nach | weis *m*, -prüfung *f*; **~ al azar** Stichprobe *f*; **~ del balance** Bilanzprüfung *f*; **~ de los daños y perjuicios** Schadensnachweis *m*; **~ de *(la)* identidad** Identitätsnachweis *m*; **~ del siniestro** Schadensfeststellung *f*; **~ de valores** *(Sp, SteuerR)* Bewertung *f*.
comprobador Prüfer *m*.
comprobante *m* Beleg *m*, Bescheinigung *f*, Beweismittel *n*, Nachweis *m*, Unterlage *f*; **~** *(adj)* belegend, beweisend; **~ de gastos** Unkostenbeleg *m*; **~ de venta** Kaufurkunde *f*, Verkaufsbeleg *m*.
comprobar *(nach)*prüfen, beweisen, belegen, ermitteln, feststellen *(Personalien, Richtigkeit)*, beglaubigen, bestätigen; **~ la identidad** die Personalien *pl* feststellen.

compro | bativo beweiskräftig; **~batorio** s. comprobativo; **~metedor** belastend.
comprometer einen Schiedsvertrag *m* schließen.
compro | meterse sich verpflichten, sich verloben; **~misario** Schiedsrichter *m*, Wahlmann *m*.
compromiso Überein | kommen *n*, -kunft *f*, Kompromiss *m*, *(eingegangene)* Verpflichtung *f*, Verbindlichkeit *f*, Schieds | abrede *f*, -vertrag *m*, Verlobung *f*; **~ de arbitraje** *(o* ***arbitral)*** Schieds | vertrag *m*, -vergleich *m*; **~ de jubilación** Pensionsverpflichtung *f*; **~ procesal** Prozessvergleich *m*; **sin ~** ohne Gewähr *f*, unverbindlich, freibleibend.
compromisorio schiedsrichterlich.
compromitente *m* Schiedsvertragspartei *f*.
compulsa beglaubigte Abschrift *f*, Schriftvergleichung *f*; **~ de libros** Revision *f* der Bücher.
compulsa | ción Ausfertigung *f*, Urkundenvergleich *m*; **~do** geprüft *(Pass)*; **~r** Urkunden *fpl* vergleichen, eine beglaubigte Abschrift *f* erteilen; zwingen.
compulsión Nachprüfung *f*; *(gerichtlicher)* Zwang *m*, unmittelbarer Zwang *m* *(Verwaltung)*.
compul | sivo *(adj)* Zwangs-; **~sorio** *(adj)* Ausfertigungs-, Zwangs-.
computable anrechnungsfähig.
computación *(Frist)*Berechnung *f*.
computador(a) Computer *m*.
computar anrechnen, berechnen *(Fristen, Verwandtschaftsgrade)*, errechnen; **~ a efectos de antigüedad** auf das Dienstalter *n* anrechnen; **~ la prisión preventiva** die Untersuchungshaft *f* anrechnen.
cómputo Berechnung *f*, Errechnung *f* *(Fristen)*, Auszählung *f* *(der Stimmen)*, Kalkulation *f*; **~ sobre** Anrechnung *f* auf.
común *m* Einwohnerschaft *f*; **~** *(adj)* gemein *(-es Recht)*, gemein | sam, -schaftlich, gering *(Qualität)*; **en ~** gemeinschaftlich.
comuna | Gemeinde *f*, Kommune *f*; **~l** *(adj)* Gemeinde-, Kommunal-.
comunero Miteigentümer *m*, Teilhaber *m*, Genosse *m*.
comunicable mitteilbar.
comunicación Verkündung *f*, Mitteilung *f*, Übermittlung *f*, Benachrichtigung *f*, Zustellung *f* *(an den Gegner)*, Kommunikation *f*, Anschluss *m* *(Telefon)*; **~ clandestina en la cárcel** Kassiber *m*; **~ interurbana** Ferngespräch *n*; **~ postal** Postverbindung *f*.
comunicaciones *pl* Verkehrswesen *n*, Straßen | netz *n*; **~ telefónicas** Telefonverkehr *m*.
comunicado amtliche Mitteilung *f*, Kommuniqué *n*; **~ conjunto** gemeinsames Kommuniqué *n*; **~ final** Schlusskommuniqué *n*; **~ de prensa** Presse | verlautbarung *f*.
comunica | nte *m* Korrespondent *m*, Informant *m*; **~r** mitteilen, bekanntmachen, verkünden, verlautbaren.
comunidad Gemeinschaft *f*, Allgemeinheit *f*, Gemeinwesen *n*, Land *n* *(politisch)*, Miteigentum *n*; **~ Atlántica** Atlantische Gemeinschaft *f*; **~ autónoma** *(Sp)* autonome Region *f*; **~ de bienes** Miteigentum *n*, Gütergemeinschaft *f*; **~ de bienes universal** Gütergemeinschaft *f*; **~ de consultorio** Gemeinschaftspraxis *f*; **~ conyugal** eheliche Lebensgemeinschaft *f*; **~ por cuotas** Bruchteilsgemeinschaft *f*; **~ de Derecho** Rechtsgemeinschaft *f*; **~ doméstica** häusliche Gemeinschaft *f*; **~ económica** Wirtschaftsgemeinschaft *f*; **~ de los Estados** Staatengemeinschaft *f*; **~ de Estados Independientes** ***(CEI)*** Gemeinschaft *f* Unabhängiger Staaten *(GUS, RG)*.
Comunidad Europea *(RG)* Europäische Gemeinschaft *f*; **~ ~ del Carbón y del Acero** Montanunion *f*; **~ ~ de la Energía Atómica** Europäische Atomgemeinschaft *f*.
comunidad, ~ familiar Haus | gemeinschaft *f*, Familien- *f*; **~ de fin** Zweckgemeinschaft *f*; **~ general de bienes** allgemeine Gütergemeinschaft *f*; **~ de habitación** Wohngemeinschaft *f*; **~ de herederos** *(o* ***hereditaria)*** Erbengemeinschaft *f*; **~ pro indiviso** Eigentümergemeinschaft *f*.

comunidad internacional Völker-*(rechts)*gemeinschaft *f*; **~ ~ de los Estados** Staatengemeinschaft *f*.
comunidad, ~ jurídica Rechtsgemeinschaft *f*; **~ mancomunada** *(o* ***en mancomún*** *o* ***en mano común)*** Gesamthandsgemeinschaft *f*; **~ nacional** Volksgemeinschaft *f*; **~ del pueblo** s. comunidad popular; **~ religiosa reconocida** anerkannte Religionsgesellschaft *f*; **~ solidaria de cosas** Sachgesamtheit *f*; **~ sucesoria** Erbengemeinschaft *f*; **~ vecinal** *(o* ***de vecinos)*** Bürgerschaft *f*, Gemeindebürger *mpl*; **~ de vida** Lebensgemeinschaft *f*.
comuníquese zu verkünden *(richterliche Verfügung)*; zustellen!
comunitario *(adj)* Gemeinschafts-, gemeinschaftsintern.
conato Versuch *m*; **~ de homicidio** versuchter Totschlag *m*.
concatenación causal Kausal|zusammenhang *m*, -kette *f*.
concausa | Mitursache *f*; **~l** mitursächlich; **~lidad** Mitursächlichkeit *f*.
concebido Leibesfrucht *f*.
concedente *m* Konzessionsgeber *m*, Besteller *m*, Franchisegeber *m*.
conceder erlauben, erteilen, verleihen, gewähren, zugeben, zuerkennen, zuteilen, zulassen, einräumen *(Recht, Frist)*, vergeben; **~ el asilo *(político)*** *(politisches)* Asyl *n* gewähren; **~ un estatuto de asilado** *(Sp)* politisches Asyl *n* gewähren; **~ la libertad condicional** die Strafe zur Bewährung *f* aussetzen; **~ una prórroga** stunden *(Steuern)*; **~ una solicitud** einem Antrag *m* stattgeben; **~ la suspensión** die Aussetzung *f* des Vollzugs anordnen; **~ un término** eine Frist *f* bestimmen; **~ por tiempo indefinido** unbefristet erteilen.
concejal *m*, Stadt|rat *m*, -ratsmitglied *n*, Gemeinderatsmitglied *n*; **~ delegado** exekutiv tätiges Gemeinderatsmitglied *n*.
concejala *(die)* Stadträtin *f*.
concejalía Gemeindevertreteramt *n*, Stadtverordnetenamt *n*; **~ de cultura** Kulturdezernat *n (Stadt)*; **~ de urbanismo** *(Sp)* Bauplanungsamt *n (Kommune)*.
concejo *(s. a. consejo)* Gemeinde|rat *m*, Stadt- *m*.
concentración Zusammen|schluss *m*, -legung *f*, Konzentration *f*, Verflechtung *f*, Zentralisierung *f (Verwaltung)*; **~ por absorción** Übernahme *f (oder Aufnahme f)* einer Gesellschaft; **~ parcelaria** Flurbereinigung *f*, *(Grundstücks)*Umlegung *f*; **~ vertical** vertikale Konzentration *f*.
concentrar vereinigen, zusammenlegen, umlegen *(Grundstücke)*.
concepción Konzeption; **~ asistida por computadora** rechnerunterstützte Projektplanung *f*; **~ jurídica** Rechtsauffassung *f*; **~ natural de la vida** natürliche Lebensauffassung *f (Handlungseinheit)*.
concepto Begriff *m*, Vorstellung *f*, Entwurf *m*, Titel *m (Haushalt)*; **~ clave** Schlüsselbegriff *m*; **en ~ de dueño** in der Eigenschaft als Eigentümer.
concepto jurídico Rechtsbegriff *m*; **~ ~ indeterminado** unbestimmter Rechtsbegriff *m*.
concepto, ~ legal gesetzlicher Begriff *m*, Rechts- *m*; **~ superior** Oberbegriff *m*.
conceptuación dienstliche Beurteilung *f (Beamter)*.
concertación Verabredung *f*; **~ anticompetitiva** wettbewerbsschädliche Absprache *f*; **~ social** konzertierte Aktion *f*.
concertar abschließen *(Versicherung, Vertrag)*, vereinbaren, verabreden, übereinkommen, absprechen, abmachen, festsetzen *(Preis)*, *(einen Vertrag m)* schließen.
con | certarse übereinkommen; **~cesible** gewährbar.
concesión Bewilligung *f*, Einwilligung *f*, Genehmigung *f*, Gewährung *f*, Erlaubnis *f*, Zugeständnis *n*, Konzession*(ierung) f*, Verleihung *f (von Rechten)*, Vergabe *f (von Rechten)*, Bestellung *f (Erbbaurecht)*, Erteilung *f (Vollmacht, Patent)*, Lizenz *f*, Einräumung *f*, Zuerkennung *f*, Zubilligung *f*; **~ de alimentos interinos** einstweilige Verfügung *f* auf Unterhaltsrente; **~ de asilo** Asyl|gewährung *f*, -anerkennung *f*;

~ **de créditos** Kredit|gewährung *f*; ~ **para expedición de bebidas alcohólicas** Schankkonzession *f*; ~ **de la gracia** Gnadenerweis *m*; ~ **de licencia***(s)* Lizenz|erteilung *f*, -gewährung *f*; ~ **de una pensión** Zuerkennung *f* einer Rente, Gewährung *f* von Ruhegehalt; ~ **de vivienda** Wohnraumvergabe *f*.
concesiona|l Konzessions-; **~r** autorisieren.
concesionario Konzessionsinhaber *m*, Vertragshändler *m*, Patentinhaber *m*, Lizenznehmer *m*, ~ *(adj)* Konzessions-; ~ **de un servicio público** beliehener Unternehmer *m*.
concesiones *pl* **salariales** Lohnzugeständnisse *npl*.
concesionista *m* Lizenzgeber *m*.
conciencia Gewissen *n*, Bewusstsein; ~ **ambiental** Umweltbewusstsein *n*; **de** ~ auf Treu *f* und Glauben *m*; ~ **ecológica** Umweltbewusstsein *n*; ~ **fiscal** Steuermoral *f*; ~ **de la ilicitud** Unrechtsbewusstsein *n*; ~ **de la responsabilidad** Verantwortungsbewusstsein *n*; **sin** ~ gewissenlos.
concienciación Bewusstseinsbildung *f*, Sensibilisierung *f*.
concierne, en lo que le ~ in seinem Geschäftsbereich *m*.
concierto Übereinkunft *f*, Vereinbarung *f*, Verabredung *f*, Vertrag *m*, Abschluss *m (Vertrag)*; ~ **directo** freihändige Vergabe *f* von Aufträgen.
conciliación gütliche Beilegung *f (eines Rechtsstreits)*, Versöhnung *f*, Schlichtung *f (ArbR)*.
concilia|dor Schlichter *m*; **~r** schlichten, gütlich beilegen; **~tivo** s. conciliatorio; **~torio** schlichtend.
concilio *(KR)* Konzil *n*.
concluir vollenden, ablaufen *(Frist)*, enden *(Mitgliedschaft)*, abschließen *(Geschäft)*, zum Abschluss *m* bringen; ~ **un contrato** einen Vertrag *m (ab)*schließen.
conclusión *(s. a. conclusiones pl)* Abschluss *m (der mündlichen Verhandlung, Schluss m (eines Verfahrensabschnitts), (Schluss)*Plädoyer *n*, Schlussantrag *m*, Beendigung *f (der Vormundschaft)*, Schlussfolgerung *f*; ~ **analógica** Analogieschluss *m*; **falsa** ~ Fehlschluss *m*; ~ **inversa** Umkehrschluss *m*; ~ **de un negocio** Geschäftsabschluss *m*.
conclusiones *pl* rechtliche Stellungnahme, Schlussanträge *mpl* der Partei, Schlussvortrag *m* Plädoyer *n*.
conclusivo *(adj)* End-.
concluso beendet, entscheidungsreif.
con|cluyente schlüssig *(prozessual)*, konkludenten; **~comitancia con** zusammen mit.
concordancia Übereinstimmung *f*.
concordar übereinstimmen, stimmen *(Konten)*.
concordato *(KR)* Konkordat *n*.
concord|e einstimmig; **~ia** Übereinstimmung *f*, Vertragsurkunde *f*.
concretización Konkretisierung *f*.
concuerda, por ~ mit der Urschrift *f* übereinstimmend.
conculca|ción Verletzung *f (eines Rechts)*; **~r** *(Recht:)* brechen.
concurrencia Konkurrenz *f (zwischen Gesetzen)*, Vorliegen *n*; Teilnahme *f (an Sitzungen)*, Anwesenheit *f*; ~ **de acciones** Klage*(n)*häufung *f*; ~ **de culpas** mitwirkendes Verschulden *n*, Mitverschulden *n*; ~ **a ferias** Messebesuch *m*; ~ **de leyes** Gesetzeskonkurrenz *f*; ~ **de pretensiones** Anspruchskonkurrenz *f*.
concurrencial *(adj)* Wettbewerbs-.
concurrente *m* Konkurrent *m*, Wettbewerber *m*.
concurrir sich versammeln, konkurrieren, sich bewerben um *(ein Amt)*, mitwirken *(Verschulden)*, vorliegen anwesend sein; ~ **a** teilnehmen an; ~ **en alguien** bei jemandem vorliegen; ~ **a la citación judicial** der gerichtlichen Ladung *f* Folge leisten; ~ **con** zusammen erben mit.
concursa|do Gemeinschuldner *m*; **~l** *(adj)* Insolvenz-; **Ley** ~ Insolvenzgesetz *n*; **~nte** *m* Bieter *m*, Bewerber *m*, Teilnehmer *m*; **~r** an einer Ausschreibung *f* teilnehmen.
concurso Insolvenzverfahren *n*; Bewerbung *f*, Ausschreibung *f*, Mitwirkung *f*, Versammlung *f*, Submission *f*; Konkurrenz *f (StrafR)*; ~ **de acreedores** Gläubigerversammlung *f*; ~ **del caudal relicto** Nachlasskonkurs *m*; ~ **con** Zusammentreffen *n* mit; ~ **de culpas**

mitwirkendes Verschulden *n*; **~ fraudulento** betrügerischer Bankrott *m*; **~ ideal** Idealkonkurrenz *f*; **~ de leyes** Gesetzeskonkurrenz *f*; **~ de normas** Gesetzeskonkurrenz *f*; **~ -oposición** *(Sp)* Stellenausschreibung *f* mit einer Prüfung.

concurso-subasta Ausschreibung *f*.

concurso, ~ sucesorio Nachlassinsolvenzverfahren *m*.

concus | ión Gebührenschinderei *f*; **~ionario** Gebührenschinder *m*.

condecoración Ehrenzeichen *n*.

condena Strafe *f*, Verurteilung *f*; **~ a** Verurteilung *f* von; **~ accesoria** Nebenentscheidung *(Urteilstenor)*; **~ anterior** Vorstrafe *f*; **~ compulsoria** Zwangsgeld *n*; **~ a las** *(o* ***de las*** *o* **en***)* **costas** Verurteilung *f* in die Kosten; **~ de futuro** Verurteilung *f* zu künftiger Leistung; **~ de hacer** Leistungsurteil *n*; **~ de no hacer** Unterlassungsurteil *n*; **~ penal** Strafausspruch *m*; **~ perpetua** *(o* ***a perpetuidad****)* lebenslänglich *(Freiheitsstrafe)*; **~ previa** Vorverurteilung *f*; **~ en rebeldía** Verurteilung *f* in Abwesenheit.

condenación Verurteilung *f*.

condenado Verurteilter *m*; **anteriormente ~** Vorbestrafter *m*.

condenar ver | urteilen, ab-; **~ por contumacia** in Abwesenheit *f* verurteilen.

condenatoria Verurteilung *f*; **~torio** verurteilend.

condición *(s.a. condiciones)* Bedingung *f*, Voraussetzung *f*, Auflage *f*, Rechtsstellung *f*, Beschaffenheit *f*, Eigenschaft *f*, Umstand *m*, Zustand *m*, Status *m (Wohnsitz)*; **a ~** unter der Bedingung *f*, bedingt *(Erbeinsetzung)*; **~ de admisión** Aufnahmebedingung *f*; **bajo ~** bedingt; **~ básica** unabdingbare Voraussetzung *f*; **~ casual** zufälliger Umstand *m*; **~ cumplida** eingetretene Bedingung *f*; **~ de** Stellung als; **~ de Derecho** Rechtsbedingung *f*; **~ esencial** wesentliche Bedingung *f*, unabdingbare Voraussetzung *f*; **~ extintiva** s. condición final; **~ fallida** nicht eingetretene Bedingung *f*; **~ final** auflösende Bedingung *f*; **~ ilícita** unzulässige *(oder unerlaubte)* Bedingung *f*; **~ imposible** unmögliche Bedingung *f*; **~ inmoral** sittenwidrige Bedingung *f*; **~ jurídica** Rechts | bedingung *f*, -stellung *f*, rechtliche Stellung *f*; **~ mínima** Mindestvoraussetzung *f*; **~ objetiva de penalidad** objektive Strafbarkeitsbedingung *f*; **~ potestativa** Wollens | bedingung *f*, Potestativ- *f*; **~ preexistente** Vorbedingung *f*; **~ previa** Vorbedingung *f*; **~ de punibilidad** Strafbarkeitsbedingung *f*; **~ resolutiva** *(o* ***resolutoria****)* s. condición final; **~ sine qua non** *(lat)* conditio sine qua non *(lat)*, unerlässliche Bedingung *f*; **~ suspensiva** aufschiebende Bedingung *f*; **~ de tipicidad** Tatbestandsmerkmal *n*.

condicionado *(Benutzungs)*Bedingungen *fpl*; **~** *(adj)* unter Vorbehalt *m*, *(situations)*bedingt.

condicional *m* bedingt, bedingend.

condicionalidad Bedingtheit *f*.

condiciona | miento Bedingtheit *f*; **~ntes** *mpl* Bewilligungsbedingungen *fpl*; **~r** bedingen, mit einer Bedingung *f* versehen.

condiciones *pl (s. a. condición)*, **~ de alojamiento** Wohnverhältnisse *pl*; **en ~ de circular** fahrtüchtig *(Kfz)*; **en ~ de conducir** fahrtüchtig *(Person)*; **~ confusas de circulación** unklare Verkehrslage *f*; **~ económicas marco** wirtschaftliche Rahmenbedingungen *fpl*; **~ de entrada** Marktzutrittsbedingungen *fpl (EU)*; **~ de entrega** Bezugs | bedingungen *fpl*, Liefer*(ungs)*- *fpl*.

condiciones generales, **~ ~ de contratación** *(o* ***de contrato****)* allgemeine Vertragsbedingungen *(oder Geschäftsbedingungen) fpl*; **~ ~ de la póliza** *(o* ***del seguro****)* allgemeine Versicherungsbedingungen *fpl*.

condiciones, ~ laborales Arbeitsbedingungen *fpl*; **~ -marco** Rahmenbedingungen *fpl*; **~ del mercado** Marktlage *f*, Konjunktur *f*; **~ de pago** Zahlungsbedingungen *fpl*; **~ previas de la aplicabilidad** Wirksamkeitsvoraussetzungen *fpl*; **en ~ de servicio** in gebrauchsfähigem Zustand *m*.

condominio Miteigentum *n.*

condómino Miteigentümer *m.*

condonación Erlass *m (Steuer, Schuld),* Schuld | erlass *m,* Straf- *m;* **~ de la deuda remanente** Restschuldbefreiung *f;* **~ equitativa** Billigkeitserlass *m (Steuer).*

condonante *m* Erlassender *m.*

condonar erlassen *(Schuld, Steuer),* nachlassen, verzeihen, begnadigen.

condonatario Mitbeschenkter *m.*

conducción Führung *f (eines Geschäfts),* Lenkung *f,* Leitung *f (einer Sitzung);* Fahrweise *f,* Fahren *n (Kfz);* Beförderung *f,* Verlegung *f (Haft);* **~ sin carnet** Fahren *n* ohne Führerschein; **~ en estado de embriaguez** Trunkenheit *f* am Steuer; **~ bajo la influencia de bebidas alcohólicas** Fahren *n* unter Alkoholeinfluss; **~ temeraria** Verkehrsgefährdung *f,* verkehrswidriges Verhalten *n.*

conducente sachdienlich.

conducir befördern, fahren *(Kfz),* steuern *(Kfz);* abführen *(StrafR);* führen *(Geschäft),* geeignet sein; **~ por la fuerza pública** zwangsweise vorführen *(Zeugen).*

conducta Führung *f,* Vorgehen *n,* Verhalten*(sweise) n (f),* Lebenswandel *m;* **buena ~** gute Führung *f,* gutes Betragen *n;* **~ emocional** Affekthandlung *f;* **~ intachable** tadelfreie Führung *f,* rechtschaffener Lebenswandel *m;* **~ fuera del trabajo** außerdienstliches Verhalten.

conducto Leitung *f;* **~ jerárquico** Dienstweg *m.*

conductor Fahrer *m,* Kraftfahrer *m,* Fahrzeug | führer *m,* Fracht- *m;* **~** *(adj)* zielsetzend *(-es System);* **~ conflictivo** Unfallfahrer *m;* **~ de transportes por carretera** Fernfahrer *m.*

con | dueño Miteigentümer *m;* **~ectar** anknüpfen *(IPR);* **~exidad** Konnexität *f.*

conexión Zusammenhang *m,* Verbindung *f,* Verknüpfung *f,* Anknüpfung *f (IPR),* Teilnehmeranschluss *m (Telefon etc.);* **~ causal** Kausalzusammenhang *m;* **~ continuada** *(o* ***de continuidad****)* Fortsetzungszusammenhang *m.*

conexionarse Verbindungen *fpl* anknüpfen.

conexo verbunden, verknüpft.

confabula | ción *(StrafR:)* Verschwörung *f;* **~rse** sich verschwören.

confección Anfertigung *f,* Konfektion *f;* Erstellung *f.*

confeccionar anfertigen, ausarbeiten *(Vertrag).*

confederación Bündnis *n,* Bund *m,* Vereinigung *f,* Verband *m,* Zusammenschluss *m,* Staatenbund *m,* Konföderation *f,* Spitzenverband *m;* **~ de Cámaras de Comercio e Industria** *(Sp)* Industrie- und Handelstag *m (D);* **~ Española de Organizaciones Empresariales** Dachverband *m* der spanischen Wirtschaftsverbände; **~ Española de la Pequeña y Mediana Empresa** Verband *m* der spanischen Mittelstandsunternehmen; *f;* **~ de Estados** *(o* ***estatal****)* Staaten | bund *m,* -verbund *m (EU).*

confedera | do Bundesgenosse *m,* Verbündeter *m;* **~l** s. confederativo; **~rse** sich zu einem Bund *m* zusammenschließen; **~tivo** Bundes-.

conferencia 1. Konferenz *f,* Beratung *f,* Besprechung *f;* 2. Referat, Vortrag *m;* **~** ***(en la)*** **cumbre** Gipfelkonferenz *f;* **~ de donantes** Geberkonferenz *f (z. B. für den Irak);* **~ gubernamental** Regierungskonferenz *f,* **~ interestatal** Staatenkonferenz *f;* **~ interministerial** Ressortbesprechung *f.*

conferencia, ~ Marítima *(de Ginebra) (Genfer)* Seerechtskonferenz *f;* **~ ministerial** Ministerkonferenz *f;* **~ ministerial sectorial** Fachministerkonferenz *f;* **~ preliminar** Vorbesprechung *f;* **~ de prensa** Pressekonferenz *f;* **~ de presidentes** Ältestenrat *m (Parlament);* **~ de seguimiento** Nachfolgekonferenz *f;* **~ telefónica** Telefongespräch *n;* **~ telefónica a cobro revertido** R-Gespräch *n;* **~ tripartita** Dreierkonferenz *f.*

conferenciante *m* Vortragender *m,* Konferenzteilnehmer *m.*

conferenciar beraten, beratschlagen, tagen, verhandeln.

conferimiento Übertragung *f (Amt).*

conferir erteilen *(Vollmacht)*, übertragen *(Recht)*, zusprechen, zuerkennen; *(Amt:)* verleihen, vergeben, übertragen; **~ la comisión de servicio** abordnen *(Beamte)*; **~ poder apud acta** *(lat)* die Prozessvollmacht *f* zu Protokoll erteilen; **~ traslado** Abschrift *f* erteilen, an den Gegner *m* zustellen; **~ traslado de los autos** die Akten *fpl* zur Einsicht überlassen; **~ valor vinculatorio** für allgemeinverbindlich erklären.
confesante *m* Geständiger *m*.
confesar bekennen, *(ein)*gestehen, ein Geständnis *n* ablegen, anerkennen *(Schuld)*; **~ de plano** ein volles Geständnis *n* ablegen.
confesarse, ~ culpable sich für schuldig erklären.
confesión 1. Bekenntnis *n*, Geständnis *n*; 2. Konfession *f*; 3. Religionsgemeinschaft *f*; **~ civil** Anerkenntnis *n*; **~ de la deuda** Schuldanerkenntnis *n*; **hacer una ~** ein Geständnis *n* ablegen; **~ judicial** *(o **en juicio**)* gerichtliches Geständnis *n*, Parteivernehmung *f*; **~ parcial** Teilgeständnis *n*; **~ religiosa** *(KR)* Religionsgemeinschaft *f*, Orden *m*.
confesional *(adj)* konfessionell; **no ~** bekenntnis | los, -frei.
confesionalidad Konfessionsprinzip *n*; **~ religiosa** Religionszugehörigkeit *f*.
confeso geständige Partei *f*.
confiador Mitbürge *m*.
confianza Vertrauen *n*; **cuestión de ~** Vertrauensfrage *f*.
confiar anvertrauen, zusprechen *(Kinder)*.
confidencia | vertrauliche Mitteilung *f*; **~l** vertraulich; **~lidad** Vertraulichkeit *f*.
confidente *m* Vertrauensmann *m*.
configuración Beschaffenheit *f*, Gestaltung *f*; **libre ~ del legislador** Gestaltungsfreiheit *f* des Gesetzgebers.
configurar gestalten.
confín *m* Grenze *f*.
confines *mpl* Staatsgrenze *f*.
confirmación Bestätigung *f (eines Urteils, eines fehlerhaften Rechtsgeschäfts)*, Bekräftigung *f (Eid)*, Bescheinigung *f*; **~ de una orden** Auftragsbestätigung *f*.
confirmar bestätigen, bescheinigen; **~ bajo juramento** beschwören.
confirma | tivo s. confirmatorio; **~torio** bestätigend *(Urteil)*.
confisca | bilidad Einziehbarkeit *f*; **~ble** einziehbar, konfiszierbar.
confiscación Beschlag | nahme *f*, -nahmung *f*, Einziehung *f*.
confisca | r beschlagnahmen, in Beschlag nehmen, einziehen; **~torio** *(adj)* Beschlagnahme-.
confitente *m* Gestehender *m*.
conflictivo streitgegenständlich.
conflicto Konflikt *m*, Auseinandersetzung *f*, Streit *m*, Streitigkeit *f*, Streitfall *m*, Widerstreit *m*; **~ armado** bewaffnete Auseinandersetzung *f*; **~ colectivo de*(l)* trabajo** Tarifstreitigkeit *f*; **~ de deberes** Pflichtenkollision *f*; **~ de intereses** Interessenkonflikt *m*; **~ de leyes** Gesetzeskonflikt *m*, Gesetzeskollision *f*; **~ entre órganos** Organstreitigkeit *f*; **~ racial** Rassenkonflikt *m*; **~ tarifario** *(o **de tarifas**)* Tarifstreitigkeit *f*.
confluencia de dos caminos *(VR)* Einmündung *f*.
conformarse einwilligen, in Kauf nehmen, sich zufrieden geben mit.
conforme *m* Zustimmungsvermerk *m*; **~** *(adj)* gleich lautend, übereinstimmend; **~ a** nach Maßgabe; **~ a lo convenido** vertragsgemäß; **~ a Derecho** rechtmäßig, von Rechts wegen; **~ a la fecha fijada** termingemäß; **~ al leal saber y entender** nach bestem Wissen und Gewissen; **~ a la ley** gesetzmäßig; **~ al plan** planmäßig; **~ a lo prescrito** vorschriftsmäßig; **~ a los usos de la localidad** ortsüblich.
conformidad Übereinstimmung *f*, Einvernehmen *n*, Zustimmung *f*; **de ~ con** in Übereinstimmung *f* mit, im Einvernehmen mit.
confrontación Gegenüberstellung *f (von Personen)*, Konfrontation *f*; **~ armada** bewaffneter Konflikt *m*.
con | frontar gegenüberstellen *(Personen)*, konfrontieren, vergleichen *(Urkunden)*; **~fundir** vermischen, vermengen *(Sachen)*, verwechseln.

confusión Konfusion *f (Rechte)*, Vermischung *f (Sachen)*.
confuta | ción Widerlegung *f*; **~r** widerlegen.
congelación Stilllegung *f*, Sperrung *f (eines Kontos)*, Blockierung *f*; *(Preise:)* Einfrieren *n*; **~ de precios** Preisstopp *m*; **~ salarial** *(o **de salarios**)* Lohnstopp *m*.
congelamiento de precios s. congelación de precios.
congelar sperren *(Konten)*, stilllegen, einfrieren.
congénito angeboren.
congestión *(VZ) (Verkehrs)*Stau *m*.
conglomerado Mischkonzern *m*; **~ industrial** industrielles Ballungsgebiet *n*.
congregante *m (KR)* Mitglied *n* einer Kongregation.
congresista *m* Kongress | teilnehmer *m*, Tagungs- *m*.
congreso Kongress *m*, Tagung *f*, Abgeordnetenhaus *n*; **~ constituyente** verfassunggebende Versammlung *f*, Gründungskongress *m*; **~ de los diputados** Abgeordnetenhaus *n*; **~ del partido** Parteitag *m*; **~ sindical** Gewerkschaftskongress *m*.
congrua Besoldung *f* von Gebührenbeamten.
congruencia Übereinstimmung *f* von Klageantrag und Urteilstenor.
conjunción Verbindung *f (von Sachen)*; **~ de voluntades** Willensübereinstimmung *f*.
conjunto Gesamtheit *f*, Zusammenstellung *f*, Inbegriff *m*; **~ de bienes** Sach | gesamtheit *f*, -inbegriff *m*; **~ de empresas** Unternehmensgruppe *f*; **~ estatal** Gesamtstaat *m*; **~ de las medidas** Maßnahmepaket *n*; **~ de los salarios** Lohngefüge *n*.
conllevar mit sich bringen.
conminación Aufforderung *f*, Androhung *f*, Ermahnung *f (zur Wahrheit)*; **~ con multa** Strafandrohung.
conminar androhen, ermahnen.
conminatorio unter Strafandrohung *f*.
conmociones civiles *pl* Unruhen *fpl*.
conmoriencia gleichzeitiges Versterben *n*; **~morientes** *m (f) pl* gleichzeitig Verstorbene *pl*.
conmutación Tausch *m*, Umwandlung *f*, Ablösung *f (Rente)*.
conmutar tauschen, umwandeln; **~ la pena** die Strafe *f* umwandeln.
conmutati | vidad Umwandelbarkeit *f*; **~vo** *(adj)* Tausch-.
connivencia Nachsicht *f*, geheimes Einverständnis *n*, Kollusion *f*.
cono Lichtkegel *m (VR)*.
conocer erkennen *(entscheiden)*, entscheiden, kennen; **~ del asunto** die Sache *f* entscheiden.
conoci | bilidad Erkennbarkeit *f (der Norm)*; **~ble** entscheidbar.
conocido bekannt.
conocimiento Kenntnis *f*, Kenntnisnahme *f*, Einsicht *f*, Erkenntnis *(i. S. von Einsicht: f, Urteil: n)*, Konnossement *n*; **~ aéreo** Luftfrachtbrief *m*; **~ de la antijuridicidad** Unrechtsbewusstsein *n*; **~ de a bordo** Bordkonnossement *n*; **~ defectuoso** unreines Konnossement *n*.
conocimiento de embarque Konnossement *n*, Seefrachtbrief *m*; **~ ~ aéreo** Luftfrachtbrief *m*.
conocimiento, ~ de exportación Ausfuhrkonnossement *n*; **~ limpio** reines Konnossement *n*; **~ marítimo** Seekonnossement *n*; **~ a nombre** *(o **nominativo**)* Rektakonnossement *n*, Namens- *n*; **~ a la orden** Orderkonnossement *n*; **~ al portador** Inhaberkonnossement *n*; **~ profesional** Sachkunde *f*; **contra el propio ~** wider besseres Wissen *n*; **a** *(o **para**)* **su ~** zur Kenntnisnahme *f*, zur Information *f*; **tener ~** Kenntnis *f* erhalten, Kenntnis haben; **~ y voluntad** Wissen *n* und Wollen *n*.
conozco, le*(s)* ~ mir persönlich bekannt *(Notar)*.
conquistar nuevos mercados neue Absatzmärkte *mpl* erschließen.
con | sabidor Mitwisser *m*; **~sanguíneo** blutsverwandt.
consanguinidad Blutsverwandtschaft *f*.
consciente de im Bewusstsein *f*; **~ mente** wissentlich.
consecuencia Folge *f*, Konsequenz *f*; **~ accesoria** Nebenfolge *f*.
consecuencias *pl*, **~ jurídicas** Rechtsfolgen *fpl*.
consecuente *m* Folgesatz *m*; **~** *(adj)* folgerichtig.

conseguir erreichen, zustande bringen, gewinnen; **~ fondos** Geldmittel *pl* beschaffen; **~ por malas artes** erschleichen; **~ la prueba** Beweis *m* erbringen.

consejería *(Sp)* Ministerium *n* einer Regionalregierung.

consejero Beistand *m*, Rat *m (Person)*, Beirat *m*, Berater *m*, Beirats|mitglied *n*, Rats- *n*; **~** *(Sp)* Minister *m* in der Regionalregierung; **~ delegado** geschäftsführendes Vorstandsmitglied *n*; **~ de Estado** Staatsratsmitglied *n*; **~ financiero** Finanzberater *m*; **~ en inversiones** Anlageberater *m*; **~ legal** Rechtsberater *m*; **~ técnico** Fachberater *m*; **~ -trabajador** Arbeitsdirektor *m*.

consejo *(s. a. concejo)* Rat *m*, Ratschlag *m*; Stadt|rat *m*, Gemeinde- *m*; **~ de administración** Vorstand *m*, Direktorium *n*, Verwaltungsrat *m*; **~ de Administración Fiduciaria** Treuhandrat *m (UNO)*; **~ asesor** Beirat *m*; **~ del Atlántico Norte** Nordatlantikrat *m*; **~ comarcal** Bezirkstag *m (Sp)*; **~ de la Corona** Kronrat *m*; **~ de Defensa Nacional** *(Sp)* Nationaler Verteidigungsrat *m*; **~ de dirección** Vorstand *m*, Verwaltungsrat *m*; **~** *(Sp)* Koordinierungsausschuss *m* eines Ministeriums; **~ directivo** s. consejo de dirección; **~ de disciplina** Ehrengericht *n*; **~ de economía nacional** *(Sp)* Beratungsgremium *n* von Staat, Sozialpartnern und Wirtschaftswissenschaftlern; **~ económico** Wirtschaftsrat *m*; **~ Económico y Social** Wirtschafts- und Sozialrat *m (UNO)*; **~ Ecuménico de las Iglesias** Weltkirchenrat *m*; **~ ejecutivo** *(innerer)* Vorstand *m*, Direktorium *n (Bank)*; **~ de empresa** Betriebs|rat *m*, -ausschuss *m*; **~ de Estado** *(Sp)* Staatsrat *m (Beratungsgremium für die Regierung)*.

consejo general Generalversammlung *f*, Vorstand *m*; **~ ~ de la abogacía** *(Sp)* oberste Vertretung *f* der Anwaltschaft; **~ ~ del banco emisor** *(Sp)* Zentralbankrat *m*.

consejo, ~ de gobierno Regierung *f*, Vorstand *m*; **~** *(Sp)* Regionalregierung *f*; **~ de inspección** Aufsichtsrat *m*; **~ jurídico** Rechts|auskunft *f*, -rat *m (Tätigkeit)*; **~ de ministros** Ministerrat *m*, Kabinett *n*, Kabinettssitzung *f*.

Consejo Nacional Nationalrat *m*; **~ ~ de Economía** *(Sp)* nationaler Wirtschaftsrat *m*; **~ de Empresarios** *(Sp)* Gesamtunternehmensverband *m*; **~ de Europea** Europarat *m*; **~ Europeo** Europäischer Rat *m (EU)*; **~ ~ de Objeción de Conciencias** *(Sp)* nationaler Ausschuss *m* für Kriegsdienstverweigerung; **~ de la Unión Europea** Ministerrat der Europäischen Union,

consejo, ~ parlamentario Parlamentarischer Rat *m*; **~ de patronato** *(Sp)* Vorstand *m (der Sozialversicherungsanstalt)*; **~ de política fiscal y financiera** *(Sp)* Ausschuss *m* von Staat und Regionen für Finanzen und Steuern; **~ de la presidencia** Präsidium *n (des Parlaments)*; **~ provincial** *(Sp)* Provinzialrat *m*; **~ de regencia** Regentschaftsrat *m*; **~ del Reino** Rat *m* des Königreichs; **~ de Seguridad** Sicherheitsrat *m (UNO)*.

Consejo Superior, ~ ~ de Bolsas *(Sp)* Börsenaufsichtsbehörde *f*; **~ ~ de Cámaras Oficiales de Comercio, Industria y Navegación** *(Sp)* Industrie- und Handelstag *m*; **~ ~ de Sanidad** *(Sp)* oberster Gesundheitsrat *m*.

consejo, ~ supervisor Aufsichtsrat *m*; **~ Supremo de Justicia Militar** *(Sp)* oberstes Militärgericht *n*; **~ técnico** technischer Ausschuss *m*; **~ del trono** Thronrat *m*; **~ de tutela** Treu|handrat *m*, -händerrat *m*, Vormundschaftsrat *m*; **~ de universidades** *(Sp)* Rektorenkonferenz *f*; **~ de vigilancia** Aufsichtsrat *m*.

consenso Einwilligung *f*, Zustimmung *f*, Konsens *m*, Einvernehmen *n*.

consensual zustimmend, übereinstimmend, Konsensual-.

consentimiento Einwilligung *f*, Bewilligung *f*, Zustimmung *f*, Einigung*(serklärung)* *f*, Einvernehmen *n*, Konsens *m*; **~ bilateral de inscripción** Auflassung *f (Grundeigentum)*; **~ de la cancelación**

Löschungsbewilligung *f*; **~ presunto** mutmaßliche Einwilligung *f*; **~ previo** Einwilligung *f*, vorherige Zustimmung *f*.

consentir übereinkommen, be|willigen, ein-, dulden, zustimmen; **~ la sentencia** das Urteil *n* annehmen.

conservación Erhaltung *f*, Aufbewahrung *f*, Unterhalt *m*, Unter|haltung *f*, Instand- *f*; **~ del agua** Gewässerschutz *m*; **~ de la escena del delito** Tatortsicherung *f*; **~ de las especies** Artenschutz *m*; **~ de los libros** Aufbewahrung *f* der Bücher; **~ del medio ambiente** Umweltschutz *m*; **~ del paisaje** Landschaftspflege *f*.

conservador Konservator *m*; Konservativer *m*; **~** *(adj)* konservativ; **~ -reparador** Restaurator *m*.

conservaduría Amt *n* eines Konservators.

conservar erhalten, aufbewahren; **~ el lugar de los hechos** den Tatort *m* sichern.

conserva | tismo konservative Einstellung *f*; **~torio** verwahrend.

consideración Betrachtung *f*, Beachtung *f*, Berücksichtigung *f*, Erwägung *f*.

consideraciones *pl*, **~ de conveniencia** Zweckmäßigkeitserwägungen *fpl*; **~ jurídicas** rechtliche Erwägungen *fpl*.

considerandos *pl* Urteils|begrundung *f*, -gründe *mpl*.

considerar beraten, berücksichtigen, *(be)*achten, erachten, erwägen, bedenken, halten für.

consigna Passwort *f*, Kennwort *n*, Parole *f*; Gepäckaufbewahrung *f*.

consignación Anweisung *f*, Niederlegung *f (Vertrag)*, Übertragung *f*, Kaution *f*; *(Waren)*Sendung *f*; **~ presupuestaria** *(o* ***en presupuesto)*** Ausweisung *f* von Haushaltsmitteln.

consignado | Übernehmer *m (von Waren)*; **~r** Absender *m*, Verfrachter *m*, Remittent *m*.

consignar bezeichnen, angeben, anweisen, eintragen, vermerken *(in den Akten)*, übertragen, adressieren; abfertigen, deponieren, gerichtlich hinterlegen; **~ en el acta** protokollieren, zu Protokoll *n* nehmen; **~ la última voluntad** letztwillig verfügen.

consignas *pl*, **en ~** bahnlagernd.

consignatario Empfänger *m (Ware)*, Adressat *m*, Empfangsbevollmächtigter *m*, Verwahrer *m (bei Hinterlegung)*; **~ de buques** Schiffs|agent *m*, -makler *m*; **~ de mercancía** Reedereiagent *m*.

consistorio *(KR)* Konsistorium *n*.

consoci | ado Mitglied *n*, Partner *m*; **~o** Mit|gesellschafter *m*.

consolidación Konsolidierung *f*, Festigung *f (des Kurses)*, Sicherung *f*, Zusammenfallen *n (Dienstbarkeit mit Grundstück)*.

consolidado *(adj)* konsolidiert, fundiert, unkündbar *(Schuld)*.

consolidar konsolidieren, fundieren, umschulden, sichern, festigen, zusammen|legen, -fallen *(Dienstbarkeit mit Grundstück)*; *(Bilanz:)* zusammenfassen; Zinsen *mpl* zum Kapital schlagen; vereinigen, stützen; **~ en el activo** aktivieren.

consolidarse sich vereinigen *(Nießbrauch und Eigentum in einer Hand)*, sich festigen *(B)*.

consorcial Konzern-, Trust-.

consorcio Konsortium *n*, Konzern *m*, Verband *m*, Zweckverband *m* Trust *m*; **~ de compañías de seguros** Versicherungskonzern *m*; **~ de emisiones** *(o* ***emisor)*** Begebungs|konsortium *n*, Emissions- *n*, Übernahme- *n*; **~ de transporte*(s)*** Verkehrsverbund *m*; **~ de venta*(s)*** Verkaufssyndikat *n*, Absatzkartell *n*.

consorte | *m f (Ehe)*Gatte *m*, *(Ehe)* Gattin *f*; Mitschuldiger *m*, Streitgenosse *m*; **~s** *mpl* Eheleute *pl*.

conspiración criminal Verabredung *f* zu einer Straftat.

conspira | dor konspirativ; **~r** sich verschwören, konspirieren.

consta, que ~ en acta *(o* ***en autos)*** aktenkundig.

constancia Feststellung *f*, Bestätigung *f*, Bescheinigung *f*; **~ en los autos** Feststellung *f* in der Akte; **~ en el registro** Registrierung *f*.

constante *f* Zahl *f*, Konstante *f*; **~** *(adj)* konstant, *(be)*ständig.

constar feststehen, ersichtlich sein, hervorgehen, sich ergeben; **~ en**

acta aktenkundig sein; **~ por notoriedad** offenkundig sein.
constatación Feststellung *f (einer Tatsache)*; **~ alternativa** Wahlfeststellung *f*; **~ del quórum** Feststellung *f* der Beschlussfähigkeit.
constatar feststellen, bestätigen, be | weisen, nach-, dartun.
conste, para que ~ für die Richtigkeit.
constitución Gründung *f*, Aufbau *m*, Satzung *f*, Statut *n*, Verfassung *f (Staat)*, Begründung *f (Rechtseinrichtung, Vorstand)*, Bestellung *f (Recht)*, Einsetzung *f (Erben, Gremium)*, Schaffung *f*; **~ de las Cortes Generales** *(Sp)* Zusammentritt *m* des Parlaments; **~ Española** Spanische Verfassung *f*; **~ financiera** Finanzverfassung *f*; **~ en forma simultánea** Einheitsgründung *f*; **~ de herederos** Erbeinsetzung *f*; **~ de hipoteca** Bestellung *f* einer Hypothek; **~ en mora** Inverzugsetzung *f*; **~ de posesión anticipada** antizipiertes Besitzkonstitut *n*.
constitucional *m (Sp)* Verfassungsgericht *n*; **~** *(adj)* Verfassungs-, verfassungs | mäßig, -gemäß, -rechtlich.
constitucionali | dad Verfassungsmäßigkeit *f*; **~sta** *m* Verfassungsrechtler *m*; **~** *(adj)* Verfassungs-; **~zar** in der Verfassung *f* regeln.
constituir *(be)*gründen, errichten, konstituieren, leisten *(Sicherheit)*, bestellen *(Dienstbarkeit)*; **~ apoderado** einen Bevollmächtigten *m* bestellen; **~** *(un)* **domicilio** einen Wohnsitz *m* begründen; **~ heredero** zum Erben *m* einsetzen; **~ en mora** in Verzug setzen.
constituirse gegründet werden, beschlussfähig sein, zusammentreten *(Parlament)*; **~ en demora** in Verzug *m* geraten; **~ en** sich konstituieren, zusammentreten als; **~ en sesión secreta** sich zur Beratung *f* zurückziehen *(Gericht)*.
constitutivo konstitutiv, *(rechts)*be gründend.
constituto posesorio Besitzkonstitut *n*.
constituyente *m* Besteller *m (eines Rechts)*, Mitglied *n* der verfassunggebenden Versammlung.
constreñi | miento Zwang *m*; **~r** zwingen.
construcción Konstruktion *f*, Errichtung *f*, Bau *m*, Bau | werk *n*, -lichkeit *f*, -maßnahme *f*, -gewerbe *n*, -industrie *f*; **~ prefabricada** Fertigbau *(weise) m (f)*; **~ social de viviendas** sozialer Wohnungsbau *m*; **~ sobre tierra** Hochbau *m*; **~ urbana** Städtebau *m*; **~ vial** Straßenbau *m*.
constructor Bauunternehmer *m*.
constructora benéfica *(Sp)* gemeinnützige Wohnungsbaugesellschaft *f*.
construir ausführen, bebauen.
consuegros m, Gegenschwieger, Mitschwiegereltern.
consuetudinario *(adj)* Gewohnheits-, gewohnheitsrechtlich.
cónsul *m* Konsul *m*; **~ adjunto** Vizekonsul *m*; **~ de carrera** Berufskonsul *m*; **~ general** Generalkonsul *m*; **~ honorario** Honorar | konsul *m*, Wahl- *m*.
consulado Konsulat *n*; **~ general** Generalkonsulat *n*.
consular Konsular-, konsularisch.
consulta Rat *m*, Beratung *f*, Konsultation *f*, Einsichtnahme *f*, Anhörung *f*; **previa ~ a** nach *(vorheriger)* Anhörung *f* von.
consultante *m* Ratsuchender *m*.
consultar befragen, um Rat *m* fragen, konsultieren, zu Rate ziehen.
consultivo Beratungs-, beratend.
consultor Berater *m*, Gutachter *m*, Unternehmensberater *m*; **~ para adictos** Drogen | berater *m*, Sucht- *m*; **~ jurídico** Rechtsberater *m*, Justitiar *m*.
consultora Beratungsfirma *f*.
consultoría Rechtsabteilung *f*, Unternehmensberatung *f*, Beratungsfirma *f*.
consultorio Beratungsstelle *f*, Praxis *f (eines Anwalts)*; **~ colectivo** Gemeinschaftspraxis *f*; **~ jurídico gratuito** *(Sp)* Rechtsauskunftsstelle *f*.
consumación Vollzug *m*, Vollziehung *f*, Vollendung *f (einer Straftat)*, Erfüllung *f (B)*; **~ de acción penal** Strafklageverbrauch *m*.
consumar vollziehen, vollenden *(Straftat)*; **~ el matrimonio** die Ehe *f* vollziehen.

consumible verbrauchbar.
consumición Zeche *(Gasthaus) f.*
consumidor Verbraucher *m*, Abnehmer *m*, Konsument *m*; **~ final** Endabnehmer *m*, End|verbraucher *m*.
consumir verbrauchen, konsumieren.
consumo Verbrauch *m*, Verzehr *m*, Konsum *m*, Aufwendung *f*, Entnahme *f*, Umsatz *m*, Konsumtion *f*; **~ abusivo de medicamentos** Arzneimittelmissbrauch *m*; **~ de materias primas** Rohstoffverbrauch *m*; **~ máximo** Höchstbedarf *m*; **~ privado** Privatverbrauch *m*; **~ suntuario** Luxusbedarf *m*.
consunción Konsumtion *f (StrafR)*.
consuno, de ~ gemeinschaftlich, im Einverständnis *n*, einvernehmlich.
consuntivo *(adj)* Verbrauchs-, Konsum-, Jahresrechnungs- *(Haushalt)*.
contabilidad Buch|führung *f*, -haltung *f*, Rechnung *f*, Haushaltsrechnung *f*, Rechnungsführung *f*; **~ basada en el libro de ingresos y egresos** Einnahmen-Ausgaben-Rechnung *f*; **~ de caja** Kassenbuchführung *f*; **~ comercial** kaufmännische Buchführung *f*; **~ mercantil** kaufmännische Buchführung *f*; **~ nacional** volkswirtschaftliche Gesamtrechnung *f*; **~ de partida doble** doppelte Buchführung *f*; **~ de sueldos y salarios** Lohnbuchhaltung *f*.
contabilista *m* Rechnungsführer *m*.
contabilización *(Ver)*Buchung *f*.
contabilizar *(ver)*buchen, buchmäßig erfassen, kontieren, ausweisen *(in Konten)*; **~ al debe** im Debet *n* buchen; **~ al haber** im Haben *n* buchen.
contable *m* Buchhalter *m*, Kassenleiter *m*; **~** *(adj)* Buchführungs-, buchungstechnisch.
contacto Kontakt *m*.
contado bar; **al ~** in bar; **~ contra documentos** Kasse gegen Dokumente.
contador Buch|prüfer *m*, Rechnungs- *m*, Bücherrevisor *m*; **~ de agua** Wasseruhr *f*; **~ partidor** Testamentsvollstrecker *m*; **~ perito** Buchsachverständiger *m*.
contaduría Buchhaltung *f*, Buchhaltungsabteilung *f*, Wirtschaftsprüferpraxis *f*; **~ de libros** Buchhaltung *f*; **~ pública** Wirtschaftsprüfung *f*.
contaminación Verschmutzung *f*, Luft|verschmutzung *f*, Umwelt- *f*, Verseuchung *f*, Kontamination *f*; **~ acuífera** Grundwasserverschmutzung *f*; **~ acústica** Verursachung *f* übermäßigen Lärms *(Lärmschutz)*; **~ de las aguas** Gewässer|verschmutzung *f*, -verunreinigung *f*; **~ atmosférica** Luft|verschmutzung *f*, -verunreinigung *f*; **~ de*(l)* medio ambiente** Umweltverschmutzung *f*; **~ petrolera** Ölpest *f*.
contaminador *(Umwelt)*Verschmutzer *m*.
contaminante *m* Schadstoff *m*; **~** *(adj)* umweltschädlich.
contar *(be)*rechnen, in Rechnung *f* stellen, fakturieren.
contención Eindämmung; **~ de precios** Preisstabilität *f*.
contencioso streitig, Streit-; **~ -administrativo** verwaltungsgerichtlich; **no ~** unstreitig, nicht streitig.
conten|dedor Mitbewerber *m*; **~der** streiten; **~diente** *m* Mitbewerber *m*, Partei *f (im Prozess)*, streitende Partei *f*, Streitpartei *f*.
contenedor Container *m*.
contener enthalten; eindämmen.
contenido Inhalt *m*, Gehalt *m*; **~ accidental** Nebenbestimmung *f (Verwaltungsakt)*; **~ esencial** Wesensgehalt *m*, wesentlicher Inhalt *m*; **~ obligacional** schuldrechtlicher Teil *m (Tarifvertrag)*; **sin ~** gegenstandslos; **en su ~** inhaltlich.
contenidos *pl* **de la enseñanza** Lehrinhalte *mpl*.
contentar befriedigen.
contestable bestreitbar.
contestación Gegenerklärung *f*, Klageerwiderung *f*; **~ a** *(o de)* **la demanda** Klage|beantwortung *f*, -erwiderung *f*.
contestador automático Anrufbeantworter *m*.
contestar die Klage *f* beantworten, bestreiten; **~ en juicio** sich auf die Klage *f* einlassen.
conteste *m* Mitzeuge *m*; **~** *(adj)* übereinstimmend.

contexto Zusammenhang *m*.
contextuar mit Texten *mpl* belegen.
contienda Streit *m*, Streitfall *m*, Rechtsstreit *m*.
contiguo benachbart *(Grundstücke)*.
contingencia Zufall *m*, unvorhergesehenes Ereignis *n*, Wagnis *n*; **~ asegurada** Versicherungsfall *m*.
contingencias *pl* Rückstellungen *fpl (Versicherung)*.
contingentación Kontingentierung *f*, Bezugsbeschränkung *f*.
contingentar kontingentieren.
contingente *m* Kontingent*(ierung) n (f)*, Rate *f*, Quote *f*; **~** *(adj)* zufällig; **~ de importación** Einfuhr | kontingent *n*, Import- *n*.
continuación Fort | setzung *f (der Handlung)*, -führung *f*, Weiterführung *f (eines Unternehmens)*; **~ del pago del salario** Lohnfortzahlung *f*; **a ~** nachstehend *(adv)*.
continuar fort | setzen, -bestehen, -führen, weiterführen.
continuidad Kontinuität *f*, Fortführung *f (Unternehmen)*.
contra gegen; **en ~** dagegen; **en ~ de** gegen.
contra | alegación Gegenschriftsatz *m*; **~argumento** Gegengrund *m*.
contraasiento Stornierung *f*; **hacer un ~** stornieren.
contra | aviso Gegen | order *f*, -verfügung *f*; **~bandear** s. hacer contrabando; **~bandista** *m* Schmuggler *m*.
contrabando Schmuggel*(ei) m (f)*, Zollhinterziehung *f*; **~ de aduanas** Zollkonterbande *f*; **~ de drogas** Drogenschmuggel *m*; **hacer ~** schmuggeln, Schmuggel *m* treiben.
contracandidato Gegenkandidat *m*; **~cargo** Zurückbelastung *f*
contracción Einziehung *f*, Beitreibung *f (SteuerR)*, Schrumpfung *f*, Drosselung *f*.
contractivo Schrumpfungs-.
contractual vertraglich, vertrags | mäßig, -gemäß, Vertrags-; **no ~** außervertraglich.
contra | débito Rückbelastung *f*; **~decir** bestreiten; **~declaración** Gegenerklärung *f*; **~demanda** Gegen | klage *m*, Wider- *f*; **~demandante** *m* Widerkläger *m*.
contradicción Widerspruch *m*, Antinomie *f*; **~ de intereses** Interessenwiderstreit *m*.
contra | dictorio widersprechend, kontradiktorisch, streitig *(-es Verfahren)*; **~dicho** bestritten.
contraer schließen *(Vertrag)*, eingehen, aufnehmen *(Schulden)*; **~ matrimonio** heiraten, die Ehe *f* schließen *(oder eingehen)*; sich verehelichen; **~ nuevas nupcias** wieder heiraten.
contraespionaje *m* Spionageabwehr *f*; **~ militar** militärischer Abschirmdienst *m*.
contra | excepción Ausnahme *f* von der Ausnahme; **~fiador** Rückbürge *m*; **~fianza** Rückbürgschaft *f*; **~firma** Gegen | unterschrift *f*, -zeichnung *f*; **~firmar** gegenzeichnen.
contrahacer *(ver)*fälschen.
contra | información Gegendarstellung *f*; **~informe** *m* Gegengutachten *n*.
contralorear kontrollieren.
contra | maestre *m* Vorarbeiter *m*, Werkmeister *m*, Obermaat *m (SeeR)*; **~mandar** abbestellen; **~marca** Steuer | marke *f*, -banderole *f*; **~medida** Gegenmaßnahme *f*.
contra | natural widernatürlich; **~nota** Antwort | note *f*; **~oferta** Gegen | angebot *n*, -gebot *n*, -offerte *f*.
contraorden *f* Abbestellung *f*.
contraordenar abbestellen.
contraparte *f* Gegenpartei *f*.
contrapartida Gegen | posten *m*, -leistung *f*, -buchung *f*, Storno *m*.
contrapetición Gegenantrag *m*; **~poner** gegenüberstellen *(Buchhaltung)*.
contraposición Gegenüberstellung *f*.
contraprestación Gegenleistung *f*.
contra | pretensión Gegenanspruch *m*; **~prueba** Gegenbeweis *m*.
contrariar widersprechen, zuwiderhandeln; **~ a** verstoßen gegen.
contrario Gegner *m (im Prozess)*, Antragsgegner *m*, Gegenpartei *f*; **~** *(adj)* widersprüchlich; **~ a las buenas costumbres** sittenwidrig; **~ a la constitución** verfassungswidrig; **~ al contrato** vertragswidrig; **~ a Derecho** rechtswidrig; **~ al Derecho internacional** völker-

rechtswidrig; **~ a la moral** sittenwidrig.

contra | réplica Duplik *f*; **~replicar** duplizieren.

contraseña Kenn | zeichen *n*, Ab- *n*, Beweis- *n*, Merkmal *n*, Erkennungsmarke *f*, Kennwort *n*, Passwort *n*; **~ de legitimación** Legitimationszeichen *n*.

contrastar vergleichen *(Rechnungen)*, eichen, Gold *n* stempeln.

contraste *m* Kontrast *m*, Berichtigung *f*, Eichung *f*.

contrata *(s. a. contrato)* Vertrag *m (mit der öffentlichen Hand)*, **~ a la gruesa** Bodmereivertrag *m (RG)*; **por ~** durch öffentliche Ausschreibung *f*.

contratación Abschluss *m*, Vertrags | *(ab)*schluss *m*; Anstellung *f*, Einstellung *f (von Personal)*, Vergabe *f (öffentlicher Aufträge)*, Anwerbung *f*; **~ en bolsa** Börsen | geschäft *n*, -handel *m*; **~ coactiva** Kontrahierungszwang *m*; **~ colectiva** Tarifvertragsverhandlungen *f*; **~ por concurso** *(Sp)* Vergabe *f* durch Ausschreibung; **~ directa** freihändige Vergabe *f (oder Verdingung f)*; **~ de futuros** Termin | handel *m*, -geschäft *n*; **~ libre** Abschlussfreiheit *f*.

contratante *m* s. contratista; **~** *(adj)* vertragschließend.

contratar einen Vertrag *m* schließen, abschließen *(Vertrag)*, kontrahieren, anstellen, einstellen, engagieren; **~ a nominal** zum Parikurs *m* ausgeben *(Schuldverschreibungen)*.

contraterrorismo Terrorismusbekämpfung *f*.

contratista *m* Vertrags | partner *m*, -partei *f*, Vertragschließender *m*, Unternehmer *m*, Werksunternehmer *m*, Börsenmakler *m*; **~ acarreador** *(o **de acarreos**) (Roll)*Fuhrunternehmer *m*; **~ intermedio** Subunternehmer *m*; **~ del seguro** Versicherungsnehmer *m*.

contrato Vertrag *m*, vertragliche Abmachung *f*, Abkommen *n*, Vereinbarung *f*, Übereinkunft *f*, Kontrakt *m*, Engagement *n*; **~ abstracto** abstrakter Vertrag *m*; **~ accesorio** Zusatzvertrag *m*, akzessorischer Vertrag *m*; **~ de adiestramiento** Anlernvertrag *m*; **~ de administración** öffentlichrechtlicher *(oder verwaltungsrechtlicher)* Vertrag *m*,; **~ administrativo** s. contrato de administración; **~ aleatorio** Risikogeschäft *n*, aleatorischer Vertrag *m*; **~ de alquiler** Mietvertrag *m*.

contrato de arrendamiento Miet | vertrag *m*, Pacht- *m*; **~ ~ financiero** Leasing-Vertrag *m*; **~ ~ de obra*(s)*** Werkvertrag *m*; **~ ~ de servicios** Dienstvertrag *m*; **~ ~ urbano** städtische Vermietung *m*.

contrato, ~ arrendaticio rústico landwirtschaftliche Vermietung *m*; **~ de arriendo** Pachtvertrag *m*, Leihpacht *f*; **~ en beneficio de tercero** Vertrag *m* zugunsten eines Dritten; **~ bilateral conmutativo** Austauschvertrag *m*; **~ bilateral perfecto** vollkommen zweiseitiger Vertrag *m*.

contrato, ~ civil bürgerlichrechtlicher Vertrag *m*.

contrato colectivo Tarifvertrag *m*; **~ ~ regional** Bezirkstarifvertrag *m*.

contrato, ~ de colocación Anstellungsvertrag *m*; **~ comercial** handelsrechtlicher Vertrag *m*; **~ de comodato** Leihvertrag *m*; **~ de compraventa** Kauf | vertrag *m*, Verkaufs- *m*; **~ de compromiso** Schiedsvertrag *m*, Schlichtungsabkommen *n*; **~ de concesión exclusiva** Franchisevertrag *m*; **~ consensual** Konsensualvertrag *m*; **~ por correo** *(o **por correspondencia**)* durch Briefwechsel geschlossener Vertrag *m*; **~ de corretaje** Maklervertrag *m*; **~ de crédito** Kreditvertrag *m*; **~ por cuenta de quien corresponda** Vertrag *m* für den, den es angeht *(Dritter unbestimmt)*; **~ de depósito** Hinterlegungs | vertrag *m*, Verwahrungs- *m*; **~ de donación** Schenkungsvertrag *m*; **~ de duración determinada** befristeter Vertrag *m*; **~ de edición** Verlagsvertrag *m*.

contrato de ejecución, **~ ~ de obra** Werkvertrag *m*; **~ ~ de obra con suministro de materiales** Werklieferungsvertrag *m*.

contrato, ~ enfitéutico Erbpachtvertrag *m*; **~ de entrega sucesiva**

Sukzessivlieferungsvertrag *m*; **~ del Estado** Staatsvertrag *m*; **~ estándar** Formular|vertrag *m*, Standard- *m*; **~ a favor de terceros** Vertrag *m* zugunsten Dritter; **~ de fianza** Bürgschaftsvertrag *m*; **~ de fideicomiso** Treuhandvertrag *m*; **~ fiduciario** s. contrato de fideicomiso; **~ fingido** Scheinvertrag *m*.

contrato de fletamento Fracht|vertrag *m*, Befrachtungs- *m*, Verfrachtungs- *m*, Charter- *m*; **~ ~ por viaje** Reisechartervertrag *m*.

contrato, ~ para la formación *(laboral)* *(Sp)* Lehr|vertrag *m*, Ausbildungs*(arbeits)*- *m*; **~ formal** Formalvertrag *m*, formbedürftiger Vertrag *m*; **~ de garantía** Garantie|vertrag *m*, Bürgschafts- *m*; **~ a la gruesa** Bodmerei|vertrag *m*, -brief *m* *(RG)*; **~ gratuito** unentgeltlicher Vertrag *m*; **~ de hospedaje** Beherbergungsvertrag *m*; **~ implícito** stillschweigend geschlossener Vertrag *m*; **~ individual de trabajo** Einzelarbeitsvertrag *m*; **~ informal** formloser Vertrag *m*; **~ de ingeniería** Ingenieurvertrag *m*; **~ de inquilinato** Mietvertrag *m*; **~ de inserción laboral** *(Sp)* ABM-Arbeitsvertrag *m*; **~ intergeneracional** Generationenvertrag *m*; **~ leonino** Knebelungsvertrag *m*; **~ lucrativo** s. contrato gratuito; einträglicher Vertrag *m*.

contrato de locación Miet|vertrag *m*, Pacht- *m*; **~ ~ -venta** Mietkaufvertrag *m*.

contrato, ~ de mandato Auftrags|vertrag *m*, Geschäftsbesorgungs- *m*; **~ -marco** Rahmenvertrag *m*; **~ matrimonial** *(o **de matrimonio**)* Ehevertrag *m*; **~ por medida** Einheitspreisvertrag *m*; **~ mercantil** Handelsgeschäft *n*, handelsrechtlicher Vertrag *m*; **~ de mutuo** Darlehensvertrag *m*; **~ no solemne** formfreier Vertrag *m*; **~ notarial** *(o **ante notario** o **notarizado**)* notarieller Vertrag *m*.

contrato de obra Werk*(lieferungs)*vertrag *m*.

contrato, ~ de obras *(públicas)* Vertrag *m* über öffentliche Arbeiten; **~ oneroso** entgeltlicher Vertrag *m*; **~ de pago a plazos** Teil|zahlungsvertrag *m*, Raten- *m*; **~ de partición** Auseinandersetzungsvertrag *m*; **~ de permuta** *(Aus)*Tauschvertrag *m*; **~ a precio alzado** Pauschalpreisvertrag *m*; **~ a** *(o **de**)* **precio fijo** Festpreisvertrag *(Bau)*; **~ a precios unitarios** Einheitspreisvertrag *m*; **~ preliminar** Vorvertrag *m*; **~ de prestación de servicios** Dienstvertrag *m*; **~ de préstamo** Darlehensvertrag *m*; **~ de préstamo a la gruesa** Bodmerei|brief *m*, -vertrag *m* *(RG)*; **~ de préstamo de uso** Leihvertrag *m*; **~ privado** privatschriftlicher Vertrag *m*; **~ -programa** Rahmen|vertrag *m*, -abkommen *n*; **~ real** dinglicher *(oder sachenrechtlicher)* Vertrag *m*, Verfügungsvertrag *m*, Realvertrag *m*; **~ de representación** Vertretungs|vertrag *m*, Vertreter- *m*, Aufführungs- *m*; **~ retrovendendo** *(o **de retroventa**)* Rückkaufsvertrag *m*; **~ de reventa** Wiederverkaufsvertrag *m*; **~ de seguro** Versicherungsvertrag *m*; **~ de seguro colectivo** Gruppenversicherungsvertrag *m*; **~ de servicio*(s)*** Dienst|verhältnis *n*, -vertrag *m*; **~ simulado** Scheinvertrag *m*; **~ de sociedad** Sozietätsvertrag *m*, Gesellschaftsvertrag *m*; **~ solemne** formgebundender Vertrag *m*; **~ de subarriendo** Untermiet|vertrag *m*, Unterpacht- *m*; **~ sucesivo** Kettenvertrag *m*; **~ sucesorio** Erbvertrag *m*; **~ sui generis** *(lat)* atypischer Vertrag *m*; **~ a suma alzada** Vertrag *m* zum Pauschalpreis; **~ de suministro de obra** Werklieferungsvertrag *m*; **~ tácito** stillschweigend geschlossener Vertrag *m*; **~ temporal** Zeit*(arbeits)*vertrag *m*.

contrato -tipo Vertragsmuster *n*, Muster|vertrag *m*, Standard- *m*.

contrato, ~ a título gratuito unentgeltlicher Vertrag *m*; **~ a título oneroso** entgeltlicher Vertrag *m*.

contrato de trabajo Arbeits|vertrag *m*, Anstellungs- *m*; **~ ~ colectivo** *(Salv)* Tarifvertrag *m*; **~ ~ a domicilio** Heimarbeitsvertrag *m*; **~ ~ a prueba** Probearbeitsvertrag *m*.

contrato, ~ de tracto sucesivo Dauervertrag *m*, ein

Dauerschuldverhältnis begründender Vertrag *m*.
contrato *(de)* transporte Fracht | vertrag *m*, Beförderungs- *m*; **~ ~ de viajeros** Personenbeförderungsvertrag *m*.
contrato, ~ de trueque Tauschvertrag *m*; **~ uniforme** Einheits | vertrag *m*, Formular- *m*; **~ unilateral** einseitiger *(oder einseitig verpflichtender)* Vertrag *m*; **~ vinculado** Kopp*(e)*lungsvertrag *m*.
contravalor Gegenwert *m*.
contravención Vergehen *n*, Verletzung *f (eines Vertrags)*, Zuwiderhandlung *f*; **~ de ley** Gesetzesübertretung *f*.
contravenir zuwiderhandeln, verstoßen *(gegen Gesetz)*; **~ las leyes del tráfico** sich verkehrswidrig verhalten.
contraventor Täter *m*, Zuwiderhandelnder *m*.
contrayente *m* vertragschließende Partei *f*, Vertrag | schließender *m*, Ehe- *m*.
contribución Abgabe *f*, Beitrag *m*, Zuschuss *m*, Taxe *f*, *(Bei)*Steuer *f*, Einlage *f*, Umlage *f*; **~ de colindantes** Anliegerbeitrag *m*; **~ comunitaria** Gemeinschaftsbeitrag *m (EU)*; **~ empresarial** Arbeitgeberbeitrag *m*; **~ especial** Sonderabgabe *f*; **~ a los gastos** Unkostenbeitrag *m*; **~ al hecho** Tatbeitrag *m*; **~ de mejoras** Anliegerbeitrag *m*; **~ municipal** Gemeindesteuer *f*; **~ obligatoria** Pflicht | beitrag *m*, Zwangs- *m*; **~ a la puesta en valor** Erschließungsbeitrag *m*; **~ rústica** *(Sp)* Grundsteuer *f (Landwirtschaft)*.
contribuir beitragen, beisteuern, als Steuer *f* zahlen.
contributivo *(adj)* Steuer-, Beitrags-, Abgaben-, beitragsbezogen.
contribuyente *m* Beitrags | pflichtiger *m*, -zahler *m*, Gebührenzahler *m*, Steuer | zahler *m*, -pflichtiger *m*; **~** *(adj)* abgaben | pflichtig, steuer-; **~ neto** Nettobeitragszahler *m (EU)*.
contrincante *m* Mitbewerber *m*, Gegner *m*.
control *m* Kontrolle *f*, Prüfung *f*, Über | prüfung *f*, Nach- *f*, Aufsicht *f*, Beaufsichtigung *f*, Überwachung *f*, Revision *f*, Macht *f*, Herrschaft *f*, Beherrschung *f*, Bewirtschaftung *f*; **~ de constitucionalidad** Normenkontrolle *f*, Kontrolle *f* der Verfassungsmäßigkeit; **~ cruzado** Kontrollmitteilung *f (SteuerR)*; **~ efectuado por sondeo** Stichprobe *f*; **~ estatal** Staats | aufsicht *f*, -kontrolle *f*; **~ estatal de la bolsa** Börsenaufsicht *f*; **~ financiero interior** Innenrevision *f*; **~ fiscal** steuerliche Prüfung *f*, Steueraufsicht *f*; **~ fronterizo** Grenzkontrolle *f*; **~ de gestión** Leitungskontrolle *f*, Controlling *n*; **hacerse con el ~** die Kontrolle *f* übernehmen; **~ jerárquico** Dienstaufsicht *f*, Staats | aufsicht *f*; **~ jurídico** Rechtsaufsicht *f*; **~ de legitimidad** Rechtskontrolle *f*, Rechtmäßigkeitsprüfung *f*, Rechtsaufsicht *f (Staatsaufsicht)*; **~ médico previo** Einstellungsuntersuchung *f*; **~ de mercado** Marktregulierung; **~ de normas** Normenkontrolle *f*; **~ de las personas** Personenkontrolle *f*; **~ de plagas** Schädlingsbekämpfung *f*; **~ policial** Polizeikontrolle *f*; **~ postal** Postüberwachung *f*; **~ previo** Vorprüfung *f*; **~ por radar** Radarkontrolle *f*; **~ de los residuos** Abfallbewirtschaftung *f*; **~ sanitario de la carne** Fleischbeschau *f*; **~ por sondeo** Stichprobenkontrolle *f*; **~ de tráfico** Verkehrskontrolle *f*; **~ de tráfico aéreo** Flugsicherung *f*.
controlado gebunden, kontrolliert.
controlador Kontrolleur *m*; **~** *(adj)* aufsichtführend; **~ *(del espacio)* aéreo** Fluglotse *m*.
controlar kontrollieren, nach | prüfen, über-, bewirtschaften.
controversia Streit *m*, Streitfall *m*.
controverti | do streitig, strittig, umstritten, bestritten; **~r** bestreiten.
contumacia Abwesenheit *f*, Ausbleiben *n*, Säumnis *f (n)*.
contuma | cial die Säumnis *f* betreffend; **~z** säumig *(vor Gericht)*.
con | tundencia Überzeugungskraft *f*; **~tundente** überzeugend; **~valecer** geheilt werden *(rechtlich)*; **~validable** heilbar *(Rechtsgeschäft)*, anerkennungsfähig *(ausländische Zeugnisse)*.

convalidación Heilung *f (von Prozesshandlungen)*, Gültig*(keits)*erklärung *f*, Anerkennung *f (ausländischer Zeugnisse)*.
convalidar heilen *(Rechtsgeschäft)*, bestätigen, beglaubigen.
convecino Mitbürger *m*, Nachbar *m*.
convencer über | zeugen, -führen.
convencimiento Über | zeugung *f*, -führung *f*.
convención *(s.a. convenio)* Abkommen *n*, Überein | kommen *n*, -kunft *f*, Vertrag *m*, Vereinbarung *f*, Konvention *f*; Konvent *m (Staatsrecht, Wahl)*, Parteitag *m*; **~ de arbitraje** Schiedsabkommen *n*; **~ de Aviación Civil Internacional** Abkommen *n* über die Internationale Zivilluftfahrt; **~ consorcial** Konsortialvertrag *m*; **~ constitucional** Verfassungskonvent *m*; **~ contractual** vertragliche Vereinbarung *f*; **~ sobre los Derechos del Niño** Konvention *f* über die Rechte des Kindes; **~ electoral** Wahlkonvent *m*; **~ de Patentes** Europäisches Patentübereinkommen *n*; **~ de Ginebra sobre el Estatuto *(Jurídico)* de los Refugiados** Abkommen *n* über die Rechtsstellung der Flüchtlinge *(Genfer Flüchtlingskonvention)*; **~ mercantil** Handels | abkommen *n*; **~ Postal Universal** Weltpost*(vereins)*vertrag *m*; **~ tarifaria** *(o **de tarifas**)* s. convenio colectivo; **~ Universal sobre Derechos del Autor** Welturheberrechtsabkommen *n*; **~ de Viena sobre Relaciones Diplomáticas** Wiener Übereinkommen *n* über diplomatische Beziehungen *(Diplomatenkonvention)*; **~ voluntaria** Willenseinigung *f*.
convencional Vertrags-, vertraglich, vertrags | mäßig, -gemäß.
conveniencia Zweckmäßigkeit *f*, Angemessenheit *f*.
convenien | cias *pl* Konventionen *fpl*; **~te** sachdienlich, nützlich.
convenio *(s. a. convención)* Abkommen *n*, *(vertragliche)* Abmachung *f*, Absprache *f*, Abrede *f*, Einigung *f*, Überein | kunft *f*, -kommen *n*, Vereinbarung *f*, Konvention *f*, Vertrag *m*, Verabredung *f*, Vergleich *m*; **~ de acreedores** Gläubigervergleich *m*; **~ amistoso** gütliche Vereinbarung *f*; **~ de aranceles** Tarifvereinbarung *f*; **~ de arbitraje** Schieds | abkommen *n*, -vereinbarung *f*; **~ sobre asistencia judicial** Rechtshilfe | abkommen *n*, -übereinkommen *n*; **~ básico** Rahmenabkommen *n*; **~ de clearing** Verrechnungsabkommen *n*.
convenio colectivo Tarif | vertrag *m*, -abschluss *m*, -vereinbarung *f*; **~ ~ empresarial** Firmen | tarifvertrag *m*, Haus- *m*; **~ ~ provincial** Tarif *m* auf Provinzebene; **~ ~ regional** Regionaltarif *m*; **~ ~ de *(o sobre)* salarios** Lohntarifvertrag *m*.
convenio, ~ comercial Handelsabkommen *n*; **~ consular** Konsularvertrag *m*; **salvo ~ en contrario** falls nicht anders vereinbart; **~ cultural** Kulturabkommen *n*; **~ sobre el derecho aplicable** Rechtswahl *f (IPR)*; **~ sobre ejecución *(de decisiones judiciales)*** Vollstreckungs | abkommen *n*, -übereinkommen *n*; **~ de empresa** Werk | tarif *m*, Firmen- *m*; **~ de establecimiento** Niederlassungsabkommen *n*; **~ estatal** Staatsvertrag *m*.
Convenio Europeo, ~ ~ de Jurisdicción y Ejecución Europäisches Gerichts- und Vollstreckungsübereinkommen *n*; **~ ~ para la Protección de los Derechos del Hombre y las Libertades Fundamentales** Europäische Konvention *f* zum Schutz der Menschenrechte und Grundfreiheiten *(Europäische Menschenrechtskonvention)*.
convenio, ~ de fideicomiso Treuhandvertrag *m*; **~ forzoso** Zwangsvergleich *m*.
Convenio de Ginebra Genfer Konvention *f*; **~ ~ Relativo al Trato de los Prisioneros de Guerra** Genfer Abkommen *n* über die Behandlung der Kriegsgefangenen.
Convenio de La Haya Haager Abkommen *n*; **~ ~ sobre Procedimiento Civil** Haager Übereinkommen *n* über den

Zivilprozess; **~ ~ sobre la Venta Internacional de Objetos Mobiliarios Corporales** Haager Abkommen *n* über den internationalen Kauf von beweglichen körperlichen Sachen.

Convenio Internacional Internationales Abkommen *n*; **~ ~ de Navegación Aérea** Internationales Luftverkehrsabkommen *n*.

convenio, ~ judicial gerichtlicher Vergleich *m*~ **-marco** Rahmen|abkommen *n*, -übereinkommen *m*; **~ mercantil** Handelsabkommen *n*; **~ de nación más favorecida** Meistbegünstigungsabkommen *n*; **~ por la no cesión** Abtretungsverbot *n*; **~ piloto** Pilotabschluss *m*; **~ Postal Universal** Weltpostvertrag *m*; **~ de prácticas** Ausbildungsvertrag *m*; **~ de** *(o* ***sobre)*** **precios** Preis|abkommen *n*, -absprache *f*; **~ público** öffentlich-rechtlicher Vertrag *m*; **~ regulador** Scheidungsfolgenvereinbarung; **~ regulador del derecho de visita** Umgangsregelung *f (Scheidung)*.

convenio, ~ sobre Reparaciones Reparationsabkommen *n*; **~ salarial** Lohnabschluss *m*, Lohn- und Gehaltstarifvertrag *m*; **~ de sector** Branchentarif *m*; **sujeto al ~ colectivo** tarifgebunden; **~ transitorio** Übergangsabkommen *n*; **~ unificador** Vereinheitlichungsabkommen *n*.

convenir übereinkommen, *(vertraglich)* vereinbaren, verabreden, abmachen, eine Regelung *f* treffen.

convenirse sich einigen.

convergencia Konvergenz *f*; **~ i Unió** katalanische Partei *f*.

converger *(VR)* einmünden.

conversación Besprechung *f*, Gespräch *n*.

conversaciones *pl*; **~ exploratorias** Sondierungsgespräche *npl*; **~ a tres bandas** Dreiergespräche *npl*.

conversión *(Verwaltungsakt:)* Umdeutung *f*, Umwandlung *f (Auslegung)*, Konversion *f*; Umrechnung *f*, Umrüstung *f*, Umstellung *f (der Währung)*, Umtausch *m (Geld)*; **~ de acciones** Umwandlung *f* von Aktien; **~ de la*(s)* deuda*(s)*** Umschuldung *f*; **~ de explotación** Umstellung *f* des Betriebes; **~ de la moneda** *(o* ***monetaria)*** Währungsumstellung *f*.

convertibilidad Austausch|barkeit *m*, Konvertier- *f*, Konvertibilität *f*; **de ~ libre** frei konvertierbar.

convertible umrechenbar, konver|tierbar, -tibels.

convertir umrechnen, umstellen *(Währung, Unternehmen)*, umwechseln, umtauschen *(Geld)*, umwandeln *(Aktien)*, ablösen *(Rente)*; **~** *(KR)* konvertieren; **~ una deuda** umschulden; **~ en dinero** versilbern.

convicción Überzeugung *f*, Überführung *f (StrafR)*.

convicto überführt; **~ y confeso** überführter und geständiger Täter *m*.

convivencia Zusammenleben *n*, häusliche Gemeinschaft *f*; **~ conyugal** eheliche Lebensgemeinschaft *f*.

convivir zusammenleben.

convocación Aufruf *m*, Aufgebot *n (Gläubiger)*.

convocar einberufen *(Konferenz)*, *(vor)*laden, zusammenrufen, aufrufen *(Gläubiger)*, anberaumen *(Sitzungen)*, ausschreiben *(Wahlen)*; **~ a la huelga** zum Streik *m* aufrufen.

convocatoria Ladung *f*, Anberaumung *f (Sitzung)*, Einberufung *f*, Ausrufung *f (Streik)*; **hacer la ~** laden *(zum Termin)*; **~ pública** öffentliche Ausschreibung *f*.

cónyuge *m* Ehegatte *m*; **~ sobreviviente** überlebender Ehegatte *m*.

cónyuges *pl* Eheleute *pl*.

conyugicidio Gattenmord *m*.

cooficialidad lingüística offizielle Mehrsprachigkeit *f*.

cooperación Mit|arbeit *f*, -wirkung *f*, Zusammen|wirken *n*, -arbeit *f*, Unterstützung *f*, Kooperation *f*; **~ administrativa** Amtshilfe *f*; **~ consciente** bewusstes Zusammenwirken *n*; **~ criminal** Mittäterschaft *f*; **~ necesaria** notwendige Teilnahme *f (StrafR)*; **~ técnica** technische Hilfe *f*.

cooperador Mitarbeiter *m*; **~ necesario** notwendiger Tatbeteiligter *(= Mittäter) m*.

cooperar | mit | arbeiten, zusammen-, mit | wirken, zusammen-.
cooperativa Genossenschaft *f*; **~ agrícola** Agrargenossenschaft *f*; **~ de compra** Einkaufsgenossenschaft *f*; **~ de construcción de viviendas** Wohnungsbaugenossenschaft *f*; **~ de consumo** Konsumverein *m*; **~ de crédito a la construcción** Bausparkasse *f*; **~ vinícola** Winzergenossenschaft *f*.
cooperativo Genossenschafts-, genossenschaftlich.
cooptar zuwählen, kooptieren.
coordinación Koordinierung *f*, Abstimmung *f*.
coordinador Koordinator *m*; **~** *(adj)* koordinierend.
coordinadora Koordinierungs | ausschuss *m*, -stelle *f*.
coordinar *(aufeinander)* abstimmen, koordinieren.
copar abdecken *(Markt zu … Prozent)*, auf sich vereinen *(Stimmen)*.
coparticipación Teilnahme *f (StrafR)*; **~ en los ingresos** vertikaler Finanzausgleich *m*.
copartícipe *m (Mit)*Teilhaber *m*, Teilnehmer *m (StrafR)*; **~** *(adj)* mitbeteiligt, mitberechtigt.
copia Kopie *f*, Ausfertigung *f*, Ab | schrift *f*, Durch- *f*, Zweitschrift *f*, Mehrfertigung *f*, Abdruck *m*, Duplikat *n*; **~ auténtica** *(öffentlich)* beglaubigte Abschrift *f*; **~ ejecutiva** *(o* ***ejecutoria****)* vollstreckbare Ausfertigung *f*; **~ en extracto** Auszug *m*; **~ fehaciente** Ausfertigung *f*; **fiel ~** wortgetreue Abschrift *f*; **~ legalizada** beglaubigte Abschrift *f*; **por ~** abschriftlich; **~ pirata** Raubkopie *f*; **primera ~** erste Ausfertigung *f*, Erstausfertigung *f*; **~ de trabajo** Rohfassung *f*.
co | piar vervielfältigen, kopieren; **~piloto** Kopilot *m*; **~poseedor** Mitbesitzer *m*.
coposesión Mitbesitz *m*; **~ en mano común** Mitbesitz *m* zur gesamten Hand.
coprocesado Mitangeklagter *m*.
coproduc | ción Gemeinschafts- *f*; **~ir** in Koproduktion *f* herstellen.
copropiedad Miteigentum *n*.
copropietario Mit | eigentümer *m*, Teilhaber *m*; **~ de bienes indivisos** Bruchteilseigentümer *m*.
coquero Kokainhändler *m*.
cordón *m* Kordon *m*; **~ huelguista** Streikpostenkette *f*; **~ de seguridad** polizeiliche Absperrung *f*.
co-reo s. correo.
corolario lógico logischer Folgesatz *m*.
corporación Körperschaft *f*, Studentenverbindung *f*, Kammer *f*, Berufs | kammer *f*, -verband *m*, Innung *f*; **~ afiliada** Tochtergesellschaft *f*; **~ de artesanos** Handwerkerinnung *f*; **~ filial** Tochtergesellschaft *f*; **~ gremial** Innung *f*; **~ de interés público** Körperschaft *f* des öffentlichen Rechts, öffentlich-rechtliche Körperschaft *f*; **~ profesional** Berufsverband *m*, berufsständische Körperschaft *f*; **~ de servicios públicos** öffentliches Versorgungsunternehmen *n*.
corporati | vamente als Körperschaft; **~vo** körperschaftlich.
corrección Berichtigung *f*, Bereinigung *f*, Richtig | keit *f*, -stellung *f*, Korrektur *f*, Ordnungsmittel *n*, Besserung *f*, Verweis *m*; **~ de beneficios** Gewinnberichtigung *f*; **~ de cuenta** Rückbuchung *f*; **~ disciplinaria** Disziplinar | strafe *f*, -maßnahme *f*; **~ de factores estacionales** Saisonbereinigung *f*.
correc | tivo Disziplinarmaßnahme *f*, Korrektiv *n*, Zuchtmittel *n*; **~to** richtig, korrekt.
corredor Agent *m*, Vertreter *m*, Makler *m*, Broker *m*; **~ de apuestas** Buchmacher *m*; **~ de bolsa** Börsenmakler *m*, Broker *m*; **~ de cambio** Devisen | makler *m*, Kurs- *m*; **~ de comercio** Handelsmakler *m*; **~ intérprete de buques** s. corredor marítimo; **~ marítimo** Schiffsmakler *m*; **~ de matrimonios** Heiratsvermittler *m*.
correduría Courtage *f*, Makler | gebühr *f*, -geschäft *n*, -beruf *m*.
corregir berichtigen, überarbeiten, *(ver)*bessern, abhelfen; **~ disciplinariamente** disziplinarisch bestrafen; **~ pruebas** Korrektur *f* lesen.

correlación Wechselbeziehung *f.*
correligionario Parteigänger *m.*
correo 1. Mit|täter *m*, -angeklagter *m*; 2. Post *f*, Korrespondenz *f*; **~ aéreo** *(o* ***aeropostal)*** Luftpost *f*; **~ electrónico** E-Mail *f*; **~ contra reembolso** Nachnahme *f*; **~ urgente** Eilpost *f.*
correos *pl* Post|wesen *n*, -amt *n*; **~ y telecomunicaciones** Post- und Fernmeldewesen *n.*
correr ablaufen *(Frist)*, vermitteln *(Geschäft)*, fällig sein *(Lohn)*; *(Geld, Münzen:)* in Verkehr *m* sein, im Umlauf sein; **~ a cargo** zu Lasten *fpl* gehen, zur Last *f* fallen; **~ con** *(o* ***en)*** **los gastos** die Kosten *pl (oder die Ausgaben fpl)* tragen; **~ el riesgo** das Risiko *n* tragen.
corresponda, que ~ zuständig *(Behörde).*
correspondencia Briefwechsel *m*, Schrift|wechsel *m*, -verkehr *m*, Korrespondenz *f*; **~ comercial** Handels|korrespondenz *f*, Geschäfts- *f*; **~ de salida** *(o* ***saliente*** *o* ***por salir)*** Ausgangspost *f.*
corresponder gesetzlich zustehen, obliegen, entfallen *(Anteil).*
corresponsal *m* Korrespondent *m.*
corretaje *m* Vermittlungs|gebühr *f*, -provision *f*, Makler|gebühr *f*, -geschäft *n*, -tätigkeit *f.*
corriente *f* Strom *m*, Trend *m*; **~** *(adj)* laufend, *(markt)*gangig; **al ~** auf dem laufenden *(Zahlungen)*; **~ circulatoria** Geldumlauf *m*; **~ en el comercio** handelsüblich.
corro *(B:) (Wertpapier)*Gruppe *f*, Ring *m*, Werte *mpl*; **~ de bancos** Bankaktien *fpl*, Bankwerte *mpl*; **~ especulativo** Spekulationsmarkt *m*; **~ minero siderúrgico** Montanwerte *mpl.*
corroborar con hechos durch Tatsachen *fpl* bekräftigen.
corromper bestechen, verführen.
corrupción Bestechung *f*, Verfälschung *f (Urkunde)*; **~ judicial** Richterbestechung *f*; **~ de menores** Verführung *f* Minderjähriger.
corruptela Bestechlichkeit *f.*
corrupti|bilidad Bestechlichkeit *f*; **~ble** bestechlich.
corruptor Verführer *m*; **~ de menores** Kinderschänder *m.*
cortar schneiden; **~ las relaciones** die Beziehungen *fpl* abbrechen.
corte *m* Schnitt *m*, Abtrennung *f (Kupon)*; Kappen *n (SeeR).*
corte *f (s.a. tribunal)* Gericht *n*, Obergericht *n*, höheres Gericht *n*, **~ Internacional de Justicia** Internationaler Gerichtshof *m*; **~ de Justicia de las Comunidades Europeas** Gerichtshof *m* der Europäischen Gemeinschaften; **~ Permanente de Justicia Internacional** Ständiger Internationaler Gerichtshof *m.*
Cortes *fpl (Sp)* **~ Constituyentes** *(Sp)* verfassunggebende Versammlung *f*; **las ~ Generales** *(Sp)* beide Kammern *fpl* des Parlaments.
cosa Sache *f*, Gegenstand *m*; **~ accesoria** Nebensache *f*, Zubehör *n*; **~ consumible** verbrauchbare Sache *f*; **~ divisible** teilbare Sache *f*; **~ empeñada** Pfandsache *f*, verpfändete Sache *f*; **~ específica y determinada** Speziessache *f*; **~ fungible** vertretbare Sache *f*; **~ genérica** *(o* ***de género)*** Gattungssache *f*; **~ inmaterial** unkörperliche Sache *f*; **~ inmueble** unbewegliche Sache *f*; **~ juzgada** Rechtskraft *f*; **~ litigiosa** streitbefangene Sache *f*; **~ mueble** bewegliche Sache *f*; **~ universal** Sach|gesamtheit *f*, -inbegriff *m.*
cosechar votos Stimmen *fpl* erlangen *(bei Wahlen).*
cosignatario Mitunterzeichner *m.*
costas *pl (s. a. coste)* Gerichts|kosten *pl*, Prozess- *pl*, Verfahrens- *pl*; **~ de la ejecución** Vollstreckungskosten *pl*; **~ extrajudiciales** außergerichtliche Kosten *pl*; **~ de la litis** Kosten *pl* des Rechtsstreits.
coste *m (s. a. costas, gastos)* Kosten *pl*, Kostenniveau *n*, Preis *m*, *(betrieblicher)* Aufwand *m*, Un|kosten *pl*, Selbst- *pl*; **de alto ~ salarial** lohnintensiv; **~ básico** Gestehungskosten *pl*; **~ de capital** Kapitaldienst *m*; **~ de cobranza** Inkassokosten *pl*; **~ de los complementos de sueldo** Lohnnebenkosten *pl*; **~ de compra** Einstandskosten *pl*; **~ común**

Gemeinkosten *pl*; **~ de emisión** Begebungskosten *pl*; **~ de entrega** Liefer|kosten *pl*, Versand- *pl*; **~ de entretenimiento** Instandhaltungskosten *pl*; **~ estimado** *(o* ***estimativo****)* Schätzkosten *pl*; **~ de estructura** Gemeinkosten *pl*; **~ fijo** Fixkosten *pl*, fixe *(oder konstante)* Kosten *pl*; **~ financiero** Finanzkosten *pl*; **~ y flete** Kosten *pl* und Fracht, Frachtkosten *pl*; **~ inicial** Anlaufkosten *pl*; **~ límite** Grenzkosten *pl*; **~ de mano de obra** Arbeits|kosten *pl*, Lohn- *pl*; **~ de mantenimiento** Instandhaltungskosten *pl*; **~ marginal** Grenzkosten *pl*; **~ de la masa** Massekosten *pl*; **~ medio unitario** Durchschnittskosten *pl* pro Einheit; **~ de morosidad** Verzugskosten *pl*; **~ de pasaje** Fahrtkosten *pl*; **~ de personal** Personalkosten *pl*, Arbeitslöhne *mpl*; **~ por pieza** Stückkosten *pl*; **~ de procesamiento productivo** Fabrikationskosten *pl*; **~ registral** Registriergebühren *fpl*; **~ de reproducción** Wiederherstellungskosten *pl*; **~ salarial** *(o* ***de salarios****)* Lohn|kosten *pl*, -aufwand *m*; **~ salarial accesorio** Lohnnebenkosten *pl*; **~ de sustitución** Wiederbeschaffungskosten *pl*; **~ total** Herstell*(ungs)*| kosten *pl*, Gesamt- *pl*; **~ por unidad** Stückkosten *pl*; **~ de urbanización** Erschließungs|kosten *pl*, -aufwand *m*; **~ de *(la)* vida** Lebenshaltungskosten *pl*.

costear die Kosten *pl* tragen, finanzieren, bestreiten *(Kosten)*.

costes *mpl* s. coste.

costo | (s) Kosten *pl (vorwiegender Gebrauch in Lateinamerika; Zusammensetzungen s.* coste, costas); **~so** kostspielig, teuer, aufwändig.

costumbre *f* Gewohnheit *f*, Brauch *m*, Gewohnheitsrecht *n*; **de ~** üblich; **~ general** Verkehrssitte *f*; **según ~ local** ortsüblich.

costumbres *fpl*, **buenas ~** gute Sitten *fpl*; **~ mercantiles** Handelsbrauch *m*.

cotejar vergleichen *(Schriften)*.

cotejo Schriftvergleich*(ung) m (f)*.

cotitular *m* Mitinhaber *m (eines Rechts)*, Mithalter *m (Kfz)*.

cotitularidad Mitberechtigung *f*, **~ solidaria** Gesamtgläubigerschaft *f*.

cotizable börsenfähig.

cotización Kurs *m (Wertpapiere)*, Notierung *f*, Kurs|notierung *f*, Börsen- *f*, Beitragsleistung *f (Sozialversicherung)*; **~ de acciones** Aktienkurs *m*; **~ de alza** Haussekurs *m*; **~ en bolsa** Börsen|kurs *m*, -notierung *f*, Kurswert *m*; **~ de cambio** Umrechnungs|kurs *m*, Devisen|kurs *m*; **~ de cierre** Schlussnotierung *f*; **~ descendente** fallender *(oder sinkender)* Kurs *m*; **~ inicial** Anfangs| kurs *m*, -notierung *f*; **~ más alta del día** Tageshoch *n (B)*; **~ de moneda extranjera** Valuta|notierung *f*, Devisen- *f*; **~ no oficial** nichtamtlicher Kurs *m*, Freiverkehrskurs *m*; **~ oficial** amtliche Notierung *f*; **~ ofrecida** Brief *m (B)*, Brief| kurs *m*, -notierung *f*; **~ de suscripción** Zeichnungs|kurs *m*, Bezugs- *m*; **~ del trabajador** Arbeitnehmerbeitrag *m*.

cotizado *(B:) (börsen)*notiert.

cotizante *m* Beitragszahler *m*.

cotizar abschätzen, bewerten, berechnen, Beiträge *mpl* leisten *(oder einziehen)*, notieren *(Kurse)*; **~ con firmeza** *(B)* fest notieren.

cotizarse *(B)* im Kurs *m* sein *(oder stehen)*; **~ alto** hoch stehen.

coto Grenzstein *m*, Revier *n*, Tiergehege *n*; **~ de caza** Jagd|bezirk *m*, -revier *n*; **~ privado** *(o* ***propio****)* **de caza** Eigenjagdbezirk *m*.

cotu | tela Mitvormundschaft *f*; **~tor** Mitvormund *m*.

coyuntura Konjunktur *f*, Konjunkturlage *f*, Stand *m*; **~ ascendente** steigende Konjunktur *f*; **~ declinante** rückläufige Konjunktur *f*; **~ nacional** Binnenkonjunktur *f*.

coyuntural konjunktur|ell, -bedingt.

crac(k) *m (engl)* Wirtschaftskrise *f*; Crack *m (Rauschgift)*.

crash *m (engl)* **bursátil** Börsenkrach *m*.

creación Schöpfung *f*, Gründung *f*, Errichtung *f*, Schaffung *f (Stelle)*; **~ del capital** *(o* ***de capitales****)* Kapitalbildung *f*; **~ del Derecho** Rechtsschöpfung *f*; **~ de dinero**

Geldschöpfung *f*; **~ de nuevas empresas** Existenzgründung *f*; **~ de nuevas plazas** Schaffung *f* neuer Planstellen; **~ original** eigentümliche Schöpfung *f*.

creador Schöpfer *m*, Begründer *m*; **~** *(adj)* begründend; **~ de empleo** beschäftigungswirksam; **~ intelectual** Urheber *m*.

crear *(be)*gründen, errichten, schaffen.

crec | er steigen *(im Preis)*; **~es** *fpl* Wertsteigerung *f*.

crecimiento Wachstum *n*, Zunahme *f*, Zuwachs *m*.

crecimiento económico Wirtschaftswachstum *n*.

crecimiento, ~ negativo Minuswachstum *n*; **~ nulo** Nullwachstum *n*.

credenciales *fpl* Beglaubigungs | schreiben *n*, Empfehlungs- *n*.

credi | bilidad Glaubwürdigkeit *f*; **~ticio** *(adj)* Kredit-.

crédito *(s. a. créditos pl)* 1. Kredit *m*, Darlehen *n*, Akkreditiv *n*, Entlastung *f*; 2. Guthaben *n*, Haben *n*, Forderung *f*; 3. Vertrauen *n*, Kreditwürdigkeit *f*, Ansehen *n*, guter Ruf *m*, Bonität *f*; **a(l) ~** auf Kredit *m*; **~ de aceptación contra documentos** Rembourskredit *m*; **~ de ahorro-vivienda** Bausparkredit *m*; **~ alimenticio** Unterhalts | forderung *f*, -anspruch *m*, **~ de aval** Avalkredit *m*; **~ de ayuda vinculada** gebundener Entwicklungskredit *m*; **~ bancario** Bankkredit *m*; **~ de bolsillo** Barkredit *m*; **~ de cobro dudoso** zweifelhafte *(oder dubiose)* Forderung *f*, **~ de comercio exterior** Außenhandelskredit *m*; **~ corriente** laufende Forderung *f*; **~ a corto plazo** kurzfristiger Kredit *m*; **~ en cuenta** Buch | kredit *m*, -forderung *f*; **~ en cuenta corriente** Kontokorrentkredit *m*; **~ en descubierto** ungesicherter *(oder ungedeckter)* Kredit *m*; **~ de descubierto de cuenta** Überziehungskredit *m*; **~ de descuento** Diskontkredit *m*.

crédito documentario Akkreditiv *n*, Rembourskredit *m*; **~ ~ para compra de mercancías** Warenakkreditiv *n*; **~ ~ transferible** übertragbares Akkreditiv *n*.

crédito, ~ dudoso dubiose *(oder: zweifelhafte, unsichere)* Forderung *f*, notleidender Kredit *m*; **~ exigible** eintreibbare *(oder fällige)* Forderung *f*; **~ de explotación** Betriebskredit *m*; **~ a la exportación** Ausfuhrkredit *m*; **~ fallido** notleidender Kredit *f*; **~ ficticio** Scheinforderung *f*; **~ fiscal** Steuer | forderung *f*, -schuld *f*; **~ con garantía real** dinglich gesicherter Kredit *m*, Realkredit *m*; **~ incobrable** uneinbringliche *(oder: uneintreibbare)* Forderung *f*; **~ inmobiliario** Immobilarkredit *m*; **~ a interés variable** Kredit *m* mit Zinsgleitklausel; **~ de inversión** Investitionskredit *m*; **~ de liquidez** Liquiditätskredit *m*; **~ líquido** bestimmte *(oder bezifferte)* Forderung *f*; **~ litigioso** streitige *(oder bestrittene)* Forderung *f*; **~ en mano común** Gesamthandforderung *f*; **~ de la masa** Masseforderung *f*; **~ no confirmado** unbestätigtes Akkreditiv *n*; **~ no denunciable** unkündbares Darlehen *n*; **~ parcial** Teilforderung *f*; **~ de participación** Zugewinnausgleichsforderung *f*; **~ pignoraticio** Lombardkredit *m*; **~ preferencial** *(o **preferente**)* Vorzugskredit *m*, bevorrechtigte Forderung *f*; **~ para promover** Ankurbelungskredit *m*; **~ -puente** Überbrückungskredit *m*; **~ real** Realkredit *m*; **~ de reconstrucción** Wiederaufbaukredit *m*; **~ de redescuento** Rediskontkredit *m*; **~ de reembolso** Rembourskredit *m*; **~ refaccionario** Baugeld *n*, *(Auf)*Baukredit *m*; **~ rotativo** *(o **rotatorio**)* revolvierender Kredit *m*; **~ salarial** *(o **por salarios**)* Lohn | forderung *f*, Gehalts- *f*; **~ sometido a condición** bedingte Forderung *f*; **~ subyacente** zugrundeliegende Forderung *f*; **~ suplementario** Nachforderung *f*, Zusatzkredit *m*; **~ tributario** Steuer | forderung *f*, -guthaben *n*; **~ usurario** Wucherkredit *m*, wucherische Forderung *f*; **~ vencido hace tiempo** überfällige Forderung *f*.

créditos *pl* Deckungsmittel *pl*, Mittelreservierung *f*; *(Hochschulrecht)* Leistungspunkte; **~ activos** Guthaben *n*; **~ extraordinarios** außerordentliche Haushaltsmittel *pl*; **~ de vencimiento fijo** Termingelder *npl*.
crimen *m* Verbrechen *n*, Straftat *f*; **~ capital** Kapitalverbrechen *n*; **~ de guerra** Kriegsverbrechen *n*; **~ contra la humanidad** Verbrechen *n* gegen die Menschlichkeit; **~ de lesa patria** Staatsschutzdelikt *n*; **~ organizado** organisiertes Verbrechen *n*; **~ pasional** Verbrechen *n* aus Leidenschaft; **~ sexual** Sexualverbrechen *n*.
criminación Beschuldigung *f*.
criminal *m* Verbrecher *m*, Straftäter *m*; **~** *(adj)* Kriminal-, straf|bar, -fällig, verbrecherisch, kriminell; **en lo ~** in Strafsachen, Straf-; **~ habitual y peligroso** gefährlicher Gewohnheitsverbrecher *m*; **~ de impulsión** Triebverbrecher *m*; **~ precoz** Frühkrimineller *m*; **~ reincidente** Rückfälliger *m*.
criminalidad Kriminalität *f*, Strafbarkeit *f*; **~ de consecución de drogas** Beschaffungskriminalität *f*; **~ pequeña** Kleinkriminalität *f*.
criminalis | mo Strafsystem *n*; **~ta** *m* Kriminalist *m*, Strafrechtler *m*.
criminalística Kriminalistik *f*.
criminalístico kriminalistisch.
criminógeno kriminogen.
criminología Kriminologie *f*.
crimi | nológico kriminologisch *f*; **~nólogo:** Kriminologe *m*; **~noso** kriminell, strafrechtlich.
crisis *f* Krise *f*, Krisis *f*; **~ laboral** Massenarbeitslosigkeit *f*; **~ de viviendas** Wohnungsnot *f*.
criterio Kriterium *n*, Gesichtspunkt *m*, Einstellung *f*; **~ de apreciación** Beurteilungskriterium *n*; **~ judicial** richterliches Ermessen *n*; **~ mayoritario** Mehrheitsprinzip *n*; **~ de selección** Auswahlkriterium *n*.
crítica Kritik *f*, Rezension *f*.
crónica bursátil Börsenteil *m*.
cronograma *m* Terminplan *m*.
croquis *m* Skizze *f*, Grundzüge *pl*; **~ de la escena** Tatortskizze *f*.
cruce *m* Ausstreichung *f (Wechsel)*; **~** *(VR)* Kreuzung *f*, Begegnung *f* mit einem anderen Fahrzeug; **~ ferroviario** *(o **de ferrocarril**)* unbeschrankter Bahnübergang *m*; **~ de *(la)* frontera** Grenzübertritt *m*; **~ de peatones** Fußgängerüberweg *m*.
cruz *f* Kreuz *n*; **~ Roja Española** Spanisches Rotes Kreuz *n*.
cruzamiento Kreuzung *f (Scheck)*; **~ para contabilidad** Kreuzung *f* zur Verrechnung; **~ especial** Verrechnungsvermerk *m* mit Angabe einer Bank; **~ general** Verrechnungsvermerk *m* ohne Angabe einer Bank.
cruzar un cheque einen Scheck *m* kreuzen.
cuaderno Aktenheft *n*; **~ de trabajo** Arbeitsbuch *n*; **~ de vuelo** Bordbuch *n (Flug)*.
cuadrar una cuenta ein Konto *n* abstimmen.
cuadrilla Bande *f (StrafR)*.
cuadro Schaubild *n*, Übersicht *f*, Tabelle *f*, tabellarische Aufstellung *f*; **~ de amortización** Tilgungsplan *m*; **~ clínico** Krankengeschichte *f*; **~ de multas** Geldstrafen|katalog *m*, Bußgeld- *m*; **~ personal** Stellenplan *m*; **~ de precios** Richtpreise *mpl*, Preisrahmen *m*; **~ de trabajo** Arbeitsplan *m*.
cuadros *pl* Führungskräfte *fpl*, Belegschaft *f*, Kader *m (Partei)*; **~ directivos** leitendes Personal *n*; **~ dirigentes** leitendes Personal *n*.
cuali | dad s. calidad; **~ficación** s. calificación; **~tativo** qualitativ, qualifizierend *(StrafR)*.
cuantía Menge *f*, Wert*(angabe) m (f)*, Bemessung *f*, *(Geld)*Summe *f*, Höhe *f (Strafe, Pension)*; **~ de la apelación** Berufungssumme *f*; **~ de la causa** Streit|wert *m*, Gegenstands- *m*; **~ de daños** Schadensumfang *m*.
cuantifica | r quantifizieren; **~ble** quantifizierbar.
cuantificación Quantifizierung *f*.
cuantitativo mengenmäßig.
cuanto, en ~ al valor wertmäßig.
cuartel *m* Stadtbezirk *m*; Garnison *f*; **~ de bombas** Feuerwache *f*.
cuasicontractual vertragsähnlich.

cuasicontrato Quasikontrakt *m*, gesetzliche Verbindlichkeit *f*.
cuasidelictuoso aus unerlaubter Handlung.
cuasidelito fahrlässige unerlaubte Handlung *f*, Quasidelikt *n*.
cuasidinero geldähnliche Forderungen *fpl*.
cuasidomicilio Nebenwohnsitz *m*.
cuasipúblico halböffentlich.
cuatrero Viehdieb *m*.
cubierta Deckblatt *n*; von Versicherungspolice gedeckte Risiken *npl*.
cubierto | befriedigt, gedeckt, in Ordnung *(Scheck)*.
cubrir *(ab)*decken, schließen, bestreiten *(Kosten)*, sichern, befriedigen, besetzen *(offene Stelle)*, zurücklegen *(Versicherungszeiten)*; **~ la cuenta** die Rechnung *f* ausgleichen.
cuenca hidrográfica Wasserschutzgebiet *n*.
cuenta *(s. a. cuentas pl)* Rechnung *f*, Be | rechnung *f*, Ab- *f*, Faktura *f*, Rechnungsbeleg *m*, Konto *n*, Rechenschaft *f*; **a ~** auf *(oder für)* Rechnung *f*, a conto, als Teilzahlung; **~ abierta** offenes Konto *n*, offene *(oder unbeglichene)* Rechnung *f*; **~ acreedora** Habenkonto *n*; **~ ahorro-vivienda** *(Sp)* Bausparkonto *n*; **en** *(o* **por***)* **~ ajena** für fremde Rechnung *f*; **~ asociada** Unterkonto *n*; **~ atrasada** ausstehende *(oder: unbeglichene, offene)* Rechnung *f*; **~ de beneficios y pérdidas** Gewinn- und Verlustrechnung *f*; **~ bloqueada** Sperrkonto *n*; **~ de capital** Kapitalkonto *n*; **~ cifrada** Nummernkonto *n*; **~ a** *(o* **por***)* **cobrar** ausstehende *(oder unbeglichene)* Rechnung *f*; **~ colectiva** Gemeinschaftskonto *n*; **~ comercial** Geschäftskonto *n*.
cuenta corriente laufende Rechnung *f*, Kontokorrent | *n*, -konto *n*, Leistungsbilanz *f (Außenhandel)*; **~ ~ con interés** verzinsliches Kontokorrent *n*; **~ ~ postal** Postbankkonto *n*; **~ ~ por el sistema de saldos** Saldokontokorrent *n*; **~ ~ a la vista** Girokonto *n*.
cuenta, ~ de costas Kostenrechnung *f (des Gerichts)*; **~ de daños** Schadensrechnung *f*; **~ definitiva** Schlussrechnung *f*; **~ de depósitos** Depot- *n*, Einlagen- *n*; **~ de depósitos a plazo fijo** Festgeldkonto *n*; **~ al** *(o* **en***)* **descubierto** überzogenes Konto *n*; **~ de descuento** Diskont*(ab)*rechnung *f*; **~ deudora** Sollkonto *n*; **~ equivocada** Fehlkalkulation *f*; **~ fiduciaria** Treuhand | konto *n*, Ander- *n*; **~ final** Schluss*(ab)* | rechnung *f*, Abschluss- *f*, *(End)*Ab- *f*; **~ de gastos** Spesen | rechnung *f*, Auslagen- *f*, Aufwandskonto *n*; **~ de giros** Girokonto *n*; **habida ~** unter Berücksichtigung *f*; **~ impersonal** Sachkonto *n*; **~ incobrable** nicht beitreibbare Rechnung *f*; **~ de ingresos y gastos** Einnahmen-Ausgaben-Rechnung *f*; **~ jurada** *(Sp)* Kostennote *f*, deren Richtigkeit versichert wird; **~ llevada al día** Kontostand *m (Bank)*; **~ de mercancías** Bestandskonto *n*; **~ numerada** Nummernkonto *n*; **~ de orden** Interimskonto *n*; **~ por pagar** ausstehende Rechnung *f*; **~ de pasivo** Passivposten *m*, -seite *f*; **~ patrimonial** *(o* **de patrimonio***)* Kapitalkonto *n*; **~ pendiente** unbeglichene Rechnung *f*, offenes Konto *n*; **~ de pérdidas** Verlustrechnung *f*; **~ a plazo** Termineinlage *f*, Festgeldkonto *n*; **por ~ de** für Rechnung von, auf Kosten von, zu Lasten von; **por ~ propia** auf *(oder für)* eigene Rechnung *f*; **por ~ de a quien corresponda** für Rechnung *f* dessen, den es angeht; **~ real** Sachkonto *n*; **~ rebasada** überzogenes Konto; **~ de regularización del activo** Abschreibungs | konto *n*, Wertberichtigungs- *n*; **~ de renta** Ertragsrechnung *f*; **~ de resaca** Rück | rechnung *f*, -wechsel- *f*; **la ~ se salda** das Konto *n* schließt ab; **ser por ~** auf Rechnung gehen; **~ simulada** Scheinrechnung *f*; **~ de sueldos y salarios** Lohn- und Gehaltsabrechnung *f*; **tener en ~ de oficio** von Amts wegen beachten; **~ de tramitación** Abwicklungskonto *n*; **~ transitoria** Zwischenkonto *n*; **~ de venta** Verkaufsrechnung *f*, Warenausgangskonto *n*.

cuenta | correntista *m* Kontokorrent | inhaber *m*; **~habiente** *m* Kontoinhaber *m*.

cuentas *pl* Konten *npl*, Abteilung *f* Buchhaltung; **~ anuales** Jahresabschluss *m*; **~ a cobrar** Debitoren *pl*; **~ consolidadas** konsolodierter Abschluss *m*; **~ por pagar** Kreditoren *pl (aus Buchforderungen)*; **~ en participación** stille Gesellschaft *f*; **~ a recibir** Debitoren *pl (aus Buchforderungen)*.

cuerpo Körper *m*, Körperschaft *f*, Hauptbestandteil *m*, Korps *n*, Kollegium *n*, Stab *m*, Truppe *f (Polizei)*; Gesetzessammlung *f*, Urteilsgründe *mpl*; Beamtenschaft *f*, Laufbahn *f (der höheren Beamten)*, Laufbahngruppe *f*; **~ asesor** Beratungsgremium *n*; **~ de bomberos** Feuerwehr *f*; **~ cierto** Speziessache *f*; „wie besehen" *(Immobilien)*; **~ consular** konsularisches Korps *n*; **~ del delito** Beweisstück *n (der Straftat)*, Corpus delicti *(lat)*; **~ diplomático** diplomatisches Korps *n*; **~ docente** Lehrerkollegium *n*, Lehrkörper *m*; **~ de un edificio** Hauptgebäude *n*; **~ de ejército** Armeekorps *n*.

cuerpo general ~ ~ administrativo *(o* ***de la administración****)* Beamtenschaft *f* der allgemeinen Verwaltung.

cuerpo, ~ de gestión höherer Dienst *m (Beamte)*; **~ judicial** Richterschaft *f*; **~legal** Gesetzbuch *n*; **~ legislativo** gesetzgebende Körperschaft *f*; **~ militar** Waffengattung *f*; **~ municipal** Stadtverwaltung *f*; **~ nacional de policía** *(Sp)* Staatliche Polizei *f*; **~ de policía** Polizei *f*; **~ subalterno** Beamte *mpl* des einfachen Dienstes.

cuestación Sammlung *f (von Daten etc.)*.

cuestión Frage *f*, Sache *f*, Anfrage *f (Parlament)*, Verhandlungsgegenstand *m*, Streit *m*, Konflikt *m*; **~ agraria** Agrarfrage *f*; **~ capital** Kernfrage *f*; **~ de confianza** Vertrauensfrage *f*; **~ de culpabilidad** Schuldfrage *f*; **~ debatida** Streitgegenstand *m*; **en ~** betreffend; **~ de fondo** materiellrechtliche Frage *f*; Frage *f*; **~ de forma** Formsache *f*; **fuera de ~** unstreitig; **~ de hecho** Tatfrage *f*; **~ jurídica** Rechtsfrage; **~ litigiosa** Streitfrage *f*; **~ pendiente** offene Frage *f*; **~ prejudicial** Vorfrage *f*; **~ de puro Derecho** reine Rechtsfrage *f*.

cuestionar erörtern; in Frage stellen.

cuestionario Frage | bogen *m*, Erhebungs- *m*; **~ estandarizado** Standardfragebogen *m*.

cuestiones *pl* Rechtsstreitigkeiten *fpl*; **~ diversas** Verschiedenes *n (auf der Tagesordnung)*.

cuidado Sorge *f*, Sorgfalt *f*, Pflege *f*, Vorsicht *f*; **~ debido** gebotene *(oder erforderliche)* Sorgfalt *f*; **~ infantil** Kinderbetreuung *f*; **~ de la persona** Personensorge *f*.

cuidador de ancianos Altenpfleger *m*.

cuidados *pl* Versorgungsmaßnahmen *fpl*; **~ hogareños** häusliche *(Kranken)* Pflege *f*; **~ de salud** Gesundheitsdienste *mpl*.

cuidar sorgen, pflegen, aufbewahren; **~ de** besorgen *(Geschäfte)*.

cuius, de ~ *(lat)* Erblasser *m*.

culpa Schuld *f*, Verschulden *n*, *(leichte)* Fahrlässigkeit *f*; **~ común** mitwirkendes Verschulden *n*; **~ concurrente** s. culpa común; **~ consciente** bewusste Fahrlässigkeit *f*; **~ grave** grobes Verschulden *n*, grobe Fahrlässigkeit *f*; **~ inconsciente** unbewusste Fahrlässigkeit *f*; **~ lata** *(lat)* grobe Fahrlässigkeit *f*, Vorsatz *m* und grobe Fahrlässigkeit; **~ leve** leichte Fahrlässigkeit *f*; **~ levísima** ganz leichte Fahrlässigkeit *f*; **~ organizativa** schuldhafter Organisationsmangel *m*; **~ precontractual** Verschulden *n* bei Vertragsschluss, culpa in contrahendo *(lat)*; **sin ~** schuldlos.

culpabilidad Schuld *f*, Verschulden *n*; **~ disminuida** verminderte Schuld*(fähigkeit) f*; **~ jurídico-penal** strafrechtliche Schuld *f*.

culpable *m* der Schuldige *m*, Täter *m*; **~** *(adj)* schuld | ig, -haft; **no ~** unschuldig, nicht schuldig; **presunto ~** mutmaßlicher Täter *m*.

cul | par beschuldigen; **~oso** schuldhaft, fahrlässig.

cultivo Anbau *m (Landwirtschaft).*
culto Kult *m;* **~ de la personalidad** Personenkult *m.*
cultura jurídica Rechtskultur *f.*
cumbre *f* Gipfel *m,* Gipfeltreffen *n;* **~ sobre el clima** Klimagipfel *m;* **~ europea** Europäischer Rat *m.*
cúmplase zu vollstrecken *(Verfügung des Richters).*
cumpli | dero fällig; **~do** erledigt.
cumplidor de la ley gesetzestreu.
cumplimentación Ausführung *f,* Ausfüllung *f (Formular).*
cumplimentar ausführen *(Anordnungen);* **~ los requisitos** die Voraussetzungen *fpl* erfüllen.
cumplimiento Ausführung *f,* Voll | ziehung *f,* -zug *m,* -streckung *f,* Erreichung *f,* Erfüllung *f (Verbindlichkeit),* Befolgung *f (Gesetz),* Ableistung *f,* Einhaltung *f,* Verbüßung *f,* Abbüßung *f;* **~ abierto** offener *(Straf)*Vollzug *m;* **~ de la condición** Erfüllung *f* einer *(oder Eintritt m der)* Bedingung; **~ de*(l)* contrato** Vertragserfüllung; **~ defectuoso** Schlechterfüllung *f;* **~ de formalidades** Einhaltung *f* von Formalitäten; **~ de la instrucción** Vollzug *m* der Weisung; **en ~ de las instrucciones** weisungsgemäß; **~ de la pena** Straf | verbüßung *f,* -vollzug *m,* -vollstreckung *f,* Verbüßung *f* der Strafe; **~ de la prestación** Erbringung *f* der Leistung.
cumplir erfüllen, befolgen, beachten, erreichen, *(ab)*leisten, nachkommen, einhalten, beobachten *(Sorgfalt); (Auftrag:)* vollziehen, ausführen, erledigen; *(Freiheitsstrafe:)* verbüßen; **~ con** erfüllen *(Voraussetzungen),* nachkommen, einhalten; **~ sus obligaciones** seinen Verbindlichkeiten *fpl* nachkommen; **~ una pena** eine Strafe *f* verbüßen; **~ plazos** Fristen *fpl* einhalten; **~ la prestación** die Leistung *f* erbringen.
cumplirse eintreten *(Bedingung).*
cumulativo kumulativ.
cuño Poststempel, *m,* Prägung *f.*
cuota *(s. a. cupo)* Quote *f,* Anteil *m (Gesellschafts-),* Gebühr *f,* Beitrag *m,* Betrag *m,* Beteiligung *f,* Abgabe *f,* Mitglieds- *m,* Taxe *f,* Rate *f,* Teil *m,* Teil | zahlung *f,* -betrag *m,* Bruch | teil *m,* Erb- *m;* **~ del activo de la quiebra** Insolvenzquote *f;* **~ de amortización** Tilgungs | satz *m,* -quote *f;* **~ de captación** *(o **de capturas**)* Fangquote *f (Fischerei);* **~ colegial** Kammerbeitrag *m;* **~ de conexión** Anschlussgebühren *fpl (Telefon);* **~ contributiva** Steuersatz *m;* **~ empresarial** Arbeitgeber | anteil *m,* -beitrag *m;* **~ femnina** Frauenquote *f;* **~ de ganancia** Erlösanteil *m;* **~ hereditaria** Erb | teil *m,* -anteil *m;* **~ ideal** ideeller Anteil *m;* **~ de interés** Zinssatz *m;* **~ de inversiones** Investitionsquote *f;* **~ de leasing** Leasingrate *f;* **~ de libre disposición** verfügbare Quote *f;* **~ de liquidación** Auseinandersetzungsguthaben *n;* **~ litis** *(lat)* cuota litis *(lat),* Erfolgshonorar *n;* **~ de*(l)* mercado** Marktanteil *m;* **~ de mujeres** Frauenquote *f;* **~ de natalidad** Geburtenrate *f;* **~ obrera** Arbeitnehmeranteil *m (Sozialversicherung).*
cuota-parte *f* Beitrags | anteil *m,* Gebühren- *m.*
cuota, ~ de participación Gesellschafts | anteil *m,* Geschäfts- *m,* Kapital- *m;* **~ pesquera** Fangquote *f;* **~ de recepción** Aufnahmequote *f (Asyl);* **~ de reembolso** Tilgungsrate *f;* **~ para seguridad social** Sozialversicherungsbeitrag *m;* **~ sindical** Gewerkschaftsbeitrag *m;* **~ de vecino** Anliegergebühren *fpl;* **~ viudal *(usufructuaria)*** Nießbrauch*(srecht) m (n)* der Witwe am Nachlass.
cupo *(s. a. cuota)* Beitrag *m,* Quote *f,* Zuteilung *f,* Zuteilungsquote *f,* Kontingent *n;* **~ de crédito** Kredit | grenze *f,* Beleihungs- *f;* **~ de importación** Einfuhr | quote *f,* -kontingent *n,* Import | quote *f,* -kontingent *n.*
cupón *m* Schein *m,* Kupon *m,* Coupon *m,* Gut | schein *m,* Anteil- *m,* Ertrag*(s)*- *m,* Abschnitt *m,* Aktienabschnitt *m,* Dividenden | abschnitt *m,* -schein *m,* Bezugscheinabschnitt *m,* Zins | kupon *m,* -schein *m;* **~ de acción** Aktien | abschnitt *m,* -kupon *m;* **~ de descuento** Rabatt-

marke *f*; **~ regalo** Geschenkgutschein *m*; **~ -respuesta** Antwortschein *m (Post)*.
cúpula Führungsspitze *f*.
cura Pflegschaft *f*, Kur *f*; **~ de desintoxicación** Entziehungskur *f (Drogen)*.
curador Pfleger *m*, Verwalter *m*; **~ de ausente** Abwesenheitspfleger *m*; **~ del caudal relicto** Nachlaspfleger *m*; **~ de un concebido** Pfleger *m* für die Leibesfrucht; **~ ad hoc** Ergänzungspfleger *m*; **~ de minusválidos** Betreuer *m*; **~ para pleito** Prozesspfleger *m*.
curaduría *(s. a. curatela)* Pflegschaft *f*.
curarse en salud eine Schutzbehauptung *f* aufstellen.
curatela *(s. a. curaduría)* Pflegschaft *f*; **~ de ausentes** Abwesenheitspflegschaft *f*; **~ de minusválidos** Betreuung *f*.
curia *(KR)* Kurie *f*.
curial *(adj)* Kurien-.
cursación Einleitung *f* des Verfahrens, Verfahrenseinleitung *f*.
cursado, ser ~ erfolgen *(Zustellung)*.
cursar erteilen, betreiben, weiter|geben, -leiten, in Umlauf *m* setzen, absenden, befördern *(Post)*; **~ orden de detención** einen Haftbefehl *m* erlassen; **~ un pedido** eine Bestellung *f* machen; **~ la petición** den Antrag *m* stellen; **~ un estudio** ein Studium absolvieren.
cursillista *m f* Kursteilnehmer*(in) m (f)*.
cursillo Kurs *m*, Vortrag *m*, Praktikum *n*, *(Kurz)*Lehrgang *m*; **~ de especialización** Fachlehrgang *m*.
curso Verlauf *m*, Kurs*(us) m*, Lehrgang *m*, Vorlesung *f*, Jahrgang *m*, zwei Semester *pl*; Ablauf *m*, Laufbahn *f*; Umlauf *m*; **~ académico** Studienjahr *n*; **~ de actualización** Fortbildungskurs *m*; **~ de la administración** Verwaltungsablauf *m*; **~ por correspondencia** Fern|lehrgang *m*, -kurs *m*; **en ~** laufend *(Verfahren)*, durchlaufend, in Arbeit; **~ escolar** Schuljahr *n*; **~ de los negocios** Geschäftsgang *m*; **~ de orientación universitaria** *(Sp)* Kurs *m* zur Vorbereitung auf das Universitätsstudium; **~ del pleito** Verfahrensgang *m*; **~ de reciclaje** Umschulungsmaßnahme *f*; **~ selectivo de formación** Probezeit *f*; **tener ~** in Kurs sein; **~ vendedor** Briefkurs *m*
cursos *pl* **~ nocturnos** Abendkurse *mpl*.
curva Kurve *f*, Trend *m*; **~ cerrada** *(VR)* enge Kurve *f*; **~ de costes** Kosten|kurve *f*, -verlauf *m*; **~ con giro a la derecha/izquierda** *(VR)* starke Rechtskurve/Linkskurve *f*; **~ de ingresos** Einnahmenkurve *f*; **~ sin visibilidad** *(VR)* unübersichtliche Kurve *f*.
cúspide *f*, **~ de la administración** Verwaltungsspitze *f*; **~ jurisdiccional** oberste Gerichtsinstanz *f*.
custodia *m* Vollzugsbeamter *m*.
custodia *f* Verwahrung *f*, Aufbewahrung *f*; Aufsicht *f*, Personensorge *f*, Polizeiaufsicht *f*, Bewachung *f (Gefangene)*, Obhut *f*, Haft *f*, Gewahrsam *m*; **~ de los autos** Aktenaufbewahrung *f*; **bajo ~** in Gewahrsam *m*; **~ colectiva** Sammelverwahrung *f*; **~ compartida** gemeinsames Sorgerecht *n*; **~ de la persona** Personensorgerecht *n*; **~ de seguridad** Sicherungsverwahrung *f*; **tener bajo ~** in Gewahrsam *m* halten; **~ de valores** Depot|geschäft *n*.
custodiar verwahren, aufbewahren, bewachen, in Haft *f* halten.
custodio Pfleger *m*, Wächter *m*.

D

dación Übergabe *f*, Hingabe *f*, Abtretung *f*; **~ de cuenta** Rechnungslegung *f*, Vorlage *f (an das Gericht)*; **~ en pago** Leistung *f* an Erfüllungs Statt.
dactilo|grafía s. dactiloscopia; **~grama *m* Fingerabdruck *m*;** **~scopia** *m* Daktyloskopie *f*, Fingerabdruckverfahren *n*; **~scópico** *(adj)* Fingerabdruckverfahren*(s)*-.

dádiva Geschenk *n (bei Bestechung)*.
dadivar schenken, beschenken.
dadivosidad Spendenfreudigkeit *f*.
dado, ~ de alta zugelassen *(Anwalt)*; **~ en ... a ...** ..., den ... *(Ort und Datum am Fuß von Urkunden)*; geschehen zu ... .
dador Geber *m*, Überbringer *m*, Aussteller *m (Wechsel)*; Spender *m (Insemination)*; **~ de informaciones** Informant *m*; **~ de trabajo** Arbeitgeber *m*, Dienstherr *m*.
damnificado Geschädigter *m*.
damnifica|dor Schädiger *m*; **~r** schädigen.
dañar schaden, *(be)*schädigen.
dañino schädlich, schadenstiftend.
daño *(s. a. daños pl)* Schaden *m*, Sach|schaden *m*, -beschädigung *f*, Verlust *m*; **~ accidental** *(o* ***por accidente)*** Unfallschaden *m*; **~ agrícola** Flurschaden *m*.
daño causado eingetretener *(oder entstandener)* Schaden *m*; **~ ~ por incendio** Brandschaden *m*.
daño, ~ consecuencial Folgeschaden *m*; **~ cubierto por un seguro** Versicherungsschaden *m*; **~ por demora** Verzugsschaden *m*; **~ diferido** Spätschaden *m*; **~ emergente** eingetretener *(oder: positiver)* Schaden *m*; **hacer ~** schaden; **~ inmaterial** immaterieller *(oder: ideeller)* Schaden *m*; **~ inminente** drohender Schaden *m*, **~ marítimo** Havarie *f*; **~ moral** ideeller *(oder: immaterieller)* Schaden *m*; **~ negativo** Vertrauensschaden *m*; **~ no aparente** verdeckter Schaden *m*; **~ patrimonial** Vermögensschaden *m*; **resultante de un accidente** Unfallschaden *m*; **~ tardío** Spätschaden *m*; **~ por tempestad** Sturmschaden *m*; **~ a terceros** Drittschaden *m*; **~ a vehículo** Fahrzeugschaden *m*.
daños *pl* Sachbeschädigung *f*; **~ del medio ambiente** Umwelt|schäden *mpl*, -belastung *f*; **~ y perjuicios** Schadensersatz *m*.
dañoso schädlich, schadenstiftend; **~ para la sociedad** sozialschädlich.
dar *(ab)*geben, über|reichen, -tragen, -geben *(Schlüssel)*, aushändigen, bringen *(Früchte)*, erteilen, verleihen *(ein Amt)*, spenden, gewähren *(Unterhalt)*; **~ en alquiler** vermieten; **~ de alta** anmelden, einschreiben, gesundschreiben; **~ en arriendo** vermieten, verpachten; **~ audiencia a** anhören; **~ aviso** Akteneinsicht *f* gewähren, benachrichtigen; **~ de baja** abmelden, krankschreiben, für dienstunfähig *(oder arbeitsunfähig)* erklären **~ *(el)* cambio** wechseln, Kleingeld *n* herausgeben; **~ la causa por concluida** die Verhandlung *f* schließen; **~ el cese** entlassen; **~ comienzo a la ejecución *(del delito)*** die Ausführung *f (der Straftat)* beginnen; **~ a conocer** mitteilen; **~ crédito** Kredit *m* gewähren *(oder: geben, einräumen)*; **~ cuenta** bekannt|geben, -machen, berichten, verkünden; **~ curso** abfertigen, in den Geschäftsgang *m* geben, bearbeiten, weiterleiten; **~ fe *(de autenticidad)*** beglaubigen, bestätigen, bezeugen, beurkunden; **~ finiquito** Schlussquittung *f* erteilen; **~ *(una)* garantía** Sicherheit leisten; **~ información** Bescheid *m* geben; **~ un informe** ein Gutachten *n* erstatten; **~ por libre** freigeben; **~ licencia** die Erlaubnis *f* erteilen; **~ lugar a** stattgeben; **~ por nulo** für nichtig erklären; **~ ocupación** beschäftigen *(Arbeitnehmer)*; **~ en pago** in Zahlung *f* geben; **~ parte** mitteilen, melden; **~ pasos** Schritte *pl* unternehmen; **~ el placet** das Agrément *n* erteilen; **~ salida** verkaufen, absetzen; **~ por sentado** zur festen Rechtsprechung *f* werden lassen; **~ testimonio** bezeugen, Zeuge *m* sein; **~ trabajo** beschäftigen; **~ traslado** zustellen; **~ el** *(o* ***su)*** **visto bueno** gegenzeichnen; **~*(la)* vuelta** Geld *n* herausgeben.
darse vorliegen *(Voraussetzungen)*; **~ de alta** sich anmelden, sich gesundschreiben lassen; **~ de alta como parado** sich arbeitslos melden; **~ de baja** austreten, sich abmelden, sich krank melden; **~ preso** sich festnehmen lassen.
data Haben *n*, Gut|haben *n*, -schrift *f*, Ausstellungs|datum *n*, -ort *m*.
datar datieren.

dato Beleg *m*, Urkunde *f*, Zeugnis *n*, Beweisstück *n*, gegebene Tatsache *f*.
datos *pl* Zahlen *fpl*, Daten *pl*, Zahlenmaterial *n*, Angaben *fpl*, Einzelheiten *fpl*; **~ de carácter personal** personenbezogene Daten *pl*; **~ estadísticos** statistische Unterlagen *fpl*, Zahlenmaterial *n*; **~ personales** Personal | ien *pl*, -angaben *fpl*, Angaben *fpl* zur Person.
debate *m* Debatte *f*, Aussprache *f* *(Parlament)*, Beratung *f (eines Gesetzes, im Parlament)*; **~ de fondo** Grundsatzdebatte *f*; **~ sobre el fondo** Verhandlung *f* zur Hauptsache; **~ de investidura** *(Sp)* Aussprache *f* über die Regierungserklärung.
debates *mpl* Verhandlung*(en) f (pl)*.
debatir bestreiten, debattieren, diskutieren.
debe *m* Soll *n*, Sollseite *f*, Debet *n*; **~ y haber** Soll und Haben *n*.
deber *m (s. a. deberes pl)* Pflicht *f*, Verpflichtung *f*, Verbindlichkeit *f*, Obliegenheit *f*, Aufgabe *f*; **~** *(v)* schulden, schuldig sein; **~ alimentos** unterhaltspflichtig sein; **~ de asistencia y protección** Fürsorgepflicht *f*; **~ de aviso** Anzeigepflicht *f*; **~ cívico** *(o* ***de civismo****)* Bürgerpflicht *f*, *(staats)*bürgerliche Pflicht *f*; **~ de conservación** Aufbewahrungspflicht *f*; **~ de cotización** Beitragspflicht *f*; **~ de cuidado** Sorgfaltspflicht *f*; **~ de esclarecimiento** Aufklärungspflicht *f (des Gerichts)*; **~ de estar documentado** Ausweispflicht *f*; **~ de garantizar la seguridad del tráfico** Verkehrssicherungspflicht *f*; **~ de guardar secreto** Schweige | pflicht *f*, Geheimhaltungs- *f*; **~ jurídico** Rechtspflicht *f*; **~ legal** Rechtspflicht *f*; **~ de no hacer** Unterlassungspflicht *f*; **~ de notificación** *(o* ***de notificar****)* Anzeige | pflicht *f*, Anmelde- *f*; **~ oficial** Amtspflicht *f*; **~ de paz** Friedenspflicht *f*; **~ de veracidad** Wahrheitspflicht *f*; **~ de vigilancia** Aufsichts | pflicht *f*, Überwachungs- *f*.
deberes *mpl* Aufgabenbereich *m*; **~ impositivos** Steuerpflicht *f*.
debidamente ordnungsgemäß; **~ autorizado** gehörig bevollmächtigt; **~ juramentado** vorschriftsgemäß beeidigt.
debido fällig, gehörig; **~ a la falta de** mangels *(Beweises)*.
débil *(B)* schwach, flau.
debilidad Debilität *f*, Schwäche *f (B)*; **~ del dólar** Dollarschwäche *f*.
debilitación, ~ de la cotización Kursabschwächung *f*.
debilitamiento Abschwächung *f*.
debitar en cuenta belasten.
débito *(s. a. deber)* Verpflichtung *f*, Belastung *f*, Soll *n*, Debet *n*, Schuld *f*; **~ restante** Restforderung *f*.
débitos *pl* Verbindlichkeiten *fpl*.
decadencia Verwirkung *f*, Verfall *m*.
decaer verwirken, verfallen, für verlustig erklärt werden.
decaimiento Verfall *m*, Ausschluss *m* mit einem Recht *(wegen Verwirkung im Prozess)*.
decanato Amt *n* des Dekans *(Kammer)*, Dekanat *n (Universität, KR)*.
decano Dekan *m (Gericht, Fakultät, Kirche)*, Rangältester *m*, Doyen *m* des diplomatischen Korps; **~ del colegio (de abogados)** Kammerpräsident *m*.
decidir entscheiden, beschließen, anordnen; **~ el fondo** in der Hauptsache *f* entscheiden.
decir *(aus)*sagen, vorbringen; **~ toda la verdad** die volle Wahrheit *f* sagen.
decisión Entscheidung *f*, Bescheid *m*, Entschluss *m*, Beschluss *m*, Anordnung *f*; **~ arbitral** Schiedsspruch *m*; **~ arbitraria** Willkürentscheidung *f*; **~ en caso de empate** Stichentscheid *m*; **~ criminal** Tatentschluss *m*; **~ denegatoria** abschlägiger Bescheid *m*; **~ errónea** Fehlentscheidung *f*; **~ sobre el fondo** Sachentscheidung *f*; **~ fundamental** Grundsatzentscheidung *f*; **~ individual** Einzel*(fall)*entscheidung *f*; **~ judicial** Gerichtsentscheidung *f*; **~ de la mayoría** *(o* ***mayoritaria****)* Mehrheits | beschluss *m*, -entscheidung *f*; **~ previa** Vorentscheidung *f*; **~ sobre prueba(s)** Beweisbeschluss *m*; **~ del recurso** Rechtsmittelentscheidung *f*; **~ del recurso de alzada** Widerspruchsbescheid *m*; **~ a tomar** anstehender

Beschluss *m*; **~ del tribunal supremo** höchstrichterliche Entscheidung *f*.

decisorio streitentscheidend.

declaración Erklärung *f*, Deklaration *f*, Äußerung *f*, Feststellung *f (eines Rechts)*, Aussage *f (vor Gericht)*, Einlassung *f (StrafR)*, Kundgabe *f*, Angabe *f (Zoll)*; **~ de accidente** Unfall | anzeige *f*, -meldung *f*; **~ de adhesión** Beitritts | erklärung *f*, Anschluss- *f*; **~ de** *(o en)* **aduana*(s)*** Zoll | deklaration *f*, -*(inhalts)*erklärung *f*; **~ anual sobre la renta** *(Sp)* Einkommensteuererklärung *f*; **~ asertoria** Zustimmung *f*; **~ de ausencia** Verschollenheitserklärung *f*; **~ de averías** Dispache *f*; **~ de crédito** Forderungsanmeldung *f (Insolvenzverf.)*; **~ dativa** gerichtliche Bestellung *f (z. B. Vormund)*; **~ de un derecho** Feststellung *f* eines Rechts; **~ de los Derechos del Hombre y del Ciudadano** Erklärung *f* der Menschen- und Bürgerrechte; **~ de eficacia general** Allgemeinverbindlicherklärung *f (ArbR)*; **~ de ejecutoria** Vollstreckbar*(keits)*erklärung *f*; **~ de enfermedad** Krankmeldung *f*; **~ de exportación** Ausfuhrerklärung *f (Zoll)*; **~ falsa** falsche *(Zeugen)* Aussage *f*, Falschaussage *f*; **~ de franquicia aduanera** Zollfreischreibung *f*; **~ de herederos** Erbschein *m*, gerichtliche Feststellung *f* der Erben; **~ de** ***(la)*** **huelga** Streikaufruf *m*; **~ de importación** Einfuhrerklärung *f*; **~ del impuesto sobre la renta** *(Sp)* Einkommensteuererklärung *f*; **~ de inconstitucionalidad** Feststellung *f* der Verfassungswidrigkeit; **~ incriminatoria** belastende Aussage *f*; **~ de indignidad para suceder** Erbunwürdigkeitserklärung *f*; **~ de ingreso** Beitritts | erklärung *f*, Eintritts- *f*; **~ de intención** ***(o de intenciones)*** Absichtserklärung *f*; **~ de interés social** Anerkennung *f* der Gemeinnützigkeit; **~ de intervención** Anschlusserklärung *f*; **~ de invalidez** Ungültigerklärung *f*; **~ IVA** Umsatzsteuererklärung *f*; **~ jurada** eidesstattliche Erklärung *f (oder Versicherung f)*, Versicherung *f* an Eides Statt; **~ de legitimidad** Ehelichkeitserklärung *f*; **~ -liquidación** *(Sp)* Steuer | erklärung *f*, -anmeldung *f*; **~ de nacimiento** Geburtsanzeige *f*; **~ negativa** *(Sp)* Antrag *m* auf Lohnsteuerjahresausgleich; **~ no recepticia** nicht empfangsbedürftige Willenserklärung *f*; **~ de nulidad** Nichtigkeits | erklärung *f*, Ungültig*(keits)*- *f*; **~ de objeción** Kriegsdienstverweigerung; **~ de obligatoriedad general** Allgemeinverbindlicherklärung *f*; **~ de obra nueva** *(Sp)* notarielle Erklärung *f* der Neubauqualität *(Grundbuch)*; **~ de pago fraccionado** *(Sp)* Voranmeldung *f (Steuer)*; **~ de persona no aceptable** Erklärung *f* zur unerwünschten Person *(außer Botschafter)*; **~ de persona non grata** Erklärung *f* zur unerwünschten Person *(Botschafter)*; **~ de principio** Grundsatzerklärung *f*; **~ programática** Programmsatz *m*; **~ de protección** Schutzbehauptung *f*; **~ de rebeldía** Säumigerklärung *f (im Prozess)*; **~ recepticia de voluntad** empfangsbedürftige Willenserklärung *f*; **~ de** ***(la)*** **renta** Einkommensteuererklärung *f*; **~ de salida** Austritts | erklärung *f*, *(Zoll)*Ausfuhr- *f*; **~ de siniestro** Schadens | anmeldung *f*, -anzeige *f*, **~ testimonial** Zeugenaussage *f*; **~ de tránsito** Transiterklärung *f*, Durchfuhrdeklaration *f*; **~ de última voluntad** letztwillige Verfügung *f*; **~ única** *(Sp)* gemeinsame Steuererklärung *f (Ehegatten)*; **~ Universal de los Derechos del Hombre** Allgemeine Erklärung *f* der Menschenrechte; **~ vacía** Leerformel *f*.

declaración de voluntad Willenserklärung *f*.

declarante *m* Aussagender *m*, Erklärender, Beteiligter *m*.

declarar erklären, ausrufen, aussagen, für Recht *n* erkennen, aussprechen *(Gericht)*, Stellung nehmen, deklarieren, bezeugen, anzeigen, angeben, anmelden, eröffnen; **~ abierta la sesión** die Sitzung *f* eröffnen; **~ en acta** zur Niederschrift *f* erklären;

~ **en aduana** verzollen; ~ **el concurso** den Konkurs *m (das Insolvenzverfahren n)* eröffnen; ~ **conjuntamente** *(Sp)* eine gemeinsame Steuererklärung *f* abgeben *(Eheleute)*; ~ **contumaz y rebelde** für säumig erklären; ~ **las costas de oficio** die Kosten *pl* der Staatskasse auferlegen; ~ **culpable** für schuldig befinden; ~ **un derecho** ein Recht *n* feststellen; ~ **el estado peligroso** zum gefährlichen Gewohnheitsverbrecher *m* erklären; ~ **de forma fidedigna** glaubhaft bekunden; ~ **haber lugar** stattgeben; ~ **la** *(o **en**)* **huelga** s. declararse en huelga; ~ **su incompetencia** sich für unzuständig erklären; ~ **inútil** ausmustern *(Militär)*; ~ **en juicio** vor Gericht *n* aussagen; ~ **bajo juramento** eidlich *(oder unter Eid m)* aussagen; ~ **con lugar** für zulässig erklären; ~ **no admisible** zurückweisen; ~ **no haber lugar** verwerfen *(Rechtsmittel)*; ~ **no pertinente** für unzulässig erklären *(Beweis)*; ~ **nulo y sin valor** für null und nichtig erklären; ~ **de oficio** der Staatskasse *f* auferlegen *(Kosten)*; ~ **posteriormente** nachverzollen; ~ **procedente la acción** der Klage *f* stattgeben; ~ **en rebeldía** säumig erklären *(Prozess)*; ~ **como testigo** als Zeuge *m* aussagen; ~ **de urgencia** *(o **urgente**)* für dringlich erklären; ~ **sin vigencia** für kraftlos erklären.

declararse, ~ **culpable** sich schuldig bekennen; ~ **en huelga** streiken, in den Streik *m* treten.

declarativo deklaratorisch, feststellend; ~ **de derecho** feststellend *(Verwaltungsakt)*.

declaratoria Feststellung *f*; ~ **de justicia gratuita** Bewilligung *f* von Prozesskostenhilfe.

declaratorio s. declarativo.

declina | ción Ablehnung *f (eines Richters)*; **~nte** rückläufig.

declinar ablehnen; ~ **la competencia** die Zuständigkeit *f* rügen.

declinatoria *(**de jurisdicción**)* Einrede *f* der Unzuständigkeit.

declive *m* rückläufige Entwicklung *f*.

decodificar entschlüsseln.

decomis | ar beschlagnahmen, einziehen *(Verbrecherwerkzeug)*; **~o** Beschlagnahme *f*, Einziehung *f*.

decre | cer sinken, fallen, abnehmen; **~ciente** fallend, nachgebend, rückläufig, degressiv; **~cimiento** Abnahme *f*, Verminderung *f*.

decreta, se ~ y publica beschlossen und verkündet.

decretar beschließen *(Behörde)*, verfügen, anordnen, verhängen *(Sanktionen)*; ~ **la absolución** freisprechen; ~ **la detención** die Festnahme *f (oder Haft f)* anordnen; ~ **el divorcio** die Ehe *f* scheiden; ~ **la libertad** die Entlassung *f (oder Freilassung f)* anordnen *(oder beschließen)*; ~ **la prisión** Haft *f* anordnen; ~ **la prisión provisional** Untersuchungshaft *f* anordnen.

decreto Dekret *n*, Erlass *m*, Verfügung *f*, Rechts | verordnung *f*, Regierungs- *f*, Bescheid *m*, Beschluss *m*; ~ **de allanamiento** Haussuchungsbefehl *m*; ~ **de amnistía** Amnestieerlass *m*; ~ **del Consejo** Ratsverordnung *f (EU)*; ~ **del consejo de ministros** Kabinetts | beschluss *m*, -verordnung *f*; ~ **de ejecución** *(o **ejecutorio**)* Ausführungsverordnung *f*; ~ **de indulto** *(Sp)* Gnadenerlass *m*; ~ **judicial** gerichtliche *(oder richterliche)* Verfügung *f*, Gerichtsbeschluss *m*; ~ **legislativo** Gesetzesdekret *n*; *(aufgrund einer Delegation des Parlaments)*; ~ **-ley** gesetzesvertretende Verordnung, Notverordnung *f*; ~ **para mejor proveer** prozessleitende Verfügung *f*; ~ **ministerial** Ministerial | erlass *m*, -verordnung *f*; ~ **de protección contra las radiaciones** Strahlenschutzverordnung *f*; **real** ~ königliche Verordnung *f*, königlicher Erlass *m*.

decurso del tiempo Zeitablauf *m*.

dedicación Widmung *f*; ~ **plena** *(o **plena dedicación**)* Ganztagsbeschäftigung *f*; ~ **principal** Hauptbeschäftigung *f*.

dedicarse *(be)*treiben; ~ **al comercio** Handel *m* treiben; ~ **al contrabando** Schmuggel *m* treiben.

deducción Abzug *m*, Herleitung *f (von Ansprüchen)*, Abschlag *m*, Absetzung *f*,

Abschreibung *f*, Anrechnung *f (von Steuern)*, Ableitung *f (Stat)*; **~ por carga familiar** *(Sp)* Freibetrag *m* für Untertützung abhängiger Verwandter; **~ de las costas** Einbehaltung *f* der Anwaltskosten; **~ de una demanda** Klageerhebung *f*; **~ general** Grundfreibetrag *m (Einkommensteuer)*; **~ por hijo** Kinderfreibetrag *m*; **~ de impuestos pagados** Vorsteuerabzug *m*; **~ de intereses no acumulados** Abzinsung *f*; **~ de IVA** Vorsteuerabzug *m (Mehrwertsteuer)*; **~ del salario** Lohnabzug *m*.
deducciones *pl* Ausführungen *fpl (Erklärungen)*.
deducibilidad Absetzbarkeit *f*.
deducible abzugsfähig.
deducir abziehen *(von einem Betrag)*, ableiten *(Ansprüche)*, absetzen, in Abzug *m* bringen, in Anrechnung *f* bringen, folgern; behaupten *(vor Gericht)*, geltend machen *(Rechte)*, einklagen, vortragen *(bei Gericht)*; **~ una acción** Klage *f* erheben; **~ recurso** ein Rechtsmittel *n* einlegen; **~ testimonio** Beweis *m* antreten.
defecto Fehler *m*, Mangel *m*, Defekt *m*, Mangelhaftigkeit *f*, Störung *f*; **~ de calidad** Qualitätsmangel *m*; **~ de cantidad** Minderbestand *m*; **~ de construcción** Baumangel *m*; **~ en ejercicio de la potestad discrecional** Ermessensfehler *m*; **~ legal** Rechtsmangel *m*; **~ manifiesto** offensichtlicher Fehler *m (oder Mangel m)*; **~ material** inhaltlicher Mangel *m*; **~ del material** Materialfehler *m*; **~ de procedimiento** Verfahrens | fehler *m*, -mangel *m*; **~ visual** Sehfehler *m*.
defectuo | sidad Schadhaftigkeit *f*; **~so** fehler | haft, mangel-, schad-.
defender verteidigen, wahrnehmen; **~ una causa** eine Rechtssache *f* vertreten; **~ los derechos** die Rechte *npl* wahren.
defen | derse sich verteidigen; **~dible** haltbar, vertretbar *(Anwalt)*; **~dido** Mandant *m (in Strafsachen)*.
defensa *(Straf)*Verteidigung *f*, Prozessvertretung *f*, anwaltliche Vertretung *f*; **~ civil** Zivil | schutz *m*, -verteidigung *f*; **~ criminal** Strafverteidigung *f*; **~ de un derecho** Rechtsverteidigung *f*; **en ~** zur Entlastung *f*; **legitima ~ putativa** *(o* ***subjetiva****)* Putativnotwehr *f*; **legitima ~ por tercera persona** Nothilfe *f*; **~ mecánica automática** Selbstschussanlage *f*; **~ nacional** Landesverteidigung *f*; **~ de la naturaleza** Naturschutz *m*; **~ de oficio** Pflichtverteidigung *f*; **~ de la posesión** Besitzschutz *m*; **sin ~** rechtlos.
defensor Verteidiger *m*, Strafverteidiger *m*, Nothelfer *m (Notwehr zugunsten Dritter)*; **~ de confianza** Vertrauensanwalt *m*; **~ oficial** *(o* ***de oficio****)* Offizial | verteidiger *m*, Pflicht- *m*, Verteidiger *m*; **~ del pueblo** *(Sp)* Ombudsmann *m*.
defensoría Verteidigertätigkeit *f*; **~ jurídica** Rechtsschutzstelle *f*; **~ de oficio** Pflichtverteidigung *f*.
defensorio Verteidigungsschrift *f*.
deferente *m* der sich einem fremden Gutachten Anschließende *m*.
deferir bevollmächtigen, übertragen, anfallen *(Anteil)*, zuschieben *(Eid)*; vererben; **~ a** verweisen an.
deferirse anfallen *(Erbschaft)*.
deficiencia Fehler | haftigkeit *f*, Mangel- *f*; **~ mental** Geistesschwäche *f*; **~ organizativa** Organisationsmangel *m*.
deficiente *m* **mental** geistig Behinderter *m*.
déficit *m (pl)* Fehl | betrag *m*, -bestand *m*, Defizit *n*, Mindererlös *m*, Verlust *m*, Manko *n*; **~ en las recaudaciones** Minderaufkommen *n*; **~ de suministro** Versorgungslücke *f*, Minderlieferung.
deficitario defizitär.
definición Definition *f*, Begriffs | auslegung *f*, -bestimmung *f*, Abgrenzung *f*; **~ de fines** Zielvorgabe *f*; **~ oficial** Legaldefinition *f*.
definir entscheiden, definieren, abgrenzen *(Zuständigkeit)*.
definiti | va Endurteil *n*; **~vidad** Endgültigkeit *f (der Entcheidung)*; **~vo** endgültig, fortgeltend.
deflación Deflation *f*.

deflacion | ario Deflations-, deflationistisch; **~ista** s. deflacionario.
deflac | tación Bereinigung *f (SteuerR)*; **~tar** bereinigen, einen Inflationsabschlag *m* machen.
deforestación Abholzung *f*, Kahlschlag *m*, Rodung.
defraudación Betrug *m*, Veruntreuung *f*, Schwindel *m*, unrechtmäßige Aneignung *f*, Gläubigerbenachteiligung *f*; **~ del derecho de autor** strafbare Urheberrechtsverletzung *f*; **~ fiscal** Steuerhinterziehung *f*; **~ de fluido eléctrico *(ajeno)*** Entziehung *f* elektrischer Energie *f*; **~ prendaria** Verstrickungsbruch *m*.
defraudador Betrüger *m*; **~ fiscal** Steuer | hinterzieher *m*, -sünder *m*.
defraudar veruntreuen; **~ impuestos** Steuern *fpl* hinterziehen.
degradación Absetzung *f*, Degradierung *f*, *(Zu)*Rückstufung *f*, Dienstgradherabsetzung *f*; **~ de los bosques** Waldsterben *n*; **~ del medio ambiente** Umweltbeeinträchtigungen *fpl*.
degradar absetzen, degradieren, zurückstufen, im Rang *m* herabsetzen.
degresi | ón Degression *f*; **~vidad** s. degresión; **~vo** degressiv.
dehesa Weideland *n*.
dejación Aufgabe *f (des Besitzes, von Rechten)*, Verzicht *m (auf ein Recht)*, Ausschlagung *f (einer Erbschaft)*, Überlassung *f (von Sachen)*.
dejar aufgeben, verzichten, austreten *(aus)*, ausscheiden, abgeben, übertragen, ver | lassen, über-; *(ErbR:)* hinterlassen, vermachen; **~ constancia** zu Protokoll *n* nehmen, vermerken, bestätigen; **~ una cuenta al *(en)* descubierto** ein Konto *n* überziehen; **~ sin efecto** annullieren, für unwirksam erklären; **~ de existir** erlöschen; **~ fuera de la consideración** außer Acht lassen; **~ de hacer** unterlassen; **~ huellas** Spuren *fpl* hinterlassen; **~ a salvo** unberührt lassen; **~ subsistente** bestehen lassen *(Verbindlichkeit)*; **~ de surtir efectos** außer Kraft treten.
delación *(anonyme)* Anzeige *f*, Denunziation *f*; Übertragung *(der Vormundschaft)*, Anfall *m (der Erbschaft)*, Berufung *f (zur Erbschaft)*.
delat | ante *m* Denunziant *m*; **~ar** denunzieren; **~or** s. delatante.
delcrédere *m* Delkredere *n*, Garantieprovision *f*.
delegable delegierbar, übertragbar.
delegación Abordnung *f*, Vertretung *f*, Delegation *f*, Entsendung *f*, Übertragung *f (von Funktionen)*, Ermächtigung *f* Beauftragung *f (eines Richters durch anderen)*; Behörde *f*, Nebenstelle *f*, **~ aduanera** Zollamt *n*; **~ de atribuciones** Ermächtigung *f*, Aufgabenzuweisung *f*; **~ comercial** Handelsdelegation *f*; **~ de firma** *(Übertragung der)* Zeichnungsberechtigung *f*; **~ de Hacienda** *(Sp)* Finanzamt *n*; **~ local de trabajo** *(Sp)* Arbeitsagentur *f*; **~ perfecta** *(befreiende)* Schuldübernahme *f*; **~ de poderes** Vollmachterteilung *f*; **~ provincial** *(Sp)* staatliche Provinzialbehörde *f*; **~ provincial de Hacienda** *(Sp)* Oberfinanzdirektion *f*; **~ de sanidad** Gesundheitsamt *n*.
delegado Abgeordneter *m*, Beauftragter *m*, Delegierter *m*, Bevollmächtigter *m*, Vertreter *m*, Abgesandter *m*, Amtsleiter *m*; **~ de empresa** *(Sp)* Betriebsratsmitglied *n (bei 6–10 Arbeitnehmern)*; **~ del Gobierno central** *(Sp)* Vertreter *m* der Zentralregierung bei der Autonomie; **~ de Hacienda** Finanzamtsvorsteher *m*; **~ de Hacienda de la provincia** *(Sp)* Oberfinanzpräsident *m*; **~ de la protección de los datos** Datenschutzbeauftragter *m*.
delegante *m* Beauftragender *m*.
delegar abordnen, beauftragen, übertragen, delegieren, entsenden.
delegatario Schuld*(mit)*übernehmer *m*.
deliberación Überlegung *f*, Beschlussfassung *f*, Beratung *f (eines Gesetzes, des Gerichts)*; **~ a puerta cerrada** geheime Beratung *f*.
deliberado wissentlich, absichtlich; **~nte** *(adj)* Beschluss- *(Gremium)*; **~r** beschließen.
delictivo kriminell, verbrecherisch.
delictual s. delictivo.
delictuoso s. delictivo.
delimitación Abgrenzung *f*, Begrenzung *f*; **~ de carriles** Fahrstreifenbegrenzung *f*.

delimitar abgrenzen, abstecken.
delincuencia Kriminalität *f*, Straffälligkeit *f*; **~ infantil** Kinderkriminalität *f*; **~ informática** Computerkriminalität *f*; **~ juvenil** Jugendkriminalität *f*; **~ en materia de drogas** Drogenkriminalität *f*; **~ organizada** organisierte Kriminalität.
delincuente *m* Täter *m (StrafR)*, Straftäter *m*; **~** *(adj)* straffällig, verbrecherisch; **~ de** *(o* ***por)*** **convicción** Überzeugungstäter *m*; **~ de Derecho común** gewöhnlicher *(oder gemeiner)* Verbrecher *m*; **~ juvenil** jugendlicher Verbrecher *m*; **~ pasional** Affekttäter *m*; **~ por predisposición** *(o* ***predispuesto)*** Hangverbrecher *m*; **presunto** mutmaßlicher Täter *m*; **~ primario** *(o* ***por primera vez)*** Ersttäter *m*; **~ profesional** Berufsverbrecher *m*; **~ sexual** Sittlichkeitsverbrecher *m*.
delinqui | miento Begehung *f*, einer Straftat **~r** eine Straftat *f* begehen.
delito Tat *f (StrafR)*, Straftat*(bestand) f (m)*, strafbare Handlung *f*, Delikt *n*, Verbrechen *n*, Vergehen *n*.
delito de acción Begehungs | tat *f*, -delikt *n*.
delito, ~ aduanero Zollvergehen *n*; **~ calificado** qualifiziertes Delikt *n*, qualifizierte Straftat *f*; **~ calificado por el resultado** erfolgsqualifiziertes Delikt *n*; **~ capital** Kapitalverbrechen *n*; **~ civil** unerlaubte Handlung *f*; **~ de comisión por omisión** unechtes Unterlassungsdelikt *n*; **~ consumado** vollendete Straftat *f*; **~ continuado** fortgesetzte Handlung *f (oder Straftat f)*; **~ continuo** Dauerdelikt *n*; **~ por convicción** Überzeugungstat *f*; **~ de cuello blanco** Wirtschaftsvergehen *n*, **~ culposo** Fahrlässigkeitsdelikt *n*; **~ de droga*(s)*** Rauschgift | vergehen *n*, -delikt *n*; **~ de ebriedad** Rauschtat *f*; **~ ecológico** Umwelt | delikt *n*, -straftat *f*; **~ económico** Wirtschafts | vergehen *n*, -straftat *f*, -delikt *n*; **~ de ejecución personal** eigenhändiges Delikt *n*; **~ de estado** Zustandsdelikt *n*; **~ contra el estado civil de las personas** Personenstandsdelikt *n*; **~ de falsedad** Fälschungsdelikt *n*; **~ fiscal** Steuerstraftat *f*; **en flagrante ~** auf frischer Tat; **~ forestal** Forstfrevel *m*; **~ frustrado** fehlgeschlagenes Delikt; **~ de guante blanco** Kavaliersdelikt *n*; **~ grave** Verbrechen *n (i. e. S.)*, schweres Verbrechen *n*; **~ de guerra** Kriegsverbrechen *n*; **~ contra la hacienda pública** Steuerstraftat *f*; **~ de homicidio** Tötungsdelikt *n*; **~ contra la humanidad** Verbrechen *n* gegen die Menschlichkeit; **~ imaginario** Wahnverbrechen *n*; **~ de impulsión** Triebverbrechen *n*; **~ de lesiones** *(Körper)*Verletzungsdelikt *n*.
delito contra la libertad, ~ ~ individual Straftat *f* gegen die persönliche Freiheit; **~ ~ sexual** Sexualdelikt *n (Oberbegriff)*.
delito, ~ contra la memoria del difunto Verunglimpfung *f* des Andenkens Verstorbener; **~ menos grave** Vergehen *n (i. e. S.)*; **~ militar** Wehrstraftat *f*, **~ monetario** Währungs | vergehen *n*, Devisen- *n*; **~ por negligencia** fahrlässige Straftat *f*, **~ notorio** in der Öffentlichkeit begangene Straftat *f*.
delito *m* **de (pura) omisión, ~ ~ impropio** unechtes Unterlassungsdelikt *n*; **~ ~ propio** *(o* ***simple)*** echtes Unterlassungsdelikt *n*.
delito *m* **contra el orden público** Straftat *f* gegen die öffentliche Ordnung; **~ pasional** Affektverbrechen *n*; **~ contra la patria** Staatsschutzdelikt *n*; **~ patrimonial** *(o* ***contra el patrimonio)*** Vermögensdelikt *n*.
delito de peligro Gefährdungsdelikt *n*; **~ ~ abstracto** abstraktes Gefährdungsdelikt *n*; **~ ~ común** gemeingefährliches Delikt *n*; **~ ~ concreto** konkretes Gefährdungsdelikt *n*.
delito, ~ perseguible de oficio Offizialdelikt *n*; **~ perseguible por querella** Antragsdelikt *n*; **~ contra la propiedad** Eigentums | delikt *n*, -vergehen *n*; **~ de pura omisión** echtes Unterlassungsdelikt *n*; **reiterado** Rückfalldelikt *n*; **~ contra la salud pública** *(Sp)* Straftat *f*

gegen das öffentliche Gesundheitswesen.

delito contra la seguridad, ~ ~ de la circulación Straßenverkehrsgefährdung *f*; **~ ~ colectiva** Straftat *f* gegen die innere Sicherheit; **~ ~ social** Straftat *f* gegen die soziale Sicherheit.

delito sexual Sittlichkeits | delikt *n*, -verbrechen *n*, Sexualdelikt *n*.

delito, ~ societario gesellschaftsrechtliche Straftat *f*; **~ de terrorismo** terroristische Straftat *f*; **~ de hurto de uso** Gebrauchsentwendung *f*; **~ contra la vida** Straftat *f* gegen das Leben; **~ de violencia** Gewalt | delikt *n*, -verbrechen *n*.

demanda 1. Frage, Anfrage *f*, Forderung *f*, Anforderung *f*, Gesuch *n*; 2. Bedarf *m*, Bestellung *f*, Nachfrage *f*; 3. Klage *f*, Klage | anspruch *m*, -antrag *m*, -forderung *f*, -schrift *f*; **a ~** auf Abruf *m*; **~ acumulada** Klagen | häufung *f*, -verbindung *f*; **~ de alojamiento** Zimmervorbestellung *f*; **~ animada** rege *(oder lebhafte)* Nachfrage *f*; **~ civil** Zivilklage *f*; **~ de colocación** Stellengesuch *n*; **~ contenida** Nachholbedarf *m*; **~ de contradicción** Vollstreckungsgegen | klage *f*, Widerspruchs- *f*; **~ de créditos** Kreditnachfrage *f*; **~ de daños y perjuicios** Schadensersatzklage *f*; **~ de declaración incidental** Zwischenfeststellungsklage *f*; **~ declarativa** Feststellungsklage *f*; **~ contra el despido** Kündigungsschutzklage *f*; **~ de divorcio** Scheidungs | klage *f*, -begehren *n*; **~ ejecutiva** Vollstreckungsauftrag *m*, Klage *f* im Urkundenprozess; **~ elástica** elastische Nachfrage *f*; **~ de empleo** Stellengesuch *n*; **~ energética** *(o **de energía**)* Energiebedarf *m*; **~ estacional** saisonbedingte Nachfrage *f*; **~ excedente** *(o **excesiva**)* Nachfrageüberhang *m*; **~ gradual** Stufenklage *f*; **~ de impugnación** Anfechtungsklage *f*; **~ informativa** Informationsbedarf *m*; **~ inmediata** Nachfragestoß *m*; **~ interior** *(o **interna**)* Inlands | nachfrage *f*, Binnen- *f*; **~ de inversión** Anlagebedarf *m*; **~ laboral** arbeitsgerichtliche Klage *f*; **~ de mano de obra** Nachfrage *f* nach Arbeitskräften, Arbeitskräftebedarf *m*; **~ monetaria** Geldbedarf *m*; **~ nacional agregada** gesamtwirtschaftliche Nachfrage *f*; **~ negativa** Abwehrklage *f*; **~ de nulidad** Nichtigkeitsklage *f*; **~ de oposición a la ejecución** Vollstreckungs | gegenklage *f*, -abwehrklage *f*; **~ de pago** Zahlungsklage *f*; **~ de productos** Produktnachfrage *f*; **~ pública** staatliche Nachfrage *f*; **~ de punta** Spitzenbedarf *m*; **~ de recurso** Regressklage *f*; **~ de reforma** *(Ab)*Änderungsklage *f*; **~ sobre rendición de cuentas** Klage *f* auf Rechnungslegung; **~ de reposición** Ersatzbedarf *m*; Haftungsklage *f*; **~ retraída** geringe Nachfrage *f*; **~ rígida** unelastische Nachfrage *f*; **~ de separación** Ehetrennungsklage *f*; **~ sostenida** anhaltende Nachfrage *f*; **~ súbita** Nachfragestoß *m*; **~ sumaria** Klage *f* in abgekürztem Verfahren; **~ suplementaria** Klageerweiterung *f*; Mehrbedarf; **~ de tercería** Drittwiderspruchsklage *f*; **~ de trabajo** Arbeits | nachfrage *f*, -kräftebedarf *m*; **~ vecinal** Nachbarklage *f*; **~ verbal** *(Sp)* Klage *f* im „juicio verbal".

demandado Beklagter *m*; *(adj)* gesucht *(B)*; **~ reconvencional** Widerbeklagter *m*.

demandador Kläger *m*.

demandante *m* Kläger *m*, Besteller *m*, Fordernder *m*, Nachfrager *m*; **~ de amparo** Beschwerdeführer *m* einer Verfassungsbeschwerde; **~ de la apelación** Berufungskläger *m*; **~ de empleo** Arbeitsuchender *m*.

demandar *(an)*fordern, ersuchen, ansuchen um, verlangen, beantragen, beanspruchen; klagen, ver | klagen, ein-; **~ judicialmente** *(o **en juicio**)* gerichtlich belangen *(oder verfolgen)*.

demandas *pl*, **~ salariales** Lohnforderungen *fpl*.

demarcación Abgrenzung *f*, Ge | markung *f*, Ab- *f*, Bezirk *m*.

demarcar abgrenzen, abmarken.

demérito por uso Wertverlust *m* durch Abnutzung.
democracia Demokratie *f*; **~ representativa** repräsentative Demokratie *f*; **~ social** Sozialdemokratie *f*.
demócrata *m* Demokrat *m*.
demócrata | -cristiano christdemokratisch; **~ -socialista** *m* sozialdemokratisch.
democrático demokratisch.
democratiza | ción Demokratisierung *f*; **~r** demokratisieren.
demografía Demographie *f*.
demográfico demokraphisch.
demolición Abriss *m (Gebäude)*, Abbruch *m (Bau)*.
demora Verzug *m*, Aufschub *m*, Verzögerung *f*, Säumnis *f*, Abstand *m*; **sin ~** unverzüglich, fristlos.
demorar verzögern.
demostra | ble nachweisbar, beweisbar; **~ción** Beweis *m*, Nachweis *m*.
demostrar be | weisen, nach-, vorführen, demonstrieren.
denegación Abweisung *f*, Zurückweisung *f (Berufung)*, Verweigerung *f*; **~ de auxilio** unterlassene Hilfeleistung *f*; **~ de justicia** Justizverweigerung *f*; **~ de pruebas** Ablehnung *f* eines Beweisantrags; **~ de trabajo** Arbeitsverweigerung *f*.
denegar ablehnen, *(als unzuständig)* abweisen, aberkennen, verweigern, zurückweisen, verwerfen *(Rechtsmittel)*; **~ una petición** einen Antrag *m* ablehnen.
denegatorio ablehnend, abschlägig *(-e Entscheidung)*.
denigración Verunglimpfung, Anschwärzung *f*.
denominación Name *m*, Benennung *f*, Bezeichnung *f*; **~ abreviada** Kurzbezeichnung *f*; **~ de calidad** Gütezeichen *n*; **~ comercial** Handelsname *m*; **~ objetiva** Sachfirma *f*; **~ de origen** Herkunfts | bezeichnung *f*, Ursprungs- *f*.
denominar *(be)*nennen, bezeichnen.
densidad Dichte *f*; **~ de la circulación** Verkehrsdichte *f*; **~ demográfica** Bevölkerungsdichte *f*.
dentista *m* **del seguro de enfermedad** Kassenzahnarzt *m*.
denuncia Anzeige *f*, Strafanzeige *f*, Kündigung *f*, Rüge *f* *(Unzuständigkeit)*; **~ de accidente** Unfallanzeige *f*; **~ falsa** falsche Anschuldigung *f*; **hacer una ~** eine Anzeige *f* erstatten; **~ de infracción de preceptos materiales** Sachrüge**;** **~~ del litigio** Streitverkündung *f*; **~ de pérdida** Verlust | anzeige *f*, -meldung *f*.
denuncia | ción *(s.a. denuncia)* Anzeige *f*; **~dor** s. denunciante; **~nte** *m* Anzeigeerstatter *m*.
denunciar anzeigen; rügen *(Unzuständigkeit)*, den Streit *m* verkünden, kündigen; **~ el pleito** den Streit *m* verkünden; **~ un saldo** einen Saldo *m* ausweisen.
deontología berufsständische Grundsätze *mpl*, Berufsethos *n*.
departamental *(adj)* Abteilungs-.
departamento Abteilung *f*, Ressort *n*, Fachbereich *m*, Verwaltungs | bezirk *m*; Ministerium.
departamento, ~ de asesoría jurídica Rechtsabteilung *f*; **~ de Asuntos Políticos y de Asuntos del Consejo de Seguridad** Abteilung *f* für politische Fragen und Angelegenheiten des Sicherheitsrats *(UNO)*; **~ de bienestar social** *(Sp)* Sozialamt *n*; **~ de daños o reclamaciones** Schadensabteilung *f* *(Versicherung)*; **~ de despacho** Versandabteilung *f*; **~ especializado** Fachabteilung *f*; **~ de estudios** *(Sp)* wissenschaftliche Abteilung *f*; **~ de expedición** Versandabteilung *f*; **~ de impagados** Mahnabteilung *f*; **~ de investigación** Forschungs | abteilung *f*, -bereich *m*; **~ de juventud** Jugendamt *n*; **~ legal** Rechtsabteilung *f*; **~ de nóminas** Lohnbüro *n*; **~ de personal** Personalabteilung *f*; **~ de publicidad** Anzeigen | abteilung *f*, Werbe- *f*; **~ sectorial** Fachressort *n*; **~ del tesoro** Schatzamt *n*; **~ de ventas** Vertriebs | abteilung *f*, Verkaufs- *f*.
dependencia Zweig | stelle *f*, Dienst- *f*, Außen- *f*, Filiale *f*, Unterbehörde *f*, Abteilung *f*, Geschäftsraum *m*; Abhängigkeit *f*; **~ bancaria**

Bankfiliale *f*; **~ coyuntural** Konjunkturabhängigkeit *f*; **en ~ directa de …** dem … direkt unterstellt; **~ de drogas** Drogenabhängigkeit *f*; **~ jerárquica** Weisungs | gebundenheit *f*, -bindung *f*; **~ oficial** Amtsstelle *f*; **~ orgánica** Organabhängigkeit *f*; **~ policial** Polizeistation *f*; **~ de venta** Verkaufsraum *m*.

depen | dencias *pl* Zubehör *n (m)*; **~der** abhängig sein; **~dienta** Handlungsgehilfin *f*, Verkäuferin *f*.

dependiente *m* Handlungs | gehilfe *m*, -bevollmächtigter *m*.

deponente s. depositante.

deponer hinterlegen, absetzen *(jemanden ~)*; aussagen; **~ las armas** die Waffen *fpl* niederlegen.

deportación Deportation *f*.

deportar deportieren.

deportista *m* Sportler *m*; **~ profesional** Berufssportler *m*.

deposición Absetzung *f*, Besitzverlust *m*; **~ judicial** Aussage *f* vor Gericht.

depositante *m* Einzahler *m*, Hinterleger *m*, Einlagerer *m*, Aussagender *m*, Anmelder *m (Patent)*.

depositar hinterlegen, zur Aufbewahrung *f* geben, einlagern *(Ware)*, einzahlen *(auf Girokonto)*; **~ en el archivo** ablegen; **~ su voto** seine Stimme *f* abgeben.

depositaría Depot *n*, Hinterlegungsstelle *f*.

depositario Verwahrer *m*, Empfänger *m (Hinterlegung)*, Lagerhalter *m*, Sequester *m*, Hinterlegungsstaat *m (Abkommen)*; **~ administrador** *(vorläufiger)* Insolvenzverwalter *m*; **~ del secreto** Geheimnisträger *m*.

depósito Depot *n*, Hinterlegung *f*, Aufbewahrung *f*, Einlage *f*, Unterbringung *f (von Personen)*, Verwahrung *f*, Gewahrsam *m*; Einreichung *f (Antrag)*; Einlieferung *f*, Lager *n*, Lagerung *f*, Lagerhaus *n*, Warenlager *n*, Deponie *f*, Ablage *f (von Dokumenten)*, Einbringung *f* von Sachen *(bei Gastwirten)*; **~ de acciones** Aktiendepot *n*; **~ de aduana*(s)* *(o* aduanero*)*** Zolllager*(ung) n (f)*, Zolldepot *n*; **~ de ahorros** Spar | guthaben *n*, -einlage *f*; **~ central de valores** Girosammeldepot *n*; **~ colectivo** Sammeldepot *n*; **~ de equipaje** Gepäckaufbewahrung *f*; **~ de *(o en)* garantía** Sicherheitshinterlegung *f*, Garantiefonds *m*; **~ de instrumento** Hinterlegung *f* der Beitrittsurkunde *(Abkommen)*; **~ interbancario** Bank-bei-Bank-Einlage *f*, Zwischenbankeinlage *f*; **~ a interés** verzinsliche Einlage *f*.

depósito irregular unregelmäßige Verwahrung *f*.

depósito, ~ judicial gerichtliche Hinterlegung *f (oder Verwahrung f)*, **~ en lista de correos** postlagernd; **~ de la marca** Markenanmeldung *f*; **~ mercantil** Lager | geschäft *n*, -halle *f*; **~ en metálico** Bardepot *n*; **~ necesario** Zwangshinterlegung *f*; **~ de numerario** Gelddepot *n*; **~ de objetos perdidos** Fundbüro *n*; **~ -oro** Goldvorrat *m*; **~ a plazo *(fijo)*** Festgeld *n*, Termineinlage *f*; **~ privado** Privateinlage *f*; **~ secuestro** Sequestration *f*; **~ separado** Sonderverwahrung *f*, Streifbanddepot *n*; **~ a la vista** Sicht | einlage *f*, -guthaben *n*.

depósitos *pl* Depositen *pl*, Depositen | gelder *npl*, -einlagen *fpl*; **~ definitivos** Endlagerung *f (radioaktiver Abfall)*; **~ sentados en cuenta** Bucheinlagen *fpl*.

depreciación Abschreibung *f*, Entwertung *f*, Wert | verlust *m*, -*(ver)*minderung *f*, Minderwert *m*, Sinken *n* der Preise, Kursverlust *m*; **~ por agotamiento** substanzbedingte Wertminderung *f*; **~ decreciente** degressive Abschreibung *f*; **~ monetaria** Geldentwertung *f*, Währungsverfall *m*; **~ por el uso** Wertminderung *f* durch Abnutzung.

deprecia | dor abwertend; **~r** entwerten, abwerten, zurückstufen *(B)*; **~rse** entwertet werden, niedriger notieren *(B)*.

depreda | ción Plünderung *f*, Veruntreuung *(im Amt)*; **~r** plündern.

depresión Depression *f*, Sinken *n*, *(Absatz)*Flaute *f*, Abschwung *m*, Konjunkturtief *n*, Baisse *f*; **~ financiera** Finanzkrise *f*; **~ mundial** Weltwirtschaftskrise *f*.

depuración Säuberung *f*, (Wert)Bereinigung *f*; **~ de contaminantes** Abwasserbeseitigung *f*; **~ de las emisiones** Luftreinhaltung *f*.
depurar bereinigen, klären *(Sachverhalt)*, säubern *(politisch)*.
derecha die Rechte *f (in der Politik)*; **la extrema ~** Rechtsextremismus *m*.
derechi | sta *m* rechtsgerichteter Politiker *m*; **~** *(adj)* Rechts-, rechtsorientiert; **~zación** Rechtsruck *m (Politik)*.
Derecho/derecho 1. Recht *n*, Berechtigung *f*, Anrecht *n*, Vorrecht *n*, Anspruch *m*, Rechtsanspruch *m*; 2. *(Gebühren, Zölle, Steuern etc. s. unter: derechos pl)*; **~ absoluto** absolutes Recht *n*; **~ de acreedor** Gläubigerrecht *n*; **~ activo de sufragio** aktives Wahlrecht *n*.
derecho administrativo Verwaltungsrecht *n*; **~ ~ económico** Wirtschaftsverwaltungsrecht *n*; **~ ~ impositivo** Steuerverwaltungsrecht *n*.
Derecho/derecho ~ adquirido wohlerworbenes Recht *n*; **con ~ a alimentos** unterhaltsberechtigt; **~ ambiental** *(o **del ambiente**)* Umweltrecht *n*; **~ de arrendamiento** Miet | recht *n*, Pacht- *n*; **~ artesanal** Handwerksrecht *n*; **~ al asilo** Recht *n* auf Asyl; **~ de asilo** Asylrecht *m*; **con ~ de asilo** asylberechtigt; **~ de autodeterminación** Selbstbestimmungsrecht *n*; **~ autonómico** *(Sp)* Recht *n* der autonomen Regionen; **~ de autor** Urheberrecht *n*; **~ bancario** Bankrecht *n*; **~ bélico** Kriegsrecht *n*; **~ cambiario** Wechselrecht *n*, Recht *n* aus dem Wechsel; **~ canónico** *(KR)* Kirchenrecht *n*, kanonisches Recht *n*; **~ de cárteles** Kartellrecht *n*; **~ de casación** Revisionsrecht *n*; **~ de castigar** Strafanspruch *m*; **~ de cheque** Scheckrecht *n*; **~ de circulación** Verkehrsrecht *n*; **~ a circular libremente** Freizügigkeit *f*; **~ civil** bürgerliches Recht *n*, Zivilrecht *n*; **~ coactivo** zwingendes Recht *n*; **~ colectivo laboral** *(o **del trabajo**)* kollektives Arbeitsrecht *n*; **~ comercial marítimo** Seehandelsrecht *n*; **~ comparado** Rechtsvergleichung *f*, vergleichende Rechtswissenschaft *f*; **~ de competencia** Wettbewerbsrecht *n*; **~ común español** gemeinspanisches Recht *n*; **~ comunal** Kommunalrecht *n*; **~ de comunicación** Umgangsrecht *n (Scheidung)*; **~ comunitario** *(EU)* Gemeinschafts | recht *n*, Europa-; **~ comunitario derivado** *(EU)* sekundäres Gemeinschaftsrecht *n*; **~ comunitario originario** primäres Gemeinschaftsrecht *n*; **~ concursal** Insolvenzrecht *n*.
derecho constitucional Verfassungsrecht *n*.
Derecho/derecho, ~ de construcción Baurecht *n*; **~ consuetudinario** Gewohnheitsrecht *n*; **~ consular** Konsularrecht *n*; **~ contencioso-administrativo** Verwaltungsprozessrecht *n*; **contrario a*(l)* ~** widerrechtlich, rechtsfeindlich; **~ en la cosa** *(o **de cosas**)* Sachenrecht *n*, dingliches Recht *n*; **~ sobre cosa ajena** Recht *n* an einer fremden Sache; **~ de crédito** Forderung *f*, Forderungsrecht *n*; **~ de cuidar** Sorgerecht *n*; **~ a devolución** Herausgabeanspruch *m*; **~ a la dignidad humana** Recht *n* auf Respektierung der Menschenwürde; **~ de dirección** Direktions | recht *n*, Weisungs- *n*; **~ disciplinario** Disziplinar | recht *n*, Dienst*(straf)*- *n*; **~ de disposición** Verfügungsrecht *n*; **~ dispositivo** dispositives *(oder nachgiebiges)* Recht *n*; **~ eclesiástico** Kirchenrecht *n*; **~ eclesiástico del Estado** Staatskirchenrecht *n*; **~ editorial** Verlagsrecht *n*; **~ de ejecución penal** Strafvollzugsrecht *n*; **~ electoral activo** aktives Wahlrecht *n*; **~ electoral pasivo** passives Wahlrecht *n*, Wählbarkeit *f*; **~ equitativo** Billigkeitsrecht *n*; **~ escrito** *(o **escriturado**)* geschriebenes *(oder gesetztes)* Recht *n*; **~ de Estado** Staatsrecht *n*; **~ estatutario** satzungsmäßiges Recht *n*; **~ estricto** strenges Recht *n*; **~ de excepción** *(o **excepcional**)* Ausnahmerecht *n*.
derecho exclusivo ~ ~ de acuñar moneda Münz | monopol *n*, -regal *n*;

~ ~ de venta Allein|vertriebsrecht *n*, -verkaufsrecht *n*.

Derecho/derecho, ~ de excusar el testimonio Zeugnisverweigerungsrecht *n*; **~ expectante** Anwartschaftsrecht *n*; **~ de explotación económica** *(Urheberrecht:)* Nutzungs|recht *n*, Verwertungs- *n*; **~ de extranjería** Ausländer|recht *n*, Fremden- *n*; **~ de familia** Familienrecht *n*; **~ federal** Bundesrecht *n*; **~ fiscal** Steuer|recht *n*, Abgaben- *n*; **~ foral** Parteikularrecht *n*; **~** *(Sp)* Foralrecht *n*; **~ forestal** Forstrecht *n*; **~ de formación** Gestaltungsrecht *n*; **~ formal** formelles Recht *n*; **fuera del ~** rechtlos; **~ de la fuerza** Faustrecht *n*; **~ funcionarial** *(o* ***de funcionarios****)* Beamtenrecht *n*; **~ fundamental** Grundrecht *n*; **~ de gestión procesal** Prozessführungsbefugnis *f*; **~ de gracia** Begnadigungs|recht *n*, Gnaden- *n*; **~ de guarda** Sorgerecht *n*; **~ -habiente** Rechts|nachfolger *m*, -inhaber *m*, Berechtigter *m*; **~ de habitación** *(o* ***habitacional****)* Wohn*(ungs)*recht *n*; **~ hereditario** Erb|recht *n* *(subjektives ~)*; **~ al honor** Recht *n* auf Ehre; **~ humano** Menschenrecht *n*; **~ imperativo** zwingendes Recht *n*; **~ de imposición** *(o* ***impositivo****)* Steuer|recht *n*, Besteuerungs- *n*; **~ inalienable** unveräußerliches *(oder unabdingbares)* Recht *n*; **~ incorporal** Immaterialgüterrecht *n*; **~ industrial** Gewerberecht *n*; **~ inmobiliario** Grundstücks|recht *n*; **~ interestatal** zwischenstaatliches Recht *n*; **~ interlocal** interlokales Recht *n*.

Derecho internacional internationales Recht *n*; **~ ~ bélico** Kriegsrecht *n*; **~ ~ consuetudinario** Völkergewohnheitsrecht *n*; **~ ~ contractual** *(o* ***convencional****)* Völkervertragsrecht *n*; **~ ~ privado** internationales Privatrecht *n*, Kollisions- *n*; **~ ~ público** Völkerrecht *n*.

Derecho/derecho, ~ interno Landesrecht *n*, innerstaatliches Recht *n*; **~ interregional** interlokales Recht *n*; **~ de intervención** Eingriffsrecht *n*, Recht *n* zum Einschreiten; **~ al juez natural** Recht *n* auf den gesetzlichen Richter; **~ laboral** Arbeitsrecht *n*; **~ de libertad** Freiheitsrecht *n*; **~ a la libertad religiosa** Religionsfreiheit *f*; **~ de libre circulación** Freizügigkeit *f (EU)*; **~ limitativo de dominio** beschränktes dingliches Recht *n*; **~ de marcas** Marken|recht *n*, Warenzeichen- *n*.

Derecho/derecho marítimo Seerecht *n*; **~ ~** mercantil Seehandelsrecht *n*.

Derecho/derecho, ~ material materielles Recht *n*; **~ matrimonial** Eherecht *n*; **~ mercantil** Handelsrecht *n*; **~ militar** Wehrrecht *n*; **~ de minas** *(o minero)* Bergrecht *n*; **~ monetario** Währungsrecht *n*; **~ municipal** Gemeinde|recht *n*, Kommunal- *n*; **~ nacional** Heimat|recht *n*, Landes- *n (VöR)*, einzelstaatliches Recht *n (EU)*; **~ de** ***(la)*** *(o* ***sobre****)* **nacionalidad** Staatsangehörigkeitsrecht *n*; **~ natural** Naturrecht *n*; **~ a negarse a declarar** Aussageverweigerungsrecht *n*; **no ser conforme a ~** rechtswidrig sein; **~ al nombre** Namensrecht *n*; **~ notarial** Notar*(iats)*recht *n*; **~ nuclear** Atomrecht *n*; **~ objetivo** objektives Recht *n*; **~ de obligaciones** Schuldrecht *n*; **~ de opción** Bezugs|recht *n*, Options- *n*, Wahl- *n*; **~ de optar** *(o* ***optativo****)* Wahlrecht *n*; **~ de los padres** Elternrecht *n (Grundrecht)*; **~ particular** Landesrecht *n*; **~ pasivo de sufragio** passives Wahlrecht *n*; **~ de paso** Wegerecht *n*; **~ patentario** *(o* ***de patentes****)* Patentrecht *n*; **~ patrimonial** Vermögens|recht *n*, Güter- *n*.

Derecho/derecho penal Strafrecht *n*; **~ ~ fiscal** Steuerstrafrecht *n*; **~ ~ internacional** Völkerstrafrecht *n*; **~ ~ juvenil** Jugendstrafrecht *n*; **~ ~ militar** Militär|strafrecht *n*, Wehr- *n*.

Derecho/derecho, ~ penitenciario Strafvollzugsrecht *n*; **~ a pensión** Renten|anspruch *m*, Pensions- *m*, Ruhegehalts- *m*; **~ de persecución** Recht *n* der Nacheile; **~ de la personalidad** Persönlichkeitsrecht *n*; **~ personalísimo** höchstpersönliches Recht *n*; **~ de personas** Personenrecht *n*; **~ de pesca** Fischereirecht *n*; **~ de petición** Petitionsrecht *n*; **de pleno ~** mit voller Rechtswirkung; **~ de policía** *(o* ***policial)*** Polizeirecht *n*; **~ político** Staatsrecht *n*; **~ positivo** positives Recht *n*.

derecho, ~ preconstitucional vorkonstitutionelles Recht *n*; **~ de preferencia** Vorkaufs | recht *n*, Vorzugs- *n*; Vorfahrtsrecht *n (VR)*; **~ preferente** Vor | recht *n*.

derecho de prenda Pfandrecht *n*; **~ ~ inmobiliaria** Grundpfandrecht *n*; **~ ~ mobiliaria** Fahrnispfandrecht *n*.

derecho, ~ prendario s. derecho de prenda; **~ de prensa** Presserecht *n*; **~ de prioridad** *(o* ***prioritario)*** Vorkaufs | recht *n*, Vorzugs- *n*; **~ de privatividad** Recht *n* auf Intimsphäre.

Derecho/derecho privado Privatrecht *n*; **de ~ ~** privatrechtlich; **~ ~ internacional** internationales Privatrecht *n*.

Derecho/derecho procesal Prozess | recht *n*, Verfahrens- *n*; **~ ~ administrativo** Verwaltungsprozessrecht *n*; **~ ~ civil** Zivilprozessrecht *n*; **~ ~ penal** Straf | prozessrecht *n*, -verfahrensrecht *n*.

Derecho/derecho, ~ de propiedad industrial gewerblicher Rechtsschutz *m*; **~ de propiedad intelectual** Urheberrecht *n*.

derecho de protección Schutzrecht *n*; **~ ~** del medio ambiente Umweltrecht *n*; **~ ~** de la naturaleza Naturschutzrecht *n*.

derecho, ~ protector de los trabajadores Arbeitsschutzrecht *n*.

Derecho/derecho público öffentliches Recht *n*, Staatsrecht *n*; **~ ~** subjetivo subjektives öffentliches Recht *n*.

Derecho/derecho, ~ real dingliches Recht *n*; **~ de recurso** Rückgriffsrecht *n*, Regressmöglichkeit *f*; **~ de reducción** Minderungsrecht *n*; **~ de la región** *(o* ***regional)*** Land*(es)*recht *n*; **~ registral inmobiliario** Grundbuch | recht *n*, Register- *n*; **~ reglamentario** Verordnungsrecht *n*; **~ de regresión** *(o* ***de regreso)*** Rückgriffsrecht *n*; **~ de representación** Aufführungsrecht *n*; Eintrittsrecht *n*, Vertretungsbefugnis *f*; **con ~ de representación** vertretungsberechtigt; **~ de** *(o* ***a la)*** **resistencia** Widerstandsrecht *n*; **~ de resolución** Rücktrittsrecht *n*; **~ de la responsabilidad civil** Haftungsrecht *n*; **~ de respuesta** Recht *n* auf Gegendarstellung *(Presse)*; **~ de retorsión** Recht *n* zum Gegenschlag; **~ de reunión** Versammlungs | recht *n*, -freiheit *f*; **~ rural** Landwirtschafts | recht *n*, Agrar- *n*; **~ a saneamiento** Gewährleistungsanspruch *m*; **~ de la seguridad social** Sozialversicherungsrecht *n*; **~ de seguros** Versicherungsrecht *n*; **~ de separación relativa** Absonderungsrecht *n*; **~ a** *(o* ***de)*** **ser oído*(s)*** Recht *n (oder Anspruch m)* auf *(rechtliches)* Gehör; **sin ~** unrechtmäßig, unbefugt; **~ de soberanía** *(o* ***soberano)*** Hoheits | recht *n*, Souveränitäts- *n*; **~ social** Sozialrecht *n*; **~ de sociedades** Gesellschaftsrecht *n*; **~ de sociedades anónimas** Aktienrecht *n*; **~ subjetivo público** subjektiv-öffentliches Recht *n*; **~ de subrogación** Surrogationsrecht *n*; **~ sucesorio** Erb | recht *n*, -berechtigung *f*; **~ sucesorio del hijo no matrimonial** Erbersatzanspruch *m*; **~ del suelo** Bodenrecht *n*, jus *n* soli *(lat)*; **~ de sufragio activo** aktives Wahlrecht *n*; **~ de sufragio pasivo** passives Wahlrecht *n*; **~ de superficie** Erbbau | recht *n*, Bau- *n (Öst)*; **~ de tanteo** Rückkaufs | recht *n*, Vorkaufs- *n*; **tener ~ a** berechtigt sein zu, Anspruch *m* haben auf; **tener ~ preferente de paso** Vorfahrt *f* haben; **~ del trabajo** Arbeitsrecht *n*; **~ de(l) tráfico** *(Straßen)*Verkehrsrecht *n*; **~ de tránsito** Notwegrecht *n*; **~ a tránsito rodado** Fahrrecht *n*; **~ transitorio** Übergangs | recht *n*, -vorschriften *fpl*; **~ tributario** Steuer | recht *n*, Abgaben- *n*; **~ tributario internacional** Außensteuerrecht *n*; **~ urbanístico** Bauplanungsrecht *n*; **~ de uso** *(Be)*Nutzungs- *n*; **~ de uso a tiempo parcial** Teilzeitwohnrecht *n*, Time-sharing *n*; **~ de vecindad** Nachbarrecht *n*; *(o* ***a)*** **visita** Verkehrs- *n*, Besuchs- *n*

(Eherecht); ~ **vitalicio** lebenslänglicher Anspruch *m*; ~ **de votación** *(o como votante o* **a votar***)* s. derecho de voto; ~ **de** *(o* **a***)* **voto** Stimm|recht *n*, Wahl- *n*; ~ **de voto múltiple** Mehr*(fach)*stimmrecht *n*, mehrfaches Stimmrecht *n*; ~ **al voto municipal** kommunales Wahlrecht *n*.

derechoequidad Billigkeit *f*.

derechos *pl* 1. Rechte *npl*; 2. Gebühr*(en) f (pl)*, Abgabe*(n) f (pl)*, Zoll *m (Zölle pl)*, Steuer*(n) f (pl)*; ~ **de acarreo** Fuhr|geld *n*, Roll- *n*; ~ **de administración** *(o* ***administrativos****)* Verwaltungs|gebühren *fpl*, -abgaben *fpl*.

derechos de aduana *(s. a. derechos aduaneros, ~ arancelarios)* Zoll *m*, Zoll|gebühren *fpl*; ~ ~ **de importación** Einfuhrzölle *mpl*; ~ ~ **ad valorem** Wertzoll *m*.

derechos aduaneros s. derechos de aduana; ~ ~ **de exportación** Ausfuhrzölle *mpl*; ~ ~ **sobre productos agrícolas** Agrarzölle *mpl*; ~ ~ **protectores** Schutzzölle *mpl*; ~ ~ **de represalia** Kampfzölle *mpl*.

derechos arancelarios s. derechos de aduana; ~ ~ **adicionales** Zollzuschlag *m*; ~ ~ **prohibitivos** Schutzzölle *mpl*.

derechos, ~ de autor Autorenhonorar *n*, Tantieme *f*; ~ **bancarios** Bankgebühren *fpl*; ~ **de base** Ausgangszollsatz *m*; ~ **de carga***(mento)* Ladegebühren *fpl*; ~ **de los ciudadanos** Bürgerrechte *npl*; ~ **de cobranza** Hebegebühr *f*; ~ **consulares** Konsulats|gebühren *fpl*, Konsular- *fpl*; ~ **de depósito** Lagergebühren *fpl*; ~ **sobre derechos** Rechte *npl* an Rechten; ~ **de desembarque** Löschgebühren *fpl*; ~ **de despacho** *(Zoll)*Abfertigungsgebühren *fpl*; ~ **femeninos** Frauenrechte *npl*; ~ **de giro especial** Sonderziehungsrechte *npl*; ~ **del hombre** s. derechos humanos; ~ **humanos** Menschenrechte *npl*; ~ **inherentes a la persona** höchstpersönliche Rechte *npl*; ~ **de inscripción** Anmeldegebühren *fpl*; ~ **de inscripción en registro** Registrierungs|gebühren *fpl*; ~ **interiores** Binnenzölle *mpl*; ~ **judiciales** Gerichtsgebühren *fpl*; ~ **de licencia** Lizenzgebühren *fpl*; ~ **móviles mixtos** gleitende Mischzölle *mpl*; ~ **notariales** Notar*(iats)*gebühren *fpl*; ~ **oscilantes** Gleitzoll *m*; ~ **pasivos** Pensionsanspruch *m*; ~ **políticos** Staatsbürgerrechte *npl*; ~ **preferenciales** Vorzugs|zölle *mpl*, Präferenz- *mpl*; ~ **de protesto** Protestgebühren *fpl*; ~ **de prueba** Beweisgebühr *f*; ~ **de puerto** Hafengebühren *fpl*, Bakengeld *n*; ~ **de puesto** Stand|geld *n*, -gebühren *fpl*; ~ **reales** Erbschaftsteuer *fpl*, Übertragungsgebühren *fpl*; ~ **de representación** Aufwandsentschädigung *f*; ~ **reservados** alle Rechte *npl* vorbehalten, Vorbehaltsrechte *npl*; ~ **de salida** Ausgangs|zoll *m*, Ausfuhr- *m*; ~ **de los socios minoritarios** Minderheitsrechte *npl (Gesellschaft)*; ~ **de sucesión** Erbschaftsteuer *f*; ~ **a tanto alzado** Pauschalgebühren *fpl*; ~ **de timbre** Stempel|steuer *f*, -gebühren *fpl*, -abgaben *fpl*; ~ **de timbre sobre los títulos** Wertpapiersteuer *f*; ~ **de topes máximos y mínimos** Rahmengebühren *fpl*; ~ **de tramitación** Bearbeitungsgebühren *fpl*; ~ **de tránsito** Durchfuhr|zoll *m*, Transit- *m*.

derivación Ableitung *f*, Folgerung *f*.

derivados *pl* Derivate *npl*.

derivar ableiten *(Gewalt)*, herrühren; den Kurs ändern.

derogable abdingbar, aufhebbar.

derogación *(Gesetz:)* Aufhebung *f*, Abschaffung *f*, Außerkraftsetzung.

derogar aufheben *(Verwaltungsakt, Gesetz)*, abschaffen, außer Kraft setzen, zurücknehmen, annullieren.

derogatorio aufhebend.

derrama Umlage *f*; ~ **activa** Prämienrück|gabe *f*, -gewähr *f*.

derramar nach Köpfen *mpl* aufteilen *(Steuern)*, verschwenden.

derrame *m* Abnahme *f*, Manko *n*.

derrelic|ción Dereliktion *f*; **~to** derelinquierter Gegenstand *m (SeeR)*.

derrelinquir derelinquieren.

derribar abbrechen *(Ruinen)*; stürzen *(Regierung)*.

derribo Abriss *m (Gebäude)*.

derrota *(SeeR:)* Schiffskurs *m*, Niederlage *f*.

derrumbamiento, ~ de la bolsa Börsenkrach *m*.
desabaste | cer von der Versorgung *f* abschneiden; **~cimiento** Unterversorgung *f*.
desabon | arse ein Abonnement *n* kündigen; **~o** Aufgabe *f* des Abonnements.
desacatar sich ungebührlich benehmen.
desacato Beamtenbeleidigung *f*; **~ al tribunal** Ungebühr *f* vor Gericht.
desaceleración Verlangsamung *f*.
desacredita | do übel beleumdet; **~r** den Ruf *m* schädigen.
desacuerdo Unstimmigkeit *f*.
desadeudar entschulden.
desafección del trabajo Arbeitsscheu *f*.
des | afectación Entwidmung *f*, Entnahme *f* aus dem Betriebsvermögen; **~afectar** entwidmen; **~afiliación** Austritt *m*.
desafío Herausforderung *f*.
des | aforado gewalttätig, widerrechtlich; **~aforar** widerrechtlich handeln, aus der Anwaltschaft *f* ausschließen; die Immunität *f* aufheben; **~afuero** rechtswidrige Handlung *f*, Aberkennung *f (oder Aufhebung f)* der Immunität; **~agraviar** wiedergutmachen; **~agravio** Wiedergutmachung *f*.
desagüe *m* Entwässerung *f*.
desahorro Aufbrauchen *n* der Ersparnisse.
desahucia | dor Räumungsgläubiger *m*; **~r** zwangsweise räumen; **~torio** *(adj)* Räumungs-.
desahucio Räumung *f*, Räumungsverlangen *n*, Mitteilung *f* vom Ablauf des Mietvertrages.
des | ajustarse von einer Vereinbarung *f* Abstand nehmen; **~ajuste** *m* Abstandnahme *f* von einer Vereinbarung; **~almacenar** auslagern; **~alojamiento** Räumung *f*.
desalojar räumen *(Wohnung)*, ausziehen; **~ el local** die Öffentlichkeit *f* ausschließen.
desalojo Räumung *f*.
desalquila | do nicht vermietet; **~r** räumen *(Mietwohnung)*.
desamortizar privatisieren.
desamparado hilflos, verlassen, obdachlos, schutzlos.
desamparar aufgeben *(Grundstück)*, verlassen *(Person)*.
des | amparo Aufgabe *f (eines Rechts)*, Verlassen *n (einer Person)*, Verwahrlosung *f*, Schutzlosigkeit *f*; **~animado** *(B)* lau, flau, matt, unlustig, gedrückt, schleppend; **~aparecer** wegfallen, vermisst werden.
desaparecidos *pl* Vermisste *pl*.
desaparición Verschollenheit *f*, Vermisstsein *n*; Untergang *m (eines Rechts)*, Wegfall *m*; **~ de la base del negocio** Wegfall *m* der Geschäftsgrundlage; **~ de la cosa** Untergang *m* der Sache.
desapoderar den Besitz *m* entziehen, die Vollmacht *f* widerrufen.
des | aprobación Missbilligung *f*, Neinstimme *f*; **~aprobar** missbilligen.
desapropiar das Eigentum *n* entziehen; **~rse** das Eigentum *n* aufgeben.
desarmar abrüsten, entwaffnen, abtakeln, abbauen, abwracken; **~ una bomba** eine Bombe *f* entschärfen.
desarme *m* Abrüstung *f*, Entwaffnung *f*, Abbau *m (Zoll)*, Abtakelung *f*; **~ arancelario** Zollabbau *m*.
desarraigar vertreiben; **~arrendar** die Pacht kündigen.
desarrollar entwickeln, erschließen, ausbauen.
desarrollo Entwicklung *f*, Wachstum *n*, Aufbau *m (der Wirtschaft)*; **~ causal** Kausalverlauf *m*; **~ de una ley** Ausführung *f* eines Gesetzes; **libre ~ de la personalidad** freie Entfaltung *f* der Persönlichkeit.
desarticular ausheben *(Bande)*.
desastre *m* **financiero** Börsen | krach *m*, Banken- *m*.
desatar entbinden *(von einer Pflicht)*.
desatender nicht Folge leisten; *(Wechsel:)* nicht einlösen.
desautoriza | ción Dementi *n*; **~do** unbefugt; **~r** aberkennen *(Rechte)*, widerrufen *(Vollmacht)*, dementieren.
desavecinda | do unbewohnt; **~rse** den Wohnsitz *m* verlegen.
desavenencia Uneinigkeit *f*.
desavenirse sich entzweien.
desbaratamiento Vereitelung *f*.
desbaratar vereiteln.
desbloquear freigeben *(gesperrtes Vermögen)*.

desbloqueo Freigabe *f*.
desborde *m* **de poder** Macht|überschreitung *f*, Ermessens- *f*.
descalificación Disqualifizierung *f*.
descalificar disqualifizieren.
descansar liegen *(auf Grundstücken)*; **~ en** beruhen auf.
descanso Ruhe *f*, Ruhezeit *f*; **~ nocturno** Nachtruhe *f*.
descapitaliza|ción Abwanderung des Kapitals; **~do** unterkapitalisiert.
descarga Ausladen *n*, Abladen *n*, Ent|ladung *f*, -laden *n*; *(SeeR:)* Löschen *n*; **~ de residuos** Abfall|-lagerung *f*, -deponie *f*.
descarga|dero Abladeplatz *m*; **~dor** Ablader *m*.
descargar *(Waren:)* ab|laden, ent-, aus-, löschen *(Schiff)*.
descargo Entlastung *f (Vorstand)*, Gutschrift *f*, Abladen *n*.
descartar ausschließen.
descarteliza|ción Entflechtung *f*; **~r** entflechten.
descaudalado vermögenslos.
descendencia Abstammung *f*, Herkunft *f*, Nachkommenschaft *f*.
descen|dente *(B)* fallend, -läufig; **~der** abstammen; abnehmen *(Arbeitslosigkeit)*; *(B:)* sinken, fallen.
descendiente *m* Abkömmling *m*.
descenso Fallen *n*, Rückgang *m*, Baisse *f*; **~ marcado** schwerer Kurssturz *m*.
descentralización Dezentrali|sation *f*, -sierung *f*.
descentralizar dezentralisieren.
descifra|miento Entschlüsselung *f*; **~r** entschlüsseln, dechiffrieren.
descomposición Zersetzung *f*, Zerlegung *f*, Zerrüttung *f*.
desconcentración Entflechtung *f*, Dekonzentration *f*; **~ de carteles** Dekartelli|sierung *f*, -sation *f*.
desconcentrar entflechten; **~ facultades** Zuständigkeiten *fpl* verlagern.
descongelación Freigabe *f*; **~r** *(Gelder:)* freigeben, entsperren.
descongestión Auflösung *f* eines Staus, Verdünnung *f (eines Baugebiets)*.
desconocer nicht anerkennen, nicht kennen, bestreiten *(Vaterschaft)*.
desconocimiento Unkenntnis *f*.
descontabilidad Abzugsfähigkeit *f*.
descontable abzugs|fähig, diskont-.
descontador Diskontgeber *m*.
descontaminación Abbau *m* der Umweltverschmutzung.
descontar abschreiben, abziehen, diskontieren, skontieren.
descontrol *m* fehlende Kontrolle *f*.
des|crédito Unglaubwürdigkeit *f*, Verächtlichmachung *f*; **~criminalización** Entkriminalisierung *f*.
descripción Beschreibung *f*, Be|zeichnung *f*, Kenn- *f*, *(Bestands)*-Verzeichnis *n*, Inventar *n*; **~ de la patente** Patent|beschreibung *f*, -schrift *f*.
descubierto ungedeckter Betrag *m*, fehlende Deckung *f*, Kontoüberziehung *f*, Defizit *n*; **~** *(adj)* unbeglichen, ungedeckt; **a ~** ungedeckt; **al ~** Blanko-; **en ~** offen *(Schulden)*; **estar al** *(o **en**)* **~** offen stehen.
descubrimiento Erfindung *f*, Entdeckung *f*; **~ de secretos** Geheimnis|verrat *m*, -bruch *m*; **~ de la verdad** Wahrheitsfindung *f*.
descubrir aufdecken *(Straftat)*, aufspüren *(Verbrecher)*.
descuento Abzug *m*, Nachlass *m (im Preis)*, Preisabschlag *m*, Rabatt *m*, Diskont*(ierung) m (f)*, Disagio *n*; **a ~** unter pari; **al ~** Blanko-; **~ de caja** Skonto *m n*; **~ por cantidades** *(o **sobre cantidad**)* Mengen|nachlass *m*, -rabatt *m*; **~ de emisión** Agio *n*; **~ escalonado** Stufenrabatt *m*; **~ de letras** Wechseldiskont *m*; **~ por pronto pago** Nachlass *m* bei Barzahlung, Barrabatt *m*; **sin ~** ohne Abzug *m*; **~ por volumen** Mengenrabatt *m*.
descuentos ~ agrícolas Agrarabschöpfungen *fpl (EU)*.
descuida|do fahrlässig; **~rse** fahrlässig handeln.
descuidero Taschendieb *m*; **~ de coches** Auto|dieb *m*, -marder *m*.
descuido *(leichte)* Fahrlässigkeit *f*.
dése cuenta a ... dem ... *f* vorzulegen.
desechar ablehnen *(Gesetzentwurf, Antrag)*, ab|weisen *(Klage)*, zurück-, verwerfen *(Rechtsmittel)*.
desechos Abfall *m*, Müll *m*; **~ biológicos** Biomüll *m*; **~ domésticos** Hausmüll *m*;

~ **especiales** Sondermüll *m*;
~ **tóxicos** Giftmüll *m*;
~ **voluminosos** Sperrmüll *m*.
deseconomía Unwirtschaftlichkeit *f*; ~ **de escala** Kostenprogression *f*.
desembar | cadero Lande | platz *m*, Lösch- *m*; **~car** landen, ab | laden, aus-, löschen *(Schiffe)*; **~gar** die Beschlagnahme *f* aufheben; **~go** Aufhebung *f* der Beschlagnahme.
desembarque *m* Landung *f (von Passagieren)*, Ausladen *n*.
desembolsar *(Geld:)* auslegen einzahlen *(Aktien)*.
desembolso Ausgabe *f*, Auslage *f*, Aus | zahlung *f*, Ein- *f (Aktien)*.
desempa | tar eine Stichwahl *f* durchführen; **~te** *m* Stichwahl *f*.
desempeñar *(Pfand:)* 1. einlösen, auslösen; 2. ausführen *(Auftrag)*, ausüben, bekleiden *(Amt)*, wahrnehmen *(Aufgabe)*.
desempeño *(Pfand:)* Auslösung *f*, Einlösung *f*; *(Amt:)* Ausübung *f*, Bekleidung *f*; Schuldentilgung *f*.
desempleado arbeitslos.
desempleo *(vorwiegend: Am)* Arbeitslosigkeit *f*, Arbeitslose *pl (Anzahl)*.
desencadenar una huelga einen Streik *m* auslösen.
des | endeudarse Schulden *pl* abbauen; **~entenderse** sich lossagen *(von einer Verbindlichkeit)*; **~envolver** entwickeln, ausbauen.
desenvolvimiento Entwicklung *f*; **libre ~ de la personalidad** freie Entfaltung *f* der Persönlichkeit.
deseo Wunsch *m*; ~ **de ahorrar** Sparneigung *f*.
desequilibrado unausgeglichen.
desequilibrio Unaus | geglichenheit *f*, -gewogenheit *f*, Ungleichgewicht *n*.
deserción Desertion *f*, Fahnenflucht *f*; ~ **escolar** Schuleschwanzen *n*.
deser | tar desertieren, Fahnenflucht *f* begehen; **~tor** Fahnenflüchtiger *f*, Deserteur *m*.
desestacionaliza | ción Saisonbereinigung *f*; **~do** saisonbereinigt.
desestimación Abweisung *f (Klage)*, Zurückweisung *f (Rechtsmittel)*, Ablehnung *f (Antrag)*.
desestimar *(Klage:)* ablehnen, ab | weisen, zurück-, verwerfen *(Rechtsmittel)*.
desestimatorio klagabweisend, negativ *(Entscheidung)*.
desfal | cador Hinterzieher *m*; **~car** hinterziehen, unterschlagen; **~co** Unterschlagung *f*
desfase *m* Verzerrung *f (Ökonomie)*.
desfavorable nachteilig.
des | figuración Verzerrung *f*; **~gastar** abnutzen.
desgaste *m* Abnutzung *f*, Verschleiß *m*.
desglosar gliedern, aufschlüsseln.
desglose *m* Verteilung *f*, *(Auf)*Gliederung *f*, Aufschlüsselung *f*, Entnahme *f* aus den Akten.
des | gobernar schlecht regieren; **~gobierno** Misswirtschaft *f*.
desgravable abzugsfähig *(SteuerR)*.
desgravación Steuer | befreiung *f*, -erleichterung *f*; ~ **por cargas familiares** Kinderfreibetrag *m*; ~ **en concepto de donativos** Spendenabzug *m (SteuerR)*.
desgravamen *m* Entschuldung *f*.
desgravar entschulden, Steuerbefreiung *f (oder Steuererleichterungen fpl)* gewähren, *(steuerlich)* entlasten, Steuern *fpl* sparen.
des | guazar verschrotten; **~habitado** unbewohnt; **~habitar** verlassen *(Wohnung)*; **~habituación** Entwöhnung *f*; ~ **hacerse** abstoßen *(Waren)*.
desheredación Enterbung *f*.
deshereda | miento s. desheredación; **~r** enterben.
des | hipotecar eine Hypothek *f* tilgen; **~honestidad** Unanständigkeit *f*; **~honesto** unanständig, unredlich; **~honor** Ehrverlust *m*; **~honra** Ehrverlust *m*; **~honrar** schänden; nicht honorieren *(Wechsel)*.
designación Bezeichnung *f*, Bestimmung *f (zu einer Aufgabe)*, Ernennung *f*, Benennung *f*, Kennzeichnung *f*, Bestellung *f*, Beiordnung *f*, Einsetzung *f*; ~ **de candidato*(s)*** Kandidatenaufstellung *f*; ~ **de letrado** Anwaltsbestellung *f*; ~ **de letrado de oficio** Beiordnung *f* eines Prozessbevollmächtigten; ~ **de los recursos utilizables** Rechtsmittelbelehrung *f*.
designar bestimmen, ernennen, bezeichnen, benennen *(Anwalt)*, bestellen *(Betreuer)*, bedenken *(mit*

einem Vermächtnis); **~ por coopción** hinzuwählen.
desigualdad Ungleichheit *f*.
des | inflación Deflation *f*; **~inflacionario** deflationär; **~insaculación** Stimmenauszählung *f*.
desintegración Auflösung *f*, Abbau *m*, Ausgliederung *f*.
desintoxicación Entgiftung *f*.
desintoxicarse entwöhnt werden.
desinversión Anlage | schwund *m*, Investitions- *m*.
desinvertir Kapital *n* abziehen.
desistimiento *(Zu)*Rücknahme *f (Klage, Berufung)*, Rücktritt *m (Vertrag, StrafR)*, *(Verzicht)*Leistung *f*, Unterlassung *f*; **~ de la instancia** Klagerücknahme *f*, Rücknahme *f* des Antrags; **~ voluntario** freiwilliger Rücktritt *m*.
desistir zurücktreten, aufgeben, verzichten auf, zurücknehmen *(Klage)*, niederschlagen *(Steuern)*.
desleal unredlich, unlauter.
deslealtad Unredlichkeit *f*; **~ competitiva** unlauterer Wettbewerb *m*.
deslindar abgrenzen, vermarken.
deslinde *m* Abgrenzung *f*, Ab | markung *f*, Grenzziehung *f*.
deslizamiento *(B)* Nachgeben *n*.
deslizarse a la baja sinken *(Kurse)*.
des | localización Verlagerung *f (Unternehmen)*; **~lumbramiento** *(VR)* Blendung *f*; **~mandar** abbestellen.
desmantelamiento Abbau *m (von Anlagen)*, Demontage *f*; **~ arancelario** Zollabbau *m*; **~ de las cotizaciones** Abbröckeln *n* der Kurse.
desmantelar de | montieren, ab-, abtakeln; **~ un artefacto explosivo** eine Bombe *f* entschärfen.
des | medro Nachteil *m*, Schaden *m*; **~mejora** Wertminderung *f*, Verschlechterung *f (Sache)*; **~mejoramiento** s. -mejora.
desmembración Abspaltung *f*.
desmembrar teilen *(Land)*.
des | mentido Dementi *n*; **~mentir** abstreiten, dementieren; **~merecer** *(B)* schwächer notieren; **~mesurado** unangemessen.
desmilitariza | ción Ent | militarisierung *f*; **~r** entmilitarisieren.
desmontar ab | bauen, aus-.
des | nacionalización Reprivatisierung *f*; **~nacionalizar** reprivatisieren.
desnaturalizar ausbürgern; **~ la competencia** den Wettbewerb *m* verfälschen *(EU)*.
des | nuclearizado atom*(waffen)*frei; **~obedecer** nicht gehorchen.
desobediencia Ungehorsam *m*, Gehorsamsverweigerung *f*.
desobediente ungehorsam.
desocu | pación Räumung *f*; Beschäftigungslosigkeit *f*; **~pado** beschäftigungslos; **~par** räumen; **~parse** eine Beschäftigung *f* aufgeben, frei werden.
desolla | dero Abdeckerei *f*.
desorden *m* Chaos *n*; **~ grave** grober Unfug; **~ público** *(Sp)* Störung *f* der öffentlichen Ordnung.
desórdenes *mpl* Unruhen *fpl*.
desorganiza | ción Desorganisation *f*; **~r** desorganisieren.
despachar *(Ware:)* ab | senden, ver-, verzollen; ausfertigen *(Gesetze)*, erledigen *(Akte)*, bearbeiten *(Vorgänge)*; **~ la correspondencia** die Post *f* aufgeben; **sin ~** unerledigt.
despacho Ab | fertigung *f*, Aus- *f*, Abgabe *f*, Absatz *m (Waren)*, Versand *m*, Absendung *f*, Vertrieb *m*, Geschäftsgang *m*; Weisung *f (an untergeordnete Behörde)*, Mitteilung *f*, Bearbeitung *f*, Erledigung *f*, Bescheidung *f*, richterlicher Auftrag *m*; *(SeeR:)* Dispache *f*, Seeschadensberechnung *f*; Büro *n*, *(Anwalts)* Kanzlei *f*, Schalter *m*; **~ colectivo** *(Anwälte:) (Anwalts)*Sozietät *f*, Bürogemeinschaft *f*; **~ doméstico** häusliches Arbeitszimmer *n (SteuerR)*.
despedir entlassen, *(auf)*kündigen; **~ en masa** eine Massenentlassung *f* vornehmen; **~ a un testigo** einen Zeugen *m* entlassen.
despedirse kündigen *(Arbeitnehmer)*.
despegue *m* Aufschwung *m*.
despejar räumen *(Ort)*; **~ el local** den Sitzungssaal *m* räumen.
despejo de la sala Räumung *f* des Gerichtssaals.
despenaliza | ción Abschaffung *f* der Strafbarkeit, Entpönalisierung *f*; **~r** entpönalisieren.

desperdicio tóxico Giftmüll *m*.
desperfecto Mangel *m*.
despido Kündigung *f (durch den Arbeitgeber)*, Entlassung *f*; **~ colectivo** Massenentlassung *f*; **~ de modificación** *(o* ***modificatorio****)* *(Ab)*Änderungskündigung *f*; **~ sin preaviso** fristlose Kündigung *f (oder Entlassung f)*; **~ por razones de necesidad de la empresa** betriebsbedingte Kündigung *f*.
des | piste *m* Abkommen *n* von der Fahrbahn; **~plazado** Vertriebener *m*, Bürgerkriegsflüchtling *f*.
desplazamiento Verdrängung *f*, Entsendung *f*, Verlagerung *f*; Vertreibung *f*, Ortswechsel *m*; Ausscheren *n (VR)*; **~ de los beneficios** Gewinnverschiebung *f*; **~ patrimonial** Vermögensverschiebung *f*; **~ de prueba** Umkehrung *f* der Beweislast.
desplaza | mientos *pl* Trennungsentschädigung *f*; **~r** verlagern; **~rse** *(VR)* ausscheren.
desplome *m* Kurseinbruch *m*.
despojar den Besitz *m* entziehen.
despojo Raub *m*, Besitzentziehung *f*.
des | posado mit Handschellen Gefesselter *m*; **~** *(adj)* jung verheiratet; **~posar** trauen; **~posarse** heiraten; **~poseer** enteignen; **~poseerse** den Besitz *m (oder das Eigentum n)* aufgeben; **~poseído** ehemaliger Besitzer *m*; **~** *(adj)* besitzlos.
desposesión Besitzverlust *m*.
despreciar gering achten.
desprenderse de sich ergeben aus.
desproporción Unverhaltnismäßigkeit *f*; **~ de precios** Preisschere *f*.
des | proporcionado unverhältnismäßig; **~regulación** Deregu | lierung *f (Wirtschaft)*.
destacamento *(Sp)* Polizei | einheit *f*, -streife *f*, Truppenteil *m*; **~ de trabajo** Arbeitsgruppe *f (Kriegsgefangene)*.
desta | jar Akkord *m* vereinbaren; **~jista** Akkord | arbeiter *m*.
destajo Akkord *m*, Akkordarbeit *f*; **a ~** auf Akkord *m*; **~ colectivo** Gruppenakkord *m*; **~ por unidad de obra** Stückakkord *m*.
des | tara Abzug *m* der Tara; **~tarar** die Tara *f* abziehen.
destina *(Zweck)*Bestimmung *f*, Bestimmungsort *m*.
destinar bestimmen, versetzen *(Beamte)*, zuweisen *(Arbeit)*, widmen.
destinatario Empfänger *m*, Adressat *m (Verwaltungsakt)*; **~ de una norma jurídica** Normadressat *m*.
destino Amt *n (Funktion)*, Stelle *f*, Bestimmung *f*, Posten *m*, Zweckbestimmung *f*; **conforme a su ~** bestimmungsgemäß; **con ~ residencial** zu Wohnzwecken.
destitución Absetzung *f*, Abberufung *f*, Entlassung *f (von Beamten)*.
destituir abberufen *(Delegierte)*, absetzen, entlassen, des Amtes entheben, stürzen *(Regierungschef)*.
destrucción Vernichtung *f*, Zersetzung *f*, Destruktion *f*; **~ de documentos** Urkundenvernichtung *f*.
destruir löschen *(Daten)*; **~ el matrimonio** die Ehe *f* zerrütten.
desusado ungebräuchlich.
desuso Nichtgebrauch *m*.
desvali | jador Räuber *m*, Autoknacker *m*; **~jamiento** Raub *m*; **~jar** berauben, ausplündern.
desvalorización Ab | wertung *f*, Ent- *f*, Wertminderung *f*.
desvalorizar ab | werten, ent-.
desventaja jurídica Rechtsnachteil *m*; **~ regional** Standortnachteil *m*.
desviación Verlagerung *f*, Abweichung *f*; *(VR:)* Umleitung *f*, Abkommen *n* von der Fahrbahn; **~ de poder** Ermessens | überschreitung *f*, -missbrauch *m*; **~ sexual** sexuelle Abartigkeit *f*.
desviacionista *m* Abweichler *m*.
desviar abweichen, entführen *(Flugzeug)*, abzweigen *(Geld)*.
desvincula | ción Entbindung *f*, Entflechtung *f (von Konzernen)*.
desvío *(SeeR:)* Abkommen *n* vom Kurs, Umleitung *f (VR)*; **~ de fondos** Veruntreuung *f*.
desvirtuar entkräften.
detallar einzeln aufführen, spezifizieren, im Einzelhandel *m* verkaufen.
detalle *m* Detail *n*, Einzelaufstellung *f*; **al ~** im Einzelhandel *m*.
detallista *m* Einzelhändler *m*.
detasa Gebührenermäßigung *f*.

detección Erkennung *f*, Ermittlung *f*, Entdeckung *f*.
detective *m* Detektiv *m*.
detector de mentiras Lügendetektor *m*, Polygraph *m*.
detectores *pl* **~ de movimiento** Bewegungsmelder *mpl*.
detención Verhaftung *f*, Haft *f*, *(vorläufige)* Festnahme *f*, Inhaftierung *f*, Ergreifen *n (StrafR)*, Innehabung *f*, Zurückbehaltung *f*, Stillstamd *m*; Anhalten *n (des Verkehrs)*; **~ y apertura de correspondencia** Postkontrolle *f*; **~ ilegal** Freiheitsberaubung *f*; **~ ilegal por funcionario** Freiheitsberaubung *f* im Amt; **~ preventiva** vorläufige Festnahme *f*; **~ provisional** Untersuchungshaft *f*.
detener *(an)*halten, beschlagnahmen, festnehmen, in Haft *f* nehmen, ergreifen, stellen *(Person)*, **~ provisionalmente** vorläufig festnehmen.
detenido Festgenommener *m*; **mantener ~** festhalten *m*.
detentación Vorenthaltung *f*, unrechtmäßiger Besitz *m*.
detentador unrechtmäßiger Besitzer *m*; **~ de mala fe** bösgläubiger *(oder schlechtgläubiger)* Besitzer *m*.
detentar unrechtmäßig besitzen *(oder innehaben) (Sache)*, vorenthalten.
deterior | ación s. deterioro; **~ar** beschädigen, verschlechtern.
deterioro Beschädigung *f*, Schaden *m*, Wertminderung *f*, Verschleiß *m*, Verderb *m (Waren)*; **~ ambiental** Umweltschädigung *f*; **de fácil ~** leicht verderblich.
determinabilidad Bestimmbarkeit *f*.
determinación Bestimmung *f*, Entschluss *m*, Feststellung, Bemessung *f*, Festsetzung *f*; **~ de los daños** Schadensfeststellung *f*; **~ de la fecha** Terminbestimmung *f*; **~ de los hechos** Sachverhaltsfeststellung *f*; **~ de la pena** Strafzumessung.
determina | ciones *pl* Vorschriften *fpl* des Bauplans; **~dor** Veranlasser *m (Straftat)*.
determinante *f (adj)* maßgebend.
determinar entscheiden, beschließen, bestimmen, fest | legen, -stellen *(Tatsachen)*, bemessen, veranlassen, verursachen, be | grenzen, ab-; **~ la identidad** die Identität *f* feststellen.
determinista deterministisch.
detonación Detonation *f*.
detonador Sprengkapsel *f*.
detonante *m* Zündkapsel *f*.
detonar sprengen, detonieren.
detracción Entnahme *f*; üble Nachrede *f*.
detrac | tar verleumden; **~tor** Verleumder *m*.
detraer aussondern; verleumden.
detrimento Nachteil *m*, Verlust *m*.
deuda *(s. a. deudas pl)* Schuld *f*, Schuldverpflichtung *f*; **~ alimenticia** Unterhalts | pflicht *f*, -schuld *f*; **~ cobrable en el domicilio del deudor** Holschuld *f*; **~ con** Schulden *fpl* gegenüber …; **~ de cosa específica** Stück | schuld *f*, Spezies- *f*; **~ dineraria** Geldschuld *f*; **~ de** *(o* **en***)* **dinero** s. deuda dineraria; **~ escriturada** in öffentlicher Urkunde verbriefte Schuld *f*; **~ hereditaria** *(o* ***de la herencia****)* Nachlassverbindlichkeit *f*; **~ hipotecaria** Hypothekenschuld *f*; **~ ilíquida** unbezifferte Schuld *f*; **~ impositiva** Steuerschuld *f*.
deuda inmobiliaria Grundschuld *f*; **~ ~ de cédula** Briefgrundschuld *f*; **~ ~ registrada** Buchgrundschuld *f*.
deuda, ~ interior Inlandsschuld *f*; **~ a largo plazo** langfristige Schuld *f*; **~ líquida** Saldo *m*, feststehende Schuld *f*; **~ litigiosa** bestrittene Schuld *f*; **~ de la masa** Masseschuld *f*; **~ negativa** Verpflichtung *f* zum Unterlassen; **~ pagadera en divisas determinadas** Valutaschuld *f*; **~ pagadera en el domicilio del acreedor** Bringschuld *f*; **~ de pequeña magnitud** Bagatellschuld *f*; **~ perpetua** Dauerschuld *f*; **~ personalísima** höchstpersönliche Schuld *f*; **~ preferente** bevorrechtigte Insolvenzforderung *f*; **~ principal** Hauptschuld *f*.
deuda pública öffentliche Schuld*(en) f (pl)* Staats | schuld *f*; **~ ~ exterior** Auslands | schuld *f*, -verschuldung *f*.
deuda, ~ remanente Restschuld *f*; **~ de renta** Rentenschuld *f*; **~ social** Gesellschaftsschuld *f*; **~ solidaria**

Gesamtschuld *f*; **~ vencida** fällige Schuld *f*.

deudas *pl* Schulden *pl*, Schuldenlast *f*, Verbindlichkeiten *pl (Bilanz)*; **~ anteriores** Altschulden *pl*; **~ atrasadas** Außenstände *pl*; **~ bancarias** Bankschulden *f pl*; **~ de cobro dudoso** Dubiosa *pl*; **~ comerciales** Verbindlichkeiten *f* aus Lieferungen und Leistungen; **~ ~ no comerciales** Verbindlichkeiten *f*, die nicht aus Lieferungen und Leistungen herrühren; **~ a pagar** Kreditoren *pl*, Verbindlichkeiten *pl*; **sin ~** schuldenfrei.

deudor Schuldner *m*, Zahlungspflichtiger *m*; **~** *(adj)* schuldnerisch; **~ alimentario** *(o* ***alimentista*** *o* ***de alimentos****)* Unterhalts | pflichtiger *m*, -schuldner *m*; **~ común** Gemeinschuldner *m*; **~ ejecutado** Vollstreckungsschuldner *m*; **~ embargado** Pfändungsschuldner *m*; **~ hipotecario** Hypothekenschuldner *m*; **~ en mora** *(o* ***moroso****)* säumiger Schuldner *m*; **~ prendario** Pfandschuldner *m*; **~ principal** Hauptschuldner *m*; **~ solidario** Gesamt | schuldner *m*; **tercero ~** Drittschuldner *m*.

deudores *pl (Bilanz:)* Debitoren *pl*.

devaluación Abwertung *f*.

devaluar abwerten.

devengar einbringen, verdienen, abwerfen *(Zinsen)*; **~ costes** Kosten *pl* verursachen; **~ intereses** Zinsen *mpl* abwerfen.

devengo Fälligwerden *n*, Anfall *m (von Steuern, Zinsen)*; **sin ~ de intereses** unverzinslich.

devengos *pl* Auslagen *fpl*.

devolución Erstattung *f*, Rück | gabe *f*, -sendung *f*, -lieferung *f*, -vergütung *f*, -übertragung *f*, *(Zu)*Rückzahlung *f*; Zurückverweisung *f*; *(Ausländer:)* Zurück | weisung *f*, -schiebung *f*, Rückführung *f*; **~ de cuotas** Beitragserstattung *f*; **~ de herencia** Erbanfall *m*; **~ al país perseguidor** Abschiebung *f* in den Verfolgerstaat.

devolu | tivo *(adj)* Devolutiv-, Rückgabe-; **~torio** s. devolutivo.

devolver erstatten, vergüten, zurück | geben, -führen, -gewähren, -senden, -*(be)*zahlen, zurückschieben *(Ausländer)*; **~ los envases** leer zurück; **~ visto** *(die Akten)* mit „Gesehen"-Vermerk zurückgeben.

día *m (s. a. días pl)* Tag *m*; **~ abonable** freier Tag *m* mit Lohnfortzahlung; **~ anterior** Vortag *m*; **~ de audiencia** Terminstag *m*; **~ de autos** Tattag *m*, Tag *m* der Tatbegehung; **~ calendario** Kalendertag *m*; **~ de carencia** Karenztag *m*; **~ civil** Kalendertag *m*; **~ -comparecencia** Termin *m*; **~ de descanso** Ruhetag *m*; **estar al ~ con sus obligaciones con alguien** mit seinen Verpflichtungen *fpl* gegenüber jemandem auf dem Laufenden sein; **~ festivo oficial** gesetzlicher Feiertag *m*; **~ hábil** Werktag *m*, Wochen- *m*; **~ de los hechos** Tattag *m*; **~ de labor** *(o* ***laborable*** *o* ***laboral****)* s. día de trabajo; **~ lectivo** Schul | tag *m*, Unterrichts- *m*; **~ legalmente feriado** gesetzlicher Feiertag *m*; **~ de la muerte** Todetag *m*; **~ Mundial de Ahorro** Weltspartag *m*; **~ de nacimiento** Geburtstag *m*; **~ no laborable** arbeitsfreier Tag *m*; **~ no lectivo** vorlesungsfreier Tag *m*; **~ de trabajo** Arbeitstag *m*; **último ~ del mes** Ultimo *m*; **~ útil** s. día hábil; **~ válido** Tag *m* der Wertstellung *(Bank)*; **~ del vencimiento** Verfall | tag *n*, Fälligkeits- *m*; **~ de *(la)* vista** Verhandlungstag *m*.

diagnosis *f* s. diagnóstico.

diagnóstico Diagnose *f*.

diagrama *m* Schaubild *n*, Diagramm *n*, Schema *n*; **~ de trabajo** Arbeitsplan *m*.

diálogo Dialog *m*; **~ norte-sur** Nord-Süd-Dialog *m*.

diario Tagebuch *n*, Journal *n*, Tageszeitung *f*; **~ de a bordo** Schiffs | tagebuch *n*, Bord- *n*, Log- *n*; **~ mayor** Hauptbuch *n*; **~ de las sesiones** Parlamentsberichte *mpl*.

días *mpl*, **a ~ fecha** Tage *mpl* nach Sicht *(Wechsel)*; **a treinta ~ fecha** dreißig Tage *mpl* nach dato *(Datowechsel)*.

dibujo Muster *n*, Abbildung *f*; **~ industrial** gewerbliches Muster *n*.

dicción Wortlaut *m (einer Norm)*.

dicente *m* Aussagender *m*; **~** *(Sp)* Antragsteller *m*.

dicho Aussage *f*, Jawort *n (Eheschließung).*
dictadura Diktatur *f*; **~ militar** Militärdiktatur *f.*
dictamen *m* Bericht *m*, Gutachten *n*, Begutachtung *f*, *(gutachtliche)* Stellungnahme *f*, Expertise *f*; **~ arbitral** Schiedsgutachten *n*; **~ de evaluación de daños** Schadensgutachten *n*; **~ facultativo** ärztliches Gutachten *n*; **~ heredobiológico** erbbiologisches Gutachten *n*; **~ del interventor** *(Revision:)* Prüfungs|bericht *m*, Revisions- *m*; **~ jurídico** Rechtsgutachten *n*; **~ médico** ärztliches Gutachten *n*; **~ pericial** *(o* ***de peritos****)* Sachverständigengutachten *n*, Expertise *f.*
dictamina|r ***(sobre)*** ein Gutachten *n* erstatten, gutachtlich tätig sein; **~dor** Gutachter *m.*
dictar vorschreiben, erlassen *(Urteile, Vorschriften)*, fällen *(Urteil)*, verabschieden *(Gesetz)*; **~ absolución** freisprechen; **~ bandos** öffentlich bekanntmachen; **~ cursos** Vorlesungen *fpl* halten; **~ normas jurídicas** Recht *n* setzen; **~ la orden de libertad** auf freien Fuß *m* setzen; **~ sentencia de divorcio** auf Scheidung *f* der Ehe erkennen.
dictatorial diktatorisch.
dieta| Tag *m (z. B. Bundestag, Landtag)*; **~rio** Tagebuch *n.*
dietas *pl* Spesen *pl*, Diäten *pl*, Tagegelder *npl*; **~ de testigo** Zeugen|geld *n*, -entschädigung *f*; **~ de viaje** Reisespesen *pl.*
difama|ción üble Nachrede *f*, Verleumdung *f*, Diffamierung; **~dor** Verleumder *m*; **~r** verleumden, diffamieren.
difamatorio verleumderisch.
diferencia Unterschied *m*, Differenz *f*, Unterschiedsbetrag *m*, Verschiedenheit *f*, Streitigkeit *f*, Spanne *f*, Gefälle *n*; **~ entre aranceles** Zollgefälle *n*; **~ sobre la par** Aufgeld *n*, Agio *n*; **~ entre el precio de compra y el de venta** Handelsspanne *f*; **~ de precios** Preis|unterschied *m*, -gefälle *n*, -spanne *f*, -schere *f*; **~ salarial** Lohn|gefälle *n.*
diferenciación Differenzierung *f.*
diferencial *m* Diskrepanz *f*, Spanne *f*; **~** *(adj)* Differenz.
diferencias *pl*, **~ de apreciación** Auslegungsschwierigkeiten *fpl.*
diferir abweichen, differieren, auf|schieben, hinaus-, ver-, verzögern, vertagen.
dificultades *pl* Schwierigkeiten *fpl*, Behinderungen *fpl*; **~ de aprovisionamiento** Versorgungsschwierigkeiten *fpl*; **~ de ventas** Absatzschwierigkeiten *fpl.*
dificultar la circulación den Verkehr *m* behindern.
difunto Verstorbener *m*, Erblasser *m*; **~** *(adj)* verstorben.
difusión Verbreitung *f*, Ausbreitung *f* *(Wirtschaftsgüter)*; **~ impositiva** Steuerüberwälzung *f*; **~** de la propiedad Eigentumsstreuung *f.*
digitales *fpl* Fingerabdrücke *mpl.*
dignidad Würde *f*, Ehrenamt *n*; **~ humana** s. dignidad del hombre; **~ nobiliaria** Adels|prädikat *n*, -titel *m.*
digno würdig; **~ de confianza** vertrauenswürdig; **~ de protección** schutzwürdig *(Interesse).*
dilación Frist *f*, Verzögerung *f*, Aufschub *m*, Verschleppung *f*; **~ procesal** *(o* ***del proceso****)* Prozessverschleppung *f*; **sin ~** ohne Zögern *n*, unverzüglich.
dilapidación Verschwendung *f.*
dilapida|dor Verschwender *m*; **~r** verschwenden.
dila|tación Aufschub *m*; **~tar** aufschieben, verschieben, verzögern; **~torio** aufschiebend *(-e Einrede).*
diligencia *(s. a. diligencias pl)* Sorgfalt *f*, behördliche *(oder gerichtliche)* Maßnahme *f*, Verfügung *f (Prozess, Notar, Geschäftsstelle)*, Aktenvermerk *m*; **~ debida** erforderliche Sorgfalt *f (im Verkehr)*; **~ exigible** erforderliche Sorgfalt *f*; **~ de instrucción** Ermittlungshandlung *f*; **~ normal** übliche Sorgfalt *f*; **~ procesal** Prozesshandlung *f*; **~ urgente** Eilmaßnahmen *fpl.*
diligenciamiento Ausführung *f*, Verfahrensgang *m.*
diligenciar betreiben, erledigen, verfügen *(prozessual)*; **~ pruebas** Beweise *mpl* erbringen.

diligencias *pl*, **hacer ~** Maßnahmen *fpl* treffen; **~ para mejor proveer** Verfügungen *fpl* zur Aufklärung des Sachverhalts; **~ policiales** polizeiliche Ermittlungen *fpl*; **~ de prueba** Beweisaufnahme *f*.
diligente sorgfältig, nicht säumig.
dilucida | ción Aufklärung *f*; **~r** aufklären.
diluir una ley ein Gesetz *n* verwässern.
dimanar del contrato sich aus dem Vertrag *m* ergeben.
dimensión Ausmaß *n*, Dimension *f*, Größe *f*.
dimisión Entlassung *f*, Rücktritt *m*, Abschied *m*, Demission *f*, Verzicht *m*, Amtsniederlegung *f*; **~ ministerial** Rücktritt *m* eines Ministers.
dimisionario Zurückgetretener *m*; **~** *(adj)* scheidend.
dimitente *m* Zurücktretender *m*.
dimitir zurücktreten, ein Amt *n* niederlegen; **~ colectivamente** geschlossen zurücktreten.
dinámica Dynamik *f*; **~ de la demanda** Nachfrageentwicklung *f*; **~ de grupos** Gruppendynamik *f*.
dinamismo s. dinámica.
dinamita Dynamit *n*.
dineral *m* große Geldmenge *f*; **~** *(adj)* Geld-.
dinero Geld *n*, Vermögen *n*; **~ activo** arbeitendes Geld *n*; **~ ajeno** Fremdgeld *n*; **~ bancario** Buch- *n*; **~ base** Mindestreserve *f*; **~ de bolsillo** Taschengeld *m*; **~ en caja** Kassenbestand *m*; **~ contante y sonante** klingende Münze *f*; **~ en cuentas** Buch | geld *n*, Bank- *n*; **~ para gastos de menor cuantía** Handkasse *f*; **~ inmovilizado** Geldanlage *f*; **~ institucional** *(B)* institutionelle Anleger *mpl*; **~ interbancario** Bank-an-Bank-Kredite *mpl*; **~ invertido** Geldanlage *f*; **~ legal** gesetzliches Zahlungsmittel *n*; **~** *(en)* **metálico** Hartgeld *n*; **~ -papel** Papiergeld *n*; **~ patrón** Leitwährung *f*; **~ en reserva** Notgroschen *m*; **~ selectivo** *(B)* selektive Anlage *f*; **~ en señal** Reugeld *n*; **~ a vencimiento fijo** Festgeld *n*.
diocesano *(KR)* Diözesanbischof *m*.
diócesis *f (KR)* Diözese *f*.
Dios *m*, **así ~ me asista** so wahr mir Gott helfe.
diploma *m* Diplom *n*, Zeugnis *n*, Diplomurkunde *f*; **~ de capitán** Kapitänspatent *n*; **~ de obrero especializado** Facharbeiterbrief *m*.
diplomacia Diplomatie *f*; **~ secreta** Geheimdiplomatie *f*.
diplomado mit einem akademischen Grad; Diplom-.
diplomático Diplomat *m*; **~** *(adj)* diplomatisch.
diputación Abordnung *f*, Vertretungskörperschaft *f*, Delegiertenversammlung *f*, Mandat *n*, Provinzialverwaltung *f*; **~ foral** *(Sp)* Regionalregierung *f (z. B. Navarra)*; **~ permanente** *(Sp)* ständiger Ausschuss *m* aus 21 Abgeordneten beider Kammern des Parlaments.
diputada Abgeordnete *f*.
diputado Abgeordneter *m*, Parlamentarier *m*; **~ autónomo** *(Sp)* Abgeordneter *m* des Regionalparlaments; **~ a** *(o* **en***)* **Cortes** *(Sp)* Parlamentsabgeordneter *m*; **~ delegado** *(Sp)* Gemeindevertreter *m* mit Exekutivaufgaben; **~ independiente** Fraktionsloser *m*; **~ informante** Berichterstatter *m*; **~ provincial** *(Sp)* Abgeordneter *m* des Provinzialparlaments.
diputar abordnen, delegieren.
dirección 1. Direk | tion *f*, -torium *n*, -torat *n*, Leitung *f*, Geschäfts | leitung *f*, *(Feder)*Führung *f*, Vorstand *m*; 2. Behörde *f*, Adresse *f*, Anschrift *f*; **alta ~** Management *n*; **~ del asunto** Sachleitung *f*; **~ de la circulación** Fahrt | richtung *f*, Verkehrs- *f*; **~ comercial** Geschäfts | führung *f*, -leitung *f*, -adresse *f*; **~ de correo electrónico** E-Mail-Adresse *f*; **~ de los debates** Verhandlungs | leitung *f*, -führung *f*; **~ de la explotación** Betriebsführung *f*; **~ falsa** Deckadresse *f*.
dirección general Generaldirektion *f*, Haupt | abteilung *f*, Ministerial- *f*; **~ ~ de Administración Local** *(Sp)* Abteilung *f* für Kommunalwesen *(Innenministerium)*; **~ ~ de Asuntos Económicos y Financieros** Generaldirektion *f* Wirtschaft und Finanzen *(EU)*; **~ ~ de Asuntos**

Jurídicos Rechtsabteilung *f* *(Ministerium)*; **~ ~ de Asuntos Sociales** Generaldirektion *f* Soziale Angelegenheiten *(EU)*; **~ ~ de la Competencia** Generaldirektion *f* Wettbewerb *(EU)*; **~ ~ de Defensa de la Competencia** *(Sp)* Kartellamt *n*; **~ ~ de Enseñanza Media y Universitaria** *(Sp)* Abteilung *f* für höheres Schulwesen und Universitätswesen *(Erziehungsministerium)*; **~ ~ de la Guardia Civil** *(Sp)* Leitung *f* der Zivilgarde *(im zuständigen Ministerium)*; **~ ~ de la Jefatura Central de Tráfico** *(Sp)* oberste Behörde *f* der Verkehrspolizei; **~ ~ del Mercado Interior** Generaldirektion *f* Innerer Markt *(EU)*; **~ ~ de Patrimonio** *(Sp)* Denkmalschutzbehörde *f*; **~ ~ de Policía** *(Sp)* Oberste Polizeibehörde *f*; **~ ~ de Recaudación** *(Sp)* Generaldirektion *f* der Steuereinzugsbehörde; **~ ~ de Régimen Interior** *(Sp)* Verwaltungsabteilung *f (eines Ministeriums)*; **~ ~ de Relaciones Exteriores** Generaldirektion *f* Auswärtige Beziehungen *(EU)*; **~ ~ de Sanidad** *(Sp)* Abteilung *f* für Gesundheitswesen *(Innenministerium)*; **~ ~ de Seguridad Social** *(Sp)* Abteilung *f* Sozialversicherung *(Ministerium)*; **~ ~ de Seguros** *(Sp)* Versicherungsaufsichtsamt *n*; **~ ~ del Servicio Jurídico del Estado** *(Sp)* Rechtsabteilung *f* der Regierung; **~ ~ de Servicios** *(Sp)* Zentralabteilung *f (Ministerium)*; **~ ~ de Urbanismo** *(Sp)* Abteilung *f* Städtebau.

dirección, ~ global Globalsteuerung *f*; **~ de la inversión** Investitionslenkung *f*; **~ de memoria** Speicheradresse *f (EDV)*; **~ de minería** Bergamt *n*; **~ de *(los)* negocios** Geschäftsleitung *f (Funktion)*; **~ de obra** Bauleitung *f*; **~ de la*(s)* obra*(s)*** Bauleitung *f*; **~ postal** Post|anschrift *f*, -adresse *f*; **~ procesal** *(o **del proceso**)* Prozess|leitung *f*, -führung *f*; **~ prohibida** Einbahnstraße *f (VZ)*; **~ provincial departamental** *(o **territorial**)* *(Sp)* Vertretung *f* eines Ministeriums auf Provinzebene; **~ suprema del ejército** oberste Heeresleitung *f*.

directiva Richtlinie *f*, Weisung *f*, Direktive *f (EU)*; Vorstand *m (Partei, Verein)*; **~ de aplicación** Durchführungsrichtlinie *f (EU)*; **~ comunitaria** Gemeinschaftsrichtlinie *f (EU)*; **~ marco** Rahmenrichtlinie *f (EU)*.

directivo Vorstandsmitglied *n*, Manager *m*, Führungskraft *f*; **~** *(adj)* Direktions-, Leitungs-; **alto ~** leitender Angestellter *m*.

directo direkt, unmittelbar.

director Direktor *m*, Chef *m*, Leiter *m*, Vorsteher *m*, Herausgeber *m (Zeitung)*; **~ adjunto** stellvertretender Direktor *m*; **~ delegado** geschäftsführendes Verwaltungsratsmitglied *n*; **~ de departamento** Abteilungsleiter *m*; **~ ejecutivo** Verwaltungsdirektor *m*; **~ de empresa** Betriebsleiter *m*, Geschäftsführer *m*; **~ de fábrica** Werksleiter *m*.

director general Generaldirektor *m*; **~** *(Sp)* Abteilungsleiter *m* in einem Ministerium, Chefredakteur *m*; **~ ~ adjunto** stellvertretender Generaldirektor *m*; **~ ~ de la guardia civil** *(Sp)* oberster Chef *m* der Zivilgarde *f*.

director, ~ gerente geschäftsführendes Vorstandsmitglied *n*; **~ de la obra** Bauleiter *m*; **~ de oficina** Bürovorsteher *m*; **~ de personal** Personalchef *m*; **~ del proyecto** Projektleiter *m*; **~ de la tesis** Doktorvater *m*.

directoral Direktions-, Leitungs-.

directorio Direktorium *n*, Vorstand *m*, Branchenverzeichnis *n*.

directrices *fpl* Richtlinien *fpl*.

directriz *f* 1. Leit|satz *m*, -linie *m*, Richtlinie *f*; 2. Direktorin *f*, Leiterin *f*.

dirigente *m* Direktor *m*, Leiter *m*, Manager *m*; **~** *(adj)* führend, leitend; **~ del partido** Parteiführer *m*; **~ sindical** Gewerkschaftsführer *m*.

dirigir führen, leiten, lenken, steuern, dirigieren, adressieren; **mal ~** fehlleiten.

dirigirse, ~ a sich wenden *(an)*.

dirigismo Dirigismus *m*.

diri|gista *(adj)* dirigistisch; **~mente** *(adj)* ausschlaggebend, abweichend *(Gericht)*; trennend *(Ehehindernis)*.

dirimir aufheben, auflösen, beenden *(Prozess)*, schlichten, Streit *m* beilegen; **~ amigablemente** gütlich beilegen; **~ el nexo causal** die Kausalkette *f* unterbrechen.
disagio Abschlag *m*, Disagio *n*.
discernimiento Urteilsvermögen *n*, Ernennung *f (zum Vormund)*.
discernir entscheiden, ernennen, gerichtlich bestellen *(Vormund)*.
disciplina Disziplin *f*, Fach *n*; **~ académica** wissenschaftliche Disziplin *f*; **~ fiscal** Haushaltsdisziplin *f*; **~ de la fracción** Fraktionszwang *m*; **~ jurídica** Rechtsgebiet *f*; **~ de personal** Dienstaufsicht *f*; **~ de voto** Fraktionszwang *m*.
disciplinario *(adj)* Disziplinar-, Dienststraf-, dienststrafrechtlich.
disco, ~ de estacionamiento Parkscheibe *f*.
disconform | e ablehnend; **~idad** Ablehnung *f*.
discontinu | idad Unterbrechung *f*; **~o** nicht ständig *(Arbeit)*.
discordan | cia Meinungsverschiedenheit *f*; **~te** anderer Meinung *f*.
discordar uneinig sein.
discordia Uneinigkeit *f*.
discreción Ermessen *n*, Verschwiegenheit *f*; **a ~** nach Ermessen.
discrecional Ermessens-.
discrecionalidad Ermessen *n*, Ermessensspielraum *m*; **~ vinculada** gebundenes Ermessen *n*.
discrepa | ncia abweichende Meinung *f*, Diskrepanz *f*; **~nte** nicht übereinstimmend; **~r** uneinig sein.
discriminación Diskriminierung *f*; **~ racial** Rassendiskriminierung.
discrimina | r diskriminieren; **~torio** diskriminierend.
disculpa | Entschuldigung *f*; **~r** entschuldigen.
discurso Ansprache *f*, Rede *f*, Vortrag *m*; Zeitdauer *f*; **~ de investidura** Antrittsrede *f*.
discusión Besprechung *f*, Erörterung *f*, Diskussion *f*, Meinungsaustausch *m*, Auseinandersetzung *f*, Debatte *f*.
discutir diskutieren, erörtern, bestreiten, beraten *(Gesetze)*.
discutirse streitig sein, verhandeln.
diseminación Verbreitung *f*.
disensión s. disenso.
disenso Meinungsverschiedenheit *f*; **~ manifiesto** offener Dissens *m*; **~ oculto** versteckter Dissens *m*.
disenti | miento s. disenso; **~r** anderer Meinung *f* sein.
diseño Muster *n*, Entwurf *m*, Plan *m*, Design *n*.
disertación Abhandlung *f*.
disfrutar nutzen, Früchte ziehen.
disfrute *m* Nutz | ung *f*, -nießung *f*; **~ de un derecho** Genuss *m* eines Rechts.
disfunción Betriebsstörung *f*.
disiden | cia Abspaltung *f*; **~te *m*** Dissident *m*; **~** *(adj)* nicht zustimmend.
disimul | ación Vortäuschung *f*, Vorspiegelung *f*; **~ar** verschleiern.
disminución *(Ver)*Minderung *f*, Ermäßigung *f*, Verringerung *f*, Senkung *f*; **~ patrimonial** Vermögensminderung *f*; **~ de la pena** Herabsetzung *f* der Strafe; **~ del valor** Wertminderung *f*; **~ del valor por agotamiento** Abschreibung *f* für Abnutzung.
disminuido behindert; **~ físico** Körperbehinderter *m*; **~ psíquico** geistig Behinderter *m*.
disminuir *(ver)*mindern, ermäßigen, sinken, senken, herabsetzen.
disociar auflösen, trennen.
disolución Auflösung *f (Gesellschaft)*, Aufhebung *f (Vertrag)*, Erlöschen *n (Verbindlichkeit)*; **~ de la comunidad conyugal** Aufhebung *f* der ehelichen Gemeinschaft.
disolver auflösen, aufheben *(Vertrag)*.
disparidad Verschiedenheit *f*, Disparität *f*; **~ de la renta** Einkommensgefälle *n*.
disparo Schuss; **~ de advertencia** Warnschuss *m*.
dispendio | Verschwendung *f*; **~so** kostspielig.
dispensa Befreiung *f (von Beschränkungen)*, Dispens *m (Öst, KR: f)* **~ de costes** Kostenbefreiung *f*; **~ de edad** Ehemündigkeitserklärung *f*; **~ de la pena** Absehen *n* von Strafe.
dispensar befreien *(von Pflichten)*, entbinden, dispensieren.

dispersión Streuung *f*, Zerstreuung *f*, Auflösung *f (einer Versammlung)*.
disponente *m* Verfügender *m*.
disponer beschließen, anordnen, bestimmen, verfügen *(über etwas)*, disponieren.
disponibilidad Verfügbarkeit *f*, Wartestand *m*.
disponibilidades *pl (s. a. disponible)* flüssige *(oder: verfügbare, liquide, freie, greifbare)* Mittel *pl*; **~ en caja** Barbestand *m*; **~ monetarias** Geld | bestand *m*, -schöpfung *f*.
disponible *m (s. a. disponibilidades)* freie Mittel *pl*; **~** *(adj)* verfügbar, flüssig *(Mittel)*, liquid*(e)*, lieferbar.
disposición *(s. a. disposiones pl)* Anordnung *f*, Bestimmung *f*, Verfügung *f*, Vorschrift *f*, Bereitschaft *f*, *(An)*Weisung *f*, Disposition *f*; **~ aclaratoria** erläuternde Vorschrift *f*; **~ adicional** Zusatzbestimmung *f*; **~ administrativa** Verwaltungsverfügung *f*; **~ de aplicación** Durchführungbestimmung; **~ por causa de muerte** Verfügung *f* von Todes wegen, letztwillige Verfügung *f*; **~ complementaria** Ergänzungsbestimmung *f*; **~ de desarrollo** Ausführungsbestimmung *f*; **~ discrecional** Ermessens | vor-schrift *f*, Kann- *f*; **~ forzosa** zwingende Vorschrift *f*; **~ a frenar** Bremsbereitschaft *f*; **~ general** allgemeine Bestimmung *f*, Allgemeinverfügung *f*; **~ imperfecta** Ordnungsvorschrift *f*; **~ interpretativa** Auslegungsbestimmung *f*; **~ jurídica** Rechtsvorschrift *f*; **~ legal** gesetzliche Vorschrift *f*; **por ~ legal** kraft Gesetzes; **libre ~** Verfügungsgewalt *f*; **~ -marco** Rahmenbestimmung *f*; **~ a negociar** Verhandlungsbereitschaft *f*; **~ penal** Strafbestimmung *f*; **~ al rendimiento** Leistungsbereitschaft *f*; **salvo ~ en contrario** soweit nichts anderes bestimmt ist; **~ transitoria** Übergangsbestimmung *f*, Überleitungsvorschrift *f*; **~ de última voluntad** letztwillige Verfügung *f*; **~ entre** *(o* ***inter****)* **vivos** Verfügung *f* unter Lebenden.
disposiciones *pl* Vertragsbestimmungen *fpl*; **~ aduaneras** Zoll | bestimmungen *fpl*, -vorschriften *fpl*; **~ sobre la evaluación** Bewertungsrichtlinien *fpl*; **ser contrario a las ~** den Bestimmungen *fpl* zuwiderlaufen; **~ vinculantes** zwingende Vorschriften *fpl*; **~ vistas** die angezogenen Vorschriften *fpl (Urteil)*.
dispositivo, ~ de escucha Abhörgerät *n*; **~ policial** Polizeiaufgebot *n*; **~ de protección** Schutzvorrichtung *f*.
dispositivos, ~ explosivos e incendiarios Brand- und Sprengsätze *pl*; **~ de seguridad** Sicherheits | vorkehrungen *pl*, -einrichtungen *fpl*.
dispuesto, ~ a la carga ladebereit; **contra lo ~** entgegen den Bestimmungen; **~ a trabajar** arbeitswillig.
disputa Auseinandersetzung *f*.
disputar *(be)*streiten.
distancia Entfernung *f*, Distanz *f*, Abstand *m*; **~ entre edificaciones** Bauwich *m*; **~ lateral** *(VR)* Seitenabstand *m*; **~ de seguridad** *(VR)* Sicherheitsabstand *m*; **~ ~ de la línea divisoria** Grenzabstand *m*.
distensión Entspannung *f (Politik)*.
distinción honorífica Auszeichnung *f (Orden)*.
distin | go subtile Unterscheidung *f*; **~guir** unterscheiden; auszeichnen *(Personen)*; **~tivo** Abzeichen *n*.
distorsión Verzerrung *f*.
distracción de fondos Veruntreuung *f*, Unterschlagung *f*.
distribución *(Ver)*Teilung *f*, Aufschlüsselung *f*, Vertrieb *m*, Warenausgabe *f*, Ausschüttung *f (Gewinn)*, Gliederung *f*, Austragen *n (Post)*; **~ de la correspondencia** Post | zustellung *f*, Brief- *f*; **~ de locales** Raumverteilung *f*; **~ de mercados** Marktaufteilung *f*; **~ del trabajo** Arbeitsverteilung *f*.
distribuible ausschüttbar *(Gewinn)*.
distribuidor Ver | teiler *m*, -leiher *m (Film)*, Auslieferer *m*; **~ oficial** Vertragshändler *m*; **~ único** Alleinvertriebshändler *m*.
distribuir verbreiten, verteilen, zuteilen, ausgeben, ausschütten *(Gewinn)*, vertreiben *(Waren)*, austragen *(Briefe)*, gliedern.
distrito Distrikt *m*, Bezirk *m*, Kreis *m*; **~ electoral** Wahl | kreis *m*, -bezirk *m*; **~ federal** Bundesdistrikt *m*;

~ judicial Gerichtsbezirk *m*; **~ de policía** Polizeirevier *n*; **~ postal** Post|bezirk *m*, Zustell- *m*.
disturbios *pl* Unruhen *pl*.
disyun|ción Prozesstrennung *f*; **~tivo** *(adj)* Wahl- *(Schuld)*.
divagaciones impertinentes *pl* neben der Sache liegende Ausführungen *fpl* *(Parlament)*.
divergencia Meinungsverschiedenheit *f*, Abweichung *f*, Divergenz *f*.
divergir abweichen.
diversificación Streuung *f*, Auffächerung *f*, Diversifi|kation *f*, -zierung *f*.
diversificar diversifizieren.
dividendo *(s. a. dividendos pl)* Dividende *f*, Gewinn|anteil *m*, -beteiligung *f*, Rate *f*; **~ acumulado** aufgelaufene Dividende *f*; **anual** Jahresdividende *f*; **~ atrasado** rückständige Dividende *f*; **~ extra*(ordinario)*** Extradividende *f*, Bonus *m*; **~ final** Schlussdividende *f*; **~ interino** Zwischendividende *f*; **~ de liquidación** Liquidationsquote *f*; **~ ordinario** Stammdividende *f*; **~ pasivo** Verlustanteil *m*, noch nicht eingezahlte Einlage *f* *(AG)*; **~ repartido** ausgezahlte Dividende *f*.
dividendos *pl*, **~ encubiertos** verdeckte Gewinnausschüttung *f*; **~ intersociedades** Schachteldividenden *fpl*.
dividir teilen *(Erbschaft)*, auf|teilen, ver-, trennen, gliedern, dividieren; **~ acciones** Aktien *fpl* splitten.
dividuo teilbar.
divisa Wahlspruch *m*, Devise *f*, Slogan *m*; Währung *f*.
divisas *pl* Devisen *pl*, fremde Währung *f*; **~ convertibles** konvertible *(oder konvertierbare)* Währung *f*; **~ de reserva** Reservewährung *f*.
división Division *f*, *(Ein)*Teilung *f*, Aufteilung *f*, Trennung *f*, Gliederung *f*; **~ de causa** Prozesstrennung *f*; **~ de fincas** Grundstücksteilung *f*; **~ de *(la)* herencia** Nachlass|teilung *f*, Erb- *f*; **~ de Inteligencia del Ejército** *(Sp)* Militärischer Geheimdienst *m*; **~ de mercados** Marktaufteilung *f*; **~ natural** Naturalteilung *f*; **~ de poderes** Gewaltenteilung *f*; **~ real** Realteilung *f*.
divisiona|l *(adj)* Abteilungs-; **~rio** *(adj)* Divisions- *(-kommando)*.
divorciar scheiden, die Scheidung *f* aussprechen.
divorciarse sich scheiden lassen.
divorcio Scheidung *f*, Ehescheidung *f*; **~ por consentimiento mutuo** s. divorcio convenido; **~ convenido** einvernehmliche *(oder einverständliche)* Scheidung *f*, Konventionalscheidung *f*.
divulgación Bekannt|machung *f*, -sein *n*, Verbreitung *f* *(von Waren)*; **~ agraria** *(o **agrícola**)* landwirtschaftliche Beratung *f*.
doblar verdoppeln; biegen.
doble *m* Prolongationsgeschäft *n*; **en ~** in doppelter Ausfertigung *f*.
docente *m* Lehrkraft *f*.
doctor en derecho Doktor *m* der Rechte, Doktor *m* juris.
doctora|do Doktor|grad *m*, -würde *f*, -titel *m*; **~rse** promovieren.
doctrina Lehre *f*, Doktrin *f*, Rechtsprechung *f*; **~ de los actos propios** Lehre *f* vom „venire contra factum proprium" *(lat)*; **~ científica** Lehre *f* *(Gegensatz: Rechtsprechung)*; **~ constantemente mantenida** ständige Rechtsprechung *f*; **~ dominante** herrschende Lehre *f*; **~ del Estado** allgemeine Staatslehre *f*; **~ del finalismo** finale Handlungslehre *f*; **~ inconcusa** unbestrittene Lehre *f*; **~ del peligro atrayente** Lehre *f* von der Gefährdungshaftung; **~ reiterada** ständige Spruchpraxis *f* *(eines Senats)*; **~ uniforme** einhellige Lehre *f*.
documentación Dokumentation *f*, Dokumente *npl*, Unterlagen *fpl*, Nachweis *m*, Beleg *m*, Ausweis- *(papiere)* *m (npl)*; Protokollierung *f*, Beweismaterial *n*, Dossier *n*; **~ aduanera** Zollpapiere *pl*; **~ de un automóvil** Kraftfahrzeugpapiere *pl*; **~ de embarque** Verlade|dokumente *npl*, -papiere *pl*; **~ de envío** Versandpapiere *pl*; **~ justificativa** Beweisunterlagen *fpl*, Belege *mpl*.
documentado belegt, mit Ausweispapieren *pl* ausgestattet.
documental urkundlich, dokumentarisch, Urkunden-.

documentar| belegen, beurkunden, urkundlich belegen *(oder beweisen)*, protokollieren; **~se** sich Papiere *pl* beschaffen, sich unterrichten *(über)*.

documento *(s. a. documentos pl)* Dokument *n*, Urkunde *f*, Akte *f*, Beleg *m*, Schrift|satz *m*, -stück *n*, Beweis|stück *n*, Akten- *n*, Unterlage *f*, Papier *n*; **~ de apoderamiento** Vollmachtsurkunde *f*; **~ bancario** Bankbeleg *m*; **~ en blanco** Blankopapier *n*; **~ cambiario** Wechselurkunde *f*; **~ comprobante** Beleg *m*; **~ de la conferencia** Konferenzdokument *n*; **~ contable** Buchungs|beleg *m*, Buchhaltungs- *m*; **~ declarativo** Absichtsurkunde *f*; **~ de depósito** Hinterlegungsurkunde *f*; **~ de embarque** Verschiffungsdokument *n*; **~ final** Schlussakte *f*; **~ de giro** Wechsel *m*; **~ de identidad** Ausweis *m*, Ausweispapier *n*, Personalausweis *m*; **~ justificante** Beleg *m*; **~ justificativo** Beleg *m*, Unterlage *f*, Beweis|unterlage *f*, -stück *n*; **~ de levantamiento de hipoteca** Löschungsbewilligung *f* bei Hypothek; **~ nacional de identidad** s. documento de identidad; **~ nominado** *(o* ***nominal)*** Namenspapier *n*; **~ ocasional** Gelegenheits|urkunde *f*, Zufalls- *f*; **~ al portador** Inhaberpapier *n*; **~ privado** Privaturkunde *f*, privatschriftliche Urkunde *f*; **~ público con fuerza ejecutoria** vollstreckbare öffentliche Urkunde *f*; **~ secreto** Verschlusssache *f*; **~ de seguridad social** Versicherungskarte *f*; **~ de síntesis** Positionspapier *n*; **~ solemne** öffentliche Urkunde *f*; **~ de trabajo** Arbeits|papier *n*, -unterlage *f*; **~ de viaje** Reisedokument *n*.

documentos *pl* Personalpapiere *pl*; **~ contra aceptación** Dokumente *npl* gegen Akzept; **~ de acompañamiento** Begleitpapiere *pl*; **~ de a bordo** Schiffs|papiere *pl*, Bord- *pl*; **~ de carga** Lade|papiere *pl*, Verlade- *pl*; **~ de expedición** Frachtpapiere *pl*; **~ de impotación** Einfuhr|papiere *pl*; **~ contra pago** Kasse *f* gegen Dokumente.

dogmática Dogmatik *f*; **~ jurídica** Rechtsdogmatik *f*.

dólar *m* Dollar *m*; **~ -billete** Dollar|note *f*, -schein *m*.

dolarización Ausrichtung *f* am Dollar.

dolo Arglist *f*, arglistige Täuschung *f*, Vorsatz *m*; **~ condicionado** *(o* ***condicional)*** bedingter *(oder indirekter)* Vorsatz *m*; **~ de continuación** *(o* ***continuado)*** Fortsetzungsvorsatz *m*; **~ directo** direkter Vorsatz *m*; **~ eventual** bedingter Vorsatz *m*; **~ global** Gesamtvorsatz *m*; **sin ~** vorsatzlos.

doloso arglistig, vorsätzlich.

domiciliación 1. Niederlassung *f*; 2. Domizilierung *f*, Zahlbarstellung *f*; **~ fortuita** Notadresse *f*; **~ de pago** Lastschriftverfahren *n*.

domiciliado mit Sitz *m*, mit Wohnsitz *m*, ansässig, wohnhaft; wird abgebucht.

domiciliar domizilieren, zahlbar stellen; **~ una letra** einen Wechsel *m* zahlbar stellen.

domicilia|rio Wohnsitz-, ortsansässig; **~rse** sich niederlassen.

domicilio Wohn|sitz *m*, -ung *f*, -ort *m*, Niederlassung *f*, Domizil *n*, Obdach *n*, Sitz *m (einer juristischen Person)*, Anschrift *f (Ladung)*, Zahlstelle *f*; **~ comercial** Geschäfts|sitz *m*, Firmen- *m*; **~ conyugal** ehelicher Wohnsitz *m*, Ehewohnung *f*; **~ ficticio** Scheinwohnsitz *m*; **~ fijo** fester Wohnsitz *m*; **~ habitual** gewöhnlicher Wohnsitz *n*; **~ de una letra** Wechseldomizil *n*; **~ mercantil** handelsrechtlicher Sitz *m*; **~ de origen** Heimatwohnsitz *m*; **~ postal** Postanschrift *f*; Briefkastendomizil *n*; **~ secundario** zweiter Wohnsitz *m*, Zweitwohnsitz *m*; **sin ~** wohnsitzlos; **~ social** Gesellschaftssitz *m*.

dominación Herrschaft *f*, Dominanz *f*; Beherrschung *f*.

dominante führend, herrschend *(Grundstück)*; **~ en el mercado** marktbeherrschend.

dominar herrschen, beherrschen mächtig sein *(einer Sprache)*.

dominial staatseigen.

dominio Eigentum *n*, Domäne *f*; Herrschaft *f*, Beherrschung *f*, Oberhoheit *f*, Eigentumsrecht *n*;

Domain *f (EDV)*; **~ absoluto** Volleigentum *n*; **~ aéreo** Luft|hoheit *f*, -raum *m*; **~ fiduciario** Treuhandeigentum *n*; **~ fiscal** Staats|besitz *m*, -eigentum *n*, -gut *n*; **~ del hecho** Tatherrschaft *f*; **~ pleno** Volleigentum *n*.

donación Spende *f*, Schenkung *f*, Zuwendung *f*; **~ por bodas** Hochzeitsgeschenk *f*; **~ con carga** Schenkung *f* unter einer Auflage; **~ por causa de muerte** Schenkung *f* auf den Todesfall *(oder von Todes wegen)*; **como ~** schenkweise; **~ esponsalicia** Verlobungs|geschenk *n*, Hochzeits- *n*; **~ matrimonial** Hochzeitsgeschenk *n*; **~ modal** Zweckzuwendung *f*, Schenkung *f* unter einer Auflage; **~ mortis causa** *(lat)* s. donación por causa de muerte; **~ pura** Schenkung *f* ohne Auflage; **~ remuneratoria** belohnende *(oder remuneratorische)* Schenkung *f*; **~ en vida** Schenkung *f* unter Lebenden; **~ entre** *(o* ***inter****)* **vivos** s. donación en vida.

donante *m* Schenker *m*, Schenkender *m*, Stifter *m*, Spender *m*, Samenspender *m*; **~ de órganos** Organspender *m*; **~ de sangre** Blutspender *m*.

dona|r schenken, spenden, zuwenden, stiften; **~tario** Beschenkter *m*, Schenkungsempfänger *m*.

donativo Geschenk *n*, Spende *f*; **~ manual** Handschenkung *f*.

dopaje *m* Doping *n*; **~ rse** sich dopen

dorso Rückseite *f (einer Urkunde)*.

dosis *f* Dosis *f*; **~ letal** tödliche Dosis *f (Droge)*.

dotación Ausstattung *f*, Ausrüstung *f*, Zuweisung *f*, Dotierung *f*, Rückstellung *f*, Kostendeckung *f*; **~ del buque** Schiffsbesatzung *f*; **~ de capital** Kapital|ausrüstung *f*, -ausstattung *f*; **~ de instalación** Betriebsausstattung *f*; **~ presupuestaria** Haushaltsmittel *pl*; **~ de servicios** Ausstattung *f* mit Infrastruktur *(Wasser etc.)*.

dotado ausgestattet; **estar ~ de plenas facultades** mit allen Vollmachten *fpl* ausgestattet sein.

dota|l *(adj)* Aussteuer-, Heiratsgut-; **~nte** *m* Ausstatter *m*.

dotar zuweisen, dotieren, stiften, ausstatten *(personell)*, besetzen *(ein Gericht)*, Mittel *pl* bereitstellen, mit einer Mitgift *f* ausstatten.

dote *f (m)* Aussteuer *f*, Ausstattung *f*, Mitgift *f*, Heiratsgut *n (der Frau)*; **~ doméstica** Hausrat *m*.

dotes *fpl*, **~ de mando** Führungs|qualitäten *fpl*, -eigenschaften *fpl*.

doy fe beglaubigt *(notariell)*.

drenaje *m*, **~ de liquidez** Liquiditätsentzug *m*.

droga| s. drogas *pl*; **~dicción** Drogen|abhängigkeit *f*, -sucht *f*; **~dicto** Drogenabhängiger *m*, Rauschgiftsüchtiger *m*; **~r*(se)*** Drogen *fpl (oder Rauschgift n)* nehmen.

drogas *pl* Drogen *fpl*, Betäubungsmittel *npl*, Rauschgift *n*, Suchtstoffe *mpl*; **~ blandas** weiche Drogen *fpl*; **~ de diseño** Designerdrogen *fpl*; **~ duras** harte Drogen *fpl*; **~ opiáceas** Opiate *npl*; **~ sustitutivas** Ersatzdrogen *fpl*.

drogodepen|dencia s. drogadicción; **~diente** *m* s. drogadicto.

droguero Drogen|händler *m*.

duda Zweifel *m*; **~ razonable** berechtigter Zweifel *m*.

dudoso| zweifelhaft, dubios, unsicher *(Schuld)*; **~s** *mpl* zweifelhafte Forderungen *fpl*, Dubiosa *pl*.

duelo Trauer *f*; **~ a navajazos** Messerstecherei *f*.

dueño Eigentümer *m*, Inhaber *m*, Vermieter *m*; Arbeitgeber *m*, Chef *m*, Vorgesetzter *m*, Geschäftsherr *m*; **~ del automóvil** Fahrzeughalter *m*; **~ del ganado** Tierhalter *m*; **~ de la obra** Bauherr *m*, Besteller *m (Werkvertrag)*.

dumping *m (engl)* Dumping *n*, Preisdrückerei *f*; **~ de los salarios** Lohndumping *n*.

dúplica Duplikat *n*, Doppelstück *n*; Duplik *f (des Beklagten)*.

duplicación s. duplicado.

duplicado Duplikat *n*, Abschrift *f*, Zweit|schrift *f*, -ausfertigung *f*; **por ~** in doppelter *(oder in zweifacher)* Ausfertigung *f*.

duplicar auf eine Replik *f* antworten.

duplicidad Duplizität *f*; **~ de empleos** Doppelbeschäftigung *f*; **~ de imposición** Doppelbesteuerung *f*.

duración Dauer *f*, Geltungs|dauer *f*, Vertrags- *f*, Lebens- *f (Rechte)*, Schutz- *f (Patent)*, Lauf|zeit *f*, Bestands- *f*; **de ~ determinada** befristet; **~ de la garantía** Garantiezeit *f*; **de ~ indefinida** mit unbeschränkter Laufzeit *f*; **~ de las intervenciones** Redezeit *f*; **~ del mandato** Wahlperiode *f*; **~ máxima** Höchst|dauer *f*, -maß *n (Freihheitsstrafe)*; **~ mínima** Mindestdauer *f*; **~ de *(la)* validez** Geltungs|dauer *f*, Gültigkeits- *f*, Laufzeit *f*.
duradero *(Wirtschaftsgüter:)* langlebig; **no ~** kurzlebig.

E

ebriedad Trunkenheit *f*.
echar vorwerfen, ausschließen, absetzen, auferlegen *(Aufgabe)*, einschlagen *(Beruf)*; **~ mano del capital** das Kapital *n* angreifen.
eclesiástico-estatal *(adj)* staatskirchenrechtlich, Staat-Kirche-.
eco|agricultura Ökolandwirtschaft *f*; **~compatible** umweltverträglich; **~logía** Ökologie *f*; **~lógico** *(adj)* ökologisch, umweltfreundlich, Umwelt-; **~logista** *m* Umweltschützer m; **~** *(adj)* umweltbewusst.
ecólogo Ökologe *m*.
economía Wirtschaft *f*, Wirtschafts|wissenschaft *f*, -lehre *f*, -leben *n*, Wirtschaftlichkeit *f*, Einsparung *f*, Ersparnis *f*, Sparsamkeit *f*; **~ de abundancia** Überflussgesellschaft *f*; **~ aplicada** angewandte Wirtschaftswissenschaft *f*; **~ bélica** Rüstungs|wirtschaft *f*; **~ del bienestar** Wohlstandsgesellschaft *f*; **~ de clases medias** mittelständische Wirtschaft *f*; **~ crediticia** Kreditwirtschaft *f*; **~ del despilfarro** Wegwerfgesellschaft *f*; **~ dirigida** Plan|wirtschaft *f*, Zwangs- *f*; **~ doméstica** Hauswirtschaft *f*, Privathaushalt *m*; **~ de la empresa** Betriebs|wirtschaft *f*, -wirtschaftslehre *f*; **~ energética** *(o **de energía**)* Energiewirtschaft *f*; **~** *f*; **~ exterior** Außenwirtschaft *f*; **~ forestal** Forstwirtschaft *f*; **~ global** Gesamtwirtschaft *f*; **~ hidráulica** Wasserwirtschaft *f*; **~ industrial** gewerbliche Wirtschaft *f*, **~ interior** Binnenwirtschaft *f*; **~ internacional** Weltwirtschaft *f*; **~ mundial** Weltwirtschaft *f*; **~ nacional** Volkswirtschaft *f*, Nationalökonomie *f*; **~ de pastoreo** Weidewirtschaft *f*; **~ pecuaria** Viehwirtschaft *f*; **~ de la pequeña y mediana industria** mittelständische Wirtschaft *f*; **~ pesquera** Fischereiwirtschaft *f*; **~ política** Volkswirtschaft *f*, Volkswirtschaftslehre *f*; **de la ~ política** nationalökonomisch; **~ privada** Privatwirtschaft *f*; **~ procesal** Prozessökonomie *f*; **~ social de*(l)* mercado** soziale Marktwirtschaft *f*; **~ sumergida** Schattenwirtschaft *f*; **~ transformadora** Veredelungswirtschaft *f*.
economías *pl* Ersparnisse *pl*, Einsparungen *fpl*; **hacer ~** *(Geld)* sparen, wirtschaften.
económicas *pl* Wirtschaftswissenschaften *pl*.
economicidad Wirtschaftlichkeit *f*.
económico Wirtschafts-, wirtschaftlich, geschäftlich, sparsam, rationell; **~ de la empresa** betriebswirtschaftlich; **~ -matrimonial** Güterrechts-, güterrechtlich; **~ -nacional** volkswirtschaftlich.
economista *m* Volks|wirt *m*, Betriebs- *m*, Wirtschaftler *m*, Wirtschafts|fachmann *m*, -experte *m*.
economizar sparen, er|sparen, ein-.
ecónomo Ökonom *m*, Verwalter *m*.
eco|pacifista *m* Ökopazifist *f*; **~sistema** *m* Ökosystem *n*; **~tasa** Ökosteuer *f*.
ecuación Gleichung *f*; **~ de balance** Bilanzausgleich*(ung)* *m (f)*.
ecuanimidad Unparteilichkeit *f*.
edad Alter *n*, Lebensalter *n*, Altersstufe *f*; **~ de admisión** Eintritts|alter *n*, Zulassungs- *n*; **~ inicial**

Eintritts|alter *n*, Beitritts- *n*; **~ de jubilación** Altersgrenze *f*, Pensions|alter *n*, Renten- *n*; **~ límite** Altersgrenze *f*; **mayor ~** Voll|jährigkeit *f*; **menor ~** Minderjährigkeit *f*, Unmündigkeit *f*; **~ núbil** Heiratsalter *n*, heiratsfähiges Alter *n*; **~ penal** Strafmündigkeit *f*; **~ de votar** Wahl|mündigkeit *f*, -alter *n*.

edición Auflage *f*, Ausgabe *f*, Edition *f*, Verlegen *n*, Herausgabe *f*; **~ de bolsillo** Taschenbuchausgabe *f*; **~ a cuenta del autor** Selbstverlag *m*; **~ furtiva** Raubdruck *m*; **nueva ~** Neuauflage *f*; **~ pirata** Raubdruck *m*; **~ revisada** Neubearbeitung *f*.

edicto *(öffentliches)* Aufgebot *n*, Edikt *n*, Erlass *m*.

edificabilidad Bebaubarkeit *f*; **~ admisible** zulässige bauliche Nutzung *f*.

edificable bebaubar, baureif.

edificación Bau *m*, Bebauung *f*; **~ residencial** Wohnungsbau *m*.

edificar bebauen; **sin ~** unbebaut.

edificio Gebäude *n*, Bau|werk *n*, -lichkeit *f*; **~ de alquiler** Mietshaus *n*; **~ comercial** Geschäftshaus *n*; **~ contiguo** Anbau *m*; **~ ruinoso** baufälliges Gebäude *n*, Bauruine *f*; **~ para viviendas** Wohngebäude *n*.

editar *(Bücher:)* heraus|geben, -bringen, ver|legen, auf-.

editor Herausgeber *m*, Verleger *m*.

editorial *f* Verlag *m*; **~** *(adj)* Verlags-.

educación Erziehung *f*, Ausbildung *f*; **~ cívica** Bürgerkunde *f*, staatsbürgerliche Bildung; **~ a distancia** Fern|unterricht *m*, -lehre *f*; **~ general básica** s. educación primaria; **~ preescolar** Vorschulerziehung *f*; **~ primaria** Grundschul|bildung *f*, -wesen *n*; **~ profesional** berufliche Bildung *f*; **~ secundaria** höhere Schulbildung *f*; **~ universitaria** Hochschulbildung *f*.

educador Erzieher *m*, Ausbilder *m*.

efectividad Wirklichkeit *f*, Wirkung *f*, Aktivität *f*, Effektivität *f*; **~ jurídica** Rechtswirklichkeit *f*.

efectivo Bar|geld *n*, -betrag *m*, -mittel *npl*; Beamter *m* im Dienst; **~** *(adj)* effektiv, tatsächlich, bar; Plan- *(-stelle)*; **~ en bancos** Bankguthaben *npl*; **~ en caja** Kassenbestand *m*; **en ~** in bar, Wert erhalten *(Wechsel)*; **hacer ~** *(be)*zahlen, auszahlen *(Kredit)*, erheben *(Steuern)*, einlösen *(Scheck)*, erfüllen *(Verbindlichkeiten)*, realisieren *(Sicherheiten)*; **~ previsto** Soll|bestand *m*, -stärke *f*; **~ real** Istbestand *m*.

efectivos *pl* Deckung *f*, Beschäftigtenzahl *f*; **~ de personal** Personalbestand *m*.

efecto *(s. a. efectos pl)* 1. Wirkung *f*, Wirksamkeit *f*, Effekt *m*; 2. Papier *n*, Wert|papier *n*; **al ~** zu diesem Zweck *m*; **~ de arrastre** Signalwirkung *f (Tarifabschluss)*; **~ civil** zivilrechtliche Wirkung *f*; **~ colateral** (o **secundario**) Nebenwirkung *f*; **~ comercial** *(o **de comercio**)* Handels|wechsel *m*, Kunden- *m*; **con ~ de** mit Wirkung *f* von; **~ constitutivo** konstitutive Wirkung *f*; **~ declarativo** deklaratorische Wirkung *f*; **~ devolutivo** Devolutiveffekt *m*; **~ disuasorio** Abschreckung *f*; **~ excluyente** Ausschlusswirkung *f*; **~ sobre el exterior** Auslandswechsel *m*; **~ de favor** Gefälligkeitswechsel *m*; **~ de garantía** Garantiefunktion *f*; **con ~ inmediato** mit sofortiger Wirkung *f*; **~ jurídico** s. efecto legal; **~ a largo plazo** Langzeitwirkung *f*; **~ lateral** Nebeneffekt *m*; **~ legal** rechtliche Wirkung *f*, Rechtswirkung *f*; **~ legitimario** Legitimationsfunktion *f*; **~ liberatorio** *(schuld)*befreiende Wirkung *f*; **~ nominal** Namenspapier *n*; **~ a la orden** Orderpapier *n*; **~ sobre plaza** Platzwechsel *m*; **~ al portador** Inhaberpapier *n*; **~ preclusivo** Präklusions|wirkung *f*, Ausschluss- *f*; **~ recíproco** Wechselwirkung *f*; **~ retroactivo** Rückwirkung *f*, rückwirkende Kraft *f*; **sin ~** unwirksam, kraftlos; **~ suspensivo** aufschiebende Wirkung *f*, Suspensiv|wirkung *f*, -effekt *m*; **~ hacia terceros** Dritt|wirkung *f*, Außen- *f*; **~ timbrado** Stempel|papier *n*, -marke *f*; **~ traslativo** Transportfunktion *f*

(Wechsel); **sin ~ ni valor** null und nichtig; **~ a la vista** Sichtwechsel *m*.
efectos *pl* Effekten *pl*, Waren *fpl*, Artikel *mpl*, *(bewegliche)* Sachen *fpl*, Akzepte *npl*; **a ~ de** im Sinne von; **~ en cartera** Wechsel|bestand *m*, -besitz *m*; **~ mobiliarios** Hausrat *m*; **~ de primera** Primawechsel *mpl*; **~ públicos** Staats- und Kommunalpapiere *npl*; **~ en tránsito** durchlaufende Posten *pl*.
efectuar aus|führen, durch-, tätigen *(Geschäfte)*, vornehmen, abwickeln; **~ un asiento** einen Eintrag *m* vornehmen; **~ el inventario** das Inventar *n* errichten; **~ un pago** eine Zahlung *f* leisten; **~ un pago suplementario** nachzahlen; **~ pestañeos** *(VR)* aufblenden; **~ una reunión** eine Versammlung *f* abhalten.
eficacia *(s. a. eficiencia)* Wirkung *f*, Wirksamkeit *f*, Wirkungskraft *f*, Leistungsfähigkeit *f*; **~ ejecutiva** Vollstreckbarkeit *f*; **~ general** Allgemeinverbindlichkeit *f*; **~ jurídica** Rechtswirkung *f*; **~ de la ley** Gesetzeskraft *f*; **~ probatoria** Beweiskraft *f*.
eficaz *(rechts)*wirksam, rationell.
eficiencia *(s. a. eficacia)* Wirkung *f*, Wirksamkeit *f*, Effizienz *f*, Leistung *f*; **~ económica** wirtschaftliche Leistungsfähigkeit *f*; **~ productiva** Produktivität *f*.
egresado Abgänger *m (Studium)*; **~ universitario** Hochschulabsolvent *m*.
egreso Abschluss *m (Schule etc.)*.
egresos *pl* Ausgaben *fpl (Haushalt)*.
eje *m* Achse *f*; **~ de la calzada** *(VR)* Mittel|linie *f*, -streifen *m*.
ejecución Ausführung *f (Gesetz)*, Durch|führung *f*, -setzung *f (Pflicht)*, Betreibung *f*, Abwicklung *f*, Vornahme *f*, Voll|streckung *f*, -ziehung *f*, -zug *m*, Zwangsvollstreckung *f*; Hinrichtung *f*; **~ administrativa** Verwaltungsvollstreckung *f*; **~ colectiva** Gesamtvollstreckung *f*; **~ sobre cosas** Vollstreckung *f* in Sachen; **~ contra fianza** Vollstreckung *f* gegen Sicherheitsleistung; **~ forzosa** Vollziehung *f*, Vollzug *m (Verwaltungsakt)*, Zwangsvollstreckung *f*; **~ del hecho** Tatausführung *f*; **~ inmobiliaria** Immobiliarvollstreckung *f*; **~ de una obra** Herstellung *f* eines Werkes; **~ de un pedido** Auftragserledigung *f*; **~ de la pena** Strafvoll|streckung *f*, -zug *m*; **~ subsidiaria** Ersatzvornahme *f (Verwaltung)*; **tener aparejada la ~** vollstreckbar sein; **~ testamentaria** *(o* ***de testamento****)* Testamentsvollstreckung *f*; **~ a título singular** Einzelvollstreckung *f*; **~ universal** Gesamtvollstreckung *f*.
ejecutabilidad Vollstreck|barkeit *f*.
ejecutable voll|streckbar, -ziehbar, vollstreckungs|fähig; **~ provisionalmente** vorläufig vollstreckbar.
ejecutado Vollstreckungsschuldner.
ejecutante *m* Ausführender *m*, Vollstreckungsgläubiger *m*.
ejecutar voll|strecken, ausführen, erledigen, abwickeln, pfänden, begehen *(Straftaten)*; hinrichten; **~ el hecho** die Tat *f* begehen; **~ una hipoteca** aus einer Hypothek *f* vollstrecken; **~ una pena** eine Strafe *f* vollstrecken.
ejecuti|va Vorstand *m*, Parteivorstand *m*; **~vamente** im Vollstreckungswege *m*; **~vidad** Vollstreckbarkeit *f*.
ejecutivo ausführende *(oder vollziehende)* Gewalt *f*, Exekutiv|e *f*, -gewalt *f*; Führungskraft *f*; **~** *(adj)* vollstreckbar, ausführend; **hacerse ~** für vollstreckbar erklärt werden.
ejecutor Vollstrecker *m*, Täter *m*, Auftragnehmer *m*; **~ judicial** Gerichtsvollzieher *m*; **~ testamentario** Testamentsvollstrecker *m*.
ejecutoria vollstreckbare Ausfertigung *f*, vollstreckbares Urteil *n*.
ejecutoría Vollstreckungsbehörde *f*.
ejecutori|edad Vollstreck|barkeit *f*, Vollzieh-; **~o** vollstreckbar.
ejemplar *m* Exemplar *n*, Ausfertigung *f*; **~ de muestra** Probe|exemplar *n*, Beleg- *n*.
ejercer bekleiden *(Amt)*, betreiben *(Büro)*, praktizieren, ausüben, verwalten, führen *(Vormundschaft)*; **~ la abogacía** den Anwaltsberuf *m*

ausüben; **~ la acción** klagen, Klage *f* erheben; **~ una actividad mercantil** ein Handelsgewerbe *n* betreiben; **~ un cargo** ein Amt *n* ausüben *(oder führen)*, amtieren; **~ el comercio** ein Handelsgewerbe *n* betreiben; **~ un derecho** ein Recht *n* ausüben; **~ una profesión** einen Beruf *m* ausüben.

ejercicio 1. Betriebs | jahr *n*, Geschäfts- *n*, Haushalts- *n*, Wirtschafts- *n*, Rechnungs- *n*; 2. Ausübung *f (von Rechten, eines Berufs)*, Betätigung *f*, Betreiben *n*, Erhebung *f (Klage)*, Wahrnehmung *f (von Aufgaben)*, Verwaltung *f (Amt)*; 3. Übung *f*, Prüfungsaufgabe *f*; **~ abusivo de funciones** Amtsmissbrauch *m*; **~ de la acción** Klageerhebung *f*; **~ de autoridad** hoheitliche Betätigung *f*; **~ de la facultad discrecional** Ermessensbetätigung *f*; **~ fiscal** Steuerjahr *n*; **~ impositivo** Besteuerungszeitraum *m*; **libre ~ del culto** freie Religionsausübung *f*; **en el pleno ~ de los derechos civiles** im Vollbesitz *m* der bürgerlichen Ehrenrechte; **~ social** Geschäftsjahr *n (Gesellschaft)*.

ejerciente den Beruf *m* ausübend.

ejercitable klagbar.

ejercitación Ausübung *f*.

ejercitar erheben *(Klage)*, *(be)*treiben, geltend machen, ausüben *(Recht)*, bekleiden *(Amt)*; **~ una acción** Klage *f* erheben; **~ por correo el derecho al voto** durch Briefwahl *f* wählen.

ejército Heer *n*, Armee *f*, Waffengattung *f*; **~ del aire** Luftwaffe *f*; **~ internacional** Friedenstruppe *f (UNO)*; **~ profesional** Berufsheer *n*; **~ de tierra** Heer *n*.

ejércitos, los ~ *(Sp)* Heer, Marine und Luftwaffe.

ejido Gemeindeland *n*.

elaboración Aus | arbeitung *f*, Ver- *f*, Be- *f (eines Werkes)*, Herstellung *f*, Aufbereitung *f*, Veredelung *f*; **~ de datos** Datenverarbeitung *f*; **~ de una ley** Ausführung *f* eines Gesetzes *(durch Verordnung)*.

elaborar ausarbeiten, anfertigen.

elasticidad Elastizität *f*; **~ de la demanda** Nachfrageelastizität *f*.

elástico nachgiebig *(B)*.

elección *(s. a. elecciones pl)* Wahl *f*, Wahl | akt *m*, -gang *m*; **~ por aclamación** Wahl *f* durch Zuruf *(oder Akklamation)*; **~ directa** direkte Wahl *f*, Direktwahl *f*; **~ de dotados** Begabtenauslese *f*; **libre ~ de médico** freie Arztwahl *f*; **~ mayoritaria** Mehrheitswahl *f*; **~ presidencial** *(o **para presidente**)* Präsidentschaftswahl *f*; **~ proporcional** Verhältniswahl *f*; **~ del jurado de empresa** Betriebsratswahl *f*.

eleccionario *(adj)* Wahl-.

elecciones *pl*, **~ autonómicas** *(Sp)* Regionalwahlen *pl*; **~ comunales** Kommunalwahlen *pl*; **~ europeas** Europawahlen *pl*; **~ nacionales** Wahlen *pl* auf Staatsebene; **nuevas ~** Neuwahlen *pl*.

electi | vidad Wählbarkeit; **~vo** *(adj)* Wahl-.

electo Gewählter *m*.

elector Wähler *m*, Wahl | mann *m*, -berechtigter *m*; **~ -protesta** Protestwähler *m*; **~ secundario** Wahlmann *m*.

electorado Wählerschaft *f*.

electoral | *(adj)* Wahl-; **~ista** *(adj)* wahlorientiert.

eléctricas *pl (B)* Elektrizitätsaktien *fpl*, Elektrowerte *pl*.

electrocu | ción Hinrichtung *f* auf dem elektrischen Stuhl; **~tar** auf dem elektrischen Stuhl *m* hinrichten.

elegibilidad Wählbarkeit *f*.

elegible wählbar.

elegir wählen, erwählen; **~ defensor** einen Verteidiger *m* bestellen; **~ de entre sus miembros** aus der Mitte *f* seiner Mitglieder wählen.

elemento Grund | stoff *m*, -lage *f*, Element *n*, *(Grund)*Bestandteil *m*, Komponente *f*, Merkmal *n*, Faktor *m*; **~ de fondo** materielles Erfordernis *n*; **~ material** objektives Tatbestandsmerkmal *n*; **~ de la punibilidad** Strafbarkeitsmerkmal *n*; **~ típico** Tatbestandsmerkmal *n*.

elementos *pl* Grundbegriffe *mpl*, Produktionsmittel *npl*; **~ accidentales del negocio** Nebenbestimmungen *fpl* des Rechtsgeschäfts; **~ probatorios** Beweismaterial *n*.

elevación Erhöhung *f*, Anhebung *f*, Heraufsetzung *f*, Steigerung *f*; **~ de aranceles** Tarif|erhöhung *f*, Zoll- *f*; **~ a escritura pública** *(öffentliche)* Beurkundung *f*; **~ de grado** Höhergruppierung *f*.
elevar *(Preise etc.:)* erhöhen, heraufsetzen, einreichen *(Gesuch)*, vorlegen *(Gesetzentwurf)*, übersenden *(Akten)*; **~ los autos a** die Akten *fpl* senden an *(ein höheres Gericht)*; **~ demanda** Klage *f* erheben; **~ a escritura pública** beurkunden; **~ los precios** die Preise *mpl* erhöhen; **~ protesta** Protest *m* erheben; **~ el recurso** ein Rechtsmittel *n* einlegen.
elevarse a sich belaufen auf.
eliminación Abschaffung *f*, Beseitigung *f*, Ausschließung *f*, Aufhebung *f*, Ausmusterung *f*, Löschung *f*; **~ de aguas residuales** Abwasserbeseitigung *f*; **~ de daños** Schadensbeseitigung *f*.
eliminar beseitigen, streichen, löschen, ausmustern, abbauen.
eludir umgehen, ausweichen.
elusión Umgehung *f (Gesetz)*; **~ fiscal** Steuerumgehung *f*.
emanar ausgehen von *(Gewalt)*; **~ del pueblo** vom Volke *n* ausgehen.
emancipación Emanzipation *f*, Voll|jährig*(keits)*erklärung *f*.
emancipado für volljährig erklärt.
emancipar für volljährig erklären.
embajada Botschaft *f*.
embajador Botschafter *m*, Gesandter *m*; **~ de carrera** Botschafter *m* als Berufsdiplomat; **~ extraordinario en misión especial** außerordentlicher Gesandter *m*.
embalaje *m* Packung *f*, Verpackung *f*, Packen *n*, Verpackungskosten *pl*; **~ de la evidencia física** Spurensicherung *f*; **~ vacío** Leergut *n*.
embarcación Schiff *n*; Einschiffung *f*, Überfahrtszeit *f*.
embarcadero *(Ver)*Ladeplatz *m*, Anlegestelle *f*, Pier *f*.
embarcador Verlader *m*.
embar|car ver|schiffen, -laden, über|nehmen, auf- *(Passagiere)*; **~carse** an Bord *n* gehen; **~co** Ver|schiffung *f*, -ladung *f*.
embargabilidad Pfändbarkeit *f*.
embargable pfändbar.
embargado *(s. a. embargo)* Pfändungs*(pfand)*schuldner *m*.
embargador Pfändungs*(pfand)*gläubiger *m*.
embargante *m* Pfändungs*(pfand)*gläubiger *m*.
embargar ein Embargo *n* verhängen, pfänden, beschlagnahmen.
embargo Embargo *n*, Beschlagnahme *f*, Liefersperre *f*; Pfändung *f*; Arrest *m*; **~ adhesivo** *(o **por adhesión**)* Anschlusspfändung *f*; **~ comercial** Handels|blockade *f*, -embargo *n*; **~ de derechos** Forderungspfändung *f*; **~ de exportaciones** Ausfuhr|sperre, Export- *f*; **~ de noticias** Nachrichtensperre *f*; **~ personal preventivo** persönlicher Arrest *m*; **~ preventivo** dinglicher Arrest *m*; **~ de suministros** Liefersperre *f*; **~ sustitutivo** Ersatzpfändung *f*.
embarque *m* Ein|schiffung *f*, Ver- *f*, An-Bord-Gehen *n*, Ver|laden *n*, -ladung *f*; **~ nacional** Inlandsabfertigung *f (Flughafen)*.
embauca|dor Betrüger *m*, Schwindler *m*; **~miento** Betrug *m*, Schwindel *m*; **~r** betrügen, schwindeln.
embele|car s. embaucar; **~co** s. embaucamiento.
embestir a un vehículo auf ein Fahrzeug *n* auffahren.
emblema *m* Kenn|zeichen *n*, Ab- *n*, Wahr- *n*.
embo|que *m* Betrug *m*; **~tellamiento** Fahrzeug|stau *m*, Verkehrs- *m*.
embriaguez *f* Trunkenheit *f*; **~ conduciendo un vehículo** Trunkenheit *f* am Steuer.
embustero Betrüger *m*.
emergencia Notstand *m (Staatsrecht)*.
emérito Emeritus *m*.
emigración *(s. a. migración)* Auswanderung *f*, Emigration *f*.
emigrante *m* Auswanderer *m*, Emigrant *m*, Umsiedler *m*.
emigra|r aus|wandern, ab-, emigrieren, umsiedeln; **~torio** *(adj)* Auswanderungs-.
emirato Emirat *n*.
emisario Bote *m*, Abgesandter *m*.
emisible ausgabe|fähig, emissions-.

emisión Ausgabe *f*, Auflage *f*, Begebung *f*, Emission *f*, Abgabe *f* *(Willenserklärung)*; Sendung *f*, *(Rund)*Funksendung *f*, Ausstrahlung *f* *(einer Sendung)*; **~ de billetes** Notenausgabe *f*; **~ de cheque** Ausstellung *f* eines Schecks; **~ contaminante** *(o **de contaminantes**)* Schadstoff|emission *f*, -ausstoß *m*; **~ de una declaración de voluntad** Abgabe *f* einer Willenserklärung; *libre* **~ del pensamiento** freie Meinungsäußerung *f*; **~ a la par** Ausgabe *f* zum Nennwert; **~ parcial de un empréstito** Tranche *f* einer Anleihe; **~ de valores** Emissionsgeschäft *n*, Wertpapierbegebung *f*; **~ del voto** Stimmabgabe *f*.
emisiones sonoras *pl* Geräuschemissionen *mpl*.
emisor Aussteller *m*, Ausgeber *m*, Emittent *m*; **~** *(adj)* Emissions-.
emisora Sender *m*; **~ de radiodifusión** Rundfunksender *m*.
emitente *m* Versender *m*.
emitir senden, ausgeben *(Banknoten)*, aus|fertigen, -stellen *(Urkunde)*, emittieren, begeben, abgeben *(Willenserklärung)*, erlassen *(Verordnung)*; **~ un cheque** einen Scheck *m* ausstellen; **~ un dictamen** ein Gutachten *n* erstatten, sich gutachtlich äußern; **~ un empréstito** eine Anleihe *f* begeben; **~ su opinión** Stellung *f* nehmen; **~ el voto** die Stimme *f* abgeben.
emolumento Gebühr *f*, Gehalt *n*, Entgelt *n*, Gage *f*, Besoldung *f*.
emolumentos *pl* Einkünfte *pl*, Bezüge *pl*, Tantiemen *fpl*.
empadronamiento Melderegister *n*, Anmeldung *f*, Meldewesen *n*.
empadronar in das Einwohnerverzeichnis *n* eintragen.
empadronarse en sich anmelden.
emparentado por matrimonio angeheiratet, verschwägert.
emparentar sich verschwägern.
empate *m* Stimmengleichheit *f*.
empeñado verschuldet; engagiert.
empeñar verpfänden, versetzen *(Pfand)*, beleihen; **~ títulos** lombardieren.
empeño Pfand *n*, Verpfändung *f*; Engagement *n*.
empeoramiento Verschlechterung *f*, Schlechterstellung *f*.
empeorar verschlechtern.
empezar a regir in Kraft *f* treten.
emplazado *(Vor)*Geladener *m*.
emplazamiento Ladung *f* *(zur Verhandlung)*, Fristsetzung, Anberaumung *f* *(Termin)*; Standort *m*; **~ por edicto** öffentliche Ladung *f*.
emplazante *m* Ladender *m*.
emplazar *(vor)*laden, eine Frist *f* setzen, anberaumen *(Termin)*; ansiedeln.
empleado Angestellter *m*; **~ administrativo** Verwaltungsangestellter *m*; **~ de almacén** Lager|ist *m*, -verwalter *m*; **alto ~** leitender Angestellter *m*; **~ de casa** Hausangestellter *m*; **~ de comercio** kaufmännischer Angestellter *m* **~ directivo** leitender Angestellter *m*; **~ industrial** gewerblicher Angestellter *m*; **~ en jornada incompleta** *(o **parcial** o **partida**)* Teilzeitbeschäftigter *m*; **~ a tiempo completo** ganztägig beschäftigter Angestellter *m*.
empleador Arbeitgeber *m*.
emplear beschäftigen, anstellen, anlegen *(Geld)*, ver|wenden, auf-, an-.
empleo Stelle *f*, *(An)*Stellung *f*, Beschäftigung *f*, Verwendung *f*, Anwendung *f*, Gebrauch *m*, Einsatz *m* *(von Kapital)*; **~ accesorio** Nebenbeschäftigung *f*; **~ en alto riesgo** gefahrgeneigte Arbeit *f*; **~ de las armas de fuego** Schusswaffengebrauch *m*; **~ autónomo** *(Sp)* Arbeit *f* von arbeitnehmerähnlichen Personen; **~ del capital** Kapitaleinsatz *m*; **~ a domicilio** Heimarbeit *f*; **~ estacional** Saisonbeschäftigung *f*; **~ fijo** feste Stellung *f*, Festanstellung *f*; **~ parcial** Teilzeitbeschäftigung *f*; **~ permanente** Dauerstellung *f*; **pleno ~** Vollbeschäftigung *f*; **~ público** Beschäftigung *f* im öffentlichen Dienst; **sin ~** erwerbs|los, stellungs-, stellen-, beschäftigungs-; **~ vitalicio** Lebensstellung *f*.
empobre|cimiento Entreicherung *f*, Verarmung *f*; **~cer** verarmen.
emprendedor unternehmerisch.

emprender unter|nehmen, über-.

empresa Unter|nehmen *n*, -nehmung *f*, Firma *f*, Geschäft *n*, Betrieb *m*, Werk *n*; **~ abastecedora** Lieferfirma *f*; **~ agrícola** landwirtschaftliches Unternehmen *n*; **~ de alquiler de coches** Autovermietung *f*; **~ anunciadora** Werbeagentur *f*; **~ armadora** Reederei *f*; **~ asociada** verbundenes *(oder assoziiertes)* Unternehmen *n*; **~ de cobro a morosos** Inkassobüro *n*; **~ comercial** Handelsunternehmen *n*, kaufmännisches Unternehmen *n*; **~ constructora** Bauunternehmen *n*; **~ -consulta** *(o* ***consultora****)* Beratungsfirma *f*, Consulting-Firma *f*; **~ controladora** Holding*(gesellschaft) f*, Dachgesellschaft *f*; **dentro de la ~** innerbetrieblich; **~ de dimensión comunitaria** gemeinschaftsweit operierendes Unternehmen *n (EG)*; **~ dominante** *(be)*herrschendes Unternehmen *n*; **~ económica** Wirtschaftsbetrieb *m*; **por encima de la ~** überbetrieblich; **~ energética** Energie|betrieb *m*, -versorgungsunternehmen *n*; **~ estatal** Staats|betrieb *m*, -unternehmen *n*; **~ de expedición** Spedition *f*, Speditionsbetrieb *m*; **~ fantasma** Scheinfirma *f*; **~ fiduciaria** Treuhandfirma *f*; **~ filial** Tochterunternehmen *n*; **~ forestal** forstwirtschaftlicher Betrieb *m*; **gran ~** Groß|betrieb *m*, -unternehmen *n*; **~ del grupo** verbundenes Unternehmen *n*; **~ ideológica** Tendenzbetrieb *m*; **~ individual** Einzel|firma *f*, -unternehmen *n*; **~ industrial** Industrieunternehmen *n*, gewerbliches Unternehmen *n*; **~ *(de)* informática** Computerfirma *f*; **~ inversionista** Investmentgesellschaft; **~ líder en el mercado** Marktführer *m*; **~ al por mayor** *(o* ***mayorista****)* Großhandelsunternehmen *n*; **~ media-*(na)*** mittelständisches Unternehmen *n*; **~ minorista** Einzelhandelsunternehmen *n*; **~ nacional** Staats|betrieb *m*, -unternehmen *n*; **~ náutica** Schifffahrtsunternehmen *n*, Reederei *f*; **~ pequeña** Kleinbetrieb *m*, Klein*(st)*unternehmen *n*; **~ pública** Staatsbetrieb *m*, staatliches *(oder öffentliches)* Unternehmen *n*; **~ de publicidad** Werbe|unternehmen *n*, -firma *f*; **~ puntera** *(o* ***de punto****)* führendes Unternehmen *n*; **~ de seguridad** Wach- und Schließgesellschaft *f*; **~ de seguros** Versicherungsunternehmen *n*; **~ de servicios** Dienstleistungs| unternehmen *n*, -betrieb *m*; **~ de servicios públicos** *(öffentliches)* Versorgungsunternehmen *n*; **~ subcontratada** Subunternehmer *m*; **~ de temporada** Saisonbetrieb *m*; **~ de tendencia** Tendenz|betrieb *m*, -unternehmen *n*; **~ tenedora** Holding*(gesellschaft) f*; **~ de trabajo temporal** Teilzeitfirma *f*.

empresa de transporte Transport|unternehmen *n*, Beförderungs- *n*; **~ ~ aéreo** Fluggesellschaft *f*; **~ ~ público** öffentliches Verkehrsunternehmen *n*.

empresa, ~ de utilidad pública gemeinnütziges Unternehmen *n*; **~ de ventas por correo** *(o* ***por correspondencia****)* Versandhaus *n*.

empresariado Unternehmer|tum *n*, -schaft *f*.

empresarial| *(adj)* Unternehmer-, Unternehmens-, unternehmerisch.

empresario Unternehmer *m*; **~** *(Sp)* Arbeitgeber *m*; **~ de armamento** *(SeeR)* Ausrüster *m*; **~ franquiciado** Franchisenehmer *m*; **~ individual** Einzelunternehmer *m*.

empresas *pl*, **pequeñas y medianas ~** Klein- und Mittelbetriebe *pl*, mittelständische Unternehmen *npl*.

empréstito Anleihe *f*, *(Kredit)*Aufnahme *f*, Staatsanleihe *f*; **~ comunal** Gemeindeanleihe *f*; **~ convertible** Wandel|anleihe *f*, -schuldverschreibung *f*; **~ cupón cero** Nullkuponanleihe *f*; **~ estatal** Staatsanleihe *f*, öffentliche Anleihe *f*; **hacer un ~** eine Anleihe *f* auflegen; **~ a largo plazo** langfristige Anleihe *f*; **~ municipal** Gemeindeanleihe; **~ en obligaciones convertibles** Wandelanleihe *f*; **~ -oro** Goldanleihe *f*; **~ con prima** Prämienanleihe *f*; **~ del tesoro** Schatzanleihe *f*; **~ a tipo de interés fijo** Festzinsanleihe *f*.

empuje *m* Druck *m*; **~ competitivo** Wettbewerbsdruck *m*.

enajena | bilidad Veräußerlichkeit *f*; **~ble** veräußerbar, veräußerlich.
enajenación Veräußerung *f*; **~ fraudulenta de patrimonio** Vermögensverschiebung *f*; **~ posterior** Weiterveräußerung *f*.
enajenado mental Unzurechnungsfähiger *m*.
enajena | dor Veräußerer *m*; **~miento** Veräußerung *f*; **~nte** *m* s. enajenador; **~r** veräußern *m*
encabezamiento Anrede *f (Brief)*, Brief | kopf *m*, Urteils- *m*, Einleitungsformel *f*, Steuer | rolle *f*, -quote *f*, Rubrum *n*.
encabezar vorstehen *(einem Amt)*, veranlagen *(SteuerR)*; **~ la lista** die Liste *f* anführen.
encaje *m* Kassen | stand *m*, -reserve *f*, Deckung *f*; **~ bancario** Mindestreserve *f* der Kreditinstitute; **~ metálico** Bargeldreserve *f*.
encall | adura s. encallamiento; **~amiento** Stranden *n*; **~ar** stranden, auflaufen; stocken *(Geschäfte)*.
encaminar auf den Weg *m* bringen; in Gang bringen.
encapuchado vermummt.
encarcelación Inhaftierung *f*; **~ incomunicada** Einzelhaft *f*.
encarcelado Gefangener *m*; **~miento** s. encarcelación.
encarcelar inhaftieren.
encarecer verteuern *(Preise)*.
encare | cerse teuer werden; **~cimiento** Verteuerung *f*, Preissteigerung.
encargado Geschäftsführer *m*, Vertreter *m*, *(Sach)*Bearbeiter *m*, Bürovorsteher *m*, Disponent *m*; **~** *(adj)* beauftragt, betraut; **~ de un asunto** Verrichtungsgehilfe *m*; **~ de la educación** Erziehungsberechtigter *m*; **~ de levantar acta** Protokollführer *m*; **~ de negocios** Geschäftsträger *m (Botschaft)*; **~ del registro civil** Standesbeamter *m*.
encargar beauftragen, bestellen.
encargarse einen Auftrag *m* übernehmen.
encargo Auftrag *m*, Beauftragung *f*, Bestellung *f*, Sendung *f*; Amt *n*, Stelle *f*; **~ de curso** Lehrauftrag *m*; **por ~** im Auftrag *m*.
encar | petar einheften; **~tado** Beschuldigter *m*.
encasilla | do Häuschen *n (Formular)*; **~r** einordnen.
encausa | do Angeklagter *m*, Beschuldigter; **~r** anklagen, beschuldigen.
encauzamiento Lenkung *f*.
encerramiento s. encierro.
encerrar in Haft *f* nehmen.
enchuf | ar einfädeln *(Geschäft)*, durch Verbindungen *fpl* erlangen *(Stellung)*; **~e** *m* Erlangung *f (eines Amtes)* durch Verbindungen; **~ismo** Ämterpatronage *f*, Vetternwirtschaft *f*.
encierro Einschließung *f (Haft)*, Klausur *f (Politiker)*.
enclavar als Enklave *f* umschließen.
enclave *m* Enklave *f*; **~ aduanero** Zollanschluss*(gebiet)* *m (n)*.
encomendar *(be)*auftragen, anvertrauen, aufgeben.
encomienda Auftrag *m*, Beauftragung *f*; **~ con** *(o* ***contra)*** **reembolso** Nachnahmesendung *f*.
encontrado entgegengesetzt.
encontrar finden; **~ alojamiento** unterkommen.
encontrarse sich aufhalten; **~ acogido a** *(einem Gesetz)* unterliegen; **~ huido** flüchtig sein; **~ en ignorado paradero** unbekannten Aufenthalts sein.
encubierta Hehlerei *f*.
encubridor Hehler *m*, Begünsti*(gend)*er *m (StrafR)*.
encubrimiento Hehlerei *f*, Begünstigung *f*; **~ de cosa*(s)*** *(sachliche)* Begünstigung *f*, Sachhehlerei *f*; **~ personal** Strafvereitelung *f*.
encubrir hehlen, begünstigen, verschleiern *(Bilanz)*; **~ un criminal** einem Verbrecher *m* Unterschlupf gewähren.
encuentro, ~ bilateral Zweiergespräch *n*.
encuesta Umfrage *f*, Befragung *f*, *(gerichtliche)* Untersuchung *f*, Erhebung *f (Stat)*, Enquete *f*; **~ de opinión pública** Meinungsumfrage *f*.
encuesta | do Befragter *m*; **~dor** Interviewer *m*; **~r** befragen.
enderezar strafen.
endeudado verschuldet, belastet.
endeudamiento Verschuldung *f*; **~ excesivo** Überschuldung *f*.

endeudarse *(sich)* verschulden.
endosable übertrag | bar, indossier-.
endosado Indossatar *m*, Giratar *m*.
endosador s. endosante.
endosante *m* Indossant *m*; **~ anterior** Vorrdermann *m*.
endosar indossieren, girieren.
endosatario Indossat*(ar) m*.
endoso Indossament *n*, Girierung *f*; **~ anterior** Vorindossament *n*; **~ en blanco** Blankoindossament *n*; **~ de favor** Gefälligkeitsindossament *n*; **~ posterior** Nachindossament *n*; **sin ~** ungiriert.
endurecer verschärfen *(Strafen)*.
enemigo Feind *m*, Gegner *m (im Krieg)*; **~** *(adj)* feindlich; **~ del Estado** Staatsfeind *m*.
energía Energie *f*; **~ eólica** Wind | kraft *f*, -energie *f*; **~ hidráulica** Wasserkraft *f*; **~ nuclear** Atomenergie *f*; **~ solar** Sonnenenergie *f*.
energías renovables *pl* erneuerbare Energieträger *mpl*.
enfermedad Krankheit *f*; **~ profesional** Berufskrankheit *f*.
enfermo mental Geisteskranker *m*.
enfi | teusis *f* Erbpacht *f*; **~teuta** *m* Erbpächter m; **~teuticario** Verpächter *m* bei der Erbpacht; **~téutico** *(adj)* Erbpacht-.
enfoque *m* Ansatz *m*; **~ agrícola** Agrarkonzept *n (EU)*; **~ global** Globalkonzept *n (EU)*; **~ minimalista** Mindestlösung *f*.
engancha | do Fixer *m (Drogen)*; **~dor** Arbeitsvermittler *m*; **~r** anwerben, anheuern.
engancharse abhängig werden *(Droge)*.
enganche *m* **de trabajadores** Arbeitsvermittlung *f*.
engaña | dor Betrüger *m*; **~r** täuschen, betrügen.
engaño Täuschung *f*, Betrug *m*; **~ doloso** arglistige Täuschung *f*.
engañoso betrügerisch.
engrosar zu den Akten *fpl* nehmen; **~ la sentencia** das Urteil *n* begründen.
enjugar, ~ el déficit das Defizit *n* ausgleichen.
enjuicia | ble prozessual verfolgbar; **~do** Angeschuldigter *m*.
enjuiciamiento Beurteilung *f*, Anklageerhebung *f*, Aburteilung *f*; **~ civil** Zivilprozess *m*; **~ criminal** Strafverfahren *n*.
enjuiciar be | urteilen, ab-, anklagen.
enlace *m* Verbindung *f*; Verbindungs | mann *m*; **~ de tránsito** Verkehrsverbindung *f*.
en | marcamiento Rahmenprogramm *n*; **~mascararse** sich vermummen.
enmenda | dura Berichtigung *f*; **~nte** *m* Einbringer *m* von Abänderungsanträgen *(Parlament)*; **~r** ändern *(Vortrag, Verfassung, Urteil)*.
enmienda Berichtigung *f*, Änderung *f (Satzung, Verfassung)*, Abänderung *f (Urteil)*, Aufhebung *f* eines Urteils, Ergänzungsantrag *m*, Novell | e *f*, -ierung *f*; **~ constitucional** Verfassungsänderung *f*.
enriquecer(se) *(sich)* bereichern.
enriquecimiento indebido *(o **injustificado** o **injusto**)* ungerechtfertigte Bereicherung *f*.
enrola | miento *(SeeR)* Anheuerung *f*, Musterrolle *f*; **~r** *(SeeR) (an)*heuern.
enrollarse Drogen *fpl* nehmen.
ensanchar erweitern *(Geschäft)*.
ensanche *m* **de la población** Stadterweiterung *f*.
ensaña | miento Grausamkeit *f (beim Mord)*; **~rse** *(con)* Grausamkeit *f* an den Tag legen.
ensay | ador Eichbeamter *m (Gold, Silber)*; **~e** m Eichung f.
ensayo Probe *f*, Test *m*.
enseña Emblem *n*, Geschäftsbezeichnung *f*; **~ nacional** Landesflagge *f*.
enseñanza Lehre *f*, Unterricht *m*, Schulwesen *n*, *(Aus)*Bildung *f*, Erziehung *f*; **~ de adultos** Erwachsenenbildung *f*; **~ básica** Grundschulbildung *f*; **~ general básica** *(Sp)* Grund- und Hauptschulwesen *n (6~13 Jahre)*; **~ media** Sekundarstufe *f*; **~ profesional** Berufsausbildung *f*, Berufsschulwesen *n*; **~ secundaria** höheres Schulwesen *n*; **~ técnica** Fachschulwesen *n*; **~ universitaria** Hochschul | wesen *n*, -*(aus)*bildung *f*.
enseres *mpl* Arbeitsgerät *n*; **~ domésticos** Hausrat *m*.

entablar einleiten, einreichen *(Klage)*, beginnen *(Prozess)*; **~ la demanda** die Klage *f* einreichen *(oder: erheben)*; **~ el pleito** den Prozess *m* einleiten; **~ relaciones** Beziehungen *fpl* aufnehmen.

ente *m* Einrichtung *f*, Körperschaft *f*, Stelle *f*; **~ dominante** Organträger *m* *(bei Organgesellschaft)*; **~ jurídico** juristische Person *f*; **~ local territorial** Gebietskörperschaft *f*; **~ nacional de turismo** *(Sp)* staatliches Tourismusamt *n*; **~ público** Körperschaft *f* des öffentlichen Rechts.

entender *(Gericht:)* entscheiden, erkennen, befinden über.

entenderse vermutet werden *(gesetzlich)*, gelten als.

„enterado" „gesehen" *(Vermerk)*.

enter | ar benachrichtigen; **~o** Punkt *m* *(B)*; **~** *(adj)* voll *(Betrag)*.

entidad Körperschaft *f*, Vereinigung *f*, Einrichtung *f*, Behörde *f*; **~ sin ánimo de lucro** gemeinnützige Einrichtung *f*; **~ aseguradora** Versicherungsgesellschaft *f*; **~ autónoma** Selbstverwaltungskörperschaft *f*; **~ bancaria** Geldinstitut *n*, Bankhaus *n*; **~ de carácter benéfico-social** Wohlfahrtseinrichtung *f*; **~ de enlace** Verbindungsstelle *f*; **~ federativa** Bundes | behörde *f*, -einrichtung *f*; **~ gestora de la seguridad social** Sozialversicheungsträger *m*; **~ jurídica** juristische Person *f*; **~ legal** s. entidad jurídica; **~ local territorial** *(Sp)* Gebietsörperschaft *f* *(Provinz, Gemeinde, Insel)*; **~ naviera** Reederei *f*; **~ otorgadora** verleihende Stelle *f* *(Titel)*; **~ pagadora** bezogene Bank *f*; **~ religiosa** Religionsgesellschaft *f*; **~ responsable de un hospital** Krankenhausträger *m*; **~ soberana** Träger *m* öffentlicher Gewalt; **~ titular del centro docente** Schulträger *m*.

entorno Rahmenbedingungen *fpl*, Umfeld *n*; Umwelt *f*.

entorpecimiento Behinderung *f* *(Verkehr, Justiz)*.

entrada *(s. a. entradas)* Ein | tritt *m*, Bei- *m*, Eingang *m* *(auch von Schreiben)*, Einfahrt *f*, Zutritt *m*, Zugang *m* *(zum Staatsgebiet)*, Einreise *f*, Eintritts | preis *m*, -karte *f*; erste Rate *f*, Arbeitsaufnahme *f*; Einfuhr *f* *(Zoll)*; **~ en al aparcamiento** Einparken *n*; **~ a la autopista** Autobahnauffahrt *f*; **~ de capitales** Kapitalzufluss *m*; **~ en la causa** Beitritt *m* zum Rechtsstreit; **~ de datos** Dateneingabe *f*; **~ gratuita** Freikarte *f*; **~ permanente** Dauerkarte *f*.

entrada prohibida *(VZ)* Einfahrt *f* verboten; **~ ~ a vehículos de motor** Verbot *n* für Kraftfahrzeuge.

entrada, ~ del proyectil Einschusswunde *f*; **~ y registro** Haus-*(durch)*suchung *f*; **~ y salida** Zu- und Abgang *m*, Ein- und Ausreise *f*; **~ y salida de correspondencia** Postein- und -ausgang *m*; **tener ~** eingehen *(Schriftstücke)*; **~ en vigencia** *(o* **en vigor**) Inkrafttreten *n* *(Gesetz)*.

entradas *pl* Einkünfte *pl*, Einnahmen *fpl*; **~ en caja** Kasseneingang *m*, Bareinnahmen *fpl*; **~ de los impuestos** Steueraufkommen *n*; **~ y salidas** Einnahmen und Ausgaben *pl*.

entramado Verbundsystem *n*.

entrampa | do ver | schuldet, über-; **~r** mit Schulden *pl* belasten, betrügen.

entrante kommender *(Minister)*.

entrañar mit sich bringen; **~ intéres general** von allgemeinem Interesse *n* sein.

entrar eintreten, beitreten *(Verein)*, eintragen, einführen, beginnen *(Frist, Beruf)*, eingehen *(Zahlungen)*, einreisen, einlaufen *(Hafen)*; **~ en beneficios** Gewinn *m* machen; **~ al** *(o en el)* **cruce** *(VR)* in die Kreuzung *f* einfahren; **~ en el fondo** zur Sache *f* verhandeln; **~ en relaciones comerciales** Geschäftsverbindungen *fpl* anknüpfen; **~ en vigor** in Kraft treten.

entrecruzamiento Überschneidung *f* *(von Normen)*.

entredicho Verbot *n*.

entrega Lieferung *f*, Be | lieferung *f*, Ab- *f*, Ein- *f*, An- *f*, Aus- *f*, Aushändigung *f*, Ab | gabe *f*, Heraus- *f*, Über | gabe *f* *(Sache, Amt)*, -bringung *f*, -stellung *f* *(Auslieferung)*, Zustellung *f*, Aushändigung *f*,

Aufgabe *f (Post)*; **~ de acciones** Zuteilung *f* von Aktien; **~ de autos** Gewährung *f* von Akteneinsicht; **contra ~** Zug um Zug; **~ sobre demanda** Lieferung *f* auf Abruf; **~ domiciliaria** *(o **a domicilio**)* Lieferung *f* frei Haus; **~ por exprés** Eilzustellung *f*; **~ desde fábrica** Lieferung *f* ab Werk; **hacer ~** *(de) (aus)*liefern, übergeben, aushändigen; **~ de heroína bajo receta** Heroinabgabe *f* auf Rezept; **~ de la posesión** Besitzverschaffung *f*; **~ postal** Postzustellung *f*; **pronto para la ~** versandbereit; **~ contra reembolso** Lieferung *f* gegen Nachnahme; **~ sucesiva** Sukzessivlieferung *f*.

entrega | ble *(ab)*lieferbar; **~dero** s. entregable.

entregador Ablieferer *m*; Verräter *m*; **~ de la citación** Zustellungsbeamter *m*.

entregar liefern, ab | liefern, ein-, aus- *(Gefangene)*, abgeben, aushändigen, über | geben, -bringen, zustellen, austragen *(Post)*, zahlen, einreichen; **~ los autos** Akteneinsicht *f* gewähren; **~ en caja** bar einzahlen; **~ al costado del buque** längsseits Schiff *n* liefern; **~ llave en mano** schlüsselfertig übergeben; **~ a requerimiento** auf Abruf *m* liefern.

entregarse sich ergeben, kapitulieren, sich stellen *(der Polizei)*.

entréguese a lieferbar an.

entreguista *m* Verzichtspolitiker *m*.

entrenamiento Einarbeitung *f*; **~ básico** Grundausbildung *f* *(Militär)*.

entrerren | glonadura Einfügung *f* zwischen den Zeilen; **~glonar** zwischen zwei Zeilen *fpl* schreiben.

entreten | er hin | halten, instand-; **~imiento** Instandhaltung *f*.

entrevista Interview *n*, Vernehmung *f*, Besprechung *f*, Unterredung *f*, Vorstellung *f (bei Arbeitsstelle)*, Anhörung *f (Asyl)*; **~ de selección** Vorstellungsgespräch *n*.

entrevistado | Befragter *m*; **~r** Befrager *m*, Interviewer *m*.

entrevistar befragen, interviewen.

entrevistarse zusammenkommen.

entrometerse eingreifen.

entronca | miento Verwandtsein *n*; **~r** verwandt sein.

entronque *m* Verwandtschaft *f*.

entuerto Unrecht *n*, Beleidigung *f*.

enunciación Angabe *f*.

enunciado Angabe *f*.

enunciar vorbringen, angeben.

envasador Abfülltrichter *m*.

envase *m (Ver)*Packung *f*, Abfüllung *f*; **~ no recuperable** Einwegpackung *f*; **~ retornable** Mehrwegpackung *f*; **~ vacío** Leergut *n*.

envenenador Giftmischer *m*.

envenenamiento Vergiftung *f*, Giftmord *m*.

envejecimiento Überalterung *f*.

enviado Gesandter *m*; **~ extraordinario** außerordentlicher Gesandter *m*.

enviar senden, ab | senden, über-, ver-, liefern, schicken, aufgeben; **~ contra reembolso** gegen Nachnahme *f* verschicken.

envío Sendung *f*, Über- *f*, Zustellung *f*, Lieferung *f*, Versand *m*; **~ exprés** *(o **por expreso**)* Eilbotensendung *f*; **~ por lista de correos** postlagernde Sendung *f*; **~ contra reembolso** Nachnahme*(sendung) f*, Postnachnahme *f*; **~ con valor declarado** Wertsendung *f*.

envite *m* Angebot *n*.

epígrafe *m* Überschrift *f*, Rubrik *f*.

episco | pado *(KR)* Bischofsamt *n*; **~pal** *(KR)* bischöflich, Bischofs-.

ep | itomar einen Auszug *m* machen; **~ítome** *m* Auszug *m*.

época Zeit | punkt *m*, -raum *m*, -alter *n*, Epoche *f*; **~ de pos*(t)*guerra** Nachkriegszeit *f*.

equidad Billigkeit *f*, Zumutbarkeit *f*; **~ fiscal** Steuergerechtigkeit *f*.

equidistribución gerechte Verteilung *f*.

equilibrar ausgleichen *(Haushalt)*.

equilibrio Ausgleich *m*, Gleichgewicht *n*; **~ del armamento** Rüstungsgleichgewicht *n*; **~ exterior** außenwirtschaftliches Gleichgewicht *n*; **~ presupuestario** *(o **del presupuesto**)* Ausgeglichenheit *f* des Haushalts.

equipaje *m* Gepäck *n*, Reisegepäck *n*; **~ franco** Freigepäck *n*; **~ de mano** Handgepäck *n*.

equipamiento Ausrüstung *f*; **~ infraestructural** Infrastrukturanlagen *fpl*.
equipar *(aus)*rüsten, ausstatten, bemannen, verproviantieren.
equiparación Gleich|setzung *f*, -stellung *f*, -berechtigung *f*; **~ jurídica de marido y mujer** Gleichberechtigung *f* von Mann und Frau; **~ de trato** Gleichbehandlung *f*.
equipara|miento Gleichberechtigung *f*; **~r** gleichstellen.
equipo Ausrüstung *f*, Ausstattung *f* *(Erbrecht)*, Betriebsausstattung *f*, Aussteuer *f*; Belegschaft *f*, Besatzung *f*, Arbeitsschicht *f*; **~ de asesores** Beraterteam *n*; **~ colaborador** Mitarbeiterstab *m*; **~ de crisis** Krisenstab *m*; **~ directivo** Führungsteam *n*; **~ de gobierno** Regierungsmannschaft *f*; **~ de intervención** Eingreiftruppe *f*; **~ negociador** Verhandlungsdelegation *f*; **~ de oficina** Büro- und Geschäftseinrichtungen *fpl*; **~ de interpretación simultánea** Simultandolmetscheranlage *f*.
equitativo angemessen, billig.
equivalencia Gleichwertigkeit *f*, Äquivalenz *f*, Gegenwert *m*.
equivalente *m* Gegenwert *m*, Äquivalent *n*; **~** *(adj)* gleichwertig; **~ al juramento** eidesgleich.
equivaler den gleichen Wert *m* haben.
erario Staats|kasse *f*, -schatz *m*, Fiskus *m*, Säckel *m*; **~ público** Staatskasse *f*.
erección Errichtung *f*, Gründung *f*.
erga omnes *(lat)* gegenüber jedermann *(Rechtswirkung)*.
erigir errichten, gründen, festlegen *(Umstände gesetzlich ~)*.
erigirse, ~ en demandante als Kläger *m* auftreten.
erogación Ausgabe *f*, Verteilung *f*.
erogar verteilen *(Sachen)*, ausgeben.
erosión Erosion *m*.
error Irrtum *m*, Fehler *m*, Verfehlung *f*, Versehen *n*; **~ de anotación** Buchungsfehler *m*; **~ sobre la base del negocio** Irrtum *m* über die Geschäftsgrundlage *m*; **~ de cálculo** Rechenfehler *m*; **~ sobre el contenido** *(de la declaración)* Inhaltsirrtum *m*; **~ en la declaración** Erklärungsirrtum *m*.
error de Derecho Rechts|irrtum *m*, Verbots- *m*.
error, ~ de forma Form|fehler *m*, -mangel *m*; **~ de hecho** Tat*(bestands)*irrtum *m*; **~ judicial** Justiz|irrtum *m*; **~ en la ley** Gesetzesirrtum *m*; **~ médico** ärztlicher Kunstfehler *m*; **~ en el motivo** *(o en los motivos)* Motivirrtum *m*; **~ notorio** offenbare Unrichtigkeit *f* *(Verwaltungsakt)*; **~ en el objeto** Objektsirrtum *m*, error in objecto *(lat)*; **~ acerca de la persona** Irrtum *m* in der *(oder über die)* Person; **~ profesional** Kunstfehler *m*; **salvo ~ u omision** ohne Gewähr, Fehler und Auslassungen *pl* vorbehalten *(SeeR)*; **~ de subsunción** Subsumtionsirrtum *m*.
escabino Beisitzer *m*, Schöffe *m*; **~ suplente** Hilfsschöffe *m*.
escala Skala *f*, Tabelle *f* *(Steuer)*, Staffel *f*, Schema *n*, Abstufung *f* *(Strafen)*, Gebührenstufe *f*, Laufbahn *f* *(Beamte)*, Dienstrangliste *f*; Zwischen|station *f*, -landung *f*, Landepunkt *m*; **~ de cuotas** Beitragsstaffelung *f*; **~ de dirección** Führungsebene *f*; **~ ejecutiva** *(Sp)* Laufbahn *f* des gehobenen Dienstes; **hacer ~** anlaufen *(Schiff)*; **~ impositiva** Steuer|tarif *m*, satz *m* *(in Prozent)*; **~ de intereses** Zinsstaffel *f*; **~ jerárquica** Instanzen|zug *m*, Rechts- *m*; **~ de mandos** höherer Dienst *m*; **~ penal** *(o de las penas)* Strafrahmen *m*; **~ de precios** Preis|rahmen *m*, -skala *f*; **~ entre (los) precios** Preisspanne *f*; **~ subalterna** *(Sp)* Laufbahn *f* des einfachen Dienstes; **~ técnica** *(Sp)* Laufbahn *f* des höheren Dienstes.
escalada Eskalation.
escalador Einbrecher *m*.
escalafón *m* Rangliste *f*, Beförderungsliste *f*, Stellenplan *m*.
escalafonar in Laufbahngruppen *fpl* einordnen.
escala|miento Einsteigen *n* *(Diebstahl)*, Einsteigediebstahl *m*; **-r** einsteigen, einbrechen.
escalo Einbruch *m*, Einsteigen *n*.

escalón *m* Stufe *f (Verwaltung)*, Dienstgrad *m*.
escalonado gestaffelt.
escalonamiento Staffelung *f*, Rang.
escalonar abstufen, staffeln.
escanda | lera Tumult *m*; **~lizar** Ärgernis *n* erregen; **~llo** *(Stich)*Probe *f*, Wertfeststellung *f*.
escándalo Aufruhr *m*, Skandal *m*; **~ público** öffentliches Ärgernis *n*.
escandaloso aufrührerisch, skandalös.
escaño Sitz *m (Parlament)*.
escapar(se) ausbrechen, entweichen, sich vom Unfallort *m* entfernen.
escapatoria fiscal steuerliches Schlupfloch *n*.
esca | pe *m* Entweich | en *n*, -ung *f*; **~pismo** Politikverdrossenheit *f*.
escar | mentar eine Lehre aus etwas ziehen, einen Denkzelltel erteilen; **~miento** Züchtigung *f*, Strafe *f*.
escase | ar knapp sein, kärglich versorgen; **~ro** verknappend.
escasez *f* Mangel *m*, Knappheit *f*, Verknappung *f*, Engpass *m*; **~ de abastecimiento** Versorgungsengpass *m*; **~ de ingresos fiscales** Steuerausfall *m*.
escaso knapp, gering; **~ de capital** kapitalarm.
escena(rio), ~ del crimen Tatort *m*.
escindirse sich teilen *(Staaten)*.
escisión Bruch *m*, Spaltung *f*, Ausscheiden *n (aus Konzern)*.
esclarecer aufklären *(Verbrechen)*.
esclarecimiento Aufklärung *f (des Sachverhalts)*; **~ de la verdad** Wahrheitsfindung *f*.
escoger *(aus)*wählen, aussuchen.
escolaridad obligatoria Schulpflicht *f*.
escolta Personenschutz *m*; Personenschützer *m*, Leibwächter; **~ policial** Polizeieskorte *f*, Polizeischutz *m*.
escote *m* Kostenanteil *m*.
escribanía *(Gerichts)*Kanzlei *f*, Geschäftsstelle *f (des Gerichts)*; **~** *(Am)* Notariat *n*.
escribano Urkundsbeamter *m*; **~** *(Arg)* Notar *m*.
escribiente *m* Schreibkraft *f*.
escribir abfassen; **~ apud acta** *(lat)* einen Aktenvermerk *m* machen; **~ de puño y letra** eigenhändig schreiben.
escrito Schrift | stück *n*, -satz *m*, Schreiben *n*; **~ acompañatorio** Begleitschreiben *n*; **~ de acusación** *(o* ***acusatorio****)* Anklageschrift *f*; **~ de alegaciones** Schriftsatz *m*; **~ de apelación** Berufungs | schrift *f*, -schriftsatz *m*; **~ de calificación** Anklageschrift *f*, Verteidigungsschrift *f*; **~ de conclusiones** Beweiswürdigung *f* durch die Partei; **~ de mero trámite** vorbereitender Schriftsatz *m*; **~ de oposición** Einspruchsschrift *f*; **~ original** Urschrift *f*; **~ de la parte adversaria** gegnerischer Schriftsatz *m*; **~ de personación** Klagebeantwortung *f*; **por ~** schriftlich; **~ de queja** Beschwerdeschrift *f*; **~ de reclamación** Beschwerdeschreiben *n*; **~ satírico** Spottschrift *f*; **~ de solicitud de medidas** ***(cautelares)*** Eilantrag *m (Gericht)*.
escrito | homenaje *m* Fest | schrift *f*, Denk- *f*; **~rio** Büro *n*, Kanzlei *f*.
escritura Schrift *f*, Schriftstück *n*, Dokument *n*, Urkunde *f*, Schriftlichkeit *f (Prozess)*; **~ cifrada** Geheimschrift *f*; **~ de compraventa** notarieller Kaufvertrag *m*; **~ de fundación** *(o* ***fundacional****)* Gründungs | urkunde *f*, Stiftungs- *f*; **~ matriz** Urschrift *f*, Originalurkunde *f*; **mediante ~** urkundlich; **~ notariada** *(o* ***notarial****)* notarielle Urkunde *f*; **~ de patentes** Patentschrift *f*; **~ de poder** Vollmachtsurkunde *f*; **~ privada** Privaturkunde *f*, privatschriftliche Urkunde *f*; **~ pública** öffentliche Urkunde *f*; **~ de transmisión** Auflassungsurkunde *f*, Übertragungsvertrag *m*.
escritura | ción Beurkundung *f*; **~r** beurkunden.
escriturario *(adj)* in öffentlicher Urkunde.
escruta | dor Wahl | prüfer *m*, -helfer *m*; **~r** s. escrutinar los votos.
escrutinar los votos Stimmen *fpl* auszählen.
escrutinio Stimm*(en)* | zählung *f*, Abstimmung *f*, Wahl | gang *m*.
escrutinio mayoritario Mehrheitswahl *f*.

escrutinio, ~ por papeletas Zettelwahl *f*; **~ proporcional** Verhältniswahl *f*; **~ secreto** geheime Wahl *f*.
escuadrones *mpl* **de la muerte** *(Am)* Todesschwadronen *fpl*.
escucha *m* Horchposten *m*.
escucha *f* Abhören *n*; **~ telefónica** Abhören *n* von Telefongesprächen.
escuchar anhören *(Verfahren)*, abhören *(Telefongespräche)*.
escudo, ~ del Estado Staatswappen *n*; **~ policial** Schutzschild *n* der Polizei.
escuela Schule *f*, Doktrin *f*; **~ de aprendices** *(o **de aprendizaje**)* Berufsschule *f*; **~ de capacitación** Fachschule *f*; **~ de conductores** Fahrschule *f*; **~ confesional** Bekenntnis | schule *f*, Konfessions- *f*; **~ del Derecho natural** Naturrechtslehre *f*; **~ de día completo** Tages | schule *f*, Ganztags- *f*; **~ dominical** Sonntagsschule *f*; **~ de enseñanza general** allgemeinbildende Schule *f*; **~ de formación profesional** Berufs*(fach)*schule *f*; **~ interna** *(o **de internado**)* Internatsschule *f*; **~ de jornada completa** Ganztagsschule *f*; **~ judicial** *(Sp)* Fachhochschule *f* für die Ausbildung von Richtern und Justizbeamten; **~ jusracionalista** Begriffsjurisprudenz *f*; **~ de magisterio** pädagogische Hochschule *f*; **~ no confesional** bekenntnisfreie Schule *f*; **~ nocturna** Abendschule *f*; **~ particular** Privatschule *f*; **~ de párvulos** *(Sp)* Vorschule *f*; **~ politécnica** Polytechnikum *n*; **~ primaria** Grundschule *f*; **~ privada legalmente reconocida** anerkannte Privatschule *f*; **~ profesional** Berufs | schule *f*, Fach- *f*, Gewerbe- *f*; **~ secundaria** *(o **de segunda enseñanza**)* weiterführende *(oder höhere)* Schule *f*, Realschule *f*, Gymnasium *n*; **~ superior** Hochschule *f*; **~ técnica** Fachschule *f*; **~ técnica de grado medio** *(Sp)* Ingenieurschule *f*.
esfera Bereich *m*, Sphäre *f*; **~ de acción** Wirkungskreis *m*, Tätigkeitsbereich *m*; **~ de aplicación** Geltungsbereich *m*; **~ de competencia** Zuständigkeitsbereich *m*; **~ individual** Individualsphäre *f*; **~ nacional** *(Gesamt)*Staatsebene *f*; **~ provincial** Provinzebene *f*.
esfuerzo Anstrengung *f*, Belastung *f*; **~ inversionista** Investitionsaufwand *m*; **~ laboral** Arbeitsaufwand *m*.
esgrimir geltend machen *(Angriffs- und Verteidigungsmittel)*.
eslora Schiffslänge *f*.
eslogan *m* Schlagzeile *f*, Slogan *m*.
esnifar inhalieren *(Droge)*, schnupfen.
espacio Raum *m*, Zeitraum *m*, Bereich *m (Stat)*; **~ aéreo** Luftraum *m*; **~ alegal** rechtsfreier Raum *m*; **~ congestionado** Ballungsgebiet *n*; **~ de decisión** Entscheidungsspielraum *m*; **~ económico europeo** europäischer Wirtschaftsraum *m*; **~ habitable** *(o **habitacional**)* Wohn | raum *m*, -fläche *f*; **~ jurídicamente vacío** rechtsfreier Raum *m*.
español *m* **comercial** Wirtschaftsspanisch *n*.
esparcimiento público öffentliches Erholungsgebiet *n*.
especial *(adj)* spezial, Sonder-; **~ preventivo** spezialpräventiv.
especialidad Fach *n*, Spezialfach *n*, Fachrichtung *f*, Sondergebiet *n*.
especialista *m* Spezialist *m*, Fach | mann *m*, -arbeiter *m*, -arzt *m*.
especializar auf ein Fach *n* begrenzen.
especie *f* Gattung *f*; Marke *f*, Warengattung *f*, Geldsorte *f*; **en ~** in natura, Natural-; **en la misma ~ y calidad** von derselben Art und Güte.
especies *fpl* Sorten *pl*; Arten *fpl (Botanik)*.
especificación Spezifi | kation *f*, -zierung *f*, Aufschlüsselung *f*.
especificaciones *pl* Vertragsbedingungen *fpl*, Betriebsanleitung *f*.
especificar spezifizieren, aufschlüsseln, einzeln aufführen.
específico spezifisch, in natura.
espécimen *m* Muster *n*, Probestück *n*, Belegexemplar *n*.
espectativa Erwartung *f*.
especulación Spekulation *f*; **~ al alza** Haussespekulation *f*; **~ a la baja** Baissespekulation *f*.
especulador Spekulant *m*; **~ al alza** Haussespekulant *m*; **~ a la baja** Baissier *m*.
especular spekulieren; **~ al alza** auf Hausse *f* spekulieren; **~ a la baja** auf Baisse *f* spekulieren.

especulativo Spekulations-.
espera Stundung *f*, Aufschub *m*.
esperanza Hoffnung *f*; Anwartschaft *f*; **~ de derecho** Anwartschaft *f*; **~ de vida** Lebenserwartung *f*.
espía *m* Spion *m (Person)*.
espionaje *m* Spionage *f*; **~ industrial** Industrie|spionage *f*, Werk*(s)*-; **~ de secretos de Estado** Ausspähen *n* von Staatsgeheimnissen.
espiral *f* Spirale *f*, Wirbel *m (Fingerabdruck)*; **~ precios-salarios** Lohn-Preis-Spirale *f*.
espíritu *m* Geist *m*; **~ colectivo** Gemeinschaftssinn *m*; **~ de lucro** Gewinnstreben *n*.
esponsales *mpl* Verlobung *f*, Verlöbnis *n*, Eheversprechen *n*.
esponsali|as *pl* s. esponsales; **~cio** Verlobungs-.
esponsor| Sponsor *m*; **~ización** Spon|soring *n*; **~izar** sponsern.
espontanearse ein freiwilliges Geständnis *n* ablegen, auspacken.
espos|ar jemandem Handschellen *pl (oder Handfesseln pl)* anlegen; **~as** *pl* Hand|schellen *pl*, -fesseln *pl*.
esposos *pl* Eheleute *pl*.
espúreo unehelich, Bastard-.
es|purio s. espúreo; **~quela** Billet *n*.
esquema *m* Schema *n*, Entwurf *m*, Diagramm *n*; **~ de jubilación** Pensionsplan *m*.
esquematizar schematisieren.
esquirol *m* Streikbrecher *m*.
estabilidad Stabilität *f*, Festigkeit *f*, Wertbeständigkeit *f*; **~ monetaria** Währungs|stabilität *f*, Geld*(wert)*- *f*; **~ de *(los)* precios** Preisstabilität *f*.
estabilización Stabilisierung *f*.
estabilizar(se) sich festigen, sich stabilisieren.
estable stabil, beständig *(Preise)*.
establecedor de normas normsetzend.
establecer gründen, begründen *(Recht)*, er|richten, ein-, schaffen, einführen, aufstellen, herstellen *(Gleichgewicht)*, bestimmen, vorsehen, *(an)*siedeln; **~ por ley** gesetzlich bestimmen; **~ un negocio** ein Geschäft *n* eröffnen; **~ una organización** eine Organisation *f* ins Leben rufen; **~ el presupuesto** den Haushalt*(splan) m* aufstellen; **~ su reglamento de régimen interior** sich eine Geschäftsordnung *f* geben.
establecerse sich niederlassen; **~ por su cuenta** sich selbstständig machen.
establecido ansässig.
establecimiento Gründung *f*, Errichtung *f*, Niederlassung *f*, Betrieb *m (ArbR)*, Zweigstelle *f*, Siedlung *f*; Bestellung *f (eines Rechts)*, Ausstattung *f (eines Kindes)*, Aufstellung *f (einer Rechnung)*, Festsetzung *f (Preise)*; **~ del balance** Aufstellung *f* der Bilanz, Bilanzierung *f*; **~ de beneficencia** Wohlfahrtseinrichtung *f*; **~ cerrado** geschlossene Anstalt *f*; **~ comercial** Handelshaus *n*; **~ de crédito** Kredit|institut *n*, -anstalt *f*; **~ de curación y cuidado** Heil- und Pflegeanstalt *f*; **~ de deshabituación** Entziehungs|anstalt *f*, Entzugs- *f*; **~ de desintoxicación** s. establecimiento de deshabituación; **~ de enseñanza** Schule *f*, Bildungseinrichtung *f*; **~ mercantil** Handels|geschäft *n*, -betrieb *m*; **~ de normas** Normsetzung *f*; **~ penitenciario** s. establecimiento penal; **~ de préstamos sobre prendas** Leih|haus *n*, Pfand- *n*; **primer ~** Erst|ausstattung *f*, -einrichtung *f*; **~ psiquiátrico** psychiatrische Anstalt *f*; **~ público** öffentliche Einrichtung *f*; **~ de relaciones diplomáticas** Aufnahme *f* diplomatischer Beziehungen; **~ de utilidad pública** gemeinnützige Einrichtung *f*.
establecimientos mercantiles *pl* Geschäftsräume *mpl*.
estación Station *f*, Bahnhof *m*, Haltestelle *f*; Saison *f*, Jahreszeit *f*; **~ de carga** Güter|bahnhof *m*, Verlade- *m*; **~ depuradora** Klär|anlage *f*, -werk *n*; **~ emisora *(de radio)*** Sende|station *f*, Funk- *f*; **en ~** bahnlagernd; **~ de frontera *(o fronteriza)*** Grenz|station *f*, -bahn-hof *m*; **~ ITV** *(Sp)* TÜV-Prüfstelle *f*; **~ *(de)* llegada** Bestimmungs| bahnhof *m*, Ziel- *m*; **~ de peaje** Zahl-stelle *f (Autobahn)*; **~ de policía** Polizeirevier *f*; **~ postal** Postamt *n*; **puesto en ~** ab Bahnhof; **~ de radio *(comunicación)*** Rundfunk|station *f*, -sender *m*; **~ terminal** Endstation *f*.

estacional| *(adj)* saisonbedingt, Saison-; **~idad** Saisonabhängigkeit *f.*
estacionamiento Stationierung *f*, Parken *n*, Parkplatz *m*; **~ prohibido** Parkverbot *n.*
estacionar stocken *(Absatz)*, liegen *(Schiff)*; parken, stationieren.
estacionario stationär, stockend *(Geschäfte)*, unverändert.
estadía *(SeeR)* Liege|zeit *f*, Lade- *f*, Liegegeld *n.*
estadio Stadium *n.*
estadista *m* Staatsmann *m.*
estadística Statistik *f*; **~ del comercio exterior** Außenhandelsstatistik *f*; **~ criminal** Kriminalstatistik *f*; **~ demográfica** Bevölkerungsstatistik *f*; **~ de explotación** Betriebsstatistik *f*; **~ de persecución penal** Strafverfolgungsstatistik *f*; **~ de tráfico** Verkehrsstatistik *f.*
estadístico Statistiker *m*; **~** *(adj)* statistisch.
estadiza|ción s. estatización; **~r** s. estatizar.
Estado Staat *m*, Land *n*, Staatswesen *n*, öffentliche Verwaltung *f*; **estado** Lage *f*, Sachlage *f*, Zustand *m*, Verfassung *f (Zustand)*, Status *m*, Stand *m*, Bestand *m*, Beschaffenheit *f*, Befund *m*, Stellung *f*, Aufstellung *f*, Auszug *m (Konto)*; **~ acogedor** *(o **de acogida**)* Aufnahme|staat *m*, -land *n (Asyl)*; **~ acreditante** Entsendestaat *m (Diplomat)*; **~ acreditario** Empfangsstaat *m (Diplomat)*; **~ adyacente** Anrainerstaat *m*; **~ de alarma** Spannungsfall *m*; **~ de alerta** Alarm|zustand *m*, -bereitschaft *f*; **alto ~ mayor** *(Sp)* Generalstab *m (aller Waffengattungen)*; **~ asilante** Asylland; **~ autocrático** Obrigkeitsstaat *m*; **~ de las Autonomías** *(Sp)* föderativer Staat *m (mit Autonomien)*; **~ autonómico** *(Sp)* Staat *m* der autonomen Gemeinschaften; **~ de los autos** Aktenlage *f*; **~ de beneficencia** Wohlfahrtsstaat *m*; **~ civil** Personen|stand *m*, Zivil- *m*; **~ civilizado** Kulturstaat *m*; **~ comunitario** EU-Staat *m*; **~ de conservación** Erhaltungszustand *m*; **~ constituyente** Gliedstaat *m*; **~ contratante** Vertragsstaat *m*; **~ de cosas** Sach|lage *f*, -verhalt *m*, Tatbestand *m*; **~ de *(una)* cuenta** Kontostand *m*; **~ de cuentas** Rechnungsübersicht *f*; Rechenschaftsbericht *m*; **~ de cultura** Kulturstaat *m*; **~ de defensa** Verteidigungsfall *m*; **~ de derecho** Rechtsstaat *m*; **~ de destinación** *(o **de destino**)* Empfangsstaat *m*, Bestimmungsland *n*; **~ diplomático** Diplomatenstatus *m*; **~ de emergencia** innerer Notstand *m*; **~ emisor** Sendestaat *m*; **~ de excepción** *(Sp)* Ausnahmezustand *m*; **en ~ de fallo** entscheidungsreif; **~ familiar** Familienstand *m*; **~ federado** Land *n (im Bundesstaat)*; **~ federal** Bundes|staat *m*, Gesamt- *m*; **~ financiero** Finanz|lage *f*, -status *m*; **~ fundador** Gründerstaat *m*; **~ de graduación** Insolvenztabelle *f*; **~ de guerra** Kriegs*(zu)*stand *m*, Verteidigungsfall *m*; **~ -huésped** Sitzstaat *m (internationale Organisationen)*; **~ de insolvencia** Zahlungsunfähigkeit *f*; **~ jurídico** Rechts|zustand *m*, -status *m*, -stellung *f*; **~ laical** *(KR)* Laienstand *m*, weltlicher Stand *m*; **~ legal** s. estado jurídico; **~ liberal** Freistaat *m*; **~ liberal de derecho** liberaler Rechtsstaat *m*; **~ litoral** Uferstaat *m*; **~ matrimonial** Ehestand *m.*
estado mayor Generalstab *m*, Zentrale *f (Partei)*; *(Sp)* Führungsstab *m*; **~ ~ del aire** *(Sp)* Oberkommando *n* der Luftwaffe; **~ ~ conjunto *(de la defensa)*** *(Sp)* Oberkommando *n* der Streitkräfte.
estado mental Geisteszustand *m.*
Estado(-)miembro Glied|staat *m*, Mitglied- *m (EU).*
estado, ~ -nación Nationalstaat *m*; **~ nacional** National|staat *m*, Heimat- *m*, Bund *m (im Bundesstaat)*; **en ~ de navegar** seetüchtig.
estado de necesidad Not|stand *m*, -standsfall *m*, Bedürftigkeit *f*; **~ ~ agresivo** Angriffsnotstand *m*; **~ ~ defensiso** Verteidigungsnotstand *m*; **~ ~ del Estado** Staatsnotstand *m*; **~ ~ legislativa** Gesetzgebungsnotstand *m*; **~ ~ putativo** Putativnotstand *m*; **~ ~ supralegal** übergesetzlicher Notstand *m.*

Estado/estado, ~ no alienado blockfreier Staat *m*; **~ no nuclear** atomwaffenfreier *(oder kernwaffenfreier)* Staat *m*; **~ de origen** Ursprungs | staat *m*, Herkunfts- *m*; **pactante** Vertragsstaat *m*; **~ pasional atenuante** Affekt*(zustand) m*; **~ de pérdidas y ganancias** Gewinn- und Verlustrechnung *f*; **en perfecto ~ de funcionamiento** betriebssicher; **~ perseguidor** Verfolgerstaat *m*; **perteneciente al ~** staatseigen; **~ peticionario** Antragsstaat *m*; **~ poseedor de armas nucleares** Atom | waffenstaat *m*, Kern- *m*; **~ de prevención** *(Sp)* Spannungsfall *m*; **~ de previsión** s. Estado de beneficencia; **~ de prosperidad** Wohlstand *m*; **~ de recepción** *(o* ***receptor)*** Empfangsstaat *m (Diplomat)*, ersuchter Staat *m (Rechtshilfe)*; **~ de rendimiento** Leistungsstand *m*; **~ requerido** ersuchter Staat *m (Auslieferung)*; **~ requirente** ersuchender Staat *m*; **~ ribereño** Ufer | staat *m*, Küsten- *m*, Anrainer- *m*; **~ de salud** Gesundheitszustand *m*; **en ~ de ser juzgado** spruchreif; **en ~ de servir** in tauglichem Zustand *m*; **~ signatario** Unterzeichner- *m*, Signatar- *m*; **~ de sitio** Standrecht *n*, Belagerungszustand *m*; **~ social** Sozialstaat *m*; **~ de somnolencia** *(VR)* Übermüdung *f*; **~ -tampón** Pufferstaat *m*; **tercer ~ seguro** sicherer Drittstaat *m (Asyl)*; **~ Vaticano** *(KR)* Vatikanstaat *m*; **~ vecino** Nachbarstaat *m*; **~ de viudedad** Witwenstand *m*.

Estados/estados *pl* Stände *mpl*; **~ Unidos Mexicanos** Vereinigte Mexikanische Staaten *pl*.

estafa Betrug *m*, Schwindel *m*; **~ contractual** Eingehungsbetrug *m*; **~ crediticia** *(o* ***de créditos)*** Kreditbetrug *m*; **~ informática** Computerbetrug *m*; **~ matrimonial** Heiratsschwindel *m*; **~ procesal** Prozessbetrug *m*; **~ de subvenciones** Subventionsbetrug *m*.

estafador Betrüger *m*, Defraudant *m*.

estafar betrügen, prellen.

estagflación Stagflation *f*.

estagnación económica Wirtschaftsflaute *f*.

estallar ausbrechen *(Streik, Krieg)*.

estallido Ausbruch *m*.

estamento Stand *m*; **~ castrense** das Militär *n (als Berufsstand)*; **~ judicial** Richterstand *m*.

estampar, ~ su firma abzeichnen.

estampilla Siegel *n*, Steuer | marke *f*, Gebühren- *f*, Dienststempel *m*; **~** *(Am)* Briefmarke *f*; **~ de la firma** Unterschriftsstempel *m*; **~ oficial** Dienst | siegel *n*, Amts- *n*.

estampillado Abstempelung *f*.

estampillar *(ab)*stempeln.

estanca | ción s. estancamiento; **~do** monopolisiert, stockend *(B)*.

estancamiento Stockung *f*, Stagnation *f*, Konjunkturtief *n*, Monopolisierung *f*.

estancar stagnieren, stocken, monopolisieren, bewirtschaften.

estancia Aufenthalt *m*, Wohnsitz *m*, Wohnung *f*; Tagegeld *n*, Pflege | satz *m*; großes Landgut *n*.

estanco Tabak- und, Briefmarkenladen; *(adj)* dicht.

estándar *m* Standard *m*, Norm *f*; **~ industrial** Industrienorm *f*; **~ de vida** Lebensstandard *m*.

estandardiza | ción Normung *f*, Typisierung *f*; **~r** normen.

estanflación Stagflation *f*.

estatal Staats-, staatlich, volkseigen.

estatali | dad Staatlichkeit *f*, Staatsqualität *f*; **~sta** staatsmännisch.

estática Statik *f*.

estati | smo Staatsallmacht *f*; **~zación** Verstaatlichung *f*; **~zar** verstaatlichen.

esta | tuir bestimmen, festlegen *(im Gesetz)*; **~tus** *m* Status *m*, **~tutario** *(adj)* in der Satzung, Satzungs-, satzungsmäßig.

estatuto Satzung *f* Statut *n*, Ordnung *f*, Rechts | norm *f*, -stellung *f*, Gesetz *n*; **~ del acto** Handlungsstatut *n*; **~ de autonomía** Autonomiestatut *n*; **~ de centros** *(Sp)* Schulorganisationsgesetz *n*; **~ del efecto** Wirkungsstatut *n (IPR)*; **~ formal** Formstatut *n (IPR)*; **~ de la función pública** *(Sp)* Beamtengesetz *n*; **~ de funcionarios** Beamtenrecht *n*; **~ general de la abogacía** *(Sp)* Rechtsanwaltsordnung *f*; **~ de obligación** Schuldstatut *n*; **~ orgánico del ministerio fiscal**

Staatsanwaltschaftsgesetz *n*; **~ patrimonial** Vermögensstatut *n*; **~ personal** Personalstatut *n*; **~ de la propiedad industrial** Patentgesetz *n*; **~ de la publicidad** *(Sp)* Werbegesetz *n*; **~ real** Realstatut *n*; **~ de recaudación** *(Sp)* Verwaltungsvollstreckungsgesetz *n*; **~ sucesorio** Erbstatut *n*; **~ de los trabajadores** *(Sp)* Arbeitsvertragsgesetz *n*.
estatutos *pl* Satzung *f (Verein)*, Statuten *npl*; **~ sociales** *(o* ***de una sociedad****)* Gesellschaftssatzung *f*.
esterilidad Unfruchtbarkeit *f*, Unergiebigkeit *f*, Unproduktivität *f*.
esterilización Sterilisation *f*; Stilllegung *f*, Abschöpfung *f (Kaufkraft)*.
esterilizar sterilisieren; stilllegen.
estibador Stauer.
estilo Schreibart *f*, Stil *m*; **~ de dirección** Führungsstil *m*; **~ forense** Gerichtssprache *f*; **~ oficial** Amtsstil *m*; **ser de ~** üblich sein.
estimable schätzbar.
estimación Schätzung *f*, Bewertung *f*, Beurteilung *f*, Berücksichtigung *f*, Bejahung *f*, Veranschlagung *f*, Stattgabe *f (Klage)*; **~ de la base impositiva** Steuer | veranlagung *f*, -bescheid *m*; **~ de bienes** Güterabwägung *f*; **~ excesiva** Überbewertung *f*; **~ fiscal** Steuerschätzung *f*; **no ~** Nichtberücksichtigung *f*; **~ presupuestaria** Haushaltsansatz *m*; **~ por el propio declarante** Selbsteinschätzung *f*; **~ del recurso** Erfolg *m* des Rechtsmittels; **~ de la renta** Einkommensermittlung *f (Einkommensteuer)*.
estimador Abschätzer *m*, Taxator *m*.
estimar schätzen, abschätzen, bejahen, bewerten, veranschlagen, veranlagen; prüfen *(im Prozess)*, würdigen, stattgeben, abhelfen *(Rechtsbehelf)*, zulassen *(Einwendungen)*.
estima | tivo s. estimatorio; **~torio** *(adj)* Schätz-; stattgebend.
estimula | ción s. estímulo; **~nte** *m* Stimulans *n*, Aufputschmittel *n*.
estimular stimulieren; **~ fiscalmente** steuerlich begünstigen.
estímulo Anreiz *m*, Stimulierung *f*; **~ para el delito** Verbrechensanreiz *m*; **~ fiscal** steuerlicher Anreiz *m*.
estipendiario besoldet.
estipendio Einkommen *n*, Sold *m*, Besoldung *f*; **~** *(KR)* Stipendium *n*.
estipulación Abmachung *f*, Vereinbarung *f*, Bestimmung *f (Vertrag)*, Klausel *f*; **~ accesoria** Nebenabrede *f*; **~ penal** Vertragsstrafklausel *f*.
estipulado, lo ~ das Vereinbarte *n*, die Bestimmungen *fpl*.
estipulante vertragschließend.
estipular vereinbaren, festsetzen *(Preise)*, *(aus)*bedingen, abmachen, bestimmen, aushandeln.
estirpe *f* Stamm *m (Verwandtschaft)*.
estorbo Störung *f*, Hindernis *n*.
estrado, ~ presidencial Vorstandstisch *m*, Präsidium *n (Parlament)*; **~ de testigos** Zeugenstand *m*.
estrados *pl* Gerichtssaal *m*; **hacer ~** die Parteien *pl* hören *(Prozess)*.
estra | gar zerstören; **~go** Zerstörung *f*; **~gos** *pl (Sp)* gemeingefährliche Straftat *f (z. B. Überschwemmung)*.
estrangulación Erdrosselung *f*; **~ manual** Erwürgen *n*.
estrangulamiento s. estrangulación.
estrangular erdrosseln, erwürgen.
estraperlista *m* Schwarzhändler *m*.
estraperlo Schwarz | handel *m*, -markt.
estratega *m* Stratege *m*.
estrategia Strategie *f*; **~ de marketing** Absatzstrategie *f*; **~ del mercado** Marktstrategie *f*.
estratégico strategisch.
estrato social soziale Schicht *f*.
estrechamiento Engpass *m*, Verengung *f*, Engstelle *f (VR)*.
estrechez *f* Notlage *f*, Mangelware *f*; **~ monetaria** Verknappung *f* am Geldmarkt.
estrictamente personal höchstpersönlich.
estricto gesetzesstreng, eng *(Auslegung)*.
estropear beschädigen.
estructura Struktur *f*, Zusammensetzung *f*, Aufbau *m*, Gefüge *n*, Verhältnisse *pl*; **~ constitucional** verfassungsmäßiger Rahmen *m*; **~ de costes** Kosten | gestaltung *f*, -struktur *f*; **~ económica** Wirtschafts | gefüge *n*, -struktur *f*; **~ de la empresa** Betriebsstruktur *f*; **~ fiscal** Steuersystem *n*; **~ fundamental del Estado** Grundordnung *f* des Staates; **~ jerárquica** Rangordnung *f*;

~ de precios Preis|gefüge *n*, -gestaltung *f*; **~ territorial** gebietliche Gliederung *f*.
estructuración Gliederung *f*, Ausgestaltung *f*.
estructural strukturbedingt.
estructuras *pl* **sociales** soziales Netz *n*.
estudiante *m* **de Derecho** Student *m* der Rechte, Jurastudent *m*.
estudiar studieren, beraten *(Gesetz)*; **~ Derecho** die Rechte *npl (oder: Jura)* studieren.
estudio Studium *n*, Studie *f*, Untersuchung *f*; Praxis *f*, *(Anwalts)*Kanzlei *f*; **~ de abogados** *(Anwalts)*Sozietät *f*; **~ de los autos** Aktenstudium *n*; **~ por correspondencia** Fernstudium *n*; **~ de impacto ambiental** Umweltverträglichkeitsprüfung *f*; **~ jurídico** Jurastudium *n*; **~ del proyecto de ley** Beratung *f* des Gesetzentwurfs.
estudios *pl*, **~ de Derecho** rechtswissenschaftliches Studium *n*; **~ de postgrado** *(o **postgraduados**)* Post-Graduate-Studium *n*, Aufbaustudium *n*; **~ superiores** Hochschul|studium *n*, Universitäts- *n*.
estupefacientes *mpl* Betäubungsmittel *npl*, Drogen *fpl*.
estupra|dor Verführer *m*; **~r** verführen.
estupro *(RG)* Verführung *f*, Missbrauch *m* Abhängiger.
ETA ***(Euzkadi ta Azkatasuna)*** Baskische Separatistenorganisation *f*.
etapa Zeitraum *m*; Etappe *f*; **~ de armonización** Harmonisierungsstufe *f (EG)*; **~ inicial** Anfangsstadium *n*.
etarra *m f* Mitglied *n* der ETA.
ética Ethik *f*; **~ de conciencia** Gesinnungsethik *f*; **~ del funcionario** Amtsethos *n*; **~ profesional** Berufsethos *n*; **~ profesional legal** Standespflichten *fpl (des Juristen)*; **~ de responsabilidad** Verantwortungsethik *f*.
etiqueta Etikett *n*, Bezeichnung *f*, Gepäckzettel *m*, Auszeichnung *(von Preisen)*, Kennzeichnung *f (Ware)*; **~ ecológica** Umweltgütesiegel *n*; **~ de graduación** Gütebezeichnung *f*; **~ de precios** Preisschild *n*, -Aufkleber *m*.
etiquetado Kennzeichnung *f*, Etikettierung *f*, Preisauszeichnung *f*.
etiquetaje *m* Auszeichnung *f (Ware)*.
etnia Volkszugehörigkeit *f*.
euro Euro *m (Währung)*.
Euroagencia de Marcas Europäisches Markenamt *n*.
eurobono Eurodollar-Obligation *f*.
Eurocámara Europäisches Parlament *n*.
euro|cheque *m* Eurocheque *m*.
eurocompatible mit dem EU-Recht *n* vereinbar.
euro|diputado Europaabgeordneter *m*; **~dólar** *m* Eurodollar *m*; **~ejército** Eurokorps *n*; **~elección** Europawahl *f*; **~emisión** Euroemission *f*.
euró|filo Europaanhänger *m*; **~fobo** Europagegner *m*.
euro|funcionario Europabeamter *m*; **~landia** Euroland *n*.
euro|mercado Euromarkt *m*; **~obligación** Euroobligation *f*.
euro|peísta *m* Anhänger *m* des Europagedankens; **~** *(adj)* europapolitisch, Europa-; **~peización** Europäisierung *f*; **~préstamo** Euroanleihe *f*; **~zona** Eurozone *f*.
eutanasia Sterbehilfe *f*, Euthanasie *f*.
Euzkadi s. País Vasco.
evacuación Räumung *f*, Evakuierung *f*, Aussiedlung *f*; **~ de aguas residuales** Abwässerbeseitigung *f*; **~ de desechos** Abfallbeseitigung *f*.
evacuar räumen, evakuieren, aussiedeln; erledigen *(Aufträge)*, ausführen *(Geschäfte)*, vornehmen, erlassen *(Urteile)*; **~ una consulta** eine Rechtsauskunft *f* geben; **~ una diligencia** eine Prozesshandlung *f* vornehmen; **~ el local** die Lokalität *f* räumen; **~ prueba** Beweis *m* antreten.
evadir, umgehen, vermeiden.
evadirse ausbrechen *(aus Gefängnis)*.
evaluable schätzbar; bewertbar.
evaluación *(Ab)*Schätzung *f*, *(Be)*Wertung *f*, Auswertung *f*, Evaluierung *f*, Wertbestimmung *f*, Bemessung *f*, Veranschlagung *f*; **~ de los bienes** Güterabwägung *f*; **~ conjunta** Zusammenveranlagung *f (SteuerR)*; **~ de la evidencia física** Spurenauswertung *f*; **~ de la pena** Strafzumessung *f*; **de las repercusiones** *f* **medioambientales** Umweltverträglichkeitsprüfung *f*.

evaluador Taxator *m*, Schätzer *m*.
evaluar *(ab)*schätzen, be|werten, aus-, den, veranlagen, taxieren.
evalúo Schätzung *f*, *(Be)*Wertung *f*.
evasión Entweichen *n*, Flucht *f*, Ausbruch *m (von Gefangenen)*; **~ de capitales** Kapitalflucht *f*; **~ de derechos de aduana** Zollhinterziehung *f*; **~ fiscal** Steuer|flucht *f*, -umgehung *f*.
evas|iva Ausweichen *n (bei Beantwortung)*, Ausflucht *f*; **~or** Steuerflüchtling *m*, Devisenschmuggler *m*.
evento Ereignis *n*; **~ cultural** kulturelle Veranstaltung *f*; **~ dañoso** Schadens|fall *m*, -ereignis *n*.
eventual *m* Offizier *m* auf Zeit.
eventuales *mpl* Nebenausgaben *fpl*.
eventualidad ungewisses Ereignis *n*.
evicción Eviktion *f*, *(Besitz)*Entziehung *f*, Entwehrung *f*.
evidencia Beweismittel *n*, Offensichtlichkeit *f (Beweis)*, Beweis *m*; **~ documental** *(PR)* Urkundenbeweis *m*.
evidenciar beweisen.
evidentemente erwiesenermaßen.
evitabilidad Vermeidbarkeit *f*.
evitación Vermeidung *f*, Verhütung *f*; **~ del embargo** Abwendung *f* der Pfändung.
evitar vermeiden, abwenden.
evolución Entwicklung *f*, Verlauf *m*; **~ de los cambios** Kursentwicklung *f*; **~ de los precios** Preisentwicklung *f*; **~ de siniestros** Schadensverlauf *m*.
exacción Ein|treibung *f*, Bei- *f*, Einzug *m*, Erhebung *f*, Abgabe *f*, Abschöpfung *f*; **~ de alcoholemia** Blutprobe *f*; **sin ~ de derechos** gebühren|frei, zoll-; **~ ilegal** Gebührenüberhebung *f*, Abgabenüberhebung *f*.
exaccionador beitreibend.
exacciones *pl*, **~ de base** Grundabschöpfungen *fpl*; **~ de compensación** *(o **compensatorias**)* Ausgleichsabgaben *fpl*; **~ sobre consumos específicos** Sonderverbrauchsteuern *fpl*; **~ municipales** Kommunalabgaben *fpl*, Gemeindesteuern *fpl*.
exactitud *f* Richtigkeit *f*; **por la ~ del libramiento** für die Richtigkeit *f* der Ausfertigung.
exactor Pfändungsbeamter *m*.
exagera|do übersetzt *(Preise)*; **~r** überbewerten, zu hoch ausweisen.
examen *m* Examen *n*, Prüfung *f*, Über|prüfung *f*, Nach- *f*, Untersuchung *f*, Einsicht*(nahme)* *f*, Besichtigung *f*, Vernehmung *f*, Kontrolle *f*; **~ de admisibilidad** Zulässigkeitsprüfung *f*; **~ de admisión** Aufnahme|prüfung *f*, Zulassungs- *f*; **~ de antecedentes** Aktenstudium *n*; **~ de aptitud** Eignungsprüfung *f*; **~ de los autos** Akteneinsicht *f*; **~ caso por caso** Einzelfalluntersuchung *f*; **~ de conducción** *(o **de conducir** o **de conductores**)* Fahrprüfung *f*; **~ de doctorado** Doktorprüfung *f*; **~ eliminatorio** Ausleseprüfung *f*; **~ del Estado** *(großes)* Staatsexamen *n*; **~ de expedientes** Akteneinsicht *f*; **~ del fondo** materielle Prüfung *f*, Sachprüfung *f*; **~ intermedio** Zwischen|examen *n*, -prüfung *f*; **~ de licenciatura** Diplom|prüfung *f*, Staats- *f*; **~ de maestría** Meisterprüfung *f*; **~ médico** ärztliche Untersuchung *f*; **~ de oficial** Gesellenprüfung *f*; **~ de las partes** Parteivernehmung *f*; **~ pre-empleo** Einstellungsuntersuchung *f*; **~ de pruebas** Beweisaufnahme *f*; **~ y registro** Durchsuchung *f*; **~ de la sangre** Blutprobe *f*; **~ de testigos** Zeugen|vernehmung *f*, -einvernahme *f*; **~ de la vista** Sehtest *m*.
examinador Prüfer *m*.
examinando Prüfling *m*.
examinar prüfen, nach|prüfen, über-, vernehmen *(Zeugen)*, untersuchen, einsehen *(Register)*, Einsicht *f* nehmen; **~ los autos** die Akten *fpl* einsehen.
excarcelación Haftentlassung *f*.
excarcelar aus der Haft entlassen.
excedencia Beurlaubung *f*, einstweiliger Ruhestand *m*; Wartegeld *n*, Ruhegehalt *n (im einstweiligen Ruhestand)*; **~ activa** *(Sp)* Beurlaubung *f* mit Ruhegehalt; **~ forzosa** Zwangsbeurlaubung *f*, Wartestand *m*; **~ voluntaria por interés particular** *(Sp)* Beurlaubung *f* aus privaten Gründen.
excedentario *(adj)* Überschuss-.

excedente *m* Über|schuss *m*, -hang *m*, Mehrbetrag *m*, Plus *n*; **~** *(adj)* überschüssig; beurlaubt; **~ de demanda** Nachfrageüberhang *m*; **~ de explotación** Geschäftsgewinn *m*; **~ de los gastos** Ausgabenüberhang *m*; **~ de importación** Einfuhrüberschuss *m*; **~ monetario** Geldüberhang *m*; **~ de pago** Über*(be)*zahlung *f*; **~ de peso** Übergewicht *n*; **~ presupuestario** *(o* ***del presupuesto****)* Haushaltsüberschuss *m*.

excedentes *mpl*, **~ agrícolas** Agrarüberschüsse *mpl (EG)*; **~ empresariales** Unternehmergewinne *mpl*.

exceder über|ziehen, -schreiten; **~ el presupuesto** den Haushalt *m* überziehen.

Excelencia *(Sp)* Exzellenz.

excepción Einrede *f*, Einwendung *f*, *(Rechts)*Einwand *m*; Ausnahme *f*; **~ declinatoria** Einrede *f* der Unzuständigkeit; **~ dilatoria** aufschiebende *(oder: dilatorische)* Einrede *f*; **~ de dolo** Einrede *f* der Arglist; **~ de excusión** Einrede *f* der Vorausklage; **~ extintiva** rechtsvernichtende Einrede *f*; **~ de fondo** materiellrechtliche Einwendung *f*; **~ impeditiva de derecho** rechtshindernde Einrede *f*; **~ de indigencia** Einrede *f* des Notbedarfs; **~ de infidelidad** Mehrverkehrseinrede *f*; **~ de insuficiencia** Dürftigkeitseinrede *f*; **~ procesal** Prozesseinrede *f*, prozesshindernde Einrede *f*; **~ superviniente** Einwendung *f* nachträglich eintretender Tatsachen; **~ sustancial** materiellrechtliche Einrede *f*.

excepcionar| Einwendungen *fpl* erheben, einwenden.

excepciones *pl*, **~ de fondo** Einredetatsachen *fpl*; **sujeto a ~** einredebehaftet *(Forderung)*.

exceptio *(lat)* s. excepción; **~ non adimpleti contractus** Einrede *f* der Nichterfüllung; **~ plurium** ***(concubentium)*** s. excepción de infidelidad.

exceptuar entbinden *(von Zahlungen)*, freistellen, ausnehmen.

excesivamente endeudado überschuldet.

excesivo über|mäßig, -höht, -setzt, -schüssig, unverhältnismäßig hoch.

exceso Über|schuss *m*, -maß *n*, Mehr|betrag *m*, -lieferung *f*; Über|griff *m*, -schreitung *f*, Exzess *m*; **~ de capacidad** Überkapazität *f*; **~ de capital** Überkapitalisierung *f*; **~ de carga** Über|fracht *f*, -ladung *f*, Mehrgewicht *n*; **~ de cobertura** Überdeckung *f*; **~ de demanda** Nachfrageüberhang *m*; **~ de flete** Mehrfracht *f*; **~ de gastos** Mehraufwand *m*; **~ de legítima defensa** Notwehr|überschreitung *f*, -exzess *m*; **~ de mano de obra** Überangebot *n* an Arbeitskräften; **~ de oferta** Überangebot *n*, Angebots überhang *m*; **~ de poder** Überschreitung *f* der Amtsbefugnisse *(oder Amtsgewalt)*; **~ de producción** Über erzeugung *f*, -produktion *f*; **~ de seguro** Überversicherung *f*.

excesos *pl* **de la publicidad** *(o* ***publicitarios****)* Auswüchse *mpl* der Werbung.

excitación Betreiben *n (des Prozesses durch Partei)*.

excitar betreiben *(Verfahren)*.

exclave *m* Exklave *f*; **~ aduanero** Zollausschluss*(gebiet) m (n)*.

excluir ausschließen, aussondern; **~ de** entziehen; **~ de la masa** aus der Masse *f* aussondern; **~ del trabajo** aussperren.

exclusión Ausschluss *m*, Ausschließung *f*, Aussonderung *f*, Ausnahme *f*; **~ de evidencia** Zurückweisung *f* von Beweismitteln; **~ fiscal** Steuerbefreiung *f*; **~ de la pena** Schuld|ausschließung *f*, -ausschluss *m*; **~ del servicio militar** Befreiung *f* vom Wehrdienst; **~ de la sucesión intestada** Enterbung *f*.

exclusiva *(s. a. exclusividad)* Alleinvertretung *f*, Ausschließlichkeit *f*; **~ de venta** Alleinverkauf *m*.

exclusividad *(s. a. exclusiva)* Alleinvertretung *f*, Ausschließlichkeit *f*; **~ de venta** s. exclusiva de venta.

exclusivista *m* Alleinvertriebsinhaber *m*.

exclusivo alleinig, Allein-, exklusiv.

excluyente ausschließend.

excomunicación *(KR)* Exkommunikation *f*.

exculpa | ción Schuldausschließung *f*, Exkulpation *f*; **~r** entlasten, exkulpieren; **~torio** entlastend.
excusa Entschuldigung *f*, Ablehnungsgrund *m (des Vormunds)*; **~ atenuante** Strafmilderungsgrund *m*; **~ de testimonio** Zeugnisverweigerung *f*.
excusa | bilidad Entschuldbarkeit *f*; **~do** steuer | frei, -befreit.
excusar entschuldigen, rechtfertigen, ablehnen, verweigern; **~ el juramento** den Eid *m* ablehnen.
excusarse das Amt *n* ablehnen.
excusión Verfahren *n* gegen den Hauptschuldner; **beneficio de ~** Einrede *f* der Vorausklage.
exégesis *f* **jurídica** Rechtsauslegung *f*, juristische Auslegungslehre *f*.
exención Befreiung *f (von Erfordernissen)*, Freistellung *f*, Steuer | befreiung *f*, -freiheit *f*; **~ fiscal** Steuer | freiheit *f*, -befreiung *f*, -freigrenze *f*, -freibetrag *m*; **~ impositiva** s. exención fiscal; **~ de la pena** Strafausschließungsgrund *m*; **~ del servicio militar *(obligatorio)*** Wehrdienstbefreiung *f*; **~ por vejez** Altersfreibetrag *m (SteuerR)*; **~ de visado** Befreiung *f* vom Visumzwang.
exen | tar befreien; **~tas *pl*** *(Sp)* steuerfreie Pfandbriefe *mpl*.
exento *(adj)* befreit, frei, steuerfrei, freigestellt; **~ de aduana** zollfrei; **~ de aranceles** abgaben | frei, zoll-; **~ de gravámenes** lastenfrei; **~ del impuesto** *(o **de impuestos**)* steuerfrei; **~ de licencia** genehmigungsfrei; **~ de pena** straffrei; **~ de tasas** gebühren | frei, abgaben-, tax-.
exequátur *m* Exequatur *n*; Vollstreckbarkeitserklärung *f*.
ex | heredación s. desheredación.
exhibición Vorführung *f*, Beibringung *(von Beweisen)*, Vorlegung *f*, Auslegung *(von Plänen)*.
exhibicionis | mo Exhibitionismus *m*; **~ta** *m* Exhibitionist *m*.
exhibir vorzeigen, vorweisen, vorlegen *(Urkunden)*, ausstellen *(Waren)*; **~ un documento** eine Urkunde *f* vorlegen.
exhorta | ción *(Er)*Mahnung *f*, Aufforderung *f*; **~nte *m*** der um Rechtshilfe ersuchende Richter *m*.
exhortar *(er)*mahnen, ersuchen *(Richter)*; **~ a decir verdad** zur Wahrheit *f* ermahnen.
exhorto *(Er)*Mahnung *f*, Rechtshilfeersuchen *n*.
exhumación Exhumierung *f*.
exhumar exhumieren.
exigencia Bedarf *m*, Bedürfnis *n*, Erfordernis *n*, Verlangen *n*, Forderung *f (Lohn, Steuern)*, An | forderung *f*.
exigibilidad Zumutbarkeit *f*, Fälligkeit; **no ~** Unzumutbarkeit *f*.
exigible *m (Bilanz:)* Forderungen *fpl*, Verbindlichkeiten *fpl*, Fremdkapital *n*; **~** *(adj)* fällig, einklagbar; **~ a corto** *(plazo)* kurzfristige Verbindlichkeiten *fpl*; **~ a largo** *(plazo)* langfristige Verbindlichkeiten *fpl*; **~ a la vista** täglich fällig.
exigir verlangen, beanspruchen, erfordern.
exil (i)a | do Emigrant *m*, im Exil Lebender *m*; **~r** ins Exil *n* senden; **~rse** emigrieren.
exilio Exil *n*.
eximente *(adj)* Ausschließungs-, *(schuld)*ausschließend.
eximir freistellen von etwas; *(SteuerR:)* erlassen, Steuerbefreiung *f* gewähren.
existencia *(s. a. existencias pl)* Bestehen *n*, Bestand *m*, Existenz *f*, Vorliegen *n*; **~ en efectivo** Barbestand *m*; **en ~** vorrätig; **de ~ propia** selbstständig *(Einrichtung)*.
existencias *pl* Vorrat *n*, Bestand *m*, Stock *m*; **~ de viviendas** Wohnungsbestand *m*.
existente como base zugrundeliegend.
existir bestehen, vorhanden sein.
éxito Erfolg *m*; **~ de taquilla** Kassenschlager *m*; **~ de venta*(s)*** Verkaufsschlager *m*.
éxodo Exodus *m*; **~ agrario** Landflucht *f*; **~ intelectual** Abwanderung *f* der Intelligenz.
exógeno a la empresa außerbetrieblich.
exoneración Entlastung *f*, Befreiung *f*, Freistellung *f*.
exonerar befreien, entlasten.
exorbitancia Übermaß *n*.
exorbitante über | höht, -mäßig.
expansión Erweiterung *f (Unternehmen)*, Aufstockung *f*, Ausdehnung *f*,

Expansion *f*, Aufschwung *m*; **~ territorial** territoriale Ausdehnung *f*.
expatriación Ausbürgerung *f*.
expatriar ausbürgern, expatriieren.
expectación Erwartung *f*; **~ de una pena** Straferwartung *f*; **~ de vida** Lebenserwartung *f*.
expectativa Anwartschaft *f*, Anwartschaftsrecht *n*; **~ de vida** Lebenserwartung *f*.
expedición Expedition *f*, Abfertigung *f*, Ausgabe *f*, Verladung *f*, Versand *m*, Warenausgabe *f*, Verfrachtung *f*, Spedition *f*, Ausstellung *f (Visum, Police)*, Ausfertigung *f (von Urkunden)*; **~ de aduana** Zollabfertigung *f*; **~ fraccionada** Teilsendung *f*; **~ de mercancías** Güterabfertigung *f*, Warenversand *m*; **~ de visados** Visaerteilung *f*.
expedidor Ab | sender *m*, Ver- *m*, Aussteller *m (eines eigenen Wechsels)*; *(Fracht)*Spediteur *m*, Expedient *m*, Verlader *m*, Verfrachter *m*.
expedientación Anlegung *f* einer Akte.
expedientar disziplinarrechtlich verfolgen *(oder vorgehen)*.
expediente *m* Akte *f*, Personalakte *f*, Dossier *n*, Vorgang *m (Verwaltungsrecht)*, Verfahren *n*; **~ contradictorio** streitiges Verfahren *n*; **~ disciplinario** *(Sp)* Disziplinar | verfahren *n*, Dienststraf- *n*; **~ de investigación** Ermittlungsakten *fpl*; **~ judicial** Gerichts | akte *f*, -sache *f*; **~ de juicio** Prozessakte *f*; **~ penitenciario** Strafvollzugsakte *f*; **~ sancionador** Disziplinarakte *f*; **~ de suspensión de pagos** Vergleichsverfahren *n*.
expedienteo Aktenerledigung *f*, aktenmäßige Behandlung *f*.
expedientes *mpl*, **~ de peticiones** Antragsunterlagen *fpl*.
expedir abfertigen, *(ab)*senden, ver | senden, über-, aufgeben *(Pakete)*, abgeben *(Ware)*, verfrachten; ausfertigen, ausstellen *(Ausweis)*; erlassen *(Haftbefehl)*; **~ pasaporte** einen Pass *m* ausstellen.
expedito, offen stehend.
expendedor Verkäufer *m*; **~ automático** Warenautomat *m*.
expende | duría Warenausgabe *f*; **~** *(Sp)* Verkaufsstand *m* Tabak und Briefmarken; **~r** ausgeben *(Geld)*, verkaufen *(Kleinhandel)*.
expendición Kleinverkauf *m*; **~ de moneda falsa** Verbreitung *f* von Falschgeld.
expendio Aufwand *m*, Verbrauch *m*.
expensas *pl* Kosten *pl*, Unkosten *pl*, Ausgaben *fpl*, Aufwendungen *fpl*; **a** *(o* **de***)* **~** auf Kosten.
experiencia Erfahrung *f*, Experiment *n*; **~ jurídica** Rechtserfahrung *f*; **~ profesional** Berufserfahrung *f*.
experimentación sobre animales Tierversuche *mpl*.
experimentar verzeichnen *(Verluste)*; erproben; erleben.
experto Gutachter *m*, Sachverständiger *m*, Fachkraft *f*; **~** *(adj)* sachverständig, fach | kundig, -männisch; **~ jurista** Rechtsexperte *m*.
expiación Verbüßung *f*, Vergeltung *f (Strafe)*, Sühne *f*, Sühneprinzip *n*.
expiar una pena eine Strafe *f* verbüßen.
expiración Ablauf *m (Frist, Patent, Arbeitserlaubnis)*, Auslaufdatum *n*, Beendigung *f*, Außerkrafttreten *n*; **~ de un contrato** Vertragsablauf *m*.
expirar enden, ablaufen *(Frist)*, verfallen, erlöschen, verstreichen *(Termin)*, außer Kraft treten; **al ~** nach Ablauf.
explicación Erläuterung *f*.
explicar erläutern, erklären.
exploración *(Er)*Forschung *f*, Erschließung *f*, Schürfung *f*.
explorar erforschen.
explosivos *pl*, **~ de orden inferior/superior** wenig brisante/hochbrisante Sprengstoffe *mpl*.
explota | bilidad Abbaufähigkeit *f*; **~ble** verwertbar, abbaufähig.
explotación Betrieb *m*, Bewirtschaftung *f*, Wirtschaften *n*, Betreiben *n (Geschäft)*, Inbetriebnahme *f*, Auswertung *f*, Verwertung *f (von Rechten)*; *(Mineralien etc.:)* Ausbeutung *f*, Abbau *m*; **~ abusiva** Raubbau *m*; **~ accesoria** Nebenbetrieb *m*; **~ de carbón** Kohle | förderung *f*, -abbau *m*; **~ a cielo abierto** Tagebau *m*, Tagesbetrieb *m*; **~ industrial** Industrie | betrieb *m*, Gewerbe- *m*;

~ de patente Patentverwertung *f*; **~ subterránea** Untertagebau *m*; **~ viable** existenzfähiger Betrieb *m (Landwirtschaft)*.
explotador Betriebsinhaber *m*, Betreiber *m*, Halter *m*.
explotar betreiben *(Unternehmen)*, ver|werten, aus-, abbauen.
expol|iación Plünderung *f*, Beraubung *f*; **~iador** Plünderer *m*; **~iar** berauben; **~io** s. expoliación.
exponente *m* Antragsteller *m*.
exponer auslegen, ausstellen *(Waren)*, beschicken; aussetzen *(Kinder)*; vorbringen, erklären *(Notar)*; **~ hechos** Tatsachen *fpl* darlegen; **~ su opinión** Stellung *f* nehmen.
exportable exportfähig.
exportación Ausfuhr *f*, Export *m*; **~ de capitales** Kapitalexport *m*.
exportador Export|eur *m*, -händler *m*; **~** *(adj)* Ausfuhr-, Export-.
exportar ausführen, exportieren.
exposición Dar|legung *f*, -stellung *f*, Auslegung *f*, Erklärung *f (vor dem Notar)*; Ausstellung *f*; Aussetzung *f (von Kindern)*; **~ de motivos** Motive *npl (eines Gesetzes)*; **~ de muestras** Musterausstellung *f*; **~ mundial** Weltausstellung *f*; **~ de niños** Kindesaussetzung *f*.
expositivo Artikel *m (in einem Vertrag etc.)*.
expósito Ausgesetzter *m*, ausgesetztes Kind *n*, Findelkind *n*.
expositor Aussteller *m (von Waren)*.
expresar darlegen.
expresión Ausdruck *m*, Angabe *f (von Gründen)*; **~ circunstanciada** ins einzelne gehende Angaben *fpl*; **~ de los recursos** Rechtsmittelbelehrung *f*.
expreso ausdrücklich; **por ~** durch Eilboten.
expromisión Schuldbeitritt *m*.
expropiación Enteignung *f*; **~ forzosa** *(Zwangs)*Enteignung *f*.
expropia|do Enteigneter *m*; **~dor** Enteigner *m*; **~nte** s. expropiador.
expropiar enteignen.
ex|propiatorio enteignend; **~propietario** Alteigentümer *m*.
expulsar vertreiben, ausweisen, abschieben; **~ del mercado** vom Markt *m* verdrängen.
expulsión Ausweisung *f*, Vertreibung *f*, Ausschließung *f (Verein)*, Ausschluss *m (Gesellschaft)*, Ausstoßung *f*; **~ del colegio** *(Sp)* Ausschließung *f* aus der Rechtsanwaltschaft; **~ por vía de apremio** Abschiebung *f*.
éxtasis *m* Ecstasy *f (Droge)*.
extempo|raneidad Verfristung *f*; **~ráneo** verspätet *(Antrag)*, zur Unzeit erfolgt, unpünktlich *(Zahlung)*.
extender ausstellen *(Urkunden, Visum)*, ausfertigen, erteilen, ausschreiben *(Rechnung)*, erweitern *(Zuständigkeit)*, ausdehnen; **~ *(un)* acta** protokollieren; **~ un cheque** einen Scheck *m* ausstellen.
extensión Umfang *m (eines Rechts)*, Ausmaß *n*, Ausdehnung *f*, Erweiterung *f*, Dauer *f*, Verlängerung *f*, Entwicklung *f (Städtebau)*; **~ agrícola** landwirtschaftliches Beratungswesen *n*; **~ en el tiempo** zeitlicher Geltungsbereich *m*.
extensivo, hacer ~ ausdehnen.
exterior Auslands-.
exteriorización Äußerung *f*; **~ de opiniones** Meinungsäußerung *f*.
exteriorizar äußern *(Willen)*.
externo außergemeinschaftlich *(EU)*.
extinción Tilgung *f*, Löschung *f*, Erlöschen *n (Verbindlichkeit)*, Aufhebung *f (Miteigentümergemeinschaft)*; **~ de la pena** Straftilgung *f*.
extinguible tilgbar.
extinguir tilgen, löschen, zum Erlöschen bringen; abbüßen, ver- *(Strafe)*.
extinguirse erlöschen, enden *(Kontokorrent)*, untergehen *(Rechte)*.
extintivo tilgend; **~ de derecho** rechtsvernichtend.
extornar gegenbuchen, stornieren.
extorno Gegen|buchung *f*, Rück- *f*.
extorsión Erpressung *f*; **~ violenta** räuberische Erpressung *f*.
extor|sionador Erpresser *m*; **~sionar** erpressen; **~sionista** *m* Erpresser **m**; **~sivo** erpresserisch.
extrabursátil *(adj)* außerbörslich.
extracción Ziehen *n*, Gewinnung *f*, Abbau *m*, Förderung *f (Kohle)*; **~ violenta** Erzwingung *f*.
extra|comunitario *(EU)* nicht gemeinschaftlich; **~contractual** außervertraglich.

extractar einen Auszug *m* machen.
extracto Auszug *m*; **~ de movimientos** Kontoauszug *m*.
extradición Auslieferung *f*; **~ pasiva** Übernahme *f* bei Auslieferung, Überstellung *f (Auslieferung)*; **~ de tránsito** Durchlieferung *f*.
extra | dicional *(adj)* Auslieferungs-; **~dicto** Ausgelieferter *m*; **~ditable** ausgeliefert; **~ditar** ausliefern.
extraer einen Auszug *m* anfertigen; abbauen, fördern *(Kohle)*.
extra | estatal außerstaatlich; **~europeo** außereuropäisch; **~judicial** außergerichtlich.
extralimitación Grenz | überschreitung *f*, Kompetenz- *f*.
extra | limitarse die gesetzten Grenzen überschreiten; **~matrimonial** außerehelich.
extranjería Ausländerwesen *n*.
extranjero Ausländer *m*; Ausland *n*; **~** *(adj)* ausländisch; **~ apátrida** heimatloser Ausländer *m*; **~ transeúnte** durchreisender Ausländer *m*.
extrañ | ar ausweisen, verbannen; **~o** Außenstehender *m*, Ausländer *m*; **~** *(adj)* ausländisch, auswärtig, fremd.
extra | oficial nichtamtlich, inoffiziell, offiziös; **~ordinario** außerordentlich; **~procesal** außer | gerichtlich, -prozessual; **~tarifario** übertariflich; **~territorial** exterritorial.
extraterritorialidad Exterritorialität.
extraviarse abhanden kommen.
extravío Abhanden kommen *n*.
extremismo, ~ de derecha Rechtsextremismus *m*; **~ de izquierda** Linksextremismus *m*.
extremista extremistisch.
extremo Punkt *m (eines Urteils, der Tagesordnung)*.

F

fábrica Fabrik *f*, Werk *n*, Fabrikanlage *f*; **de** *(o* **en***)* **~** ab Fabrik *f*, ab Werk *n*; **~ de moneda** Münzstätte *f*; **~ suministradora** Lieferwerk *n*.
fabricación Erzeugung *f*, Herstellung *f*, *(An)*Fertigung *f*, Fabrikation *f*, Produktion *f*; **~ en islotes** *m* Inselfertigung; **justo a tiempo** JIT-Produktion *f*; **~ en masa** Massenherstellung *f*; **~ de moneda falsa** Falschmünzerei *f*, Herstellen *n* von Falschgeld; **~ en serie** Serienherstellung *f*.
fabricado Erzeugnis *n*, Fabrikat *n*.
fabricante *m* Fabrikant *m*, Fabrikbesitzer *m*, Hersteller *m*, Erzeuger *m*, Produzent *m*; **~ de equipos originales** Erstausrüster *m*.
fabricar herstellen, erzeugen; **~ en serie** serienmäßig herstellen.
fabril fabrik | mäßig, gewerbs-.
facción Bande *f*, Zusammenrottung *f*, Flügel *m (Partei)*.
facilidad Zahlungserleichterung *f*; **con ~ de acceso para los inválidos** behindertengerecht.
facilidades *pl* Erleichterungen *fpl*; **~ aduaneras** Zollerleichterungen *fpl*; **~ arancelarias** Tariferleichterungen *fpl*; **~ de pago** Zahlungserleichterungen *fpl*.
facilitación Bereitstellung *f*, Zuteilung *f*, Erleichterung *f*; **~ de un crédito** Bereitstellung *f* eines Kredits.
facilitar bereitstellen, zuteilen, zur Verfügung *f* stellen, ermöglichen, verschaffen.
facineroso *(Sp)* Gewohnheitsverbrecher *m*.
factible machbar, möglich.
fáctico *(adj)* als Tatsache *f*, faktisch.
factor Umstand *m*, Faktor *m*, Agent *m*, Geschäftsführer *m*, Bevollmächtigter *m*, Prokurist *m*; **~ cíclico** konjunktureller Faktor *m*; **~ de comercio** Handlungsgehilfe *m*; **~ de conexión** Anknüpfungspunkt *m*; **~ de contabilidad** Umrechnungsfaktor *m*; **~ de coste** Kostenfaktor *m*; **~ determinante de la pena** Strafzumessungstatsache *f*; **~ ecológico** Umweltfaktor *m*; **~ económico** Wirtschaftsfaktor *m*.
factoría Handelsniederlassung *f*, Betriebsstätte *f*, Fabrikanlage *f*.
factoring *(engl)* Factoring-Geschäft *n*, Debitorenverkauf *m*.
factum *m (lat)* Sachverhalt *m*.

factura Rechnung *f*, Faktura *f*, Nota *f*, Warennote *f*, Quittung *f*; **~ de aduana** Zollrechnung *f*, Abfertigungsschein *m*; **~ final** Schlussrechnung *f*; **~ a pagar** fällige Rechnung *f*; **~ pendiente** unbeglichene Rechnung *f*; **~ proforma** Proformarechnung *f*; **~ de venta** Verkaufsrechnung *f*.
facturación Berechnung *f*, Rechnungs | *(aus)*stellung *f*.
facturar be | rechnen, an-, in Rechnung *f* stellen, fakturieren; umsetzen *(Waren)*, abfertigen, aufgeben *(Gepäck)*.
facturas *pl*, **~ enviadas** Rechnungsausgänge *mpl*; **~ recibidas** Rechnungseingänge *mpl*.
facultad Befugnis, Bevollmächtigung *f*, Fähigkeit *f*, Recht *n*, Erlaubnis *f*; Fakultät *f*; **~ de acción** Handlungsfähigkeit *f*; **~ de actuación** Handlungsfähigkeit *f*; **~ de celebrar contratos** Abschlussvollmacht *f*; **~ de competir** Wettbewerbsfähigkeit *f*; **~ de decisión** *(o* ***decisoria****)* Entscheidungs | gewalt *f*, -befugnis *f*; **~ de Derecho** juristische Fakultät *f*, Rechtsfakultät *f*; **~ de dirección** Direktionsrecht *n*; **~ disciplinaria** Disziplinargewalt *f*; **~ discrecional** Ermessen *n*; **~ de disponer** *(o* ***de disposición****)* Verfügungs | befugnis *f*, -berechtigung *f*; **~ de firma** Zeichnungs | recht *n*, -befugnis *f*, Unterschriftsbefugnis *f*; **~ de no responder** Aussageverweigerungsrecht *n*; **~ de optar** Wahl | recht *n*, Options- *n*; **~ procesal** Prozessführungsbefugnis *f*; **~ de testar** Testierfähigkeit *f*.
facultades *pl* Aufgabenbereich *m*; **~ de soberanía** hoheitsrechtliche Befugnisse *fpl*.
facultado Berechtigter *m*, **estar ~ para** berechtigt sein zu.
facultar ermächtigen, befähigen.
facultas *(lat)*, **~ alternativa** Ersetzungsbefugnis *f*.
facultativo Arzt *m*, ärztlich; **~** *(adj)* fakultativ, Fakultäts-; **~ de seguridad social** Kassenarzt.
faena Arbeit *f*; **~ de carga** Ladegeschäft *n*.
faja, **~ de ornamentación** Grünstreifen *m*; **~ postal** Streifband *n*.
falacia Betrug *m*.
falla Fehler *m*, Mangel *m*, Fehlen *n*; **~ de causa** fehlender Rechtsgrund *m*.
fallable spruchreif.
fallar 1. entscheiden; 2. versagen, nicht eintreten *(Bedingung)*, wegfallen *(Erbe)*; **~ el fondo del asunto** in der Sache *f* selbst entscheiden; **~ interlocutoriamente** durch Zwischenurteil *n* entscheiden.
fallecimiento Ableben *n*, Sterbefall *m*.
fallido Gemeinschuldner *m*; **~** *(adj)* zahlungsunfähig.
fallidos *pl* uneinbringliche Forderungen *fpl*.
fallo 1. Urteil *n*, Urteils | spruch *m*, -tenor *m*, -formel *f*, Entscheidung *f*; 2. Fehler *m*, Störung *f*, Wegfall *m*; **~ arbitral** Schieds | spruch *m*, -urteil *n*; **~ mecánico** *(VR)* technisches Versagen *n*; **~ médico** ärztlicher Kunstfehler *m*; **~ del procedimiento** Verfahrensfehler *m*.
falsea | dor Fälscher *m*; **~miento** Fälschung *f*, Verfälschung *f* *(Bilanz)*.
falsear *(ver)*fälschen.
falsedad *(s. a. falsificación)* Fälschung *f*, Verfälschung *f*, Falschmünzerei *f*; Unwahrheit *f*, falsche Darstellung *f*; **~ documental** Urkundenfälschung *f*; **~ monetaria** Münzfälschung *f*.
falsificación *(s. a. falsedad)* Fälschung *f*, Verfälschung *f*, Falsifikat *n*; **~ de los cambios** Kursverfälschung *f*; **~ documentaria** *(o* ***de documentos****)* Urkundenfälschung *f*; **~ de firma** Unterschriftsfälschung *f*; **~ de moneda y billetes de banco** Falschmünzerei *f*; **~ de votos** Wahlfälschung *f*.
falsificador Fälscher *m*; **~ de moneda** Geldfälscher *m*, Falschmünzer *m*.
falsificar *(ver)*fälschen, nachprägen, falsch darstellen.
falso falsch, gefälscht, unecht, unwahr, nachgemacht.
falta Fehler *m*, Irrtum *m*, Übertretung *f*, Unterlassung *f*, Fehlen *n*; Mangel *m*; **por ~ de aceptación** mangels Annahme *f (oder Akzepts n)*; **~ de asistencia** Ausbleiben *n*, Nichterscheinen *n*; **~ de cumplimiento** Nichterfüllung *f*; **~ de discernimiento** mangelnde Einsicht *f*; **~ de**

dólares Dollarlücke *f*; **~ de equidad** Unbilligkeit *f*; **por ~ de fondos** mangels *(oder mangelnde)* Deckung *f*; **~ en la forma** Form|mangel *m*, -fehler *m*; **~ de interés** Interesselosigkeit *f*; **~ de liquidez** Illiquidität *f*; **por ~ de masa** mangels Masse *f* *(Insolvenz)*; **~ de medios** Mittellosigkeit *f*; **~ de nacionalidad** Staatenlosigkeit *f*; **con ~ de objetividad** unsachgemäß; **~ de valor** Wertlosigkeit *f*; **~ de visibilidad** Unübersichtlichkeit *f*; **~ de viviendas** Wohnungsknappheit *f*.

faltar fehlen, mangeln, nicht erfüllen *(Pflicht)*; **~ a** verstoßen gegen; **~ abiertamente a la equidad** offenbar unbillig sein; **~ a su palabra** sein Wort *n* brechen.

falto ermangelnd; **~ de medios** mittellos.

fama *(guter)* Ruf *m*, Leumund *m*, Kredit *m*; **buena ~** guter Ruf *m*.

familia Familie *f*, Verwandtschaft *f*; **~ extendida** erweiterte Familie *f*, Großfamilie *f*; **~ de hecho** faktische Familie *f*; **~ de naciones** Staatengemeinschaft *f*; **~ numerosa** kinderreiche Familie *f*.

familiar *m* Familien|angehöriger *m*, -mitglied *n*, Angehöriger *m*; **~** *(adj)* Familien-.

fardo Ballen *m*, Frachtstück *n*, Kolli *n*; **~ expreso** Expressgut *n*; **~ postal** Postpaket *n*.

fardos *pl* Stücke *npl*, Stückgut *n*.

fármaco Arzneimittel *n*, Pharmakon *n*.

farmaco | dependencia Arzneimittelabhängigkeit *f*; **~dependiente** *m* Arzneimittel|abhängiger *m*, Drogen- *m*.

fase *f* Phase *f*, Lage *f*, Entwicklungsstufe *f*, Abschnitt *m* *(Strafverfahren)*; **~ de apremio** Vollstreckungsphase *f*; **~ ascendente** Konjunkturanstieg *m*; **~ de auge** Aufschwungphase *f*; **~ bajista** Abschwungphase *f*; **~ preparatoria** Vorbereitungsphase *f*; **~ probatoria** Beweisaufnahme *f*; **~ procesal** Verfahrens|abschnitt *m*, -stadium *n*; **~ de transición** Übergangszeit *m*; **~ en verde del semáforo** grüne Ampelphase *f*.

favor *m* Gefälligkeit *f*, Gefallen *m*, Vergünstigung *f*, Nachsicht *f*; **a ~ de** zugunsten von; **a ~ y en contra** zugunsten und zuungunsten.

favorable begünstigend *(Verwaltungsrecht)*.

favorece | dor Kunde *m*; **~r** begünstigen, Vorschub *m* leisten.

favorecido Begünstigter *m*; **más ~** meistbegünstigt; **~ por privilegios fiscales** steuerbegünstigt.

favorecimiento *(persönliche)* Begünstigung *f*, Bevorzugung *f*; **~ de acreedores** Gläubigerbegünstigung *f*.

fax | *m* *(Tele)*Fax *n*; **~ear** faxen.

fe *f* Glaube *m*, Treue *f*, Vertrauen *n*, Zeugnis *n*, Beweis|kraft *f*, -urkunde *f*; **~ de bautismo** Taufschein *m*; **buena ~** guter Glaube *m*, Treu und Glauben *pl*; **de buena ~** gutgläubig; **~ conyugal** eheliche Treue *f*; **en ~ de lo cual** zur Urkund dessen; **doy ~** beglaubigt; **hacer plena ~** öffentliche Beweiskraft *f* haben; **mala ~** böser Glaube *f*, Unredlichkeit *f*; **de mala ~** in bösem Glauben, unredlich; **~ de matrimonio** Trauschein *m*; **~ de nacimiento** Geburtsurkunde *f*; **~ pública** öffentlicher Glaube *m*, Beurkundungsbefugnis *f*; **~ pública registral** öffentlicher Glaube *f* des Grundbuchs; **~ de soltería** Ledigkeitsbescheinigung *f*, Ehefähigkeitszeugnis *n*; **~ de vida** Lebensbescheinigung *f*.

fecha Datum *n*, Termin *m*, Datierung *f*, Zeitpunkt *m*; **~ adelantada** Vordatierung *f*; **de ~ adelantada** vordatiert; **~ atrasada** Rückdatierung *f*; **con ~ atrasada** zurückdatiert; **~ del balance** Bilanzstichtag *m*; **~ base** Stichtag *m*; **~ de cierre** Schlusstermin *m*; **~ clave** Stichtag *m*; **~ de la factura** Rechnungsdatum *n*; **en la ~ fijada** termingerecht; **~ final** Endtermin *m*; **~ final de inscripción** Anmeldeschluss *m*; **~ de pago** Zahlungs|termin *m*, -ziel *n*; **~ de recibo** Eingangstag *m*; **con ~ retrotraída** rückdatiert; **sin ~** undatiert; **~ de suministro** Liefertermin *m*; **~ ut supra** Datum *n* wie oben; **~ tope** äußerster Termin *m*.

fechador Datumsstempel *m*.

fechar datieren; **~ un juicio** terminieren.

fecho Erledigungsvermerk *m*; **~** *(adj)* erledigt *(Vermerk auf Urkunden)*.

fecundación Befruchtung *f*; **~ artificial** künstliche Befruchtung *f*; **~ asistida** s. fecundación artificial.
fedatario Urkunds | beamter *m*, -person *f*; **~** *(adj)* Beweis-; **~ público** mit öffentlichem Glauben versehene Urkundsperson *f*.
federación Bund *m*, Bündnis *n*, Föderation *f*, Verband *m*; **~ central** Dachverband *m*; **~ electoral** Wahlbündnis *n*; **~ de Funcionarios** *(Sp)* Beamtenbund *m*.
Federación Internacional, **~ ~ de Carreteras** Internationaler Straßenverkehrsverband *m*; **~ ~ de Sindicatos Libres** Internationaler Bund *m* freier Gewerkschaften.
federación, ~ de municipios Städtetag *m*; **~ patronal** *(o* ***de patronos****)* Arbeitgeberverband *m*; **~ sindical** Gewerkschaftsbund *m*; **~ Sindical Mundial** Weltgewerkschaftsbund *m*.
federa | do s. federal *(adj)*; **Estado ~ do** Bundesland *n*; **~l** *m* Föderalist *m*, Bundes-; **~** *(adj)* föderal, bundesstaatlich; **~lismo** Föderalismus *m*; **~lista** *m* Föderalist *m*; **~** *(adj)* föderalistisch;**~tivo** föderativ, bundesstaatlich.
fehaciente beweiskräftig.
fenecer ablaufen *(Frist)*.
fenómeno Phänomen *n*.
feria Markt *m*, Jahrmarkt *m*, Ausstellung *f*, Messe *f*; **~ agraria** Landwirtschaftsmesse *f*; **~ judicial** Gerichtsferien *pl*; **~ muestraria** *(o* ***de muestras****)* Mustermesse *f*; **~ mundial** Weltausstellung *f*.
feriado Feiertag *m*.
feria | l *(adj)* Messe-, Ausstellungs-; **~nte** *m* Messe | aussteller *m*, -beschicker *m*; **~r** handeln.
ferrocarril *m* Bahn *f*, Eisenbahn *f*; **~ interurbano** Stadtbahn *f*, **~ de vía única** eingleisige Strecke *f*.
feticidio *(Ab)*Tötung *f* der Leibesfrucht.
feto Fötus *m*, Leibesfrucht *f*.
feudo Feudalrecht *n (subjektives Recht)*; **~ electoral** Hochburg *m (Partei)*.
fiabilidad Zuverlässigkeit *f*.
fiable zuverlässig, kreditwürdig.
fiado, al ~ auf Kredit *m*.
fiador Bürge *m*, Gewährsmann *m*, Treuhänder *m*, Garant *m*; **~ sin beneficio de excusión** selbstschuldnerischer Bürge *m*; **~ del delcredere** Ausfallbürge *m*; **~ del fiador** Nachbürge *m*; **~ de indemnidad** Ausfallbürge *m*; **~ de la letra** Wechselbürge *m*; **~ mancomunado** Mit | bürge *m*, Neben- *m*; **~ de propia deuda** selbstschuldnerischer Bürge *m*; **ser ~** bürgen; **~ solidario** selbstschuldnerischer Bürge *m*.
fianza Sicher | heit *f*, -ung *f*, Sicherheitsleistung *f*, Gewähr *f*, Garantie *f*, Kaution *f*, Bürgschaft *f*, Aval *m n*; **~ bancaria** Bankbürgschaft *f*; **~ sin beneficio de excusión** selbstschuldnerische Bürgschaft *f*; **~ carcelaria** *(o* ***carcelera****)* Kaution *f* für Haftentlassung; **~ civil** Bürgschaft *f* nach bürgerlichem Recht; **~ hipotecaria** hypothekarisch gesicherte Bürgschaft *f*; **~ de indemnidad** Ausfallbürgschaft *f*; **~ judicial** Prozessbürgschaft *f*, Bürgschaft *f* für bedingt entlassenen Strafgefangenen; **~ de propia deuda** selbstschuldnerische Bürgschaft *f*; **~ pura** nicht selbstschuldnerische Bürgschaft *f*; **~ simple** s. fianza pura; **~ solidaria** Mitbürgschaft *f*, selbstschuldnerische Bürgschaft *f*; **~ urbana** Mietkaution *f*.
fiar bürgen, auf Kredit *m* geben *(oder verkaufen)*, vertraulich mitteilen.
ficción Fiktion *f*; **~ de Derecho** juristische Fiktion *f*; **~ legal** gesetzliche Fiktion *f*.
ficha Karteikarte *f*, Jeton *m*, Bon *m*; **~ -cuenta** *(o* ***de cuenta****)* Kontokarte *f*; **~ de pago** Einzahlungsbeleg *m*.
fichaje *m* Gewährung *f* eines Listenplatzes *(Wahl)*, Neuverpflichtung *f (Sport)*.
fichar karteimäßig erfassen, einen Listenplatz *m* gewähren.
fichero Kartei *f*, Register *n*, Registratur *f*, Datei *f*; **~ de búsqueda** Suchkartei *f*; **~ de clientes** Kundenkartei *f*.
fic | ticio fiktiv.
fidedigno beweiskräftig.
fideicomisario Nach | erbe *m*, Treu | händer *m*, -handverwalter *m*; **~** *(adj)* fideikommissarisch.
fideicomiso Treuhand | schaft *f*, -gut *n*, -vermögen *n*, Fideikommiss *n*, Vorerbschaft *f*.

fideicomi | tente *m* Treugeber *m*; **~tido** in Treuhand gegeben.
fidelidad Treue *f*; **~ al contrato** Vertragstreue *f*; **~ conyugal** eheliche Treue *f*; **~ a la ley** Gesetzestreue *f*; **~ de la traducción** Richtigkeit *f* der Übersetzung; **~ de la Unión** Unionstreue *f (EU)*.
fidelización vertrauensbildende Maßnahmen *fpl*.
fiducia Treuhand*(vertrag) f (m)*.
fiducia | nte *m* Treu | geber *m*; **~riamente** zu treuen Händen.
fiduciario Treu | händer *m*, -nehmer *m*; **~** *(adj)* treuhänderisch; **~ dispensado** befreiter Vorerbe *m*.
fiel *m* Eichmeister *m*; **~** *(adj)* treu *(Ehe)*, mit dem Original übereinstimmend *(Urkunde)*, korrekt *(Übersetzung)*.
fiel | ato Stadtzollamt *n*; **~dad** Sicherheit *f*.
fiesta Fest *n*, Fest | tag *m*, Feier- *m*; **~ civil** nichtkirchlicher Feiertag *m*; **~ de guardar** gebotener Feiertag *m*; **~ nacional** Nationalfeiertag *m*.
figura Rechts | institut *n*, -figur *f*, -gebilde *n*; **~ básica** Grundtatbestand *m*; **~ contractual** Vertragstyp *m*; **~ delictiva** *(o **de delito**)* Straftatbestand *m*.
figurar ausgewiesen werden *(Bilanz)*; **hacer ~ en balance** bilanzieren; **~ en los libros** in den Büchern *npl* stehen.
fijación Fest | stellung *f (von Tatsachen, im Prozess)*, -setzung *f*, -legung *f*, Bemessung *f*, Anberaumung *f*, Bestimmung *f (Tag)*; **~ de los cambios** Kursfeststellung *f*; **~ conjunta** einheitliche Feststellung *f*; **~ de costas** *(Gerichts)*Kostenfestsetzung *f*; **~ de la cuantía del litigio** Streitwertfestsetzung *f*; **~ de un término** Terminierung *f*; **~ de valor** Wertstellung *f*.
fijar fest | legen, -stellen, -setzen, vorschreiben, anberaumen, setzen *(Fristen)*, aufstellen *(Bedingungen)*, bestimmen *(Preise)*, anschlagen *(Plakate)*; **~ carteles** plakatieren; **~ por escrito** schriftlich niederlegen; **~ el régimen de visitas** das Besuchsrecht *n* regeln; **~ en un tanto alzado** pauschalieren.
fijo Fixum *n*, Beteiligungen *fpl (Bilanz)*; **~** *(adj)* fest angestellt, fest.
fila de vehículos Fahrzeug | kolonne *f*, -schlange *f*.
filiación Abstammung *f*, Kindschaft *f*, Kindschaftsverhältnis *n*; **~ adoptiva** Adoptivkindschaft *f*; **~ no matrimonial** nichteheliche Abstammung *f*; **~ matrimonial** eheliche Abstammung *f*; **~ materna** mütterliche Abstammung *f*; **~ paterna** väterliche Abstammung *f*.
filial *f* Tochtergesellschaft *f*; **~** *(adj)* Kindes-; **~ en el exterior** selbstständige Auslandstochter *f*.
filiar die Identität *f* feststellen.
filosofía Philosophie *f*; **~ del Derecho** Rechtsphilosophie *f*.
filosófico-jurídico rechtsphilosophisch.
filtrar datos Daten *pl* heimlich weitergeben.
FIM renta variable variabler Rentenfonds *m*.
fin *m (s. a. finalidad)* Ende *n*, Schluss *m*, Abschluss *m*, Ziel *n*; Zweck *m*; **~ de ejercicio** Ende *n* des Geschäftsjahrs; **~ de la ley** Gesetzeszweck *m*; **~ lucrativo** *(o **de lucro**)* Erwerbszweck *m*; **a ~ de mes** per Ultimo; **~ moral** ideeller Zweck *m (eines Vereins)*; **~ de la pena** Strafzweck *m*; **~ en sí** Selbst | zweck *m*, End- *m*; **~ de temporada** Nachsaison *f*.
finado Verstorbener *m*, Erblasser *m*.
final *m* Ende *n*; **~** *(adj)* Schluss-, End-.
finalidad *(s. a. fin)* Zweck *m*, Zweck | setzung *f*, -bestimmung *f*, Zielsetzung *f*, Verwendungszweck *m (Haushalt)*, Absicht *f (StrafR)*; **~ correctora** Besserungszweck *m*; **sin ~ de lucro** gemeinnützig; **~ última** Endzweck *m*.
finalista *m* Finalist *m*; **~** *(adj)* zwecksetzend, final, End-.
finalización Ablauf *m (von Tagen)*, Beendigung *f*.
finalizar beend*(ig)*en, enden, abschließen *(Verfahren)*.
financiación Finanzierung *f*, Finanzierungstätigkeit *f*, Kapitaldienst *m*; **~ ajena** Fremdfinanzierung *f*; **~ anticipada** Vorfinanzierung *f*; **~ con capital ajeno** Fremdfinanzierung *f*; **~ externa** Fremd | finanzie-

rung *f*, Außen- *f*; **~ con fondos ajenos** Fremdfinanzierung *f*; **~ de los partidos** Partei*(en)*finanzierung *f*; **~ previa** Vorfinanzierung *f*; **~ propia** Eigenfinanzierung *f*.
financia | dor Finanzträger *m*; **~** *(adj)* Finanz-; **~miento** s. financiación.
financiar finanzieren; **~ anticipadamente** vorfinanzieren.
financiera Finanz*(ierungs)*institut *n*; **~ de ventas** Kundenkreditbank *f*.
financiero Finanzier *m*, Financier *m*, Geldgeber *m*; **~** *(adj)* Finanz*(ierungs)*-, Geld-, finanziell.
finanzas *pl* Finanzen *pl*, Finanzwesen *n*, Geldwirtschaft *f*, Haushaltsrecht *n*; **altas ~** Hochfinanz *f*; **~ desorganizadas** zerrüttete Finanzen *pl*; **~ del Estado** Staatsfinanzen *pl*.
finca Grundstück *n (i. S. des Grundbuchs)*, bebautes Grundstück *n*, Grundbesitz *m*, Landgut *n*, Anwesen *n*; **~ colindante** Nachbargrundstück *n*; **~ rústica** Landgut *n*; **~ urbana** Stadt | grundstück *n*, Haus- *n*.
fincar Land *n* erwerben.
fines *mpl*, **para ~ específicos** zweckgebunden; **con ~ lucrativos** mit Bereicherungsabsicht *f*; **para ~ no comerciales** zu nichtgewerblichen Zwecken *pl*.
fingir vortäuschen, vorspiegeln, vorgeben.
finiquitar saldieren, ausgleichen *(Saldo)*, abschließen *(Konten)*.
finiquito Quittung *f*, Ausgleichsquittung *f*, Rechnungsabschluss *m*.
finlandización Finnlandisierung *f*.
firma Firma *f*; Unterschrift *f*, Namens | zug *m*, -unterschrift *f*, Unterschriftsleistung *f*, Unterzeichnung *f*; **~ auténtica** Originalunterschrift *f*; **~ autógrafa** eigenhändige Unterschrift *f*; **~ en blanco** Blankounterschrift *f*, Blankett *n*; **~ comercial** Handelsfirma *f*; **~ facsímile** Faksimileunterschrift *f*; **~ de favor** Gefälligkeits | akzept *n*, -unterschrift *f*; **~ importadora** Importfirma *f*; **~ no personal** Sachfirma *f*; **~ personal** Personenfirma *f*; **~ provisional del tratado** Paraphierung *f* eines Abkommens; **~ con** *(o y)* **rúbrica** *(Sp)* Unterschrift *f* mit Schnörkel; **bajo mi ~ y sello** von mir unterzeichnet und gesiegelt.
firmado gezeichnet.
firmador s. firmante.
firmante *m* Unterzeichn*(et)*er *m*; **abajo ~** Unterfertigter *m*, Endunterzeichner *m*.
firmar unter | schreiben, -zeichnen, -fertigen, firmieren, signieren, *(ab)*zeichnen; **~ en blanco** blanko unterzeichnen.
firme fest, beständig, unanfechtbar, rechts | kräftig, bestands-; **hacerse ~** rechtskräftig werden.
firmeza Festigkeit *f*, Rechts | kraft *f*, Bestands- *f*.
fiscal *m* Staatsanwalt *m*, *(öffentlicher)* Ankläger *m*; **~** *(adj)* Finanz-, Steuer-, steuerlich, fiskalisch; staatlich, staatsanwaltschaftlich; **~ del caso** mit dem Fall befasster Staatsanwalt *m*; **~ contra la violencia sobre la mujer** Frauenschutzstaatsanwalt *m*; **~ general** Generalstaatsanwalt *m*; **~ jefe** leitender Staatsanwalt *m*, Oberstaatsanwalt *m*; **~ de Hacienda** Vertreter *m* des Fiskus; **~ del tribunal supremo** *(Sp)* Generalstaatsanwalt *m* am obersten Gerichtshof.
fiscalía Staatsanwaltschaft *f*, Amt *n* des Staatsanwalts; **~ de** Staatsanwaltschaft bei; **~ general del Estado** *(Sp)* General*(staats)*anwaltschaft *f*; **~ de menores** Jugendstaatsanwaltschaft *f*.
fiscalidad Besteuerung *f*, Steuerregelung *f*.
fiscalización Prüfung *f*, Nach | prüfung *f*, Rechnungs- *f*, Steuer | prüfung *f*, -revision *f*.
fiscalizador Prüfer *m*; **~** *(adj)* Kontroll-, Prüf-.
fiscalizar staatsanwaltlich tätig sein; prüfen *(Rechnungshof, Steuer)*, überprüfen *(gerichtlich)*.
fisco Fiskus *m*, Steuerbehörde *f*, Staats | kasse *f*, -schatz *m*.
flagrante, en ~ auf frischer Tat *f*, in flagranti *(lat)*.
flecha *(VZ)* Pfeil *m*.
fletador Befrachter *m*, Charterer *m*.
fletamento Verfrachtung *f*, *(Schiffs)*Befrachtung *f*, Seefracht | vertrag *m*, -geschäft *n*, Charter *m*, Chartern *n*, Ver-

charterung *f*; **~ aéreo** Flugcharter *m*; **~ parcial** Teilcharter *m*; **~ por viaje** Reise | verfrachtung *f*, -charter *m*.
fletante *m* Seefrachtführer *m*, Verfrachter *m*, Vercharterer *m*.
fletar befrachten, verfrachten, chartern, mieten *(Schiff, Autobus)*.
flete *m* Fracht *f*, Ladung *f*, Ladegut *n*, Schiffs | fracht *f*, -ladung *f*; Fracht | geld *n*, -gebühr *f*, Charter *m (f)*, Chartern *n*; **~ aéreo** Luftfracht *f*; **~ -arrendamiento** Schiffsmiete *f (Fracht)*; **~ a tiempo** Zeitfracht *f*; **~ por viaje** Reisecharter *m*.
flexibilidad Flexibilität *f*, Elastizität *f*, Ermessenspielraum *m*.
flexibilización Flexibilisierung *f*.
flexiones *pl (B)* Schwankungen *fpl*.
flojedad *(B)* Schwäche *f*; **~ en las ventas** Absatzflaute *f*.
flojo *(B)* flau, schwach, schleppend.
flota Flotte *f*; **~ aérea** Luftflotte *f*; **~ de alquiler** Mietwagenbestand *m*; **~ de vehículos** Fuhr | park *m*, Wagen- *m*.
flotación *(B)* Floaten *n*, freies Schwanken *n* der Wechselkurse.
flota | miento s. flotación; **~nte** *(B)* schwebend, umlaufend, beweglich *(Kapital)*, schwimmend.
flotar *(B)* floaten.
flote *(SeeR)*, **estar a ~** flott sein.
fluctuación Schwankung *f*, Fluktuation *f*.
fluctuaciones *pl*, **~ de los cambios** Kurs | schwankungen *fpl*, -ausschläge *mpl*.
fluctua | nte schwankend *(Kurs)*; **~r** schwanken, fluktuieren.
fluidez *f*; **~ financiera** Liquidität *f*; **~ del tráfico** Verkehrsfluss *m*.
flujo Energiefluss *m*, Handelsströme *mpl*, Arbeitsablauf *m*; **~ de capitales** Kapital | strom *m*, -fluss *m*; **~ financiero** Kapitalfluss *m*; **~ neto de efectivo** Netto-Cashflow *m*; **~ del tráfico** Verkehrsablauf *m*.
fob aeropuerto de embarque fob-Klausel *f* ab Flughafen.
foco Brennpunkt *m*; **~ de crisis** Krisenherd *m*.
foja Aktenblatt *n*, Blatt *n* der Akte.
folia | ción Paginierung *f*, fortlaufende Nummerierung *f*; **~r** fortlaufend nummerieren, paginieren.
folio Blatt *n (der Akte)*, Registerblatt *n*; **~ registral** Grundbuch | blatt *n*, Register- *n*.
folleto Broschüre *f*, Prospekt *m*; **~ de emisión** Emissionsprospekt; **~ de patentes** Patentschrift *f*.
fomentar fördern, anregen; **~ inversiones** Investitionen *fpl* fördern.
fomento Entwicklung *f*, Förderung *f*; **~ de la cultura** *(o **cultural**)* Kulturförderung *f*; **~ de la economía regional** regionale Wirtschaftsförderung *f*; **~ de la vivienda** Wohnungsbauförderung *f*.
fondo *(s. a. fondos pl)* 1. Fonds *m*; 2. Grund *m*, materielle Rechtslage *f (Prozess)*; Hintergrund *m*; 3. Fundus *m*; **~ de ahorro popular** *(Sp)* steuerbegünstiger Sparfonds *m*; **~ del asunto** *(Haupt)*Sache *f (Prozess)*; **sobre el ~ del asunto** materiell *(Entscheidung)*.
fondo *(de)* capital Grund | kapital *n*, Stamm- *n*, Geschäfts- *n*.
fondo, ~ de cohesión *(EU)* Kohäsionsfonds *m*; **~ de comercio** Handelsgeschäft *n*.
fondo de compensación Ausgleichsfonds *m*; **~ ~ interterritorial** *(Sp)* Ausgleichsfonds *m* Staat-Regionen.
fondo, ~ de la cuestión Kern *m* der Frage; **de ~** materiell*(rechtlich)*; **~ de dinero a corto plazo** Geldmarktfonds *m*; **~ especial** Sonder | fonds *m*, -vermögen *n*; **~ estructural** Strukturfonds *m (EU)*.
Fondo Europeo Europäischer Fonds *m*; **~ ~ de Desarrollo** Europäischer Entwicklungsfonds *m*; **~ ~ de Desarrollo Regional** Europäischer Fonds *m* für regionale Entwicklung; **~ ~ de Inversiones** Europäischer Investitionsfonds *m*.
fondo, ~ fiduciario Treuhandfonds *m*.
fondo de garantía Garantiefonds *m*, Deckungsmasse *f*; **~ ~ de depósito*(s)*** *(Sp)* Einlagensicherungsfonds; **~ ~ salarial** *(Sp)* Konkursausfall | fonds *m*, Entgeltgarantie- *m*.
fondo, ~ de huelga Streikkasse *f*; **~ interno de jubilación** *(Sp)* Pensions | kasse *f*, -fonds *m*.
fondo de inversión Anlage | fonds *m*, Investment- *m*; **~ ~ cerrado**

geschlossener Anlagefonds *m*; **~ ~ mobiliaria** Mobiliarinvestment | fonds *m*, Wertpapier- *m*; **~ ~ open-end** offener Anlagefonds *m*.

fondo, ~ Monetario Europeo Europäischer Währungsfonds *m*; **~ Monetario Internacional** Internationaler Währungsfonds *m*; **~ nacional de compensación** *(Sp)* Familienausgleichskasse *f*; **~ nacional de garantía de riesgos de la circulación** *(Sp)* staatlicher Fonds *m* zugunsten von Verkehrsopfern.

Fondo de las Naciones Unidas, ~ ~ para la Infancia Kinderhilfswerk *n* der Vereinten Nationen *(UNICEF)*.

fondo, ~ de nivelación Ausgleichsfonds *m*; **~ de pensiones** Pensionsfonds *m*; **a ~ perdido** verloren, à fonds perdu *(franz)*; **~ de previsión** Pensions | fonds *m*, -kasse *f*; **~ de renta variable mixta** gemischter Aktieninvestmentfonds *m*; **~ de reptiles** Reptilienfonds *m*; **~ de reserva** Reserve | fonds *m*, Rücklage- *m*; **~ de retiros** Pensionsfonds *m*; **~ social** Gesellschafts | vermögen *n*, -kapital *n*; **~ Social Europeo** Europäischer Sozialfonds *m*.

fondos *pl* Gelder *npl*, *(Geld)*Mittel *pl*, Kapital *n*, Deckung *f*, Vermögen *n*; **~ ajenos** Fremdmittel *pl*; **~ en** *(o* ***de****)* **circulación** Umlauf | mittel *pl*, -vermögen *n*; **~ depositados** Bankguthaben *n*, Depositen *pl*; **~ en efectivo** Barmittel *pl*; **~ de explotación** Betriebs | mittel *pl*, -kapital *n*; **~ para pensiones** Pensionsfonds *mpl*; **~ a plazo medio** mittelfristige Mittel *pl*; **~ presupuestarios** Haushaltsmittel *pl*; **~ propios** Eigen | mittel *pl*, -kapital *n*; **~ de provisión** Rückstellungen *fpl*; **~ públicos** öffentliche Mittel *pl (oder Gelder npl)*, Staatspapiere *npl*; **~ en títulos** Wertpapier | bestand *m*, -besitz *m*.

foral *(adj)* Partikular-, Gerichtsbarkeits-, foralrechtlich.

for | áneo fremd; **~astero** Fremder *m*, Ausländer *m*; **~** *(adj)* ortsfremd, auswärtig; **~ense** *m* Rechtsmediziner *m*; **~** *(adj)* Gerichts-, gerichtlich, rechts | medizinisch, gerichts-, forensisch.

forma Form *f*, Form | alität *f*, -vorschrift *f*, Förmlichkeit *f*; **~ de acción** Klageart *f*; **en buena y debida ~** vorschriftsmäßig, ordnungsgemäß; **~ de circular** Fahrverhalten *n*; **~ de comisión** Begehungs | art *f*, -weise *f*; **~ de comportamiento** Verhaltensweise *f*; **en ~ debida** formgerecht, in gehöriger Form *f*; **en ~** förmlich, formgerecht; **~ escrita** Schrift | form *f*, -lichkeit *f*; **~ escrita convenida** gewillkürte Schriftform *f*; **en ~ específica** in natura; **sin ~ específica** formlos; **~ de Estado** Staatsform *f*; **en ~ fehaciente** in öffentlich beglaubigter Form *f*; **~ intermedia** Zwischenform *f*; **~ intrínseca** materielles Erfordernis *n*; **~ jurídica** Rechtsform *f*; **de ~ libre** formlos; **~ oral** Mündlichkeit *f*; **~ de pago** Zahlungs | weise *f*, -modalität *f*; **~ política** Staatsform *f*.

formación Bildung *f*, *(Aus)*Gestaltung *f*, Ausbildung *f*, Schulung *f*, Erziehung *f*; Gründung *f*, Zustandekommen *n (Urteil)*; *(Bilanz:)* Aufstellung *f*; **~ acelerada** Kurzausbildung *f*; **~ de acuerdo** Beschlussfassung *f*; **~ de base** *(o* ***básica****)* Grund | ausbildung *f*, -schul*(aus)*bildung *f*; **~ bruta de capital fijo** Bruttoanlagekapitalbildung *f*; **~ de capital** Kapital | bildung *f*, Vermögens- *f*; **~ de causa** Beginn *m* eines Prozesses; **~ continua*****(da)*** Weiterbildung *f*, berufliche Fortbildung *f*; **~ del contrato** Zustandkommen *n* des Vertrags; **~ elemental** Grundschulausbildung *f*; **~ especializada** Fach | ausbildung *f*, Sonder- *f*; **de ~ general** allgemeinbildend; **~ interior bruta del capital** Bruttoinlandsprodukt *n*; **~ de inventario** Inventarerrichtung *f*; **~ del magisterio** Lehrerbildung *f*; **~ de opinión pública** Meinungsbildung *f*.

formación, ~ del profesorado Lehrerbildung *f*; **~ de propiedad** Eigentumsbildung *f*; **~ universitaria** Hochschul*(aus)*bildung *f*; **~ de la voluntad** Willensbildung *f*.

formador Ausbilder *m*; **~ de opinión** Meinungsmacher *m*.

formal förmlich, form|ell, -gerecht, -gebunden, solide, zuverlässig.
formalidad Form *f*, Förmlichkeit *f*, Form|erfordernis *n*, -vorschrift *f*, Formalität *f*, Zuverlässigkeit *f*.
formalidades *pl*, **~ de aduana** *(o* ***aduaneras****)* Zoll|formalitäten *fpl*, -abfertigung *f*; **sin ~** formlos.
formalización Formalisierung *f*, Formulierung *f*, Ausfertigung *f*, Ausgestaltung *f*, förmliche Errichtung *f (Urkunde)*; **~ en escritura pública** öffentliche Beurkundung *f*; **~ judicial del compromiso** gerichtliche Bestätigung *f* des Vergleichs.
formalizar ausfertigen, förmlich errichten, erstellen *(Protokoll)*, erheben *(Ansprüche, Rechtsmittel)*, in die endgültige Fassung *f* bringen; **~ una escritura** eine Urkunde *f* errichten.
formar *(aus)*bilden, gründen, konstituieren, aufstellen, anlegen, einleiten, einlegen, betreiben; **~ el balance** die Bilanz *f* aufstellen; **~ causa** Anklage *f* erheben, gerichtlich belangen; **~ una coalición** koalieren; **~ expediente a** ein Disziplinarverfahren *n* einleiten gegen.
fórmula Formel *f*, Formblatt *n*~ **de afirmación** Beteuerungsformel *f*; **~ de certificación** Beglaubigungsformel *f*; **~ ejecutiva** *(o* ***ejecutoria****)* Vollstreckungsklausel *f*; **~ final** Schlussformel *f (eines Gesetzes)*, Abschlussklausel *f*.
formulación Formulierung *f*, Einreichung *f*, Bestimmung *f (Begriff)*; **~ de denuncia** Erstattung *f* einer Strafanzeige.
formular formulieren, erheben *(Anspruch)*, einlegen *(Rechtsmittel)*, vorbringen, einreichen, abfassen; **~ alegaciones falsas** unrichtige Angaben *fpl* machen; **~ demanda** Klage *f* erheben; **~ denuncia** Anzeige *f* erstatten.
formulario Formular *n*, Formblatt *n*, Vordruck *m*, Formularbuch *n*, Blankett *n*; **~ de cheque** Scheckformular *n*; **~ de declaración tributaria** Steuerformular *n*; **~ de factura** Rechnungsformular *n*; **~ de inscripción** Anmeldeformular *n*; **~ -tipo** Einheitsformular *n*.
fornicación außerehelicher Geschlechtsverkehr *m*, Ehebruch *m*.
foro *(s. a. forum, fuero)* Gerichts|ort *m*, -stand *m*, Rechtsanwaltschaft *f*, die Anwälte *mpl*; Erbpachtzins *m*, Erbpacht *f*; **~ cívico** Bürgerforum *n*; **~ Económico Mundial** Weltwirtschaftsgipfel *m*.
fortalecimiento Festigung *f*.
fortaleza *(Währung:)* Festigkeit *f*, Stärke *f*.
fortuna Vermögen *n*, Vermögensverhältnisse *pl*, Habe, *f*; **~ inmobiliaria** Immobiliarvermögen *n*; **~ mobiliaria** bewegliches Vermögen *n*.
forza|damente mit Gewalt *f*; **~do** Genötigter *m*; **~dor** der Gewalt Ausübende *m*.
forzar erzwingen, nötigen, forcieren; sexuell nötigen; aufbrechen *(Auto)*; **~ los precios al alza** Preise *mpl* in die Höhe treiben.
forzoso zwingend, Zwangs-, unfreiwillig, unumgänglich.
fotocopia Fotokopie *f*, Ablichtung *f*.
fracasado zerrüttet *(Ehe)*.
fracción Flügel *m (einer Partei)*, Bruchteil *m (einer Stimme)*; Teilbetrag *m*, Tranche *f*; **~ de préstamo** Darlehenstranche *f*; **~ de primas** Prämienrate *f*.
fraccionamiento Spaltung *f*, Aufspaltung *f*, Stückelung *f*; **~ de** *(o* ***en el****)* **pago** Ratenzahlung *f*.
fraccionar spalten, stückeln.
fractura Einbruch *m (StrafR)*; **~ de muebles cerrados** Erbrechen *n* von Behältnissen.
fracturar einbrechen, erbrechen.
fragante, en ~ s. en flagrante.
fraguar anstiften.
franco Franc *m (Währungseinheit)*; **~** *(adj)* frei, unentgeltlich, abgabenfrei, frank*(o)*; **~ *(en)* almacén** ab Lager-*(haus) n*; **~ a bordo** frei an Bord *m*, frei Schiff *n*; **~ de derechos** gebührenfrei; **~ *(sobre)* vagón** frei *(oder ab)* Waggon *m*.
franqueamiento Frankierung *f*.
franquear frei|machen, -geben, frankieren; **a ~ en destino** Porto *n* zahlt Empfänger; **~ de menos** unterfrankieren.

franqueo Porto *n*, Freimachung *f*, Postgebühren *fpl*, Frankatur *f*, Frankierung *f*; **~ adicional** Nachporto *n*; **sin ~** gebührenfrei; **~ de vuelta** Rückporto *n*.
franquicia Abgabenfreiheit *f*, Gebührenfreiheit *f*, *(Steuer)*Freibetrag *m*, Freigrenze *f*, Selbst|behalt *m*, -beteiligung *f*, Franchise *f*; **~ de derechos** Gebührenfreiheit *f*; **~ fiscal** Steuer|befreiung *f*, -freibetrag *m*.
franquiciado| Franchisenehmer *m*; **~r** Franchisegeber *m*.
frase *f* **vacía** Leerformel *f*.
fratricida *m* Brudermörder *m*.
fraude *m* Betrug *m*, Betrügerei *f*, arglistige Täuschung *f*, Hinterziehung *f*; **~ de acreedores** Gläubigerbenachteiligung *f*; **~ por computadora** Computerbetrug *m*; **~ electoral** Wahlbetrug *m*; **~ fiscal** Steuerhinterziehung *f*.
fraudes *mpl* **con las ventas de coches** Autoschieberei *f*.
fraudulen|cia Betrug *m*; **~to** betrügerisch.
frecuencia Häufigkeit *f*, Frequenz *f*; **~ de la reincidencia** Rückfallhäufigkeit *f*.
frenado *(VR)*, **~ brusco** plötzliches Bremsen *n*; **~ de urgencia** Vollbremsung *f*.
frenar bremsen.
freno Bremse *f*.
frente *m* Front *f*.
frente *f* Vorderseite *f* *(einer Urkunde)*.
frente *(adv)*, **~ a** im Verhältnis zu; **al ~** vorgetragen *(Saldo)*; **del ~** *(Saldo:)* Vortrag *m*, Übertrag *m*; **hacer ~ a** erfüllen, nachkommen, decken *(Kosten)*.
frontera Grenze *f*, Abgrenzung *f*; **~ aduanera** Zollgrenze *f*; **~ lingüística** Sprachgrenze *f*.
fronteras *pl*, **~ exteriores** *(o* ***externas)*** Außengrenzen *fpl (EU)*; **~ interiores** Binnengrenzen *fpl (EU)*.
fronterizo angrenzend, Grenz-.
fructífero ertragreich, frucht|bringend, nutz-, zins-.
frust|ración Fehlschlagen *n (des Delikts)*; **~rar** fehlschlagen *(Delikt)*; **~ratorio** fehlschlagend.
fruto Ertrag *m*, Nutzen *m*, Frucht *f*, Gewinn *m*, Ausbeute *f*.
frutos *pl* Früchte *fpl*; **~ agrícolas pendientes** Früchte *fpl* auf dem Halm.
fuente *f* Quelle *f*, Bezugsquelle *f*, Fundstelle *f*; **~ de abastecimiento** Versorgungs|quelle *f*, Bezugs- *f*; **de buena ~** aus gut unterrichteten Kreisen *pl*; **~ de Derecho** Rechtsquelle *f*; **en la ~** an der Quelle *(Besteuerung)*; **~ energética** *(o* ***de energía)*** Energie|quelle *f*, -träger *m*; **de ~ totalmente segura** aus absolut sicherer Quelle *f (Vermerk)*.
fuentes *fpl*, **~ bien informadas** gut unterrichtete Kreise *pl*; **~ próximas a …** dem … nahe stehende Quellen *fpl (Politik)*.
fuero *(s. a. foro, forum)* Gerichts|barkeit *f*, -stand *m*, Foralrecht *n*, Vorrecht *n*; **~** Gesetzessammlung *f*; **~ civil** Zivilgerichtsbarkeit *f*; **~ de competencia opcional** Wahlgerichtsstand *m*; **~ competente** Gerichtsstand *m*; **~ de la conexión de causas** Gerichtsstand *m* des Sachzusammenhangs; **~ convencional** vereinbarter Gerichtsstand *m*; **~ criminal** Strafgerichtsbarkeit *f*; **~ de cumplimiento del contrato** Gerichtsstand *m* des Erfüllungsorts; **~ del domicilio** Gerichtsstand *m* des Wohnsitzes; **~ especial de la reconvención** Gerichtsstand *m* der Widerklage; **~ del establecimiento** Gerichtsstand *m* der Niederlassung; **~ de guerra** Kriegsgerichtsbarkeit *f*; **~ laboral** Arbeitsgerichtsbarkeit *f*; **~ legal** gesetzlicher Gerichtsstand *m*; **~ del lugar de la infracción** Gerichtsstand *m* des Begehungsorts; **~ maternal** Mutterschutz *m* *(Kündigung)*; **~ pactado** vereinbarter Gerichtsstand *m*; **~ parlamentario** parlamentarische Immunität *f*; **~ procesal** *(Sp)* Gerichtsstand *m* des prozessualen Zusammenhangs; **~ prorrogado** vereinbarter Gerichtsstand *m*; **~ real** dinglicher Gerichtsstand *m*; **~ de la sumisión** vereinbarter Gerichtsstand *m*.
fuerte hart *(Währung)*.
fuerza Kraft *f*, Gewalt *f*, Macht *f*, Streitmacht *f*, Gesetzes|kraft *f*; **~ actuante** *(VR)* Polizei *f* vor Ort; **~ aérea militar** Luftwaffe *f*;

~ **antidisturbios** Polizei *f* zur Bekämpfung von Unruhen; ~ **armada** bewaffnete Macht *f*; ~ **en las cosas** Gewalt *f* gegen Sachen; ~ **de despliegue rápido** schnelle Eingreiftruppe *f*; ~ **ejecutiva** Vollstreckbarkeit *f*, Exekutive *f*; ~ **formal de cosa juzgada** formelle Rechtskraft *f*; ~ **insuperable** unwiderstehliche Gewalt *f*; ~ **Internacional de Paz** Internationale Friedenstruppe *f*; ~ **de intervención rápida** *(UNO)* schnelle Eingreiftruppe *f*; ~ **de ley** Gesetzes | kraft *f*, Rechts- *f*; ~ **liberatoria** *(schuld)*befreiende Wirkung *f*; ~ **mayor** höhere Gewalt *f*; ~ **probatoria** Beweiskraft *f*; ~ **pública** öffentliche Gewalt *f*; ~ **retroactiva** Rückwirkung *f*; **tener ~ ejecutiva** vollstreckbar sein; ~ **de trabajo** Arbeitskräfte *fpl*; ~ **de trabajo asalariado** abhängig Beschäftigte *pl*.

fuerzas *pl* Streitkräfte *pl*; ~ **armadas** Streitkräfte *pl*; ~ **expansivas** Auftriebskräfte *pl*; ~ **navales** Seestreitkräfte *pl*; ~ **de orden** Ordnungskräfte *pl*; ~ **de paz** Friedenstruppe *f* *(UNO)*; ~ **de la policía** Polizei | kräfte *pl*, Sicherheits- *pl*.

fuga Flucht *f*, Ausbruch *m*; *(Kapital:)* Abwanderung *f*, Abfluss *m*; ~ **en caso de accidente** Unfallflucht *f*; ~ **de capitales** Kapitalflucht *f*; ~ **de cerebros** Abwanderung *f* von Fachkräften, Brain-Drain *m*; ~ **de divisas** Devisenabfluss *m*; ~ **de presos** Entweichen *n* von Gefangenen.

fug | arse flüchten, entfliehen, ausbrechen, abfließen *(Kapital)*; ~**itivo** Flüchtiger *m*, Entwichener *m*; ~ *(adj)* flüchtig *(Gefangener)*.

fulle | ar falschspielen; ~**ría** Falschspiel *n*; ~**ro** Falschspieler *m*.

función Aufgabe *f*, Funktion *f*, Tätigkeit *f*, Amt *n*, Funktionsbereich *m*; **en ~ de autoridad** hoheitsrechtlich *(Staatshandeln)*; ~ **fiscalizadora** Prüfungstätigkeit *f* *(Haushalt)*; ~ **formativa** Bildungsaufgabe *f*; ~ **de garantía** Garantiefunktion *f*; ~ **honoraria** *(u* ***honorífica****)* ehrenamtliche Tätigkeit *f*; ~ **jurisdiccional** Gerichtsbarkeit *f*, rechtsprechende Tätigkeit *f*; ~ **pública** öffentlicher Dienst *m (Funktion)*, öffentliches Amt *n*; ~ **social** gesellschaftliche Aufgabe *f*; ; ~ **tuitiva** Schutzfunktion *f*.

funcional | amtlich, funktional, dienstlich; ~**idad** Funktionalität *f*.

funcionamiento Betrieb *m*, Geschäftsgang *m*; ~ **administrativo** Verwaltungsablauf *m*; **en ~** funktionierend.

funcionar tätig sein, in Betrieb sein; ~ **como fiscal** als Staatsanwalt *m* auftreten.

funcionaria | do Beamten | tum *n*, -schaft *f*; ~**l** *(adj)* Beamten-.

funcionario Beamter *m*, Funktionär *m*, Amtsträger *m*, öffentlicher Angestellter *m*; ~ *(adj)* verbeamtet; ~ **de la administración de justicia** Justizbeamter *m*; ~ **administrativo** Verwaltungsbeamter *m*; **alto ~** höherer Beamter *m*; ~ **de carrera** Laufbahnbeamter *m*, Karriere- *m*; ~ **directivo** höherer *(oder leitender)* Beamter *m*; ~ **electivo** Wahlbeamter *m*; ~ **de empleo** *(Sp)* Angestellter *m* im öffentlichen Dienst; ~ **fedatario** Urkundsbeamter *m*; ~ **fiscal** Finanzbeamter *m*; ~ **jubilado** Ruhestandsbeamter *m*; ~ **de justicia** Justizbeamter *m*; ~ **de montes** Forstbeamter *m*; ~ **permanente** Beamter *m* auf Lebenszeit; ~ **de policía judicial** Hilfsbeamter *m* der Staatsanwaltschaft, Kriminalbeamter *m*; ~ **público** *(öffentlicher)* Beamter *m*; ~ **de rango medio inferior/ superior** Beamter *m* des mittleren/ gehobenen Dienstes; ~ **del registro *(del estado)* civil** Standesbeamter *m*; ~ **hasta revocación** Beamter *m* auf Widerruf; ~ **temporal** Beamter *m* auf Zeit; ~ **de ventanilla** Schalter beamter *m*.

funcionari | zación Verbeamtung *f*; ~**zar** verbeamten.

funciones *pl* Aufgaben | bereich *m*, -kreis *m*, -gebiet *n*, *(Amts)*Obliegenheiten *fpl*, Wirkungskreis *m*.

fundación 1. Gründung *f*, Errichtung *f*; 2. Stiftung *f*; ~ **con aportaciones en especie** Sachgründung *f*; ~ **con aportaciones en metálico** Bargründung *f* *(einer Gesellschaft)*; ~ **autónoma** *(KR)* selbstständige Stiftung *f*; ~ **por etapas** Stufengründung *f*; **~ privada** privatrechtliche Stiftung *f*; **~ pública** Stiftung *f* öffentlichen Rechts; **~ simultánea** Simultan | gründung *f*, Einheits- *f*; **~ sucesiva** Stufen | gründung *f*, Sukzessiv- *f*.

fundado begründet, berechtigt; **lo bien ~** Begründetheit *f*.

fundador Gründer *m*.

fundamentación Begründung *f (einer Entscheidung)*, Begründetheit *f (Klage)*, Schlüssigkeit *f*; **~ de la demanda** Klagebegründung *f*.

fundamental Grund-, tragend.

fundamentar begründen, darlegen.

fundamento Grund *m*, Grundlage *f*, Fundament *n*, Begründung *f (Klage)*, Klagegrund *m*; **~ de exención de la pena** Strafausschließungsgrund *m*; **~ de ley** rechtlicher Grund *m*, Rechts | grund *m*, -grundlage *f*.

fundamentos *pl*, **~ de Derecho** Entscheidungs | gründe *mpl*, Urteils- *mpl*, Gründe *mpl (des Strafurteils)*.

fundar gründen, begründen *(Klage)*, mit Gründen *mpl* versehen, errichten, stützen, stiften.

fundarse en un derecho sich auf ein Recht *n* stützen.

fun | diario liegend *(-es Gut)*; **~dirse** fusionieren, verschmelzen.

fungibilidad Vertretbarkeit *f (von Sachen)*.

fungible vertretbar *(Sachen)*.

furgón *m* **celular** Gefängnisauto *n*.

furtivo heimlich; **cazador ~** Wilderer *m*.

fusilamiento Erschießung *f*.

fusión Verschmelzung *f*, Fusion*(ierung)* *f*, Zusammenschluss *m*; **~ por absorción** Fusion *f (oder Verschmelzung f)* durch Aufnahme; **~ de derechos** Erlöschen *n* der Forderung durch Konfusion; **~ vertical** vertikale Fusion *f (oder Verschmelzung f)*.

fusionamiento s. fusión.

fusionar fusionieren, verschmelzen, vereinigen, zusammenlegen.

fusionarse sich zusammenschließen; **~ en** aufgehen in.

futuros, ~ *(financieros) pl* Termingeschäfte *npl*; **~ sobre mercaderías** Warentermingeschäft *n*.

G

gabela Abgabe *f*, Steuer *f*.

gabinete *m* Kabinett *n*, Ministerrat *m*; **~ de abogado** Anwaltskanzlei *f*, **~ jurídico** Anwaltskanzlei *f*, Rechtsabteilung *f*; **~ de protocolo** *(Sp)* Protokollabteilung *f*.

gaceta *(Sp)* Gesetzblatt *n*; **~ oficial** Staatsanzeiger *m*, Amtsblatt *n*.

galería Trakt *m*, Gefängnistrakt *m*; **~ de malhechores** Verbrecheralbum *n*.

Galicia *(Autonomía)* Galizien.

galón *m* Dienstabzeichen *n*.

gama Skala *f*; **~ de funciones** Funktionsbereich *m*; **~ de productos** Produktpalette *f*.

gamberr | ada Akt *m* des Vandalismus; **~o** Rowdy *m*.

ganader | ía Tierhaltung *f*, Viehhandel *m*; **~o** Vieh | händler *m*, -züchter *m*.

ganador Gewinner *m*, Sieger *m*, Verdiener *m*; **único ~** Alleinverdiener *m*.

ganancia *(s. a. ganancias pl)* Ertrag *m*, Gewinn *m*, Verdienst *m*, Überschuss *m*; **~ adicional** Nebenverdienst *m*; **~ bruta** Rohgewinn *m*; **~ dejada de obtener** entgangener Gewinn *m*; **~ según los libros** Buchgewinn *m*; **~ neta** Netto | gewinn *m*, Rein- *m*.

ganancial *(adj) (Zu)*Gewinn-.

gananciales *mpl* Errungenschaft *f*.

ganancias *pl* Einkünfte *f*, Ergebnis *n*; **~ acumuladas** thesaurierte Gewinne *mpl*; **~ de capital** Kapitaleinkünfte *pl*; **~ gravables** steuerpflichtiger Gewinn *m*.

ganancioso Gewinner *m*; **~** *(adj)* einträglich, gewinnbringend.

ganar gewinnen, erwerben, verdienen, obsiegen; erlangen; anziehen *(Kurse)*; **~ enteros** Punkte *mpl* zulegen *(B)*; **~ firmeza** rechtskräftig werden, Rechtskraft *f* erlangen.

ganarse, ~ el sustento den Lebensunterhalt *m* verdienen.

ganga Gelegenheitskauf *m*, Schnäppchen *n*.
gángster *m* Gangster *m*.
gangsterismo Gangster*(un)*wesen *n*.
ganzúa *m* Einbrecher *m*; **~** *f* Nachschlüssel *m*, Dietrich *m*.
garante *m* Bürge *m*, Garantiegeber *m*, Sicherungs- *m*, Gewährsträger *m*, Garant *m (StrafR)*; **~** *(adj)* verantwortlich.
garantía Garantie *f*, Gewähr | *f*, -leistung *f*, Bürgschaft *f*, Kaution *f*, Sicher | heit *f*, -ung *f*, Zu | sicherung *f*, Ab- *f*, Deckung *f*, Haftung *f*; **~ bancaria** Bankgarantie *f*; **~ de calidad** Garantieschein *m*, Qualitätssicherung *f*; **~ constitucional** Verfassungsgarantie *f*; **~ de evicción** Eviktionshaftung *f*; **~ de intereses** Zinsgarantie *f*; **~ a la inversión** Investitionsschutz *m*; **~ jurídica** Rechts | garantie *f*, -schutz *m*; **~ en oro** Gold | deckung *f*, -reserve *f*; **~ personal** persönliche Sicherheit *f*; **~ pignoraticia** Sicherheit *f* durch Pfand; **~ prendaria** Sicherheit *f* durch Pfand; **~ de** *(o a)* **la propiedad** Eigentumsgarantie *f*; **~ provisional** vorläufige Deckung*(szusage)* *f*; **~ real** dingliche Sicherheit *f*, Realkaution *f*; **~ recíproca** *(o **de reciprocidad**)* Verbürgung *f* der Gegenseitigkeit; **sin ~ ni responsabilidad** ohne Obligo *n*; **~ retenida** Sicherheitseinbehalt *m*; **sin ~** ohne Gewähr*(leistung)* *f*, ohne Obligo *n (Wechsel)*; **~ de la vía judicial** Rechtsweggarantie *f*.
garantir s. garantizar.
garantizado Garantienehmer *m*; **~** *(adj)* gedeckt, garantiert, gesichert *(Forderung)*.
garantizador Bürge *m*, Garant *m*.
garantizar garantieren, Garantie *f* leisten, gewährleisten, sicherstellen, decken, bürgen, einstehen für; **~ sin beneficio de excusión** selbstschuldnerisch bürgen.
gasta | dor Verschwender *m*; Zuchthäusler *m*; **~r** ausgeben *(Geld)*, verbrauchen, aufwenden.
gasto *(Zusammensetzungen s. gastos pl)* Ausgabe *f*, Auslage *f*, Aufwand *m*, Auf | wendung *f*, Ver- *f*.
gastos *pl (s. a. coste)* Kosten *pl*, Unkosten *pl*, Ausgaben *fpl*, Spesen *pl*; **~ de acarreo** Roll | geld *n*, Fuhr- *n*; **~ accesorios** Neben | kosten *pl*, -ausgaben *fpl*; **~ de administración** Verwaltungsaufwand *m*; **~ de asistencia facultativa** Heilbehandlungskosten *pl*; **~ bancarios** *(o **de banco**)* Bankspesen *pl*; **sin ~ a bordo** frei an Bord *n*; **~ de capital** Kapital | aufwand *m*, -aufwendungen *fpl*; **~ de clínica** Krankenhauskosten *pl*; **~ de cobranza** Inkasso | kosten *pl*, -spesen *pl*; **~ complementarios** Mehrkosten *pl*; **~ de comprobación de la avería** *(o **del siniestro**)* Schadensfeststellungskosten *pl*; **~ de la comunidad doméstica** Haushaltskosten *pl*, ehelicher Aufwand *m*; **~ de conservación** Unterhaltungs | kosten *pl*, Erhaltungs- *pl*; **~ de construcción** Baukosten *pl*; **~ de consumo** Verbrauchs | ausgaben *fpl*, Konsumausgaben *fpl*; **~ de correo** Postgebühren *fpl*; **~ de crédito** Kreditkosten *pl*; **~ deducibles** abzugsfähige Unkosten *pl*; **~ de depósito** Verwahrungskosten *pl*; **~ de descuento** Diskont | spesen *pl*, Wechsel- *pl*; **~ de desplazamiento** Aufwandsentschädigung *f*, Reisespesen *pl*; **~ de distribución** Vertriebs- *pl*; **~ de ejecución** Vollstreckungs- *pl*; **~ de embarque** Verladekosten *pl*; **~ de emisión** Emissions | kosten *pl*, Begebungs- *pl*; **~ de la enseñanza** Bildungsausgaben *fpl*; **~ de entretenimiento** Unterhalts | kosten *pl*, Wartungs- *pl*, Betriebs- *pl*; **~ de envío** Versand | kosten *pl*, -spesen *pl*; **~ de escritura** Beurkundungsgebühren *fpl (Noar)*; **~ excepcionales** außergewöhnliche Belastung *f (SteuerR)*; **~ de explotación** Betriebs | aufwand *m*, -ausgaben *fpl*; **~ extrajudiciales** außergerichtliche Kosten *pl*; **~ extraordinarios** Sonderausgaben *fpl*; **~ de fabricación** Fertigungs | kosten *pl*, Herstellungs- *pl*; **~ fijos** feste *(oder fixe)* Kosten *pl*; **~ de financiación** *(o **financieros**)* Finanz*(ierungs)* | kosten *pl*, -aufwand *m*; **~ de funcionamiento** Betriebskosten *pl*.

gastos generales Betriebs|kosten *pl*, Gemein- *pl*; **~ ~ de administración** allgemeine Verwaltungskosten *pl*.

gastos, ~ de gestión Verwaltungskosten *pl*; **~ de hospitalización** Krankenhauskosten *pl*; **~ judiciales** Gerichtskosten *pl*; **~ de lanzamiento** Gründungsaufwand *m*; **~ de liquidación** Bearbeitungskosten *pl (Schäden)* **~ de locomoción** Umzugs|kosten *pl*, Reise- *pl*, Fahrt- *pl (bei Zeugengebühren)*; **~ marginales** Grenzkosten *pl*; **~ de material** *(o **materiales**)* Sachaufwand *m*, Materialkosten *pl*; **~ de médico** *(o **médicos**)* Arztkosten *pl*; **~ militares** Verteidigungsausgaben *fpl*; **~ de mudanza** Umzugskosten *pl*; **~ necesarios** notwendige Auslagen *fpl (oder Verwendungen fpl)*; **~ no comprometidos** nicht gebundene Mittel *pl*; **~ no presupuestarios** außeretatmäßige Ausgaben *fpl*; **~ no programados** außerplanmäßige Ausgaben *fpl*; **~ de notaría** *(o **notariales**)* Notar-*(iats)*kosten *pl*; **~ obligatorios** Pflichtausgaben *fpl*; **~ de oficina** Bürounkosten *pl*, sonstige Bürokosten *pl*; **~ de operación** *(u **operativos**)* Betriebs|aufwand *m*, -ausgaben *fpl*; **~ de personal** Personal|kosten *pl*, -ausgaben *fpl*, -aufwand *m (Bilanz)*; **~ de porte** Frachtspesen *pl*; **~ de propaganda** Werbeaufwendungen *fpl*, **~ públicos** öffentliche Ausgaben *fpl*; **~ de puesta en marcha** Anlaufkosten *pl*; **~ registrales** Registerkosten *pl*, Grundbuchgebühren *fpl*; **~ de reparación** Reparatur|kosten *pl*, Instandsetzungs- *pl*; **~ de reposición** Wiederbeschaffungskosten *pl*, Ersatzinvestitionen *fpl*; **~ de resaca** Rückspesen *pl*, **~ salariales** Lohnkosten *pl*, **~ del servicio por traslado al depósito** Abschleppkosten *pl (bei verbotswidrigem Parken)*; **sin ~** kosten|frei, gebühren-; *(Wechsel:)* ohne Kosten *pl*, ohne Protest *m*; **~ de subsistencia** Lebenshaltungskosten *pl*; **~ suplidos** entstandene Auslagen *fpl (Anwalt)*; **~ de trabajo** Arbeitsaufwand *m*; **~ de tramitación** Bearbeitungskosten *pl*; **~ de transformación** Verarbeitungskosten *pl*.

gastos de transporte Transport|kosten *pl*, -spesen *pl*, **~ ~ aéreo** Luftfrachtkosten *pl*.

gastos, ~ de traslado Umzugskosten *pl*; **~ de tratamiento médico** Behandlungskosten *pl*; **~ de urbanización** Erschließungs|kosten *pl*, -aufwand *m*; **~ de venta** Absatz|kosten *pl*, Vertriebs- *pl*; **~ de viaje*(s)*** Reise|kosten *pl*, -spesen *pl*.

gendarmería Gendarmerie *f*.

generación, ~ de beneficios *(B)* Gewinn|erzielung *f*; **~ de empleo** Schaffung *f* von Arbeitsplätzen.

generador erzeugend; **~ de empleos** arbeitsplatzschaffend, beschäftigungs wirksam.

general *m* General *m*; **~** *(adj)* Haupt-, General-, allgemein; **~ en jefe** kommandierender General *m*; **~ preventivo** generalpräventiv.

generales *f* **de la ley** Fragen *fpl (oder Angaben fpl)* zur Person *(Zeugen)*.

general|idad Allgemeinheit *f*, das Allgemeine *n*; **~idades** *pl* Generalien *pl*; **~ísimo** Oberbefehlshaber *m*.

Generalitat *f*, **~ de Catalunya** Regionalregierung *f* von Katalonien.

generar erzeugen, erwirtschaften; **~ costes** Kosten *pl* verursachen.

género Art *f*, Gattung *f*, Geschlecht *n*; Artikel *m*, Erzeugnis *n*, Ware *f*; **~ de armas** Waffengattung *f*; **~ de calidad** Qualitätsware *f*.

géneros *pl*, **~ por pieza** Stückgüter *npl*; **~ voluminosos** Sperrgut *n*.

genético genetisch.

genocid|a *m* Täter *m* eines Völkermords; **~io** Völkermord *m*, Genozid *m (n)*.

gente(s) *f (pl)* Leute *pl*, Mannschaft *f*, Nation *f*; **~ de confianza** V-Leute *pl*; **~ de mar** Seeleute *pl*; **~ de negocios** Geschäftsleute *pl*; **~ de toga** Juristen *pl*.

geografía Geographie *f*; **~ económica** Wirtschaftsgeographie *f*.

geopolítica Geopolitik *f*.

gerencia Geschäftsführung *f*, Leitung *f*, Verwaltung *f*, Geschäftsführertätigkeit *f*, Management *n*; **~ de ventas** Verkaufsabteilung *f*.

gerencial *(adj)* Geschäftsführungs-.

gerente *m* Geschäfts|führer *m*, -leiter *m*, Prokurist *m*, Verwalter *m*,

Disponent *m*; ~ **adjunto** stellvertretender Geschäftsführer *m*; ~ **de personal** Personalchef *m*; ~ **de publicidad** Chef *m* der Werbeabteilung.

germano, ~ federal bundesdeutsch; ~ **oriental** *(o* ***germanooriental****)* ostdeutsch.

gestación Schwangerschaft *f*.

gestión Handhabung *f*, Bearbeitung *f*, Führung *f (Amt, Vormundschaft)*, Amts|führung *f*, Geschäfts- *f*, Management *n*, Amtstätigkeit *f*, Verwaltung *f (Funktion)*; ~ **ambiental** Umwelt*(leit)*planung *f*; ~ **de cartera** Wertpapierverwaltung *f*; ~ **colectiva** Gesamtgeschäftsführung *f*; ~ **compartida** Mitbestimmung *f*; ~ **de la contabilidad** Buchführung *f*; ~ **contable** Rechnungsführung *f*; ~ **financiera** Finanzgebaren *n*; ~ **de la información** Informationsmanagement *n*; ~ **interna** Geschäftsführung *f*; **mala ~ económica** Misswirtschaft *f*; ~ **de negocios ajenos** ***(sin mandato)*** Geschäftsführung *f* ohne Auftrag; ~ **de negocios en lo procesal** Prozessstandschaft *f*; ~ **procesal** Prozessführung *f*; ~ **del proyecto** Projekt-Management *n*; ~ **de residuos** Abfallentsorgung *f*; ~ **del tráfico** Verkehrsführung *f*; ~ **de ventas** Verkaufsleitung *f*.

gestionar handhaben, verhandeln; *(Geschäft etc.:)* betreiben, besorgen, führen, bewirtschaften; ~ **un negocio** ein Geschäft *n* besorgen.

gestiones *pl*, Geschäfte *npl*; ~ **extrajudiciales** außergerichtliche Tätigkeit *f*; **hacer ~** Schritte *mpl* unternehmen.

gestor Vermittler *m*, Agent *m* für Verwaltungssachen, Geschäftsführer *m (bei der Geschäftsführung ohne Auftrag)*, Betreiber *m (z. B. Post)*; ~ *(adj)* geschäftsführend; ~ **de clientes** Kundenbetreuer *m*; ~ **fiscal** Steuerberater *m*; ~ **de la red** Netzbetreiber *m;* **de sociedad civil** geschäftsführender Gesellschafter *m*.

gestoría Agentur *f*.

gira, el que ~ a la derecha/ izquierda Rechts-/Linksabbieger *m*.

girado Bezogener *m*, Trassat *m*.

girador Anweisender *m*, Aussteller *m (eines Wechsels)*, Wechselgeber *m*, Trassant *m*, Indossant *m*.

girar *(Geld:)* überweisen, anweisen, abführen; girieren, ausstellen, trassieren, ziehen *(Wechsel)*, den Wechsel *m* begeben; ~ **a cargo** ziehen auf *(Wechsel)*; ~ **un cheque sobre** einen Scheck *m* ziehen auf; ~ **contra** ziehen auf, trassieren auf; ~ **a la cuenta de alguien** auf das Konto *n* von jemandem überweisen; ~ **en descubierto** überziehen; ~ **al descubierto una letra** einen ungedeckten Wechsel *m* ausstellen; ~ **una letra contra** einen Wechsel *m* ziehen auf; ~ **a un plazo contado desde la vista** auf eine Frist *f* nach Sicht ausstellen *(Wechsel)*.

giro 1. Giro *n*, *(Geld)*Anweisung *f*, Geldüberweisung *f*, Überweisung *f*; 2. Wechsel *m*, Ziehung *f (Wechsel)*, Tratte *f*, Trassierung *f*; 3. Geschäfts|tätigkeit *f*, -verkehr *m*, Umsatz *m*; ~ **anual** Jahresumsatz *m*; ~ **bancario** Banküberweisung *f*; ~ **comercial** Handelswechsel *m*; ~ **al cubierto** gedeckter Scheck *m*; ~ **al** *(o* ***en****)* **descubierto** ungedeckter Scheck *m*; ~ **de favor** Gefälligkeitswechsel *m*; ~ **financiero** Ziehung *f* eines Finanzwechsels; ~ **pagadero a la vista** Sichttratte *f*.

giro postal Post|anweisung *f*, -überweisung *f*, -giro *n*; ~ ~ **para abonar en cuenta postal** Zahlkarte *f* für Überweisung auf das eigene Postbankkonto.

giro, ~ renovado Rückwechsel *m*, Rücktratte *f*; ~ **social** soziale Wende *f*; ~ **telegráfico** telegrafische Anweisung *f (oder Überweisung f)*; ~ **a tres meses** Dreimonatswechsel *m*; ~ **urgente** Eilüberweisung *f*; ~ **a la vista** Sicht|wechsel *m*, -tratte *f*.

giros *pl* Geldtransaktionen *fpl*.

global pauschal, Pauschal-.

globalización Globalisierung *f*.

glosa Glosse *f*, Anmerkung *f*; ~ **al margen** Randbemerkung *f*.

glo|sador Kommentator *m*; **~sar** kommentieren; **~se** *m* s. glosa.

gobernación Regierung *f*, Verwaltung *f*, Amt *n* des Gouverneurs;

~ *(Sp)* Innenressort *n*; ~ **provincial** Provinzialverwaltung *f*.
gobernado Bürger *m*.
gobernador Gouverneur *m*, Staatskommissar *m*, Bankpräsident *m*.
gobernan | te *m* Herrscher *m*, Regent *m*, Machthaber *m*.
gobernar regieren, herrschen, leiten, führen, steuern *(Schiffe)*.
G/gobierno *(Staats)*Regierung *f*, Regierungsform *f*, Gouverneursamt *n*, Amtsdauer *f* des Gouverneurs, Verwaltung *f*; ~ **autónomo** Selbstverwaltung *f*, autonome Regierung *f*; -verwaltung *f*; ~ **de coalición** *(o* ***coligado****)* Koalitionsregierung *f*; ~ **de la Corona** Regierung *f* seiner Majestät; ~ **federado** Landesregierung *f (Bundesstaat)*; ~ **federal** Bundesregierung *f (Bundesstaat)*; ~ **interior** Disziplinargewalt *f*; ~ **local** Kommunalverwaltung *f*; ~ **de mayoría** *(o* ***mayoritario****)* Mehrheits | regierung *f*, Majoritäts- *f*; ~ **minoritario** Minderheitsregie-rung *f*; ~ **municipal** Stadtverwaltung *f*; ~ **de la nación** *(Sp)* Zentralregierung *f*; ~ **periférico** Regionalregierung *f*; ~ **regional** Regional | regierung *f*, Landes- *f*; ~ *(Sp)* Regierung *f* einer autonomen Region; ~ **del vehículo** *(VR)* Kontrolle *f* über das Fahrzeug.
goce *m* Genuss *m*, Nutznießung *f*; ~ **del beneficio** Genuss *m* der Vergünstigung *(SteuerR)*.
golpe *m* Schlag *m*; ~ **de Estado** Staatsstreich *m*, Putsch *m*; ~ **militar** Militärputsch *m*; ~ **policial** Zugriff *m* der Polizei.
golpista *m* Putschist *m*; ~ *(adj)* putschend.
goodwill *m* Firmenwert, Ansehen *m*.
gozar besitzen, genießen, sich erfreuen; ~ **de la autoridad de cosa juzgada** rechtskräftig sein; ~ **de estatuto diplomático** den Diplomatenstatus *m* innehaben; ~ **de libre circulación** Freizügigkeit *f* genießen; ~ **de los mismos derechos** gleichberechtigt sein.
grabación, Aufnahme *f*, Aufzeichnung *f*.
gracia Gnade *f*, Begnadigung *f*, Nachsicht *f*, Gnadenerweis *m*; **de ~** gnadenweise, gefälligkeitshalber.
gracia | ble gnadenweise, Gnaden-, im Gnadenwege; **~r** begnadigen.
gracioso unentgeltlich.
gradación s. graduación.
grado Grad *m*, Rang *m*, Rangstufe *f*, Dienst | grad *m*, -rang *m*, Verwandtschaftsgrad *m*, Schweregrad *m (des Verbrechens)*; Instanz *f (Gericht)*, Stufe *f (Strafvollzug)*; Jahrgang *m (Universität)*, Schul | jahr *n*; ~ **de alcohol** Alkoholgehalt *m*; ~ **de doctor** Doktor | grad *m*, -titel *m*; ~ **de impregnación alcohólica** Blutalkohol | gehalt *m*, -konzentration *f*; ~ **inicial** Eingangsstufe *f*; ~ **intermedio** Zwischenstufe *f*; ~ **máximo de la pena** Höchststrafe *f*; ~ **mínimo de la pena** Mindeststrafe *f*; ~ **de parentesco** Verwandtschaftsgrad *m*; ~ **primer grado** normaler Strafvollzug ***m*; segundo ~** zweite Instanz *f*; Freiheitsstrafe *f* mit Vollzugserleichterungen; ~ **de seguridad** Sicherheitsstufe *f*; ~ **superior** Oberstufe *f (Gymnasium)*; **tercer ~** *(Sp)* Freiheitsstrafe *f* mit Freigang.
graduación Staffelung *f*, Rang *m*, Einstufung *f*; *(Strafe:)* Zu | messung *f*, Be- *f*, Abstufung; Dienstgrad *m*, Offiziersrang *m*; Hochschulabschluss *m*; **de alta ~** hochrangig *(Militär)*; ~ **judicial de la pena** richterliche Strafzumessung *f*; **de mayor ~** ranghöchster.
graduado Akademiker *m*, Graduierter *m*; ~ *(adj)* staatlich geprüft; ~ **en ciencias empresariales** Betriebswirt *m*.
graduar abstufen, einstufen, staffeln, zumessen *(Strafe)*; graduieren, einen akademischen Grad *m* verleihen.
graduarse einen akademischen Grad *m* erwerben.
gráfica s. gráfico.
gráfico Tabelle *f*, Schaubild *n*, graphische Darstellung *f*, Diagramm *n*; ~ **de servicio** Dienstplan *m*.
granel, **a ~** en gros *(verkaufen)*, unverpackt.
granja landwirtschaftliches Gut *n*; ~ **estatal** Staatsgut *n*.
granjero Landwirt *m*.
gratificación Zulage *f*, Gratifikation *f*, *(Sonder)*Vergütung *f*, Prämie *f*, Bonus *m*; ~ **por carestía de vida**

Teuerungszulage *f*; **~ por innovación** Vergütung *f* für technische Verbesserungen; **~ de Navidad** Weihnachts|gratifikation *f*, -geld *n*; **~ de vacaciones** Urlaubs|geld *n*, -gratifikation *f*.

gratificar *(besonders)* vergüten, eine Prämie *f* gewähren, belohnen.

gratis s. gratuito.

grato, non ~ *(lat)* unerwünscht *(Diplomat)*.

gratuidad Unentgeltlichkeit *f*, Gebührenfreiheit *f*, freier Eintritt *m*.

gratuito gratis, unentgeltlich, kosten|frei, -los, schenkungsweise.

gravable *(be)*steuerbar, steuer|pflichtig, abgaben-, besteuerungsfähig.

gravación Belastung *f*; **~ fiscal** Besteuerung *f*.

gravado Beschwerter *m*.

gravamen *m* Last *f*, *(dingliche)* Belastung *f*, Abgabe *f*, Besteuerung *f*, Abschöpfung *f*, *(EG)*; Beschwer *f* *(Prozess)*; **~ agrícola** Agrarabschöpfungen *fpl*; **~ compensatorio** Ausgleichsabgabe *f*; **~ mayor** Mehrbelastung *f*; **~ procesal** Beschwer *f*; **~ real** dingliche Belastung *f*.

gravar belasten *(Grundstück)*, auferlegen, besteuern, belegen *(mit Steuern)*, taxieren; **~ con hipoteca** hypothekarisch belasten.

grave schwer *(-es Verbrechen)*, schwerwiegend, von Belang.

gravedad Schwere *f (des Verbrechens)*.

gravitar sobre ruhen auf *(Hypothek)*, lasten auf.

gravoso kostspielig.

gremial *m* Verbandsangehöriger *m*, Innungsmitglied *n*; **~** *(adj)* Verbands-, Innungs-.

gremialismo Verbands|wesen *n*, Koalitions- *n*, Innungs- *n*.

gremio Verband *m*, Gremium *n*, Berufsstand *m*, Innung *f*, **~ de artesanos** Handwerkerinnung *f*; **~ profesional** Berufsverband *m*.

gresca Streit *m*, Streitfall *m*.

grill|ete *m* Fußfessel *f*.

grosero gröblich *(Verhalten)*.

grupo Gruppe *f*, Personenkreis *m*, Delegation *f*, Verband *m*, Fraktion *f*, Abteilung *f*, Ring *m*, Konzern *m*, Pool *m*; **~ A** *(Sp)* höherer Dienst *m* *(Staat)*; **~ de apostadores** Wettgemeinschaft *f*; **~ asegurador** Versicherungskonzern *m*; **~ B** *(Sp)* gehobener Dienst *m (Staat)*; **~ C** *(Sp)* mittlerer Dienst *m (Staat)*; **~ D** *(Sp)* einfacher Dienst *m (Staat)*; **~ de desactivación de explosivos** Sprengkommando *n*; **~ electoral** Wählervereinigung *f*; **~ de estafas** *(Sp)* Betrugsdezernat *n*; **~ étnico** Volksgruppe *f*; **~ familiar** Haushalt *m* *(SteuerR)*; **~ financiero** Finanzgruppe *f*; **~ fiscal** Steuergruppe *f*; **~ fiscal antidroga** Drogenfahndung *f*; **~ de fraudes** Betrugsdezernat *n*; **~ de homicidios** *(Sp)* Mordkommission *f*; **~ impositivo** Steuergruppe *f*; **~ de influencia** s. grupo de presión; **~ de ingresos** Einkommensgruppe *f*; **~ de intereses** Interessen|vereinigung *f*, -verband *m*, -gruppe *f*; **~ de investigación de la renfe** *(Sp)* Bahnpolizei *f*; **~ linguístico** Sprachgruppe *f*; **~ de marginados** *(o **marginal**)* Randgruppe *f*; **~ mayoritario** Mehrheit *f* *(Gesellschaft)*, Mehrheitsaktionäre *mpl*; **~ minoritario** Minderheit *f* *(Gesellschaft)*; **~ municipal** Fraktion *f* im Stadtparlament; **~ nacional** Volksgruppe *f*; **~ parlamentario** *(parlamentarische)* Fraktion *f*; **~ del Partido de los Socialistas Europeos** Fraktion *f* der Sozialdemokratischen Partei Europas; **~ patronal** Unternehmerverband *m*; **~ popular** *(Sp)* Fraktion *f* des „Partido Popular"; **~ de presión** Interessengruppe *f*, Pressure group *f* *(engl)*; **~ de rescate e intervención de montaña** *(Sp)* Bergwacht *f*; **~ de rescate y salvamento** Rettungsdienst *m*; **~ de retribución** Vergütungsgruppe *f*; **~ sanguíneo** Blutgruppe *f*; **~ Socialista** Sozialistische Fraktion *f (EU)*; **~ de sociedades** Konzern *m*; **~ terrorista** terroristische Vereinigung *f*.

grupo de trabajo Arbeits|gruppe *f*, -kreis *m (Parlament)*; **~ ~ sectorial** sektorale Arbeitsgruppe *f*.

grupos, ~ antiterroristas de liberación *(GAL, Sp)* illegale Antiterror-Einheit *f*; **~ de exterminio** Todesschwadronen *fpl*.

guarda *m* Aufseher *m*, Wachmann *m*; **~ de campo** Feldhüter *m*; **~ forestal** Forst|hüter *m*, -aufseher *m*; **~ rural** Flur|hüter *m*, -wächter *m*.

guarda *f* Wache *f*, Schutz *m*, Sorge *f*; **~ de los bienes del hijo** Vermögenssorge *f*; **~ y custodia** Personensorge *f*; **~ de sus derechos** Wahrung *f* seiner/ihrer Rechte; **~ de hecho** *(Sp)* tatsächliche Obhut *f*.

guarda|barrera *m* Bahnwärter *m*; **~coches** *m* Parkwächter *m*; **~dor** Wächter *m*, Pfleger *m*; **~espaldas** *m* Leibwächter *m*.

guardalmacén *m* Lagerverwalter *m*.

guardar aufbewahren, verwahren, beaufsichtigen, einhalten, warten *(Maschinen)*, *(ab)*speichern *(EDV)*; **~ la debida distancia** den vorgeschriebenen Abstand *m* einhalten; **~ la forma** die Form *f* wahren *(oder einhalten)*; **~ reserva** vertraulich behandeln; **~ sala** die Würde *f* des Gerichts wahren.

guardería Personensorge *f (über Minderjährige)*; **~ infantil** Kinder|tagesstätte *f*, -hort *m*.

guardesa Aufseherin *f*.

guardia *m* Wachmann *m*, Wachtmeister *m*, Polizist *m*, Wächter *m*; **~ civil** *(Sp)* Gendarm *m*, Zivilgardist *m*; **~ civil de tráfico** *(Sp)* Verkehrspolizist *m*; **~ fronterizo** *(o* ***de fronteras)*** Grenzschutzbeamter *m*; **~ personal** Leibwächter *m*, **~ en práctica** Polizist *m* zur Anstellung.

guardia *f* Wache *f*, Garde *f*, Posten *m (Militär)*; **~ de asalto** Bereitschaftspolizei *f*; **~ civil** *(Sp)* Gendarmerie *f*, Zivilgarde *f*; **~ civil de tráfico** *(Sp)* Verkehrspolizei *f*; **de ~** dienst|tuend, -habend; **~ nacional** Nationalgarde *f*; **~ de orden público** Schutzpolizei *f*.

guardián *m* Gefangenenaufseher *m*, Wachmann *m*; **~ de la constitución** Hüter *m* der Verfassung.

guarismo Wert *m* in Ziffern.

guarnición Garnison *f*.

gubernamental *(adj)* Regierungs-, staatlich; **no ~** nichtstaatlich.

guber|namentales *mpl* Regierungsanhänger *pl*; **~nativamente** durch die Regierung *f*, im Verwaltungswege *m*; **~nativo** *(adj)* Regierungs-, Verwaltungs-.

guerra Krieg *m*; **~ aérea** Luftkrieg *m*; **~ de agresión** *(o* ***agresiva)*** Angriffskrieg *m*; **~ atómica** Atomkrieg *m*; **~ bacteriológica** bakteriologische Kriegsführung *f*; **~ civil** Bürgerkrieg *m*; **~ defensiva** Verteidigungskrieg *m*; **~ de guerrillas** Partisanen|krieg *m*, Guerilla- *m*; **~ justa** gerechter Krieg *m*; **~ mundial** Weltkrieg *m*; **~ nuclear** ***(limitada)*** *(begrenzter)* Atomkrieg *m*; **~ ofensiva** Angriffskrieg *m*; **~ psicológica** psychologische Kriegführung *f*; **~ química** chemische Kriegführung *f*.

guerrilla Guerilla *f*, Freischärler *pl*; **~ urbana** Stadtguerilla *f*.

guerrillero Guerillakämpfer *m*, Partisan *m*.

guía *m* Führer *m*, Fremdenführer *m*.

guía *f* Adressbuch *n*, Erlaubnis|schein *m*, Beförderungs- *m*, Transport- *m*, Versand- *m*, Zollbegleit- *m*; **~ aérea** Luftfrachtbrief *m*; **~ comercial** Firmenadressbuch *n* **~ de depósito** Lagerschein *m*; **~ de embarque** Konnossement *n*; **~ de ferrocarriles** Kursbuch *n*; **~ de precios** Preisliste *f*; **~ telefónica** Telefonbuch *n*; **~ de tránsito** Durchfuhr|schein *m*, Zollbegleit- *m*.

guiado mit einem Begleitschein *m* versehen.

guiar leiten, lenken; **~ un pleito** einen Prozess *m* führen.

guillotina Guillotine *f*, Fallbeil *n*; Papierschneidemaschine *f*

guión *m* Sitzungsprogramm *n*; Drehbuch *n*; Leitfaden *m*.

gusano informático Computervirus *m*.

H

hábeas corpus *(Sp, lat)* Anspruch *m* eines Festgenommenen auf Haftprüfung, Habeas corpus *(lat)*.

haber *m* Haben *n (Buchführung)*, Guthaben *n*, Habenseite *f*, Geldforderung *f*,

Vermögensgegenstand *m*; **~** *(v)* vorhanden sein; **~ bancario** Bankguthaben *n*; **~ y deber** Soll *n* und Haben *n*; **tener en su ~** besitzen; **~ a la vista** Sichtguthaben *n*.

haberes *mpl* Vermögen *n*, Einkünfte *pl*, Bezüge *pl*, Dienstbezüge *pl*; **~ pasivos** Versorgungsbezüge *pl*.

habiente *m* Berechtigter *m*; **causahabiente** s. habientederechohabiente; **derechohabiente** Rechtsnachfolger *m*.

hábil fähig, zur Ausübung des Amtes befähigt, geschäftstüchtig; **~ para testar** testierfähig.

hábiles *mpl* Amtstage *mpl*.

habilidad Fertigkeit *f*; **~ en los negocios** Geschäftstüchtigkeit *f*; **~ para ser testigo** Zeugnisfähigkeit *f*; **~ técnica** Know-how *n*.

habilitación Er | mächtigung *f*, Bevoll- *f*, Berechtigung *f*, Zulassung *f* *(Anwalt)*, Habilitierung *f*, Zahlstelle *f*; **~ de edad** Volljährig*(keits)*erklärung *f* *(durch den Familienrat)*.

habilitado Bevollmächtigter *m*, Zahlmeister *m*, Kassenleiter *m*; **~** *(adj)* befugt, ermächtigt; **~ para votar** wahlberechtigt.

habilitador Finanzier *m*; Geldgeber *m*.

habilitar befähigen, berechtigen, bevollmächtigen, für rechtsgültig erklären *(Urkunden)*, für volljährig erklären, qualifizieren; finanzieren, ausrüsten; **~ los créditos** Mittel *pl* bewilligen; **~ como intérprete** als Dolmetscher *m* bestellen *(Gericht)*.

habitab | ilidad Bewohnbarkeit *f*; **~le** bewohnbar.

habitación Wohnung *f*; **~ amueblada** möbiliertes Zimmer *n*.

habitacionista *m* Wohnrechtsinhaber *m*.

habitante *m* Einwohner *m*, Bewohner *m*, Ansässiger *m*.

habitar wohnen, bewohnen.

hábitat *m* Habitat *n*; Lebensraum *m*.

hábito Gewohnheit *f*, Gewöhnung *f* *(an Drogen)*, Sucht *f*.

hábitos *pl* Usance*(n)* *f (pl)*; **~ mercantiles** Handelsbräuche *m (pl)*.

habitua | ción Gewöhnung *f (an Drogen)*; **~do** Stammkunde *m*; Süchtiger *m*; **~l** gewohnheitsmäßig *(StrafR)*.

habitualidad Gewohnheitsmäßigkeit *f* *(StrafR)*.

hablar sprechen, reden; **~ en contra** sprechen gegen *(den Antrag)*; **~ en estrados** im Gerichtssaal *m* reden; **~ en pro** sprechen für *(den Antrag)*.

hacedero machbar.

hacen | dado Großgrundbesitzer *m*; **~** *(adj)* vermögend; **~dar** Grundstücke *npl* übertragen; **~darse** Grundbesitz *m* erwerben; **~dista** *m* Finanzfachmann *m*, Haushaltsexperte *m*; **~dístico** *(adj)* Steuer-.

hacer *(v)* machen, abschließen *(Vertrag)*, ausmachen *(Betrag)*, ausstellen *(Rechnung)*, betragen *(Summe)*, aufmachen *(Bilanz)*, ablegen *(Prüfung)*, ableisten *(Militärdienst)*; **~** *m* **precedente** vorausgegangenes Tun *n*; **~ valer *(el derecho)*** *(das Recht)* gelend machen.

hacerse con übernehmen *(Eigentum)*.

hachís *m* Haschisch *n (m)*.

hacienda/Hacienda Finanzen *pl*, Finanz | wesen *n*, Rechnungs- *n*, Finanz | amt *n*, -verwaltung *f*, Vermögen *n*, Habe *f*, Haushalt *m*; Farm *f*; **~ compensatoria** antizyklische Finanzpolitik *f*; **~ del Estado** *(o **estatal**)* Staatsfinanzen *pl*; **~ pública** öffentliche Finanzen *pl*, Staatshaushalt *m*, Finanz | verwaltung *f*, -wissenschaft *f*; **~ sana** gesundes Finanzgebaren *n*.

hacinamiento Überbelegung *f*.

hago saber beschlossen und verkündet.

hallador Finder *m*.

hallar finden; **~ culpable** schuldig befinden.

hallarse sich befinden; **~ al día con sus obligaciones** seinen Verpflichtungen *fpl* pünktlich nachgekommen sein; **~ bajo la tutela del Estado** unter Staatsaufsicht *f* stehen.

hallazgo Fund *m*, Fundgegenstand *m*, Finderlohn *m*.

hampa Gaunerunwesen; **~ organizada** organisiertes Verbrechen *n*.

hampón *m* Gauner *m*.

hart | azgo s. hartura; **~ura** Sättigung *f* *(des Marktes)*.

hash(ish) *m* s. hachís.

hecho *(s. a. hechos pl)* Handlung *f*, Tat *f*, Sache *f*, Tat | sache *f*, -bestand *m*, -umstand *m*, Sachverhalt *m*;

~ **acompañante** Begleittat *f*; ~ **cometido en estado de embriaguez** Rauschtat *f*; ~ **concluyente** konkludente Handlung *f*; ~ **conforme** unstreitige Tatsache *f*; ~ **contrario a la ley** rechtswidrige Handlung *f*; **de** ~ tatsächlich, faktisch, de facto; ~ **delictivo** strafbare Handlung *f*, Verbrechensfall *m*; **de** ~ **y de derecho** tatsächlich und rechtlich; ~ **que eleva la pena** straferhöhender *(oder strafschärfender)* Tatumstand *m*; ~ **en …** geschehen in *(oder zu)* … *(Abkommen) f*; ~ **que excluye la pena** strafausschließender Tatumstand *m*; ~ **fortuito** Zufall *m*; ~ **ilícito** unerlaubte Handlung *f*; ~ **imponible** *(o* ***impositivo****)* Steuertatbestand *m*, Besteuerungsgrundlage *f*; ~ **jurídico** Rechtstatsache *f*; ~ **justificativo** rechtfertigende Tatsache *f*; ~ **notorio** allgemeinkundige *(oder offenkundige)* Tatsache *f*; ~ **posterior copenado** mitbestrafte Nachtat *f*; ~ **principal** Haupttat *f*; ~ **punible** Straftat *f*, strafbare Handlung *f*; ~ **punible por solicitud** Antrags | delikt *n*, -straftat *f*; ~ **sobrevenido** neue Tatsache *f (Prozess)*.

hechos *pl* Sachverhalt *m*; ~ **comprobados** festgestellter Sachverhalt *m*; ~ **controvertidos** streitiger Sachverhalt *m*; ~ **procesales** Prozessstoff *m*, prozessrechtlich erhebliche Tatsachen *fpl*.

hemoconcentración de alcohol Blutalkoholgehalt *m*.

heredabilidad *(Ver)*Erblichkeit *f*.

heredable vererb | bar, -lich, erblich.

heredad Grund | stück *n*, -besitz *m*; Erbschaft *f*; ~ **cerrada** eingefriedetes Grundstück *n*; ~ **dominante** herrschendes Grundstück *n*; ~ **enfitéutica** Erbpachtgut *n*; ~ **sirviente** dienendes Grundstück *n*.

heredante *m* Erblasser *m*.

heredar *(ver)*erben, Erbe *m* sein, *(jemanden)* beerben; ~ **por cabezas** nach Köpfen *pl* erben; ~ **por estirpes** nach Stämmen *pl* erben; ~ **por partes iguales** zu gleichen Teilen *pl* erben.

heredero Erbe *m*, Erbberechtigter *m*; ~ *(adj)* erbberechtigt; ~ **agravado** Vorerbe *m*; ~ **condicional** bedingt eingesetzter Erbe *m*; ~ **contractual** *(o* ***contratante****)* Vertragserbe *m*; ~ **de la corona** Thron | erbe *m*, -folger *m*; ~ **por estirpe** Erbe *m* nach Stämmen; ~ **fideicomisario** Nacherbe *m*; ~ **fiduciario** Vorerbe *m*; ~ **forzoso** gesetzlicher Erbe *m*, Not | erbe *m*, Zwangs- *m*; ~ **legítimo** gesetzlicher Erbe *m*; ~ **preterido** übergangener Erbe *m*; ~ **previo** Vorerbe *m*; ~ **puro y simple** unbeschränkt haftender Erbe *m*; ~ **por representación** Ersatzerbe *m*; ~ **sucesivo** Nacherbe *m*; ~ **testamentario** testamentarischer Erbe *m*; ~ **último** Nacherbe *m*; ~ **único** s. heredero universal; ~ **universal** Universal | erbe *m*, Allein- *m*.

heredípeta *m* Erbschleicher *m*.

hereditario *(ver)*erblich, Erb-, Erbschafts-, zur Erbschaft *f* gehörig.

herencia Erbe *n*, Erb | schaft *f*, -folge *f*, Nachlass *m*; ~ **deferida** angefallene Erbschaft *f*; ~ **ab intestato** *(lat)* gesetzliche Erbfolge *f*; ~ **testada** gewillkürte Erbfolge *f*; ~ **yacente** herrenloser Nachlass *m*.

herida Verletzung *f*, Wunde *f*; ~ **de arma blanca** Stichwunde *f*; ~ **de arma de fuego** Schusswunde *f*; ~ **de bala** Schuss | wunde *f*, -verletzung *f*; ~ **contusa** Quetschwunde *f*; ~ **cortante** Schnittwunde *f*; ~ **punzante** Stichwunde *f*.

herido Verletzter *m*; ~ *(adj)* verletzt; ~ **de gravedad** Schwerverletzter *m*.

herir de muerte tödlich verletzen.

hermana Schwester *f*.

hermanamiento de ciudades Städtepartnerschaft *f*.

hermandad Bruderschaft *f*, Genossenschaft *f*.

hermano Bruder *m*.

hermanos *pl* Geschwister *pl*; ~ **de doble vínculo** vollbürtige Geschwister *pl*; ~ **de madre** Halbgeschwister *pl* mütterlicherseits; ~ **de padre** Halbgeschwister *pl* väterlicherseits; ~ **de un solo vínculo** Halbgeschwister *pl*; ~ **uterinos** s. hermanos de madre.

heroína Heroin *n*.

heroinómano Heroinsüchtiger *m*.

herramienta para allanamiento Einbruchswerkzeug *n*.

heterosexual heterosexuell.

hija | Tochter *f*; **~stra** Stieftochter *f*; **~stro** Stiefsohn *m*.
hijo Sohn *m*, Kind *n*; **~ adoptivo** Adoptivkind *n*; **~ biológico** leibliches Kind *n*; **~ extramatrimonial** nichteheliches Kind *n*; **~ legitimado** anerkanntes *(oder für ehelich erklärtes)* Kind *n*; **~ legítimo** *(Sp, RG)* eheliches Kind *n*; **~ matrimonial** *(Sp)* eheliches Kind *n*; **~ no matrimonial** nichteheliches Kind *n*; **~ político** Schwiegersohn *m*; **~ póstumo** nachgeborenes Kind *n*.
hijuela Erb | teil *m*, -schein *m*, Teilungsurkunde *f*.
hipermercado *m* Super | markt *m*, Verbrauchergroß- *m*.
hipoteca Hypothek *f*; **~ abierta** nicht voll valutierte Hypothek *f*; **~ abstracta** Eigentümerhypothek *f*; **~ ajena** Fremdhypothek *f*; **~ asegurativa** Sicherungshypothek *f*; **~ bancaria** Bankhypothek *f*; **~ de** *(o* ***por)*** **bienes muebles** Mobiliar | hypothek *f*, Fahrnis- *f*; **~ de carta** Briefhypothek *f*; **~ causal** *(akzessorische)* Hypothek *f*; **~ con cédula** Briefhypothek *f*; **~ sin cédula** Buchhypothek *f*; **~ forzosa** Zwangshypothek *f*; **~ de garantía** Sicherungshypothek *f*; **~ garantizada por bienes inmuebles** Grundpfandrecht *n*; **~ independiente** Grundschuld *f*; **~ inferior en antigüedad** nachrangige Hypothek *f*; **~ judicial** Zwangshypothek *f*; **~ máxima** *(o* ***de máximo*** *o* ***máximum)*** Höchstbetragshypothek *f*; **~ mobiliaria** Mobiliarhypothek; **~ preferente** vorrangige Hypothek *f*; **~ prendaria** Mobiliarhypothek *f*; **~ registral** *(o* ***de registro****)* Buchhypothek *f*; **~ de renta periódica** Rentenschuld *f*; **~ de seguridad** Sicherungshypothek *f*; **~ sobre varias fincas** Gesamthypothek *f*.
hipoteca | ble hypothekarisch belastbar; **~do** hypothekarisch belastet; **~nte** *m* Besteller *m* einer Hypothek; **~r** hypothekarisch *(oder mit einer Hypothek f)* belasten, beleihen.
hipotecario Hypothekengläubiger *m*; **~** *(adj)* Hypotheken-, hypothekarisch.
hipótesis *f* Hypothese *f*; **~ de trabajo** Arbeitshypothese *f*.
hipotético hypothetisch.
historia Geschichte *f*; **~ clínica** Krankengeschichte *f*; **~ criminal del acusado** kriminelle Vorgeschichte *f* des Angeklagten; **~ del Derecho** Rechtsgeschichte *f*; **~ personal** Lebenslauf *m*; **~ profesional** beruflicher Werdegang *m*.
historial *m* Lebenslauf *m*; **~ delictivo** Vorstrafen *fpl*, Strafliste *f*.
hito Grenz | stein *m*, Meilen- *m*; **~ señorial** Bannmeile *f*.
hoc, ad ~ *(lat)* für den konkreten Fall. ad hoc.
hogar *m* Wohnstätte *f*, Haushalt *m*; **~ pluripersonal** Mehrpersonenhaushalt *m*; **sin ~** obdachlos; **~ unipersonal** Einpersonenhaushalt *m*.
hoja Blatt *n (Papier)*, Bogen *m*; **~ de anuncios** Anzeigen | blatt *n*, Annoncen- *n*; **~ de condenas** Strafregisterauszug *m*; **~ de contabilidad** Zählblatt *n*; **~ de coste*(s)*** Kostenblatt *n*; **~ de cuenta** Kontenblatt *n*; **~ de encargo** Auftragsformular *n*, Mandatsvertrag *m* (RA); **~ de instrucciones** Merkblatt *n*; **~ de liquidación** Abrechnungs | bogen *m*, -blatt *n*; **~ negativa** Negativattest *n*; **~ de paga** Lohnabrechnung *f*; **~ de pedido** Auftrags | schein *m*, -formular *n*; **~ registral** *(o* ***de registro)*** Grundbuch | blatt *n*, Register- *n*; **~ de solicitud** Antragsformular *n*; **~ timbrada** Stempelbogen *m*; **~ de trabajo** Arbeitsunterlage *f*; **~ volante** Flugblatt *n*.
holding *m (engl)* Holding*(gesellschaft) f*, Dachgesellschaft *f*.
hológrafo eigenhändig.
hombre *m* Mann *m*, Mensch *m*; **~ de atrás** Hintermann *m*; **~ bueno** Vertrauensmann *m*; **~** *(Sp)* Schiedsmann *m*; **~ -conexión** V-Mann *m*; **~ de confianza** Vertrauensmann *m*, V-Mann *m*; **~ de Estado** Staatsmann *m*; **~ de finanzas** Finanzexperte *m*; **~ -hora** Arbeitsstunde *f*; **~ juicioso y cauto** *(Sp)* billig und gerecht Denkender *m*; **~ de leyes** Jurist *m*; **~ de mar** Seemann *m*; **~ de negocios** Geschäftsmann *m*; **~ de paja** Strohmann *m*.

homicida *m* Totschläger *m*; ~ *(adj)* Totschlags-.
homicidio Tötung *f*, Totschlag *m*, Tötungsdelikt *n*; ~ **doloso** Totschlag *m*; ~ **eutanásico** Euthanasie *f*, aktive Sterbehilfe *f*; ~ **por imprudencia** fahrlässige Tötung *f*; ~ **intencional** vorsätzliche Tötung *f*; ~ **por negligencia** fahrlässige Tötung *f*.
homogeneización Harmonisierung *f* *(Gesetze)*, Vereinheitlichung *f*.
homologación Bestätigung *f* *(Vergleich)*, amtliche Genehmigung *f*, richterliche Bestätigung *f*, Vollstreckbar*(keits)*erklärung *f (Schiedsspruch)*, Anerkennung *f (ausländisches Urteil)*.
homologar gerichtlich genehmigen *(Vergleich)*, harmonisieren anerkennen.
homólogo Amtskollege *m*.
homosexual *m* Homosexueller *m*; ~ **idad** *f* Gleichgeschlechtlichkeit *f*, Homosexualität *f*.
honestidad Ehrbarkeit *f*, Geschlechtsehre *f*.
honor Ehre *f*, Ehrgefühl *n*, Auszeichnung *f*; **hacer ~ a sus compromisos** seinen Verpflichtungen *fpl* nachkommen.
honorar s. honrar.
honorario Honorar *n*, Gage *f*, Gebühr *f*; ~ *(adj)* Ehren-, Honorar-.
honorarios *pl*, ~ **de abogado** *(Rechts)*Anwaltsgebühren *fpl*; ~ **de peritaje** *(o* ***del perito****)* Sachverständigengebühren *fpl*.
honorífico Ehren-, ehrenamtlich.
honra s. honor.
honrar honorieren, annehmen, respektieren, einlösen *(Wechsel)*.
hora Stunde *f (s. a. horas pl)*; ~ **de apertura** Öffnungszeit *f*; ~ **de cese del trabajo** Feierabend *m*, Arbeitsschluss *m*; ~ **de cierre** Sperrstunde *f*; ~ **de cierre de comercio** Ladenschluss *m*; ~ **de consulta** Sprechstunde *f*; ~ **extra*(ordinaria)*** Überstunde *f*; ~ **punta** Stoß | zeit *f*, Hauptverkehrs- *f*; ~ **recuperada** *(Sp)* nachgeholte Arbeitsstunde *f*; **a última ~** bei Börsenschluss; ~ **de verano** Sommerzeit *f*.
horario Arbeits | zeit *f*, Öffnungs- *f*; Stunden | plan *m*, Zeit- *m*; ~ *(adj)* stündlich; ~ **de atención al público** Sprechstunden *fpl*; ~ flexible gleitende Arbeitszeit *f*; ~ de invierno Winterfahrplan *m*; ~ de servicio*(s)* Schalterstunden *fpl*.
horas *pl*, ~ **de caja** Kassenstunden *fpl*; ~ **de despacho** Geschäfts | zeit *f*, Amtsstunden *pl*, Öffnungszeiten *pl*; ~ **hábiles** Dienst | zeit *f*, -stunden *fpl* *(Behörde)*; ~ **de servicio** Dienst | zeit *f*, -stunden *fpl*, Betriebszeit *f*.
horquilla *f* **de precios** Preisschere *f*.
hospital *m* Krankenhaus *n*, Hospital *n*; ~ **psiquiátrico general** *(Sp)* psychiatrisches Krankenhaus *n*.
hospitalización Unterbringung *f* *(Anstalt)*, stationäre Behandlung *f*.
hostilizar jemanden angreifen.
hotel *m* **de ventas** *(Sp)* Versteigerungslokal *n*.
hueco freie Stelle *f (in einem Formular)*; ~ **de fila para aparcar** Parklücke *f*; ~ **de** *(o* ***en el****)* **mercado** Marktlücke *f*.
huelga Streik *m*, Arbeitsniederlegung *f*, Ausstand *m*; ~ **de advertencia** Warnstreik *m*; ~ **de brazos caídos** Bummelstreik *m*; ~ **espontánea** wilder Streik *m*; ~ **general** Generalstreik *m*; **hacer ~** streiken; ~ **de hambre** Hungerstreik *m*; ~ **intermitente** Bummelstreik *m*; ~ **parcial** Teilstreik *m*; ~ **selectiva** Schwerpunktstreik *m*; ~ **por simpatía** s. huelga de solidaridad; ~ **de solidaridad** Solidaritäts | streik *m*, Sympathie- *m*; ~ **de trabajo lento** Bummelstreik *m*.
huelguista *m* Streik | ender *m*, -teilnehmer *m*; ~ *(adj)* streikend.
huella Spur *f*; ~ **dactilar** s. impresión digital; ~ **digital** s. impresión digital; ~ **genética** genetischer Fingerabdruck *m*.
huellas *pl*, ~ **de frenada** *(o* ***de frenado****)* Bremsspuren *fpl*.
huérfano Waise *f*; ~ **de ambos padres** Vollwaise *f*; ~ **de padre o madre** Halbwaise *f*; ~ **de padre y madre** Vollwaise *f*.
huida Flucht *f*, Entweichen *n*; ~ **de capitales** Kapitalflucht *f*.
huido(r) flüchtig.
huir flüchten.
hundimiento Einsturz *m*, Zusammenbruch *m*, Sinken *n*.

hurtador Dieb *m*.
hurtar stehlen, entwenden.
hurto *(einfacher)* Diebstahl *m*, Diebesgut *n*; **~ agravado** s. hurto calificado;**~ calificado** schwerer *(oder qualifizierter)* Diebstahl *m*; **~ de carteras** Taschendiebstahl *m*; **~ continuado** fortgesetzter Diebstahl *m*; **~ en cuadrilla** Bandendiebstahl *m*; **~ entre familiares** Verwandtendiebstahl *m*; **~ de fluido eléctrico** Entziehung *f* elektrischer Energie *f*; **~ sacrílego** Kirchendiebstahl *m*; **~ de uso *(impropio)*** unbefugte Ingebrauchnahme *f*.
hyperocha Rest *m* aus Pfandverwertung nach Befriedigung des Gläubigers.

I

idea Idee *f*, Einfall *m*, Gedanke *m*; **~ del derecho** Rechtsidee *f*; **~ directriz** Leitidee *f*; **~ europea** *(o **europeísta**)* Europagedanke *m*; **~ de justicia** Gerechtigkeitsidee *f*.
ideal *m* Ideal *n*.
ideario Tendenz *f (ArbR)*; Gedankengut *n*.
idéntico identisch, gleichartig.
identidad Identität *f*, Gleichheit *f*, Übereinstimmung *f*; **~ de causa** Gleichheit *f* des Klagegrunds; **~ corporativa** einheitliches Image *n* des Unternehmens; **~ personal** Angaben *fpl* zur Person.
identificación Identifizierung *f*, Feststellung *f* der Identität, Legitimation *f*; **~ de la persona** Feststellung *f* der Person, Identitätsfeststellung *f*; **~ selectiva** Gegenüberstellung *f* zum Zweck der Identifizierung.
identificar | identifizieren, die Identität *f (oder die Personalien pl)* feststellen; **~se** sich ausweisen.
idioma *m* Sprache *f*; **~ auténtico** Vertragssprache *f (VöR)*; **~ judicial** Gerichtssprache *f*; **~ nacional** Landessprache *f*; **~ oficial** Amts | sprache *f*; **~ de trabajo** Arbeitssprache *f*.
idoneidad Befähigung *f*, Tauglichkeit *f*, Eignung *f*.
idóneo tauglich *(-er Zeuge)*, geeignet; **~** *(Mex)* echt.
iglesia Kirche *f*, Geistlichkeit *f*, Kirchenstaat *m*; **~ católica *(apostólica)*** romana römisch-katholische Kirche *f*; **~ evangélica** evangelische Kirche *f*; **~ griega oriental** griechisch-orthodoxe Kirche *f*.
ignorado unbekannt.
ignorancia Unkenntnis *f*; **~ de derecho** Rechtsunkenntnis *f*.
ignorar nicht kennen, nicht wissen.
igual | gleich*(gestellt)*, gleichrangig; **~a** Pauschalhonorar *n*.
igualación Ausgleich *m*; **~ jurídica** Gleichberechtigung *f*.
igualar ausgleichen, regulieren.
igualarse übereinkommen.
igualdad Gleichheit *f*; **~ de armas** Waffengleichheit *f (Prozess)*; **~ del hombre y la mujer** Gleichbehandlung *f* von Mann und Frau; **~ jurídica** Gleichberechtigung *f*, Rechtsgleichheit *f*; **~ ante la ley** Gleichheit *f* vor dem Gesetz; **~ procesal** Prinzip *n* der Waffengleichheit; **~ de rango** Gleichrangigkeit *f*; **~ de tratamiento** Gleichbehandlung *f*; **~ de voto** Stimmengleichheit *f*.
igualitario Verfechter *m* der Gleichheit; **~** *(adj)* ausgleichend, egalitär.
ilegal ungesetzlich, gesetz | widrig, rechts-, vorschrifts-, illegal.
ilegalidad Rechts | widrigkeit *f*, Gesetz- *f*, Unrechtmäßigkeit *f*.
ilegal | ización Pönalisierung *f*; **~izar** für illegal erklären.
ilegislable gesetzlich nicht regelbar.
ilegitimidad Gesetzwidrigkeit *f*.
ilegítimo gesetz | widrig, rechts-, unrechtmäßig, widerrechtlich.
ilícito unerlaubt, unbefugt, unzulässig; **lo ~** Unrecht *n*.
ilicitud *f* Unrecht *n*.
ilimitado unum | schränkt, unbe-, uneinge-, unlimitiert.
iliquidez *f* Zahlungsunfähigkeit *f*.

ilíquido unbezahlt, illiquid, nicht flüssig, unbeziffert *(Schadensersatz)*.
Ilustrísim | o, ~a *(Sp)* Anrede *f* bei Amtsträgern.
imagen *f* Bild *n*; **~ de archivo** Archivbild *n (Polizei)*; **~ -guía** Leitbild *n*; **propia ~** eigenes Bild *n*.
imbricación Verflechtung *f*.
imita | ción Nach | ahmung *f*, -bildung *f*, Imitation *f*, Fälschung *f*; **~dor** Nachahmer *m*, Fälscher *m*, Imitator *m*; **~r** nachahmen, imitieren.
impacto ambiental Umwelt | beeinträchtigung *f*, -relevanz *f*; **de bajo ~ medioambiental** umweltschonend.
impaga | ble unbezahlbar; **~do** unbezahlt; **~dos** *pl* Außenstände *pl*.
impago Nicht | *(be)*zahlung *f*.
impar | ungleich, ungerade; **~cial** unparteiisch, überparteilich, unbefangen; **~cialidad** Unparteilichkeit *f*.
impartir gewähren, leihen, abhalten *(Lehrgang)*; **~ justicia** Recht *n* sprechen; **~ órdenes** Weisungen *fpl* erteilen.
impedido Behinderter *m*.
impedimento Hindernis *n*, Hemmnis *n*, Ehe | hindernis *n*, -verbot *n*; **~ de comercio** Handelshindernis *n*; **~ dirimente** trennendes Ehehindernis *n*; **~ de ejecución** Vollstreckungsvereitelung *f*; **~ impediente** Eheverbot *n* aufschiebendes Ehehindernis *n*; **~ procesal** *(o* ***del proceso****)* Prozesshindernis *n*.
impedir hemmen, wehren, behindern, abhalten *(von)*, unterbinden.
impeditivo de derecho rechtshindernd.
impensa Aufwendung *f*, Verwendung *f (auf eine Sache)*; **~ necesaria** notwendige Aufwendung *f (oder Verwendung f)*; **~ útil** nützliche Aufwendung *f*.
imperatividad Verbindlichkeit *f*.
imperativo Forderung *f (des Staates)*; **~** *(adj)* zwingend; **por ~ de la ley** von Gesetzes wegen, kraft Gesetzes.
imperativos *pl* Sachzwänge *mpl*.
impericia fehlende Sachkunde *f*.
imperio Imperium *n*, Herrschaft *f*; **~ del Estado** Staatsgewalt *f*; **~ legal** *(o* ***de la ley****)* Gesetzeskraft *f*.
impertinen | cia Unzulässigkeit *f (einer Frage an den Zeugen)*; **~te** unsachlich, unzulässig.
impetra | Erlaubnis *f*; **~nte** *m* Antrag | steller *m*; **~r** erbitten, erlangen.
impignorable nicht verpfändbar.
implantación Einführung *f*.
implantar einführen; **~ contingentes** kontingentieren.
implicado, estar ~ en un asunto in eine Angelegenheit *f* verwickelt sein.
implicar mit sich bringen; implizieren; hindern.
implícitamente aus den Umständen ersichtlich.
im | ponderables *mpl* Imponderabilien *pl*; **~ponedor** Einzahler *m*.
imponente *m* Anleger *m*, Sparer *m*, Einzahler *m*, Absender *m*.
imponer *(Strafen:)* verhängen, auferlegen; *(Steuern:)* erheben, belegen mit, heranziehen zu; *(Geld:)* anlegen, einzahlen; **~ sus condiciones** seine Bedingungen *fpl* durchsetzen; **~ un plazo de salida** eine Ausreisefrist *f* setzen.
imponi | bilidad *(Be)*Steuerbarkeit *f*, Verzollbarkeit *f*; **~ble** *(be)*steuerbar, steuer | pflichtig, gebühren-.
importación Einfuhr *f*, Import *m*; **~ agrícola** Agrareinfuhr *f*; **~ bruta** Bruttoeinfuhr *f*; **~ de capitales** Kapital | einfuhr *f*, -import *m*; **~ neta** Nettoeinfuhr *f*; **~ procedente de terceros países** Drittlandeinfuhr *f (EU)*; **~ en régimen de franquicia** zollfreie Einfuhr *f*; **~ en régimen de tránsito** Durchfuhr *f*, Transiteinfuhr *f*, **~ temporal de perfeccionamiento** Einfuhr *f* zur Lohnveredelung.
importaciones *pl*, **~ de bienes y servicios** sichtbare und unsichtbare Einfuhren *fpl*.
importador Importeur *m*; **~ comisionista** Einfuhrkommissionär *m*; **~ único** Alleinimporteur *m*.
importadora Importfirma *f*.
importancia Bedeutung *f*; **de ~** von Belang; **~ fundamental** grundsätzliche Bedeutung *f (Rechtsmittel)*.
importar einführen, importieren, betragen, sich belaufen auf.
importe *m* Betrag *m*, Geldbetrag *m*, Summe *f*, Quantum *n*; **~ adeudado** Schuldbetrag *m*; **~ básico** Grundbetrag *m*; **~ bruto** Brutto | betrag *m*, Roh- *m*; **~ de una compra** Kaufpreis *m*; **~ de los daños *(y***

perjuicios) Schadens | summe *f*, -betrag *m*; **~ debido** geschuldeter Betrag *m*; **~ de la diferencia** Unterschiedsbetrag *m*; **~ exento básico** Grundfreibetrag *m*; **~ exento del pago de impuestos** Freibetrag *m*; **~ fiscal recaudado de menos** Steuerausfall *m*; **~ global** Pauschalbetrag *m*; **~ de la letra** Wechselsumme *f*; **~ líquido** s. importe neto; **~ máximo** Höchst | betrag *m*, Maximal- *m*; **~ neto** Rein | betrag *m*, Netto- *m*; **~ nominal** Nenn | wert *m*, -betrag *m*; **~ a pagar** geschuldeter Betrag *m*; **~ previsto** Soll *n*; **~ del seguro** Versicherungs | summe *f*, -höhe *f*; **~ teórico** Sollbetrag *m*; **~ total** Gesamt | betrag *m*, -summe *f*.

imposibilidad Unmöglichkeit *f*; **~ de exacción de un débito** Nichtbeitreibbarkeit *f*; **~ de hecho** tatsächliche Unmöglichkeit *f*; **~ legal** rechtliche Unmöglichkeit *f*; **~ original** *(o* ***originaria****)* anfängliche *(oder ursprüngliche)* Unmöglichkeit *f*; **~ subsiguiente** nachträgliche Unmöglichkeit *f*; **~ subjetiva** Unvermögen *n*; **~ de venta** Unverkäuflichkeit *f*.

imposibilitado Arbeitsunfähiger *m*; **~** *(adj)* verhindert; behindert.

imposición 1. Auferlegung *f*, Durchsetzung *f*, Anordnung *f* *(Maßregel)*, Verhängung *f (Strafe)*, Verleihung *f (Orden)*; 2. Einzahlung *f*, Einlage *f*, Depositen *pl*; 3. Besteuerung *f*, Steuer | erhebung *f*, Abgaben- *f*; Veranlagung *f*, Beitragsleistung *f*; 4. Einlieferung *f* *(eines Pakets)*; **~ adicional** Nachveranlagung *f*; **~ de ahorro** Spareinlage *f*; **~ anual** jährliche Steuerbelastung *f*; **doble ~** Doppelbesteuerung *f*; **~ fiscal** Steuerbelastung *f*; **~ forzosa** Zwangsveranlagung *f*; **hacer ~** eine Einzahlung *f* vornehmen *(oder leisten)*; **~ indirecta** indirekte Besteuerung *f*; **~ a largo plazo** langfristige Einlage *f*; **~ a medio plazo** mittelfristige Einlage *f*; **~ a plazo fijo** Festgeld | er *pl*, -anlage *f*, Termineinlage *f*; **~ progresiva** progressive Besteuerung *f*; **~ separada** Splittingverfahren *n* *(Ehe)*; **~ a la vista** Sichteinlage *f*.

imposi | tivo Steuer-, steuerlich; **~tor** Einleger *m*, Sparer *m*.

impost | or Betrüger *m*, Hochstapler *m*; **~ura** Betrug *m*, Hochstapelei *f*.

impotencia Unvermögen *n*, Machtlosigkeit *f*, Impotenz *f*, Zeugungsunfähigkeit *f*; **~ para engendrar** Fortpflanzungsunfähigkeit *f*.

impotente impotent, machtlos; **~ para engendrar** zeugungsunfähig.

impremeditado unüberlegt.

imprescripti | bilidad Unverjähr | barkeit *f*; **~ble** unverjährbar, unersitzbar.

impresión *(Ab)*Druck *m*; **~ clandestina** unerlaubter Nachdruck *m*; **~ dactilar** s. impresión digital; **~ digital** Fingerabdruck *m*.

impresiones *pl*, **~ de eliminación** Ausscheidungs | abdrücke *mpl*, Ausschluss- *mpl*; **~ en relieve para ciegos** Blindenschriftsendung *f*.

impreso Druck | sache *f*, -schrift *f*, -werk *n*, Vordruck *m*, Formular *n*, Formblatt *n*; **~** *(adj)* gedruckt, abgedruckt, vorgedruckt, ausgedruckt; **~ de solicitud** Bewerbungs | formular *n*, Antrags- *n*.

imprevis | ión Unvorsichtigkeit *f*, Unvorhersehbarkeit *f*; **~to** unvorhergesehen.

imprimátur *m* Imprimatur *n*.

improbar nicht billigen.

improceden | cia Unzulässigkeit *f* *(Prozess)*, Unbegründetheit *f*, Unbeachtlichkeit *f (Asyl)*; **~te** unzulässig *(Prozess)*, unstatthaft.

improducti | vidad Unergiebigkeit *f*; **~vo** unergiebig, unproduktiv.

impronta *f* **genética** genetischer Fingerabdruck *m*.

improrrogable nicht verlängerbar, nicht prorogierbar.

imprudencia Fahrlässigkeit *f*; **~ punible** sträflicher Leichtsinn *m*; **~ temeraria** Leichtfertigkeit *f* *(StrafR)*, grobe Fahrlässigkeit *f*.

imprudente fahrlässig, nachlässig.

impúber(o) Unmündiger *m*; **~** *(adj)* unmündig.

impubertad *(Ehe)*Unmündigkeit *f*.

impuesto *(s. a. impuestos pl)* Steuer *f*, Abgabe *f*, Auflage *f*, Last *f*, Taxe *f*; **~ sobre actividades y beneficios comerciales e industriales** *(Sp)* Gewerbesteuer *f*; **~ sobre actos**

jurídicos documentados Stempelsteuer *f*; **~ sobre la adquisición de bienes inmuebles** Grunderwerbsteuer *f*; **~ aduanero** Zollgebühr *f*, Zoll *m*; **~ sobre el alcohol y bebidas derivadas** *(Sp)* Branntweinsteuer *f*; **~ sobre los alquileres** Mietsteuer *f*; **anterior al ~** vor Steuerabzug *m*, vor Steuern; **~ sobre apuestas** Wett|steuer *f*; **~ de arancel** *(o* ***arancelario)*** s. impuesto aduanero; **~ sobre las bebidas refrescantes** *(Sp)* Getränkesteuer *f*; **~ sobre el beneficio de las sociedades** Körperschaftsteuer *f*; **~ sobre bienes** Vermögensteuer *f*; **~ sobre bienes inmuebles** *(Sp)* Grundsteuer *f*; **~ sobre el capital** Kapital|steuer *f*; **~ sobre la cerveza y bebidas refrescantes** *(Sp)* Biersteuer *f*; **~ sobre la cifra de negocios** Umsatzsteuer *f*; **~ de circulación** Kraftfahrzeugsteuer *f*; **~ de compensación de gravámenes interiores** *(Sp)* Umsatzausgleichsteuer *f*.

impuesto, ~ al *(o* ***de*** *o* ***sobre el)*** **consumo** Verbrauchsteuer *f*; **~ de consumo de lujo** Luxussteuer *f*; **~ de corporaciones** Körperschaftsteuer *f*; **~ a cuenta** Steuervorauszahlung *f*; **~ deducido en origen** *(o* ***en la base)*** Quellensteuer *f*.

impuesto de derechos reales *(Immobiliar)* Verkehrsteuer *f*.

impuesto, ~ devengado Steuerschuld *f*; **~ directo** direkte Steuer *f*; **~ sobre diversiones** Vergnügungsteuer *f*; **~ sobre donaciones** Schenkungsteuer *f*; **~ ecológico** Ökosteuer *f*; **~ sobre la emisión de billetes de banco** Banknotensteuer *f*; **~ sobre emisión y negociación de valores mobiliarios** *(Sp)* Börsenumsatzsteuer *f*; **~ de entrada** Einfuhr|abgabe *f*, Import- *f*.

impuesto especial Sondersteuer *f*; **~ ~ sobre la gasolina** *(Sp)* Mineralölsteuer *f*.

impuesto, ~ de estampillado Stempelsteuer *f*; **~ por exención del servicio militar** Wehr|steuer *f*, Wehrpflichtersatz- *f*; **~ de explotación** Konzessionsabgabe *f*; **~ sobre las explotaciones industriales y comerciales** Gewerbesteuer *f*; **~ sobre la exportación** Ausfuhr|steuer *f*, Export- *f*; **~ extraordinario sobre el patrimonio** ***(de las personas físicas)*** *(Sp)* Vermögensteuer *f (der natürlichen Personen)*; **~ sobre las ganancias** Ertragsteuer *f*; **~ sobre la gasolina** Mineralölsteuer *f*; **~ sobre el gasto** Verbrauch- *f (Oberbegriff)*.

impuesto general Einheits|steuer *f (Kanarische Inseln)*; **~ ~ sobre la renta de las personas físicas** *(Sp, RG)* Einkommensteuer *f* **~ ~ sobre las ventas** Umsatzsteuer *f*.

impuesto, ~ hereditario Erbschaftsteuer *f*; **~ sobre herencias** s. impuesto hereditario; **~ eclesiástico** Kirchensteuer *f*; **~ indirecto** indirekte Steuer *f*; **~ local** örtliche Steuer *f*, Gemeindesteuer *f*; **~ de lotería** Lotteriesteuer *f*; **~ monofásico** Einphasensteuer *f*; **~ multifásico** Mehr|phasensteuer *f*; **~ municipal** Gemeindesteuer *f*; **~ sobre el petróleo, sus derivados y similares** *(Sp)* Mineralölsteuer *f*; **~ a la** *(o* ***de*** *o* ***sobre la)*** **plusvalía** Wertzuwachssteuer *f*; **~ sobre las primas** Versicherungsteuer *f*; **~ progresivo** progressive Steuer *f*; **~ sobre propiedad personal** Vermögensteuer *f*; **~ real** Realsteuer *f*; **~ de recreación** Kurtaxe *f*.

impuesto sobre la renta Einkommensteuer *f*, **~ ~ agropecuaria** Steuer *f* auf Einkommen aus Land- und Viehwirtschaft; **~ ~ de las personas físicas** *(Sp)* Einkommensteuer *f* der abhängig Beschäftigten und Selbstständigen; **~ ~ de las sociedades** Körperschaftsteuer *f*; **~ ~ territorial** Grundertragsteuer *f*.

impuesto, ~ retenido Quellensteuer *f*; **~ sobre el salario** Lohnsteuer *f*; **~ de** *(o* ***sobre)*** **seguros** Versicherungsteuer *f*; **~ soportado** Vorsteuer *f*, belastete Steuer *f*; **~ sobre las sucesiones** *(o* ***sucesorio)*** Erbschaft|steuer *f*, Nachlass- *f*; **~ sobre el suelo urbano no edificado** Baulandsteuer *f*; **~ del timbre** Stempel|steuer *f*, Urkunden- *f*; **~ del timbre sobre las letras de cambio** Wechselsteuer *f*; **~ sobre el tráfico** Verkehrsteuer *f*; **~ sobre el tráfico**

de capitales Kapitalverkehrsteuer *f*; **~ sobre transacciones bursátiles** Börsenumsatzsteuer *f*; **~ sobre las transacciones inmobiliarias** Grunderwerbsteuer *f*; **~ sobre las transmisiones patrimoniales y actos jurídicos documentados** Steuer *f* auf Vermögensübertragungen und beurkundete Rechtsgeschäfte; **~ sobre las utilidades del capital** Kapitalertragsteuer *f*; **~ sobre el valor añadido** (IVA) Mehrwertsteuer *f*; IVA **~** devengado, **~ deducible, ~ repercutido** Vorsteuer; **~ sobre los vehículos de motor** *(o* ***de tracción mecánica****)* Kraftfahrzeugsteuer *f*; **~ sobre el volumen de negocios** *(o* ***de ventas****)* Umsatzsteuer *f*.

impuestos *pl* Steuerwesen *n*, Besteuerung *f*; **~ acumulados** Steuerschuld *f (Bilanz)*; **~ adelantados** Steuervorauszahlung *f*; **~ a pagar** Steuer | schulden *fpl*, -außenstände *pl*.

impugnabilidad Anfechtbarkeit *f*; **no ~** Unanfechtbarkeit *f*.

impugnable anfechtbar, bestreitbar.

impugnación Anfechtung *f*, Bestreiten *n*; **~ de filiación** Ehelichkeitsanfechtung*(sklage) f*; **~ de matrimonio** Eheanfechtung *f*; **~ por parte de acreedores** s. impugnación pauliana; **~ de patente** Patenteinspruch *m*; **~ de la paternidad** Vaterschaftsanfechtung *f*; **~ pauliana** Gläubigeranfechtung *f*.

impugnador Anfechtender *m*.

impugnar anfechten, bestreiten, rügen *(Revision)*.

impugnatorio *(adj)* Anfechtungs-.

impulsar betreiben *(Prozess)*, anregen, ankurbeln.

impulsión s. impulso.

impulso Betreiben *n (Prozesse)*, Verfahrensleitung *f*; Impuls *m*, Trieb *m*; **~ obsesivo** zwanghafter Impuls *m*; **~ oficial** *(o* ***de oficio****)* Amts | betrieb *m*, Offizial- *m*; **~ de parte** Parteibetrieb *m*.

impulsor Antragsteller *m*; **~** *(adj)* antragstellend.

impu | ne unbestraft, straflos; **~nidad** Straf | losigkeit *f*, -freiheit *f*, straffreie Führung *f*.

imputabilidad Zurechen | barkeit *f*, Vorwerf- *f*, Vertret- *f*, Schuldfähigkeit *f*; **de ~ limitada** vermindert schuldfähig.

imputable an | rechenbar, zu-, anrechnungs | fähig, schuld-, zu vertreten; **~ a** zu Lasten von; **ser ~ en** anrechenbar sein auf.

imputación Zuweisung *f*, Anlastung *f*, An | rechnung *f*, Zu- *f (Steuer)*; Beschuldigung *f*; **~ de beneficios** Gewinnzurechnung *f*; **~ objetiva** Gefährdungshaftung *f*; **~ de los pagos** Anrechnung *f* der Zahlungen.

imputado *(veraltet)* Beschuldigter *m*.

imputar zuweisen, be | schuldigen, an-; belasten *(Konten)*, an | rechnen, zu-; **~ costes** Kosten *pl* auferlegen; **~ en** anrechnen auf.

in | abolible unaufhebbar; **~acción** Untätigkeit *f*.

inacepta | bilidad Unannehmbarkeit *f*; **~ble** unannehmbar.

inactividad Untätigkeit *f*.

inactivo brachliegendes Kapital *n*; **~** *(adj)* unbeweglich, untätig.

inadapta | ción mangelnde Anpassung *f*, Nonkonformismus *m*; **~do** Nonkonformist *m*.

inadecuación social fehlende Sozialadäquanz *f*.

inadmisi | bilidad Unzulässigkeit *f*; **~ble** unzulässig, unerträglich.

inadmisión Nichtzulassung *f*; **~ a trámite** Ablehnung *f* der Annahme *(Asylantrag)*.

inadmitir nicht zulassen *(Klage)*.

in | ajenabilidad Unveräußerlichkeit; **~ajenable** unveräußerlich; **~alienabilidad** Unveräußerlichkeit *f*; **~alienable** unveräußerlich; **~amovible** unab | setzbar, unver-.

inamovilidad Unabsetzbarkeit.

inapela | bilidad Unanfechtbarkeit *f*; **~ble** nicht berufungsfähig.

inaplazable unaufschiebbar.

inaplica | bilidad Unanwendbarkeit *f*; **~ble** un | anwendbar, nicht **~**.

inasegurable nicht versicherbar.

inasistencia Nichterscheinen *n*, Aus | bleiben *n*, Fern- *n*, Versäumnis *f*.

inasistente nicht anwesend.

inataca | ble nicht bestreitbar.

inauguración Einweihung *f*, Eröffnung *f*.

inaugura | l *(adj)* Einweihungs-, Eröffnungs-; **~r** einweihen, eröffnen.
in | caducable nicht verfallend; **~calculable** unberechenbar.
incapacidad Unfähigkeit *f*, Untauglichkeit *f*, Unvermögen *n*, Handlungs | unfähigkeit *f*, Geschäfts- *f*, Ausschließungsgrund *m*; **~ física** körperliche Untauglichkeit *f*; **~ de ganancia** Erwerbsunfähigkeit *f*; **~ de jurar** Eidesunfähigkeit *f*; **~ jurídica** Rechts | unfähigkeit *f*, Geschäfts- *f*; **~ laboral** Arbeitsunfähigkeit *f*; **~ para litigar** mangelnde Prozessfähigkeit *f*; **~ negocial** Geschäftsunfähigkeit *f*; **~ de obrar** Handlungsunfähigkeit *f*; **~ de pago** Zahlungsunfähigkeit *f*.
incapacidad parcial para trabajo verminderte Erwerbsfähigkeit *f*.
incapacidad permanente y absoluta para todo trabajo Erwerbsunfähigkeit *f*.
incapacidad, ~ procesal Prozessunfähigkeit *f*, fehlende Prozessfähigkeit *f*; **~ para el servicio militar** Wehrdienstunfähigkeit *f*; **~ para testar** Testierunfähigkeit *f*.
incapacitación Entmündigung *f*.
incapacitado Entmündigter *m*, Geschäftsunfähiger *m*; **~** *(adj)* entmündigt; **~ físico** Körperbehinderter *m*; **~ mental** geistig Behinderter *m*.
incapacita | r entmündigen; **~rse** arbeitsunfähig werden.
incapaz *m* Geschäftsunfähiger *m*; **~** *(adj)* unfähig, geschäftsunfähig; **~ de contratar** geschäftsunfähig; **~ de obrar** s. incapaz de contratar; **~ para testar** testierunfähig; **~ para el trabajo** arbeitsunfähig, erwerbsunfähig.
incasable nicht revisionsfähig.
incautacion *(vorläufige)* Beschlagnahme *f*, Einziehung *f*.
incautar(se) *(vorläufig)* beschlagnahmen, sicherstellen.
incendiar | Brand *m* stiften; **~io** Brandstifter *m*; **~ismo** s. incendio.
incendio Brandstiftung *f*.
incentivar Anreize *mpl* schaffen für.
incentivos *pl* Leistungs | anreiz *m*, -prämie *f*; **~ al ahorro** Spar | anreiz *m*, -förderung *f*; **~ a la inversión** Investitions | anreiz *m*, -förderung *f*.
incertidumbre *f* Unsicherheit *f*.
incesi | bilidad Unabtretbarkeit *f*; **~ble** unabtretbar.
incest | o Blutschande *f*, Inzest *m*; **~uoso** Blutschänder *m*; **~** *(adj)* blutschänderisch.
incidencia Vorfrage *f (im Strafverfahren)*, Zwischenstreit *m*.
incidente *m* Zwischen | verfahren *n*, -streit *m*; **~ fronterizo** Grenzzwischenfall *m*.
incidir, ~ en falta eine Übertretung *f* begehen.
in | cierto unbestimmt; **~ciso** Absatz *m*, Abschnitt *m (eines Paragraphen)*.
incitación Anstiftung *f*.
incita | dor Anstifter *m*; **~r** anstiften.
incluido einschließlich.
incluir einschließen; **~ en el cálculo** einkalkulieren; **~ en la lista** in ein Verzeichnis *n* aufnehmen.
inclusión Einbeziehung *f*, Aufnahme *f (in eine Urkunde)*.
incoación Einleitung *f (Prozess)*, Beginn *m (eines Verfahrens)*.
incoar *(Verfahren:)* einleiten, beginnen, eröffnen.
incob | rabilidad Uneinbringlichkeit *f*; **~rable** uneinbringlich.
incomerciable nicht handelsfähig.
incompare | cencia Nichterscheinen *n*; **~cer** nicht erscheinen.
incompatibilidad Unvereinbarkeit *f*, Inkompatibilität *f*.
incompatible unvereinbar, inkompatibel.
incompensable nicht aufrechenbar.
incompetencia Unzuständigkeit *f*, Unfähigkeit *f*; **~ por razón de la materia** sachliche Unzuständigkeit *f*; **~ territorial** örtliche Unzuständigkeit *f*.
incompetente unzuständig, unfähig.
incomunicación Einzel | haft *f*, Isolier- *f*, Kontaktsperre *f*.
incomunicado Gefangener *m* in strenger Einzelhaft.
incomunicar Einzelhaft *f* anordnen.
incon | ciliable nicht vergleichbar *(-e Streitsache)*; **~cluyente** unschlüssig; **~cuso** unbestreitbar; **~dicional** unbedingt; **~ducente** nicht zur Sache *f* gehörig *(-e Ausführungen)*;

~**feso** nicht geständig; ~**firmado** unbestätigt.
inconform | e nicht zustimmend; ~**idad** Nichtzustimmung *f*; ~**ista** *m* Nonkonformist *m*.
incon | gruencia Abweichung *f* von Klageantrag und Urteilstenor; ~**sciencia** Bewusstlosigkeit *f*; ~**sciente** bewusstlos; ~**stitucional** verfassungswidrig.
inconstitucionalidad Verfassungswidrigkeit *f*.
incon | sumible unverbrauchbar; ~**testabilidad** Unbestreitbarkeit *f*; ~**testación** Nichtbeantwortung *f*; ~**testado** unstreitig; ~**trovertible** unbestreitbar; ~**veniencia** Unzweckmäßigkeit *f*.
inconveniente unangemessen.
incon | vertibilidad Nichtkonvertierbarkeit *f*; ~**vertible** nicht konvertibel.
incorporación Ein | gliederung *f*, An- *f*, Verbindung *f* *(von Sachen)*, Aufnahme *f* *(einer Gesellschaft)*, Einstellung *f* *(Personal)*; ~ **al cargo** Amtseinführung *f*; ~ **estatutaria** Verbeamtung *f*; ~ **a filas** Eintritt *m* ins Heer, Einberufung *f*; ~ **municipal** *(o* ***de municipio****)* Eingemeindung *f*.
incorporar eingliedern, aufnehmen *(in eine Gesellschaft)*, eingemeinden, einstellen *(Personal)*, einziehen *(Militär)*; ~ **al capital** zum Kapital *n* schlagen.
in | corrección Unrichtigkeit *f*; ~**correcto** unrichtig; ~**corruptible** unbestechlich; ~**corrupto** unbescholten.
incosteable nicht rentabel.
incrementar | vermehren, ausweiten, erhöhen, heraufsetzen; ~**se** steigen.
incremento Steigerung *f*, Anstieg *m*, Ansteigen *n*, Zuwachs *m*, Vermehrung *f*, Erhöhung *f*; ~ **por penosidad** Erschwernis | zulage *f*, -zuschlag *m*; ~ **por suciedad** Schmutzzulage *f*.
incriminación Beschuldigung *f*, Belastung *f* *(strafrechtlich)*.
incrimina | r beschuldigen, belasten; ~**torio** belastend.
inculpa | bilidad Schuldlosigkeit *f*; ~**ble** schuldlos.
inculpación Beschuldigung *f*.
inculpa | do Beschuldigter *m*; ~**r** beschuldigen; ~**torio** beschuldigend.
incumbencia Obliegenheit *f*, Aufgabenbereich *m*, Ressort *n*.
incumbir obliegen.
incumplidor gegen die Vorschriften *fpl* verstoßend.
incumplimiento Nicht | erfüllung *f*, -befolgung *f*, Zuwiderhandlung *f*; ~ **de plazo** Fristversäumung *f*.
incumplir *(Vorschriften:)* nicht erfüllen *(oder: einhalten, beachten)*.
incurrimiento Begehung *f*.
incurrir *(StrafR:)* begehen *(Delikt)*; ~ **en contradicción** sich in Widersprüche *mpl* verwickeln; ~ **en un delito** eine Straftat *f* begehen, straffällig werden; ~ **en mora** in Verzug geraten; ~ **en pena** eine Strafe *f* verwirken; ~ **en responsabilidad** haften.
incurso, ~ **en apremio** der Zwangsvollstreckung *f* unterworfen; ~ **en mora** im Verzug *m* befindlich.
indagación Ermittlung *f*, Untersuchung *f*, Erforschung *f*.
indaga | dor Ermittler *m*; ~**r** untersuchen, ermitteln, erforschen; ~**toria** Ermittlung *f*; ~ *(Sp)* Vernehmung *f* zur Person; ~**torio** *(adj)* Vernehmungs-, Untersuchungs-.
inde | bido rechts | widrig, -grundlos, widerrechtlich, nicht geschuldet, ungebührlich; ~**clinable** nicht ablehnbar.
indefen | sión Wehr | losigkeit *f*, Rechts- *f*; ~**so** schutzlos.
indefinido unbestimmt.
indelegable nicht übertragbar.
indem | ne schadlos, unbeschädigt; ~**nidad** Indemnität *f*.
indemnización Abfindung *f*, Entschädigung *f*, Schadensersatz *m*, Ersatzleistung *f*, Ausgleich*(ung) m (f)*, Ersatz *m*, Schadloshaltung *f*; ~ **por antigüedad** Dienstalterszulage *f*; ~ **por daño personal** Schmerzensgeld *n*; ~ **de daños y perjuicios** Schadensersatz *m*; ~ **de** *(o* ***por****)* **despido** Abfindung *f* wegen Verlust *m* des Arbeitsplatzes *m*; ~ **por desplazamiento** Trennungs | geld *n*, -entschädigung *f*, Reisevergütung *f*; ~ **diaria** ***(de asistencia)*** Tagegeld *n*; ~ **por enfermedad** Krankengeld *n*;

~ funeraria Sterbegeld *n*; **~ de gastos** Verwendungsersatz *m*; **~ global** Abfindung *f*, Pauschal | abfindung *f*, -entschädigung *f*; **~ graciable** Kulanzentschädigung **~ por incumplimiento** Schadensersatz *f* wegen Nichterfüllung; **~ parlamentaria** Abgeordnetendiäten *pl*; **~ por pérdida de salario** Lohnausfallentschädigung *f*; **~ de perjuicios** Schadensersatz | *m*, -leistung *f*; **~ por privación ilegal de la libertad** Haftentschädigung *f*; **~ razonable** billige Entschädigung *f*; **~ a** *(o* ***de los)*** **testigos** Zeugenentschädigung *f*; **~ única** einmalige Abfindung *f*; **~ de víctimas** Opferentschädigung *f*.

indemnizar entschädigen, abgelten, ausgleichen, Schadensersatz *m* leisten, schadlos halten.

indemniza | rse sich schadlos halten; **~torio** *(adj)* Entschädigungs-.

indemostrable nicht beweisbar.

independencia Unabhängigkeit *f*, Selbstständigkeit *f*.

independiente unabhängig, frei, selbstständig, fraktionslos.

independi | zación Verselbstständigung *f*; **~zar** verselbststandigen, in die Unabhängigkeit *f* entlassen.

in | derogable unaufhebbar, unabdingbar; **~deseable** unerwünscht.

indeterminación Unbestimmtheit *f* *(Verwaltungsrecht, Klageantrag)*.

indeterminado unbestimmt.

index(iz)ación Indexierung *f*, Bindung *f* an einen Index.

index(iz)ado indexgebunden.

index(iz)ar indexieren.

indicación 1. Indikation; 2. Hinweis *m*, Vermerk *m*, Angabe *f*, Kennzeichen *n*; **~ ética** ethische Indikation *f*; **~ eugénica** eugenische Indikation *f*; **~ de precios** Preis | auszeichnung *f*, -aushang *m*; **~ de procedencia** Herkunftsangabe *f*, Ursprungsangabe *f*; **~ social** soziale Indikation *f*; **~ de vías de recurso** Rechtsmittelbelehrung *f*.

indicado Notadressat *m* *(Wechsel)*; **~** *(adj)* angezeigt, geeignet.

indicador Indikator *m*, Anzeiger *m*, Kennziffer *f*; **~ adelantado** Frühindikator *m*; **~ de dirección** Fahrtrichtungsanzeiger *m*; **~ económico** Wirtschaftsindikator *m*; **~ profesional** Branchenverzeichnis *n*; **~ de socorro** Notrufsäule *f*.

indicar *(an)*zeigen, angeben; **~ el precio** Preise *mpl* auszeichnen.

indicat | ivo richtungweisend.

índice *m* Inhaltsverzeichnis *n*, Register *n*, Index *m*, Index | zahl *f*, Kenn- *f*; Rate *f*, Quote *f*; Verzeichnis *n* der Urkundennummern *(Notar)*; **~** Tagesordnung *f*; **~ de ahorro** Sparquote *f*; **~ de alcoholemia** Blutalkoholgehalt *m*; **~ analítico** Sachregister *n*; **~ de autores** Autorenverzeichnis *n*; **~ bursátil** Börsenindex *m*; **~ del coste de vida** Lebenshaltungskostenindex *m*; **~ de cotizaciones** Kurs | index *m*, Aktien- *m*, Börsen- *m*; **~ de crecimiento** Zuwachsrate *f*; **~ de desempleo** Arbeitslosenquote *f*; **~ de fincas** Bestandsverzeichnis *n* *(Grundbuch)*; **~ Ibérico de Cotización de Acciones** ***(Ibex)*** spanischer Aktienindex; **~ Ibex 35** *(Sp)* Index *m* der 35 repräsentativsten Börsenwerte; **~ de inflación** Inflationsrate *f*; **~ informativo** Computerdatei *f*; **~ de intención de voto** Wählergunst *f*; **~ de liquidez** Liquiditätsgrad *m*; **~ de materias** Sach | register *m*, -verzeichnis *n*; **~ medio** Durchschnittssatz *m*; **~ del mercado bursátil** Börsenindex *m*; **~ de mortalidad** Sterblichkeitsindex *m*, Sterberate *f*; **~ de natalidad** Geburten | häufigkeit *f*, -index *m*; **~ ponderado** gewogener Index *m*.

índice *m* **de precios** Preisindex *m*; **~ ~ al consumidor** *(o* ***al consumo)*** Verbraucher | preisindex *m*, Einzelhandels *m*.

índice *m*, **~ de producción** Produktionsindex *m*; **~ salarial** *(o* ***de salario)*** Lohn | index *m*; **~ sectorial** Branchenkennziffer *f*; **~ de volúmenes** *(o* ***volumétrico)*** Mengenindex *m*.

índices *mpl* **de valoración del suelo** Bodenrichtwerte *mpl*.

indicia | do indexgebunden; **~r** aus den Indizien *npl* überführen; **~rio** *(adj)* Indiz-, Indizien-.

indicio Indiz *n*, Anzeichen *n*, Anhalt *m*, Anhaltspunkt *m*.
indiferencia Unparteilichkeit *f*.
indígena *m* Einheimischer *m*.
indigencia Bedürftigkeit *f*.
indigente bedürftig, mittellos.
indignidad Unwürdigkeit *f*; **~ para suceder** Erbunwürdigkeit *f*.
indigno unwürdig; **~ de** *(o* ***para)*** **suceder** erbunwürdig.
indis | ciplina Disziplinlosigkeit *f*; **~culpable** unentschuldbar; **~cutible** unbestreitbar.
indisolubilidad Unauflöslichkeit *f*.
indis | oluble unauflöslich; **~ponible** nicht verfügbar; **~putable** unbestreitbar.
individual individuell, einzelbetrieblich.
individualización Individualisierung *f*, Spezifizierung *f*, Konkretisierung *f*.
individualizar s. individuar.
individuar spezifizieren, einzeln angeben.
individuo Individuum *n*, Einzelperson *f*.
indivisario Miteigentümer *m*.
indivisión Miteigentum *n*; **~ hereditaria** ungeteilter Nachlass *m*.
indiviso, *(pro)* ~ ungeteilt.
indocumenta | ción *(Sp)* Ausweislosigkeit *f*; **~do** ohne gültige Papiere *pl*.
índole *f* Art *f*, Wesen *n*; **~ civil** zivilrechtlicher Charakter *m*.
indubitado unzweifelhaft.
inducción Anstiftung *f*, Verleitung *f*.
induc | ir anstiften, verleiten; **~tor** Anstifter *m*.
indul | gencia Nachsicht *f*; **~tar** begnadigen.
indulto Begnadigung *f*; **~ general** Amnestie *f*.
industria Industrie *f*, Gewerbe *n*, Gewerbezweig *m*, Produktion *f* *(Branche)*, Erwerb *m*; **~ de accesorios** Zubehör | industrie *f*, Zubringer- *f*; **~ aeronáutica** Flugzeug | industrie *f*, Luftfahrt- *f*; **~ agrícola** Landwirtschaft *f*; **~ agropecuaria** Land- und Viehwirtschaft *f*; **~ de la alimentación** *(o* ***alimentaria)*** Nahrungsmittelindustrie *f*; **~ ambulante** Reisegewerbe *n*; **~ de armamento** Rüstungswirtschaft *f*; **~ artesanal** Handwerk *n*; **~ aseguradora** Versicherungswirtschaft *f*; **~ bancaria** Bankgewerbe *n*; **~ de bienes de consumo** Konsumgüter | industrie *f*, Verbrauchsgüter- *f*; **~ del carbón y del acero** Montanindustrie *f*; **~ y comercio** gewerbliche Wirtschaft *f*; **~ de la construcción** Bauwirtschaft *f*; **~ editorial** Verlagswesen *n*; **~ energética** *(o* ***de la energía)*** Energiewirtschaft *f*; **~ estacional** Saisongewerbe *n*; **~ de exportación** *(o* ***exportadora)*** Exportindustrie *f*; **~ forestal** Forstwirtschaft *f*; **gran ~** Großindustrie *f*; **~ local** ortsansässiges Gewerbe *n*; **~ manufacturera** Manufaktur | industrie *f*, Fertigungs- *f*; **~ maquiladora** *f* Lohnveredelungsindustrie *f* **mecánica** metallverarbeitende Industrie *f*; **~ mercantil** Handelsgewerbe *n*; **~ metalúrgica** Metallindustrie *f*; **~ nacional** heimische Industrie *f*; **~ del ocio** Unterhaltungs | industrie *f*, Freizeit- *f*; **~ papelera** Papierindustrie *f*; **~ pequeña** Kleinindustrie *f*; **~ pesada** Schwerindustrie *f*; **~ siderúrgica** Eisen- und Stahlindustrie *f*; **~ textil** Textilindustrie *f*; **~ de transportes** Transportgewerbe *n*; **~ del turismo** *(o* ***turística)*** Fremdenverkehrsgewerbe *n*.
industrial *m* Gewerbetreibender *m*; **~** *(adj)* Industrie-, Gewerbe-, industriell, gewerblich.
industrialización Industrialisierung *f*.
industrializar industrialisieren.
inédito unveröffentlicht.
ineficacia Unwirksamkeit *f*; **~ formal** Formungültigkeit *f*.
inefi | caz unwirksam, wirkungslos; **~ciente** unwirksam.
inejecu | ción Nichtausführung *f*; **~table** nicht vollstreckbar.
inejecut | ar nicht vollstrecken; **~ivo** nicht vollstreckbar; **~oriedad** Nichtvollstreckbarkeit *f*.
inembargabilidad Unpfändbarkeit *f*.
inembargable unpfändbar.
inenajenable unveräußerlich.
in | equitativo unbillig; **~ercia** Untätigkeit *f*, Beharrungsvermögen *n*.
inestabilidad Labilität *f*, Unbeständigkeit *f*.

inestable labil, unbeständig.
inestima|bilidad Unschätzbarkeit *f*; **~ble** unschätzbar.
inevacuable nicht zu erbringen *(Beweis)*.
inexactitud *f* Ungenauigkeit *f*, Unrichtigkeit *f*.
inexacto, hacerse ~ unrichtig werden *(Grundbuch)*.
inexigibilidad Unzumutbarkeit *f*, Undurchsetzbarkeit *f*.
inexigible nicht einforderbar.
inexistencia Nicht|bestehen *n*, -vorhandensein *n*.
inexistente nichtbestehend.
infalsificable fälschungssicher.
infama|ción Verleumdung *f*; **~dor** Verleumder *m*; **~nte** ehrenrührig.
infamia Verleumdung *f*.
infancia Kindheit *f*.
infanticid|a *m* Kindesmörder *m*; **~io** Kindestötung *f*.
inferencia Schlussfolgerung *f*.
inferior| minderwertig, untergeben, subaltern, nachgeordnet *(Behörde)*; **~idad** Minderwertigkeit *f*.
inferir folgern, schließen; *(Schaden:)* beibringen, verursachen, zufügen; **~ injurias** Beleidigungen *fpl* aussprechen; **~ lesiones** Verletzungen *fpl* beibringen.
infidelidad Untreue *f*, Treubruch *m*; **~ en la custodia de documentos** Urkundenunterdrückung und -vernichtung *f*; **~ en la custodia de presos** Entweichenlassen *n* von Gefangenen.
infiel untreu, treu|los, -brüchig.
infiltra|ción Einschleusung *f*; **~do** Polizeispitzel *m*; **~r** einschleusen, einspeichern *(EDV)*.
infirmar außer Kraft *f* setzen, annullieren, aufheben.
inflación Inflation *f*, Geldentwertung *f*; **~de costes** Kosteninflation *f*; **~galopante** galoppierende Inflation *f*; **~importada** importierte Inflation *f*; **~latente** schleichende Inflation; **~subyacente** versteckte *(oder verdeckte)* Inflation *f*.
inflacion|ario inflationistisch; **~ismo** Inflationismus *m*.
inflacionista inflation|är, -istisch, inflatorisch.
inflaparo Stagflation *f*.
in|flatorio *(Per)* s. inflacionario; **~fligir** *(Strafe f)* verhängen, zufügen *(Schaden)*.
influencia Einfluss *m*, Einwirkung *f*.
in|flujo s. influencia; **~fluyente** einflussreich.
información *(s. a. informe)* Auskunft *f*, Information *f*, Berichterstattung *f*, Unterrichtung *f*; **~ bancaria** Bankauskunft *f*; **~ de la bolsa** Börsennachrichten *fpl*; **~ económica de prensa** *(Zeitung:)* Wirtschafts|teil *m*; **para ~** nachrichtlich, zur Kenntnis *f*; **a su ~** zur Information; **~ urbanística** Offenlegung *f* von Bebauungsplänen.
informaciones *pl* Angaben *fpl*.
informador Berichterstatter *m*, Auskunftgeber *m*, Informant *m*, Auskunftsperson *f*, Gewährsmann *m*.
informa|l ordnungswidrig; formlos; **~lidad** Ordnungswidrigkeit *f*; **~nte** *m* Informant *m*, Gewährsmann *m*.
informar berichten, Bericht *m* erstatten, unterrichten, informieren, benachrichtigen, vortragen *(Anwälte)*, plädieren leiten *(Prinzipien)*, gutachtlich Stellung *f* nehmen; **~ en juicio** ein gerichtliches Gutachten *n* erstatten.
informática Informatik *f*, elektronische Datenverarbeitung *f*.
informati|vo *(adj)* Berichts-; **~zación** Computerisierung *f*, Umstellung *f* auf EDV; **~zado** computergesteuert.
informe *m (s. a. información)* Bericht *m*, Mitteilung *f*, Belehrung *f*, Auskunft *f*, Information *f*, Stellungnahme *f*, Meldung *f*, Berichterstattung *f*, Begutachtung *f*, Geschäftsbericht *m*, Schriftsatz *m*, Gutachten *n*; Plädoyer *n*; **~ anual** Jahres|bericht *m*, Geschäfts- *m*; **~ de auditoría** Prüfungsbericht *m*; **~ sobre los daños** Schadensbericht *m*; **~ elogioso** Belobigung *f (Beamter)*; **~ de estrados** Plädoyer *n*; **~ facultativo** ärztliches Gutachten *n*; **~ de gestión** Geschäfts|bericht *m*, Lage- *m (Gesellschaften)*; **~ de opinión** Meinungsumfrage *f*; **~ pericial** *(o **del perito**)* Sachverständigen|beweis *m*, -gutachten *n*; **~ policíaco** *(o **policial**)* Polizeibericht *m*; **~ de la ponencia** Gutachten *n* des Berichterstatters;

~ **privado** Privatgutachten *n*; ~ **sobre la situación económica** Konjunkturbericht *m*.
informes *mpl* Referenzen *fpl*; ~ **visuales y auditivos** Bild- und Tonberichterstattung *f*.
infortunio Unglück *n*; ~ **de trabajo** Arbeits | unfall *m*, Betriebs- *m*.
infracapitalización Unterkapitalisierung *f*.
infracción Verletzung *f*, Verfehlung *f*, Verstoß *m*, Zuwiderhandlung *f*; ~ **administrativa** Ordnungswidrigkeit *f*; ~ **administrativa de tráfico** Verkehrsordnungswidrigkeit *f*; ~ **de las buenas costumbres** Sittenwidrigkeit *f*; ~ **contractual** *(o **de un contrato**)* Vertrags | verletzung *f*; ~ **de deber*(es)*** Pflichtwidrigkeit *f*; ~ **de un deber oficial** Amtspflichtverletzung *f*; ~ **del derecho** Rechtsverletzung *f*; ~ **disciplinaria** Dienst | vergehen *n*, Disziplinar- *n*; ~ **fiscal** Steuer | vergehen *n*; ~ **de fondo** materieller Rechtsfehler *m*; ~ **de obligación civil** Forderungsverletzung *f*; ~ **penal** strafbare Handlung *f*, Straftat *f*; ~ **de plazos** Fristversäumnis *f*; ~ **de procedimiento** Verfahrensverstoß *m*.
infracción tributaria Steuerstraftat *f*.
infraconstitucional *(adj)* unterhalb der Verfassung.
infractor Täter *m*, Rechtsbrecher *m*, Zuwiderhandelnder *m*; ~ *(adj)* verletzend, verstoßend.
infradotación zu niedrige Mittelausstattung *f*.
infraestructura Infrastruktur *f*, Unterbau *m*; ~ **administrativa** Verwaltungsunterbau *m*.
infraestructural *(adj)* Infrastruktur-, infrastrukturell.
infra | scrito Unter | zeichneter *m*, -fertigter *m*; ~**seguro** Unterversicherung *f*; ~**utilizado** nicht ausgelastet *(Kapazität)*; ~**valoración** Unterbewertung *f*.
infringir verletzen, zuwiderhandeln, verstoßen gegen.
infundir temor in Angst *f* versetzen.
infungible nicht vertretbar.
ingeniería, ~ **financiera** Finanzmanagement *n*; ~ **genética** Gentechnologie *f*.
ingeniero Ingenieur *m*; ~ **agrónomo** Diplomlandwirt *m*; ~ **diplomado** Diplomingenieur *m*; ~ **industrial** Wirtschaftsingenieur *m*.
ingenieros *pl* Pioniere *mpl (Militär)*.
ingresar *(Geld:)* ein*(be)*zahlen, abführen, zahlen *(Abgaben)*; beitreten, aufgenommen werden *(Schule, Akademie)*; ~ **en** eintreten *(in einen Dienst)*, einschlagen *(Laufbahn)*, eingeliefert werden *(in das Gefängnis)*; ~ **al país** einreisen *(Ausländer)*.
ingreso *(s. a. ingresos pl)* Eingang *m (von Geld)*, Einzahlung *f*, Eintritt *m*, Beitritt *m*, Aufnahme *f (Akademie, Schule)*, Einlieferung *f (Gefängnis)*; ~ **a cuenta** Akontozahlung *f*; ~ **en efectivo** Bar*(geld)*einzahlung *f*; ~ **en prisión** Aufnahme *f* in die Haftanstalt, Strafantritt *m* ~ **en la Unión Europea** Beitritt *m* zur Europäischen Union, EU-Beitritt *m*.
ingresos *pl* Einkünfte *pl*, Einnahmen *fpl*, Einkommen *n*, Erlös *m*, eingehende Gelder *npl*; ~ **anticipados** erhaltene Anzahlungen *fpl (Bilanz)*; ~ **brutos** Bruttoeinkommen *n*, Roheinnahmen *fpl*; ~ **por las cotizaciones** Beitragsaufkommen *n*; ~ **antes/después de deducidos los impuestos** Einkommen *n* vor/nach Steuern; ~ **fiscales** Steuer | einnahmen *fpl*, -aufkommen *n*; ~ **de fuente nacional** Inlandseinkünfte *pl*; ~ **de Hacienda** öffentliche Einnahmen *fpl*; ~ **imponibles** zu besteuerndes Einkommen *n*; ~ **líquidos** Netto | einnahmen *fpl*, -einkommen *n*; ~ **netos** Netto | einkommen *n*, -einnahmen *fpl*; ~ **previstos** Solleinnahmen *fpl*; ~ **por ventas** Verkaufserlös *m*.
inhábil *m* Entmündigter *m*; ~ *(adj)* unfähig, untauglich; ~ **para ser testigo** zeugnisunfähig.
inhabilidad Unfähigkeit *f*, Untauglichkeit *f*, Ausschlussgrund *m*.
inhabilitación Berufsverbot *n*; ~ **absoluta** Aberkennung *f* von Rechten und Fähigkeiten, Entfernung *f* aus dem Dienst *(Strafe)*; ~ **para cargo público** Amtsunfähigkeit *f*; ~ **para conducir** Fahrverbot *n*.

inhabilitación especial, ~ ~ para cargos públicos Aberkennung *f* der Fähigkeit zur Bekleidung öffentlicher Ämter; **~ ~ para profesión, oficio, industria** Berufsverbot *n*.
inhabilitar für unfähig erklären, ein Berufsverbot *n* aussprechen.
inhibición Verhinderung *f*, *(Selbst)*Ablehnung *f*, Unzuständig*(keits)*erklärung *f*, Hemmung *f (vor einer Straftat)*, Arrest *m*; Veräußerungsverbot *n*.
inhibi | do Arrestschuldner *m*; **~r** ablehnen *(Richter)*; **~rse** sich für befangen *(oder unzuständig)* erklären; **~toria** Ablehnung *f* als unzuständig; **~torio** *(adj)* Ausschließungs- *(-beschluss)*.
iniciación Einleitung *f (Verfahren)*, Einführung *f (in ein Amt)*, Einweihung *f*; **~ del trabajo** Arbeitsaufnahme *f*.
iniciar anfangen, beginnen, eröffnen, einleiten, einführen *(in ein Amt)*; **~ una acción** Klage *f* erheben *(oder einreichen)*; **~ acción legal** rechtliche Schritte *pl* einleiten; **~ leyes** die Gesetzesinitiative *f* ausüben.
iniciativa Anregung *f*, Initiative *f*; **~ ciudadana** Bürgerinitiative *f*; **~ legislativa** Gesetzesinitiative *f*; **~ popular** Volksbegehren *n*; **~ privada** Privatinitiative *f*.
iniciativo anregend, initiativ.
inicio Eröffnung *f*, Beginn *m*.
in | idoneidad Untauglichkeit *f*; **~idóneo** untauglich.
inimpugna | bilidad Unanfechtbarkeit *f*; **~ble** unanfechtbar.
inimputabilidad Schuldunfähigkeit *f*.
inimputable schuldunfähig.
iniquidad Ungerechtigkeit *f*.
injerencia Eingriff *m*, Einmischung *f*, Intervention *f*; **~ en los asuntos internos** Einmischung *f* in die inneren Angelegenheiten; **no ~** Nichteinmischung *f*.
injuria Beleidigung *f*, Beschädigung *f*; **~ formal** Formalbeleidigung *f*; **~ real** tätliche Beleidigung *f*, Realinjurie *f*; **~ verbal** Verbalinjurie *f*.
injuriador s. injuriante *m*; **~nte** *m* Beleidiger *m*, Schädiger *m*; **~** *(adj)* beleidigend; **~r** beleidigen.
inju | rídico ungesetzlich, rechtswidrig; **~rioso** s. injuriante *(adj)*.
injusticia Ungerechtigkeit *f*.
injustifica | ble nicht zu rechtfertigend; **~do** ungerechtfertigt.
injusto ungerecht, unrechtmäßig.
inmatriculación Immatrikulation *f*, Eintragung *f (im Grundbuch)*.
inmatricular immatrikulieren, einschreiben, eintragen.
inmedia | ción Unmittelbarkeit *f*; **~tamente** fristlos, unverzüglich; **~tez** *f* s. inmediación; **~to** unmittelbar.
inmemorial | unvordenklich *(-er Besitz)*; **~idad** Unvordenklichkeit *f*; **~mente** seit unvordenklicher Zeit *f*.
inmigración Einwanderung *f*, Zuwanderung.
inmigrante *m* Einwanderer *m*; **~ de origen alemán** Aussiedler *m*.
inmigrar einwandern, zuwandern.
in | misión Immission *f*; **~mobiliario** *(adj)* Immobiliar-, Boden-, Liegenschafts; **~moral** sittenwidrig.
inmoralidad Sittenwidrigkeit *f*.
inmóvil ortsgebunden.
inmovilización Stilllegung *f*, Beschlagnahme *f (Bewirtschaftung)*, Stillstand *m*, feste Anlage *f (Geld)*.
inmovilizaciones *pl* Anlage | vermögen *n*, -güter *npl*.
inmovilizado Anlagen *fpl*, Anlage | vermögen *n*, -kapital *n*.
inmovilizar *(Geld, Kapital:)* fest anlegen, stilllegen.
inmueble *m* unbewegliche Sache *f*, Grund | stück *n*; **~** *(adj)* unbeweglich *(-es Eigentum)*; **~ industrial** Betriebsgrundstück *n*; **~ para vivienda** Wohnhaus *n*.
inmune immun, unverletzlich, unbelastet, steuerfrei.
inmunidad Unverletz | lichkeit *f*, -barkeit *f*, Immunität *f*, Exterritorialität *f*; **~ fiscal** Steuer | freiheit *f*, -immunität *f*.
inmunizar von der Strafbarkeit *f* ausnehmen.
inmutabilidad Unabänderlichkeit *f*.
inmuta | ble unabänderlich; **~ción** Abänderung *f*; **~r** abändern.
innato angeboren *(-es Recht)*.
innavegable seeuntüchtig, nicht schiffbar.
in | negable unbestreitbar; **~negociable** unübertragbar, nicht handelsfähig, nicht börsenfähig; **~nocuidad**

s. inocuidad; **~nominado** nicht auf den Namen lautend, atypisch *(-er Vertrag)*; **~novación** Neuerung *f (Patent)*, Innovation *f*.
innova | dor innovativ; **~r** Neuerungen *fpl* einführen.
inobservancia Missachtung *f*; **~ de plazo** Fristversäumnis *f*.
inocen | cia Unschuld *f*, Schuldlosigkeit *f*; unschuldig, schuldlos.
inocu | idad Unschädlichkeit *f*; **~o** unschädlich, schadlos.
inofensivo unschädlich.
inoficioso den Pflichtteil *m* mindernd.
inoperancia jurídica Unwirksamkeit.
in | operante unwirksam; **~oponible** nicht einwendbar; **~oportunidad** Unzweckmäßigkeit *f*; **~oportuno** unzweckmäßig.
inordinado ungeordnet.
inquieta | ción Besitzstörung *f*; **~dor** Störer *m (im Besitz)*.
inquietar stören; **~ en la posesión** im Besitz *m* stören.
inquilin | ato Miete *f*, Mietzins *m*; **~o** Mieter *m*.
inquirir untersuchen, ermitteln.
inquisición Untersuchung *f (gerichtliche ~)*, Ermittlung *f*.
insatis | facción mangelnde Befriedigung *f*; **~fecho** nicht befriedigt.
inscribi | ble eintragungsfähig; **~ente** *m* Anmelder *m*; **~bildad** Eintrag | ungsfähigkeit *f*.
inscribir eintragen, registrieren.
inscribirse sich *(an)*melden, sich eintragen.
inscripción Eintrag*(ung) m (f)*, Aufnahme *f*, Anmeldung *f*, Registrierung *f*; **~ constitutiva** konstitutive Eintragung *f*; **~ en el padrón municipal** Anmeldung *f*; **previa ~** Voreintragung *f*.
inscrito eingetragen, registriert.
inseguridad Unsicherheit *f*; **~ jurídica** Rechtsunsicherheit *f*.
inseminación Insemination *f*, Befruchtung *f*; **~ artificial** künstliche Insemination *f*.
inserción Inserat *n*, Zeitungsanzeige *f*; Bekanntmachung *f (Zeitung)*; Eingliederung *f (Arbeitsmarkt)*.
insertar inserieren, eine Anzeige *f* aufgeben; bekanntmachen.
inservible unbrauchbar, untauglich; **~ para navegar** seeuntüchtig.
in | sidia Heimtücke *f*; **~sidioso** heimtückisch; **~signia** Flagge *f*, Abzeichen *n*.
insignificante unerheblich.
insinuación Anregung *f*.
insinuar anregen.
insistir en sus pareceres bei seiner Meinung *f* bleiben.
insoluto unbezahlt, nicht erfüllt.
insolvencia Zahlungsunfähigkeit *f*, Insolvenz *f*; **~ de los consumidores** Verbraucherinsolvenz *f*.
insolvente *m* Zahlungsunfähiger *m*; **~** *(adj)* zahlungsunfähig, insolvent.
insoslayable unumgänglich.
insosteni | bilidad Unhaltbarkeit *f*; **~ble** unhaltbar, unerträglich.
inspección Aufsicht *f*, Inspektion *f*, *(Über)*Prüfung *f*, Durchsicht *f*, Kontrolle *f*, Besichtigung *f*, Einsicht | nahme *f*, Inaugenschein- *f*, Aufsichtsbehörde *f*, Musterung *f*; **~ aduanera** Zollkontrolle *f*; **~ bancaria** Bankenaufsicht *f*; **~ de carnes** Fleischbeschau *f*; **~ de la construcción** Bauaufsicht *f*; **~ jerárquica** Dienstaufsicht *f*; **~ judicial** richterlicher Augenschein *m*; **~ de los libros** Buchprüfung *f*; **~ de lugar *(del hecho)*** Lokaltermin *m*; **~ de naturaleza jurídica** Rechtsaufsicht *f (Verwaltung)*; **~ ocular** *(richterlicher)* Augenschein *m*, Lokaltermin *m*; **~ ocular del cadáver** Leichenschau *f*; **~ técnica de vehículos** *(Sp)* Technischer Überwachungsverein *m*; **~ tributaria** *(o **de los tributos**)* Steuer | aufsicht *f*, -fahndung *f*.
inspeccionar *(über)*prüfen, inspizieren, kontrollieren, mustern.
inspector Inspektor *m*, Kontroll | eur *m*, -beamter *m*, Aufsichts | person *f*, -beamter *m*; **~** *(adj)* aufsichtführend; **~ de aduanas** Zoll | inspektor *m*, -aufseher *m*; **~ de cuentas** Rechnungsprüfer *m*; **~ de Hacienda** Steuer | kontrolleur *m*, -fahnder *m*; **~ de policía** Polizeiinspektor *m*.
inspectoría Büro *n* des Inspektors.
instalación Einrichtung *f*, Anlage *f*, Errichtung *f (Fabrik)*; Amtseinführung *f*, Bestallung *f*,

Einzug *m*; **~ fabril** Fabrikanlage *f*; **~ de producción** Produktionsanlage *f*; ~ privativa Privateinrichtung *f*, Einrichtung *f* im Sondereigentum.

instalaciones *pl (Bilanz:)* Betriebs|anlagen *pl*, -einrichtung *f*, Ausrüstung *f*; **~ de seguridad** Sicherheitsvorrichtungen *fpl*.

instalar| einrichten, einsetzen, gründen, bestallen; **~se** sich einrichten, sich niederlassen, einziehen *(Haus)*, beziehen *(Wohnung)*.

instancia 1. Instanz *f (Gericht)*, Instanzen|zug *m*, Rechts- *m*; 2. Ersuchen *n*, Gesuch *n*, Antrag *m*; **a ~** s. a. instancias *pl*; **~ anterior** Vorinstanz *f*; **~ de apelación** Rechtsmittel|instanz *f*, Berufungs- *f*; **~ de casación** Revisionsinstanz *f*; **~ de indulto** Gnadengesuch *n (Militär)*; **~ inferior** Vor|instanz *f*; **a ~ de parte** auf Antrag *m*; **~ de parte agraviada** Antrag *m* des Verletzten; **de** *(o* ***en)*** **primera ~** erstinstanzlich; **~ de recurso** Rechtsmittelinstanz *f*; **en última ~** letztinstanzlich.

instancias *pl*, **a ~** auf Antrag.

instar betreiben *(Klage)*; **~ la continuación** weiterbetreiben *(Verfahren)*.

instauración Errichtung *f*, Einsetzung *f*, Stiftung *f (Akt)*.

instaurar errichten, einsetzen, bilden *(Regierung)*, gründen; **~ demanda** Klage *f* erheben *(oder einreichen)*.

instigación Anstiftung *f*; **a ~ de** auf Veranlassung *f* von; **~ mediata** mittelbare Anstiftung *f*; **~ pública** Aufruf *m*, öffentliche Aufforderung *f*.

instiga|dor Anstifter *m*, Drahtzieher *m (StrafR)*; **~r** anstiften.

institución Einrichtung *f*, Errichtung *f*, Gründung *f*; Institution *f*, Institut *n (Rechts-)*, Anstalt *f*; Einsetzung *f (als Erbe)*, Amtseinführung *f*; **~ aseguradora** Versicherungsträger *m*; **~ autónoma** Selbstverwaltungskörperschaft *f*; **~ bancaria** Bankinstitut *n*; **~ caritativa** Wohlfahrtsverband *m*; **~ de Derecho privado** privatrechtliche Einrichtung *f*; **~ de Derecho público** Anstalt *f* des öffentlichen Rechts; **~ de enseñanza media** Real|schule *f*, Mittel- *f*; **~ financiera** Geldinstitut *n*; **~ de heredero** *(o* ***de herencia)*** Erbeinsetzung *f*; **~ jurídica** Rechtsinstitut *n*; **~ de utilidad pública** gemeinnützige Einrichtung *f*.

institucional| institutionell; **~ización** Institutionalisierung *f*.

instituciones *pl* **de la Unión Europea** Organe *npl* der Europäischen Union.

instituido| Bedachter *m (Erbrecht)*; **~r** Gründer *m*, Stifter *m*.

instituir errichten, einsetzen, ernennen, einführen *(in ein Amt)*; **~ heredero** zum Erben *m* einsetzen.

instituto Institut *n*, Einrichtung *f*, Anstalt *f*, höhere Schule *f*, Gymnasium *n*, Stelle *f*; **~ anatómico-forense** rechtsmedizinisches Institut *n*; **~ bancario** Bankinstitut *n*.

instituto de crédito Kredit|institut *n*, Geld- *n*; **~ ~ inmobiliario** Bodenkreditanstalt *f*.

instituto de enseñanza *(media)* *(höhere)* Lehranstalt *f*; **~ Español de Comercio Exterior** *(Sp)* Außenhandelsinstitut *n*.

Instituto Internacional, ~ ~ de Patentes Internationales Patentbüro *n*.

instituto, ~ laboral Berufsschule *f*; **~ de máxima seguridad** Hochsicherheits-Haftanstalt *f*; **~ médico legal** *(Ch)* rechtsmedizinisches Institut *n*; **~ Monetario Europeo** Europäisches Währungsinstitut *n (EW)*.

Instituto Nacional staatliches Amt *n*; **~ ~ de Administración Pública** *(Sp)* Verwaltungsakademie *f*; **~ ~ de Empleo** *(Sp)* Arbeitsverwaltung *f*; **~ ~ de Estadística*(s)*** *(Sp, Per)* nationales Amt *n* für Statistik; **~ ~ de Previsión** *(Sp)* Sozialversicherungsanstalt *f*; **~ ~ de la Salud** *(Sp)* staatlicher Gesundheitsdienst *m*; **~ ~ de la Vivienda** *(Sp)* Staatliche Bank *f* für Wohnungsbau.

instituto, ~ de normalización Normeninstitut *n (EG)*; **~ de la Pequeña y Mediana Empresa Industrial** *(Sp)* Institut *n* für mittelständische Industrieunternehmen; **~ público de empleo** öffentlich-rechtliche Anstalt *f* für Arbeit; **~ de segunda enseñanza**

höhere Lehranstalt *f*; **~ superior** Hochschule *f*.
institu | tor s. instituyente; **~yente** *m* Gründer *m*, Stifter *m*, Testator *m*.
instrucción *(An)*Weisung *f*, Anordnung *f*, Dienst | anweisung *f*, Geschäfts- *f*, Bildung *f*, Verwaltungsverordnung *f*; Betreiben *n* *(des Verfahrens)*, Verfahrensgang *m*, gerichtliche Untersuchung *f*, Voruntersuchung *f* *(Strafprozess)*, Ermittlung *f* *(Richter)*; **~ cívica** politische Bildung *f*; **~ escolar obligatoria** Schulpflicht *f*; **~ general de servicio** allgemeine Dienstanweisung *f*; **~ legal** Rechtsbelehrung *f*; **para ~** zur Einsicht *f* *(Akten)*; **~ penal** Ermittlung *f* in Strafsachen; **~ primaria** Grundschul | wesen *n*, -bildung *f*; **~ pública** öffentliches Schulwesen *(oder Unterrichtswesen) n*.
instrucciones *pl* Richtlinien *fpl*, Direktiven *fpl*; **~ de Hacienda** *(Sp)* Steuerrichtlinien *fpl*; **~ para el servicio** Bedienungsanleitung *f*.
instructivo Untersuchungs-, lehrreich.
instructor Ausbilder *m*, Ermittlungsrichter *m*, Bearbeiter *m* *(Akte)*; **~** *(adj)* Ermittlungs-, Unterrichts-.
instruir unterrichten, belehren, einweisen; betreiben *(Verfahren)*, führen *(Prozess)*, die Ermittlungen *fpl* durchführen; **~ diligencias** ermitteln; **~ un expediente** ein Verfahren *n* betreiben; **~ sobre** belehren; **~ *(el)* sumario** Ermittlungen *fpl* durchführen.
instrumental Urkunden-, urkundlich.
instrumento Instrument *n*, Mittel *n*, Urkunde *f*; **~ constitutivo** Gründungsurkunde *f*; **~ contractual** *(o **del contrato**)* Vertragsurkunde *f*; **~ delictivo** *(o **del delito**)* Verbrechens | werkzeug *n*, Tat- *n* **~ nominativo** Rektapapier *n*; **~ notarial** notarielle Urkunde *f*; **~ de pago** Zahlungsmittel *n*; **~ al portador** Inhaberpapier *n*; **~ privado** Privaturkunde *f*, privatschriftliche Urkunde *f*.
instrumentos *pl* **del mercado** Marktinstrumentarium *n*.
insubordina | ción Ungehorsam *m*, Gehorsamsverweigerung *f*; **~do** ungehorsam; **~r** zum Ungehorsam *m* verleiten; **~rse** den Gehorsam *m* verweigern.
insubsana | bilidad Unheilbarkeit *f*; **~ble** unheilbar *(nichtig)*.
insubsisten | cia Unhaltbarkeit *f* *(Vorwürfe)*; **~te** unbegründet.
insuficiencia Mangel *m*, Unzulänglichkeit *f*; **~ del abastecimiento** Versorgungslücke *f*; **~ de capital*(es)*** Kapitalmangel *m*; **~ legal** *(o **de la ley**)* Gesetzeslücke *f*; **~ presupuestaria** Haushaltsdefizit *n*.
insuficiente unzulänglich.
insulta | dor Beleidiger *m*; **~nte** beleidigend; **~r** beleidigen, beschimpfen.
insulto Beleidigung *f*.
insumiso *(Sp)* Totalverweigerer *m*; **~** *(adj)* ungehorsam.
insumo Aufwand *m*, Input *m*; **~ -producto** Input-Output *m*.
insurgente *m* Aufrührer *m*.
insurrección Aufruhr *m*, Meuterei *f*.
insurrecto s. insurgente.
insustitui | bilidad Unabkömmlichkeit *f*; **~ble** unabkömmlich.
intachable nicht ablehnbar, einwandfrei.
intacto, quedar ~ unberührt bleiben
intangible unantastbar, unpfändbar.
integración Eingliederung *f*, Aufnahme *f*, Verbindung *f* *(von Sachen)*; **~ analógica** Lückenausfüllung *f* durch Analogie; **~ del capital** Einbringung *f* des Kapitals.
integrado, estar ~ por bestehen aus.
integrante *m* Bestandteil *m*.
integrar integrieren, bilden, einbringen, zahlen; **~ delito** einen Straftatbestand *m* darstellen.
integridad Unversehrtheit *f*, Integrität *f*; **~ corporal** körperliche Unversehrtheit *f*; **~ física** s. integridad corporal; **~ territorial** territoriale Integrität *f*.
íntegro integer, vollständig, unverkürzt, unbestechlich.
inteligencia Verstand *m*, Intelligenz *f*, Auslegung *f* *(eines Vertrags)*.
intención Absicht *f*; **~ criminal** verbrecherische Absicht *f*; **~ delictiva** *(o **delictuosa** o **de delinquir**)* s. intención criminal; **~ dolosa** böse Absicht *f*; **~ de lucro** Gewinnsucht *f*; **~ de perjudicar** Schädigungsabsicht *f*; **sin ~** absichtslos.

intenciona | do s. intencional; **~l** absichtlich, vorsätzlich.
intencionalidad Vorbedacht *m*, Absichtlichkeit *f.*
intendencia Intendantur *f*, Verwaltung *f*, Beschaffungsamt *n*; **~ de policía** Polizeihauptquartier *n*; **~ de víveres** Proviantamt *n.*
intendente *m* Intendant *m*, Gouverneur *m*; **~ mercantil** *(Sp)* Diplomkaufmann *m*; **~ de policía** Polizeichef *m.*
intensidad Intensität *f*; **~ de tráfico** Verkehrsdichte *f*; **~ de uso** Grad *m* der Bebaubarkeit.
intensificación Intensivierung *f*, Verstärkung *f*; **~ de la competencia** Verschärfung *f* des Wettbewerbs.
intensificar intensivieren.
intentar versuchen, beabsichtigen, erheben *(Klage)*; **~ demanda** klagen, Klage *f* erheben *(oder einreichen).*
intento Absicht *f*, Versuch *m*; **~ de avenencia** Sühneversuch *m*; **~ de conciliación** Einigungs | versuch *m*, Sühne- *m*; **de ~** absichtlich.
intentona de golpe de Estado fehlgeschlagener Staatsstreich *m.*
inter | acción Interaktion *f (Soz)*; **~bancario** *(adj)* von Bank zu Bank; **~calar** einschieben.
intercambia | bilidad Austauschbarkeit *f*; **~ble** austauschbar; **~r** einwechseln, ausauschen.
intercambio Austausch *m*, Umtausch *m*, Auswechslung *f*, Verkehr *m*; **~ de acciones** Aktientausch *m*; **~ comercial** Handelsverkehr *m*; **~ de disparos** Schusswechsel *m*; **~ de escritos** Schriftwechsel *m*; **~ de información** Informationsaustausch *m*; **libre ~** Freihandel *m*; **~ de mercancías** Warenverkehr *m.*
intercambios *pl* **~ compensados** Kompensationsgeschäfte *npl.*
interceder intervenieren, vorsprechen.
interceptación Abhören *n (Telefon)*, Abfangen *n (Briefe)*; Unterschlagung *f.*
interceptar abfangen *(Briefe)*, unterschlagen *(Korrespondenz)*, abhören *(Telefon)*, unterbinden; **~ el paso a alguien** *(VR)* jemandem den Weg *m* abschneiden.
inter | cesión Fürsprache *f*, Intervention *f*; **~cesor** Fürsprecher *m*; **~comunitario** *(Sp)* zwischen den Autonomien; **~conexión** Verbund *m*, Verflechtung *f*; **~decir** untersagen, verbieten; **~departamental** zwischen den Ministerien, ressortübergreifend.
interdependencia gegenseitige Abhängigkeit *f.*
interdicción *(s. a. interdicto)* Verbot *n*, Entmündigung *f*; **~ de la arbitrariedad** Willkürverbot *n*; **~ del ejercicio profesional** Untersagung *f* der Berufsausübung; **~ de pago** Zahlungssperre *f.*
interdicto *(s. a. interdicción)* gerichtliches Verbot *n*, Besitzklage *f*, einstweilige Verfügung *f*, Eilverfahren *n (Verwaltung)*; Entmündigter *m*; **~ de adquirir** einstweilige Verfügung *f* über Erwerbsverbot; **~ de obra nueva** einstweilige Verfügung *f* des durch einen Neubau im Besitz Gestörten; **~ de recobrar** einstweilige Verfügung *f* auf Herausgabe; **~ de retener** einstweilige Verfügung *f* gegen Besitzstörungen.
interempresarial zwischenbetrieblich.
interés *m (s. a. intereses pl)* 1. Interesse *n*, Anteilnahme *f*; 2. Zins *m*, Verzinsung *f*, Anteil *m*, Ertrag *m*, Nutzen *m*, Vorteil *m*; 3. Schaden *m (bei Forderungsverletzung)*; **a ~** verzinslich; **~ de afección** Liebhaberinteresse *n*; **~ en la causa** Befangenheit *f*; **~ compuesto** Zinseszins *m*; **con ~** verzinslich; **~ de la confianza** Vertrauensschaden *m*; **~ fijo** fester Zins *m*; **~ flotante** schwankender Zins *m*; **~ general** Gemeinwohl *n*, öffentliches Interesse *n*; **~ interbancario** Interbankrate *f*; **~ de intereses** Zinseszins *m*; **justo ~** berechtigtes Interesse *n*; **~ legal** rechtliches Interesse *n*; **~ líquido** Nettoverzinsung *f*; **~ moratorio** Verzugszins *m*; **~ negativo** negativer Schaden *m*, Vertrauensschaden *m*; **~ nominal** Nominal | zins *m*, -verzinsung *f*; **~ particular** Privatinteresse *n*; **que produce ~** verzinslich; **de ~ público** von öffentlichem Interesse *n*; **~ real** Real | zins *m*, Effektiv- *m*; **sin ~** ohne Zinsen *mpl*, zinslos; **~ variable** variabler Zins *m*; **de ~ vital** lebenswichtig.

interesado Interessent *m*, Bewerber *m*, Betroffener *m*, Beteiligter *m*; **~** *(adj)* beteiligt, selbstsüchtig; **~ secundario** Beigeladener *m*.
interesar *(jemanden)* beteiligen, anlegen *(Geld)*; beantragen; **~ el alta** anmelden.
interes | arse interessiert sein; **~encia** persönliche Anwesenheit *f*; **~ente *m* persönlich Anwesender *m*.**
intereses *mpl* 1. Zinsen *mpl*, Prozente *npl*, Erlös *m*; 2. Belange *mpl*; **~ acreedores** Habenzinsen *mpl*; **~ corridos** fällige Zinsen *mpl*; **~ corrientes** laufende Zinsen *mpl*; **~ en cuenta corriente** Kontokorrentzinsen *mpl*; **~ de demora** Verzugszinsen *mpl*, Zinsrückstände *mpl*; **~ deudores** Sollzinsen *mpl*; **~ devengados** aufgelaufene Zinsen *mpl*; **~ efectivos** Effektivzinsen *mpl*; **~ estamentales** Standesinteressen *npl*; **~ intercalares** Zwischenzinsen *mpl*; **~ legales** gesetzliche Zinsen *mpl*; **~ públicos** öffentliche Belange *pl*; **~ de seguridad** Sicherheitsbelange *pl*; **~ de usura** *(o **usurarios**)* Wucherzinsen *mpl*; **~ vencidos** aufgelaufene Zinsen *mpl*.
inter | estatal zwischenstaatlich; **~fecto** Ermordeter *m*, Getöteter *m*; **~** *(adj)* ermordet, gewaltsam getötet.
interferencia ~ del Estado Eingriff *m* des Staates *m*.
ínterin *m* Übergangszeit *f*; **~** *(adj)* vorläufig, einstweilig.
interinar ein Amt *n* vorläufig wahrnehmen.
interinidad stellvertretende Tätigkeit *f*, Interimslösung *f*.
interino Vertreter *m* *(im Amt)*; **~** *(adj)* Aushilfs-, vorläufig *(-er Beschluss)*, stellvertretend.
interior In | land *n*, Binnen- *n*; **~** *(Sp)* Innenministerium *n*; **~** *(adj)* Innen-, inländisch.
interlocutor Gesprächs | partner *m*; **~ económico** Wirtschaftspartner *m*.
interlocutoria Zwischenurteil *n*.
interlocutoriamente *(adv)* durch Zwischenurteil.
intérlope *(Sp)* unkonzessioniert.
intermediación laboral Arbeitsvermittlung *f*.
intermediario Unter | händler *m*, Zwischen- *m*, Mittelsmann *m*, *(Geschäfts)*Vermittler *m*; **~** *(adj)* vermittelnd; **~ financiero** Finanzmakler *m*.
inter | ministerial interministeriell; **~municipal** zwischen Gemeinden.
internación s. internamiento; *(außerdem:)* Einfuhr *f*, Import *m*.
internacional international, zwischenstaatlich, völkerrechtlich, grenzüberschreitend.
internacional | idad internationaler Status *m*.
internado Internat *n*; Internierter *m*, Untergebrachter *m*, Internatsschüler *m*; **~** *(adj)* interniert, untergebracht.
internamiento Internierung *f*, Verwahrung *f*, Einweisung *f*, *(Anstalts)*Unterbringung *f*; **~ de seguridad** Sicherungsverwahrung *f*.
internar | einweisen *(in Anstalt)*; importieren; **~se** *(VR)* einfahren.
inter | nauta *m* Internetbenutzer *m*; **~net** *m* Internet *n*.
interno Interner *m* *(Schüler)*; *(Gefängnis)*Insasse *m*; **~** *(adj)* inländisch, innerstaatlich, innerbetrieblich.
interpelación Anfrage *f* *(Parlament)*, Ermahnung *f* zur Wahrheit *(Zeuge)*, Vorhalt *m*.
inter | pelante *m* Fragesteller *m*; **~pelar** eine parlamentarische Anfrage *f* stellen, einem Zeugen *m* vorhalten; **~polar** einschieben, interpolieren.
interponer einlegen *(Rechtsmittel)*, stellen *(Antrag)*; **~ acción** Klage *f* erheben; **~ ante** einlegen bei.
interposición Einlegung *f* *(Rechtsmittel)*, Drittwiderspruchsklage *f*, Antragstellung *f*; **~ de la demanda** Klageerhebung *f*.
interpretable auslegungsfähig.
interpretación Auslegung *f*, Dolmetschen *n*; **~ amplia** extensive Auslegung *f*; **~ analógica** entsprechende Rechtsanwendung *f*; **~ auténtica** Legalinterpretation *f*; **~ conforme a la constitución** verfassungskonforme Auslegung *f*; **~ económica** wirtschaftliche Betrachtungsweise *f* *(SteuerR)*; **~ estricta** enge *(oder restriktive)* Auslegung *f*; **~ extensiva** ausdehnende

(oder extensive) Auslegung *f*; **~ de las huellas digitales** Auswertung *f* von Fingerabdrücken; **~ lata** weite Auslegung *f*; **~ literal** wörtliche Auslegung *f*; **~ restrictiva** *(o* ***restringida)*** enge *(oder: restriktive)* Auslegung *f*; **~ simultánea** Simultandolmetschen *n*.
interpretar auslegen, interpretieren; **~ estrictamente** eng auslegen; **~ extensivamente** weit auslegen.
intérprete *m, f* Dolmetscher *m*, Dolmetscherin *f*; **~ de buques** Schiffsmakler *m*; **~ diplomado** Diplomdolmetscher *m*; **~ jurado** vereidigter Dolmetscher *m*; **~ mímico** Gebärdendolmetscher *m*; **~ simultáneo** Simultandolmetscher *m*.
interregional interlokal *(Recht)*.
interroga | ción Frage *f*, Anrufung *f* des Gerichtshofs *(EU)*; **~do** Befragter *m*.
interrogar vernehmen; **~ bajo juramento** eidlich vernehmen.
interrogatorio Vernehmung *f*, Einvernahme *f*, Befragung *f*, Beweisfragen *fpl*; **~ cruzado** Kreuzverhör *n*; **~ testifical** *(o* ***de (los) testigos)*** Zeugenvernehmung *f*.
interrumpir unterbrechen.
interrupción Unterbrechung *f*, Abbruch *m*; **~ de la administración de justicia** Stillstand *m* der Rechtspflege; **~ del embarazo** Schwangerschafts | abbruch *m*, -unterbrechung *f*, **~ de plazo** Fristunterbrechung *f*.
intersección *(VR)* Kreuzung *f*; **~ con circulación giratoria** Kreisverkehr *m*.
interurbano überörtlich.
intervalo Zwischenzeit *f*; **~ entre dos sesiones** Parlamentsferien *pl*; **~ de lucidez** *(o* ***lúcido)*** lichter Augenblick *m*.
intervención Intervention *f*, Eingriff *m*, Zugriff *m*, Einsatz *m (Feuerwehr)*; Verwendung *f (für jemanden)*, Wortmeldung *f*, Beitritt *m* zum Rechtsstreit; Beschlagnahme *f*; **~ accesoria** Nebenintervention *f*; **~ adhesiva** Streithilfe *f*, Nebenintervention *f*; **~ alámbrica** Abhören *n (Telefon)*; **~ coadyuvante** s. intervención adhesiva; **~ de cuentas** Rechnungs | prüfung *f*, -abschluss *m*; **~ del Estado** *(o* ***estatal)*** Eingreifen *n* des Staates; **~ fiscal** Steuerprüfung *f*; **~ forzosa de abogado** Anwaltszwang *m*; **~ general** ***(de la administración)*** **del Estado** *(Sp)* Rechnungshof *m*; **~ necesaria** notwendige Streitgenossenschaft *f*; **no ~** *(VöR)* Nicht | einmischung *f*; **~ principal** Hauptintervention *f*; **~ telefónica** Abhören *n* des Telefons, Lauschangriff *m*.
intervencionismo Interventionismus *m*, Dirigismus *m*; **~ de la vivienda** Wohnraumbewirtschaftung *f*.
interven | cionista interventionistisch; **~ido** bewirtschaftet, gelenkt.
intervenir ein | greifen, -schreiten, beschlagnahmen, kontrollieren, sperren *(Konto)*, *(zwangs)*bewirtschaften; abfangen *(Briefe)*, abhören *(Telefon)*; auftreten, mitwirken, teilnehmen, sich beteiligen einem Rechtsstreit *m* beitreten; vorstellig werden; **~ en el fondo** zur Sache *f* verhandeln.
interventor Buch | prüfer *m*, Betriebs- *m*, Bilanz- *m*, Rechnungs- *m*, Wahl- *m*, Aufsichtsbeamter *m*, Nachlassverwalter *m*; **~ de averías** Dispacheur *m*; **~ de cuentas** Wirtschaftsprüfer *m*; **~ de las suspensiones de pagos** Vergleichsverwalter *m*.
interviniente *m* Beteiligter *m*; **~** *(adj)* beteiligt *(Partei)*; **~ adhesivo** Nebenintervenient *m*; **~ principal** Hauptintervenient *m*.
intestado ohne Testament *n*.
intestato, ab ~ *(lat)* s. intestado.
intimación Bekanntmachung *f*, Ankündigung *f*, Aufgebot *n*, Mahnung *f*.
intimar auffordern, mahnen; **~ el pago** zur Zahlung *f* auffordern.
intimatorio Aufforderungs-, Mahn-.
intimidación Drohung *f*, Bedrohung *f*, Abschreckung *f*.
intimi | dad Intimsphäre *f*; **~dante** *m* Drohender *m*; **~dar** bedrohen.
intitular benennen, betiteln.
intoxicación Vergiftung *f*, Intoxikation *f*.
intra | ~ *(s. a. inter |)*; **~comunitario** innergemeinschaftlich *(EU)*; **~estatal** innerstaatlich.

intransferi | bilidad Unübertragbarkeit *f.*
intransmisibilidad Unübertragbarkeit *f.*
intransmisible nicht übertragbar; **~ por herencia** unvererblich.
introducción Einführung *f*, Einleitung *f*, Einfuhr *f*; **~ en bolsa** Börseneinführung *f*; **~ de datos** Dateneingabe *f.*
introducir einführen *(jemanden, Ware)*, erheben *(Klage)*; **~ en bolsa** einführen *(Wertpapiere)*; **~ de contrabando** einschmuggeln *n*; **~ datos** Daten *npl* eingeben.
introductor Verbreiter *m (von Falschgeld)*; **~ de embajadores** Chef *m* des Protokolls.
intromisión Eingriff *m*, Einmischung *f.*
intrusión Eindringen *n*, Übergriff *m* Amtsanmaßung *f*, Besitzstörung *f.*
intrusismo Amtsanmaßung *f*, unbefugte Berufsausübung *f*; **~ laboral** Abwerbung *f.*
intruso Eindringling *m*, Besitzstörer, eigenmächtiger Besitzer *m.*
inundación del mercado por un producto Marktschwemme *f.*
inútil para el servicio wehr*(dienst)*untauglich.
inutilidad Nutzlosigkeit *f.*
inutilización Unbrauchbarmachung *f*, Entwertung *f (von Stempelmarken)*; **~ de documentos** Urkundenunterdrückung *f.*
inutilizar unbrauchbar machen, entwerten *(Stempelmarken etc.).*
invadir einfallen, eindringen, überschwemmen *(Markt).*
invalida | ción Kraftlos | erklärung *f*, Nichtig*(keits)*- *f*, Aufhebung.
invalidar für nichtig erklären, aufheben; **~ la novedad** neuheitsschädlich sein *(Patent).*
invalidarse dienstuntauglich werden.
invalidez *f* Unwirksamkeit *f*, Ungültigkeit *f*; Dienstuntauglichkeit *f*, Dienst | unfähigkeit *f*, Arbeits- *f*, Erwerbs- *f*; **~ parcial** Teil | invalidität *f*, -nichtigkeit *f*; **~ total** Erwerbsunfähigkeit *f.*
inválido erwerbs | unfähig, arbeits-, dienst-; ungültig, unwirksam.
invariable unveränderlich.
invasión Invasion *f*, Eindringen *n*; **~ de esferas** Zuständigkeits | überschreitung *f*, Kompetenz- *f*; **~ de un mercado** Marktschwemme *f.*
in | vasor Eindringling *m*; **~vencible** unüberwindlich.
invención Erfindung *f*; **~ creada bajo contrato** Auftragserfindung *f*; **~ laboral** Arbeitnehmererfindung *f*; **~ libre** freie Erfindung *f.*
invendi | ble unverkäuflich, nicht marktgängig; **~bles** *fpl* unverkäufliche Ware *f*, Remittenden *pl.*
inventariar ein Bestandsverzeichnis *n* aufstellen *(oder aufnehmen)*, inventarisieren, Inventur *f* machen.
inventario Inventar *n*, Verzeichnis *n*, Vermögens | verzeichnis *n*, -aufstellung *f*, Bestandsverzeichnis *n*; **~ anual** Jahresinventur *f*; **~ de cierre** Schlussbestand *m*; **hacer ~** den Lagerbestand *m* aufzeichnen, ein Inventar *n* errichten; **~ sucesorio** Nachlassinventar *n.*
inventarización Inventur *f.*
invento Erfindung *f*; **~ de perfeccionamiento** Verbesserungserfindung *f.*
inversión *(s. a. inversiones pl)* Anlage *f*, Geldanlage *f*, Anlegen *n (von Geld)*, Einlage *f (von Kapital)*, Invest | ierung *f*, -ition *f*, *(Zeit)*Aufwand *m*, Umkehrung *f (der Beweislast)*; **~ de ampliación** Erweiterungsinvestition *f*; **~ de la carga de la prueba** Umkehrung *f* der Beweislast; **~ de cartera** Beteiligungsinvestition *f*; **~ en cartera de valores** Portfolio-Investition *f*; **~ a corto *(plazo)*** kurzfristige Anlage *f (oder Investition f)*; **~ errónea** Fehlinvestition *f*, Kapitalfehlleitung *f*; **~ expansionista** Erweiterungsinvestition *f*; **~ extranjera** Auslandsinvestition *f*; **~ fija** Anlage | investition *f*; **~ material** Sachinvestition *f*; **~ neta** Netto | investition *f*, -anlage *f*; **~ neta del capital** Nettokapitalanlage *f*; **~ particular** private Anleger *pl (B, Rubrik)*; **~ de *(o para)* racionalización** Rationalisierungsinvestition *f*; **~ de reposición** Re | investition *f*, Ersatz- *f*; **~ sucesiva** Folgeinvestition *f*; **~ en valores reales** Sachwertanlage *f*; **~ con vistas a la modernización** Modernisierungsinvestition *f.*

inversiones *pl* Investitionen *fpl*, Anlagevermögen *n (Bilanz)*; **~ en activo fijo** Anlageinvestition *f*; **~ brutas en capital** *(o* ***en activo)*** **fijo** Bruttoanlageinvestitionen *fpl*; **~ conjuntas** Joint-venture *n*; **~ en equipo** Ausrüstungsinvestition *f*; **~ en el mercado monetario** Geldmarktanlage *f*; **~ públicas** Investitionen *fpl* der öffentlichen Hand.

inversionista *m* s. inversor.

inversor Anleger *m*, Investor *m*, Kapital|anleger *m*; **~** *(adj)* Investitions-; **~ de capital** Kapital|geber *m*, -anleger *m*; **~ institucional** institutioneller Anleger *m*, Kapitalsammelstelle *f*; **~ particular** privater Anleger *m*; **~ pequeño** Kleinanleger *m*.

invertir anlegen, aufwenden, investieren; **~ la carga de la prueba** die Beweislast *f* umkehren; **~ a interés** verzinslich anlegen; **~ el sentido de la marcha** *(VR)* wenden.

investidura Amts|einsetzung *f*, -übernahme *f (Ministerpräsident)*, Konstituierung *f (Regierung)*, Ernennung *f (eines Diplomaten)*.

investigación Ermittlung *f*, Untersuchung *f*, Forschung *f*, Fahndung *f*; **~ aduanera** Zollfahndung *f*; **~ aplicada** angewandte Forschung *f*; **~ básica** *(o* ***de base)*** Grundlagenforschung *f*; **~ de conductas** Verhaltensforschung *f*; **~ contable** Rechnungsprüfung *f*; **~ de la coyuntura** Konjunkturforschung *f*; **~ criminal** strafprozessuale Ermittlung *f*; **~ del derecho** Rechtsfindung *f*; **~ genética** Genforschung *f*; **~ judicial** gerichtliche Untersuchung *f*; **~ mercadológica** *(o* ***de mercados)*** Markt|forschung *f*; **~ de paternidad** Vaterschaftsfeststellung *f*; **~ penal** Ermittlungen *fpl (StrafR)*; **~ previa** Voruntersuchung *f*; **~ tributaria** Steuerfahndung *f*; **~ de la verdad** Wahrheits|ermittlung *f*, -findung *f*.

investigador Ermittler *m*, Forscher *m*; **~ encubierto** verdeckter Ermittler *m*.

investigado *m* Beschuldigter *m*.

investigar untersuchen, forschen.

investir einsetzen *(in ein Amt)*, ernennen, ausstatten *(mit Rechten)*, einweisen *(in den Besitz)*.

inviolabilidad Unverletzlichkeit *f*, Unantastbarkeit *f*, Immunität *f*.

inviolable unverletzlich, immun, unantastbar *(Menschenwürde)*.

invitación Einladung *f*; Aufforderung *f*.

invocación Berufung *f (auf Vorschrift)*.

invocar geltend machen *(Rechte)*, vorbringen; *(Vorschrift:)* sich berufen auf; **~ una excepción** eine Einwendung *f* erheben.

involuntario unfreiwillig, Zwangs-.

inyección Injektion *f*; **~ de capital** Kapitalspritze *f*.

inyectar injizieren *(Drogen)*; **~ liquidez** flüssige Mittel *pl* zuführen.

ir gehen; **~ contra sus actos propios** venire contra factum propium *(lat)*; **~ en contra de** gegen jemanden argumentieren, zuwiderlaufen; **~ al protesto** zu Protest *m* gehen.

irre|alizable undurchführbar; **~batible** unwiderleg|bar, -lich; **~conciliable** unversöhnlich; **~cuperable** uneinbringlich; **~currible** unanfechtbar *(Prozess)*; **~cusable** unabweisbar, glaubwürdig *(-er Zeuge)*, einwandfrei *(Sicherheit)*; **~dimible** unablösbar, nicht rückzahlbar; **~futable** unwiderleglich; **~gular** ordnungs|widrig, regel-.

irregularidad Ordnungs|widrigkeit *f*, Regel- *f*, Unregelmäßigkeit *f*, Zuwiderhandlung *f*; **~ procesal** Verfahrensverstoß *m*.

irre|levante unerheblich; **~mediable** unvermeidbar; **~munerado** unbezahlt; **~novable** nicht erneuerbar; **~nunciable** unverzicht|bar, unabding-; **~parable** unersetzlich, nicht wieder gut zu machen; **~partible** nicht ausschüttbar; **~prochable** einwandfrei; **~scindibilidad** Unkündbarkeit *f*.

irresponsabilidad Verantwortungslosigkeit *f*, fehlende Haftung *f*; **~ penal** Ausschluss *m* der strafrechtlichen Verantwortung.

irresponsable nicht haftbar.

irretroactividad fehlende Rückwirkung *f*.

irretroactivo nicht rückwirkend.

irre | visable nicht revidierbar; **~vocable** unwiderruflich.
irrita | ble annullierbar; **~ción** Unwirksamkeit *f*, Annullierung *f*.
irritar ungültig machen.
írrito unwirksam, ungültig, nichtig.
irrogación Schadensverursachung *f*.
irrogar *(Schaden)* verursachen; **~ gastos** Kosten *pl* verursachen; **no ~ perjuicio** nicht beschweren.
irrumpir eindringen.
irrupción en la vía unvermutetes Betreten *n* der Fahrbahn.
Islas Baleares *(Autonomía)* die Balearen *pl*.
ítem *m* Nachtrag *m*, Artikel *m*; **~** *(adv)* ferner *(in Urkunden)*.
itera | ción Wiederholung *f*; **~r** wiederholen; **~tivamente** *(adv)* wiederholt.
itinerario Strecke *f*, Verkehrsführung *f*; Fahr | plan *m*, Flug- *m*; **~ alternativo** Ausweichroute *f*.
ITV *(Sp)* TÜV *(D)*.
ius, ius- *(lat)* s. jus, jus-.
IVA s. impuesto sobre el valor añadido.

J

jactanci | a Berühmung *f (eines Rechts)*; **~oso** sich berühmend.
jactarse de un derecho sich eines Rechts *n* berühmen.
jal | ón *m* Markstein *m*; **~onar** abmarken; **~onamiento** Abmarkung *f*.
jefa Chefin *f*.
jefatura Leitung *f*, Befehlsgewalt *f*, Präsidium *n*, Direktion *f*; **~ del Estado** *(Sp)* Amt *n* des Staatschefs, Präsidialamt *n*; **militar** militärischer Oberbefehl *m*; **~ de*(l)* personal** Personalabteilung *f*; **~ superior de policía** *(Sp)* Polizeipräsidium *n*; **~ de tráfico** Straßenverkehrsbehörde *f*.
jefe *m* Chef *m*, Leiter *m*, Vorgesetzter *m*, Befehlshaber *m*; **~ accidental** stellvertretender Leiter *m*; **~ de la administración municipal** Stadtdirektor *m*; **~ de aduana** *(Sp)* Zollbehördenleiter *m*; **~ de área** Bezirksleiter *m*; **~ de bufete** Kanzleivorsteher *m*; **~ de departamento** Abteilungsleiter *m*, Referent *m*; **~ del ejecutivo** Regierungschef *m*; **~ del Estado** Staatsoberhaupt *n*; **~ de*(l)* Gobierno** Regierungschef *m*; **~** *(Sp)* Chef *m* der Regionalregierung; **~ de nave** Schiffsführer *m*; **~ de negociado** Referats | leiter *m (Ministerium)*, Abteilungs- *m (einer Behörde)*; **~ de obras** Bauleiter *m*; **~ de oficina** Büro | chef *m*, -vorsteher *m*; **~ de policía** Polizeipräsident *n*; **~ de protocolo** Protokollchef *m*; **~ de proyecto** Projektleiter *m*; **~ de publicidad** Werbeleiter *m*; **~ superior de administración** leitender Beamter *m (z.B. Staatssekretär)*; **~ superior de policía** Polizeipräsident *m*; **~ supremo de las fuerzas armadas** Oberbefehlshaber *m* der Streitkräfte; **~ de ventas** Verkaufsleiter *m*, Vertriebsleiter *m*.
jerarquía Hierarchie *f*, Rangordnung *f* Rang *m (eines Rechtssatzes)*; **~ normativa** Rangordnung *f* der Bestimmungen.
jerárquico hierarchisch.
jerarquización Schaffung *f* einer Rangordnung.
jerarquizar hierarchisch *(oder nach Rang)* ordnen, abstufen.
jerga Jargon *m*, Sondersprache *f*; **~ del hampa** Gaunersprache *f*.
jeringa desechable Einwegspritze *f*.
jornada Arbeits | tag *m*, -zeit *f*, Sitzung *f (Gericht)*, Tagessatz *m*; **~ de baja** Ausfalltag *m*; **~ completa** Vollzeitbeschäftigung *f*; **~ continua*(da)*** durchgehende Arbeitszeit *f*.
jornada laboral Arbeits | tag *m*, -zeit *f*.
jornada, ~ máxima legal gesetzliche Höchstarbeitszeit *f*; **media** Halbtagsbeschäftigung *f*; **~ perdida** Ausfallzeit *f*; **por ~** arbeitstäglich; **~ reducida** Kurzarbeit *f*, Teilzeitarbeit *f*; **~ de trabajo parcial** Teilzeitbeschäftigung *f*.
jornal *m* Tageseinkommen *n*; **a ~** im Tagelohn *m*.
jornalar im Tagelohn *m* anstellen.
jornalero Lohnarbeiter *m*, Tagelöhner *m*.

joven *m (Sp)* Heranwachsender *m* von 18 bis 21 Jahre.
jubilación Pensionierung *f*, Ruhestand *m*, Versetzung *f* in den Ruhestand, Emeritierung *f (von Professoren)*; Ruhegehalt *n*, Pension *f*, Rente *f*; **~ anticipada** vorzeitige Pensionierung *f*, Vorruhestand *m*.
jubilado Pensionär *m*, Ruhestandsbeamter *m*, Rentner *m*; **~** *(adj)* pensioniert.
jubilar | pensionieren, in den Ruhestand *m* versetzen; **~se** in den Ruhestand *m* treten.
judicatura Richter | stand *m*, -amt *n*, -schaft *f*, -tätigkeit *f*, Justiz *f*.
judicial | *(adj)* Richter-, Gerichts-, Justiz-, richterlich, gerichtlich.
juego Spiel *n*, Satz *m (Dokumente)*; **~ de azar profesional** gewerbsmäßiges Glücksspiel *n*; **~ sobre las diferencias** Differenzgeschäft *n*; **~ de impresos** Formularsatz *m*.
juez *m* Richter *m*, Einzelrichter *m*; **~ actuante** der erkennende Richter *m*; **~ adjunto** beisitzender Richter *m*, Beisitzer; **~ administrativo** Verwaltungsrichter *m*; **~ de apelación** Berufungsrichter *m*; **~ arbitrador** *(o **arbitral**)* Schiedsrichter *m*; **~ árbitro** Schiedsrichter *m*; **~ asesor** s. juez adjunto; **~ de los autos** der in der Sache tätige Richter *m*; **~ de carrera** Berufsrichter *m*; **~ de casación** Revisionsrichter *m*; **~ civil** Zivilrichter *m*; **~ comisario** *(o **de comisión**)* beauftragter Richter *m*; **~ de lo criminal** Strafrichter *m*; **~ decano** dienstältester Richter *m*, **~ delegado** beauftragter *(oder abgeordneter)* Richter *m*; **~ ejecutor** Vollstreckungsrichter *m*; **~ encargado** *(o **por encargo**)* s. juez delegado; **~ exhortado** ersuchter Richter *m*; **~ exhortante** ersuchender Richter *m*; **~ fiscal** Finanzrichter *m*; **~ de guardia** s. juez de turno; **~ inferior** Vorderrichter *m*; **~ de instrucción** s. juez instructor; **~ instructor** Untersuchungs | richter *m*, Ermittlungs- *m*; **~ legal** gesetzlicher Richter *m*; **~ lego** Laienrichter *m*; **~ del lugar** örtlich zuständiger Richter *m*; **~ -magistrado** Richter *m* beim Kollegialgericht; **~ de menores** Jugendrichter *m*; **~ militar** Militärrichter *m*; **~ de origen** *(o **originario**)* Erstrichter *m*; **~ de paz** Friedensrichter *m*; **~ penal** Strafrichter *m*; **~ penitenciario** *(Sp)* s. juez de vigilancia *(penitenciaria)*; **~ de primera instancia** Richter *m* erster Instanz, Erstrichter *m*; **~ de primera instancia e instrucción** *(Sp)* Richter *m* am Gericht Erster Instanz und Ermittlungsgericht; **~ profesional** Berufsrichter *m*; **~ ad quem** *(lat)* judex *m* ad quem *(lat)*; **~ a quo** *(lat)* judex *m* a quo *(lat)*; **~ requirente** ersuchender Richter *m*; **~ singular** *(KR)* Einzelrichter *m*; **~ de sucesiones** Nachlassrichter *m*; **~ superior** Richter *m* eines Obergerichts; **~ suplente** Ergänzungsrichter *m*; **~ togado** *(Sp)* Militärrichter *m*; **~ de trabajo** Arbeitsrichter *m*; **~ de** *(o **en**)* **turno** diensttuender Richter *m*; **~ tutelar** *(o **de tutelas**)* Vormundschaftsrichter *m*; **~ único** Einzelrichter *m*; **~ unipersonal** s. juez único; **~ de vigilancia *(penitenciaria)*** *(Sp)* Strafvollstreckungs | richter *m*; **~ vitalicio** Richter *m* auf Lebenszeit.
juez(a) Richterin *f*.
jugada Spiel *n*, Spekulation *f*; **~ de bolsa** Börsenspekulation *f*.
jugador Spieler *m*; **~ de bolsa** Börsenspekulant *m*.
jugar spielen, spekulieren; **~ al alza** auf Hausse *f* spekulieren; **~ a la baja** auf Baisse *f* spekulieren.
juicio 1. Verstand *m*, Urteil *n*, Beurteilung *f*, Urteils | vermögen *n*, -kraft *f*, Meinung *f*; 2. Gerichtsverfahren *n*, Rechtsstreit *m*, Verhandlung *f (Prozess)*, Prozess *m*; **~ abintestato** Verfahren *n* in testamentslosen Nachlasssachen; **~ administrativo** Verwaltungsverfahren *n*; **~ de apelación** *(o **apelatorio**)* Berufungsverfahren *n*; **~ apreciativo** Werturteil *n*; **~ arbitral** *(o **de árbitros**)* Schiedsgerichtsverfahren *n*; **~ civil** Zivilprozess *m*; **~ de cognición** Erkenntnisverfahren *n*; **~ comercial** Handelssache *f*; **~ de la conciencia** Gewissensentscheidung *f*; **~ de conciliación** Vergleichs | verfahren *n*, Sühne- *n*; **~ de concurso** Insolvenz-

verfahren *n*; **~ contencioso** streitiges Verfahren *n*, Streitsache *f*; **~ contencioso-administrativo** Verwaltungsstreitverfahren *n*; **~ contradictorio** streitiges Verfahren *n*; **~ criminal** Straf|verfahren *n*, -prozess *m*; **~ declarativo** Feststellungsverfahren *n*; **~** *(Sp)* Erkenntnisverfahren *n*; **~ declaratorio** s. juicio declarativo; **~ doble** Prozess *m* mit Widerklage; **~ de ejecución** *(o* ***ejecutivo****)* Vollstreckungsverfahren *n*; **~** *(Sp)* Urkundenprozess *m*; **~ ejecutivo cambiario** Wechselprozess *m*; **~ ejecutivo sobre un cheque** Scheckprozess *m*; **en ~** gerichtlich, vor Gericht *n*; **según ~ equitativo** nach billigem Ermessen *n*; **~ escrito** schriftliches Verfahren *n*; **estar en ~** vor Gericht *n* stehen; **~ de faltas** Übertretungs|sache *f*, Bagatellstraf- *f*; **~ hipotecario** Zwangsvollstreckung *f* aus der Hypothek; **~ incidental** Zwischen|verfahren *n*, -streit *m*; **~ con intervención forzosa de abogado** Anwaltsprozess *m*; **~ laboral** Arbeits|gerichtsverfahren *n*, -sache *f*; **~ mixto** Strafprozess *m* mit Adhäsionsverfahren; **~ no vinculante** obiter dictum *(lat)*; **~ oral** mündliche Verhandlung *f*, Hauptverhandlung *f*; **~ ordinario** ordentliches Verfahren *n*, gewöhnlicher Zivilprozess *n*; **~ penal** Straf|prozess *m*, -verfahren *n*; **~ pericial** Sachverständigengutachten *n*; **~ posesorio** Besitz*(schutz)*|verfahren *n*, -prozess *m*; **~ rápido** Schnellverfahren *n*; **~ en rebeldía** Versäumnisverfahren *n*; **sano ~** Vollbesitz *m* der Geisteskräfte; **~ secundario** Nebenverfahren *n*; **~ sumario** abgekürztes *(oder summarisches)* Verfahren *n*; **~ sumarísimo** Schnellgerichtsverfahren *n*; **~ testamentario** Erbteilungs|verfahren *n*, Erbauseinandersetzungs- *n*; **~ de trabajo** Arbeitsgerichtsprozess *m*; **~ de valor** Werturteil *n*, Würdigung *f (Beweise)*; **~ verbal** mündliche Verhandlung *f*, Hauptverhandlung *f*, mündliches Verfahren *n*.

juicioso urteilsfähig, verständig.

junta Rat *m*, Kollegium *n*, Versammlung *f*, Sitzung *f*, Kommission *f*, Ausschuss *m*; **~** *(Sp)* Regionalregierung *f*; **~ de accionistas** General|versammlung *f*, Haupt- *f*; **~ de acreedores** Gläubigerversammlung *f*; **~ de administradores** Verwaltungsrat *m*; **~ de arbitraje** *(o* ***arbitral****)* Schlichtungsausschuss *m*; **~ calificadora** Prüfungskommission *f*; **~ central del censo electoral** *(Sp)* oberster Wahlprüfungsausschuss *m*; **~ de clasificación y revisión** *(Sp)* Musterungsausschuss *m*; **~ constitutiva** Gründungsversammlung *f*; **~ consultiva** Beirat *m*, beratender Ausschuss *m*; **~ de defensa nacional** *(Sp)* nationaler Verteidigungsrat *m*; **~ directiva** Vorstand *m*, Kammervorstand *m*, Direktion *f*, Direktorium *n*; **~ ejecutiva** geschäftsführender Vorstand *m*; **~ electoral** Wahlausschuss *m*, **~ examinadora** Prüfungskommission *f*; **~ de facultad** Fachbereichsrat *m*; **~ de familia** Familienrat *m*.

junta general General|versammlung *f*, Haupt- *f*, Mitglieder- *f*; **~ ~ de accionistas** Hauptversammlung *f* der Aktionäre; **~ ~ de socios** Gesellschafterversammlung *f (GmbH)*.

junta, ~ de gobierno Exekutivausschuss *m*, Vorstand *m (Kammer)*; **~ de graduación** Prüfungstermin *m (Insolvenzverfahren)*; **~ de miembros** Mitgliederversammlung *f*; **~ militar** Militärjunta *f*; **~ nacional del paro** *(Sp)* oberste Arbeitslosenbehörde *f*; **~ de padres de familia** Elternbeirat *m*; **~ permanente de personal** Personalausschuss *m*; **~ de portavoces** *(Parlament:)* Ältestenrat *m*; **~ de propietarios** Wohnungseigentümerversammlung *f*; **~ vecinal** *(Sp)* Gemeindebezirksvertretung *f*.

juntar versammeln, zusammenbringen *(Geld)*.

junto, por ~ in Bausch und Bogen.

jura *(s. a. juramento)* Eid *m*, Vereidigung *f*; **~ de** *(la)* bandera Fahneneid *m*; **~ del cargo** Amtseid *m*; **~ de cuentas** Versicherung *f* der Richtigkeit von Kosten und Auslagen *(Anwalt)*.

jurado Geschworener *m*, Schöffe *m*, Jury *f*; Betriebsrat *m*, Preis | gericht *n*, Prüfungs- *n*; **~** *(adj)* vereidigt, beeidigt; **~ de riego** *(Sp)* Bewässerungsgericht *n*; **~ suplente** Ersatzschöffe *m*.

jura | dor Schwörender *m*; **~duría** Geschworenen | amt *n*, Schöffen- *n*; **~mentación** Vereidigung *f*.

juramentar vereidigen, beeidigen, einen Eid *m* abnehmen.

juramento *(s.a. jura)* Eid *m*, Schwur *m*, Eidesleistung *f*; **~ de acatamiento a la constitución** Vereidigung *f* auf die Verfassung; **bajo ~** eidlich, unter Eid *m*; **~ declarativo** Offenbarungseid *m*; **~ falso** Mein | eid *m*, Falsch- *m*; **hacer ~** einen Eid *m* leisten; **~ de perito** Sachverständigeneid *m*; **~ posterior** Nacheid *m*; **~ previo** Voreid *m*; **~ promisorio** Voreid *m*; **sin ~** uneidlich.

jurar schwören, beeiden, einen Eid *m* ablegen *(oder leisten)*; **~ la bandera** den Fahneneid *m* schwören; **~ el cargo** den Amtseid *m (oder Diensteid m)* ablegen *(oder leisten)*; **~ la declaración** die Ausage *f* beschwören *(oder; beeiden)*; **~ en falso** falsch schwören.

jure *(lat)*, **ipso ~** *(o iure)* von Rechts wegen.

jurídicamente rechtlich, von Rechts wegen; **~ capaz** rechtsfähig; **~ incapaz** nicht rechtsfähig; **~ relevante** rechtserheblich; **~ vinculante** rechtlich verbindlich.

juridicidad Rechtscharakter *m*.

jurídico Jurist *m*; **~** *(adj)* juristisch, Rechts-, rechtlich.

jurídico- | administrativo verwaltungsrechtlich; **~aduanero** zollrechtlich; **~canónico** *(KR)* kirchenrechtlich; **~civil** bürgerlich-rechtlich; **~comparativo** rechtsvergleichend; **~constitucional** verfassungsrechtlich; **~consuetudinario** gewohnheitsrechtlich; **~familiar** familienrechtlich; **~fiscal** steuerrechtlich; **~formal** formaljuristisch; **~internacional** völkerrechtlich; **~laboral** arbeitsrechtlich; **~material** materiellrechtlich; **~mercantil** handelsrechtlich; **~natural** naturrechtlich; **~obligacional** schuldrechtlich; **~penal** strafrechtlich, Strafrechts-; **~positivo** positivrechtlich; **~privado** privatrechtlich; **~procesal** prozess | rechtlich, verfahrens-; **~público** öffentlichrechtlich; **~real** sachenrechtlich; **~tributario** steuerrechtlich.

juridificación Verrechtlichung *f*.

jurisconsulto Rechts | kundiger *m*, -berater *m*, -gelehrter *m*, Jurist *m*.

jurisdicción Rechtsprechung *f*, Gerichts | barkeit *f*, -stand *m*, Zuständigkeit *f*, Zuständigkeitsbereich *m*; **~ arbitral** Schiedsgerichtsbarkeit *f*; **~ canónica** kirchliche Gerichtsbarkeit *f*; **~ castrense penal** *(Sp)* Wehrstrafgerichtsbarkeit *f*; **~ civil** Zivilgerichtsbarkeit *f*; **~ constitucional** Verfassungsgerichtsbarkeit *f*; **~ contenciosa** streitige Gerichtsbarkeit *f*; **~ contencioso-administrativa** Verwaltungsgerichtsbarkeit *f*; **~ fiscal** Finanz | gerichtsbarkeit *f*; **~ de Hacienda** Finanzgerichtsbarkeit *f*; **~ laboral** s. jurisdicción del trabajo; **~ de menores** Jugendgerichtsbarkeit *f*; **~ ordinaria** ordentliche Gerichtsbarkeit *f*; **~ penal** Strafgerichtsbarkeit *f*; **~ en primer grado** erstinstanzliche Gerichtsbarkeit *f*; **~ prorrogada** vereinbarter Gerichtsstand *f*; **~ real** dinglicher Gerichtsstand *m*; **~ social** Sozialgerichtsbarkeit *f*; **~ territorial** örtliche Zuständigkeit *f*; **~ del trabajo** Arbeitsgerichtsbarkeit *f*; **~ voluntaria** freiwillige Gerichtsbarkeit *f*.

jurisdiccional *(adj)* Gerichts-, Gerichtsbarkeits-, Rechtsprechungs-.

juris | pericia Jurisprudenz *f*, Rechtswissenschaft *f*; **~perito** Rechtskundiger *m*; **~** *(adj)* rechtskundig.

jurisprudencia Rechtsprechung *f*, Jurisprudenz *f*, Rechtswissenschaft *f*, Spruchpraxis *f*; **~ administrativa** Verwaltungsrechtsprechung *f*; **~ de los altos tribunales** höchstrichterliche Rechtsprechung *f*; ; **~ civil** Rechtsprechung *f* in Zivilsachen; **~ conceptual** Begriffsjurisprudenz *f*; **~ constante** ständige Rechtsprechung *f*; **~ criminal** Rechtsprechung *f* in Strafsachen;

~ mercantil Rechtsprechung *f* in Handelssachen; **~ penal** s. jurisprudencia criminal; **reiterada ~** ständige *(oder gefestigte)* Rechtsprechung *f*; **~ sentada** ständige Rechtsprechung *f*.
jurispruden | cial *(adj)* Rechtsprechungs-; **~te** *m* Rechtskundiger *m*.
jurista *m* Jurist *m*, Rechtskundiger *m*; **no ~** Nichtjurist *m*.
jus *(o ius) (lat)* Recht *n*; **~ cogens** zwingendes Recht *n*; **~ sanguinis** Abstammungsrecht *n (Staatsangehörigkeit)*; **~ soli** Bodenrecht *n (Staatsangehörigkeit)*.
jus | dicente *(adj)* Rechtsprechungs-; **~privatista** *m* Privatrechtler *m*.
justicia *f* Recht *n*, Gerechtigkeit *f*, Justiz *f*, Gerichtswesen *n*, Rechtspflege *f*; **~ criminal** Strafjustiz *f*; Strafrechtspflege *f*; **de ~** rechtens; **en ~** gerechterweise; **hacer ~** Recht *n* sprechen; **hacer ~ a alguien** jemandem Gerechtigkeit *f* widerfahren lassen; **hacerse ~ por sí mismo** Selbstjustiz üben; **~ ordinaria** ordentliche Gerichtsbarkeit *f* **~ penal** Strafjustiz *f*; **~ sumaria** kurzer Prozess *m*.
justicia | ble der Gerichtsbarkeit *f* unterliegend, justitiabel; **~r** aburteilen; **~zgo** Richter | würde *f*, -amt *n*.
justificable zu rechtfertigend.
justificación Rechtfertigung *f*, Berechtigung *f*, Nachweis *m*, Belegung *f (von Ausgaben)*.
justificado | berechtigt, begründet; **~r** *(adj)* s. justificante *(adj)*.
justificante *m* Beweis *m*, Nachweis *m*, Beleg *m*, Beweisstück *n*, Unterlage *f*; **~** *(adj)* Beweis-, Nachweis-; **~ de asientos** Buchungsbeleg *m*.
justificar nachweisen, belegen, rechtfertigen; **~ su personalidad** sich ausweisen.
justificativo *(adj)* Beweis-, Beleg-.
justipreciación Abschätzung *f*; **~ de averías** *(SeeR)* Dispache *f*.
justiprecia | dor Schätzer *m*; **~r** *(ein)*schätzen, abschätzen.
justiprecio Schätzung *f*, Schätzwert *m*, Abschätzung *f*, Taxierung *f*.
justo gerecht, berechtigt, richtig, genau, sachgerecht.
juzgado Gericht *n*, Gerichtsbezirk *m*; Richteramt *n*; **~ central de lo penal** *(Sp)* Zentrales Strafgericht *n*; **~ de lo contencioso-administrativo y de lo social** *(Sp)* Verwaltungsgericht *n*; **~ de ejecución forzosa** Vollstreckungsgericht *n*; **~ de familia** Familiengericht *n*; **~ de guardia** diensthabendes Gericht *n*; **~ de instancia** Instanzgericht *n*; **~ de instrucción *(central)*** *(Sp)* zentrales Ermittlungsgericht *n* für Strafsachen; **~ instructor** Untersuchungs | gericht *n*, Ermittlungs- *n*; **lo ~** Erkenntnis *n (Gericht)*, Gerichtsentscheidung *f*; **~ local** Amtsgericht *n*; **~ de menores** *(Sp)* Jugendgericht *n*; **~ de paz** Friedensgericht *n*; **~ de lo penal** Gericht *n* in Strafsachen; **~ de primera instancia** Gericht *n* Erster Instanz; **~ de primera instancia e instrucción** *(Sp)* Amtsgericht *n*, Gericht *n* Erster Instanz und Ermittlungsgericht; **~ togado militar** Militärgericht *n*; **~ de trabajo** Arbeitsgericht *n*; **~ de vigilancia penitenciaria** *(Sp)* Strafvollstreckungsgericht.
juzgador Richter *m*; **~** *(adj)* erkennen.
juzgamiento Urteilsfindung *f*.
juzgar *(be)*urteilen, Recht *n* sprechen, richten, befinden, entscheiden, erkennen; **~ a alguien** jemanden aburteilen; **~ en Derecho** für Recht *n* erkennen.

K

kilometraje *m* Kilometergeld *n*; Kilometerstand *m*.
kol | jós *m* Kolchos *m (n)*, Kollchse *f*; **~josiano** Kolchosebauer.

L

labor *f* Arbeit *f*, Land|arbeit *f*, Feld- *f*; **~ diaria** Tagewerk *n*; **~ doméstica** Hausarbeit *f*; **~ de equipo** Teamarbeit *f*; **~ manual** körperliche Tätigkeit *f*.
labora|l arbeitsrechtlich, Arbeits-; **~lista** *m* **Arbeitsrechtler** *m*.
laborar arbeiten.
laboratorio Labor*(atorium)* *n*; **~ forense** rechtsmedizinisches Labor *n*.
laboreo Abbau *m (Bergbau)*; Feldbestellung *f*.
labores *mpl* **de rescate** Rettungsarbeiten *fpl*.
laborista *m* Arbeitsrechtler *m*.
laceración Fleischwunde *f*
lado Seite *f*; **~ acreedor** Habenseite *f*.
ladrón *m* Dieb *m*, Einbrecher *m*, Räuber *m*; **~** *(adj)* diebisch, räuberisch; **~ de caja-fuerte** *(o* ***de cajas de seguridad****)* Geldschrankknacker *m*; **~ casual** Gelegenheitsdieb *m*; **~ comercial de coches** Autoschieber *m*; **~ profesional** Berufseinbrecher *m*; **~ ratero** Taschendieb *m*; **~ de** *(o* **en***)* **tiendas** Ladendieb *m*.
ladron|ear stehlen, rauben; **~er*(í)*a** Diebstahl *m*; **~esca** Diebes|bande *f*, Räuber- *f*; **~esco** *(adj)* Diebes-, Räuber-.
laguna Lücke *f*; **~ del derecho** Gesetzeslücke *f*, rechtsfreier Raum *m*.
lámina Wertpapiermantel *m*; **~ de cupones** Zins|bogen *m*, Kupon- *m*.
lanzamiento Räumung *f*; Begebung *f* *(Anleihe)*; **~ de productos** Einführung *f* von Erzeugnissen.
lanzar einführen, den Besitz *m* entziehen; **~ un artículo al mercado** eine Ware *f* auf den Markt bringen.
lapso Ablauf *m (einer Frist)*, Zeitraum *m*; Fehler *m* Verstoß *m*.
lastimar verletzen, schädigen.
lato weit *(-e Auslegung)*.
latrocin|ante diebisch, räuberisch; **~io** Diebstahl *m*, Raub *m*.
laudar einen Schiedsspruch *m* fällen.
laudemio Entschädigung bei Veräußerung der Erbpacht.
laudo Schiedsspruch *m*; **~ arbitral** Schieds|spruch *m*, -gutachten *n*.
lavado, ~ de cerebro*(s)* Gehirnwäsche *f*; **~ de dinero** Geldwäsche *f*.
lazos *pl*, **~ matrimoniales** Ehebund *m*; **~ de parentesco** Verwandtschaftsbeziehungen *fpl*.
leal *m* loyal, treu, getreu.
lealtad Treue *f*, Loyalität *f*; **de ~ y buena fe** auf Treu und Glauben.
leasing *m* Leasing *n*; **~ de financiación** Finanzierungsleasing *n*.
lectura Verlesung *f*, Lesung *f (eines Gesetzes)*.
leer lesen *(ein Gesetz, an der Universität)*, verlesen *(die Tagesordnung, das Urteil)*.
legación Gesandtschaft *f*; **~ comercial** Handelsvertretung *f (eines Landes)*.
legado Nachlass *m*, Vermächtnis *n*; **~ alternativo** Wahl|vermächtnis *n*, Alternativ- *n*; **~ apostólico** *(KR)* päpstlicher Legat *m*; **~ del ausente** Abwesenheitsvermächtnis *n*.
legado de cosa, **~ ~ ajena** Verschaffungsvermächtnis *n*.
legado, ~ de crédito Forderungsvermächtnis *n*; **~ de cuerpo cierto** Stückvermächtnis *n*; **~ de elección** Wahlvermächtnis *n*; **~ genérico** *(o* ***de género****)* Gattungsvermächtnis *n*; **~ gratuito** Vermächtnis *n*, ohne Auflage; **~ de heredero** Vorausvermächtnis *n*; **~ de parte alícuota** Quoten|vermächtnis *n*, Anteils- *n*; **~ de pensión *(periódica)*** Unterhalts|vermächtnis *n*, Renten- *n*; **~ remuneratorio** belohnendes Vermächtnis *n*; **~ de renta** Rentenvermächtnis *n*; **~ de suministro** Verschaffungsvermächtnis *n*; **~ de usufructo** Nießbrauchsvermächtnis *n*.
legajo Akte *f*, Akten|stück *n*, -heft *n*, -bündel *n*.
legal rechtmäßig, gesetzmäßig, gesetzlich *(zulässig)*, legal.
legalidad Recht|mäßigkeit *f*, Gesetz- *f*, Ordnungs- *m*, Gesetzestreue *f*, Legalität *f*, Rechtsstaatlichkeit *f*; **fuera de *(la)* ~** ungesetzlich.
legalis|mo buchstabentreues Gesetzesverständnis *n*; **~ta** gesetzestreu.

legalización Beglaubigung *f*, Legali | sierung *f*, -sation *f*; **~ consular** konsularische Legalisation *f*; **~ de la firma** Unterschriftsbeglaubigung *f*; **~ notarial** notarielle Beglaubigung *f*.
legalizar beglaubigen *(öffentlich, amtlich)*, legalisieren.
legar vermachen, hinterlassen, ein Vermächtnis *n* aussetzen.
legatario Vermächtnisnehmer *m*, Bedachter *m*; **~ sucesivo** Nachvermächtnisnehmer *m*; **~ sustituto *(fideicomisario)*** Ersatzvermächtnisnehmer *m*.
legislable durch Gesetz *n* regelbar.
legislación Gesetzgebung *f*, Gesetzessammlung *f*, Rechtsetzung *f*, Bestimmungen *fpl*; **~ de aguas** Wasserrecht *n*; **~ ambiental** Umweltgesetzgebung *f*; **~ sobre arrendamientos urbanos** *(Sp)* Wohnungsmietrecht *n*; **~ autonómica** *(Sp)* Gesetzgebung *f* der Autonomien; **~ básica** Rahmengesetzgebung *f*; **~ civil** Zivilgesetzgebung *f*; **~ comunitaria** Gemeinschaftsrecht *n (EU)*; **~ concurrente** konkurrierende Gesetzgebung *f*; **~ exclusiva** ausschließliche Gesetzgebung *f*; **~ federal** Bundes | recht *n*, -gesetzgebung *f*; **~ foral** Foral | recht *n*, Partikular- *n*; **~ de extranjería** Ausländerrecht *n*; **~ interna** innerstaatliches Recht *n*; **~ laboral** s. legislación de trabajo; **~ -marco** Rahmengesetzgebung *f*; **~ mercantil** Handels | recht *n*, -gesetzgebung *f*; **~ nacional** Heimatrecht *n*; **~ penal** Straf | recht *n*, -gesetzgebung *f*; **~ procesal** Prozessrecht *n*; **~ de trabajo** Arbeits | recht *n*, -gesetzgebung *f*; **~ vigente** geltendes Recht *n*.
legislador Gesetzgeber *m*, Parlamentarier *m*; **~** *(adj)* gesetz | gebend, -geberisch, Gesetzgebungs-; **~ constitucional** Verfassungsgeber *m*; **~ federal** Bundesgesetzgeber *m*.
legislar Gesetze *npl* erlassen; **~ sobre** gesetzlich regeln.
legislativo gesetzgeberisch, legislativ.
legislatura Legislatur | periode *f*, Wahl- *f*; **~** *(Am)* Parlament *n*.
legis | perito Rechtskundiger *m*; **~ta** *m*, Jurist *m*.
legítima Not | erbteil *m*, -erb*(en)*recht *n*; **~ estricta o corta** *(Sp)* dem Noterben zu gleichen Teilen vorbehaltenes Drittel *n* der Erbschaft; **~ larga** *(Sp)* die zwei Drittel *pl* der Erbschaft, die Abkömmlingen zu gleichen Teilen zusteht, sofern der Erblasser nichts zugunsten von Noterben verfügt hat.
legitimación Legitimation *f*, amtlicher Ausweis *m*, Anerkennung *f*, Ermächtigung *f*, Berechtigung *f*, Echtheitserklärung *f*; **~ activa** Aktivlegitimation *f*; **~ en derecho ajeno** Prozessstandschaft *f*; **~ en el fondo** Sachlegitimation *f*; **~ notarial** notarielle Beglaubigung *f (oder Beurkundung f)*; **~ pasiva** Passivlegitimation *f*; **~ procesal** Prozessführungsbefugnis *f*; **~ registral** Buchlegitimation *f*.
legitimado legitimiert, antragsberechtigt; **~ activamente** aktiv legitimiert; **pasivamente ~** passiv legitimiert.
legitimador legitimierend.
legitimar für rechtmäßig erklären, legitimieren, ermächtigen; **~ firmas** Unterschriften *fpl* beglaubigen.
legitimar | io Noterbe *m*; **~se** sich ausweisen.
legitimidad Rechtmäßigkeit *f*, Gesetz | mäßigkeit *f*, -lichkeit *f*, Berechtigung *f*, Legitimität *f*.
legítimo gesetz | lich, -mäßig, rechtmäßig, befugt, echt, gültig, legitim.
lego en derecho rechtsunkundig.
leguleyo Rechtsverdreher *m*.
leído, ~ y aprobado *(vor)*gelesen und genehmigt *(Protokoll)*.
lema *m* Kennwort *n*, Devise *f*.
lengua *(s. a. lenguaje)* Sprache *f*; **~ cooficial** *(Sp)* zweite Amtssprache *f*; **~ oficial** Amts | sprache *f*, Staats- *f*; **~ de trabajo** Arbeitssprache *f (Konferenz)*; **~ de los tribunales** Gerichtssprache *f*.
lenguaje *m (s. a. lengua)* Sprache *f*; **~ administrativo** Verwaltungssprache *f*; **~ especializado** Fachsprache *f*; **~ judicial** Gerichtssprache *f*; **~ jurídico** Rechtssprache *f*.

leonino einseitig benachteiligend.
lesbiana lesbisch.
lesión *(s. a. lesiones pl)* Verletzung *f*, Körperverletzung *f*, Beschädigung *f*; **~ de un bien jurídico** Rechtsgutverletzung *f*; **~ contractual** Vertragsverletzung *f*; **grave** schwere *(oder gefährliche)* Körperverletzung *f*; **~ mortal** Körperverletzung *f* mit Todesfolge; **~ de pronóstico grave** s. lesión grave.
lesionar verletzen, *(be)*schädigen.
lesiones *pl*, **~ graves** schwere Verletzungen *fpl*; **~ en riña tumultuaria** *(Sp)* Raufhandel *m* mit Körperverletzung; **~ con resultado de muerte** Körperverletzung *f* mit Todesfolge; **~ secundarias** Folgeschäden *mpl*.
lesividad Schädlichkeit *f*, Rechtswidrigkeit *f (Verwaltungsakt)*.
lesivo verletzend, schädigend.
letra 1. *(Hand)*Schrift *f*; 2. Wechsel *m*; **a la ~** wörtlich; **~ aceptada** Wechselakzept *n*; **~ aceptada por un banco** Bankakzept *n*; **~ en blanco** Blankowechsel *m*.
letra de cambio Wechsel *m*, gezogener Wechsel *m*; **~ ~ comercial** Handelswechsel *m*; **~ ~ domiciliada** Domizil|wechsel *m*, Zahlstellen- *m*; **~ ~ de favor** Gefälligkeitswechsel *m*; **~ ~ perjudicada** überfälliger *(oder notleidender)* Wechsel *m*; **~ ~ a plazo fijo** Nachsichtwechsel *m*.
letra, ~ a cargo propio eigener Wechsel *m*, Solawechsel *m*; **~ al cobro** Inkasso|wechsel *m*, -tratte *f*; **~ comercial** Handels|wechsel *m*, -akzept *n*; **~ de complacencia** ***(a cargo propio)*** Gefälligkeitswechsel *m*; **~ descontable** bankfähiger *(oder diskontfähiger)* Wechsel *m*; **~ descontable por el banco central** zentralbankfähiger Wechsel *m*; **~ en descubierto** ungedeckter Wechsel *m*; **~ a día fijo** Tagwechsel *m*; **~ domiciliada** Domizilwechsel *m*; **~ endosada** girierter Wechsel *m*; **~ con falta de pago** notleidender Wechsel *m*; **~ de favor** Gefälligkeitswechsel *m*; **~ ficticia** Keller|wechsel *m*, Schein- *m*; **~ girada** Tratte *f*; **~ girada a la propia orden** Wechsel *m* an eigene Order; **~ intransferible** Rektawechsel *m*; **~ irregular** fehlerhafter Wechsel *m*; **~ de largo plazo** langfristiger Wechsel *m*; **~ de la ley** Buchstabe *m* des Gesetzes; **~ nominativa** Rektawechsel *m*; **~ a la orden** Ordertratte *f*; **~ a la orden de un tercero** Wechsel *m* an fremde Order; **la ~ pequeña** das Kleingedruckte *n* *(Versicherung, Verträge)*; **~ de plaza** Platzwechsel *m*; **~ al portador** Inhaberwechsel *m*; **~ a la propia orden** Eigenorderwechsel *m*; **~ redescontable** rediskontierbarer Wechsel *m*; **~ a sesenta días fecha** Wechsel *m* sechzig Tage nach dato; **~ a sesenta días vista** Wechsel *m* sechzig Tage nach Sicht; **~ de tesorería** *(o* ***del tesoro)*** Kassenanweisung *f*, Schatz|anweisung *f*, -brief *m*; **~ a la vista** Sicht|wechsel *m*.
letrado Rechtsgelehrter *m*, *(Rechts)* Anwalt *m*; **~ asesor** Rechtsberater *m*, Syndikus *m*; **~ consultor** Rechtsberater *m*; **~ defensor** Strafverteidiger *m*; **~ legalmente habilitado** zugelassener Rechtsanwalt *m*; **~ patrocinante** Bevollmächtigter *m* *(Anwalt)*.
letras *pl* Geisteswissenschaften *pl*; **~ en cartera** Wechselbestand *m*; **~ a cobrar** Wechseldebitoren *pl*; **en ~** in Worten *(Betrag)*; **~ a pagar** *(Bilanz:)* Wechselverbindlichkeiten.
letrero Schild *n*, Firmenschild *n*, Aufschrift *f*; **~ de poblado** Ortsschild *n*.
leva Auslaufen *n (eines Schiffes)*; **~ impositiva** *(o* ***de impuestos)*** Steuererhebung *f*.
levantamiento Aufhebung *f*, Aufmachung *f (Bilanz)*, Bestreiten *n* *(Lasten der Ehe)*; Aufstand *m*; **~ de acta** Tatbestandsaufnahme *f*; **~ del cadáver** Leichenschau *f*; **~ de la evidencia** Spurensicherung *f*; **~ militar** Militärputsch *m*; **~ de la prisión** *(Haft)*Entlassung *f*; **~ de sellos** Siegelbruch *m*.
levantar errichten, führen *(Akten)*, aufheben *(Beschlagnahme)*, ausstellen *(Urkunde)*; **~ *(un)* acta** Protokoll *n*

führen, ein Protokoll *n* errichten *(oder aufnehmen)*; **~ acta de algo** etwas zu Protokoll *n* nehmen; **~ un asiento** eine Eintragung *f* vornehmen; **~ el balance** die Bilanz *f* aufstellen; **~ capital** Kapital *n* aufbringen; **~ las cargas** die Lasten *fpl* bestreiten; **~ una deuda** eine Schuld *f* begleichen; **~ la evidencia física** Spuren *fpl* sichern; **~ sellos** Siegel *npl* entfernen; **~ la sesión** die Sitzung *f* aufheben *(oder schließen)*; **~ el veto** Veto *n* einlegen.

levar aufheben *(Beschlagnahme)*.

lex *f (lat)* Gesetz *n*; **~ fori** das am Gerichtssitz geltende Recht *n*; **~ rei sitae** Recht *n* des Belegenheitsorts.

ley *f* Gesetz *n*; **~ accesoria** Nebengesetz *n*; **~ de adaptación** Anpassungsgesetz *n*; **~ de administración local** Gemeindeordnung *f*; **~ de aduanas** Zollgesetz *n*; **~ agraria** Landwirtschaftsgesetz *n*; **~ de aguas** Wassergesetz *n*; **~ de aplicación** Durchführungsgesetz *n*; **~ arancelaria** Zollgesetz *n*; **~ de armonización** Rechtsangleichungsgesetz *n*; **~ de arrendamientos urbanos** Mietgesetz *n*; **~ de asilo** *(Sp)* Asylverfahrensgesetz *n*; **~ autonómica** *(Sp)* Gesetz *n* einer autonomen Region; **~ bancaria** *(o* ***de bancos****)* Kreditwesen | gesetz *n*, Bank- *n*; **~ de bases** Grundlagengesetz *n*; **~ básica** Grundlagengesetz *n*; **~ de bolsa** Börsengesetz *n*; **~ cambiaria y del cheque** Wechsel- und Scheckgesetz *n*; **~ civil** Zivilgesetz *n*; **~ de** *(o* ***sobre****)* **cogestión** Mitbestimmungsgesetz *n*; **~ de comités de empresas** Betriebsverfassungsgesetz *n*; **~ complementaria** Ergänzungsgesetz *n*, Novelle *f*; **conforme a la ~** entsprechend dem Gesetz *n*; **~ consular** Konsulargesetz *n*; **~ contra la violencia del género** Gesetz zur Bekämpfung der Gewalt gegen Frauen; **contra la ~** gesetzwidrig; **~ del contrato de seguro** Versicherungsvertragsgesetz *n*; **~ de contrato de trabajo** *(Sp)* Arbeitsvertragsgesetz *n*; **~ de convenios colectivos** Tarifvertragsgesetz *n*; **~ de conversión** Umstellungsgesetz *n*; **~ de costas** Küstengesetz *n*; **~ de costas judiciales** Gerichtskostengesetz *n*; **~ criminal** Strafgesetz *n*; **~ de delegación** ermächtigendes Gesetz *n*; **~ delegante** s. ley de delegación; **~ sobre los derechos de autor** Urheberrechtsgesetz *n*; **~ de despido** Kündigungsschutzgesetz *n*; **~ disciplinar** Disziplinargesetz *n*; **~ de divisas** Devisengesetz *n*; **~ eclesiástica** Kirchengesetz *n*; **~ sobre economía exterior** Außenwirtschaftsgesetz *n*; **~ de educación** *(Sp)* Gesetz *n* über Bildungswesen; **~ de elecciones** Wahlgesetz *n*; **~ de energía nuclear** *(Sp)* Atomenergiegesetz *n*.

ley de enjuiciamiento Prozessordnung *f*; **~ ~ civil** Zivilprozessordnung *f*; **~ ~ criminal** Strafprozessordnung *f*.

ley, ~ de espacios naturales protegidos *(Sp)* Naturschutzgesetz *n*; **~ del estado civil** Personenstandsgesetz *n*; **~ de estupefacientes** Betäubungsmittelgesetz *n*; **~ de extranjería** *(o* ***de extranjeros****)* Ausländergesetz *n*; **~ facultativa** dispositives Recht *n*; **~ federal** Bundesgesetz *n*; **~ fiscal** Steuergesetz *n*; **~ del fomento del trabajo** Arbeitsförderungsgesetz *n*; **~ formal** formelles Gesetz *n*; **~ de funcionarios civiles de la administración del Estado** *(Sp)* Staatsbeamtengesetz *n*; **~ fundamental** Grundgesetz *n*.

ley general allgemeines Gesetz *n*; **~~ de asociaciones** Vereinsgesetz *n*; **~~ de cooperativas** Genossenschaftsgesetz *n*; **~ ~ penitenciaria** *(Sp)* Strafvollzugsgesetz *n*; **~ ~ presupuestaria** Haushaltsgesetz *n*; **~ ~ de la seguridad social** *(Sp)* Sozialversicherungsgesetz *n*; **~ ~ tributaria** *(Sp)* Abgabenordnung *f*.

ley, ~ de gracia Gnadenordnung *f*; **~ de guerra** Kriegsrecht *n*; **~ hospitalaria** Krankenhausgesetz *n*; **~ impositiva** Steuergesetz *n*; **~ de imprenta** Pressegesetz *n*; **~ del impuesto sobre la venta** Umsatzsteuergesetz *n*; **~ interna** innerstaatliches Recht *n*; **~ de introducción** *(o* ***introductoria****)* Einführungsgesetz *n*; **~ del IVA**

Mehrwertsteuergesetz *n*; **~ de jornadas máximas** *(Sp)* Arbeitszeitordnung *f*; **~ de libertad sindical** *(Sp)* Gesetz *n* über die Koalitionsfreiheit; **~ del lugar** Ortsrecht *n*; **~ del lugar de la cosa** Recht *n* des Belegenheitsorts; **~ de marcas** Markengesetz *n*; **~ -marco** Rahmengesetz *n*; **~ más benigna** mildestes Gesetz *n*; **~ material** materielles Recht *n*; **~ del medicamento** *(Sp)* Arzneimittelgesetz *n*; **~ del medio ambiente** *(Sp)* Umweltschutzgesetz *n*; **~ del mercado de valores** *(Sp)* Börsengesetz *n*; **~ de montes** Forstgesetz *n*; **~ moral** Sittengesetz *n*; **~ nacional** Heimatrecht *n (IPR)*; **~ natural** Natur|recht *n*, -gesetz *n*.

ley de ordenación, **~ ~ bancaria** *(Sp)* Kreditwesengesetz *n*; **~ ~ del banco central** *(Sp)* Zentralbankgesetz *n*; **~ ~ ferroviaria** *(Sp)* Eisenbahngesetz *n*; **~ ~ general del sistema educativo** *(Sp)* Gesetz *n* über das Erziehungswesen; **~ ~ del seguro privado** *(Sp)* Privatversicherungsgesetz *n*; **~ ~ de las telecomunicaciones** *(Sp)* Telekommunikationsgesetz *n*; **~ ~ urbana** *(Sp)* Raumordnungsgesetz *n*.

ley ordinaria einfaches Gesetz *n*.

ley orgánica Organgesetz *n*; **~ ~ de libertad religiosa** *(Sp)* Gesetz *n* über die Religionsfreiheit; **~ ~ de libertad sindical** *(Sp)* Gesetz *n* zur Koalitionsfreiheit; **~ ~ del poder judicial** *(Sp)* Gerichtsverfassungsgesetz *n*; **~ ~ del régimen electoral general** *(Sp)* Wahlgesetz *n*; **~ ~ de regulación del tratamiento automatizado de datos personales** *(Sp)* Datenschutzgesetz *n*; **~ ~ de transferencia** *(Sp)* Gesetz *n* zur Übertragung von Befugnissen auf die Autonomien; **~ ~ del tribunal constitucional** Verfassungsgerichtsgesetz *n*.

ley, ~ de origen Heimatrecht *n*; **~ sobre peligrosidad y rehabilitación social** *(Sp)* Gesetz *n* gegen gefährliche Gewohnheitsverbrecher.

ley penal Strafgesetz *n*; **~ ~ accesoria** strafrechtliches Nebengesetz *n*; **~ ~ de automóvil** *(Sp)* Verkehrsstrafgesetz *n*; **~ ~ militar** Wehrstrafgesetz *n*.

ley, ~ penitenciaria Strafvollzugsgesetz *n*; **~ perfecta** Gesetz *n* mit Sanktionen; **~ personal** Heimatrecht *n*, Personalstatut *n (IPR)*; **~ de pesca** Fischereigesetz *n*; **~ posconstitucional** nachkonstitutionelles Gesetz *n*; **~ de procedimiento administrativo** Verwaltungsverfahrensgesetz *n*; **~ sobre productos defectuosos** Produkthaftungsgesetz *n*; **~ de propiedad industrial** Patentgesetz *n*; **~ de propiedad intelectual** Urheberrechtsgesetz *n*.

ley, ~ protetora contra inmisiones Immissionsschutzgesetz *n*; **~ de puertos** *(Sp)* Hafengesetz *n*; **~ real** Realstatut *n*; **~ reformada del estatuto de los trabajadores** *(Sp)* Arbeitsgesetzbuch *n*; **~ refundida** neu gefasstes Gesetz *n*; **~ de régimen jurídico de la administración del Estado** *(Sp)* Gesetz *n* über die Organisation der Staatsverwaltung; **~ de régimen jurídico de las administraciones públicas y procedimiento administrativo común** *(Sp)* Verwaltungsverfahrensgesetz *n*; **~ sobre régimen jurídico de las sociedades anónimas** *(Sp)* Aktiengesetz *n*; **~ de régimen local** Gemeindeordnung *f*; **~ de régimen del suelo y ordenación urbana** *(Sp)* Baugesetz *n*; **~ del registro civil** Personenstandsgesetz *n*; **~ retroactiva** rückwirkendes Gesetz *n*; **~ de sucesión** *(a la jefatura del Estado) (Sp)* Nachfolgegesetz *n*; **~ del suelo** Baugesetz*(buch) n*; **~ sustantiva** materielles Gesetz *n*; **~ del talión** Talionsprinzip *n*; **~ de tasas judiciales** *(Sp)* Gerichtskostengesetz *n*; **~ temporal** Zeitgesetz *n*; **~ del timbre** *(Sp)* Stempel*(steuer)*gesetz *n*; **~ transitoria** Überleitungsgesetz *n*; **~ tributaria fundamental** *(Sp)* Finanzverfassungsgesetz *n*; **~ de uso y circulación de vehículos de motor** *(Sp)* Kraftverkehrsgesetz *n*; **~ sobre venta de bienes muebles a plazos** *(Sp)* Abzahlungsgesetz *n*.

leyenda Legende *f*, Auf|schrift *f*.

leyes *fpl*, **~ del mercado** Marktgesetze *npl*; **~ de la moral** gute Sitten *pl*; **por las ~ del pensamiento** denkgesetzlich.

liamba afrikanisches Haschisch *n*.
libelo Gesuch *n (Prozess)*, Klage | schrift *f*, Schmäh- *f*; **~ acusatorio** Anklageschrift *f*.
liberación Befreiung *f*, Frei | lassung *f*, -setzung *f*, -stellung *f*, -gabe *f*, Entlassung *f (aus der Haft)*; Entlastung *f*, Erlass *m (der Schulden)*, Schuldbefreiung *f*, Volleinzahlung *f (Aktien)*; **~ aduanera** Zollbefreiung *f*; **~ de cargas** Freistellung *f* von Lasten; **~ condicional** Entlassung *f* auf Bewährung; bedingte Entlassung *f*; **~ del trabajo** Freistellung *f* von der Arbeit.
liberador strafbefreiend.
liberal liberal, freisinnig.
liberalidad Freigebigkeit *f*, Schenkung *f*; **~ mortis causa** *(lat)* Schenkung *f* von Todes wegen; **~ inter vivos** *(lat)* Schenkung *f* unter Lebenden.
liberalismo Liberalismus *m*; **~ económico** freies Wirtschaftssystem *n*.
liberalización Liberalisierung *f*.
liberalizar liberalisieren.
liberar *(s. a. librar, libertar)* befreien, frei | lassen, -geben, -stellen, entlassen *(aus der Haft)*, entlasten, entbinden *(von Pflicht)*, ablösen, *(voll)* einzahlen *(Aktien)*; **~ de responsabilidad** aus der Haftung *f* entlassen; **~ del servicio militar** vom Wehrdienst *m* befreien.
liberatorio befreiend, entlastend; **~ de deuda** schuldbefreiend.
libertad Freiheit *f*, Handlungsfreiheit *f*, Freilassung *f*, Vorrecht *n*; **~ de acceso** freier Zugang *m (oder Zutritt m)*; **~ de acción** Handlungsfreiheit *f*, Spielraum *m*; **~ ambulatoria** Bewegungsfreiheit *f*: **~ de apreciación** Ermessensfreiheit *f*; **~ de asociación** Vereinigungs | freiheit *f*, Koalitions- *f*; **~ básica** Grundfreiheit *f*; **~ de cátedra** Lehrfreiheit *f*; **~ científica** Wissenschaftsfreiheit *f*.
libertad de circulación Freizügigkeit *f*; **~ ~ de capitales** freier Kapitalverkehr *m (EU)*; **~ ~ de mercancías** freier Warenverkehr *m (EU)*; **~ de las personas** Freizügigkeit *f*.
libertad, ~ de coalición Koalitionsfreiheit *f*; **~ de comercio y de industria** Handels- und Gewerbefreiheit *f*; **~ de conciencia** Gewissensfreiheit *f*; **~ condicional** bedingte Entlassung *f*;**~ de confesión** *(o* ***confesional)*** Bekenntnisfreiheit *f*; **~ contractual** Vertragsfreiheit *f*; **~ docente** Lehrfreiheit *f*, Freiheit *f* der Lehre; **~ de domicilio** Unverletzlichkeit *f* der Wohnung; **~ del dominio** Eigentumsfreiheit *f*; **~ de elegir profesión** Freiheit *f* der Berufswahl; **en ~** auf freiem Fuß; **~ de enseñanza** Lehr | freiheit *f*, Unterrichts- *f*; **~ de establecimiento** Niederlassungsfreiheit *f*; **~ de expresión** Rede | freiheit *f*, Meinungs- *f*; **~ de *(las)* forma*(s)*** *(o* ***formal)*** Formfreiheit *f*; **~ de no afiliarse** negative Koalitionsfreiheit *f*; **~ de opinión** Meinungsfreiheit *f*; **~ de practicar su religión** Freiheit *f* der Religionsausübung; **~ de prensa** Pressefreiheit *f*; **~ provisional** vorläufige *(Haft)*Entlassung *f* *(oder Haftverschonung f)*; **~ de religión** *(o* ***religiosa)*** Religions | freiheit *f*, Glaubens- *f*; **~ de reunión** Versammlungsfreiheit *f*; **~ de servicios** *(EU)* freier Dienstleistungsverkehr *m*; **~ de sindicación** Koalitions | freiheit *f*, Gewerkschafts- *f*; **~ de testar** Testierfreiheit *f*; **~ vigilada** Freiheit *f* mit Meldepflicht; **~ volitiva** *(o* ***de voluntad)*** Willensfreiheit *f*.
libertades *pl*, **~ constitucionales** verfassungsmäßige Grundrechte *npl*; **~ fundamentales** Grundfreiheiten *fpl*.
libertador befreiend.
libertar | *(s. a. liberar, librar)* befreien, freilassen, entlassen *(aus der Haft)*; **~io** anarchistisch; **~se** frei werden.
liberti | cida freiheitsfeindlich; **~naje** *m* Rechtsfeindlichkeit *f*; **~no** rechtsfeindlich.
librado Anweisungsempfänger *m*, Bezogener *m*, Trassat *m*.
librador Aussteller *m (Scheck, Wechsel)*, Anweisender *m*, Trassant *m*; **~ de giro** Überweisender *m*.
libramiento Ausstellung *f (Scheck)*, Anweisung *f (zur Auszahlung)*, Geldanweisung *f*, Trassierung *f*; **~ de informes** Auskunftserteilung *f*; **~ de letra** Wechselziehung *f*.

libran | cista *m* Anweisungs | empfänger *m*, Wechsel- *m*, Trassat *m*; **~te** *m* s. librador.

libranza Anweisung *f (von Geld)*, Ausstellung *f (Scheck)*, Ziehung *f (Wechsel)*; **~ de un cheque** Ausstellung *f* eines Schecks; **~ a la orden** *(Sp)* Anweisung *f*; **~ al portador** *(Sp)* Inhaberanweisung *f*; **~ postal** Postanweisung *f*.

librar *(s. a. liberar, libertar) (Wechsel:)* ausstellen, ziehen; ausfertigen *(Urkunde, Urteil)*, anweisen *(Geld)*, befreien *(von Schulden)*, entbinden *(Verpflichtung)*, liefern; **~ contra** ziehen auf *(Wechsel)*; **~ de responsabilidad** von der Verantwortung *f* entbinden; **~ sentencia** ein Urteil *n* erlassen.

libre frei, franko, lastenfrei, kostenlos; ledig; **~ de accidentes** unfallfrei; **~ a bordo** frei an Bord, franko Bord; **~ de cargas** lastenfrei; **~ de contribución** steuerfrei.

libre de derechos gebühren | frei, abgaben-; **~ ~ de aduana** zollfrei.

libre, ~ de deudas schuldenfrei; **~ de flete** frachtfrei; **~ de forma** formfrei; **~ de franqueo** portofrei; **~ de gastos** kosten | frei, spesen-, ohne Kosten *(Wechsel)*; **~ de gravámenes** lastenfrei *(Grundstück)*; **~ de impuesto*(s)*** steuer | frei, abgaben-; **~ sobre vagón** frei *(oder franko)* Waggon.

librecambio Freihandel *m*; Freihandels-.

librero Buchhändler *m*; **~ editor** Verleger *m*.

libreta *(s. a. libro)* Bestell | buch *n*, Konto- *n*, Spar- *n*; **~ de ahorro** Spar | buch *n*; **~ de asistencia** Stempelkarte *f (Arbeit)*; **~ de cheques** Scheckbuch *n*; **~ militar** Soldbuch *n*.

libro *(s. a. libreta)* Buch *n*; **~ de acciones** Aktienbuch *n*; **~ de balances** Bilanzbuch *n*; **~ básico de la contabilidad** Journal *n*; **~ de bitácora** Logbuch *n*; **~ blanco** Weißbuch *n*; **~ en blanco** Notizbuch *n*; **~ de a bordo** Logbuch *n*; **~ de caja** Kassenbuch *n*; **~ de cheques** Scheckbuch *n*; **~ de cuentas** Rechnungs | buch *n*, Konto- *n*.

libro diario Journal *n*, Tagebuch *n*; **~ ~ de caja** Kassentagebuch *n*.

libro, ~ de difuntos Sterbe | register *n*, -buch *n*; **~ de entradas** Einnahmenbuch *n*, Eingangsjournal *n*; **~ de facturas** Rechnungsbuch *n*; **~ de familia** *(o **familiar**)* Familien*(stamm)*buch *n*; **~ de inscripciones de buques** *(Sp)* Schiffsregister *n*; **~ inventario** *(o **de inventarios**)* Inventar | buch *n*, Bestands- *n*; **~ maestro** Hauptbuch *n*; **~ de matrimonios** Heiratsbuch *n*.

libro mayor Hauptbuch *n*; **~ ~ de sucursales** Filialbuchführung *f*; **~ ~ de ventas** Debitorenbuch *n*.

libro, ~ de minutas Protokollbuch *n*; **~ de nacimientos** Geburtenbuch *n*; **~ de pago de salarios** *(Sp)* Lohnbuch *n*; **~ de pedidos** Bestell | buch *n*, Auftrags*(bestands)*- *n*; **~ preliminar** einleitendes Buch *n (Gesetz)*; **~ protocolo** Protokollbuch *n (Notar)*.

libro-registro Register *n*, Registerbuch *n*; **~ ~ de acciones** *(o **de accionistas**)* Aktienbuch *n*, Aktionärsregister *n*; **~ ~ de socios** Mitgliederliste *f (GmbH)*.

libro, ~ de ruta Fahrtenbuch *n*; **~ de salarios** Lohnbuch *n*; **~ de salidas** Ausgangsbuch *n*; **~ -talonario** Scheck | heft *n*, -buch *n*.

libros *pl* **~ de a bordo** Schiffs | papiere *npl*, Bord- *npl*.

licencia Lizenz *f*, Bewilligung *f*, Erlaubnis *f*, Zulassung *f*, Genehmigung *f*, Dienstbefreiung *f*, Urlaub *m (Beamtenrecht, Militär)*, Entlassungsschein *m (Militär)*; **~ absoluta** Befreiung *f* vom Wehrdienst; **~ de adquisición de armas** Waffenerwerbsschein *m*; **~ de apertura de establecimiento** Gewerbeerlaubnis *f*; **~ de armas** Waffenschein *m*; **~ de caza** Jagd | erlaubnis *f*, -*(erlaubnis)*-schein *m*; **~ de comercio ambulante** Wandergewerbeschein *m*; **~ de conducción** *(o **de conducir** o **de conductor**)* Führerschein *m*, Fahrerlaubnis *f*; **~ de construcción** *(o **para construir**)* Baugenehmigung *f*; **~ de disfrute** Nutz*(ungs)*recht *n*; **~ de edificación** *(o **para edificar**)* s. licencia de construcción; **~ por**

embarazo Mutterschaftsurlaub *m*; **~ de exportación** Ausfuhrgenehmigung *f*; **~ de importación** Einfuhrgenehmigung *f*, Importlizenz *f*; **~ industrial** Gewerbeerlaubnis *f*; **~ de instalación y funcionamiento de negocios** *(Sp)* Gewerbeerlaubnis *f*; **~ de medicamentos** Arzneimittelzulassung *f*; **~ de obras** s. licencia de construcción; **~ de pesca** Fischerei | schein *m*, -erlaubnis *f*; **~ retribuida** bezahlter Urlaub *m*; **~ de taxis** Taxikonzession *f*; **~ temporal** Zurückstellung *f* vom Wehrdienst; **~ de trabajo** Freistellung *f* von der Arbeit; **~ de** *(o* ***para)*** **uso de armas** Waffenschein *m*; **~ de uso de patente** Patenlizenz *f*; **~ de vados** Zufahrtsgenehmigung *f*: **~ de venta** Verkaufslizenz *f*; **~ de venta de bebidas alcolhólicas** Schankkonzession *f*.

licenciado Lizenznehmer *m*, Diplomierter *m*, Lizentiat *m*; **~** *(Sp)* Diplominhaber *m*; **~ en ciencias económicas** Diplomvolkswirt *m*; **~ en derecho** geprüfter Rechtskundiger *m*; **~ en ingenería** Diplomingenieur *m*.

licenciamiento Entlassung *f* aus dem Wehrdienst; Beurlaubung *f*.

licenciante *m* Lizenzgeber *m*.

licenciar erlauben, beurlauben, verabschieden *(dienstlich)*, entlassen *(Soldaten)*; eine Lizenz *f (oder ein Diplom n)* erteilen, lizenzieren.

licenciarse ein Diplom *n* machen.

licenciatura Diplom *n*, Grad *m* des Lizentiaten.

licitación Ausschreibung *f*, Auktion *f*, Gebot *n*, öffentliche Versteigerung *f*.

licitador Lizenzgeber *m*, Ersteigerer *m*, Versteigerer *m*, Bieter *m*.

licita | nte s. licitador; **~r** steigern, versteigern, bieten, ausschreiben; **~torio** *(adj)* Versteigerungs-.

lícito zulässig, erlaubt.

licitud *f* Zulässigkeit *f*, Erlaubtheit *f*.

líder *m* Führer *m*; **~ de grupo** Gruppenleiter *m*; **~ en el mercado** Marktführer *m*.

líder *f* Führerin *f*.

liderar anführen.

liderazgo Führung *f*, Führerschaft *f*; **~ del mercado** Marktführung *f*.

lides forenses *fpl* Rechtsstreit *m*.

liga Liga *f*, Bund *m*, Bündnis *n*, Verband *m*; **~ de consumidores** Verbraucherzentrale *f*; **~ Internacional de los Derechos del Hombre** Internationale Liga *f* für Menschenrechte.

ligado a un fin determinado zweckgebunden.

ligamen *m* Bindung *f*, Eheband *n*.

ligamiento Verbindung *f*.

ligar verpflichten, binden.

limitación Be | schränkung *f*, Ein- *f*, Begrenzung *f*; **~ de competencia** Wettbewerbsbeschränkung *f*; **~ del derecho de voto** Stimmrechtsbeschränkung *f*; **~ de disponer** Verfügungsbeschränkung *f*; **~ de precios** Preis | bindung *f*, -stopp *m*; **~ de la propiedad** Eigentumsbeschränkung *f*; **~ de** ***(la)*** **velocidad** Geschwindigkeitsbeschränkung *f*.

limitáneo *(adj)* Grenz-.

limitar be | schränken, ein-, limitieren, be | grenzen, ab-, an-.

limitativo einschränkend, abgrenzend, abschließend.

límite *m* Grenze *f*, Begrenzung *f*, Schwellenwert *m*, Limit *n*, Plafond *m*; **~ de alcohol en la sangre** Promillegrenze *f*; **~ del cálculo de la cotización** Beitragsbemessungsgrenze *f*; **~ de cambios** Kurslimit *n*; **~ de exención** Frei | grenze *f*, -betrag *m*, Steuer | freibetrag *m*, Tarif- *m (Steuer)*.

límite *m* **máximo** Höchst | grenze *f*, Ober- *f*, Plafond *m*; **~ ~ de ingresos** Einkommenshöchstgrenze *f*.

límite *m*, **~ de la oferta** letzter Angebotstermin *m*; **~ de plazo** Stichtag *m*; **~ de valor** Wertgrenze *f*.

limítrofe angrenzend, benachbart *(Land)*, Grenz-.

limpieza Reinigung *f*; **~ "étnica"** „ethnische" Säuberung *f*; **~ del medio ambiente** Luftreinhaltung *f*; **~ pública** Straßenreinigung *f*.

limpio umweltfreundlich.

linaje *m* Abstammung *f*.

lincha | miento Lynch | justiz *f*, -mord *m*; **~r** lynchen.

linda | r angrenzen; **~zo** abgesteckte Grenze *f*.

linde *m f* Grenze *f*, Abgrenzung *f*.

lindero Grenze *f.*

línea Zeile *f,* Linie *f (auch:* Verwandtschaft).

línea aérea Flug*(verkehrs)*linie *f,* Luftfahrtgesellschaft *f.*

línea, ~ ascendente aufsteigende Linie *f (Verwandtschaft).*

línea de carga *(SeeR)* Tiefladelinie *f,* Lademarke *f.*

línea, ~ central *(VR)* Mittel | linie *f,* -streifen *m;* **~ colateral** Seitenlinie *f (Verwandtschaft);* **~ de conducta** Richtlinie *f;* **~ de construcción** Baufluchtlinie *f;* **~ continua** ununterbrochene Linie *f (Fahrstreifen);* **~ de crédito** Kredit | linie *f,* -rahmen *m;* **~ descendente** absteigende Linie *f (Verwandtschaft);* **~ directa** gerade Linie *f (Verwandtschaft);* **~ directiva** *(o* ***directriz****)* Leitlinie *f;* **~ discontinua** *(VR)* unterbrochene Linie *f (Fahrstreifen);* **~ límite de edificación** Baugrenze *f;* **~ longitudinal continua** *(VR)* ununterbrochene Linie *f;* **~ marítima internacional** internationale Schifffahrtsstraße *f;* **por ~ materna** mütterlicherseits; **~ de medio** Mittellinie *f (Verkehr),* Mittelstrich *(VR);* **por ~ paterna** väterlicherseits; **~ recta** s. línea directa; **~ regular** Linienverkehr *m;* **~ de servicios** Sonderfahrstreifen *m (Busse, Taxis);* **~ telefónica** Telefonleitung *f;* **~ transversal** Haltelinie *f (VR).*

líneas *pl* Liniennetz *n.*

lingote *m* **de oro** Goldbarren *m.*

liquidable liquidierbar.

liquidación Rechnung *f,* Abrechnung *f,* Abgeltung *f,* Abwicklung *f,* Liquidation *f,* Ausgleich*(ung) m (f), Tilgung f, Bezahlung f, Regulierung f (Schaden),* Begleichung *f* einer Schuld, Ausverkauf *m,* Verwertung *f (von Gegenständen),* Versilberung *f,* Auseinandersetzung *f;* **~ amistosa** Schlichtung *f;* **~ de averías** Dispache *f;* **~ por cierre** Räumungsverkauf *m;* **~ definitiva** Schlussabrechnung *f,* Abschlusszahlung *f,* endgültiger Steuerbescheid *m;* **~ de derechos de aduana** Zollbescheid *m;* **~ de deudas** Schulden | regelung *f,* -regulierung *f;* **~ de existencias** Lagerräumung *f,* Räumungsverkauf *m;* **~ fiscal** Steuer | bescheid *m,* -festsetzung *f;* **~ hereditaria** *(o* ***de la herencia****)* Erbauseinandersetzung *f,* Nachlassteilung *f;* **~ impositiva** *(o* ***del impuesto****)* s. liquidación fiscal; **~ de pérdidas** Verlustausgleich *m.*

liquidación provisional vorläufiger Steuerbescheid *m;* **~ ~ complementaria** *(Sp)* Nachveranlagung *f* unter Vorbehalt der Nachprüfung.

liquidación, ~ salarial Lohnabrechnung *f;* **~ de saldos** Saldenausgleich *m;* **~ de un siniestro** Schadensregulierung *f;* **~ de sucesión** Erbauseinandersetzung *f;* **~ tributaria** *(Sp)* Steuerbescheid *m.*

liquidador Liquidator *m,* Abwickler *m;* **~ de averías** Dispacheur *m,* Havariekommissar *m.*

liquidadora Abrechnungsstelle *f.*

liquidar ab | rechnen, ver-, ausgleichen, auseinandersetzen, flüssig machen, liquidieren, regulieren, abgelten, verwerten *(Sachen),* abwickeln, versilbern; **~ una cuenta** ein Konto *n* ausgleichen, eine Rechnung *f* begleichen; **~ una deuda** eine Schuld *f* begleichen.

liquidez *f* Liquidität *f,* flüssige Mittel *pl.*

líquido verfügbarer Betrag *m,* Saldo *m;* **~** *(adj)* flüssig, verfügbar, liquid, netto; **~ imponible** steuerbarer Betrag *m.*

lista Liste *f,* Verzeichnis *n,* Tabelle *f;* **~ de abogados** Anwaltsverzeichnis *n;* **~ de acreedores** Tabelle *f (Insolvenz),* Insolvenztabelle *f,* Gläubigerverzeichnis *n;* **~ de antecedentes penales** Vorstrafenliste *f;* **~ de buques** *(Sp)* Schiffsregister *n (Teil des Handelsregisters);* **~ de carga** Ladeliste *f;* **~ de casos** Terminzettel *m;* **~ del censo electoral** Stimm | liste *f,* Wähler- *f;* **~ de existencias** Inventar *n;* **~ de exclusión** Negativliste *f;* **hacer una ~** ein Verzeichnis *n* aufstellen; **~ de** ***(los)*** **jurados** Schöffen- *f;* **~ de litigios** *Terminzettel m;* **~ de la masa de la quiebra** Masseverzeichnis *n;* **~ de oradores** Rednerliste *f;* **~ de participantes** Teilnehmerliste *f;* **~ de pleitos** Terminzettel *m;*

~ positiva Positivliste *f*; **~ de precios** Preis | liste *f*, -tafel *f*; **~ de señalamientos** Terminzettel *m*.
listado Liste *f (Wahl)*; **~ de inventario** Inventarverzeichnis *n*.
listar | aufstellen; **~se** sich in eine Liste *f* eintragen.
listín *m* Zettel *m*, Verzeichnis *n*; **~ de bolsa** Börsen | zettel *m*, Kurs- *m*.
listo fertig, bereit; **~ para la entrega** lieferbereit; **~ para *(el)* envío** versand | bereit, -fertig; **~ para funcionar** betriebsbereit.
lite *f* Rechtsstreit *m*; **~ pendente** während der Rechtshängigkeit *f*.
literal | wörtlich; **~idad** Wortlaut *m*, Schriftform *f*.
literatura Literatur *f*; **~ jurídica** Rechts | literatur *f*, -schrifttum *n*.
litigación Prozessführung *f*.
litigante *m (streitende)* Partei *f*, Prozesspartei *f*, Streits | teil *m*; **~** *(adj)* prozessführend.
litigar prozessieren, einen Prozess *m* führen.
litigio Streit *m*, Streit | igkeit *f*, -sache *f*, Rechts | sache *f*, -streit *m*, Prozess *m*; **fuera de ~** außerprozessual.
litigioso Streit-, im Streit *(befindlich)*, streit | ig, -befangen.
litis *f (lat)* Rechtsstreit *m*, Prozess *m*, Streitgegenstand *m*.
litisconsorcial streitgenössisch.
litisconsorcio Streitgenossenschaft *f*; **~ activo** aktive *(oder klägerische)* Streitgenossenschaft *f*; **~ pasivo** passive Streitgenossenschaft *f*.
litisconsorte *m* Streitgenosse *m*.
litiscontestación Klagebeantwortung *f*, Einlassung *f*.
litis | denunciación Streitverkündung *f*; **~expensas** *pl* Prozesskosten *pl*.
litoral *m* Küstenzone *f*.
litteram, ad ~ *(lat)* buchstäblich.
liza electoral Wahlkampf *m*.
llamada *(s. a. llamamiento)* Zuruf *m*, Anruf *m*, Ausruf *m*, Appell *m*; **~ del asunto a vista** Aufruf *m* der Sache; **~ a filas** Einberufung *f* zum Wehrdienst; **~ a juicio** Streitverkündung *f*; **~ a licitación** Aufforderung *f* zum Gebot; **~ al orden** Ruf *m* zur Ordnung.
llamado Berufener *m (zur Erbschaft)*; **~** *(adj)* berufen.
llamamiento *(s. a. llamada)* Aufruf *m*, Ruf *m (an eine Hochschule)*, Berufung *f (zur Erbschaft)*, Einberufung *f*; **~ a filas** Einberufung *f* zum Wehrdienst; **~ a la huelga** Streikaufruf *m*; **~ a juicio** Ladung *f* zum Termin; **~ a licitación** Aufforderung *f* zum Gebot; **~ a la sucesión** Berufung *f* zur Erbschaft; **~ de *(los)* testigos** Zeugenaufruf *m*.
llamar nennen, an | rufen, auf-, be-, einberufen, laden *(Person)*, heranziehen; **~ el asunto a vista** die Sache *f* aufrufen; **~ en causa** beiladen *(Prozess)*; **~ a la herencia** zur Erbschaft *f* berufen; **~ al orden** zur Ordnung *f* rufen; **~ a revisión** zurückrufen *(Autos)*; **~ al servicio militar** einberufen, beiziehen; **~ a sí** an sich ziehen.
llano einfachen Standes.
llave *f* Schlüssel *m*; **~ de compensación** Ausgleichsschlüssel *m (EU)*; **~ falsa** Nachschlüssel *m*, Dietrich *m*; **~ en mano** schlüssel | fertig, bezugs-.
llegada Ankunft *f*, Zugang *m*, Eingang *m*.
llegar zugehen, eintreten *(Termin)*; einlaufen *(SeeR)*; **~ a** sich belaufen auf; **~ a un acuerdo** sich verständigen; **~ al límite de jerarquía** den Verwaltungsweg *m* erschöpft haben; **~ al poder** zugehen *(Schriftstück)*; **~ a ser heredero** Erbe *m* werden.
llenar ausfüllen *(Gesetzeslücken, Formular)*, erfüllen *(Vorschriften, Bedingungen)*; **~ requisitos** Voraussetzungen *fpl* erfüllen.
llevanza Führung *f*; **~ de libros** Führung *f* von Büchern.
llevar leiten, führen *(den Vorsitz)*, ein Geschäft *n* betreiben; tragen *(Kosten, Früchte)*; **~ ante** *(dem Richter)* vorführen; **~ aparejada ejecución** vollstreckbar sein *(Urkunden)*.
llevar a cabo tätigen, vornehmen, ausführen *(Vertrag)*, durchführen, zum Abschluss *m* bringen; **~ ~ la prueba** Beweis *m* erheben.
llevar, ~ el caso den Fall *m* bearbeiten; **~ la citación a efecto en forma** förmlich laden; **~ cuentas** die Bücher *pl* führen; **~ al debe** ins

Soll *n* eintragen; **~ a efecto** vollstrecken *(Urteil)*, vollziehen, durchführen; **~ fecha de** das Datum *n* tragen von; **~ un pleito** einen Prozess *m* führen; **~ al pleno** ins Plenum *n* einbringen; **~ a la práctica** in die Tat umsetzen; **~ un registro** ein Register *n* führen; **~ a reservas** in die Rücklagen *fpl* überführen.

lob | by *m* Lobby *f*, Lobbyismus *m*; **~ista** *m* Lobbyist *m*.

locación Miete *f*, Pacht *f*, Vermietung *f*, Verpachtung *f*; **~ de obra** Werkvertrag *m*; **~ -venta** Mietkauf *m*.

locador *(Am)* Vermieter *m*.

local *m* Raum *m*, Lokal *n*; **~** *(adj)* örtlich, gemeindlich, Gemeinde-, lokal, Provinz-; **~ comercial** Geschäftsraum *m*; **~ industrial** s. local de negocios; **~ de negocios** Geschäftsraum *m*; **~ para vivienda** Wohnraum *m*.

localidad Ort *m*, Örtlichkeit *f*.

localismo Lokalpatriotismus *m*.

localización Standort *m*, Lokalisierung *f*, Lage *f (eines Gebäudes)*.

localizar lokalisieren, begrenzen.

loca | tario Besteller *m (beim Werkvertrag)*, Mieter *m*; **~tivo** *(adj)* Miet-, Pacht-.

lock-out *m (engl)* Aussperrung *f*; **~ agresivo** Angriffsaussperrung *f*; **~ defensivo** Abwehraussperrung *f*; **~ rescisorio** lösende Aussperrung *f*; **~ suspensivo** Suspensivaussperrung *f*.

locutorio Sprechzelle *f*.

lógica Logik *f*; **~ jurídica** juristische Logik *f*.

logístic | a Logistik *f*; **~o** logistisch.

logotipo Markenname *f*, Logo *n*.

lograr durchsetzen, erreichen, erlangen; **~ una ganancia** Gewinn *m* machen.

log | rear wuchern; **~rería** Wucher *m*; **~rero** Wucherer *m*; **~ro** Gewinn *m*, Gelingen *n*, Wucherzins *m*.

logros sociales sozialer Besitzstand *m*, soziale Errungenschaften *fpl*.

lonja Waren | börse *f*, Produkten- *f*.

lote *m* Lot *n*, Anteil *m*, Partie *f*, Posten *m*, Stapel *m*, Lieferung *f*; Los *n (bei der Versteigerung)*.

lote | ar teilen, parzellieren.

lotería Lotterie *f*, Verlosung *f*.

lotero Lotterieeinnehmer *m*.

loto *f* Lotto *n*.

lucha Kampf *m*, Bekämpfung *f*; **~ antidroga*(s)*** Rauschgift | bekämpfung *f*, Drogen- *f*; **~ antiterrorista** Terror*(ismus)*bekämpfung *f*; **~ electoral** Wahlkampf *m*.

luces *fpl (s. a. luz) (VR)*; **con ~ altas** aufgeblendet; **con ~ bajas** abgeblendet; **~ destellantes de virajes** Fahrtrichtungsanzeiger *mpl*, Blinker *m*; **~ de retroceso** Rückfahrscheinwerfer *mpl*.

lucrar | Gewinn *m* ziehen; **~se** wirtschaftlichen Nutzen *m* ziehen.

lucrativo einträglich, lohnend; **no ~** unentgeltlich, gemeinnützig.

lucro Gewinn *m*, Nutzen *m*; **~ cesante** Erfüllungsinteresse *n*; entgangener Gewinn *m*; **de ~** erwerbswirtschaftlich; **~ dejado de obtener** entgangener Gewinn *m*; **~ oculto** verdeckter Gewinn *m*.

lugar *m* Ort *m*, Ortschaft *f*, Lage *f*, Stelle *f*; **~ del accidente** Unfall | ort *m*, -stelle *f*; **~ de acción** Tatort *m*; **~ de autos** Tatort *m*; **~ del crimen** Tatort *m*; **~ de cumplimiento *(del contrato)*** Erfüllungs | ort *m*, Leistungs- *m*; **~ del delito** Tat | ort *m*, Begehungs- *m*; **~ de destino** Bestimmungs | ort *m*, Ziel- *m*, Dienst- *m*; **~ de entrega** Liefer | -ort *m*, Erfüllungs- *m*; **~ de explotación** Sitz *m* des Betriebs, Betriebsstätte *f*, **ha ~** dem Antrag *m* wird stattgegeben *(Entscheidung)*; **haber ~** zulässig sein; **no ha ~** der Antrag *m* wird abgelehnt *(Entscheidung)*; **~ del pago** Erfüllungs | ort *m*, Zahlungs- *m*; **~ de la prestación** Leistungsort *m*; **~ de procedencia** Herkunftsort *m*; **~ de refugio definitivo** endgültiges Aufnahmeland *n (Asyl)*, **~ de *(la)* residencia** Wohn | ort *m*, -sitz *m*, Aufenthaltsort *m*; **~ de reunión** Tagungsort *m*; **sin ~** unbegründet, unzulässig; **tener ~** zulässig sein, Anwendung *f* finden *(Strafe)*; **~ de trabajo** Arbeits | platz *m*, -stätte *f*, -ort *m*.

lugar | eño dörflich; **~tenencia** Amt *n oder* Stellvertreters; **~teniente** *m* Stellvertreter *m*.

luir ablösen.

luto Trauer; **~ nacional** Staatstrauer *f.*
luz *f (s. a. luces pl)*, **~ ámbar** gelbes Wechsellichtzeichen *n*; **~ azul intermitente** blaues Blinklicht *n*; **~ corta** Abblendlicht *n*; **~ de niebla** Nebelscheinwerfer *m*; **~ destellante** Warnblinklicht *n*; **~ de estacionamiento** Parkleuchte *f*; **~ de frenado** Bremslicht *n*; **~ indicadora de dirección** Fahrtrichtungsanzeiger *m*; **~ de largo alcance** Fernlicht *n*; **~ de situación** Standlicht *n.*

M

macro | central *f* Großkonzern *m*; **~centro** Großstadtzentrum *n*; **~contabilidad** volkswirtschaftliche Gesamtrechnung *f*; **~economía** Makroökonomie *f*; **~económico** makroökonomisch, volkswirtschaftlich; **~grupo** Großgruppe *f*; **~urbanismo** Landesplanung *f.*
maderable holzwirtschaftlich nutzbar.
madre *f* Mutter *f*; **~ adoptiva** Adoptivmutter *f*; **~ política** Schwiegermutter *f*; **~** portadora (**~** receptora) Leihmutter *f.*
madur | ar fällig werden *(Wechsel)*; **~ez** *f* Laufzeit *f*, Fälligkeit *f.*
maestra Lehrerin *f.*
maestre *m (SeeR)* Kapitän *m.*
maestría Meister | titel *m*, -würde *f.*
maestro Meister *m*, Lehrer *m*, Lehrmeister *m*; **~ en artesanía** *(o **artesano**)* Handwerksmeister *m*; **~ industrial** Lehrmeister *m*; **~ de obras** Baumeister *m*; **~ de taller** Werkmeister *m.*
magisterio Lehrerschaft *f*, Lehr | beruf *m*, -amt *n.*
magistrado Richter *m (an einem Kollegialgericht)*; **~ de carrera** Berufsrichter *m*; **~ decano** Dekan *m*; **~ delegado** beauftragter Richter *m*; **~ discordante** Richter *m* mit abweichender Stimme; **~ federal** Bundesrichter *m*; **~ instructor** Ermittlungsrichter *m*; **~ de lo penal** Strafrichter *m*; **~ profesional** Berufsrichter *m*; **~ sustituto** Ergänzungsrichter *m*; **~ de trabajo** Arbeitsrichter *m*; **~ unipersonal** Einzelrichter *m.*
magistratura Richter | stand *m*, -amt *n*, -schaft *f*, Amtszeit *f* des Richters; **~ vitalicia** Amt des Richters auf Lebenszeit *f.*
magnate *m* Magnat *m*; **~ industrial** Großindustrieller *m.*
magnitud *f* Größe *f*, Bezugsgröße *f*, Größenordnung *f*, Höhe *f (Staatsschuld)*; **~ de balance** Bilanzgröße *f*; **~ de gastos** Kostenumfang *m*; **~ out-put** Ertragsgröße *f.*
majestad *f* Majestät *f*; **lesa ~** Majestätsbeleidigung *f*; **Vuestra ~ Real** Königliche Hoheit *f.*
mal *m* Übel *n*; **~** *(adv)* schlecht, böse; **~ afamado** berüchtigt; **~ amenazante** drohendes Übel *n.*
mal | baratar verschleudern; **~eante** *m* gefährlicher Gewohnheitsverbrecher *m*; **~éfico** schädlich; **~entendido** Missverständnis *n*; **~evolencia** feindselige Absicht *f*; **~gastador** Verschwender *m*; **~gastar** verschwenden; **~hechor** Übeltäter *m*; **~herir** schwer verletzen.
malicia Bosheit *f*; **con ~** böswillig.
maliciar | verderben; **~se** argwöhnen.
malicio | sidad Arglist *f*; **~so** arglistig.
malparar misshandeln.
maltratar ***(de obra)*** misshandeln.
malvender verschleudern.
malversación Veruntreuung *f*, Unter | schlagung *f*; **~ de caudales públicos** *(Sp)* Veruntreuung *f* öffentlicher Mittel.
malver | sador Täter *m* einer Unterschlagung *(oder Veruntreuung)*; **~sar** unterschlagen, veruntreuen.
manager *m* Führungskraft *f*, Manager *m.*
manchas *pl* Flecken *mpl*; **~ de sangre** *pl* Blutflecken *mpl.*
mancipación öffentliche Übergabe *f.*
mancomún gemeinschaftlich.
mancomunada y solidariamente gesamtschuldnerisch.

mancomuna | do gesamthänderisch; **~rse** sich zusammenschließen.
mancomunidad Gesamthandsgemeinschaft *f*, Gemeindeverband *m*; **~ de acreedores** Gläubigergemeinschaft *f*; **~ de deudores** Schuldnergemeinschaft *f*; **~ solidaria** Gesamtschuldnerschaft *f*.
manda Vermächtnis *n*.
mandado Geschäftsbesorgung *f*.
mandamiento Auftrag *m*, Weisung *f*, Befehl *m*, Geschäftsbesorgung *f*, Ersuchen *n* an untere Behörde; **~ de arresto** Arrestbefehl *m*; **~ para comparecer** Vorladung *f*; **~ de desalojo** Räumungsauftrag *m*; **~ de detención** Haftbefehl *m*; **~ de ejecución** Vollstreckungsauftrag *m*; **~ de pago** Mahnbescheid *m*, Auszahlungsanordnung *f*; **~ de prisión** Haftbefehl *m*.
mandante *m* Mandant *m*, Auftrag | geber *m*, Vollmacht- *m*.
mandar 1. bestellen, beauftragen, gebieten, verfügen, anordnen, vermachen; 2. *(ab)*senden, versenden, zusenden; **~ por certificado** als/per Einschreiben *n (ver)*senden *(oder (ver)schicken)*; **~ correr traslado** zustellen lassen; **~ un fax** faxen; **~ pagar** zur Zahlung *f* anweisen; **~ contra reembolso** gegen Nachnahme *f* schicken; **~ suspender *(la ejecución)*** die aufschiebende Wirkung *f* anordnen.
mandatario Beauftragter *m*, Bevollmächtigter *m*, Amtsinhaber *m*, Mandatar *m*, Auftragnehmer *m*; **~ judicial** Prozessbevollmächtigter *m*; **~ verbal** mündlich Beauftragter *m (oder Bevollmächtigter m)*.
mandato Mandat *n*, Auftrag *m*; Vorschrift *f*, Gebot *n*, Vollmacht *f*, Amts | periode *f*, Wahl- *f (Parlament)*; **~ de búsqueda y captura** Steckbrief *m*; **~ de conciencia** Gewissensgebot *n*; **~ de la constitución *(o constitucional)*** Verfassungsauftrag *m*; **~ de determinación** Bestimmtheitsgebot *n*; **~ fiduciario** Treuhandschaft *f (VöR)*; **~ general** Generalvollmacht *f*; **~ imperativo** imperatives Mandat *n*; **por ~ de la ley** kraft Gesetzes; **~ de mero trámite** verfahrensleitende Verfügung *f*; **~ de pago** Zahlungsanweisung *f*; **~ de registro domiciliario** Durchsuchungsanordnung *f*; **~ retribuido** Geschäftsbesorgung *f*.
mando Gewalt *f*, Befehlsgewalt *f*, Macht *f*, Herrschaft *f*, Kommando *n*; **alto ~ militar** Oberkommando *n*, militärischer Oberbefehl *m*; **~ de la obra** Projektsteuerung *f*; **~ del partido** Parteiführung *f*.
mandos *pl* Führungsschicht *f*.
manejar managen, verwalten, leiten, manipulieren; **~ intereses** Interessen *npl* vertreten; **~ de modo ilegal** illegal handeln *(mit Drogen)*.
manejo Leitung *f*, Lenkung *f*, Verwaltung *f*, Management *n*, Manipulation *f*; **~ de negocios** Geschäftsführung *f*.
manera Art *f*; **~ de proceder** Arbeitsweise *f*.
manía persecutoria Verfolgungswahn *m*.
maniatar s. esposar.
manifestación Kundgebung *f*, Bekundung *f*, Offenbarung *f*, Erklärung; Demonstration *f*; **~ callejera** Straßendemonstration *f*; **~ de impuesto** Steuererklärung *f*; **~ multitudinaria** Massendemonstration *f*; **~ de opinión** Meinungsäußerung *f*; **~ de protesta** Protestkundgebung *f*; **~ de voluntad** Willensäußerung *f*.
manifestante *m* Demonstrant *m*.
manifestar kundgeben, erklären, vorbringen, demonstrieren.
manifiestamente contrario a la ley offensichtlich rechtswidrig.
manifiesto Manifest *n*, öffentliche Erklärung *f*; **~ de aduana** Zollladungsverzeichnis *n*; **~ de carga** Ladeliste *f*; **~ de emisión** Prospekt *m*.
maniobra Manöver *n*; **~ de adelantamiento** *(VR)* Überholvorgang *m*; **~ bursátil** Börsenmanipulation *f*; **~ de evasión** *(VR)* Ausweichmanöver *n*.
maniobra | bilidad Manövrierfähigkeit *f*; **~r** manövrieren.
maniobras *pl* Machenschaften *pl*; **~ dilatorias** Prozessverschleppung *f*.
manipulación Manipulation *f*, Verfahren *n*, Behandlung *f*;

~ de genes *(o **genética**)* Genmanipulation *f*; **~ informática** Computermanipulation *f*; **~ de precios** Preismanipulation *f*.
manipular manipulieren, steuern.
manipuleo Manipulation *f*.
mano *f* Hand; **a ~ alzada** durch Handerheben *n (Abstimmung)*; **a ~ armada** bewaffnet; **en ~ común** gesamthänderisch.
mano de obra Arbeits | kraft *f*, -kräfte *pl*; **~ ~ cualificada** Facharbeiter *mpl*; **~ ~ no calificada** ungelernte Arbeitskräfte *fpl*; **~ ~ semicalificada** angelernte Arbeitskräfte *fpl*.
mano, de *(o **en**)* **propia ~** eigenhändig.
mantener *(er)*halten, aufrechter | halten, instand-, unter- *(Angehörige, Kontakte)*, *(unter)*stützen, behaupten *(ein Recht)*; **~ detenido/a** festhalten; **~ los precios** Preise *mpl* stützen; **~ relaciones** Beziehungen *fpl* unterhalten.
mantenerse seinen Unterhalt *m* bestreiten; **~ firme** *(B)* fest bleiben.
mantenimiento Unterhalt*(ung)* *m (f)*, Aufrechterhaltung *f*, Beibehaltung *f*, Instandhaltung *f*; **~ del secreto** Geheimhaltung *f*.
manual *m* Handbuch *n*, Leitfaden *m*; **~ de estilo** Verhaltenskodex *m*.
manufactura Herstellung *f*, Erzeugung *f*, Manufaktur *f*, Fabrikation *f*, Fabrik *f*; **~ por contrato** Lohnveredelung *f*.
manufactur | ados *pl* Fertigwaren; **~ar** herstellen, erzeugen *(Waren)*; **~ero** verarbeitend, Manufaktur-.
manuscrito Manuskript *n*; **~** *(adj)* handgeschrieben.
manutención Unterhalt *m*, Versorgung *f*, Verpflegung *f*; **~ y hospedaje** Kost *f* und Logis *n*.
maquillar frisieren *(Bilanz)*.
máquina Automat *m*; **~ expendedora** Verkaufsautomat *m*; **~ de timbrar** Steuerstempler *m*.
maquinación Komplott *n*; **~ fraudulenta** arglistiges Verhalten *n*.
maquinaciones *pl* unerlaubte Machenschaften *pl*.
maquinar insgeheim planen.
maquinaria Maschinenpark *m*; **~ administrativa** Verwaltungsapparat *m*; **~ del Estado** Staatsapparat *m*.
maquinista *m* Maschinist *m*.
mar *m (f)* Meer *n*, See *f*; **~ territorial** Hoheitsgewässer *n*.
marbete *m* Steuerbanderole *f*.
marca Marke *f*, Merkmal *n*, Warenzeichen *n*; **~ de calidad** Gütezeichen *n*, Qualitätsmarke *f*.
marca de carga *(SeeR)* Lade | marke *f*, -linie *f*.
marca, ~ de la casa Hausmarke *f*; **~ colectiva** Verbands | marke *f*, -zeichen *n*; **~ comercial** Handels | zeichen *n*, Waren- *n*; **~ comunitaria** Gemeinschaftsmarke *f*; **~ de defensa** *(o **defensiva**)* Defensiv | zeichen *n*, -marke *f*, Abwehrzeichen *n*; **~ de fábrica** Fabrik | marke *f*, -stempel *m*; **~ de garantía** *(Sp)* Garantiezeichen *n* *(Verbraucherschutz)*; **~ líder** ***(en el mercado)*** Marktführer *m*, führende Marke *f*; **~ de servicios** Dienstleistungsmarke *f*; **~ de timbre** Stempelmarke *f*; **~ verbal** Wortzeichen *n*; **~ vial** Fahrbahn | markierung *f*, Straßen- *f*.
marcación Markierung *f*.
marcado de origen Ursprungsbezeichnung *f*.
marcar markieren, bezeichnen, kenn-, auszeichnen *(mit Preisen)*, eichen; **~ el sí a** das Ja ankreuzen für.
marcas *pl*, **~ longitudinales discontinuas** *(VR)* Leitlinie *f*; **~ del patinazo** Schleuderspuren *fpl*.
marcha Gang *m*, Verlauf *m*, Fahren *n* *(VR)*; **~ atrás** Rückwärtsgang *m*; **~ en caravana** Kolonnenfahren *n*; **~ del comercio** Geschäftsgang *m*; **~ de la cotización** Kursverlauf *m*; **~ Real** spanische Nationalhymne *f*.
marchamar plombieren.
marchamo Plombe *f*, Zoll | marke *f*, -stempel *m*; **~ de tránsito** *(Sp)* Zollbegleitschein *m*.
marchante *m* Händler *m*.
marchar gehen *(Geschäfte)*; **~ hacia adelante** vorwärts fahren; **~ hacia atrás** rückwärts fahren.
marco Rahmen *m*; Mark *f (Währung)*; **~ discrecional** Ermessensrahmen *m*; **~ jurídico** rechtlicher Rahmen *m*; **~ de negociación** Verhandlungsrahmen *m*; **~ de pena** *(o **penal**)* Strafrahmen *m*.

margen *m (f)* Rand *m*, Spanne *f*, Breite *f*, Marge *f*, Gefälle *n*; **~ de acción** Handlungsspielraum *m*; **~ de apreciación** Ermessensspielraum *m*; **~ de beneficio*(s)*** Verdienstspanne *f*, Gewinnspanne *f*; **~ bruto** Brutto|gewinn *m*, Roh- *m*, Handelsspanne *f*; **~ de cotización** Kursspanne *f*; **~ de crecimiento** Wachstumsrate *f*; **~ de crédito** Kredit|spielraum *m*, -marge *f*, -spanne *f*; **~ de discrecionalidad** Ermessens|spielraum *m*, -rahmen *m*; **~ de ganancia** Verdienst|spanne *f*, Gewinn- *f*; **~ de intereses** Zins|spanne *f*, -marge *f*; **~ de maniobra** Handlungsspielraum *m*; **~ de rebaja** Rabattspanne *f*; **~ de riesgo** Restrisiko *n*; **~ de tolerancia** Toleranzgrenze *f*, Spielraum *m*; **~ de la venta al por menor** Einzelhandelsspanne *f*.
marginación Ausgrenzung *f*.
marginado Außenseiter *f*.
margina|l *(adj)* Rand-, marginal; **~lidad** Marginalität *f*, Außenseitertum *n*; **~r** am Rand *m* vermerken.
marihuana Marihuana *n*.
marina Marine *f*, Seefahrt *f*; Küstengebiet *n*; **~ mercante** Handels|marine *f*, -flotte *f*.
marin|ear als Seemann *m* arbeiten; **~ería** See|leute *pl*, -mannsberuf *m*.
marinero Seemann *m*, Matrose *m*; **~** *(adj)* Seemanns-, seemännisch.
marketing *m (engl)* Absatz|planung *f*, Marketing *n*.
marketiniano *(adj)* Absatz-, Marketing-.
más, de lo ~ a lo menos a maiore ad minus *(lat)*.
masa Masse *f*, Menge *f*, Vermögen *n*; **~ activa** Aktivmasse *f*, Teilungsmasse *f*; **~ hereditaria** *(o de la herencia)* Erb|masse *f*, Nachlass- *f*, Nachlass *m*; **~ monetaria** Geld|volumen *n*, -menge *f*; **~ salarial** Lohnsumme *f*.
matador Mörder *m*, Totschläger *m*.
matanza Massaker *n*.
matar töten.
matasell|ar stempeln; **~os** *m* Post|stempel *m*, Datums- *m*.
materia Materie *f*, Sache *f*, Sachgebiet *n*, Angelegenheit *f*, Rechtsobjekt *n*; **~ del asunto** Streitgegenstand *m*; **~ civil** Zivilsachen *fpl*; **~ criminal** Strafsachen *fpl*; **~ imponible** Steuerobjekt *n*; **~ jurídica** Rechtsgebiet *n*; **~ obligatoria** *(Sp)* Pflichtfach *n* *(Universität)*; **~ opcional** Wahlfach *n*; **~ prima** Rohstoff *m*, Rohmaterial *n*; **~ de prueba** Beweisstoff *m*.
material *m* Material *n*, Stoff *m*, Betriebs|ausstattung *f*, -mittel *npl*; **~** *(adj)* materiell, rechtsinhaltlich; **~ de explotación** Betriebs|inventar *n*, -material *n*; **~ procesal** Prozess|material *n*, -stoff *m*.
materiales *mpl* Hilfs- und Betriebsstoffe *pl (Bilanz)*; **~ explosivos** Explosiv|stoffe *mpl*, Spreng- *mpl*; **~ de la ley** Gesetzesmaterialien *npl*.
materialidad, ~ del pago effektive Zahlung *f*.
materialista *m* Materialist.
materializar plusvalías *(B)* Wertsteigerungen *fpl* realisieren.
maternidad, ~ extramatrimonial außereheliche Mutterschaft *f*; **~ por sustitución** *f* Leihmutterschaft *f*.
matiz Nuance *f*.
matón *m* Killer *m*; **~ a sueldo** Berufs|mörder *m*, -killer *m*.
matriarca|do Matriarchat *n*; **~l** matriarchalisch.
matrici|da *m* Muttermörder *m*; **~dio** Muttermord *m*.
matrícula Register *n*, Eintragung *f*, Immatrikulation *f*, Krankenliste *f* *(Hospital)*; Einschreib*(e)*|gebühr *f*, Kurs- *f*; Zulassung *f (Kfz)*, Kraftfahrzeugkennzeichen *n*, amtliches Kennzeichen *n*, Nummernschild *n*; **~ de buques** Schiffsregister *n*.
matriculación Eintragung *f*, Zulassung *f (Kfz)* Neuzulassung *f*.
matricular eintragen, zulassen, anmelden *(Kfz)*; **~rse** belegen *(Vorlesungen)*, sich immatrikulieren.
matrimonial ehelich.
matrimonio Heirat *f*, Ehe *f*, Trauung *f*, Ehe|stand *m*, -schließung *f*, -paar *n*; **~ canónico** *(KR)* kirchliche Trauung *f (oder Eheschließung f)*; **~ civil** Ziviltrauung *f*, standesamtliche Trauung *f*; **~ a distancia** Ferntrauung *f*; **~ ficticio** Scheinehe *f*; **fuera de ~** außerehelich; **~ inexistente** Nichtehe *f*; **~ mixto** *(KR)* Mischehe *f*; **~ religioso**

s. matrimonio canónico; **~ subsiguiente** nachfolgende Ehe *f*; **~ de urgencia** Nottrauung *f*; **~ de uso** eheähnliche Gemeinschaft *f*.
matriz *f* Matrize *f*, Original *n (einer Urkunde)*, Urschrift *f*, Matrix *f*; Muttergesellschaft *f*, Stammhaus *n*; **~ del talonario** Kontrollabschnitt *m*.
matrona Kontrollbeamtin *f* beim Zoll, bei der Polizei etc.
matute | *m* Schmuggel *m*, Schmuggelware *f*; **~ar** schmuggeln; **~ro** Schmuggler *m*.
máxima Maxime *f*, Grundsatz *m*; **~ de** *(la)* experiencia Erfahrungssatz *m*; **~ del juicio procesal** Verhandlungsmaxime *f*.
maximización, ~ del beneficio Gewinnmaximierung *f*.
maximizar maximieren.
máximo Höchst | betrag *m*, -stand *m (Kurse)*, Spitze *f*; **~** *(adj)* maximal, höchstzulässig *(VR)*; **~ de la pena** Höchststrafe *f*; **~ de responsabilidad** Haftungshöchstbetrag *m*.
mayor Major *m*; **~** *(adj)* voll | jährig, mündig; *(al)* por **~** im Großhandel *m*, en gros; **~ de edad matrimonial** ehemündig; **~ de edad penal** strafmündig.
mayor | al *m* Vorarbeiter *m*; **~azgo** Majoratserbe *n*, Stammgut *n*.
mayordomo Verwalter *m*.
mayoría Mehrheit *f*, Majorität *f*; Voll | jährigkeit *f*; **~ absoluta** absolute Mehrheit *f*; **~ calificada** qualifizierte Mehrheit *f*; **con una ~ de las dos terceras partes** mit Zweidrittelmehrheit; **~ de edad** Voll | jährigkeit *f*, Mündigkeit *f*; **~ de edad para jurar** Eidesmündigkeit *f*; **~ de edad matrimonial** Ehemündigkeit *f*; **~ de edad penal** Strafmündigkeit *f*; **holgada ~** satte Mehrheit *f*; **~ relativa** relative Mehrheit *f*; **~ simple** einfache Mehrheit *f*.
mayoridad s. mayoría de edad.
mayorista *m* Großhändler *m*, Grossist *m*; **~** *(adj)* Großhandels-.
mayoritario *(adj)* Mehrheits-.
mecanismo Mechanismus *m*, Verfahrensweise *f*, System *n*; **~ de abastecimiento** Versorgungssystem *n*; **~ de ayuda financiera** Finanzierungsinstrument *n*; **~ de cambio** Wechselkursmechanismus *m*; **~ de intervención en el mercado** Marktinterventionssystem *n*; **~ transitorio** Übergangsverfahren *n*.
mecenazgo Mäzenatentum *n*.
mechera Ladendiebin *f*.
media Mittel *n*, Durchschnitt *m*, Durchschnittswert *m*; **~ anual** Jahresdurchschnitt *m*; **~ horaria** durchschnittliche Arbeitszeit *f*.
media, ~ nacional Landesdurchschnitt *m*; **~ ponderada** gewogenes Mittel *n (Stat)*.
mediación Vermittlung *f*, Mediation *f*, Schlichtung *f*; **~ financiera** Finanzierungsvermittlung *f*.
mediador Vermittler *m*, Mittelsmann *m*, Schlichter *m*; **~ posesorio** Besitzmittler *m*; **~ de seguros** Versicherungsmakler *m*.
medianería Miteigentum *n* an Grenzeinrichtungen.
medianero Miteigentümer *m* einer Grenzeinrichtung; **~** *(adj)* gemeinschaftlich, Grenz-.
mediar vermitteln, schlichten, dafür sprechen, vorliegen; **~ entre** dazwischen liegen *(zeitlich)*.
medicamento de receta verschreibungspflichtiges Arzneimittel *n*.
medicina Medizin *f*; **~ forense** Rechts | medizin *f*, Gerichts- *f*; **~ legal** s. medicina forense; **~ veterinaria** Veterinärmedizin *f*.
medición Messung *f*, Vermessung *f*; **~ de la pena** Straf | zumessung *f*, -bemessung *f*.
médico Arzt *m*, Mediziner *m*; **~ admitido al seguro** Kassenarzt *m*; **~ de la caja** Kassenarzt *m*; **~ bajo contrato** Vertragsarzt *m*; **~ del cuerpo de sanidad civil** *(Sp)* Amtsarzt *m*; **~ de empresa** Werks | arzt *m*, Betriebs- *m*; **~ especialista** Facharzt *m*; **~ forense** Rechts | mediziner *m*, Gerichts- *m*.
medida *(s. a. medidas pl)* Maß *n*, Maß | nahme *f*, -gabe *f*, -regel *f*; **~ de acompañamiento** flankierende Maßnahme *f*; **~ asegurativa** Sicherungsmaßnahme *f*; **~ de austeridad** Sparmaßnahme *f*; **~ cautelar** vorbeugende Maßnahme *f*, Schutzmaßnahme *f*, einstweilige Anordnung *f*; **~ coactiva** Zwangs |

maßnahme *f*, -mittel *n*; **~ de confianza** vertrauensbildende Maßnahme *f*; **~ de control** Kontroll | maßnahme *f*, Überwachungs- *f*; **~ para corregir una situación** Abhilfemaßnahme *f*; **~ disciplinaria** Disziplinarmaßnahme *f*; **~ de educación** *(o* ***educativa)*** Erziehungsmaßregel *f*; **~ de emergencia** Sofort | maßnahme *f*, Notstands- *f*; **por encima de la ~ tolerable** über das zumutbare Maß *n* hinaus; **~ de estímulo** Stimulierungsmaßnahme *f*; **~ de fomento** Fördermaßnahme *f*; **~ de fomento al** *(o* ***del)*** **empleo** *(Sp)* Arbeitsbeschaffungs | maßnahme *f*, Arbeitsförderungs- *f*; **~ de gracia** Gnadenakt *m*; **~ oficial** Amtshandlung *f*; **~ patrón** Eichmaß *n*; **~ de la pena** Strafmaß *n*; **~ de persecución penal** Strafverfolgungsmaßnahme *f*; **~ de política fiscal** steuerpolitische Maßnahme *f*; **~ de precaución** *(o* ***precautoria)*** Vorsichtsmaßregel *f*, einstweilige Anordnung *f*; **~ de preparación** Vorbereitungsmaßnahme *f*; **~ de prevención** *(o* ***preventiva)*** Vorbeugungsmaßnahme *f*; **~ para promover el consumo** Verbrauchsförderungsmaßnahme *f*; **~ de protección** *(o* ***proteccionista*** *o* ***protectora)*** Schutzmaßnahme *f*; **~ provisional** einstweilige Anordnung *f*; **como ~ provisional** übergangsweise; **~ de readaptación** Wiedereingliederungsmaßnahme *f*; **~ de seguridad cautelar** einstweilige Anordnung *f*; **~ de seguridad y corrección** *(o* ***y rehabilitación)*** Maßregel *f* der Besserung und Sicherung; **~ de sostén** Stützungsmaßnahme *f*, Kurspflege *f*; **~ transitoria** Übergangsmaßnahme *f*; **~ de urgencia** *(o* ***urgente)*** einstweilige Anordnung *f*; **~ de valor** Wert | maßstab *m*, -messer *m*; **~ de vigilancia** Überwachungsmaßnahme *f*.

medidas *pl*, **~ antirrecesivas** Maßnahmen *fpl* zur Konjunkturbelebung; **~ de crisis** Krisenmaßnahmen *fpl*; **~ de identificación** erkennungsdienstliche Maßnahmen *fpl*; **~ instructivas** Ermittlungen *fpl*; **~ legales** rechtliche Schritte *mpl*; **~ privativas de libertad** freiheitsentziehende Maßregeln *fpl*; **~ de salvaguardia** Schutzmaßnahmen *fpl (EG)*; **~ sanitarias** gesundheitliche *(oder gesundheitspolitische)* Maßnahmen *fpl*.

medie | ría *(Am)* Halb | pacht *f*, Teil- *f*; **~ro** *(Am)* Halbpächter *m*.

medio *(s.a. medios pl)* Mittel *n*, Milieu *n*; **~ de acreditación** Beweismittel *n*; **~ ambiente** Milieu *n*, Umwelt *f*; **~ de ataque** Angriffsmittel *n*; **~ de coacción** *(o* ***coactivo)*** Zwangs | mittel *n*, -maßnahme *f*; **~ coercitivo** s. medio de coacción; **~ correctivo** Zuchtmittel *n*; **~ de datos** Datenträger *m*; **~ de defensa** Verteidigungs | mittel *n*; **por ~ de endoso** durch Indossament *n*; **~ de explotación** Betriebsmittel *n*; **~ de financiación** Finanzierungsmittel *n*; **~ de pago** Zahlungs | mittel *n*, -weise *f*; **~ probatorio** Beweis | mittel *n*, -material *n*; **~ de prueba** s. medio probatorio; **~ de transporte** Verkehrs | mittel *n*, Beförderungs- *n*, Transport- *n*.

medioambiental *(adj)* Umwelt-, Umweltschutz-.

medios *pl*, **~ auxiliares** Hilfsmittel *pl*; **~ de la bolsa** Börsenkreise *pl*; **~ de comunicación** ***(de masas)*** *(Massen)* | medien *pl*; **~ económicos** finanzielle Mittel *pl*, Wirtschaftskreise *pl*; **~ de explotación** Betriebsmittel *pl*; **~ financieros** Finanzmittel *pl*; **según ~ gubernamentales** wie aus Regierungskreisen *pl* verlautet; **~ líquidos** liquide *(oder flüssige)* Mittel *pl*; **~ de peligro común** gemeingefährliche Mittel *pl*; **~ propios** Eigen | mittel *pl*, kapital *n*.

megabanco Großbank *f*.

mejor, al ~ bestens *(B)*.

mejora Ver | besserung *f*, Auf- *f*, Höhergebot *n*, Zulage *f*, Zuschlag *m*; Drittel *n* des Nachlasses, über das Erblasser zugunsten der Abkömmlinge frei verfügen kann; **~ de los cambios** Kursbesserung *f*; **~ necesaria** notwendige Aufwendung *f (oder Verwendung f)*; **~ de rendimiento** Ertrags-

steigerung *f*; **~ de salario*(s)*** Gehaltsaufbesserung *f*.
mejora | bilidad Ausbaufähigkeit *f*; **~do** der mit einem Vorausvermächtnis bedachte Erbe *m*.
mejoramiento Verbesserung *f*.
mejorar erhöhen, *(ver)*bessern, aufbessern, anziehen *(Kurse)*, mehr bieten *(Versteigerung)*, sich erholen *(Preise)*; **~ la apelación** die Berufung *f* erweitern; **~ el embargo** nachpfänden; **~ la legítima** *(Sp)* den Pflichtteil *m* erhöhen.
mejoría *(s. a. mejora)* Verbesserung *f*, Verwendungen *fpl*, Erholung *f (B)*.
membrete Briefkopf *m*.
memorándum *m* Denkschrift *f*, Memorandum *n*, Exposé *n*.
memoria Denkschrift *f*, Abhandlung *f*, Schriftsatz *m*, Jahres | bericht *m*, Geschäfts- *m*, Patentbeschreibung *f*; **~ de accidente** Unfallbericht *m*; **~ de datos** Datenspeicher *m*; **~ explicativa** Geschäftsbericht *m*.
memorial *m* Register *n*, Schriftsatz *m*, Gesuch *n*, Aide-mémoire *n*.
memorizar speichern *(EDV)*.
mención Erwähnung *f*, Vermerk *m*, Nennung *f*, Angabe *f*; **~ de autor** Urheberbezeichnung *f*; **~ registral** Registervermerk *m*.
menester *m* Amt *n*, Dienst *m*, Geschäft *n*; **~** *(adj)* notwendig.
mengua Einbuße *f*, Schaden *m*.
menor Minderjähriger *m*, Jugendlicher *m*; **~** *(adj)* minderjährig, unmündig; ***(al)* por ~** im Kleinhandel *m*; **~ de edad** s. menor.
menorista *m (Am)* Einzelhändler *m*.
menoscabar schädigen *(Rechte)*, beeinträchtigen.
menoscabo Schaden *m*, Schädigung *f*, Beeinträchtigung *f*, Verlust *m*.
menospreci | ar unterbewerten; **~o** Geringschätzung *f*.
mensaje *m* Botschaft *f*; **~ de urgencia** Durchsage *f*.
mensualidad Monats | gehalt *n*, -lohn *m*, -rate *f*; **~ de alquiler** Monatsmiete *f*.
mentís *m* Dementi *n*.
mercachifle *m* Krämer *m*.
mercadeo Vermarktung *f*.
mercadería Ware *f*; **~ voluminosa** sperriges Gut *n*, Sperrgut *n*.
mercaderías *pl (Handels)*Waren *fpl (Bilanz)*, Warenkonto *n*; **~ disponibles** Vorräte *mpl*, Bestände *mpl*.
mercado Markt *m*, Markthalle *f*, Markt | platz *m*, Handels- *m*, Absatz | gebiet *n*, -bereich *m*, Jahrmarkt *m*; **~ accionario** *(o **de acciones**)* Aktienmarkt *m*; **~ activo** aufnahmefähiger Markt *m*; **~ agrícola** Agrarmarkt *m*; **~ animado** lebhafter *(oder belebter)* Markt *m*, lebhafte Börse *f*; **~ cambiario** *(o **de cambio(s)**)* Devisenmarkt *m*; **~ de capitales** Kapital | markt *m*; **~ de comprador*(es)*** Käufermarkt *m*.
Mercado Común Gemeinsamer Markt *m (EU)*; **~ ~ Agrícola** Gemeinsamer Agrarmarkt *m*.
mercado, ~ consumidor *(o **de consumo**)* Verbraucher | markt *m*, Absatz- *m*; **~ dinerario** *(o **de dinero**)* Geldmarkt *m*; **~ de divisas** Devisen | markt *m*, -börse *f*; **~ exterior** Auslandsmarkt *m*; **~ favorable al comprador** Käufermarkt *m*; **~ favorable al vendedor** Verkäufermarkt *m*; **~ financiero** Kapital | markt *m*, Finanz- *m*; **~ firme** fester *(oder beständiger)* Markt *m*; **~ flojo** schwacher *(oder flauer)* Markt *m*, geringer Umsatz *m*; **~ de fuerza laboral** Arbeitsmarkt *m*; **~ de futuros** Terminmarkt *m*; **~ global** Weltmarkt *m*; **~ interior** *(EU)* Inlands | markt *m*, Binnen- *m*; **~ interior de la Comunidad** innergemeinschaftlicher Markt *m (EU)*; **~ internacional** Weltmarkt *m*; **~ de la mano de obra** Arbeitsmarkt *m*; **~ al por mayor** *(o **mayorista**)* Großhandelsmarkt *m*; **~ al por menor** Einzelhandelsmarkt *m*; **~ monetario** Geldmarkt *m*; **~ mundial** Weltmarkt *m*; **~ nacional** einheimischer Markt *m*, Inlandsmarkt *m*; **~ negro** Schwarzmarkt *m*; **~ no regulado** Offshore-Markt *m*; **~ a plazo*(s)* fijo*(s)*** Termin | markt *m*, -handel *m*, Warenterminbörse *f*; **~ de productos** Waren | börse *f*, Produkten- *f*; **~ de productos agrícolas** Agrarmarkt *m*; **~ de renta fija** Rentenmarkt *m*; **~ de los servicios** Dienstleistungs-

markt *m*; **~a término** Terminmarkt *m*; **~ de terrenos** Bodenverkehr *m*, Grundstücksmarkt *m*; **~ tipo rastro** Floh | markt *m*, Trödel- *m*; **~ único** gemeinsamer Markt *m*, Binnenmarkt *m*; **~ de valores** Effekten | markt *m*, Wertpapier- *m*; **~ de valores de renta fija** Rentenmarkt *m*; **~ de la vivienda** Wohnungsmarkt *m*.
mercadología Marktforschung *f*, Absatz | kunde *f*, -erkundung *f*.
mercados *pl*, **~ potenciales** Absatzchancen *fpl*; **~ públicos** öffentliches Auftragswesen *n*, öffentliche Auftragsvergabe *f*.
mercadotecnia Marktforschung *f*, Marketing *f*; **de ~** markttechnisch.
mercancía *(s. a. mercancías pl)* Ware *f*, Produkt *n*, Gut *n*; **~ acabada** Fertigware *f*; **~ de calidad** Qualitätsware *f*; **~ consignada** Kommissions | ware *f*, Konsignations- *f*; **~ defectuosa** Ausschussware *f*; **~ depositada** *(o **en depósito**)* Stapel | gut *n*, Lager- *n*; **~ escasa** Mangelware *f*; **~ de gran bulto** Sperrgut *n*; **~ del país** Inlandsware *f*; **~ rara** Mangelware *f*; **~ bajo régimen de aduana** Zollgut *n*; **~ de vuelta** Rück | gut *n*, -ware *f*.
mercancías *pl* Güter *npl*; **~ de acarreo** Rollgut *n*; **~ en comisión** Kommissions | gut *n*, -ware *f*; **~ de contrabando** Schmuggel | ware *f*, -gut *n*; **~ embarazosas** Sperrgut *n*, **~ francas** Freigut *n*; **~ de larga duración** langlebige Gebrauchsgüter *pl*; **~ de marca** Markenware *f*; **~ -masa** Massenware *f*; **~ voluminosas** Sperrgut *n*, sperrige Waren *fpl (Zoll)*.
mercantil | handelsrechtlich; **~ista *m* Handelsrechtler *m*; ~ización** Kommerzialisierung *f*; **~izar** kommerzialisieren.
merced *f* Lohn *m*, Miet | zins *m*, Pacht- *m*, Konzession *f*.
merced | ado *(adj)* Konzessions-; **~atario** Konzessionär *m*.
mercen | ario *(adj)* Lohn-; **~dear** eine *(Land)*Konzession *f* gewähren.
mercología Warenkunde *f*.
mérito Verdienst *n*, innerer Wert *m*; **en ~ de los antecedentes** nach Aktenlage *f*; **~ probatorio** Beweis | wert *m*, -kraft *f*.
meritorio Praktikant *m*.
méritos *pl*, **~ de los autos** Gründe *mpl*, die sich aus den Akten ergeben; **hacer ~** sich bewähren.
merma Fehlbetrag *m*, Verlust *m*, Verminderung *f*, Ausfall *m*, Schwund *m*, Beeinträchtigung *f*, Schmälerung *f (von Rechten)*, Einbuße *f*, Manko *n*, Disagio *n*; **~ patrimonial** Vermögensabgang *m*.
mermar vermindern, schmälern, abnehmen, herabsetzen.
mes *m* Monat *m*; **~ natural** Kalendermonat *m*.
mesa Tisch *m*; Präsidium *n*; **~ ampliada** erweitertes Präsidium *n*; **~ del congreso** *(Sp)* Präsidium *n* des Abgeordnetenhauses; **~ de entradas** Postverteilungsstelle *f*; **~ negociadora** *(o **de negociaciones**)* Verhandlungs | tisch *m*, -runde *f*; **~ redonda** Roundtable-Gespräch *n*.
mesada Monats | gehalt *n*, -lohn *m*, -rate *f*.
meses *mpl*, **(a) ~ fecha** Monate *mpl* nach dato *(Wechsel)*; **(a) ~ vista** Monate *mpl* nach Sicht *(Wechsel)*.
meta Ziel *n*; **~ de la formación** Ausbildungsziel *n*; **~ prevista** Soll *n*; **~ de producción** Förderziel *n*, Produktionssoll *n*.
meta | dona Methadon *n (Ersatzdroge)*; **~jurídico** metajuristisch.
metálico Bargeld *n*; **~ en caja** Kassenbestand *m*; **en ~** bar *(Zahlung)*.
método Methode *f*, System *n*; **~ analógico** Analogieverfahren *n*; **~ enumerativo** Enumerationsprinzip *n*; **~ estándar** Standardverfahren *m*; **~ de interpretación** Auslegungsmethode *f*; **~ de operar** *(u **operatorio**)* Arbeitsmethode *f*, Vorgehen *n*, Modus operandi *m (lat)*; **~ de solución** Lösungsweg *m*; **~ de valoración** Bewertungsmethode *f*, Wertermittlungsverfahren *n*.
metodología Methodik *f*, Methodenlehre.
métodos *pl* **de competencia desleales** unlautere Wettbewerbsmethoden *fpl*.
metrología legal gesetzliches Messwesen *n*.
metr | ópoli *f* Hauptstadt *f*, Mutterland *n (Sp Kolonien)*; **~opolitano** *(KR)*

Metropolit *m*; ~ *(adj)* zum Mutterland *n* gehörig.
microeconomía Mikroökonomie *f*; **~económico** mikroökonomisch.
micrófono-espía *m* Abhörgerät *n*, „Wanze".
micro | fundio s. minifundio; **~industria** Kleinindustrie *f*; **~procesador** Mikroprozessor *m*.
miedo Furcht *f*, Angst *f*; **~ insuperable** unüberwindliche Angst *f*.
miembro Mitglied *n*, Glied *n*, Anhänger *m*, Angehöriger *m*; **~ del consejo de administración** *(Sp)* Verwaltungsratsmitglied *n*; **~ constituyente** Gründungsmitglied *n*; **~ fijo** ständiges Mitglied *n*; **~ de honor** *(u* ***honorario****)* Ehrenmitglied *n*; **~ de la junta directiva** Vorstandsmitglied *n*; **~ de un jurado** Geschworener *m*; **~ de la mesa** Präsidiumsmitglied *n*; **~ nato** geborenes *(oder gesetzliches)* Mitglied *n*; **~ no permanente** nichtständiges Mitglied *n*; **~ numerario** ordentliches Mitglied *n*; **~ observador** Mitglied *n* mit Beobachterstatus.
miembro, ~ de pleno derecho Vollmitglied *n*; **~ titular** ordentliches Mitglied *n*, Vollmitglied *n*; **~ vitalicio** Mitglied *n* auf Lebenszeit.
migración *(s.a. emigración)* Wanderung *f*, Migration *f*, Ein- und Auswanderung *f*; **~ interior** *(o* ***interna****) (EU)* Binnenwanderung *f*; **~ a otro país** Weiterwanderung *f (Asyl)*; **~ pendular** Pendelverkehr *m*.
migrante *m* Migrant *m*; **~ de retorno** Rückwanderer *m*.
mili *f* ***(obligatoria) (Sp)*** Wehrpflicht *f*, „Barras" *m*.
militante *m* Aktivist *m*.
militar *m* Militär *m*; ~ *(v)* in einer Organisation *f* aktiv sein.
mina Bergwerk *n*, Mine *f*; **~ a cielo abierto** Tagebaubetrieb *m*.
minas *pl* Bergwerksaktien *fpl*.
minero Bergbau-.
mini | bus *m* Klein | bus *m*, Mini- *m*; **~fundio** Klein | betrieb *m*, Zwerg- *m*, Minifundium *n*.
minimización Minimierung *f*.
minimizar minimieren.
mínimo Minimum *n*, Minimalbetrag *m*; ~ *(adj)* geringfügig; **~ ético** ethisches Minimum *n*; **~ exento** Steuerfrei | grenze *f*, -betrag *m*; **~ vital** Existenzminimum *n*.
ministerial *(adj)* Minister-, ministeriell.
ministerio Ministerium *n*, Ressort *n*; **~ de Administraciones Públicas** *(Sp)* Ministerium *n* für die öffentliche Verwaltung; **~ de Agricultura, Pesca y Alimentación** *(Sp)* Ministerium *n* für Landwirtschaft, Fischerei und Ernährung; **~ de Asuntos Exteriores** *(Sp)* Außenministerium *n*; **~ de Asuntos Sociales** *(Sp)* Sozialministerium *n*; **~ de Defensa** *(Sp)* Verteidigungsministerium *n*; **~ de Economía y Hacienda** *(Sp)* Wirtschafts- und Finanzministerium *n*; **~ de Educación y Cultura** *(Sp, Bol)* Ministerium *n* für Kultur und Erziehung; **~ fiscal** Anklagebehörde *f*, Staatsanwaltschaft *f*; **~ de Industria, Comercio y Turismo** *(Sp)* Ministerium *n* für Industrie, Handel und Tourismus; **~ del Interior** *(Sp)* Innenministerium *n*; **~ de Justicia** *(Sp)* Justizministerium *n*; **por ~ de la ley** kraft Gesetzes; **~ de Medio Ambiente** *(Sp)* Umweltministerium *n*; **~ de Obras Públicas y Transportes** *(Sp)* Bau- und Verkehrsministerium *n*; **~ de Presidencia** *(Sp)* Staatskanzlei *f*; **~ público** Staatsanwaltschaft *f*; **~ de Sanidad** *(Sp)* Gesundheitsministerium *n*; **~ de Trabajo y Asuntos Sociales** *(Sp)* Miinisterium *n* für Arbeit und Soziales.
ministra Frau Minister *f*, Ministerin *f*; **primera ~** Ministerpräsidentin *f*.
ministrar verwalten *(ein Amt)*.
ministro Minister *m*, Gesandter *m*, Amtsträger *m*; **~ de asuntos exteriores** Außenminister *m*; **~ sin cartera** Minister *m* ohne Geschäftsbereich *(oder ohne Portefeuille)*; **~ de cultura** Kultusminister *m*; **~ de la defensa nacional** Verteidigungsminister *m*; **~ de la economía** ***(nacional)*** Wirtschaftsminister *m*; **~ de hacienda** Finanzminister *m*; **~ del interior** Innenminister *m*; **~ de justicia** Justizminister *m*; **~ plenipotenciario** bevollmächtigter Minister *m (oder Gesandter m)*;

~ de la presidencia *(Sp)* Staatsminister *m* im Amt des Ministerpräsidenten; **primer ~** Ministerpräsident *m*, Premierminister *m*; **~ del ramo** Ressortminister *m*; **~ para las relaciones con la Unión Europea** Europaminister *m*; **~ de sanidad** Gesundheitsminister *m*; **~ de trabajo** Arbeitsminister *m*; **~ de transportes** Verkehrsminister *m*; **viceprimer ~** Stellvertreter *m* des Ministerpräsidenten.

minoración Steuer|nachlass *m*, -herabsetzung *f*.

minorar *(ver)*mindern.

minoría Minderheit *f*, Minorität *f*; **~ de edad** Minderjährigkeit *f*; **~ penal** Strafunmündigkeit *f*.

minori|dad s. minoría; **~sta** *m* Einzel|händler *m*, -handelskaufmann *m*; Minderheits-, Minderheiten-.

minusvalía Minderwert *m*.

minusvílido *(körper)*behindert; **~ mental** geistig behindert *m*.

minusvalora|ción Unterbewertung *f*; **~r** unterbewerten.

minuta *(Roh)*Entwurf *m*; Rechnung *f (Anwalt)*, Kosten*(be)*rechnung *f*, *(Rechtsanwalts)*Gebühren- *f*; Schlussnote *f (B)*.

minuta|r einen Rohentwurf *m* fertigen; **~rio** Urkundenregister *n*.

miras *pl* Absichten *fpl*; **con ~** in der Absicht *f (StrafR)*.

misión Mission *f*, Botschaft *f*, Auftrag *m*, Aufgabe *f*; **~ comercial** Handels|mission *f*, -delegation *f*; **~ pública** öffentliche Aufgabe *f*.

mitad *m*, **~ de copropiedad** hälftiger Miteigentumsanteil *m*; **por ~** hälftig.

mitigar la ley das Gesetz *n* entschärfen.

mitin *m* Versammlung *f*; **~ electoral** Wahlveranstaltung *f*.

mobiliario Mobiliar *n*, Mobilien *fpl*, bewegliche Sachen *fpl*, Wohnungseinrichtung *f*; **~** *(adj)* Mobiliar-; **~ doméstico** Hausrat *m*; **~ y enseres** Betriebs- und Geschäftsausstattung *f (Bilanz)*.

moblaje *m* s. mobiliario.

moción Gesuch *n*, Vorlage *f*, Antrag *m*; **~ de censura constructiva** konstruktives Misstrauensvorum *n*; **~ en contra** Gegenantrag *m*; **~ de orden** Antrag *m* zur Geschäftsordnung; **~ de procedimiento** Verfahrensantrag *m*; **~ de urgencia** *(o **urgente**)* Dringlichkeitsantrag *m*.

modal unter einer Auflage *f*.

modalidad Art *f* und Weise *f*, Vorgehensweise *f*, Nebenbestimmung *f*; **~ de envío** Versendungsform *f*; **~ de matar** Tötungsart *f*.

modalidades *pl* Einzelheiten *fpl*; **~ de pago** Zahlungsbedingungen *fpl*.

modelo Muster *n*, Modell *n*, Formular *n*, Formblatt *n*; **~ de conducta** *(Soz)* Verhaltens|muster *n*, -modell *n*; **~ de contrato** Vertrags|formular *n*, -muster *n*; **~ de la firma** Unterschriftsprobe *f*; **~ del flujo** Ablauf|schema *n*, -plan *m*; **~ de instancia** Antragsformular *n*; **~ oficial** amtliches Muster *n*, amtlicher Vordruck *m*; **~ de utilidad** Gebrauchsmuster *n*.

moderación Verlangsamung, Mäßigung *f*.

moderado maßvoll, sparsam, rationell, gemäßigt.

moderador Moderator.

moderar verlangsamen.

modificabilidad Abänderbarkeit *f*.

modificable abänder|bar, -ungsfähig.

modificación Abänderung *f*, Änderung *f*, Umbildung *f*, Neuerung *f*, Novellierung *f*; **~ de apellidos** *(Sp)* Namensänderung *f*; **~ de la calificación** Veränderung *f* des rechtlichen Gesichtspunkts *(Strafprozess)*; **~ constitucional** Verfassungsänderung *f*; **~ de contrato** Vertragsänderung *f*, *(Ab)*Änderungsvertrag *m*; **~ de la demanda** Klageänderung *f*; **~ jurídica** Rechtsänderung *f*; **~ de la ley** Gesetzesänderung *f*; **~ libraria** *(Sp)* Grundbuchumschreibung *f*; **~ objetiva del uso** Zweckentfremdung *f (Baurecht)*.

modificar *(ab)*ändern, verändern, novellieren.

modificativo abändernd.

modo Art *f*, Weise *f*, Modus *m*, Auflage *f*; **~ de adquirir** Erwerbsart *f*; **~ de empleo** Gebrauchsanweisung *f*; **~ de explotación** Bewirtschaftungsart *f*; **~ de operación** Betriebsweise *f*; **~ de pago** Zahlungs|weise *f*, -modus *m*.

módulo Gefängnistrakt *m*; Schulsystem.
mojón *m* Grenz|stein *m*, -zeichen *n*.
molestia Störung *f*; **~ pública** grober Unfug *m*.
molestias *pl* **en la posesión** Besitzstörung *f*.
momento Zeitpunkt *m*; **~ del hecho** Tatzeit *f*; **~ de susto** Schrecksekunde *f*.
monarca *m* Monarch *m*.
monarquía Monarchie *f*; **~ constitucional** konstitutionelle Monarchie *f*; **~ parlamentaria** parlamentarische Monarchie *f*.
moneda Münze *f*, Geld*(stück)* *n*, Währung *f*, Valuta *f*; **~ bancaria** Buchgeld *n*; **~ de cambio** Wechsel|geld *n*, Klein- *n*; **~ comunitaria** Gemeinschaftswährung *f* *(EU)*; **~ convertible** konvertible *(oder konvertierbare)* Währung *f*; **~ en curso** in Kurs befindliche Währung *f*; **~ de curso legal** gesetzliches Zahlungsmittel *n*; **~ débil** weiche *(oder schwache)* Währung *f*; **~ dura** harte Währung *f*; **~ efectiva** Geldsorten *fpl*; **~ estable** stabile *(oder feste)* Währung *f*; **~ falsa** Falschgeld *n*; **~ floja** *(o* ***flotante****)* unbeständige Währung *f*; **~ fuerte** harte Währung *f*; **~ giral** Buchgeld *n*; **~ inestable** labile Währung *f*; **~ metálica** Hart|geld *n*, Metall- *n*; **~ nacional** Landeswährung *f*; **~ oficial** amtliche Währung *f*; **~ sobrevalorada** überbewertete Währung *f*; Metall- *n*; **~ suelta** Kleingeld *n*; **~ única** einheitliche Währung *f*.
monederia Münzamt *n*.
monedero falso Falschmünzer *m*.
monetari|o *(adj)* Geld-, Währungs-, währungs|mäßig, -politisch.
monetización Münzprägung *f*.
monición Mahnung *f*.
monitorio Mahnschreiben *n*.
mono|cameralismo Einkammersystem *n*; **~cultivo** Monokultur *f*; **~gamia** Monogamie *f*; **~partidismo** Einparteiensystem *n*.
monopolio Monopol *n*; **~ de la acusación** Anklagemonopol *n*; **~ cerrado** geschlossenes Monopol *n*; **~ de correos** Postmonopol *n*; **~ docente** Bildungsmonopol *n*; **~ de Estado** Staatsmonopol *n*; **~ nacional** Staatsmonopol *m*; **~ postal** Post|monopol *n*, -regal *n*; **~ de uso** Nutzungsmonopol *n*.
monopol|ista *m* Monopolist *m*, Alleinhändler *m*; **~** *(adj)* s. monopolístico; **~ístico** *(adj)* Monopol-, monopolistisch; **~ización** Monopolisierung *f*.
monopolizar monopolisieren, ein Monopol *n* ausüben.
monopsonio Nachfragemonopol *n*.
montante *m* Betrag *m*, Summe *f*, Quantum *n*.
montantes *mpl* **compensatorios monetarios** Währungsausgleichsbeträge *mpl (EU)*.
montar aufstellen, errichten, ausrüsten *(Schiffe)*; **~ a** sich belaufen auf.
monte *m* Waldung *f*, Forstgebiet *n*; **~ de piedad** s. montepío.
montepío Pfand|haus *n*, Leih|haus *n*, -amt *n*.
montes *mpl* Waldländereien *pl*; **~ del Estado** Staats|wald *m*, -forst *m*.
monto Betrag *m*, Summe *f*, Geld|betrag *m*, -summe *f*; **~ del juicio** Streitsumme *f*.
monumento Denkmal *n*; **~ natural de interés nacional** *(Sp)* geschütztes Naturdenkmal *n*.
mora Verzug *m*, Verzögerung *f*; **~ del acreedor** Gläubigerverzug *m*; **~ culpable** schuldhaftes Zögern *n*; **~ del deudor** Schuldnerverzug *m*; **~ de recepción** Abnahmeverzug *m*.
moral *f* Moral *f*, Sitte *f*; **~** *(adj)* moralisch, sittlich, immateriell; **~ profesional** Berufsethik *f*.
morar sich aufhalten.
moratoria Aufschub *m*, Zahlungsaufschub *m*, Stundung *f*, Moratorium *n*, Stillhalteabkommen *n*.
moratorio *(adj)* Verzugs-.
mordaza Knebel *m*, Knebelung *f*.
morfina Morphium *n*, Morphin *n*.
morir ab intestato *(lat)* ohne Testament *n* versterben.
morosidad Säumnis *f*, Säumigkeit *f*.
moroso| säumig, in Verzug; **~s** *pl* überfällige Außenstände *pl*.
mortalidad Sterblichkeit *f*, Sterbeziffer *f*; **~ vial** Sterberate *f* im Straßenverkehr.
mortis causa *(lat)* von Todes wegen.

mostrarse parte en la causa als Partei *f* auftreten *(Prozess)*.
motín *m* Aufstand *m*, Meuterei *f*, Zusammenrottung *f*.
motivación Begründung *f*.
motivar begründen, mit Gründen *mpl* versehen, verursachen.
motivo *(Beweg)*Grund *m*, Motiv *n*, Anlass *m*; **~ de asilo** Asylgrund *m*; **~ de casación** Revisionsgrund *m*; **~ de detención** Haftgrund *m*; **~ de expulsión** Ausweisungsgrund *m*; **~ fundado** berechtigter Grund *m*; **~ sexual** sexuelles Motiv *n*; **~ vil** niedriger Beweggrund *m*.
motivos *pl* Entscheidungsgründe *mpl*, Begründung *f*; **por ~ estacionales** saisonbedingt; **~ fundados de sospecha** hinreichende Verdachtsgründe *mpl*; **~ de la persecución posterior a la huida** Nachfluchtgründe *mpl (Asyl)*; **~ racionales de temor a sufrir persecución** begründete Furcht *f* vor Verfolgung.
motocicleta Kraft | rad *n*, Motor- *n*; **~ ligera** Mofa *n*.
motorista *m* Motorradfahrer *m*.
móvil *m* Beweggrund *m*, Motivation *f*, Motiv *n*; **~** *(adj)* nicht ortsgebunden; **~ lucrativo** *(o* ***de lucro****)* Gewinnabsicht *f*.
móviles *mpl* Tatmotiv *n*; **~ abyectos** niedrige Beweggründe *mpl*.
movilidad Mobilität *f*; **~ de la mano de obra** Arbeitsmobilität *f*.
movilización Mobil | isierung *f*, -machung *f*, Flüssigmachen *n (Mittel)*.
movilizar mobilisieren, mobil machen, flüssig machen.
movimiento *(politische)* Bewegung *f*, Entwicklung *f*, Umsatz *m*, Umschlag *m*, Verkehr *m (von Waren)*; **~ alcista** *(B)* Anziehen *n* der Kurse, Aufwärts | bewegung *f*, Hausse- *f*; **~ bajista** Kursabschlag *m*, Abbröckelung *f*, Abwärtsbewegung *f (B)*; **~ de** ***(los)*** **cambios** Kurs | entwicklung *f*, -gestaltung *f*; **~ de capital*(es)*** Kapital | verkehr *m*, -bewegungen *fpl*; **~ comercial** Handelsverkehr *m*, Umsatz *m*; **~ estacional** Saisonschwankung *f*; **~ feminista** Frauenbewegung *f*; **~ internacional de pagos** internationaler Zahlungsverkehr *m*; **libre ~ de capital*(es)*** freier Kapitalverkehr *m*; **~ migratorio** Wander*(ungs)* | bewegung *f*, Migrations- *f*; **~ de los negocios** Geschäftsverkehr *m*; **~ pacifista** Friedensbewegung *f*; **~ de pagos sin efectivo** bargeldloser Zahlungsverkehr *m*; **~ de viajeros** Reiseverkehr *m*.
mudanza Wohnungswechsel *m*.
mudar el domicilio den Wohnsitz *m* wechseln.
mueblaje *m* s. muebles.
muebles *mpl* Mobiliar *n*, Möbel *pl*; **~ de una casa** Hausrat *m*.
muellaje *m* Hafengebühren *fpl*.
muelle *m* Kai *m*, Ufer *n*, Mole *f*.
muerte *f* Tod *m*, Todes | fall *m*, Sterbe- *m*, Ableben *n*; **~ accidental** *(o* ***por accidente****)* tödlicher Unfall *m*, Unfalltod *m*; **~ aparente** Scheintod *m*; **~ del causante** Erbfall *m*.
muestra *(s. a. muestreo)* Muster *n*, Auswahl *f*, Stichprobe *f*, Probestück *n*, Ausstellung *f*; **~ aleatoria** Stichprobenverfahren *n*; **bajo ~** auf Probe *f*; **~ comercial** Warenprobe *f*; **de ~** zur Ansicht *f*; **~ de escritura** Handschriftenprobe *f*; **~ de firma** Unterschriftsprobe *f*; **~ de sangre** Blutprobe *f*; **~ tomada al azar** Stichprobe *f*.
muestrario Muster | sammlung *f*, -kollektion *f*, -katalog *m*.
muestreo *(s. a. muestra)* Stichprobenverfahren *n*.
mujer *f* Frau *f*, Ehefrau *f*; **~ comerciante** Geschäfts | frau *f*, Kauf- *f*; **~ ejecutiva** weibliche Führungskraft *f*; **~ militar** Soldatin *f*; **~ receptora** Ersatz | mutter *f*, Leih- *f*.
multa *(Geld)*Strafe *f*, Geldbuße *f*; **bajo una ~ de** bei Geldstrafe *f* von, unter Androhung *f* eines Bußgeldes von; **~ coercitiva** Zwangsgeld *n*; **~ convencional** Konventionalstrafe *f*; **~ proporcional** anteilige Geldstrafe *f*.
multar bestrafen, mit einer Geldstrafe *f (oder Geldbuße f)* belegen.
multi | cameralismo Mehrkammersystem *n*; **~copiar** vervielfältigen; **~lateral** mehrseitig, multilateral.
multipartidismo Mehr | parteiensystem *n*.

multiplicador Multiplikator *m*; Hebesatz *m (SteuerR)*.
multiplicidad Mehrheit *f*; **~ de acciones** Klagen | häufung *f*, -verbindung *f*.
multipropiedad Time-sharing *n*.
multirreinciden | cia wiederholter Rückfall *m*; **~te** *m* Wiederholungstäter *m*.
mundialización weltweite Verbreitung *f*, Globalisierung *f*.
mundo Welt *f*; **alto ~ financiero** *(o **de finanzas**)* Hochfinanz *f*; **~ comercial** *(o **de los comercios**)* Geschäftswelt *f*; **~ económico** Wirtschaftskreise *pl*; **~ de los negocios** Geschäfts | welt *f*, -leben *n*; **el tercer ~** die Dritte Welt *f*.
municipal | Stadt-, Gemeinde-, Kommunal-, städtisch, gemeindlich, gemeindeeigen, kommunal; **~idad** Gemeindeverwaltung *f*; **~** Rathaus *n*; **~ista** s. municipal; **~ización** Vergemeindung *f*, Übernahme *f* durch die Gemeinde; **~izar** in Gemeindeeigentum *n* überführen.
municipio Gemeinde *f*, Gemeinde | rat *m*, -bezirk *m*, Stadtrat *m*, Stadt *f* *(politisch)*, Rathaus *n*; **~ de residencia** Wohn*(sitz)*gemeinde *f*; **~ rural** *(o **rústico**)* Landgemeinde *f*; **~ urbano** Stadtgemeinde *f*.
muro, **~ divisorio** Trennmauer *f*; **~ medianero** Kommunmauer *f*.
mutación Veränderung *f*.
mutilación Verstümmelung *f*, Kriegsverletzung *f*; **~ voluntaria** Selbstverstümmelung *f*.
mutilado Versehrter *m*.
mutua Genossenschaft *f*; **~ de accidentes *(de trabajo)*** Berufsgenossenschaft *f*; **~ de seguros** Versicherungsverein *m* auf Gegenseitigkeit.
mutualidad Gegenseitigkeit *f*, Versicherung *f* auf Gegenseitigkeit; **~ general de previsión de la abogacía** *(Sp)* Anwaltsversicherung *f*; **~ patronal** *(Sp)* s. mutua de accidentes.
mutua | lismo Genossenschaftswesen *n*; **~lista** *m*, Mitglied *n* einer Versicherung auf Gegenseitigkeit; **~** *(adj)* genossenschaftlich; **~nte *m*** Darlehensgeber *m*; **~rio** Darlehens | nehmer *m*.
mutuo Darlehen *n*; **~** *(adj)* gegenseitig; **~ oneroso** verzinsliches Darlehen *n*.

N

nacer entstehen *(Rechte)*, geboren werden.
nacido gebürtig, geboren; **~ fuera de matrimonio** außerehelich geboren.
nacimiento Geburt *f*; Entstehung *f* *(Schuld)*, Entstehen *n (eines Rechts)*; **~ del proceso** Prozessbeginn *m*.
nación Nation *f*, Staat *m*, Volk *n*, Inland *n*; **~ acreedora** Gläubigerland *n*; **~ industrial** *(o **industrializada**)* Industrie | staat *m*, -land *n*; **~ más favorecida** meistbegünstigtes Land *n*; **~ receptora** Empfängerland *n*; **tercera ~** Drittland *n (EU)*.
nacional Landes-, national, inländisch, gesamt | staatlich, inner-, einzel- *(EU)*, heimisch; **doble ~** Doppelstaater *m*; **~ de origen** Staatsangehöriger *m* von Geburt; **~ del país** einheimisch; **~ de la Unión Europea** Unionsbürger *m*.
nacionalidad Staats | angehörigkeit *f*, -bürgerschaft *f*, Volkszugehörigkeit *f*; **doble ~** doppelte Staatsangehörigkeit *f*; **~ extranjera** Ausländereigenschaft *f*; **~ múltiple** mehrfache Staatsangehörigkeit *f*, Mehrstaatigkeit *f*; **~ de origen** ursprüngliche Staatsangehörigkeit *f*.
nacionalismo Nationalismus *m*.
nacionalización *(s. a. naturalización)* Verstaatlichung *f*.
nacionalizar verstaatlichen.
narco | s. narcotraficante; **~política** Drogenpolitik *f*.
narcóticos *pl* Narkotika *pl*.
narcotraficante *m* Drogen | händler *m*, Rauschgift- *m*, Dealer *m*.
narcotráfico Drogen | handel *m*, Rauschgift- *m*.
narración de los hechos Sachverhaltdarstellung *f*.

nasciturus *m (lat)* Leibesfrucht *f*.
natalidad Geburten | rate *f*, -ziffer *f*; **de fuerte ~** geburtenstark.
nat | ivo Inländer *m*; **~** *(adj)* gebürtig; **~o** geboren *(-es Mitglied)*.
natural *m* Einwohner *m*, Landsmann *m*, Inländer *m*; **~** *(adj)* natürlich, einheimisch, un | ehelich, außer-.
naturaleza Natur *f*, Beschaffenheit; **~ jurídica** Rechtsnatur *f*; **~ del suelo** Bodenbeschaffenheit *f*.
naturalización *(s. a. nacionalización)* Einbürgerung *f*; **~ por residencia** *(Sp)* Einbürgerung *f* auf Grund *(längeren)* Aufenthalts.
naturalizar einbürgern.
nave *f (s. a. navío)* Schiff *n*, Segelschiff *n*; Halle *f*; **~ comercial** *(o* ***de comercio****)* Handelsschiff *n*; **~ de exposición** Ausstellungshalle *f*; **~ industrial** Fabrikgebäude *n*.
navegabilidad Seetüchtigkeit *f*.
navegable schiffbar, seetüchtig.
navegación Schifffahrt *f*, Seefahrt *f*; **~ aérea** Luft | fahrt *f*, -verkehr *m*; **~ por aguas interiores** Binnenschifffahrt *f*; **~ interior** *(o* ***interna****)* Binnen | schifffahrt *f*.
navegar zur See *f* fahren.
naviero Reeder *m*, Ausrüster *m*; **~** *(adj)* Schifffahrts-.
navío *(s. a. nave)* Schiff *n*.
necesario notwendig, erforderlich.
necesidad Not *f*, Erforderlichkeit *f*, Bedarf *m*, Bedürfnis *n*, Bedürftigkeit *f*, Not | wendigkeit *f*, -lage *f*, -stand *m*; **~ de abogado** Anwaltszwang *m*; **~ de autorización** Genehmigungsbedürftigkeit *f*; **~ de inversión** Investitions | bedarf *m*, Anlage- *m*; **~ mínima** Existenzminimum *n*; **~ de persecución** Legalitätsprinzip *n*; **de primera ~** lebens | notwendig, -wichtig; **~ propia** Eigenbedarf *m*; **~ de protección jurídica** Rechtsschutzbedürfnis *n*.
necesita, que ~ ser refrendado gegenzeichnungspflichtig.
necesitado bedürftig, notleidend; **~ de asistencia personal** pflegebedürftig.
necesitar bedürfen.
negable bestreitbar.
negación *(Ver)*Weigerung *f*, Ablehnung *f (Gesuch)*, Bestreiten *n*.
nega | dor s. negante; **~nte** *m* Bestreitender *m*, Leugnender *m*.
negar verweigern, bestreiten, *(ab)*leugnen, versagen, absprechen *(Recht)*; **~ la firma** die Unterschrift *f* nicht anerkennen.
negarse(a) verweigern, sich weigern; **~ a declarar** die Aussage *f (oder das Zeugnis n)* verweigern.
negativa Ablehnung *f*, *(Ver)*Weigerung *f*, Bestreiten *n*, Absage *f*, Zurückweisung *f*, abschlägiger Bescheid *m*; **~ a contestar** Aussageverweigerung *f*; **~ a testificar** s. negativa a contestar.
negativo ablehnend, abschlägig.
negatorio negatorisch *(Anspruch)*.
negligencia Fahr | lässigkeit *f*, Nach- *f*, Vernachlässigung *f*; **~ grave** grobe Fahrlässigkeit *f*; **~ irremisible** unverzeihliche Nachlässigkeit *f*; **~ leve** leichte Fahrlässigkeit *f*; **~ profesional** Kunstfehler *m*.
negligente fahr | lässig, nach-.
negociabilidad Verhandlungs | fähigkeit *f*, Begebungs- *f*, Verkäuflichkeit *f*.
negociable handels | fähig, verhandlungs-, begebungs-, umlaufs-, bank-, begeb | bar, übertrag-, liefer-, als Verhandlungsbasis; **~ en el banco central** zentralbankfähig; **~ en bolsa** börsenfähig.
negociación *(s. a. negociaciones pl)* Verhandlung *f*, Handelsgeschäft *n*, Begebung *f*, Aushandeln *n (von Verträgen)*; **~ de una letra** Weitergabe *f (oder Begebung f)* eines Wechsels; **~ preliminar** Vorverhandlung *f*.
negociaciones *pl* Verhandlungen *fpl*; **~ de adhesión** Beitrittserhandlungen *fpl*; **~ colectivas** Tarifverhandlungen *fpl*; **mediante ~** auf dem Verhandlungsweg *m*; **~ salariales** Lohnverhandlungen *fpl*.
negociado Amt *n*, Behörde *f*, Abteilung *f*, Kanzlei *f*; **~** *(Sp)* Referat *n (eines Ministeriums)*.
negociador Unterhändler *m*, Vermittler *m*, Verhandlungs | partner *m*, -führer *m*.
negociante *m* Händler *m*, Kaufmann *m*; **~ medianero** Vermittler *m*.

negociar ver | handeln, unter-, aus-, vermitteln, weiter*(be)*geben, auflegen *(Anleihen)*; *(Wechsel:)* begeben, diskontieren; **~ valores** mit Effekten *pl* handeln.
negocio Geschäft *n*, Handels | geschäft *n*, Erwerbs- *n*, Betrieb *m*, Sache *f* *(Gerichtsbarkeit)*; **~ ajeno** fremdes Geschäft *n*; **~ bursátil** Börsen | geschäft *n*, -abschluss *m*; **~ bursátil a término** Börsentermingeschäft *n*; **~ causal** Kausal | geschäft *n*, Grund- *n*; **~ al contado** Bargeschäft *n*; **~ crediticio** Kreditgeschäft *n*; **~ al detalle** Kleinhandel *m*; **~ de disposición** Verfügungsgeschäft *n*; **~ ficticio** Scheingeschäft *n*; **~ fiduciario** Treuhandgeschäft *n*; **~ fijo** Fixgeschäft *n*; **~ de inversión** Anlagegeschäft *n*.
negocio jurídico Rechtsgeschäft *n*; **~ ~ abstracto** abstraktes Rechtsgeschäft *n*; **~ ~ dispositivo** Verfügungsgeschäft *n*; **~ ~ mortis causa** *(lat)* Rechtsgeschäft *n* von Todes wegen; **~ ~ obligacional** Verpflichtungsgeschäft *n*; **~ ~ solemne** formbedürftiges Rechtsgeschäft *n*.
negocio, ~ monetario Geldgeschäft *n*; **~ a plazos** Abzahlungsgeschäft *n*; **~ ruinoso** Verlustgeschäft *n*; **~ simulado** Scheingeschäft *n*.
negocios *pl* Geschäfte *npl*; **~ con el extranjero** Außenhandel *m*; **hacer ~** Geschäfte *npl* machen *(oder abwickeln)*; **~ pendientes** laufende Geschäfte *npl*.
neo | capitalismo Neokapitalismus *m*; **~capitalista** neokapitalistisch.
nepotismo Vetternwirtschaft *f*.
neto netto; **~ al contado** netto Kasse *f*; **~ y sin descuento** ohne Abzug *m*.
neurosis *f* **compulsiva** Zwangsneurose *f*.
neutral neutral, unparteiisch.
neutralidad Neutralität *f*, Unparteilichkeit *f*; **~ impositiva** Steuerunschädlichkeit *f*.
neutralismo Neutralitätspolitik *f*.
neutralizar neutralisieren.
neutro de valoración wertneutral.
nexo Zusammenhang *m*; **~ causal** Kausalzusammenhang *m*.
nimiedad Bagatelle *f*.
niñez Kindesalter *n*.
niño Kind *n*; **~ acogido** Pflegekind *n*; **~ en custodia** Pflegekind *n*; **~ expósito** Findelkind *n*; **~ póstumo** nachgeborenes Kind *n*.
nivel *m* Niveau *n*, Level *m*, Stand *m*; **~ de actividad** Beschäftigungsgrad *m*; **~ administrativo** Verwaltungsebene *f*; **~ del año pasado** Vorjahresstand *m*; **~ de *(los)* cambios** Kursniveau *n*; **~ comunitario** Gemeinschaftsebene *f (EG)*; **~ directivo** Leitungsebene *f*; **~ de empleo** Beschäftigungs | grad *m*, -stand *m*, -niveau *n*; **~ estatal** staatliche Ebene *f*; **~ medio de precios** Preisspiegel *m*; **~ mínimo de vida** Existenzminimum *n*; **a ~ ministerial** auf Ministerebene *f*; **~ mundial** Weltniveau *n*; **~ nacional** einzelstaatliche Ebene *f*; **~ de patentabilidad** Erfindungshöhe *f*; **~ salarial** *(o **de salarios**)* Lohn | stand *m*, -höhe *f*, -niveau *n*, Gehaltsniveau *n*; **~ de los tipos de interés** Zinsniveau *n*; **~ de vida** Lebens | haltung *f*, -standard *m*.
nivelación Ausgleich *m*, Nivellierung *f*; **~ del presupuesto** Ausgleichung *f* des Haushalts.
nivelar ausgleichen *(z. B. Bilanz)*.
noción Begriff *m*; **~ jurídica** Rechtsbegriff *m*.
nociv | idad Schädlichkeit *f*; **~o** *(gesundheits)*schädlich.
nocturnidad Begehung *f* zur Nachtzeit; Nachtarbeit *f*.
nombradía Ruf *m*.
nombrado ernannt; berühmt.
nombramiento *(Er)*Nennung *f*, Benennung *f*, Nominierung *f*, Bestimmung *f*, Beiordnung *f* *(Anwalt)*, Berufung *f*, Bestellung *f* *(von Organen)*, Einsetzung *f*, Aufstellung *f (der Kandidaten)*; **~ de oficio** Beiordnung *f (Anwalt)*; **~ regio** *(Sp)* Ernennung *f* durch den König; **~ de por vida** Ernennung *f* auf Lebenszeit.
nombrar *(er)*nennen, namhaft machen, bestellen, nominieren, einsetzen, bestimmen, berufen *(Amt)*, aufstellen *(Kandidaten)*, beiordnen, zur Wahl *f* vorschlagen; **~ funcionario público** verbeamten; **~ tutor** einen Vormund *m* bestellen.

nombre *m* Name *m*, Vorname *m*, Benennung *f*, Ruf *m*; **en ~ ajeno** im fremden Namen *m*; **~ y apellidos** voller Name *m*; **~ de bautismo** Taufname *m*; **buen ~** guter Ruf *m*, Goodwill *m*; **~ colectivo** Gesellschaftsfirma *f*; **~ comercial** Handels | name *m*, Firmen- *m*; **~ conyugal** Ehename *m*; **en ~ de** im Namen *m* von; **~de familia** Familien | name *m*, Nach- *m*, Zu- *m*; **~ genérico** Gattungsname *m*; **~ de pila** Vor | name *m*, Tauf- *m*; **en ~ propio** im eigenen Namen *m*; **en ~ y representación** namens und im Auftrag von; **~ de soltera** Mädchen | name *m*, Geburts- *m*.

nomenclátor Nomenklatur *f*.

nomenclatura Nomenklatur *f*, Zollwarenverzeichnis *n*; **~ catastral** Katasterbezeichnung *f*; **~ presupuestaria** Haushaltseingliederungsplan *m*.

nómina Verzeichnis *n*, Namensverzeichnis *n*, Mitglieder | liste *f*, Lohn- *f*, Gehalts- *f*, Gehälter *npl*; Belegschaft *f*.

nomina | ción Ernennung *f*, Nominierung *f*; **~l** Namens-, Nenn-, Nominal-, namentlich *(-e Abstimmung)*, auf den Namen lautend, nominell, durch Namensaufruf *m* *(Abstimmung)*.

nominalismo Nominalismus *m*.

nominar ernennen, bestellen, **~tivo** s. nominal.

nómino Ernannter *m*.

norma *(s. a. normas)* Norm *f*, Regel *f*, Richtlinie *f*, Vorschrift *f*, Standard *m*; **~ de aplicación** Ausführungsbestimmung *f*; **~ de base** Grundnorm *f*; **~ de circulación** Verkehrsregel *f*; **~ colectiva** Tarifnorm *f*; **~ de colisión *(perfecta)*** *(allseitige)* Kollisionsnorm *f*; **~ comunitaria** Gemeinschaftsvorschrift *f (EU)*; **~ de conducta** Verhaltens | norm *f*, -*(maß)*regel *f*; **~ de conexión** Anknüpfungsnorm *f*; **~ de conflicto** Kollisionsnorm *f*; **~ de contenido** Inhaltsnorm *f*; **~ del convenio colectivo** Tarifnorm *f*; **~ de Derecho transitorio** Übergangsvorschrift *f*; **~ imperativa** Mussvorschrift *f*, zwingendes Recht *n*; **~ jurídica** Rechts | satz *m*, -norm *f*, -vorschrift *f*; **~ legal** Gesetzes | norm *f*, Rechts- *f*; **~ permisiva** Ermächtigungsvorschrift *f*; **~ preceptiva** Gebotsnorm *f*; **~ procesal** Verfahrens | norm *f*, -vorschrift *f*; **~ prohibitiva** Verbotsnorm *f*; **~ con rango de ley** Norm *f* mit Gesetzesrang; **~ de seguridad** Sicherheits | norm *f*, -standard *m*; **~ sustantiva** materiellrechtliche Vorschrift *f*; **~ de valoración** Bewertungs | norm *f*, -vorschrift *f*.

normalidad Regel | mäßigkeit *f*, Ordnungs- *f*.

normalista *m* Student *m* einer Lehrerbildungsanstalt.

normalización Norm*(ier)*ung *f*, Normal | isierung *f*, Standard- *f*.

norma | lizar norm*(ier)*en, normal | isieren, standard-.

normas *pl*, **~ de acceso** Zulassungsbedingungen *fpl*; **~ de acceso al mercado** Marktzugangsregeln *fpl*; **~ básicas** Rahmenrichtlinien *fpl*; **~ consuetudinarias** Gewohnheitsrecht *n*; **~ deontológicas** Standesrecht *n*; **~ del Derecho internacional generalmente reconocidas** allgemein anerkannte Regeln *fpl* des Völkerrechts; **~ de funcionamiento** Geschäftsordnung *f* *(eines Ministeriums)*; **~ mínimas** Mindestanforderungen *fpl*; **~ de organización interna** Verwaltungsvorschriften *fpl*; **~ orientadoras** Richtlinien *fpl*; **~ penales** Strafvorschriften *fpl*; **~ en vigor** geltende Vorschriften *fpl*.

normativa *(gesetzliche)* Regelung *f*, Vorschriften *fpl*; **~ comunitaria** *(EU)* Gemeinschafts | recht *n*, -bestimmungen *fpl*; **~ vial** *(Ch)* Verkehrsrecht *n*.

normati | vo normativ, maßgebend; **~zación** Norm | ierung *f*.

nota Note *f*, Fußnote *f*, An | merkung *f*, Vermerk *m*, Aktennotiz *f*, Mitteilung *f*, Erläuterung *f (Vorschrift)*, Kommentierung *f*, Zensur *f (Schule)*; **~ de abono** Gutschriftanzeige *f*; **~ de adeudo** Lastschriftanzeige *f*; **~ del cambio** Kurszettel *m*; **~ de cobertura provisional** vorläufige Deckungszusage *f*; **~ de crédito**

Gutschriftanzeige *f*; **~ de débito** Lastschrift *f*; **~ diplomática** diplomatische Note *f*; **~ de encargo** Auftragsmitteilung *f*; **~ de entrega** Lieferschein *m*; **~ marginal** Rand | bemerkung *f*, -vermerk *m*; **~ de pago** Zahlungsaufforderung *f*; **~ de pedido** Bestell | schein *m*, -zettel *m*; **~ de precios** Preisliste *f*; **tomando ~** unter Berücksichtigung *f*; **~ verbal** Verbalnote *f*.

notación Bezeichnung*(sweise)* *f*.

notar notieren, aufzeichnen, be | merken, an-; **~ marginalmente** am Rand vermerken.

notaría Notariat *n*.

notaria | do s. notaría; **~** *(adj)* notariell *(beglaubigt)*; **~l** *(adj)* Notariats-, notariell.

notario Notar *m*; **~ -abogado** Anwaltsnotar *m*; **~ autorizante** amtierender *(oder:* beglaubigender, beurkundender) Notar *m*.

notas *pl*, **~ bibliográficas** Literaturhinweise *mpl*.

noticia Nachricht *f*, Notiz *f*, Mitteilung *f*, Kenntnisnahme *f*; **~ falsa** Falschmeldung *f*.

noticiar anzeigen, mitteilen, benachrichtigen, zur Kenntnis *f* geben.

notificación Mitteilung *f*, Bekannt | machung *f*, -gabe *f*, Notifi | kation *f*, -zierung *f*, Anzeige *f*, gerichtliche Bekanntmachung *f*, Zustellung *f*; **~ de depósito** Zustellung *f* durch Niederlegung; **~ domiciliaria** *(o **en domicilio** o **ad domum,** lat)* Ersatzzustellung *f* an Hausgenossen; **~ edictal** (*o **por edicto***) öffentliche Zustellung *f*; **~ en estrados** öffentliche Zustellung *f*; **~ por expediente** Zustellung *f* durch Aufgabe zur Post; **~ de oficio** Amtszustellung *f*, Zustellung *f* von Amts wegen; **~ de parte** Parteizustellung *f*; **~ pública** öffentliche Bekanntmachung *f (oder: Zustellung f, Aufforderung f)*; **~ del siniestro** Schadens | anzeige *f*, -meldung *f*; **~ supletoria** Ersatzzustellung *f*; **~ por vía postal** Postzustellung *f*.

notifica | do Zustellungsempfänger *m*; **~dor** Anmelder *m*, notifizierende Person *f*; **~nte** Anmeldender *m*.

notificar anzeigen, benachrichtigen, bescheiden, *(durch Urkunde)* zustellen, notifizieren; **~ por conducto notarial** notariell zustellen.

notoriedad Offenkundigkeit *f*; **~ general** Allgemeinkundigkeit *f*; **~ en el tribunal** Gerichtskundigkeit *f*.

notorio notorisch, offen | bar, -kundig; **de ~ abono** kreditwürdig **~ en el tribunal** gerichtskundig.

novación Schuldersetzung *f*, -umwandlung *f*, Novation *f*.

novar die Schuld *f* umwandeln.

novato Neueingestellter *m*, Anfänger *m*; **~ de la bolsa** Börsenneuling *m*.

novedad Neuheit *f*; **que invalida la ~** neuheitsschädlich sein *(Patent)*.

novela Novelle *f (Gesetz)*.

novia Lebensgefährtin *f*, Verlobte *f*.

novio Lebensgefährte *m*.

núcleo, ~ de la ciudad Stadtkern *m*.

nudo de comunicaciones Verkehrsknotenpunkt *m*.

nulidad Nichtigkeit *f*, Ungültigkeit *f*, Rechtsunwirksamkeit *f*; **~ absoluta** absolute Nichtigkeit *f*; **~ de fondo** materielle Nichtigkeit *f*; **~ de forma** Formnichtigkeit *f*; **~ matrimonial** *(o **de matrimonio**)* Ehenichtigkeit *f*, Nichtigkeit *f* der Ehe; **~ original** anfängliche Nichtigkeit *f*; **~ parcial** Teilnichtigkeit *f*; **~ de pleno derecho** s. nulidad absoluta; **~ relativa** Anfechtbarkeit *f*.

nulo nichtig, ungültig, wirkungslos, *(rechts)*unwirksam; **absolutamente ~** null und nichtig, absolut nichtig; **provisionalmente ~** schwebend unwirksam.

numeración progresiva laufende Zählung *f (oder Nummerierung f)*.

numerar nummerieren, zählen; **~ correlativamente** durchnummerieren, *(fort)*laufend nummerieren.

numerario Lehrstuhlinhaber *m*; **~** *(adj)* ordentlich *(-es Mitglied)*; **~ efectivo** Bargeld *n*.

numéricamente der Zahl *f* nach.

número Zahl *f*, Nummer *f*, Ziffer *f*, Anzahl *f*; **~ del acta** Geschäftszeichen *n*; **~ de código** Kontrollnummer *f*; **~ confidencial** Geheimnummer *f*; **~ consecutivo** laufende Nummer *f*; **estar en ~ para**

votar beschlussfähig sein; **~ *(de)* expediente** Aktenzeichen *n*.
número de identificación Aktenzeichen *n*; **~ ~ de extranjero** *(Sp)* Identifikationsnummer *f* für Ausländer; **~ ~ fiscal** *(Sp)* Steuernummer *f*; **~ ~ ~** a efectos de IVA Umsatzsteuer-Identifikationsnummer *f*; **~ personal** Geheim | nummer *f*, -zahl *f (EC-Karte)*; **~ ~ del vehículo** Fahrgestellnummer *f (Kfz)*.
número, ~ -índice Index | zahl *f*; **~ de matrícula** Auto | nummer *f*, -kennzeichen *n*; **~ de orden** Ordnungs | nummer *f*, Aktenzeichen *n*; **~ de registro** Register | nummer *f*, Aktenzeichen *n*; **~ uno de la lista** Spitzenkandidat *m*.
nunciatura Nuntiatur *f*.
nuncio *(KR)* Nuntius *m*.
nuncupativo mündlich *(-es Testament)*.
nupcias *pl* Heirat *f*, Ehe | schließung *f*; **segundas ~** zweite Ehe *f*, Wiederverehelichung *f*.
nutum, ad ~ *(lat)* einseitig widerruflich.

O

oasis *m* **fiscal** Steueroase *f*.
obcecación Bewusstseinstrübung *f*.
obediencia Gehorsam *m*; **~ jerárquica** Gehorsam *m* gegenüber Vorgesetzten.
óbice *m* Hindernis *n*; **~ procesal** Prozesshindernis *n*.
obispa | do Bistum *n*; **~l** bischöflich.
obispo Bischof *m*; **~ castrense** Militärbischof *m*.
óbito Tod *m (einer Person)*.
objeción Einwendung *f (Prozess)*, Einspruch *m*; **~ de conciencia** Kriegsdienstverweigerung *f* aus Gewissensgründen; **~ fiscal** Steuerverweigerung *f*.
objetable einwendbar.
objetante *m* **de conciencia** s. objetor de conciencia.
objetar einwenden, Einspruch *m* erheben, beanstanden, den Wehrdienst *m* verweigern.
objetiv | ación Versachlichung *f*; **~idad** Zweckbestimmung *f*; **~izar** versachlichen.
objetivo Ziel *n*, Zielgruppe *f*, Soll *n*; **~** *(adj)* sachlich, objektiv; **~ de la empresa** Unternehmensziel *n*.
objetivos *pl* Zielsetzung *f*.
objeto Gegenstand *m*, Objekt *n*, Sache *f*, Zweck *m*, Verwendungszweck *m*; **~ de la acción** Streitgegenstand *m*; **~ de arte** Kunstgegenstand *m*; **~ del caudal relicto** Nachlassgegenstand *m*; **~ del contrato** Vertrags | gegenstand *m*, -inhalt *m*; **~ de la demanda** Klagegegenstand *m*; **~ de derecho** Rechtsobjekt *n*; **~ del hecho** Tatobjekt *n*; **~ heredado** *(o **hereditario**)* Erbstück *n*; **~ del litigio** *(o **litigioso**)* Streitgegenstand *m*, streitbefangene Sache *f*; **~ social** *(o **de la sociedad**)* Gesellschafts | zweck *m*, Vereins- *m*; **~ de uso** Gebrauchsgegenstand *m*; **~ de valor** Wert | sache *f*, -gegenstand *m*.
objetor Einspruchsführer *m*; **~ de conciencia** Kriegsdienstverweigerer *m* aus Gewissensgründen.
objetos *pl* **personales** persönliche Habe *f*.
obligación *(s. a. obligaciones)* Verpflichtung *f*, Verbindlichkeit *f*, Pflicht *f*, Schuld *f*, Obligation *f*, Obliegenheit *f*, Obligo *n*, Auflage *f*, Vinkulierung *f*, Engagement *n*; **~ accesoria** Neben | verpflichtung *f*, -pflicht *f*; **~ alimenticia** *(o **de alimentos**)* Unterhaltspflicht *f*; **~ alternativa** Wahlschuld *f*; **~ de aportar** Bringschuld *f*; **~ cambial** *(o **cambiaria**)* Wechsel | schuld *f*, -verbindlichkeit *f*; **~ canjeable** Wandelschuldverschreibung *f*; **~ del caudal relicto** Nachlassverbindlichkeit *f*; **~ de ceder el paso** *(VR)* Wartepflicht *f*; **~ de circular por la derecha** Rechtsfahrgebot *n*; **~ civil** bürgerlich-rechtliche Verbindlichkeit *f*; **~ de compra** Kauf | verpflichtung *f*, Ankaufs- *f*; **~ comunal** Kommunal | *(schuld)*verschreibung *f*, -obligation *f*; **~ contractual** Vertrags | verpflichtung *f*, -pflicht *f*;

~ de contratar Kontrahierungszwang *m*; **~ de contribuir** *(o **contributiva**)* Steuerpflicht *f*; **~ convertible** Wandelschuldverschreibung *f*, Wandelobligation *f*; **~ correlativa** gegenseitige Verbindlichkeit *f*; **~ de** *(o **a**)* **corto plazo** kurzfristige Verbindlichkeit *f*; **~ de cotizar** Beitragspflicht *f*; **~ de cuerpo cierto** Stückschuld *f*; **~ de dar** Übergabe | verpflichtung *f*, Leistungs- *f*; **~ de dar aviso** Anzeigepflicht *f*; **~ de declarar** Melde | pflicht *f*, Anzeige- *f*, Aussage- *f*, Anmelde- *f*; **~ delictual** *(o **delictuosa**)* Verbindlichkeit *f* aus unerlaubter Handlung; **~ de devolver** Rückzahlungspflicht *f*; **~ a día** befristete Verbindlichkeit *f*; **~ dineraria** Geldschuld *f*; **~ de enviar** Schickschuld *f*; **~ de esclarecimiento** Aufklärungspflicht *f*; **~ de especie** *(o **específica**)* Stückschuld *f*; **~ del Estado** Staatsschuldverschreibung *f*, Schatzwechsel *m*; **~ ética** Naturalobligation *f*; **~ exigible** fällige Forderung *f*; **~ extranjera** Auslands | schuldverschreibung *f*, -verbindlichkeit *f*; **~ fiscal** Steuer | pflicht *f*, Abgaben- *f*; **~ de garantía** Garantieverpflichtung *f*, Gewährleistungspflicht *f*; **~ general escolar** *(o **de enseñanza**)* allgemeine Schulpflicht *f*; **~ general del servicio militar** allgemeine Wehrpflicht *f*; **~ genérica** Gattungsschuld *f*; **~ genérica delimitada** beschränkte *(oder begrenzte)* Gattungsschuld *f*; **~ de hacer** Verpflichtung *f* zu einem Tun *(oder: zum Handeln)*; **~ de indemnización** *(o **de indemnizar** o **indemnizatoria**)* Schadensersatz | pflicht *f*, Entschädigungs- *f*; **~ indivisible** unteilbare Verbindlichkeit *f*; **~ industrial** Industrieobligation *f*; **~ de información** Auskunfts | pflicht *f*, Aufklärungs- *f*; **~ de inscripción** Meldepflicht *f*; **~ con interés fijo** festverzinsliche Schuldverschreibung *f*; **~ con interés variable** Gewinn | schuldverschreibung *f*, -obligation *f*; **~ jurídica** Rechts | pflicht *f*, -verpflichtung *f*; **~ legal** gesetzliche Verbindlichkeit *f*; **~ mancomunada** Gesamthandschuld *f*; **~ mercantil** handelsrechtliche Verbindlichkeit *f*; **~ municipal** Kommunal | obligation *f*, -schuldverschreibung *f*; **~ natural** Naturalobligation *f*; **~ de no hacer** Unterlassungs | pflicht *f*; **~ nominativa** Namensobligation *f*; **~ con opción** Optionsanleihe *f*; **~ a la orden** Orderschuldverschreibung *f*; **~ de pago** Zahlungs | pflicht *f*, -verpflichtung *f*; **~ de pago de dinero** Geldschuld *f*; **~ pasiva** Duldungspflicht *f*; **~ pecuniaria** s. obligación de pago de dinero; **~ al portador** Inhaber | schuldverschreibung *f*; **~ positiva** Handlungspflicht *f*; **~ pública** Staatsobligation *f*; **~ de publicidad** Publizitätspflicht *f*; **~ pura** unbedingte *(oder sofort fällige)* Verbindlichkeit *f*; **~ de realizar aportaciones posteriores** Nachschusspflicht *f*; **~ de recepción** Abnahmepflicht *f*; **~ registrada** auf den Namen lautende Obligation *f*; **~ de registro** Eintragungspflicht *f*; **~ de regreso** Regresspflicht *f*; **~ de resarcimiento** Ersatzpflicht *f*; **~ de residencia** Residenzpflicht *f*; **~ de responsabilidad civil** Haftpflicht *f*; **~ de saneamiento** Gewährleistungspflicht *f*; **~ solidaria** Gesamtschuld *f*; **~ a término** befristete Verbindlichkeit *f*; **~ del tesoro** Schatzanweisung *f*; **~ de tracto sucesivo** Dauerschuldverhältnis *n*; **~ tributaria** Steuer | pflicht *f*, -schuld *f*; **~ de usar el cinturón de seguridad** Anschnallpflicht *f (VR)*; **~ de vigilancia** Aufsichtspflicht *f*.

obligacional verpflichtend, verbindlich, zwingend, schuldrechtlich.

obligaciones en cartera Obligationenportefeuille *n*; **~ matrimoniales** eheliche Pflichten *fpl*; **~ permanentes y reiteradas** fortlaufende Leistungen *fpl*.

obligacionista *m* Inhaber *m* einer Schuldverschreibung.

obligado Schuldner *m*, Verpflichteter *m*; **~** *(adj)* verpflichtet, geschuldet *(Beitrag)*, notwendig; **~ a abandonar el país** ausreisepflichtig; **~ a acatar instrucciones** weisungsgebunden; **~ cambial** *(o **cambiario**)* Wechsel |

schuldner *m*, -verpflichteter *m*; **~ a esperar** *(VR)* wartepflichtig; **estar ~ al saneamiento** für Mängel *mpl* haften; **~ a una indemnización** *(o* ***a indemnizar)*** entschädigungs|pflichtig, schadensersatz-; **~ al pago** Zahlungs|pflichtiger *m*, -verpflichteter *m*; **~ al servicio militar** Wehrpflichtiger *m*; **~ solidario** Gesamtschuldner *m*; **~ tributario** steuerpflichtig.

obligar verpflichten, verbindlich machen, zwingen, vinkulieren; **~ a** obliegen; **~ al pago** zur Zahlung *f* zwingen.

obligarse sich verpflichten, sich binden.

obligatoriedad Geltungskraft *f*, Verbindlichkeit *f (Norm)*, Verpflichtung *f*, zwingender Charakter *m*; **~ de aseguramiento** Versicherungspflicht *f*; **~ de contratar** Abschlusszwang *m*; **~ de la enseñanza** allgemeine Schulpflicht *f*; **~ general** Allgemeinverbindlichkeit *f*; **~ de intervención de letrado** Anwaltszwang *m*; **~ jurídica** Rechtspflicht *f*; **~ del voto** Wahlpflicht *f*.

obligatorio Pflicht-, verpflichtend, bindend, *(rechts)*verbindlich, zwingend, obligatorisch.

obnubilación de la conciencia Bewusstseinstrübung *f*.

obra *(s. a. obras pl)* Werk *n*, Buch *n*, Schrift *f*, Arbeit *f*, Bau*(vorhaben) m (n)*; **~ por administración** Regiearbeit *f*; **~ de arte** Kunstwerk *n*; **~ artística** Kunstwerk *n*; **~ benéfica** *(o* ***de beneficencia)*** Hilfswerk *n*, Wohlfahrtseinrichtung *f*; **~ industrial** Industriebau *m*; **~ intelectual** geistiges Werk *n*; **~ de modificación de estructura** Umbau *m*; **~ musical** Musik|werk *n*, Ton- *n*; **~ nueva** *(o* ***de nueva planta)*** Neubau *m*; **~ de reforma** Umbau *m*; **~ ruinosa** baufälliges Gebäude *n (oder Bauwerk n)*; **~ social** Sozial|werk *n*, Hilfs- *n*, Wohlfahrtseinrichtung *f*; **~ Técnica de Ayuda** *(Sp)* technisches Hilfswerk *n*; **~ vieja** Altbau *m*.

obrador Arbeitsraum *m*.

obrante en autos bei den Akten.

obrar *m* Handeln *n*; **~** *(v)* arbeiten, bauen, verrichten, ausführen, handeln, sich befinden *(Urkunden)*; **~ administrativo** Verwaltungshandeln *n*; **~ en autos** sich bei den Akten *fpl* befinden; **~ contra las buenas costumbres** gegen die guten Sitten *fpl* verstoßen; **~ en calidad de ...** in der Eigenschaft als ... handeln; **~ en poder de alguien** in jemandes Besitz *m* sein *(Brief)*.

obras *pl* Bau|arbeiten *pl*, -stelle *f (VR)*; **~ de aumento de volumen** Anbau *m (Baurecht)*; **~ de demolición** Abbruchsarbeiten *fpl*; **~ de derribo** s. obras de demolición; **~ por gestión directa** Arbeiten *fpl* in Eigenregie; **~ públicas** öffentliche Bauarbeiten *fpl*; **~** *(Sp)* Wohnungsbauministerium *n*.

obrepción Erschleichung *f*; **~ de sentencia** Urteilserschleichung *f*.

obrepticio erschlichen.

obreris|mo Arbeiterbewegung *f*; **~ta** *m* Anhänger *m* der Arbeiterbewegung; **~** *(adj)* Arbeiter- *(politisch)*.

obrero Arbeiter *m*; **~** *(adj)* Arbeiter-; **~ agrícola** Landarbeiter *m*; **~ auxiliar** Hilfsarbeiter *m*; **~ sin calificación** ungelernter Arbeiter *m*; **~ calificado** gelernter Arbeiter *m*, Facharbeiter *m*; **~ a destajo** Akkordarbeiter *m*; **~ a domicilio** Heimarbeiter *m*; **~ especializado** Fach|arbeiter *m*, Spezial- *m*; **~ de jornada completa** Vollzeitkraft *f*; **~ de jornada reducida** Teilzeitarbeiter *m*; **~ semicalificado** angelernter Arbeiter *m*; **~ sindicado** organisierter Arbeiter *m*; **~ temporal** Aushilfsarbeiter *m*, Saisonarbeiter *m*.

obreros *pl* Arbeiterschaft *f*.

obscenidades *pl* Obszönitäten *fpl*.

obsequi|ar beschenken; **~o** Schenkung *f*, Freiexemplar *n*, Zugabe *f*.

observación *(s. a. observancia)* 1. Beobachtung *f*, Befolgung *f*; 2. Bemerkung *f*; **~ de la ley** s. observancia de la ley; **~ del lugar de los hechos** Besichtigung *f* des Tatorts; **~ marginal** Randbemerkung *f*; **no ~ de un plazo** Fristversäumnis *f*.

observador Beobachter *m*.

observancia *(s. a. observación)* Beobachtung *f*, Beachtung *f*, Einhaltung *f*; **~ de la ley** Beobachtung *f (oder Einhaltung f)* des Gesetzes; **no ~** Nichtbeachtung *f*; **~ del secreto** Geheimhaltung *f*.
observar beobachten, befolgen, einhalten; **no ~** versäumen *(Frist)*.
obsesión Zwangsvorstellung *f*.
obsole | scencia Überalterung *f*; **~to** außer Gebrauch.
obstaculización Behinderung *f*, Störung *f*; **~ de las comunicaciones** Verkehrsstörung *f*; **~ del derecho** Rechtsvereitelung *f*; **~ de la punición** Strafvereitelung *f*.
obstaculizar la circulación den Verkehr *m* behindern.
obstáculo Hemmnis *n*, Hindernis *n*; **~ procesal** Prozesshindernis *n*.
obstrucción Obstruktion *f*, Abriegelung *f*, Verschleppungstaktik *f*; **hacer ~** sabotieren.
obstruccionismo Obstruktion *f*.
obtemperar zustimmen.
obtención Erlangung *f*, Gewinnung *f*; **~ de beneficios** Gewinnerzielung *f*; **~ de capital*(es)*** Kapital | beschaffung *f*, -aufbringung *f*; **~ coactiva** Erzwingung *f*; **~ de datos** Datenerhebung *f*; **~ de una declaración mediante la fuerza** Aussageerpressung *f*; **~ de frutos** Frucht | ziehung *f*, -erwerb *m*; **~ por la fuerza** Erzwingung *f*; **~ de ingresos** Einkünfteerzielung *f (SteuerR)*; **~ de la sentencia** Urteilsfindung *f*.
obtener erlangen, erzielen, erwirtschaften, einbringen, erreichen, auftreiben *(Kapital)*; **~ beneficios** Gewinn *m* erzielen; **~ un fallo** ein Urteil *n* erstreiten *(oder: erwirken)*; **~ la palabra** das Wort *n* erhalten; **~ pérdidas** Verluste *mpl* machen.
obven | ción Nebenverdienst *m*; **~cional** *(adj)* Nebenverdienst-.
ocasión Gelegenheit *f*; Anlass *m*; **de ~** Gelegenheits- *(Kauf)*.
ocasionar intereses Zinsen *mpl* bringen *(oder tragen, abwerfen)*.
ocultación Verheimlich | en *n*, -ung *f*, Verschweigen *n*; Unterdrückung *f (Beweise)*; **~ de beneficios** Gewinnverschleierung *f*; **~ de cosas robadas** Sachhehlerei *f*; **~ de un crimen** Vertuschung *f* eines Verbrechens.
ocultar verheimlichen, verbergen, verschleiern, unterdrücken *(Urkunden)*, hinterziehen, beiseite schaffen.
oculto geheim.
ocupación Besetzung *f (eines Landes)*, Besitzergreifung *f*, Inbesitznahme *f*, Aneignung *f*, Okkupation *f*; Erwerb *m*, Beschäftigung *f*, Tätigkeit *f*, Beruf *m*, Arbeitsplatz *m*, Auslastung *f (Kapazität)*, Belegung *f (Hotel)*; **~ completa** Vollbeschäftigung *f*; **~ de jornada completa** Ganztags | tätigkeit *f*, -beschäftigung *f*; **~ por registro** Buch | ersitzung *f*, Tabularer- *f*; **~ total** Vollbeschäftigung *f*.
ocupacional Beschäftigungs-.
ocupaciones *pl*, **~ buscadas** Stellengesuche *npl*; **~ ofrecidas** offene Stellen *fpl*.
ocupante *m* Okkupant *m*, Bewohner *m (eines Gebäudes)*, Insasse *m (Auto, Flugzeug)*.
ocupar besetzen, beschlagnahmen, einnehmen, innehaben, bekleiden *(Amt)*, sicherstellen, bewohnen, belegen *(Plätze)*, ein Haus *n* besetzen.
ocurrencia Ereignis *n (Unfall)*; **~ del riesgo** Versicherungsfall *m*.
ocurrir geschehen, sich ereignen, eintreten, zustoßen.
ofen | dedor Beleidiger *m*; **~der** beleidigen, verletzen; **~dido** Geschädigter *m*, Verletzter *m (StrafR)*.
ofensa Beleidigung *f*; **~ a la memoria de los muertos** Verunglimpfung *f* des Andenkens Verstorbener; **~ de palabra** Verbalinjurie *f*.
ofen | sivo beleidigend, Angriffs-; **~sor** Beleidiger *m*, Schädiger *m*.
oferente *m* Anbiet*(end)*er *m*.
oferta Angebot *n*, Gebot *n*, Offerte *f*, Antrag *m*, Vorschlag *m*; **~ atractiva** Lockangebot *n*; **~ sin compromiso** unverbindliches *(oder freibleibendes)* Angebot *n*; **~ y demanda** Angebot *n* und Nachfrage, Brief *m* und Geld *(B)*; **en ~** zum Verkauf; **~ escasa** spärliches Angebot *n*; **~ especial** Sonderangebot *n*; **~ excedentaria** Angebotsüberhang *m*, Überangebot *n*; **~ en firme** festes *(oder verbindliches)*

Angebot *n*; **hacer una ~** ein Angebot *n* machen *(oder unterbreiten)*; **hacer mayor ~** überbieten; **~ inicial** Eröffnungsgebot *n*; **~ de lanzamiento** Einführungsangebot *n*; **mejor ~** Meistgebot *n*; **~ de ocasión** Sonderangebot *n*; **~ de prueba** Beweisantritt *m*.

oferta pública Auslobung *f*; **~ ~ de adquisición amistosa** freundliche Übernahme *f*; **~ ~ de adquisición hostil** feindliche Übernahme *f*.

oferta, ~ de suscripción *(al público)* Zeichnungsangebot *n*; **~ tentativa** Lockangebot *n*; **~ turística con hotel y viaje incluidos** Pauschalreiseangebot *n (Tourismus)*.

ofertante *m* Bieter *m*, Anbieter *m*.

ofertar offerieren, anbieten.

ofertas *pl* **concertadas** Preisabsprache*(n) f (pl)*.

officio, ex ~ *(lat)* von Amts wegen.

oficial *m* Offizier *m*, Geselle *m*; Beamter *m*; **~** *(adj)* Amts-, amtlich, offiziell, staatlich, behördlich, dienstlich; **~ de la administración de justicia** *(Sp)* s. oficial habilitado; **~ de carrera** Berufsoffizier *m*; **~ de complemento** *(Sp)* Reserveoffizier *m*; **~ ejecutor** Vollstreckungsbeamter *m*; **~ del estado civil** Standes|beamter *m*, Personenstands- *m*; **~ fedatario** Urkundsbeamter *m*; **~ habilitado** *(Sp)* Urkundsbeamter *m* der Geschäftsstelle; **~ de mar** *(o* ***marinero)*** Schiffs|offizier *m*, See- *m*; **~ navegante** Schiffsoffizier *m*; **no ~** nichtamtlich; **~ de primera** *(Sp)* selbstständiger kaufmännischer Sachbearbeiter *m*; **~ primero** Bürovorsteher *m (Notariat)*; **~ probatorio** Bewährungshelfer *m*.

oficiala Sachbearbeiterin *f*.

oficialía Stellung *f* als Offizier, Eigenschaft *f* als Geselle.

oficialidad Offizierskorps *n*; Amtlichkeit *f*, amtlicher Charakter *m*; **~ del buque** Schiffsoffiziere *mpl*.

oficiar amtieren, ein Amt *n* versehen, amtlich mitteilen; **~ de** auftreten als.

oficina Dienst|stelle *f*, Geschäfts- *f*, Behörde *f*, Büro *n*, Kontor *n*, Kanzlei *f*, Agentur *f*, Amt *n*, Amtslokal *n*, Zweigstelle *f (Bank)*, Geschäfts|raum *m*, -lokal *n*; **~ de aduana*(s)*** *(o* ***aduanera)*** Zoll|amt *n*, -stelle *f*, -behörde *f*; **~ de aforo** Eichamt *n*; **~ de asilo y refugio** *(Sp)* Asylbehörde *f*; **~ de asistencia social** Sozialamt *n*; **~ de caja** Zahlstelle *f*; **~ de cambio** Wechselstube *f*; **~ del censo** Melde|amt *n*, -behörde *f*; **~ central** Hauptbüro *n*, Zentralstelle *f*; **~ Comunitaria de Marcas** Markenamt *n* der Europäischen Gemeinschaften; **~ de conferencia** Tagungsbüro *n*; **~ de consulta jurídica** Rechtsberatungsstelle *f*; **~ de contrastes** Eichamt *n*; **~ de correos** Postamt *n*; **~ de cuenta y razón** Rechnungsprüfungsbehörde *f*; **~ de depósitos** Hinterlegungsstelle *f*; **~ despachadora** *(o* ***de despacho)*** Versandabteilung *f*, Expedition *f*; **~ de destino** Bestimmungsamt *n (Post)*; **~ de empadronamiento** Einwohnermeldeamt *n*; **~ Española de Patentes y Marcas** *(Sp)* Spanisches Patentamt und Markenregister *n*; **~ de extranjeros** *(Sp)* Ausländerbehörde *f*.

Oficina Europea del Medio Ambiente Europäisches Umweltbüro *n*.

oficina, ~ de expedición Versandabteilung *f*, Expedition *f*; **~ expedidora** Aufgabepostamt *n*; **~ Federal de Administración** Bundesverwaltungsamt *n* **~ ~ ~ de Justicia** Bundesamt *n* für Justiz; **~ ~ de Migración y Refugiados** Bundesamt *n* für Migration und Flüchtlinge; **~ de información diplomática** *(Sp)* Presseabteilung *f (Außenministerium)*; **~ de ingeniería y planificación** Ingenieur- und Planungsbüro *n*; **~ de iniciativas y reclamaciones** *(Sp)* Beschwerdestelle *f*.

Oficina Internacional, ~ ~ de Marcas Internationales Markenamt *n*; **~ ~ del Trabajo** Internationales Arbeitsamt *n*; **~ ~ de la Unión Postal Universal** Internationales Büro *n* des Weltpostvereins.

oficina, ~ jurídica Rechtsabteilung *f*; **~ de matrícula** Zulassungsstelle *f (Kfz)*; **~ municipal** Gemeindeamt *n*; **~ de objetos perdidos** Fundbüro *n*;

~ de orientación profesional Berufsberatungsstelle *f*; **~ de origen** Einlieferungsamt *n (Post)*, Aufgabeamt *n (Telegramm)*; **~ de pasaportes** Pass|stelle *f*, -amt *n*, -behörde *f*; **~ de patentes** Patentamt *n*; **~ policial** Polizeibehörde; **~ policial de puestos fronterizos y aeropuertos** *(Sp)* Grenzpolizei *f*; **~ de protección de la juventud** Jugendamt *n*; **~ de recepción** Warenannahme *f*, Annahmestelle *f*; **~ del registro civil** Standesamt *n*; **~ de teléfonos** Telefon|amt *n*, Fernsprech- *n*; **~ topográfica** Vermessungsamt *n*; **~ de traducciones** Übersetzungsbüro *n*; **~ de vivienda** Wohnungsamt *n*.

oficin|esco *(adj)* Büro-, bürokratisch; **~ista** *m* Büroangestellter *m*.

oficio Dienst *m*, Amt *n*, Gewerbe *n*, Erwerbszweig *m*, Tätigkeit *f*, Beruf *m*, Handwerk *n*; amtliches Schreiben *n*, Verfügung *f*; **~ artesanal** *(o* ***de artesanía*** *o* ***artesano****)* Handwerksberuf *m*; **~ circular** Rundverfügung *f*; **de ~** von Amts *(oder Gerichts)* wegen; **~ público** öffentliches *(oder politisches)* Amt *n*; **~ rogatorio** Amtshilfeersuchen *n*.

oficios buenos gute Dienste *mpl*, Vermittlungstätigkeit *f*.

oficios|idad Offiziosität *f*; **~o** halbamtlich, inoffiziell, offiziös.

ofimática Computerisierung *f*.

ofrecedor Biet*(end)*er *m*.

ofrecer *(an)*bieten, ein Gebot *n* abgeben, offerieren, vorschlagen, zeigen; **~ a menor precio** unterbieten.

ofrecimiento Angebot *n*, Antrag *m*; **~ de prueba*(s)*** Beweisantritt *m*.

ofusca|ción s. ofuscamiento; **~miento** Bewusstseinstrübung *f*.

oídas, de ~ vom Hörensagen.

oído nach Anhörung; **ser ~ en juicio** rechtliches Gehör *n* finden.

oír anhören, vernehmen; **~ en justicia** rechtliches Gehör *n* gewähren.

oleada de huelgas Streikwelle *f*.

oligarca *m* Oligarch *m*.

oligarquía Oligarchie *f*.

oligárquico oligarchisch.

oligopolio Oligopol *n*.

oligo|pólico oligopolistisch; **~polista** s. oligopólico.

ológrafo eigenhändig, handschriftlich *(-es Testament)*.

olvido, con ~ unter Übergehung *f*.

omisión Unterlassung *f*, Außerachtlassung *f*; **~ de auxilio** unterlassene Hilfeleistung *f*; **~ de denuncia** Nichtanzeige *f* von Verbrechen; **~ de socorro** s. omisión de auxilio.

omit|ente *m* Unterlassender *m*; **~ir** unter|lassen, aus-, absehen von, übergehen, außer Acht lassen.

ondas *pl* **explosivas** Explosionswellen *fpl*.

onero|sidad Entgeltlichkeit *f*; **~so** entgeltlich, lästig, belastend.

ONU *f* UNO *f*.

OPA s. oferta pública de adquisición *(de acciones)*.

opar en bolsa Übernahme *f* an der Börse anbieten.

opción Option *f*, Bezugs- *n*, Wahl-*(möglichkeit)* *f*; **~ al cambio** Umtauschrecht *n*; **~ de compra** Kauf-|option *f*, -anwartschaft *f*; **~ sobre futuros** Option *f* auf einen Terminkontrakt; **~ de nacionalidad** Option *f* für eine Staatsangehörigkeit; **tener la primera ~** fest an der Hand haben; **~ de venta** Verkaufsoption *f*.

opciona|do derjenige, der ein Angebot annimmt; **~l** nach Wahl *f*, freistehend *(Ermessen)*; **~nte** *m* derjenige, der eine Option gewährt.

operación *(s. a. operaciones pl)* Operation *f*, Transaktion *f*, *(Rechnungs)*Vorgang *m*, Arbeitsgang *m*, Aktion *f*, Betrieb *m (Aktivität)*, Geschäft *n (Bank)*, Handelsgeschäft *n*; **~ activa** *(o* ***de activo****)* Aktivgeschäft *n*; **~ administrativa** Verwaltungsvorgang *m*; **~ bancaria** Bankgeschäft *n*; **~ de bolsa** Börsenumsatz *m*; **~ bursátil** s. operación de bolsa; **~ bursátil a término** Börsentermingeschäft *n*; **~ de cambio de billetes y monedas extranjeros** Sortengeschäft *n*; **~ de cambio de divisas** Devisengeschäft *n*; **~ de cobro** Inkasso|geschäft *n*, Einzugs- *n*; **~ comercial** Handelsgeschäft *n*, Geschäftsvorgang *m*; **~ de compra a plazos** Teilzahlungsgeschäft *n*; **~ contable** Buchung *f*; **~ al**

contado Bar*(zahlungs)*|geschäft *n*, Kassen- *n*, Tages- *n*; **~ crediticia** Kredit|geschäft *n*, Anleihe- *n*; **~ de depósito** Depot|geschäft *n*, Depositen- *n*; **~ a diferencia** *(o* ***diferencial)*** Differenzgeschäft *n*; **~ de emisión** Emissionsgeschäft *n*; **~ de especulación** *(o* ***especulativa)*** Spekulationsgeschäft *n*; **~ ficticia** Scheingeschäft *n*; **~ de fletamento** Seefrachtgeschäft *n*; **~ de importación** Einfuhr|geschäft *n*, Import- *n*; **~ con información privilegiada** Insidergeschäft *n*; **~ con letras** Wechselgeschäft *n*; **~ de mercado abierto** Offenmarktgeschäft *n*; **~ en el mercado de futuros** Warentermingeschäft *n*; **~ mercantil** Handelsgeschäft *n*; **~ de pase** Swapgeschäft *n*; **~ pasiva** Passivgeschäft *n*; **~ con pérdida** Verlustgeschäft *n*; **~ a plazo** Termin| geschäft *n*, -markt *m*, -handel *m*; **~ policial** Polizeiaktion *f*; **~ prendaria** Lombardgeschäft *n*; **~ repos** Pensionsgeschäft *n (B)*; **~ a término** Termin|geschäft *n*; **~ con valores** Wertpapier|geschäft *n*, Effekten- *n*.

operacional operation|al, -ell, Geschäfts-.

operaciones *pl* Tätigkeit *f*, Verfahren *n*, Verkehr *m*, Geschäfte *npl*, Umsatz *m (B)*; **~ bancarias por medio de teléfono** Telebanking *n*; **~ en bolsa extraoficial** Freiverkehr *m*; **~ libres** *(B)* Freiverkehr *m*, inoffizieller Handel *m*; **~ de mantenimiento de la paz** friedenserhaltende Maßnahmen *fpl*; **~ de pagos** Zahlungsverkehr *m*; **~ sociales** Geschäftstätigkeit *f (Gesellschaft)*; **~ de tránsito** Transit|verkehr *m*, -handel *m*.

operador Wirtschaftssubjekt *n*, Diensteanbieter *m*, Betreiber *m (eines Hotels)*, Halter *m (eines Fahrzeugs)*, Facharbeiter *m*; **~ turístico** Reise|veranstalter *m*, -vermittler *m*.

operadora Telefon|amt *n*, Fernsprech- *n*, Fernvermittlung *f*.

operar handeln, bewirken, ausführen, operieren, eingreifen, verkehren, manövrieren.

operario Arbeiter *m*, Bediener *m*.

operati|vidad Durchführbarkeit *f*; **~vo** einsatzbereit, operationell.

opiáceo s. opiata.

opiata Opiat *n*.

opinar sobre Stellung *f* nehmen zu.

opinión Meinung *f*, Ansicht *f*, Auffassung *f*; **~ consultiva** gutachtliche Stellungnahme *f*; **~ contraria** abweichende Meinung *f (eines Richters)*, **~ general** Verkehrsanschauung *f*; **~ jurídica** Rechts|ansicht *f*, -auffassung *f*; **~ predominante** herrschende Meinung *f*.

opiniones *pl* Gedankengut *n*.

opio Opium *n*.

opiomanía Opiumsucht *f*.

oponente *m* Gegner *m (Prozess)*, Antragsgegner *m*, Einsprechender *m (Patentrecht)*, Oppositioneller *m*, Widerspruchsführer *m*; **tercer ~** Drittwiderspruchskläger *m*.

oponer einwenden, entgegensetzen *(Einrede)*, opponieren; **~ *(una)* excepción** eine Einwendung *f* erheben; **~ su veto** das Veto *n* einlegen.

oponerse Einspruch *m* erheben.

oportunidad Zweckmäßigkeit *f*.

oportun|ista *m* Opportunist *m*; **~** *(adj)* opportunistisch; **~o** zweck|mäßig, -dienlich, zulässig.

oposición Einwendung *f*, Einspruch *m (gegen Patent)*, Widerspruch *m*, Protest *m*; **~ administrativa** Ausleseprüfung *f*, Stellenwettbewerb *m*; **~ a la demanda** Klagebeantwortung *f*.

oposiciones *pl* Zulassungsprüfung *f*.

oposicionista *m (s. a. oponente, opositor)* Oppositioneller *m*.

opositar(a) sich an einem Auswahlverfahren *n* beteiligen.

opositor *(Widerspruchs)*Gegner *m*, Oppositioneller *m*, *(Stellen)*Bewerber *m*, Rechtsmittelführer *m*; **tercer ~** Drittwiderspruchskläger *m*.

optante *m* Optierender *m*; **~ al puesto** Stellenbewerber *m*.

optar optieren, wählen; **~ a la plaza** sich um eine Stelle *f* bewerben.

optativo *(adj)* Options-, fakultativ.

opti|mación Optimierung *f*; **~mar** optimieren; **~mización** s. optimación; **~mizar** s. optimar.

orador Redner *m*, Sprecher *m*.

orden *m (orden f s. u.)* Ordnung *f*, Rang *m*, Geschäfts | ordnung *f*, Rang- *f* *(Forderungen)*, Rechts | zug *m*, Instanzen- *m*, Reihenfolge *f*; **~ constitucional** verfassungsmäßige Ordnung *f*; **por ~ correlativo de numeración** mit laufender Nummerierung *f*; **~ del día** Tagesordnung *f*; **~ económico** Wirtschaftsordnung *f*; **en ~** ordnungsgemäß; **en ~ a** in Bezug *m* auf; **~ establecido** Establishment *n*; **~ estatal** Staatsordnung *f*; **~ fundamental** Grundordnung *f*; **~ jerárquico** Rangordnung *f*, Dienstweg.

orden *m* **jurídico** Rechtsordnung *f*.

orden *m*, **~ jurisdiccional** Gerichts | barkeit *f*, -ordnung *f*; **~ nuevo** Neuordnung *f*; **~ de paz** Friedensordnung *f*; **~ de preferencia** Reihenfolge *f*, Rangordnung *f*; **~ de prelación** s. orden de preferencia; **de primer ~** führend; **~ público** öffentliche Ordnung, ordre public *(IPR)*; **~ social** Sozial | ordnung *f*, Gesellschafts- *f*; **~ de suceder** *(o **de sucesión**)* Erbfolge*(ordnung)* *f*; **~ valorativo** Wertordnung *f*.

orden *f (orden m s. o.)* Befehl *m*, Order *f*, Auftrag *m*, Anordnung *f*, Weisung *f* *(Gericht)*, Anweisung *f*, Verfügung *f*, Veranlassung *f*, Bestellung *f*, Bescheid *m*, Beschluss *m*; Orden *m (auch: KR)*, Ehrenzeichen *n*; **a la ~ de** an die *(oder für)* Order *f* von; **~ administrativa** Verwaltungs | verfügung *f*, -anordnung *f*; **~ de adquisición** Kauforder *f*; **~ de allanamiento** Haus*(durch)*suchungsbefehl *m*; **~ de arresto internacional** internationaler Haftbefehl *m*; **~ a cambio fijo** *(o **limitado**) (B)* limitierte Order *f*, limitierter Auftrag *m*; **~ de cese** *(Sp)* Versetzung in den Ruhestand; **~ de comparecencia** *(o **de comparecer**)* Vorführungsbefehl *m*, Anordnung *f* des Erscheinens; **~ de compra** Kauf | auftrag *m*, -order *f*; **por ~ y cuenta** im Auftrag und für Rechnung; **~ "cuidando"** Auftrag „bestens" *(B)*; **~ de demolición** s. orden de derribo; **~ de derribo** Abbruchverfügung *f*; **~ de detención** Haftbefehl *m*; **~ de embargo** Beschlagnahmeverfügung *f*, Pfändungsanordnung *f*; **estar a** *(o **bajo**)* **la ~ de** unterstehen; **~ de expedición** Versand | auftrag *m*, Verlade- *m*; **~ de expulsión** Ausweisungsverfügung *f*, Abschiebungsanordnung *f*; **~ de giro** Überweisungsauftrag *m*; **gran ~** Großauftrag *m*; **~ ilimitada** unlimitierte Order *f*; **~ de incorporación a filas** Einberufungsbescheid *m*.

orden *f*, **~ de libertad provisional** Anordnung *f* der Freilassung gegen Sicherheitsleistung; **~ limitada** limitierter Auftrag *m*; **~ al mejor cambio posible** Bestensauftrag *m*; **a mi ~** an meine Order *f (Scheckklausel)*; **~ ministerial** Ministerialerlass *m*; **hasta nueva ~** bis auf Widerruf *m*, bis auf weitere Order *f*; **~ de pagar** *(o **de pago**)* *(Aus)*Zahlungs | anweisung *f*, -auftrag *m*; **~ de policía** polizeiliche Anordnung *f*, Polizeiverfügung *f*; **por ~** im Auftrag *m*, auf Anordnung *f (des Gerichts)*; **~ de registro** Haus*(durch)*suchungs | befehl *m*; **salvo ~ en contrario** bis auf Widerruf *m*; **a la ~ de un tercero** an fremde Order *f*; **~ de transferencia** Überweisungsauftrag *m*; **~ vendedora** Verkaufsorder *f*; **~ de venta** Verkaufs | auftrag *m*, -order *f*.

ordenación Anordnung *f (Verwaltung, Pflegschaft)*, Verfassung *f (Verein)*, Einstufung *f*, Regelung *f*; **~** *(KR)* Ordination *f*; **~ comunal** Gemeindeordnung *f*; **~ funcional** Organisationsplan *m*; **~ legal** Rechtsordnung *f*; **~ monetaria** Währungsordnung *f*; **~ de** *(o **para**)* **pago** *(Aus)*Zahlungs | anordnung *f*, -anweisung *f*; **~ del suelo** Bodenordnung *f*; **~ territorial** Bauplanung *f*; **~ urbana** *(o **urbanística**)* städtebauliche Ordnung *f*, Stadtplanung *f*.

ordenado ordnungsgemäß.

ordenador Auftraggeber *m* Anordnender *m*; Computer *m*.

ordenamiento Ordnung *f*, Regelung *f*; **~ de las aguas** Wasserwirtschaft *f*; **~ constitucional** Verfassungsordnung *f*, verfassungsmäßige Ordnung *f*; **~ de espacios** Raum-

ordnung *f*; ~ **estatal** Staatsordnung *f*; ~ **interno *(estatal)*** innerstaatliche Rechtsordnung *f*.
ordenamiento jurídico Rechtsordnung *f*.
ordenamiento, ~ laboral Arbeitsrecht *n*; ~ **legal** Recht *n*, Rechtsordnung *f*; ~ **del tiempo de trabajo** Arbeitszeitregelung *f*; ~ **tributario** Abgabenrecht *n*.
ordenante *m* Auftraggeber *m*.
ordenanza *m* Amtsbote *m*.
ordenanza *f* An|ordnung *f*, Ver- *f*, Vorschrift *f*, Satzung *f (einer Berufsvereinigung)*, Ortssatzung *f*; ~ **administrativa** Verwaltungsverordnung *f*; ~ **de aprovechamiento** Baunutzungsverordnung *f*; ~ **de correos** Postordnung *f*; ~ **de depósitos** Hinterlegungsordnung *f*; ~ **local** Ortssatzung *f*; ~ **municipal** Gemeindesatzung *f*, städtische Verordnung *f*; ~ **presupuestaria** Haushaltsordnung *f*; ~ **de régimen interior** Betriebsordnung *f*; ~ **del registro de la propiedad** Grundbuchordnung *f*.
ordenanzas *pl* Dienstordnung *f*.
ordenar an|ordnen, ver-, verfügen, veranlassen, anweisen, beauftragen, dekretieren, regeln *(Verkehr)*; ~ **el desalojo de la sala** den Gerichtssaal *m* räumen lassen; ~ **la devolución de la causa** die Sache *f* zurückverweisen; ~ **un legado** ein Vermächtnis *n* anordnen.
órdenes *fpl*, ~ **directrices** Richtlinien *fpl*; ~ **generales** s. órdenes directrices.
ordinario ordentlich *(-er Richter)*, regelmäßig.
orfandad Waisen|stand *m*, -rente *f*.
organicidad Organschaft *f*.
orgánico *(adj)* Organ-, Organisations-.
organigrama *m* Organisationsplan *m*, Ablauf|plan *m*, Organigramm *n*.
organismo Organismus *m*, Organ *n*, Einrichtung *f*, Behörde *f*, Träger *m*, Stelle *f*, Dienststelle *f*; ~ **administrativo** Verwaltungs|behörde *f*, -stelle *f*; ~ **asegurador** Versicherungsträger *m*.
organismo autónomo Selbstverwaltungskörper*(schaft) m (f)*; ~ ~ **local** lokale Gebietskörperschaft *f*.
organismo, ~ central Zentral|organ *n*, -stelle *f*; ~ **consultivo** beratendes Organ *n*; ~ **federal** Bundesorgan *n*; ~ **gestor** Träger *m (Sozialversicherung)*; ~ **de inspección bancaria** Bankenaufsichtsbehörde *f*; ~ **Internacional de la Energía Atómica** Internationale Atomenergie-Organisation *f*; ~ **patronal** Arbeitgeberverband *m*; ~ **de previsión** Versicherungsamt *n*; ~ **de vigilancia de carreteras** Straßenaufsichtsbehörde *f*.
organismos *pl* **Europeos de Normalización** Europäische Normungsgremien *npl*.
organización Organisation *f*, Einrichtung *f*, Veranstaltung *f*, Durchführung *f*, Apparat *m*; ~ **administrativa** Behördenorganisation *f*; ~ **de agricultores y ganaderos** *(Sp)* Bauernverband *m*; ~ **sin ánimo de lucro** gemeinnützige Organisation *f*; ~ **campesina** Bauernverband *m*; ~ **central** Spitzen|organisation *f*, Dach- *f*; ~ **de Cooperación y Desarrollo Económico** Organisation *f* für Wirtschaftliche Zusammenarbeit und Entwicklung; ~ **criminal** kriminelle Vereinigung *f*; ~ **ecológica** Umweltorganisation *f*; ~ **de empresarios** Unternehmerverband *m*; ~ **de los Estados Americanos** Organisation *f* der Amerikanischen Staaten.
Organización Europea, ~ ~ **del Mercado** Europäische Marktordnung *f*; ~ ~ **de Protección de Vuelo** Europäische Organisation *f* für Flugsicherung.
organización, ~ gremial Berufsorganisation *f*; ~ **industrial** Industrieverband *m*; ~ **de inmigración ilegal** Schlepper|organisation *f*, -bande *f*; ~ **intergubernamental** zwischenstaatliche Organisation *f*.
Organización Internacional internationale Organisation *f*; ~ ~ **de Aviación Civil** Internationale Zivilluftfahrtorganisation *f*; ~ ~ **de Comercio** Internationale Handelsorganisation *f*; ~ ~ **de Energía Atómica** Internationale Atomenergieorganisation *f*; ~ ~ **de Normalización** Internationale

Organisation *f* für Normung; **~ ~ Policía Criminal** Internationale Kriminalpolizeiliche Organisation *f* *(Interpol)*; **~ ~ de Refugiados** Internationale Flüchtlingsorganisation *f*; **~ ~ de Telecomunicaciones** Internationaler Fernmeldeverein *m*; **~ ~ del Trabajo** Internationale Arbeitsorganisation *f*.

organización, ~ judicial Gerichtsverfassung *f*; **~ militar** Wehrverfassung *f*.

Organización Mundial, ~ ~ del Comercio Welthandelsorganisation *f*; **~ ~ de la Salud** Weltgesundheitsorganisation *f*.

Organización de las Naciones Unidas Organisation *f* der Vereinten *(Schw: Vereinigten)* Nationen; **~ ~ para la Alimentación y la Agricultura** Ernährungs- und Landwirtschaftsorganisation *f* der Vereinten Nationen; **~ ~ para la Educación, la Ciencia y la Cultura** Organisation *f* der Vereinten Nationen für Erziehung, Wissenschaft und Kultur.

organización, ~ de los Países Exportadores de Petróleo Organisation *f* Erdölexportierender Länder; **~ profesional** Berufs | verband *f*, -organisation *f*; **~ sectorial** Fachverband *m*; **~ de Seguridad y Cooperación en Europa** Organisation für Sicherheit und Zusammenarbeit in Europa; **~ sindical** gewerkschaftliche Organisation *f*; **~ sindical de la industria** Industriegewerkschaft *f*; **~ del trabajo de oficina** Büroorganisation *f*.

Organización del Tratado, ~ ~ del Atlántico Norte Nordatlantikpakt-Organisation *f* *(NATO)*.

organización de usuarios Verbraucherorganisation *f*.

organiza | dor Veranstalter *m*, Organisator *m*; **~** *(adj)* Organisations-; **~r** veranstalten, durchführen; **~rse** sich zusammenschließen; **~tivo** s. organizatorio; **~torio** organisatorisch, Organisations-.

órgano Organ *n*, Behörde *f*, Dienststelle *f*; Sprachrohr *n*; **~ de la administración pública** Behörde *f*; **~ administrativo** Verwaltungs | organ *n*, -behörde *f*; **~ arbitral** Schiedsstelle *f*; **~ asesor** Beratungsstelle *f*; **~ de asesoramiento** Beratungsorgan *n*; **~ auxiliar de la administración de justicia** Hilfsbeamter *m* der Staatsanwaltschaft; **~ colegiado** Kollegial | behörde *f*, -organ *n*; **~ comunitario** Gemeinschaftsorgan *n (EU)*; **~ constitucional** Verfassungsorgan *n*; **~ de control** Kontrollorgan *n*, Aufsichtsbehörde *f*; **~ de decisión** *(o **decisorio**)* Entscheidungs | organ *n*, Beschluss- *n*; **~ de ejecución y gestión** Ausführungsorgan *n*; **~ ejecutivo** Exekutivorgan *n*; **~ ejecutor** Vollstreckungs | organ *n*, Vollzugs- *n*; **~ fiduciario** Treuhandstelle *f*; **~ de fiscalización** Aufsichtsorgan *n*; **~ gestor** Geschäftsführer *m*, Geschäftsführungsorgan *n*; **~ de gobierno** Regierungsstelle *f*, leitendes Organ *n*; **~ instructor** ermittelnde Behörde *f*; **~ jurisdiccional** Rechtsprechungsorgan *n*; **~ legislativo** Gesetzgebungsorgan *n*, die Legislative *f*; **~ periférico** Behörde *f* der dezentralisierten Staatsverwaltung *(z. B. Provinz)*; **~ rector** Leitungs | organ *n*, Beschluss- *n*; **~ superior** vorgesetzte Behörde *f*; **~ de vigilancia** Aufsichtsorgan *n*.

orientación Ausrichtung *f*, Orientierung *f*, Leitlinie *f*, Zielvorstellung *f*; **~ general** Grund | stimmung *f*, -tendenz *f*; **~ del poder adquisitivo** Kaufkraftlenkung *f*; **~ profesional** Berufs | beratung *f*, -lenkung *f*; **de ~ profesional** berufsvorbereitend.

orientado orientiert; **~ hacia la estabilización** stabilitätsorientiert; **~ hacia la expansión** wachstums | - orientiert, -trächtig; **~ hacia el usuario** benutzerfreundlich, verbrauchergerecht.

orientarse al alza nach oben tendieren.

origen *m* Abstammung *f*, Herkunft *f*.

original *m* Original *n*, Urschrift *f*, Originalurkunde *f*; **~** *(adj)* Original-, urschriftlich.

originar verursachen; **~ un derecho** ein Recht *n* begründen.

originario ursprünglich *(Erwerb)*; **~se** entstehen *(Verbindlichkeit)*.
orillar un argumento ein Argument *n* entkräften.
oro Gold *n* **~ en barras** Gold *n* in Barren, Barrengold *n*; **~ puro** Feingold *n*; **~ refinado** Feingold *n*.
oscilaciones *pl (Kurs)*Schwankungen *fpl*; **~ estacionales** saisonbedingte Schwankungen *fpl*, Saisonschwankungen *fpl*.
oscilante schwankend.
oscilar schwanken, pendeln.
oscuridad Unklarheit *f*.
ostentar aufweisen, innehaben *(Amt)*, ein Amt *n* bekleiden; **~ la patria potestad** die elterliche Sorge *f* innehaben, personensorgeberechtigt sein.
otorgamiento Erteilung *f*, Verleihung *f*, Gewährung *f*, Bewilligung *f*, Zuerkennung *f*, Errichtung *f (Testament)*; *(Urkunde:)* Aus | fertigung *f*, -stellung *f*; **~ de crédito** Kreditgewährung *f*; **~ de una patente** Patentierung *f*; **~ de un testamento** Testamentserrichtung *f*.
otorgante *m* Aussteller *m (einer Urkunde)*, Beurkundender *m (Notar)*, Bewilligender *m*, Beteiligter *m (notarielle Urkunde)*; **~ de licencia** Lizenzgeber *m*.
otorgar erteilen *(Vertretungsmacht)*, zuerkennen, bewilligen, vergeben *(Lizenzen)*, gewähren *(Prozesskostenhilfe)*, einräumen *(Frist)*, verleihen, errichten *(Testament)*, ausstellen *(Urkunden)*, ausfertigen; **~ un indulto** begnadigen; **~ una patente** ein Patent *n* erteilen; **~ una prestación** eine Leistung *f* gewähren; **~ el recibimiento a prueba** die Beweisaufnahme *f* anordnen.
otrosí *m* Beweispunkte *mpl*; **~** *(Sp)* Hilfsantrag *m (Prozessrecht)*, weiterer Klageantrag *m*; **~ digo …** ich beantrage ferner …

P

pabellón *m* Flagge *f (SeeR)*; **~ comunitario** Gemeinschaftsflagge *f (EU)*; **~ de exposición** Ausstellungshalle *f*; **~ nacional** Staats | flagge *f*, National- *f*.
paccionar vereinbaren, abmachen.
pacifica | ción Befriedung *f*; **~r** befrieden.
pacífico friedlich, außergerichtlich.
pacifismo Friedensbewegung *f*.
pacotilla Freigepäck *n (des Seemanns)*; Ausschuss *m (Waren)*, Ramschware *f*; **de ~** minderwertig.
pactación Vereinbarung *f*.
pactar verabreden, *(vertraglich)* vereinbaren, abschließen.
pacto Pakt *m*, Vertrag *m*, Abkommen *n*, Vereinbarung *f*; **~ Andino** Andenpakt *m*; **~ del Atlántico** *(Norte) (Nord-)*Atlantikpakt *m*; **~ autonómico** *(Sp)* Kooperationsvertrag *m* von Staat und Autonomien; **~ de caballeros** Gentlemen's Agreement *n (engl)*; **~ de coalición** Koalitions | abrede *f*, -vereinbarung *f*; **~ colectivo** Tarifvertrag *m*, Gesamtvereinbarung *f*; **~ en contrario** abweichende Vereinbarung *f*; **~ de estabilidad** Stabilitätspakt *m (EU)*; **~ de Estado** Staatsvertrag *m*; **~ de exclusiva** Alleinvertriebs | vereinbarung *f*, -vertrag *m*; **~ Internacional de Derechos Civiles y Políticos** Internationaler Pakt *m* über bürgerliche und politische Rechte; **~ por la no cesión** Abtretungsverbot *n*; **~ de no pedir** Stillhalteabkommen *n*, pactum de non petendo *(lat)*; **~ de no proliferación nuclear** Atomwaffensperrvertrag *m*; **~ penal** Vertragsstrafklausel *f*; **~ de reserva de dominio** Eigentumsvorbehaltsklausel *f*; **~ de retro** Rückkaufs | vertrag *m*, -abrede *f*, Wiederkaufsvertrag *m*; **~ de retroemendo** *(o:* ***de retrovendendo, de retroventa, de reventa****)* s. pacto de retro; **~ societario** Gesellschaftsvertrag *m*; **~ sucesorio** Erbvertrag *m*; **~ de sumisión** Unterwerfungsklausel *f*; **~ sobre el voto** Stimm*(rechts)*bindungsvertrag *m*.

pactum de contrahendo *(lat)* Vorvertrag *m*.
padecer el vicio de nulidad an einem Nichtigkeitsmangel *m* leiden.
padre *m* Vater *m*; **~ adoptivo** Adoptivvater *m*; **~ natural** natürlicher *(oder: leiblicher, unehelicher)* Vater *m*; **~ pecuniario** Zahlvater *m*; **~ político** Schwiegervater *m*.
padres *mpl* Eltern *pl (f)*.
padrino de boda Trauzeuge *m*.
padrón *m* Melderegister *m*, Wähler|verzeichnis *n*, -liste *f*; **~ municipal** Melde|register *n*, -amt *n*, -behörde *f*; **~ vecinal** s. padrón municipal.
padronal *(adj)* Melderegister-.
paga *(s. a. pago)* Zahlung *f*, Gehalt *n*, Lohn *m*, Lohn|auszahlung *f*, -abrechnung *f*; **~ extra*(ordinaria)*** zusätzliches Gehalt *n*, Sondervergütung *f*; **~ extraordinaria de Navidad** Weihnachtsgeld *n*; **~ por horas extra** Überstundenbezahlung *f*; **~ de toca*(s)*** Sterbegeld *n*.
pagable zahlbar.
pagadero *(aus)*zahlbar, tilgbar, fällig; **~ *(por)* adelantado** im Voraus *(oder pränumerando)* zahlbar, vorauszahlbar; **~ en mensualidades** zahlbar in Monatsraten; **~ neto y sin descuento** netto ohne Abzug; **~ a la orden** zahlbar an Order, an Order lautend; **~ al portador** auf den Inhaber *(oder Überbringer)* lautend, zahlbar an den Überbringer; **ser ~ a** lauten *(Wechsel)*; **~ al vencimiento** zahlbar bei Verfall.
pagado bezahlt, einbezahlt; **lo ~ en exceso** überzahlter Betrag *m*.
pagador Zahl*(end)*er *m*, Bezogener *m*; **~ moroso** säumiger Zahler *m*; **~ puntual** pünktlicher Zahler *m*.
pagaduría Zahlstelle *f*.
pagam(i)ento Zahlung *f*.
pagar *(be)*|zahlen, ein-, aus*(be)*-, ab-, begleichen, erfüllen, entrichten; **a ~** ausstehend, rückständig; **~ por adelantado** voraus*(be)*zahlen; **~ aduanas** verzollen; **~ un cheque** einen Scheck *m* einlösen; **~ al contado** bar zahlen; **~ a cuenta** anzahlen, à conto zahlen; **~ en efectivo** bar zahlen, mit Bargeld *n* zahlen; **~ en exceso** über*(be)*zahlen; **~ de más** über*(be)*zahlen; **~ su pena** seine Strafe *f* abbüßen; **~ a plazos** ab*(be)*zahlen, in Raten *fpl* bezahlen; **por ~** zahlbar; **sin ~** unbezahlt, unbeglichen; **~ suplemento** zuzahlen, Zuschlag *m* zahlen; **~ con su trabajo** abarbeiten.
pagaré *m* eigener Wechsel *m*, Eigen|wechsel *m*, Sola- *m*; **~ nominativo** auf den Namen lautender Solawechsel *m*; **~ a la orden** Orderschuldverschreibung *f*; **~ al portador** Inhaberschuldverschreibung *f*; **~ del tesoro** Schatzanweisung *f*.
pago Zahlung *f*, Be|zahlung *f*, Ein- *f*, Aus- *f*, Entrichtung *f*, Ab|lösung *f*, Ein- *f*, Abtragung *f*, Begleichung *f*, Tilgung *f*; **~ adicional** Nach-*(be)*|zahlung *f*; **~ *(por)*** anticipado Voraus|*(be)*zahlung *f*, -entrichtung *f*, Vorschuss| *m*, -leistung *f*; **~ aplazado** *(o **con aplazamiento**)* Zahlungsaufschub *m*, Stundung *f*; **~ atrasado** Zahlungsrückstand *m*; **~ por cesión de bienes** Leistung *f* erfüllungshalber; Erfüllung *f* durch Übertragung von Vermögen; **~ complementario** Nachzahlung *f*; **~ en concepto de adelanto** Anzahlung *f*; **~ por consignación** Zahlung *f* durch Hinterlegung; **~ a cuenta** An|zahlung *f*, Ab- *f*, Abschlags- *f*, Akonto- *f*, *(Steuer)*-Voraus- *f*; **~ de daños y perjuicios** Schadensregulierung *f*; **~ definitivo** Abschlusszahlung *f*; **~ contra documentos** *(o **contra documentación**)* Kasse *f (oder Zahlung f)* gegen Dokumente; **~ final** *(Ab)*Schlusszahlung *f*; **~ fraccionado** *(o **fraccionario**)* Teil|zahlung *f*, Raten- *f*; **~ global** Pauschalvergütung *f*; **hacer ~** eine Auszahlung *f* vornehmen; **~ por hora** Stundenlohn *m*; **~ de horas extras** Entgelt *n* für Überstunden; **~ *(de lo)* indebido** ungerechtfertigte Bereicherung *f*, rechtsgrundlose Leistung *f*, Zahlung *f* einer Nichtschuld; **~ inicial** Anzahlung *f*; **~ liberatorio** Zahlung *f* mit *(schuld)*befreiender Wirkung; **~ de más** Über*(be)*zahlung *f*; **~ en moneda extranjera** Devisenzahlung *f*; **~ parcial** Teil|zahlung *f*, -leistung *f*; **~ pendiente** ausstehende

Leistung *f*; **~ a plazo*(s)*** Ab*(be)*|zahlung *f*, Abschlags- *f*, Teil- *f*; **~ previo** Vorauszahlung *f*; **~ suplementario** *(o **de suplemento**)* Zu|zahlung *f*, Nach- *f*; **~ por tiempo** Zeitlohn *m*; **~ único** einmalige Zahlung *f*, Einmalzahlung *f*; **~ vencido** fällige Zahlung *f*.

pagos *pl* Zahlungs|verkehr *m*, Kassenausgänge *mpl*; **~ internacionales** internationaler Zahlungsverkehr *m*; **~ periódicos** wiederkehrende Zahlungen *fpl*; **~ transfronterizos** grenzüberschreitender Zahlungsverkehr *m*.

pague y lléveselo Selbstabholung *f* gegen Kasse.

páguese zur Zahlung *f* angewiesen; **~ a ...** zahlen Sie an ...

paidófilo Pädophiler *m*.

país *m* Land *n*, Land *n* im Bundesstaat; **~ acogedor** *(o **de acogida**)* *(Asyl:)* Aufnahme|land *n*, -staat *m*; **~ anfitrión** s. país receptor; **~ de asilo permanente** endgültiges Aufnahmeland *n*; **~ candidato** *(EU)* beitrittswilliges Land *n*, Bewerberland *n*; **~ de destino** Bestimmungs|land *n*, Empfänger- *n*; **~ donador** *(o **donante**)* Geberland *n*; **~ emergente** Schwellenland *n*; **~ de exportación** *(o **exportador**)* Ausfuhr|-land *n*, Export- *n*; **~ expositor** Austellerland *n*; **~ externo al área** Drittstaat *m (EU)*; **~ extracomunitario** nicht zur EU gehörendes Land *n*; **~ huésped** Gastland *n*, Aufnahme|land *n*, -staat *m*; **~ importador** Einfuhr|land *n*, -staat *m*; **~ industrializado** Industriestaat *m*; **~ de inmigración** *(o **inmigratorio**)* Einwanderungsland *n*; **~ limítrofe** Grenz|land *n*, Nachbar- *n*, Anrainerstaat *m*; **~ -miembro** Mitglieds|staat *m*, -land *n*, Vereinsland *n (Post)*; **~ natal** Geburtsland *n*; **~ no alineado** blockfreies Land *n*; **normal en el ~** landesüblich; **~ perseguidor** Verfolger|land *n*, -staat *m*; **~ de primer asilo** Erstaufnahmeland *n (Asyl)*; **~ de procedencia** Herkunftsland *n*; **~ productor de petroleo** Erdölförder|land *n*, -staat *m*; **~ de refugio** Aufnahme|land *n (Asyl)*, Asyl- *n*, Zufluchts|land *n*, -staat *m*; **~ requirente** ersuchender Staat *m (Auslieferung)*; **~ de residencia** Wohnsitz|land *n*, -staat *m*; **~ signatario** Signatar|land *n*, Unterzeichner- *n*; **tercer ~** Dritt|land *n*, -staat *m*; **~ de tránsito** Durchfuhr|land *n*, Durchgangs- *n*.

País Vasco *m* Baskenland *n*.

país *m*, **en vías de desarrollo** Entwicklungsland *n*.

paisano Zivilist *m*, Landsmann *m*; **de ~** in Zivil.

países *mpl*, **~ y territorios de ultramar** überseeische Länder und Gebiete *pl*; **~ umbral** Schwellenländer *npl*.

palabra Wort *n*, Versprechen *n*; **~ clave** Codewort *n*; **de ~** wörtlich, mündlich; **~ técnica** Fachausdruck *m*; **última ~** letztes Wort *n*.

palacio Palast *m*, Palais *n*, Hof *m*; **~ ~ de las Cortes** *(Sp)* Parlamentsgebäude *n*; **~ judicial** *(o **de justicia**)* Justizpalast *m*; **~ presidencial** Präsidentenpalais.

pandect|as *pl* Pandekten *pl*; **~ística** Pandektenlehre *f*.

pandilla, ~ juvenil Jugendbande *f*.

panel *m* Geschworenenliste *f*; Gremium *n*, Panel *n (Soz)*.

paneuropeo paneuropäisch.

pánico financiero Finanzkrise *f*.

pantalla de cotizaciones Kurstafel *f (B)*.

papel *m (s. a. papeles pl)* Papier *n*, Schriftstück *n*, Brief *m (B)*; Rolle *f (Soz)*; **~ común** *(Sp)* nicht gestempeltes *(oder ungestempeltes)* Papier *n*; **~ estampado** *(Sp)* s. papel timbrado; **~ intransferible** Rektapapier *n*; **~ de locomotora** Führungsrolle *f*.

papel-moneda *m* Papier|geld *n*.

papel, ~ monetario Geldmarktpapier *n*; **~ a la orden** Orderpapier *n*; **~ al portador** Inhaberpapier *n*; **~ redescontable** zentralbankfähiges Wertpapier *n (B)*; **~ de renta** Rentenpapier *n*; **~ sellado** Stempelpapier *n*, gestempeltes Papier *n*; **~ timbrado** *(Sp)* Stempelpapier *n*; **~ timbrado judicial** gerichtliches Stempelpapier *n*.

papeles *mpl* Ausweispapiere *npl*; **~ de a bordo** Schiffs|papiere *pl*, Bord- *pl*; **~ comerciales** Geschäftspapiere *pl*,

Handelswerte *mpl*; ~ *(Sp)* Handelsbücher *pl*.
papeleta Zettel *m*, Stimmzettel *m*; **~ electoral** Wahlzettel *m*; **~ de empeño** Pfand|schein *m*, Leih-*(haus)*- *m*.
papelina Beutelchen *n (Droge)*.
paquete *m* Paket *n*, Kollo *n (Kolli pl)*; Maßnahmenbündel *n*; **~ de austeridad** Sparpaket *n (Politik)*; **~ exprés** *(o* ***expreso****)* Eilbotenpaket *n*, Expressgut *n*; **~ de medidas** Maßnahmenpaket *n*; **~ minoritario** Minderheitsbeteiligung *f (Aktien)*; **~ negociado** Verhandlungspaket *n*; **pequeño ~** Päckchen *n*; **~ postal** Postpaket *n*; **~ con valor declarado** Wertpaket *n*.
paquetería Paketdienst *m (Post)*.
par *f* pari; **a la ~** *(auf)* pari, zum Nennwert *m*; paritätisch; **estar por debajo/por encima de la ~** unter/über pari stehen.
parada Haltestelle *f*, Station *f*, Stand|platz *m*; Stilllegung *f*.
paradero Aufenthalt *m*, Aufenthalts|ort *m*, Lager- *m*; **en ~ desconocido** unbekannten Aufenthalts.
parado arbeits|los, stellungs-, beschäftigungs-; **~ a** *(o* ***de****)* **larga duración** Dauerarbeitsloser *m*.
paradoja Paradox*(on) n*.
para|estatal halb|staatlich; **~ fernales** *mpl* Vorbehaltsgut *n* der Frau.
parágrafo Paragraph *m*.
paraíso, ~ fiscal Steuerparadies *n*.
paralización Stilllegung *f*, Stillstand *m*, Stockung *f*; Konjunkturtief *n*, Lahmlegung *f*, Ruhen *n (des Verfahrens)*, Stagnation *f*.
paralizar| stilllegen, lahmlegen; **~se** stocken.
parámetro Parameter *m (Stat)*, Kennziffer *f*.
paraoficial halbamtlich.
parar un perjuicio Ersatz *m* leisten.
parcela Parzelle *f*, Flurstück *n*; **~ edificable** Baugrundstück *n*.
parcelación Parzellierung *f*.
parce|lar parzellieren, aufteilen *(Grundstück)*; **~lario** *(adj)* Parzellen-; **~ría** Halb|pacht *f*, Teil- *f*.
parcial| *(adj)* Teil-, parteilich; **~idad** Parteilichkeit *f*, Befangenheit *f*.
par|ciario partiarisch; **~cionero** Teilpächter *m*; **~cómetro** Parkuhr *f*.
parecer *m* **doctrinal** Lehrmeinung *f*.
pared *f*, **~ divisoria** s. pared medianera; **~ medianera** Grenz|mauer *f*, Kommun- *f*, Brand- *f*, Scheide- *f*.
pareja Paar *n*; **~ de hecho** eheähnliche Gemeinschaft *f*.
paren|tal verwandtschaftlich; **~tela** s. parentesco.
parentesco Verwandtschaft *f*; **~ adoptivo** Verwandtschaft *f* durch Adoption; **~ de** *(o* ***por****)* **afinidad** Schwägerschaft *f*; **~ colateral** Seitenverwandtschaft *f*; **~ consanguíneo** *(o* ***de/por consanguinidad****)* Blutsverwandtschaft *f*; **~ de doble vínculo** vollbürtige Verwandtschaft *f*; **~ de sangre** Blutsverwandtschaft *f*.
paridad Gleich|heit *f*, -wertigkeit *f*, -berechtigung *f*, Parität *f*; **~ cambiaria** *(o* ***de cambio****)* Kurs|parität *f*, Währungs- *f*; **~ de monedas** *(o* ***monetaria****)* Währungsparität *f*; **~ móvil** gleitender Wechselkurs *m*; **~ -oro** Goldparität *f*; **~ de trato** Gleichbehandlung *f*; **~ de votos** Stimmengleichheit *f*.
pariente *m* Verwandter *m*, Angehöriger *m*; **~** *(adj)* verwandt; **~ por afinidad** Verschwägerter *m*; **~ consanguíneo** Blutsverwandter *m*; **~ en línea colateral** Verwandter *m* in der Seitenlinie; **~ por línea directa** Verwandter *m* in gerader Linie; **~ uterino** Verwandter *m* mütterlicherseits.
pari|miento Präventivabkommen *n*; **~tario** paritätisch.
parlamenta|r unterhandeln, kapitulieren; **~rio** Unterhändler *m*, Parlamen|tarier *m*, Parlamentsmitglied *n*; **~** *(adj)* parlamentarisch.
parlamento Parlament *n*, Abgeordnetenhaus *n*; **~ autónomo** *(Sp)* Regionalparlament *n*; **~ bicameral** Zweikammerparlament *n*.
paro Arbeits|losigkeit *f*, Erwerbs- *f*, Beschäftigungs- *f*, Streik *m*; **~ de brazos cruzados** Bummelstreik *m*; **en ~** beschäftigungslos, streikend; **~ estacional** saisonbedingte Arbeitslosigkeit *f*; **~ general** Generalstreik *m*; **~ de larga duración** Langzeitar-

beitslosigkeit *f*; ~ **en masa** *(o* ***masivo****)* Massenarbeitslosigkeit *f*; ~ **obrero** Streik *m*; ~ **de solidaridad** Sympathiestreik *m*; ~ **temporal** vorübergehende Arbeitslosigkeit *f*.

parque *m* Lager *n*, Bestand *m*; ~ **nacional** Nationalpark *m*; ~ **de vehículos** Fahrzeug|park *m*, Fuhr- *m*.

parqu|é *m* Börsenparkett *n*; **~et** *m* s. parqué; **~ímetro** Parkuhr *f*.

párrafo Absatz *m*.

parrici|da *m* Eltern|mörder *m*, Verwandten- *m*; **~dio** Eltern|mord *m*, Vater- *m*, Kindestötung *f*.

parroquia Kundschaft *f*; ~ *(KR)* Pfarrei *f*, Kirchengemeinde *f*.

parroquiano Kunde *m*; ~ *(KR)* Gemeindemitglied *n*.

parte *m* Bericht *m*, Nachricht *f*, *(amtliche)* Mitteilung *f*; ~ **del accidente** Unfall|bericht *m*, -meldung *f*; ~ **de defunción** Todesanzeige *f*; ~ **facultativo** Arztbericht *m*; ~ **policíaco** Polizeibericht *m*; ~ **de siniestro** Schadensanzeige *f*.

parte *f* 1. Teil *m*, Anteil *m*, Teilbetrag *m*; 2. Partei *f*, Prozesspartei *f*; ~ **accesoria** Beigeladener *m*; ~ **activa** erschienene Partei *f*; ~ **actora** Klagepartei *f*; ~ **adversa** Gegenseite *f*; ~ **alícuota** Bruchteil *m*, Anteil *m*; **alta** ~ **contratante** hohe Vertragspartei *f (VöR)*; ~ **apelada** Berufungsbeklagter *m*; ~ **apelante** Berufungsklager *m*; ~ **civil** Anspruchsberechtigter *m* im Adhäsionsverfahren *(Strafprozess)*; ~ **coadyuvante** Beigeladener *m*, Nebenintervenient *m*; ~ **contendiente** streitende *(oder gegnerische)* Partei *f*; ~ **contraria** Gegenpartei *f*; ~ **contratante** Vertrags|partei *f*, -partner *m*, -staat *m*; ~ **contratante en un convenio colectivo** Tarif|partner *m*, -vertragspartei *f*; **de** ~ Partei-, von Parteiseite *f* aus; ~ **demandada** beklagte Partei *f*, Beklagter *m*; ~ **demandante** klägerische Partei *f*, Klagepartei *f*; ~ **dispositiva de la sentencia** Urteils|tenor *m*, -ausspruch *m*; ~ **gananciosa** obsiegende Partei *f*; ~ **hereditaria** Erbteil *m*; ~ **de los ingresos** Einnahmenseite *f*; ~ **integrante** wesentlicher Bestandteil *m*; ~ **integrante accesoria** unwesentlicher Bestandteil *m*; ~ **integrante del tipo** Tatbestandsmerkmal *n*; ~ **en litigio** Streitpartei *f*, streitende Partei *f*; ~ **de minas** Kux *m*; ~ **ofendida** Verletzter *m* *(StrafR)*; ~ **perjudicada** beschwerte Partei *f*; ~ **procesal** *(o* ***en un proceso****)* Prozesspartei *f*; ~ **pública** Staatsanwalt *m*; ~ **por razón de oficio** Partei *f* kraft Amtes; ~ **recurrente** Beschwerdeführer *m*; ~ **recurrida** Rechtsmittelbeklagter *m*, Beschwerdegegner *m*; ~ **social** Gesellschafts|anteil *m*, Gesellschafter- *m*; ~ **tarifaria** Tarif|partei *f*, -partner *m*.

partición Teilung *f*, Verteilung *f*; ~ **por cabezas** Pro-Kopf-Teilung *f*; ~ **por estirpes** Teilung *f* nach Erbstämmen; ~ **hereditaria** *(o* ***de herencia****)* Erb|teilung *f*, Nachlass- *f*; ~ **natural** Naturalteilung *f*; ~ **por el testador** *(o* ***por el testamento****)* Teilungsanordnung *f*.

participación Beteiligung *f*, Anteilsrecht *n*, Teilnahme *f*, Geschäfts|anteil *m*, Gesellschafts- *m*, Stammeinlage *f*, Nachricht *f*, Mitteilung *f*; ~ **accesoria** Beihilfe *f*; ~ **del asegurado** Selbstbeteiligung *f*; **en** ***(los)*** **beneficios** Gewinn|anteil *m*, -beteiligung *f*; ~ **en el capital** Gesellschafts|anteil *m (Personengesellschaft)*, Geschäfts- *m (Kapitalgesellschaft)*, Kapitalanteil *m*; ~ **en la cifra de negocios** Umsatzbeteiligung *f*; ~ **en comandita** *(o* ***del comanditario****)* Kommandit|beteiligung *f*, -einlage *f*; ~ **criminal** strafrechtliche Teilnahme *f*; ~ **en los gastos** Kostenbeteiligung *f*; ~ **hereditaria** Erbanteil *m*; ~ **mayoritaria** Mehrheitsbeteiligung *f*; ~ **minoritaria** Minderheitsbeteiligung *f*; ~ **pública** Beteiligung *f* der öffentlichen Hand; ~ **social** *(o* ***de sociedad****)* Gesellschafts|anteil *m*, -beteiligung *f*.

participaciones *pl*, ~ **cruzadas** wechselseitige Beteiligung *f*; ~ **en fondos de inversión mobiliaria** Investmentanteile *mpl*.

participante *m* Beteiligter *m*, Teil|haber *m*, -nehmer *m*; ~ *(adj)* beteiligt; ~ **en un golpe de Estado**

Putschist *m*; **~ en el tráfico** Verkehrsteilnehmer *m*.
participar teilnehmen, sich beteiligen, beteiligt sein, mitteilen, beschicken; **~ de los beneficios** gewinnberechtigt sein.
participativo *(adj)* teilnehmend.
partícipe *m* Teilhaber *m*, Mittäter *m*, Teilnehmer *m (an Straftat)*, Miteigentümer *m*, Anteilseigner *m (B)*; *(adj)* beteiligt; **~ en la herencia** Miterbe *m*.
particular *m* Privatperson *f*; **~** *(adj)* nicht amtlich, privat; **~ querellante** Privatkläger *m*.
partida Ab|reise *f*, Aus- *f*, Abfahrt *f*; Position *f*, Buchung *f*, Posten *m (Buchhaltung)*, Urkunde *f*; **~ del activo** Aktivposten *m*; **~ bautismal** *(o **de bautismo**)* Tauf|schein *m*, -urkunde *f*; **~ de cargo** Lastschrift *f*; **~ del debe** Sollposten *m*; **~ de defunción** Sterbeurkunde *f*, Totenschein *m*; **~ deudora** Sollposten *m*; **mala ~** abgekartetes Spiel *n*, Börsenmanöver *n*; **~ matrimonial** *(o **de matrimonio**)* Heiratsurkunde *f*, Trauschein *m*; **~ de nacimiento** Geburtsurkunde *f*; **~ presupuestaria** *(o **del presupuesto**)* Haushalts|posten *m*, -titel *m*; **~ del registro civil** Personenstandsurkunde *f*; **~ restante** Restposten *m*; **por simple ~** einfach *(Buchführung)*.
partidario Anhänger *m*, Gefolgsmann *m*; **~** *(adj)* parteiisch.
partidas *pl*, **~ a cobrar** ausstehende Forderungen *fpl*.
partidis|mo Parteiwesen *n*, Parteien *fpl*; **~ta** *(adj)* Partei-, parteiisch.
partido Partei *f*, Amtsbezirk *m*; **afín al ~** der Partei *f* nahe stehend; **~ de clase media** Mittelstandspartei *f*; **~ coaligado** Koalitionspartei *f*; **~ conservador** konservative Partei *f*; **~ Demócrata Popular** *(Sp)* Christlich-Demokratische Partei *f*; **~ de derechas** Rechtspartei *f*; **~ gobernante** *(o **del gobierno** o **gubernamental**)* Regierungspartei *f*; **~ de izquierdas** Linkspartei *f*; **~ judicial** Gerichts|bezirk *m*, -sprengel *m*; **~ de masa*(s)*** Volkspartei *f*; **~ Nacional Vasco** Baskische Nationalistenpartei *f*; **pequeño ~** Splitterpartei *f*; **~ popular** Volkspartei *f (dem Programm nach)*; **~ Popular** Spanische Volkspartei *f*; **~ Popular Europeo** Europäische Volkspartei *f*; **sin ~** parteilos; **~ Socialista Obrero Español** Spanische Sozialistische Arbeiterpartei *f*.
partidor Testamentsvollstrecker *m*; **~ contador** *(Sp)* Liquidator *m*.
parti|ja Teilung *f*; **~sano** Partisan *m*, Freischärler *m*.
pasador Schmuggler *m*; **~ de cheques** Scheckbetrüger *m*; **~ de inmigrantes clandestinos** Schleuser *m (oder Schlepper m)*.
pasaje *m* Passage *f*, Überfahrt *f*, Durchlass *m*; Fahr|geld *n*, -preis *m*; Passus *m*.
pasajero Reisender *m*, Passagier *m*, Fahrgast *m*, Fluggast *m*.
pasan vorgetragen *(Buchhaltung)*.
pasante *m* Praktikant *m*, Volontär *m*; **~ de abogado** Anwaltsassessor *m*.
pasantía Praktikum *n*, Anwalts|station *f*, -assessorenausbildung *f*.
pasaporte *m* Pass *m*, Reisepass *m*; **~ diplomático** Diplomatenpass *m*.
pasar verlaufen *(Verfahren)*, vortragen *(Posten)*, über|tragen, -geben, -schreiten, -gehen *(Eigentum)*, verweisen; **~ al activo** aktivieren; **~ de contrabando** durchschmuggeln; **~ al crédito** gutschreiben; **~ a cuenta nueva** übertragen; **~ de** hinausgehen über; **~ al debe** ins Soll *n* eintragen; **~ a la disposición de *(la)* autoridad judicial** dem Richter *m* vorgeführt werden; **~ al haber** gutschreiben; **hacerse ~ por** sich ausgeben als; **~ a manos de** übergehen auf; **~ el mono** unter Entzugssyndromen *npl* leiden *(Drogenabhängiger)*; **~ al orden del día** zur Tagesordnung *f* schreiten *(oder übergehen)*; **~ a otra cuenta** umbuchen; **~ al pasivo** passivieren; **~ a segundas nupcias** wiederheiraten; **~ a ser firme** rechtskräftig werden.
pasavante *m* Ausfuhr|schein *m*.
pase *m* Ausweis *m*, Passier|schein *m*, Durchlass- *m*, Frei|karte *f*, Dauer- *f*; Eintritt *m (Wartestand)*, Versetzung *f*

(Schule); ~ **de aduana** Zollfreischein *m*; ~ **de lista** Aufruf *m*.
paseo -protesta *m* Protestmarsch *m*.
pasillo, ~ aéreo Luftkorridor *m*.
pasión Affekt *m*.
pasividades *pl* Pensionslast *f*.
pasivo Passiva *pl*, Passivseite *f (der Bilanz)*, Passiv | saldo *m*, Debet- *m*, Soll *n*, Verbindlichkeiten *fpl*; Ruhegehalt *n*, Rentenempfänger *m*; ~ *(adj)* passiv, Pensions-; ~ **circulante** laufende Verbindlichkeiten *fpl*; ~ **corriente** laufende *(oder kurzfristige)* Verbindlichkeiten *fpl (Bilanz)*; ~ **a corto plazo** kurzfristige Verbindlichkeiten *fpl*; ~ **a largo plazo** langfristige Verbindlichkeiten *fpl (Bilanz)*; ~ **propio** Eigenkapital *n*; ~ **sobrevencido** überfällige Schulden *pl*; ~ **social** Gesellschaftsschulden *pl*; ~ **total** Schuldenmasse *f*.
paso Durch | gang *m*, -lass *m*, Übergang *m*, Grenzüber | tritt *m*, -gangsstelle *f*, Passage *f*; Gebühreneinheit *f (Telefon)*; ~ **por aduana** Verzollung *f*; ~ **de cebra** Zebrastreifen *m*; ~ **de una cuenta a otra** Umbuchung *f*; ~ **forzoso** Notweg *m*; ~ **de frontera** *(o* ***fronterizo****)* Grenzüber | tritt *m*, -gang *m*; ~ **necesario** Notweg *m*; ~ **a nivel** *(höhengleicher)* Bahnübergang *m*; ~ **bajo nivel** Unterführung *f*; ~ **sobre nivel** Überführung *f*; ~ **peatonal** *(o* ***de/para peatones****)* Fußgängerüberweg *m*, Straßenübergang *m*; ~ **prohibido** Verkehrsverbot *n*; ~ **de propiedad** Eigentumsübergang *m*; ~ **del tiempo** Zeitablauf *m*; ~ **en tránsito** Durchfuhr *f*.
pasto Weide *f*, Weideland *n*; ~ **foral** Weidegerechtigkeit *f*.
pasturaje *m* Gemeindeweide *f*, öffentliche Weide *f*, Weiderecht *n*.
patenta | bilidad Patentfähigkeit *f*; **~ble** patentfähig; **~r** patentieren.
patente *f* Patent *n*, Gewerbe | schein *m*, -erlaubnis *f*; ~ **acordada** erteiltes Patent *n*; ~ **de adición** *(o* ***adicional****)* Zusatzpatent *n*; ~ **de comercio** Gewerbe | erlaubnis *f*, -konzession *f*, -schein *m*; ~ **comunitaria** Gemeinschaftspatent *n (EU)*; ~ **consular** Ernennungsurkunde *f* des Konsuls; ~ **extranjera** Auslandspatent *n*; ~ **industrial** industrielles *(oder gewerbliches)* Patent *n*; ~ **de mejora** Verbesserungspatent *n*; ~ **de navegación** Schiffs | patent *n*, -zertifikat *n*; ~ **no explotada** Vorratspatent *n*; ~ **de oficial** Offizierspatent *n*; ~ **pendiente** Patent *n* angemeldet; ~ **de piloto** Flugzeugführerschein *m*; ~ **de procedimiento** Verfahrenspatent *n*; ~ **de sanidad** *(SeeR)* Gesundheits | pass *m*, Quarantäne- *m*; ~ **solicitada** Patent *n* angemeldet.
patentizar patentieren, offenlegen; ~ **en autos** in den Akten *fpl* festhalten.
paternidad Vater | schaft *f*, Eltern- *f*; ~ **intelectual** s. paternidad de una obra; **~de una obra** Urheberschaft *f* an einem Werk.
patio, ~ de operaciones Schalterhalle *f (Bank)*, Parkett *n (B)*; ~ **de paseo** Gefängnishof *m*.
patria Vater | land *n*, Heimat- *n*; ~ **adoptiva** Wahlheimat *f*; ~ **potestad** elterliche Sorge *f*, Sorgerecht *n*.
patriarca | do Vaterrecht *n*; Patriarchat *n*; **~l** vaterrechtlich, patriarchalisch.
patrimonial *(adj)* Vermögens-, vermögens | rechtlich, -wirksam.
patrimonial | idad vermögensrechtlicher Charakter *m*.
patrimonio Vermögen *n*, Besitz *m*, Vermögensmasse *f*, Habe *f*; ~ **activo** Aktivvermögen *n*; ~ **común** gemeinsames Vermögen *n*, Gesamtgut *n*; ~ **contable** Buchvermögen *n*; ~ **de la corona** Krongut *n*; ~ **cultural** Kultur | gut *n*, -erbe *n*; ~ **empresarial** Betriebsvermögen *n*; ~ **fideicomisario** *(o* ***fiduciario****)* Treuhandvermögen *n*; ~ **forestal del Estado** *(Sp)* Staatsforsten *pl*, staatliche Forstverwaltung *f*; ~ **fundacional** Stiftungsvermögen *n*, Gründungskapital *n*; ~ **ganancial** *(Sp)* Gesamtgut *n (Errungenschaftsgemeinschaft)*; ~ **inicial** Anfangskapital *n (einer Gesellschaft)*, Anfangsvermögen *n*; ~ **inmobiliario** Grund | besitz *m*, -vermögen *n*; ~ **mercantil** Geschäftsvermögen *n*; ~ **mobiliario** bewegliches Vermögen *n*; ~ **neto**

Reinvermögen *n*; **~ pasivo** Passivvermögen *n*; **~ privado** Privatvermögen *n*; **~ público** Staatsbesitz *m*; **~ pupilar** *(o* ***del pupilo****)* Mündelvermögen *n*; **~ real** *(o* ***real*** *~)* Sachvermögen *n*, Krongut *n*; **~ reservado** Vorbehaltsgut *n*; **~ social** Geschäfts|vermögen *n*, Gesellschafts- *m*; **~ universal de la humanidad** Weltkulturerbe *n*.

patrio *(adj)* Vaterlands-.

patrocinado Mandant *m (Anwalt)*.

patrocinador Schirmherr *m*.

patrocinar schützen, sponsern.

patrocinio Schirmherr|schaft *f*, Sponsoren- *f*, Sponsoring *n*, anwaltliche Vertretung *f*.

patrón *m* 1. Herr *m*, Vorsitzender *m*, Senior *m*, Chef *m*, Dienst|herr *m*, -berechtigter *m*, Arbeitgeber *m*, Geschäftsinhaber *m*; 2. Standard *m*, Muster *n*, Währung *f*, Eichmaß *n*; **~ de** *(o* ***para****)* **cabotaje** *(Sp)* Kapitän *m* der Küstenschifffahrt; **~ -dólar** Dollar|basis *f*, -währung *f*; **~ legal** Eichmaß *n*; **~ monetario** Währungseinheit *f*; **~ -plata** Silber|-währung *f*, -standard *m*; **~ de referencia** Bezugsgröße *f*.

patronal *f* Arbeitgeber|verband *m*, -seite *f*; **~** *(adj)* Arbeitgeber-.

patronato Patronat *n*, Schirmherrschaft *f*, Stiftung *f*, Stiftungsrat *m*, Kuratorium; **~ de** *(o* ***para****)* **liberados** *(Straf)*Entlassenenfürsorge *f*; **~ de protección de animales** Tierschutzverein *m*.

patronazgo Schirmherrschaft *f*, Patronat *n*; **alto ~** s. patronazgo.

patro|near *(Sp)* als „patrón" ein Schiff führen; **~nímico** *(adj)* Familien- *(z. B. Familienname)*.

patrono s. patrón.

patrulla Polizeistreife *f*; **~ escolar de tráfico** Schülerlotsendienst *m*; **~ en pareja** Polizeistreife *f (2 Polizisten)*.

pauta de comportamiento Verhaltensmuster *n*.

pautas *pl* **del consumo** Konsumgewohnheiten *pl*.

pavimento *(VZ)*, **~ deslizante** *(Sp)* Schleudergefahr *f* bei Nässe; **~ deslizante por hielo o nieve** *(Sp)* Schnee- oder Eisglätte *f*.

paz *f* Frieden *m*; **~ del hogar** Hausfrieden *m*; **~ jurídica** Rechtsfrieden *m*; **~ laboral** Arbeitsfrieden *m*; **~ mundial** Weltfrieden *m*.

peaje *m* Straßengebühr *f*, Maut.

peatonal Fußgänger-.

peculado Veruntreuung im Amt; **~ del condenado** Arbeitsentgelt *n* im Strafvollzug.

peculio Kindesvermögen *n*; **~ parafernal** Vorbehaltsgut *n*.

pecuniario *(adj)* Geld-, geldlich, pekuniär, materiell, finanziell.

peder|asta Päderast *m*; **~astia** Päderastie *f*.

pedido Auftrag *m*, Antrag *m*, Order *f*, Bestellung *f*; **~ colectivo** Sammelbestellung *f*; **lo ~ en la demanda** Klageantrag *m*; **~ en firme** Festauftrag *m*, feste Bestellung *f*; **hacer un ~** einen Auftrag *m* erteilen, in Auftrag *m* geben, bestellen; **hacer un ~ suplementario** nachbestellen; **~ de repetición** Nachbestellung *f*; **sobre ~** auf Bestellung *f*; **~ urgente** Eilauftrag *m*.

pedidos *pl* **~ en cartera** Auftragsbestand *m*; **~ recibidos** Auftragseingang *m*.

pedimento Anspruch *m*, Antrag *m* bei Gericht, Eingabe *f*; **a ~** auf Antrag *m*.

pedir *(ein)*fordern, einholen *(Gutachten)*, nachsuchen, beantragen, verlangen, bestellen; **~ adicionalmente** nachfordern; **~ de antemano** vor*(aus)*bestellen; **~ la palabra** um das Wort *n* bitten, sich zu Wort *n* melden; **~ prestado** entleihen, ausleihen, ausborgen.

pedofilia Pädophilie *f*.

peligrar gefährdet sein.

peligro Gefahr *f*, Gefährdung *f*; **de ~ común** gemeingefährlich; **~ de confusión** Verwechslungsgefahr *f*; **~ en la demora** Gefahr *f* im Verzug; **~ de entorpecimiento del sumario** Verdunk*(e)*lungsgefahr *f*; **~ de fuga** Fluchtgefahr *f*; **~ inminente** drohende Gefahr *f*; **~ de muerte** Lebensgefahr *f*.

peligrosidad Gefährlichkeit *f*.

peligroso *(Sp)* gefährlicher Gewohnheitsverbrecher *m*; **~** *(adj)* gefährlich; **~ para el Estado** staats-

gefährdend; **~ para la juventud** jugendgefährdend; **~ para el medio ambiente** umweltgefährdend.
peloteo de letras Wechselreiterei *f.*
pena Strafe *f*, Bestrafung *f*; **~ accesoria** Nebenstrafe *f*; **~ anterior** Vorstrafe *f*; **~ capital** Todesstrafe *f*; **~ coactiva** Beugestrafe *f*; **~ contractual** s. pena convencional; **~ convencional** Vertrags | strafe *f*, Konventional- *f*; **~ degradante** entwürdigende *(oder erniedrigende)* Strafe *f*; **~ disciplinaria** Disziplinarstrafe *f*; **~ grave** schwere Strafe *f*; **~ larga** langfristige Freiheitsstrafe *f*; **~ leve** leichte Strafe *f*; **~ más grave** schwerste Strafe *f*; **~ máxima** Höchststrafe *f*; **~ menos grave** minder schwere Strafe *f*; **~ mínima** Mindeststrafe *f*; **~ de muerte** Todesstrafe *f*; **~ normal** Regelstrafe *f*; **bajo** *(o **so**)* **~ de nulidad** bei Nichtigkeit *f*, zur Vermeidung *f* der Nichtigkeit; **~ pecuniaria** Geld | strafe *f*, Vermögens- *f*; **~ pecuniaria sustitutiva** Ersatzgeldstrafe *f*; **~ perpetua** lebenslängliche *(Freiheits)*Strafe *f*; **~ principal** Hauptstrafe *f*; **~ de privación de derecho civil** Aberkennung *f* von Rechten und Fähigkeiten.
pena privativa, ~ ~ de libertad Freiheitsstrafe *f*; **~ ~ de libertad subsidiaria** Ersatzfreiheitsstrafe *f.*
pena, so ~ de bei Strafe *f* von; **~ suave** milde Strafe *f.*
pena, ~ total Gesamtstrafe *f.*
penado Strafgefangener *m*, *(rechtskräftig)* Verurteilter *m*; **~ primario** Erstbestrafter *m*; **ya ~** vorbestraft.
penal *m* Straf | vollzugsanstalt *f*, Justiz- *f*; **~** *(adj)* Straf-, strafrechtlich; **lo ~** Strafsache*(n) f (pl).*
penalidad Strafbarkeit *f.*
penal | ista *m* Straf | rechtler *m*, -rechtswissenschaftler *m.*
penalización Pönalisierung *f.*
penaliza | dor unter Strafe *f* stellend, pönalisierend; **~r** pönalisieren.
penar strafen, bestrafen; **~ un delito** eine Handlung *f* mit Strafe bedrohen.
pendencia Rechtshängigkeit *f*; Prügelei *f*, Rauferei *f.*
pendenciero streitsüchtig, rauflustig.
pender ante anhängig sein bei.
pendiente anhängig *(Prozess)*, rechtshängig, unerledigt, anstehend, ausstehend *(Lohn)*, rückständig, schwebend, laufend; **estar ~** anhängig sein; ausstehen *(Geld)*; **~ de pago** ausstehend, rückständig; **~ para ...** Wiedervorlage am ....
penetración Eindringen *n.*
penitencia | ría Straf*(vollzugs)*anstalt *f*; **~rio** *(adj)* Straf-, Strafvollzugs-.
pensamiento Gedanke *m*, Denken *n*; **~ de corrección** Besserungsgedanke *m*; **~ retribucionista** Vergeltungsgedanke *m.*
pensión Pension *f*, Rente *f*, Rentenanspruch *m*, Versorgung *f*, Ruhe | geld *n*, -gehalt *n*; **~ de accidente** Unfallrente *f*; **~ alimenticia** Unterhaltsrente *f*; **~ anticipada** Frührente *f*; **~ básica de viudedad** Witwengrundrente *f*; **~ por causa de muerte** Hinterbliebenenrente *f*; **~ censual** Erbzins *m*; **~ compensatoria** Scheidungsunterhalt *m*, Trennungsunterhalt *m*; **~ por cuenta del empresario** Betriebsrente *f*; **~ por edad** Altersrente *f*; **~ fructuaria** Reallast *f*; **~ de incapacidad profesional** Berufsunfähigkeitsrente *f*; **~ de jubilación** Altersrente, Ruhegeld; **~ media** Halbpension *f (Hotel)*; **~ de minero** Knappschaftsrente *f*; **~ de orfandad** Waisen | rente *f*, -geld *n*; **~ parcial** Teilrente *f*; **~ pasiva** Ruhegehalt *n*; **~ periódica** wiederkehrende Leistung *f*; **~ pública** staatliche Rente *f*, Beamtenpension *f*; **~ de** *(o **por**)* **retiro** Ruhegehalt *n*, Altersrente *f*; **~ de supervivencia** *(o **del superviviente**)* Hinterbliebenen | rente *f*, -pension *f*, -bezüge *pl*; **~ transitoria** Übergangsrente *f*; **~ de vejez** Alters | pension *f*, -ruhegehalt *n*; **~ vitalicia** Leib | rente *f*; **~ de viudedad** *(o **de viudez** o **de viudo**)* Witwen/Witwer | pension *f*, -rente *f.*
pensiona | do Pensionär *m*, Rentenempfänger *m*; **~** *(adj)* pensioniert; **~r** pensionieren; **~rio** zur Rentenzahlung Verpflichteter *m.*
pensiones *pl* Versorgungsbezüge *pl.*
pensionista *m* Rentner *m*, Renten | berechtigter *m*, -empfänger *m*, Versorgungs | empfänger *m.*

peón *m* Hilfsarbeiter *m*.
peona | da Tage | lohn *m (eines Hilfsarbeiters)*; Arbeiterkolonne *f*; **~je** *m* Arbeiterkolonne *f*.
peralte *m* Kurvenüberhöhung *f*.
percepción 1. Erhebung *f*, Bezug *m*, Einnahme *f (von Steuern)*; 2. Wahrnehmung *f*; **~ de derechos** Gebührenerhebung *f*; **~ en especie** Sachbezug *m*.
percepciones *pl* Bezüge *pl (Gehalt)*.
perceptor Bezieher *m*, Empfänger *m (von Abgaben, Leistungen)*; **~ de una pensión** Rentner *m*; **~ de la renta** *(o **de rentas**)* Einkommensbezieher *m*.
percibir erhalten, beziehen, einnehmen, erheben, wahrnehmen *(bemerken)*, ziehen *(Früchte)*; **~ un impuesto** eine Steuer *f* erheben.
percibo Einnahme *f*, Erhebung *f*.
perder verlieren; **~ por decadencia** verwirken; **~ el juicio** den Verstand *m* verlieren; **~ la prueba** des Beweismittels *n* verlustig gehen; **~ puntos** einen Kursverlust *m* erfahren.
pérdida Verlust *m*, Untergang *m (einer Sache)*, Aberkennung *f*, Abhandenkommen *n*, Einbuße *f*; **~ anterior** Verlustvortrag *m*; **~ de la base del negocio** Wegfall *m* der Geschäftsgrundlage; **~ de** *(o **en el**)* **cambio** Kursverlust *m*; **~ consiguiente** Folgeschaden *m*; **~ contable** Buchverlust *m*, buchmäßiger Verlust *m*; **~ de explotación** Betriebsverlust *m*; **~ de ganancias** Verdienst | ausfall *m*, -entgang *m*; **~ de ingresos** Verdienstausfall *m*; **~ neta** Netto | verlust *m*, Rein- *m*; **~ de la patria potestad** Entzug *m* der elterlichen Sorge; **~ de producción** Produktionsausfall *m*; **~ de puntos** Kurseinbuße *f*; **~ de salario*(s)*** Lohn | ausfall *m*, -einbuße *f*; **sin ~ de tiempo** unverzüglich.
pérdida total Totalschaden *m*, Gesamt | verlust *m*, -schaden *m*.
pérdida, ~ de trabajo Arbeitsausfall *m*; **~ de valor** Wert | verlust *m*, -verfall *m*, Minderwert *m*.
pérdidas *pl*, **~ y ganancias** Gewinn und Verlust *m*.
perdigones *mpl* **de escopeta** Schrotkugeln *fpl*.
perdimiento Verlust *m*.
perdón *m* Begnadigung *f*, Verzeihung *f (StrafR)*, Erlass *m (der Schulden)*, Verzicht *m*.
perdonar verzeihen, verzichten, erlassen *(Steuern, Schulden)*.
perdurabilidad Dauer *f (Amt)*.
perecedero *(leicht)*verderblich.
perecer untergehen *(Sache)*.
perecuación Preisausgleich *m (EU)*; **~ financiera** Finanzausgleich *m*.
perención Erlöschen *n* des Rechtszuges durch Nichtbetreibung.
perentorio *(adj)* Ausschluss-, streitentscheidend, peremptorisch.
perfección Vollendung *f*, Perfektion *f*, Zustandekommen *n (Vertrag)*.
perfeccionamiento Fortbildung *f*; **~ pasivo** passiver Veredelungsverkehr *m*; **~ técnico** technische Verbesserung *f*.
perfeccionar vollenden.
perfeccionarse *(Vertrag:)* zustande kommen, rechtswirksam werden.
perfecto *(rechts)*wirksam, abgeschlossen, formgerecht.
perfil *m* Profil *n*; **~ de una firma** Firmenprofil *n*; **~ profesional** Berufsbild *n*.
pericia Gutachten *n*, Sachverstand *m*, Sachverständigenbeweis *m*; **~ legal** Rechtsgutachten *n*.
pericial gutachtlich, sachverständig, Sachverständigen-.
periféric | o Rand-; **administración ~ a** regionale und lokale Verwaltung.
perímetro, ~ del escenario Umfeld *n (oder Umkreis m)* des Tatorts; **~ rústico** landwirtschaftliche Flächen *fpl (Baurecht)*; **~ urbano** Stadtkern *m (Raumplanung)*.
periódico Zeitung *f*; **~** *(adj)* regelmäßig wiederkehrend.
periodismo Journalismus *m*; **~ jurídico** Gerichtsberichterstattung *f*.
periodista *m* **económico** Wirtschaftsjournalist *m*.
período *(auch: **periodo**)* Periode *f*, Zeit | raum *m*, -spanne *f*, Verfahrensabschnitt *m*; **~ activo de la vida** Erwerbsleben *n*; **~ de adaptación** Anpassungs | zeit *f*, Anlern- *f*; **~ de alquiler** Mietzeit *f*; **~ de amortización** Tilgungszeitraum *m*, Abschreibungsdauer *f*; **~ -base**

Ausgangs | zeitraum *m*, Basis- *m*; **~ de cálculo** Berechnungszeitraum *m*; **~ de carencia** *(o **carencial**)* Karenz | zeit *f*, -frist *f*, Wartezeit *f*, -frist *f*; **~ de la concepción** Empfängniszeit *f*; **~ de contrato** Vertragsdauer *f*; **~ de espera** s. período de carencia; **~ de exclusión** Sperrzeit *f*; **~ fiscal** Veranlagungszeitraum *m*; **~ de garantía** *(o **garantizado**)* Garantiezeit *f*; **~ de gracia** Gnaden | frist *f*, Nachsicht- *f*; **~ de la imposición** *(o **impositivo**)* Besteuerungszeitraum *m*, Veranlagungs- *m*; **~ legislativo** Legislaturperiode *f*; **~ de oficio** Amtsperiode *f*; **~ ordinario de sesiones** ordentliche Sitzungsperiode *f*; **~ parlamentario** Sitzungsperiode *f* *(des Parlaments)*; **~ de percepción** Bezugsdauer *f (Rente)*; **~ de práctica** Vorbereitungsdienst *m*; **~ probatorio** Probezeit *f*, Beweisstation *f*; **~ procesal** Prozessabschnitt *m*; **~ de prosperidad** Hochkonjunktur *f*; **~ de protección** Schutzfrist *f*; **~ de prueba** Probe | zeit *f*, Bewährungs- *f*, Beweis*(aufnahme)*station *f*; **~ de seguro** Versicherungs | zeit *f*, -dauer *f*; **~ de servicio militar** Wehrdienstzeit *f*; **~ de sesiones** Sitzungs | periode *f*, Legislatur- *f*; **~ de suscripción** Bezugszeit *f*; **~ sustitutivo** Zivildienstzeit *f*; **~ de trabajo** Arbeitszeit *f*; **~ de transición** *(o **de tránsito** o **transitorio**)* Übergangs | zeit *f*, -periode *f*; **~ de validez** Laufzeit *f*, Gültigkeitsdauer *f*; **~ de veda** Schonzeit *f*; **~ de vigencia** Geltungsdauer *f*.

períodos *pl*, **~ de cotización** Beitragszeiten *pl (Sozialversicherung)*; **~ sustitutivos** Ersatzzeiten *pl (Rente)*.

peri | sta *m* Hehler *m*; **~tación** s. peritaje.

peritaje *m* Gutachten *n*, Sachverständigengutachten *n*, Begutachtung *f*; **~ de daños** Schadensfeststellung *f*.

perital Gutachter-.

perito Gutachter *m*, Sachverständiger *m*; **~** *(adj)* sach | verständig, -kundig; **~ de** *(o **en**)* **averías** Dispacheur *m*; **~ forense** s. perito judicial; **~ judicial** Gerichts | gutachter *m*, -sachverständiger *m*; **~ tercero** Obergutachter *m*; **~ testigo** sachverständiger Zeuge *m*.

perjudicado geschädigt, beschädigt, überfällig *(Wechsel)*.

perjudicar schaden, *(be)*schädigen, beeinträchtigen, benachteiligen.

perjudicial schädlich, nachteilig.

perjuicio Schaden *m*, Beeinträchtigung *f*, Nachteil *m*, Benachteiligung *f*; **~ de derecho de crédito** Forderungsverletzung *f*; **sin ~ de los derechos adquiridos** unbeschadet wohlerworbener Rechte *npl*; **~ irreparable** nicht wiedergutzumachender Schaden *m*; **~ jurídico** Rechtsnachteil *m*; **~ moral** ideeller *(oder immaterieller)* Schaden *m*; **~ patrimonial** Vermögensschaden *m*; **en ~ de tercero** zu Lasten Dritter; **sin ~ de tercero** ***(de mejor derecho)*** vorbehaltlich der Rechte *npl* Dritter.

perju | rar(se) falsch schwören, einen Meineid *m* leisten *(oder schwören)*; **~rio** Meineid *m*; **~ro** meineidig.

permanecer *(ver)*bleiben, sich aufhalten.

permanencia Verbleiben *n*, Aufenthalt *m (Ausländer)*.

permanente dauernd, ständig.

permisi | bilidad gesellschaftliche Akzeptanz *f* von Rechtsverstößen; **~ble** zulässig; **~ón** Erlaubnis *f*, Zulässigkeit *f*; **~onario** Erlaubnis*(schein)*inhaber *m*; **~vo** erlaubend.

permiso Erlaubnis *f*, Genehmigung *f*, Bewilligung *f*, Zulassung *f*, Urlaub *m* *(Soldat)*; **~ aduanero para mercancías** Zollbegleitschein *m*; **~ para aparcar** Parkausweis *m*; **~ de armas** *(Sp)* Waffenschein *m*; **~ carcelario** Ausgang *f (Haft)*; **~ de circulación** *(Kfz:)* Betriebserlaubnis *f*, Zulassung *f*, *(Kraft)*Fahrzeug | zulassung *f*, -schein *m*; **~ de conducción** *(o **de/para conducir**)* Fahrerlaubnis *f*; **~ de construcción** *(o **para construir**)* Bau | erlaubnis *f*, -genehmigung *f*; **~ de declarar** Aussagegenehmigung *f*; **~ de edificación** Bebauungsgenehmigung *f*; **~ de entrada** Einreiseerlaubnis *f*; **~ de estancia** Aufenthalts | genehmigung *f*, -erlaubnis *f*; **~ por** *(o **de**)* **maternidad** Mutterschafts | urlaub *m*; **~ pesquero** Fangerlaubnis *f*.

permiso de residencia Aufent|halts|genehmigung *f*, -erlaubnis *f*; **~ ~ indefinido** unbefristete Aufenthaltsgenehmigung *f*; **~ ~ limitado** befristete Aufenthaltsgenehmigung *f*.
permiso, ~ retribuido bezahlter Urlaub *m*.
permiso de trabajo Arbeitserlaubnis *f*; **~ ~ indefinido** unbefristete Arbeitserlaubnis *f*.
permiso, ~ de tráfico del suelo Bodenverkehrsgenehmigung *f*; **~ de tránsito** Durch|reisegenehmigung *f*, -fuhrbewilligung *f*.
permitir erlauben, gestatten, genehmigen, zulassen; **~ el examen** Einsicht *f* gewähren; **~ el uso de la palabra** das Wort *n* erteilen.
permuta Tausch *m*, Umtausch *m*; **~ de rango** Rangtausch *m*.
permuta|nt *m* Tauschpartner *m*; **~r** tauschen, um|tauschen, ein-.
perpetración Begehung *f (eines Delikts)*, Verübung *f (Straftat)*.
perpetrador Täter *m*.
perpetrar begehen *(Straftaten)*.
perpetuación Fortdauer *f*, Verlängerung *f*; **~ de una prueba testimonial** Beweissicherung *f*.
perpetuidad Unkündbarkeit *f (der Staatsschuld)*; **a ~** lebenslänglich.
perpetuo lebenslänglich, auf Lebenszeit; unkündbar.
perro, ~ amaestrado para buscar drogas Rauschgiftspürhund *m*.
persecución Verfolgung *f*, Strafverfolgung *f*; Nacheile *f*; **~ de grupos** Gruppenverfolgung *f*; **~ penal** Strafverfolgung *f*; **~ política** politische Verfolgung *f*.
persegui|bilidad Verfolgbarkeit *f*; **~ble** verfolgbar.
perseguido Verfolgter *m*; **~ político** politisch Verfolgter *m*.
perseguidor Verfolger *m*.
perseguir verfolgen; **~ criminalmente** strafrechtlich verfolgen.
persistencia Weiterwirkung *f*.
persistir inafectado unberührt bleiben *(Vorschriften)*.
persona Person *f*, Persönlichkeit *f*; **~ ajena** Außenstehender *m*; **~ ajena a la empresa** Betriebsfremder *m*; **~ civil** Zivil|ist *m*, -person *f*; **~ de confianza** Vertrauensperson *f*; **~ bajo curatela** Pflegebefohlener *m*, Pflegling *f*; **~ con derecho de asilo** Asylberechtigter *m*; **~ con derecho a voto** Wahlberechtigter *m*; **~ grata** *(lat)* genehme Person *f*, Persona grata *(lat)*; **~ sin hogar** Obdachloser *m*; **~ incapacitada** Erwerbsunfähiger *m*; **~ individual** Einzelperson *f*, natürliche Person *f*; **~ intermedia** Zwischenperson *f*; **~ interpósita** *(o* ***interpuesta****)* Vermittler *m*.
persona jurídica juristische Person *f*; **~ ~ de Derecho privado** juristische Person *f* des Privatrechts; **~ ~ de Derecho público** juristische Person des öffentlichen Rechts; **~ ~ internacional** Völkerrechtssubjekt *n*.
persona moral juristische Person *f*.
persona, ~ por nacer Ungeborener *m*, Leibesfrucht *f*; **~ natural** natürliche Person *f*; **~ no titular** Nichtberechtigter *m*; **~ non grata** *(lat)* persona non grata *(lat)*; **~ particular** Privatperson *f*; **por ~** pro Kopf; **~ privada** Privatperson *f*; **~ similar a los trabajadores** arbeitnehmerähnliche Person *f*.
personación persönliches Erscheinen *n (vor Gericht)*, Einlassung *f (Prozess)*.
personal *m* Belegschaft *f*, Personal *n*, Betriebsangehörige *pl*; **~ de alta dirección** leitende Angestellte *pl*; **~ de administración** *(o* ***administrativo****)* Verwaltungs|personal *n*, Büro- *n*; **~ auxiliar** Hilfspersonal *n*; **~ de a bordo** Schiffsbesatzung *f*; **~ calificado** Fachkräfte *fpl*: **~ civil** *(Sp)* Zivilpersonal *n (beim Militär)*; **~ cuidador** Pflegepersonal *n*; **~ de custodia** Wachpersonal *n*; **~ de dirección** *(o* ***directivo****)* Führungskräfte *fpl*; **~ docente** Lehrpersonal *n*; **~ de la empresa** Belegschaft *f*; **~ enseñante** Lehrpersonal *n*; **~ de guardia** Wachpersonal *n*; **~ de inspección y vigilancia** Aufsichtspersonal *n*; **~ mercante** Seeleute *pl (Handelsmarine)*; **~ penitenciario** Strafvollzugspersonal *n*; **~ de plantilla** Stamm|personal *n*, -belegschaft *f*; **~ de tierra** Bodenpersonal *n*; **~ de vigilancia** Aufsichtspersonal *n*.

personalidad Persönlichkeit *f*, Rechtsfähigkeit *f*; **~ civil** Rechtsfähigkeit; **~ internacional** Völkerrechtssubjektivität *f*; **~ jurídica** Rechts | persönlichkeit *f*, -fähigkeit *f*; **con ~ jurídica** rechtsfähig; **~ jurídica internacional** Völkerrechtssubjektivität *f*; **~ jurídico-pública** Eigenschaft *f* als Körperschaft öffentlichen Rechts; **~ moral** Rechtsfähigkeit *f* der juristischen Person; **~ procesal estricta** Parteifähigkeit *f*.
persona | lísimo höchstpersönlich; **~lista** personalistisch, personenbezogen; **~miento** Erscheinen *n* vor Gericht.
personarse erscheinen *(vor Gericht)*, *(als Partei)* auftreten, sich vorstellen *(bei einer Firma)*; **~ en autos** auftreten *(vor Gericht)*, sich zur Akte *f* melden.
personería Amt *n* des „personero".
personero Prozess | vertreter *m*, -bevollmächtigter *m*.
personificado *(adj)* als juristische Person.
perspectiva de vida Lebenserwartung *f*.
perspectivas *pl* **de la coyuntura** Konjunkturaussichten *fpl*.
pertenecer en propiedad jemandes Eigentum sein.
pertenencia Zugehörigkeit *f*, Mitgliedschaft *f*, Zubehör *n (m)*, **~ a la empresa** *(o* ***al equipo de empresa)*** Betriebszugehörigkeit *f*.
perteneciente, no ~ a ningún grupo fraktionslos.
pertinencia Erheblichkeit *f*, Zulässigkeit *f (eines Beweises)*, Sachdienlichkeit *f*.
pertinente zulässig, einschlägig, sachdienlich, zur Sache *f* gehörig.
perturbación Störung *f*; **~ de** *(la)* conciencia Bewusstseins | störung *f*, -trübung *f*; **~ del matrimonio** Ehezerrüttung *f*; **~ mental** Störung *f* der Geistestätigkeit; **~ del orden público** Störung *f* der öffentlichen Ordnung.
perturbador Störer *m*.
perturbar stören, beeinträchtigen; **~ la sesión** die Sitzung *f* stören; **~ el tráfico** den Verkehr *m* behindern.
perversión Perversion *f*; **~ de menores** Verführung *f* Minderjähriger.
perverso Perverser *m*.
perviv | encia Fortgeltung *f (Normen)*; **~ir** noch bestehen.
pesar sobre lasten auf *(Rechte)*.
pesas y medidas *pl* Maße und Gewichte *pl*.
pesca Fischerei *f*, Fangtätigkeit *f*; **~ de altura** Hochseefischerei *f*; **~ furtiva** Fischwilderei *f*.
pescador furtivo Fischwilderer *m*.
peseta *(Sp, RG)* Pesete *f*.
peso Gewicht *n*, Last *f*; Peso *m (Münzeinheit)*; **~ aduanero** Zollgewicht *n*; **~ bruto** Brutto | gewicht *n*, Roh- *n*; **~ por eje** Achslast *f*; **~ excesivo** Übergewicht *n*; **~ fino** Feingehalt *m*.
peso máximo Höchstgewicht *n*, Tragfähigkeit *f*; **~ ~ autorizado** zulässiges Gesamtgewicht *n*.
peso, ~ mínimo Mindestgewicht *n*; **~ muerto** Leer | gewicht *n*, Eigen- *n*; **~ neto** Netto | gewicht *n*, Rein- *n*, Leer- *n*; **por ~** auf Gewichtsbasis *f*; **~ propio** Leer | gewicht *n*; **~ util** Nutzgewicht *n*.
pesquería Fischerei *f*.
pesquerías *pl* Fanggründe *pl*.
pesquisa *f* Untersuchung *f*, Ermittlung *f*, Fahndung *f*.
pesquisar ermitteln, fahnden.
pesquisas *pl*, **hacer ~** s. pesquisar.
petar | dismo Zechprellerei *f*; **~dista** *m* Zechpreller *m*, Betrüger *m*.
petición Gesuch *n*, Antrag *m*, Ansuchen *n*, Ersuchen *n*, Petition *f*, Klageantrag *m*; **a ~** auf Antrag, auf Verlangen; **~ alternativa** Hilfsantrag *m (Prozess)*; **~ de archivo** Antrag *m* auf Einstellung *(Strafverfahren)*; **~ de asilo** Asylantrag *m*; **~ de casación** Revisionsantrag *m*; **~ de datos** Datenabruf *m*; **~ fiscal** Antrag *m* der Staatsanwaltschaft; **~ de fondos** Anforderung *f* von Mitteln *(Haushalt)*; **~ de indulto** Gnadengesuch *n*; **~ de informe** Anfrage *f*, Auskunftsersuchen *n*; **~ de modificación** Änderungsantrag *m*; **~ de patente** Patent | antrag *m*, -anmeldung *f*; **~ de pena** Antrag *m* zum Strafmaß; **a ~ propia** auf eigenen Antrag *m*; **~ de recibimiento a prueba** Beweisantrag *m*; **~ secundaria** Hilfsantrag *m*; **~ sustantiva** Sachantrag *m*.

peticionar beantragen, nachsuchen.
peticionario Antragsteller *m*, Anmelder *m (Warenzeichen)*; **~** *(adj)* antragstellend, Antrags-; **~ de asilo *(político)*** Asylbewerber *m*.
petitorio petitorisch.
petitum *m (lat)*, **~ de la demanda** Klageantrag *m*.
petrodólar *m* Petrodollar *m*.
petróleos *pl* Erdölwerte *pl*.
pica | pleitos *m* Winkeladvokat *m*.
pícaro Schwindler *m*.
pico Ampulle *f* Heroin.
pie *m* Klageantrag *m*; **sobre un ~ de igualdad** gleichberechtigt; **~ de imprenta** Impressum *n*; **al ~ de la letra** wörtlich, buchstäblich.
pieza Stück *n*, Geldstück *n*; Akte *f*; Werk *n (Schriftsteller)*, Werkstück *n*; **~ de acusación** Belastungsmaterial *n*; **~ de convicción** Beweis | stück *n*, -gegenstand *m*.
piezas *pl*, **~ de caza** Wild *n*, Wildbestand *m*; **~ de la solicitud** Anmeldeunterlagen *fpl*.
pignora | ble verpfänd | bar, beleih-.
pignoración Beleihung *f*, Verpfändung *f*.
pignora | dor Pfandgeber *m*; **~nte** *m* Pfandbesteller *m*, Verpfänder *m*.
pignorar beleihen, verpfänden.
pignoraticio *(adj)* Pfand-.
pilla | je *m* Plünderung *f*; **~ar** plündern.
pilotaje *m* Lotsendienst *m*, Führen *n* von Kraftfahrzeugen, Flugzeugführung *f*.
pilot(e)ar lotsen, ein Fahrzeug *n (oder Flugzeug n)* führen.
piloto Pilot *m*, Flugzeugführer *m*, Steuermann *m*, Lotse *m*.
pinchar el teléfono das Telefon *m* abhören.
pinchazo telefónico *(o **de teléfono**)* Lauschangriff *m*.
piquete *m* **de huelguistas** *(o **huelguístico**)* Streikposten *m*.
piquetear Streikposten *mpl* stehen *(oder stellen)*.
pirata *m* Pirat *m*; **~ aéreo** *(o **del aire**)* Luftpirat *m*; **~ informático** Hacker *m*.
piratear hacken *(EDV)*.
piratería Piraterie *f*; **~ aérea** Luftpiraterie *m*; **~ comercial** Produktpiraterie *f*; **~ informática** Ausspähen *n* von Daten.
pir | omanía Pyromanie *f*; **~ómano** Pyromane *m*.
piso Stockwerk *n*, Wohnung *f*; **~ de alquiler** Mietwohnung *f*; **~ piloto** Musterwohnung *f*; **~ en propiedad** Eigentumswohnung *f*.
pista Spur *f (Verbrechen)*; **~ de circulación** Fahrstreifen *m*.
pistolero Bandit *m*, Terrorist *m*.
placa Namens | schild *n*, Firmen- *n*; **~ de identidad** Erkennungsmarke *f*; **~ de matrícula** *(o **de matriculación**)* Nummernschild *n*, Auto | kennzeichen *n*, Kraftfahrzeug- *n*.
placet *m (lat)* Agrément *n*.
plafón *m* **de crédito** Kreditplafond *m*.
plagia | dor Plagiator *m*; **~r** plagiieren, ein Plagiat *n* begehen.
plagio Plagiat *n*.
plan *m (s. a. plano)* Plan *m*, Entwurf *m*, Grundriss *m*, Vorhaben *n*; **~ de ahorro popular** Sparplan *m (Steuer)*; **~ de ajuste** Sanierungsplan *m*; **~ de amortización** Tilgungs | plan *m*, Abschreibungs- *m*; **~ de austeridad** Sparprogramm *n*; **~ de contabilidad** Konten | plan *m*, -rahmen *m*; **~ de convergencia** konzertierte Aktion *f*.
plan de desarrollo regional Regionalentwicklungsplan *m (EU)*.
plan, ~ docente Lehrplan *m*; **~ de edificación** Bebauungsplan *m*; **~ energético nacional** *(Sp)* staatlicher Energieplan *m*; **~ escalonado** Stufenplan *m*; **~ financiero** *(o **de finanzas**)* Finanzplan *m*.
plan general Bauleitplan *m*; **~ de actuación del gobierno** Geschäftsordnung *f* der Regierung; **~ ~ de ordenación urbana** Bauleit | plan *m*, Flächennutzungs- *m*.
plan, ~ hidrológico nacional *(Sp)* Wasserhaushaltsregelung *f*; **~ de inversiones** Anlage | plan *m*, Investitions- *m*; **~ de jubilación** Pensionsplan *m*; **~ -marco** Rahmenplan *m*; **~ nacional sobre drogas** *(Sp)* staatlicher Plan zur Drogenbekämpfung; **~ nacional de ordenación** *(o **de urbanismo**)* *(Sp)* gesamtstaatlicher Raumordnungsplan *m*; **~ orgánico** Stellenplan *m*; **~ presupuestario** Haushaltsplan *m*,

Budget *n*; **~ regional** Regionalplan *m*; **~ de rehabilitación** Rehabilitations|plan *m*, Sanierungs- *m*; **~ de reparto** Teilungsplan *m*; **~ de saneamiento** Sanierungsplan *m*; **~ Schuman** Schuman-Plan *m* *(Montanunion ~ EGKS)*; **~ social** Sozialplan *m*; **~ de sueldos** Besoldungsordnung *f*; **~ urbanístico** Bauleit|plan *m*, Bebauungs- *m*; **~ de urgencia** Soforthilfe|plan *m*, -programm *n*; **~ de vacaciones** Urlaubsplan *m*; **~ de vuelo** Flugplan *m*.

plana *(Sp)* Seite *f*; **~ mayor** Belegschaft *f*; **~ primera** Titelseite *f*.

planeación s. planeamiento.

planeamiento *(s. a. planificación)* Planung *f*, Vorhaben *n*; **~ nacional** Raumordnung *f*; **~ regional** Regional|planung *f*, Landes- *f*; **~ urbanístico** *(o* ***urbano****)* Stadt|planung *f*, Bau- *f*.

planificación Planung *f*; **~ central** staatliche Planungspolitik *f*; **~ de las necesidades** Bedarfsplanung *f*; **~ operativa** Betriebsplanung *f*; **~ de plazos** Terminplanung *f*; **~ de recursos humanos** Personalplanung *f*; **~ regional** Regionalplanung *f*, Raumordnung *f*; **~ territorial** *(o* ***de territorio****)* Raum|planung *f*, Landes- *f*.

planificador Planer *m*.

planilla Liste *f*, Tabelle *f*; **~ de intereses** Zinstabelle *f*; **~ de pago** Lohnliste *f*, Gehaltsbogen *m*.

plano *(s. a. plan)* Plan *m*, Grundriss *m*; **~ catastral** Katasterplan *m*; **de ~** rundweg, vollständig *(Abweisung)*; **~ local** örtliche Ebene *f*; **~ del lugar** Tatortskizze *f*; **~ nacional** einzelstaatliche *(oder nationale)* Ebene *f*; **~ de situación** Lageplan *m* *(Städtebau)*.

planta Plan *m*, Stellen|plan *m*, Bau- *m*, Grundriss *m*, Anlage *f (Industrie)*; **~ depuradora** Kläranlage *f*; **~ incineradora** Müllverbrennungsanlage *f*; **~ industrial** Fabrik|anlage *f*, Industrie- *f*; **~ potabilizadora** Trinkwasseraufbereitungsanlage *f*.

plantación Plantage *f*.

plantador der tätige Teilpächter *m* der „plantación a medias".

plante *m* Streik *m*, Meuterei *f* *(Gefangene)*.

planteamiento Ansatz *m*, Denkansatz *m*, Fragestellung *f*, Erhebung *f* *(Widerklage)*.

plantear aufwerfen, erheben, einreichen, ein|legen, vor-; **~ un caso** einen Fall *m* vortragen; **~ excepción** eine Einwendung *f* erheben; **~ una moción** anregen; **~ un problema** eine Frage *f* aufwerfen.

plantilla Stellenplan *m*, Belegschaft *f*, Personalbestand *m*; **de ~** planmäßig *(-er Beamter)*.

plataforma Plattform *f*; **~ cívica** Bürgerinitiative *f*; **~ de gobierno** Regierungsprogramm *m*; **~ negociadora** Verhandlungsbasis *f*.

plática Gespräch| *f*, -sbeitrag *m*.

plaza Platz *m*; *(offene)* Stelle *f*, Planstelle *f*, Arbeitsplatz *m*; **~ de aprendizaje** Ausbildungsplatz *m*, Lehrstelle *f*; **~ de plantilla** Planstelle *f*; **~ en propiedad** Planstelle *f*; **~ vacante** freie *(oder offene)* Stelle *f*.

plazo Frist *f*, Ziel *n*, Rate *f*, Abschlagszahlung *f*; **a ~** befristet; **~ de amortización** Tilgungsrate *f*; **a breve ~** kurzfristig; **~ de caducidad** Ausschlussfrist *f*, Verfalltag *m*; **~ de carencia** Wartezeit *f*, Karenz|zeit *f*, -frist *f*; **~ de citación** *(o* ***citatorio****)* Ladungsfrist *f*; **~ de conservación** Aufbewahrungs|frist *f*, Lager- *f*; **~ de contestación** *(****a la demanda****)* Einlassungs|frist *f*, Klagebeantwortungs- *f*; **a corto ~** kurzfristig; **dentro de ~** fristgerecht; **~ de denuncia** Kündigungsfrist *f*; **~ para desalojar** *(o* ***de desalojo****)* Räumungsfrist *f*; **~ determinado por días** nach Tagen bemessene Frist *f*; **en ~** pünktlich *(Zahlung)*; **~ de entrega** Liefer|frist *f*, -termin *m*, -zeit *f*, Ablieferungstermin *m*; **~ de espera** Wartezeit *f*, Karenzzeit *f*; **~ de exclusión** Ausschlussfrist *f*; **a ~ fijo** fest *(Geld)*; **sin ~ fijo** unbefristet; **dentro de ~ y en forma** frist- und formgerecht; **fuera de ~** verspätet, unpünktlich *(Zahlung)*; **~ de garantía** Garantie|frist *f*, Gewähr-*(leistungs)*- *f*; **~ de gracia** Gnaden|frist *f*, Schon- *f*; **~ improrrogable** Notfrist *f*; **~ de**

impugnación Anfechtungsfrist *f*; ~ **de interposición de la demanda** Klagefrist *f*; **a largo** ~ langfristig; ~ **legal** gesetzliche Frist *f*; **de mediano** *(o **a medio**)* ~ mittelfristig; **a medio y largo** ~ mittel- und langfristig; ~ **de pago** Zahlungs|frist *f*, -ziel *n*; ~ **de patente** Laufzeit *f* des Patents; ~ **perentorio** Notfrist *f*; ~ **de preaviso** Kündigungsfrist *f*; ~ **de preclusión** *(o **preclusivo**)* Ausschluss|frist *f*; ~ **de prescripción** *(o **prescriptivo**)* Verjährungs|frist *f*, Ersitzungs- *f*; **primer** ~ Anzahlung *f*, erste Rate *f*; ~ **de protección** Schutz|frist *f*, -dauer *f*; ~ **de protesto** Protestfrist *f*; ~ **prudencial** angemessene Frist *f*; ~ **de prueba** Bewährungs|zeit *f*, -frist *f*; ~ **para recurrir en casación** Revisionsfrist *f*; ~ **de salida** Ausreisefrist *f*; **sin** ~ fristlos; ~ **de solicitud** Anmelde|frist *f*, Antrags- *f*, Bewerbungs- *f*; ~ **suplementario** Nachfrist *f*; ~ **de suscripción** Subskriptions|frist *f*, Zeichnungs- *f*; ~ **de validez** Geltungs|dauer *f (Ausweis)*, Gültigkeits- *f*; ~ **de veda** Schutzfrist *f*; **a** ~ **vencido** postnumerando; ~ **de vencimiento** Laufzeit *f*; ~ **de vida residual** *(B)* Restlaufzeit *f*; ~ **de vigencia** Gültigkeitsdauer *f (Gesetz)*.

plazos *pl*, **a** ~ auf Abzahlung *f*, auf Raten *fpl*, ratenweise, Raten- *(adj)*.

plebiscitario *(adj)* Volksabstimmungs-, plebiszitär.

plebiscito Volks|abstimmung *f*, -entscheid *m*, Plebiszit *n*.

pleit|eador Querulant *m*, Streitsüchtiger *m*; **~eante *m* Prozessführender *m*; ~ear** prozessieren; **~eo** Prozessieren *n*; **~ista *m* Querulant *m*.**

pleito Streit *m*, Auseinandersetzung *f*, Rechts|sache *f*, -streit *m*, Prozess *m (nicht Strafsache)*; ~ **civil** Zivilprozess *m*; ~ **de separación** Trennungsprozess *m (Ehe)*.

plenario Haupt|verhandlung *f*, -verfahren *n*; ~ *(adj)* Voll-, Plenar-.

plenipotencia Vollmacht *f (VöR)*.

plenipotenciario Bevollmächtigter *m*.

pleno Plenum *n*, Vollversammlung *f*, Senat *m (Kammer)* in voller Besetzung, Plenarsitzung *f*; **de** ~ **derecho** rechtswirksam; **en** ~ in voller Besetzung *f*.

plica| versiegelter Umschlag *m*; Ausschreibungsangebot *n*, Versteigerungsgebot *n*.

pliego Angebot *n (bei Ausschreibung)*, Faltblatt *n*, Bogen *m*; **por** ~ **aparte** separat; ~ **de bases** Ausschreibungsbedingungen *mpl*, Submissions- *fpl*; ~ **de cargos** *(Sp)* Anschuldigungsschrift *f (Disziplinarverfahren)*; **en** ~ **cerrado** im verschlossenen Umschlag *m*; ~ **de condiciones** Ausschreibungs|bedingungen *fpl*, Kauf- *fpl*, Liefer*(ungs)*- *fpl*; ~ **de cupones** Zinsbogen *m*; ~ **entero** *(Sp)* Doppelbogen *m* mit vier Seiten *(Notar)*; ~ **de instrucciones** Bedienungsanleitung *f*; ~ **de licitación** Versteigerungsbedingungen *fpl*; ~ **de preguntas** Fragen-Katalog *m*.

plomo de aduana Zollverschluss *m*.

pluralidad Mehrheit *f*; ~ **de delitos** Realkonkurrenz *f*; ~ **de nacionalidades** Mehrstaatigkeit *f*; ~ **de personas** Personen|mehrheit *f*.

pluralismo Pluralismus *m*; ~ **lingüístico** Mehrsprachigkeit *f*; ~ **de las opiniones** Meinungsvielfalt *f*; ~ **partidista** Mehrparteiensystem *n*.

pluralista pluralistisch.

pluri|anual mehrjährig; **~nacionalidad** Mehrstaatigkeit *f*; **~partidismo** Mehrparteiensystem *n*; **~sectorial** sektorübergreifend.

plus *m* Zulage *f*, Zuschlag *m*, Tagegeld *n*, Bonus *m*; ~ **de antigüedad** Dienstalterszulage *f*; ~ **por carestía de vida** Teuerungszulage *f*; ~ **de distancia** Trennungs|zulage *f*, -entschädigung *f*; ~ **familiar** Familienzulage *f*; ~ **por hijos** Kinderzulage *f*; ~ **de peligrosidad** Gefahrenzulage *f*; ~ **de trabajos penosos** Erschwerniszulage *f*; ~ **de viaje** Tagegeld *n*.

plusvalía *(o **plus-valía**)* Wert|steigerung *f*, -zuwachs *m*; ~ **de cotización** Kursgewinn *m*.

población Bevölkerung *f*, Einwohnerschaft *f*, Ort *m*, Ortschaft *f*; ~ **activa** Erwerbspersonen *fpl*, erwerbstätige *(oder: arbeitsfähige)* Bevölkerung *f*; ~ **del Estado** Staatsvolk *n*; ~ **inactiva** nichtarbeitsfähige *(oder nichterwerbstätige)* Bevölkerung *f*; **~ indígena** einheimische Bevölkerung *f*; **~ penal** Insassen *mpl* einer Straf*(vollzugs)*anstalt; **~ rural** Landbevölkerung *f*; **~ sedentaria** sesshafte Bevölkerung *f*.

poblado Siedlung *f*, geschlossene Ortschaft *f (VR)*; **~** *(adj)* dicht bewohnt.

poblamiento Siedlung *f*.

poblar besiedeln.

poder *m* Macht *f*, Gewalt *f*, Herrschaft *f*, Sachherrschaft *f*, Fähigkeit *f*, Befugnis *f*, Verfügungs | macht *f*, Vertretungs- *f*, Ermächtigung *f*, Berechtigung *f*, Zuständigkeit *f*, Vollmacht *f*, Vollmachtsurkunde *f*; Vermögen *n*; **~ de acción** Handlungsbefugnis *f*; **~ apud acta** *(lat)* zu Protokoll erteilte *(oder erklärte)* Vollmacht *f*.

poder adquisitivo Kaufkraft *f*; **~ ~ de las masas** Massenkaufkraft *f*.

poder, ~ de apreciación Ermessens | befugnis *f*, -spielraum *m*, Beurteilungsermessen *n*; **~ bancario** Bankvollmacht *f*; **~ en blanco** Blankovollmacht *f*; **~ causídico** Prozessvollmacht *f*; **~ coactivo** Zwangs | gewalt *f*, -recht *n*, -befugnis *f*; **~ de cobranza** *(o **de cobro**)* Einziehungs | vollmacht *f*, Inkasso- *f*; **~ comercial** Handelsvollmacht *f*; **~ competitivo** Konkurrenzfähigkeit *f*; **~ de conocer** Entscheidungsbefugnis *f*; **~ para contratar** Abschlussvollmacht *f*; **~ de dirección** *(o **directivo**)* Weisungs | befugnis *f*, -recht *n*, Direktionsrecht *n (des Arbeitgebers)*, Prozessleitung *f*; **~ disciplinario** Disziplinar*(straf)*gewalt *f*; **~ discrecional** Ermessensspielraum *m*; **~ de disposición** *(o **dispositivo**)* Verfügungs | macht *f*, -befugnis *f*; **~ ejecutivo** Exekutive *f*, ausführende *(oder vollziehende)* Gewalt *f*; **~ especial** Sonder | vollmacht *f* Spezial- *f*; **~ del Estado** *(o **estatal**)* Staatsgewalt *f*; **~ para firmar** *(o **de firma**)* Zeichnungs | befugnis *f*, -berechtigung *f*; **~ general** General | vollmacht *f*, Prokura *f*; **~ general para pleitos** Prozessvollmacht *f*; **~ -habiente** Bevollmächtigter *m*; **~ judicial** richterliche *(oder rechtsprechende)* Gewalt *f*, Judikative *f*; **~ de jurisdicción** *(o **jurisdiccional**)* rechtsprechende Gewalt *f*; **~ legislativo** gesetzgebende Gewalt *f*, Legislative *f*; **~ de llaves** Schlüsselgewalt *f*; **~ mancomunado** Gesamtvollmacht *f* mit Gesamtvertretungsrecht; **~ mercantil** Handlungsvollmacht *f*; **~ notarial** *(o **ante notario**)* notarielle Vollmacht *f*; **~ para pleitos** Prozessvollmacht *f*; **por ~** in *(Stell)*Vertretung *f*, in Vollmacht *f*, per Prokura *f*; **~ privado** privatschriftliche Vollmacht *f*; **~ público** Staatsgewalt *f*, öffentliche Gewalt *f (oder Hand f)*; **~ punitivo** Straf | gewalt *f*; **~ reglamentario** Verordnungs | recht *n*; **~ de representación** Vertretungs | befugnis *f*, -*(voll)*macht *f*; **~ solidario** Einzelvertretungsberechtigung *f*; **~ tributario** Finanzhoheit *f*; **~ verbal** mündliche Vollmacht *f*.

poderdante *m* Vollmachtgeber *m*.

poderes *mpl*, **~ y deberes** Rechte und Pflichten *pl*; **plenos ~** *(VöR)* Vollmacht *f*.

poder | habiente *m* Bevollmächtigter *m*; **~ío** Machtstellung *f*.

policía *m* Polizist *m*, Polizeibeamter *m*; **~ fronterizo** Grenzpolizist *m*.

policía *f* Polizei *f*; **~ administrativa** Ordnungsbehörde *f*; **~ de aduanas** *(o **aduanera**)* Zollpolizei *f*; **~ de aguas** Wasserschutzpolizei *f*; **~ de alimentos** Lebensmittelüberwachung *f*; **~ antidisturbios** Bereitschaftspolizei *f*; **~ autónoma** *(o **autonómica**) (Sp)* Polizei *f* der Region; **~ de autopista** Autobahnpolizei *f*; **~ de carretera** Verkehrspolizei *f*; **~ de las Cortes** *(Sp)* Sitzungspolizei *f (Parlament)*; **~ criminal** Kriminalpolizei *f*; **~ ejecutiva** Vollzugspolizei *f*; **~ estatal** staatliche Polizei *f*; **~ de ferrocarriles** Bahnpolizei *f*; **~ fiscal** Steuerfahndung *f*; **~ fluvial** *(y de navegación)* Strom | polizei *f*, Wasser*(schutz)*- *f*; **~ de fronteras** Grenzpolizei *f*; **~ judicial** Kriminalpolizei *f*, Hilfsbeamte *pl* der Staatsanwaltschaft; **~ local** Ortspolizei *f*; **~ marítima** Schifffahrtspolizei *f*; **~ militar** Militärpolizei *f*; **~ montada**

berittene Polizei *f*; **~ municipal** kommunale Polizei *f*; **~ portuaria** Hafenpolizei *f*; **~ de prevención** *(o **preventiva**)* Schutzpolizei *f*.

policía sanitaria *(o **de sanidad**)* Gesundheitspolizei *f*.

policía, ~ secreta Geheimpolizei *f*; **~ de seguridad** Sicherheitspolizei *f*; **~ de*(l)* tráfico** Verkehrspolizei *f*; **~ urbana ~** *(Sp)* Schutzpolizei *f*.

poli | cíaco s. policial *(adj)*; **~cial** Polizei-, polizeilich; **~cías** *pl* Polizeiwesen *n*; **~ciología** Polizeiwissenschaft *f*.

polígono Erschließungsgebiet *n*; **~ industrial** Gewerbegebiet *n*; **~ residencial** Wohngebiet *n*.

polígrafo Lügendetektor *m*.

política Politik *f*; **~ agraria** *(o **agrícola**)* Agrar | politik *f*, Landwirtschafts- *f*; **~ ambiental** Umwelt- *(schutz)*politik *f*; **~ de apaciguamiento** Beschwichtigungspolitik *f*; **~ arancelaria** Zoll | politik *f*, Zolltarif- *f*; **~ de austeridad** Sparpolitik *f*; **~ de buena vecindad** Politik *f* gutnachbarlicher Beziehungen; **~ de colocación** Beschäftigungspolitik *f*; **~ comercial** Handelspolitik *f*; **~ comercial** *(o **de comercio**)* **exterior** Außenhandelspolitik *f*; **~ de consumidores** Verbraucherpolitik *f*; **~ cotidiana** Tagespolitik *f*; **~ de coyuntura** *(o **coyuntural**)* Konjunkturpolitik *f*; **~ de creación de empleo** Beschäftigungspolitik *f*; **~ de crecimiento *(económico)*** Wachstumspolitik *f*; **~ crediticia** *(o **de crédito**)* Kreditpolitik *f*; **~ de defensa** Verteidigungspolitik *f*; **~ demográfica** Bevölkerungspolitik *f*; **~ de distensión** Entspannungspolitik *f*; **~ ecológica** Umweltpolitik *f*.

política económica Wirtschaftspolitik *f*; **~ ~ de rigor** Stabilitätspolitik *f*.

política, ~ educativa Bildungspolitik *f*; **~ de empleo** Beschäftigungspolitik *f*; **~ energética** *(o **de la energía**)* Energiepolitik *f*; **~ de estabilización** Stabilitätspolitik *f*; **~ de estructura*(s)*** *(o **estructural**)* Strukturpolitik *f*; **~ exterior** Außenpolitik *f*, auswärtige Politik *f*; **~ exterior y de seguridad común** gemeinsame Außen- und Sicherheitspolitik *f (EU)*; **~ de extranjería** *(o **sobre extranjeros**)* Ausländerpolitik *f*; **~ familiar** Familienpolitik *f*; **~ financiera** Finanzpolitik *f*; **~ fiscal** Steuerpolitik *f*; **~ interior** *(o **interna**)* Innenpolitik *f*; **~ jurídica** Rechtspolitik *f*; **~ a largo plazo** langfristige Politik *f*; **~ medioambiental** Umweltpolitik *f*; **~ a medio plazo** mittelfristige Politik *f*; **~ de mercado abierto** Offenmarktpolitik *f*; **~ mercantil** Handelspolitik *f*; **~ militar** Wehrpolitik *f*; **~ monetaria** Währungs | politik *f*, Geld- *f*; **~ de personal** Personalpolitik *f*; **~ de potencia** Machtpolitik *f*; **~ de precios** Preispolitik *f*; **~ de protección de minorías** Minderheitenpolitik *f*; **~ realista** Realpolitik *f*; **~ reformista** *(o **de reformas**)* Reformpolitik *f*; **~ regional** Regionalpolitik *f*; **~ salarial** *(o **de salarios**)* Lohnpolitik *f*; **~ sanitaria** Gesundheitspolitik *f*; **~ de seguridad** Sicherheitspolitik *f*; **~ social** Sozialpolitik *f*; **~ de transportes** Verkehrs | politik *f*; **~ tributaria** Steuerpolitik *f*.

político Politiker *m*, Staatsmann *m*; **~** *(adj)* politisch; **~ demográfico** bevölkerungspolitisch; **~ económico** wirtschaftspolitisch; **~ financiero** finanzpolitisch; **~ jurídico** rechtspolitisch; **~ monetario** währungspolitisch; **~ partidista** parteipolitisch; **~ social** sozialpolitisch.

politi | quear politisieren; **~queo** Politisieren *n*; **~quero** politischer Ränkeschmied *m*; **~zación** Politisierung *f*; **~zar** politisieren.

politología Politologie f.

póliza Police *f*, Versicherungs | police *f*, -schein *m*; **~ de carga*(mento)*** *(See)*Ladeschein *m*, *(See)*Konnossement *n*; **~ de crédito** Kreditversicherungspolice *f*; **~ de fletamento** Chartervertrag *m*; **~ de flete** Schiffsfrachtbrief *m*; **~ general** General | police *f*, Pauschal- *f*; **~ de grupo** Gruppenversicherungs | police *f*; **~ del hogar** Hausratspolice *f*; **~ internacional de seguros**

internationale Versicherungskarte *f*; **~ provisional** *(vorläufige)* Deckungszusage *f (Versicherung)*; **~ de reaseguro** Rückversicherungspolice *f*.
póliza de seguro Versicherungs | police *f*, -schein *m*; **~ ~ de accidentes** Unfallversicherungspolice *f*; **~ ~ contra incendios** Feuerpolice *f*; **~ ~ de transporte marítimo** Frachtversicherungspolice *f*; **~ ~ de vida** Lebensversicherungspolice *f*.
póliza, ~ suplementaria Nachtragspolice *f*; **~ -tipo** Muster | police *f*, Einheits- *f*.
poliz | ón *m* Schwarzfahrer *m*, blinder Passagier *m*; **~onaje** m Schwarzfahren n,; **~onte** *m* Polizeispitzel *m*.
polo Entwicklungsschwerpunkt *m*.
polución, ~ de las aguas Gewässerverunreinigung *f*; **~ del aire** Luftverschmutzung *f*.
ponderación Gewichtung *f*; **~ de bienes** Güterabwägung *f*; **~ de deberes** Pflichtenabwägung *f*; **~ de intereses** Interessenabwägung *f*.
ponderado gewichtet.
ponedor Bieter *m*.
ponencia Bericht *m*, Berichterstattung *f*, Referat *n*.
ponente *m* Berichterstatter *m*; **segundo ~** Koreferent *m*.
poner einsetzen *(Geld)*, aufgeben *(Telegramm)*; **~ un anuncio** annoncieren, eine Anzeige *f* aufgeben; **~ en balance** in die Bilanz *f* einstellen; **~ en circulación** in Umlauf *m* bringen *(oder setzen)*, in Verkehr *m* bringen *(Geld)*; **~ en común** einbringen; **~ en conocimiento** in Kenntnis setzen; **~ en cuenta** in Rechnung *f* stellen; **~ al día** auf den neuesten Stand bringen; **~ a disposición** zur Verfügung stellen, bereit | stellen, -halten; **~ a disposición judicial** *(o* ***del tribunal****)* dem Haftrichter *m* vorführen; **~ fecha anterior** rückdatieren; **~ fecha atrasada** vorausdatieren; **~ fin a la vía administrativa** den Verwaltungsweg *m* erschöpfen; **~ en libertad** freilassen, auf freien Fuß *m* setzen; **~ de manifiesto** vorlegen, be | weisen, nach-; **~ en peligro** gefährden; **~ en práctica** verwirklichen; **~ precio** auszeichnen *(Preise)*; **~ en regla** in Ordnung *f* bringen; **~ reparos** Einwendungen *fpl* erheben, beanstanden; **~ en tela de juicio** in Frage stellen; **~ término** abschließen *(Geschäfte)*; **~ bajo tutela** entmündigen, unter Vormundschaft *f* stellen; **~ en vigencia** *(o* ***en vigor****)* in Kraft *f* setzen.
ponerse, ~ de acuerdo vereinbaren.
ponta | je *m* Brücken | geld *n*, -zoll *m*; **~zgo** s. pontaje.
pontificio päpstlich.
pool *m (engl)* Pool *m*, Kartell *n*.
porcentaje *m* Prozentsatz *m*; **~ de amortización** Abschreibungssatz *m*; **~ mínimo de reservas** Mindestreservesatz *m*.
porción Teil *m*, Erb*(an)* | teil *m*, Nachlass- *m*; **~ conyugal** Ehegattenerbteil *m*; **~ disponible** frei verfügbarer Vermögensteil *m (Erbrecht)*; **~ hereditaria** Erb*(an)*teil *m*.
porcionero Teilhaber *m*.
porcionista *m* Anteilsberechtigter *m*.
pormenorizar aufschlüsseln, detaillieren, spezifizieren.
pornografía Pornographie *f*.
portador Überbringer *m*, Inhaber *m* *(von Wertpapieren)*; **ser al ~** auf den Inhaber *m* lauten.
porta | fichas *m* Kartei *f*; **~firmas** *m* **Unterschriftsmappe *f*; ~folio** Portefeuille*(auswahl) n (f)*, Wertpapierdepot *n*.
portar armas Waffen *fpl* tragen.
portavoz *m* Sprecher *m*; **~ del gobierno** Regierungssprecher *m*.
portaz | gar Wegegeld *n* erheben; **~go** Wege | zoll *m*.
porte *m* Porto *n*, Fracht *f*, Frankatur *f*; **~ aéreo** Luftfracht *f*; **~ de correos** Porto *n*; **a ~ debido** Fracht *f* zahlt Empfänger; **~ franco** fracht | frei, porto-; **~ ilícito de armas** unbefugtes Führen *n* von Waffen; **~ pagado** franko.
porteador Frachtführer *m*; **~ aéreo** Luftfrachtführer *m*.
port | ear befördern; **~eo** Rollgeld *n*, Beförderung *f*.
portero ~ de estrados Gerichtswachtmeister *m*.
pos | data Nach | schrift *f*; **~datar** nachdatieren.

poseedor Besitzer *m*, Inhaber *m*; **~ de animales** Tierhalter *m*; **~ directo** unmittelbarer Besitzer *m*; **~ hereditario** *(o **de la herencia**)* Erbschaftsbesitzer *m*; **sin ~** besitzlos.

posesión Besitz *m*, Besitzstand *m*; Antritt *m* eines Amtes; **~ en común** Mitbesitz *m*; **~ en concepto de dueño** Eigenbesitz *m*; **~ continua*(da)*** ununterbrochener Besitz *m*; **~ directa** unmittelbarer Besitz *m*; **~ exklusiva** Alleinbesitz *m*; **de la herencia** Erbschaftsbesitz *m*; **ilegítima** unrechtmäßiger Besitz *m*; **~ de mala fe** bösgläubiger Besitz *m*; **~ mediata** mittelbarer Besitz *m*; **~ mobiliaria** Fahrnisbesitz *m*; **~ por otro** Besitzdienerschaft *f*; **~ pacífica** ungestörter *(oder unbestrittener)* Besitz *m*; **en plena ~ de sus facultades mentales** im Vollbesitz der Geisteskräfte; **~ viciosa** fehlerhafter Besitz *m*.

posesionarse Besitz *m* ergreifen, *(ein Amt n)* antreten.

posesor | s. poseedor; **~io** *(adj)* Besitz-, possessorisch.

posfechar nachdatieren.

posguerra Nachkriegsziet *f*.

posibilidad Möglichkeit *f*, Befähigung *f*; **~ de acceso** Zugangsmöglichkeit *f*; **~ de ganancia** Verdienstmöglichkeit *f*; **sin ~ de recurso** unanfechtbar; **~ de utilización** Einsatzfähigkeit *f*; **~ de venta** Verkäuflichkeit *f*.

posición Position *f*, Stellung *f*, Lage *f*, Posten *m*; Beweisfrage *f (an die Gegenpartei)*, Behauptung *f (im Prozess)*; **~ acreedora** Gläubigerposition *f*; **~ de caja** Kassenlage *f*; **~ comercial** Geschäftslage *f*; **~ contable** Rechnungsposition *f*; **~ dominante** beherrschende Stellung *f*; **~ de garante** Garantenstellung *f*; **~ jurídica** Rechts | position *f*, -stellung *f*; **~ de monopolio** *(o **monopolista**)* Monopolstellung *f*; **~ de negociación** Verhandlungsposition *f*; **~ pivote** Position *f* des „Züngleins an der Waage"; **~ privilegiada** Vorzugsstellung *f*.

posicionamiento *(B)* Positionierung *f*.

posicionar positionieren.

positivismo jurídico Rechtspositivismus *m*.

pósito *(Sp)* kommunale Lebensmittelbevorratung *f*.

posponer hinausschieben, im Rang *m* zurücktreten lassen.

posposición de rango Rang | rücktritt *m*, -änderung *f*.

post | *(s. a. pos-)*; **~data** *(etc.)* s. posdata.

poste *m*, **~ de guía** *(VR)* Leitpfosten *m*; **~ indicador** Wegweiser *m*; **~ de primeros auxilios** Erste-Hilfe-Station *f*.

postergación Schlechterstellung *f*, Zurücksetzung *f*.

postergar zurückstellen, bei der Beförderung *f (oder Erbeinsetzung f)* übergehen; **~ la fecha** verschieben, aufschieben.

posterioridad de fecha späteres Datum *n*.

post | s. pos; **~graduado** Postgraduierter *m*; **~guerra** s. posguerra.

postor Bieter *m*; **mejor ~** Höchst | bietender *m*, Meist- *m*; **al mejor ~** meistbietend.

postulación Gesuch *n*; **~ procesal** Auftreten *n* vor Gericht.

postulado Forderung *f*.

postulante *m* Bewerber *m*, Antragsteller *m*; **~ de justicia** Rechtsuchender *m*.

postular ersuchen, nachsuchen; **~ justicia** das Gericht *n* anrufen.

póstumo Nachgeborener *m*; **~** *(adj)* posthum, nachgelassen.

postura Gebot *n (Versteigerung)*, Angebot *n*, Einsatz *m (Spiel)*; **hacer ~** bieten *(Versteigerung)*, ein Gebot *n* machen *(oder abgeben)*; **~ inicial** erstes *(An)*Gebot *n*, Ausgangsgebot *n*; **~ mayor** Mehr | gebot *n*, Höchst- *n*; **~ en metálico** Bargebot *n*; **~ mínima** geringstes Gebot *n*.

potencia Macht *f*, Potenz *f*, Leistung *f*, Zeugungs | fähigkeit *f*, -vermögen *n*; **~ ejecutiva** Vollzugsgewalt *f*; **gran ~** Großmacht *f*; **~ nuclear** Nuklearmacht *f*.

potenciación Förderung *f*.

potencial *m* Potential *n*; **~ de crecimiento** Wachstumspotential *n*; **~ de rendimiento** Leistungspotential *n*.

potencia | lidad Leistungsfähigkeit *f (von Maschinen)*; **~r** potenzieren.

potestad Macht *f*, Gewalt *f*, Befugnis *f (der Verwaltung)*; **~ disciplinaria**

Disziplinargewalt *f*; ~ **discrecional** Ermessen *n*; ~ **estatal** Staatsgewalt *f*; ~ **de gobierno** Regierungsgewalt *f*.
potestad, ~ de juzgar Gerichtsbarkeit *f*; ~ **legislativa** Gesetzgebungs|gewalt *f*, -recht *n*, Rechtsetzungsbefugnis *f*; **libre ~ discrecional** freies Ermessen *n*; ~ **de llaves** Schlüsselgewalt *f*; ~ **normativa** gesetzgebende Gewalt *f*, Satzungshoheit *f*; ~ **pública** öffentliche Gewalt *f*; ~ **punitiva** Strafgewalt *f*; ~ **reglamentaria** Verordnungs|recht *n*, -gewalt *f*, Satzungsgewalt *f*; ~ **sancionadora** *(Sp)* Befugnis *f*, Bußgeld zu verhängen; ~ **tributaria** Steuerhoheit *f*.
potestativo potestativ, fakultativ.
práctica *(s. a. prácticas pl)* Praxis *f*, Ausführung *f*, Fertigkeit *f*, Usance *f*; ~ **administrativa** Verwaltungs|praxis *f*; ~ **comercial** Handelsbrauch *m*; ~ **en la conducción** Fahrpraxis *f*; ~ **judicial** Rechtspflege *f*, Gerichtspraxis *f*; ~ **jurídica** Rechtspraxis *f*; ~ **de pagos** Zahlungsgepflogenheit *f*; ~ **profesional** Berufs|ausübung *f*, -erfahrung *f*; ~ **de *(las)* prueba*(s)*** Beweis|aufnahme *f*, -erhebung *f*; ~ **de la religión** Religionsausübung *f*.
practicabilidad Durchführbarkeit *f*.
practicaje(s) *m (pl)* Lotsen|dienst *m*.
practicar ausführen, ausüben, treiben, praktizieren; ~ **la ejecución** die Vollstreckung *f* betreiben; ~ **inventario** ein Inventar *n* errichten; ~ ***(las)* pruebas** Beweise *mpl* erheben.
practicarse erfolgen.
prácticas *pl* Praktiken *pl*, Gepflogenheiten *fpl*; ~ **competitivas desleales** unlautere Wettbewerbshandlungen *fpl*; **hacer ~** ein Praktikum *n* machen; ~ **de precios** Preisgebaren *n*.
práctico Praktiker *m*; Lotse *m*, Pilot *m*; ~ **de aeropuerto** Fluglotse *m*.
pragmático pragmatisch.
pre|ámbulo Präambel *f*; **~auditar** vorprüfen; **~avisar** voranmelden.
preaviso Voranmeldung *f*, Vorankündigung *f*, Voranmeldung *f*.
precari|o Grund|leihe *f*, Boden- *f*, jederzeit kündbares Darlehen *n*; ~ *(adj)* jederzeit kündbar, widerruflich; **~sta** *m* Prekarist *m*.
precau|ción Vorsicht *f*, Vorsichtsmaßnahme *f*, Vorkehrung *f*; **~torio** *(adj)* Sicherungs-.
precedencia Vorrang*(stellung)* *m (f)*, Vorgreiflichkeit *f (Entscheidung)*.
precedente *m* Präzedenz|fall *m*, Präjudiz *n*; ~ *(adj)* vorrangig.
preceder vorgehen, vorrangig sein.
preceptivo vorschrifts|gemäß, -mäßig, *(zwingend)* vorgeschrieben.
precepto Vorschrift *f*, Bestimmung *f*, Anweisung *f*; ~ **facultativo** Kannvorschrift *f*; ~ **formal** Formvorschrift *f*; ~ **imperativo** Mussvorschrift *f*; ~ **jurídico** Rechtssatz *m*.
preceptuar vorschreiben, anordnen.
precintar plombieren.
precinto Streifband *n*, Plombe *f*, Banderole *f*, Versiegelung *f*, Zollverschluss *m*.
precio Preis *m*, Kaufpreis *m*, Erlös *m*, Satz *m*, Auftragswert *m*; ~ **de la adjudicación** Zuschlagspreis *m*; ~ **administrativo** Richtpreis *m*; ~ **de adquisición** Einkaufspreis *m*; ~ **del alquiler** Mietzins *m*; ~ **alzado** Pauschalpreis *m*; ~ **-base** *(o **de base**)* Grundpreis *m*, Richtsatz *m*; ~ **del billete** Fahr|preis *m*, -geld *n*; ~ **bruto** Brutto|preis *m*, Roh- *m*; **a buen ~** wohlfeil; ~ **de competencia** konkurrenzfähiger Preis *m*; ~ **de compra** Kauf|preis *m*, Einstands- *m*, Anschaffungs- *m*, ~ **compuesto** Mischpreis *m*; ~ **al consumidor** *(o **al consumo**)* Verbraucherpreis *m*; ~ **al contado** Bar|preis *m*, Netto- *m*, Kassen- *m*; ~ **corriente** gegenwärtiger Preis *m*.
precio de coste Selbstkosten- *m*, Gestehungspreis *m*.
precio, ~ cotizado notierter Preis *m*; ~ **que cubre los gastos** kostendeckender Preis *m*; ~ **de demanda** *(o **demandado**) (B)* Geld|kurs *m*; ~ **al detalle** Einzelhandelspreis *m*; ~ **al detallista** Großhandelspreis *m*; ~ **del día** Tagespreis *m*; ~ **dumping** Dumpingpreis *m*; ~ **elevado** hoher Preis *m*; ~ **de emisión** Ausgabekurs *m*; ~ **especial** Vorzugs|preis *m*, Sonder- *m*; ~ **estándar** Einheitspreis *m*; ~ **excesivo** überhöhter *(oder: übersetzter)* Preis *m*; ~ **exorbitante**

überhöhter Preis *m*; **~ de fábrica** Hersteller|preis *m*, Fabrik- *m*; **~ de favor** Vorzugspreis *m*; **~ ficticio** fiktiver Preis *m*; **~ fijo** Fest|preis *m*; **~ final** Schluss|preis *m*, End- *m*; **~ final al consumidor** Endverbraucherpreis *m*; **~ *(en)* firme** Festpreis *m*, verbindlicher Preis *m*; **~ del fletamento** Fracht *f*; **~ garantizado** Garantiepreis *m*; **~ global** Pauschal- *m*.

precio indicativo Richt|preis *m*.

precio, ~ interior Inlandspreis *m*; **~ de intervención *(de base)*** *(Grund)*Interventionspreis *m (EU)*; **~ irrisorio** Spottpreis *m*, Schleuderpreis *m*; **de ~ libre** nicht preisgebunden; **~ -lista** *(o **de lista**)* Listen|preis *m*, Katalog- *m*; **~ más bajo anual** Jahrestief *n*; **~ máximo** Höchst|preis *m*, Spitzen- *m*, Maximal- *m*; **~ *(al)* por mayor** *(o **al mayoreo** o **mayorista**)* Großhandelspreis *m*; **al mejor ~ posible** bestens *(B)*; **~ *(al)* por menor** Laden|preis *m*, Einzelhandels*(verkaufs)*- *m*; **~ de** *(o **en el**)* **mercado** Markt|preis *m*, -wert *m*; **~ del mercado negro** Schwarzmarktpreis *m*.

precio mínimo Mindest|preis *m*, Niedrigst- *m*; **~ ~ garantizado a los productores** garantierter Erzeugermindestpreis *m* *(EU)*.

precio, ~ mixto Mischpreis *m*; **~ de oferta** Angebots|preis *m*, Sonder- *m*; **~ ofrecido** Geldkurs *m*, Preisangebot *n*; **~ de opción** Optionspreis *m*; **~ de orientación** *(o **orientador**)* *(unverbindlicher)* Richtpreis *m*; **~ pedido** Briefkurs *m*; **~ en perspectiva** Preiserwartung *f*; **~ de presentación** Einführungspreis *m*; **~ puesto a domicilio** Preis *m* frei Haus; **~ puesto en fábrica** Preis *m* ab Fabrik *(oder ab Werk)*; **~ puesto en el muelle** Preis *m* ab Kai; **de ~ razonable** preiswert; **~ recomendado** Preisempfehlung *f*; **~ regulado*(r)*** gebundener *(oder: gelenkter, festgesetzter)* Preis *m*, Richtpreis *m*; **~ de retirada** Rücknahmepreis *m*; **~ ruinoso** ruinöser Preis *m*, Schleuderpreis *m*; **~ de saldo** Ausverkaufs|preis *m*, Schleuder- *m*; **~ a tanto alzado** Pauschalpreis *m*; **~ de umbral** Schwellenpreis *m (EU)*; **~ unitario** einheitlicher Preis *m*, Einheits|preis *m*, Einzel- *m*, Stück- *m*; **~ vendido en almacén** Preis *m* ab Lager.

precio de venta Verkaufs|preis *m*, Laden- *m*; **~ ~ al público** Verbraucher|preis *m*, Laden- *m*.

precios *pl*, **~ agrícolas** Agrarpreise *mpl (EU)*.

precisar bedürfen; **~ la aprobación** der Zustimmung *f* bedürfen.

precisión Richtigkeit *f*, Genauigkeit *f*.

preclusión Ausschließung *f (mit einem Recht)*.

pre|clusivo *(adj)* Ausschluss-; **~condición** Vorbedingung *f*; **~constitucional** vorkonstitutionell; **~contractual** *(adj)* vorvertraglich.

precontrato Vorvertrag *m*.

precursor Vorläufer *m*.

predatar vordatieren.

predecesor Vorgänger *m*, Vorbesitzer *m*, Amts|vorgänger *m*.

pre|delictual *(adj)* vor der Straftat; **~derecho** Anwartschaftsrecht *n*; **~determinación** Präjudizierung *f (der Entscheidung)*, Vorentscheidung *f*; **~determinar** vorausbestimmen; **~dial** *(adj)* Grundstücks-.

predicción Prognose *f*; **~ conyuntural** Konjunkturprognose *f*.

predio Grundstück *n*; **~ colindante** Nachbargrundstück *n*; **~ dominante** herrschendes Grundstück *n*; **~ edificado** bebautes Grundstück *n*; **~ ribereño** Ufergrundstück *n*.

predisponer präjudizieren.

predisposición, ~ al ahorro Sparneigung *f*; **~ al crimen** kriminelle Veranlagung *f*.

pre|dominancia s. predominio; **~dominar** vorherrschen.

predominio Vorherrschaft *f*.

pre|elecciones Vorwahlen *pl*; **~electoral** *(adj)* Vorwahl-; **~embargo** Vorpfändung *f*; **~eminencia** Vor|rang *m*, -recht *n*; **~fabricado** vorgefertigt.

prefecto Vorsteher *m*; Präfekt *m*.

prefectura Präfektur *f*; **~ de policía** Polizeidirektion *f*.

preferencia Vorrang *m*, Priorität *f*, Privileg *n*; **~ de ley**

Gesetzesvorbehalt *m*; **~ de** *(o* ***en el)*** **paso** Vorfahrtsrecht *n*, Vorfahrt *f*.
preferencial s. preferente.
preferencias *pl* **generalizadas** allgemeine *(Zoll)*Präferenzen *fpl*.
preferente *(adj)* Vorzugs-, Präferenz-, bevorrechtigt, vorrangig; **ser ~** vorgehen *(Recht)*.
pre | ferir vorziehen; **~ fijar** vorher festsetzen.
prefijo Vorwahlnummer *f*.
prefinancia | ción Vorfinanzierung *f*; **~r** vorfinanzieren.
pre | gón *m* öffentlicher Aufruf *m*; **~gonar** *(öffentlich)* ausrufen.
pregunta Frage *f*; **~ capciosa** Fangfrage *f*; **~ clave** Schlüsselfrage *f*; **~ de consecuencia** Folgefrage *f*; **~ al gobierno** parlamentarische Anfrage *f*; **~ oral** mündliche Anfrage *f* *(Parlament)*; **~ en el pleno** Anfrage *f* zur Beantwortung im Plenum; **~ sugestiva** Suggestivfrage *f*; **~ -trampa** Fangfrage *f*.
preguntas *pl*, **~ generales de la ley** Fragen *fpl* zur Person; **~ útiles** *(Sp)* Vernehmung *f* zur Sache.
pre | heredero Vorerbe *m*; **~investigación** Voruntersuchung *f*; **~jubilación** Vorruhe | stand *m*.
prejubilado *(adj)* vorzeitig im Ruhestand.
prejudicial präjudiziell.
prejudicialidad Vorfragenproblem *n*.
prejudicio s. prejuicio.
prejuicio Präjudiz *n*, Vorfrage *f*, Vorurteil *n*.
pre | juzgamiento Präjudizierung *f*; **~juzgar** präjudizieren, im Voraus urteilen, vorgreifen.
prelación Vorrang *m*, Vorzug *m*; **~ de los acreedores** Rangordnung *f* der Gläubiger.
prelado *(KR)* Prälat *m*.
prelega | do Vorausvermächtnis *n*; **~tario** Vorausvermächtnisnehmer *m*.
pre | libertad Freigang *m*; **~liminar** vorläufig, einleitend; **~matrimonial** vorehelich.
premeditación Vorbedacht *m*, Planung *f* *(des Verbrechens)*.
premedita | damente geplant; **~r** planen, mit Vorbedacht *m* begehen.
premia | do Preisträger *m*, Gewinner *m*; **~r** prämieren, auszeichnen.
premio *(s. a. prima)* Prämie *f*, Preis *m*, Belohnung *f*, Auszeichnung *f*, Auslobung *f*, Auf | geld *n*, Agio *n*; **~ de ahorro** Sparprämie *f*; **~ artístico** Kunstpreis *m*; **estar a ~** über pari stehen; **~ de fidelidad** Treueprämie *f*; **~ por hallazgo** Finderlohn *m*; **~ literario** Literaturpreis *m*; **~ Nobel** Nobelpreis *m*.
premisa Voraussetzung *f*, Prämisse *f*.
pre | moriencia Vorversterben *n*; **~morir** vorversterben; **~muerto** vorverstorben.
prenda Pfand *n*, Pfand | gegenstand *m*, -sache *f*; **~ de créditos** Forderungspfandrecht *n*; **~ sin desplazamiento** besitzloses Pfand*(recht)* *n*; **~ de disfrute** Nutzungspfand *n*; **~ de empresa** Unternehmerpfandrecht *n*; **en ~** als Pfand *n*; **~ inmobiliaria** Grundpfandrecht *n*; **~ mobiliaria** Mobiliar | pfand *n*, Fahrnis- *n*; **~ de** *(o* ***con)*** **posesión** Besitzpfand*(recht)* *n*.
prenda | ción Pfandnahme *f*; **~do** verpfändet; **~dor** Pfändungsgläubiger *m*; **~r** als Pfand *n* nehmen; **~rio** *(adj)* Pfändungs-.
pren | der festnehmen; **~dero** Trödler *m*; **~dimiento** Festnahme *f*.
prenotación Vormerkung *f*.
prenotar vormerken.
prensa Presse *f*; **~ diaria** Tagespresse *f*; **~ económica** Wirtschaftspresse *f*.
pre | nupcial s. prematrimonial; **~ocupación** Besorgnis *f*; **~ocupar** Sorgen bereiten.
preparación Vorbereitung *f*, Ausbildung *f*, Verarbeitung *f*.
preparar vorbereiten, rüsten.
preparativos bélicos *pl* Kriegsvorbereitungen *fpl*.
pre | potencia Übermacht *f*; **~programación** Vorprogrammierung *f*; **~rrequisito** Vorbedingung *f*; **~rretiro** Vorruhestand *m*.
prerrogativa Vorrecht *n*, Privileg *n*.
prerrogativas *pl* **de cortesía** Ehrenvorzüge *mpl*.
presa Beute *f*; Strafgefangene *f*.
presbiterio Presbyterium *n*.
prescin | dencia Absehen *n* *(von)*; **~dible** entbehrlich.
prescindir absehen von, **~ de** Abstand *m* nehmen von.

prescribir vorschreiben, bestimmen; ersitzen *(Sachen)*, verjähren.
prescripción 1. Vorschrift *f*, Bestimmung *f*; 2. Ersitzung *f (von Sachen)*, Verjährung *f*; **~ adquisitiva** Ersitzung *f*; **~ extintiva** *(anspruchsvernichtende)* Verjährung *f*; **~ facultativa** ärztliche Verordnung *f*; **~ inmemorial** unvordenkliche Verjährung *f*; **~ médica** ärztliche Verordnung *f*; **~ de la pena** *(Straf)*Vollstreckungsverjährung *f*; **~ de la persecución penal** Verfolgungsverjährung.
prescrip | tibilidad Verjähr | barkeit *f*, Ersitz- *f*; **~tible** verjähr | bar, ersitz-; **~tivo** *(adj)* Verjährungs-, zwingend.
prescrito vorgeschrieben, verjährt.
preseleccionar in die engere Wahl *f* ziehen.
presencia Anwesenheit *f*; **en ~** im Beisein.
presencial gegenwärtig; im Wege *m* persönlicher Vorsprache.
presenciar teilnehmen an, beiwohnen; **~ el acto** Zeuge *m* der Tat sein.
presentación Vorlegung *f*, Vorführung *f*, Vorstellung *f*, Präsentation *f*, Vorlage *f (Wechsel)*, Einreichung *f (Antrag)*, Erhebung *f (Klage)*, Aufmachung *f*; **~ a la aceptación** Vorlegung *f (oder: Vorlage f)* zur Annahme *(Wechsel)*; **~ al cobro** Vorlegung *f* zur Zahlung; **nueva ~** erneute Einbringung *f (Gesetzentwurf)*; **nueva ~ de asuntos pendientes** Wiedervorlage *f*; **~ de una reclamación** Forderungsanmeldung *f*; **~ de *(un)* recurso** Rechtsmitteleinlegung *f*; **~ de la solicitud de patente** Patentanmeldung *f*.
presentador Überbringer *m*.
presentante *m* s. presentador.
presentar vor | legen, -bringen *(Beweis)*, -stellen, -weisen, einreichen *(bei Gericht)*, an | bringen *(Antrag)*, bei- *(Urkunden)*, ein- *(Vorschläge)*, über-, präsentieren, *(auf)*stellen *(Zeugen)*; **~ a la aceptación** zur Annahme *f (oder zum Akzept n)* vorlegen; **~ una coartada** ein Alibi *n* beibringen; **~ al cobro** zur Zahlung *f* vorlegen; **~ una cuenta** Abrechnung *f* erteilen; **~ demanda** Klage *f* einreichen *(oder: einbringen, anhängig machen)*; **~ la dimisión** vom Amt *n* zurücktreten, den Abschied *m* nehmen; **~ excepciones** Einwendungen *fpl* erheben; **~ los motivos** Gründe *mpl* angeben; **~ un proyecto *(de ley)*** ein Gesetz *n* einbringen; **~ pruebas** Beweise *mpl* beibringen; **~ querella** Strafantrag *m* stellen; **~ un recurso** ein Rechtsmittel *n* einlegen; **~ como testigo** als Zeugen *m* benennen.
presentarse anwesend sein, erscheinen; **~ candidato** kandidieren; **~ a** *(o* ***en)*** **concurso** Insolvenz *f* anmelden; **no ~** ausbleiben.
presente anwesend; **hacer ~** auf etwas aufmerksam machen; **hacerse ~** erscheinen.
preseñalización *(VZ)* Vorwegweiser *m*.
presidencia Vorsitz *m*, Präsidium *n*, Präsidenten | amt *n*, -würde *f*, Präsidentschaft *f*, Präsidialamt *n*; **bajo la ~** unter dem Vorsitz *m*; **~ del consejo *(de ministros)*** Amt *n* des Ministerpräsidenten; **~ de las Cortes** *(Sp)* Parlamentspräsidium; **~ por turno** (*o* **rotatoria)** turnusmäßig wechselnder Vorsitz *m*.
presidencia | ble als Präsident geeignet; **~l** *(adj)* Präsidenten-, Präsidial-; **~lismo** Präsidialsystem *n*; **~lista** s. presidencial.
presidenta Präsidentin *f*.
presidente *m* Präsident *m*, Vorsitzender *m*, Vorsitzender Richter *m*, Vorstand *m*; **~ autonómico** *(Sp)* Präsident *m* einer Region; **~ de la cámara** Kammer | präsident *m*, -vorsitzender *m*; **~ cesante** scheidender Präsident *m*; **~ del consejo** Vorstandsvorsitzender *m*; **~ del consejo de ministros** Ministerpräsident *m*; **~ de edad** Alterspräsident *m*; **~ ejecutivo** geschäftsführender Vorsitzender *m*; **~ en ejercicio del consejo** amtierender Ratspräsident *m (EU)*; **~ electo** designierter Präsident *m*; **~ gerente** geschäftsführender Vorsitzender *m*; **~ del gobierno** Regierungschef *m*, Ministerpräsident *m*; **~ de un grupo parlamentario** Fraktionsvorsitzender *m*; **~ honorario**

(u honorífico) Ehren|vorsitzender *m*, -präsident *m*; **~ del jurado** Geschworenenobmann *m*; **~ de la mesa electoral** Wahl|leiter *m*, -vorsteher *m*; **~ de la sala** Vorsitzender Richter *m*, Kammervorsitzender *m*; **~ saliente** scheidender Präsident *m*; **~ del Senado** Senatspräsident *m*; **~ de turno** amtierender Präsident *m* *(EU)*.
presidio Gefängnis *n*.
presidir vorsitzen, den Vorsitz *m* führen, präsidieren.
presión Druck *m*, Belastung *f*; **~ sobre los cambios** Kursdruck *m*; **~ de la demanda** Nachfragesog *m*; **~ fiscal** Steuer- und Abgabenlast *f*; **~ inflacionista** Inflationsdruck *m*.
presiones económicas *pl* Wirtschaftssanktionen *fpl*.
preso *(Straf)*Gefangener *m*; **~ de guerra** Kriegsgefangener *m*; **~ político** politischer Gefangener *m*; **~ preventivo** Untersuchungsgefangener *m*; **ser ~** in Haft genommen werden.
presociedad Vorgesellschaft *f*.
prestación *(s. a. prestaciones pl)* Leistung *f*, Ab|leistung *f*, Dienst- *f*; **~ adicional** Mehrleistung *f*; **~ anticipada** Vor*(aus)*leistung *f*; **~ de auxilio** Hilfeleistung *f*.
prestación, ~ de desempleo Arbeitslosengeld *n*; **~ dineraria** Geldleistung *f*.
prestación económica, ~ ~ de enfermedad Krankengeld *n*; **~ ~ por lactancia** Stillgeld *n*.
prestación, ~ en especie*(s)* Natural|leistung *f*, Sach- *f*; **~ de fianza*(s)*** Sicherheits|leistung *f*, Kautions- *f*; **~ graciable** Kulanzleistung *f*; **~ de juramento** Eidesleistung *f*; **~ laboral** Arbeitsleistung *f*; **~ material** Sachleistung *f*; **~ de maternidad** Mutterschafts|geld *n*, -beihilfe *f*; **~ por matrimonio** Heiratsbeihilfe *f*; **~ en metálico** Barleistung *f*; **~ pecuniaria** Geldleistung *f*; **~ principal** Hauptleistung *f*; **~ de seguro** Versicherungsleistung *f*; **~ del servicio militar** Militärdienstleistung *f*; **~ de *(los)* servicios** Dienst|leistung *f*, Arbeits- *f*; **~ social sustitutoria** *(Sp)* Zivil|dienst *m*, Ersatz- *m (Militär)*; **~ de trabajo** Arbeits|leistung *f*, -aufwand *m*.
prestaciones *pl*, **~ para la formación profesional** Ausbildungsförderung *f*; **~ por jornada reducida** Kurzarbeitergeld *n*; **~ personales** Hand- und Spanndienste *pl*; **~ sustitutivas del salario** Lohnersatzleistungen *fpl*.
prestador Ver|leiher *m*, Erbringer *m (von Leistungen)*, Darlehens|geber *m*, Kredit- *m*.
prestamismo laboral Leiharbeit *f*.
prestamista *m* Darlehens|geber *m*, Kredit- *m*, Verleiher *m*, Geldgeber *m*; **~ laboral** Verleiher *m* von Arbeitnehmern; **~ sobre prenda** Pfandleiher *m*.
préstamo Darlehen *n*, Kredit *m*; **a ~** als Darlehen *n*; **~ ahorro-vivienda** *(Sp)* Bauspardarlehen *n*; **~ bancario** Bank|darlehen *n*, -kredit *m*; **~ bancario sobre valores** Lombard *m n*; **~ con carácter de participación** partiarisches Darlehen *n*; **~ al consumidor** Konsumentenkredit *m*; **~ a corto plazo** kurzfristiges Darlehen *n (oder Geld n)*, kurzfristige Anleihe *f*; **~ a descubierto** ungesichertes Darlehen *n*; **~ de empalme** Überbrückungskredit *m*; **en ~** leihweise; **~ del exterior** Auslandskredit *m*; **~ con garantía** gesicherter *(oder besicherter)* Kredit *m*; **~ sin garantía** ungesichertes Darlehen *n*; **~ con garantía hipotecaria** hypothekatisch gesicherter Kredit *m*; **~ a la gruesa** Bodmerei *f*, Bodmereidarlehen *n*; **~ hipotecario** Hypothekendarlehen *n*; **~ a largo plazo** langfristiges Darlehen *n*; **~ a medio plazo** mittelfristiges Darlehen *n*; **~ mercantil** Handelsdarlehen *n*, Darlehen *n* nach Handelsrecht; **~ mutuo** Darlehen *n*; **~ pignoraticio** Pfanddarlehen *n*, Lombard *m n*; **~ a plazos** Abzahlungsdarlehen *n*; **~ puente** Überbrückungsdarlehen *n*; **~ retribuido** verzinsliches Darlehen *n*; **~ de trabajadores** Arbeitnehmerüberlassung *f*; **~ de uso** Leihe *f*; **~ usurario** Wucherdarlehen *n*,

wucherischer Kredit *m*; **~ sobre valores** Lombarddarlehen *n*; **~ a la vista** jederzeit kündbares Darlehen *n*; **~ para vivienda** Wohnungsbaudarlehen *n*.

prestar leihen, ver|leihen, aus-, als Darlehen *n* geben; **~ alimentos** Unterhalt *m* leisten *(oder gewähren)*; **~ ayuda** Beistand *m* leisten; **~ caución** Sicherheit *f* leisten, Kaution *f* stellen; **~ su consentimiento** einwilligen, seine Zustimmung *f* geben; **~ fianza** s. prestar caución; **~ juramento** einen Eid *m* ablegen *(oder leisten)*, schwören auf; **~ trabajo** Arbeit *f* leisten.

prestatario Darlehens|nehmer *m*, Kredit- *m*.

prestigio Achtung *f*, Prestige *n*.

presumible mutmaßlich.

presumir vermuten.

presunción Vermutung *f*; **~ de inculpabilidad** Vermutung *f* der Schuldlosigkeit; **~ de inocencia** Unschuldsvermutung *f*; **~ irrefutable** unwiderlegliche Vermutung *f*; **~ iuris et de iure** *(lat)* s. presunción irrefutable; **~ iuris tantum** *(lat)* s. presunción rebatible; **~ de paternidad** Vaterschaftsvermutung *f*; **~ rebatible** widerlegliche Vermutung *f*; **~ refutable** s. presunción rebatible; **~ de verdad** Wahrheitsvermutung *f*; **~ de vida** Lebensvermutung *f*.

presun|tivo s. presunto; **~to** vermutlich, vermutet, mutmaßlich.

presuposición Voraussetzung *f*.

presupuestación Aufstellung *f* des Haushalts, Budgetierung *f*.

presupuestar schätzen, veran|schlagen, über-, in Anschlag bringen, den Haushalt *m* aufstellen.

presupuestario *(adj)* Haushalts-, Etat-, etatmäßig.

presupuesto 1. Voraussetzung *f*, 2. Schätzung *f*, Voranschlag *m*, Kostenaufstellung *f*, 3. Haushalt *m*, Etat *m*, Budget *n*; **~** *(adj)* veranschlagt; **~ adicional** Nachtragshaushalt *m*; **~ austero** Sparhaushalt *m*; **~ de capital** Finanzplan *n*; **~ comunitario** Gemeinschaftshaushalt *m (EU)*; **~ de coste** Kostenvoranschlag *m*; **~ deficitario** defizitärer Haushalt *m*; **~ económico** Wirtschafts|budget *n*, -plan *m*; **~ equilibrado** ausgeglichener Haushalt *m*; **~ del Estado** Staatshaushalt*(splan) m*; **~ extraordinario** außerordentlicher Haushalt *m*; **hacer ~** veranschlagen; **~ de hecho** Tatbestand *m*; **~ de ingresos** Einnahmen|haushalt *m*, -budget *n*; **~ de inversión** Investitions|budget *n*, -haushalt *m*; **~ municipal** Stadt|haushalt *m*, Gemeinde- *m*; **~ de operación** Wirtschaftsplan *m*; **~ plurianual** Mehrjahreshaushalt *m*; **~ procesal** Prozess|voraussetzung *f*, Verfahrens- *f*; **~ de producción** Produktionsplanung *f*; **~ público** Staatshaushalt *m*; **~ de la punibilidad** Strafbarkeitsvoraussetzung *f*; **~ suplementario** Nachtrags|budget *n*, -haushalt *m*; **~ del tributo** Steuertatbestand *m*; **~ de validez** Gültigkeitsvoraussetzung *f*.

pretender beanspruchen, vorgeben, sich bewerben.

pretendiente *m* Bewerber *m*, Bittsteller *m*, Prätendent *m (Prozess)*; **~ al trono** Thronanwärter *m*.

pretensión Anspruch *m*, Forderung *f*; Bewerbung *f*, Gesuch *n*; **~ actora** Klageanspruch *m*; **~ de condena** Leistungsanspruch *m (Prozess)*; **~ declarativa** Anspruch *m* auf Rechtsfeststellung; **~ por derecho derivado** Anspruch *m* aus abgetretenem Recht; **~ litigiosa** Streitgegenstand *m*, Klageanspruch *m*; **~ procesal** prozessualer Anspruch *m*; **~** *(Sp)* Klageanspruch *m*; **~ punitiva** Strafanspruch *m*.

preten|siones *pl* Gehaltsvorstellungen *fpl*; **~sor** Anwärter *m*.

preterición Übergehung *f (einer Vorschrift, eines gesetzlichen Erben, bei der Beförderung)*.

preterintencionalidad Exzess *m*, Eintritt eines schwerwiegenderen Erfolges *m* als erwartet.

pre|terir ausschließen *(von der Erbfolge)*; übergehen; **~textar** vorgeben; **~texto** Vorwand *m*.

pretium doloris *(lat)* Schmerzensgeld *n*.

prevaricación Rechtsbeugung *f*, Amtspflichtverletzung *f*, Parteiverrat *m*.

prevaricar das Recht *n* beugen, eine Rechtsbeugung *f (oder Amtspflichtverletzung f)* begehen.
prevención Verhütung *f*, Prävention *f*, Vorbeugung *f*, Vorkehrung *f*; **~ de accidentes** Unfallverhütung *f*; **~ de la adicción** Sucht- und Drogen | prävention *f*, -vorbeugung *f*; **~ de daños** Schadensvorsoge *f*; **~ de delitos** Verbrechens | verhütung *f*, -vorbeugung *f*; **~ especial** Spezialprävention *f*; **~ general** Generalprävention *f*.
prevenir verhüten, vorbeugen, warnen, bestimmen, vorschreiben.
preven | tivo *(adj)* vorbeugend, vorsorglich, Vorbeuge-, Untersuchungs- *(z.B. Haft)*.
previo vorherig, vorbereitend.
previsibilidad Voraus | sehbarkeit *f*.
previsión Vorsorge *f*, Voraus | sicht *f*, -schau *f*, Voranschlag *m*, Vorsorge *f*; **~ de gastos** Ausgaben | ansatz *m*, -schätzung *f*; **~ de ingresos** Einnahmenansatz *m*; **~ social** Sozial | versicherung *f*, Wohlfahrt *f*, Wohlfahrtspflege *f*; **~ social institucional** Anstaltsfürsorge *f*; **~ para la vejez** Altersversorgung *f*.
previsional *(adj)* Sozialversicherungs-.
previsiones *pl*, **~ económicas** wirtschaftliche Vorausschätzungen *fpl*; **~ sucesorias** Nachfolgeregelung *f*.
prima *(s. a. premio)* Prämie *f*, Beitrag *m*, Zulage *f*, Zuschlag *m*, Aufschlag *m*, Lohnzulage *f*; **~ de ahorro** Sparprämie *f*; **~ de antigüedad** *(Dienst)*Alterszulage *f*; **~ de cartera** Folge | prämie *f*, Portefeuille- *f*; **~ de emisión de acciones** Agio *n* bei Überpariemission *(Bilanz)*; **estar a ~** über pari stehen; **~ de exportación** Ausfuhr | prämie *f*, Export- *f*; **~ de fidelidad** Treueprämie *f*; **~ fraccionada** Teilprämie *f*, Prämienrate *f*; **~ global** Pauschalprämie *f*; **~ por horas extraordinarias** Überstundenzulage *f*; **~ de inmovilización** Stilllegungsprämie *f*; **~ de inversión** Investitionszulage *f*; **~ de natalidad** Geburtsbeihilfe *f*; **~ navideña** Weihnachtsgeld *n*; **~ neta** Nettoprämie *f*; **primera ~** Erst | prämie *f*, Einlösungs- *f*; **~ al** *(o* **de** *o* **por)** **rendimiento** Leistungs | prämie *f*, -zulage *f*; **~ de seguro** Versicherungs | prämie *f*, -beitrag *m*; **sin ~** prämienfrei; **~ sucesiva** Folgeprämie *f*; **~ a tanto alzado** Pauschalprämie *f*; **tener ~** über pari stehen; **~ por trabajo en días festivos** Feiertagszuschlag *m*; **~ por trabajo nocturno** Nacht | zulage *f*, -arbeitszuschlag *m*; **~ por trabajos peligrosos** Gefahrenzulage *f*; **~ por trabajos penosos** Erschwerniszulage *f*; **~ por trabajos sucios** Schmutzzulage *f*.
primacía Vorrang*(stellung) m (f)*, Vortritt *m*; **~ del Derecho** Vorbehalt *m (oder Vorrang m)* des Gesetzes.
prima | je *m* Prämienaufkommen *n*; **~r** vorrangig sein; **~rias** *pl* Vorwahlen *pl*.
primera de cambio Primawechsel *m*.
primogenitura Erst | geburt *f*, -geburtsrecht *n*.
primordial ursprünglich, grundlegend.
principal *m* Vorgesetzter *m*, Chef *m*, Vollmachtgeber *m*; Kapital *n (Darlehen)*; **lo ~** Haupt | sache *f*, -antrag *m*; **en lo ~** in der Hauptsache.
principalidad Erstrangigkeit *f*; Fürstentum *n*.
príncipe *m* Prinz *m*, Thronfolger *m*; **~ heredero** Erbprinz *m*; **~real** Kronprinz *m*; **~ regente** Prinzregent *m*.
principio Grundsatz *m*, Prinzip *n*.
principio, ~ acusatorio Anklageprinzip *n*; **~ de audiencia** Prinzip *n* des rechtlichen Gehörs; **~ de buena fe** Grundsatz *m* von Treu und Glauben; **~ de la causación** Veranlassungsprinzip *n*; **~ de causantes** Verursacherprinzip *n (Umwelt)*; **~ de (la) certeza** Bestimmtheitsgrundsatz *m*; **~ colegial** Kollegialprinzip *n*; **~ de concentración** Konzentrationsmaxime *f*; **~ contaminador-pagador** Verursacherprinzip *n (Umweltbereich, EG)*; **~ de culpa (bilidad)** Verschuldens | prinzip *n*, Schuld- *n*; **~ del Derecho** Rechtsgrundsatz *m*; **~ dispositivo** Verhandlungs | maxime *f*, Dispositions- *f*; **~ de economía procesal** Grundsatz *m* der Prozessökonomie; **~ de la equivalencia** Äquivalenz-

prinzip *n*; ~ **de *(la)* escritura** Schriftformerfordernis *n*; ~ **de Estado de derecho** Rechtsstaats|prinzip *n*; -grundsatz *m*; ~ **de Estado social** Sozialstaatsprinzip *n*; ~ **de igualdad de trato** Gleichbehandlungsgrundsatz *m*; ~ **de impulso oficial** Offizialprinzip *n*; ~ **informador** Gestaltungsprinzip *n*; ~ **de inmediación *(judicial)*** Unmittelbarkeitsprinzip *n*; ~ **de interpretación** Auslegungsgrundsatz *m*; ~ **de investigación oficial** Amtsermittlungsgrundsatz *m*; ~ **jurídico** Rechts|prinzip *n*, -*(grund)*-satz *m*; ~ **de *(la)* legalidad** Grundsatz *m* der Gesetzmäßigkeit der Verwaltung; ~ **del lugar de residencia** Wohnsitzprinzip *n*; ~ **de la mayoría** *(o* ***mayoritario****)* Mehrheitsprinzip *n*; ~ **de nacionalidad** National*(itäts)*prinzip *n*; ~ **de no injerencia** Prinzip *n* der Nichteinmischung; ~ **oficial** *(o* ***de oficialidad****)* Offizialprinzip *n*; ~ **de oportunidad** *(u* ***oportunístico****)* Opportunitätsprinzip *n*; ~ **de la oralidad** Mündlichkeitsprinzip *n*; ~ **de primacía del Derecho comunitario** Grundsatz *m* des Vorrangs des Gemeinschaftsrechts *(EU)*; ~ **de proporcionalidad** Verhältnismäßigkeitsgrundsatz *m*; ~ **de *(la)* publicidad** Öffentlichkeitsgrundsatz *m*; ~ **rector** Richtsatz *m*, Leitlinie *f*; ~ **de rendimiento** Leistungsprinzip *n*; ~ **de la retribución** *(o* ***retributivo****)* Sühnegedanke *m*; ~ **de la unidad jurídica de la familia** Prinzip *n* der Familieneinheit *(Einbürgerung)*; ~ **del valor actual** Zeitwertprinzip *n*.

principios *pl*, ~ **contables** Grundsätze *mpl* ordnungsgemäßer Buchführung; ~ **generales del Derecho internacional *(público)*** allgemeine Regeln *fpl* des Völkerrechts.

priori, a ~ *(lat)* bei vorheriger Betrachtung *f*.

prioridad Vorzug *m*, Priorität *f*, Dringlichkeit *f*, Vorfahrt *f (VR)*; ~ **de paso** Vorfahrt *f*, Vorfahrtsstraße *f (VZ)*; **sin** ~ nicht bevorrechtigt.

prioritario vorrangig, prämienbegünstigt, vorfahrtberechtigt *(VR)*.

prisión Gefängnis *n*, Straf*(vollzugs)*-anstalt *f*, Haft *f*; ~ **de aislamiento** Isolations|haft *f*, Einzel- *f*; ~ **de alta seguridad** Hochsicherheits|gefängnis *n*, -trakt *m*; ~ **doméstica** *(o* ***domiciliaria****)* Hausarrest *m*; ~ **de guerra** Kriegsgefangenschaft *f*; ~ **incomunicada** Einzel|haft *f*, Isolier- *f*; ~ **permanente revisable** *f*; ~ **preventiva** Untersuchungs|haft *f*, -haftanstalt *f*, Vorbeugungshaft *f*; ~ **preventiva extradicional** Auslieferungshaft *f*.

prisionero *(Straf)*Gefangener *m*; ~ **de guerra** Kriegsgefangener *m*.

privación Entziehung *f*, Aberkennung *f*; ~ **del derecho a la tenencia y porte de armas** *(Sp)* Verbot *n* des Besitzes und Führens von Waffen; ~ **de los derechos civiles *(honoríficos)*** Aberkennung *f* der bürgerlichen Ehrenrechte; ~ **de la legítima** Pflichtteilsentziehung *f*; ~ **de libertad** Freiheits|entzug *m*, -beraubung *f*; ~ **de la patria potestad** Entziehung *f (oder Verwirkung f)* der elterlichen Sorge; ~ **del permiso de conducir** Entziehung *f* der Fahrerlaubnis.

privado privat, privatrechtlich, Privatklage-.

privar *(de)* aberkennen *(Recht)*, entsetzen *(des Amtes ~)*, entziehen, berauben; ~ **de sus derechos** entrechten; ~ **de la libertad** der Freiheit *f* berauben; ~ **de la nacionalidad** die Staatsangehörigkeit *f* entziehen *(oder aberkennen)*; ~ **de la patria potestad** die elterliche Sorge *f* entziehen.

privatista *m* Privatrechtler *m*.

privativo privat *(-es Vermögen)*, ausschließlich; ~ **de libertad** freiheitsentziehend; **ser** ~ **de** in die ausschließliche Zuständigkeit *f* fallen von.

privatiza|ción Privatisierung *f*; **~r** privatisieren.

privilegia|do bevorrechtigt, privilegiert; **~r** privilegieren.

privilegio Privileg *n*, Vor|recht *n*, Vorzugs- *n*, Be|günstigung *f*, Ver- *f*; ~ **aduanero** Zollbe|günstigung *f*, Zollver- *f*; ~ **eclesiástico** Privileg *n* der Geistlichen *(z.B. Befreiung vom*

Militärdienst); **~ de emisión** Noten*(bank)*privileg *n*; **~ fiscal** Steuererleichterung *f*; **~ de fuero** Indemnität *f*; **~ parlamentario** Immunität *f* und Indemnität des Abgeordneten.
privilegios *pl* **diplomáticos** diplomatische Vorrechte *npl*.
probabilidad Wahrscheinlichkeit *f*; **~ de vida** Lebenserwartung *f*.
probable wahrscheinlich, vermutlich, beweisbar.
probado, no ~ unbewiesen.
probanza Beweis *m*, -aufnahme *f*, -erhebung *f*, -führung *f*.
probanzas *pl*, **hacer las ~** Beweis *m* erheben.
probar prüfen, be | weisen, nach-.
probatorio *(adj)* Beweis-.
problema *m* Problem *n*; **~ económico** Wirtschafts | frage *f*, -problem *n*; **~ feminista** Frauenfrage *f*; **~ jurídico** Rechtsfrage *f*; **~ previo** Vorfrage *f*.
problemas *mpl* **de calendario** Terminschwierigkeiten *fpl*.
procede, ~ acceder es ist stattzugeben *(Gericht)*.
procedencia Begründetheit *f (des Ersuchens)*, Zulässigkeit *f*, Statthaftigkeit *f*, Herkunft *f*.
procedente begründet, berechtigt, herstammend, statthaft.
proceder vorgehen, verfahren, Anwendung *f* finden, begründet sein, berechtigt sein, zulässig sein, stattfinden; herkommen, abstammen; **~ a** vornehmen; **~ breve y sumariamente** im Eilverfahren *n* behandeln; **~ comercial** *m* Geschäftsgebaren *n*; **~ a la elección** zur Wahl *f* schreiten; **~ a la inspección ocular** in Augenschein *m* nehmen; **~ de oficio** von Amts wegen vorgehen.
procedimental *(adj)* Verfahrens-, verfahrens | mäßig, -technisch.
procedimiento Verfahren *n*, Vorgehen *n*, Prozess *m*; **~ abreviado** vereinfachtes *(oder abgekürztes)* Verfahren *n*; **~ acelerado** beschleunigtes Verfahren *n*; **~ de adjudicación** Vergabe- *n*.
procedimiento administrativo Verwaltungsverfahren *n*.
procedimiento, ~ de admisión Zulassungsverfahren *n*; **~ de aforo y pago de aduanas** Verzollungsverfahren *n*; **~ de apelación** Berufungsverfahren *n*; **~ de arbitraje** *(o* ***arbitral)*** Schiedsverfahren *n*, schiedsrichterliches Verfahren *n*; **~ de asilo** Asylverfahren *n*; **~ de avenencia** Güteverfahren *n*; **~ civil** Zivil | prozess *m*, -verfahren *n*; **~ de codecisión** Kodezisionsverfahren *n*; **~ cognitivo** Erkenntnisverfahren *n*; **~ para la concesión de la gracia del indulto** Gnadenweg *m*; **~ de conciliación** *(o* ***conciliatorio)*** Güte | verfahren *n*, Sühne- *n*; **~ contencioso** Streitverfahren *n*; **~ contencioso-administrativo** Verwaltungsstreitverfahren *n*; **~ contradictorio** streitiges *(oder kontradiktorisches)* Verfahren *n*; **~ contumacial** Versäumnisverfahren *n*; **~ criminal** Strafverfahren *n*; **~ de declaración de herederos** Erbscheinsverfahren *n*; **~ declarativo** Feststellungsverfahren *n*; **~ disciplinario** Disziplinar | verfahren *n*, Dienstaufsichts- *n*, Dienststraf- *n*; **~ divisorio de herencia** Erb | teilungsverfahren *n*, Nachlass- *n*; **~ de divorcio** Ehescheidungsverfahren *n*; **~ documental** Urkundenprozess *m*; **~ edictal** Aufgebotsverfahren *n*; **~ de ejecución** *(o* ***ejecutivo)*** Vollstreckungsverfahren *n*; **~ electoral** Wahlverfahren *n*; **~ de fabricación** Herstellungs | verfahren *n*, Produktions- *n*; **~ sobre el fondo** Verfahren *n* zur Hauptsache; **~ de forzamiento de la acusación** Klageerzwingungsverfahren *n*; **~ gubernativo** Verwaltungsverfahren *n*; **~ impositivo** Steuerverfahren *n*; **~ de insolvencia** Insolvenzverfahren *n*; **~ intermedio** Zwischenverfahren *n*.
procedimiento judicial Gerichtsverfahren *n*, gerichtliches Verfahren *n*; **~ ~ en curso** schwebendes Verfahren *n*.
procedimiento ~ laboral arbeitsgerichtliches Verfahren *n*; **~ legislativo** Gesetzgebungs | gang *m*, -verfahren *n*; **~ de liquidación**

Auflösungs | verfahren *n*, Liquidations- *n*, Veranlagungs- *n*; **~ de mediación** Vermittlungsverfahren *n*; **~ monitorio** Mahnverfahren *n*; **~ de oficio** Offizialverfahren *n*, von Amts wegen eröffnetes Verfahren *n*; **~ de oposición** Einspruchs | verfahren *n*, Widerspruchs- *n*; **~ oral** mündliches Verfahren *n*; **~ ordinario** ordentliches Verfahren *n*; **~ penal** Strafverfahren *n*; **~ penal en materia económica** Wirtschaftsstrafverfahren *n*; **~ pendiente** anhängiges Verfahren *n*; **~ de planeamiento** Planfeststellungsverfahren *n*; **~ de plenario** Hauptverfahren *n*; **~ previo** Vorverfahren *n*; **~ probatorio** Beweisverfahren *n*; **~ en rebeldía** *(Ver)*Säumnis | verfahren *n*, Abwesenheits- *n*; **~ de reparto** Umlageverfahren *n*; **~ de revisión** Wiederaufnahmeverfahren *n*; **~ revisor** Rechtsmittel | verfahren *n*, -instanz *f*; **~ rotación** Rotationsverfahren *n* *(Stat)*; **~ sancionador en materia de tráfico** *(Sp)* Bußgeldverfahren *n* in Verkehrssachen; **~ sumario** summarisches *(oder abgekürztes)* Verfahren *n*, Schnell | verfahren *n*, Eil- *n*; **~ de suspensión de pagos** Vergleichsverfahren *n*; **~ de textos** Textverarbeitung *f*; **~ de urgencia** Dringlichkeits | verfahren *n*, Eil- *n*, Anordnungs- *n*; **~ verbal** mündliches Verfahren *n*; **~ de votación** *(o **de voto**)* Abstimmungs | verfahren *n*, -modus *m*.

procesado Angeklagter *m*; **~** *(adj)* angeklagt; **ser ~** angeklagt werden.

procesal | *(adj)* Prozess-, prozessual, Verfahrens-, verfahrensrechtlich; **~ista *m* Prozessrechtler *m*; ~** *(adj)* prozessrechtlich.

procesamiento Prozessführung *f*, Anklageerhebung *f*, Strafverfolgung *f*; **~ de datos** Datenverarbeitung *f*.

procesar prozessieren, gerichtlich *(oder strafrechtlich)* verfolgen.

proceso Prozess *m*, Verfahren *n*, Gerichtsverfahren *n*, Rechtsstreit *m*; Ablauf *m*, Vorgang *m*; **~ de acción privada** Privatklageverfahren *n*; **~ activo** Aktivprozess *m*; **~ de adhesión del ofendido por daños y perjuicios** Adhäsionsverfahren *n*; **~ administrativo** Verwaltungsprozess **procomún** Wechselprozess *m*; **~ civil** Zivil | prozess *m*, -verfahren *n*; **~ de cognición** *(o **cognitorio**)* Erkenntnisverfahren *n*; **~ contencioso** Streitverfahren *n*, streitiges Verfahren; **~ contencioso-administrativo** Verwaltungsstreit*(verfahren) m (n)*; **~ criminal** Straf | prozess *m*, -verfahren *n*; **~ criminal juvenil** Jugendstrafverfahren *n*; **~ declarativo** deklaratorisches Verfahren *n*; **~ dispositivo** Parteiprozess *m*; **~ documental** Urkundenprozess *m*.

proceso de ejecución Vollstreckungsverfahren *n*.

proceso, ~ por faltas Verfahren *n* bei Übertretungen; **~ incidental** Zwischenverfahren *n*; **~ de insolvencia** Insolvenzverfahren *n*; **~ laboral** Arbeits | *(gerichts)*prozess *m*, -gerichtsverfahren *n*; **~ de mínima cuantía** Bagatellverfahren *n*; **~ modelo** Muster | prozess *m*, -verfahren *n*; **~ monitorio** Mahnverfahren *n*; **~ normativo** Gesetzgebungs | verfahren *n*, -gang *m*; **~ oficial** Offizialverfahren *n*; **~ oral** mündliches Verfahren *n*, mündliche Verhandlung *f*; **~ de parte*(s)*** Parteiprozess *m*; **~ pasivo** Passivprozess *m*; **~ penal** Straf | prozess *m*, -verfahren *n*; **~ secundario** Nebenverfahren *n*; **~ sumario** summarisches *(oder abgekürztes)* Verfahren *n*, Beschluss | verfahren *n*; **~ sumario ejecutivo** Urkunden- und Wechselprozess *m*; **~ sumarísimo** Eilverfahren *n*; **~ voluminosísimo** Mammutprozess *m*.

proclama *(öffentliche)* Bekanntmachung *f*, Aufruf *m*, *(Ehe)*Aufgebot *n*; **~ electoral** Wahlaufruf *m*.

proclamación Verkündung *f*, Proklamation *f*, öffentliche Bekanntmachung; **~ de candidatos** Aufstellung *f* der Kandidaten.

proclamar verkünden, *(feierlich)* ausrufen, proklamieren, ausschreiben *(Wahlen)*; **~ el estado de sitio** den Belagerungszustand *m* verhängen.

proclamas matrimoniales *pl* Aufgebot *n (Ehe)*, Eheaufgebot *n*.

pro | común *m* Gemeinwohl *n*; **~cónsul** *m* Prokonsul *m*.

procura Prokura *f*, Vollmacht *f*; **~ de la existencia** Daseinsvorsorge *f*; **~ general** Generalvollmacht *f*.

procuración Vollmacht *f*, Bevollmächtigung *f*; **~ apud acta** zu Protokoll erklärte *(oder erteilte)* Vollmacht *f*; **~ general** Generalvollmacht *f*; **~ judicial** Prozessvollmacht *f*; **por ~** in Vertretung *f*, in Vollmacht *f*.

procurador Bevollmächtigter *m*, Prozess | vertreter *m*, -agent *m*, -bevollmächtigter *m*, Abgeordneter *m*; **~ delegado para la defensa** Wehrbeauftragter *m*; **~ general** Generalstaatsanwalt *m*; **~ de la nación** *(Sp)* Staatsanwalt *m* für die öffentlichen Beamten; **~ del tesoro** Landesanwalt *m*.

procuradora *(weibliche Form von „procurador")*.

procuraduría Vertretung *f*, Prozessvertretung *f*, Büro *n* des „procurador"; **~ general** Generalstaatsanwaltschaft *f*.

procurar besorgen, verschaffen, beschaffen, betreiben, beantragen; **~ dinero** Geld *n* auftreiben.

prodigalidad Verschwendung*(ssucht) f*.

producción Herstellung *f*, Produktion *f*, Erzeugung *f*, Fertigung *f*, Gewinnung *f*, Ausstoss *m*; Beibringung *f* *(oder Erbringung f)* von Beweisen, Eintritt *m (Ereignis)*; **~ del accidente** Unfallgeschehen *n*; **~ agraria** *(o **agropecuaria**)* Agrarproduktion *f*; **~ de bienes** Güterproduktion *f*; **~ biológica** ökologischer Landbau *m*; **~ en cadena** Serien | fertigung *f*, -produktion *f*; **~ del daño** Entstehung *f* des Schadens; **~ con economía de medios** „schlanke" Produktion *f*; **~ excedentaria** *(o **excesiva**)* Über-*(schuss)*produktion *f*; **~ industrial** Industrieproduktion *f*; **~ en masa** *(o **masiva**)* Massen | herstellung *f*, -produktion *f*; **~ de materias primas** Urproduktion *f*, Rohstofferzeugung *f*; **~ mundial** Weltproduktion *f*; **~ de normas jurídicas** Rechtsetzung *f*; **~ prevista** Produktionssoll *n*; **~ de pruebas** Beweisantritt *m*; **~ en serie** Serien | fertigung *f*, -produktion *f*; **~ del talento** geistiges Werk *n (Urheberrecht)*.

produ | cente *m* Erzeuger *m*; **~** *(adj)* erzeugend; **~cido** Ertrag *m*.

producir herstellen, erzeugen, produzieren, schaffen, abwerfen *(Gewinn)*; beibringen *(Urkunden)*, vorlegen, verursachen; **~ un beneficio** Gewinn *m* abwerfen; **~ efecto frente a todos** gegenüber jedermann wirken; **~ efectos suspensivos** aufschiebende Wirkung *f* haben; **~ con exceso** zu viel produzieren; **~ intereses** Zinsen *mpl* tragen *(oder einbringen)*, verzinslich sein; **no ~ efecto** wirkungslos sein; **~ la prueba** den Beweis *m* erbringen.

producirse stattfinden *(Sitzung)*, eintreten *(Schadensfall)*, abgegeben werden *(leere Stimmzettel)*; **~ de oficio** von Amts wegen erfolgen.

productividad Produktivität *f*, Leistungs | fähigkeit *f*, Ertrags- *f*, Ergiebigkeit *f*; **~ de intereses** Zinsanfall *m*; **~ del trabajo** Arbeitsproduktivität *f*.

productivo produktiv, Produktions-, leistungsfähig, ergiebig, lohnend, ertrag | reich, -bringend, einträglich, nutzbar, -bringend.

producto *(s. a. productos pl)* Erzeugnis *n*, Produkt *n*, Ertrag *m*, Erlös *m*, Ausbeute *f*, Werk *n*; **~ acabado** Fertigware *f*; **~ de aportaciones** Beitragsaufkommen *n*; **~ de apariencia engañosa** Mogelpackung *f*; **~ *(en)* bruto** Rohertrag *m*, Bruttoertrag *m*; **~ de calidad** Qualitäts | erzeugnis *n*, -ware *f*; **~ certificado** zertifiziertes Erzeugnis *n*, **~ comercial** Geschäftsertrag *m*; **~ desechable** *(o **de desecho**)* Abfallprodukt *n*, Wegwerfprodukt *n*; **~ elaborado** Fabrikat *n*, Fertigware *f*; **~ que escasea** Mangelware *f*; **~ de explotación** Betriebs | ergebnis *n*, -erträge *mpl*; **~ final** End | erzeugnis *n*, -produkt *n*; **~ de importación** Einfuhrartikel *m*, Importprodukt *n*; **~ industrial** Industrie | erzeugnis *n*, -produkt *n*; **~ interior bruto** Bruttoinlandsprodukt *n*; **~ interior**

bruto comunitario Bruttoinlandsprodukt *n* der Union *(EU)*; **~ interior neto** Nettoinlandsprodukt *n*; **~ bajo licencia** Lizenzerzeugnis *n*; **líquido** Rein | ertrag *m*, -erlös *m*, -gewinn *m*; **~ manufacturado** s. producto acabado; **~ nacional** Volkseinkommen *n*, inländisches *(oder einheimisches)* Erzeugnis *n*.

producto nacional bruto Bruttosozialprodukt *n*; **~ ~ a precios de mercado** Bruttosozialprodukt *n* zu Marktpreisen.

producto, ~ nacional neto Nettosozialprodukt *n*; **~ neto** Rein | ertrag *m*, -erlös *m*; **~ de participaciones** Erträge *mpl* aus Beteiligungen; **~ primario** Grundstoff *m*; **~ residual** Abfallprodukt *n*; **~ semiacabado** *(o* ***semielaborado*** *o* ***semimanufacturado****)* Halb | fabrikat *n*, -erzeugnis *n*, *-(fertig)*ware *f*; **~ transformado** Veredelungsprodukt *n*.

productor Hersteller *m*, Erzeuger *m*, Produzent *m*, Fabrikant *m*, Vermittler *m*; **~** *(adj)* Erzeugungs-, Produktions-; **~ de contaminación** Umweltverschmutzer *m*; **~ de la prueba** Beweisführer *m*.

productos *pl* Güter *npl*; **~ de consumo** Konsumgüter *npl*; **~ derivados del petróleo** Erdölerzeugnisse *npl*; **~ forestales** Forstwirtschaftsprodukte *npl*; **~ manufacturados** Manufakturware *f*; **~ de primera necesidad** lebenswichtige Güter *pl*; **~ siderúrgicos** Eisen- und Stahlerzeugnisse *pl*; **~ suntuarios** Luxusgüter *pl*; **~ tejidos** Textilwaren *fpl*; **~ terminados** Fertigerzeugnisse *npl*.

proemio Vorrede *f*, Präambel *f*.

profanación Schändung *f*; **~ de cadáveres** Leichenschändung *f*.

profanar schänden.

profesar bekennen; ausüben *(Beruf)*.

profesión Beruf *m*, Berufs | stand *m*, -tätigkeit *f*; **~** *(KR) (Ordens)*Gelübde *n*; **~ accesoria** Nebenberuf *m*; **~ artesanal** Handwerksberuf *n*; **~ asalariada** nichtselbstständige Arbeit *f (oder Berufstätigkeit f)*; **~ colegiada** verkammerter Beruf *m*; **~** independiente selbstständige Arbeit *f (oder: Berufs | tätigkeit f, Erwerbs- f)*; **~** judicial Richteramt *n*; **~** liberal *(o libre)* freier Beruf *m*; **~** médica Heilberuf *m*; **~** mercantil Handelsstand *m*; **~** sanitaria Heilberuf *m*.

profesional *m* Berufs-, berufs | mäßig, -bedingt, -ständisch, fachlich; **~ del Derecho** Jurist *m*; **no ~** unfachmännisch; **~ libre** freiberuflich tätig; **~ universitario** Akademiker *m*.

profesionalidad Berufsmäßigkeit *f*; **~ delictual** Berufsverbrechertum *n*.

profesionista *m* Freiberufler *m*.

profesor Professor *m*, Lehrer *m*; **~ adjunto** Privatdozent *m*; **~ de bachillerato** Gymnasiallehrer *m*; **~ encargado de cátedra** Lehrbeauftragter *m*; **~ de formación profesional** *(Sp)* Berufsschullehrer *m*; **~ de segunda enseñaza** Gymnasiallehrer *m*; **~ universitario** Hochschullehrer *m*; **~ visitante** Gastdozent *m*.

profesorado Lehr | amt *n*, -körper *m*, Lehrer | schaft *f*, -kollegium *n*.

proforma *(adj)* Proforma-, vorläufig.

prófugo Flüchtiger *m (Delinquent)*, entwichener Strafgefangener *m*, Fahnenflüchtiger *m*; **~** *(adj)* flüchtig.

progeni | e *f* Blutsverwandtschaft *f*; **~tor** Elternteil *m*.

programa *m* Programm *n*, Plan *m*, Vorhaben *n*, Zielsetzung *f*; **~ de acción** Aktions | programm *n*, Arbeits- *n*; **~ de ahorro de energía** Energieeinsparungsprogramm *n*; **~ de austeridad** Not | programm *n*, Sanierungs- *n*.

programa de ayuda Hilfs | programm *n*, Beihilfe- *n*; **~ ~ al desarrollo** Entwicklungshilfeprogramm *n*.

programa, ~ de capacitación Ausbildungsprogramm *n*; **~ de computadora** Software *f*; **~ de construcción** Bau | projekt *n*, -vorhaben *n*; **~ para la construcción de viviendas** Wohnungsbauprogramm *n*; **~ de creación de empleos** Arbeitsbeschaffungsprogramm *n*; **~ de desarrollo regional** Regionalentwicklungsprogramm *n (EU)*; **~ de estudios** Lehrplan *m*, Curriculum *n*; **~ de fomento a la inversión** Investitionsförderungsprogramm *n*; **~ de formación** Ausbildungsprogramm *n*;

~ **de intercambio** Austauschprogramm *n*; ~ **interino** Interimsprogramm *n*; ~ **de inversiones** Investitionsprogramm *n*; ~ **marco** Rahmenprogramm *n*; ~ **de normalización** Normungsprogramm *n*; ~ **ocupacional** Beschäftigungsprogramm *n*; ~ **de perfeccionamiento profesional** Fortbildungsmaßnahme *f*; ~ **de producción** Produktionspalette *f*; ~ **provisional** Interimsprogramm *n*; ~ **de reactivación coyuntural** Konjunkturprogramm *n*; ~ **de reciclaje profesional** Umschulungsmaßnahme *f*; ~ **de reeducación profesional** Berufsumschulungsprogramm *n*; ~ **de reuniones** Sitzungsplan *m*; ~ **de saneamiento** Sanierungsprogramm *n*; ~ **social** Sozialplan *m*; ~ **tipo** Standardprogramm *n*; ~ **de urgencia** *(o **urgente**)* Sofort | programm *n*, Dringlichkeits- *n*.

programación Programm | ierung *f*, -gestaltung *f*; ~ **de la enseñanza** Bildungsplanung *f*.

programador Programmierer *m*.

programar programmieren, planen.

progresión de los costes medios Stückkostenprogression *f*.

progresista Fortschritts-, fortschrittlich.

progresividad Progression *f*; ~ **impositiva** *(o **de los impuestos**)* Steuer | progression *f*.

pro | gresivo fortschrittlich, progressiv, Fortschritts-.

prohibición Verbot *n*, Unter | sagung *f*, Sperre *f*; ~ **de adelantamiento** *(o **de adelantar**)* Überholverbot *n*; ~ **de analogía** Analogieverbot *n*; ~ **de aparcar** Parkverbot *n*; ~ **de aprovechamiento de prueba** Beweisverwertungsverbot *n*; ~ **de la arbitrariedad** Willkürverbot *n*; ~ **de capturas** Fangverbot *n (Fischerei)*; ~ **de circulación** *(o **de circular**)* Verkehrsverbot *n*; ~ **de competencia** Wettbewerbs | verbot *n*, Konkurrenz- *n*; ~ **de comunicación** Kontaktsperre *f*; ~ **de comumnicarse con** Verbot *n* der Kontaktaufnahmemit; ~ **de conducir** Fahrverbot *n*; ~ **de edificar** Bauverbot *n*, Bebauungssperre *f*; ~ **de ejercer una profesión** Berufsverbot *n*; ~ **de empleo** Beschäftigungsverbot *n*; ~ **de estacionamiento** Halte | verbot *n*, Park- *n*; ~ **de exportación** *(o **de exportar**)* Ausfuhr | verbot *n*, -sperre *f*; ~ **industrial** Gewerbeuntersagung *f*; ~ **de la manifestación** Versammlungsverbot *n*; ~ **matrimonial** Eheverbot *n*; ~ **de parada** Halteverbot *n*; ~ **de paso** Durchfahrtverbot *n*, Straßensperre *f*; ~ **preventiva bajo reserva de autorización** Verbot *n* mit Erlaubnisvorbehalt; ~ **de señales acústicas** Hupverbot *n*; ~ **del uso de fuerza** Gewaltverbot *n*.

prohibida la entrada Eintritt *m* verboten.

prohibido verboten, unzulässig; ~ **adelantar** *(VZ)* Überholen *n* verboten; ~ **enmascararse** Vermummungsverbot *n*; ~ **el estacionamiento** *(VZ)* Parken *n* verboten; ~ **parar** *(VZ)* Halten *n* verboten.

prohibido el paso *(VZ)* Einfahrt verboten, Absperrschranke *f*; ~ ~ **a vehículos de un peso en carga mayor de … toneladas** Einfahrt verboten für Fahrzeuge mit über … Tonnen Gesamtgewicht.

prohibi | ente verbietend; **~r** verbieten, sperren, untersagen; **~tivo** s. prohibitorio; **~torio** *(adj)* Verbots-.

prohija | da Adoptiv | tochter *f*, Pflege- *f*; **~do** Adoptiv | sohn *m*, -kind *n*, Pflegesohn *m*; **~dor** Adoptivvater *m*; **~dora** Adoptivmutter *f*; **~miento** Adoption *f*, Pflegekindschaft *f*; **~r** adoptieren, an Kindes Statt annehmen.

proindivisión, en ~ s. proindiviso.

proindiviso ungeteilt.

proletariado Proletariat *n*.

proliferación armamentista Weiterverbreitung *f* von Waffen.

prolongación Verlängerung *f*, Erneuerung *f*; ~ **de la detención** Haftfortdauer *f*; ~ **de empleo** Weiterbeschäftigung *f*; ~ **de(l) plazo** Nachfrist *f*, Fristverlängerung *f*.

pro | longar verlängern, erneuern, auf | schieben, hinaus-, prolongieren;

~mediar vermitteln, den Ausschlag *m* geben *(bei Abstimmung).*
promedio Mittel *n*, Durchschnitt *m*, Schnittwert *m*; **~ comunitario** Gemeinschaftsdurchschnitt *m (EU)*; **~ de vida futura** durchschnittliche Lebenserwartung *f.*
promesa Versprechen *n*, Zusage *f*, Zusicherung *f*; **~ de compraventa** Kaufvorvertrag *m*; **~ de deuda** Schuldversprechen *n*; **~ de entrega** Lieferzusage *f*; **~ de fondos** Deckungszusage *f*; **~ matrimonial** *(o* ***de matrimonio****)* Ehe | versprechen *n*, Heirats- *n*, Verlobung *f*; **~ de no pedir** pactum de non petendo *(lat)*; **~ de premio** Auslobung *f*; **~ pública de recompensa** Auslobung *f.*
prometedor Versprechender *m.*
prometer versprechen, zusagen; **~ por su honor** ehrenwörtlich erklären.
prometi | da Verlobte *f*; **~do** Verlobter *m.*
promi | sario Versprechensempfänger *m*; **~sión** Versprechen *n*; **~sorio** *(adj)* Versprechens-, versprechend; **~tente** *m* Versprechender *m*, Auslobender *m*; **~tentes** *mpl* Verlobte *pl.*
promoción Förderung *f*, Beförderung *f (im Amt etc.)*, Promotion *f*, Werbung *f*, Betreiben *n*; Jahrgang *m (Militär)*; **~ comercial** *(o* ***del comercio****)* Absatz | förderung *f*, Wirtschafts- *f*; **~ obrera** Besserstellung *f* der Arbeitnehmer; **~ de vivienda** Wohnungsbauförderung *f.*
promocionar fördern.
promotor Förderer *m*, Träger *m*, Befürworter *m*; Anstifter *m*; **~** *(adj)* fördernd; **~ -constructor** Bauträger *m.*
promover fördern, befördern *(im Amt)*; erheben *(Klage)*, einlegen *(Rechtsmittel)*, betreiben *(Prozess)*, einleiten *(Verfahren)*, gründen, einen Antrag *m* stellen; **~ una acción judicial** einen Prozess *m* anstrengen; **~ fines de utilidad pública** gemeinnützige Zwecke *mpl* verfolgen; **~ el recurso** ein Rechtsmittel *n* einlegen.
promulgación Verkünd*(ig)*ung *f*, Verlautbarung *f*, öffentliche Bekanntmachung *f.*
promulgar verkünden, öffentlich bekannt machen, erlassen *(Gesetze)*, veröffentlichen *(Erlasse).*
pronóstico Voraus | sage *f*, Vorher- *f*, Prognose *f.*
pronto, ~ para (la) entrega *(o* ***para entregar****)* versand | bereit, -fertig, lieferbar.
prontuario Handbuch *n.*
pronunciamiento Verkündung *f*, Entscheidung *f*; Aufstand *m*, Putsch *m*; **~ del fallo** Urteilsverkündung *f.*
pronunciamientos *pl*, **~ de Derecho** Rechtsausführungen *fpl (im Strafurteil).*
pronunciar *(Urteil:)* verkünden, fällen; **~ una pena** eine Strafe *f* verhängen; **~ veredicto de culpable** den Angeklagten *m* für schuldig erklären.
pronunciarse entscheiden, Stellung nehmen; sich auflehnen, putschen; **~ favorablemente sobre** eine befürwortende Stellungnahme *f* abgeben zu.
prooperario arbeitnehmerfreundlich.
propagación Verbreitung *f.*
propaganda Werbung *f*, Reklame *f*, Propaganda *f*; **~ al aire libre** Außen | werbung *f*, Anschlag- *f*; **~ directa por correo** Postwurfsendungen *fpl*; **~ de lanzamiento** Einführungswerbung *f.*
propensión Neigung *f*; **~ al ahorro** Sparneigung *f*; **~ a la inversión** *(o* ***a invertir****)* Investitions | quote *f*, -neigung *f*; **~ a peligros** Gefahrneigung *f.*
propiedad 1. Eigentum *n*; 2. Eigenschaft *f*; **~ científica, artística y literaria** wissenschaftliches, künstlerisches und literarisches Urheberrecht *n*; **~ compartida** *(Sp)* Teilzeiteigentum *n*, Time-sharing *n*; **~ comunitaria** Gesamt | eigentum *n*, Gemein*(schafts)*- *n*; **~ esencial** wesentliche Eigenschaft *f*; **~ exclusiva** Alleineigentum *n*; **~ fiduciaria** Treuhand | gut *n*, -eigentum *n*; **~ por fracciones** Bruchteilseigentum *n*, Eigentum *n* nach Bruchteilen; **~ horizontal** Wohnungseigentum *n*; **~ indivisa** Miteigentum *n* nach Bruchteilen; **~ industrial** gewerblicher Rechtsschutz *m*, gewerbliche Schutzrechte

npl; **~ inmobiliaria** *(o* ***de inmueble****)* unbewegliches Vermögen *n*, Immobilien *fpl*, Grund*(stücks)*eigentum *n*; **~ intelectual** Urheberrecht *n*, geistiges Eigentum *n*; **~ mancomunada** *(o* ***en mano común****)* Eigentum *n* zur gesamten Hand; **~ mueble** bewegliches Vermögen *n*, Mobilien *fpl*, Eigentum *n* an beweglichen Sachen; **nuda ~** mit Nießbrauch belastetes Eigentum *n*; **~ parcial** Teileigentum *n*; **~ particular** Privateigentum *n*; **~ personal** persönliche Eigenschaft *f*; **~ por pisos** Wohnungseigentum *n*; **~ proindiviso** s. propiedad por fracciones; **ser ~ de** gehören; **~ a tiempo compartido** s. propiedad compartida; **~ urbana** Stadtgrundstück *n*.

propietario Eigentümer *m*, Inhaber *m*, Geschäftsinhaber *m*; **~** *(adj)* Eigentums-, ordentlich *(-es Mitglied)*, planmäßig *(Beamtenrecht)*; **~ anterior** Vorbesitzer *m*; **antiguo ~** früherer Eigentümer *m*; **~ fiduciario** Treuhandeigentümer *m*; **~ mancomunado** *(o* ***en mano común****)* Gesamthänder *m*; **~ de una marca** Markeninhaber *m*; **no ~** außerplanmäßig *(Beamtenrecht)*; **nudo ~** Besteller *m* des Nießbrauchs; **~ de una obra** ***(en construcción)*** Bauherr *m*.

propin | a Trinkgeld *n*; **~cuidad** nahe Verwandtschaft *f*.

propio de un Estado de derecho rechtsstaatlich.

proponente *m* Antragsteller *m*, Bewerber *m*; **~** *(adj)* federführend.

proponer beantragen, vorschlagen, vorbringen, antreten *(Beweis)*; **~** ***(la)*** **demanda** Klage *f* erheben; **~ por otrosí** hilfsweise beantragen; **~ prueba***(s)* Beweis *m* antreten; **~ subsidiariamente** hilfsweise stellen *(Anträge)*.

proporción Verhältnis *n*, Angemessenheit *f*, Umtauschverhältnis *n (Aktien)*; **~ de población activa** Erwerbsquote *f*.

proporcional verhältnismäßig, proportional, prozentual, anteilig.

proporcionalidad Verhältnismäßigkeit *f*; **~ de los medios** Verhältnismäßigkeit *f* der Mittel.

proporcionar, ~ criterios Kriterien *mpl* bestimmen; **~ las pruebas** Beweis *m* erbringen.

proposición Antrag *m*, Angebot *n*, Vorschlag *m*; **~ de ley** Gesetzes | vorlage *f*, -vorschlag *m*, Gesetzentwurf *m (vom Parlament eingebracht)*; **~ de prueba** Beweis | antritt *m*, -antrag *m*.

propósito Absicht *f*, Zweck *m*, Motiv *n (beim Verbrechen)*; **~ adicional** Nebenabsicht *f*; **de ~** absichtlich; **~ dilatorio** Verschleppungsabsicht *f*.

propuesta Antrag *m*, Angebot *n*, Eingabe *f*, Vorlage *f*, Vorschlag *m*; **a ~** auf Empfehlung *f*; **~ de indulto** Gnadengesuch *n*; **~ de ley** Gesetzentwurf *m* des Parlaments; **a ~ del tribunal** auf Vorschlag *m* des Gerichts.

propugnar verfechten, vertreten *(Meinung)*.

pro reo *(lat)* im Zweifel für den Angeklagten, in dubio pro reo *(lat)*.

prorrata Anteil *m*, Umlage *f*, Kontingent *n*; **a ~** im Verhältnis *n*, anteilmäßig.

prorratear auf | teilen, zu-, ver-, umlegen, quoteln.

prorrateo *(anteilige)* Aufteilung *f*, Zuteilung *f*, Zuweisung *f*, Umlegung *f*, Quotelung *f*.

prórroga *(s. a. prorrogación)* Verlängerung *f*, Aufschub *m*, Verschiebung *f*, Stundung *f*, Vertagung *f*, Nachfrist *f*, Fristverlängerung *f*, Zuständigkeitsvereinbarung *f*; Zurückstellung *f (vom Wehrdienst)*; **~ forzosa** Fortsetzung *f* des Mietverhältnisses *(Sozialklausel)*; **~ voluntaria en un seguro** freiwillige Weiterversicherung *f*.

prorrogable aufschieb | bar, stund-, erweiter-, verlänger-.

prorrogación *(s. a. prórroga)* Vereinbarung *f*, Verlängerung *f*; **~ de la competencia** Zuständigkeits | vereinbarung *f*, Gerichtsstands- *f*.

prorrogar stunden, vertagen, verlängern, verschieben, prolongieren, prorogieren, stillhalten.

proscribir verbannen, ächten; verbieten.

proscripción Verbannung *f*, Ächtung; Verbot *n*.

proscri(p)to ausgewiesen, geächtet.

prosecución Verfolgung *f*; **~ criminal** Strafverfolgung *m*.

proseguir verfolgen; **~ una acción** eine Klage *f* weiter betreiben.
prospección de mercados Markt | erschließung *f*, -forschung *f*.
prospectar erforschen *(Markt)*.
prospecto Prospekt *m*, Packungsbeilage *f*; **~ de admisión** Zulassungsprospekt *m*.
prosperar Erfolg *m* haben, erfolgreich sein *(Rechtsmittel)*.
prosperidad Hochkonjunktur *f*, günstige Konjunktur *f*.
prostitución Prostitution *f*; **~ infantil** Kinderprostitution *f*.
prostituta Prostituierte *f*.
protagonizar un accidente an einem Unfall *m* beteiligt sein.
protección Schutz *m*, Unterstützung *f*; **~ acústica** Schallschutz *m*; **~ ambiental** Umweltschutz *m*; **~ del ambiente atmosférico** Luftreinhaltung *f*; **~ de *(los)* animales** Tierschutz *m*; **~ civil** Zivil | schutz *m*, -verteidigung *f*; **~ climática** Klimaschutz *m*; **~ de confianza** Vertrauensschutz *m*; **~ de datos** Datenschutz *m*; **~ de dibujos y modelos industriales** Musterschutz *m*; **~ del empleo** Sicherung *f* des Arbeitsplatzes; **~ de especies** Artenschutz *m*; **~ forestal** Forstschutz *m*; **~ del honor** Ehrenschutz *m*; **~ a la infancia** Jugend | schutz *m*, -fürsorge *f*; **~ infantil** Kinderschutz *m*; **~ jurídica** Rechtsschutz *m*; **~ laboral** Arbeitsschutz *m*; **~ de la madre *(embarazada)*** Mutterschutz *m*; **~ de marcas** Marken | schutz *m*, Zeichen- *m*; **~ de minorías** Minderheitenschutz *m*; **~ de monumentos** Denkmalschutz *m*; **~ de la naturaleza** Naturschutz *m*; **~ del paisaje** Landschaftsschutz *m*; **~ de la propiedad industrial** gewerblicher Rechtsschutz *m*; **~ de la propiedad intelectual** Schutz *m* des geistigen Eigentums; **~ del trabajador** Arbeiter | schutz *m*, Arbeitnehmer- *m*; **~ del trabajo** Arbeitsschutz *m*; **~ de la vida privada** Schutz *m* der Privatsphäre.
proteccionismo Protektionismus *m*, Schutzzollsystem *n*.
proteccionista *m* Protektionist *m*.
protector Schutz | herr *m*, Schirm- *m*; **~** *(adj)* Schutzoll-, fördernd *(-es Mitglied)*; **~ del sistema monetario** Währungshüter *m*.
protectorado Schutzgebiet *n*, Schirmherrschaft *f*.
proteger schützen; **~ el área del delito** den Tatort *m* sichern.
protegido Schützling *m*, Mündel *m (n)*; **~ por patente** patentgeschützt.
protesta *(s. a. protesto)* Einspruch *m*, Verwahrung *f*, Protest *m*; **bajo ~** unter Protest *m*; **~ de decir verdad** eidesstattliche Versicherung *f*; **~ vecinal** Bürgerprotest *m*.
protesta | ble protestierbar *(Wechsel)*; **~ción** Protestaufnahme *f*; **~do** Bezogener *m* eines protestierten Wechsels; **~dor** Protestierender *m*.
protestar protestieren, Einspruch *m (oder Protest m)* erheben, sich beschweren; feierlich versichern; **~ una letra** einen Wechsel *m* zu Protest gehen lassen.
protesto *(s. a. protesta)* Protest *m*, Protest | urkunde *f*, -aufnahme *f*; **bajo ~** unter Protest, unter Vorbehalt; **~ de *(una)* letra** Wechselprotest *m*; **sin ~** ohne Protest *m (Wechsel)*.
protocola | ción s. protocolización; **~r** protokollieren, zu Protokoll *n* nehmen; **~rio** protokollarisch.
protocoliza | ción Protokollierung *f*, notarielle Beurkundung *f*; **~r** s. protocolar.
protocolo Protokoll *n*, Niederschrift *f*, Sitzungsbericht *m*, Urkundenrolle *f (Notar)*; **~ final** Schluss | protokoll *n*, -niederschrift *f*; **~ de intenciones** gemeinsame Absichtserklärung *f (VöR)*; **~ de negociación** Verhandlungsprotokoll *n*; **~ notarial** notarielle Beurkundung *f*, Protokollbuch *n* des Notars; **~ de vista** Sitzungs | niederschrift *f*, -protokoll *n*.
protut | ela Gegenvormundschaft *f*; **~or** Gegen | vormund *m*.
provea, para que se ~ lo pertinente zur weiteren Veranlassung *f*.
provecho Ertrag *m*, Nutz | en *m*, -ung *f*, Vorteil *m*, Erwerb *m*, Gewinn *m*, Genuss *m*, Verbesserung *f (Sache)*; **desmedido ~ propio** grober Eigennutz *m*.

provechoso nützlich, ertragreich, einträglich, nutz|bringend, gewinn-.
proveedor Lieferant *m*, *(Be)*|Lieferer *m*, Bezugsquelle *f*.
provee | dores *pl* Lieferanten|schulden *pl*, -kredite *mpl*, Kreditoren *pl* *(Bilanz)*; **~duría** Proviantamt *n*.
proveer versorgen, *(be)*liefern, besetzen *(Stelle)*, beschaffen, anordnen, gerichtlich verfügen; **~ fondos** Mittel *npl* aufbringen; **para mejor ~** zur Aufklärung *f* des Sachverhalts; **~ una vacante** eine Stelle *f* besetzen.
proveído richterliche Verfügung *f*, Entscheidung *f*.
proveimiento Verfügung *f*.
proveniente de herrührend aus.
providencia Verwaltungsanordnung *f*, richterliche *(oder: prozessleitende, verfahrensleitende)* Verfügung *f*; **~ de embargo** Pfändungs|verfügung *f*, -beschluss *m*; **~ para mejor proveer** Aufklärungsbeschluss *m*; **~ de secuestro** Pfändungsbeschluss *m*; **~ de trámite** verfahrensleitende Verfügung *f*.
providenciar beschließen, verfügen.
provincia Provinz *f*; **~ aforada** *(Sp)* Provinz *f* mit Partikularrecht; **~ limítrofe** Grenzprovinz *f*.
provincial *(adj)* Provinz-.
provincialidad civil Provinzialzugehörigkeit *f*.
provisión Versorgung *f*, Bereitstellung *f*, Rück|stellung *f*, -lage *f* *(Bilanz)*, Beschaffung *f*, Vorschrift *f*, Deckung *f*; Besetzung *f* eines Amtes; **~ de bienes** Güterversorgung *f*; **~ de dinero** Geldmenge *f*; **~ de fondos** *(Ab)*Deckung *f*; Gebühren|vorschuss *m*, Honorar- *m*; **sin ~ de fondos** ungedeckt; **~ para fondos de pensiones** Pensionsrückstellung *f*; **~ de garantías** Besicherung *f*; **~ para riesgos** *(unvorhergesehene)* Rückstellung *f* für Risiken; **sin ~** ungedeckt; **tener ~ de fondos** Deckung *f* haben.
provisional einstweilig, vorläufig, Interims-, interimistisch.
provisorio s. provisional.
provisto, ~ de plenos poderes mit Vollmachten *fpl* versehen.
provocación Provokation *f*, Herausforderung *f*, Anstiftung *f*; **~ para cometer crímenes** Aufforderung *f* zu Straftaten.
provocador Provokateur *m*.
provocar herausfordern, herbeiführen, verursachen, provozieren.
proxene | ta *m f* Kuppler *m*, Kupplerin *f*; **~tismo** *(Sp)* Kuppelei *f*.
proximidad de grado Nähe *f* des Verwandtschaftsgrades.
proyectar anticipadamente disponieren.
proyectil *m* Projektil *n*, Geschoss *n*.
proyectista *m* Projektleiter *m*.
proyecto Projekt *n*, Entwurf *m*, Vorhaben *n*, Vorlage *f*, Plan *m*; **~ de asistencia** Hilfsprojekt *n*; **~ conceptual** Projektstudie *f*; **~ de construcción** Bauvorhaben *n*; **~ de contrato** Vertragsentwurf *m*; **~ ejemplar** Modellversuch *m*; **en ~** im Entwurfstadium *n*; **~ del Gobierno** Regierungs|entwurf *m*, -vorlage *f*; **~ de inversión** Investition*(svorhaben)* *n*; **~ de ley** Gesetzesvorlage *f*, Gesetzentwurf *m*; **~ de obra** Bauvorhaben *n*; **~ de paz** Friedensplan *m*; **~ piloto** Pilot|projekt *n*, -vorhaben *n*; **~ de sentencia** Urteilsentwurf *m*.
prudencia razonable billiges Ermessen *n*.
prudencial angemessen.
prueba Beweis *m*, Nachweis *m*, Probe *f*, Prüfung *f*, Test *m*, Beweismittel *n*; **a ~** auf Probe *m*; **~ absoluta** unwiderleglicher Beweis *m*; **~ de alcohol** ***(en sangre)*** Alkoholtest *m*, Blutprobe *f*; **~ de alcoholemia** s. prueba de alcohol; **~ anticipada** Beweissicherung *f*; **~ de aptitud** Eignungs|prüfung *f*, -test *m*; **~ de carga/de cargo** Belastungsmaterial *n*; **~ circunstancial** Indizienbeweis *m*; **~ concluyente** schlüssiger Beweis *m*; **~ de conducción** Fahrprüfung *f*; **~ confesional** Beweis *m* durch Parteivernehmung; **~ en contra** *(o* ***contraria*** *o* ***de lo contrario****)* Gegenbeweis *m*; **~ contundente** schlagender Beweis *m*; **~ de descargo*(s)*** Entlastungsbeweis *m*; **~ documental** Urkundenbeweis *m*; **~ eliminatoria** Ausscheidungsverfahren *n*; **en ~** zum Beweis *m*; **~ escrita** schriftlicher Be-

weis *m*; **~ de escritura** Schriftprobe *f*; **~ de excusa** Entlastungsbeweis *m*; **hacer ~ plena** vollen Beweis *m* erbringen; **~ hematológica** Blutprobe *f*; **~ indiciaria** *(o **de/por indicios**)* Indizienbeweis *m*; **~ por informe pericial** s. prueba pericial; **~ libre** Freibeweis *m*; **~ de maestría** Meisterprüfung *f*; **~ nuclear** Atom | versuch *m*, -test *m*; **~ de oídas** Beweis *m* vom Hörensagen; **~ pericial** *(o **de peritos**)* Sachverständigenbeweis *m*, Beweis *m* durch Sachverständigengutachten; **~ pertinente** schlüssiger Beweis *m*; **~ plena** voller Beweis *m*; **~ preconstituida** *(Beweis m durch)* Absichtsurkunde *f*; **~ prima facie** *(lat)* Beweis *m* des ersten Augenscheins, Prima-facie-Beweis *m*; **salvo ~ en contrario** soweit nicht das Gegenteil *n* bewiesen wird; **~ de la sangre** Blutprobe *f*; **~ semiplena** Glaubhaftmachung *f*; **~ testifical** s. prueba de testigos; **~ de** *(o **por**)* **testigos** Zeugenbeweis *m*; **~ de la verdad** Wahrheitsbeweis *m*.

pseudo- s. seudo-.

psico fármaco Psychopharmakon *n*.

psicología Psychologie *f*; **~ criminal** Kriminalpsychologie *f*; **~ de (la) empresa** Betriebspsychologie *f*; **~ social** Sozialpsychologie *f*.

psicópata *m* Psychopath *m*.

psicopatía Psychopathie *f*.

psicosis *f* Psychose *f*; **~ carcelaria** Haftpsychose *f*.

psiquiatría forense Gerichtspsychiatrie *f*, forensische Psychiatrie *f*.

publicación Veröffentlichtung *f*, Publikation *f*, Verlautbarung *f*, Verkündung *f*; Herausgabe *f*, Verlegen *n* *(von Büchern)*, Schrift *f*, Organ *n* *(Zeitschrift)*; **~ en edicto** öffentliche Bekanntmachung *f*; **~ pornográfica** pornographische Schrift *f*.

publicar publizieren, herausgeben, veröffentlichen, verkünden *(Gesetz)*, verlautbaren, bekannt | geben, -machen; **~ por edictos** öffentlich zustellen.

publicidad Öffentlichkeit *f (StrafR)*, Publizität *f (des Registers)*; Werbung *f*, Werbetätigkeit *f*; **~ comparativa** vergleichende Werbung *f*; **con ~** öffentlich; **~ directa por correo** Postwurfsendung *f*; **~ encubierta** Schleichwerbung *f*; **~ en las instalaciones deportivas** Bandenwerbung *f (Sport)*; **~ material** öffentlicher Glaube *m (des Grundbuchs)*; **~ negativa** negative Publizität *f (des Registers)*; **~ radiofónica** Rundfunkwerbung *f*; **~ registral** Öffentlichkeit *f* des Registers; **~ subliminal** unterschwellige Werbung *f*.

publi | cista *m* Öffentlichrechtler *m*; **~** *(adj)* öffentlich-rechtlich.

público Publikum *n*; **~** *(adj)* Öffentlichkeits-, Staats-, öffentlich, staatlich; **hacer ~** veröffentlichen.

pudiente leistungsfähig *(Unterhaltspflichtiger)*.

pudor público allgemeine Sittlichkeit *f*.

pueblo Volk *n*, Nation *f*; Ort *m*, Ortschaft *f*; **~ del** *(o **de un**)* **Estado** Staatsvolk *n*.

puente *m* verlängertes Wochenende *n*; **~ aéreo** Luftbrücke *f*.

puericia Kindesalter *n*.

puerta, a ~ abierta öffentlich *(Verhandlung)*; **a ~ cerrada** nicht öffentlich *(Verhandlung)*.

puerto Hafen *m*; **~ de carga** Verladehafen *m*; **~ de descarga** Bestimmungs | hafen *m*, Auslade- *m*; **~ de entrada de mercancías importadas** Zollabfertigungshafen *m*; **~ fluvial** Binnenhafen *m*; **franco ~** frei Hafen *m*; **~ interior** Binnenhafen *m*; **~ libre** Freihafen *m*; **~ de llegada** Ankunftshafen *m*; **~ de matrícula** Heimat | hafen *m*, -ort *m*; **~ marítimo** Seehafen *m*; **~ transatlántico** Überseehafen *m*; **~ de transbordo** Umschlagshafen *m*; **~ de tránsito** Transithafen *m*.

puesta *(Wett)*Einsatz *m*; **~ en circulación** In-Verkehr-Bringen *n*; **~ al día** Aktualisierung *f*; **~ a disposición** Zurverfügungstellung *f*; **~ en funcionamiento** Inbetriebnahme *f*; **~ en libertad** Entlassung *f (von Gefangenen)*; **~ de manifiesto del expediente** Gewährung *f* der Akteneinsicht; **~ en marcha** Inbetriebnahme *f*; **~ en servicio** Indienststellung *f*; **~ en valor de un territorio** wirtschaftliche Erschließung *f* eines Gebietes; **~ en** *(o **a la**)* **venta** Feil | bietung *f*, -bieten *n*, -halten *n*; **~ en vigor** Inkraftsetzung *f*.

puesto Posten *m*, Platz *m*, Sitz *m*, Stelle *f*, Rangstelle *f*, *(An)*Stellung *f*, Amt *n*; **~ en almacén** ab Lager; **~ a bordo** frei an Bord; **~ clave** Schlüsselstellung *f*; **~ directivo** leitende Stellung *f*, Führungsposition *f*; **~ a domicilio** frei Haus; **~ en estación** frei Station; **~ en *(la)* fábrica** ab Fabrik, ab Werk; **~ fronterizo *(de entrada)*** Grenzübergang *m*, **~ en muelle** ab Kai; **~ de mando** Befehlszentrale *f (Polizei)*, leitende Stellung *f*; **~ de policía** *(o* ***policial)*** Polizei | posten *m*, -wache *f*; **~ de socorro** Rettungsstation *f*, Erste Hilfe *(VZ)*; **~ de trabajo** Arbeitsplatz *m*, Stellung *f*, Dienstposten *m*.
pugna electoral Wahlkampf *m*.
puja Gebot *n (bei Versteigerung)*, Mehrgebot *n*, höheres Gebot *n*.
puja | dor Bieter *m*, Überbieter *m*; **~r** bieten *(bei Versteigerung)*, steigern, mit | bieten, über-, mehr bieten.
punibilidad Straf | barkeit *f*.
punible strafbar, strafbewehrt; **no ~** straflos.
puni | ción Bestrafung *f*, Ahndung *f*; **~tivo** *(adj)* Straf-, strafend.
punta, a ~ de navaja mit gezücktem Messer *n*.
puntear prüfen, durchgehen.
punteo Stichprobe *f*.
punto Punkt *m*, Zeitpunkt *m*; **~ de apoyo** Stützpunkt *m*; **~ de conexión** *(IPR)* Anknüpfungs | punkt *m*; **~ de Derecho** Rechtsfrage *f*; **~ de destino** Bestimmungsort *m*; **~ de hecho** Tatfrage *f*; **~ legal** Rechtsfrage *f*; **~ litigioso** Streit | punkt *m*; **~ del orden del día** Tagesordnungspunkt *m*; **~ oro** Goldpunkt *m*; **~ de partida** Ausgangspunkt *m*.
punto de vista, desde el ~ ~ de la coyuntura konjunkturpolitisch; **desde el ~ ~ financiero** finanziell.
puntos *pl* Zulage *f*, Lohnzulage *f*; **~ por hijos** *(Sp)* Kinderzulage *f*.
puntuación Benotung *f (nach Punkten)*.
puntualizar einzeln angeben.
punzón *m* Stempel *m*, Eichzeichen *n*.
puño, de *(su)* ~ y letra s. de propio puño; **de propio ~** eigenhändig *(unterschreiben)*.
pupila weiblicher Mündel *m*.
pupilaje *m* Pflegschaft *f*.
pupi | lar *(adj)* Mündel-, mündelsicher; **~lo** Mündel *m*, Pflegebefohlener *m*.
purga Säuberung *f*.
purgar büßen, säubern, Strafe *f* erleiden.
purificar heilen *(Rechtsgeschäft)*.
puro unbedingt, uneingeschränkt; **~ y simple** unbedingt.
putativo Putativ-.

Q

quanti minoris *(lat)* Minderungsklage *f*.
quantum *m (lat)*, **~ de la demanda** Streitwert *m*.
quasi- *(lat)* s. cuasi-.
quebrado Gemeinschuldner *m*.
quebrador Rechtsbrecher *m*.
quebrantador s. quebrador.
quebrantamiento Verletzung *f*, Bruch *m (eines Vertrages)*, Verstoß *m*; **~ de condena** Selbstbefreiung *f (oder Ausbruch m)* von Gefangenen; **~ de forma** Form | verletzung *f*; **~ del orden** Störung *f* der öffentlichen Ordnung; **~ de sellos** Siegelbruch *m*.
quebrantar verletzen, *(zer)*brechen, übertreten; **~ la condena** ausbrechen *(aus dem Gefängnis)*.
quebranto Bruch *m*, Verletzung *f*, Verlust *m*, Schaden *m*, Schädigung *f*; **~ de la fidelidad** Verletzung *f* der Treuepflicht; **~ de moneda** Fehlgeld *n*, Manko- *n*.
quebrar in Zahlungsunfähigkeit *(oder: Insolvenz f)* geraten.
quedar *(ver)*bleiben; **~ al arbitrio** im Ermessen *n* stehen, freigestellt sein; **~ constituido** beschlussfähig sein; **~ sin efecto** außer Kraft treten; **~ intactas** unberührt bleiben *(Vorschriften)*; **~ de manifiesto** ausliegen *(Akten)*; **~ redactado de la siguiente forma** *(o* ***manera)*** folgende Fassung *f* erhalten *(Gesetz)*; **~ a salvo** vorbehalten bleiben;

~ **en suspenso** ruhen *(Fristen)*; ~ **en vigor** in Kraft bleiben, weiter gelten; ~ **sin vigor** außer Kraft treten.
queja Beanstandung *f*, Beschwerde *f*, Rechts | beschwerde *f*, Dienstaufsichts- *f*.
quej | arse Beschwerde *f* einlegen; **~oso** Beschwerdeführer *m*.
quema | Brandstiftung *f*; **~dor** Brandstifter *m*.
querella Klage *f*, Beschwerde *f*, Privatklage *f*, Antrag *m*, Strafantrag *m*; ~ **penal** Straf | antrag *m*, -klage *f*.
querellado Privatbeklagter *m*.
querellante *m (Straf)*Antragsteller *m*, Beschwerdeführer *m*; ~ *(adj)* klägerisch; ~ **particular** Privatkläger *m*.
querellar(se) Privatklage *f* erheben, einen Strafantrag *m* stellen.
quiebra *(RG)* Insolvenz *f*, Bankrott *m*; **en ~** bankrott; **hacer ~** in Insolvenz *f* geraten.
quien, a ~ concierna für den es angeht; **contra ~ resulta responsable** gegen Unbekannt *(Ermittlungen)*.
quinquenio Lohnzulage *f*; Fünfjahresfrist *f*.
quinta Jahrgang *m*; kleiner Pachthof *m*; ~ **castrense** Wehrerfassung *f*.
quin | tar *(Wehrpflichtige)* heranziehen; **~tero** Pächter *m* von Land.
quinto erfasster Wehrpflichtiger *m*.
quiñón *m* Gewinn | anteil *m*, Erb- *m*; Parzelle *f*, Ackerland *n*.
quirografario privatschriftlich.
quirógrafo Quittung *f*, Schuldschein *m*, handschriftliche Urkunde *f*.
quita Erlass *m (der Schuld)*; ~ **de deuda** Schulderlass *m*; ~ **y espera** Teilnachlass *m* und Stundung.
quita miento Erlass *m (Schuld) f*.
quitanza Quittung *f*; ~ **por liquidación** Ausgleichsquittung *f (ArbR)*.
quitar abschaffen, entwenden, entziehen, wegnehmen.
quórum *m* Beschlussfähigkeit *f*, qualifizierte Mehrheit *f*, Quorum *n*; ~ **de constitución** Beschlussfähigkeit *f*; **tener el** beschlussfähig sein.
quota litis *(lat)* Erfolgshonorar *n*.

R

rábula *m* Rechtsverdreher *m*.
ración Ration *f*, Portion *f*, Kostgeld *n*.
racionado bezugscheinpflichtig.
racional 1. rational, 2. wirtschaftlich.
racionalidad Rationalität *f*.
racionalización Rationalisierung *f*.
racionalizar rationalisieren.
racionamiento Rationierung *f*, Bewirtschaftung *f*.
racionar zuteilen, bewirtschaften.
radicación Belegenheit *f*, Wohnsitznahme *f*.
radical | radikal; **~ismo** Radikalismus *m*.
radicante *(adj)* belegen.
radicar sich befinden, liegen *(Sitz)*, belegen sein.
radicarse sich niederlassen.
radio Radius *m*, Umkreis *m*; ~ **de acción** Wirkungskreis *m*; ~ **aduanero** Zollgrenzbezirk *m*.
radiodifusión Rundfunk | *m*, -sendung *f*.
radioprotección Strahlenschutz *m*.
raices *fpl* Grundbesitz *m*.
ralentiza | ción Verlangsamung *f*; **~r** verlangsamen.
rama *(s. a. ramo)* Fach *n*, Branche *f*, Zweigstelle *f*; Linie *f (Verwandtschaft)*; ~ **ascendente** aufsteigende Linie *f*; ~ **del Derecho** Rechts | gebiet *n*; ~ **materna** mütterliche Linie *f*; ~ **paterna** väterliche Linie *f*.
ramo *(s. a. rama)* Branche *f*, Fach *n*, Zweig *m*, Bereich *m*; ~ **comercial** *(o **de comercio**)* Geschäfts | zweig *m*, Handels- *m*; ~ **de la construcción** Bau | gewerbe *n*, -wirtschaft *f*; ~ **industrial** Industrie | zweig *m*, Gewerbe- *m*; ~ **de servicios** Dienstleistungsgewerbe *n*.
rancho Bauernhof *f*.
rango Rang *m*, Dienstrang *m*, Rangstelle *f (Hypothek)*; **de igual ~** gleichrangig; **de ~ inferior** nachrangig; ~ **legal** Gesetzesrang *m*; **de ~ superior** höherrangig.

ranzón *m* Lösegeld *n*.
raptar entführen, verschleppen.
rapto *(s. a. secuestro)* Entführung *f*, Verschleppung *f*.
raptor Räuber *m*, Entführer *m*.
raque | *m* Strandraub *m*; **~terismo** Gangstertum *n*; **~tero** Gangster *m*.
rastrear eine Spur *f* verfolgen.
rastro 1. Spur *f*; 2. Trödel | markt *m*, Floh- *m*.
rata Gebühr *f*; **por ~ parte** anteilmäßig.
rate | ar entwenden; **~o** Aufteilung *f* in Raten.
ratería Diebstahl *m* geringwertiger Sachen, Taschendiebstahl *m*.
ratero Taschen | dieb *m*, Gelegenheits- *m*; **~ de tiendas** Ladendieb *m*.
ratificación Ratifi | zierung, -kation *f*, Genehmigung *f*.
ratifica | dor ratifizierend; **~nte *m* Genehmigender *m*.**
ratificar ratifizieren, genehmigen.
ratihabición Genehmigung des Geschäfts des vollmachtlosen Vertreters.
ratio *f (lat)* Rate *f*, Quote *f*, Kennziffer *f*, Koeffizient *m*; **~ decidendi** *(lat)* bindende Leitsätze *mpl* in der Urteilsbegründung; **~ legis** *(lat)* Sinn und Zweck *m* des Gesetzes; **~ de rotación** Umschlagsziffer *f*.
ratione *(lat)*, **~ personae** aus in der Person liegenden Gründen *mpl*.
rato nicht vollzogen *(Ehe)*.
raya | *(Mex)* Zahlung *f*; **~do** Aufteilung *f* in Kontospalten; **~dor** *(Mex)* Zahlmeister *m*; **~r** liniieren, schraffieren, durchschtreichen; zahlen.
razón *f* Grund *m*, Begründung *f* *(Rechtsbehelf)*, Gesetzeszweck *m*; **~ de ciencia del dicho** Quelle *f* der Kenntnis *(Zeuge)*; **por ~ de las circunstancias del caso particular** auf Grund der Umstände des Einzelfalls; **en ~ de competencia** zuständigkeitshalber; **~ de la materia** Natur *f* der Sache; **~ social** Gesellschafts | firma *f*, -name *m*.
razona | do mit Gründen *mpl* versehen; **~r** begründen.
razones *fpl*, **por ~ funcionales** aus arbeitstechnischen Gründen *mpl*.
razzia *(Polizei)*Razzia *f*.
rea Angeklagte *f*, Täterin *f*.
reabaste | cer auffüllen *(Bestände)*; **~cimiento** Auffüllung *f*.
reabonarse das Abonnement *n* erneuern.
reabrir *(Prozess, Verhandlungen:)* wieder | eröffnen, -aufnehmen.
reacción Reaktion *f*; **~ en cadena** Kettenreaktion *f*; **~ de susto** Schreckreaktion *f*.
reaccionario reaktionär.
reactivación Wieder | aufschwung *m*, -belebung *f*.
reactivar ankurbeln *(Wirtschaft)*, reaktivieren.
reacuña | ción Nachprägung *f*; **~r** nachprägen, ummünzen.
readaptación Umstellung *f*, Umschulung *f*, Wiedereingliederung *f*, Resozialisierung *f*; **~ profesional** Umschulung *f*, Rehabilitation *f*.
readaptar umschulen.
readmisión Wieder | einstellung *f*, -zulassung *f*.
read | mitir wieder | einstellen, -zulassen; **~quirente** *m* Rückerwerber *m*; **~quirir** zurückerwerben; **~quisición** Rückerwerb *m*.
reagrupación Umgruppierung *f*, Umstellung *f*, Umschichtung *f*; **~ de familia** *(o* ***familiar****)* Familienzusammenführung *f*.
reagrupar umgruppieren.
reajustar angleichen; **~ los precios** Preise *mpl* anpassen.
reajuste *m* Angleichung *f*, Anpassung *f*, Ausgleich *m*, Berichtigung *f*, Umbildung *f*; **~ financiero** Finanzausgleich *m*; **~ de valor** *(o* ***de la valoración****)* Wertberichtigung *f*.
real dinglich, Königs-, königlich.
realengo staatlich *(-es Land)*.
realidad Wirklichkeit *f*, Realität *f*; **~ jurídica** Rechtswirklichkeit *f*.
realineamiento Neufestsetzung *f*; **~ monetario** Währungsanpassung *f*.
realizable realisierbar.
realizables *mpl* Umlaufvermögen *n*.
realización Verwirklichung *f*, Realisierung *f*, Durchführung *f*, Verwertung *f* *(in Vollstreckung)*; Verkauf *m* *(Ware)*; **~ de beneficios** *(B)* Gewinnmitnahme *f*; **~ de la contingencia asegurada** Eintritt *m* des Versicherungsfalls; **~ de géneros** Ausverkauf *m*; **~ a precios ruinosos** Verschleuderung *f*; **~ de servicios** Erbringung *f* von Dienstleistungen;

~ del siniestro Schadenseintritt *m*; **~ del tipo** Tatbestandsverwirklichung *f*.

realizar verwirklichen, realisieren, verwerten *(Vollstreckung)*, vornehmen,
realquilado *'ieck)*,
flüssig machen; **~ gastos** Ausgaben *npl* machen; **~ gestiones** verhandeln; **~ pesquisas** recherchieren; **~ la prestación social sustitutoria** Zivildienst *m* leisten.

realquil | ado Untermieter *m*; **~ar** unter | vermieten, wieder-; **~er** *m* Unter | vermietung *f*, Wieder- *f*.

reanimación Neu | belebung *f*, Wieder- *f*, Ankurbelung *f*.

reanudación Wiederaufnahme *f*; **~ de las negociaciones** Wiederaufnahme *f* der Verhandlungen.

reanudar wiederaufnehmen; **~ la marcha** die Fahrt *f* fortsetzen; **~ el trabajo** die Arbeit *f* wiederaufnehmen.

reapertura Wieder | eröffnung *f*, -aufnahme *f*; **~ de los debates** Wiedereröffnung *f* der Verhandlung.

rea | prehensión erneute Festnahme *f*; **~prendizaje** ***m*** **Umschulung *f*.**

reasegura | do Rückversicherter *m*; **~dor** Rückversicherer *m*; **~** *(adj)* Rückversicherungs-; **~r** rückversichern.

reaseguro Rückversicherung *f*; **~ en cuota-parte** *(o* ***de cuotas****)* Quotenrückversicherung *f*; **~ de excedentes** *(o* ***de exceso****)* Exzedentenrückversicherung *f*.

reasentamiento Umsiedlung *f*; **~ forzoso** Zwangsumsiedlung *f*.

reasentar umsiedeln.

reasignación de competencias Neuverteilung *f* der Zuständigkeiten.

reasumir wiederübernehmen.

rebaja Rabatt *m*, Ermäßigung *f*, Minderung *f*, Abschlag *m*, Abzug *m*, Herabsetzung *f*, Preisnachlass *m*, Prozente *npl*; **~ de** *(o* ***según la****)* **cantidad** Mengen | rabatt *m*, -nachlass *m*; **~ de fidelidad** Treue | rabatt *m*, -prämie *f (Wettbewerb)*; **~ de personal** Belegschaftsrabatt *m*; **~ por pronto pago** Skonto *m n*, Barzahlungsnachlass *m*.

rebajar nachlassen, ermäßigen, herabsetzen *(Preis)*, abziehen.

rebajas *pl* **~ de invierno/verano** Winter/Sommerschlussverkauf *m*.

rebasamiento Überschreitung *f*.

rebasar überschreiten, überziehen *(Konten)*; **~ los límites** die Grenzen *fpl* überschreiten.

rebelarse sich auflehnen.

rebelde *m* Aufständischer *m*; **~** *(adj)* aufständisch, säumig *(vor Gericht)*.

rebeldía *(Ver)*Säumnis *f*, Nichterscheinen *n* vor Gericht; **en ~** säumig, durch Versäumnis *n*.

rebelión Aufruhr *m*, Aufstand *m*.

rebuscar durchsuchen.

recabar einholen *(Stellungnahme u.ä.)*; **~ los autos** die Akten *fpl* beiziehen.

recadero Bote *m*.

recado Auftrag *m*, Besorgung *f*.

recaer *(Erbschaft:)* zufallen, zurückfallen; ergehen *(Urteil)*, ruhen auf *(dingliches Recht)*.

re | caída Rückfall *m*; **~calcular** neu berechnen.

recalentamiento de la coyuntura Konjunkturüberhitzung *f*.

recambiar umtauschen.

recambio Rückwechsel *m*, Ritratte *f*, Zahlung *f* des Rückwechsels an letzten Inhaber.

recapacitación profesional berufliche Rehabilitation *f*.

recapacitar rehabilitieren.

recapitaliza | ción Refinanzierung *f*, Kapital | aufstockung *f*.

recapitulación Zusammenfassung *f*.

recarga Nachladung *f*.

recargar aufschlagen, nachberechnen, erneut beschuldigen; **~ los fletes** überladen.

recargo Auf | geld *n*, -schlag *m*, Säumniszuschlag *m*, Auf | preis *m*, Mehr- *m*; erneute Beschuldigung *f*; **~ estacional** Saisonaufschlag *m*; **~ impositivo** Steuerzuschlag *m*; **~ por pago fraccionado** Ratenzuschlag *m*; **~ postal** Nach | gebühr *f*, -porto *n*; **~ de precio** Preiszuschlag *m*; **~ de retraso** Säumniszuschlag *m* *(SteuerR)*; **~ de soltería** *(Sp)* Tarifzuschlag *m* zur Einkommensteuer bei Ledigen.

recaudable beitreibbar.

recaudación Einziehung *f*, Erhebung *f* *(von Steuern)*, Bei | treibung *f*, Ein- *f*, Einforderung *f*; **~ adicional** Nacher-

hebung *f*; ~ **de derechos aduaneros** Zollerhebung *f*; ~ **de fondos** organisierte Spendenbeschaffung *f*, Fundraising *n*; ~ **en la fuente** Quellenbesteuerung *f*; ~ **impositiva** *(o **de impuestos**)* Steuererhebung *f*.
recaudador Steuereinnehmer *m*; ~ *(Sp)* höherer Vollstreckungsbeamter *m (SteuerR)*.
recaudar erheben, einnehmen, einziehen, beitreiben *(Steuern)*.
recau | datorio *(adj)* einzugs-; **~do** Beweisurkunde *f*, Sicherheit *f*; Steuer | erhebung *f*, -beitreibung *f*.
recepción Empfang *m* Eingang *m*, Rezeption *f*, Aufnahme *f*, Abnahme *f*, Übernahme *f (der Ware)*; ~ **final** Schlussabnahme *f*; ~ **del juramento** Eidesabnahme *f*.
receptación *(Sp)* Hehlerei *f*, Sachhehlerei *f*.
recep | tador Hehler *m*, Begünstiger *m*; **~tar** begünstigen; **~ticio** *(adj)* Empfangs-, empfangsbedürftig; **~tividad** Aufnahmefähigkeit *f*.
receptor Empfänger *m*, Anweisungsempfänger *m*.
receptoría Steuer | amt *n*, Zoll- *n*.
recesión Rückschlag *m*, Rezession *f*, Abschwung *m*.
receso Verhandlungspause *f*; sitzungsfreie Zeit *f (Parlament)*.
rechazamiento Ausschlagung *f*, Zurückweisung *f (an der Grenze)*.
rechazar ablehnen, abschlägig bescheiden, ab | weisen, zurück-, verweigern, ausschlagen; ~ **una demanda** eine Klage *f* abweisen; ~ **de plano** ohne Anhörung *f* ablehnen; ~ **un recurso** ein Rechtsmittel *n* verwerfen *(oder zurückweisen)*.
rechazo Ab | weisung *f*, Zurück- *f*, Verwerfung *f*, Ablehnung *f*; ~ **en frontera** Zurückweisung *f* an der Grenze.
recibí *m* Empfangsbestätigung *f*, Quittung *f*; **con** ~ quittiert.
recibidero abnahmefähig.
recibidor Empfänger *m*.
recibimiento Empfang *m*; ~ **a prueba** Beweis | anordnung *f*, -aufnahme *f*, Zulassung *f* zum Beweis.
recibimos Betrag *m* erhalten.
recibir erhalten, empfangen, an | nehmen, ein-, entgegen-, auf-, über-, ab- *(Werk)*; ~ ***(el)* juramento** den Eid *m* abnehmen, vereidigen; ~ **a prueba** als Beweis *m* zulassen.
recibirse, ~ **de abogado** als Anwalt *m* zugelassen werden.
recibo Empfang *m*, Erhalt *m*, Annahme *f*, Empfangsbekenntnis *n*, Quittung *f*, Einlieferungsschein *m (Post)*; ~ **de almacén** Lager*(empfangs)*schein *m*; **bajo** ~ gegen Quittung *f*; ~ **de carga** *(SeeR)* Frachtquittung *f*; ~ **de correos** Post | *(einlieferungs)* schein *m*, -quittung *f*; ~ **de depósito** Aufbewahrungs | schein *m*, Empfangs- *m*; ~ **de entrega** Lieferschein *m*; ~ ***(de)* finiquito** Ausgleichs- *f*, Abfindungserklärung *f*; ~ **resolutorio** löschungsfähige Quittung *f*; ~ **de salarios** Lohnzettel *m*; **salvo buen** ~ Eingang *m (von Geldern)* vorbehalten; **sin** ~ unquittiert.
reciclado Verwertung *f (Abfall)*, Wiederaufbereitung *f*, Recycling *n*.
reciclaje *m* Rückführung *f*, Umschulung *f*, Wiederverwertung *f*; ~ **de desperdicios** Recycling *n*:
recicla | r wiederaufbereiten, wiederverwerten; **~rse** sich umschulen *(lassen)*.
recidivista *m* Gewohnheitstäter *m*.
reciente dienstjüngster *(Richter)*.
recinto Bereich *m*; ~ **de una aduana** *(o **aduanero**)* Zoll | behörde *f*, -bezirk *m*; ~ **de la feria** Messegelände *n*; ~ **parlamentario** Bannmeile *f (Parlament)*.
recipiendario Kandidat *m (Akademie)*; Empfänger.
reciprocidad Gegenseitigkeit *f*.
recíproco gegenseitig.
reclamable anfechtbar.
reclamación Beanstandung *f*, Reklamation *f*, Mahnung *f*, *(Rück)*Forderung *f*, *(Mängel)*Rüge *f*; **sobre ~ de cantidad** wegen Zahlungsanspruchs *m*; ~ **de deuda** Mahnschreiben *n*; ~ **ejecutoria** vollstreckbarer Anspruch *m*; ~ **de la entrega de un pedido** Abruf *m*; ~ **de esclarecimiento** Aufklärungsrüge *f*; ~ **de estado** Klage *f* des Kindes auf Ehelichkeitserklärung; ~ **de impagos** Mahnwesen *n*; ~ **previa** Abhilfegesuch *n*

(Verwaltungsverfahren); **~ por tercería** Drittwiderspruchsklage *f*.
reclamaciones territoriales *pl* Gebietsansprüche *mpl*.
reclamado Verfolgter *m (Auslieferung)*; **~ por la justicia** steckbrieflich gesucht.
reclamador s. reclamante.
reclamante *m* Beschwerdeführer *m*, *(Rechtsmittel)*Kläger *m*.
reclamar reklamieren, sich beschweren, *(an)*mahnen, rügen, fordern, an|fordern, ein-, verlangen, abrufen, beanspruchen, geltend machen, einklagen; **~ actuaciones** Akten *fpl* anfordern; **~ el cumplimiento de un pedido** abrufen; **~ por la justicia** steckbrieflich suchen; **~ de oficio** von Amts *n* wegen anfordern; **~ por la vía de apremio** im Zwangswege *m* beitreiben.
reclamo Reklame *f*, Werbung *f*, Reklamation *f*.
reclasificación Umgruppierung *f*.
recluido *(s. a. recluso)* Strafgefangener *m*.
recluir einsperren, in Haft nehmen.
reclusión Inhaftierung *f*, Freiheitsentziehung *f*, *(Anstalts)*Unterbringung *f*; **~ solitaria** Einzel|haft *f*, Isolations- *f*.
recluso Strafgefangener *m*; **~ evadido** Ausbrecher *m*; **~ en régimen abierto** Freigänger *m*.
recluta *m* Rekrut *m*, Einberufener *m*; **~ de reemplazo** Reservist *m*.
recluta *f* Rekrutierung *f*.
reclutamiento Anwerbung *f*, Musterung *f*, Rekrutierung *f*.
reclutar anwerben, rekrutieren.
recobr|able inkassofähig; **~ar** wieder|erlangen, zurück-, einkassieren; **~arse** aufholen, sich erholen; **~o** Bei|treibung *f*, Ein- *f*.
recoger an sich nehmen, in Empfang *m* nehmen; **~ beneficios** Kursgewinne *mpl* mitnehmen; **~ pruebas** Beweise *mpl* aufnehmen *(oder erheben)*.
recogida An|nahme *f*, Entgegen- *f*; **~ de basura*(s)*** Müllabfuhr *f*; **~ de datos** Datenerfassung *f*.
recolección Sammlung *f*.
recolocación Wiedereinstellung *f*.
recomendación Empfehlung *f*.
recomen|dar empfehlen, befürworten; **~zar** wiederaufnehmen *(Verfahren)*.
recompensa Belohnung *f*; **~ del hallador** Finderlohn *m*.
recompensa|ción s. recompensa; **~r** ersetzen, belohnen, entschädigen, vergelten, vergüten.
recomponer las arcas die Kassen *fpl* auffüllen.
recompra| Wieder|kauf *m*, Rück- *m*; **~r** *(zu)*rück|kaufen, wieder-.
reconciliación Aussöhnung *f*; **~ contable** Abstimmung *f* von Konten.
reconciliar aussöhnen, versöhnen; abstimmen *(Konten)*.
reconducción Verlängerung *f*, Erneuerung *f*; **~ a la frontera** Zurückschiebung *f (an der Grenze)*; **~ tácita** stillschweigende Vertragsverlängerung *f*.
reconducir verlängern *(Vertrag)*.
reconocer an|erkennen, wieder- *(bei Gegenüberstellung)*; **~ una deuda** eine Schuld *f* anerkennen.
reconocerse, ~ culpable *(o **reo**)* sich schuldig bekennen.
reconocimiento Anerkennung *f*, Anerkenntnis *n*, Untersuchung *f*; **~ de la condición de refugiado** Anerkennung *f* des Flüchtlingsstatus *(oder als Flüchtling)*; **~ del derecho de asilo** Anerkennung *f* als Asylberechtigter; **~ de deuda** Schuld|anerkenntnis *n*, -schein *m*; **~ fáctico** *(o **de facto**)* De-facto-Anerkennung *f*; **~ judicial** gerichtlicher *(oder richterlicher)* Augenschein *m*, Lokaltermin *m*; **~ de la paternidad** Anerkennung *f* der Vaterschaft; **~ preventivo** Früherkennung *f*, Vorsorgeuntersuchung *f*; **~ en rueda** *(Sp)* Wiedererkennen *n* des Täters bei einer Gegenüberstellung; **~ de títulos extranjeros** Nostrifizierung *f*.
reconsiderar erneut prüfen, erneut beraten *(Parlament)*.
reconstitución Wieder|errichtung *f*, -herstellung *f*, Neubildung *f*.
reconstituir neu gründen, wiederherstellen *(Akten)*.
reconstrucción Rekonstruktion *f*, Wiederaufbau *m*, Umbau *m*.
reconstruir rekonstruieren, wieder|herstellen, -aufbauen.

reconvención Verweis *m*, Widerklage *f*; **~ ejecutiva** Vollstreckungs | gegenklage *f*, -abwehrklage *f*.
reconvencional *(adj)* Widerklage-, widerklägerisch.
reconvenido Widerbeklagter *m*.
reconvenir Widerklage *f* erheben, rügen, einen Verweis *m* erteilen.
reconversion *(Struktur)*Umstellung *f*, Umschulung *f*, Umrüstung *f*, Rekonversion *f*; **~ de la agricultura** Umstellung *f* der Landwirtschaft.
recopilación Sammelwerk *n*, Zusammenstellung *f*; **~ de datos** Datenerfassung *f*; **~ de fallos** Entscheidungssammlung *f*; **~ legislativa** Gesetzessammlung *f*.
recopilar zusammen | fassen, -stellen.
recordatorio Erinnerungsschreiben *n*, Aide-Mémoire *n*.
recorrido Strecke *f*, Reiseweg *m*; **~ de frenado** Bremsweg *m* *(VR)*.
recortar kürzen *(Lohn, Gehalt, Arbeitszeit, Haushaltsmittel)*.
recorte *m* Streichung *f*, Kürzung *f*; **~ de personal** Personalabbau *m*; **~ de tipos de interés** Herabsetzung *f* der Zinssätze.
recortes sociales *mpl* Sozialabbau *m*, soziale Einschnitte.
recrimina | ción Beschuldigung *f*, Gegenbeschuldigung *f*; **~r** beschuldigen, gegenbeschuldigen.
recrudecimiento de la criminalidad erneute Zunahme *f* der Kriminalität.
rectificación Berichtigung *f*, Richtigstellung *f*, Gegendarstellung *f* *(Presse)*.
rectificar berichtigen, richtig stellen, Berichtigungen *fpl* machen; **~ el valor** den Wert *m* berichtigen.
rector Rektor *m*; **~** *(adj)* Führungs-, führend, leitend.
rectora | do Rektorat *n*; **~l** *(adj)* Rektoren-.
rectoría Rektorat *n*, Rektorenamt *n*.
recuento Zählung *f*, Auszählung *f*; **~ de existencias** Inventur *f*.
recuperación Wieder | erlangung *f*, -belebung *f*, -verwertung *f*, Beitreibung *f*, Aufwärtstrend *m*, Aufholen *n*, Nachholung *f* *(Ausfallstunden)*; **~ de los impuestos** Überwälzung *f* der Steuern; **~ del IVA** Mehrwertsteuererstattung *f*; **~ profesional** berufliche Rehabilitation *f*.
recuperar wieder | beschaffen, -erlangen, -verwerten, nachholen.
recuperarse *(B)* aufholen, anziehen, sich erholen, fester tendieren.
recurrente *m* Antragsteller *m*, Rechtsmittel | führer *m*, -kläger *m*, Regressnehmer *m*.
recurrible beschwerde | fähig, rechtsmittel-, anfechtbar.
recurrido Beschwerdegegner *m*, Rechtsmittelbeklagter *m*; **lo ~** Gegenstand *m* des Rechtsmittels.
recurrir Beschwerde *f* *(oder: Rechtsmittel n)* einlegen, anfechten *(Entscheidung)*, Rückgriff *m* nehmen; **~ a** in Anspruch *m* nehmen, sich wenden an; **~ en casación** Revision *f* einlegen; **~ contra** Rückgriff *m* nehmen gegen; **~ en revisión** die Wiederaufnahme *f* des Verfahrens betreiben.
recurso Beschwerde *f*, Rückgriff *m*, Regress*(anspruch)* *m*, Rechts | mittel *n*, -behelf *m*, Anfechtung *f*, Widerspruch *m* *(Verwaltung)*; **~ adhesivo** Anschlussbeschwerde *f*; **~ administrativo** Widerspruch *m*; **~ de agregación** Antrag *m* auf Urteilsergänzung; **~ de alzada** Widerspruch *m* *(Verwaltung)*; **~ en ambos efectos** Rechtsmittel *n* mit Devolutiv- und Suspensiveffekt; **~ de amparo constitucional** Verfassungsbeschwerde *f*; **~ de anulación** Nichtigkeits | klage *f*, Anfechtungs- *f* *(Verwaltung)*; **~ de apelación** Berufung *f*; **~ de audiencia** Einspruch *m* *(gegen ein Versäumnisurteil)*; **~ de audiencia de rebeldía** Rechtsmittel *n* gegen ein in Abwesenheit ergangenes Strafurteil; **~ contra el auto de prisión** Haftbeschwerde *f*; **~ cambiario** Wechsel | regress *m*, -rückgriff *m*.
recurso de casación *(o **casacional**)* Revision *f*; **~ ~ por infracción de ley** Revision *f* wegen Verletzung materiellen Rechts.
recurso, ~ contencioso-administrativo verwaltungsgerichtliche Klage *f*; **~ de denegada apelación** Nichtzulassungsbeschwerde *f*; **~ económico-administrativo** *(Sp)*

Einspruch *m* in Abgabensachen; **~ extraordinario por infracción procesal** Revision *f* wegen Verfahrensmängeln *(an Tribunal Superior de Justicia)*; **hacer ~ contra** Rückgriff *m* nehmen gegen; **~ de impugnación** Anfechtungsklage *f*; **~ contra la inadmisión** Nichtzulassungsbeschwerde *f*; **~ de inconstitucionalidad** Normenkontrollverfahren *n*; **~ en interés de la ley** *(Sp)* Revision *f* der Staatsanwaltschaft oder des Ombudsmanns zwecks Rechtsfortbildung; **~ jerárquico** *(Dienst)*Aufsichtsbeschwerde *f*; **~ de legitimidad** Rechtsbeschwerde *f*; **~ de nulidad** Nichtigkeits | beschwerde *f*, -klage *f*; **~ ordinario** ordentliches Rechtsmittel *n*, ordentlicher Rechtsbehelf *m*; **~ ordinario de alzada** *(Sp)* Beschwerde *f* gegen Entscheidungen der Finanzgerichte an das oberste Finanzgericht; **~ prejudicial *(de interpretación)*** *(EU)* Vorabentscheidungsklage *f*; **~ de queja** Beschwerde *f*, Nichtzulassungsbeschwerde *f*; **~ de reforma** Einspruch *m*, Beschwerde *f (Strafprozess)*; **~ de reposición** Einspruch *m (fakultativ zu Klage in Abgabensachen)*, Einspruch *m* gegen prozessleitende Verfügung; **~ de rescisión** Berufung *f*, Einspruch *m* gegen Versäumnisurteil; **~ de responsabilidad civil** Amtshaftungsklage *f* gegen Richter; **~ de revisión** Wiederaufnahmeantrag *m*, -klage *f*, Antrag *m* auf Wiederaufnahme des Verfahrens, Wiederaufgreifen *n* des Verfahrens *(Verwaltung)*; **sin ~** ohne Regress *m*; **~ en un solo efecto** Rechtsmittel *n* mit Devolutiveffekt; **~ sucesivo** Reihen | rückgriff *m*, -regress *m*; **~ tardío** verspätet eingelegtes Rechtsmittel *n*.

recursos *pl* Mittel *pl*, Ressourcen *pl*, Hilfsmittel *pl*, Einnahmen *fpl*, Einnahme | quellen *fpl*, Hilfs- *fpl*; **~ ajenos** Fremdmittel *pl*; **~ energéticos** Energiequellen *fpl*; **de escasos ~** einkommensschwach; **~ forestales** Waldbestand *m*; **~ generales** Cashflow *m*; **~ genéticos** Genpotential *n*; **~ hídricos** *(o **hidrológicos**)* Wasser | vorräte *mpl*, -ressourcen *fpl*; **~ humanos** Arbeitskräftepotential *n*, Humanressourcen *pl*; **~ no renovables** nicht erneuerbare Ressourcen *mpl*; **~ pesqueros** Fischereibestände *mpl*; **~ presupuestarios** Haushalts | mittel *pl*, Budget- *pl*; **sin ~** unbemittelt, mittellos; **~ terceros** Fremd | mittel *pl*, -kapital *n*.

recusable ablehnbar.

recusación Ablehnung *f (wegen Befangenheit)*, Ab | weisung *f*, Zurück- *f*, Ausschlagung *f*; **~ por interés** Ablehnung *f* wegen Besorgnis der Befangenheit.

recusante *m* Ablehnender *m*.

recusar ablehnen, ab | weisen, zurück-, verwerfen, ausschlagen.

red *f* Netz *n*, Netzwerk *n*, Verbundnetz *n*; **~ de abastecimiento eléctrico** Stromversorgungsnetz *n*; **~ de caminos públicos** öffentliches Wegenetz *n*; **~ comercial** Handelskette *f*; **~ de comunicaciones** Verkehrsnetz *n*; **~ de contrabandistas** Schmugglerring *m*; **~ de datos** Datennetz *n*; **~ digital de servicios integrados** diensteintegrierendes digitales Fernmeldenetz *n (ISDN)*; **~ de distribución** Vertriebsnetz *n*, Verteilernetz *n*; **~ de drogas** Drogenring *m*.

red *f*, **~ ferroviaria** Eisenbahnnetz *n*; **~ hidrográfica** Wasserstraßennetz *n*; **~ local** Gemeindestraßennetz *n*; **~ Nacional de Ferrocarriles Españoles** *(RENFE)* Spanische Staatsbahnen *fpl*; **~ de los narcotraficantes** Drogenring *m*; **~ de saneamiento** Abwasserentsorgungsnetz *n*; **~ social** soziales Netz *n*; **~ de telecomunicaciones** Fernmeldenetz *n*.

redacción Schriftleitung *f*, Redaktion *f*; Fassung *f (Gesetz)*, Abfassung *f (Entscheidung)*, Ausarbeitung *f*, Anfertigung *f (Schrift)*; **~ del acta** Protokoll | führung *f*, -aufnahme *f*; **antigua ~** alte Fassung *f (eines Gesetzes)*; **~ definitiva** Endfassung *f*; **~ de un documento** Errichtung *f* einer Urkunde; **nueva ~** Neufassung *f (eines Gesetzes)*.

redactar fassen *(Vorschrift)*, abfassen *(Urteil)*, redigieren, entwerfen, ausarbeiten, aufsetzen *(Dokumente)*.

redactor Schriftleiter *m*, Redakteur *m*, Verfasser *m*; **~ -jefe** Hauptschriftleiter *m*, Chefredakteur *m*.

redada Fahndung *f*, Razzia *f*; **~ antidroga** Drogenrazzia *f*.

redargüir anfechten, zurückweisen.

redención Ab | lösung *f*, Ein- *f*, Tilgung *f*, Erlass *m (von Strafen)*; **~ de acciones** Einziehung *f* von Aktien; **~ de penas por el trabajo** Straferlass *m* durch Arbeit.

redesconta | bilidad Rediskontfähigkeit *f*; **~ble** rediskontfähig; **~r** rediskontieren.

redescuento Rediskont *m*, Re | diskontierung *f*, Abzinsung *f*

redhibi | ción Rücktritt; **~r** zurücktreten; **~torio** *(adj)* Rücktritts-.

redim | ente *m* Ablösender *m*; **~ible** ablös | bar, einzieh- *(Wertpapiere)*.

redimir tilgen, zurückkaufen.

redistribución Um | verteilung *f*, Neu- *f*; **~ de la*(s)* renta*(s)*** Einkommens | neuverteilung *f*.

redistribu | ir umverteilen; **~tivo** *(adj)* Umverteilungs-, umverteilend.

rédito Kapitalertrag *m*, Rendite *f*.

réditos *pl* Einkünfte *pl*, Aufkommen *n (von Zinsen)*.

reditua | ble ertragreich; **~r** Ertrag *m (oder Nutzen m)* bringen.

redondear ab | runden, auf- *(Beträge)*; **~ hacia arriba** aufrunden.

redondeo Ab | rundung *f*, Auf- *f*.

reducción Ermäßigung *f*, Herabsetzung *f*, Reduzierung *f*, *(Ver)*Minderung *f*, Senkung *f*, Abschlag *m*, Abnahme *f*, Abzug *m*, Abkürzung *f (einer Frist)*, Nachlass *m (des Preises)*, Verringerung *f*, Abbau *m*; **~ arancelaria** Zoll | senkung *f*, -ermäßigung *f*; **~ de armamentos** Teilabrüstung *f*, Rüstungsbeschränkung *f*; **~ de la capacidad de ganancia** Minderung *f* der Erwerbsfähigkeit; **~ de capacidades** Kapazitätsabbau *m*; **con ~ de costes** kostengünstiger; **~ de la duración del trabajo** Arbeitszeitverkürzung *f*; **~ de existencias** Lagerabbau *m*; **~ fiscal** Steuer | senkung *f*, -ermäßigung *f*, -nachlass *m*, -verkürzung *f*; **~ de grado** Herabstufung *f*; **~ de las importaciones** Importdrosselung *f*; **~ de ingresos** Mindereinnahme *f*; **~ de liquidez** Liquiditätsanspannung *f*; **~ de la mano de obra** Arbeitskräfteabbau *m*; **~ del margen de liquidez** Einengung *f* des Liquiditätsspielraums; **~ de plantilla** Personal | abbau *m*, Stellen- *m*; **~ de *(los)* precios** Preis | ermäßigung *f*, -senkung *f*, -nachlass *m*; **~ de la producción** Produktions | einschränkung *f*, -drosselung *f*; **~ de responsabilidad** Haftungsbeschränkung *f*; **~ del valor mercantil** merkantiler Minderwert *m*.

reducido gedrückt *(Kurse)*.

reducir herabsetzen ermäßigen, reduzieren, *(ver)*mindern, verringern, senken, abbauen; **~ los impuestos** Steuern *fpl* verkürzen; **~ a la legítima** auf den Pflichtteil *m* setzen.

redundar sich auswirken; **~ en su provecho** zum Vorteil *m* gereichen.

reedi | ción Neu | auflage *f*, -ausgabe *f*; **~tar** neu *(oder wieder)* auflegen.

reeducable resozialisierbar.

reeducación Umschulung *f*.

reeduca | r umschulen; **~tivo** *(adj)* Resozialisierungs-.

reelaboración Bearbeitung *f*.

reelección Wieder | wahl *f*, Neu- *f*.

reelegi | ble wiederwählbar; **~r** wiederwählen.

reembar | car rückverladen, wiedereinladen *(Ware)*; **~co** Rückverladung *f*, Wiedereinschiffung *f*; **~gante** *m* Gläubiger *m* einer Nachpfändung; **~gar** nachpfänden.

reembargo Nach | pfändung *f*, Anschluss- *f*.

reembarque *m* Rück | verladung *f*, Wieder- *f*, Rückverschiffung *f*.

reembolsable ablös | bar, tilg-.

reembolsante *m* Rückzahler *m*.

reembolsar erstatten, *(zu)*rück | zahlen, -bezahlen, einziehen, tilgen.

reembolso Ein | lösung *f*, Ab- *f*, Erstattung *f*, Vergütung *f*, Tilgung *f*; **contra ~** gegen *(oder per)* Nachnahme *f*; **~ del franqueo** Portonachnahme *f*; **~ de títulos** Einlösung *f* von Wertpapieren.

reemi | sión Wiederausgabe *f*; **~tir** wiederausgeben.

reemplaz | able vertretbar; **~ante** ***m*** Ersatzmann *m*, Vertreter *m*; **~ar** ersetzen, vertreten; **~o** Ersatz *m*.
reemple | ar wiedereinstellen; **~o** Wiederanstellung *f*.
reenajena | ción Weiterveräußerung *f*; **~r** weiterveräußern.
reendosar rück | indossieren, wieder-.
re | endoso Rückindossament *n*; **~enviar** weiter | verweisen, *(zu)*rück-.
reenvío *(Weiter)*Verweisung *f (IPR)*, *(Zu)*Rück | verweisung *f (IPR)*, -schiebung *f (Ausländer)*, Renvoi *m (franz, IPR)*, Rücküberweisung *f*; **~ a las instancias** *(Zu)*Rückverweisung *f* an die Vorinstanz.
reescalonamiento de la deuda Umschuldung *f*.
reestructuración Umstellung *f*, Umgestaltung *f*, Umschichtung *f*.
reestructurar umgestalten.
reevaluación Neubewertung *f*.
reevalúo Neubewertung *f*.
reexamen *m* erneute Prüfung *f*.
reexaminar erneut vernehmen *(oder verhören)*, erneut beraten *(Gesetz)*.
reexpedición Weiterbeförderung *f*, *(Zu)*Rück | sendung *f*, Nach- *f*.
reex | pedir weiterbefördern, nach | senden, *(zu)*rück-, neu aufgeben; **~portación** Wiederausfuhr *f*; **~portar** wieder | ausführen, weiter-.
refacción Zugabe; Reparatur *f*.
refaccionar finanzieren; **~io** Aufbaukredit *m*.
refaccionista *m* Financier *m*.
referencia Bezugnahme *f*, Betreff *m*, Geschäfts | zeichen *n*, Akten- *n*; **~ bancaria** Bankverbindung *f*; **~ comercial** Handelsauskunft *f*.
referéndum *m* Volks | entscheid *m*, -abstimmung *f*, Referendum *n*; **~ de huelga** Urabstimmung *f*.
referente a in Bezug auf.
referir referieren, schildern.
re | ferirse sich berufen auf; **~financiación** Re | finanzierung *f*, Neu- *f*.
re | fletar erneut befrachten *(oder chartern)*; wieder flottmachen.
reflujo Rückfluss *m*; Ebbe *f*.
reforma Reform *f*, Abänderung *f*, Umstellung *f*; **~ de edificios** Umbau *m (Bauten)*; **~ educacional** *(o* ***educativa)*** Bildungsreform *f*; **~ de la moneda** *(o* ***monetaria)*** Währungs | reform *f*, -umstellung *f*; **~ del penado** Besserung *f* des Strafgefangenen; **~ social** Sozialreform *f*; **~ de un texto legal** Novelle *f*.
reformar abändern, reformieren.
reformatorio Reform-.
reformista *m* Reformpolitiker *m*; **~** *(adj)* Reform-.
reforzamiento Bekräftigung *f*.
refractario al servicio militar Kriegsdienstgegner *m*.
refrendación Mitunterzeichnung *f*.
refrenda | dor Mitunterzeichner *m*; **~nte** ***m*** **s. refrendador; ~r** beglaubigen, gegenzeichnen; **~rio** Gegenzeichn*(end)*er *m*.
refrendo Gegenzeichnung *f*.
refuerzos *pl* Nachschub *m*.
refugiado Flüchtling *m*, Vertriebener *m*; **~ económico** Wirtschafts | flüchtling *m*; **~ político** politischer Flüchtling *m*.
refugiados *pl*, **~ en barco** Bootsflüchtlinge *mpl*, Boat people *pl*.
refugiar | Schutz *m* gewähren *(Flüchtlingen)*; **~se** Asyl *n* suchen.
refugio Asyl *n*, Flüchtlingsstatus *m*, Zuflucht *f*; **~ fiscal** Steuerasyl *n*; **~ de peatones** Verkehrsinsel *f*.
refundición Neufassung *f (Gesetz)*.
refundir umarbeiten, neu fassen *(Gesetz)*, umfinanzieren.
refuta | ble widerlegbar; **~ción** Ab | weisung *f*, Zurück-; **~r** ab | weisen, zurück-, entkräften, widerlegen.
regalía Hoheitsrecht *n*, Lizenzgebühr *f*, Lohnzuschlag *m*; **~ de acuñación** Münzregal *n*; **~ del autor** Autorenhonorar *n*; **~ monetaria** Münzhoheit *f*.
regalo Geschenk *n*, Schenkung *f*; **~ de propaganda** Werbegeschenk *n*.
regate | ar aushandeln, feilschen; **~o** Feilschen *n*, Handeln *n*, Schacher *m*; **~ro** Einzelhändler *m*.
regencia Leitung *f*, Regentschaft *f*.
regeneración Regeneration *f*.
regen | ta Regentin *f*; **~tar** leiten, verwalten, vorstehen; **~te** *m* Leiter *m*, Regent *m*, Geschäftsführer *m*.
regicidio Königsmord *m*.
régimen *m* Regime *n*, System *n*, Regierungsform *f*, Staatsform *f*, Regelung *f*; **~ abierto** offener Straf-

vollzug *m*; **~ de acuñación** Münzwesen *n*; **~ de aduanas** *(o* ***aduanero)*** Zoll | system *n*, -verfahren *n*; **~ de ascensos** Beförderungssystem *n (Beamte)*; **~ de asistencia sanitaria** Gesundheitswesen *n*; **~ de ayuda*(s)*** Beihilferegelung *f (EU)*; **~ de bienes** gesetzlicher Güterstand *m*, Güterrecht *n*; **~ castrense** Militärregierung *f*; **~ cerrado** geschlossener *(Straf)*Vollzug *m*; **~ de compensación** Ausgleichsregelung *f*; **~ contable** Buchführungssystem *n*; **~ corporativo** Innungswesen *n*; **~ de créditos** Kreditwesen *n*; **~ de cuotas** Quotenregelung *f*; **~ disciplinario** Disziplinar | wesen *n*, -recht *n*; **~ de divisas** Devisen | recht *n*, -gesetzgebung *f*, -bewirtschaftung *f*.

régimen *m*, **~ de ejercicio de actividades profesionales y laboral** *(Sp)* Gewerbe- und Arbeitsrecht *n*; **~ electoral** Wahlsystem *n*; **~ escolar** Schulwesen *n*.

régimen *m* especial Sonderregelung *f*; **~ ~ agrario** *(Sp)* Altershilfe *f* für Landwirte; **~ ~ de la minería del carbón** *(Sp)* Knappschaftsversicherung *f*.

régimen *m*, **estar en ~ de jornada reducida** kurzarbeiten; **~ financiero** Finanzwesen *n*; **~ fiscal** Steuer | system *n*, -regelung *f*; **~ foral** Partikularrecht *n*; **~ fronterizo** Grenzverkehr *m* und Regelung für Grenzgänger; **~ hídrico** *(o* ***hidrológico)*** Wasserhaushalt *m*; **~ hidráulico** Wasserrecht *n*; **en ~ de intercambio** im Austauschverfahren *n*; **~ interior** Innenverhältnis *n*, Inlandsregelung *f*; **~ interno** Inlandsregelung *f*; **de ~ interno** innerdienstlich, behördenintern; **~ jurídico** rechtliche *(oder gesetzliche)* Regelung *f*; **~ legal de bienes** gesetzlicher Güterstand *m*; **~ lingüístico** Regelung *f* der Sprachenfrage *(EU)*; **~ local** Kommunalverwaltung *f*, Gemeinde | verfassung *f*, -recht *n*; **~ monetario** Münzwesen *n*, Währungs | apparat *m*, -ordnung *f*; **~ municipal** Städteordnung *f*, Kommunalverwaltung *f*; **~ de nación más favorecida** Meistbegünstigung *f*; **~ orgánico** Verfassung *f*, verfassungsrechtliche *(oder verfassungsmäßige)* Ordnung *f*; **~ de patentes** Patentwesen *n*; **~ penitenciario** Strafvollzug*(srecht)* *m (n)*; **~ político** Regierungssystem *n*.

régimen *m* de precios Preisregelung *f*; **~ ~ fijos** Preisbindung *f*; **~ garantizados** Garantiepreisregelung *f*.

régimen *m*, **~ presidencialista** Präsidial | regierung *f*, -system *n*; **~ de primas** Prämienregelung *f*; **de ~ propio** selbstständig berufstätig; **~ de retribuciones** Besoldungsordnung *f*; **~ de separación de bienes** Gütertrennung *f*; **~ de transición** Übergangsregelung *f*; **~ tributario** Steuersystem *n*; **~ de turnos** Schichtarbeit *f*; **~ urbanístico del suelo** städtische Bodenordnung *f*; **~ de visita*(s)*** Besuchsrecht *n*, Umgangsregelung *f (Eherecht)*.

regimiento Regiment *n*.

región Gebiet *n*, Region *f*; **~ autónoma** autonome Region *f*; **~ ayudada** Fördergebiet *n*; **~ fronteriza** Grenzregion *f*; **~ industrial** Industriegebiet *n*; **~ inhabitada** unbewohntes Gebiet *n*; **~ militar** Wehrbereich *m*; **~ minera** Kohlenrevier *n*; **~ periférica** Randgebiet *n*; **~ de prioridad** *(o* ***prioritaria)*** vorrangiges Fördergebiet *n (EU)*; **~ saturada** überlasteter Siedlungsbereich *m*, Ballungs-, **~ ultraperiférica** Region *f* in äußerster Randlage.

regionali | dad Gebiets | zugehörigkeit *f*, Landes- *f*; **~smo** Regionalismus *m*, Partikularismus *m*; **~sta** *(adj)* regionalistisch; **~zación** Regionalisierung *f*.

regir leiten, regieren, gelten *(Gesetze)*, anwendbar sein.

regiro Rückwechsel *m*.

registrable eintragungsfähig.

registrador Register | führer *m*, -beamter *m*; **~ de la propiedad** Grundbuchbeamter *m*.

registra | l *(adj)* Register-; **~nte *m* Anmelder *m*.**

registrar eintragen, registrieren, verzeichnen, erfassen *(Daten)*, aufnehmen *(Tonband)*; unter | suchen, durch-; **~ un déficit** einen Fehlbetrag *m* ausweisen.

registro Regist|er *n*, -rierung *f*, Verzeichnis *n*, Eintrag*(ung)* *m (f)*, Aufzeichnung *f*, Protokoll *n*, Erfassung *f*, Aktenführung *f*, Durchsuchung *f*; **~ de abanderamientos y matrícula de buques** *(Sp)* Schiffsregister *n*; **~ de accionistas de una sociedad anónima** Aktienbuch *n*; **~ de actos de última voluntad** Testamentsregister *n*; **~ de adopciones** Adoptionsregister *n*; **~ de aduana** *(o* ***aduanero)*** Zoll|beschau *f*, -durchsuchung *f*; **~ de almacén** Lagerbuchhaltung *f*; **~ de antecedentes penales** Strafregister *n*; **~ de armas** Melderegister *n* für Waffen; **~ de asociaciones** Vereinsregister *n*; **~ de audiencias** Terminkalender *m (bei Gericht)*; **~ de la banca privada** *(Sp)* Register *n* für Privatbanken *(Banco de España)*; **~ bautismal** Taufregister *n*; **~ de bienes matrimoniales** *(o* ***del matrimonio)*** Güterrechtsregister *n*; **~ de carteles** Kartellregister *n*; **~ catastral** Katasterbuch *n*.

registro Central Federal de Antecedentes Penales *m* Bundeszentralregister *n* (D); **~~de extranjeros de la dirección general de la policía** *(Sp)* Ausländerzentralregister *n*; **~ ~ de penados y rebeldes** *(Sp)* zentrales Strafregister *n (in Madrid)*.

registro, ~ en cinta Tonbandaufnahme *f*; **~ civil** Personenstandswesen *n*, Zivilregister *n*, Standesamt *n*; **~ contable** Buchung *f*; **~ de contribuyentes** Steuerliste *f*; **~ de defunciones** Sterberegister *n*; **~ de dibujos** Musterregister *n*; **~ domiciliario** Haus*(durch)*|suchung *f*, Wohnungsdurch- *f*; **~ de entidades de seguros** *(Sp)* Register *n* der Versicherungsunternehmen; **~ de entradas*(s)*** Eingangsbuch *n*; **~ de equipajes** Zollrevision *f*; **~ del estado civil** Personenstands|register *n*, -buch *n*; **~ de fundaciones** Stiftungsregister *n*; **~ de gastos** Ausgabenbuch *n*.

registro general Hauptregister *n*; **~ ~ de la propiedad intelectual** *(Sp)* Urheberrechtsregister *n*;**~ ~ de sociedades** *(Sp)* zentrales Register *n* für Handelsgesellschaften.

registro, ~ de hipoteca mobiliaria y prenda sin desplazamiento *(Sp)* Register *n* der besitzlosen Pfandrechte; **~ de impagados** Schuldnerverzeichnis *n*; **~ de jurados** Geschworenenliste *f*; **~ de marcas** Marken|eintragung *f*, Markenregister *n*; **~ de matrícula de aeronaves** *(Sp)* Luftfahrzeugrolle *f*; **~ matrimonial** *(o* ***de matrimonio)*** Heirats|register *n*, -buch *n*; **~ mercantil** Handelsregister *n*; **~ militar** Wehrstammrolle *f*; **~ de modelos de utilidad** Gebrauchsmuster|rolle *f*, -eintragung *f*; **~ de nacimientos** Geburten|buch *n*, -register *n*.

registro nacional ~ ~ de asociaciones *(Sp)* zentrales Vereinsregister *n*; **~ ~ de donantes** *(Sp)* Register *n* der Spender *(Embryonenschutz)*; **~ ~ de títulos** *(Sp)* Zentralregister *n* für staatliche Diplome.

registro, ~ de navegación interior Binnenschifffahrtsregister *n*; **~ notarial** Notar*(iats)*register *n*, Urkundenregister *n*, Protokollbuch *n*; **nuevo ~** Neueintragung *f*; **~ obligatorio** Eintragungszwang *m*; **~ de oficios** Handwerksrolle *f*; **~ parroquial** *(KR)* Kirchen|register *n*, -bücher *npl*; **~ de personal listado fallecido** Sterberegister *n*; **~ policial** Polizeikontrolle *f*; **~ de la propiedad** Grundbuch*(amt)* *n*; **~ de la propiedad industrial** Patentrolle *f*.

registro público öffentliches Register *n*; **~ ~ de iglesias, confesiones y comunidades religiosas** *(Sp)* Register *n* der Kirchen und Religionsgemeinschaften.

registro, ~ de reservas de dominio *(Sp)* Eigentumsvorbehaltsregister *n*; **~ de salidas** *(Waren)*Ausgangsbuch *n*; **~ sanitario** Kontrolle *f* des Gesundheitsamts; **~ tributario** Steuer|register *n*, -liste *f*, Hebeliste *f*; **~ de tutelas** Vormundschaftsregister *n*; **~ de vehículos a motor** Kraftfahrzeugregister *n*; **~ de viajeros** Fremdenbuch *n*; **~ vitícola** Weinbaukataster *m*.

registros *pl* Bücher *npl*; **-y documentos de caja** Kassenbelege *mpl*.

regla Regel *f*, Norm *f*, Vorschrift *f*; **~** *(KR)* Ordensregel *f*; **~ de circulación** Verkehrs | vorschrift *f*, -regel *f*; **~ de competencia** Zuständigkeitsvorschrift *f*; **~ de conducta** Verhaltens | regel *f*, -norm *f*; **~ de derecho** Rechts | regel *f*, -satz *m*, -norm *f*; **en ~** richtig; **estar en ~** in Ordnung sein *(Papiere)*; **~ de evidencia** Beweis | satz *m*, -regel *f*; **~ de forma** Formvorschrift *f*; **~ fundamental** Grundregel *f*; **~ de hermenéutica** Auslegungsregel *f*; **~ de imposición** Steuerrichtlinie *f*; **~ de interés compuesto** Zinseszinsformel *f*; **~ de interpretación** Auslegungs | bestimmung *f*, -regel *f*; **~ rígida** feste Regel *f*; **~ de sentido común** Faustregel *f*; **~ sustantiva** Vorschrift *f* materiellen Rechts; **~ de tramitación** Verfahrensvorschrift *f*.

reglamentación Regelung *f*, Reglementierung *f*, Ordnung *f*; **~ aduanera comunitaria** Gemeinschaftszollrecht *n (EU)*; **~ de base** Rahmenregelung *f*; **~ de las condiciones laborales** Regelung *f* der Arbeitsbedingungen; **~ de cuotas** Beitragsordnung *f*; **~ electoral** Wahlordnung *f*; **~ de empresa** Betriebsordnung *f*; **~ específica** Sonderregelung *f*; **~ excepcional** Ausnahmeregelung *f*; **~ -marco** Rahmen | ordnung *f*, -regelung *f*; **~ de mercado*(s)*** Markt | regelung *f*, -ordnung *f*; **~ del trabajo** Arbeitsrecht *n*; **~ transitoria** Übergangsregelung *f*; **~ urbanística** Bauplanungsrecht *n*.

reglamentar | *(gesetzlich)* regeln, reglementieren, Verordnungen *fpl* erlassen; **~iamente** im Verordnungswege.

reglamentario regelnd, vorschriftsmäßig, Satzungs-.

reglamento Satzung *f*, *(Ver)*Ordnung *f*, Verfahrensregeln *fpl*, Ausführungs | bestimmung *f*, -verordnung *f*; **~ administrativo** Verwaltungsverordnung *f*; **~ de aplicación** Durchführungsverordnung *f*; **~ de aranceles** Tarifordnung *f*; **~ de la cámara** Geschäftsordnung *f* der Kammer *(Parlament)*; **~ comunitario** Gemeinschaftsverordnung *f (EU)*; **~ del Consejo** Ratsverordnung *f (EU)*; **~ de correos** Postordnung *f*; **~ de desarrollo** Ausführungs | bestimmungen *fpl*, -verordnung *f*; **~ de disciplina** *(o **disciplinario**)* Disziplinar | ordnung *f*, Anstalts- *f*; **~ de ejecución** *(o **ejecutivo**)* Ausführungs | verordnung *f*; **~ de empresa** Betriebs | ordnung *f*, -vereinbarung *f*; **~ de examen** Prüfungsordnung *f*; **~ financiero** Finanzvorschriften *fpl*, Haushalts | -ordnung *f*.

reglamento general Rechtsverordnung *f*; **~ ~ de circulación** Straßenverkehrsordnung *f*.

reglamento, ~ interior Geschäftsordnung *f*; **~ interior de trabajo** Betriebs | vereinbarung *f*, -ordnung *f*; **~ interno** Geschäftsordnung *f* *(Parlament)*; **~ de la jornada laboral** Arbeitszeitordnung *f*; **~ municipal** Gemeindeverordnung *f*; **~ notarial** *(Sp)* Notarordnung *f*; **~ de policía** Polizeiverordnung *f*; **~ de régimen disciplinario** Disziplinarordnung *f*; **~ del registro civil** Personenstandsregisterverordnung *f*; **~ del registro mercantil** Handelsregisterverordnung *f*; **~ de servicios** Benutzungsordnung *f*, Dienst | ordnung *f*, -vorschrift *f*; **~ de suministro de aguas** Wasserhaushaltsordnung *f*; **~ de tarifas** Tarifordnung *f*; **~ de tasas** Gebührenordnung *f*.

reglar s. regular.

reglas *pl*, **~ de La Haya sobre las Leyes y Costumbres de la Guerra Terrestre** Haager Landkriegsordnung *f*; **~ de lógica** Denkgesetze *npl*; **~ de la sana crítica** Regeln *fpl* des gesunden Menschenverstandes.

regresión Rückgang *m*, Regression *f*.

regresivo im Rückgriffswege *m*, rückläufig.

regreso Regress *m*, Rückgriff *m*, Rückkaufsrecht *n*; **~ directo** Sprungrückgriff *m*; **~ por falta de aceptación** Rückgriff *m* mangels Annahme; **~ en lastre** Leerfracht *f*.

regulación *(s. a. regularización)* Regelung *f*, Regulierung *f*, Reglementierung *f*, Steuerung *f*; **~ de casos particulares** Einzelfallregelung *f*; **~ por convenio**

colectivo Tarifregelung *f*; **~ de la demanda** Nachfragesteuerung *f*; **~ del ejercicio de una profesión** Regelung *f* der Berufsausübungs *f*; **~ de excepción** Ausnahmeregelung *f*; **~ global** Globalsteuerung *f*; **~ de nacimientos** Geburtenregelung *f*; **~ del tiempo de trabajo** Arbeitszeitordnung *f*; **~ de(l) tráfico** Verkehrsregelung *f*; **~ transitoria** Übergangsregelung *f*.
regular *(adj)* regelmäßig, ordnungs | gemäß, -mäßig; **~** *(v)* regeln, regulieren, ordnen, festsetzen *(Kosten)*, reglementieren; **~ la indemnización** den Schaden *m* regulieren; **~ de modo autónomo** eigenständig regeln.
regularidad Regel | mäßigkeit *f*, Ordnungs- *f*, Richtigkeit *f*.
regularización *(s. a. regulación)* Bereinigung *f*; **~** *(Sp)* Anpassung *f* *(Bilanzwerte an Inflation)*; **~ de cuentas** Saldenbereinigung *f*; **~ del mercado** Marktregulierung *f*.
regularizar s. regular.
regulativo Norm *f*; **~** *(adj)* regelnd.
rehabilitación Rehabili | tierung *f*, -tation *f*; Restaurierung *f* *(Denkmalschutz)*, Sanierung *f* *(Bauten)*; **~ social** Resozialisierung *f*; **~ social de barrios** Stadtteilsanierung *f*; **~ de la vivienda** *(o **de viviendas**)* Wohnraumsanierung *f*.
rehabilitar rehabilitieren, wieder in seine Rechte *npl* einsetzen, wieder in Kraft setzen.
reha | cer neu herstellen, erneut vornehmen; **~cerse** sich erholen *(B)*.
rehén *m* Geisel *f*.
rehuir sich entziehen, verweigern.
rehusamiento Ablehnung *f* *(eines Auftrags)*, Verweigerung *f*.
rehusar *(ver)*weigern, ablehnen, verwerfen.
rehuso Weigerung *f*.
reimplantación Neuverhängung *f* *(Ausnahmezustand)*.
reimportación Wiedereinfuhr *f*.
reimportar wiedereinführen.
reimpresión Neudruck *m*; **~ clandestina** unerlaubter Nachdruck *m*; **~ pirata** Raubdruck *m*.
reim | preso neu gedruckt; **~primir** neudrucken, nachdrucken.
reina | do Regierungszeit *f* eines Königs; **~r** *(als König)* regieren.
reincidencia *(s. a. reiteración)* Rück | fall *m*, -fälligkeit *f*.
reinci | dente *m* Rückfalltäter *m*; **~** *(adj)* Rückfall-, rückfällig; **~dir** rückfällig werden.
reincorporación Wiedereingliederung *f*, Wiedereinstellung *f*.
reincorporar | wiedereingliedern, -einstellen; **~se** wiedereintreten.
rein | dustrializar reindustrialisieren; **~gresar** wiederbeitreten.
reingreso Wieder | eintritt *m*, -einstellung *f*.
reinscri | bir wieder eintragen; **~pción** Wiedereintragung *f*.
reinserción Wiedereingliederung *f*; **~ social** Resozialisierung *f*.
reinspección neue Überprüfung *f*.
reinstala | ción Wieder | einsetzung *f*; **~r** wieder einsetzen.
reintegrable tilg | bar, *(zu)*rückzahl-.
reintegración Ergänzung *f*, Wiedereingliederung *f*, Rückgabe *f*; **~ de la nacionalidad** Wiedererlangung *f* der Staatsangehörigkeit; **~ social** Resozialisierung *f*.
reintegrar ergänzen, erstatten, *(zu)*rückzahlen, tilgen, rehabilitieren, wieder | eingliedern, -auffüllen, -einstellen, -einsetzen.
reintegrarse wiedererlangen; **~ de** abheben *(Geld)*; **~ del coste** die Kosten *pl* abwälzen; **~ al domicilio conyugal** wieder in die Ehewohnung *f* zurückkehren.
reintegro Erstattung *f*, Rückzahlung *f*, Tilgung *f*, Vergütung *f*, Abheben *n* *(vom Konto)*, Ein | treibung *f*, Bei- *f*; Kostenersatz *m*, Wiedereinsetzung *f*, Rückerwerb *m*, Rückgabe *f*.
rein | troducción Wiedereinführung *f*; **~versión** Reinvestition *f*; **~vertir** wiederanlegen.
reiteración Wiederholung *f*.
reiterar la demanda die Klage *f* erneut erheben.
reivindicación Anspruch *m*, Forderung *f*, Rückforderung *f*, Eigentumsherausgabeklage *f*; **~ salarial** Lohn | forderung *f*, -anspruch *m*; **~ territorial** Gebiets | anspruch *m*, -forderung *f*.

reivindica | r fordern, *(zu)*rückfordern, zurück | verlangen, heraus-; **~tivo** *(adj)* Rückforderungs-.

relación Beziehung *f*, Verbindung *f*, Verhältnis *n*; Verzeichnis *n*, Liste *f*, Bericht *m*; **~ de acreedores** Gläubiger | liste *f*, -tabelle *f*; **~ arrendaticia** Miet | verhältnis *n*, Pacht- *n*; **~ de cambio** Umtauschverhältnis *n*; **~ causal** *(o* ***de causalidad****)* Kausalzusammenhang *m*; **~ de confianza cuasi-contractual** vertragsähnliches Vertrauensverhältnis *n*; **~ de conjunto** Gesamtzusammenhang *m*; **en ~ a** in Verbindung *f* mit, unter Hinweis *m* auf; **~ especial de poder** *(o* ***de sujeción****)* besonderes Gewalt | verhältnis *n*; **~ fiduciaria** Treu | handverhältnis *n*, -händerschaft *f*; **~ de filiación** Kindschaftsverhältnis *n*; **~ funcionarial** Beamtenverhältnis *n*; **hacer ~** aufführen *(Gegenstände)*; **~ de hechos** Sachverhalt *m*, Tatsachenwiedergabe *f*; **~ interna** Innenverhältnis *n*.

relación jurídica Rechts | verhältnis *n*, -beziehung *f*.

relación, ~laboral Arbeits | verhältnis *n*, Beschäftigungs- *n*; **~ laboral suspendida** ruhendes Arbeitsverhältnis *n*; **~ medios-objetivos** Zweck-Mittel-Relation *f*; **~ de negocios** Geschäftsverbindung *f*; **~ nominal** Namens | liste *f*, -verzeichnis *n*; **~ obligacional** Schuldverhältnis *n*; **~ de orden** Rangverhältnis *n*; **~ orgánica** Organschaft *f*; **~ parental** *(o* ***de parentesco****)* Verwandtschaftsverhältnis *n*; **~ precio-calidad** *(o* ***-prestación****)* Preis-Leistungsverhältnis *n*; **~ de rango** Rangverhältnis *n*; **~ subarrendaticia** Untermietverhältnis *n*; **~ de subordinación** Über-Unterordnungsverhältnis *n*; **~ subyacente** Grundgeschäft *n*; **~ sucinta** Kurzbericht *m*; **tener ~ jurídica con** in Rechtsbeziehung *f* stehen zu; **~ de tipos de cambio** Kurs | tabelle *f*, Umrechnungs- *f* *(Kurs)*; **~ de valores** Stückverzeichnis *n*.

relacionar in Verbindung *f* bringen.

relaciones *pl* Verkehr *m*; **~ adúlteras** ehewidrige Beziehungen *fpl*; **~ de amistad** freundschaftliche Beziehungen *fpl*; **~ de buena vecindad** *(o* ***buenas ~ de vecindad****)* gutnachbarliche Beziehungen *fpl*; **~ comerciales** Geschäfts | verbindungen *fpl*, -beziehungen *fpl*, Handelsbeziehungen *f*; **~ diplomáticas** diplomatische Beziehungen *fpl*; **~ exteriores** auswärtige Beziehungen *fpl*; **~ interhumanas** zwischenmenschliche Beziehungen *fpl*; **~ internacionales** internationale *(oder zwischenstaatliche)* Beziehungen *fpl*; **~ jurídicas** Rechtsverhältnis *n*, Rechtsverkehr *m*; **~ de negocios** Geschäfts | beziehungen *fpl*, -verbindungen *fpl*; **~ paterno-filiales** Eltern-Kind-Verhältnis *n*; **~ públicas** Öffentlichkeitsarbeit *f*, Public Relations *pl*; **~ sexuales extramatrimoniales** außerehelicher Geschlechtsverkehr *m*; **~ de vida** Lebensverhältnisse *pl*.

relajar mildern, entbinden *(vom Eid)*; **~** *(KR)* dispensieren.

relanzamiento Ankurbelung *f*.

relanzar la economía die Wirtschaft *f* wiederankurbeln.

relatar Bericht *m* erstatten.

relativo einschlägig, relativ *(Mehrheit)*; **~ al derecho de circulación** verkehrsrechtlich; **~ al fondo** sachlich-rechtlich.

relato Bericht *m*; Protokoll *n*.

relator Berichterstatter *m (Gericht)*.

relegación Landesverweisung *f*; **~** *(Sp)* Verbannung *f (nach Übersee)*.

relegar ausweisen, verbannen.

relevación Ablösung *f (im Amt)*, Befreiung *f (von Steuern)*.

relevancia Erheblichkeit *f*; **~ jurídica** Rechtserheblichkeit *f*.

relevante para la prueba beweiserheblich.

relevar entbinden *(vom Amt)*, abberufen, befreien *(von Steuern, von einer Pflicht)*, *(jemanden)* ablösen.

relevo Ablösung *f (Amt)*, Schicht *f* *(ArbR)*; **~ generacional** Generationenwechsel *m*.

relictos *pl* Nachlass *m*.

religión Religion *f*.

religioso Ordensangehöriger *m*.

rellenar ausfüllen *(Formulare)*.

reloj *m* **de control de asistencia** Stechuhr *f*.

remanente *m* Rest *m*, Rest | betrag *m*, -summe *f*, Saldo *m*.
rematante *m* Ersteher *m*, Ersteigerer *m*, Zuschlagsberechtigter *m*.
rematar zuschlagen; **~ al mejor postor** meistbietend versteigern.
remate *m* Zuschlag *m*, Versteigerung *f*, Auktion *f*.
rematricular neu einschreiben.
remediar abhelfen, beheben.
remediavagos *m* Fazit *n* eines Rechtsproblems.
remedio Abhilfe *f*, Rechtsbehelf *m*; **~jurídico** Rechts | mittel *n*, -behelf *m*, rechtliche Handhabe *f*.
remesa *(s. a. remisión)* Sendung *f*, Ab | sendung *f*, Über- *f*, Heimatüberweisung *f (von Ausländern)*; Rimesse *f*; **~ de *(los)* autos** s. remisión de los autos.
remesar senden, remittieren.
remesas *pl* **a gran velocidad** Eilgutverkehr *m*.
remilitarizar remilitarisieren.
remisión *(s. a. remesa)* Ver | sendung *f*, Über- *f*, Weitergabe *f*; Zuleitung *f (Gesetzentwurf)*, Verweisung *f (eines Prozesses)*, Rückverweisung *f*, Erlass *m (der Schuld)*, *m*, Verzeihung *f*, Renvoi *m*; **~ a** Verweisung *f* auf; **~ de los autos** Übersendung *f (oder: Vorlage f)* der Akten *(an höheres Gericht)*; **~ de la deuda** *(o **de las deudas**)* Erlass *m* der Schuld; **~ de *(la)* pena** Straferlass *m*; **~ total** Gesamtverweisung *f (IPR)*; **~ ulterior** Weiterverweisung *f (IPR)*.
remi | soria Verweisungsbeschluss *m*; **~sorio** *(adj)* Erlass-; **~tente** *m* Ab | sender *m*, Remittent *m*.
remitir *(Geld:)* senden, schicken, ab | senden, ein-, über-, verweisen, einschicken; *(Post:)* ab | geben, auf-; *(Schulden etc.:)* erlassen, verweisen *(an ein anderes Gericht)*, zuleiten; **~ a** verweisen auf *(Gesetz)*; **~ al archivo** zur Ablage *f* geben; **~ el voto por correo** durch Briefwahl *f* wählen.
remitirse sich berufen auf.
remoción Absetzung *f*, Abberufung *f*, Entlassung *f*, Amtsenthebung *f*, Aufhebung *f (Immunität)*.
remodelación Umbildung *f (Regierung)*; Sanierung *f*.
remodelar umbilden.
remolque *m (Ab)*Schleppen *n*, Schleppdienst *m*; **~ -vivienda** Wohn | wagen *m*, -mobil *n*.
remover absetzen, entlassen; **~ del oficio** des Amtes entheben.
remunera | bilidad Entgeltlichkeit *f*; **~ble** entgeltlich.
remuneración Entgelt *n*, Vergütung *f*, Abgeltung *f*, Verdienst *m*, Lohn *m*, Gegenleistung *f*, Zuwendung *f*; **~ del empresario** Unternehmerlohn *m*; **~ en especie** Deputat *n*, Naturalentlohnung *f*; **~ de funcionarios** Beamtenbezüge *pl*; **~ laboral** Arbeits | verdienst *m*, -entgelt *n*; **~ por rendimiento** Leistungslohn *m*; **~ por unidad** Stückvergütung *f*.
remunerador entgeltlich, gewinnbringend, lohnend, einträglich.
remunerar ent | gelten, ab-, vergüten, entlohnen, Zinsen *mpl* zahlen.
remunera | tivo s. remunerador; **~torio** s. remunerador.
renacimiento Wiederaufleben *n*.
rendición Ertrag *m*; Kapitulation *f*; **~ de cuentas** Abrechnung *f*.
rendimiento *(s. a. rendimientos pl)* Leistung *f*, Leistungsfähigkeit *f*, Kapazität *f*, Wirkungsgrad *m*, Ertrag *m*, Rendite *f*, Ausbeute *f*, Rentabilität *f*; **de alto ~** leistungsstark; **~ de cotización** Beitragsaufkommen *n*; **~ debido** Leistungssoll *n*; **~ de la economía** Wirtschaftsleistung *f*; **~ impositivo** *(o **de los impuestos**)* Steueraufkommen *n*; **~ de la mano de obra** Arbeitsleistung *f*; **a pleno ~** voll ausgelastet; **~ de producción** *(o **productivo**)* Produktionsleistung *f*, produktive Leistung *f*; **~ del suelo** Bodenertrag *m*; **~ del trabajo** Arbeits | leistung *f*, -ertrag *m*; **~ útil** Nutzleistung *f*.
rendimientos *pl* Einkünfte *pl*; **~ de actividades profesionales** *(Sp)* Einkünfte *pl* aus selbstständiger Arbeit; **~ del capital** Einkünfte *pl* aus Kapitalvermögen.
rendimientos netos Nettoeinkünfte *pl*; **~ ~ de actividades empresariales** Nettoeinkünfte *pl* aus Gewerbebetrieb; **~ ~ del capital inmobiliario** Nettoeinkünfte *pl* aus Vermietung und Verpachtung.

rendir geben, er|geben, über-, einbringen, erbringen *(Beweis)*, abwerfen *(Gewinn)*; **~ caución** Sicherheit *f* *(oder Kaution f)* leisten; **~ cuenta(s)** abrechnen, Rechnung *f* legen; **~ un informe** Bericht *m* erstatten.
rendirse kapitulieren.
renegociación de créditos Umschuldung *f.*
renegociar neu aushandeln.
renglón *m* Zeile *f*; Branche *f.*
renovación Erneuerung *f*, Verlängerung *f*; **~ de la letra** Wechselprolongation *f*; **~ de los mandatos** Neubesetzung *f*; **~ tácita** stillschweigende Verlängerung *f (eines Vertrags).*
renovador *(adj)* Reform-.
renovar erneuern, verlängern *(Pass, Vertrag)*; **~ una letra** einen Wechsel *m* prolongieren; **~ tácitamente** stillschweigend verlängern.
renta *(s. a. rentas pl)* Rente *f*, Versorgung *f*, Ertrag *m*, Einkommen *n*, Einnahme *f*, Einkünfte *pl*, Miet|zins *m*, Pacht- *m*; **~ accesoria** Neben|einkommen *n*, -einnahmen *fpl*; **~ anual** Jahres|rente *f*, -einkommen *n*, Annuität *f*; **~ del arrendamiento** Pacht *f*; **~ per cápita** Pro-Kopf-Einkommen *n*; **~ del capital** Kapitalertrag *m*; **~ diferida** Rentenanwartschaft *f*; **~ en especie** Naturaleinkommen *n*; **a** *(o de)* **~ fija** festverzinslich; **~ imponible** steuerpflichtiges Einkommen *n*; **~ antes del impuesto** Gewinn *m* vor Steuern; **~ de jubilación** Altersrente *f*; **~ líquida** Nettoeinkommen *n*; **~ muy elevada** Spitzeneinkommen *n*; **~ nacional** Volkseinkommen *n*; **~ producto de explotación** Betriebseinnahmen *fpl*; **~ promedio** Durchschnittseinkommen *n*; **~ revalorizada** aufgewertete Rente *f*; **~ del subarriendo** Untermiet|zins *m*, Unterpacht- *m*; **~ a término** Zeitrente *f*; **~ del trabajo asalariado** *(o* ***dependiente)*** Einkünfte *pl* aus nichtselbstständiger Arbeit; **~ variable** von Kursschwankungen abhängige Rendite *f*; **~ de vejez** Altersrente *f*; **~ vitalicia** Leibrente *f*, lebenslange Rente *f*; **~ de viudedad** *(o* ***de viudez)*** Witwen|rente *f*, -pension *f.*
rentabilidad Wirtschaftlichkeit *f*, Rentabilität *f*, Ertragskraft *f*; **~ marginal** Grenz|nutzen *m*, -ertrag *m*; **~ de los** *(o* ***sobre)*** **recursos propios** Eigenkapitalrendite *f.*
rentabilizar rentabel machen, mit Rendite *f* anlegen *(Kapital).*
rentable wirtschaftlich lohnend, rentabel; **no ~** unergiebig.
rentar Gewinn *m* bringen; sich rentieren.
rentas *pl* Einkünfte *pl*, Erträgnisse *pl*, wiederkehrende Leistungen *fpl*, Versorgungsbezüge *pl*; **~ a percibir** Rentenanspruch *m*; **~ públicas** Staats|einnahmen *fpl*, -einkünfte *pl.*
rentero Pächter *m.*
rentista *m* Rentier *m*, Privatier *m.*
rent|ístico *(adj)* Renten-; **~o** Pachtzins *m*; **~oso** ertragbringend.
renuncia Verzicht*(leistung) m (f)*, Aufgabe *f (Amt)*, Abstandnahme *f*, Abdingung *f (von Vorschriften)*, Abandonrecht *n*; Austrittserklärung *f (Verein)*, Rücktritt *m*; **~ del actor** Klageverzicht *m*; **~ al cargo** Amtsniederlegung *f*; **hacer ~ de** preisgeben; **~ a la herencia** Erb*(schafts)*verzicht *m*; **~ a la nacionalidad** ***(anterior)*** Verzicht *m* auf die *(frühere)* Staatsangehörigkeit; **~ sucesoria** Erbverzicht *m*; **~ traslativa** Ausschlagung *f* zugunsten eines Dritten; **~ a la violencia** Gewaltverzicht *m.*
renunciación Verzicht *m*, Opfer *n.*
renuncia|miento s. renunciación; **~nte** *m* Verzichtender *m.*
renunciar verzichten, Verzicht *m* leisten, aufgeben, abdanken, niederlegen, abtreten *(Posten)*; **~ a** aufgeben; **~ a la defensa** die Verteidigung *f (oder das Mandat n)* niederlegen *(Anwalt).*
renunciatorio derjenige, zu dessen Gunsten verzichtet wird.
reo *m* Angeklagter *m*, Täter *m*; **~ de asesinato** Mörder *m*; **~ habitual** Gewohnheitsverbrecher *m*; **la ~** die Angeklagte *f*; **~ primario** Ersttäter *m.*
reordenación Neuordnung *f.*
reorganización Neu|ord-nung *f*, -gestaltung *f*, Umstellung *f*, Umgestaltung *f*, Umschichtung *f*; **~ del suelo** Umlegungsverfahren *n.*

reorganizar neu gestalten, umgestalten, umbilden, sanieren.
reorientación Neuorientierung *f*; **~ política** Kurswechsel *m*.
reparación Entschädigung *f*, Instandsetzung *f*, Wieder | herstellung *f*, -gutmachung *f* *(Schaden)*; **~ imposible** nicht wiedergutzumachender Schaden *m*; **~ in natura** *(lat)* Naturalrestitution *f*.
reparaciones *pl* Reparationen *fpl*; **~ ordinarias** gewöhnliche Ausbesserungen *fpl*.
reparador Schadensersatz *m*.
reparar Schaden *m* beheben, wiederherstellen, Schadensersatz *m* gewähren, wiedergutmachen.
reparcelación Umlegung *f*.
reparo Ausbesserung *f*, Einwand *m*.
repartición Verteilung *f*, Aufteilung *f*, Ausschüttung *f*; **~ de acciones** Aktienzuteilung *f*.
repartidor Verteiler *m*.
repartimiento Einteilung *f*, Verteilung *f*; **~ de asuntos** Geschäftsverteilung *f* *(Gericht)*; **~ de cargas** Lastenverteilung *f*.
repartir auf | teilen, ver-, zu-, zustellen *(Post)*, aufschlüsseln; ausschütten *(Gewinn)*; *(Post:)* zustellen, austeilen, austragen; **~ dividendos** Dividenden *fpl* ausschütten.
reparto Teilung *f*, Auf | teilung *f*, Ver- *f*, Gliederung *f*, Ausschüttung *f*, Umlage *f*, Ausgabe *f* *(Ware)*; *(Post:)* Zustellung *f*; **~ de beneficios** Gewinn | ausschüttung *f*, -verteilung *f*; **~ por** *(o **de**)* **cuotas** Quotierung *f*, Umlage *f*; **~ domiciliario** *(o **a domicilio**)* Lieferung *f* frei Haus; **~ gremial** Kammerumlage *f*; **~ de pérdidas** Verlustverteilung *f*; **~ postal** Postzustellung *f*; **~ a prorrata** anteilmäßige Verteilung *f*; **~ de tareas** Arbeitsteilung *f*; **~ de trabajo** Job-sharing *n*; **~ por turno** turnusmäßige Geschäftsverteilung *f* *(Gericht)*.
repasar überprüfen, nachrechnen.
repaso Überprüfung *f*.
repatriación Rück | führung *f*, Repatriierung *f*.
repatriar repatriieren, zurückführen.
repeler ab | weisen, zurück-.
repercusión Auswirkung *f*; **~ de los impuestos** Steuerüberwälzung *f*.
repercutir überwälzen *(Steuern)*.
repertorio Sammelwerk *n*; **~ de legislación** Gesetzessammlung *f*.
repe | sar nachwiegen; **~so** Nachwiegen *n*.
repetición Wiederholung *f*, Bereicherungsklage *f*; **~ de orden** Nachbestellung *f*.
repetir wiederholen, nachbestellen, Regress *m* nehmen.
replanteamiento neue Konzeption *f*.
replanteo s. replanteamiento.
réplica Gegendarstellung *f*, Replik *f* *(auf Klagebeantwortung)*.
replicar replizieren.
repo *(B)* Pensionsgeschäft *n*.
repoblación Wiederbevölkerung *f*; **~ forestal** *(Wieder)*Aufforstung *f*.
reponer wieder | einsetzen, -beschaffen, -auffüllen, ergänzen; **~ el procedimiento** Wiedereinsetzung *f* in den vor*(her)*igen Stand gewähren.
reponerse sich erholen *(Markt)*.
report | *m* s. reporte; **~aje** *m* Berichterstattung *f*; **~ar** berichten.
reporte *m* Bericht *m*; Aufgeld *n*.
reposar beruhen auf.
reposición Erinnerung *f*; Wieder | beschaffung *f*, Ersatz- *f*, Auffüllung *f* *(des Lagers)*; **~ en especies** Naturalersatz *m*; **~ al estado anterior** Wiedereinsetzung *f* in den vorigen Stand; **~ de existencias** Lagerauffüllung *f*; **~ natural** Naturalherstellung *f*.
repositorio Aufbewahrungsort *m*.
repostar nachfüllen.
repregunta | Nachfrage *f*, Vorhalt *m*; **~r** vorhalten, nachfragen.
reprender einen Verweis *m* *(oder eine Rüge f)* erteilen, rügen, verwarnen.
reprensión Verweis *m*, Rüge *f*.
represalia Vergeltungsmaßnahme *f*, Repressalie *f*.
representación Vertretung *f*, Stellvertretung *f*, Vertretungsmacht *f*, Repräsen | tation *f*, -tanz *f*, Eintrittsrecht *n* *(des Erben des Verstorbenen)*; **~ colectiva** Gesamtvertretung *f*; **~ directa** unmittelbare Stellvertretung *f*; **en ~** in Vertretung; **~ exclusiva** Alleinvertretung *f*; **~ general**

Generalvertretung *f*; **~ hereditaria** Eintritt *m* der Abkömmlinge von Erben; **~ indirecta** verdeckte *(oder mittelbare)* Stellvertretung *f*; **~ del personal** Personalvertretung *f*; **~ profesional** berufsständische Vertretung *f*; **~ del pueblo** Volksvertretung *f*; **~ separada** Einzelvertretung *f*; **~ voluntaria** rechtsgeschäftliche Vertretung *f*.

representado Vertretener *m*, Vollmachtgeber *m*.

representante *m* Vertreter *m*, Stellvertreter *m*; **~ de la acusación** Anklagevertreter *m*; **~ comercial** *(o* ***de comercio****) (unselbstständiger)* Handelsvertreter *m*; **~ diplomático** ***(cerca de)*** diplomatischer Vertreter *m (bei)*; **~ especial** Sonderbeauftragter *m*; **~ de fábrica** Firmen|vertreter *m*, Werks- *m*; **~ general** Generalvertreter *m*; **~ en juicio** Prozessbevollmächtigter *m*; **~ laboral** Arbeitnehmervertreter *m*; **~ legal** *(o* ***legítimo****)* gesetzlicher Vertreter *m*; **~ de la ley** *(Sp)* Staatsanwalt *f*, Anklagebehörde *f*; **~ mercantil** Handelsvertreter *m*; **~ sin poder** Vertreter *m* ohne Vertretungsmacht, falsus procurator *(lat)*; **~ popular** Volksvertreter *m*.

representar vertreten; **~ en juicio** vor Gericht *n* vertreten.

representativo repräsentativ.

represión Unterdrückung *f*, Repression *f*, Ahndung *f*; **~ de crímenes** Verbrechensbekämpfung *f*.

represivo beschränkend, repressiv.

reprimenda Verweis *m*, Rüge *f*.

reprimir unterdrücken, verfolgen, ahnden, *(be)*strafen.

reprobación Tadel *m*, Verweis *m*, Rüge *f*, Zurückweisung *f* *(Zeuge)*.

reprobar tadeln, rügen, verwerfen.

reprocha|bilidad Vorwerfbarkeit *f*; **~ble** zurechenbar, vorwerfbar.

reproche *m* **de culpabilidad** Schuldvorwurf *m*.

reproducción Vervielfältigung *f* *(Urheberrecht)*, Reproduktion *f*, Wiedergabe *f*, Abbildung *f*; **~ asistida** künstliche Befruchtung *f*.

reproducir vervielfältigen, wiedergeben.

reprografía Vervielfältigung *f*.

república Republik *f*; **~ federal** Bundesstaat *m*.

republicano Republikaner *m*.

repudiación Ablehnung *f*, Ausschlagung *f (Schenkung, Erbschaft)*.

repudiante *m* Ausschlagender *m*.

repudiar ausschlagen *(Schenkung, Erbschaft)*, verwerfen, verstoßen.

re|pudio s. repudiación; **~puesto** Ersatz *m*; **~** *(adj)* wieder arbeitsfähig; **~puestos** *pl* Ersatzteillieferungen *fpl*; **~pugnancia** Missbilligung *f*.

repuls|a Ab|weisung *f*, Zurück- *f*; **~ar** ab|weisen, zurück-; **~ión** Zurückweisung *f*.

repuntar *(Wirtschaft:)* Punkte *mpl* zulegen, sich erholen.

repunte *m* Anstieg *m (Kurs)*.

reputación Leumund *m*, Ruf *m*, Anschein *m*, Reputation *f*.

reputarse gelten als.

requerimiento Mahnung *f*, Aufforderung *f*, Bedarf *m*, Ersuchen *n (Auslieferung)*; **a ~** auf Abruf *m*, auf Verlangen *n*; **~ judicial** gerichtliche Aufforderung *f*.

requerir an|fordern, auf-, mahnen, ersuchen *(Gericht)*, vorladen, beantragen *(Mittel, Strafe)*, benötigen.

requirente *m* Antragsteller *m*, Fordernder *m*, Ersuchender *m*.

requisa Beschlagnahme *f (Militär)*, An|forderung *f*, Auf- *f*.

requi|sar beschlagnahmen, requirieren, beitreiben; **~sición** s. requisa.

requisito *(s. a. requisitos pl)* Voraussetzung *f*, Vorbedingung *f*, Erfordernis *n*, Formalität *f*; **~ de acceso** Zugangsvoraussetzung *f*; **~ de fondo** materielles Erfordernis *n*; **ser ~ indispensable** unbedingt erforderlich sein.

requisitoria Ersuchen *n*, Steckbrief *m*, Fahndungsblatt *n*; **por ~** steckbrieflich.

requisitos *pl*, **~ de eficacia** Gültigkeitserfordernisse *npl (Gesetz)*; **~ para tener derecho** Anspruchsvoraussetzung *f*.

res *f (lat)* Sache *f*; **~ nullius** herrenlose Sache *f*.

resaca Rückwechsel *m*, Rückrechnung *f*; **sin ~** ohne Obligo *n*.

resarcible ersetzbar, ersatzfähig.

resarcimiento Entschädigung *f*, Ersatz *m (Schaden)*, Schadensersatz *m*.
resarcir ersetzen *(Schaden)*; **~ de los gastos** die Kosten *pl* erstatten.
resarcirse sich schadlos halten.
resbalón *m* Ausgleiten *n*.
rescatar ab|lösen, aus-, ein- *(Pfand)*, los|kaufen, wiederan-.
rescate *m* Ab|lösung *f*, Ein- *f*, Rückkauf *m*, Löse|geld *n*, Reu- *n*, Einziehung *f (von Aktien)*; **~ de salvamento** Rettungs|lohn *m*, Bergungs- *m*.
rescindible aufhebbar, kündbar.
rescindir aufheben, *(auf)*lösen *(Verträge)*, *(auf)*kündigen *(Kredit)*.
rescisión Aufkündigung *f*, Auflösung *f*, Aufhebung *f (eines Vertrages)*, Rücktritt *m*.
res | cisorio aufhebend; **~contrar** rückgängig machen, stornieren.
rescripto Erlass *m*; **~ de gracia** Gnadenerlass *m*.
rescuentro Stornierung *f*.
reseña Beschreibung *f*, Bericht *m*, Rezension *f*; **~ de las circunstancias personales** Angabe *f* der Personalien *(Urkunde)*.
reseña | dor Rezensent *m*; **~r** *(en el acta) (im Protokoll)* vermerken.
reserva *(s. a. reservas pl)* Rück|lage *f*, -stellung *f*, Reserve *f (Geld, Militär)*, Bestand *m*, Vorrat *m*, Reservierung *f (Platz)*; Vorbehalt *m*; **~** *(Sp)* gesetzliche Vorerbschaft *f* des Ehegatten; **a ~ de** unter Vorbehalt, vorbehaltlich; **~ de asiento** Platzreservierung *f*; **~ de autorización** Erlaubnisvorbehalt *m*; **~ biológica** Naturschutzgebiet *n*; **~ de caja** Barreserve *f*; **~ de compensación** Ausgleichsrücklage *f*, Verrechnungsvorbehalt *m*; **~ para cubrir pérdidas** Verlustrücklage *f*; **~ declarada** offene *(oder ausgewiesene)* Rücklage *f*; **~ dineraria** *(o* ***de dinero****)* Notgroschen *m*; **~ disponible** freie Rücklagen *fpl*; **~ de dominio** Eigentumsvorbehalt *m*; **~ en efectivo** Barreserve *f*, Kassenbestand *m*; **~ encubierta** stille Rücklage *f*; **~ para ensanche** Erweiterungsrücklage *f*; **~ para eventualidades** Rückstellung *f* für drohende Verluste; **~ de garantía** Garantie|rückstellung *f*, Delkredere- *f*; **~ hereditaria** Sondererbfolge *f*; **~ para imprevistos** Rückstellung *f* für unvorhergesehene Verbindlichkeiten *fpl*; **~ legal** Gesetzesvorbehalt *m*, gesetzliche Rücklage *f (Bilanz)*, gesetzliche *(Mindest)*Reserve *f*; **~ de ley** Gesetzesvorbehalt *m*, Vorbehalt *m* des Gesetzes; **~ líquida** Bargeldreserve *f*; **~ matemática** Deckungs|rücklage *f*, -kapital *n*, Prämienreserve *f*; **~ mental** geheimer Vorbehalt *m*, Mentalreservation *f*; **~ en metálico** s. reserva en efectivo; **~ mínima legal** gesetzliche Mindestreserve *f*; **~ natural** Naturschutzgebiet *n*; **~ natural gestionada** Naturpark *m*; **~ de nivelación** Ausgleichsrücklage *f*; **~ de orden** Rangvorbehalt *m*; **~ -oro** Gold|deckung *f*, -bestand *m*, -reserve *f*; **~ paisajística** Landschaftsschutzgebiet *n*; **~ de plaza** Arbeitsplatzschutz *m*; **~ de previsión** Versorgungsrückstellung *f*; **~ de primas** Prämien|reserve *f*, -depot *n*; **~ de prohibición** Verbotsvorbehalt *m*; **~ de propiedad** Eigentumsvorbehalt *m*; **~ por revaluación** Rückstellung *f* für Neubewertungen; **~ de revocabilidad** *(o* ***de revocación****)* Widerrufsvorbehalt *m*; **~ de** *(o* ***para****)* **riesgos** Risikorückstellung *f*; **~ secreta** geheimer Vorbehalt *m*, stille Rücklage *f*; **~ tácita** s. reserva secreta; **~ voluntaria** freiwillige Rücklage *f*.
reservación Reservierung *f*.
reservados todos los derechos alle Rechte *npl* vorbehalten.
reservar vorbehalten, reservieren, buchen *(Reise)*; **~ la resolución para definitiva** die Entscheidung *f* dem Endurteil vorbehalten.
reservas *pl* Kautelen *pl*; **~ centrales** Zentralbankreserven *fpl*; **~ ganadas** nicht ausgeschütteter Gewinn *m*; **con todas las ~** ohne Gewähr; **~ visibles** offene Rücklagen *fpl*.
reser | vatario Pflichtteilsberechtigter *m*, Sondererbe *m*, **~vativo** *(adj)* Vorbehalts-; **~vista** *m* Reservist *m*; **~** *(Sp)* der zur „reserva" Verpflichtete *m*.
resguardar schützen.

resguardo Beleg *m*, Schein *m*, Unterlage *f*, Empfangsbestätigung *f*, Einlieferungs|schein *m*, Lager- *m*, Revers *m*; **~ de almacén** Depot|empfangsbescheinigung *f*, -quittung *f*; **~ del empeño** Pfand|schein *m*, Leih- *m*; **~ de entrega** Liefer|schein *m*, Einlieferungs- *m*; **~ de envío aéreo** Luftfrachtbrief *m*; **~ de prenda** Pfandschein *m*; **~ de recepción** Empfangs|bescheinigung *f*, -bestätigung *f*; **~ de recogida** Abholbeleg *m*; **~ de transferencia** Überweisungsbeleg *m*.

residencia Aufenthalt *m*, Wohn|ort *m*, Aufenthalts- *m*, Niederlassung *f*, Sitz *m (des Gerichts)*; **~ accidental** vorübergehender Aufenthalt *m*; **~ para ancianos** Alten|*(wohn)*heim *n*, Senioren- *n*; **doble ~** Doppelwohnsitz *m*; **~ estable** ständige Niederlassung *f*; **~ habitual** gewöhnlicher Aufenthalt *m (oder Wohnsitz m)*, Wohnort *m*; **~ oficial** Dienst|sitz *m*, Amts- *m*, Dienst|wohnung *f*, Amts- *f*; **~ permanente** ständiger Aufenthalt *m*; **segunda ~** Zweitwohnung *f*, zweiter Wohnsitz *m*; **~ universitaria** Studentenwohnheim *n*.

residenciar Rechnungslegung *f* verlangen; gegen einen Richter oder Beamten *m* ermitteln.

residente *m* Ansässiger *m*, Einwohner *m (Gemeinde)*, Deviseninländer *m*; **~** *(adj)* ansässig, sesshaft, niedergelassen *(Arzt)*; **~ en el lugar** ortsansässig; **no ~** Nichtansässiger *m*, Devisenausländer *m*.

residir ansässig sein, *(sich)* aufhalten; **~ en** begründet sein in.

residual *(adj)* Rest-, restlich.

residuo Rest *m*, Rückstand *m*, Rest|wert *m*, -größe *f*.

residuos *pl* Abfälle *mpl*, Müll *m*, Ausschuss *m (Ware)*; **~ biodegradables** biologisch abbaubare Abfälle *mpl*; **~ nucleares** Atommüll *m*; **~ tóxicos** Giftmüll *m*; **~ voluminosos** Sperrmüll *m*.

resignación Amtsniederlegung *f*.

resignar ein Amt *n* niederlegen.

resistencia Widerstand *m*; **~ del comprador** Kaufzurückhaltung *f*; **~ pasiva** passiver Widerstand *m*.

resis|tente *m* Widerstandskämpfer *m*; **~tir** sich widersetzen.

resocialización Resozialisierung *f*.

resolución Entschließung *f*, Bescheid *m (Verwaltung)*, Verfügung *f*, Rücktritt *m (bei Verzug)*, Entscheidung *f (Urteil und Beschluss)*, Auflösung *f*; **~ administrativa** Bescheid *m*; **~ arbitral** Schiedsspruch *m*; **~ de cometer el acto** Tatentschluss *m*; **~ de contrato** Vertragsauflösung *f*; **~ denegatoria** Ablehnungsbescheid *m*; **~ de embargo y transferencia** Pfändungs- und Überweisungsbeschluss *m*; **~ judicial** gerichtliche Entscheidung *f*, Richterspruch *m*; **~ ministerial** Ministerialerlass *m*; **~ previa** Vorbescheid *m*; **~ de un recurso de reposición** *(Sp)* Beschwerde|entscheidung *f*, -bescheid *m*.

resolu|tivo *(adj)* Entscheidungs-; **~torio** auflösend *(Bedingung)*.

resolver beschließen, entscheiden, *(auf)*lösen, aufkündigen, aufheben *(Rechtsgeschäft)*; **~ un contrato** vom Vertrag *m* zurücktreten; **~ sobre el fondo *(del asunto)*** eine Sachentscheidung *f* treffen; **~ de plano** in voller Besetzung *f* entscheiden; **~ la solicitud** den Antrag *m* verbescheiden.

respaldar sichern, decken.

respaldo Sicherung *f*, *(Unter)*Stützung *f*, Deckung *f*; **~ de oro** Gold|reserve *f*, -standard *m*; **~ religioso** religiöse Beteuerung *f*.

respetar einhalten, *(be)*achten.

respeto Achtung *f*, Respekt *m*; **~ a los derechos adquiridos** Wahrung *f* der wohlerworbenen Rechte; **~ de las leyes** Gesetzestreue *f*; **~ de los plazos** Einhaltung *f* der Fristen.

responder haften, einstehen, bürgen, aufkommen *(für)*, verantwortlich sein; **~ ilimitada y personalmente** unbeschränkt und persönlich haften; **~ a prorrata** anteil*(s)*mäßig haften.

responsabilidad Verantwort|lichkeit *f*, -ung *f*, Haftung *f*; **~ por los auxiliares del cumplimiento** Haftung *f* für *(Verschulden des)* Erfüllungsgehilfen.

responsabilidad civil Haftpflicht *f*, zivilrechtliche Haftung *f*; **~ ~ de la Administración** Staatshaftung *f*; **~ ~ por los daños causados por productos defectuosos** Produkthaftung *f*.
responsabilidad, ~ concurrente Mitverschulden *n*; **~ conjunta** Mitverantwortlichkeit *f*; **~ criminal** strafrechtliche Haftung *f* *(oder Verantwortung f)*; **~ por culpa** Verschuldenshaftung *f*; **~ sin culpa** Gefährdungshaftung *f*; **~ por daños causados por un animal** Tierhalterhaftung *f*; **~ de déficit** Mankohaftung *f*; **~ delictiva** Deliktshaftung *f*; **~ empresarial** Unternehmerhaftung *f*; **~ por el encargado de un asunto** Haftung *f* für Verrichtungsgehilfen; **~ del Estado** Staats|haftung *f*, Amts- *f*; **~ por el hecho** Tatverantwortung *f*; **~ del heredero** Erbenhaftung *f*; **~ por negligencia** Fahrlässigkeitshaftung *f*; **~ no contractual** außervertragliche Haftung *f*; **~ objetiva** Haftung *f* ohne Verschulden; **~ oficial** Amtshaftung *f*; **~ del órgano** Organhaftung *f*; **~ para con** Haftung *f* gegenüber; **~ penal** strafrechtliche Haftung *f* *(oder Verantwortlichkeit f)*; **~ por productos defectuosos** Produkthaftpflicht *f*; **~ profesional** Berufshaftpflicht *f*; **propia ~** Eigenverantwortung *f*; **sin *(mi)* ~** ohne Obligo *n*; **~ solidaria** gesamtschuldnerische Haftung *f*; **~ por tenencia de animales** Tierhalterhaftung *f*; **~ velada** Durchgriffshaftung *f*; **~ vicaria** Haftung *f* für den Erfüllungsgehilfen.
responsabilidades *pl* **eventuales** Rückstellungen *fpl* für ungewisse Schulden.
responsabiliza | ción Haftbarmachung *f*; **~r** haftbar machen.
responsabilizarse de die Verantwortung *f* übernehmen für.
responsable *m* verantwortlich, haft|bar, -pflichtig; **~ de daños y perjuicios** schadensersatzpflichtig; **hacer ~** verantwortlich machen; **~ del riesgo** Risikoträger *m*.
respuesta Antwort *f*, Beantwortung *f*, Erwiderung *f*; **~ pagada** *(Rück)*Antwort *f* bezahlt.
restablecer wieder|einsetzen, -einführen, -herstellen, wiederaufleben lassen; **~ el orden** die Ordnung *f* wiederherstellen.
restablecimiento Wieder|herstellung *f*, -einsetzung *f*, -einführung *f*, Aufleben *n*, Sanierung *f*; **~ de la vida conyugal** Wiederherstellung *f* der ehelichen Lebensgemeinschaft.
restante *m* Rest; **~** *(adj)* Rest-, restlich, überschüssig.
restar schmälern, abziehen; übrig bleiben.
restaura | ción *(s. a. restablecimiento)* Restaurierung *f*; **~r** restaurieren.
restitución Wiederherstellung *f*, Restitution *f*, Erstattung *f*, Rück|gabe *f*, -gewähr *f*, Rück|vergütung *f*, -erstattung *f*, -zahlung *f*; **~ en especie** Naturalrestitution *f*; **~ natural** Naturalrestitution *f*; **~ de prima** Prämienrückgewähr *f*.
restitu | ir zurück|erstatten, -geben, -vergüten, -gewähren, ersetzen, wieder|herstellen; **~torio** *(adj)* Rückerstattungs-, Restitutions-.
resto Rest *m*, Rest|bestand *m*, -betrag *m*, -wert *m*, Über|rest *m*, -schuss *m*; **~ de *(la)* pena** Strafrest *m*, Reststrafe *f*.
restricción *(s. a. restricciones pl)* Be|schränkung *f*, Ein- *f*, Restriktion *f*; **~ comercial** ***(o a la comercialización o del comercio)*** Handels|beschränkung *f*, -hemmnis *n*; **~ a *(o de)* la competencia** Wettbewerbsbeschränkung *f*; **~ cuantitativa** mengenmäßige Beschränkung *f*; **~ de divisas** Devisenbeschränkung *f*; **sin ~** ohne Vorbehalt *m*, uneingeschränkt.
restricciones *pl*, **~ armamentistas** Rüstungsbegrenzung *f*; **~ al establecimiento** Niederlassungsbeschränkungen *pl (EU)*; **~ de liquidez** Liquiditätsanspannung *f*; **~ del tráfico** Verkehrsbeschränkungen *fpl*.
restrictivo einschränkend; **~** *(Sp)* vertraulich.
restringir einschränken.

resultado *(s. a. resultados)* Ergebnis *n*, Resultat *n*, Befund *m*; Erfolg *m* *(StrafR)*; **~ accesorio** Nebenfolge *f*; **~ del balance** Bilanzergebnis *n*; **~ de investigaciones** Untersuchungsbefund *m*; **~ letal** Todesfolge *f*; **~ *(de)* muerte** Todesfolge *f*; **~ operativo** Ertrag *m* aus Geschäftstätigkeit; **~ de prueba** Beweisergebnis *n*.
resultancia Ergebnis *n* des Akteninhalts.
resultando Tatbestand; **~ probado** feststehende Tatsache *f (im Urteil)*.
resultar sich ergeben, eintreten, resultieren.
resumen *m* Kurzbericht *m*, Resümee *n*; **~ de actividades** Tätigkeits | bericht *m*, Geschäfts- *m*; **~ de argumentos** Schlussplädoyer *n*.
resurgimiento Wiederaufschwung *m*.
retar | herausfordern; **~dar** aufschieben.
retardo Verspätung *f*; **~ de pago** Zahlungsaufschub *m*; **~ procesal** Prozessverschleppung *f*.
retasa | ción Neuabschätzung *f*; **~r** neu abschätzen.
retención Bei | behaltung *f*, Ein- *f*, Zurück- *f*, Eigenbehalt *m*, Zurückbehaltungsrecht *n*; **~ de correspondencia** Postsperre *f*; **~ en la fuente** Quellensteuer | abzug *m*, Vorsteuer- *m*; **~ policial** Polizeigewahrsam *m*; **propia ~** Selbstbehalt *m*; **~ del vehículo** Beschlagnahme *f* des Kraftfahrzeugs.
retenedor Abführungspflichtiger *m* *(bei Lohnsteuer u. a.)*.
retener einbehalten *(Lohnsteuer)*, zurück*(be)*halten, abziehen *(vom Lohn)*; in Haft nehmen; **~ en prenda** als Pfand *n* zurückbehalten.
retenido Lohnsteuerpflichtiger *m (bei Abzug der Steuer)*.
reticencia Verschweigen *n*, Verletzung *f* der Anzeigepflicht.
re | tinente *m (Zu)*Rückbehaltungsberechtigter *m*; **~tirable** einziehbar.
retirada *(s. a. retiro)* Ein | ziehung *f*, Ent- *f*, Einlösung *f*, *(Zu)*Rücknahme *f (Erklärung)*, Rückruf *m* *(Produkte)*, Abhebung *f (von Geld)*; **~ de la acusación** Fallenlassen *n* der Anklage; **~ de beneficios** Gewinn | entnahme *f*, -mitnahme *f (B)*; **~ del partido** Parteiaustritt *m*; **~ de solicitud** Antragsrücknahme *f*.
retirado Ruhegehaltsempfänger *m*; **~** *(adj)* außer Dienst *m*, im Ruhestand *m*, pensioniert.
retirar einziehen *(Ausweis)*, beitreiben, abnehmen *(Ware)*, abholen *(Visum)*, ab*(be)* | rufen, abheben *(Geld)*, aufkündigen *(Kredite)*, abziehen *(Militär)*, entziehen, zurücknehmen *(Strafantrag)*, widerrufen *(Vollmacht)*; **~ el carné** *(o **carnet**)* den Ausweis *m* einziehen; **~ la custodia** das Sorgerecht *n* entziehen; **~ un embajador** einen Botschafter *m* abberufen; **~ por la grúa** abschleppen *(Kfz)*; **~ la palabra** das Wort *n* entziehen; **~ el permiso de conducir** die Fahrerlaubnis *f* entziehen.
retirarse ausscheiden, in den Ruhestand *m* treten, abtreten.
retiro *(s. a. retirada)* *(Zu)*Rücknahme *f*, Ausscheiden *n*, Abberufung *f* *(Diplomat)*, Austritt *m*, Abhebung *f* *(Sparkonto)*; Pension *f*, Pensionierung *f*, Ruhestand *m*, Ruhestandsgehalt *n*, Altersversorgung *f*; **en ~** im Ruhestand *m*, außer Dienst *m*.
re | tiros *pl* Versorgungsbezüge *pl*; **~to** Herausforderung *f*; **~tocar** überarbeiten.
retoque *m* Überarbeitung *f*.
retornar retournieren.
retorno Rückfahrt *f*; Rückkehr *f*.
retorsión Vergeltung *f*.
retractación *(Zu)*Rücknahme *f*, Rücktritt *m*, Widerruf *m*.
retractar(se) *(sich)* zurückziehen; **~ de la oferta** das Vertragsangebot *n* zurücknehmen.
retracto Vorkaufsrecht *n*, Rückkauf *n*, Wiederkauf *n*; **~ convencional** vertragliches *(dingliches)* Vorkaufsrecht *n*; **~ enfitéutico** Vorkaufsrecht *n* bei der Erbpacht; **~ y tanteo** Rückkaufsrecht *n* zum gleichen Preis.
retraer wieder | kaufen, *(zu)*rück-, das Vorkaufsrecht *n* ausüben.
retrans | ferencia Rücküberweisung *f*; **~ferir** *(zu)*rückübertragen; **~misión** Rückküber | tragung *f*, -eignung *f*; **~mitir** s. retransferir.

retrasar im Rückstand *m* bleiben, hinausschieben *(Termin)*.
retraso Verzögerung *f*, Verzug *m*, Verspätung *f*; **~ en el pago** Zahlungs | verzug *m*.
retrato hablado Phantombild *n*.
retrayente *m* Rück | käufer *m*, Wieder- *m*, Vor- *m*, Rückkaufs | berechtigter *m*, Vorkaufs- *m*.
retribución Entgelt *n*, Abgeltung *f*, Entlohnung *f*, Vergütung *f*, Verdienst *m*, Gegenleistung *f*, Honorar *n*, Entlohnung *f*; **~ básica** Grund | gehalt *n*, -vergütung *f*; **~ a destajo** Akkordlohn *m*; **~ en especie** Naturallohn *m*; **sin ~** unentgeltlich; **~ por unidad de obra** Stücklohn *m*; **~ por unidad de tiempo** Zeitlohn *m*.
retribuido entgeltlich.
retribuir *(be)*lohnen, vergüten, abgelten, bezahlen.
retroacción Rückwirkung *f*.
retroactividad Rückwirkung *f*; **con ~** rückwirkend.
retroactivo rückwirkend.
retroceder im Rang *m* zurücktreten *(Hypothek)*, abflauen.
retrocesión Rückübertragung *f*.
retroceso Rück | schritt *m*, -gang *m*, Abschwächung *f*.
retro | garantía Rückbürgschaft *f*; **~gradación** Zurückstufung *f*, Degradierung *f*; **~gradar** zurückstufen.
retrotraer zurückwirken, in den vorigen Stand *m* versetzen.
retro | traerse *(zu)*rückwirken; **~transferencia** Rücküberweisung *f*; **~vendedor** Wiederverkäufer *m*; **~vender** wiederverkaufen.
retroventa Wieder*(ver)*kauf *m*, Rückkauf *m*, Rückkaufsrecht *n*.
reubicación Umverteilung *f*.
reubicar umverteilen *(Flüchtlinge)*.
reunificación Wiedervereinigung *f*.
reunificador Wiedervereinigungs-.
reunión Versammlung *f*, Zusammenkunft *f*, Tagung *f*, Sitzung *f*; **~ de acreedores** Gläubigerversammlung *f*; **~ del consejo** Ratstagung *f*; **~ de fondos** Geldbeschaffung *f*; **~ ilegal** Auflauf *m (Demonstration)*; **~ de mesa redonda** Round-table-Konferenz *f*; **~ de negociaciones** Verhandlungsrunde *f*; **~ no pacífica** *(Sp)* Zusammenrottung *f*; **~ plenaria** *(o* ***del pleno****)* Plenarsitzung *f*, Vollversammlung *f*; **~ de trabajo** Arbeitstagung *f*; **~ de trámite** Routinesitzung *f*.
reunir versammeln, aufbringen *(Geld)*; **sin ~ el quórum** beschlussunfähig.
reunirse tagen, zusammentreten; **~ en sesión secreta** eine geschlossene Sitzung *f* abhalten.
reválida Abschlussprüfung *f*.
revalidación Bestätigung *f*, Anerkennung *f*, Nostrifikation *f*.
revalidar | bestätigen, verlängern *(Gültigkeit)*, nostrifizieren.
revalorización *(s. a. revaluación)* Auf | wertung *f*, Anhebung *f (Rente)*.
revalorizar | auf | werten, neube-, anpassen *(Renten)*; **~se** anziehen.
revaluación *(s. a. revalorización)* Auf | wertung *f*, Neubewertung *f*, Wertberichtigung *f*.
revalua | r s. revalorizar; **~torio** *(adj)* Aufwertungs-.
revelación Bekannt | gabe *f*, -machung *f*, Eröffnung *f (Zeuge)*.
reven | dedor Wiederverkäufer *m*; **~der** weiter | verkaufen, wieder-; **~ta** Weiter | verkauf *m*, Rück- *m*.
reventador de coches Autoknacker *m*.
rever erneut verhandeln.
reversibilidad Heimfalleigenschaft *f*.
reversible zurückzuerstatten.
reversión Rückgabe *f*, Heimfall *m*.
reverso Rückseite *f*.
rever | tible *(adj)* Rückgabe-; **~tir** heim | fallen *(an den Staat)*, zurück-.
revestir ausstatten; **~ la forma jurídica de sociedad** als Gesellschaft *f* organisiert sein.
revisa | bilidad Überprüfbarkeit *f*; **~ble** überprüfbar.
revisar prüfen, über | prüfen, nach-, revidieren, überarbeiten.
revisión Prüfung *f*, Über | prüfung *f*, Nach- *f*, Revi | sion *f*, -dierung *f*, *(Ab)*Änderung *f*, Inspektion *f*, Wiederaufnahme *f (des Verfahrens)*; **~ de la causa** Wiederaufnahme *f* des Verfahrens; **~ de cuentas** Rechnungs | prüfung *f*, Buch- *f*, Abschluss- *f*; **~ de precios** Preiskorrektur *f*.
revisiones *pl* **de armamento** Rüstungskontrolle *f*.

revisionis | mo Revisionspolitik *f*; **~ta** revisionistisch.
revisor Prüfer *m*, Revisor *m*, Kontrolleur *m*; **~ de balances** Bilanzprüfer *m*; **~ de cuentas** Buch | prüfer *m*, Rechnungs- *m*.
revisoría Buch | prüfung *f*, Wirtschafts- *f*, Rechnungs- *f*.
revista Revision *f*, erneute Verhandlung *f*; **~ jurídica** Rechtszeitschrift *f*; **~ de la prensa** Presseschau *f*.
revoca | bilidad Widerruflichkeit *f*; **~ble** widerruflich.
revocación Widerruf*(ung) m (f)*, Abberufung *f*, Rückruf *m*, Absetzung *f*, Aufhebung *f*, Annullierung *f*; **~ de un cheque** Schecksperrung *f*; **salvo ~** gültig bis auf Widerruf.
revocador Widerrufender *m*.
revocar abbe | rufen, wider-, aufheben, annullieren, zurücknehmen, anfechten *(im Konkurs)*; **~ el cheque** einen Scheck *m* sperren; **~ un pedido** einen Auftrag *m* widerrufen, abbestellen; **~ la sentencia** das Urteil *n* aufheben; **~ un testamento** ein Testament *n* widerrufen.
revocator | ia Widerruf *m*; **~io** *(adj)* Widerrufs-, Aufhebungs-.
revoque, con el ~ y la entrega de llaves *(Sp)* mit Verputz und Schlüsselübergabe; schlüsselfertig.
reyerta Streit *m*, Schlägerei *f*.
rezago Rückstand *m*.
ribereño Uferanlieger *m*, Anrainer *m*, Anwohner *m*, Anlieger *m*.
riesgo *(s. a. riesgos pl)* Risiko *n*, Gefahr *f*, Wagnis *n*; **~ agravado** erhöhtes Risiko *n*; **~ asegurable** versicherbares Risiko *n*; **~ asistemático** unvermeidbares Risiko *n*; **~ de*(l)* cambio** Währungs | risiko *n*, Valuta *n*, Kurs *n*; **~ de cobro en general** allgemeines Ausfallrisiko *n*; **~ cubierto** gedecktes Risiko *n*; **~ de *(la)* empresa** *(o empresarial)* Betriebs | risiko *n*, -gefahr *f*; **~ inasegurable** unversicherbares Risiko *n*; **~ de mortalidad** Sterbe | risiko *n*, Todesfall- *n*; **~ de muerte** s. riesgo de mortalidad; **a propio ~** auf eigene Gefahr *f*; **~ residual** Restrisiko *n*; **~ para la seguridad** Sicherheitsrisiko *n*; **a** *(o contra)* **todo ~** *(Versicherung)* gegen alle Gefahren.
riesgos *pl*, **~ comerciales** Geschäftsrisiko *n*; **grandes ~** Großrisiken *npl*; **~ no cubiertos** unversicherte Risiken *npl*.
rifa Verlosung *f*, Auslosung *f*, Lotterie *f*; **~ benéfica** Tombola *f*.
rigidez *f* Härte *f*, Strenge *f*, Gebundenheit *f*; **~ cambial** Wechselstrenge *f*.
rígido unelastisch *(Nachfrage)*.
rigor Strenge *f (des Rechts)*; **~ excesivo** besondere Härte *f*; **~ formalista** Formstrenge *f*; **~ legal** Strenge *f* des Gesetzes.
riguro | sidad s. rigor; **~so** streng.
riña Zank *m*, Streit *m*; **~ tumultuaria** Schlägerei *f*, Rauf | erei *f*.
río Strom *m*, Fluss *m*; **~ fronterizo** Grenzfluss *m*.
Rioja, La ~ *(Autonomía)* Rioja.
ríos internacionales *pl* internationale Schifffahrtsstraßen *fpl*.
riqueza Vermögen *n*; **~ imponible** steuerpflichtiges Vermögen *n*; **~ monumental** Kulturdenkmäler *npl* eines Staates; **~ nacional** Volksvermögen *n*.
ritmo Rhythmus *m*; **~ de las inversiones** Investitionsquote *f*.
rito matrimonial Eheritus *m*.
roba | bolsos *m* Handtaschen | dieb *m*, -räuber *m*; **~coches** *m* Autodieb *m*; **~tiendas** *m* Ladendieb *m*.
robar *(be)*rauben, *(be)*stehlen, entwenden; **~ del todo** ausrauben.
robo Raub *m*, *(schwerer)* Diebstahl *m*, Entwendung *f*, Entführung *f*.
robo, ~ bancario Bank | überfall *m*, -raub *m*; **~ en cuadrilla** Bandenraub *m*; **~ con escalamiento** *(o con escalo)* Einsteige | diebstahl *m*; **~ con fractura** Einbruch *m*, Einbruchsdiebstahl *m*; **~ con homicidio** Raubmord *m*; **~ a mano armada** bewaffneter Raubüberfall *m*; **~ sacrílego** Kirchenraub *m*; **~ seguido de muerte** Raub *m* mit Todesfolge; **~ de uso** Gebrauchsentwendung *f*.
rogación Antrag *m*, Beantragung *f*.
rogador Einbringer *m (Gesetz)*.
rogar beantragen *(Prozess)*.
rojos *pl* rote Zahlen *fpl*.

rol *m* Rolle *f*, Verzeichnis *n*; **~ de contribuyentes** Steuerliste *f*.
rollo Aktenbündel *n*; **~ de sala** Termin | liste *f*, -zettel *m*.
romper brechen *(Verträge)*, abbrechen *(Beziehungen)*, verletzen *(Gesetze)*, verstoßen gegen *(Verträge, Normen)*.
rompimiento Bruch *m*, Abbruch *m*.
ronda Runde *f*, Patrouillengang *m*; **~ negociadora** Verhandlungsrunde *f*; **~ tarifaria cero** Nullrunde *f*.
Rota Romana Römische Rota *f* *(Oberstes Kirchengericht)*.
rotación Umschlag *m*, Rotation *f*, Fluktuation *f*; **~ del almacén** Lagerumschlag *m*; **~ en el cargo** Turnus *m* in der Amtsbesetzung; **por ~** turnusweise; **~ de stocks** s. rotación del almacén.
rotulación Etikettierung *f*.
rotular etikettieren, kennzeichnen.
rótulo Aufschrift *f*, Firmen | schild *n*, Geschäfts- *n*, Etikett *n*, Auszeichnung *f*.
rotura Bruch *m*, Abbruch *m*.
roturación Rodung *f*.
royalty *(engl)* Tantiemen *fpl*.
roza Urbarmachung *f*.
rublo Rubel *m*.
rúbrica Rubrik *f*, Überschrift *f* eines Gesetzesabschnitts; Hand | zeichen *n*, Paraphe *f*, Abzeichnen *n*.
rubricación Paraphierung *f*.
rubricar unterfertigen, mit Handzeichen *n* versehen, paraphieren.
rubro Überschrift *f*; Posten *m* *(Bilanz)*; **~ activo** Aktivposten *m*.
rueda Runde *f*, Öffnungszeit *f* der Börse; **~ de la prensa** Pressekonferenz *f*; **~ de presos** Gefangenenrunde *f* *(zur Gegenüberstellung)*.
ruego Gesuch *n*, Ersuchen *n*.
rufi | án *m* Zuhälter; **~anismo** Zuhälterei *f*.
ruidos *pl* Ruhestörung *f*.
ruina Ruin *m*, Zusammenbruch *m*; Ruine *f*; Einsturz *m*, Abriss *m*.
ruinoso baufällig.
rumbo Kurs *m* *(SeeR)*.
ruptura Bruch *m*, Abbruch *m* *(der Verhandlungen)*; **~ de contrato** Vertragsbruch *m*; **~ de hostilidades** Ausbruch *m* *(oder Eröffnung f)* der Feindseligkeiten; **~ de sellos** Siegelbruch *m*.
ruta Route *f*, Linie *f* *(Flug)*; **~ aérea** Flug*(verkehrs)*linie *f*; **~ de navegación interior** Binnenwasserstraße *f*.
rutina ejecutiva Routine *f*.

S

saber *m* Wissen *n*, Kenntnis *f*; **~ hacer** *m* Know-how *n*; **hacer ~** zur Kenntnis *f* bringen, bekanntmachen; **según el leal ~ y entender** nach bestem Wissen *n* und Gewissen; **~ según su *(mejor)* ~** nach bestem Wissen *n*.
sabiendas, a ~ wissentlich.
sabotaje *m* Sabotage *f*.
sabotea | dor Saboteur *m*; **~r** sabotieren.
saca Entnahme *f*, Ausfuhr *f*; beglaubigte Abschrift *f*.
sacar heraus | ziehen, -holen, ausführen *(Waren)*, abheben, ziehen *(Los)*; **~ beneficio** Gewinn *m* ziehen; **~ el carnet de conducir** den Führerschein *m* machen; **~ copia** eine Abschrift *f* machen; **~ dinero** Geld *n* entnehmen; **~ patente** patentieren lassen; **~ provecho** Nutzen *m* ziehen; **~ a pública subasta** öffentlich versteigern; **~ el saldo** saldieren; **~ el total** zusammenrechnen; **~ utilidad** Nutzen *m* ziehen; **~ a la venta** zum Verkauf *m* anbieten.
sacerdote *m* Geistlicher *m*.
sacrificio Aufopferung *f*; **~ especial** Sonderopfer *n* *(Enteignung)*.
sádico Sadist *m*.
sadismo Sadismus *m*.
sadomasoquismo Sadomasochismus *m*.
sala Saal *m*, Sitzungssaal *m*; *(Gericht:)* Kammer *f*, Senat *m*; **~ de audiencia** Sitzungssaal *m*; **~ de lo civil** Zivil | kammer *f*, -senat *m*.

sala de lo contencioso -administrativo Senat *m* für Verwaltungssachen.

sala, ~ cuarta de lo social *(Sp)* vierter Senat *m* für Arbeit und Soziales; **~ de exposición** Ausstellungsraum *m*; **~ de gobierno** *(Sp)* Senat *m* in Justizverwaltungssachen; **~ de menores** Jugend|kammer *f*, -gericht *n*; **~ *(de lo)* penal** Straf|kammer *f*, -senat *m*; **~ de plenos** *(Sp)* Plenarsaal *m (Parlament)*; **~ de seguridad social** *(Sp)* Senat *m* in Sozialversicherungssachen; **~ sentenciadora** entscheidender *(oder erkennender)* Senat *m*, erkennende Kammer *f*; **~ de togas** *(Sp)* Anwaltszimmer *n (bei Gericht)*; **~ de ventas** Verkaufsraum *m*.

salaria|do Entlohnung *f*; **~l** lohnmäßig, Lohn-; **~r** entlohnen.

salario Gehalt *n*, Lohn *m*, Arbeits|entgelt *n*, -lohn *m*, Verdienst *m*, Bezüge *pl*; **~ ajustado por unidad de tiempo** *(Sal)* Zeitlohn *m*; **~ -base** Grund|gehalt *n*, -lohn *m*, Ecklohn *m*; **~ a destajo** Akkord|lohn *m*, Stück- *m*, Gedinge- *m*; **~ diario** Tagelohn *m*; **~-hora** Stundenlohn *m*; **~ local** ortsüblicher Lohn *m*.

salario, ~ neto Netto|lohn *m*, -arbeitsentgelt *n*; **~ nominal** Nominallohn *m*; **~ por pieza** *(Sal)* Stücklohn *m*; **~ real** Real|lohn *m*, Effektiv- *m*; **~ por rendimiento** Leistungslohn *m*; **~ tarifado** Tariflohn *m*; **~ al** *(o **por**)* **tiempo** Zeitlohn *m*.

salarios *pl*, **~ bajos** Niedriglöhne *mpl*; **~ y sueldos** Personalaufwendungen *fpl (Bilanz)*.

saldado abgerechnet.

saldar saldieren, ab|rechnen, ver-, auf-, abschließen *(Bilanz)*, abstoßen, ausverkaufen; **~ los libros** die Bücher *pl* abschließen.

saldo Saldo *m*, *(Rechnungs)*Abschluss *m*, Rest *m*, Rest|betrag *m*, -summe *f*, Mehr|betrag *m*, Unterschieds- *m*, Verrechnungsvorgang *m*; Ausverkaufsware *f*; **~ acreedor** Guthaben *n*, Haben|saldo *m*, Aktiv- *m*, Überschuss *m*.

saldo activo s. saldo acreedor.

saldo, ~ de apertura Eröffnungsbestand *m*; **~ cero** Nullsaldo *m*; **~ a cuenta nueva** Vortrag *m (Saldo)*, Saldovortrag *m*; **~ de cuentas** *(Schluss)*Abrechnung *f*, Konto|abrechnung *f*, -ausgleich *m*; **~ al debe** Debet|saldo *m*, Passiv- *m*, Soll- *m*; **~ de la deuda** Restschuld *f*; **~ deudor en cuenta** Kontoüberziehung *f*; **~ en efectivo** Bar|geldbestand *m*, -guthaben *n*; **~ al haber** Guthaben *n*, Aktiv- *m*, Haben- *m*; **~ de mercaderías** restlicher Warenbestand *m*; **~ negativo** Defizit *n*, Verlustsaldo *m*; **~ pasivo** s. saldo al debe; **~ por pérdidas** Verlustausgleich *m*; **~ vencido** fälliger Saldo *m*; **~ vendedor** *(B)* Papier *n*, Brief *m*.

saldos *pl* Aus|verkauf *m*, Schluss- *m*.

salida Ausgang *m (von Geld, Ware)*, Abgang *m (Ware)*, Ausscheiden *n (aus einer Tätigkeit)*, Austritt *m (aus einem Verein)*, Entlassung *f (von Gefangenen)*, Einsatz *m (Feuerwehr)*; **de buena ~** gut verkäuflich; **~ obligatoria** Ausreisepflicht *f (Ausländer)*; **~ del país** Ausreise *f*; **~ de urgencia** Notausgang *m*; **~ de la vía** Abkommen *n* von der Fahrbahn *(VR)*.

salidas *pl* **profesionales** Aufstiegschancen *fpl*.

saliente scheidend *(Präsident)*, ausscheidend *(Mitglied)*.

salir ausscheiden, abfließen *(Geld)*, erscheinen *(Bücher)*, Absatz finden; **~ absuelto** freigesprochen werden; **~ a** *(o **de**)* **bolsa** an der Börse *f* eingeführt werden; **~ fiador** bürgen, sich verbürgen.

salirse, ~ de calzada von der Straße *f* abkommen.

salón *m*, **~ de plenos** Plenarsaal *m*.

salte|amiento s. salteo; **~ar** überfallen; **~o** Überfall *m*, Straßenraub *m*.

salubridad s. salud.

salud *f* Gesundheit *f*; **~ pública** öffentliche(s) Gesundheit*(swesen) f (n)*.

salvaguardar los intereses die Interessen *npl* wahren.

salvaguardia *f* Schutz *m*, sicheres Geleit *n*, Wahrnehmung *f*; **~ de los intereses justos** *(o **legítimos**)* Wahrnehmung *f* berechtigter Interessen.

salvamento Rettung *f*, Bergung *f*, Bergen *n*, Hilfeleistung *f*.

salvar retten, bergen; beseitigen *(Mängel)*, berichtigen *(Fehler)*, auffüllen *(Defizit)*.

salvedad Vorbehalt *m*, Ausnahme *f*.
salvedades *pl* **sin ~** ohne Vorbehalt *m*.
salvo vorbehaltlich.
salvoconducto sicheres *(oder freies)* Geleit *n*, Passierschein *m*.
sanable heilbar *(Rechtsgeschäft)*.
sanatorio Sanatorium *n*; **~ de desintoxicación** Entzugsanstalt *f*.
sanción Billigung *f*, Genehmigung *f*; Sanktion *f*, Ahndung *f*, Unrechtsfolge *f*; **~ administrativa** Geldbuße *f*; **bajo ~** bei Strafe *f*; **~ disciplinaria** Disziplinarstrafe *f*; **~ económica** Wirtschaftssanktion *f*; **~ laboral** Betriebsbuße *f*; **~ pecuniaria** Geldbuße *f*; **~ punitiva** Strafsanktion *f*.
sancionable strafbar.
sancionar billigen, beschließen *(Gesetz)*; ahnden, *(be)*strafen; **~ una ley** ein Gesetz *n* unterzeichnen.
saneado saniert; lastenfrei.
saneamiento Gewährleistung *f*, Sanierung *f (Stadt)*, Entschuldung *f*, Mängelhaftung *f*; **~ de cargas del pasado** Altlastsanierung *f*; **~ en caso de evicción** Eviktionshaftung *f*; **~ de la hacienda pública** Gesundung *f* der öffentlichen Finanzen; **~ de título** Rechtsmängelhaftung *f*; **~ por vicios ocultos** Haftung *f* wegen verborgener Mängel.
sanear sanieren, gewährleisten, für Mängel *mpl* haften, entschulden; **~ un vicio** einen Mangel *m* beheben.
sangre *f* Blut *n*.
sanidad Gesundheitswesen *n*; **~** *(Sp)* Gesundheitsministerium *n*; **~ ambiental** gesunde Umwelt *f*; **~ militar** Sanitätskorps *n (Militär)*.
sanitario im Gesundheitswesen.
sano de juicio zurechnungsfähig.
saque *m* **a bolsa** Gang *m* an die Börse *(Aktien)*.
saqueo Plünderung *f*.
sargento Wachtmeister *m*; **~** *(Sp)* Unteroffizier *m*, Feldwebel *m*.
satisfacción Genugtuung *f*, Befriedigung *f*, Sühne *f*, Erfüllung *f (eines Anspruchs)*, Ehrenerklärung *f*; *(Be)*-Zahlung *f*, Begleichung *f*; **~ por separado** abgesonderte Befriedigung *f*.
satisfacer klaglos stellen *(während des Prozesses)*; befriedigen *(Forderung)*, sättigen *(Markt)*, erfüllen *(Verbindlichkeit)*, zahlen, ab|zahlen, be-, ein-, aus-, entrichten, begleichen; **~ un cheque** einen Scheck *m* einlösen.
saturación Sättigung *f*, Auslastung *f*; **~ del mercado** Sättigung *f* des Marktes.
sección Abteilung *f*, Sparte *f*, Ausschuss *m (Parlament)*, Zug *m (Gendarmerie)*; **~ de anuncios** Werbeabteilung *f*; **~ de bolsa** Börsenteil *m*; **~ central** Hauptabteilung *f*; **~ electoral** Stimmbezirk *m*, Wahlkreis *m*; **~ de envíos** Versandabteilung *f*; **~ de gestión de personal** Personalabteilung *f*; **~ de intervención** Revisions|abteilung *f*; **~ jurídica** Rechtsabteilung *f*; **~ de nóminas** Lohn- und Gehaltsbuchhaltung *f (Stelle)*; **~ de lo penal** *(Sp)* Senat *m* in Strafsachen; **~ de revisión** Revisionsabteilung *f*; **~ de ventas** Verkaufs|abteilung *f*, Vertriebs- *f*.
secesión Abtrennung *f*, Sezession *f*.
secretaría Sekretariat *n*; **~ de las Cortes** *(Sp)* Parlamentsverwaltung *f*; **~ de*(l)* Estado** Amt *n (oder Büro n)* des Staatssekretärs, Staatskanzlei *f*; **~ de Estado para la Información** *(Sp)* Presseamt *n*.
secretaría general Generalsekretariat *n*, Abteilung *f (Ministerium)*; **~ ~ de medio ambiente** *(Sp)* Umweltschutzamt *n*; **~ ~ de la presidencia del Gobierno** Amt *n* des Ministerpräsidenten.
secretaría, ~judicial Gerichtskanzlei *f*; **~ del juzgado** Geschäftsstelle *f*; **~ de un partido** Parteizentrale *f*.
secretariado Sekretariat *n*, Amt *n* des Sekretärs; **~ general** Generalsekretariat *n*.
secretarial *(adj)* Sekretärs-.
secretario Sekretär *m*, Schriftführer *m*, Geschäftsstellenleiter *m*, Urkundsbeamter *m* der Geschäftsstelle, Kanzler *m*; **~** *(Am)* Minister *m*, Staatssekretär *m*; **~ de actas *(de una conferencia)*** Protokollführer *m*; **~ de la administración de justicia** *(Sp)* Rechtspfleger *m*; **~ del ayuntamiento** Stadtdirektor *m*; **~ de embajada** Kanzler *m* der Botschaft; **~ de Estado** Staats|minister *m*,

-sekretär *m*; **~ de finanzas** Schatzmeister *m (Partei)*.
secretario general Generalsekretär *m*, Hauptgeschäftsführer *m (Kammer)*; **~ ~ de la Organización de las Naciones Unidas** Generalsekretär *m* der Vereinten Nationen.
secretario, ~ de gobierno *(Sp)* Urkundsbeamter *m* an der „sala de gobierno"; **~ de*(l)* juzgado** Urkundsbeamter *m* der Geschäftsstelle, Geschäftsstellenleiter *m (Gericht)*; **~ de la misión** Botschaftssekretär *m*.
secreto Geheimnis *n*, Geheimsache *f*, Vertraulichkeit *f*; **~ bancario** Bankgeheimnis *n*; **~ comercial** Geschäftsgeheimnis *n*; **~ de *(la)* correspondencia *(epistolar)*** Briefgeheimnis *n*; **~ electoral** Wahlgeheimnis *n*; **~ empresarial** *(o **de empresa**)* Betriebsgeheimnis *n*; **~ de Estado** Staatsgeheimnis *n*; **~ médico** ärztliches Berufsgeheimnis *n*, ärztliche Schweigepflicht *f*; **~ oficial** Amtsgeheimnis *n*; **~ postal** Postgeheimnis *n*; **~ profesional** Schweige|pflicht *f*, Verschwiegenheits- *f*; **~ de las telecomunicaciones** Fernmeldegeheimnis *n*.
secta Sekte *f*.
sectario Sektenanhänger *m*.
sector Bereich *m*, Sektor *m*, Sparte *f*, Zweig *m*, Gebiet *n*, Ressort *n* **~ de actividad económica** Wirtschaftszweig *m*; **~ agroalimentario** Ernährungswirtschaft *f (Sektor)*; **~ en alza** florierender Sektor *m*; **~ asegurador** Versicherungsbranche *f*; **~ de automoción** Kraftfahrzeugsektor *m*; **~ comercial** Handel *m*; **~ forestal** Forstwirtschaft *f*; **~ industrial** Gewerbe|zweig *m*, Produktions- *m*; **~ jurídico** Rechtsgebiet *n*; **~ de la madera** Holzindustrie *f*; **~ manufacturero** verarbeitendes Gewerbe *n*; **~ del ocio** Freizeitbranche *f*; **~ pesquero** Fischwirtschaft *f*; **~ de población** Bevölkerungs|schicht *f*, -gruppe *f*; **~ primario** primärer Sektor *m*; **~ privado** Privatwirtschaft *f*; **~ público** öffentliche Hand *f*; **~ de renta fija** Rentenmarkt *m*; **~ de renta variable** Aktienmarkt *m*; **~ servicio*(s)*** Dienstleistungssektor *m*; **~ siderúrgico** Eisen- und Stahlsektor *m*; **~ terciario** Dienstleistungs|sektor *m*, -bereich *m*, tertiärer Sektor *m*; **~ turístico** Fremdenverkehrswirtschaft *f*.
sectorial sektoral, Branchen-.
secuela Nebenfolge *f*.
secuencia Sequenz *f*; **~ de operaciones** Arbeitsablauf *m*.
secuestrable, no ~ beschlagnahmefrei.
secuestración s. secuestro.
secuestrador Sequester *m*; Entführer *m*; **~ aéreo** Luftpirat *m*.
secuestrar| in Beschlag nehmen, pfänden; entführen, verschleppen; **~io** Beschlagnahme-, Entführungs-.
secuestro Beschlagnahme *f*, Pfändung *f*, Hinterlegung *f*, Zwangsverwaltung *f*; Entführung *f*, Verschleppung *f*, Menschenraub *m*; **~ de aviones** Flugzeugentführung *f*; **~ con chantaje** erpresserischer Menschenraub *m*; **~ extorsivo** erpresserische Entführung *f*; **~ judicial** gerichtlich angeordnete Zwangsverwaltung *f*; **~ postal** Postbeschlagnahme *f*; **~ de rehenes** Geiselnahme *f*; **~ por rescate** Entführung *f* gegen Lösegeld.
sedante *m* Sedativ*(um) n*.
sede *f* Sitz *m*, Geschäfts|sitz *m*, Amts- *m*, Zentrale *f*; **~ central** Zentrale *f*, Hauptniederlassung *f*, -sitz *m*; **~ principal** s. sede central; **Santa ~** *(KR)* Heiliger Stuhl *m*; **~ social** Gesellschafts|sitz *m*, Firmen- *m*.
sedentario mit festem Sitz *m*, sesshaft; **no ~** Nichtsesshafter *m*.
sedicente angeblich.
sedición Aufstand *m*; **~ militar** Meuterei *f*; **~ tumultuaria** Aufruhr *m*.
sedicioso aufständisch, aufrührerisch.
seducción Verführung *f*.
seglar *m (KR)* Laie *m*; **~** *(adj)* Laien-.
segregación Abtrennung *f*; **~ de partes de un municipio** Umgemeindung *f*.
segregar ausgliedern, abtrennen.
seguido anhängig.
seguimiento Weiterbetreibung *f (eines Prozesses)*, Weiterverfolgung *f*; **~ de la causa** Prozessführung *f*.
seguir verfolgen *(etwas)*, betreiben, führen *(Prozess)*; **~ autos** ein Verfahren *n* betreiben; **~ una causa** einen Prozess *m* führen; **~ en**

funciones im Amt *n* bleiben; **~ una política** eine Politik *f* verfolgen; **~ en vigor** in Kraft *f* bleiben.

segunda de cambio Sekundawechsel *m*, zweiter Wechsel *m*.

seguridad Sicher|heit *f*, -stellung *f*, Gefahrlosigkeit *f*, Schutz *m*, Garantie *f*, Deckung *f*; **~ aérea** Luft*(verkehrs)*-sicherheit *f*; **~ en la circulación** Verkehrssicherheit *f*; **~ ciudadana** innere Sicherheit *f*; **~ civil** Zivilschutz *m*; **~ e higiene en el trabajo** Arbeitsschutz *m*; **~ interior** innere Sicherheit *f*; **~ jurídica** Rechtssicherheit *f*; **de máxima ~** Hochsicherheits-; **~ y orden públicos** öffentliche Sicherheit *f* und Ordnung; **~ social** soziale Sicherheit *f*, Sozialversicherung *f*.

seguro Versicherung *f*.

seguro contra accidentes Unfallversicherung *f*; **~ ~ del trabajo** Arbeits|unfallversicherung *f*.

seguro, ~ acumulativo Doppelversicherung *f*; **~ adicional** Nach|versicherung *f*, Zusatz- *f*; **~ del ajuar de casa** *(Sp)* Hausratsversicherung *f*; **~ de animales** Tierversicherung *f*; **~ de automóviles** Kraftfahrzeugversicherung *f*; **~ de automóviles a todo riesgo** Vollkaskoversicherung *f*; **~ de capital** Kapitalversicherung *f*; **~ de carga** Fracht|versicherung *f*, Ladungs- *f*, Kargo- *f*; **~ de*(l)* casco** Schiffs|versicherung *f*, *(See)*Kasko- *f*; **~ en caso de muerte** Versicherung *f* auf den Todesfall; **~ en caso de vida** Versicherung *f* auf den Erlebensfall.

seguro colectivo Gruppenversicherung *f*; **~ ~ de vida** Gruppenlebensversicherung *f*.

seguro, ~ combinado de incendio y robo gebündelte Feuer- und Beraubungsversicherung *f*.

seguro de créditos Kreditversicherung *f*; **~ ~ a la exportación** Ausfuhr|kreditversicherung *f*, Export- *f*.

seguro, ~ de cristales Glasversicherung *f*; **~ de cuidados permanentes** Pflegeversicherung *f*.

seguro contra *(o* ***de)*** **daños** Schaden*(s)*versicherung *f*; **~ ~ causados por motín** Tumultschädenversicherung *f*; **~ ~ patrimoniales** Vermögensschadenversicherung *f*.

seguro, ~ de defensa judicial Rechtsschutzversicherung *f*; **~ de defunción** Sterbegeldversicherung *f*; **~ contra** *(o* ***de)*** **desempleo** Arbeitslosenversicherung *f*; **~ doble** Doppelversicherung *f*; **~ dotal** Aussteuerversicherung; **~ educacional** Ausbildungsversicherung *f*; **~ de enfermedad** Kranken|versicherung *f*, -kasse *f*; **~ de equipajes** *(Reise)*Gepäckversicherung *f*; **~ en exceso** Überversicherung *f*; **~ exento de prima** prämienfreie Versicherung *f*; **~ de explotación** Betriebsversicherung *f*; **~ de flete** Frachtversicherung *f* *(SeeR)*; **~ global** Pauschalversicherung *f*; **~ de** ***(o contra el)*** **granizo** Hagelversicherung *f*; **~ de grupo** Gruppenversicherung *f*; **~ del hogar** Hausratversicherung *f*; **~ de hospitalización** Krankenhauszusatzversicherung *f*; **~ contra incendios** Feuer|versicherung *f*, Brand-*(schaden)*- *f*; **~ a índice variable de nuevo valor** gleitende Neuwertversicherung *f*; **~ contra la infidelidad** Vertrauensschädenversicherung *f*; **~ de inmuebles** Gebäudeversicherung *f*; **~ contra interrupción de explotación** Betriebsunterbrechungsversicherung *f*; **~ legal de pensiones** gesetzliche Rentenversicherung *f*; **~ liberado** prämienfreie Versicherung *f*; **~ marítimo** See|versicherung *f*, Seeschadens- *f*; **~ marítimo de enfermedad** Seekasse *f*; **~ de multiasistencia en el hogar** Versicherung *f* für häuslische Pflegehilfe; **~ mutuo** Versicherung *f* auf Gegenseitigkeit; **~ nacional de desempleo** *(Sp)* staatliche Arbeitslosenversicherung *f*; **~ de objetos muebles** Mobiliarversicherung *f*.

seguro obligatorio Pflichtversicherung *f*; **~ ~ de enfermedad** gesetzliche Krankenversicherung *f*; **~ ~ de responsabilidad civil** *(Sp)* Kraftfahrzeughaftpflichtversicherung *f*.

seguro, ~ de ocupantes Insassenversicherung *f* *(Kfz)*; **~ contra el** *(o* ***de)*** **paro** Arbeitslosenversicherung *f*;

~ de pedrisco Hagelversicherung *f*; **~ de pensiones de los empleados/de los obreros** Rentenversicherung *f* der Angestellten/der Arbeiter; **~ de pensiones para mineros** knappschaftliche Rentenversicherung *f*; **~ de perros** Hundeversicherung *f*; **~ de protección jurídica** Rechtsschutzversicherung *f*; **~ contra rayos** Blitzschlagversicherung *f*; **~ de reconstitución de cartera** Reiserücktrittsversicherung *f*.

seguro de responsabilidad civil Haftpflichtversicherung *f*; **~ ~ de empresarios** Betriebshaftpflichtversicherung *f*; **~ ~ para los vehículos de motor** Kraftfahrzeughaftpflichtversicherung *f*.

seguro contra *(o* ***de)*** **riesgos** Risikoversicherung *f*; **~ ~ de aviación** Luftfahrtversicherung *f*; **~ ~ en las cosas** Sachversicherung *f*; **~ ~ del hogar** Hausratversicherung *f*; **~ ~ parciales** Teilkaskoversicherung *f*; **~ ~ profesionales** Berufshaftpflichtversicherung *f*.

seguro, ~ de *(o* ***contra el)*** **robo** Versicherung *f* gegen *(Einbruchs)*Diebstahl; **~ suplementario** Nach|versicherung *f*, Ergänzungs- *f*; **~ a** *(o* ***contra)*** **todo riesgo** Vollkaskoversicherung *f*.

seguro de transporte Transportversicherung *f*; **~ ~ de mercancías** Gütertransportversicherung *f*.

seguro, ~ contra tumultos Tumultschadenversicherung *f*; **~ de valor nuevo** Neuwertversicherung *f*; **~ de viaje** Reiseversicherung *f*.

seguro de *(o* ***sobre la)*** **vida** Lebensversicherung *f*; **~ ~ de capital diferido** Erlebensfallversicherung *f*; **~ ~ mixto** Versicherung *f* auf den Todes- und Erlebensfall.

seguro, ~ de viudedad y orfandad Witwen- und Waisenversicherung *f*; **~ de la vivienda** Wohngebäudeversicherung *f*.

seguros *pl*, **~ sociales** Sozialversicherungswesen *n*.

selección Auswahl *f*, Auslese *f*, Sortiment *n*; **~ al azar** Zufallsauswahl *f*; **~ previa** *(Sp)* Vorauswahl *f (von Beamtenanwärtern)*.

sellado *(Ver)*Siegelung *f*, Abstempelung *f (Pass)*, Stempelpapier *n*; **~** *(adj)* versiegelt, plombiert.

selladura Siegelung *f*.

sellar *(ver)*siegeln, abstempeln, plombieren, versteuern *(Wechsel)*.

sello Stempel *m*, Dienststempel *m*, Marke *f*, Siegel *n*, Dienstsiegel *n*, Gebühren|marke *f*, Beitrags- *f*, Stempel- *f*, Brief- *f*, *(Post)*Wertzeichen *n*, Plombe *f*; **~ aduanero** Zollverschluss *m*; **~ de calidad** Gütesiegel *n*; **~ de correo** Postwertzeichen *n*; **~ impreso** eingedrucktes Siegel *n*; **~ oficial** *(o* ***de la oficialía)*** Dienst|siegel *n*, Amts- *n*; **~ postal** Post|stempel *m*, -wertzeichen *n*; **~ en relieve** Prägestempel *m*; **~ de timbre** Steuermarke *f*, Gebührenmarke *f*; **~ del tribunal** Gerichtssiegel *n*.

semáforo Ampel *f*, Wechsellichtzeichen *n*; **~ en rojo/ámbar/verde** Ampel *f* bei Rot/Gelb/Grün.

semana Woche *f*; **~ de cinco días** Fünftagewoche *f*.

semi|adulto Heranwachsender *m (StrafR)*; **~calzada** Fahrstreifen *m*; **~estatal** halbstaatlich; **~fabricado** Halbfertigerzeugnis *n*.

seminario Seminar *n*; **~ de reflexión** Klausurtagung *f*; **~ de trabajo** Arbeitsseminar *n*.

seminariotaller *m* Workshop *m*.

semi|oficial halbamtlich, offiziös; **~público** gemischtwirtschaftlich.

sena|do Senat *m*, zweite Kammer *f (Parlament)*; **~dor** Senator *m*; **~duría** Senatorenamt *n*.

senato|rial *(adj)* Senats-; **~rio** *(adj)* Senatoren-, Senats-.

Sendero luminoso *(Per)* „Leuchtender Pfad" *m*.

seno, en el ~ de la comisión *(Sp)* im Ausschuss *m*.

sensu, a ~ contrario *(lat)* durch Umkehrschluss *m*.

sentada Sitzstreik *m*.

sentar eintragen, buchen; **~ en el activo** aktivieren; **~ en el pasivo** passivieren; **~ precedente** einen Präzedenzfall *m* schaffen.

sentencia Urteil *n*, Aus|spruch *m*, Urteils- *m*, Erkenntnis *n*; **~ absolutoria** freisprechendes Urteil *n*, klageabweisendes Sachurteil *n*; **~ de**

allanamiento Anerkenntnisurteil *n*; **~ de apelación** Berufungsurteil *n*; **~ atributiva** zusprechendes Urteil *n*; **~ básica** Grundsatzentscheidung *f*; **~ de condena** *(o* ***condenatoria)*** Verurteilung *f*, Leistungsurteil *n*, zusprechendes Urteil *n*; **~ condenatoria al pago de cantidad** Zahlungsurteil *n*; **~ constitutiva** Gestaltungsurteil *n*; **~ contradictoria** streitiges Urteil *n*; **~ en contumacia** *(o* ***contumacial)*** Abwesenheits- *n*; **~ criminal** Strafurteil *n*; **~ declarativa** Feststellungsurteil *n*; **~ definitiva** Endurteil *n*; **~ de desahucio** Räumungsurteil *n*; **~ desestimatoria** *(klage)*abweisendes *(Sach)*Urteil *n*; **~ ejecutoria** vollstreckbares Urteil *n*; **~ errónea** Fehlurteil *n*; **~ estimatoria** zusprechendes *(oder stattgebendes)* Urteil *n*; **~ final** Schlussurteil *n*; **~ firme** rechtskräftiges Urteil *n*; **~ sobre el fondo** Sachurteil *n*, Grundurteil *n*; **~ de forma** Prozessurteil *n*; **hacer pública la ~** das Urteil *n* verkünden; **~ sobre el importe** Betragsurteil *n*; **~ interlocutoria** Zwischenurteil *n*; **~ parcial** Teilurteil *n*; **~ penal** Strafurteil *n*; **~ procesal** Prozessurteil *n*; **~ en rebeldía** Versäumnisurteil *n*; **~ con reserva** Vorbehaltsurteil *n*; **~ de separación** *(Sp)* Trennungsurteil *n (Ehe)*; **~ de última instancia** letztinstanzliches Urteil *n*; **~ victoriosa** obsiegendes Urteil *n*.

sentenciado| Verurteilter *m*; **~r** erkennend *(Gericht)*.

sentenciar *(ver)*urteilen, aburteilen, das Urteil *n* sprechen.

sentido Sinn *m*, Bedeutung *f*, Verstand *m*, Richtung *f*; **~ común** gesunder Menschenverstand *m*; **~ del deber** Pflichtbewusstsein *m*; **~ de la justicia** Rechtsempfinden *n*; **en ~ lato** weit *(auslegen)*; **~ de la marcha** Fahrtrichtung *f*; **en ~ propio** im eigentlichen Sinne.

sentimiento Gefühl *n*, Empfindung *f*, Tendenz *f (Markt)*; **~ jurídico** Rechtsgefühl *n*.

seña Signal *n*, Losungswort *n*; **~ distintiva** Unterscheidungsmerkmal *n*.

señal *f* Signal *n*, Zeichen *n*, Merkmal *n*, Verkehrsschild *n*, Grenzstein *m*; Draufgabe *f*, Anzahlung *f*; **~ acústica** *(VR)* Schallzeichen *n*; **~ de alarma** Alarmzeichen *n*; **~ de aviso** Warnzeichen *n*; **~ de dirección** Wegweiser *m*, Richtzeichen *n*; **~ imperativa** Gebotszeichen *n*; **~ de localidad** *(o* ***de localización)*** Orts|schild *n*, -tafel *f*; **~ luminosa** Leuchtzeichen *n*, Licht|zeichen *n*, -signal *n*; **~ de peligro** Warn|zeichen *n*, Gefahren- *n*; **~ de prohibición de estacionamiento** Parkverbotszeichen *n*; **~ reguladora del tráfico** Verkehrszeichen *n*; **~ sonora** Schallzeichen *n*.

señalamiento Markierung *f*, Anzeigen *n (einer Gefahr)*; **~ de día y hora** *(o* ***y plazo)*** **para la comparecencia** s. señalamiento de vista; **~ de vista** Termin|ierung *f*, -anberaumung *f*, -bestimmung *f*.

señalar be|zeichnen, kenn-, bestimmen, anberaumen, an|setzen, fest-, ausweisen, auszeichnen *(Ware)*; **~ atribuciones** Aufgaben *fpl* umschreiben; **~ día y hora para la comparecencia** den Termin *m* anberaumen; **~ fecha** terminieren; **~ el juicio** terminieren *(Gericht)*; **~ *(un)* plazo** eine Frist *f* bestimmen *(oder setzen)*.

señalizador de viraje Fahrtrichtungsanzeiger *m*.

señalizar ausschildern, beschildern.

señas *pl* Anschrift *f*, Adresse *f*; **~ personales** besondere persönliche Kennzeichen *npl*.

señor Dienstherr *m*, Besitzer *m*; Señor, **Eminentísimo ~** *(Sp)* Anrede *f* gegenüber Richtern an oberen Gerichten; **Ilustrísimo ~** *(Sp)* Anrede *f* gegenüber Richtern an Kollegialgerichten *(außer an oberen Gerichten)*; **~ Juez** Hohes Gericht.

Señoría *(Sp)* Titel *m* des Abgeordneten; Anrede *f* gegenüber Richtern *(außer an Kollegialgerichten)*; Magnifizenz *(Anrede des Universitätsrektors außer von Madrid)*; **~ Ilustrísima** *(Sp)* Magnifizenz *(Anrede des Universitätsrektors von Madrid)*; Anrede *f* bei Gouverneuren, Generaldirektoren etc.; **Su ~** Hohes Gericht *(Anrede)*.

señorío Herrschaft *f*, Herrschaftsgewalt *f*; **~ de hecho** tatsächliche *(Sach)*Herrschaft *f*.
separable abtrennbar, ablösbar.
separación *(Ab)*Trennung *f*, Ausgliederung *f*, Absonderung *f*, Entflechtung *f*; Entlassung *f*, Kündigung *f*, Abberufung *f*; Ehetrennung *f*; **~ aduanera** Zollausschluss *m*; **~ de bienes** Gütertrennung *f*; **~ del cargo** Amtsenthebung *f*; **~ conyugal** Getrenntleben *n* von Eheleuten; **~ entre edificaciones** Bauwich *m*; **~ de funciones** Funktionsteilung *f*; **~ de mesa y lecho** Trennung *f* von Tisch und Bett; **~ de poderes** Gewaltentrennung *f*; **~ del servicio** Entlassung *f (aus dem Amt)*.
separador Fahrstreifenbegrenzung *f*.
separar *(ab)*trennen, absondern, aussondern, entlassen *(Beamte)*, ablösen, von Tisch und Bett trennen.
separarse de la apelación die Berufung *f* zurücknehmen.
separatis | mo Separatismus *m*; **~ta** separatistisch.
sereno Wachmann *m*.
serie *f* Serie *f*, Reihe *f*, Anzahl *f*, Tranche *f*; **~ de ensayos** Versuchsreihe *f*; **~ de instancias** Instanzenzug *m*.
seriedad del hecho Schwere *f* des Vergehens.
serpiente monetaria *f* Währungsschlange *f*.
servicial dienstwillig.
servicio *(s. a. servicios pl)* Dienst *m*, Dienst | leistung *f*, -stelle *f*, -zweig *m*, -zeit *f*, Bedienung *f*, Abfertigung *f*, Amt *n*, Abteilung *f*, Gruppe *f (Ministerium)*; **~ de acarreo** Rollfuhrgeschäft *n*; **~ administrativo** Innendienst *m*; **~ de aduanas** Zoll | dienst *m*; -dienststelle *f*; **~ de alarma** Alarmanlage *f*; **~ de amortización** Tilgungsdienst *m*; **~ de aprovisionamiento** Beschaffungsamt *n*; **~ de asistencia** Pannenhilfe *f*; **~ de asistencia sanitaria** Rettungsdienst *m*; **~ de asistencia técnica** technischer Hilfsdienst *f*; **~ de atención al cliente** Kundendienst *m*; **~ básico** Grundwehrdienst *m*; **~ de carreteras y caminos vecinales** *(Sp)* Straßenbaubehörde *f*; **~ del catastro urbano** *(Sp)* städtisches Katasteramt *n*; **~ central de estupefacientes** *(Sp)* zentrale Drogenbekämpfungsstelle *f*; **~ de cercanías** *(Sp)* Nahverkehr *m*; **~ civil** Zivildienst *m (bei Kriegsdienstverweigerung)*; **~ de colocación** Arbeits | amt *n*, -verwaltung *f*; **~ de concentración parcelaria** *(Sp)* Umlegungsbehörde *f m*; **~ consular** Konsulats | dienst *m*, Konsular- *m*; **~ de contraespionaje** Spionageabwehr *f*, Gegenspionage *f*; **~ de correos** Post | dienst *m*, -wesen *n*; **~ de defensa de la competencia** *(Sp)* Kartellamt *n*; **~ de desarrollo** Entwicklungsdienst *m*; **~ diplomático** diplomatischer Dienst *m*; **~ de emergencia** Notdienst *m*; **en ~** Dienst tuend, im Dienst; **~ de escucha** Abhördienst *m*; **estar al ~ del Estado** im Staatsdienst stehen; **~ exterior** Außendienst *m*; **~ forestal** Forst | verwaltung *f*, -dienst *m*; **~ de gobierno interior** innere Verwaltung *f*; **~ de guardia** Bereitschaftsdienst *m*; **hacer el ~ militar** den Militärdienst *m (oder Wehrdienst m)* leisten; **~ de higiene pública** staatlicher Gesundheitsdienst *m*.
servicio de información Nachrichtendienst *m*; **~ ~ del Ejército** militärischer Abschirmdienst *m*.
servicio, ~ de inmigración Einwanderungsbehörde *f*; **~ de inspección** Prüfstelle *f*; **~ de inspección industrial** Gewerbeaufsichtsämter *npl*.
servicio, ~ interno Innendienst *m*; **~ de interpretación** Übersetzungsdienst *m*; **~ de intérpretes** Dolmetscherdienst *m*; **~ jurídico** Rechtsabteilung *f (Ministerium)*; **~ lingüístico** Sprachendienst *m*; **~ de mediación** Vermittlertätigkeit *f*.
servicio médico ärztlicher *(Gesundheits)*dienst *m*; **~ ~ escolar** schulärztlicher Dienst *m*; **~ ~ de empresa** betriebsärztlicher Dienst *m*.
servicio, ~ meteorológico Wetter | dienst *m*, -amt *n*.

servicio militar Wehrdienst *m*; **~ ~ de inteligencia** militärischer Abschirmdienst *m*.
servicio, ~ municipal de juventud Jugendamt *n*.
servicio nacional Inlandsdienst *m* *(Post)*; **~ ~ de Colocación** *(Sp)* Arbeitsverwaltung *f*; **~ ~ de Productos Agrarios** *(Sp)* Einfuhr- und Vorratsstelle *f*.
servicio, ~ nocturno Nachtdienst *m*; **~ de orden** Ordnungsdienst *m* *(Versammlung)*; **~ de pago de nóminas** Besoldungsstelle *f*; **~ de pagos** Zahlungsverkehr *m*; **~ de paquetería** Paketdienst *m* *(Bahn)*; **~ de personal** *(Sp)* Personalreferat *n* *(Ministerium)*; **~ de pesos y medidas** Eichbehörde *f*; **~ de policía** Polizeidienst *m*.
servicio, ~ pos*(t)*venta Kundendienst *m*; **~ de prensa** Presse | dienst *m*, -amt *n*; **~ preparatorio** Vorbereitungsdienst *m*; **~ de proximidad** Nachbarschaftshilfe *f*.
servicio público öffentlicher Dienst; **~ ~ social** Wohlfahrtspflege *f*.
servicio, ~ de Radiodifusión Nacional *(Sp)* Staatlicher Rundfunk *m*; **~ de reclutamiento** Wehrersatzbehörde *f*; **~ de recogida de basuras** *(Sp)* Müllabfuhr *f*.
servicio regular Linienverkehr *m*; **~ ~ interurbano** überörtlicher Linienverkehr *m*.
servicio, ~ de reparaciones Reparatur | dienst *m*, Störungs- *m*; **~ de rescate** Rettungsdienst *m*; **~ de salvamento** Seenot | dienst *m*, Rettungs- *m*, Bergungs- *m*; **~ de sanidad** Gesundheits | dienst *m*, Sanitäts- *m*; **~ de sanidad veterinaria** *(Sp)* staatliche Veterinärbehörde *f*; **~ secreto** Geheimdienst *m*.
servicio social Sozialdienst *m*.
servicio, ~ telefónico Telefon | verkehr *m*, -dienst *m*; **~ de títulos** Depotverwaltung *f*, Effektenabteilung *f* *(Bank)*; **~ de traducción** Übersetzungs | dienst *m*, Übersetzer- *m*; **~ de trenes** Zugverkehr *m*; **~ de urgencia** *(o **urgente**)* *(ärztlicher)* Notdienst *m*, Rettungseinsatz *m*; **~ de ventanilla** Schalterdienst *m*.
servicio de vigilancia Streifendienst *m*; **~ ~ aduanera** Zollfahndung *f*.
servicios *pl* Dienstleistungssektor *m*.
servicios aéreos Luftverkehr *m*, Flugdienst *m*; **~ ~ internacionales** internationaler Fluglinienverkehr *m*.
servicios, ~ ajenos Fremdleistungen *fpl*; **~ amistosos** Gefälligkeitsdienste *mpl*, Nachbarschaftshilfe *f*; **~ benévolos** karitative Tätigkeit *f*; **~ consultivos de toxicomanía** Suchtberatungsstellen *fpl*; **~ guardacostas** Küsten | wache *f*, -schutz *m*; **~ de interés general** Leistungen *fpl* der Daseinsvorsorge; **~ jurídicos** Rechtsabteilung *f* *(Parlament)*; **~ de mantenimiento** Wartungsdienst *m*; **~ personales** Personalausgaben *fpl* *(Haushalt)*; **~ públicos** Versorgungs | werte *mpl*, -betriebe *mpl*; **~ públicos de transportes de mercancías** öffentlicher Güterkraftverkehr *m*; **~ de temporada** saisonbedingte Dienstleistungen *fpl*.
servidor Bediensteter *m*, Begleitperson *f* *(Lastwagen)*; **~ del Estado** Staatsdiener *m*; **~ municipal** Gemeindebediensteter *m*; **~ de la posesión** Besitzdiener *m*.
servidumbre *f* Dienstbarkeit *f*, Gerecht | igkeit *f*, -same *f*; **~ de abrevadero** Tränkegerechtigkeit *f*; **~ de acueducto** Wasserleitungsrecht *n*; **~ de aguas** Wassergerechtigkeit *f*; **~ de aprovechamiento forestal** Forstgerechtigkeit *f*; **~ de acequia** Abwässergerechtigkeit *f*; **~ de camino** Wegegerechtigkeit *f*, öffentliches Wegerecht *n*; **~ de construcción** Bau | auflage *f*, -beschränkung *f*; **~ de desagüe** Abwässergerechtigkeit *f*, Abfluss | recht *n*, Trauf- *n*; **~ forzosa de paso** Notwegerecht *n*; **~ inmobiliaria** Grunddienstbarkeit *f*.
servidumbre *f* **internacional** Staatsservitut *n*.
servidumbre *f*, **~ legal** gesetzliche Dienstbarkeit *f*; **~ de luces *(y vistas)*** Licht | recht *n*, -gerechtigkeit *f*; **~ de medianería** Grenz | mauerdienstbarkeit *f*, Giebel- *f*, Kommun- *f*; **~ negativa** Dienstbarkeit *f* auf Unterlassung; **~ de no hacer**

s. servidumbre negativa; **~ pasiva** passive Dienstbarkeit *f*; **~ de paso** Wege | recht *n*, -gerechtigkeit *f*; **~ de paso de corriente eléctrica** Leitungsrecht *n*; **~ de paso de ganado** Viehtriebsrecht *n*; **~ de pasto** Weide | recht *n*, -gerechtigkeit *f*; **~ personal** persönliche *(oder subjektiv-dingliche)* Dienstbarkeit *f*; **~ personal limitada** beschränkte persönliche Dienstbarkeit *f*; **~ predial** Grunddienstbarkeit *f*; **~ ribereña** Anliegerlast *f*, Gemeingebrauch *m* am Strand; **~ de saca de agua** Schöpfrecht *n*, Wasserentnahmerecht *n*; **~ de tránsito** Wegerecht *n*; **~ de vistas** Aussichtsrecht *n*.

servir dienen, Dienst *m* tun, Dienste *mpl* leisten, *(an)*liefern, ein Amt *n* versehen, Wehrdienst *m* leisten; **~ de apoyo documental** als Beleg *m* dienen; **~ de base al fallo** die Entscheidung *f* tragen; **~ un pedido** einen Auftrag *m* ausführen.

servitienda Dienstleistungsagentur *f*.

sesión Sitzung *f*, Tagung *f*, Versammlung *f*; *(Parlament:)* Sitzungstag *m*; Hauptverhandlung *f*; **~ de apertura** Eröffnungssitzung *f*; **~ de clausura** abschließende Sitzung *f*, Klausurtagung *f*; **~ del gabinete** Kabinettssitzung *f*; **~ inaugural** Eröffnungs | sitzung *f*, -tagung *f*; **~ informativa** *(Sp)* Fragestunde *f* im Ausschuss *(Parlament)*; **~ de investidura** Eröffnungssitzung *f* *(Legislaturperiode)*; **~ plenaria** Vollversammlung *f*, Plenarsitzung *f*; **~ secreta** nichtöffentliche Sitzung *f*; **~ de trabajo** Arbeitssitzung *f*; **~ de urgencia** Dringlichkeitssitzung *f*.

seudónimo Pseudonym *n*.

seudo | familiar eheähnlich.

sevicia Grausamkeit *f*.

si | cario gedungener Mörder *m*, Killer *m*; **~co-** s. psico-.

sida Aids *(n)*.

sigilo Verschwiegenheit *f*, Siegel *n*; **~ profesional** Berufsgeheimnis *n*.

signa | r *(ab)*zeichnen, unter | zeichnen, -schreiben; **~tario** Unter | zeichner *m* *(Staat)*, -fertigter *m*; **~** *(adj)* Unterzeichner-; **~tura** Unterschrift *f*.

significa | ncia Signifikanz *f* *(Stat)*; **~r** in sich schließen, bedeuten.

significativo signifikant *(Stat)*, repräsentativ, aussagekräftig.

signo Zeichen *n*, Merkmal *n*; **~ de calidad** Gütezeichen *n*; **~ comercial** Logo *n*; **~ de distinción** Statussymbol *n*; **~ distintivo** Unterscheidungs | merkmal *n*, -zeichen *n*.

silencio Schweigen *n*, Stillschweigen *n*; **~ administrativo negativo** Ablehnung *f* durch Nichtbescheidung; **~ de las armas** Waffenruhe *f*; **~ doloso** arglistiges Verschweigen *n*; **~ informativo** Nachrichtensperre *f*.

silla, ~ eléctrica elektrischer Stuhl *m*; **~ de los testigos** Zeugenstand *m*.

silvícola forstwirtschaftlich.

similar al matrimonio eheähnlich.

simpatizante *m* Sympathisant *m*.

simple einfach, unbedingt, unbeglaubigt, einstufig *(Umsatz)*.

simplificación Vereinfachung *f*.

simulación Vortäuschung *f*, Vorspiegelung *f*, Schein | erklärung *f*, -geschäft *n*; **~ de contrato** Scheinvertrag *m*; **~ de delito** *(Sp)* Vortäuschung *f* einer Straftat.

simulacro, ~ de acción Planspiel *n*.

simula | do *(adj)* Schein-; **~dor** Simulant *m*; **~r** vortäuschen, vorspiegeln.

sinalagmático synallagmatisch.

sincronizador eléctrico elektrischer Zeitzünder *m*.

sindicación Gewerkschaftsbildung *f*, Mitgliedschaft *f* in einer Gewerkschaft, Zusammenschluss *m* zu einem Stimmrechtspool *(oder zu einem Berufsverband)*; **~ de acciones** Stimmrechtsbindungsvertrag *m*.

sindicado Gewerkschaftsmitglied *n*; **~** *(adj)* gewerkschaftlich organisiert.

sindical *(adj)* gewerkschaftlich, Gewerkschafts-, Fachschafts-.

sindicalismo Gewerkschafts | wesen *n*, -bewegung *f*; **~ criminal** Bandenunwesen *n*.

sindicalista *m* Gewerkschaft-*(l)*er *m*, Gewerkschaftsmitglied *m*; **~** *(adj)* s. sindical.

sindicalizar zu einer Gewerkschaft *f* zusammenfassen.

sindicarse sich zusammenschließen, einer Gewerkschaft *f* beitreten.

sindicato Gewerkschaft *f*, Verband *m*, Berufsverband *m*, Fachschaft *f*,

Konsortium *n*, Verbrecherring *m*; **~ de accionistas** Stimmrechtspool *m*, Aktionärsverein *m*; **~ bancario** Bankenkonsortium *n*; **~ central** Dachgewerkschaft *f*; **~ de emisión** Emissionskonsortium *n*; **~ ferroviario** Eisenbahnergewerkschaft *f*; **~ financiero** Konsortium *n*; **~ de municipios** Gemeinde|verband *m*, Kommunal- *m*; **~ nacional** Zentralverband *m*; **~ obrero** *(Arbeiter)*Gewerkschaft *f*, Arbeitnehmervereinigung *f*; **~ patronal** Arbeitgeber|verband *m*, -vereinigung *f*; **~ policial** Polizeigewerkschaft *f*; **~ postal** Postgewerkschaft *f*; **~ único** *(o* ***unitario****)* Einheitsgewerkschaft *f*.
sindicatura Amt *n* des Insolvenzverwalters.
síndico Syndikus *m*, Zwangsverwalter *m*; **~ presidente** Vorstandsvorsitzender *m* *(einer Kammer, der Börse)*.
síndrome *m* Syndrom *n*; **~ de abstinencia** Entzugssyndrom *n*; **~ de carencia** s. síndrome de abstinencia; **~ de inmunodeficiencia adquirida** ***(Sida)*** erworbenes Immundefektsyndrom *n* *(Aids)*.
sinecura Pfründe *f*.
sin|ergia Synergieeffekt *m*; **~érgico** zusammenwirkend, synergetisch.
singla|dura *(SeeR)* Tagesfahrt *f*; **~r** das Schiff *n* mit bestimmtem Kurs steuern.
síngrafa von Parteien unterzeichnete Vertragsurkunde *f*.
singularizar spezifieren.
siniestrado Unfallgeschädigter *m*.
siniestralidad Unfallhäufigkeit *f*.
siniestrar einen Schaden *m* verursachen.
siniestro Schaden *m*, Unglück *n*, Unfall *m*, Schadens|fall *m*, -ereignis *n*, -eintritt *m*; **~ aéreo** Flugzeugunglück *n*; **~ de carretera** Verkehrsunfall *m*; **~ catastrófico** Katastrophenschaden *m*; **~ por incendio** Brandschaden *m*; **~ leve** Bagatellschaden *m*; **~ total** Totalschaden *m*.
sinrazón *f* schreiende Ungerechtigkeit *f*.
síntoma *m* Symptom *n*.
sintomatología Symptomatik *f*.
sirlero Messserstecher *m*.
sirviente *(adj)* dienend *(-es Grundstück)*.
sis|a kleiner Schwindel *m*; **~ar** einen kleinen Betrug *m* begehen.
sistema *m* System *n*, Arbeitsweise *f*, Ordnung *f*, Regierungsform *f*, Regime *n*; **~ acusatorio** Anklageprinzip *n*; **~ de administración** Regie|system *n*, Eigenbetriebs- *n*; **~ de alarma** Alarmanlage *f*; **~ de alerta rápida** Frühwarnsystem *n*; **~ anticrisis** Krisenmanagement *n*; **~ bancario a domicilio** Homebanking *n*; **~ bicameral*(ista)*** Zweikammersystem *n*; **~ bipartidista** Zweiparteiensystem *n*; **~ de cánones** Gebührenregelung *f*; **~ de certificación** Anerkennungsverfahren *n*; **~ de la cifra repartidora** d'Hondtsches Wahlsystem *n*; **~ combinado** Verbundsystem *m*; **~ de comercialización** Absatzmethoden *fpl*, Vermarktungssystem *n*; **~ completo** abschließende Regelung *f*; **~ contable** Buchhaltungs|system *n*, Buchführungs- *n*, Rechnungswesen *n*; **~ cooperativista** Genossenschaftswesen *n*; **~ crediticio** *(o* ***creditorio*** *o* ***de créditos****)* Kredit|system *n*, -wesen *n*; **~ "cremallera"** *(VR)* Reißverschlussverfahren *n*; **~ de cuentas** Kontenrahmen *m*; **~ de cuotas lecheras** Milchquotenregelung *f*; **~ de deducción** Anrechnungs|system *n*, -prinzip *n*; **dependiente del ~** systembedingt; **~ de descuentos** Rabattregelung *f*; **~ de distribución** Vertriebssystem *n*, Aufteilungsschlüssel *m*; **~ de doble exacción** Doppelbesteuerungssystem *n*; **~ dual de formación profesional** duale Berufsausbildung *f*; **~ de duración del trabajo** Arbeitszeitregelung *f*; **~ económico** Wirtschafts|ordnung *f*, -system *n*; **~ educativo** Bildungswesen *n*, Erziehungssystem *n*.
sistema *m* **electoral** Wahlsystem *n*; **~ ~ mayoritario** Mehrheitswahlsystem *n*.
sistema *m*, **~ de enseñanza** Schulwesen *n*; **~ escolar** Schulwesen *n*.
sistema *m*, **~ de ficheros** Karteisystem *n*; **~ financiero** Finanz|

wesen *n*, -verfassung *f*; **~ fiscal** Steuersystem *n*; **~ de formación** Ausbildungs | system *n*, Berufsbildungs- *n*; **~ gremial** Innungswesen *n*; **~ del heredero rural único** Anerbenrecht *n*; **~ de hojas cambiables** Loseblattsystem *n*; **~ de imposición directa** Direktbesteuerungssystem *n*; **~ de incentivo*(s)*** Prämienlohnsystem *n*.

sistema, ~ informático Computersystem *n*; **~ inquisitivo** Inquisitionsmaxime *f*; **~ de intervención** Interventionsregelung *f*; **~ jurídico** Rechtssystem *n*; **~ jurisdiccional** Gerichtssystem *n*; **~ de libre cambio** s. sistema librecambista; **~ de libre designación** freie Stellenvergabe *f*; **~ librecambista** Freihandelssystem *n*; **~ de liquidación** *(B)* Abrechnungsmechanismus *m*; **~ de lista** Listenwahlsystem *n*, Enumerationsprinzip *n*; **~ de mayoría** *(o **mayoritario**)* Mehrheitswahlsystem *n*.

sistema *m* **monetario** Währungssystem *n*, Münzwesen *n*; **~ ~ europeo** europäisches Währungssystem *n*; **~ ~ mundial** Weltwährungssystem *n*.

sistema *m*, **~ monopartido** Einparteiensystem *n*; **~ de multadía** Tagessatzsystem *n*; **~ multipartidista** Mehrparteiensystem *n*; **~ nacional de salud** *(Sp)* staatliches Gesundheitswesen *n*; **~ organizativo** Organisationssystem *n*; **~ de pagos** Zahlungs | system *n*, -verkehr *m*; **~ de pagos multilaterales** multilaterales Zahlungssystem *n*; **~ de pensamiento** Denksystem *n*; **~ piramidal** Schneeballsystem *n*; **~ de planificación central** Planwirtschaft *f*; **~ de preferencia** *(o **preferencial**)* Meistbegünstigungs | system *n*, Präferenz- *n*; **~ presidencialista** Präsidialsystem *n*; **~ de previsiones avanzadas** Frühwarnsystem *n*; **~ de primas** Prämienlohnsystem *n*; **~ de proceso de datos** Datenverarbeitungssystem *n*; **~ de producción** Fertigungsart *f*; **~ proporcional** Verhältniswahlsystem *n*; **~ proteccionista** Schutzzollsystem *n*; **~ protector** Protektionismus *m*; **~ de puerta abierta** offener Strafvollzug *m*; **~ punitivo** Strafrechtssystem *n*; **~ de reparto** Aufteilungsschlüssel *m*; **~ de reparto de gastos** Umlageverfahren *n* *(Kosten)*; **~ de seguridad colectiva** System *n* kollektiver Sicherheit; **~ de sostenimiento de los mercados** Marktstützungsregelung *f (EU)*; **~ de tarifas** Tarifsystem *n*; **~ de tarifas múltiple** Verkehrsverbund *m*; **~ de tipos de cambio múltiples** System *n* gespaltener Wechselkurse; **~ de turno*(s)*** Schichtsystem *n*, Rotations | system *n*, -prinzip *n*; **~ de valores** Wert | gefüge *n*, -system *n*; **~ de votación** Abstimmungssystem *n*.

sitial *m* Amts | stuhl *m*, Richter- *m*.

sitio Sitz *m*, Lage *f*, Belagerung *f*; **~ natural de interés nacional** *(Sp)* Landschaftsschutzgebiet *n*; **~ de recreo** *(VR)* Erholungsgebiet *n*.

sito, estar ~ belegen sein.

situ, in ~ *(lat)* an Ort und Stelle.

situación Situation *f*, Lage *f*, Sachlage *f*, Zustand *m*, Belegenheit *f*, Standort *m*; Stellung *f*, Status *m*, Konstellation *f*, Verhältnisse *pl*; **~ de abandono** Verwahrlosung *f*; **~ del abastecimiento** Versorgungslage *f*.

situación, ~ adquirida Besitzstand *m*; **~ de alta** Mitgliedschaft *f (Sozialversicherung)*; **por la ~ de autos** nach Aktenlage *f*; **~ de caja** Kassen | lage *f*, -stand *m*; **~ de confianza legítima** Vertrauenstatbestand *m*; **~ de crisis** Krisensituation *f*; **~ de derecho** rechtliche Situation *f*; **~ difícil** Notlage *f*; **~ económica nacional** Binnenkonjunktur *f*; **~ de efectivo** Liquiditätslage *f*, Kassenbestand *m*; **~ de emergencia nacional** Staatsnotstand *m*; **~ de excedencia** Beurlaubung *f (Beamter)*; **~ excepcional** Ausnahmezustand *m*; **~ fáctica** Sach | verhalt *m*, -lage *f*; **~ hacendaria** *(o **de la Hacienda**)* Haushaltslage *f*; **~ de hecho** Sachlage *f*, Tatbestand *m*, Besitzstand *m*; **~ inicial** Ausgangslage *f*; **~ de interés** *(o **de intereses**)* Interessenlage *f*; **~ jurídica** Rechts | lage *f*, -stellung *f*, -status *m*; **~ laboral** Beschäftigungslage *f*; **~ legal** s. situación jurídica; **~ de máxima alerta** höchste Alarmbereitschaft *f*; **~ de necesidad** Not | lage *f*, -stand *m*; **~ de**

ocupación Beschäftigungsgrad *m*; **~ de pasividad** Ruhestand *m*; **~ de pendencia** Schwebe | zustand *m*, -zeit *f*; **~ periférica** Randlage *f*; **~ real** Istzustand *m*; **~ de retiro** Ruhestand *m*; **~ de urgencia** Notstand *m*.
situaciones *pl*, **~ de arresto** Haftbedingungen *fpl*.
situar unterbringen, platzieren.
situarse liegen bei *(Ertrag)*.
soberanía Hoheits | recht *n*, -gewalt *f*, -befugnis *f*, Staatsgewalt *f*, Souveränität *f*; **~ aduanera** Zollhoheit *f*; **~ exterior** äußere Souveränität *f*; **~ financiera** Finanzhoheit *f*; **~ fiscal** Steuerhoheit *f*; **~ judicial** Justizhoheit *f*; **~ del legislador** *(o* ***legislativa****)* Gesetzgebungsgewalt *f*; **~ del pueblo** Volkssouveränität *f*; **~ territorial** Gebietshoheit *f*.
soberano Souverän *m*; **~** *(adj)* hoheitlich, souverän, eigenstaatlich.
sobordo *(SeeR)* Ladeverzeichnis *n*, Frachtliste *f*.
soborna | ble bestechlich, käuflich; **~dor** s. sobornante; **~l** *m* Überladung *f*; **~nte** *m* Bestechender *m*; **~r** bestechen.
soborno *(aktive)* Bestechung *f*, Schmiergeld *n*; **~** *(Am)* Beiladung *f*.
sobrante *m* Saldo *m*, Restbetrag *m*; **~** *(adj)* überschüssig.
sobra | r übrig sein; **~s** *pl* Kassenüberschuss *m*.
sobre | aseguramiento Überversicherung *f*; **~asegurar** überversichern; **~capacidad** Überkapazität *f*; **~capitalización** Überkapitalisierung *f*; **~carga** Überladung *f*; **~cargado** überlastet.
sobrecargar über | laden, -lasten, -fordern; **~ el mercado** den Markt *m* überschwemmen.
sobrecargo Ladungsoffizier *m*.
sobrecito de paga Lohntüte *f*.
sobre | contratación Überbuchung *f*; **~coste** *m* Mehrkosten *pl*.
sobredosis *f* Überdosis *f (Drogen)*.
sobre | edificar überbauen.
sobre | endeudado überschuldet; **~endeudamiento** Überschuldung *f*.
sobre | flete *m* Überfracht *f*; **~girar** überziehen; **~giro** Überziehung *f (eines Kontos)*.
sobrehora, a ~ zur Unzeit.
sobreimposición Steueraufschlag *m*.
sobreinversión Überinvestition *f*.
sobrellevar pérdidas Verluste *mpl* tragen.
sobre | medida Übermaß *n*; **~paga** Zulage *f*; **~pasar** überziehen, überschreiten; überholen; **~peso** Übergewicht *n*; **~plazo** Fristverlängerung *f*; **~poner** überlagern; **~porte** *m* Frachtzuschlag *m*.
sobreprecio Preis | aufschlag *m*, -zuschlag *m*, Auf | preis *m*, Mehr- *m*.
sobreprima Prämienaufschlag *m*, Zusatzprämie *f*.
sobre | producción Überproduktion *f*; **~puja** Mehrgebot *n*; **~pujar** überbieten; **~saliente** ausgezeichnet *(Prüfungsnote)*.
sobresaturación Übersättigung *f*.
sobresaturado übersättigt *(Markt)*.
sobreseer aussetzen *(Prozess)*, das Verfahren *n* einstellen; **~ en los pagos** die Zahlungen *fpl* einstellen.
sobreseguro Überversicherung *f*.
sobreseimiento Nichtbetreiben *n (Verfahren)*, Aussetzung *f*; **~ de la ejecución** Vollstreckungsaufschub *m*.
sobrestima | ción Über | schätzung *f*, -bewertung *f*; **~r** über | schätzen.
sobre | sueldo Gehalts | zulage *f*, Dienst- *f*.
sobretasa Zuschlag *m*, Nachporto *n*; **~ postal** Nach | porto *n*, -gebühr *f*; **~ por retraso** Säumniszuschlag *m*.
sobre | tasación Überbewertung *f*; **~tasar** überbewerten; **~tiempo** Überstunden *fpl*.
sobrevencido überfällig, längst fällig.
sobre | vender über den Bestand *m* verkaufen; **~veniencia** Vorliegen *n*; **~venir** eintreten *(Ereignis)*; **~venta** Überbuchung *f (Tourismus)*; **~viviente** *m* s. superviviente.
sobrina Nichte *f*.
sobrino Neffe *m*.
socaliñero Schnorrer *m*.
social *(adj)* Gesellschafts-, gesell | schaftlich, sozial.
social | cristiano ~ *(adj)* christlich-sozial; **~demócrata** *m* Sozialdemokrat *m*.
socialismo Sozialismus *m*.
socialista sozialistisch.

socialización Verstaatlichung *f*, Sozial | isierung *f*.
socializar sozialisieren, verstaatlichen, vergesellschaften.
socialmente, ~ adecuado sozialadäquat; **~ dañoso** sozialschädlich.
sociedad Gesellschaft *f*, Sozietät *f*; **~ absorbente** aufnehmende *(oder übernehmende)* Gesellschaft *f*; **~ adquirente** Übernahmegesellschaft *f*; **~ afiliada** Zweig | gesellschaft *f*, Tochter- *f*; **~ de amortización** Abschreibungsgesellschaft *f*; **~ anónima** Aktiengesellschaft *f*; **~ armadora** Reederei *f*; **~ aseguradora** Versicherungs | gesellschaft *f*, -anstalt *f*; **~ de bienestar** Wohlstandsgesellschaft *f*.
sociedad de capital Kapitalgesellschaft *f*.
sociedad, ~ de carácter capitalista Kapitalgesellschaft *f*; **~ de carácter personalista** Personengesellschaft *f*; **~ de cartera** Anlagegesellschaft *f*, Holding *f*, Investmentgesellschaft *f*; **~ central** Holding *f*; **~ civil** bürgerlich-rechtliche Gesellschaft *f*, Gesellschaft *f* des bürgerlichen Rechts; **~ clandestina** Innengesellschaft *f*; **~ colectiva** offene Handelsgesellschaft *f*; **~ en comandita** Kommanditgesellschaft *f*; **~ *(en)* comandita por acciones** Kommanditgesellschaft *f* auf Aktien; **~ comanditaria** s. sociedad en comandita; **~ de consumo** Konsumgesellschaft *f*; **~ continuada** fortgesetzte Gütergemeinschaft *f*; **~ controlada** abhängige Gesellschaft *f*.
sociedad conyugal eheliche Gemeinschaft *f*; **~ ~ continuada** fortgesetzte Gütergemeinschaft *f*.
sociedad cooperativa Genossenschaft *f*; **~ ~ de compra** Einkaufsgenossenschaft *f*; **~ ~ de edificación y préstamos** Wohnungsbaugenossenschaft *f*; **~ ~ de venta** Verkaufs | genossenschaft *f*, Absatz- *f*.
sociedad, ~ de crédito territorial Bodenkreditbank *f*; **~ distribuidora** Vertriebsgesellschaft *f*; **~ de domicilio** Briefkastenfirma *f*; **~ editorial** Verlagsgesellschaft *f*; **~ de explotación** *(o **explotadora**)* Verwertungs | gesellschaft *f*, Betriebs- *f*; **~ familiar** Familiengesellschaft *f*; **~ ferroviaria** Eisenbahngesellschaft *f*; **~ ficticia** Scheingesellschaft *f*; **~ filial** Tochter | gesellschaft *f*; **~ de fines no lucrativos** gemeinnützige Gesellschaft *f*; **~ en formación** Vor | gesellschaft *f*, Gründungs- *f*; **~ de gananciales** *(Sp)* Errungenschaftsgemeinschaft *f*; **~ General de Autores Españoles** Spanischer Autorenverband *m (der GEMA vergleichbar)*; **~ de gestión** *(o **gestora**)* Verwaltungsgesellschaft *f*; **~ hipotecaria** Hypothekenbank *f*; **~ individual** Einmanngesellschaft *f*; **~ de *(la)* información** Informationsgesellschaft *f*; **~ internacional** Völkergemeinschaft *f*.
sociedad de inversión Investment | gesellschaft *f*, -fonds *m*; **~ ~ en activo fijo** Kapitalanlagegesellschaft *f* mit festgelegtem Effektenbestand.
sociedad, ~ inversora de capital limitado Kapitalanlagegesellschaft *f* mit geschlossenem Anlagefonds; **~ jurídica** Rechtsgemeinschaft *f*; **~ limitada** s. sociedad de responsabilidad limitada; **~ del logro** Leistungsgesellschaft *f*; **~ de lucro** Erwerbsgesellschaft *f*; **~ matriz** Mutter | gesellschaft *f*, Dach- *f*, Holding *f*; **~ mercantil** Handelsgesellschaft *f*; **~ minera** bergrechtliche Gesellschaft *f*, Bergwerksgesellschaft *f*; **~ mutua*(lista)*** Verein *m* auf Gegenseitigkeit; **~ de navegación aérea** Luftfahrt | gesellschaft *f*, Luftverkehrs- *f*; **~ en nombre colectivo** offene Handelsgesellschaft *f*; **~ órgano** Organgesellschaft *f*; **~ originaria** Stammgesellschaft *f*; **~ de participación** Partnerschaftsgesellschaft *f*; **~** *(Sp)* Zugewinngemeinschaft *f*; **~ en participación** stille Gesellschaft *f*; **~ paterno-filial** Eltern-Kind-Verhältnis *n*; **~ personal** *(o **personalista** o **de personas**)* Personengesellschaft *f*; **~ profesional** Berufsverband *m*; **pura ~ holding** reine Holding *f*; **~ recreativa** Freizeitgesellschaft *f (Soz)*; **~ religiosa** Religionsgesellschaft *f*; **~ de rendimiento** Leistungsgesellschaft *f*;

~ de responsabilidad limitada Gesellschaft *f* mit beschränkter Haftung; **~ revisora de cuentas** Wirtschaftsprüfungsgesellschaft *f*; **~ de riesgo compartido** Joint-venture *n*; **~ secreta** Geheimbund *m*; **~ de segundo grado** aus Gesellschaften bestehende Gesellschaft *f*; **~ de seguros mutuos** Versicherungs | gesellschaft *f (oder -verein m)* auf Gegenseitigkeit; **~ de un solo socio** Einmanngesellschaft *f*; **~ unipersonal** ***(de responsabilidad limitada)*** Einmanngesellschaft *f*, Einpersonen-GmbH *f*; **~ vinculada** Schwesterfirma *f*.

societario Gesellschafts-, gesellschaftsrechtlich.

socio Gesellschafter *m*, Teilhaber *m*, Mit | glied *n*, -inhaber *m*, Partner *m*, Sozius *m*, Kompagnon *m*, Vereinsmitglied *n*; **~ accionista** Aktionär *m*, Kommanditaktionär *m*; **~ activo** tätiger Teilhaber *m*; **~ administrador** geschäftsführender Gesellschafter *m*; **~ capitalista** Kapitalgeber *m*, Kommanditist *m*; **~ colectivo** Komplementär *m*, Vollhafter *m*, persönlich haftender Gesellschafter *m*; **~ comanditario** Kommanditist *m*; **~ cooperativo** Genosse *m*; **~ -director** geschäftsführender Gesellschafter *m*; **~ financiero** Kapitalgeber *m*; **~ fundacional** *(o* ***fundador)*** Gründer *m*; **~ gestor** *(stille Gesellschaft:)* geschäftsführender *(oder tätiger)* Teilhaber *m*; **~ mayoritario** Mehrheitsgesellschafter *m*; **~ minoritario** Minderheitsgesellschafter *m*; **~ oculto** stiller Gesellschafter *m*, Stiller *m*; **~ pasivo** stiller Teilhaber *m*; **~ saliente** ausscheidender Gesellschafter *m*; **~ vitalicio** Mitglied *n* auf Lebenszeit.

sociología Soziologie *f*, Sozialwissenschaft *f*; **~ criminal** Kriminalsoziologie *f*; **~ jurídica** Rechtssoziologie *f*; **~ urbana** Soziologie *f* der Stadt.

sociológico soziologisch, sozialwissenschaftlich.

sociometría Soziometrie *f*.

sociopolíti | ca Gesellschaftspolitik *f*; **~co** gesellschaftspolitisch.

socorrista *m* Rettungssanitäter *m*.

socorro Unterstützung *f*, Beihilfe *f*, Hilfe *f*; **~ por defunción** *(Sp)* Sterbegeld *n*; **~ de emergencia** Soforthilfe *f*; **~ jurídico** Rechtsberatungsstelle *f*.

sofocación Ersticken *n*, Erstickung *f*.

solar *m (Bau)*Grundstück *n (erschlossen)*, Bau | platz *m*, -grund *m*; **~** *(adj)* Grundstücks-; Sonnen- *f*; **~ industrial** Gewerbefläche *f*.

soldada *(Wehr)*Sold *m*.

soldado profesional Berufssoldat *m*.

solem | ne förmlich, form | bedürftig, -gebunden; **~nidad** Förmlichkeit *f*, Form | erfordernis *n*, -vorschrift *f*.

solemnizar formgerecht abschließen.

solicitación Ersuchen *n*, Antrag *m*.

solicitado, lo ~ en la apelación Berufungsantrag *m*.

solicitador Antragsteller *m*.

solicitante *m* Bieter *m*, Antragsteller *m*, Bewerber *m*; **~ de asilo** Asyl | bewerber *m*, -antragsteller *m*; **~ de empleo** Stellenbewerber *m*; **~ de una patente** Patentanmelder *m*; **~ de trabajo** Arbeitsuchender *m*.

solicitar beantragen, er | suchen, nach-, anfordern, erbitten, sich bewerben um, anmelden *(Patent)*; **~ asilo** Asyl *n* beantragen; **~ la busca y captura** zur Fahndung *f* ausschreiben; **~ la declaración de culpabilidad** auf schuldig plädieren; **~ el indulto** ein Gnadengesuch *n* stellen; **~ una patente** ein Patent *n* anmelden; **~ la suspensión de la ejecución** die Anordnung *f* der aufschiebenden Wirkung beantragen *(Verwaltung)*.

solicito *(Sp)* Gesuch *n (Annonce)*.

solicitud *f* Antrag *m*, Gesuch *n*, Ansuchen *n*, Anmeldung *f*, Eingabe *f*, Bewerbung *f*; **a ~ de** auf Antrag von; **~ de aduana** Zoll*(abfertigungs)*antrag *m*; **~ de asilo** Asyl | antrag *m*, -begehren *n*; **~ de colocación** Stellengesuch *n*; **~ de conciliación** Güteantrag *m*; **~ de construcción** Baugesuch *n*; **~ de declaración de concuro** Insolvenzantrag *m*; **~ de divorcio** Scheidungsantrag *m*; **~ de embargo preventivo** Arrestgesuch *n*; **~ de gracia** Gnadengesuch *n*; **hacer una ~** einen Antrag *m* stellen; **~ de**

inscripción Antrag *m* auf Eintragung, Anmeldung *f (zur Eintragung)*; **~ de moratoria** Stundungsgesuch *n*; **~ de patente** Patent|antrag *m*, -anmeldung *f*; **~ de permiso** Urlaubsgesuch *n*; **~ de recibimiento a prueba** *(Sp)* Beweisantrag *m*; **~ de revisión** Wiederaufnahmeantrag *m*; **~ subsidiaria** Hilfsantrag *m*; **~ de suspensión de pagos** Vergleichsantrag *m*; **~ de voto de confianza** Stellung *f* der Vertrauensfrage.

solidaridad Solidarität *f*, Gemeinschaft *f* von Schuldnern bzw. Gläubigern; **~ activa** Gesamtgläubigerschaft *f*; **~ de obligaciones** Gesamtschuldverhältnis *n*; **~ pasiva** Gesamtschuldnerschaft *f*.

solidari|o gesamtschuldnerisch, solidarisch, gemeinschaftlich; **~zarse** sich solidarisieren.

solidez *f* Solidität *f*, Währungshärte *f*, Zuverlässigkeit *f*.

soltar| entlassen *(aus der Schuld, aus der Haft)*; **~se** sich befreien, sich selbstständig machen.

solución *(Auf)*Lösung *f*; **sin ~ de continuidad** ohne Unterbrechung; **~ de emergencia** Notlösung *f*; **~ provisional** Zwischenlösung *f*, einstweilige Regelung *f*; **~ transitoria** Übergangslösung *f*.

solvencia Zahlungsfähigkeit *f*, Kredit|würdigkeit *f*, Bonität *f*.

solventar begleichen, beheben, befriedigen, erfüllen; **~ los débitos** die Schulden *fpl* bezahlen.

solvente zahlungs|fähig, -kräftig, flüssig, liquid, kreditwürdig.

someter unter|werfen, -breiten, vorlegen; **~ a** anrufen *(Gericht)*; **~ a la consideración** zur Beratung *f* vorlegen *(Gesetzentwurf)*; **~ a información pública** öffentlich bekannt machen, öffentlich auslegen *(Plan)*; **~ al tribunal** vor Gericht *n* vorbringen.

someterse sich unterwerfen; **~ a arbitraje** das Schiedsgericht *n* anrufen; **~ a un examen** sich einer Untersuchung *f* unterziehen.

sometido unterworfen; **estar ~ a** unterstehen, unterliegen; **~ a restricciones** räumlich beschränkt *(Aufenthalt)*.

sometimiento Gebundenheit; Vorlage *f (Parlament)*; **~ de la administración a la ley** Gesetzmäßigkeit *f* der Verwaltung; **~ al convenio colectivo** Tarifgebundenheit *f*.

sondeo Sondierung *f*, Befragung *f*, Umfrage *f*; **~ del mercado** Marktforschung *f*; **~ de opinión** Meinungsforschung *f*.

sonsaca|miento Abwerbung *f (Arbeitskräfte)*; **~r** abwerben.

sopesamiento de los intereses Interessenabwägung *f*.

soplón *m* Denunziant *m*.

soportar tragen, stützen; **~ los costes** die Kosten *pl* tragen.

soporte *m* Datenträger *m*; **~ publicitario** Werbeträger *m*.

sorprender en flagrante auf frischer Tat *f* betreffen.

sortear| *(aus)*losen; vermeiden.

sorteo Verlosung *f*, Ziehung *f*.

sospecha Verdacht *m*, Verdächtigung *f*; **~ falsa** falscher Verdacht *m*, falsche Verdächtigung *f*; **~ de fuga** Fluchtgefahr *f*; **bajo ~ fundada** dringend verdächtig; **~ de hecho** Tatverdacht *m*; **~ inicial** Anfangsverdacht *m*; **~ urgente** dringender Tatverdacht *m*.

sospechar verdächtigen.

sospechoso verdächtig.

sostén *m* Stütze *f*; **~ de la familia** Ernährer *m* der Familie.

sostener unterhalten, *(unter)*stützen; **~ la acusación** die Anklage *f* erheben *(oder vertreten)*; **~ las cargas matrimoniales** den Unterhalt *m* der Familie bestreiten.

sosteni|ble nachhaltig, umweltschonend; statthaft; **-do** *(B)* fest, beständig.

sostenimiento Unterhaltung *f*, Lebens|haltung *f*, -unterhalt *m*, *(Preis)*Stützung *f*; **~ del hogar** Familienunterhalt *m*.

statu quo *m* **Status quo** *m*.

status *m* s. estatus.

stock *m (s. a. stocks pl)* Vorrat *m*, Bestand *m*, *(Vorrats)*Lager *n*, Waren|bestand *m*.

stop *(VZ)* Stopp.

stop *m* **de contratación** Anwerbestopp *m*.

suaviza | ción Abschwächung *f*; **~r** abschwächen.
sub | administrador stellvertretender Geschäftsführer *m*; **~agencia** Untervertretung *f*; **~agente *m*** Unter | agent *m*, -vertreter *m*; **~alcalde** *m* stellvertretender Bürgermeister *m*; **~alquilar** untervermieten; **~alquiler** *m* Untermiete *f*; **~alterno** Untergebener *m*; **~** *(adj)* untergeordnet, nachgeordnet; **~apoderamiento** Unterbevollmächtigung *f*.
subarrenda | dor Unter | vermieter *m*, -verpächter *m*; **~miento** Unter | pacht *f*, -miete *f*; **~r** unter | vermieten, -verpachten, weiter-; **~tario** Unter | mieter *m*, -pächter *m*.
subarriendo Unter | miete *f*, -pacht *f*.
subasta Ausschreibung *f*, *(öffentliche)* Versteigerung *f*, Auktion *f*; **~ a la baja** Auktion *f* mit fallendem Preisgebot; **~ forzosa** Zwangsversteigerung *f*; **fuera de ~** freihändig *(Verkauf)*; **pública ~** öffentliche Versteigerung *f*.
subastador Versteigerer *m*.
subastar versteigern, ausschreiben; **~ al mayor postor** meistbietend versteigern.
sub | capitalización Unterkapitalisierung *f*; **~clasificación** Untereinteilung *f*; **~clasificar** untereinteilen.
subcomisión Unterausschuss *m*.
subcomité *m* Unterausschuss *m*.
sub | concepto Haushaltstitel *m*.
subcontra | ta Untervergabevertrag *m*; **~tación** Untervergabe *f*, Zulieferung *f*; **~tante** *m* Subunternehmer *m*; **~tar** zuliefern *(lassen)*; **~tista** Subunternehmer *m (Bau)*; **~to** Untervertrag *m*.
sub | cuenta Unter | konto *n*, Sub- *n*.
subdelegación Untervollmacht; **~ de Hacienda** *(Sp)* Zollamt *n* auf Provinzebene.
subdelegado Unterbevollmächtigter *m*; **~ del Gobierno** Regierungsbeauftragter *(Provinz)*.
subdelegar weiter übertragen.
subdepartamento Unterabteilung *f (einer Behörde)*.
subdesarroll | ado *(adj)* unterentwickelt; **~o** Unterentwicklung *f*.
subdirección stellvertretende Leitung *f*; **~ general** *(Sp)* Unterabteilung *f (eines Ministeriums)*.
subdirector stellvertretender Direktor *m*; **~ general** *(Sp)* Unterabteilungsleiter *m*.
subdistrito Unterbezirk *m*.
súbdito Staatsangehöriger *m*.
subdividir unter | teilen, -gliedern.
subdivisión Unter | *(ein)*teilung *f*, -gliederung *f*; **~ del término municipal** Ortsteil *m*.
subempleo Unterbeschäftigung *f*; **~empresa** Subunternehmen *n*.
subescala untere Laufbahn *f* der öffentlichen Verwaltung.
sub | establecimiento Unter | erbpacht *f*; **~estimación** Unter | schätzung *f*, ,-bewertung *f*; **~estimar** unter | schätzen, -bewerten; **~fiador** Nachbürge *m*; **~fianza** Nachbürgschaft *f*; **~fletador** Unterbefrachter *m*; **~fletamento** *(SeeR)* Unter*(ver)*-charterung *f*; **~fletante** *m* Unterverfrachter *m*; **~fletar** unterverfrachten; **~flete** *m* Unterfracht *f*.
subgobernador *(Sp)* Vizepräsident *m (Notenbank)*.
subida Steigerung *f*, Ansteigen *n (Löhne)*, Anstieg *m*, Auftrieb *m*, Aufschwung *m*, Anhebung *f*, Anziehen *n (der Kurse)*; **~ ilegal de precios** Preistreiberei *f*.
sub | inciso Unter | absatz *m*; **~inquilino** Untermieter *m*.
subir *(Preise:) (an)*steigen, erhöhen, *(an)*heben, anziehen, heraufsetzen; *(B, Punkte:)* steigen, gewinnen; **hacer ~** *(Kurse:)* hochtreiben.
subjefe *m* **de policía** stellvertretender Polizeipräsident *m*.
subjetividad Subjektivität *f*; **~ jurídico-internacional** Völkerrechtssubjektivität *f*.
sub | legado Untervermächtnis *n*; **~legatario** Untervermächtnisnehmer *m*.
sublevación Aufstand *m*.
sub | levar aufwiegeln; **~levarse** sich auflehnen, sich erheben; **~licencia** Unterlizenz *f*; **~ordinado** Untergebener *m*; **~** *(adj)* unter | geordnet, nach-, nachrangig; **~ordinar** unter | ordnen, -stellen.

subpartida Unterposition *f.*
subpoblación Unterbevölkerung *f.*
subprocurador general stellvertretender Generalstaatsanwalt *m.*
subrepción Erschleichung *f.*
sub | representante *m* Untervertreter *m*; **~repticio** heimtü-ckisch.
subrogación Ersetzung *f*, Forderungs | übergang *m*, Rechts- *m*, Surrogation *f*, Ersatz *m (Erbrecht)*, Einsetzung *f (oder Eintreten n)* in die Rechte und Pflichten *fpl* eines anderen; **~ convencional** Forderungsübergang *m* kraft Vertrages; **~ de deudas** Schuldübernahme *f*; **~ real** Ersetzung *f* von Sachen durch andere.
subrogado Surrogat *n.*
subroga | nte *m* Ersatzmann *m*, Vertreter *m*; **~r** in die Rechte *npl* eines anderen eintreten.
subrogarse en derechos in Rechte *npl* eintreten.
sub | rogatorio *(adj)* Surrogations-.
subsanación Abhilfe *f*, Nachbesserung *f*, Heilung *f (von Mängeln).*
subsanar abhelfen, heilen *(Mängel).*
subsecretaría Unterstaatssekretariat *n*, Büro *n* des Staatssekretärs.
subsecretario Unterstaatssekretär *m*; **~** *(Mex)* Staatssekretär *m.*
subsector Sparte *f.*
subsidia | ción Subventionierung *f*; **~do** Unterstützungsempfänger *m*; **~r** unterstützen, subventionieren; **~riamente** subsidiär, hilfsweise.
subsidiariedad Subsidiarität *f.*
subsidiario Beihilfeempfänger *m*; **~** *(adj)* Hilfs-, subsidiär, zweitrangig.
subsidio *(s. f, finanzielle)* Unterstützung *f*, Subvention *f*, Versorgung *f*, Beihilfe *f*; **~ de cuidados permanentes** Pflegegeld *m*; **~ por defunción** Sterbegeld *n*; **~ de** *(o* **por***)* **desempleo** Arbeitslosen | geld *n*, -hilfe *f*; **~ de enfermedad** Krankengeld *n*; **~ familiar por hijos** Kindergeld *n*; **~ de lactancia** Stillgeld *n*; **~ de maternidad** Mutterschaftsbeihilfe *f*; **~ de orfandad** Waisen | geld *n*, -rente *f*; **~ de residencia** Orts | zulage *f*, -zuschlag *m*; **~ por separación familiar** Trennungs | entschädigung *f*, -beihilfe *f*; **~ de vacaciones** Urlaubsgeld *n*; **~ de vivienda** Wohngeld *n.*
subsistencia Unterhalt *m*, Lebens | haltung *f*, -unterhalt *m.*
subsistir be | stehen, weiterbe-.
sub | strato Substrat *n*; **~sueldo** Unterbezahlung *f*; **~sumir** subsumieren; **~sunción** Subsumtion *f*; **~tasación** Unterbewertung *f*; **~título** Untertitel *m*; **~urbano** Vorstadt-, vorstädtisch; **~valorar** unter | bewerten, -schätzen.
subvención *(s.a. subsidio)* Subvention *f*, *(Bei)*Hilfe *f*, Zuschuss *m*, Hilfsgelder *npl*; **~ agraria** *(o* ***a la agricultura****)* Agrar | zuschuss *m*, -subvention *f*; **~ compensatoria** Anpassungsbeihilfe *f*; **~ de explotación** Betriebszuschuss *m*; **~ para un fin específico** zweckgebundene Subvention *f*; **~ a fondo perdido** verlorener Zuschuss *m*; **~ a la importación** Einfuhrsubvention *f.*
subvenciona | ble beihilfefähig; **~do** Zuschussempfänger *m*; **~r** unterstützen, subventionieren.
subvenir unterstützen.
subver | sión Umsturz *m*; **~sivo** *(adj)* subversiv; **~sor** Umstürzler *m.*
subyacente zugrundeliegend.
sucedáneo Ersatz *m*, Ersatzprodukt *n*, Surrogat *n*; **~** *(adj)* Ersatz-.
suceder sich ereignen, geschehen, eintreten; folgen *(im Amt)*; *(be)*erben; **~ por derecho de representación** kraft Eintrittsrechts *n* erben.
sucesible erblich.
sucesión Nachfolge *f*, Thronfolge *f*; Nachlass *m*, Erb | e *n*, -schaft *f*, -folge *f*; **~ abintestato** gesetzliche Erbfolge *f*; **~ en el cargo** Amtsnachfolge *f*; **~ colateral** Erbfolge *f* in der Seitenlinie; **~ en derechos** Rechtsnachfolge *f*; **~ de empresa** Betriebsübergang *m*; **~ por estirpes** Erbfolge *f* nach Stämmen; **~ fideicomisaria** Nacherbschaft *f*; **~ fiduciaria** Vorerbschaft *f*; **~ forzosa** Noterb*(en)*recht *n*; **~ hereditaria** ***(legítima)*** *(gesetzliche)* Erbfolge *f*; **~ intestada** *(o* ***ab intestato****, lat)* gesetzliche Erbfolge *f*; **~ lineal** *(o* ***por líneas****)* Erbfolge *f* nach Linien; **~ testada** *(o* ***testamentaria****)* testamentarische *(oder gewillkürte)* Erbfolge *f*; **~ a título particular** *(o* ***singular****)*

Einzel-*(rechts)*nachfolge *f*, Singularsukzession *f*; **~ a título universal** Universalsukzession *f*, Gesamt-*(rechts)*nachfolge *f*; **~ troncal** *(o **por troncos**)* s. sucesión por estirpes.
suceso Ereignis *n*, Vorgang *m*; **~ fortuito** Zufall *m*.
sucesor Erbe *m*, Rechtsnachfolger *m*; **~ legítimo** gesetzlicher Erbe *m*; **~ particular** Einzelnachfolger *m*; **~ al trono** Thronfolger *m*; **~ universal** *(Universal)*Erbe *m*, Gesamt-*(rechts)*nachfolger *m*.
sucesorio *(adj)* Nachfolge-.
sucinto kurz.
sucumbir *(im Prozess)* unterliegen.
sucursal *f* Niederlassung *f*, Zweig|stelle *f*, Filial|e *f*, -betrieb *m*, Agentur *f*, Außenstelle *f*.
sueldo Lohn *m*, Gehalt *n*, Besoldung *f*, Amtsbezüge *pl*, Salär *n*; **~ bruto** Bruttogehalt *n*; **con ~** bezahlt *(Urlaub)*; **~ a convenir** Gehalt *n* ist Verhandlungssache; **~ de empresario** Unternehmerlohn *m*; **~ de entrada** Anfangsgehalt *n*; **~ fijo** Fixum *n*; **~ de jubilación** Ruhegehalt *n*; **~ de parlamentarios** *(Abgeordneten)*Diäten *pl*; **~ pasivo** Pension *f*, Ruhegehalt *n*.
suelo Grund *m*, Boden *m*, Grund und Boden *pl*; **~ industrial** Gewerbegebiet *n*; **~ nacional** Staatsgebiet *n*; **~ residencial** Wohngebiet *n*.
suero de la verdad Wahrheitsserum *n*.
suerte *f* Los *n*, Auslosung *f*; **a ~** durch Losentscheid.
suficiente ausreichend, hinreichend; **~ para acusar** anklagereif.
sufragar *(Kosten:)* decken, tragen, bestreiten, aufkommen *(für)*.
sufragio *(s. a. voto) f), Wahlrecht n, Stimmabgabe f;* **~ activo** aktives Wahlrecht *n*; **~ directo** direkte Wahl *f*; **~ igual** gleiche Wahl *f*; **~ indirecto** indirekte Wahl *f*; **~ libre** freie Wahl *f*; **~ pasivo** passives Wahlrecht *n*; **~ secreto** geheime Wahl *f*; **~ universal** allgemeine Wahlen *fpl*.
sufragios *pl* **emitidos** abgegebene Stimmen *fpl*.
sufrir erleiden; **~ un accidente** einen Unfall *m* erleiden; **~ de** leiden an.
sugerencia Anregung *f*.
suicida| *m f* Selbstmörder*(in) m (f)*; **~rse** Selbstmord *m* begehen.
suicidio Selbst|mord *m*, -tötung *f*, Freitod *m*, Suizid *m (n)*; **~ ampliado** erweiterter Selbstmord *m*.
sujeción Unterstellung *f (unter ein Recht)*, Weisungsgebundenheit *f*, Erfassung *f (SteuerR)*; **con ~ a** nach Maßgabe *f (einer Vorschrift)*; **~ al convenio colectivo** Tarifgebundenheit *f*.
sujetarse a sich halten an, sich richten nach, befolgen.
sujeto Gegenstand *m*, Person *f*, Träger *m (Soz)*; **~** *(adj)* unterworfen, -pflichtig; **~ a** unterstehend *(Aufsicht)*; **~ activo del delito** Täter *m*; **~ a aduana** zollpflichtig; **~ causante** Verursacher *m (Umweltschutz)*; **~ a contribución** umlage|pflichtig, steuer-; **~ al convenio colectivo** tarifgebunden; **~ a costes** kostenpflichtig; **~ a cotización obligatoria** beitragspflichtig; **~ a la curatela** Pflegebefohlener *m*, Pflegling *m*; **~ a declaración obligatoria** anzeige|pflichtig, *(an)*melde-; **~ de*(l)* Derecho** Rechtssubjekt *n*; **~ de Derecho internacional** Völkerrechtssubjekt *n*; **~ a derechos** gebührenpflichtig; zoll*(abgaben)*pflichtig; **~ de derechos y obligaciones** Träger *m* von Rechten und Pflichten; **estar ~ a** bedürfen, unterliegen.
sujeto al impuesto steuerpflichtig; **~ ~ aduanero** zollpflichtig; **~ ~ industial** gewerbesteuerpflichtig.
sujeto, ~ a inscripción eintragungspflichtig; **~ a instrucciones** weisungsgebunden; **~ internacional** Völkerrechtssubjekt *n*; **~ obligado al pago** Zahlungspflichtiger *m*.
sujeto pasivo Schuldner *m*; **~ ~ apremiado** Vollstreckungsschuldner *m (SteuerR)*; **~ ~ de los costes** Kostenschuldner *m*; **~ ~ del delito** Opfer *n*.
sujeto, ~ procesal *(o **del proceso**)* Prozess|beteiligter *m*, Verfahrens- *m*; **~ a seguros sociales** sozialversicherungspflichtig; **~ al servicio militar** wehr*(dienst)*pflichtig; **~ a tasas** gebührenpflichtig.

suma Summe *f*, Betrag *m*, Addition *f*; **~ adeudada en concepto de derechos de aduana** Zollschuld *f*; **~ alzada** Pauschalsumme *f*; **~ asegurada** Versicherungssumme *f*; **~ extraordinaria** Unsumme *f*; **~ fija** Fixum *n*; **~ en litigio** eingeklagter Betrag *m*; **~ máxima** Höchstbetrag *m*; **~ de rescate** Rückkaufs | summe *f*, Ablösungs- *f*; **~ restante** Rest | summe *f*, -betrag *m*; **~ y sigue** Übertrag *m*, Vortrag *m*; **~ total** Gesamtsumme *f*.

sumar zusammen | zählen, -rechnen, hinzurechnen, addieren.

sumaria | l *(adj)* Ermittlungs-; abgekürzt, summarisch, formlos; **~r** verfolgen, ermitteln *(Strafsachen)*.

sumario Vor | verfahren *n*, Ermittlungs- *n*, *(gerichtliche)* Voruntersuchung *f*; Kurzbericht *m*, Zusammen | stellung *f*, -fassung *f*.

sumarse a beitreten, sich anschließen.

suministrable lieferbar.

suministrado Bezieher *m*.

suministrador Lieferant *m*, *(Be)*Lieferer *m*.

suministrar *(be)*liefern, beschaffen, verschaffen *(Gegenstand)*.

suministro *(Be)*Lieferung *f*, Anlieferung *f*, Versorgung *f*, An | schaffung *f*, Be- *f*; **~ adicional** Nachlieferung *f*; **~ de capital** Kapitalbeschaffung *f*; **~ de electricidad** Stromversorgung *f*; **~ de informaciones** Auskunftserteilung *f*.

sumisión Gerichtsstandsvereinbarung *f*, Prorogation *f*; **~ a la vigilancia de la autoridad** *(Sp)* Anordnung *f* der Polizeiaufsicht.

supeditarse sich unterwerfen.

superación Bestehen *n (Prüfung)*.

superar über | treffen, -schreiten, -steigen, bestehen *(Prüfung)*; **~ el curso** den Lehrgang *m* erfolgreich absolvieren.

superárbitro Oberschiedsrichter *m*.

superávit *m* Mehrbetrag *m*, Überschuss *m*, Aktivsaldo *m*, Plus *n*; **~ acumulado** Gewinnvortrag *m*, nicht ausgeschütteter Gewinn *m*; **~ disponible** freie Rücklagen *fpl (oder Reserven fpl)*; **~ de explotación** Betriebs | gewinn *m*, -überschuss *m*; **~ de operación** Betriebsüberschuss *m*; **~ presupuestario** Haushaltsüberschuss *m*, Mehreinnahme *f*.

superavitario *(adj)* Überschuss-, Überschuss ausweisend.

super | beneficios *pl* Mehrgewinn *m*; **~capacidad** Überkapazität *f*; **~chería** Betrug *m*; **~chero** betrügerisch; **~demanda** Übernachfrage *f*.

super | embargo Überpfändung *f*; **~empleo** Überbeschäftigung *f*; **~estatal** überstaatlich.

superficiario *(Erbbau)*Berechtigter *m*.

superficie *f* Fläche *f*, Grund | fläche *f*, Ober- *f*; Erbbaurecht *n*; **~ agrícola útil** *(o **utilizada**)* Anbaufläche *f*; **~ de almacén** Lagerfläche *f*; **~ básica** Grundfläche *f*; **~ de carga** Ladefläche *f*; **~ cultivable** *(o **cultivada**)* Nutz | fläche *f*, Anbau- *f*; **~ habitable** Wohnfläche *f*; **~ útil** Nutzfläche *f*; **~ vial** Verkehrsfläche *f*.

superintendencia Aufsicht *f*, Aufsichtsbehörde *f*; **~ de seguros** Versicherungsaufsicht *f*.

superintendente *m* Superintendent *m*, Aufsichtsbeamter *m*; **~ bancario** Beamter *m* der Bankenaufsicht.

superior Vor | gesetzter *m*, -steher *m*; **~** *(adj)* übergeordnet, vorgesetzt; **~ en jerarquía** *(o **jerárquico**)* *(Dienst)*Vorgesetzter *m*.

superioridad Übergewicht *n*; vorgesetzte Behörde *f*, Vorgesetzte *pl*, höhere Instanz *f*.

supernumerario *(Beamten)*Anwärter *m*; **~** *(adj)* außerplanmäßig *(Beamter)*, außerordentlich *(Professor)*.

super | ordenar überordnen; **~población** Über*(be)*völkerung *f*; **~poblado** über*(be)*völkert; **~poner** überlagern.

super | potencia Supermacht *f*; **~producción** Überproduktion *f*; **~puesto** übergeordnet.

supérstite *m* s. superviviente.

supervaloración Überbewertung *f*.

supervención späteres Ereignis *n*.

superveniencia s. supervención.

super | visar kontrollieren; **~visión** Aufsicht *f*; **~ visor** Aufsichtsbeamter *m*.

supervivencia Überleben *n*.

super | viviente *m* Überlebender *m*; **~** *(adj)* überlebend; **~vivir** überleben.

suplantar sich für einen anderen ausgeben, eine Urkunde *f* fälschen.

suplementa | l s. suplementario; **~r** ergänzen; **~rio** *(adj)* Ergänzungs-.
suplemento Ergänzung *f*, Nachtrag *m*, Aufschlag *m*, Zuschlag *m*, Zulage *f*, Zugabe *f*; Bei | lage *f*, -blatt *n*; **~ por antigüedad** Alterszulage *f*; **~ económico** Wirtschaftsbeilage *f*; **~ gratuito** Gratis | beilage *f*, -zugabe *f*; **~ de legítima** Pflichtteilsergänzung *f*; **~ a letras** *(Wechsel)*-Allonge *f*.
suplencia Stellvertretung *f*.
suplente *m* Ersatz | mann *m*, -person *f*, Nachrücker *m (Parlament)*.
supletorio *(adj)* Ergänzungs-, ergänzend.
súplica Eingabe *f*, Einspruch *m*, Gesuch *n*, Petition *f*, Antrag *m*.
suplicación Antrag *m*.
suplica | nte *m* Antragsteller *m*; **~r** beantragen, ersuchen; **~torio** Ersuchen *n (an oberes Gericht)*; **~** *(adj)* Antrags-.
suplico, el ~ Klageantrag *m*.
suplidos *pl* Auslagen *fpl*.
suplir ergänzen, füllen *(Gesetzeslücken)*, vertreten.
suponer vermuten, voraussetzen, unterstellen.
suposición Vermutung *f*, Annahme *f*, Unterstellung *f*, Voraussetzung *f*; **~ de cargo** *(Sp)* Amtsanmaßung *f*; **~ de nombre** *(Sp)* falsche Namensführung *f*; **~ de parto** Vortäuschung *f* einer Geburt.
supra | concepto Oberbegriff *m*; **~empresarial** überbetrieblich; **~estatal** überstaatlich; **~legal** übergesetzlich; **~local** überörtlich; **~nacional** überstaatlich; **~ordenación** Überordnung *f*; **~ordenar** überordnen; **~partidario** überparteilich; **~rregional** überregional; **~valoración** Überbewertung *f*.
supremacía Vorrang *m*, Oberhoheit *f*; **~ de la ley** Gesetzesvorrang *m*; **~ territorial** Gebietshoheit *f*.
Supremo ***(el Tribunal Supremo)*** Oberster Gerichtshof *m*.
supresión Abschaffung *f*, Beseitigung *f*, Aufhebung *f*, Wegfall *m*; **~ del estado civil** Personenstandsunterdrückung *f*; **~ de la plaza** Auflösung *f* einer Amtsstelle; **~ del vicio** Beseitigung *f* des Mangels; **~ de visados** Visafreiheit *f*.
suprimir abschaffen, abbauen, auflösen, aufheben, beseitigen, streichen.
supuesto Annahme *f (Vermutung)*, Voraussetzung *f (der Eintragung)*, Tatbestand *m*; **~ de hecho** *(gesetzlicher)* Tatbestand *m*.
supuestos *pl* Fallgruppe *f*.
surgir entstehen *(Verbindlichkeit)*.
surtido Auswahl *f*, Sortiment *n*, Vorrat *m*.
surtir liefern, versorgen; **~ efecto** wirken, wirksam sein; **~ efectos de cosa juzgada formal y material** in formelle und materielle Rechtskraft *f* erwachsen; **~ un pedido** einen Auftrag *m* ausführen.
susceptible ***(de)*** fähig *(zu)*; **~ de casación** revisibel; **~ de impugnación** *(Sp)* anfechtbar; **~ de pago de derechos** gebührenpflichtig; **~ de protección** schutzfähig; **~ de recurso** beschwerdefähig.
suscitar herbeiführen, anhängig machen *(Prozess)*; **~ contienda** einen Prozess *m* anstrengen; **~ una excepción** eine Einrede *f* erheben.
suscribiente *m* Unter | zeichner *m*, -zeichneter *m*.
suscribir unter | schreiben, -zeichnen, zeichnen *(Aktien)*, übernehmen *(Anleihe)*; **~ en exceso** überzeichnen; **~ un seguro** eine Versicherung *f* abschließen.
suscribirse abonnieren, beziehen *(Zeitung)*.
suscripción Unterzeichnung *f*, Zeichnung *f (von Aktien)*, Übernahme *f*, Bezug *m (Zeitung)*, Abonnement *n*; **~ preferente** Bezugsrecht *n (Aktien)*.
suscriptor Zeichner *m (von Aktien)*, Bezieher *m*, Abonnent *m*.
suscrito gezeichnet; **~ de conformidad** *(Sp)* unterschrieben und genehmigt *(Protokoll)*.
susodicho oben erwähnt.
suspender aussetzen *(Vollstreckung)*, einstellen *(Verfahren)*, die aufschiebende Wirkung *f* anordnen, vertagen, hemmen *(Frist)*, abbrechen *(Beziehungen)*, vorläufig des Dienstes entheben, suspendieren, durchfallen lassen *(Prüfung)*.

suspender la ejecución die Vollstreckung *f* aussetzen.

suspender, ~ las hostilidades die Feindseligkeiten *fpl* einstellen; **~ el procedimiento de apremio** *(Sp)* die Vollstreckung *f* einstweilen einstellen *(Steuer)*; **~ en prueba** zur Bewährung *f* aussetzen; **~ el trabajo** die Arbeit *f* niederlegen.

suspendido, estar ~ ruhen *(Verfahren)*.

suspensión Aussetzung *f (Verfahren, Vollzug, Abschiebung)*, Einstellung *f (Verfahren)*, aufschiebende Wirkung *f*, Ruhen *n*, Hemmung *f (Frist)*, Aussetzung *f* der Vollziehung, Dienstenthebung *f*, Unterbrechung *f*; **~ de armas** Feuereinstellung *f*, Waffenruhe *f*; **~ cautelar** Aussetzung *f* der Vollziehbarkeit; **~ condicional** bedingte Strafaussetzung *f*; **~ de la convivencia** Aufhebung *f* der ehelichen Lebensgemeinschaft; **~ de la ejecución** Aussetzung *f* der Vollziehung, Einstellung *f* der Zwangsvollstreckung; **~ de empleo** einstweilige Dienstenthebung *f*; **~ de funciones** Zwangsbeurlaubung *f*; **~ del juicio oral** Vertagung *f* der Hauptverhandlung; **~ del otorgamiento de licencias de edificación** *(Sp)* Veränderungssperre *f (Baurecht)*; **~ de pagos** *(vorübergehende)* Zahlungseinstellung *f*; **~ de la pena** ***(en prueba)*** Strafaussetzung *f* zur Bewährung; **~ de la producción** Produktions | einstellung *f*, -stillstand *m*; **~ de las relaciones diplomáticas** Unterbrechung *f* der diplomatischen Beziehungen; **~ de señalamiento** Terminsaufhebung *f*; **~ de sueldo** einstweilige Sperrung *f* der Bezüge; **~ de trabajo** Arbeits | einstellung *f*, -niederlegung *f*; **~ de vida en común** Aufhebung *f* der ehelichen Lebensgemeinschaft.

suspensivo aufschiebend.

suspenso vorübergehend Zahlungsunfähiger *m*; **en ~** in der Schwebe *f*, schwebend.

sustancia Wesen *n*, wesentliche Eigenschaft *f*, Inhalt *m*, materieller Gehalt *m*; **~ nociva** Schadstoff *m*; **~ sospechosa** verdächtige Substanz *f*.

sustanciación Betreiben *n (Prozess)*; **~ por escrito** schriftliches Verfahren *n*; **de mera ~** prozessleitend.

sustancial wesentlich, materiell.

sustanciar das Verfahren *n* betreiben *(oder durchführen)*; **~ la demanda con** die Klage *f* richten gegen.

sustantivo materiellrechtlich.

sustentable begründet, haltbar.

sustentación Unterhalt *m*.

susten | tador Ernährer *m (der Familie)*; **~tar** behaupten, aufrechterhalten, unterhalten; **~to** Lebensunterhalt *m*, Versorgung *f*.

sustitución Ersatz *m*, Vertretung *f*, Ersatzerbschaft *f*; **~ ejecutiva** Ersatzvornahme *f (Zwangsvollstreckung)*; **~ fideicomisaria** Nach | erbschaft *f*, -erbeneinsetzung *f*; **~ de heredero** Ersatzerbeneinsetzung *f*; **~ de legado** Untervermächtnis *n*; **~ del mandato** Einsetzung *f* eines Unterbeauftragten; **~ de niños** Kindesunterschiebung *f*.

sustituidor *(adj)* Ersatz-.

sustituir ersetzen *(jemanden)*, an die Stelle treten *(von)*, substituieren, vertreten *(bei Ämtern)*, zum Ersatzerben *m* einsetzen.

sustitutivo Ersatz *m*, Surrogat *n*; **~** *(adj)* Ersatz-.

sustituto Ersatzmann *m*, Vertreter *m*, Ersatz | erbe *m*, Nach- *m*; **~ de notario** Notarvertreter *m*, Notariatsverweser *m*, **~ vulgar** Ersatzerbe *m*.

sustracción Entziehung *f*, Entwendung *f*, Beseitigung *f*; **~ de activo** Vermögensverschleierung *f*; **~ de documentos** Urkundenunterdrückung *f*; **~ de menores** Kindesentführung *f*; **~ de la prenda** Pfandkehr *f*.

sustraer entziehen, entwenden.

sustraerse, ~ a la acción de la justicia sich dem Strafverfahren *n (oder dem Zugriff der Justiz)* entziehen.

swap *m (engl)* Swap *m*; **~ de divisa e interés** Devisen- und Zins-Swapgeschäft *n*.

swapción Optionsswap *m*.

swing *m (engl)* Swing *m*.

switch *m (engl)* Switch *m*.

T

tabaquismo pasivo Passivrauchen *n.*
tabla Tabelle *f*, Index *m*; Anschlagtafel *f*, schwarzes Brett *n*; **~ de amortización** Tilgungstabelle *f*; **~ de contribuciones** Steuertabelle *f*; **~ de conversión** Umrechnungstabelle *f*; **~ de costes** Kostentabelle *f*; **~ de defunciones** Sterbetafel *f*; **~ de impuestos sobre la renta** Einkommensteuertabelle *f*; **~ de intereses** Zinstabelle *f.*
tabla de mortalidad Sterbetafel *f.*
tabla, ~ de paridades Umrechnungstabelle *f*; **~ salarial** *(o de salarios)* Lohntabelle *f.*
tablilla Anschlag | tafel *f*, -brett *n*, schwarzes Brett *n*; **~ de cotizaciones** Kurstafel *f*; **~ de edictos** Gerichtstafel *f*; **~ de precios** Preis | liste *f*, -verzeichnis *n.*
tabú *m* Tabu *n.*
tabulación tabellarische Aufstellung *f*, Auszählung *f.*
tabular Grundbuch-.
tacha Fehler *m*, Ablehnung *f*, Ablehnungs | grund *m*, Ausschließungs- *m (bei Zeugen und Sachverständigen).*
tachadura Radierung *f.*
tachar ausschließen, ablehnen *(Zeugen)*; durchstreichen, radieren; **~ de** beschuldigen; **~ los honorarios** die Kostenrechnung *f* beanstanden.
táchese lo que no proceda Nichtzutreffendes *n* streichen.
tachón *m* Durchstreichung *f.*
tácito stillschweigend.
tacógrafo Fahrtenschreiber *m.*
táctica Taktik *f.*
tal como se ve wie besichtigt.
taladrar una caja de seguridad einen Safe *m* aufbohren.
talión *m* Talion *f*, Vergeltung.
taller *m* Werkstatt *f*, Betrieb *m*, Fabrik *f*; **~ de aprendizaje** Lehrwerkstatt *f*; **~ de artesanía** Handwerksbetrieb *m*; **~ asociado** Vertragswerkstatt *f*; **~ para inválidos** Behindertenwerkstatt *f.*
talón *m* Schein *m*, Kupon *m*, Abschnitt *m*, Scheck *m*; **~ bancario** Bankanweisung *f*; **~ de consigna** Gepäckhinterlegungsschein *m*; **~ de cuenta corriente** Zahlungsanweisung *f*; **~ de dividendo** Gewinnanteilschein *m*; **~ de entrega** Lieferschein *m*; **~ de expedición** Frachtbrief *m*; **~ postal** Post | abschnitt *m*, Überweisungs- *m*; **~ de recibo** Rückschein *m*; **~ de renovación** Talon *m*, *(Zins)*Erneuerungsschein *m*; **~ de transporte por carretera** Frachtbrief *m.*
talonario Scheckheft *n*; **~ de bono** Kupon | bogen *m*, Zinsschein- *m*; **~ de recibos** Quittungs | block *m.*
taloncillo Allonge *f.*
tamaño Größe *f*, Umfang *m*, Format *n.*
tanda Schicht *f*, Arbeitsschicht *f*; **~ de noche** Nachtschicht *f.*
tantea | dor Rückkaufsberechtigter *m*; **~r** prüfen, schätzen, zurückkaufen.
tanteo Voranschlag *m*, Vor | kauf *m*, Rück- *m*; Vorkaufsrecht *n.*
tanto Teilbetrag *m*, Kopie *f*; **~ alzado** Pauschale *f*; **~ fijo** Festkurs *m.*
taquígrafo Stenograph *m.*
taquilla Schalter *m.*
tara Tara *f*, Leergewicht *n*, Eigen- *n.*
tarar leer wiegen, tarieren.
tardío verspätet.
tarea Arbeit *f*, Tätigkeit *f*, Aufgabe *f*; **~ de acabado** Abschlussarbeit *f*; **~ común** Gemeinschaftsaufgabe *f*; **~ del trabajo** Arbeitsverrichtung *f.*
tarifa Tarif *m*, Tarif | satz *m*, Vergütungs- *m*, Gebühren- *m (Post)*, Gebühren | ordnung *f*, -verzeichnis *n*, Fahrpreis *m*, Tabelle *f*, Taxe *f*; **~ aduanera común** gemeinsamer Zolltarif *m (EU)*; **~ aérea** Luftverkehrstarif *m*; **~ arancelaria** Gebührenordnung *f*, Zolltarif *m*; **~ -base** Ausgangstarif *m*, Grund | gebühr *f*, -tarif *m*; **~ de carga** Güter | tarif *m*, Fracht- *m*, Frachtsatz *m*; **~ de cobro** Hebesatz *m*; **~ de correo** Post | gebühren *fpl*, -tarif *m*; **~ cuantitativa** Mengentarif *m*; **~ de emolumentos** Gebührenordnung *f*; **~ escalonada** Staffeltarif *m*; **~ exprés** Eilzustellgebühr *f*; **~ de importación** Einfuhr-

zoll *m*; **~ del impuesto** Steuer-tabelle *f*; **~ interior** Inlands|tarif *m*, Binnen- *m*; **~ nocturna** Nacht|tarif *m*, -gebühr *f*; **~ de preferencia** *(o **preferencial**)* Vorzugs*(zoll)*tarif *m*, Präferenz- *m*; **~ de primas** Prämientarif *m*, Beitragstabelle *f*; **~ proteccionista** Schutzzolltarif *m*; **~ de salarios** Lohn|satz *m*, -tarif *m*; **~ de servicios** Gebührenordnung *f*; **~ a tanto alzado** Pauschalsatz *m*; **~ de tránsito** Durchgangsfrachtsatz *m*.

tarifa de transporte Frachtsatz *m*; **~ ~ ferroviario de mercancías** Eisenbahngütertarif *m*.

tarifa, ~ de tributación s. tarifa del impuesto; **~ ad valorem** Wertzolltarif *m*; **~ de viajeros** Personenfahrpreis *m*; **~ por zonas** Zonen|tarif *m*, Flächen- *m*.

tarifación Tarifierung *f*.

tarifar den Tarif *m* anwenden *(oder festsetzen)*, tariflich regeln, tarifieren; **~rio** Tarif-, tariflich.

tarifas *pl* **~ funerarias** Friedhofsgebühren *fpl*.

tarificación Tarif|ierung *f*, -gestaltung *f*; **~ vial** Straßengebühren *fpl*.

tarjeta Karte *f*, Post|karte *f*, Kartei- *f*, Preisschild *n*; **~ censal** Wahlausweis *m*; **~ chip** Telefonkarte *f*; **~ -cuenta** *(o **de cuenta**)* Konto|karte *f*, Scheck- *f*; **~ de embarque** Bordkarte *f (Flugzeug)*; **~ de expositor** Messeausweis *m*; **~ de identidad** Ausweis *m*, Dienstausweis *m*; **~ de impuestos sobre el salario** Lohnsteuerkarte *f*; **~ ITV** *(Sp)* TÜV-Plakette *f*; **~ postal con contestación** *(o **con respuesta pagada**)* Postkarte *f* mit Antwortkarte; **~ de refugios** Flüchtlingsausweis *m*; **~ de residencia** *(o **de residente**)* Residenzkarte *f* für EU-Bürger, Ausländerausweis *m*; **~ verde** grüne Versicherungskarte *f*.

tasa *(s. a. tasas pl)* Taxe *f*, Gebühr *f*, Satz *m (SteuerR)*, Rate *f*, Zinsfuß *m*; **~ de accidentalidad** Unfallquote *f*; **~ de actividad** Beschäftigungs|quote *f*, -grad *m*; **~ adicional** Zuschlag *m*; **~ administrativa** *(o **de administración**)* Verwaltungsgebühr *f*; **~ de ahorro** Spar|rate *f*, -quote *f*; **~ de amortización** Abschreibungssatz *m*, Tilgungsrate *f*; **~ anual** Jahres|rate *f*, -gebühr *f*, Annuität *f*; **~ de aviso de recibo** Rückscheingebühr *f (Post)*; **~ de balneario** Kurtaxe *f*; **~ bancaria** Bankrate *f*; **~ de base** *(o **básica**)* Grundgebühr *f*; **~ de beneficio bruto** Bruttoverdienstspanne *f*; **~ de cambio** Wechsel| kurs *m*, Umrechnungs- *m*; **~ de cambio múltiple** gespaltener *(oder multipler)* Wechselkurs *m*; **~ de captura** Fangquote *f*; **~ compensatoria a la importación** Umsatz|ausgleichsteuer *f*, Einfuhr- *f*; **~ de compras** Ankaufskurs *m*.

tasa de crecimiento Wachstums|rate *f*, Zuwachs- *f*; **~ ~ de los agregados monetarios** Geldmengenwachstum *n*.

tasa, ~ de defunción Sterbeziffer *f*; **~ de descarga** Löschgebühr *f*; **~ de descuento** Diskontsatz *m*; **~ de encarecimiento** Teuerungsrate *f*; **~ de endeudamiento** Verschuldungsrate *f*; **~ de expansión de las exportaciones** Ausfuhr|zuwachsrate *f*, Export- *f*; **~ de exportación** Ausfuhr|quote *f*, Export- *f*; **~ de franqueo** Beförderungs|gebühr *f*, -tarif *m (Post)*; **~ de ganancia** Rentabilität *f*; **~ del impuesto** Steuer|satz *m*, -tarif *m*; **~ de inflación** Inflationsrate *f*; **~ de interés** Zins|fuß *m*, -satz *m*, -niveau *n*; **~ de inversión*(es)*** Investitions|quote *f*, -rate *f*, -grad *m*; **~ de matriculación** Kraftfahrzeugzulassungsgebühr *f*; **~ máxima** Höchstsatz *m*; **~ mínima** Mindest|gebühr *f*, -satz *m*; **~ de mortalidad** Sterblichkeit *f*, Sterberate *f*; **~ municipal** Kommunalabgabe *f*; **~ de natalidad** Geburten|ziffer *f*, -rate *f*; **~ de paro** Arbeitslosen|quote *f*, rate *f*; **~ por perros** Hundesteuer *f*; **~ postal** Postgebühr *f*; **~ de precarización** Anteil *m* der unständig Beschäftigten; **~ de radiodifusión** Rundfunkgebühr *f*; **~ por recogida de basuras** *(Sp)* Müll|abgaben *fpl*, -gebühren *fpl*; **~ de redescuento** Rediskontsatz *m*; **~ de reembolso** Nachnahmegebühr *f*, Erstattungssatz *m (EU)*; **~ de rendimiento** Rendite *f*, Rentabilität *f*; **~ de rodaje** Straßengebühr *f*; ~ **salarial** *(o* ***de salario)*** Tariflohnsatz *m*, Grundlohntarif *m*; ~ **de sindicación** Organisationsgrad *m (Gewerkschaft)*; ~ **de tarifa** Tarifsatz *m*; ~ **telefónica** *(o* ***de teléfono)*** Telefongebühr*(en) f (pl)*; ~ **de tránsito** Durchfuhrabgabe *f*; ~ **uniforme** Einheitstarif *m*; ~ **urgente** Expressgebühr *f*; ~ **de utilización** Benutzungsgebühr *f*, Auslastungsgrad *m*; ~ **de valoración de un órgano perdido** Gliedertaxe *f*.

tasable schätzbar, gebührenpflichtig.

tasación Schätzung *f*, Einstufung *f*, Festsetzung *f*, Veranlagung *f*, Bewertung *f*, Wert | ansatz *m*, -bestimmung *f*; ~ **de avería *(marítima)*** Dispache *f*; ~ **de daños** Schadensschätzung *f*; ~ **excesiva** Überbewertung *f*; ~ **de la propiedad** Vermögensschätzung *f*.

tasador Schätzer *m*; ~ **de averías** Dispacheur *m*.

tasar schätzen, taxieren, bewerten, veranschlagen; ~ **la avería** Havarie *f* aufmachen, dispachieren; ~ **las costas** die Kosten *pl* festsetzen.

tasas *pl*, ~ **e impuestos** Steuern und Abgaben *pl*, öffentliche Abgaben *fpl*; ~ **judiciales** Gerichts | gebühren *fpl*, -kosten *pl*.

taxativo einschränkend, beschränkt.

taxonomía de huellas digitales Fingerabdruckklassifizierung *f*.

techo Höchst | grenze *f*, -marke *f*; ~ **del crédito** Kreditplafond *m*; **el sin** ~ Obdachloser *m*.

técnica Verfahren *n*, Technik *f*; Fachfrau *f*; ~ **de banca** Bankkauffrau *f*; ~ **de la distribución** Absatztechnik *f*; ~ **forense** Gerichtspraxis *f*; ~ **de interpretación** Auslegungstechnik *f*, Dolmetschtechnik *f*; ~ **judicial** Gerichtspraxis *f*; ~ **de oficina** Bürokauffrau *f*; ~ **operatoria** Know-how *n*.

tecnicismo jurídico Rechtstechnik *f*.

técnico Fach | mann *m*, -arbeiter *m*, Sachkundiger *m*, Experte *m*; ~ *(adj)* sachkundig, fach | lich, -männisch, technisch; ~ **-administrativo** verwaltungstechnisch; ~ **especialista** *(Sp)* Fachschulabsolvent *m*; ~ **-formal** formaltechnisch; ~ **-jurídico** rechtstechnisch.

técnico mercantil, ~ ~ **industrial *m* Industriekaufmann *m*;** ~ ~ **mayorista** Großhandelskaufmann *m*; ~ ~ **minorista** Einzelhandelskaufmann *m*.

técnico, ~ **de publicidad** *(o* ***publicitario)*** Werbefachmann *m*; ~ **de seguros** Versicherungsfachmann *m*.

tecnología Technologie *f*; ~ **genética** Gentechnologie *f*; ~ **de la información** *(o* ***informática)*** Informationstechnologie *f*.

tejido social soziales Netz *n*.

tela, poner en ~ **de juicio** bezweifeln, zur Stprache bringen.

tele | banco s. cajero automático; ~**compra** Internetkauf *m*.

tele | comunicaciones *pl* Fernmeldewesen *n*, Telekomunikation *f*; ~**fax** *m* s. fax; ~**fonía** Telefondienst *m*.

Telefónica spanische Telefongesellschaft *f*.

teléfono Telefon *n*.

telégrafos *pl* Telegrafenwesen *n*.

telegrama *m* Telegramm *n*; ~ **giro** telegrafische Postüberweisung *f*; ~ **urgentísimo** Blitztelegramm *n*.

tele | proceso Datenverarbeitung *f*; ~**trabajador** Telearbeiter *m*; ~**trabajo** Telearbeit *f*; ~**vendedor** Verkäufer *m* im Telefonhandel; ~**venta** Televerkauf *m*.

televisión, ~ **de pago** Pay TV *n*.

tema *m* Thema *n*; ~ **jurídico** Rechtsfrage *f*; ~ **probatorio** Beweisthema *n*.

temerario mutwillig.

temeridad Leichtfertigkeit *f*.

temor Furcht *f*; ~ **fundado de persecución** begründete Furcht *f* vor Verfolgung.

temporada Saison *f*.

temporal zeitlich begrenzt.

temporalidad Saisonabhängigkeit *f*, Befristung *f*.

temporáneo pünktlich *(Zahlung)*.

temporerismo Saisonarbeit *f*.

temporero Saisonarbeiter *m*, Aushilfskraft *f*.

tendencia Tendenz *f*, Richtung *f*, Trend *m*, Verlauf *m*, Stimmung *f*; ~ **alcista** Aufwärts | bewegung *f*, -trend *m*, Hausse | tendenz *f*, -stimmung *f*; ~ **al alza** s. tendencia alcista; ~ **a la baja** rückläufige *(oder fallende)* Tendenz *f*, Baisse | stimmung *f*,

-tendenz *f*; ~ **bajista** s. tendencia a la baja; ~ **declinante** fallende Tendenz *f*; ~ **decreciente del empleo** *(o de ocupación)* Beschäftigungrückgang *m*; ~ **inflacionista** Inflationsneigung *f*; ~ **a invertir** Investitionsbereitschaft *f*; ~ **regresiva** Verfall *m*.
tendencias autonomistas *pl* Autonomiebestreben *n*.
tender neigen, tendieren; ~ **a la baja** zum Rückgang *m* neigen.
tendero Ladenbesitzer *m*.
tenedor Inhaber *m*, Besitzer *m*, Gewahrsamsinhaber *m*, Halter *m*; ~ **anterior** *(Wechsel:)* Vordermann *m*, Vorgänger *m*; ~ **be buena fe** gutgläubiger Besitzer *m*; ~ **de libros** Buchhalter *m*; ~ **de mala fe** bösgläubiger Besitzer *m*; ~ **de prenda** Pfand | nehmer *m*, -gläubiger *m*.
teneduría de libros Buch | haltung *f*.
tenencia unmittelbarer Besitz *m*, Gewahrsam *m*; ~ **de armas** Waffenbesitz *m*; ~ **en común** Mit | besitz *m*, Gemeinschafts- *m*; ~ **física** Gewahrsam *m*; ~ **material** tatsächliches Innehaben *n (einer Sache)*; ~ **en oro** Gold | reserve *f*, -bestand *m*; ~ **registral** Buchbesitz *m*.
tener en cuenta berücksichtigen.
teniente *m* Stellvertreter *m*; ~ **de alcalde** stellvertretender Bürgermeister *m*; ~ **fiscal** Stellvertreter *m* des Staatsanwalts.
tenor Tenor *m*; **a** ~ **de** nach Maßgabe; ~ **literal** Wortlaut *m*; **del mismo** ~ gleich lautend.
tensión Spannung *f*; ~ **demográfica** Bevölkerungsdruck *m*.
tensiones *pl*, ~ **sobre los gastos** Kostendruck *m*; ~ **norte-sur** Nord-Süd-Gefälle *n*.
tentativa Versuch *m*; ~ **acabada** beendeter *(oder beendigter)* Versuch *m*; ~ **consumada** vollendeter Versuch *m*; ~ **fallida** fehlgeschlagener Versuch *m*; ~ **frustrada** s. tentativa fallida; ~ **de fuga** Fluchtversuch *m*; ~ **inacabada** unbeendeter Versuch *m*; ~ **no idónea** untauglicher Versuch *m*.
teoría Theorie *f*, Lehre *f*; ~ **de la adecuación** Adäquanztheorie *f*; ~ **de la administración** Verwaltungslehre *f*; ~ **del ambiente social** Milieutheorie *f*; ~ **de la apariencia jurídica** Rechtsscheintheorie *f*; ~ **del campo** Feldtheorie *f*; ~ **del concurso** Konkurrenzlehre *f*; ~ **de la condición** *(o* ***condicional)*** Bedingungstheorie *f*; ~ **del conocimiento** Erkenntnistheorie *f*; ~ **constitucional** Verfassungslehre *f*; ~ **del contrato social** Lehre *f* vom Gesellschaftsvertrag *(Staatsrecht)*; ~ **de la culpa*(bilidad)*** Schuldtheorie *f*; ~ **de la depauperación** Verelendungstheorie *f*.
teoría del Derecho Rechts | theorie *f*, -lehre *f*; ~ ~ **civil** Zivilrechtslehre *f*; ~ ~ **penal** Strafrechts | theorie *f*, -lehre *f*.
teoría, ~ **del dominio de hecho** Tatherrschaftslehre *f*; ~ **económica** Wirtschafts | theorie *f*, -lehre *f*; ~ **de la empresa** Betriebswirtschaftslehre *f*; ~ **de la equivalencia** Äquivalenztheorie *f*; ~ **del Estado** Staatslehre *f*; ~ **de los estatutos** Statutentheorie *f*; ~ **expiacionista** Sühnegedanke *m*; ~ **finalista** finale Handlungslehre *f*; ~ **general del Derecho** allgemeine Rechtslehre *f*; ~ **de la información** Informationstheorie *f*; ~ **del interés** Interessen | theorie *f*, Zins- *f*; Interessenjurisprudenz *f*; ~ **de la intimidación** Abschreckungstheorie *f*; ~ **del medio** Milieutheorie *f*; ~ **monetaria** Geldtheorie *f*; ~ **objetiva de la tentativa** objektive Versuchstheorie *f*; ~ **de la productividad marginal** Grenzproduktivitätstheorie *f*; ~ **pura del derecho** reine Rechtslehre *f*; ~ **de relevación** *(o* ***de la relevancia)*** Relevanztheorie *f*; ~ **de retribución** *(o* ***retribucionista)*** Vergeltungstheorie *f*; ~ **del riesgo imprevisible** Lehre *f* der „rebus sic stantibus" *(lat)*; ~ **de la sociedad** Gesellschafts | lehre *f*, -theorie *f*.
teoría subjetiva subjektive Theorie *f*; ~ ~ **de la culpa** subjektive Schuldtheorie *f*; ~ ~ **de la participación** subjektive Teilnahmelehre *f*; ~ ~ **de la tentativa** subjektive Versuchstheorie *f*.
teoría, ~ **subjetivista** s. teoría subjetiva.

teórico Theoretiker *m*; **~** *(adj)* theoretisch.
terapéutica s. terapia.
terapia Therapie *f*.
tercera de cambio Tertiawechsel *m*.
tercería Hauptintervention *f*; **~ coadyuvante** Nebenintervention *f*; **~ de dominio** Drittwiderspruchsklage *f*; **~ excluyente** Hauptintervention *f*; **~ de mejor derecho** Klage *f* auf vorzugsweise Befriedigung.
tercerista *m* Drittwiderspruchs | kläger *m*, Interventions- *m*, *(Haupt)*Intervenient *m*, Kläger *m* auf vorzugsweise Befriedigung.
tercermundis | mo Dritte-Welt-Bewegung *f*.
tercero Dritter *m*; **~ de buena fe** gutgläubiger Dritter *m*; **~ deudor** Drittschuldner *m*; **~ excluyente de dominio** Drittwiderspruchskläger *m*; **~ interesado** Beigeladener *m*; **~ interviniente** Drittwiderspruchs | kläger *m*.
tercia | dor Schlichter *m*; **~r** schlichten; **~rio** im Tertiärsektor *m*.
tercio ein Drittel *n*; **~ libre** das ganz frei verfügbare Drittel *n* der Erbschaft; **~ de mejora** *(Sp)* zugunsten von Pflichtteilsberechtigten verfügbares Drittel *n*.
tergiversar datos Daten *pl* fälschen.
terminable zeitlich begrenzbar.
terminación Ende *n*, Beendigung *f*, Schluss *m*, Abschluss *m (Verfahren, Sitzung)*, Fertigstellung *f*; **~ del conflicto** Streitbeendigung *f*; **~ de un plazo** Ablauf *m* einer Frist.
terminal *m* Terminal *m*, Endstation *f*; **~** *(adj)* End-, Schluss-.
terminante ausdrücklich, entscheidend.
terminar beend*(ig)*en, ablaufen, fertig stellen, abschließen *(Verfahren)*; **~ una discusión** eine Aussprache *f* schließen.
término Ende *n*, Beendigung *f*, Abschluss *m (Konferenz etc.)*; Termin *m*, Zeitpunkt *m*, Frist *f*, Fristablauf *m*; **a ~** auf Zeit *f*, befristet; **~ de concepción** Empfängniszeit *f*; **~ para deliberar** Überlegungsfrist *f*; **~ de emplazamiento** Einlassungs | frist *f*, Ladungs- *f*; **en ~** fristgerecht; **en el ~ de** binnen; **~ forense** Ausdruck *m* der Gerichtssprache; **fuera de ~** nicht termingerecht; **~ de gracia** Nachfrist *f*; **~ para interponer recurso** Rechtsmittelfrist *f*; **~ judicial** gerichtliche *(oder richterliche)* Frist *f*; **~ jurídico** Rechtsbegriff *m*; **~ legal** gesetzliche Frist *f*; juristischer Ausdruck *m*; **por ~ medio** im Durchschnitt *m*; **~ municipal** Gemeinde | gebiet *n*, Stadt- *n*; **~ perentorio** Ausschluss | frist *f*, Not- *f*; **~ prudencial** *(o* ***prudente****)* angemessene Frist *f*; **~ de señalamiento** Verhandlungstermin *m*; **~ para el vencimiento** Fälligkeitstermin *m*.
terminología Terminologie *f*; **~ jurídica** Rechts | sprache *f*, -terminologie *f*; **~ penal** Strafrechtsterminologie *f*.
términos *pl* Vertrags | inhalt *m*, -bedingungen *fpl*, -bestimmungen *fpl*; **~ de adhesión** Beitrittsbedingungen *fpl*; **~ de comercio internacional** Incoterms; **según los ~ del contrato** laut Vertrag *m*; **~ de pago** Zahlungsbedingungen *fpl*; **en ~ reales** effektiv.
terna Dreiervorschlag *m*.
terrateniente *m* Grundbesitzer *m*.
terreno Boden *m*, Grundstück *n*, Gelände *n*, Fläche *f (Baurecht)*, Feld *n (Bergbau)*; **~ adaptado para la edificación** baureifes Grundstück *n*; **~ baldío** Ödland *n*; **~ de caza** Jagdgebiet *n*; **~ cercado** *(Sp)* umfriedeter Bezirk *m (Jagd)*; **~ colindante** Nachbar | grundstück *n*, Anlieger- *n*; **~ del dominio público** Grundstück *n* der öffentlichen Hand; **~ edificable** Bauland *n*; **~ inculto** Ödland *n*; **~ industrial** Industriegelände *n*; **~ ribereño** Ufergrundstück *n*; **~ vial** Verkehrsfläche *f (Städtebau)*; **~ yermo** Öd | land *n*, Brach- *n*.
terrenos *pl* Liegenschaften *fpl*.
terrestre *(adj)* zu den Landstreitkräften gehörig.
territorial *(adj)* Land*(es)*-, Grund-, Gebiets-, Territorialitäts-, örtlich.
territorialidad Territorialität *f*.
territorio Gebiet *n*, Bezirk *m*, Territorium *n*, Staats | gebiet *n*, Hoheits- *n*; **~ aduanero** Zollgebiet *n*;

~ aduanero exterior Zollausland *n*; **~ aduanero interior** *(o* ***nacional)*** Zollinland *n*; **~ de derecho** *(especial)* foral *(Sp)* Foralrechtsgebiet *n*; **~ edificable** Baugebiet *n*; **~ federal** Bundesgebiet *n*; **~ fronterizo** Grenzgebiet *n*; **~ bajo mandato** Mandatsgebiet *n*; **~ de la nación** *(o* ***nacional)*** Inland *n*, Staatsgebiet *n*; **~ nullius** *(lat)* Niemandsland *n*; **~ de venta** Absatzbereich *m*.

territorios *pl* **limítrofes** Randgebiete *npl*.

terror | ** Terror *m*; **~ismo Terrorismus *m*.

terrorista *m* Terrorist *m*.

tesis *f* These *f*, Standpunkt *m*; **~ defensiva** Plädoyer *n* des Verteidigers; **~ doctoral** Doktorarbeit *f*, Dissertation *f*.

tesorería Kasse *f*, Kassen | bestand *m*, -wesen *n*, Zahlamt *n*, flüssige Mittel *npl*; **~ de Hacienda** Finanzkasse *f* auf Provinzebene; **~ municipal** Stadt | kämmerei *f*, -kasse *f*.

tesorero Kassenbeamter *m*, Zahlmeister *m*, Kämmerer *m*.

tesoro Schatzamt *n*, Staatskasse *f*, Fiskus *m*; **~ artístico y cultural** nationales Kulturgut *n*.

test *m* Test *m*; **~ de aptitud*(es)*** Eignungstest *m*; **~ de control de calidad de mercancías** Warentest *m*.

testa | dor *(Testaments)*Erblasser *m*, Testator *m*; **~ferro** Strohmann *m*.

testamentar | ** testieren; **~ía Testamentsvollstreckung *f*; **~io** Testamentsvollstrecker *m*; **~** *(adj)* testamentarisch, letztwillig.

testamento Testament *n*; **~ abierto** öffentliches *(oder mündliches)* Testament *n*; **~ en alta mar** Seetestament *n*; **~ auténtico** öffentliches *(oder notarielles)* Testament *n*; **~ cerrado** geschlossenes Testament *n*; **en ~** testamentarisch; **~ extraordinario** Nottestament *n*; **hacer ~** ein Testament *n* machen; **~ de mancomún** *(o* ***mancomunado)*** gemeinschaftliches Testament *n*; **~ marítimo** Seetestament *n*; **~ matrimonial** Ehegattentestament *n*; **~ mutuo** wechselseitiges *(oder wechselbezügliches)* Testament *n*; **~ nuncupativo** öffentliches Testament *n*, Zeugentestament *n*; **~ ológrafo** eigenhändiges Testament; **~ de palabra** mündliches Testament *n (vor Zeugen)*; **~ en peligro de muerte** Nottestament *n*; **por ~** testamentarisch; **~ solemne** öffentliches Testament *n*; **~ verbal** mündliches Testament *n*.

testar ein Testament *n* machen *(oder errichten)*, testieren; *(durch)*streichen; **~ de mancomún** gemeinschaftlich testieren *(Ehegatten)*.

testifica | ción Bezeugung *f*, Bescheinigung *f*; **~l** *(adj)* Zeugen-.

testificar bescheinigen, bezeugen, bekunden *(gerichtlich)*.

testificativo *(adj)* Zeugnis-.

testigo *m* Zeuge *m* ***(la testigo: die Zeugin f)***; **~ abonado** tauglicher *(oder nicht ablehnbarer)* Zeuge *m*; **~ de cargo** Belastungszeuge *m*, Zeuge *m* der Anklage; **~ de conducta *(y carácter)*** Leumundszeuge *m*; **~ de la defensa** Entlastungszeuge *m*; **~ de descargo** s. testigo de la defensa; **~ experto** sachverständiger Zeuge *m*; **~ instrumental** Urkundszeuge *m*; **~ de matrimonio** Trau | zeuge *m*; **~ ocular** Augenzeuge *m*; **~ de oídas** *(o* ***de oído)*** Zeuge *m* vom Hörensagen; **~ -perito** sachverständiger Zeuge *m*; **~ presencial *(del crimen*** *o* ***del hecho)*** Augen | zeuge *m*, Tat- *m*; **~ presente** präsenter Zeuge *m*; **~ de vista** s. testigo ocular.

testigos *pl*, **~ concordes** übereinstimmende Zeugen *mpl*.

testimonial *f (Mex)* Beweisaufnahme *f*; **~** *(adj)* Zeugen-.

testimoniar bezeugen, bescheinigen, attestieren; **~ en los autos** aktenkundig machen.

testimonio Zeugnis *n (des Zeugen)*, Aussage *f*, beglaubigte Abschrift *f*; **~ de condena** vollstreckbare Ausfertigung *f* des Strafurteils; **en ~ de lo cual** zum Beweis, zur Beglaubigung; **~ de existencia** Lebensbescheinigung *f*; **falso ~** falsche *(Zeugen)*Aussage *f*, Falschaussage *f*; **~ falso sin juramento** falsche uneidliche Aussage *f*; **~ de firmeza** Rechtskraft | zeugnis *n*, -vermerk *m*; **~ de legitimidad de firma** Unterschriftsbeglaubigung *f*; **~ de oídas**

Zeugnis *n* vom Hörensagen; **~ de poder** Vollmachtsurkunde *f*; **~ de sentencia** Urteilsausfertigung *f*.
texto Text *m*, Wortlaut *m*, Fassung *f*; **~ auténtico** Urschrift *f*, verbindlicher Wortlaut *m (Abkommen)*; **~ literal** Wortlaut *m (Vorschrift)*; **~ refundido** Neufassung *f* durch Zusammenlegung mehrerer Gesetze.
tiempo Zeit *f*, Zeit | punkt *m*, -raum *m*, Dauer *f*; **~ de acceso** Zugriffszeit *f (EDV)*; **~ de la acción** Begehungs | zeit *f*, Tat- *f*; **~ de carga** *(o* ***para cargar****)* Lade | zeit *f*, -frist *f*; **~ de comisión** Begehungszeit *f*; **a ~ completo** Vollzeit-; **~ de condena** Haft | zeit *f*, -dauer *f*; **~ de espera** Wartezeit *f*, Arbeitsbereitschaft *f*; **~ de explotación** Nutzungszeit *f*; **en ~ y forma** form- und fristgerecht; **~ de garantía** Garantiefrist *f*; **~ hábil** Dienst | zeit *f*, -stunden *fpl*; **~ improductivo** Leerzeit *f*; **por ~ indefinido** auf unbestimmte Zeit *f*; **~ inmemorial** unvordenkliche Zeit *f*; **~ límite de aparcar** Höchstparkdauer *f*; **~ del pago** Zahlungszeit *f*; **a ~ parcial** Teilzeit-; **~ para pescar** Fangzeit *f*; **~ de preparación** Einrichtungszeit *f*; **~ de presencia** Arbeitsbereitschaft *f*; **~ de reacción** Reaktionszeit *f*; **~ de recuperación** Ruhezeit *f*; **~ reducido de aparcar** Kurzparkzeit *f*; **~ de servicios prestados** Dienstalter *n*; **a su debido ~** rechtzeitig; **~ de veda** Schonzeit *f*; **~ de vida legal** Schutzdauer *f (Patent)*; **~ de vigencia** Geltungsdauer *f*.
tiempos *pl*, **~ de cotización** Beitragszeiten *pl*; **~ sustitutorios** Ersatzzeiten *pl*.
tienda Geschäft *n*, Laden *m*, Ladengeschäft *n*; **~ de comestibles** Lebensmittelgeschäft *n*; **~ especializada** Fachgeschäft *n*; **~ libre de impuestos** Duty-free-Shop *m*.
tierra *(s.a. tierras pl)* Land *n*, Grund | stück *n*, -besitz *m*; **~ agrícola** landwirtschaftlicher Boden *m*; **~ arrendada** Pacht *f*, -gut *n*; **~ baldía** Ödland *n*; **~ de nadie** Niemandsland *n*.
tierras *pl* Ländereien *fpl*.
timador Trickbetrüger *m*; **~ matrimonial** Heiratsschwindler *m*.
timar betrügen, prellen.
timbra | do *(adj)* Stempel-, mit Steuermarke *f* versehen; **~dor** Stempler *m*; **~r** *(ab)*stempeln.
timbre *m* Stempel *m*, Stempel | marke *f*, Steuer- *f*, Gebühren- *f*; **~ de correo** Briefmarke *f*, Postwertzeichen *n*; **~ cronométrico** Zeitstempel *m*; **~ fiscal** Steuer | marke *f*, Gebühren- *f*; **~ de letra** Wechselstempelmarke *f*; **~ de valor*(es)*** Wertstempel *m (Stempelsteuer)*.
timo Betrug *m*, Schwindel *m*; **~ del matrimonio** Heiratsschwindel *n*.
timonear steuern *(SeeR)*.
tipicidad Tatbestandsmäßigkeit *f*.
típico tatbestand | lich, -smäßig.
tipificar subsumieren *(Sachverhalt)*, einen Tatbestand *m* schaffen.
tipo 1. Typ*(us) m*, Muster *n*, Standard *m*; 2. Tatbestand *m*; 3. Kurs *m (B)*, Satz *m (Diskont-)*, Zinsfuß *m*; **~ de aduana** Zollsatz *m*; **~ de aduana preferencial** Präferenzzollsatz *m*; **~ de autor** Tätertyp *m*; **~ base** *(o* ***básico****)* Leit | zins *m*, Eck- *m*.
tipo de cambio Wechsel | kurs *m*, Umrechnungs- *m*, Devisen- *m*; **~ ~fijo** fester Wechselkurs *m*; **~ ~ flotante** *(o* ***fluctuante****)* Floating *n*.
tipo, ~ de colocación Ausgabekurs *m*; **~ de comisión** Provisionssatz *m*; **~ de comportamiento** Verhaltensmuster *n*; **~ de compra** Ankaufskurs *m*; **~ compuesto** zusammengesetzter Tatbestand *m*; **~ de cotización en bolsa** Börsenkurs *m*; **~ delictivo** *(o* ***del delito****)* Deliktstypus *m*; **~ de descuento** Diskontsatz *m*; **~ a un día** Tagesgeldsatz *m*; **~ director indicador** Leitzins *m*; **~ efectivo de interés** Effektiv | zinssatz *m*, Real- *m*; **~ de flete*(s)*** Fracht | rate *f*, -satz *m*; **~ global** Pauschalsatz *m*.
tipo de gravamen Steuer | satz *m*, Hebe- *m*; **~ ~ proporcional** proportionaler Steuersatz *m*.
tipo, ~ imponible *(o* ***impositivo****)* Steuersatz *m*; **~ interbancario** Interbankrate *f*.
tipo de interés Zins | fuß *m*, -satz *m*; **~ ~ para créditos pignoraticios** Lombardsatz *m*; **~ ~ director**

Leitzins *m*; **~ ~ legal** gesetzlicher Zinsfuß *m (oder Zinssatz m)*; **con un ~ ~ reducido** zinsverbilligt.

tipo, ~ legal gesetzlicher Kurs *m (oder Zinsfuß m)*; Tatbestand *m*; **~ libre de cambio** beweglicher *(oder freier)* Wechselkurs *m*; |**– residual** Auffangtatbestand *m*.

tipo máximo Höchst|satz *m*, -kurs *m*, Spitzensatz *m (SteuerR)*; **~ ~ de ayuda** Förderhöchstsatz *m*; **~ ~ intradía** Tageshoch *n (B)*.

tipo, ~ medio Mittelkurs *m*, Durchschnittssatz *m*; **~ mínimo** Mindestsatz *m*; **~ neto de intereses** Nettozinssatz *m*; **~ objetivo** objektiver Tatbestand *m*; **al ~ de la par** zum Parikurs *m*; **~ penal** *(Straf)*Tatbestand *m*; **~ de pignoración** Lombard|zinsfuß *m*, -satz *m*; **~ pivote** Leitkurs *m*; **~ prohibitivo** Verbotstatbestand *m*; **~ de recaudación** Hebesatz *m*; **a ~ reducido** zins|begünstigt, -verbilligt; **~ repo** Pensionssatz *m*; **~ de reserva mínima** Mindestreservesatz *m*; **~ subjetivo** subjektiver Tatbestand *m*; **~ unitario** Einheitssatz *m*; **~ de uso** Nutzungsart *f*; **~ vendedor** Verkaufs|kurs *m*, Brief- *m*.

tirador franco ~ Partisan *m*.

tiranici|da *m* Tyrannenmörder *m*; **~dio** Tyrannenmord *m*.

tirantez *f* Spannungen *pl*.

tirar hacia arriba anziehen *(Preise)*.

tiro Schuss *m*; **~ en la nuca** Genickschuss *m*; **~ rasante** Streifschuss *m*.

tirón *m* 1. Anziehen *n (Kurse)*; 2. Handtaschenraub *m*; **~ consumista** Konsumschub *m*; **~ de la demanda** Nachfragesog *m*.

tiro|nero Handtaschen|dieb *m*, -räuber *m*; **~teo** Schusswechsel *m*.

titulación Erteilung *f* eines Rechts, Inhaberschaft *f*.

titulado Titelträger *m*, Diplominhaber *m*; **~** *(adj)* Diplom-, diplomiert, betitelt; **~ universitario** Akademiker *m*.

titular *m* Inhaber *m*, Träger *m (von Rechten)*, Berechtigter *m*; **~** *(adj)* ordentlich *(-es Mitglied)*, hauptamtlich; **~** *(v)* benennen, einen Titel *m* erteilen; **anterior ~ *(de un derecho)*** Rechtsvorgänger *m*; **~ de una cátedra** Lehrstuhlinhaber *m*; **~ del centro** Schulträger *m*; **~ del derecho** Rechts|inhaber *m*, -träger *m*; **~ del derecho de educación** Erziehungsberechtigter *m*; **~ de la función** Amtsträger *m*; **~ jurídico** Rechtsträger *m*; **~ de un negocio** Geschäfts|herr *m*, -inhaber *m*; **~ del órgano** Behördenleiter *m*, Organträger *m*; **~ posterior** Rechtsnachfolger *m*; **~ registral** Buchberechtigter *m*; **~ de la seguridad social** Sozialversicherungsträger *m*; **~ del vehículo** *(Kraft)*Fahrzeug|halter *m*, -inhaber *m*.

titulares *mpl* Schlagzeilen *pl*.

titularidad Berechtigung *f*, *(Rechts)*Inhaberschaft *f*, Trägerschaft *f*; **~ compartida** gemeinsame Inhaberschaft *f*; **~ del crédito** Gläubigerstellung *f*; **de ~ pública** in öffentlicher Hand *f*; **~ registral** Buchberechtigung *f*.

título *(s. a. títulos pl)* 1. Titel *m*, Diplom *n*, Amtsbezeichnung *f*, Rechts|anspruch *m*, -stellung *f*; 2. Urkunde *f*, Wertpapier *n*; 3. Kapitel *n*; 4. Grund *m*; **~ académico** akademischer Titel *m*; **~ de adquisición** Erwerbs|grund *m*, -titel *m*, -urkunde *f*; **a ~ de anticipo** vorschussweise; **~ bursátil** börsenfähiges Papier *n*; **a ~ de compra** kaufweise; **~ de constitución de hipoteca** Hypothekenbrief *m*; **~ de crédito *(o crediticio)*** Forderungstitel *m*; **~ de un derecho** Rechtstitel *m*; **~ de la ejecución *(o ejecutivo)*** Vollstreckungstitel *m*, vollstreckbarer Titel *m*; **a ~ enunciativo** enumerativ; **~ escolar reconocido** anerkannter Schulabschluss *m*; **~ del Estado** Staatspapier *n*, **~ de goce** Genussschein *m*; **a ~ gratuito** unentgeltlich; **a ~ honorífico** ehrenhalber, ehrenamtlich; **a ~ de información *(o informativo)*** zur Information *f*, zur Kenntnisnahme *f*; **~ jurídico** Rechtstitel *m*; **~ justificativo** Beweisurkunde *f*; **~ legal** Rechts|titel *m*, -anspruch *m*; Feingehalt *m*; **~ del mercado monetario** Geldmarktpapier *n*; **~ municipal** Kommunalobligation *f*;

~ **negociable** börsenfähiges Wertpapier *n*; ~ **nobiliario** *(o* ***de nobleza)*** Adels|titel *m*, -prädikat *n*; ~ **nominal** *(o* ***nominativo)*** Namens|papier *n*, Rekta- *n*; ~ **de una obligación** *(u* ***obligacional*** *u* ***obligatorio)*** Schuld|titel *m*, -verschreibung *f*; ~ **a la orden** Orderpapier *n*; ~ **de participación** Anteilschein *m*; ~ **de participación en una sociedad minera** Kux *m*; ~ **al portador** Inhaberpapier *n*; ~ **preliminar** Präambel *f*, einleitender Titel *m (Gesetz)*; **a ~ de préstamo** leihweise; ~ **privado** Privaturkunde *f*; ~ **de propiedad** Eigentums|recht *n*, -titel *m*, Erwerbsnachweis *m*; **a ~ de prueba** zur Probe *f*; ~ **público** öffentliche Urkunde *f*; ~ **de renta** Renten|brief *m*, -titel *m*; ~ **de renta fija** Rentenpapier *n*, festverzinsliches Papier *n*; ~ **de renta variable** Wertpapier *n* mit schwankendem Ertrag; ~ **que tiene aparejada ejecución** Vollstreckungstitel *n*; ~ **de tradición** Traditionspapier *n*; ~ **traslativo de dominio** Eigentumsübertragungsurkunde *f*; **a ~ universal** durch Gesamtrechtsnachfolge *f*; ~ **-valor** Wertpapier *n*.

títulos *pl* Effekten *pl*; ~ **en cartera** Wertpapierportefeuille *n*; ~ **públicos de primera clase** mündelsichere Anlagepapiere *npl*.

tocar rechtlich zustehen, obliegen *(Aufgabe)*, gewinnen *(Preis)*; ~ **fondo** den tiefsten Stand *m* ereichen *(Währung)*; ~ **en un puerto** einen Hafen *m* anlaufen; ~ **techo** den Höchstkurs *m* erreichen *(B)*.

toga Robe *f*, Amtstracht *f*.

togado Amtsperson *f*, Richter *m*.

tolerancia Duldung *f*, Nachsicht *f*; ~ **de peso** Gewichtstoleranz *f*.

tolera|ntismo Religionsfreiheit *f*; **~r** tolerieren, dulden.

toma Ein|nahme *f*, Ent- *f*, Ab- *f (Eid)*, Über- *f (Firma)*, Auf- *f (Kredit)*, Herein- *f (B)*, Erfassung *f (Stat)*; ~ **de acuerdo** Beschlussfassung *f*; ~ **de beneficios** Gewinnmitnahme *f (B)*; ~ **de conciencia** Bewusstseinsbildung *f*; ~ **en consideración** Beratung *f (Gesetz, Parlament)*; ~ **de créditos** Aufnahme *f* von Krediten; ~ **de datos** Daten|erfassung *f*, -erhebung *f*; ~ **de decisiones** Beschlussfassung *f*; ~ **de declaración** Vernehmung *f*; ~ **de juramento** Beeidigung *f*, Vereidigung *f*; ~ **del préstamo** Kredit|aufnahme *f*, Darleh*(e)*ns- *f*; ~ **de razón** Eintragung *f*; ~ **de rehenes** Geiselnahme *f*.

tomado, ~ **a bordo** ab Schiff *n*; ~ **a domicilio** ab Haus *n*.

tomador Ent|nehmer *m*, Über- *m*, Ab- *m*, Wechsel- *m*, Remittent *m*; ~ **de crédito** Kreditnehmer *m*; ~ **de letras** Wechselnehmer *m*; ~ **del préstamo** Darleh*(e)*nsnehmer *m*; ~ **del seguro** Versicherungsnehmer *m*.

tomar nehmen, an|nehmen, ein-, ab-, über- *(Aufgabe)*; ~ **un acuerdo** einen Beschluss *m* fassen; ~ **en alquiler** mieten; ~ **conocimiento de** Kenntnis *f* nehmen *(von)*; ~ **en consideración** berücksichtigen, beraten *(Gesetz)*; ~ **en cuenta** beachten; ~ **por su cuenta** übernehmen; ~ ***(la)*** **declaración** *(ein)*vernehmen, anhören *(Zeugen)*; ~ **dinero a préstamo** Kredit *m* aufnehmen; ~ **juramento** vereidigen, beeidigen, einen Eid *m* abnehmen; ~ **medidas** Maßnahmen *fpl* ergreifen *(oder treffen)*; ~ **medidas judiciales** den Rechtsweg *m* beschreiten; ~ **nota** vormerken, zur Kenntnis *f* nehmen; ~ **la palabra** das Wort *n* ergreifen; ~ **parte en una conferencia** an einer Tagung *f* teilnehmen; ~ **partido por** Partei *f* ergreifen für; ~ **como rehén** als Geisel *f* nehmen; ~ **razón** eintragen, vermerken; ~ **sobre sí un riesgo** ein Risiko *n* übernehmen.

tomarse, ~ **la justicia por su mano** zur Selbsthilfe *f* greifen, Selbstjustiz *f* üben.

tonelada Tonne *f*.

tonelaje *m* Lade|fähigkeit *f*, -vermögen *n*, -gewicht *n*.

tónica *(B)* Trend *m*, Tendenz *f*.

tono, ~ **de flojedad** *(B)* Lustlosigkeit *f*; **con ~ sostenido** *(B)* fest.

tope *m* Grenze *f*, Limit *n*, Plafond *m*; ~ **de la edad** Höchstalter *n*; ~ **máximo de la base de cotización** *(Sp)* Beitragsbemessungsgrenze *f*; **~ mínimo** Frei|grenze *f (SteuerR).*

toque *m*, **~ de alarma** Warnzeichen *n*; **~ de queda** Ausgangssperre *f*.

tormento s. tortura.

torno, en ~ a betreffend.

tortura Folter *f*, Tortur *f*, Quälerei *f*; **~ de animales** Tierquälerei *f*.

tortura | dor Folterer *m*; **~r** foltern.

total *m* Summe *f*, Gesamtbetrag *m*, Endbetrag *m*; **~** *(adj)* Gesamt-, brutto; **~ del balance** Bilanz|volumen *n*, -summe *f*; **~ de capturas** Gesamtfangmenge *f*; **~ de ventas** Gesamtumsatz *m*.

totalidad Gesamtheit *f*; **~ del patrimonio** Gesamtvermögen *n*.

totalitar | io totalitär; **~ismo** totalitäres Regime *n*, Totalitarismus *m*.

totalización Zusammenrechnung *f*.

totaliza | dor Buchmacher *m*; **~r** zusammenzählen, insgesamt ausmachen *(oder betragen)*.

totalmente, ~ desembolsado voll bezahlt, voll eingezahlt.

toxicodependencia s. toxicomanía.

toxi | comanía Drogen|abhängigkeit *f*, -sucht *f*, *(Rauschgift)*Sucht *f*; **~cómano** Rauschgift|süchtiger *m*, Drogen- *m*, Drogenabhängiger *m*.

traba Beschlagnahme *f*; **~ arancelaria** Zollschranke *f*; **~ burocrática** bürokratisches Hemmnis *n*; **~ fiscal** steuerliche Belastung *f*.

trabajador Arbeitnehmer *m*, Berufs|tätiger *m*, Werk- *m*, Arbeitskraft *f*; **~** *(adj)* werktätig; **~ accidental** Gelegenheitsarbeiter *m*; **~ autónomo** Selbstständiger *m*, arbeitnehmerähnliche Person *f*; **~ calificado** Facharbeiter *m*, gelernter Arbeiter *m*; **~ de campaña** Saisonarbeiter *m*; **~ clandestino** Schwarzarbeiter *m*, **~ por cuenta ajena** unselbstständig *(oder abhängig)* Beschäftigter *m*; **~ por cuenta propia** s. trabajador autónomo; **~ a destajo** Akkordarbeiter *m*; **~ domiciliario** *(o* ***a domicilio****)* Heimarbeiter *m*; **~ especializado** s. trabajador calificado.

trabajador fijo fest angestellter Arbeitnehmer *m*.

trabajador, ~ de fondo Untertagearbeiter *m*; **~ fronterizo** Grenzgänger *m*; **~ independiente** selbstständig Tätiger *m*; **~ industrial** *(o* ***de industria****)* gewerblicher Arbeitnehmer *m*; **~ interino** Aushilfe *f*; **~ de jornada limitada** Kurzarbeiter *m*; **~ manual** Hand|werker *m*, -arbeiter *m*; Aushilfsarbeiter *m*; **~ del mar** See-; **~ de media jornada** Halbtagskraft *f*; **~ en paro parcial** Teilarbeitsloser *m*; **~ pasivo** Ruheständler *m*; **~ profesional** Fachkraft *f*; **~ por propia cuenta** Selbstständiger *m*; **~ semidiestro** angelernter Arbeiter *m*; **~ sindicado** organisierter Arbeitnehmer *m*.

trabajar arbeiten, verarbeiten; **~ a destajo** im Akkord *m* arbeiten; **~ en régimen de jornada reducida** kurzarbeiten; **~ a ritmo lento** Dienst *m* nach Vorschrift machen.

trabajo Arbeit *f*, Tätigkeit *f*, Beschäftigung *f*; **~ asalariado** unselbstständige Arbeit *f*; **~ autónomo** selbstständige Arbeit *f*; **~ auxiliar** Aushilfsarbeit *f*; **~ en cadena** Fließ*(band)*arbeit *f*; **~ clandestino** Schwarzarbeit *f*; **~ de corta jornada** Teilzeitarbeit *f*; **~ por cuenta ajena** nichtselbstständige *(oder: unselbstständige)* Arbeit *f*; **~ a destajo** Stück|arbeit *f*, Akkord*(lohn)*- *f*; **~ de dirección** leitende Tätigkeit *f*; **~ a distancia** Heim|arbeit *f*, Tele- *f*, **~ docente** Lehrtätigkeit *f*; **~ doméstico** s. trabajo domicilario; **~ domiciliario** Heimarbeit *f*; **~ en** *(o de o por)* **equipo***(s)* Teamarbeit *f*; **~ estacional** Saisonarbeit *f*; **~ extraordinario** Mehrarbeit *f*, Überstunden *fpl*; **~ de gabinete** Büroarbeit *f*; **~ de horario reducido** Teilbeschäftigung *f*; **~ infantil** Kinderarbeit *f*; **~ insaludable** gesundheitsschädliche Arbeit *f*; **~ interno** Innenarbeiten *fpl*; **~ de jornada entera** Vollbeschäftigung *f*; **~ a jornada reducida** Kurzarbeit *f*; **~ juvenil** Jugendarbeit *f*; **~ de mando** leitende Tätigkeit *f*; **~ peligroso** gefährliche *(oder: gefahrgeneigte, schadensgeneigte)* Arbeit *f*; **~ penoso** Schwerarbeit *f*; **~ pesado** Schwerarbeit *f*; **~ propenso a peligro** gefahrgeneigte Arbeit *f*; **~ en**

régimen de cesión Leiharbeit *f*; **~ en régimen de turnos** Schichtarbeit *f*; **~ reglamentario** *(o* ***a reglamento****)* Dienst *m* nach Vorschrift; ***(el)* sin ~** Arbeitsloser *m*; **~ subterráneo** Untertagearbeit *f*; **~ de temporada** *(o* ***temporal****)* Zeit|arbeit *f*, Saison- *f*; **~ por tiempo determinado** Zeitarbeit *f*; **~ a** *(o* ***por****)* **turno** Schichtarbeit *f*.

trabajos *pl*, **~ de auditoría** Wirtschaftsprüfung *f*; **~ de mantenimiento** Wartungsarbeiten *fpl*; **~ de salvamento** Rettungsaktion *f*.

trabar(se) pfänden; **~ ejecución** vollstrecken; **~ *(el)* embargo** die Pfändung *f* vornehmen.

tracto Strecke *f*, Zeitraum *m*; **~ sucesivo** zusammenhängende Reihe *f (von Indossamenten)*.

tradición Tradition *f*, Herkommen *n*; Über|tragung *f*, -gabe *f*; **~ ficta** *(o* ***ficticia****)* Übergabesurrogat *n*; **~ oral** mündliche Überlieferung *f*.

tradi|cional traditionell; **~torio** *(adj)* Übergabe-.

traducción Übersetzung *f*; **~ jurada** beglaubigte Übersetzung *f*.

traductor Übersetzer *m*; **~ jurado** vereidigter Übersetzer *m*.

traer *(über)*bringen; **~ aparejada ejecución** vollstreckbar sein; **~ aparejada una pena** Bestrafung *f* nach sich ziehen; **~ a colación** sich anrechnen lassen.

traficante *m* Händler *m*, Schieber *m*; **~ de armas** Waffenhändler *m*; **~ de** *(o* ***en****)* **drogas** Drogen|händler *m*, Rauschgift- *m*; **~ de indocumentados (***o* **de inmigrantes clandestinos)** Schleuser *m (für Illegale)*, Schlepper *m*; **~ menor** Kleindealer *m (Drogen)*.

traficar handeln *(mit Waren, Drogen)*, geschäftlich tätig sein.

tráfico Handel *m*, Handelsverkehr *m*; Straßenverkehr *m*; **adecuado al ~** verkehrsrichtig *(Verhalten)*.

tráfico aéreo Luft|verkehr *m*, Flug- *m*; **~ ~ regular** Linienflugverkehr *m*.

tráfico, ~ de armas Waffenhandel *m*; **~ por carretera** Straßenverkehr *m*; **~ y circulación de vehículos a motor** *(Sp)* Kraftverkehr *m*; **~ clandestino** Schwarzhandel *m*; **~ a corta distancia** Nahverkehr *m*; **~ en dirección opuesta** Gegenverkehr *m*; **~ de drogas** Rauschgift|handel *m*, Drogen- *m*; **~ estacionado** ruhender Verkehr *m*; **~ ferroviario** Schienenverkehr *m*; **~ fluyente** fließender Verkehr *m*; **~ fronterizo** Grenzverkehr *m*; **~ a gran distancia** Fernverkehr *m*; **~ de influencias** Lobby*(ismus) f (m)*, Vetternwirtschaft *f*; **~ de información privilegiada** Insidergeschäft *n*; **~ interurbano** Überlandverkehr *m*; **~ jurídico negocial** rechtsgeschäftlicher Verkehr *m*; **~ local** Nahverkehr *m*; **~ marítimo** Schiffsverkehr *m*; **~ de pasajeros** Personenverkehr *m*; **~ de paso** Durchgangsverkehr *m*; **~ de productos** Warenverkehr *m*; **~ rodado** Fahrzeugverkehr *m*; **~ transfronterizo** grenzüberschreitender Verkehr *m*; **~ transversal** Querverkehr *m*; **~ vial** *(o* ***viario****)* Straßenverkehr *m*.

traición Verrat *m*, Landesverrat *m*; **alta ~** Hochverrat *m*.

traicion|ar verraten, Verrat *m* üben; **~ero** s. traidor.

traída de aguas Wasserversorgung *f*.

traidor Verräter *m*, Landesverräter *m*; **~** *(adj)* verräterisch.

traje *m* Tracht *f*; **~ oficial** Amtstracht *f*; **~ talar** Anwaltsrobe *f*.

trama| Komplott *n*; **~r** anzetteln *(Komplott)*.

tramitación *(s. a. trámite)* Verfahren *n*, Behandlung *f (einer Sache)*, Bearbeitung *f (von Akten)*, Abwicklung *f*; **~ de identificación** erkennungsdienstliche Behandlung *f*; **de mera ~** verfahrensleitend; **~ de siniestros** Schadensbearbeitung *f*; **~ urgente** *(Sp)* Eilverfahren *n*.

tramitador Verhandelnder *m*; **~ de siniestros** Schadensregulierer *m*.

tramitar erledigen, abwickeln, betreiben, bearbeiten *(Akten)*; **~ con benevolencia** wohlwollend prüfen *(Antrag)*.

trámite *m (s. a. tramitación)* Verfahren *n*, Durchführung *f (des Verfahrens)*, Geschäftsgang *m*, Amtshandlung *f*, Bearbeitung *f (einer Akte)*; **de ~** verfahrensbezogen; **~ de estilo**

laufende Angelegenheit *f (im Verfahren)*; **~ judicial** Prozesshandlung *f*, gerichtliche *(oder richterliche)* Handlung *f*; **~ oficial** Dienstweg *m*; **~ previo** Vorverfahren *n*.
trámites *mpl* Formalitäten *fpl*; **~ de rigor** wesentliche Formvorschriften *fpl*.
tramo Tranche *f (einer Anleihe)*, Strecke *f (Straße)*; **~ curvo** kurvenreiche Strecke *f*; **~ de gran pendiente** starkes Gefälle *n*.
trampa Betrug *m*; Falle *f*.
trampas *pl*, **hacer ~ de juego** falschspielen.
tramp | eador Betrüger *m*; **~ear** betrügen; **~ería** Betrug *m*; **~ista** *m* Betrüger *m*; **~oso** Betrüger *m*.
trance *m* Pfändung *f*, Versteigerung *f*; **hacer ~** pfänden.
transacción *(s. a. transacciones pl)* 1. Überein | kommen *n*, -kunft *f*, Transaktion *f*, Geschäft *n*; 2. Vergleich *m*; **~ al contado** Barabschluss *m*; **~ inmobiliaria** Grundstücksgeschäft *n*; **~ judicial** Prozessvergleich *m*; **~ simulada** Scheingeschäft *n*.
transaccional *(adj)* Vergleichs-.
transacciones *pl* Absatz *m (von Waren)*, Verkäufe *mpl (B)*; **~ en cadena** Kopp*(e)*lungs | geschäfte *npl*, Reihen- *npl*; **~ a término en divisas** Devisentermingeschäfte *n*.
transarse gehandelt werden *(B)*.
transbordar umladen, umsteigen.
transbordo Umschlag *m*, Umladung *f*, Güterumschlag *m*, Umsteigen *n*.
transcribir um | schreiben, über-.
transcripción Umschreibung *f*, Ab | schrift *f*, Nieder- *f*; **~ parcial** Auszug *m (aus Urkunde)*.
transcurrir *(Frist)* verstreichen, *(ab)*laufen.
transcurso Ablauf *m*; **~ de*(l)* tiempo** Zeitablauf *m*.
transeúnte *m* Passant, vorübergehend Ansässiger *m*.
transferencia Über | weisung *f*, -tragung *f (von Rechten)*, Zuwendung *f (Mittel)*, Begebung *f*; **~ de beneficios** Gewinnabführung *f*; **~ en *(o de)* cuenta** Kontoübertrag *m*; **~ de ingresos** Einnahmenverlagerung *f*; **~ de patrimonios** Vermögensverlagerung *f*; **~ de población** Zwangsumsiedlung *f*; **por ~** bargeldlos; **~ postal** Postüberweisung *f*; **~ de propiedad** Eigentumsübertragung *f*; **~ a la reserva** Rückstellung *f*; **~ de tecnología** Technologietransfer *m*.
transferencias *pl* Überweisungsverkehr *m*, Transferzahlungen *fpl*, Verlagerung *f*.
transfer | ente *m* Abtretender *m*; **~ibilidad** Übertragbarkeit *f*.
transferible über | tragbar, -weisbar; **~ por endoso** indossierbar.
transferidor Übertragender *m*.
transferir über | tragen *(Rechte)*, -eignen, -schreiben, -geben, -lassen, abtreten, verlagern, begeben, umschreiben; *(Geld:)* überweisen; **~ la propiedad** *(eine Sache)* übereignen.
transformación *(Um)*Wandlung *f*, Umbildung *f*, Umbruch *m*, Be | arbeitung *f*, Um- *f (eines Werks)*, Ver- *f*, Veredelung *f*; **~ de la pena** Umwandlung *f* der Strafe.
transformador Bearbeitungsbetrieb *m*, Vered*(e)*ler *m*.
transformar *(weiter)*verarbeiten, umwandeln, veredeln *(Zoll)*.
transfronterizo grenzübergreifend.
tránsfuga *m* Überläufer *m*.
tránsfugo s. tránsfuga.
transgredir zuwiderhandeln; **~ una ley** ein Gesetz *n* übertreten.
transgresión Übertretung *f (des Gesetzes)*; Überschreitung *f* der Befugnisse.
transgresor Rechtsverletzer *m*; **~** *(adj)* übertretend.
transición Übergang *m*.
transigible schlichtbar.
transigir(se) *(sich)* vergleichen.
transita | bilidad Befahrbarkeit *f*; **~ble** *(VR)* befahrbar.
transitar verkehren.
transitario Transithändler *m*.
tránsito Durch | gang *m*, -fuhr *f*, -lieferung *f*, -reise *f*, Transit *m*, Durchgangsverkehr *m*; **~ clandestino** illegaler Grenzübertritt *m*; **~ en dos sentidos** Gegenverkehr *m*; **~ de extradición** Durchlieferung *f*; **~ local** kleiner Grenzverkehr *m*; **~ vial** Straßenverkehr *m*.

transito | riamente übergangsweise; **~riedad** vorübergehende Geltung *f*; **~ rio** *(adj)* Übergangs-, vorübergehend.
trans | lación s. traslación; **~lado** s. traslado; **~laticio** s. traslaticio; **~limitación** Übertretung *f*; **~marino** überseeisch; **~misibilidad** Übertragbarkeit *f*.
transmisible übertragbar; **~ por herencia** vererblich.
transmisión Über | tragung *f*, -mittlung *f*, -lassung *f*; Sendung *f (Radio)*; **~ de crédito** Forderungsabtretung *f*; **~ por fax** Faxen *n*; **~ en garantía** Sicherungsübereignung *f*; **~ hereditaria** *(o **por herencia**)* Übergang *m* von Todes wegen; **~ pasiva** Schuldübernahme *f*; **~ total de bienes** Vermögensübertragung *f*.
transmitente *m* Veräußerer *m*.
transmitir über | tragen, -senden, -lassen *(Besitz)*, weitergeben.
transoceánico überseeisch.
transparencia, ~ del mercado Markttransparenz *f*.
transponer *(EU)* in nationales Recht *n* umsetzen.
transporta | bilidad Transportfähigkeit *f*; **~ble** transportfähig.
transportador Transportunternehmer *m*, Frachtführer *m*.
transportar *(be)*fördern; *(Buchhaltung:)* vor | tragen, über-.
transporte *m* Beförderung *f*, Verkehr *m*, Transportgeschäft *n*, Frachtgeschäft *n*; Vor | trag *m (Saldo)*, Über- *m*; **~ aéreo** Luft | fahrt *f*, -verkehr *m*; **~ aéreo civil** zivile Luftfahrt *f*; **~ de cercanías** Nahverkehr *m*; **~ comercial aéreo** gewerblicher Luftverkehr *m*; **~ de correo** Postbeförderung *f*; **~ escolar** Schulbusdienst *m*; **~ por expreso** Eilbeförderung *f*; **~ ferroviario** Schienenverkehr *m*; **~ fluvial** Binnenschifffahrt *f*; **~ de gran velocidad** Eilgutsendung *f*; **~ interurbano** Überlandverkehr *m*; **~ de línea** Linienverkehr *m*; **~ marítimo de personas** Personenbeförderung *f* zur See.
transporte de mercancías Güter | verkehr *m*, -transport *m*; **~ ~ a larga distancia** Güterfernverkehr *m*; **~ ~ peligrosas** Gefahrguttransport *m*.
transporte, ~ de pasajeros s. transporte de personas; **~ de pérdidas a cuenta nueva** Verlustvortrag *m*; **~ de personas** Personen | beförderung *f*, Fahrgast- *f*; **~ pesado** Schwertransport *m*; **~ rodado** Rollverkehr *m*; **~ del saldo a cuenta nueva** Saldoübertrag *m*; **~ terrestre** Beförderung *f* auf dem Landweg.
transportes *mpl* Verkehrswesen *n*; **~ colectivos** öffentliche Verkehrsmittel *pl*; **~ y comunicaciones** Verkehr*(swesen) m (n)*; **~ públicos** Verkehrsbetriebe *pl*.
transportista *m* Verkehrs | unternehmer *m*, Transport- *m*, Spediteur *m*, Verfrachter *m*, Fracht | führer *m*.
transposición Umsetzung *f*.
transregional überregional.
trapa | cear betrügen; **~cería** Betrug *m*, Betrügerei *f*; **~cero** Betrüger *m*; **~cista *m* Betrüger *m*; ~** *(adj)* betrügerisch; **~lear** s. trapacear; **~lero** betrügerisch; **~zar** s. trapacear.
tras | bordar s. transbordar; **~bordo** s. transbordo; **~cender** offenkundig werden.
trascendencia exterior *(o **externa**)* Außenwirkung *f (Verwaltungsakt)*.
tras | ferencia s. transferencia; **~ferir** s. transferir.
traslación Über | gabe *f*, -tragung *f*, -stellung *f (Häftlinge)*; **~ impositiva** *(o **del impuesto**)* Steuer | überwälzung *f*, -abwälzung *f*; **~ de pérdidas** Verlustvortrag *m*.
trasladar über | tragen, -schreiben, versetzen *(Beamte)*, verlagern, verlegen *(Geschäft)*, umsiedeln, ab | wälzen, über- *(SteuerR)*, überstellen *(Gefangene)*; *(SeeR:)* umladen, befördern *(Personen)*.
traslado Abschrift *f (von Schriftsätzen)*, Ausfertigung *f*, Zustellung *f*, Mitteilung *f (an andere Behörde)*, Über | trag *m (Buchhaltung)*; Überstellung *f (von Gefangenen)*, Verlegung *f (Termin)*, Umzug *m*, Versetzung *f (Beamter)*, Beförderung *f (Personen, SeeR)*; **~ a otra cuenta** Umbuchung *f*; **~ de pérdidas** Verlustvortrag *m*; **~ de la producción** Produktionsverlagerung *f*.

traslativo Übertragungs-, *(rechts)*übertragend.
traspasar über|geben, -tragen *(Rechte)*, -treten *(Gesetze)*, -eignen, -schreiten, abgeben, ablösen; **~ un negocio** ein Geschäft *n* übertragen.
traspaso Über|gabe *f*, -tragung *f (des Miet- oder Pachtgegenstandes)*, -leitung *f (von Recht)*, -eignung *f*, -gang *m*, -tretung *f*, Ablösung *f*, Ablösungssumme *f*, Abstands|summe *f*; **~ a reservas** Einstellung *f* in Rücklagen; **~ de riesgos** Gefahrübergang *m*.
tras|poner s. transponer; **~portar** s. transportar.
trastorno Störung *f*; **~ mental** Geistesstörung *f*.
trasun|tar eine Abschrift *f (an)*fertigen; **~to** Abschrift *f*.
trasvase *m* **de fondos** Übertragung *f* von Haushaltsmitteln.
trata *(Am)* Handel *m*; **~ de blancas** Mädchenhandel *m*; **~ de mujeres** Frauenhandel *m*; **~ de niños** Kinderhandel *m*; **~ de seres humanos** Menschenhandel *m*.
tratado 1. *(internationales)* Abkommen *n*, Pakt *m*, Staatsvertrag *m*; 2. Abhandlung *f*, Lehrbuch *n*; **~ antinuclear** Atom*(waffen)*sperrvertrag *m*;**~ de asistencia** Beistands|abkommen, -vertrag *m*; **~ del Atlántico Norte** Nordatlantikpakt *m*; **~ colectivo** Gesamt|vertrag *m*, Kollektiv- *m*; **~ comercial** Handels|abkommen *n*, -vertrag *m*; **~ -contrato** internationaler Vertrag *m* über Rechtsfragen; **~ de Creación de la Comunidad Europea de Energía Atómica** Vertrag *m* zur Gründung der Europäischen Atomgemeinschaft; **~ de doble imposición** Doppelbesteuerungsabkommen *n*; **~ Euratom** Euratom-Vertrag *m*; **~ de funcionamiento de la UE** Vertrag *m* über die Arbeitsweise der EU; **~ fundacional** Gründungsvertrag *m*; **~ de fusión** Fusionsvertrag *m*.
tratado, ~ general de renuncia a la guerra Gewaltverzichtsvertrag *m;* **~ de independencia** Unabhängigkeitsvertrag *m*; **~ de Letrán** Lateranvertrag *m*; **~ de Libre Comercio** Freihandelsabkommen *n*; **~ de Maastricht** Maastrichter Vertrag *m*; **~ -marco** Rahmenabkommen *n*; **~ de no agresión** Nichtangriffs|vertrag *m*, -pakt *m*; **~ de No Proliferación de Armas Atómicas** s. Tratado Antinuclear; **~ de paz** Friedensvertrag *m*; **~ preliminar** Vorvertrag *m (VöR)*; **~ de reciprocidad** Gegenseitigkeitsabkommen *n*; **~ de reducción de armas** Rüstungsbegrenzungsabkommen *n*; **~ de la Union** Unionsvertrag *m (EU)*; **~ de unión aduanera** Zollunionsvertrag *m*.
Tratados de Roma *pl* die Römischen Verträge *pl*.
tratamiento Behandlung *f*; Anrede *f*; Verwertung *f (Abfälle)*; **~ de (las) aguas** residuales *(o* ***utilizadas****)* Abwässeraufbereitung *f*; **~ de datos** Datenverarbeitung *f*; **~ fiscal** steuerliche Behandlung *f*; **~ general de nación más favorecida** Meistbegünstigung *f*; **~ con igualdad** Gleichbehandlung *f*; **~ jurídico** rechtliche Behandlung *f*; **~ post-institucional** Entlassenenfürsorge *f*; **~ de residuos** Abfallbeseitigung *f*; **~ de textos** Textverarbeitung *f*.
tratar be|handeln, ab-, ver-, erörtern; **~ de modo discriminatorio** diskriminieren.
trato *(s. a. tratos pl)* Behandlung *f*, Vereinbarung *f*, Verkehr *m*, Börsengeschäft *n*; **~ carnal** geschlechtlicher Umgang *m*; **~ desigual** Ungleich behandlung *f*; **~ hecho** abgemacht; **~ igual** Gleichbehandlung *f*; **~ de nación más favorecida** Meistbegünstigung *f*.
tratos *pl* Verhandlungen *fpl*; **malos ~** Tätlichkeiten *fpl*, Misshandlung *f*; **~ vejatorios** Misshandlung *f*.
través, a ~ de durch den ….
travesía Überfahrt *f*, Ortsdurchfahrt *f*, Querstraße *f*.
trayectoria Verlauf *m*; **~ de la coyuntura** Konjunkturverlauf *m*.
trazado *(VR)* Linien|führung *f*, Strecken- *f (Straßenbau)*; Plan *m*.
trazar entwerfen.
trebel(i)ánica dem Vorerben verbleibendes Viertel *n* der Erbschaft.
tregua Waffen|ruhe *f*, -stillstand *m*, Feuereinstellung *f*; **~ en el trabajo** Arbeitspause *f*.

tren *m* Zug *m*, *(Eisen)*Bahn *f*; **~ de carretera** Lastzug *m*.
tribuna del jurado Geschworenenbank *f*.
tribunal *m (s. a. corte f)* Gericht *n*, Gerichts|hof *m*, Prüfungskommission *f*; **~ de agricultura** Landwirtschaftsgericht *n*; **~ de las aguas** *(Val)* Wassergericht *n*; **alto ~** Obergericht *n*; **~ de apelación** Berufungsgericht *n*; **~ de arbitraje de equidad** nach Billigkeit entscheidendes Schiedsgericht *n*; **~ de Arbitraje de La Haya** *(Ständiger)* Haager Schieds*(gerichts)*hof *m*.
tribunal arbitral Schiedsgericht *n*.
tribunal, ~ calificador Prüfungskommission *f*, Anerkennungsausschuss *m (ausländische Zeugnisse)*; **~ de casación** Revisionsgericht *n*.
tribunal, ~ civil Zivilgericht *n*; **~ colegiado** Kollegialgericht *n*; **~ constitucional** Verfassungsgericht*(shof) n (m)*; **~ correccional** Dienststraf|gericht *n*, Disziplinar- *n*; **~ *(de lo)* criminal** Strafgericht *n*; **~ de cuentas del Reino** *(Sp)* Rechnungshof *m*; **~ de defensa de la competencia** *(Sp)* Kartellgericht; **~ eclesiástico** *(KR)* Kirchengericht *n*.
Tribunal Económico-administrativo Finanzgericht *n*; **~ ~ Central** *(Sp)* oberster Finanzgerichtshof *m*.
tribunal, ~ Europeo de Derechos Humanos *(o **del Hombre**)* Europäischer Gerichtshof *m* für Menschenrechte; **~ de exámenes** *(o **examinador**)* Prüfungskommission *f*; **~ exhortado** ersuchtes Gericht *n (Rechtshilfe)*; **~ federal** Bundesgericht *n*; **~ de honor** Ehrengericht*(shof) n (m)*, Disziplinargericht *n*; **~ inferior** Untergericht *n*, Vorinstanz *f*; **~ de instancia** Instanz|gericht *n*, Unter- *n*.
Tribunal Internacional, ~ ~ de Crímenes de Guerra Internationaler Strafgerichtshof *m*; **~ ~ del Derecho del Mar** Internationaler Seegerichtshof *m*; **~ ~ de Justicia** Internationaler Gerichtshof *m (UNO)*.
tribunal, ~ de jurados Schwurgericht *n*; **~ de justicia** Gericht *n*; **~ de Justicia de la Unión Europea** Europäischer Gerichtshof *m*; **~ juzgador** erkennendes Gericht *n*; **~ Central Militar** *(Sp)* Zentraler Militärgerichtshof *(untere Instanz)*; **~ militar Territorial** Landesmilitärgericht *n*; **~ nacional** inländisches Gericht *n*; **~ de oposiciones** Prüfungs|kommission *f*, -ausschuss *m (bei Anstellungen)*; **~ penal** Strafgericht *n*; **~ en pleno** Gericht *n* in voller Besetzung; **~ de primera instancia** erstinstanzliches Gericht *n*; **~ profesional** Ehren|gericht *n*, Berufs- *n*; **~ ad quem** Rechtsmittel|gericht *n*, -instanz *f*; **~ a quo** Vorinstanz *f*, Untergericht *n*; **~ requirente** ersuchendes Gericht *n*; **~ de revisión** Wiederaufnahmegericht *n*; **~ secular** *(KR)* weltliches *(oder staatliches)* Gericht *n*; **~ sentenciador** erkennendes Gericht *n*.
tribunal superior Obergericht; **~ ~ de Justicia** *(Sp)* Oberster Gerichtshof *m* einer autonomen Region; Oberlandesgericht *n (D)*; **~ ~ de justicia, sala de lo social** *(Sp)* Oberlandesgericht *n*, Sozialsenat *m*.
Tribunal, ~ Supremo *(Sp)* Oberster Gerichtshof *m*; **~ tutelar *(de menores)*** Jugend|gericht *n*, Vormundschafts- *n*; **~ unipersonal** mit einem Einzelrichter besetztes Gericht *n*; **~ de violencia sobre la mujer** Gericht *n* zum Schutze der Frau gegen Gewalt.
tribunales *mpl* **ordinarios** ordentliche Gerichte *npl*.
tributable steuerpflichtig.
tributación Besteuerung *f*, Erhebung *f (von Steuern)*; **~ conjunta** *(Sp)* gemeinsame Veranlagung *f*; **doble ~** Doppelbesteuerung *f*; **~ individual** getrennte Veranlagung *f*.
tributante *m* Steuerpflichtiger *m*.
tributar Steuer*(n) f (pl)* zahlen.
tributa|rio *(adj)* Steuer-, steuerlich.
tributo *(s. a. tributos pl)* Steuer *f*, Abgabe *f*; **~ suntuario** Luxussteuer *f*.
tributos *pl*, **~ municipales** Kommunalabgaben *fpl*.
trienio Dreijahreszeitraum *m*.
trimestre *m* Vierteljahr *n*.
triple, en ~ in dreifacher Ausfertigung *f*.
tríplica Triplik *f*.
triplicado dreifache Ausfertigung *f*.
triplicidad de instancias Dreizügigkeit *f*.

tripulación Mannschaft *f*, Besatzung *f*; **~ aérea** *(o **de la aeronave**)* Flugzeugbesatzung *f*; **sin ~** unbemannt; **~ de vuelo** fliegendes Personal *n*.
tripulantes *mpl* Fahrpersonal *n*.
triquiñuelas jurídicas *pl* juristische Tricks *mpl*.
trocar *(um)*tauschen.
troceo Aufteilung *f*.
troncalidad Bindung *f* an die Herkunftsfamilie *(Erbrecht)*.
tropa Truppe *f*.
trozo Tranche *f (Wertpapiere)*.
trueque *m* Tausch *m*, Um|tausch *m*, Tausch|geschäft *n*, -handel *m*.
trust *m* Trust *m*, Konzern *m*.
tuición Schutz *m*.
tumul|to Tumult *m*, Aufruhr *m*, Auflauf *m*; **~tuario** aufrührerisch.
turbación Störung *f*.
turismo Tourismus *m*; Pkw; **~ multitudinario** Massentourismus *m*.
turnar einander abwechseln.
turno Reihenfolge *f*, Turnus *m*, Wechsel *m (von Personen)*, Runde *f*, Schicht *f*, Durchgang *m (eines Gesetzes)*, Intervention *f (Parlament)*, Wahlgang *m*; **~ adicional** Sonderschicht *f*; **~ de antigüedad** *(Sp)* Regelbeförderung *f* nach dem Dienstalter; **~ de ascenso** *(Sp)* Reihenfolge *f* der Beförderungen; **de ~** Dienst tuend; **~ de día** Tagesschicht *f*; **doble ~** Doppelschicht *f*; **en ~** diensthabend; **~ de guardia** Bereitschaftsdienst *m*; **~ nocturno** Nachtschicht *f*; **~ de oficio** *(Sp)* Beratungshilfe *f (Anwalt)*; **por ~** turnusweise, nach der Geschäftsverteilung *f*; **~ de preguntas** Fragestunde *f*.
turoperador Veranstalter *m (Tourismus)*, Reiseveranstalter *m*.
tutela Schutz *m*, Überwachung *f*, Rechts|aufsicht *f*, Staats- *f*, Amt *n* des Vormunds, Vormundschaft *f*; **~ administrativa** Amtsvormundschaft *f*; **~ del consumidor** Verbraucherschutz *m*; **~ dativa** durch Familienrat zu bestellende Vormundschaft *f*; **~ del Estado** Staatsaufsicht *f*; **estar bajo ~** unter Vormundschaft *f* stehen; **~ internacional** internationale Treuhandschaft *f*; **~ jurídica cautelar** vorläufiger Rechtsschutz *m*; **~ monumental** Denkmalschutz *m*; **~ oficial** Amtsvormundschaft *f*; **~ de los sujetos a interdicción** Vormundschaft *f* über Entmündigte; **~ testamentaria** testamentarisch festgelegte Vormundschaft *f*.
tutela|ble schutzwürdig; **~do** Mündel *m (n)*, Betreuter *f*.
tutelar *(adj)* vormundschaftlich, Vormundschafts-, fürsorgend.
tutor Vormund *m*; **~ especial para un proceso** Prozesspfleger *m*; **~ fiscal** Gegenvormund *m (vom Gericht eingesetzt)*; **~ oficial** Amtsvormund *m*.
tutor|a weiblicher Vormund *m*; **~ía** Vormundschaft *f*, Sorgerecht *n*.
tutriz *f* s. tutora.

U

ubicación Standort *m*, Belegenheit *f*.
ubicado belegen.
ubicar lokalisieren; **~se** sich niederlassen.
ujier| *m* Gerichtsbote *m*, Justizwachtmeister *m*; **~es *pl* Saaldienst *m*.**
ultimar beenden, abschließen.
ultimátum *m* Ultimatum *n*.
último letzter, äußerster *(Preis)*.
ultra|derechista rechtsradikal; **~izquierda** Ultralinke *f*.
ultraja|dor Beleidiger *m*; **~** *(adj)* beleidigend; **~nte** beleidigend; **~r** beleidigen.
ultraje *m* Beleidigung *f*, Verunglimpfung *f (eines Staates)*; **~ a las costumbres** Verstoß *m* gegen die guten Sitten *(oder gegen die Sittlichkeit)*; **~ público al pudor** Verletzung *f* des öffentlichen Anstandes.
ultrajoso beleidigend.
umbral *m* Schwelle; **~ de cinco por ciento** Fünfprozentklausel *f (Wahl)*; **~ de rentabilidad** Rentabilitätsschwelle *f*.
unánime ein|stimmig, -mütig.

unanimidad Einstimmigkeit *f*, Einhelligkeit *f*; **por ~** einstimmig.
unicameral | *(adj)* Einkammer-; **~ismo** Einkammersystem *n*.
unicidad Einspurigkeit *f*.
único *(adj)* Einheits- *(Partei)*.
unidad Einheit *f*, Einigkeit *f*, Einheitlichkeit *f*; Station *f (Krankenhaus)*; **~ de *(la) acción*** Handlungs | einheit *f*, Tat- *f*; **~ antidroga** *(Sp)* Drogendezernat *n (Polizei)*; **~ catastral** Flurstück *n*; **~ de compensación** Ver | rechnungseinheit *f*, Ab- *f (EU)*; **~ de coste** Kostenträger *m*; **~ de cuidados intensivos** Intensivstation *f*; **~ de delito** Tateinheit *f*; **~ -día** Tagessatz *m*; **~ especial de vigilancia y represión del fraude fiscal** *(Sp)* Steuerfahndung *f*; **~ familiar** Haushalt *m*; **~ de hecho** Tateinheit *f*; **~ jurídica** Rechtseinheit *f*; **~ jurisdiccional** Einheitlichkeit *f* der Rechtsprechung; **~ de ley** Gesetzeseinheit *f*; **~ de medida** Maßeinheit *f*; **~ Monetaria Europea** Europäische Währungseinheit *f*; **~ nacional** nationale *(oder staatliche)* Einheit *f*; **~ natural de *(la)* acción** natürliche Handlungseinheit *f*; **~ de obra** Bauabschnitt *m*; **~ operadora** Einsatzgruppe *f*; **~ de orden** Ordnungseinheit *f*; **~ orgánica** Organ *n (EU)*; **~ de resolución criminosa** Gesamtvorsatz *m*; **~ de valor** Werteinheit *f*; **~ de valoración** Wertmaßstab *m*; **~ de vigilancia intensiva** Intensivstation *f*; **~ de vivienda** Wohnungseinheit *f*.
unido vereinigt.
unifamiliar *(adj)* Einfamilien-.
unificación Vereinheitlichung *f*, Zusammenschluss *m*.
unifica | r vereinheitlichen, abstimmen; **~rse** sich zusammenschließen.
uniforma | do in Amtstracht *f*; **~r** vereinheitlichen.
uniforme *m* Uniform *f*, Amtstracht *f*; **~** *(adj)* Einheits-, einheitlich.
uniformidad Einheitlichkeit *f*.
unilateral einseitig.
unión Union *f*, Anschluss *m*, Vereinigung *f*, Verbindung *f (von Sachen)*, Verband *m*, Bündnis *n*, Zusammenschluss *m*; **~ de acciones** Klagen | verbindung *f*, -häufung *f*; **~ de antecedentes a los autos** Beiziehung *f* der Vorakten; **~ conyugal** eheliche Lebensgemeinschaft *f*; **~ de Estados** Staatenverbindung *f*; **~ Europea** Europäische Union *f*; **~ Europea Occidental** Westeuropäische Union *f*; **~ gremial** *(o **de gremios**)* Berufs | verband *m*, Innungs- *m*; **~ de hecho** eheähnliche Gemeinschaft *f*; **~ de intereses** Interessengemeinschaft *f* *(Unternehmen)*.
Unión Internacional, ~ ~ de Protección a la Infancia Internationale Vereinigung *f* zum Schutz des Kindes; **~ ~ para la Protección de la Propiedad Industrial** Internationaler Verband *m* zum Schutz des gewerblichen Eigentums; **~ ~ de Telecomunicaciones** Internationale Fernmeldeunion *f*.
unión, ~ legítima Eheschließung *f*; **~ Liberal** *(Sp)* Liberale Partei *f*; **~ Monetaria Europea** Europäische Währungsunion *f*; **~ de municipios** Städtetag *m*; **~ personal** Personalunion *f*; **~ Postal Universal** Weltpostverein *m*; **~ de rectores** Rektorenkonferenz *f*; **~ regional** Bezirksverband *m*; **~ sindical** Gewerkschaftsbund *m*.
unionado Gewerkschaft*(l)*er *m*.
uni | personal *(adj)* Einmann-; **~provincial** *(adj)* eine Provinz *f* umfassend.
unir vereinigen, verbinden; **~ a los autos** zu den Akten *fpl* nehmen.
unirse sich vereinigen, sich verbünden, sich verheiraten.
unitari | o einheitlich, Einheits-.
universalidad Gesamtheit *f*, Sachinbegriff *m*.
universidad Universität *f*, Hochschule *f*; **~ comercial** Handelshochschule *f*; **~ nacional** *(de educación)* a distancia *(Sp)* Fernuniversität *f*; **~ popular** Volkshochschule *f*; **~ técnica** technische Hochschule *f*; **~ de verano** Sommerkurse *mpl* der Universität.
universitario *(adj)* Universitäts-, Hochschul-; akademisch.
unívoco eindeutig.
urbanismo Städtebau *m*.
urbanísti | ca Städtebauwesen *n*; **~co** städtebaulich.

urbanizable erschließbar.
urbanización Städte|planung *f*, -bau *m*, Bau*(leit)*planung *f*, Siedlung *f*.
urbaniza|dor Erschließungsträger *m*; **~r** bebauen, erschließen.
urbano| Stadt|bewohner *m*, -polizist *m*; **~** *(adj)* Stadt-, städtisch.
urgencia Dringlichkeit *f*, Notdienst *m* *(Arzt)*; **de suma ~** eilt sehr *(Vermerk)*.
urgente eilig, eilbedürftig *(Gesetzentwurf)*, dringend, unaufschiebbar.
urna Urne *f*.
usado gebraucht; **no ~** ungebraucht.
usanza Brauch *m*, Gebrauch *m*, Usance *f*, Sitte *f*.
usar benutzen, Gebrauch *m* machen; **~ de un derecho** ein Recht *n* ausüben; **~ de fuerza** Gewalt *f* anwenden *(StrafR)*.
Usía *(Sp)* Titelbezeichnung der mit "Señoría" angeredeten Amtsträger; **~ Ilustrísima** *(Sp)* Titelbezeichnung *(s.o.)* bei "Señoría Ilustrísima".
uso *(s.a. usos pl)* Brauch *m*, Sitte *f*, Gebrauch *m*, Gebrauchmachen *n* *(Rechte)*, dingliches Nutzungsrecht *n*, Übung *f*, Usance *f*, Praxis *f*, Verwendung *f*, Benutzung *f*, Gewohnheit *f*, Abnutzung *f*; **~ agrícola** landwirtschaftliche Nutzung *f*; **~ bursátil** Börsenusance *f*; **~ comercial** *(o **del comerciante** o **del comercio**)* Handels|brauch *m*, -usance *f*; **~ común** Gemeingebrauch *m*; **~ corriente en el territorio** Landesbrauch *m*; **de ~** gebraucht, aus zweiter Hand *f*; **~ y desgaste** Abschreibung *f* für Abnutzung; **~ discrecional** Ermessensausübung *f*; **en ~** in Ausübung *f*; **~ especial** Sondernutzung *f*; **estar en el pleno ~ de las facultades mentales** voll zurechnungsfähig sein; **~ general del tráfico** Verkehrsanschauung *f*; **hacer ~ de la palabra** das Wort *n* ergreifen.
uso indebido unbefugter Gebrauch *m*, Missbrauch *m*; **~ ~ de un título** unbefugte Titelführung *f*.
uso, ~ industrial gewerbliche Nutzung *f*; **~ intensivo** hohes Maß *n* baulicher Nutzung; **según ~ del lugar** ortsüblich; **~ obligatorio del cinturón de seguridad** Anschnall|pflicht *f*, Gurtanlege- *m*; **~ oficial** Dienst|gebrauch *m*, Amts- *m*; **~ privativo** Sondernutzung *f* *(öffentlicher Sachen)*; **~ público** Gemeingebrauch *m*, öffentlicher Zweck *m*; **tener ~** im Verkehr sein *(Münzen)*.
usos *pl* Herkommen *n*; **~ convencionales** Verkehrssitte *f* im Vertragsrecht; **~ y costumbres** Sitten und Gebräuche *pl*; **~ y prácticas del foro y de la curia** Gerichtspraxis *f*; **~ del tráfico** Verkehrssitte *f*; **~ de los tribunales** Gerichtsgebrauch *m*.
usual üblich, verkehrsüblich; **~ en el comerio** handelsüblich; **~ en el mercado** marktüblich.
usuario Benutzer *m*, *(Be)*Nutzungsberechtigter *m*, Abnehmer *m*, Verkehrteilnehmer *m*; **~ autosuficiente** Selbstversorger *m*; **cercano al ~** anwender|freundlich, benutzer- **~ del tráfico** Verkehrsteilnehmer *m*; **~ de la vía *(pública)*** Verkehrsteilnehmer *m*.
usucapiente *m* Ersitzender *m*.
usucapión Ersitzung *f*; **~ tabular** Buchersitzung *f*.
usucapir ersitzen.
usufructo Nießbrauch *m*; **~ convencional** rechtsgeschäftlich bestellter Nießbrauch *m*; **~ imperfecto** uneigentlicher Nießbrauch *m*; **~ legal** gesetzliches Nießbrauchsrecht *n*; **~ universal** Nießbrauch *m* an einer Sachgesamtheit; **~ de viudedad** *(Sp)* Nießbrauch *m* des überlebenden Ehegatten am Nachlass.
usufructuar mit Nießbrauch *m* belasten, Nießbrauch *m* ziehen.
usufructuario Nießbraucher *m*; **~** *(adj)* Nießbrauchs-.
usura Wucher *m*, Wuchergeschäft *n*; **~ crediticia** Kreditwucher *m*.
usur|ar wuchern, Wucher *m* treiben; **~ario** wucherisch; **~ear** s. usurar.
usurero Wucherer *m*; **~ crediticio** Kreditwucherer *m*.
usurpación Anmaßung *f*, widerrechtliche Aneignung *f*; **~ de atribuciones** *(Sp)* Amtsanmaßung *f*; **~ del estado civil** Personenstandsanmaßung *f*; **~ de nombre ajeno** Führen *n* eines fremden Namens; **~ de patente*(s)*** Patent|berühmung *f*,

-anmaßung *f*; **~ de títulos** *(Sp)* unbefugte Titelführung *f*.
usurpador Usurpator *m*; **~** *(adj)* usurpierend, sich anmaßend.
usurpar sich anmaßen, sich widerrechtlich aneignen, usurpieren; **~ el estado civil** sich den Personenstand *m* anmaßen.
usurpatorio widerrechtlich.
útil nützlich, sachdienlich; **~ para el servicio** wehr*(dienst)*fähig.
útiles *mpl* Betriebsmittel *npl*; **~ delictivos** *(o* ***de delito****)* Tatwerkzeug *npl*.
utilidad *(s. a. utilidades pl)* Nutzen *m*, Nützlich | keit *f*, Tauglich- *f*, Vorteil *m*, Gewinn *m*; **~ común** Gemeinnutz *m*; **de ~ general** gemeinnützig; **~ gruesa** Roh | gewinn *m*, Brutto- *m*; **~ de operación** Betriebsergebnis *n*; **~ pública** Gemein | nützigkeit *f*, -wohl *n*; **de ~ pública** gemeinnützig.
utilidades *pl* Ein | kommen *n*, -nahmen *fpl*, -künfte *pl (SteuerR)*, Ertrag *m*; **~ por aplicar** unverteilter Reingewinn *m*; **~ capitalizadas** kapitalisierter Gewinn *m*; **~ distribuidas** ausgeschütteter Gewinn *m*; **~ excedentes** Über | gewinn *m*, Sonder- *m*; **~ de explotación** Betriebs | gewinn *m*, Geschäfts- *m*; **~ incorporadas** einbehaltener *(oder thesaurierter)* Gewinn *m*; **~ netas** Reingewinn *m*, Nettogewinn *m*; **~ no distribuidas** nicht ausgeschütteter Gewinn *m*.
utilizable nutz | bar, brauch-, verwert-, verwend-.
utilización Gebrauch *m*, Verwertung *f*, Verwendung *f*, *(Be)*Nutzung *f*, Auslastung *f*, Inanspruchnahme *f*; **~ de beneficios** Gewinnverwendung *f*; **~ de las capacidades** Kapazitäts | ausnutzung *f*, -auslastung *f*; **~ de fondos** Mitteleinsatz *m*; **primera ~ de un edificio** Erstbezug *m* *(Baurecht)*.
utilizador Benutzer *m*.
utilizar gebrauchen, benutzen, ver | werten, aus-; **~ el crédito** den Kredit *m* in Anspruch nehmen.
utillaje *m* Ausstattung *f*.
uxorici | da *m* Mörder *m* der Ehefrau; **~dio** Mord *m* an der Ehefrau.

V

vacación *(s. a. vacaciones pl)* Urlaub *m*, Ferien *pl*.
vacaciones *pl*, **~ académicas** Hochschulferien *pl*; **~ anuales** Jahresurlaub *m*; **~ por embarazo** Schwangerschaftsurlaub *m*; **~ de la empresa** Betriebsferien *pl*; **~ escolares** Schulferien *pl*; **~ judiciales** Gerichtsferien *pl*; **~ posparto** Mutterschaftsurlaub *m*; **~ de recreo** Erholungsurlaub *m*.
vacancia s. vacante.
vacante *f* freie *(oder: offene, unbesetzte)* Stelle *f*, Vakanz *f*; **~** *(adj) (Stelle:)* unbesetzt, vakant, frei, offen; nicht angetreten *(Erbschaft)*.
vacar unbesetzt sein, vakant sein, wegen Ferien geschlossen sein.
vacatura Vakanz *f*.
vacilante, ser ~ schwanken *(Rechtsprechung)*.
vacío ~ estacional Saisonflaute *f*; **~ impositivo** Steuerschlupfloch *n*; **~ legal** *(o* ***legislativo****)* Gesetzeslücke *f*; **~ de poder** Machtvakuum *n*.
vagabundismo Landstreicherei *f*.
vagabundo Land | streicher *m*.
vagancia s. vagabundismo.
vale *m* Schein *m*, Gut | schein *m*, Schuld- *m*, Freikarte *f*, Wertmarke *f*; **~ de comida** Essensmarke *f*; **~ de descuento** Rabattmarke *f*; **~ de pedido** Bestellschein *m*; **~ de tesorería** Schatzanweisung *f*.
valedero gültig, verbindlich.
valer gelten, gültig sein, in Kraft sein, betragen, kosten, wert sein; **hacer ~** geltend machen.
valía Wert *m*, Schätzung *f*.
validación Gültigmachung *f*, Bestätigung *f*, Heilung *f (Urkunden)*.
validar für rechtsgültig erklären, bestätigen, heilen.
validez *f* Geltung *f*, Gültigkeit *f*, Wirksamkeit *f*; **~ espacial** örtlicher Geltungsbereich *m*; **~ jurídica**

Rechtswirksamkeit *f*; **sin ~** hinfällig; **~ temporal** zeitlicher Geltungsbereich *m*; **~ ulterior** Fortgeltung *f*.

válido geltend *(-es Recht)*, gültig, wirksam.

valija diplomática Diplomatengepäck *n*.

valla, ~ metálica de protección Leitplanke *f*; **~ publicitaria** Werbefläche *f (Bandenwerbung)*.

valor *(s. a. valores pl)* Wert *m*, Rechtswirksamkeit *f*, Wert | gegenstand *m*, -papier *n*, Betrag *m*; **~ de activo real** Substanzwert *m*; **~ actual** Zeitwert *m*; **~ admitido a negociación en cada mercado** börsenfähiges Papier *n*; **~ de afección** *(o* ***afectivo****)* Liebhaber | wert *m*, Affektions- *m*.

valor añadido Wert | zuwachs *m*, -schöpfung *f*, Mehrwert *m*.

valor, ~ de apreciación *(o* ***apreciado****)* Schätz | wert *m*, Tax- *m*; **~ de aproximación** *(o* ***aproximativo****)* Annäherungswert *m*; **~ atribuido a la clientela** Goodwill *m (engl)*; **~ de avalúo** Schätzwert *m*; **~ -base** Richtwert *m*, Einheits- *m*; **~ de cancelación** Ablösungs | wert *m*, Rückkaufs- *m*; **~ de canje** Rückkaufswert *m*; **~ de capitalización** *(o* ***capitalizado****)* Kapital | wert *m*, Ertrags- *m*; **~ catastral** Kataster | wert *m*, Einheits- *m (Grundstück)*; **~ de cesión** Ablösungs | wert *m*, Rückkaufs- *m*; **~ cívico** Zivilcourage *f*; **~ comercial** Geschäfts | wert *m*, Markt- *m*, Verkehrs- *m*; **~ común** gemeiner Wert *m*; **~ contable** Buch*(ungs)*wert *m*, buchmäßiger Wert *m*; **~ corriente** Tages | wert *m*, Zeit- *m*, Verkehrs- *m*; **~ a corto plazo** kurzfristiges Papier *n*; **~ de** *(o a)* **coste** Selbstkostenpreis *m*, Einstands | wert *m*; **~ de cotización** Kurswert *m*; **~ cotizado en bolsa** börsenfähiges Papier *n*; **~ en cuenta** Wert *m* in Rechnung *(Wechsel)*; **~ declarado** Wertbrief *m*; **~ de la demanda** Streitwert *m*; **~ de desecho** Schrottwert *m*; **~ *(en)* efectivo** tatsächlicher *(oder effektiver)* Wert *m*; **~ empírico** Erfahrungswert *m*; **~ de enajenación** Veräußerungswert *m*; **~ de escasez** Seltenheitswert *m*; **de escaso ~** minderwertig; **de ~ estable** wertbeständig; **~ en estado nuevo** Neuwert *m*; **~ estrella** führender Börsenwert *m*; **~ del excedente** Überschuss *m*; **~ externo** Außenwert *m (Währung)*; **de ~ fijo** wertbeständig; **~ fiscal** Steuerwert *m*; **~ del fondo de comercio** Goodwill *m (engl)*; **~ en garantía** Wert *m* zur Sicherheit *(Wechsel)*; **~ de la hipoteca** *(o* ***hipotecario****)* Hypothekenvaluta *f (pl)*; **~ imponible** Steuerwert *m*, steuerbarer Wert *m*; **~ inmovilizado** Anlagewert *m*; **~ intransferible** unübertragbares Papier *n*; **~ inversional** Anlagepapier *n*; **~ de las inversiones fijas efectuadas** Anlagewert *m*; **~ invisible** Goodwill *m (engl)*; **~ justo** *(o* ***justo valor****)* Verkehrswert *m*; **~ de la letra** Wechselsumme *f*; **~ límite** Grenz | wert *m*, Schwellen- *m (Stat)*; **~ liquidable** *(o* ***de/en liquidación*** *o* ***liquidativo****)* Liquidations | wert *m*, Abfindungs- *m*; **~ líquido** Nettowert *m*; **~ marginal** Grenzwert *m*; **~ matemático** Erwartungswert *m*; **de menor ~** minderwertig; **~ en mercaderías** Wert *m* in Waren *(Wechsel)*; **~ mínimo** Mindestwert *m*, Untergrenze *f*.

valor, ~ de la moneda *(o* ***monetario****)* Geld | wert *m*; **~ negociado en bolsa** börsenfähiges Papier *n*.

valor, ~ nominal Nenn | wert *m*, -betrag *m*, Nominalwert *m*; **~ nominativo** Namenspapier *n*; **~ normativo** Regelungsgehalt *m*; **~ a** *(o* ***de*** *o* ***en****)* **nuevo** Neuwert *m*; **~ nulo** Nullkupon *m*; **~ numérico** Zahl*(en)*wert *m*.

valor, ~ en origen *(o* ***original****)* ursprünglicher Wert *m*; **~ *(a la)* par** Pariwert *m*; **~ bajo la par** Unterpariwert *m*; **~ sobre la par** Überpariwert *m*; **~ pasivo** Schuld *f*, Passivposten *m*; **~ de la planta** Anlagewert *m*; **~ a plazo** Terminwert *m*; **de poco ~** minder | wertig, gering-; **~ al portador** Inhaberpapier *n*; **~ probatorio** Beweis | kraft *f*, -wert *m*; **~ promedio** Mittelwert *m*; **~ puntero** Spitzenwert *m (B)*; **~ en**

realización Liquidations|wert *m*, Versilberungs- *m*; **~ a realizar** Verkaufswert *m*.
valor recibido Betrag *m (oder Wert m)* erhalten; **~ ~ en cuenta** Wert *m* in Rechnung *(Wechsel)*; **~ ~ en mercaderías** Wert *m* in Waren *(Wechsel)*.
valor, ~ de recuperación Wiederbeschaffungswert *m*; **~ de redención** Ablösungs|wert *m*, Rückkaufs- *m*; **~ de reemplazo** s. valor de recuperación; **~ de referencia** Vergleichswert *m*; **~ de la** *(o* ***en****)* **renta** Ertrags|wert *m*, Miet- *m*; **~ de rescate** Ablösungs|wert *m*, Rückkaufs- *m*; **~ de reventa** Wiederverkaufswert *m*; **sin ~** ohne Wert, wertlos; **~ a tanto alzado** Pauschalwert *m*; **~ de** *(o* ***en****)* **tasación** Schätz*(ungs)*|wert *m*, Tax- *m*; **~ de umbral** Schwellenwert *m*; **~ unitario** Einheitswert *m*; **~ de** *(o* ***en****)* **uso** Gebrauchs|wert *m*, Nutz*(ungs)*- *m*; **~ útil** *(o* ***de utilidad****)* s. valor de uso; **~ vital** Lebensqualität *f*.
valoración Bewertung *f*, *(Aus)*Wertung *f*, *(Ab)*Schätzung *f*, Wert|bestimmung *f*, -feststellung *f*, Gewichtung *f*, Veranschlagung *f*; **~ en aduana** *(o* ***aduanera****)* Zollwert*(ermittlung) m (f)*; **~ de los bienes jurídicos** Güterabwägung *f*; **~ de conjunto** Gesamtwürdigung *f*; **~ en exceso** Überbewertung *f*; **~ jurídica** rechtliche Würdigung *f*; **libre ~** ***(de la prueba)*** freie Beweiswürdigung *f*; **~ de méritos** Leistungsbewertung *f*; **~ paralela en la esfera del profano** Parallelwertung *f* in der Laiensphäre; **~ de las pruebas** Beweiswürdigung *f*; **~ del trabajo** Arbeits-*(platz)*bewertung *f*.
valorar be|werten, aus-, *(ab)*schätzen, taxieren, beurteilen, ansetzen, in Ansatz bringen; **~ más alto** höherbewerten; **~ en menos** unterbewerten.
valorem, ad ~ *(lat)* Wert-, wertentsprechend, nach Wert, wertmäßig.
valores *pl* Wertsachen *fpl*, Papiere *npl*, Effekten *pl*; **~ bursátiles** Börsenwerte *mpl*, börsenfähige Wertpapiere *npl*; **~ en cartera** Effektenbestand *m*, Portefeuille *n*; **~ de consumo** Konsumwerte *mpl*; **~ a corto plazo** kurzfristige Wertpapiere *npl*; **~ destacados** führende Marktwerte *mpl*; **~ de dividendo** Dividendenpapiere *npl*; **~ de empresas de servicios públicos** Versorgungswerte *mpl*; **~ de especulación** *(o* ***especulativos****)* Spekulationspapiere *npl*; **~ de Estado** Staatspapiere *npl*; **~ fiduciarios** mündelsichere Papiere *npl*; **~ fijos** Anlagevermögen *n*; **~ grandes del mercado** Standardwerte *mpl (B)*; **~ mineros** *(o* ***minero-siderúrgicos****)* Montan|werte *mpl*, -papiere *npl*; **~ en moneda extranjera** Valutapapiere *npl*; **~ municipales** Kommunalobligationen *fpl*; **~ negativos** Passiva *pl*, Verbindlichkeiten *fpl*; **~ negociables en bolsa** börsengängige *(oder: börsenfähige)* Wertpapiere *npl*; **~ a la orden por elección** gekorene Orderpapiere *npl*; **~ a la orden por naturaleza** geborene Orderpapiere *npl*; **~ pignorables** lombardfähige Wertpapiere *npl*; **~ positivos** Aktiva *pl*, Guthaben *n*; **~ públicos** öffentliche Schuldverschreibungen *fpl*, Staatspapiere *npl*; **~ de renta fija** festverzinsliche Papiere *npl*, Renten|werte *mpl*, -papiere *npl*; **~ de renta variable** Aktien *fpl*, Dividendenpapiere *npl*; **~ de servicios públicos** Versorgungswerte *mpl*; **~ y títulos en cartera** Portefeuilleeffekten *pl*.
valorización *(s.a. valoración)* Schätzung *f*, Be|wertung *f*, Auf- *f*, Werterhöhung *f* *(eines Werks)*.
valorizar| ver|werten, auf-; **~se** im Wert *m* steigen.
valuable bewertbar, schätzbar.
valuación Bewertung *f*, *(Ab)* Schätzung *f*; **~ de los bienes jurídicos** Güterabwägung *f*.
valuador Schätzer *m*.
valuar bewerten, schätzen.
valuta Wertstellung *f*, Valuta *f*.
valutario Währungs-, Valuta-.
vara| *(RG)* Richterstab; **~da** s. varamiento; **~dura** s. varamiento.
varamiento *(SeeR)* Auflaufen *n*.
varar(se) auflaufen, aufsetzen, stranden; stocken *(Geschäfte)*.

variabilidad Veränderlichkeit *f.*
variable *f* Variable *f;* ~ *(adj)* beweglich, veränderlich, variabel.
variación Veränderung *f,* Abänderung *f (Arbeitsvertrag),* Abwechslung *f,* Schwankung *f,* Variation *f;* ~ **en precio** Preisabweichung *f;* ~ **del riesgo** Risikoänderung *f;* **sin** ~ unverändert *(B).*
variante *f* Variante *f.*
variantes *fpl,* **con** ~ **de redacción ligerísimas** mit geringfügigen redaktionellen Änderungen *fpl.*
varianza Varianz *f.*
variar abändern, schwanken, verschieden sein.
varios *pl* Verschiedenes.
"V. E. resolverá" *(Sp)* „Herrn Minister zur Entscheidung".
vecero Stellvertreter *m,* Kunde *m.*
veces *fpl,* **hacer sus** ~ vertreten.
vecindad Nachbarschaft *f,* Bürgerrecht *n;* ~ **administrativa** verwaltungsrechtliche Gebietszugehörigkeit *f;* ~ **civil** zivilrechtliche Gebietszugehörigkeit *f;* ~ **foral** *(Sp)* Gebietszugehörigkeit *f* zu einem Gebiet des Foralrechts; ~ **local** Ortsansässigkeit *f.*
vecin | dario Bürger *mpl,* Einwohnerschaft *f,* Bevölkerung *f;* **~o** Nachbar *m,* Bürger *m,* Einwohner *m,* Anrainer *m;* ~ *(adj)* benachbart, wohnhaft, *(orts)*ansässig.
veda de caza Jagdverbot *n,* Schonzeit *f.*
vedado de caza Eigenjagdbezirk *m.*
vedar verbieten, untersagen.
vehículo Fahrzeug *n;* ~ **accidentado** Unfall | wagen *m,* -fahrzeug *n;* ~ **de adelante** Vorausfahrender *m;* ~ **alquilado** *(o de alquiler)* Mietwagen *m;* ~ **sobre carriles** Schienenfahrzeug *n;* ~ **comercial** Geschäftswagen *m,* gewerbliches Fahrzeug *n;* ~ **de demostración** Vorführwagen *m;* ~ **histórico** Oldtimer *m;* ~ **de motor** Kraftfahrzeug *n;* ~ **de servicios de urgencia** Rettungsdienstfahrzeug *n;* ~ **siniestrado** Unfallwagen *m;* ~ **de tracción animal** Fuhrwerk *n;* ~ **para el transporte escolar** Schulbus *m;* ~ **utilitario** Nutzfahrzeug *n.*
vela y pregón öffentliche Versteigerung *f.*
velar por wachen über.
velocidad Geschwindigkeit *f;* ~ **limitada** Geschwindigkeitsbeschränkung *f;* ~ **de la marcha** Fahrgeschwindigkeit *f;* ~ **máxima aconsejada** Richtgeschwindigkeit *f;* ~ **al paso** ***(de peatón)*** Schrittgeschwindigkeit *f.*
venal | bestechlich; **~idad** Bestechlichkeit *f,* Käuflichkeit *f.*
vence | dero fällig werdend; **~dor** obsiegend.
vencer ablaufen, fällig sein *(oder werden),* obsiegen.
vencible vermeidbar *(Verbotsirrtum).*
vencido unterliegende Partei *f;* ~ *(adj)* besiegt; fällig; abgelaufen.
vencimiento Ablauf *m (Vertrag),* Laufzeit *f (Wertpapiere),* Fälligkeit *f,* Zahlungsziel *n; (Prozess:)* Obsiegen *n,* Unterliegen *n;* ~ **mutuo** beiderseitiges Unterliegen *n (Prozess);* ~ **parcial** teilweises Unterliegen *n (oder Obsiegen n).*
vendaje *m* Verkaufsprovision *f.*
vendedor Verkäufer *m;* ~ *(adj)* Verkaufs-; ~ **ambulante** ambulanter Händler *m;* ~ **comisionista** Verkaufskommissionär *m;* ~ **al por mayor** Großhändler *m,* Grossist *m;* ~ **minorista** Kleinhändler *m.*
vendedores *pl,* ~ **y compradores** Brief *m* und Geld *(B).*
vendeja öffentlicher Verkauf *m.*
vender verkaufen, absetzen, vertreiben; ~ **a cualquir precio** verramschen; ~ **al detalle** im Kleinhandel *m* verkaufen; ~ **de estraperlo** schwarz verkaufen; ~ **bajo mano** unter der Hand *f* verkaufen; ~ **a bajo precio** billig verkaufen; ~ **sobre margen** gegen Sicherheit *f* verkaufen; ~ **al por mayor** im Großhandel *m (oder en gros)* verkaufen; ~ **al por menor** im Kleinhandel *m* verkaufen; ~ **a precio más bajo del coste** unter Selbstkostenpreis *m* verkaufen; ~ **a precios ruinosos** verschleudern.
vendí *m* Verkaufsurkunde *f.*
vendi | bilidad Verkäuflichkeit *f;* **~ble** verkäuflich, absetzbar, marktgängig.
veneno Gift *n;* ~ **gaseoso** Giftgas *n.*
venganza Rache *f;* ~ **de la sangre** Blutrache *f.*

venia *(gerichtliche)* Erlaubnis *f*, Genehmigung *f (Richter)*; **con la ~ del presidente** mit Erlaubnis *f* des Vorsitzenden *(Gericht)*.
venir kommen; **~ a un acuerdo** übereinkommen; **~ en dirección contraria** *(VR)* entgegenkommen; **~ a propósito** zum Fall *m* gehören.
venta *(s. a. ventas pl, compraventa)* Verkauf *m*, Vertrieb *m*, Absatz *m*; **~ ambulante** Reisegewerbe *n*; **~ aplazada** Ratenkauf *m*; **~ salvo aprobación** Kauf *m* auf Probe; **~ -arrendamiento** Mietkauf *m*; **de buena ~** gut verkäuflich; **~ en cadena** Schneeballsystem *n*; **~ a carta de gracia** Verkauf *m* mit Rückkaufsrecht; **~ clandestina** Schwarzhandel *m*; **~ en comisión** Kommissionsverkauf *m*; **~ sin compromiso** Verkauf *m* freibleibend; **~ de cosa genérica** Gattungskauf *m*; **~ a crédito** Verkauf *m* auf Ziel; **~ a cuenta** Verkauf *m* auf Rechnung; **~ al detalle** Einzel-*(handels)*verkauf *m*; **~ difícil** schleppender Absatz *m*; **~ directa desde fábricas** Werkshandel *m*; **~ domiciliaria** *(o* ***a domicilio****)* Haustür | verkauf *m*, -geschäft *n*; **estar a la ~** verkäuflich sein; **~ por evaluación** Verkauf *m* nach Schätzung; **~ de existencias** Ausverkauf *m*; **~ en la fábrica** Werkshandel *m*; **~ floja** flauer Absatz *m*; **~ franco bordo** fob-Kauf *m*; **~ franco domicilio** Verkauf *m* frei Haus; **~ franco estación llegada** Verkauf *m* frei Bestimmungsbahnhof; **~ por gestión directa** freihändiger Verkauf *m*; **~ global** *(o* ***en globo****)* Verkauf *m* in Bausch und Bogen; **~ judicial de bienes embargados** Pfandverkauf *m*; **~ libre** Freiverkauf *m*; **~ de liquidación** Aus | verkauf *m*, Räumungs- *m*; **~ al por mayor** Verkauf *m* im Großhandel *(oder en gros)*; **~ al por menor** Einzel*(handels)* | verkauf *m*; **~ según** *(o* ***sobre****)* **muestra** *(Ver)*Kauf *m* nach Muster *(oder nach Probe)*.
venta con pacto, **~ ~ de reserva de dominio** Verkauf *m* unter Eigentumsvorbehalt; **~ ~ de retro** Verkauf *m* mit Rückkaufsrecht.
venta, ~ en pirámide Schneeballsystem *n*; **~ de plaza a plaza** Versendungskauf *m*; **~ a plazos** Raten*(ver)*kauf *m*, Abzahlungsgeschäft *n*; **~ a precio de saldo** Notverkauf *m*; **~ a precios irrisorios** Verkauf *m* zu Schleuderpreisen; **~ de la prenda** Pfandverkauf *m*; **~ a prueba** Kauf *m* auf Probe; **~ en pública subasta** Versteigerung *f*, Auktion *f*; **~ reclamo** Werbeverkauf *m*; **~ contra reembolso** Verkauf *m* gegen Nachnahme; **~ en remate** Auktion *f*, Versteigerung *f*; **~ en subasta** Auktionsverkauf *m*; **~ telefónica** Telefonverkauf *m*; **~ voluntaria** freihändiger Verkauf *m*.
ventaja Vorteil *m*, Nutzen *m*, Gewinn *m*, Vergünstigung *f*; **~ arancelaria** Tarifvergünstigung *f*; **~ tarifaria** Zollermäßigung *f*; **~ en términos de localización** Standortvorteil *m*.
venta | jista *m* Gauner *m*; **~joso** gewinnbringend.
ventanilla Schalter *m*, Annahme | stelle *f*, Ausgabe- *f*.
ventas *pl* Umsatz *m*, Verkäufe *mpl (B)*; **~ por fin de temporada** Saisonschlussverkauf *m*; **~ en gran escala** Massenabsatz *m*; **~ ligadas** Kopp*(e)*lungsgeschäfte *npl*; **~ de liquidación** Schlussverkauf *m*; **~ en el mercado nacional** Inlandsabsatz *m*; **~ en los mercados extranjeros** Auslandsabsatz *m*; **~ en términos cuantitativos** Absatzmenge *f*.
ventilar el proceso ante den Prozess *m* führen beim *(Gericht)*.
ver mündlich verhandeln *(Prozessrecht)*; **~ el asunto** die Sache *f* verhandeln; **~ en pleno** in voller Besetzung *f* verhandeln.
veracidad Glaub | haftigkeit *f*, -würdigkeit *f*, Wahrhaftigkeit *f*.
veraz glaubwürdig.
veral mündlich, verbal.
verdad *f* Wahrheit *f*, Richtigkeit *f (von Urkunden)*; **a ~ sabida y en conciencia** nach bestem Wissen *n* und Gewissen.
vereda Fußweg *m*.
veredicto Urteils | spruch *m*, Schuld- *m*, Verdikt *n*; **~ absolutorio** Frei-

spruch *m*; **~ de culpabilidad** Schuldspruch *m*; **~ del jurado** Geschworenenspruch *m*.

verídico wahrheitsgetreu.

verificación Bestätigung *f*, Feststellung *f*, Kontrolle *f*, Nachweis *m*, Prüfung *f (der Bücher)*; **~ de comprobantes** Belegprüfung *f*; **~ contable** Buchprüfung *f*; **~ de cuentas** Rechnungsprüfung *f*; **~ electoral** Wahlprüfung *f*; **~ de identidad** Nämlichkeitsprüfung *f*; **~ de poderes** Prüfung *f* der Vollmacht.

verificador Prüfer *m*, Kontroll | eur *m*, -beamter *m*.

verificar prüfen, nach | prüfen, über-, untersuchen, kontrollieren, bestätigen, abhalten *(Sitzung)*, einsehen *(Register)*; **~ un asiento** buchen; **~ comicios** eine Wahl *f* durchführen; **~ la firma** die Unterschrift *f* prüfen; **~ el pago** zahlen, eine Zahlung *f* vornehmen; **~ el protesto** Protest *m* erheben.

verificarse geschehen, erfolgen.

verosimilitud *f* Wahrscheinlichkeit *f*.

versado en derecho rechtskundig.

versión Fassung *f*.

verso Rückseite *f (der Urkunde)*.

vertedero Müll | deponie *f*, -halde *f*.

vertido Einleiten *n*; **~ de aguas residuales** Einleiten *n* von Abwasser *(in Gewässer)*; **~ de residuos** Abfalldeponie *f*; **~ de residuos al mar** Einleiten *n* von Abfällen ins Meer.

vertimiento Verklappung *f* von Abfällen.

vestigio Spur *f*.

vetar Einspruch *m (oder Veto n)* einlegen gegen.

veto Einspruch *m*, Veto *n*.

"V. I. acordará/resolverá" *(Sp)* „Herrn Staatssekretär zur Entscheidung".

vía Rechtsweg *m*, Verfahren *n*, Mittel *n*; **~** *(VR)* Weg *m*, Straße *f*, Fahrbahn *f*; **~ de acceso** Zufahrt *f*; **por ~ de acción** im Klagewege *m*; **~ administrativa** Verwaltungs | weg *m*, -verfahren *n*; **en** *(o* ***por****)* **~ de apremio** zwangsweise, im Vollstreckungswege; **en ~ de desarrollo** Entwicklungs-; **~ de doble tránsito** Fahrbahn *f* mit Gegenverkehr; **por ~ de donación** schenkweise; **~ de ejecución** *(o* ***ejecutiva****)* Vollstreckungs | verfahren *n*, -weg *m*; **~ férrea** Schienenweg *m*; **~ fluvial** Wasserstraße *f*; **~ interna** innerstaatliche Maßnahmen *fpl*; **~ jerárquica** Dienst | weg *m*, Instanzenzug *m*; **~ judicial** Rechtsweg *m*; **~ laboral** Arbeitsgerichts | weg *m*, -verfahren *n*; **~ marítima** Seeweg *m*; **~ navegable** Wasserstraße *f*; **~ ordinaria** ordentlicher Rechtsweg *m*, ordentliches Verfahren *n*; **~ particular** Privat | weg *m*, Eigentümer- *m*; **~ preferente** Vorfahrtstraße *f*; **~ privada** Privatweg *m*; **~ pública** öffentliche Straße *f*; **~ rápida** Schnell*(verkehrs)* | straße *f*, Kraftfahr- *f*; **~ secundaria** Nebenstraße *f*; **~ de sentido único** Einbahnstraße *f*; **~ terrestre** Landweg *m*; **~ de uso público** Straße *f* im Gemeingebrauch.

via | bilidad Lebensfähigkeit *f*, Durchführbarkeit *f*; **~ble** lebensfähig, gangbar, begehbar.

viajante *m* Reisender *m*.

viaje *m* Reise *f*, Überfahrt *f*; Trip *m (Drogengenuss)*; **~ sin billete** Schwarzfahrt *f*; **~ de Estado** Staatsbesuch *m*; **~ à forfait** *(franz)* Pauschalreise *f*; **~ en grupo** Gesellschaftsreise *f*; **~ oficial** Dienst | reise *f*, -fahrt *f*; **~ suicida** Geisterfahrt *f*; **~ de vacío** Leerfahrt *f*.

viajero Fahrgast *m*, Passagier *m*; **~ transfronterizo** Grenzgänger *m*.

vías *pl*, **~ de comunicación públicas** öffentliche Verkehrswege *npl*.

viático Reisespesen *pl*; **~ por kilometraje** Kilometergeld *n*.

vicaría *(KR)* Vikariat *n*; **~ general** Generalvikariat *n*.

vicario *(KR)* Vikar *m*, Stellvertreter *m*; **~ episcopal** Bischofsvikar *m*; **~ general** Generalvikar *m*.

vice- stellvertretend, Vize-.

vice | alcalde *m* stellvertretender Bürgermeister *m*; **~almirante *m* Vizeadmiral *m*; ~canciller *m* Vizekanzler *m*; ~consejero** *(Sp)* stellvertretender Minister *m (oder Staatssekretär m)* einer autonomen Region, **~cónsul** *m* Vizekonsul *m*; **~decano** stellvertretender Dekan *m*; **~director** stellvertretender Direktor *m*; **~ministro** Staatssekretär *m*.

vicepresidencia | stellvertretender Vorsitz *m*; **~l** *(adj)* Vizepräsidenten-.
vicepresidente *m* Vizepräsident *m*, stellvertretender Vorsitzender *m*.
vicerrector Kon | rektor *m*, Pro- *m*.
vicesecretaría Unterabteilung *f*.
vicesecretario zweiter Sekretär *m*.
viciado fehler | haft, mangel- *(Recht, Sache)*, mit Mängeln *mpl* behaftet.
viciar fehlerhaft machen.
vicio Fehler *m*, Mangel *m*; **~ de forma** *(o* ***formal****)* Form | fehler *m*, -mangel *m*; **~ de ley** Rechtsmangel *m*; **~ de nulidad** Nichtigkeitsgrund *m*; **~ oculto** verborgener Mangel *m*; **~ de** *(o* ***en el****)* **procedimiento** Verfahrens | fehler *m*, -mangel *m*; **~ de la voluntad** Willensmangel *m*.
vicios *pl*, **sin ~** mängelfrei.
vicio | sidad Fehlerhaftigkeit *f*; **~so** fehler | haft, mangel-.
víctima Verletzter *m*, Opfer *n*, Geschädigter *m*; **~ de la guerra** Kriegsopfer *n*.
victoria Sieg *m*, Obsiegen *n*; **~ electoral** Wahlsieg *m*.
vida Leben *n*, Lebensdauer *f*, Bestehen *n* *(einer Gesellschaft)*, Laufzeit *f (Wertpapiere)*; **~ activa** Erwerbsleben *n*; **~ comercial** Lebensdauer *f* eines Wirtschaftsguts; **~ en común *(de los casados)*** eheliche Lebensgemeinschaft *f*; **~ del contrato** Laufzeit *f (Vertrag)*; **~ conyugal** s. vida en común; **de por ~** auf Lebenszeit; **en ~** zu Lebzeiten; **~ laboral activa** Lebensarbeitszeit *f*; **~ legal de las Cortes** *(Sp)* Legislaturperiode *f*; **~ media probable** mittlere Lebenserwartung *f*; **~ profesional** Berufs | leben *n*, Erwerbs- *n*; **~ separada** Getrenntleben *n*; **~ útil** Lebens | dauer *f*, Nutzungs- *f*.
vigencia Geltung *f*, *(Rechts)*Gültigkeit *f*, Wirk | ung *f*, -samkeit *f*, Rechtsgültigkeit *f*; **tener ~** gültig sein, gelten.
vigente gültig, geltend, wirksam.
vigilancia Überwachung *f*, Aufsicht *f*, Beschattung *f (von Personen)*; **~ judicial penitenciaria** gerichtliche Strafvollzugsüberwachung *f*; **~ oficial** Dienstaufsicht *f*; **~ de la policía** *(o* ***policíaca****)* Polizeiaufsicht *f*; **~ del tráfico** Verkehrsüberwachung *f*.
vigilante *m* Aufseher *m*, Wachmann *m*, Wachtmeister *m*; **~** *(adj)* aufsichtführend; **~ de seguridad** Wachmann *m*; **~ de vía** Streckenwärter *m*.
vigilar kontrollieren, bewachen.
vigor Geltung *f*, Gültigkeit *f*; **en ~** gültig, in Geltung, in Kraft; **estar en ~** gelten.
vigorizar verstärken *(Rechte)*.
vilipendiar verunglimpfen.
vilipendio Verunglimpfung *f*.
villa Dorf *n*, Stadt *f*, Villa *f*.
vinculación Bindung *f*, Verbindung *f*, Verflechtung *f*, Gebundenheit *f*; **~ jurídica** Rechtsverbindlichkeit *f*; **~ a las órdenes** Weisungsgebundenheit *f*.
vinculado a plazo fristgebunden.
vincula | nte s. vinculatorio; **~r** binden, die Veräußerung *f* verbieten; **~tivo** s. vinculatorio; **~toriedad** Verbindlichkeit *f*; **~torio** bindend.
vínculo Bindung *f*, Band *n (der Ehe)*; **~ conyugal** Eheband *n*; **de doble ~** vollbürtig; **~ de grupo parlamentario** Fraktionszwang *m*; **~ matrimonial** Eheband *n*; **~ paternofilial** Vater-Kind-Beziehung *f*; **de ~ sencillo** halbbürtig *(Geschwister)*; **~ de voto** Stimmrechtsbindung *f*.
vindicación Rechtfertigung *f*, Rückforderung *f*, Vergeltung *f*.
vindicar rechtfertigen, *(zu)*rückfordern, bestrafen, vindizieren.
vindicta pública staatliche Strafsanktion *f*.
violación *(s.a. violencia, vis)* Verstoß *m*, Übertretung *f*, Zuwiderhandlung *f*, Nichteinhaltung *f*, Verletzung *f*; Vergewaltigung *f*; **~ de cadáveres** Leichenschändung *f*; **~ contractual** *(o* ***de contrato****)* Vertragsverletzung *f*; **~ del deber** Pflichtverletzung *f*; **~ de un deber oficial** Amtspflichtverletzung *f*; **~ del Derecho** Rechtsverletzung *f*; **~ de la ley** Gesetzesverletzung *f*; **~ de patente** Patentverletzung *f*.
violación de secretos Verletzung *f* der Schweigepflicht.
violación, ~ de sellos Siegelbruch *m*; **~ de sepulcros o sepulturas** Störung *f* der Totenruhe.

violador Verletzer *m*, Vergewaltiger *m*; **~ de la ley** Rechtsbrecher *m*.
violar verletzen, missbrauchen *(eine Frau)*, vergewaltigen; **~ las buenas costumbres** gegen die guten Sitten *fpl* verstoßen; **~ el domicilio** Hausfriedensbruch *m* begehen; **~ la ley** das Gesetz *n* übertreten *(oder verletzen)*.
violatorio verletzend *(Recht)*.
violencia *(s. a. violación, vis)* Gewalt *f*, Gewalt | tätigkeit *f*, -anwendung *f*, Zwang *m*; **~ carnal** Vergewaltigung *f*; **con ~** gewaltsam; **~ física** physische Gewalt *f*, körperlicher Zwang *m*; **~ moral** psychische Gewalt *f*; **~ sexual** sexuelle Nötigung *f*.
violen | tar Gewalt *f* anwenden, Gewalt antun; aufbrechen; **~to** gewaltsam, Gewalt-.
viraje *m* Abbiegen *n (Kfz)*; **~ en redondo** Zirkelschluss *m*; **~ en U** Wenden *n (Kfz)*.
virar wenden; **~ a la derecha/ izquierda** rechts/links abbiegen.
virtualidad, ~ suspensiva aufschiebende Wirkung *f*, Suspensivwirkung *f*.
virtud *f* Fähigkeit *f*; **en ~ de** auf Grund; **en ~ del cargo** kraft Amtes.
visa s. visado.
visado Visum *n*, Sichtvermerk *m*; Gegenzeichnung *f*, Bestätigung *f* *(Scheck)*; **~** *(adj)* gegengezeichnet; **~ de la aduana** Zollvermerk *m*; **~ colectivo** Sammelvisum *n*, **~ diplomático** Diplomatenvisum *n*; **~ de entrada** Einreise | visum *n*, -sichtvermerk *m*; **~ de entrada múltiple** Dauervisum *n*; **~ obligatorio** Visumzwang *m*; **~ de paso** Durchreise | visum *n*, -sichtvermerk *m*; **~ de residencia** *(Sp)* Einwanderungsvisum *n*; **~ de salida** Ausreisevisum *n*, **~ de tránsito** Durchreisevisum *n*.
visar beglaubigen, gegenzeichnen, einen Sichtvermerk *m* anbringen.
visibilidad Sicht | barkeit *f*, Einseh- *f*; **~** *(VR)* Sicht *f*; **de ~ limitada** unübersichtlich; **~ reducida** Sichtbehinderung *f*.
visita Besichtigung *f*, Untersuchung *f*, Inspektion *f*; **~ de aduana** *(o* ***aduanera****)* Zollkontrolle *f*.
visitador Aufsichtsbeamter *m*.
visitar untersuchen, visitieren.
vista *m* Zollbeamter *m*.
vista *f* Sicht *f*, Einsicht *f (in Bücher)*, Unter | suchung *f*, Durch- *f*; *(mündliche)* Verhandlung *f*, Termin *m*, Verhandlungstermin *m*; **a la ~** *(Wechsel:)* auf *(oder: bei, nach)* Sicht; **~ de los autos** Akteneinsicht *f*; **~ de la causa** Hauptverhandlung *f*; **de ~** aus eigener Anschauung *f*; **~ final** Schlusstermin *m (Prozess)*; **hacer la ~ gorda** bewusst übersehen; **~ preliminar** Vorverhandlung *f*; **~ a puerta cerrada** nichtöffentliche Verhandlung *f*.
vistas *pl* Sichtrecht *n*; Verlobungsgeschenke *npl*.
visto Beglaubigung *f*, Eingangs | vermerk *m*, Genehmigungs- *m*, Visum *n*; bestätigt *(Scheck)*, gesehen *(Vermerk)*; **~ y aprobado** gesehen und genehmigt; **~ bueno** Gegenzeichnung *f*; **~ y legitimado** beglaubigt *(Vermerk des Notars)*; **~ para sentencia** entscheidungs | reif, spruch-.
visu, de ~ *(lat)* aus eigener Anschauung *(Lokaltermin)*.
vitalicio Leibrente *f*; **~** *(adj)* auf Lebenszeit.
vitalicista *m* Leibrentenempfänger *m*, Inhaber *m* einer Lebensversicherung.
viuda Witwe *f*.
viudedad Witwen | stand *m*, -rente *f*.
vivienda Wohn | ung *f*, -stätte *f*, -gebäude *n*; **~ en alquiler** Mietwohnung *f*; **~ amueblada** möblierte Wohnung *f*; **~ colectiva** Gemeinschaftsunterkunft *f*; **~ común** eheliche Wohnung *f*, Ehewohnung *f*; **~ de emergencia** Behelfsheim *n*; **~ de la empresa** Werkswohnung *f*; **~ libre** frei finanzierte Wohnung *f*; **~ de nueva construcción** *(o* ***planta****)* *(Sp)* Neubauwohnung *f*; **~ de promoción oficial** *(o* ***pública****)* *(Sp)* öffentlich geförderte Wohnung *f*, Sozialwohnung *f*; **~ en propiedad horizontal** Eigentumswohnung *f*; **~ de protección oficial** *(Sp)* steuerbegünstigte Wohnung *f*; **segunda ~** Zweitwohnung *f*; **~ de segunda mano** Altbauwohnung *f*; **~ de servicio** Dienstwohnung *f*; **~ social** Sozialwohnung *f*.

viviendas *pl* Wohnungswesen *n*; **~ protegidas** sozialer Wohnungsbau *m*.
vivir *m* Lebenswandel *m*; **~** *(v)* leben, wohnen; **~ de consuno** zusammenleben *(Eheleute)*; **~ habitualmente** seinen gewöhnlichen Aufenthalt *m* haben; **~ maritalmente** eheähnlich zusammenleben.
vivos *pl*, **entre ~** unter Lebenden *pl*.
vocabulario jurídico Rechtssprache *f*, juristischer Wortschatz *m*.
vocación Berufung *f*; **~ hereditaria** Berufung *f* zur Erbschaft; **~ voluntaria** Berufung *f* durch Verfügung von Todes wegen.
vocal *m* Beisitzer, Mitglied *n* eines Ausschusses; **~ del consejo de administración** *(Sp)* einfaches Verwaltungsratsmitglied *n*; **~ ejecutivo** Vorstandsmitglied *n*.
vocalía Beisitzeramt *n*.
volante *m* Notiz *f*, Laufzettel *m*; **~ de asistencia médica** Kranken|schein *m*, Überweisungs- *m*.
volar una caja de seguridad einen Safe *m* sprengen.
volatilidad Kursschwankungen *fpl*.
voli | ción Willensäußerung *f*; **~tivo** *(adj)* Willens-.
volumen *m* Umfang *m*, Menge *f*, Volumen *n*; **~ de billetes en circulación** Notenumlauf *m*; **~ en circulación** Umlaufsvolumen *n (B)*; **~ de deudas** Schuldenstand *m*; **~ dinerario** *(o **de dinero**)* Geldvolumen *n*; **~ edificable** *(o **de edificación**)* Umfang *m* der baulichen Nutzung; **~ del empleo** Beschäftigungsvolumen *n*; **~ excesivo** Übermaß *n*; **~ de maniobra** Manövriermasse *f*; **~ monetario** Geld|volumen *n*, -menge *f*; **~ de negocios** Umsatz *m*; **~ de operaciones** Umsätze *mpl*; **~ de la protección** Schutzumfang *m*; **~ salarial** Lohnsumme *f*; **~ de ventas** Umsatz *m*, Warenumsatz *m*, Umsatzvolumen *n*.
voluntad Wille *m*; **~ arbitraria** Willkür *f*; **~ contractual** Geschäftswille *m*; **~ criminosa** kriminelle Energie *f*; **~ de declaración** Erklärungswille *m*; **~ delictiva** verbrecherischer Wille *m*; **~ exteriorizada** Willensäußerung *f*; **~ de la ley** Gesetzeszweck *m*; **~ negociadora** Verhandlungsbereitschaft *f*; **~ de obrar** Handlungswille *m*; **~ de las partes** Parteiwille *m*; **~ de trabajar** Arbeitswilligkeit *f*; **última ~** letzter Wille *m*; **de última ~** letztwillig; **~ viciada** Willensmangel *m*.
voluntariado Freiwilligendienst *m*; Ehrenamt *n*; **~ social** freiwillige soziale Dienste *mpl*.
voluntari | edad Freiwilligkeit *f*, Willkür *f*; **~o** Freiwilliger *m*; **~** *(adj)* freiwillig, ehrenamtlich, gewillkürt *(Erbfolge)*.
volver herausgeben *(Geld)*, zurück|zahlen, -senden, -fallen *(Vermögen)*; **~ a abrir** wiedereröffnen; **~ a arrendar** weitervermieten; **~ a encargar** nachbestellen.
votación *(s. a. voto, voz)* Abstimmung *f*, Stimmabgabe *f*, Wahl *f*, Wahlgang *m*, Votum *n*; **~ abierta** offene Abstimmung *f*; **~ por aclamación** Abstimmung *f* durch Zuruf; **~ acumulativa** Stimmenhäufung *f*; **~ básica** Urabstimmung *f*; **~ de desempate** Stichwahl *f*; **~ por división en la sala** *(Abstimmung f durch)* Hammelsprung *m*; **~ por grupos** Hammelsprung *m*; **~ de huelga** Urabstimmung *f*; **~ de investidura** *(Sp)* Wahl *f* des Ministerpräsidenten; **~ a mano alzada** Abstimmung *f* durch Handzeichen *(oder: durch Handaufheben)*; **~ nominal** *(o **nominativa**)* namentliche Abstimmung *f*; **~ por papeletas** Abstimmung *f* durch Stimmzettel; **~ preliminar** Probeabstimmung *f*; **~ secreta** geheime Abstimmung *f (oder Wahl f)*; **~ unánime** einstimmiger Beschluss *m*.
votador Abstimmender *m*.
votante *m* Wähler *m*, Wahl|berechtigter *m*, Stimm- *m*; **~ fijo** Stammwähler *m*; **~ fluctuante** Wechselwähler *m*.
votantes fijos *pl* Wählerstamm *m*.
votar wählen, abstimmen, die Stimme *f* abgeben, verabschieden *(Gesetze)*; **~ por aclamación** durch Zuruf *m* wählen; **~ en blanco** weiße *(oder leere)* Stimmzettel *mpl* abgeben; **~ la confianza** das Vertrauen *n* aus-

sprechen *(Parlament)*; ~ **por correo** *(o* ***por correspondencia****)* die Briefwahl *f* ausüben; ~ **a favor** mit Ja stimmen, dafür stimmen; ~ **la huelga** über den Streik *m* abstimmen; ~ **levantando la mano** durch Handaufheben *n* abstimmen; ~ **negativamente** mit Neinstimmen; ~ **nominativamente** namentlich abstimmen.

voto *(s. a. votación, voz)* Stimme *f*, Stimmrecht *n*, -abgabe *f (einzeln)*, Abstimmung *f*, Votum *n*; ~ *(KR)* Gelübde *n*; ~ **por aclamación** Wahl *f* durch Zuruf *(oder durch Akklamation)*; ~ **afirmativo** Jastimme *f*; ~ **acumulativo** Stimmenhäufung *(Wahl)*; ~ **en blanco** leerer Stimmzettel *m*; ~ **de censura** Misstrauensvotum *n*; ~ **de confianza** Vertrauensvotum *n*; ~ **en contra** *(o* ***contrario****)* Gegen|stimme *f*, Nein-*f*; ~ **decisivo** Stichentscheid *m*, entscheidende Stimme *f*; ~ **discrepante** Gegenstimme *f*; ~ **disidente** abweichende Stimme *f*; ~ **expresado** abgegebene Stimme *f*; ~ **de la minoría** Minderheitsvotum *n*; ~ **negativo** Neinstimme *f*; ~ **nominal** namentliche Abstimmung *f*; ~ **plural** mehrfaches Stimmrecht *n*; **primer** ~ Erststimme *f*; ~ **en pro** Jastimme *f*; ~ **público** offene Abstimmung *f*; ~ **secreto** geheime Abstimmung *f*; **segundo** ~ Zweitstimme *f*; ~ **universal** allgemeines Wahlrecht *n*.

votos *pl*, ~ **conformes** Stimmengleichheit *f*.

voyeur *m* Voyeur *m*.

voz *f (s. a. votación, voto)* Stimm|recht *n*, Wahl- *n*, beratende Stimme *f*, Sitz *m (bei Versammlungen)*; ~ **consultiva** beratende Stimme *f*; ~ **preeminente** ausschlaggebende Stimme *f*; **con** ~ **y voto** mit Sitz und Stimme; **sin** ~ **ni voto** ohne Sitz und Stimme.

vuelo Flug *m*; ~ **de aproximación** Anflug *m*; ~ **chárter** Charterflug *m*; ~ **sin escala***(s)* Nonstopflug *m*; ~ **interior** Inlandsflug *m*; ~ **nacional** Inlandsflug *m*; ~ **redondo** Hin- und Rückflug *m*.

vuelta Rückseite *f (der Urkunde)*; Wechselgeld *n*; Wahlgang *m*; **a la** ~ vorgetragen; **a** ~ **de correo** postwendend; **de** ~ Rück-; ~ **del mercado** Tendenzwende *f*.

vulneración Verletzung *f (Recht)*; ~ **de un deber** Pflichtverletzung *f*; ~ **de un derecho** Rechtsverletzung *f*.

vulnerar una disposición eine Vorschrift *f* verletzen.

W

warrant *m (engl)* Lager*(pfand)*|schein *m*, Depot- *m*.

X

xenofobia Fremden|feindlichkeit *f*, Ausländer- *f*, Xenophobie *f*.

xenófobo fremden|feindlich, ausländer-.

Xunta de Galicia Regionalregierung *f* von Galizien.

Y

yacente la herencia solange die Erbschaft *f* ruht.

yacimiento Lagerstätte *f*; Bei|schlaf *m*, -wohnung *f*.

yacimientos *pl* Vorkommen *pl (von Mineralien)*.

yermo Ödland *n*.

yerro Irrtum *m*, Fehler *m*; ~ **de cuentas** Rechenfehler *m*.

yonki *m* Junkie *m*, Heroinsüchtiger *m*.

yuxtalineal nebenstehend *(Übersetzung)*.

Z

zancadilla Intrige *f*.
zanja de deslinde Grenzgraben *m*.
zanjar gütlich beilegen *(Streit)*.
zarpar ***(del puerto)*** auslaufen *(Schiff)*, in See *f* stechen.
zerobonds *m* Nullkuponanleihe *f*.
zona Zone *f*, Bereich *m*, Bezirk *m*, Gebiet *n*, Gelände *n*; **~ de amortiguación** Pufferzone *f (VöR)*; **~ de aparcamiento gratuito** gebührenfreier Parkplatz *m*; **~ de ayuda** *(EG)* Fördergebiet *n*, Beihilfezone *f*; **~ azul** Parkzone *f (VR)*; **~ de bajos impuestos** Niedrigsteuergebiet *n*; **~ de captura** Fanggebiet *n*; **~ de cobertura** Geltungsbereich *m (NATO)*; **~ de concentración** Ballungsgebiet *n*; **~ de concentración parcelaria** Umlegungssgebiet *n*; **~ costera** Küsten|zone *f*, -gebiet *n*; **~ de cultivo** Anbaugebiet *n*; **~ en declive** wirtschaftliches Notstandsgebiet *n*; **~ de defensa** Schutzzone *f (Forstrecht)*; **~ de desastre** Katastrophengebiet *n*; **~ desatomizada** atomwaffenfreie Zone *f*; **~ de descanso de poca duración** *(VZ)* Kurzerholungsgebiet *n*; **~ desmilitarizada** entmilitarisierte Zone *f*; **~ del dólar** Dollar|raum *m*, -zone *f*, -block *m*; **~ de edificación** Baugelände *n*; **~ de emergencia** Notstandsgebiet *n*; **~ de ensanche** erschlossenes Baugebiet *n*; **~ especial de vigilancia aduanera** ***(o fiscal)*** Zollgrenzbezirk *m*; **~ de estar** Wohnbereich *m*; **~ Europea de Librecambio** Europäische Freihandelszone *f*; **~ de explotación** Abbaugebiet *n (Bergbau)*; **~ fiscal** Zollgebiet *n*, Steuerbezirk *m*, Grenzzone *f*.
zona franca Frei*(handels)*zone *f*, Zollausschlussbezirk *m*; **~ ~ portuaria** Freihafenzone *f*.
zona, ~ fronteriza Grenz*(abfertigungs)*zone *f*, Zollgrenzbezirk *m*; **~ gris** Grauzone *f*; **~ húmeda** Biotop *n*; **~ húmeda protegida** Wasserschutzgebiet *n*; **~ de interés turístico** *(Sp)* Gebiet *n* von touristischem Interesse; **~ de la libra esterlina** Sterlingzone *f*; **~ de librecambio** Freihandelszone *f*; **~ de Libre Comercio del Atlántico Norte** Freihandelszone *f* zwischen USA, Kanada und Mexiko *(NAFTA)*; **~ limítrofe** Grenzgebiet *n*; **~ litoral** Küstenzone *f*; **~ de mando** Befehlsbereich *m*; **~ militar** militärisches Sperrgebiet *n*; **~ peatonal** *(o **de peatones**)* Fußgänger|zone *f*, -bereich *m*; **~ de peligro** Gefahrenzone *f*; **~ periférica** Randgebiet *n*; **~ de pesca** *(o **pesquera**)* Fischgründe *pl*, Fanggebiet *n*; **~ postal** Postzustellbezirk *m*; **~ prohibida** Sperr|zone *f*, -gebiet *n*, -bezirk *m*; **~ de recreo** Spielstraße *f (VR)*; **~ de remodelación** Sanierungsgebiet *n*; **~ de reparto** Zustellungsbezirk *m*; **~ de reserva** Reservat *n*; **~ de reserva industrial** Industriegebiet *n (Baurecht)*; **~ de reserva turística** *(Sp)* für Tourismus bestimmtes Baugebiet *n*; **~ residencial** Wohn|bereich *m*, -gegend *f*, -gebiet *n*; **~ de silencio** lärmfreie Zone *f*; **~ de soberanía** Hoheitsgebiet *n*; **~ subvencionada** Zuschussgebiet *n*; **~ urbana** Stadtgebiet *n*, Ballungszentrum *n*; **~ sin urbanizar** unerschlossenes Gebiet *n*; **~ de venta** Absatz|gebiet *n*, Vertriebs- *n*; **~ verde** Grünfläche *f*; **~ verde de uso público** öffentliche Grünanlage *f*.
zonal *(adj)* Zonen-, Bezirks-.
zonificar *(Sp)* Flächen *fpl* ausweisen *(Bauleitplan)*.
zootécnica Tierhaltung *f*.
zozobrar Schiffbruch *m* erleiden.

Deutsch – Spanisch

A

abänderbar *adj* modificable, alterable.
Abänderbarkeit *f* modificabilidad *f*.
abändern 1. *(Gesetze)* derogar; 2. *(Urteile)* enmendar.
Abänderung *f* 1. *(Urteile)* enmienda *f*; 2. *(Verwaltungsakt)* revisión *f*; 3. *(von Amts wegen)* revisión *f* de oficio.
Abänderungsantrag *m* propuesta *f* de enmienda.
abänderungsfähig modificable.
Abänderungsklage *f* demanda *f* de reforma *(o adaptación)*.
Abänderungsklausel *f* cláusula *f* derogatoria *(o modificatoria)*.
Abänderungsurkunde *f* instrumento *m* de modificación.
Abandon *m (HandelsR, SeeR)* abandono *m*; **~ wegen Verschollenheit des Schiffes** abandono *m* por falta de noticias.
Abandonerklärung *f (HandelsR)* declaración *f (o aviso m)* de abandono.
abandonnieren 1. *(Rechte)* renunciar a un derecho; 2. *(Wertpapiere)* entregar títulos valores; 3. *(SeeR)* abandonar.
Abandonrecht *n (Handels- u. SeeR)* facultad *f (o derecho m)* de abandono.
Abarbeitung *f* **~ der Strafen** redención *f* de penas por el trabajo.
Abartigkeit *f* **sexuelle ~** desviación *f* sexual.
Abbaurecht *n (Bergbau)* concesión *f (o derecho m)* de explotación.
abberufen 1. *(von einem Amt)* destituir; 2. *(Botschafter)* retirar.
Abberufung *f* 1. *(von einem Amt)* destitución *f*; 2. *(Botschafter)* retirada *f*.
Abbruch *m* 1. *(der Schwangerschaft)* interrupción *f* del embarazo; 2. *(eines Bauwerks)* derribo *m*; 3. *(Verhandlungen)* ruptura *f*.
Abbruchswert *m* **~ des Schiffes** valor *m* del buque desguazado.
Abbuchung *f (BankR)* **~ vom Konto** débito *m* en cuenta; **~ uneinbringlicher Forderungen** amortización *f* de fallidos.
Abbüßung *f* **~ von Strafen** cumplimiento *m* de penas.
abdingbar *adj* derogable.
abdingen 1. derogar; 2. regatear precios.
Aberkennung *f* **~ des aktiven Wahlrechts** inhabilitación *f (especial)* para votar; **~ der bürgerlichen Ehrenrechte** interdicción *f* civil; **~ der Fähigkeit zur Bekleidung öffentlicher Ämter** inhabilitación *f (especial)* para *(desempeñar)* cargos públicos; **~ der Immunität** desafuero *m*.
aberratio ictus *(lat)* error *m* en el golpe; error *m* aberratio ictus.
abfangen 1. *(Post)* interceptar; 2. *(Brief)* intervenir; 3. *(Klienten)* captar.
Abfassung *f* **~ eines Urteils** redacción *f* de una sentencia.
Abfindung *f* **einmalige ~** indemnización *f* única; **zur endgültigen ~** en pago definitivo.
Abfindungsbetrag *m* 1. suma *f* por acomodamiento; 2. indemnización *f* por despido.
Abfindungsentschädigung *f* indemnización *f* global por despido.
Abgaben *fpl* 1. **allgemeine ~** exacciones *fpl*; 2. gravámenes *mpl*, tasas *fpl*; **von ~ befreien** franquear; eximir de exacciones; **~ erheben** imponer *(o ejercitar)* exacciones; **~ tragen** sufrir *(o cargar)* con exacciones.
abgabenfrei *adj* franco; libre de exacciones *(o tasas)*.
Abgabenordnung *f* ley *f* de tasas; ley *f* reguladora de las exacciones.
abgabenpflichtig *adj* gravable, sujeto a acción fiscal.
Abgabenpflicht *f* obligación *f* fiscal.
Abgabenpflichtige(r) *f (m)* contribuyente *m, f*; sujeto a exacciones.
Abgabenrecht *n* ordenamiento *m* jurídico-tributario.
Abgabenrechtler *m* tributarista *m*.
abgabenrechtlich *(jurídico-)*tributario.
Abgabenüberhebung *f* exacción *f* ilegal; *(CH)* concusión *f*.

abgeben eine Willenserklärung ~ emitir una declaración de voluntad.
abgeleitet ~er Eigentumserwerb *m* adquisición *f* derivativa de la propiedad.
abgelten 1. *(Verlust)* compensar; 2. *(Schaden)* indemnizar; 3. *(Arbeit)* remunerar; 4. *(Schulden)* amortizar; 5. *(Abzahlung)* reembolsar, liquidar.
abgemacht trato hecho.
Abgeordnetenbestechung *f* corrupción *f* de diputados.
Abgeordnetenimmunität *f* fuero *m* parlamentario.
abgeurteilt condenado.
abgewiesen werden 1. ser desestimado; 2. no haber lugar.
abhanden kommen perder.
Abhandlung *f* informe *m*, disertación *f*.
Abhandlungsausweis *m (Öst)* prueba *f* para la liquidación de herencia.
Abhandlungsgericht *n (Öst)* → Nachlassgericht.
Abhandlungspfleger/in *m/f (Öst)* → Nachlasspfleger.
Abhandlungsregister *n (Öst)* → Nachlassregister.
abhängig *adj* 1. *(Sucht)* adicto, enganchado; 2. *(beschäftigt)* por cuenta ajena.
Abholzungsrecht *n* derecho *m* de leñar.
Abhöranlage *f* **elektronische** ~ dispositivo *m* electrónico para escuchar conversaciones.
Abhördienst *m* servicio *m* de escuchas secretas.
Abhören *n* **privates** ~ interceptación *f* privada; **unbefugtes ~ von Telefongesprächen** teléfono *m* intervenido, pinchazo *m* del teléfono.
Abkommen *n* acuerdo *m*, convenio *m*, pacto *m*, tratado *m*; **allgemeines** ~ tratado *m* general; **durch beiderseitiges** ~ de común acuerdo; **~ mit den Gläubigern** ajuste *m* *(o arreglo m)* con los acreedores; **bilaterales** ~ acuerdo *m (convenio m o pacto m)* bilateral; **~ zwischen Bundesländern** acuerdo *m* confederal; **dem ~ beitreten** incorporarse *(o adherirse)* al convenio; **das ~ durchführen** administrar el tratado.
Abkömmling *m* descendiente *m*; **~ aus erster Ehe** *(ErbR)* reservatario *m*; **gemeinschaftlicher** ~ descendiente *m* común.
Abkunft *f* descendencia *f*, origen *m*.
Ablass *m (KR)* indulgencia *f*.
Ablauf *m* **~ einer Frist** vencimiento *m (o terminación f)* de un plazo; **nach ~ dieser Frist** transcurrido dicho plazo; **vor ~ eines jeden Vertragsjahres** antes de la finalización *f* de cada año de vigencia; **~ eines Vertrages** expiración *f* de un contrato *(o tratado)*.
Ablauffrist *f* vencimiento *m*.
Ablaufhemmung *f* suspensión *f* de la terminación *(o de la prescripción)*.
Ableben *n* óbito *m*, defunción *f*.
ablehnbar rechazable; **nicht** ~ indeclinable.
ablehnen 1. *(Annahme)* rechazar, rehusar; 2. *(Klage)* desestimar, denegar; 3. *(Gesetz)* reprobar; 4. *(Richter)* recusar; 5. *(Zeugen)* tachar, poner tachas; 6. *(Eid)* excusar.
ablehnend *adj (Beschluss)* denegatorio, disconforme.
Ablehnende/r *f/m (parte f)* recusante *m, f*.
Ablehnung *f* 1. *(Befangenheit)* recusación *f*; 2. *(Gesuch, Antrag)* desestimación *f*, repulsa *f*; 3. *(Zeugen)* tacha *f*; **~ des Amtes** repulsa *f* del cargo; **~ der Annahme eines Asylantrags** inadmisión *f* a trámite de una solicitud de asilo; **~ wegen Besorgnis der Befangenheit** recusación *f* por parcialidad *(o interés)*; **~ eines Beweisantrags** denegación *f* de pruebas; **~ des Schiedsrichters** recusación *f* arbitral; **~ der Schuldenrückzahlung** repudio *m* de la deuda; **~ der Wiederaufnahme des Verfahrens** denegación de la reapertura del procedimiento.
Ablehnungsantrag *m* escrito *m* de recusación.
Ablehnungsbescheid *m* resolución *f* denegatoria.
Ablehnungsgründe *mpl* razones *fpl* de recusación *(o denegación)*; **~ vortragen** oponer tachas.
ablösen, abgelöst werden *(im Amt)* ser cesado.
Ablösende/r *f/m* redimente *m, f*.

Ablösung *f (Amt, Schicht)* relevación *f*, relevo *m*; **~ einer Dienstbarkeit** redención *f* de servidumbre; **~ einer Hypothek** expurgo *m*; **~ der Schuld** redención *f* de la deuda.

abmachen 1. *(Geschäfte)* acordar, ajustar; 2. *(Preis)* fijar.

Abmachung *f* **abweichende ~** pacto *m* derogatorio; **einschränkende ~** estipulación *f* limitativa; **vertragliche ~** contrato *m*, convenio *m*, pacto *m*.

Abmahnung *f (nota f de)* advertencia *f*.

Abmeldung *f* anulación *f* de la inscripción; *(im Kreisverwaltungsreferat)* aviso *m* de cambio de domicilio; *(beim Finanzamt)* baja *f* en la contribución.

Abnahme *f* 1. *(Wert)* decrecimiento *m*, disminución *f*; 2. *(Preis)* reducción *f*; 3. *(Gewicht)* merma *f*; 4. *(Aktien)* suscripción *f*; 5. *(Bilanz)* aprobación *f*; 6. *(Waren)* recogida *f*; 7. *(Siegel)* levantamiento *m*; 8. *(Eid)* toma *f*; **~ des Beweises s. Beweiserhebung**; **~ von Fingerabdrücken** toma *f (de la ficha)* dactilar; **auf ~ klagen** demandar por rehuso de recepción.

Abolition *f* abolición *f*; *(Öst)* suspensión *f* de causa por el presidente de la República.

Abonnentenbetrug *m* estafa *f* de suscripción.

abordnen 1. delegar; 2. *(Richter)* comisionar; 3. *(Beamte)* conferir comisión de servicio.

Abordnung *f* delegación *f*; **im Wege der ~** en comisión de servicio.

Abort(us) *m* aborto *m*, abortamiento *m*, feticidio *m*.

abpachten arrendar, tomar en arriendo.

Abrede *f* convenio *m*, acuerdo *m*, pacto.

Abrogation *f* derogación *f*.

Absatz *m* 1. *(Waren)* venta *f*, salida *f*; 2. *(Urkunde, Paragraphen)* párrafo *m*.

abschaffen *(Gesetze)* abolir, suprimir, abrogar, derogar.

abschaffend abrogatorio.

Abschaffung *f* abolición *f*;**~ der Todesstrafe** abolición *f* de la pena de muerte.

abschieben 1. *(Ausländer)* poner en frontera, expulsar *(por vía de apremio)*; 2. *(Falschgeld)* agregar.

Abschiebung *f* 1. *(Ausländer)* puesta *f* en frontera, expulsión *f* por vía de apremio; 2. tránsito de presos.

Abschiebungsandrohung *f* **vollziehbare ~** aviso *m* de expulsión ejecutable.

Abschiebungshaft *f* internamiento previo a la expulsión *(del pais)*.

Abschiebungshaftanstalt *f* centro *m* de internamiento de extranjeros a efectos de su expulsión.

Abschiebungshäftling *m* detenido *m* a efectos de su expulsión *(del país)*.

Abschiebungsanordnung *f* orden *f* de expulsión.

Abschiebungsschutzantrag *m* solicitud *f* de amparo contra expulsión.

abschließen 1. *(Vertrag)* concertar, formalizar, firmar; 2. *(beenden)* terminar, poner término; 3. *(Bilanz)* cerrar balance.

Abschluss *m* 1. *(Verträge)* contratación *f*, otorgamiento *m*; 2. *(Sitzung, Verfahren)* terminación *f*, conclusión *f*; 3. *(Rechnungswesen)* balance *m*, cierre *m* de cuentas; 4. *(Tarifverträge)* celebración de convenios *m* colectivos; **~ eines Abkommens** conclusión *f* de un convenio; **~ der Ermittlungen** cierre *m* del sumario;**~ des Ermittlungsverfahrens** conclusión *f* del sumario, cierre *m* de la investigación; **~ der gerichtlichen Voruntersuchung** cierre *m* de la instrucción formal; **~ des Rechtsgeschäfts** celebración *f* del negocio jurídico; **~ eines Vertrages** conclusión *f*, celebración de un contrato; **zum ~ bringen** llevar a cabo, concluir.

Abschöpfungen *mpl* gravámenes *mpl (variables)*.

abschrecken disuadir, intimidar, desalentar.

Abschrift *f* 1. *(Kopie)* copia *f*; 2. *(Ausfertigung)* transcripción *f*; 3. *(Schriftsatz)* traslado; **eine ~ anfertigen, fertigen, machen** sacar copia, trasuntar; **beglaubigte ~** copia *f* auténtica, copia *f* autenticada, copia *f* autorizada, copia *f* certificada, copia *f* bastanteada; **eine beglaubig-**

te ~ **erteilen** compulsar; **in beglaubigter ~** por compulsa; **öffentlich beglaubigte ~** copia *f* autenticada; **unbeglaubigte ~** copia *f* simple, documento *m* simple; **verglichene ~** copia *f* cotejada; **vollständige ~** transcripción *f* completa; **wörtliche ~** copia *f* literal, copia *f* verbal, copia *f* textual.
abschriftlich por copia.
Absentismus *m* absentismo *m*.
absetzbar 1. *(steuerlich)* deducible; 2. *(Beamter)* amovible; 3. *(Waren)* vendible, negociable.
Absetzbarkeit 1. *(steuerlich)* deducibilidad *f*; 2. *(Beamter)* amovilidad *f*; 3. *(Waren)* negociabilidad *f*, vendibilidad *f*.
absetzen 1. *(Beamten, etc)* separar del cargo, sustituir; 2. *(Waren)* comercializar, dar salida; 3. *(Steuer)* desgravar; 4. *(sich absetzen)* huir.
Absetzung *f* 1. *(von Amtsinhaber)* separación *f* del cargo, cese *f*; 2. *(von Herrschern)* derrocamiento *m*.
absichern sich vertraglich ~ asegurar por contrato.
Absicht *f* **betrügerische ~** intención *f* fraudulenta; **böse ~** intención *f* dolosa; **in unzüchtiger ~** con propósitos lúbricos; con miras deshonestas; **verbrecherische ~** intención *f* delictiva *(o criminal)*.
absichtlich *(adj)* intencional, intencionado; *(adv)* a propósito, deliberadamente.
Absichtlichkeit *f* intencionalidad *f*.
Absichtsdelikt *n* delito *m* intencional, delito *m* de intención.
Absichtserklärung *f* 1. declaración *f* de intenciones; 2. exposición *f* de motivos; 3. memorándum *m* de acuerdo.
Absichtsurkunde *f* documento *m* declarativo.
Absitzen *n* **volles ~ der Strafe** cumplimiento *m* íntegro de lapena.
absolut ~e Fahruntüchtigkeit incapacidad *f* absoluta para conducir; **~e Mehrheit** *f* mayoría *f* absoluta; **~e Nichtigkeit** *f* nulidad *f* absoluta; **~er Revisionsgrund** *m* causal *m* absoluto de casación; **~es Recht** *n* derecho *m* absoluto.
Absolution *f* absolución *f*.
absolvieren cursar (estudios).
Absonderungsanspruch *m* derecho *m* de preferencia.
Absonderungsberechtigte(r) *(f) m* acreedor *m* del fallido con privilegio especial.
Absonderungsgläubiger/in *m/f* Absonderungsberechtigter.
Absonderungsrecht *n* derecho *m* de separación relativa.
Abspaltung *f* *(Umwandlung einer Gesellschaft)* escisión *f* parcial.
Absperrung *f* **polizeiliche ~** cordón *f* policial *(de seguridad)*.
Absprache *f* 1. *(Preisabsprache)* colusión *f* de precios; 2. *(zwischen Angeklagten und Staatsanwalt)* principio *m* de consenso.
absprechen 1. *(Preise, Rechte)* pactar, negociar; 2. *(aberkennen)* privar, negar.
abstammen proceder, descender.
Abstammung *f* **außereheliche, eheliche ~** filiación *f* extramatrimonial, legítima; **blutschänderische ~** filiación *f* incestuosa; **ehebrecherische ~** filiación *f* adulterina; **~ in gerader Linie** descendencia *f* lineal; **mütterliche, väterliche ~** filiación *f* materna, paterna; **~ in der Seitenlinie** descendencia *f* *(co)*lateral; **unbekannte ~** filiación *f* desconocida.
Abstammungsfeststellung *f* investigación *f* de la paternidad legítima.
Abstammungsklage *f* demanda *f* de declaración de paternidad *f*.
Abstammungslinie *f* línea *f* genealógica.
Abstammungsprozess *m* juicio *m* sobre la filiación.
Abstammungsrecht *n* ius sanguinis *(lat)*; derecho *m* de sangre.
Abstammungsurteil *n* sentencia *f* declarativa de la filiación.
absteigend *(Verwandschaft)* descendente.
abstempeln 1. *(Briefmarken)* matasellar; 2. *(Brief, Urkunde, Ausweis)* timbrar, sellar; 3. *(Fahrkarte)* cancelar; *(fam)* picar.
abstimmen 1. *(über etw)* votar a/c; 2. *(Interessen)* ajustar; 3. *(absprechen)* acordar; 4. *(sich absprechen)* ponerse

de acuerdo; 5. *(über etw abstimmen lassen)* someter a votación.

Abstimmung *f*; 1. *(Wahl)* votación *f*, voto *m*; 2. *(Harmonisierung)* armonización *f*; 3. *(Zahlen)* compatibilización *f*.

abstreiten 1. *(bestreiten)* disputar; 2. *(leugnen)* desmentir, negar.

Abtreiber/in *m/f* abortista *m*, *f*, abortador *m*, feticida *m*, *f*.

Abtreibung *f* 1. **fahrlässige ~** aborto *m* preterintencional; 2. **illegale, strafbare ~** aborto *m* ilegal, delictivo; 3. **~ mit Todesfolge** aborto *m* con resultado de muerte; 4. **~ bei Vergewaltigung** aborto *m* ético; 5. **vorsätzliche ~** aborto *m* de propósito, *(CH)* aborto *m* malicioso.

Abtreibungshandlungen *fpl* maniobras *fpl* abortivas.

Abtreibungsklinik *f* centro *m* de aborto.

Abtreibungsmittel *n* abortivo *m*.

Abtreibungsrecht *n* derecho *m* al aborto.

abtrennen *(Prozess)* desglosar, segregar.

abtretbar cesible, transferible.

Abtretbarkeit *f* cesibilidad *f*, transmisibilidad *f*.

abtreten 1. *(Geschäft)* traspasar; 2. *(überlassen)* ceder.

Abtret(end)e(r) *f (m) (eines Rechts)* cedente *m*, *f*, cesionista *m*, *f*, transferente *m*, *f*.

Abtretung *f* cesión *f*, dación *f*, transmisión *f*; *(Geschäft)* traspaso *m*; **~ des Erbanspruchs** cesión del derecho sucesoral *(o sucesorio)*; **~ des Verfahrens** *(Öst)* Verweisung an ein anderes Gericht; **~ an Zahlungs Statt** cesión *f* en pago, *(lat)* cessio insolutum.

Abtretungsempfänger/~in *m/f* cesionario *m*, ~a *f*, cedido *m*, ~a *f*.

abtretungsfähig cedible, cesible, *(Geschäft)* traspasable.

Abtretungsformular *n* formulario *m* de cesión.

Abtretungsrecht *n* derecho *m* de cesión *(o de traspaso)*.

Abtretungsurkunde *f* escritura *f* de cesión, escritura *f* de traspaso.

Abtretungsvertrag *m* contrato *m* de cesión.

aburteilen j-n ~ sentenciar, condenar a alg.

Aburteilende/r *f/m* condenador *m*, *f*; *(fam)* justiciero *m*, ~a *f*.

Aburteilung *f* sentencia *f* condenatoria.

Abwägungsermessen *n* potestad *f* estimativa.

Abwehr *f* 1. defensa *f*; 2. contraespionaje *m*.

Abwehranspruch *m (des Eigentümers)* derecho *m* de exclusión y de defensa.

Abwehraussperrung *f* cierre *m* patronal, lock out *m*.

Abwehrklage *f* demanda *f* negativa.

Abwehrrecht *n* derecho *m* de reacción.

abweichend ~es Verhalten *n* comportamiento *m* derogatorio.

abweisen ~ als unbegründet, als unstatthaft (Klage) desestimar por infundada, desestimar por improcedente.

abweisend *(Entscheidung)* desestimatorio, desestimativo.

Abwendung *f* 1. evitación *f*; 2. prevención *f*; **~ des Konkurses, ~ der Pfändung** evitación *f* de la quiebra, evitación *f* del embargo.

Abwesenheit *f* 1. ausencia *f*; 2. rebeldía *f*; **in ~ des Beklagten** en ausencia del demandado; **~ des Beschuldigten** rebeldía *f* del procesado; **~ vom Tatort** coartada *f*; **in ~ verurteilen** juzgar en rebeldía, condenar por contumacia.

Abwesenheitspflegschaft *f* curatela *f* de ausentes, administración *f* de bienes del ausente.

abwickeln 1. *(Firma)* liquidar; 2. *(Aufträge)* ejecutar; 3. *(Geschäfte)* realizar; 4. *(Nachlass)* ejecutar, liquidar.

Abwicklungszustand *m* estado *m* de liquidación *f*.

Abzahlung *f* **auf ~ kaufen, verkaufen** comprar, vender a plazos *(o a crédito)*.

abzeichnen rubricar, firmar; *(CH)* tizcar.

Abzug *m* deducción *f*.

abzugsfähig deducible.

Achtung *f* **~ vor dem Gesetz** respeto *m* a las leyes.

Ächtung *f* proscripción *f*, destierro *m*.

ad absurdum führen reducir *(o llevar)* al absurdo.

ad acta legen dar carpetazo, archivar.
Adhäsionsklausel *f* cláusula *f* de adhesión.
Adhäsionsprozess *m*, **Adhäsionsverfahren** *n* proceso *m* civil acumulado al penal; *(Arg)* acción *f* civil emergente del delito.
ad hoc ad hoc.
Adoption *f* **~ eines Abkömmlings, eines Fremden** adopción *f* plena, adopción menos plena.
Adoptionsrecht *n* beneficio *m* de adopción.
Adoptionsregister *n* registro *m* de adopciones.
Adoptionsverfahren *m* juicio *m* de adopción.
Adoptionsvertrag *m* contrato *m* de adopción.
Adoptiveltern *pl* padres *mpl* adoptivos.
Adoptivfamilie *f* familia *f* adoptiva, familia *f* civil.
Adoptivkind *n* hijo *m* adoptivo, hijo *m* adoptado.
Adoptivmutter *f* madre *f* adoptante, madre *f* adoptiva, prohijadora *f*.
Adoptivsohn *m* prohijado *m*, hijo *m* adoptivo.
Adoptivtochter *f* prohijada *f*, hija *f* adoptiva.
Adoptivvater *m* prohijador *m*, padre *m* adoptador, padre *m* adoptante.
Adoptivverwandtschaft *f* parentesco *m* adoptivo.
Advitalitätsrecht *n (Öst)* usufructo *m* de viudedad.
Affekt *m* **im ~** en estado de alteración; *(lat)* irato; **im ~ handeln** obrar por un arrebato.
Affektmord *m* asesinato *m* por afecto o pasional.
Affekttäter/in *m/f* autor *m* emocional, autor *m* por pasión.
Affektverbrechen *n* delito *m* pasional *(o por afecto)*.
Agenda 2010 *(D)* Agenda 2010 *(conjunto de reformas en profundidad de la Seguridad Social alemana) (siehe: Arbeitslosengeld II, Schnellvermittlung, Personal-Service-Agenturen (PSA), Bildungsgutscheine, Bundesagentur für Arbeit, Arbeitlosenunterstützung, Kompetenzzentren, Selbständigkeit, Jobzentren)*.
Agentur *f* **für Arbeit** oficina *f* de colocación.
Agrément *n* beneplácito *m*, plácet *m*; **das ~ erhalten, erteilen** obtener, dar el plácet.
ahnden sancionar, castigar.
Ahndung *f* castigo *m*, sanción *f*.
Aids-Krankheit *f (enfermedad f del)* SIDA *m*.
Akt *m* 1. acto *m*; 2. *(Schw)* escritura *f*, documento; **angefochtener ~** acto *m* reclamado; **einen ~ formgültig machen** legitimar, formalizar; **gesetzgeberischer ~** acto *m* normativo; **obrigkeitlicher ~** acto *m* de autoridad; **rechtswidriger ~** acto *m* abusivo; **~ des Vandalismus** acto *m* de vandalismo, gamberrada *f*.
Akte *f* **etw zu den ~n legen** archivar; **eine ~ anlegen** abrir expediente; **besondere ~** pieza *f* separada; **zu einer ~ bündeln** legajar; **Einheitliche Europäische ~** Acta Única Europea; **zur ~ einreichen** allegar; **zur ~, zur gleichen ~** *(lat)* apud acta; **sich zur ~ melden** *(Beklagter)* comparecer *(o personarse)* en los autos.
Akten *f/pl* actas *fpl*, autos *mpl*; *(Strafverfahren, Ch)* carpeta *f*, expediente; **~ ablegen (lassen)** *(mandar)* archivar las actuaciones; **die ~ anfordern** reclamar los autos; *(CH)* solicitar los antecedentes; **die ~ auslegen** poner de manifiesto los autos; **bei den ~** archivado, obrante en los autos; **sich bei den ~ befinden** obrar en el expediente; **die ~ beiziehen** traer *(a la vista)* los autos; **zu den ~ bringen** agregar al expediente; **die ~ einsehen** examinar las actuaciones *(o los autos)*; **die ~ zur Einsicht überlassen** conferir traslado de los autos; **sich aus den ~ ergeben** constar en autos; **in den ~ feststellen, vermerken** patentizar *(o acreditar)* en autos; **zu den ~ geben** unir a los autos; **die ~ senden an** *(ein höheres Gericht)* elevar los autos; **die ~ überlassen** pasar los autos; **urschriftlich zu den ~ geben** agregar original a las diligencias; **zu den ~** archivar.
Aktenablage *f* archivo *m*, archivador.
Aktenanforderung *f* pedimiento *m* de traslado de los autos *m*.
Aktenaufbewahrung *f* custodia *f* de los autos.

Aktenauszug *m (Sp)* cuaderno *m* de extractos, transcripción *f* de los autos, somero extracto *m*.
Aktenbearbeitung *f* tramitación *f* *(o instrucción f o conocimiento m)* de expedientes.
Aktenbeschlagnahme *f* secuestro de documentación *f*.
Aktenblatt *n* hoja *f*.
Aktenbündel *n* legajo *m*, pieza *f* de autos; **ein ~ aufschnüren** deslegajar.
Akteneinsicht *f* **~ gewähren** permitir el acceso al expediente.
Akteneinsichtsrecht *n* derecho *m* a examinar los autos.
aktenkundig *(lat)* apud acta; que consta en acta.
Aktenstück *n* expediente *m*, pieza *f* de autos; **ein ~ anlegen** formar pieza separada.
Aktenversendung *f* remesa *f* de los autos.
Aktenvernichter *m* **(Reißwolf)** *m (Sp)* destructora *f* de papel, *(Am)* destrozadora *f* de papel.
Aktenvernichtung *f* destrucción *f* de autos.
Aktenzeichen *n* número *m*de expediente, encabezamiento *m*, número *m* de referencia.
Aktiengesellschaft *f* sociedad anónima, sociedad *f* por acciones.
Aktiengesellschaft *f*, **europäische ~** sociedad *f* anónima europea *(S.E.)*.
Aktiengesetz *n* ley *f* sobre el régimen de las sociedades anónimas.
Aktienrecht *n* Derecho *m* de sociedades anónimas.
Aktienregister *n* libro-registro *m* de accionistas.
Aktiva *npl* activo.
aktiv *adj* **~es Wahlrecht** *n* derecho *m* electoral activo.
Aktivlegitimation *f* legitimación *f* activa.
Aktivmasse *f* masa *f* activa, caudal *m* activo *(de la quiebra)*.
Aktivschuld *f* crédito *m*, cuenta *f* acreedora.
Aktivseite *f* **~ der Bilanz** columna *f* del activo *(del balance)*.
Akzept *n* 1. aceptación *f*; 2. letra *f* aceptada; **bedingtes, unbedingtes ~** aceptación condicional, incondicional; **ehrenhalber, eingeschränktes ~** aceptación *f* por intervención, condicionada; **mangels ~** por falta de aceptación.
Akzeptant *m* aceptante *m*, aceptador *m*; *(Méx)* indicatorio *m*.
akzeptieren aceptar.
akzeptiert, nicht akzeptiert *adj* aceptado, inaceptado.
Akzeptobligo *n* compromiso *m* por aceptación.
Akzessorietät *f* accesoriedad *f*.
akzessorisch *adj* accesorio.
Alarmzustand *m* 1. estado *m* de alerta; 2. estado *m* de alarma.
Album *n* **~ der Haftentlassenen** álbum *m* de liberación de presos; **~ der Tatverdächtigen** álbum *m* de sospechosos.
aleatorisch *adj* aleatorio.
Alibi *n* coartada *f*; **ein ~ beibringen** *(od nachweisen)*, **das ~ konstruieren** probar, preparar la coartada.
Alibibeweis *m* coartada *f*.
Alibifrau *f (ugs)* mujer *f* que sirve de coartada.
Alibifunktion *f* coartada *f*.
Alimentation *f* alimentación *f*, manutención.
Alimentationsanspruch *m*, **Alimentationsforderung** *f* derecho *m* a manutención.
Alimentationsklage *f (Schw)* Unterhaltungsklage *f*.
Alimentationspflicht *f* deber *m* de alimentos; obligatoriedad *f* de proporcionar alimentos.
Alimente *npl* 1. pensión *f* alimenticia; 2. alimentos *mpl*.
Alimentenabfindung *f* indemnización *f* por alimentos.
Alimentenbeiträge *mpl (Schw)* → Unterhaltsleistung.
Alimentenforderung *f* pretensión *f* alimenticia, crédito *m* alimenticio.
alimentenpflichtig *adj* obligado al pago de alimentos.
Alimentenprozess *m* juicio *m* por gastos de manutención.
Alkohol *m* alcohol *m*.
alkoholabhängig *adj* alcohólico.
Alkoholgehalt *m (im Blut)* alcoholemia *f*.
Alkoholiker *m* alcohólico *m*.
alkoholisiert *adj* **in ~em Zustand** bajo los efectos del alcohol; en estado de embriaguez.

Alkoholismus *m* alcoholismo *m*.
Alkoholkonsum *m* consumo *m* de alcohol.
Alkoholmissbrauch *m* abuso *m* del alcohol.
Alkoholproblem *n* **ein ~ haben** tener problemas con el alcohol.
Alkoholspiegel *m* alcoholemia *f*, nivel de alcohol en la sangre.
alkoholsüchtig *adj* adicto al alcohol.
Alkoholsünder *m* conductor *m* bajo los efectos del alcohol.
Alkoholtest *m* prueba *f* de alcoholemia.
Alkoholverbot *n* prohibición *f* de consumir bebidas alcohólicas.
Alkoholvergiftung *f* intoxicación *f* etílica.
Alkoholwerbung *f (WerbeR)* publicidad *f* de bebidas alcohólicas.
alleinberechtigt en titularidad única; **~ sein** tener la exclusiva.
Alleinberechtigung *f* exclusiva *f*, exclusividad *f*.
Alleinbesitz *m* posesión *f (o propiedad f)* exclusiva.
Alleinbezugsvertrag *m* contrato *m* de abastecimiento en exclusiva.
Alleineigentum *n* titularidad *f* única, propiedad *f* exclusiva.
Alleineigentümer/in *m/f* propietario *m* único, dueño único.
Alleinerbe *m*, **Alleinerbin** *f* heredero *m* universal *(o único)*.
Alleinerziehende/r *f/m* 1. padre *m* soltero *(o madre f soltera)*; 2. familia *f* monoparental *(o monomaternal)*.
Alleinhaftung *f* responsabilidad *f* exclusiva.
Alleininhaber/in *m/f* dueño *m (o titular m)* único.
Alleinstehende/r *f/m* 1. soltero *m*; 2. que vive solo.
Alleinverkaufsrecht *n* derecho *m* de venta exclusiva.
Alleinvertreter/in *m/f* representante *m* exclusivo; agente *m* único.
Alleinvertretervertrag *m* contrato *m* de representación exclusiva.
Alleinvertretungsklausel *f* cláusula *f (de)* exclusiva.
Alleinvertriebsvertrag *m* contrato de abastecimiento *m* exclusivo *(o de distribución en exclusiva)*.
Allgefahrenversicherung *f (VersR)* seguro *m* contra todo riesgo.
allgemein 1. **~e Geschäftsbedingungen** *fpl* condiciones *fpl* generales *(de contratación)*; 2. **~e Gütergemeinschaft** *f* comunidad *f* general de bienes; 3. **~e Handlungsfreiheit** *f* libertad *f* general de actuar; 4. **~e Staatslehre** *f* teoría *f (o Derecho m)* general del Estado; 5. **~e Wahlen** *fpl* elecciones *fpl* generales; 6. **~er Rechtsgrundsatz** *m* principio *m* general del Derecho; 7. **~er Teil** *m* parte *f* general; 8. **~es Gesetz** *n* ley *f (de validez)* general; 9. **~es Gewaltverhältnis** *n* relación *f* general de poder.
Allgemeingeltung *f*, **Allgemeingültigkeit** *f* validez *f* general; validez *f* universal.
Allgemeinverbindlichkeit *f* eficacia *f* erga omnes, eficacia *f* general.
Allgemeinverbindlichkeitserklärung *f* declaración *f* de obligatoriedad general.
Allgemeinverfügung *f* acto *m (o disposición f)* general.
Allgemeinvollmacht *f* poder *m* general.
Allgemeinwohl *n* bien*(estar) m* común, bien*(estar) m* público.
Allmende *f* pastos *mpl* comunes.
Allod *n (RG)* alodio *m*.
Allodialgut *n* bien *m* alodial.
Allodialrecht *n* derecho *m* alodial.
Allodisierung *f* constitución *f* de alodios.
Allonge *f (BankR)* añadido *m*, taloncito *m*; *(Wechsel)* coleta *f*.
allumfassend *adj* omnicomprensivo; **~e Norm** norma *f* omnicomprensiva.
Allzuständigkeit *f* plena competencia *f*; competencia *f* general, competencia *f* total.
Almosen *n* limosna *f*, caridad *f*.
Alteigentümer/in *m/f* ex propietario *m*.
Altenteil *m* retiro *m*; reserva *f* rústica.
Altenteilsvertrag *m* contrato *m* de sustento vitalicio.
Alter *n* 1. **arbeitsfähiges, erwerbsfähiges ~** edad *f* laboral; 2. **heiratsfähiges ~** edad *f* núbil, edad *f* legal para el matrimonio; 3. **schulfähiges, schulpflichtiges ~** edad *f* escolar, edad *f* de escolaridad obligatoria; 4. **zurechnungsfähiges ~** edad *f* de discernimiento.

Alternativobligation *f* obligación *f* alternativa.
Altersgrenze *f* **die ~ erreichen** cumplir la edad reglamentaria, cumplir la edad límite *(para el retiro, la jubilación, etc).*
Altersgründe *m/pl* **aus ~n ausscheiden** causar baja por jubilación.
Altershilfe *f* **~ für Landwirte** régimen *m* especial agrario.
Alterskriminalität *f* criminalidad *f* senil; delincuencia *f* a edades altas.
Alterspräsident/in *m/f* presidente *m*, ~a *f* de edad.
Altersruhegehalt *n*, **Altersruhegeld** *n* pensión *f* de vejez, pensión *f* de jubilación.
Altersversicherung *f* seguro *m* devejez.
Altersversorgung *f* 1. previsión *f* para la vejez; 2. pensión *f (de jubilación).*
Ältestenrat *m* 1. *(Parlament)* junta *f* de portavoces, mesa *f* de edad; 2. órgano *m* rector, consejo *m* de entendidos.
altrechtlich *adj (Schw)* según Derecho anterior.
Ambulanz *f* 1. *(Krankenhaus)* ambulatorio *m*; 2. *(Krankenwagen)* ambulancia *f.*
Amateureinbrecher/in *m/f* ladrón *m* amateur *(o aficionado).*
Amnestie *f* amnistía *f.*
amnestieren amnistiar.
Amnesty International *f* Amnistía *f* Internacional.
Amok *m* **~ laufen** tener un ataque de locura homicida.
Amokfahrer/in *m/f* conductor *m* homicida.
Amoklauf *m* acto *m* de un loco homicida.
Amokläufer *m*, **Amokschütze** *m* loco *m* homicida.
Amortisation *n (GesR)* amortización *f.*
amortisieren amortizar.
Amt *n* 1. *(Dienststelle)* oficina *f*; 2. *(Behörde)* administración *f*, servicio *m*; 3. *(Stellung)* cargo *m*, puesto *m*; **lebenslängliches ~** cargo *m* vitalicio; **ein (öffentliches) ~ antreten** tomar posición de un cargo público; **aus dem ~ ausscheiden** causar baja en un cargo; **ein ~ ausüben** ejercer un cargo; *(Am)* fungir; **ein ~ bekleiden** desempeñar *(u ostentar)* un cargo; **aus dem ~ entfernen** desposeer; **des ~es entheben** destituir, remover *(del cargo)*; **ein ~ innehaben** hallarse en posesión de un cargo; **sein ~ missbrauchen** prevaricar *(en su cargo)*, abusar de un cargo; **sein ~ niederlegen** dimitir de *(o cesar en)* su cargo.; **kraft eines ~ es** en virtud del cargo, de oficio; **von ~ s wegen** de oficio, ex officio *(lat)*; **~ als** actuar en calidad de.
amtierend 1. en ejercicio; 2. en funciones.
amtlich oficial; **~e Verwahrung** custodia *f* oficial.
Amtmann *m*; **Amtsfrau** *f* 1. alto cargo *m*; 2. funcionario *m*.
Amtsanmaßung *f* usurpación *f* de funciones.
Amtsantritt *m* toma *f* de posesión; entrada *f* en funciones.
Amtsanwalt *m* fiscal *m*.
Amtsarzt *m*, **Amtsärztin** *f* médico *m*, ~a *f* oficial.
amtsärztlich ~ es Attest certificado *m* médico oficial.
Amtsbescheid *m* decisión *f* administrativa.
Amtsblatt *n* boletín *m* oficial, gaceta *f* oficial.
Amtsdauer *f (duración f del)* mandato *m*.
Amtsdelikt *n* delito *m* de un funcionario.
Amtsdiener/in *m/f* 1. ujier *m*, ordenanza *m*, 2. alguacil de ayuntamiento.
Amtsdeutsch *n* jerga *f* administrativa.
Amtseid *m* juramento *m (o jura f)* del cargo; **den ~ ablegen, leisten** 1. jurar el cargo; 2. *(Notar)* jurar plaza.
Amtsenthebung *f* destitución *f*, cese *m*, separación *f* del cargo.
Amtsermittlung *f* investigación *f* de oficio.
Amtsgeheimnis *n* secreto *m (o sigilo m)* profesional.
Amtsgericht *n* 1. juzgado *m* local; 2. juzgado *m* de primera instancia *(e instrucción).*
Amtshaftungsklage *f* demanda *f* de responsabilidad civil administrativa.
Amtshilfe *f* 1. comisión *f* rogatoria; 2. mutua ayuda *f* entre autoridades.
Amtshilfeersuchen *n* comisión *f* rogatoria, oficio *m* rogatorio.

Amtsmissbrauch *m* prevaricación *f.*
Amtspflegschaft *f* curatela oficial *(o administrativa).*
Amtspflichtverletzer/~in *m/f* prevaricador *m.*
Amtsprüfung *f* examen *m* oficial.
Amtsrichter/in *m/f* 1. juez *m,* ~a *f* local; 2. juez *m,* ~a *f* de primera instancia *(e instrucción).*
Amtsträger/in *m/f* titular *m, f* de un cargo.
Amtsvergehen *n* violación *f* de los deberes públicos.
Amtsverschwiegenheit *f* secreto *m* profesional, secreto *m* del cargo.
Amtsvormundschaft *f* **bestellte, gesetzliche ~** tutela oficial solicitada/obligatoria.
Amtsvormundschaftsakte *f* expediente *m* de tutela oficial.
Amtsweg *m* **auf dem ~** por vía oficial.
Amtszeit *f (duración f del)* mandato *m,* duración *f* del cargo.
Amtszustellung *f* notificación *f* oficial.
Anarchie *f* **die ~ verbreiten** anarquizar; propagar la anarquía *f.*
Anarchist *m* ácrata *m,* anarquista *m.*
Anathema *n (KR)* anatema *m.*
Anatozismus *m (BankR)* anatocismo *m.*
anberaumen 1. *(Termin)* fijar fecha; 2. *(Sitzung)* convocar, emplazar.
Anberaumung *f* **~ der mündlichen Hauptverhandlung** señalamiento *m* de la vista oral *(de la causa).*
anbieten fest, verbindlich ~ ofrecer *(u ofertar)* en firme.
Anbietende/r *f/m,* **Anbieter/in** *m/f* ofertante *m, f,* oferente *m, f.*
Anbietungspflicht *f* obligación *f* de ofrecer el derecho *(de explotación).*
anbringen 1. *(Gründe)* alegar *(o exponer)* razones; 2. *(CH Rechtsmittel einlegen)* interponer recursos; 3. *(Gesuch)* presentación *f (de una petición).*
Anderdepot *n* depósito *m* por cuenta de terceros.
Anderkonto *n* 1. cuenta *f* fiduciaria de un abogado; 2. cuenta *f* de garantía bloqueada.
Änderung *f* **~ der Rechtslage, ~ der Rechtsprechung** cambio *m* normativo, cambio *m (o giro m)* jurisprudencial.
Änderungsabkommen *n* convenio *m* modificatorio.
Änderungskündigung *f* 1. despido *m* modificatorio; 2. aviso *m* de modificación.
Änderungsrecht *n* derecho *m* de enmienda.
Änderungsvertrag *m* contrato *m (o pacto m)* modificatorio.
Änderungsvorbehalt *m* **unter ~** bajo reserva de modificación.
androhen 1. amenazar; 2. *(Strafe)* conminar.
Androhung *f* 1. amenaza *f;* 2. *(Strafe)* conminación *f.*
aneignen sich ~ 1. *(fremdes Eigentum)* apropiarse; 2. *(widerrechtlich)* usurpar; 3. *(Gebiet)* anexionar; 4. *(Kentnisse)* adquirir.
Aneignung *f* **betrügerische, widerrechtliche ~** apropiación *f* indebida *(o ilícita),* usurpación *f.*
Aneignungsakt *m* acto *m* apropiatorio.
Aneignungsgestattung *f* permiso *m* de apropiación.
Aneignungsrecht *n* derecho *m* de accesión, derecho *m* a la apropiación.
Anerbe *n,* **Anerbin** *f* heredero *m,* ~a *f* rural *(unico, ~a).*
Anerbenrecht *n* derecho *m* de herencia rural.
anerkennen 1. *(Wechsel)* aceptar; 2. *(Schuld)* confesar, reconocer; 3. *(Kind)* legitimar; 4. *(gesetzlich)* legitimar, legalizar; 5. *(Vaterschaft)* reconocer; 6. *(Zeugnisse, Studien)* convalidar; 7. *(Klage)* allanar.
Anerkenntnis *f* **~ der Echtheit einer Urkunde** reconocimiento *m* de un documento; **stillschweigendes ~** reconocimiento *m* tácito.
Anerkenntnisurkunde *f* escritura *f* de reconocimiento.
Anerkenntnisurteil *n* sentencia *f* de allanamiento.
Anerkennung *f* **~ ausländischer Gerichtsentscheidungen** reconocimiento *m* de resoluciones judiciales extranjeras; **gerichtliche ~** reconocimiento *m* judicial recíproco; **~ als Kriegsdienstverweigerer** reconocimiento *m* como objetor de conciencia; **völkerrechtliche ~** reconocimiento *m* jurídico-

internacional; **~ der Vaterschaft** reconocimiento *m* de la paternidad; **~ als politisch Verfolgter** reconocimiento *m* como perseguido político; **in ~ seiner Verdienste** en reconocimiento de sus méritos.
Anerkennungs- und Vollstreckungsausführungsgesetz *n* ley *f* de reconocimiento e implementación ejecutiva.
Anfall *m* 1. *(Erbschaft)* sucesión *f*; 2. *(Vermögen)* devolución; 3. *(von Zinsen)* devengo *m (de intereses)*.
anfallen *(Kosten, Steuern, Zinsen)* devengar(se).
Anfang *m* **~ der Ausführung** principio *m* de ejecución; **von ~ an** *(lat)* al initio, ab origine; **von ~ an nichtig** nulo desde el principio.
Anfangsverdacht *m* sospecha *f* inicial.
anfechtbar 1. *(Urteil)* recurrible; 2. *(Testament)* impugnable; 3. *(Beweis)* refutable; **~ sein** ser recurrible, ser impugnable; 4. *(Verwaltungsakt)* anulable.
Anfechtbarkeit *f* 1. recurribilidad *f*; 2. impugnabilidad, *f*; 3. refutabilidad *f*; 4. anulabilidad.
anfechten 1. *(Berufung)* apelar; 2. *(Abweisung)* redargüir; 3. *(Insolvenz)* revocar; 4. *(Méx)* → Verfassungsbeschwerde.
Anfechtende/r *f/m* impugnante *m, f*, impugnador *m*, ~a *f*.
Anfechtung *f* **~ der Vaterschaftsanerkennung** impugnación *f* del reconocimiento de la paternidad legítima; **~ wegen der Verletzung objektiven/ subjektiven Rechts** recurso *m* objetivo/subjetivo.
Anfechtungsgesetz *n* ley *f* impugnatoria *(o revocatoria)*.
Anfechtungsklage *f* acción *f* de anulación *(o nulidad o impugnación)*.
Angabe *f* **betrügerische ~** declaración *f* fraudulenta; **falsche, wahrheitsgemäße ~** declaración *f* falsa, verídica; **~ falscher Tatsachen** obrepción *f*; **~ der Personalien** reseña *f* de las circunstancias personales; **unter ~ einer Rechtsmittelbelehrung** con expresión de los medios de impugnación.
Angaben *fpl* **~ zur Person** generales *fpl* de la ley, identidad *f* personal.
Angeber/in *m/f (CH)* → Anzeigeerstatter.
angeblich supuesto, presunto, sedicente.
Angebot *n* oferta *f*, ofrecimiento *m*.
angeeignet *adj* **widerrechtlich ~** usurpado.
angefochten impugnado, apelado, recurrido.
angeheiratet emparentado político *(o por matrimonio)*.
Angehörige/r *f/m* pariente *m/f*, familiar *m/f*, miembro *m/f*.
Angeklagte/r *f/m* acusado *m*, procesado *m*, encausado *m*, inculpado *m*, reo *m*.
angelobt ~ werden *(Öst)* → vereidigt werden.
angemessen adecuado, razonable, conveniente.
Angeschuldigte/r *f/m* *(in)*culpado *m*, ~a *f*.
Angestelltenbestechung *f* soborno *m* de empleado.
Angestelltenversicherung *f* seguro *m* *(de pensiones)* de los empleados.
Angestiftete/r *f/m* inducido *m*.
angreifen 1. *(anpacken)* atacar; 2. *(tätlich)* agredir *(o atacar)* de obra; 3. *(überfallen)* asaltar.
Angreifer/in *m/f* 1. atacante *m, f*; 2. agresor *m*, ~a *f*; 3. asaltante *m, f*.
Angreiferstaat *m* Estado *m* agresor.
angrenzend 1. *(Grundstück)* contiguo, adyacente, colindante; 2. *(Land, Gebiet)* limítrofe.
Angriff *m* **bewaffneter ~** agresión *f* armada; **~ auf das Leben** ataque *m* contra la vida; **räuberischer ~** atraco *m*; **~ in verbrecherischer Absicht** ataque *m* con alevosía *(o de intencionalidad criminal)*.
Angriffsdelikt *n* delito *m* de ataque.
Angriffsdrohung *f* amenaza *f* de agresión.
Angriffshandlung *f* acto *m* de agresión.
Angriffskrieg *m* guerra *f* de agresión.
Angriffsnotstand *m* estado *m* de necesidad agresivo.
Angriffswaffe *f* arma *f* ofensiva.
Angriffswille *m* voluntad *f* de ataque.
Anhalt *m* indicio *m*.
Anhaltspunkt *m* elemento *m* de juicio *m*, indicio *m*.

Anhang *m* 1. *(Angehörige)* familia *f*; 2. *(im Buch, etc)* apéndice *m*, anexo *m*; 3. *(Urkunde)* adherencia *f*, anexo; 4. *(Wechsel)* coleta *f*; 5. *(Vertrag)* anejo *m*.
anhängig *(Verfahren, Klage)* pendiente; **~ sein bei** pender ante.
Anhängigkeit *f* → **Rechtsanhängigkeit** litispendencia *f* **~ des Rechtsstreits** estado *m* de pendencia del litigio.
anheben *(CH)* entablar *(un pleito contra)*.
anhören 1. *(Verfahren)* oír, dar *(o conceder)* audiencia; **mündlich/schriftlich ~** oír in voce, oír por escrito.
Anhörung *f* audición *f*, audiencia *f*; **ohne ~ ablehnen** rechazar de plano; **~ beider Seiten** audiencia *f* bilateral; **ohne ~ des Beklagten abweisen** rechazar de plano; **nach ~ der Beteiligten** tras la audiencia de los interesados; **nach zwingender ~** con informe preceptivo; **nicht zwingende ~** audiencia *f* facultativa.
Anhörungsrecht *n* derecho *m* a *(o de)* ser oído.
anklagbar acusable.
Anklage *f* acusación *f*; *(Sp)* conclusiones *fpl* provisionales; *(CH)* auto *m* de encargatoria de reo; *(Col)* declaración *f* instructiva; *(Méx)* consignación *f*; **die ~ aufrechterhalten** sostener los cargos; **gegen jemanden ~ erheben wegen** presentar acusación contra alguien por; **von der ~ freisprechen** absolver al acusado; **unter ~ stehen** estar procesado; **unter ~ stellen** someter a proceso; **die ~ vertreten** actuar de fiscal; **öffentliche ~** acusación *f* pública.
Anklagebank *f* banquillo *m (de los acusados)*; **auf der ~ sitzen** sentarse en el banquillo; **auf die ~ bringen** llevar al banquillo.
Anklagebehörde *f* ministerio *m* fiscal, autoridad *f* acusatoria *(penal)*, parte *f* actora, ministerio *m* público (fiscal).
Anklageerhebung *f* procesamiento *m*, enjuiciamiento *m*.
Anklageerzwingung *f* coacción *f* de enjuiciamiento.
Anklageerweiterung *f* ampliación *f* de la acusación.
Anklagemonopol *n* monopolio *m* de la acusación.
anklagen 1. *(Missstände)* denunciar; 2. *(beschuldigen)* acusar, encausar, querellar*(se)*.
anklagend de denuncia.
Anklagepunkt *m* cargo *m*.
Ankläger/in *m/f* fiscal *m,f*, acusador *m*, ~a *f*, acusante *m, f*, actor *m*; **öffentlicher ~** *(ministerio m público)* fiscal *f*, acusador *m* público.
anklägerisch acusatorio, inculpatorio.
Anklageschrift *f* acusación *f*, escrito *m* acusatorio; *(Arg)* acta *f* de acusación, *(Col)* encargatoria *f* de reo; **die ~ zustellen** notificar la acusación.
Anklageverlesung *f* lectura *f* de las conclusiones fiscales.
Anklagezustand *m* estado *m* de la acusación; **in den ~ versetzen** acusar, encausar, querellar*(se)*.
Anklagevertretung *f* acusación *f*, ministerio *m* público *(fiscal)*.
Anklagezwang *m* acusación *f* obligatoria.
ankreuzen marcar con una cruz *f*; **zutreffendes ~** señalar lo que proceda.
ankündigen anunciar, notificar.
Ankündigung *f* anuncio *m*, aviso *m*.
Anlage *f* 1. *(Geld)* inversión *f*, colocación; 2. *(Gesetz)* apéndice *m*; 3. *(Schreiben)* anexo *m*, anejo *m*; 4. *(Einrichtung)* instalación *f*, planta *f*; **als ~ beifügen** anexar, unirse como apéndice.
Anlagevermögen *n* activo *m (o capital m)* fijo.
Anlassgesetz *n (Öst)* ley *f* ocasional.
Anlasstat *m* 1. hecho *m* ocasional; 2. *(Öst)* delito *m* con reclusión manicomial.
anlegen invertir.
Anlegung *f* **~ einer Akte** expedientación *f*.
Anleihe *f* empréstito *m*.
anliegend 1. *(Grundstück)* colindante, vecino; 2. *(beigefügt)* adjunto.
Anlieger/in *m/f* **~ frei** paso prohibido, excepto vecinos.
Anliegerrecht *n* derecho *m* de colindancia.
Anlocken *n*, **übertriebenes ~**, *(WerbeR)* engatusamiento *m*.

anmaßen sich ~ *(Amt)* arrogarse.
Anmaßung *f* **~ fremder dinglicher Rechte** usurpación *f* de derechos *(reales)*.
anmelden 1. *(Recht, Forderungen)* presentar; 2. *(Auto)* matricular; 3. *(Einschreibung)* dar de alta; 4. *(Sozialversicherung)* afiliar a la Seguridad Social; 5. *(Patent)* depositar, presentar; 5. *(Einwohnermeldeamt)* empadronarse; 6. *(Öst)* interponer recurso; 7. **sich ~** darse de alta, causar alta, inscribirse, matricularse.
anmeldepflichtig sujeto a inscripción, con obligación de registrarse.
Anmeldung *f* 1. *(von Forderungen)* presentación *f*; 2. *(polizeiliche)* empadronamiento *m*; 3. *(Universität)* matrícula *f*; 4. **~ zum Handelsregister** inscripción *f* en el Registro mercantil.
anmieten tomar en arriendo.
Annahme *f* **ausdrückliche, stillschweigende ~** aceptación *f* expresa, tácita; **bedingte, bedingungslose ~** aceptación *f* condicional, general; **~ durch den Beschenkten** aceptación *f* del donatario; **an Kindes Statt** adopción *f*, prohijamiento *m*; **~ eines Bürgen** recepción *f* de una fianza; **~ der Erbschaft** aceptación *f* de la herencia; **die ~ verweigern** rehusar la aceptación; **zur ~ vorlegen** presentar a la aceptación.
Annahmeverzug *m (lat)* mora accipiendi.
annehmen 1. *(Amt)* aceptar, asumir; 2. *(Erbschaft)* adir; 3. *(Gesetzentwurf)* aprobar; 4. *(Antrag)* acceder a.
Annehmender *m*, **Annehmer** *m* aceptador *m*, aceptante; *(Adoption)* adoptante *m*, adoptador *m*.
annektieren anexionar, anejar.
Annexion *f*, **Annektierung** *f* anexión *f*.
annullierbar anulable.
Annullierung *f* 1. anulación *f*, cancelación; 2. *(Urteil)* casación *f*; 3. *(Vertrag)* revocación *f*; 4. *(Gesetz)* abrogación *f*, derogación *f*; 5. *(Auftrag)* contraorden *f*.
anonym anónimo.
Anonymität *f* 1. anonimato *m*; 2. ocultación *f*.
anordnen 1. *(Behörde)* disponer, decretar, ordenar; 2. *(Entscheidung)* proveer.
Anordnung *f* disposición *f*, orden *m*, ordenanza *f*; **~ der aufschiebenden Wirkung** suspensión *f* de la ejecución, otorgamiento *m* de la suspensión; **einstweilige ~** disposición *f* precautoria; **~ des Erscheinens** orden *f* de comparecer; **auf richterliche ~** por mandato judicial.
anormal anormal, anómalo.
Anpassung *f (der Mieten, Renten)* actualización *f* de los alquileres, de las pensiones.
Anpassungsgesetz *n* ley *f* actualizadora, ley *f* de adaptación.
anrechnen 1. *(Steuern)* deducir; 2. *(Strafe)* abonar; 3. *(in Rechnung stellen)* cargar en cuenta, facturar, imputar; 4. *(Studienzeiten)* convalidar.
Anrechnung *f* 1. *(Steuer)* deducción *f*; 2. *(Strafe)* abono; 3. cargo a cuenta, imputación *f*, facturación *f*; 4. *(Studienzeiten)* convalidación *f*; **zur ~ auf** a cargo de.
Anrechnungszeiten *fpl* periodos *mpl* computables.
Anrecht *n* derecho *m*, título.
Anrufbarkeit *f (eines Gerichts)* invocabilidad *f*.
anrufen *(Gericht)* apelar, acudir, recurrir, someter.
ansässig 1. *(Firma)* con sede *(social)*; 2. *(Person)* con domicilio.
Anschein *m* apariencia *f*.
Anscheinsbeweis *m* prueba prima facie *m*.
Anscheinsvollmacht *f* poder *m* de apariencia, autorización *f* ostensible, facultad *f* implícita.
Anschlag *m* 1. *(Attentat)* atentado; 2. *(Plakat)* cartel *m*, anuncio *m*; 3. *(Schätzung)* estimación *f*; **~ auf das Leben** atentado *m* contra la vida; **einen ~ verüben** perpetrar *(o cometer)* un atentado; **einem ~ zum Opfer fallen** ser víctima de un atentado; 4. *(PC)* pulsación *f*.
anschlagen 1. *(Plakat)* fijar; 2. *(schätzen)* estimar.
Anschlagsopfer *n* víctima *f* de un atentado.
anschließen sich ~ 1. *(Kläger)* adherirse; 2. *(Vereinigung)* afiliarse.

Anschließung *f* **~ an den Tarifvertrag** adhesión *f* al convenio *m (colectivo).*
Anschluss *m* **freiwilliger ~** adhesión *f (o incorporación f)* voluntaria; **~ und Benutzungszwang** adhesión *f* y explotación obligatorias.
Anschlussberufung *f* apelación *f* adhesiva, contraapelación *f*; *(Méx)* apelación *f* incidental; **die ~ einlegen** contraapelar.
Anschlussberufungskläger/in *m/f* apelante *m, f* por adhesión.
Anschlussgläubiger/in *m/f* acreedor *m*, ~a *f* reembargante.
anschlusspfänden reembargar.
Anschlusspfändung *f* reembargo, embargo *m* adhesivo.
Anschlussrevisión *f* casación *f* adhesiva *(o por adhesión).*
Anschlussvertrag *m* contrato *m* asociativo.
anschuldigend inculpatorio, acusatorio.
Anschuldigende/r *f/m* acusador *m*, ~a *f.*
Anschuldigung *f* acusación *f*, inculpación *f.*
Anschuldigungsschrift *f* pliego *m* de cargos; **zur ~ Stellung nehmen** contestar al pliego de cargos.
Anschwärzung *f* denigración *f.*
Anschwemmung *f* riada *f*, aluvión *m.*
Ansetzen *n* **~ zur Tatbestandsverwirklichung** punto *m* de entrada.
Ansicht *f* **herrschende ~** opinión *f* dominante.
Anspruch *m* 1. *(Forderung)* pretensión *f*; 2. *(Anrecht)* derecho *m*; 3. *(Schadensersatzforderungen)* reclamaciones *fpl*; **einen ~ befriedigen, bestreiten** atender, rechazar una reclamación; **einen ~ einklagen** ejercer una acción; **einen ~ erheben** formular reclamación;**~ auf Gegendarstellung** *(Presse)* derecho *m* de respuesta; **klagbarer ~** derecho *m* a iniciar acción; **unklagbarer ~** pretensión no accionable en proceso; **~ auf rechtliches Gehör** derecho a *(o de)* ser oído, garantía *f* de previa audiencia.
Anspruchsdenken *n* mentalidad *f* reclamista.
Anspruchsgrundlage *f* fundamento *m* de Derecho *(o de acción).*
Anspruchskonkurrenz *f* concurrencia *f* de pretensiones.
Anstalt *f* instituto *m*, establecimiento *m*; **geschlossene, offene, halboffene ~** establecimiento cerrado, abierto, semiabierto; **öffentlich-rechtliche ~** institución *f* de Derecho público; **~ für Sicherungsverwahrte** establecimiento *m* de custodia; **in eine ~ einweisen** internar.
Anstaltsarbeit *f* trabajo *m* carcelario *(o penitenciario).*
Anstaltsinternierung *f* internamiento *m.*
Anstaltskleidung *f* uniforme *m* penal.
Anstaltskrankenhaus *n* hospital *m* penitenciario.
Anstand *m* decencia *f*, educación *f*, buenos modales *mpl.*
ansteigen aumentar, subir.
anstellen 1. dar empleo *(o colocación)*, colocar, emplear; 2. **Ermittlungen ~** efectuar pesquisas, realizar diligencias, instruir sumario.
Anstellungsverhältnis *n* relación *f (jurídico-)*laboral.
Anstieg *m* subida *f*, aumento *m.*
anstiften instigar, inducir, incitar.
Anstifter/in *m/f* inductor *m*, ~a *f*, autor *m*, ~a *f* intelectual, autor *m*, ~a *f* por inducción, cabecilla *m, f.*
Anstiftung *f* **~ (und Beihilfe) zum Selbstmord** instigación *f (y ayuda f)* al suicidio.
Anstoß *m* **~ erregen** escandalizar.
Anstrengung *f* **~ einer Klage** ejercicio *m* de una acción.
Anteil *m* 1. parte *f*; 2. *(Beteiligung)* participación *f*, cuota *f*; 3. parte *f* alícuota *(viril)*; 4. *(an einer AG)* acción *f.*
anteilig proporcional.
anteilmäßig a prorrata.
Anteilsabtretung *f* cesión *f* de participaciones.
Anteilsberechtigte/r *f/m* titular *m, f* de la participación, porcionista *m, f.*
Anteilsbesitzer/in *m/f* poseedor *m*, ~a *f*, de participaciones.
Anteilseigner/in *m/f* partícipe *m, f*, accionista *m, f.*
Anteilspapier *n (título m de)* participación *f.*
Anteilsschein *m* 1. certificado *m* de participación; 2. certificado *m* de copropiedad.

Anteilszeichner *m* suscriptor *m* de participaciones.

Antichrese *f* anticresis *f*.

Antifaschismus *m* antifascismo *m*.

Antifaschist/in *m/f* antifascista *m, f*.

Antisemit *m* antisemita *m, f*.

Antisemitismus *m* antisemitismo *m*.

antizipieren anticipar.

Antrag *m* 1. *(Behörde)* solicitud *f*, petición *f*; 2. *(Prozess)* súplica *f*; 3. *(Parlament)* moción *f*; 4. *(Verwaltung)* instancia *f*; 5. *(Heiratsantrag)* propuesta *f (de matrimonio)*; **auf ~ von** a petición de; **einen ~ stellen** presentar una solicitud; **einen ~ ablehnen** desestimar la solicitud; no hay lugar; **den ~ abweisen** desechar la proposición *(o solicitud)*; **einen ~ annehmen** adoptar una moción; **~ auf Anberaumung einer Verhandlung** demanda *f* de iniciación del proceso; **~ auf Anerkennung** solicitud *f* de reconocimiento; **~ auf Anordnung der aufschiebenden Wirkung** solicitud *f* de suspensión en la ejecución; **~ auf Aufhebung der Immunität** solicitud *f* de desaforamiento; **~ auf Aufnahme in die Tagesordnung** petición *f* de que un asunto figure en el orden del día; **~ auf Einstellung** petición *f* de sobreseimiento *(o de archivo)*; **~ auf Entscheidung nach Aktenlage** petición *f* de fallo sin más trámites; **~ auf Eröffnung der Hauptverhandlung** solicitud *f* de apertura de juicio oral; **~ auf Klageabweisung** pedimento *m* de que se desestime la demanda *f*; **~ des Staatsanwalts** requisitoria *f* del fiscal; **~ auf Wiedereinsetzung in den vorigen Stand** acción *f* de «restitutio in integrum»; **den ~ zurücknehmen** desistir de la petición.

antragsberechtigt ~ sein estar facultado para solicitar.

Antragsdelikt *n* 1. delito *m* perseguible a instancia de parte *(privada)*; 2. hecho *m* punible *(o perseguible)* por solicitud.

Antragsempfänger/in *m/f* destinatario *m*, ~a *f (de la instancia)*.

antragsgemäß conforme se interesa.

Antragsformular *n* impreso *(o modelo)* de instancia.

Antragsfrist *f* plazo *m* de solicitud.

Antragsgegner/in *m/f* parte *f*, contraria; oponente *m/f*.

Antragsrecht *n* derecho *m* de petición.

Antragsteller *m* solicitante *m, f*, suplicante *m, f*, peticionario *m*, ~a *f*.

Antragsstraftat *f*, **Antragsvergehen** *n*, **Antragsdelikt** delito *m* perseguible a instancia de parte.

Antreten *n* **~ der Erbschaft** adición *f* *(o toma de posesión)* de la herencia.

antreten 1. *(Amt)* tomar posesión, asumir; 2. *(Arbeit, Dienst)* comenzar, incorporarse; 3. *(Reise)* emprender; 4. *(Strafe)* comenzar a cumplir; 5. *(Erbschaft)* adir, tomar posesión.

Antwort *f* respuesta *f*, contestación *f*; **abschlägige, ausweichende ~** respuesta *f* negativa, evasiva.

anvertrauen encomendar, confiar.

Anwachsungsrecht *n* derecho *m* de acrecer.

Anwalt *m*, **Anwältin** *f*; *(pl: Anwälte m, Anwältinnen f)* 1. abogado, letrado *m*, ~a *f*; 2. *(Fürsprecher)* defensor *m*, ~a *f*; **~ der armen Partei** abogado *m* de oficio; **auftretender ~** abogado actuante; **beigeordneter ~** abogado de oficio; abogado de pobres; *(Arg)* defensor de pobres y ausentes; *(CH)* abogado de turno; **nicht plädierender ~** procurador; **zugelassener ~** abogado colegiado; abogado en ejercicio; **ohne ~ auftreten** comparecer por sí, **einen ~ beiordnen** proveer de abogado de oficio.

Anwaltsassessor/in *m/f* pasante *m, f (de abogado)*.

Anwaltsassistent/in *m/f* asistente *m, f* de abogado.

Anwaltsberuf *m* profesión *f* de abogado; **den ~ ausüben** ejercer la abogacía, ejercer de abogado.

Anwaltsbestellung *f* designación *f* de letrado, contrato *m* de servicios de abogacía.

Anwaltschaft *f* 1. abogacía *f*; 2. defensa *f*.

Anwaltsgebühr *f*, **Anwaltshonorar** *n* minuta *f (u honorarios pl)* de abogado.

Anwaltsgehilfe *m*, **Anwaltsgehilfin** *f* asistente *m/f* de abogado.

Anwaltskammer *f* colegio *m* de abogados; *(Méx)* barra *f* de abogados.

Anwaltskanzlei *f* bufete *m*; despacho *m* *(de abogados)*.

Anwaltskosten *pl* costas *mpl* de abogado.
Anwaltsnotar/in *m/f (D)* abogado *m*, ~a *f* con notaría; abogado *m*, ~a *f* notario.
Anwaltspraxis *f* bufete *m*; despacho *m* de abogados.
Anwaltsprozess *m* juicio *m* con obligatoriedad de abogado.
Anwaltsstand *m* abogacía *f*.
Anwaltsvergleich *m* avenimiento *m (o transacción f)* de abogados.
Anwaltsvertrag *m* contrato *m* de asistencia jurídica.
Anwaltsverzeichnis directorio *m (o registro m)* de abogados.
Anwaltsvollmacht *f* procuración *f*; mandato *m* profesional a un letrado.
Anwaltswechsel *m* cambio *m* de abogado.
Anwaltszulassung *f* homologación *f*, habilitación *f (de abogado)*.
Anwaltszustellung *f* notificación *f* de abogado.
Anwaltszwang *m* intervención *f* forzosa de abogado.
Anwärter/in *m/f* 1. *(Anwalt)* pasante *m*, *f*; 2. *(Beamter)* supernumerario *m*, ~a *f*; 3. candidato *m*,~a *f*, aspirante *m*, ~a *f*.
Anwartschaftsrecht *n* prederecho *m*, expectativa *f* de derecho, derecho expectante; **bedingtes, unentziehbares ~** prederecho condicional, no alienable.
anweisen 1. *(von Geld)* girar, librar, transferir; 2. *(beauftragen)* encargar, ordenar, asignar; **~ zu zahlen** mandar pagar.
Anweisung *f* 1. *(Geld)* libranza *f*, giro *m*, transferencia *f*; 2. *(Richter)* cartaorden *f*; 3. *(Ware)* consignación *f*.
Anweisungsbetrag *m* importe *m* remitido *(o transferido)*.
anwendbar de aplicación, aplicable; **~ sein** 1. *(Verfügungen)* ser extensivas; 2. *(Gesetze)* ser de aplicación, regir, estar vigente; **unmittelbar ~ sein** ser de aplicación directa.
Anwendbarkeit *f* aplicabilidad.
anwenden aplicar; **analog ~** mutatis mutandis.
Anwender/in *m/f* usuario *m*,~a *f*, aplicante *m*, *f*.
Anwendung *f* uso *m*, aplicación *f*.
Anwendungserfindung *f* invención *f* de *(nuevas)* aplicaciones.
anwerben reclutar, contratar. enganchar.
Anwerbestaat *m* Estado *m (o país m)* contratante; país receptor *(de mano de obra)*.
Anwerbestop *m (D)* alto *m* a la contratación de mano de obra extranjera.
Anwerbevertrag *m* contrato *m* de reclutamiento.
Anwesen *n* finca *f*, inmueble *m*, propiedad *f*.
anwesend presente; **~ sein** estar presente, asistir, hacer acto de presencia; **nicht ~ sein** estar ausente, no asistir, no hacer acto de presencia.
Anwesenheit *f* asistencia *f*, presencia *f*.
anzahlen 1. pagar a cuenta;2. pagar el primer plazo; 3. pagar una entrada; 4. dar como depósito.
Anzahlung *f* **eine ~ leisten** 1. hacer un pago a cuenta; 2. pagar el primer plazo *(o la primera cuota)*; 3. pagar una entrada; 4. dejar como depósito.
Anzeichen *n* **alle ~ sprechen dafür, dass ...** todo parece indicar que ...
Anzeige *f* 1. *(StrR)* denuncia *f*, denunciación *f*; **bei der Polizei ~ erstatten** delatar *(o denunciar)* a la policía, formular una denuncia ante la policía; 2. *(Inserat)* anuncio *m*; **eine ~ aufgeben** poner un anuncio; 3. *(Tod)* esquela *f* mortuoria; anuncio de defunción; 4. noticia *f*, aviso *m*.
anzeigen 1. *(Straftat)* denunciar; 2. *(ankündigen)* anunciar, notificar, participar.
Anzeigeerstatter/in *m/f* denunciante *m*, *f*, denunciador *m*, ~a *f*.
Anzeigepflicht *f* denuncia *f* obligatoria, obligación *f* de denunciar.
anzeigepflichtig sujeto a denuncia obligatoria; con obligación de denunciar.
Anzeiger *m* → Anzeigeerstatter/in.
Apanage *f* 1. anualidad *f*; 2. presupuesto *m* de la Casa Real española.
Apartheid *f* segregación *f* racial.
Apostille *f* apostilla; **eine ~ hinzufügen, mit ~ versehen** apostillar.
Apellant *m (Schw)* apelante *m*.
Apellation *f (Schw)* apelación *f*.
Apellationserklärung *f (Schw)* escrito *m* de apelación.

Apellationsgericht *n (Schw)* tribunal *m (o corte f)* de apelación; *(Arg)* cámara *f* de apelación.
appellieren *(Schw)* apelar, interponer recurso de apelación.
Äquivalenzprinzip *n* principio *m* de equivalencia.
Äquivalenztheorie *f* teoría *f* de la equivalencia.
Arbeit *f* trabajo *m*, ocupación *f*, empleo *m*, faena *f*; **abhängige ~** trabajo dependiente; trabajo por cuenta ajena; **selbständige ~** trabajo autónomo *(o independiente)*; trabajo por cuenta propia; **weisungsgebundene ~** trabajo subordinado, trabajo sujeto a instrucciones.
arbeiten 1. trabajar; 2. **sein Geld ~ lassen** hacer que el dinero produzca; **sich krank ~** enfermar de tanto trabajar; **sich zu Tode ~** matarse a trabajar.
Arbeiter/in *m/f* obrero *m*, ~a *f*, trabajador *m*, ~a *f*.
Arbeiterbewegung *f* movimiento *m* obrero.
Arbeiterklasse *f* clase *f* obrera.
Arbeiterpartei *f* partido *m* obrero, partido *m* de los trabajadores.
Arbeiterschaft *f* clase *f* obrera; obreros *mpl*, trabajadores *mpl*.
Arbeiterschutzgesetz *n* ley *f* de protección al obrero.
Arbeiterselbstverwaltung *f* autogestión *f* obrera.
Arbeitgeber/in *m/f* 1. patrón *m*, empleador *m*; 2. empresario *m*.
Arbeitgeberanteil *m*, **Arbeitgeberbeitrag** *m*, **Arbeitgeberhälfte** *f (zur Sozialversicherung)* cuota *f* patronal a la Seguridad Social.
Arbeitgeberverband *m*, **Arbeitgebervereinigung** *f* patronal *f*, federación *f* de patronos, sindicato *m* de empresarios.
Arbeitnehmer/in *m/f* 1. *(Arbeiter)* obrero *m*, trabajador *m*, operario *m*; 2. *(Angestellter)* empleado *m*.
Arbeitnehmeranspruch *m* 1. reclamación *f* del obrero; 2. derecho *m (subjetivo)* del trabajador.
Arbeitnehmeranteil *m* cuota *f* del trabajador a la Seguridad Social.
Arbeitnehmererfindung *f* invención *f* del trabajador *(por cuenta ajena)*.
Arbeitnehmerfreibetrag *m* mínimo *m* salarial no imponible; parte *f* del salario no sujeta al IRTP.
Arbeitnehmerfreizügigkeit *f (EU)* libre circulación *f* de trabajadores.
arbeitnehmerfreundlich pro-operario; favorable al obrero.
Arbeitnehmergesellschaft *f* sociedad *f* laboral.
Arbeitnehmerhaftung *f* responsabilidad *f* obrera *(o del trabajador)*.
Arbeitnehmerinteresse *n* **im ~** en interés de los trabajadores; de interés para los obreros.
Arbeitnehmermitbestimmung *f* cogestión *f (obrera)*.
Arbeitnehmerrecht *n* derecho *m* laboral.
Arbeitnehmerschaft *f* el mundo obrero; el mundo de los trabajadores; la clase trabajadora.
Arbeitnehmerschutz *m* protección *f* del trabajador *(o a los trabajadores)*.
Arbeitnehmerüberlassung *f* **illegale ~** cesión *f* ilegal de mano de obra.
Arbeitnehmervertreter/in *m/f* representante *m*, *f* de los trabajadores.
Arbeitnehmervertretung *f* 1. representación *f* de los trabajadores; 2. *(Tarifverhandlungen)* sindicato *m (negociador)*.
Arbeitsagentur *f (früher: Arbeitsamt n) (Sp)* oficina *f* de colocación, *(Méx)* bolsa *f* de trabajo, *(Arg)* agencia *f* pública de colocación.
Arbeitsaufsicht *f* inspección *f* de trabajo.
Arbeitsausfall *m* pérdida *f* de horas de trabajo.
Arbeitsbedingungen *mpl* **übertarifliche ~** condiciones *fpl* de trabajo mejoradas respecto al convenio colectivo.
Arbeitsbefreiung *f* exención *f* de trabajo.
Arbeitsbeginn *m* 1. comienzo *m* de trabajo; 2. comienzo *m* de la jornada laboral.
Arbeitsbereitschaft *f* 1. disposición *f* para el trabajo; 2. horario *m* de presencia; 3. retén *m* laboral.
Arbeitsbeschaffungsmaßnahme *f* medida *f* de fomento a la creación de empleo.

Arbeitsbescheinigung *f* 1. *(eines Arbeitnehmers)* certificado *m* de trabajo; 2. *(eines Beamtes)* hoja *f* de servicio.
Arbeitsbewilligung *f (Öst)* permiso *m* de trabajo.
Arbeitsdirektor/in *m/f (Sp etw)* consejero *m*, ~a *f* de personal.
Arbeitseinkommen *n* 1. renta *f* del trabajo; remuneración *f*, retribución; 2. *(Arbeiter)* salario *m*; 3. *(Angestellter)* sueldo *m*; 4. *(Selbständiger)* honorario *m*, emolumento *m*; 5. *(Filmschauspieler)* caché *m*.
Arbeitseinstellung *f* 1. actitud ante el trabajo; 2. huelga *f*.
Arbeitsentgelt *n* remuneración *(o retribución f)* del trabajo; **~ im Strafvollzug** peculado *m (del condenado)*.
Arbeitserlaubnis *f* **befristete, unbefristete, unbeschränkte ~** permiso *m* de trabajo por tiempo definido, por tiempo indefinido, ilimitado; **eine ~ beantragen** solicitar permiso de trabajo.
Arbeitserlaubnisverfahren *n (Sp)* procedimiento *m* de autorización de trabajo a extranjeros.
Arbeitserlaubnisverordnung *f* reglamento *m* del permiso de trabajo.
Arbeitsförderung *f* promoción *f (o fomento)* del trabajo.
Arbeitsgericht *n* tribunal *m* laboral; *(veraltet)* magistratura *f* de trabajo.
Arbeitsgerichtsbarkeit *f* jurisdicción *f (o fuero m)* laboral.
Arbeitsgerichtsgesetz *n* ley *f* de procedimiento laboral.
Arbeitsgerichtsprozess *m*, **Arbeitsgerichtsverfahren** *n* proceso *m (o procedimiento m)* laboral, juicio *m* de trabajo.
Arbeitsgesetzgebung *f* legislación *f* laboral *(u obrera)*; *(Arg)* leyes *fpl* obreras; *(Méx)* leyes *fpl* laborales.
Arbeitskampf *m* lucha *f* laboral, conflicto *m* laboral.
Arbeitskonflikt *m* conflicto *m* laboral.
Arbeitskraft *f* 1. mano *f* de obra; 2. capacidad *f* productiva.
Arbeitslohn *m* salario *m*.
arbeitslos parado, desempleado, sin trabajo, sin empleo; *(Am)* desocupado, cesante; **sich ~ melden** inscribirse como parado; apuntarse al paro; **~ sein** estar parado, no tener trabajo; estar apuntado al paro.
Arbeitslosengeld *n* subsidio *m* de desempleo; *(CH)* subsidio *m* de cesantía; *(D)* **Arbeitslosengeld II** 1. subsidio *m* de desempleo; 2. *(ab dem 1. Januar 2005)* combinación de ayuda al desempleado y asistencia social.
Arbeitslosenhilfe *f* 1. *(bis jetzt)* ayuda *f* al desempleado; 2. *(zusammen mit Sozialhilfe)* subsidio de paro 2.
Arbeitslosenunterstützung *f* → Arbeitslosengeld und Arbeitslosengeld II.
Arbeitslosenversicherung *f* seguro *m* de desempleo *(o paro)*.
Arbeitslosigkeit *f* paro *m*, desempleo *m*, *(Am)* cesantía *f*, desocupación *f*.
Arbeitsministerium *n (Sp)* ministerio *m* de Trabajo y Seguridad Social; *(Méx)* Secretaría de Trabajo y Previsión Social.
Arbeitsmündigkeit *f* mayoría *f* de edad para trabajar.
Arbeitsorganisation *f* **Internationale ~** Organización *f* Internacional del Trabajo *(OIT)*.
arbeitsplatz *m* puesto *m* de trabajo *m*, empleo *m*.
Arbeitspolizei *f* policía *f (de lo)* laboral.
Arbeitsprozess *m* proceso *m* laboral.
Arbeitsprozessrecht *n* **internationales ~** Derecho *m* procesal laboral internacional.
Arbeitsrecht *n* Derecho *m* del trabajo, legislación obrera; 2. derecho al trabajo.
Arbeitsrechtler/in *m/f* laboralista *m*, *f*.
arbeitsrechtlich jurídico-laboral; en materia *(de Derecho)* laboral.
Arbeitsrichter/in *m/f* juez *m*, ~a *f (o magistrado m, ~a f)* de trabajo.
Arbeitsschutz *m* protección *f* del trabajo, previsión *f* laboral.
Arbeitssicherheit *f (Sp)* servicio *m* general de higiene y seguridad *f* en el trabajo.
Arbeitssicherheitsgesetz *n* ley *f* de higiene y seguridad en el trabajo.
Arbeitssprache *f (Konferenzen)* idioma *m* de trabajo.
Arbeitsstätte *f* lugar *m (o centro m)* de trabajo.

arbeitstäglich por jornada, por día de trabajo.

arbeitsunfähig 1. enfermo; 2. inválido *m*.

Arbeitsunfähigkeit *f* 1. enfermedad *f*; 2. invalidez *f*; **dauernde ~** incapacidad *f* permanente *(o definitiva)*; **teilweise ~** incapacidad *f* parcial; **völlige ~** incapacidad *f* absoluta; **vorübergehende, zeitweilige ~** incapacidad *f* laboral transitoria *(o temporal)*.

Arbeitsunfähigkeitsbescheinigung *f*, **Arbeitsunfähigkeitszeugnis** *n* certificado *m* de incapacidad laboral.

Arbeitsunfall *m* **tödlicher ~** accidente *m* mortal de trabajo.

Arbeitsunfallrente *f* pensión *f (o jubilación f)* por invalidez.

Arbeitsunfallversicherung *f* seguro *m* contra accidentes del trabajo.

Arbeitsverbandsrecht *n* Derecho *m* regulador de las asociaciones laborales.

Arbeitsverfassungsrecht *n* Derecho *m* laboral constitucional.

Arbeitsverhältnis *n* 1. empleo *m*, colocación *f*; 2. relación *f* jurídico-laboral.

Arbeitsvermittlung *f* agencia *f* de colocación; agencia *f* de empleo.

Arbeitsvertrag *m* **befristeter ~, ~ auf Probe, unbefristeter ~, ~ auf Zeit** contrato de trabajo a plazo, a prueba, por tiempo indefinido, por temporada.

Arbeitsvertrag ~sbruch *m* quebrantamiento *m* del contrato de trabajo; **~ gesetz** *n (Sp)* estatuto *m* de los trabajadores; **~ recht** *n* Derecho *m* regulador del contrato de trabajo.

Arbeitsverwaltung *f* administración *f* laboral.

Arbeitsverweigerung *f* **grundlose, unberechtigte ~** denegación *f* injustificada de trabajo *(o a trabajar)*.

Arbeitszeit *f* 1. jornada *f* laboral, horario de trabajo; 2. horario *m* de apertura, horario *m* de atención al público; 3. *(Ämter)* horas *fpl* hábiles.

Arbeitszeitordnung *f* reglamento *m* de la jornada laboral; *(Sp)* ley *f* de la jornada máxima.

Arbeitszeitregelung *f* ordenamiento *m* del tiempo de trabajo.

Arbeitszeitverkürzung *f*, **Arbeitszeitverlängerung** *f* reducción *f*, alargamiento *m* de la jornada laboral.

Arbeitszeugnis *n* certificado *m* de trabajo.

Arbitragegeschäft *n* operación *f* de arbitraje.

Architektenkammer *m* colegio *m* de arquitectos.

Architektenrecht *n* Derecho *m* de arquitectura, de arquitecto.

Architektenvertrag *m* contrato *m* de arquitecto.

Archiv *n* **konsularisches ~** archivo *m* consular.

Archivbild *n (Polizei)* imagen *m* de archivo.

Arealsteuer *f (Öst)* contribución *f* territorial.

Ärgernis *n* **öffentliches ~** escándalo *m* público.

Arglist *f* 1. dolo *m*; 2. *(Hinterlist)* astucia *f*, maña, cautela *f*; 3. *(Heimtücke)* malicia *f*, perfidia *f*; 4. *(Kriegslist)* estratagema, ardid *m*; 5. *(Bol)* artificio *m*; 6. *(Méx)* chicanería *f*.

Arglisteinrede *f* excepción *f* de dolo.

arglistig 1. doloso, alevoso; 2. astuto, mañoso; 3. malicioso, pérfido, taimado; 4. argucioso; 5. *(Bol)* artificioso; 6. *(Méx)* chicanero; **~e Täuschung** dolo *m*; **~es Verschweigen** dolo *m* esencial, dolo *m* principal, silenciación *f* dolosa.

arglos ingenuo, confiado, cándido, de buena fe, sin malicia, inocente.

Argument *n* **unbestreitbares ~** argumento *m* incontestable; **ein ~ entkräften** orillar *(o invalidar)* un argumento.

argumentieren argumentar.

Arg- und Wehrlosigkeit *f* inocencia *(o candidez f) f* e indefensión *f*.

Argwohn *m* **~ erregen** despertar desconfianza; causar recelo.

Armee *f* ejército *m (nie: armada)*.

Armenrecht *n* beneficio *m* de pobreza, justicia *f* gratuita; *(heute)* Prozesskostenhilfe.

Armutsflüchtling *m* refugiado *m* económico.

Arrest *m* 1. *(Personen)* arresto *m (precautorio)*, arrestación *f*, detención *f*, inhibición *f*; 2. *(Beschlagnahme)* embargo *m (civil)*, embargo *m*

precautorio *(od provisorio o provisional)*; embargo *m* de cosas; medida *f (o exacción)* cautelar; **mit ~ belegt sein** estar embargado provisionalmente.
Arrestanordnung *f* 1. orden *f* de arresto; 2. orden *f* de embargo preventivo.
Arrestanspruch *m* 1. derecho *m* de detención; 2. derecho *m* de embargo.
Arrestant/in *m/f* 1. detenido *m*, ~a *f*, recluso *m*, ~a *f*, preso *m*, ~a *f*; 2. embargado *m*, ~a *f*.
Arrestantrag *m* solicitud *f* de arresto *(o de embargo)*.
Arrestatorium *n* arrestatorio *m*.
Arrestaufhebung *f* levantamiento de arresto *(o de embargo)*.
Arrestbefehl *m* 1. orden *f* de arresto; 2. mandamiento *m* de embargo.
Arrestbeschluss, *(CH)* **Arrestbewilligung** *f* auto *m* de embargo preventivo *(o de arresto)*.
Arrestgericht *n* tribunal *m* de arresto; *(lat)* forum arresti.
Arrestgläubiger/in *m/f* acreedor *m*, ~a *f* embargante.
Arrestpfandrecht *n* derecho *m* prendario de arresto *(o embargo)*.
Arrestschuldner *m* inhibido *m*.
Arresturteil *n* sentencia *f* de arresto *(o embargo)*.
Arrestvollziehung *f* ejecución *f* del embargo *(preventivo) (o del arresto)*.
arrestieren, arretieren 1. detener, arrestar; 2. embargar.
Arrhalvertrag *m (Öst SchuldR)* contrato *m* con arras.
Art *f* 1. *(Klasse)* clase *f*, tipo *m*; 2. *(Wesen)* naturaleza *f*, carácter; 3. *(Botanik)* especie*(s) f (fpl)*; 4. *(Methode)* modo *m*, manera *f*; **bedrohte ~en** especies *fpl* en peligro de extinción; **von derselben ~ und Güte** de la misma especie y calidad; **eigene ~** sui generis; **~ der Erhebung** sistema *m* de exacción *(o recaudación)*.
articulo mortis *(lat)* artículo *m* de muerte.
Artikel *m* **gemäß dem ~ und damit übereinstimmenden Vorschriften des Gesetzes** según el artículo … y *(disposiciones)* concordantes con la ley; **sich auf einen ~ berufen** invocar un artículo.
Arznei *f* medicamento *m*, medicina *f*.
Arzneimittel *npl* **verschreibungspflichtige ~** medicamentos *mpl* de *(o con)* receta; **warenzeichenrechtlich geschützte ~** medicina *f* patentada, medicamento *m* patentado.
Arzneimittelgesetz *n* ley *f* del medicamento.
Arzneimittelrecht *n* Derecho *m* regulador de los medicamentos.
Arzt *m*, **Ärztin** *f* médico *m*, ~a *f*, facultativo *m*, ~a *f*, doctor *m*, ~a *f*.
ärztlich ~es Attest certificado *m* médico.
Arztvertrag *m* contrato *m* médico.
Ärztewahl *f* **freie ~** libertad *f* de elección del médico.
Asozialer *m* asocial *m*, antisocial *m*; *(rücksichtslos)* incívico *m*.
Asperationgrundsatz *m*, **Asperationsprinzip** *n (StrafR)* principio *m* de asperación.
Aspirant *m* **~ auf (oder für) ein Amt** aspirante *m (o candidato m)* a un cargo.
Assekuranz *f* industria *f* aseguradora *(o del seguro)*.
Assessor/in *m/f* 1. asesor *m*; 2. aspirante *m* a judicatura; 3. funcionario *m* con segundo examen.
Assistent *m* ayudante *m*, asistente *m*.
Assoziationsabkommen *n*, **Assoziationsvertrag** *m* convenio *m* de asociación.
assoziativ asociativo.
assoziieren asociar.
Assozierungssystem *n* régimen *m (o sistema m)* de asociación.
Asyl *n* **~ beantragen, um politisches ~ bitten** solicitar asilo *m (o solicitar el régimen de refugiado político)*, **~ gewähren** *(Sp)* conceder la condición de refugiado político *(o asilar)*.
Asylablehnung *f* denegación *f* de asilo.
Asylanerkennung *f* concesión *f (o reconocimiento)* de la condición de refugiado político.
Asylant/in *m/f* refugiado *m (político)*, asilado *m*.
Asylantrag *m* solicitud *f* de concesión de la condición de refugiado político; solicitud *f* de asilo; **offensichtlich unbegründeter ~** solicitud *f* de asilo claramente injustificada.
Asylberechtigte/r *f/m* **als ~ anerkannt sein** ostentar la condición de refugiado político.

Asylbewerber/in *m/f* solicitante *m, f* de asilo; **abgelehnter ~** solicitante *m, f* de asilo rechazado.
Asylgewährung *f* asilamiento *m.*
Asylgrund *m* motivo *m (o causa)* del asilo.
Asylpolitik *f* política en materia de asilo.
Asylrechtsmissbrauch *m* abuso *m* del derecho de asilo.
Asylsuchende/r *f/m* solicitante *m* de asilo.
Asylverfahrengesetz *n* ley *f* reguladora del procedimiento *m* de concesión de asilo; ley *f* del procedimiento de asilo.
Atomangriff *m* ataque *m* nuclear.
Atomenergiegesetz *n* ley *f* de energía nuclear.
Atomenergierisikenversicherung *f* seguro *m* de riesgos nucleares.
Atomgemeinschaft *f* **Europäische ~** *(Euratom)* Comunidad *f* Europea de Energía Atómica *(Euratom).*
Atomgesetz *n* → Atomenergiegesetz.
Atommülldeponie *f* vertedero *m* nuclear.
Atommüllendlager *m* depósito *m* definitivo de residuos radi*(o)*activos *(o nucleares).*
Atomschmuggel *m* contrabando *m* nuclear.
Atom(waffen)sperrvertrag *m* Tratado *m* de no proliferación de armas nucleares.
Attentat *n* **ein ~ begehen, verüben** cometer un atentado, atentar; **sich für das ~ verantwortlich erklären** asumir la autoría del atentado.
Attentäter/in *m/f* atentador *m,* ~a *f,* autor *m,* ~a *f* del atentado.
Attest *n* **ärztliches ~** certificado *m* médico, certificación *f* médica.
Audienz *f* audiencia *f,* recepción *f.*
aufbewahren guardar, conservar, custodiar, depositar.
aufbrechen *(gewaltsam, Auto, Schloss)* forzar.
Aufbringung *f* **~ von Schiffen** captura *f* de buques.
aufdecken *(Straftat)* descubrir.
Aufenthalt *m* 1. *(Ausländer)* residencia *f;* 2. estancia *f,* permanencia *f;* 3. *(Bahn usw)* parada *f;* 4. *(Wohnort)* domicilio *m;* **gewöhnlicher ~** residencia *f* habitual.
Aufenthaltsbereich *m* **zugewiesener ~** *(Asyl)* área *f* asignada.
Aufenthaltserlaubnis *f* permiso *m* de residencia, autorización *f* de residencia, *(Sp)* tarjeta *f* de residente; **befristete, unbefristete ~** permiso *m* de residencia temporal, *(por tiempo)* indefinido.
Aufenthaltsort *m* 1. paradero *m,* domicilio *m* accidental; 2. *(ständiger)* domicilio fijo *(o habitual).*
Aufenthaltstitel *m* título *m* de residencia *f.*
auferlegen 1. *(Abgaben)* imponer; 2. *(Strafen)* imponer, infligir; 3. *(Risiko)* imputar.
Auffahrunfall *m* choque *m* por alcance.
Auffanggrundrecht *n* derecho *m* fundamental de acogida.
Auffanglager *n* campo *m* provisional para refugiados.
Auffangtatbestand *m* tipo *m* residual.
auffordern 1. *(einladen)* invitar; 2. *(dringend ~)* exigir; 3. *(jur)* requerir.
Aufforderung *f* 1. *(Ermahnung)* exhortación *f;* 2. *(Einladung)* invitación *f;* 3. *(Jur)* requerimiento *m.*
Aufgabe *f* 1. tarea *f;* 2. *(Funktion)* misión *f,* función *f;* 3. *(Hausaufgaben)* deberes *mpl;* 4. *(Post)* envío *m;* 4. *(Gepäck)* facturación *f;* 5. *(von Amt)* cese *m,* dimisión; 6. *(Verzicht)* renuncia *f;* 7. *(einer Anzeige)* inserción; 8. *(Econ)* liquidación *f.*
aufgeben 1. *(Geschäft)* cerrar, cesar; 2. *(Verzicht)* dejar, desistir, abandonar; 3. *(Rechte)* abdicar; 4. *(Post)* enviar, facturar, despachar; 5. *(Pakete)* expedir, remitir; 6. *(Telegramm)* poner; 7. *(anzeigen)* insertar, poner.
Aufgebot *n* 1. *(einer Behörde)* proclama *f,* intimación *f;* 2. *(im Eherecht)* publicación *f* proclamas matrimoniales; 3. *(Grundbuchberichtigung)* llamamiento *m.*
Aufgebotsverfahren *m* procedimiento *m* edictal *(o intimatorio).*
Aufgeld *n* agio *m,* agiotaje *m,* prima *f,* premio *m, (Méx)* reporto *m.*
aufhebbar rescindible, anulable, abrogable.
Aufhebbarkeit anulabilidad *f,* abrogabilidad *f,* rescindibilidad *f.*
aufheben 1. *(abschaffen)* abolir; 2. **ein Verbot ~** levantar una prohibición;

3. *(Belagerung, Sitzung)* levantar; 4. **ein Urteil ~** revocar una sentencia; 5. *(Gesetze, Verwaltungsakt)* abolir, derogar, abrogar; 6. *(Termin)* suspender; 7. *(Vorschriften)* suprimir; 8. *(Wirkung)* neutralizar; 9. *(ausgleichen)* compensar; **sich gegenseitig ~** compensarse *(entre sí)*.

Aufhebung *f* 1. *(Ehe)* anulación *f*; 2. *(Gesetze)* derogación *f*, derogatoria *f*, abolición *f*; 3. *(Rechte)* abrogación *f*; 4. *(Immunität)* desaforamiento *m*, remoción *f*; 5. *(Vollmacht)* revocatoria *f*, revocación *f*; 6. *(Urteil)* casación *f*; 7. *(Vertrag)* rescisión *f*, disolución *f*; 8. *(Pfändung)* cancelación *f*, levantamiento *m*; 9. *(Beschränkung)* eliminación *f*; 10. *(Strafe)* supresión *f*; 11. *(Beschlagnahme)* alzamiento *m*; 12. *(Miteigentümergemeinschaft)* extinción *f*; 13. *(Ehe)* separación *f*; 14. *(des Verlöbnisses)* ruptura *f* de esponsales; 15. *(der Entmündigung)* reintegración *f* de la capacidad; 16. *(einer Entscheidung)* invalidación; 17. *(gerichtliche)* alzamiento *m* judicial *(de embargo)*; 18. *(der Sperre)* desbloqueo *m*; 19. *(der Todesstrafe)* supresión *f (o abolición f)* de la pena de muerte; 20. *(der häuslichen Gemeinschaft)* cesación *f* de la vida conyugal.

aufhetzen incitar; **jemanden ~ gegen ...** soliviantar a alguien contra ...

aufklären ein Verbrechen ~ esclarecer un crimen.

Aufklärung *f* **~ des Sachverhalts** esclarecimiento *m* de los hechos.

Aufklärungspflicht *f* deber *m* de esclarecimiento.

Auflage *f* 1. *(Bedingung)* condición *f*; 2. *(Strafaussetzung zur Bewährung)* obligación *f*; 3. *(Verwaltungsverfahren)* acto *m* de intimidación; 4. *(Aufenthaltsgenehmigung)* medida *f* cautelar; 5. *(Erbrecht)* instrucción *f (en cargo)*; 6. *(Gebühr)* imposición *f*; 7. *(Bücher)* edición *f*; 8. *(Geld)* emisión *f*; 9. *(mit gemeinnützigem Zweck)* carga *f* piadosa; 10. *(der Unterhaltszahlung)* carga *f* de alimentos.

auflassen 1. cancelar; 2. ceder, transferir; 3. *(Grundeigentum)* declarar el consentimiento *m* bilateral de inscripción.

Auflassung *f* 1. cancelación *f*; 2. cesión *f*, transmisión *f* formal, título *m* traslativo de dominio; 3. *(eines Grundstücks)* cesión *f* judicial de un terreno; 4. *(über den Eigentumsübergang an einem Grundstück einig werden)* declaración *f* del consentimiento bilateral de inscripción.

Auflassungsanspruch *m* facultad *f* de transmisión.

Auflassungserklärung *f* declaración *f* de transferencia.

Auflassungspflicht *f* deber *m* de transmisión.

Auflassungsurkunde *f* título *m* traslativo de dominio.

Auflassungsvertrag *m* escritura *f* de renuncia.

Auflassungsvollmacht *f* poder *m* de disposición *(o transmisión)*.

Auflassungsvormerkung *f* preanotación *f* registral de cancelación.

Auflauf *m* 1. muchedumbre *f*; 2. tumulto *m*, reunión ilegal.

auflaufen 1. *(SeeR)* varar*(se)*, encallar, escollar; 2. *(Zinsen)* acumularse.

auflösen 1. *(Vertrag)* disolver, resolver, rescindir; 2. *(Firma)* liquidar; 3. *(Gesellschaft)* disociar; 4. *(Konto)* cerrar; 5. *(Zusammenschlüsse)* descartelizar; 6. *(Menschenmenge)* disolverse; 7. *(Widerspruch)* clarificar; 8. *(Schwierigkeiten)* disolver; 9. *(Ehe)* anular, invalidar; 10. *(Verlobung)* deshacer; 11. *(Demonstration)* dispersar; 12. *(sich selbst)* autodisolverse.

auflösend ~e Bedingung condición *f* resolutoria.

Auflösung *f* **~ eines Vertrags** disolución *f*, rescisión *f*; **~ einer Gesellschaft** disociación; **~ einer Firma** liquidación *f*; **~ einer Versammlung** dispersión *f*; **~ einer Amtsstelle** supresión de un órgano administrativo; **~ einer Behörde** supresión *f* de destino; **~ der Ehe** *(durch den Tod)* disolución *f* del matrimonio; **~ des Eheversprechens** cesación *f* de los esponsales; **~ durch Gerichtsurteil** disolución *f* por resolución judicial; **~ der nichtvollzogenen Ehe** *(KR)* superrato, dispensa de rato.

Aufnahme *f* 1. *(Empfang)* acogida *f*, recibimiento *m*; 2. *(Unterbringung)* alojamiento *m*; 3. *(im Krankenhaus, in eine Organisation)* ingreso *m*; 4. *(Beziehungen)* establecimiento *m*; 5. *(Verfahren)* admisión *f*; 6. *(der Arbeit)* iniciación *f (o entrada f)* en el trabajo; 7. *(in der Tagesordnung)* inclusión *f* en el orden del día; 8. *(der Verhandlungen)* apertura *f* de las negociaciones; 9. *(neuer Betätigung)* lanzamiento *m* de nueva actividad.

Aufnahmeprüfung *f* examen *m* de ingreso.

aufnehmen 1. *(Arbeit)* empezar, iniciar; 2. *(Mitglied)* afiliar; 3. *(Gesellschaft)* absorber; 4. *(Akte)* hacer constar; 5. *(Geld, Kredit)* tomar prestado; 6. *(Schaden)* tasar; 7. *(Schulden)* contraer; 8. *(Hotel)* hospedar, alojar; 9. *(in einer Organisation)* admitir; 10. *(Last)* tomar, recoger; 11. *(Beziehungen)* entablar; 12. *(Kontakte)* establecer; 13. *(Protokoll)* levantar; 14. *(Tonband)* grabar, registrar; 15. *(schriftlich)* tomar nota, anotar; 16. *(Fahndung)* ~ iniciar la persecución *(o las pesquisas)*.

Aufopferungsanspruch *m* derecho *m* del sacrificio.

aufrechnen mit einer Forderung gegen eine Forderung *(des Schuldners)* ~ compensar una deuda con un crédito.

Aufrechnung *f* compensación *f*; declaración *f* de compensación.

Aufrechnungseinrede *f* excepción *f* de compensación.

Aufrechnungserklärung *f* declaración *f* de compensación.

Aufrechnungslage *f* situación *f* compensatoria.

Aufrechnungsverbot *n* prohibición *f* de compensación.

Aufrechnungsrecht *n* derecho *m* compensatorio.

Aufruf *m* 1. **~ zur Abgabe von Geboten** apertura *f* de plicas; 2. **~ durch Aushang** llamamiento por edictos; 3. **~ erlassen** promulgar un bando; 4. **namentlicher ~** llamamiento *m* nominal; 5. **~ der Sache** llamada *f (o llamamiento m)* de la causa, llamada *f* del asunto a la vista; 6. **~ zum Streik** convocatoria *f* de huelga.

aufrufen 1. *(Zeugen)* llamar; 2. **zum Streik ~** convocar una huelga.

Aufruhr *m* **öffentlicher ~** desórdenes *mpl* públicos.

Aufrührer/in *m/f* sedicioso *m*, ~a *f*, perturbador *m*, ~a *f*.

aufschieben dilatar, diferir, prolongar; **~de Bedingung** condición *f* suspensiva *(o dilatoria)*; **~de Wirkung der Anfechtungsklage** efecto *m* dilatorio *(o suspensivo)* de la acción revocatoria.

aufschlüsseln desglosar.

Aufschlüsselung desglose *m*.

Aufschub *m* 1. *(Leistung)* retardo *m*, demora *f*; 2. *(Vollstreckung)* aplazamiento *m*.

Aufschubfrist *f* plazo *m* de prórroga.

Aufschubvereinbarung *f* acuerdo *m* de aplazamiento.

Aufseher/in *m/f* 1. guarda *m*, *f*, celador *m*, ~a *f*; 2. inspector *m*, ~a *f*.

Aufsicht *f* 1. **unter Aufsicht von** a cargo de; 2. **baurechtliche ~** inspección urbanística; 3. **dienstliche ~** inspección jerárquica; 4. **unter notarieller ~ übergeben** diligenciar notarialmente; 5. **unter notarieller ~ übertragen** entregar ante notario.

Aufsichtsbehörde *f* autoridad *f* inspectora, inspección *f*.

Aufsichtsbeschwerde *f* **formlose ~** reclamación *f* en queja, recurso *m* jerárquico.

Aufsichtspflicht *f* obligación *f (o deber m)* de vigilancia; **gesetzliche ~** guarda *f* jurídica.

Aufsichtsrat *m* 1. **den ~ wählen und entlassen** elegir y revocar el consejo de supervisión *(o de vigilancia)*; 2. miembro *m* del consejo de vigilancia *(o supervisión)*.

aufspüren 1. *(Verbrechen)* descubrir; 2. *(Verbrecher)* detectar.

Aufstand *m* **fehlgeschlagener ~** conato *m* de revolución, intentona *f* fallida; **militärischer ~** rebelión *f* militar.

aufständisch revolucionario, rebelde, insurgente.

aufstellen 1. *(Kandidaten)* nombrar, designar; 2. *(Zeugen)* presentar; 3. *(Bedingungen)* fijar; 4. *(Rechnung)* extender; 5. *(Plan)* trazar; 6. *(Regel)* establecer, instituir.

Aufstellung *f* 1. *(Kandidaten)* nombramiento *m*, designación *f*; 2. *(Zeugen)* presentación *f*; 3. *(Bedingungen)* fijación *f*; 4. *(Rechnung)* extensión *f*; 5. *(Plan)* trazado *m*; 6. *(Regel)* establecimiento *m*, fijación; **~ des Jahresabschlusses** establecimiento *m* del cierre anual de cuentas.
aufteilen repartir, dividir, prorratear.
Auftrag *m* 1. *(Bestellung)* pedido *m*; 2. *(Anweisung)* orden; 3. *(Aufgabe)* misión; **im ~ und auf Rechnung von** por orden y cuenta de; **im ~ von handeln** actuar por orden de.
Auftraggeber/in *m/f* 1. *(Kunde)* cliente *m*, ~a *f*; 2. *(Mandant)* mandante *m*, *f*; 3. *(Besteller)* comitente *m*, *f*.
Auftragnehmer/in *m/f* 1. mandatario *m*, ~a *f*; 2. arrendador *m*, ~a *f*; 3. adjudicatario *m*, ~a *f*; 4. empresa *f* receptora de un pedido; 5. **~ der öffentlichen Hand** contratista *m*.
Auftragsangelegenheit *f* asunto *m* delegado, tarea *f* encomendada.
Auftragsbestätigung *f* acuse *m* de recibo *(de pedido)*.
Auftragsformular *n (od Mandatsvertrag m)* hoja *f* de encargo *m*.
Auftragsvertrag *m* contrato *m* de mandato.
Auftragsverwaltung *f* 1. realización *f* fiduciaria de funciones ajenas; 2. *(D)* administración *f* delegada a un Land.
Aufwand *m* 1. *(Einsatz)* esfuerzo *m*; 2. *(an Dingen)* despliegue *m*; 3. *(an Geld)* dispendio *m*; 4. **~ und Ertrag** gastos e ingresos *mpl*.
Aufwandsentschädigung *f* reembolso *m* de gastos de representación *f*, indemnización *f*.
Aufwendungsanspruch *m* reclamación *f (de resarcimiento)* de gastos.
aufwerten revaluar, revalorizar, subir el *(o de)* valor.
Aufwertung *f* revaluación *f*, revalorización *f*, subida *f* del valor.
aufwiegeln agitar, alborotar, incitar.
aufzeichnen 1. *(mitschreiben)* anotar; 2. registrar, grabar.
Aufzeichnung *f* 1. anotación *f*; 2. registro *m*, grabación.
Augenschein *m* **etwas in ~ nehmen, eine Augenscheinseinnahme durchführen** hacer una inspección ocular de algo; **richterlicher ~** inspección *f* personal judicial *(od del tribunal)*.
Augenscheinsbeweis *m* prueba *f* por evidencia demostrativa.
Augenzeuge *m*, **Augenzeugin** *f* testigo *m* ocular *(o presencial)*; *(Méx)* testigo *m* de asistencia.
Auktion *f* subasta *m*, remate *m*, almoneda *f*.
Auktionator/in *m/f* subastador *m*, ~a *f*, rematador *m*, ~a *f*.
Ausbeuter/in *m/f* explotador *m*, ~a *f*.
Ausbeutung *f* 1. *(Kapazität)* aprovechamiento *m*; 2. *(Menschen)* explotación *f*.
Ausbeutung *f* **~ fremden Rufes** explotación *f* de la reputación ajena.
Ausbeutungsdelikt *n* delito *m* de explotación.
Ausbleiben *n* 1. *(einer Person)* inasistencia *f*, rebeldía, incomparecencia *f*; 2. **~ der Zahlung** impago *m*.
ausbleiben *(Prozess)* constituirse en rebeldía, no comparecer.
ausborgen tomar *(o pedir)* prestado.
ausbrechen 1. *(Häftling)* escapar*(se)*, evadirse, fugarse, quebrantar la condena; 2. *(Krieg)* estallar; 3. *(Krankheit, Feuer)* declararse; 4. *(Streik)* producirse.
Ausbrecher/in *m/f* fugitivo *m*, ~a *f*, recluso *m*, ~a *f* evadido *m*, ~a *f*.
Ausbruch *m* **~ der Feindseligkeiten** inicio *f* de las hostilidades; **~ von Gefangenen** fuga *(o evasión f)* de presos, *(Méx)* quebrantamiento *m* de sanción.
Ausbruchsversuch *m* intento *m* de fuga *(o evasión)*.
Ausbruchswerkzeug *n* herramienta *f* para la fuga.
ausbürgern privar de la nacionalidad, desnaturalizar, expatriar.
Ausbürgerung *f* privación *f* de la nacionalidad, desnaturalización, expatriación *f*.
Ausdruck *m* **~ der Gerichtssprache** término *m* forense.
ausdrücklich ~er Befehl orden *f* expresa.
Ausdrücklichkeitsgebot *n* obligación *f* de cita expresa.
Ausdrucksdelikt *n* delito *m* de expresión.

auseinandersetzen 1. liquidar; 2. *(Erbschaft)* partir; 3. *(streiten)* **sich ~** discutir; 4. *(beschäftigen)* ocupar.

Auseinandersetzung *f* 1. **gerichtliche, außergerichtliche ~** partición *f* judicial, extrajudicial; 2. **bewaffnete, kriegerische ~** conflicto *m* armado, bélico.

Ausfall *m* 1. *(Abwesenheit)* ausencia *f*; 2. *(Verlust)* pérdida *f*; 3. *(Produktion)* merma *f*; 4. *(Veranstaltung)* suspensión; 5. *(wegen Erkrankung)* absentismo *m* laboral.

Ausfallbürge *m*, **Ausfallbürgin** *f* fiador/a *m/f* de indemnidad *(o de delcrédere)*.

Ausfallbürgschaft *f* **eine ~ übernehmen** hacerse garante en caso de pérdida, suscribir una fianza de indemnidad *(o de delcrédere)*.

Ausfallzeiten *f/pl* 1. periodos *mpl* sin pago de las cotizaciones sociales; 2. jornadas *fpl* de baja.

ausfertigen 1. *(Gesetze)* despachar; 2. *(Urteil)* librar, redactar; 3. *(Dekrete)* expedir; 4. *(Urkunde)* formalizar; 5. *(Pass)* expedir, extender; 6. *(Zahlungsanweisung)* librar; 7. *(Kontrakt)* otorgar; 8. *(unterzeichnen)* firmar.

Ausfertigung *f* **~ von Akten** despacho *m* de causas; **eine beglaubigte ~ ausstellen** librar copia autorizada *(o auténtica o certificada)*; **in doppelter, in dreifacher ~** por duplicado, por triplicado, **erste ~ einer notariellen Urkunde** escritura *f* original; **eine ~ erteilen** expedir copia de la matriz con testimonio de fehaciencia; **vollstreckbare ~** *(copia f)* ejecutoria *f*, libramiento *m* ejecutable.

Ausforschung *f* 1. investigación *f*; 2. examen *m*; 3. exploración *f*, averiguación *f* *(preguntando)*.

Ausfuhrabgaben *fpl* exacciones *fpl* a la exportación.

ausführen 1. exportar; 2. implementar; 3. *(durchführen)* ejecutar, cumplir; 4. *(Verbrechen)* perpetrar, cometer; 5. *(vollenden)* acabar.

Ausfuhrbeschränkungen *fpl* 1. **mengenmässige ~** restricciones *fpl* cuantitativas a la exportación; 2. **wertmäßige ~**restricciones *fpl* en términos de valor.

Ausfuhrbewilligung *f*, **Ausfuhrerlaubnis** *f* permiso *m* *(o licencia f)* de exportación.

Ausführung *f* 1. *(Gesetz)* ejecución *f*, cumplimiento *m*; 2. *(Auftrag)* cumplimiento *m*; 3. *(Anordnung)* cumplimentación *f*; 4. *(Verbrechen)* perpetración *f*, comisión *f*; 5. *(das Realisieren)* realización *f*; 6. *(Darlegung)* intervención *f*, explicaciones *fpl*.

Ausführungsbestimmungen *fpl* disposiciones *fpl* *(o reglamento m)* de aplicación.

Ausführungsgesetz *n* ley *f* interpretativa, ley *f* reglamentaria.

Ausführungsverordnung *f* reglamento *m* de desarrollo, ordenanza *f* ejecutiva.

Ausfüllen *f* *(Formular)* relleno *m*, cumplimentación *f*.

Ausgabe *f* 1. *(Ausgabestelle)* despacho *m*, ventanilla *f*, taquilla *f*; 2. *(Aktien, Briefmarken)* emisión *f*; 3. *(Waren)* expedición *f*; 4. *(Patent)* concesión *f*; 5. *(Geld)* gasto *m*, desembolso *m*; 6. **amtliche ~** edición oficial *(eines Buches)* edición.

Ausgang *m* **Unfall mit tödlichem ~** accidente *m* *(con desenlace)* mortal.

Ausgangssperre *f* toque de queda.

Ausgehverbot *n* toque *m* de queda.

ausgeliefert ~ werden ser extraditado, ser objeto de extradición.

Ausgelieferte/r *f/m* extraditado *m*, ~a *f*.

Ausgleich *m* 1. compensación *f* 2. *(als Ersatz eines Schadens)* indemnización *f*.

Ausgleichsabgabe *f* tasas *fpl* compensatorias, derechos *mpl* compensatorios.

Ausgleichsanspruch *m* derecho *m* a compensación.

Ausgleichsaufgabe *f* función *f* de compensación.

Ausgleichspflicht *f* deber *m* compensatorio.

Auskunft *f* **mündliche ~** información verbal.

Auskunftsgesuch *n* demanda *f* *(o requerimiento m)* de información.

Auskunftspflicht *f* deber *m* de información, obligación *f* de informar.

Auskunftsverweigerung *n* negativa *f* a informar, denegación *f* de información.
Auskunftsverweigerungsrecht *n* derecho de rehusar la información; **~ des Zeugen** inmunidad *f* del testigo.
Auslagen *fpl* **gerichtliche ~** expensas *fpl* forenses.
Ausland *n* **im ~ ansässig** residente en el extranjero.
Ausländer/in *m/f* extranjero *m*, ~a *f*; **durchreisender ~** extranjero *m* en tránsito *(o transeúnte)*; **unerwünschter ~** persona *f* no grata extranjera; **heimatloser ~** *(extranjero m)* apátrida *m*.
Ausländeramt *n* 1. *(Sp)* oficina *f* de extranjeros; 2. *(Méx)* autoridad *f* de población; 3. *(Am)* departamento *m* de extranjería.
Ausländerbeauftragte/r *f/m* defensor *m*, ~a *f* del extranjero; encargado *m* de asuntos de los extranjeros.
Ausländerbehörde *f* autoridad *f* de extranjeros.
Ausländerbeirat *m* consejo *m* consultivo de extranjeros.
ausländerfeindlich xenófobo.
Ausländerfeindlichkeit *f* xenofobia *f*.
Ausländergesetz *n* 1. *(Sp)* ley *f* de extranjería; 2. *(CH)* ley *f* de residencia; 3. *(Méx)* ley *f* general de población.
Ausländerkind *n* hijo *m* de padres extranjeros.
Ausländerpolitik *f* política *f* de extranjería.
Ausländerrecht *n* Derecho *m* de extranjería, legislación *f* general de extranjería.
Ausländervereinigung *f* asociación *f* de extranjeros.
Ausländerwohnheim *n* residencia *f* de extranjeros.
Ausländerzentralregister *n* registro *m* central de extranjeros.
Auslandsberührung *f* elemento de extranjería *f*.
Auslandsdelikt *n* delito *m (cometido)* en el extranjero.
Auslandsvertretung *f* representación *f* extranjera.
Auslegung *f* 1. *(Text, Gesetz)* interpretación; 2. *(Waren)* exhibición *f*; **amtliche, offizielle ~** interpretación *f* auténtica; **~ durch die Rechtsprechung** interpretación *f* jurisprudencial *(o usual)*; **enge (od restriktive) ~** interpretación *f* restrictiva; **extensive (od weite) ~** interpretación extensiva; **~ richterliche ~** interpretación *f* judicial.
Auslegungsgesetz *n* ley *f* interpretativa.
ausleihen 1. *(entleihen)* tomar prestado; 2. *(verleihen)* prestar.
Ausleiher/in *m/f* prestador *m*, ~a *f*, prestamista *m*, *f*.
auslieferbar *(Person)* extraditable.
Auslieferung *f* **~ an ausländische Behörden** extradición *(a otro país)*.
Auslieferungsantrag *m* interesar *(o solicitar)* la extradición.
Auslieferungsabkommen *n* tratado *m* de extradición.
Auslieferungsgesetz *n* ley *f* reguladora *(del procedimiento)* de extradición.
Auslieferungshaft *f* detención *f* preextradición, detención *f* previa a la extradición.
Auslieferungsverbot *n* prohibición *f* de extraditar *(o de extradición)*.
Auslieferungsverfahren *n* **gerichtliches ~** procedimiento *m* judicial de extradición *(pasiva)*.
Auslieferungsverpflichtung *f* obligación de extraditar *(o de extradición)*.
Auslieferungsvertrag *m* tratado *m (o convenio)* de extradición.
Auslobende/r *f/m* promitente *m*, *f*.
Auslobung *f* promesa *f (pública)* de recompensa.
Ausnahme *f* excepción *f*.
Ausnahmegericht *n* tribunal *m* especial *(o de excepción)*.
Ausnahmegesetzgebung *f* legislación *f* extraordinaria.
Ausnahmezustand *m* **den ~ verhängen** decretar el estado de excepción.
Ausreißer/in *m/f* fugitivo *m*,~a *f*.
ausreisepflichtig *adj* obligado a abandonar el país.
Ausreiseverbot *n* prohibición *f* de salida, salida *f* prohibida.
Ausreisevisum *n* visado *m* de salida.
Aussage *f* declaración *f*; **abweichende, nicht widersprechende und nicht ergänzende ~** singularidad *f* diversificativa; **anschuldigende,**

außergerichtliche, belastende, entlastende, falsche, geschriebene, mündliche, wahrheitsgemäße ~ declaración *f* inculpatoria, extrajudicial incriminatoria, exculpatoria, falso testimonio, por escrito, oral, veraz; **eine ~ machen** hacer una declaración, declarar; **die ~ verweigern** negarse a declarar; **~ unter Eid** declaración jurada.

Aussagedelikt *n* delito *m* de declaración.

Aussageerpressung *f* declaración *f* mediante fuerza, coacción *f* de declaración.

Aussagegenehmigung *f* autorización *f* para declarar.

aussagen eidlich, falsch ~ declarar bajo juramento, testimoniar en falso.

Aussagende/r *f/m* declarador *m*, ~a *f*, declarante *m*, *f*.

Aussagenotstand *m* emergencia *f* de declarar.

Aussagepflicht *f* obligación *f* de declarar *(o responder)*.

Aussageverweigerungsrecht *n* derecho *m* a no declarar, derecho *m* a negarse a declarar.

ausscheiden *(aus)* separarse de.

Ausscheiden *n* separación *f*.

ausschlagen eine Erbschaft, Schenkung ~ repudiar una herencia, una donación.

Ausschlagende/r *f/m* **die Erbschaft ~** repudiante *m/f* de la herencia.

ausschließen 1. *(aus einer Gruppe)* excluir, expulsar; 2. *(Irrtum)* descartar; 3. *(Zeugen)* tachar; 4. *(Erbfolge)* preterir; 5. **sich ~** inhibirse.

ausschließlich ~e Gesetzgebung legislación *f* exclusiva.

Ausschließlichkeitsrecht *n* derecho *m* exclusivo.

Ausschließlichkeitsvertrag *m* contrato *m* en exclusiva.

Ausschließung *f* exclusión *f*; **~ aus der Anwaltschaft** expulsión *f* del colegio *(de abogados)*; **~ von der Beförderung** *(Beamtenrecht)* postergación *f* para el ascenso; **~ vom Dienst** suspensión *f* disciplinaria; **~ von der gesetzlichen Erbfolge** exclusión *f* de la sucesión legítima.

Ausschluss *m* **~ der Haftung, ~ der Klage, ~ auf Lebenszeit** exclusión *f* de la responsabilidad, caducidad *f* de acción, exclusión *f* de por vida; **unter ~ des Rechtswegs** con exclusión *f* de la instancia jurídica, inapelablemente.

Ausschlussfrist *f* plazo *m* de caducidad, plazo *m* preclusivo.

Außenhandelsabkommen *n* tratado *m* de comercio exterior.

Außenprüfung und Steuerfahndung *f* inspección *f* de Hacienda.

Außensteuerrecht *n* Derecho *m* tributario internacional.

Außenvollmacht *f* poder *m* externo.

Außenwirtschaftsgesetz *n* ley *f* de comercio exterior, ley *f* de transacciones exteriores.

außeramtlich, außerdienstlich *adj* privado, no oficial.

außerehelich 1. extramatrimonial; 2. *(Kind)* natural.

außergerichtlich ~e Geltendmachung reclamación *f* extrajudicial; *(Arg)* reclamación *f* fuera de los estrados.

Außerkraftsetzung *f* abolición *f*, derogación *f*; **zeitweilige ~ der Grundrechte** suspensión *f* temporal de garantías, suspensión *f* temporal de derechos y libertades.

Außerkrafttreten *n* **~ des Gesetzes** cesación *f* de la ley.

außerordentlich ~e Kündigung despido *m* extraordinario.

außerprozessual fuera de litigio, extraprocesal.

außerrechtlich extrajurídico.

Äußerungsdelikt *n* delito *m* de expresión.

außervertraglich extracontractual, no contractual.

aussetzen 1. *(Kind)* exponer, abandonar; 2. *(Belohnung)* fijar, ofrecer; 3. *(Verhandlung)* aplazar; 4. *(die Strafe zur Bewährung)* conceder remisión condicional de la pena; 5. *(Rente)* asignar; 6. **einen Preis auf jemandes Kopf ~** poner precio a la cabeza de alguien; 6. *(unterbrechen)* sobreseer, suspender, dejar en suspenso.

Aussetzung *f* **bedingte ~ der Verurteilung** condena *f* condicional; **~ der Hauptver-**

handlung aplazamiento *m* de la vista; **~von Kindern** exposición *f* de niños.
Aussonderungsanspruch *m* acción *f* reivindicatoria impropia.
Aussonderungsberechtigte(r) *f (m)*, **Aussonderungsgläubiger/in** *m/f* acreedor *m*, ~a *f* con derecho *m*, de exclusión.
Aussonderungsrecht *n* derecho *m* de exclusión *(absoluta)*.
aussperren declarar el cierre patronal.
Aussperrung *f* cierre *m* patronal, huelga *f* patronal, lock out *m*.
ausspielen 1. aprovecharse de la rivalidad de varios entre sí, jugar uno contra otro; 2. *(Gewinn)* premiar.
Ausspielvertrag *m (Lotterie- und Ausspielvertrag)* contrato *m* de juego *(o de rifa)*.
aussprechen *(Gericht)* declarar, disponer.
Ausspruch *m* veredicto *m*, sentencia *f*, decisión *f*.
Ausstand *m* **den ~ ausrufen** convocar huelga; **in den ~ treten** adherirse a la huelga *(o declararse en huelga)*.
ausstatten 1. *(mit Geld)* dotar, proveer; 2. *(mit Rechten)* investir; 3. *(mit Macht)* autorizar.
Ausstatter/in *m/f* dotante *m*, *f*.
Ausstattung *f* 1. *(mit Geld)* dotación *f*, provisión *f*; 2. *(mit Rechten)* investidura *f*; 3. *(mit Macht)* autorización *f*.
ausstehend 1. *(Geld)* pendiente de pago, por cobrar, a pagar, cobrable, pagadero; 2. **~e Antwort** todavía sin respuesta.
ausstellen 1. *(Ausweis)* extender, expedir; 2. *(Urkunde)* otorgar, emitir, levantar; 3. *(Wechsel, Scheck)* librar, girar; 4. *(Rechnung)* hacer; 5. *(Waren, Kunst)* exponer, exhibir.
Aussteller/in *m/f* 1. *(Urkunde)* otorgante *m*, *f*; 2. *(Wechsel, Scheck)* librador *m*, ~a *f*, girador *m*, ~a *f*; 3. *(Waren)* expositor *m*, ~a *f*, feriante *m*, *f*, exhibidor *m*, ~a *f*.
Ausstellung *f* 1. *(Urkunde)* otorgamiento *m*; 2. *(Wechsel, Scheck)* giro *m*, libramiento *m*; 3. *(Waren)* exposición *f*, feria *f*, exhibición *f*; 4. *(Police)* expedición *f*, extensión; 5. *(Rechnung)* extensión *f*.
Aussteuer *f* dote *m*, ajuar *m*; **eine ~ geben** dotar.
Aussteuer- dotal.
aussteuern 1. *(Tochter)* dotar; 2. *(Versicherung)* hacer expirar derechos.
Aussteuerung *f (KrankenVersR)* expiración *f* del derecho.
Aussteuerungsurkunde *f* escritura *f* dotal.
Austausch *m* 1. permuta *f*, trueque *m*; 2. **~ von Gefangenen** canje *m* de prisioneros, **~ von Ratifizierungsurkunden** canje *m* de instrumentos *(de ratificación)*.
austauschen *(Gefangene)* intercambiar, canjear.
Austauschpfändung *f* embargo *m* de cambio.
Austauschvertrag *m* 1. contrato *m* sinalagmático; 2. contrato *m* de permuta.
austreten darse de baja en,retirarse de, dejar.
Austritt *m* retirada *f*, retiro *m*, baja.
ausüben 1. *(Recht)* ejercitar;2. *(Beruf)* ejercer; 3. *(Amt)* desempeñar; 4. *(Einfluss, Macht)* ejercer.
Ausübung *f* 1. **~ eines Amtes** desempeño *m* de un cargo; 2. **~ der Befugnis** ejercicio *m* de la facultad *f*; 3. **~ einer Dienstbarkeit** ejercicio *m* de una servidumbre; 5. **~ des Gnadenrechts** aplicación *f* del derecho de gracia.
Ausübungsrecht *n* derecho *m* de ejercicio.
Ausverkaufsrecht *n* regulación *f* en materia de liquidación de existencias.
Auswahlverfahren *n* **sich an einem ~ beteiligen** opositar, presentarse a una oposición.
Auswanderungsamt *n (Sp)* dirección *f* general de emigración *f*.
auswärtig 1. *(nicht einheimisch)* forastero; 2. *(ausländisch)* extranjero; 3. *(D)* **Auswärtiges Amt** *n* ministerio *m* de Asuntos Exteriores, *(Am)* cancillería *f*; 4. **~ er Dienst** servicio *m* exterior.
ausweichen evitar, eludir, desviarse.
Ausweis *m* carnet *m*, carné *m*, *(Sp)* documento *m* nacional de identidad *(DNI)*.
Ausweisen *n* **~ zur Person** acreditación *f* de la identidad.
ausweisen 1. espulsar; 2. **sich ~** acreditar la intentidad.

Ausweispapiere *npl* **mit ~ ausgestattet, ohne ~** documentado, no documentado.
Ausweispflicht *f (Sp)* DNI *m* obligatorio, deber *m* de ir documentado, obligación *f* de portar documentación *(personal).*
Ausweisungsbefehl *m*, **Ausweisungsbeschluss** *m*, **Ausweisungsverfügung** *f* orden *f* de expulsión *f*, orden *f* de salida obligatoria.
Auswertung *f* **~ von Fingerabdrücken** análisis *m* de las huellas dactilares.
auswirken sich positiv, negativ ~ tener efectos positivos, negativos.
Auswirkung *f* 1. *(Rückwirkung)* repercusión *f*; 2. *(Folge)* consecuencia *f*; 3. **~ auf die Umwelt** impacto *m (medio)* ambiental.
auszählen 1. contar; 2. *(Wahlzettel)* escrutar, realizar el escrutinio.
Auszahlung *f* **eigenhändige ~** pago *m* en propia mano.
Auszug *m* **einen ~ anfertigen, einen ~ machen** epitomar, extractar, compendiar.
authentifizieren autenticar, autentificar.
authentisch ~e Auslegung inter'pretación *f* auténtica; **nicht ~** apócrifo.
Authentizität *f* autenticidad *f*.
Auto *n* auto*(móvil) m*, coche *m*, *(Am)* carro *m*.
Autobahnmaut *f* peaje *m* de autopista.
Autobombe *f* coche-bomba *m*.
Autodieb/in *m/f* **profesioneller ~** ladrón *m*, ~ona *f* profesional de coches.
Autodiebstahl *m* robo *m* de automóviles.
Autoknacker *m ugs* desvalijador *m (o ratero m)* de coches.
Automat *m* 1. autómata *m*; 2. *(Waren)* expendedor *m* automático *(de)*; 3. *(Geld)* cajero *m* automático.
Automatenmissbrauch *m* abuso *m* de aparatos automáticos.
autonom ~e Regionen Comunidades *fpl* autónomas *(CC.AA.)*; **~e Regierung** gobierno autónomo *(o autonómico o regional).*
Autonomie ~ erlangen acceder a la autonomía.
Autonomieabkommen *n* convenio *m* de autonomía.
Autonomiebehörde *f* instancia *f (o autoridad f)* autonómica.
Autonomiestatut *n* estatuto *m* de autonomía.
Autonummer *f* matrícula *f* del coche.
Autopapiere *mpl* documentación *f* del automóvil.
Autopsiebericht *m* informe *m* de la autopsia.
Autorenrecht *n* derecho *m* de autor.
Autoschieber/in *m/f* ladrón *m*, ~ona *f* de coches *(con finescomerciales).*
Autoschieberei *f* fraude *f* en la venta de coches.
Autounfall *m* accidente *m* de automóvil.
Aval *m (BankR)* aval *m*, fianza *f*, *(Méx)* avalo *m*; **beschränkter ~** aval *m* limitado; **per ~** por aval.
Avalakzept *n* aval *m* sobre letra de cambio.
Avalist/in *m/f (BankR)* dador *m*, ~a *f* del aval, avalista *m, f*, avalante *m, f*.
Avis *m (BankR)* aviso *m*; **laut ~** según aviso; **mangels ~** por falta de aviso.

B

Bagatelldelikt *n* delito *m* bagatelo.
Bagatelle *f* nimiedad *f*, bagatela *f*.
Bagatellfall *m* caso *m* sin *(mucha)* importancia.
Bagatellsache *f* asunto *m* de mínima cuantía.
Bagatellstrafsache *f* juicio *m* de faltas.
Bahnpolizeigesetz *n* ley *f* de policía de ferrocarriles.
Bande *f* 1. *(Gruppe)* banda *f*; 2. *(Verbrecher)* cuadrilla *f*, banda *f*; **~ der Ehe** vínculo *m* de matrimonio; **kriminelle ~, terroristische ~** asociación *f* de malhechores, banda *f* terrorista; **eheliche ~** vínculo *m* matrimonial.
Bandendiebstahl *f* hurto *m* en cuadrilla.

Bandenraub *m* robo *m* en cuadrilla.
Bandenwesen *n* bandidaje *m*, bandolerismo *m*.
Bandit *m* bandido *m*, bandolero *m*, pistolero *m*; **einarmiger ~** máquina *f* tragaperras.
Banditentum *n* bandolerismo *m*, bandidaje *m*.
Banditenunwesen *n* bandolerismo *m*, bandidaje *m*.
Bank *f* banco *m*.
Bankakzept *n* aceptación *f* bancaria.
Bankaufsichtsbehörde *f* superintendencia *f* bancaria.
Bankaufsichtsrecht *n* derecho *m* de inspección *(o de superintendencia)* bancaria.
Bankautomatenmissbrauch *m* expoliación *f (o abuso m)* de cajero automático.
Bankaval *n* aval *m* bancario.
Bankbetrug *m* estafa *f* a bancos.
Bankbürgschaft *f* fianza *f* bancaria, aval *m* bancario.
Bankdepot *n* **reguläres ~** depósito *m* bancario regular.
Bankfach *n* caja *f* de seguridad de un banco.
Bankgeheimnis *n* secreto *m* bancario.
Bankgeschäft *n* 1. negocio *m* bancario; 2. transacción *f (u operación f)* bancaria.
Bankkonto *n* cuenta *f* bancaria, cuenta *f* en un banco.
Bankkrach *m* hundimiento *m (o crack m)* bancario.
Banknotenfälschung *f* falsificación *f* de moneda *(o de billetes)*.
Banknotenumlauf *f* circulación *f* de billetes *(o fiduciaria)*.
Bankomat *m* cajero *m* automático.
Bankrecht *n* Derecho *m* bancario.
Bankrott *m* **betrügerischer ~** bancarrota *f* fraudulenta; **einfacher ~** insolvencia *f* culpable; **unverschuldeter ~** insolvencia *f* fortuita.
Bankrotteur *m* bancarrotista *m*, quebrado *m*, fallido *m*.
Banküberfall *m* atraco *m* a un banco.
Banküberweisung *f* transferencia *f* bancaria, giro *m* bancario.
Bann *m (Kirche)* excomunión *f*, anatema *m*.
Banngut *n* mercancía *f* de contrabando.
Bannkreisverletzung *f* violación *f* de la zona de protección del recinto parlamentario y de la sede del Tribunal Constitucional.
Bannmeile *f* zona *f* de protección.
bar in ~, **gegen ~ bezahlen** pagar al contado, pagar en efectivo *(o en metálico)*; **~ ohne Abzug** al contado sin descuento.
Bargebot *n (bei Zwangsversteigerung)* postura *f* en metálico.
Bargeld *n* **mit ~ zahlen** pagar en dinero *m* físico, pagar con moneda *f* real, pagar en metálico.
bargeldlos ~e Zahlung pago *m* sin movimiento de numerario.
Barkauf *m* compra *f* en efectivo *(o al contado o en metálico)*.
Barscheck *m* cheque *m* no cruzado *(o en efectivo o de caja)*.
Barter *n (Außenh) (Angl)* compensación *f (o trueque m o permuta f)* simple.
Barverkauf *m* venta *f* al contado *(o en efectivo o en metálico)*.
Barzahlung *f* pago *m* al contado *(o en efectivo o en metálico)*.
Bau *m* 1. *(Gewerbe)* construcción *f*; 2. *(Hand~) obra f, construcción f, edificación f*; 3. *(Gefängnis)* chirona *f*; 4. *(Gebäude)* edificio *m*, edificación *f*.
Bauaufsicht *f* policía *f* de obras, inspección *f* urbanística.
Bauerlaubnis *f* licencia *f* para construir, licencia *f* urbanística.
Bauerngericht *n* juzgado *m* de litigios agrícolas.
Baufälligkeit *f* **~ eines Gebäudes** estado de ruina de un edificio.
Baufreiheit *f* libertad *f* de edificación.
Baugenehmigung *f* licencia *f* para construir, licencia *f* urbanística.
Baugesetz *n*, **Baugesetzbuch** *n* ley del suelo, código *m* de edificación; *(Sp)* ley *f* de régimen del suelo y ordenación urbana.
Baugrundstück *n* terreno *m* edificable.
Bauhandwerk *n* artesanía *f* de la construcción.
Bauherr/in *m/f* 1. propietario *m*; 2. *(Unternehmer)* contratista *m*.
Baukostenzuschuss *m* contribución *f* a los costes de construcción.
Bauland *n* terreno *m* urbanizable *(o edificable)*.

Baulanderschließung *f* puesta *f* en valor de terrenos para edificar.
Baulandkataster *n* catastro *m* de solares edificables.
Bauleitplan *m* plan *m* urbanístico, plan *m* director de urbanismo.
Bauleitplanung *f* planificación *f* general de ordenación urbana.
Baulinie *f* línea *f* límite de edificación *f*.
Baunutzungsverordnung *f* decreto *m* regulador de aprovechamiento del suelo.
Bauordnung *f* reglamento *m* sobre edificación.
Bauordnungsamt *n*, **Bauordnungsbehörde** *f* policía *f* urbanística.
Bauplan *m* 1. planta *f*; 2. plan *m* de construcción.
Bauplanung *f* ordenación *f* territorial.
Bauplanungsamt *n* concejalía *f* de urbanismo.
Bauplanungsrecht *f* Derecho *m* urbanístico.
Bauplatz *m* 1. solar *m*; 2. obra *f*.
Baupolizei *f* policía *f* urbanística.
Baurecht *n* 1. *(Anspruch)* derecho *m* a edificar; 2. *(Bauordnung)* Derecho *m* de edificación.
Bausparkasse *f* 1. caja *f* de ahorros para la construcción; 2. cooperativa *f* de crédito a la construcción.
Bausparvertrag *m* contrato *m* *(de)* ahorro-vivienda *m*.
Bauträger/in *m/f* promotor *m* *(constructor)*.
Bauunternehmer/in *m/f* empresario *m*, ~a *f* constructor *m*, ~a *f*.
Bauverbot *n* prohibición *f* de edificar.
Bauwerk *n* **baufälliges ~** obra *f* ruinosa.
Beamtenbedrohung *f* desacato *m*.
Beamtenbeleidigung *f* injurias *fpl* a la autoridad.
Beamtenbestechung *f* **aktive ~** soborno *m* de funcionarios públicos.
Beamtendelikt *n* delito *m* de funcionario.
Beamtengesetz *n* *(Sp)* estatuto *m* de la función pública.
Beamtenhaftung *f* responsabilidad *f* de los funcionarios.
Beamtenrecht *n* Derecho *m* funcionarial, régimen *m* estatutario de los funcionarios.
Beamtenverhältnis *n* relación *f* funcionarial.
Beamter *m*, **Beamtin** *f* funcionario *m*, ~a *f* *(público, ~a o del Estado)*.
beanspruchen 1. *(Rechte)* reclamar, reivindicar, exigir; 2. *(Zeit, Platz)* requerir; 3. *(Aufmerksamkeit)* exigir, absorber; 4. *(Hilfe)* recurrir.
beanstanden poner reparos, objetar; *(Mängel)* reclamar.
Beanstandung *f* **zu ~ Anlass geben** dar lugar a queja *(o reclamación)*.
beantragen 1. solicitar, pedir; 2. *(Strafe)* requerir; 3. *(vorschlagen)* proponer; 4. *(Pol)* presentar una moción.
bearbeiten 1. *(Akten, Antrag)* tramitar; 2. *(sich befassen)* ocuparse de; 3. *(Thema)* tratar; 4. **neu ~** revisar.
Bearbeitung *f* 1. *(Akten, Antrag)* tramitación *f*; 2. *(eines Textes)* revisión *f*; 3. *(einer Sache)* gestión.
Bearbeitungsrecht *n* *(Urheberrecht)* derecho *m* de adaptación.
beaufsichtigen inspeccionar, controlar, superintender.
beauftragen encargar, encomendar; *(anweisen)* delegar, comisionar.
Beauftragende/r *f/m* delegante *m*.
Beauftragte/r *f/m* mandatario *m*, ~a *f*, comisionado *m*, ~a *f*, delegado *m*, ~a *f*.
Bebaubarkeit *f* edificabilidad *f*, aptitud *f* para edificar.
bebauen 1. *(Acker)* cultivar; 2. *(mit Häusern)* edificar, construir; 3. *(verstädtern)* urbanizar.
Bebauungsplan *m* plan *m* urbanístico.
Bebauungszwang *m* edificación *f* forzosa.
Bedachte/r *f/m* *(Erbrecht)* legatario *m*, ~a *f*, beneficiario *m*, ~a *f*.
Bedarf *m* 1. necesidad *f*; 2. demanda *f*.
bedenken testamentarisch ~ asignar testamentariamente.
Bedenken *n* 1. *(Zweifel)* duda *f*, escrúpulo *m*; 2. *(Einwand)* reparo *m*; 3. *(Überlegen)* reflexión *f*.
Bedienstete/r *f/m* 1. servidor *m*, ~a *f*; 2. empleado *m*, ~a *f* *(de la administración)*; 3. funcionario *m*,~a *f*.
bedingen 1. *(erfordern)* requerir; 2. *(bestimmen)* condicionar, motivar, clausular.
bedingt condicionado, clausulado, requerido, bajo condición; **~ er Vorsatz** dolo *m* condicional.

Bedingung *f* **auflösende** condición *f* resolutoria *(o resolutiva)*; **aufschiebende** condición *f* suspensiva; **ausdrückliche** condición *f* expresa; **bejahende** condición *f* afirmativa *(o positiva)*; **einschränkende ~** condición *f* restrictiva.
bedrohen amenazar.
Bedrohung *f* amenaza *f*, intimidación *f*.
Bedürftigkeitsprüfung *f* determinación *f* de la necesidad.
Bedürftigkeit *f* necesidad *f*, indigencia *f*.
Bedürftigkeitsnachweis *m* certificado *m* de pobreza.
beeiden, beeidigen tomar juramento; **vorschriftsgemäß beeidigt** debidamente juramentado.
Beeidigung *f* juramento *m*.
Beeinflussung *f* **unzulässige ~** influjo *m* desmedido.
beeinträchtigen 1. **den Wert ~** mermar el valor; 2. *(behindern)* perjudicar, dañar, estorbar.
Beeinträchtigung *f* 1. *(Minderung)* merma *f*, menoscabo; 2. *(Störung)* perjuicio *m*, daño *m*, estorbo *m*.
beenden, beendigen 1. *(allgemein)* terminar, finalizar, acabar, ultimar; 2. *(Prozess)* dirimir, fenecer.
beendet *(Prozess)* concluso, fenecido.
Beendigung *f* **~ des Arbeitsverhältnisses** extinción *f* de la relación *(jurídico-)laboral*; **~ der Aussage** final *m* de la declaración; **~ einer Tat** conclusión *f* de un acto; **~ der zivilrechtlichen Wirkungen** *(Ehe)* cesación *f* de los efectos civiles.
beerben heredar *(de alguien)*, suceder *(a alguien)*.
Beerdigungskosten *pl* gastos *mpl* de sepelio, gastos *mpl* funerarios, gastos *mpl* de entierro y funeral.
Beerdigungsschein *m* licencia *f* de enterramiento.
Befähigung *f* aptitud *f*, capacidad *f*, idoneidad *f*.
Befähigungsnachweis *m* 1. certificado *m* de aptitud; 2. título *m* profesional.
befangen ~sein, sich für ~erklären tener interés en la causa.
Befangenheit *f* *(Voreingenommenheit)* parcialidad *f*; **Besorgnis der ~** sospecha *f* de parcialidad; **wegen ~ ablehnen** recusar.
Befehl *m* orden *f*, mandato *m*, mandamiento *m*.
Befehlsgewalt *f* *(poder m de)* mando *m*, potestad *f*.
Befehlsnotstand *m* obediencia *f* debida.
Befehlsverweigerung *f* desobediencia *f* a una orden.
befinden 1. *(Richter)* juzgar; 2. **~ über** *(Gericht)* conocer; 3. **sich ~** *(Urkunde)* obrar.
befolgen 1. *(Gesetze, Befehle)* cumplir, observar, sujetarse a; 2. *(Rat)* seguir.
Befolgung *f* **~ der Gesetze** cumplimiento *m* de las leyes; **zwingende ~** observación *f* *(o cumplimiento m)* forzosa.
befördern 1. expedir, transportar; 2. *(Post)* cursar; 3. promover *(im Amt)*.
Beförderung *f* 1. *(Fortbewegung im Verkehr)* transporte *m*; 2. *(Aufstieg im Beruf)* promoción *f*, ascenso *m*; 3. *(Post)* envío *m*, expedición *f*.
Beförderungserschleichung *f* viaje *m* sin billete.
Beförderungsvertrag *m* contrato *m* de transporte.
Befrachter/in *m/f* fletador *m*, ~a *f*, fletero *m*, ~a *f*, cargador *m*, ~a *f*.
Befrachtungsbrief *m* póliza *f* de fletamento.
befragen 1. *(Umfrage)* encuestar, preguntar, entrevistar; 2. *(Zeugen)* interrogar; 3. *(zu Rate ziehen)* consultar.
Befragung *f* 1. **~ der Kinder** *(Scheidung)* interrogatorio *f* de los hijos; 2. **~ der Parteien** *(Parteivernehmung)* interrogatorio *m* de las partes; 3. **~ der Zeugen** interrogatorio *m* de los testigos.
befreien 1. **~ von Steuern** eximir *(o exonerar o dispensar)* del pago de impuestos; 2. **~ von einer Last** librar *(o liberar)* de una carga; 3. **Gefangene ~** poner en libertad *(o excarcelar)* a presos.
Befreiung *f* 1. *(Steuer)* exención *f*, exoneración *f*, dispensa *f*; 2. *(Last)* liberación *f*; 3. *(Gefangene)* puesta *f* en libertad *(o excarcelación f)*.
befriedigen satisfacer, contentar, cumplir, pagar.
Befriedigung *f* 1. satisfacción *f*, arreglo *m*; 2. pago *m*, reintegro *m*.

Befriedigungsrecht *n* derecho *m* a satisfacerse sobre cosa.
Befriedigungsvorrecht *n* derecho *m* de preferencia.
befristen limitar, aplazar, poner plazo.
Befristung *f* 1. **auflösende ~** plazo *m* resolutorio; 2. **aufschiebende ~** plazo *m* suspensorio.
Befugnis *f* 1. *(Vollmacht, Berechtigung)* autorización *f*; **die ~ entziehen** desautorizar; 2. **richterliche ~** competencia *f* judicial; 3. **~ zur Gesetzgebung** facultad *f* de legislar.
befugt ~ sein estar facultado, tener competencia; **gehörig ~** debidamente autorizado.
Befund *m* estado *m*, constatación *f*, resultado *m*.
befürworten 1. *(gutheißen)* aprobar; 2. *(empfehlen)* recomendar; 3. *(unterstützen)* abogar por.
begebbar ~es Wertpapier título *m* negociable *(o cotizable)*.
Begebung *f* **~ von Aktien** emisión *f* de acciones.
begehen *(Straftaten)* cometer, perpetrar.
Begehren *n* petición *f*, afán *m*.
Begehung *f* **~ einer Straftat** comisión *f (o perpetración f)* de un delito.
Begehungsdelikt *n* delito *m* de acción; **~ durch Unterlassen** delito *m* de *(comisión por)* omisión.
Begehungsort *n* lugar *m (de comisión)* del delito.
beglaubigen 1. *(Unterschrift)* legalizar, certificar, autenti*(fi)*car, dar fe; 2. *(Echtheit)* adverar, bastantear; 3. *(Kopie)* compulsar, legalizar; 4. *(Urkunde)* certificar, dar fe; 5. *(Diplomaten)* acreditar, presentar las cartas credenciales; **amtlich ~** legalizar; **notariell ~** legitimar notarialmente; **notariell ~ lassen** hacer legalizar por notario; **öffentlich ~** legalizar.
beglaubigend certificatorio, autorizante.
beglaubigt ~e Abschrift copia *f* legalizada; **öffentlich ~** debidamente certificado.
Beglaubigung *f* 1. *(Urkunde)* legalización *f*, certificación *f*; 2. *(Abschrift)* compulsa *f*; 3. *(Echtheit einer Urkunde)* adveración *f*, autorización *f*; 4. *(Diplomaten)* credenciales *fpl*, acreditación *f*; **zur ~ dessen** en fe de lo cual *(od de ello)*.
Beglaubigungsschreiben *n* cartas *fpl* credenciales.
Beglaubigungsstempel *m* sello *m* de compulsación.
Beglaubigungsvermerk *m* nota *f (de compulsación)*.
begleichen eine Rechnung ~ saldar una deuda; pagar una factura.
Begleittat *f* hecho *m* acompañante, hecho *m* concomitante.
Begleitumstand *m* **belastender ~** circunstancia *f* agravante.
begnadigen indultar, otorgar un indulto *m*, perdonar.
Begnadigte/r *f/m* indultado *m*, ~a *f*.
Begnadigung *f* indulto *m*, perdón *f*, gracia *f*, amnistía *f*.
Begnadigungsgesuch *n* petición *f* de indulto *(o gracia)*.
Begnadigungsinstanz *f* órgano *m* otorgante del indulto.
Begnadigungsrecht *n* derecho *m* de gracia *(o indulto)*.
Begriff *n* 1. *(Vorstellung)* idea *f*, noción *f*; 2. *(Ausdruck)* término *m*, concepto *m*.
Begriffsjurisprudenz *f* jurisprudencia *f* conceptual, escuela *f* jusracionalista.
begründen *(Klage, Gesetz)* argumentar, motivar, 1. exponer los motivos, fundamentar, razonar; 2. *(gründen)* fundar.
begründet funda*(menta)*do; **~er Verdacht** sospecha *f* fundada.
Begründetheit *f* 1. fundamentación *f (material)*; 2. *(Ersuchen)* procedencia *f*.
Begründung *f* 1. *(Entscheidung)* argumentación *f*, motivación *f*, fundamentación *f*; 2. *(Klage)* fundamentos *mpl* legales; 3. *(Rechtsmittel)* justificación *f*; 4. *(Rechtsbehelf)* razón *f*; 5. *(Gesetzenentwurf)* exposición *f* de motivos; 6. *(Verwaltungsentscheidung)* parte *f* resolutoria; 7. *(Gesellschaft)* constitución *f*, fundación *f*.
begünstigen 1. *(bevorzugen)* favorecer; 2. *(fördern)* fomentar, promocionar; 3. *(Täter)* hacerse cómplice; 4. *(Verbrechen)* encubrir, receptar.
Begünstigte/r *f/m* **~ auf Lebenszeit** beneficiario *m*, ~a *f* vitalicio, ~a.
Begünstigung *f* 1. protección *f*, favorecimiento *m*; 2. *(Jur)* encubrimiento *m*, receptación *f*.

Begünstigungsvertrag *m* tratado *m (o contrato m)* de favor.
begutachten 1. dictaminar; 2. examinar.
Begutachtung *f* **Sachverständigen~** dictamen *m* pericial.
behandeln tratar.
Behandlung *f* 1. **schlechte ~** malos tratos *mpl*, maltrato *m*; 2. **in ärztlicher ~** en tratamiento médico; 3. **strafrechtliche ~** régimen *m* punitivo; 4. **unterschiedliche ~** discriminación *f*.
behaupten afirmar, aseverar; **sich ~** imponerse.
Behauptende/r *f/m (Prozess)* afirmante *m, f*.
Behauptung *f* afirmación *f*, aseveración *f*, alegación *f*.
Behauptungslast *f* carga *f* de afirmar.
Behelf *m* adminículo *m*, recurso *m*.
beherrschen 1. **die Lage ~** controlar *(o ser dueño de)* la situación; 2. **die Materie ~** conocera fondo el asunto *(o la materia)*;3. **die Gefühle ~** dominar *(o controlar)* los sentimientos.
Beherrschung *f* dominio *m*, control *m*.
Beherrschungsvertrag *m* contrato *m (o pacto m)* de dominio.
behindern dificultar, estorbar, entorpecer; **den Wettbewerb ~** obstaculizar la competencia.
Behörde *f* **ausstellende ~** autoridad *f* expedidora; **entscheidende ~** órgano *m* decisorio; **erlassende ~** autoridad *f* emisora; **ermittelnde ~** órgano *m* sumariante *(o instructor)*.
Behördenweg *m* vía *f* jerárquica *(o administrativa)*.
Beibehaltungswahlrecht *n* derecho *m* opcional de prórroga.
beibringen 1. *(Beweise)* alegar, aportar; 2. *(Urkunden)* presentar; 3. *(Zeugen, Bescheinigung)* presentar; 4. *(mitteilen)* comunicar; 5. *(Wunde)* inferir.
Beibringung *f* **~ von Beweisen** presentación *f (o aportación f)* de pruebas; **~ von Beweismaterial** aportación *f* de medios de prueba.
Beibringungsfrist *f* plazo *m* de controversia.
Beibringungsgrundsatz *m* principio *m* de controversia.
Beigeladener *m* coadyuvante *m*, parte *f* interviniente, tercero *m* interesado *(en el proceso)*.
Beigeordneter *m* 1. adjunto, *m*, teniente *m*; 2. juez *m* adjunto; 3. *(Sp)* concejal *m* jurado.
Beihilfe *f* 1. *(staatliche)* ayuda *f*, subvención *f*, subsidio *m*; **~ leisten** prestar ayuda, subvencionar, subsidiar; 2. **~ zum Mord** complicidad *f* en el asesinato; **~ leisten** hacerse cómplice, actuar como cómplice.
beiladen 1. *(Prozess)* llamar en causa; 2. *(Staatsanwalt)* citar.
Beiladung *f* llamada *f* en causa, citación *f*, emplazamiento *m*.
beilegen 1. adjuntar; 2. **freundschaftlich, gütlich ~** dirimir amistosamente, zanjar.
Beilegung *f* **friedliche, gütliche ~** arreglo *m* pacífico de diferencias; **schiedsgerichtliche ~** arreglo *m (o acuerdo m)* arbitral.
Beischlaf *m* coito *m*, cohabitación *f*, ayuntamiento *m* carnal; **außerehelicher ~** adulterio; **strafbarer ~** violación *f*.
Beischlafsdiebstahl *m* hurto en ocasión de relaciones sexuales.
Beischlaferschleichung *f* estupro *m* con engaño.
Beisitzer/in *m/f* 1. *(eines Gerichts)* conjuez *m*, *(juez m)* asesor *m*; 2. *(Schöffe)* escabino *m*.
Beistand *m* 1. asistencia *f*, ayuda *f*, asesoramiento *m*; 2. *(Person) (letrado m)* procurador *m*.
Beitragsbemessungsgrenze *f* tope *m (de la base)* de cotización.
beitreibbar cobrable, recaudable; **nicht ~** incobrable, no recaudable.
beitreiben 1. cobrar; 2. recaudar; 3. requisar, apremiar.
Beitreibung *f* **~ der Beiträge** recaudación *f* de *(las)* cuotas; **~ von Bußgeldern** gestión *f* recaudatoria; **~ von Steuern** cobro *m (o recaudación f)* de impuestos; cobranza *f* de las contribuciones; **zwangsweise ~** recaudación *f* en vía ejecutiva.
beitreten 1. *(Prozess)* coadyuvar; 2. *(Vertrag)* prestar adhesión; 3. *(Verein)* adherirse, entrar, afiliarse.
Beitritt *m* ingreso *m*, adhesión *f*, entrada *f*, afiliación *f*.
Beitrittsurkunde *f* instrumento *m* de adhesión.

beiwohnen 1. presenciar, asistir; 2. cohabitar.
Beiwohnung *f* cohabitación *f*.
beiziehen *(Akten)* recabar *(autos m)*.
bejahen 1. afirmar; 2. decir que sí, responder afirmativamente; 3. *(befürworten)* aprobar.
Bekanntgabe *f* → Bekanntmachung.
bekanntgeben, bekanntmachen 1. anunciar, hacer saber; 2. *(öffentlich)* dictar bandos.
Bekanntmachung *f* **amtliche ~** aviso *m (o anuncio m)* oficial; **gerichtliche ~** edicto *m* judicial; **öffentliche ~ des Urteils** publicación *f* de la sentencia.
bekennen sich schuldig ~ declararse culpable, reconocerse reo.
Bekenntnis *n* confesión *f*.
Bekenntnisfreiheit *f* 1. libertad *f* religiosa *(o de confesión)*, libertad *f* de cultos; 2. libertad *f* de manifestar sus convicciones.
Bekenntnisschule *f* escuela *f* confesional.
Beklagte/r *f/m* demandado *m*, ~a *f*, parte *f* demandada; **~ der Hauptintervention** eviccionista *m/f*.
Belagerungszustand *m* **den ~ verhängen** declarar el estado de sitio.
Belang *m* **von ~** grave, de importancia.
belangen gerichtlich ~ demandar en juicio.
belasten 1. *(StrfR)* imputar, incriminar; 2. *(Grundstück)* hipotecar; 3. *(Kosten)* cargar *(en el debe)*; debitar; 4. *(mit Steuern)* gravar.
belästigen molestar *f*, importunar.
Belästigung *f* molestia; **sexuelle ~ am Arbeitsplatz** acoso *m* sexual en el puesto de trabajo.
Belastung *f* 1. *(Konto)* débito *m*, cargo *m* en cuenta *f*; 2. *(Grundstück)* afectación *f*; 3. *(StrfR)* imputación *f*, incriminación; 4. *(Steuern)* gravamen *m*, carga *f* impositiva.
Belastungen *fpl* **ohne ~** «claro y puro», «claro y expedito»; sin cargas.
Belastungsmaterial *n* pruebas *fpl* de cargo.
Belastungs | zeuge *m*,**~zeugin** *f* testigo *m*, *f* de cargo, testigo *m*, *f* agravante.
belaufen sich ~ auf ascender a, llegar a, ser de, importar, situarse en.
Beleg *m* 1. *(Empfangsbestätigung)* recibo *m*, resguardo *m*; 2. *(Beweis)* comprobante *m*, justificante *m*, prueba *f*.
belegen 1. *(mit Lasten)* gravar, imponer; 2. *(Beweisen)* comprobar, documentar, acreditar.
Belegenheit *f (veraltet)* situación *f*, ubicación *f*, radicación *f*.
belehren instruir.
Belehrung *f* informe *m*, instrucción *f*; **nach ~ darüber, dass ...** apercibido de que ...
Belehrungspflicht *f* deber *m* de informar *(o de instruir)*.
beleidigen injuriar, insultar, ofender, vejar, denostar.
Beleidiger/in *m/f* injuriador *m*, ~a *f*, injuriante *m*, *f*, ofensor *m*,~a *f*, ultrajador *m*, ~a *f*.
Beleidigte/r *f/m* injuriado *m*, ~a *f*, ofendido *m*, ~a *f*, agraviado *m*, ~a *f*, ultrajado *m*, ~a *f*.
Beleidigung *f* **grobe, schwere ~** injuria *f (u ofensa f)* grave; **~ Spaniens** ultraje *m* a España.
Beleidigungsklage *f* demanda *f* de injurias, demanda *f* por injuria.
beleihen 1. *(Geldnehmer)* pignorar, tomar dinero prestado; 2. *(Geldgeber)* prestar dinero sobre.
Bemessung *f* 1. medición *f*, cálculo *m*; 2. *(Strafe)* graduación *f*.
Bemessungsgrundlage *f* base *f* de cálculo *(o imponible)*; **~ der Abgabe** base *f* tributaria.
benachteiligen perjudicar.
benachteiligender *(i. S. des Gleichbehandlungsgesetzes)* el que perjudica.
beneficium *n (lat)* **einfaches ~** beneficio *m* simple.
Benehmen *n* conducta *f*, comportamiento *m*; **im ~ mit ...** oído ...
Benenner/in *m/f (bei Urhebenernennung)* denunciante *m*, *f*.
Benutzer/in *m/f* **berechtigter ~** usuario *m*, ~a *f* autorizado, ~a.
Benutzungsgebühr *f* tasa *f (od gastos mpl)* de utilización.
Benutzungsordnung *f* reglamento *m (u ordenanza f)* de servicio*(s)*.
Benzinbombe *f* bomba *f* de gasolina.
beobachten 1. *(überwachen)* observar, vigilar; 2. bemerken) *(hacer)* notar; 3. *(Gesetz)* cumplir, observar.

beraten 1. *(Rat geben)* aconsejar, asesorar; 2. *(besprechen)* deliberar, discutir; 3. *(Gesetzentwurf)* dictaminar, estudiar; 4. **sich ~ lassen** asesorarse, aconsejarse, consultar.

beratend mit ~er Stimme con voz, pero sin voto.

Berater/in *m/f* 1. asesor *m*, ~a *f*, consejero *m*, ~a *f*; 2. consultor *m*,~a *f*.

Beratung *f* **anwaltliche ~** asesoramiento *m* jurídico; **erste Beratung** *(Gesetzesentwurf)* primera lectura *f*; *(Gericht)* **zur ~ zurückziehen** retirarse a deliberar.

Beratungsunternehmen *n* consultoría *f*, empresa *f* consultora.

Beratungshilfe *f* asistencia *f* extrajudicial *(o prejudicial)*.

Beratungspflicht *f* deber *m* de asesoramiento.

berauben robar, expoliar, desvalijar; **seiner Freiheit ~** privar de su libertad.

Beraubung *f* robo *m*, expolio *m*, expoliación *f*, despojo *m*.

berechnen 1. *(Zinsen, Preis)* calcular; 2. *(Fristen)* computar; 3. *(in Rechnung stellen)* facturar, poner *(o cargar)* en cuenta; 4. *(Fracht)* tasar.

berechtigen justificar, autorizar, habilitar; **~ zu** dar derecho a, autorizar para.

Berechtigte/r *f/m* 1. derechohabiente *m*, *f*; 2. beneficiario *m*, ~a *f*, titular *m*, *f*; 3. usuario *m*, ~a *f* autorizado, ~a.

Berechtigung *f (Rechtsmittel)* procedencia *f*; **~ eines Anspruchs** legitimidad *f* del derecho, **materielle ~** titularidad *f* jurídico-material.

bereichern sich ~ enriquecerse, lucrarse.

Bereicherung *f* enriquecimiento *m*; **ungerechtfertigte, unrechtmäßige ~** enriquecimiento *m* indebido *(o injustificado o sin causa)*.

Bereicherungsabsicht *f* ánimo *m* de lucro *(o enriquecimiento)*.

Bereicherungsanspruch *m* reclamación *f* por enriquecimiento sin causa.

bereinigen 1. *(Missverständnisse, Streit)* aclarar, zanjar; 2. *(Preise)* deflactar; 3. *(Gesetze)* actualizar.

Bereinigung *f (der Preise)* deflactación *f*; **~ einer Schuld** pago *m* de una deuda.

Bereitschaft *f* **~ haben** estar de guardia.

Bereitschaftsdienst *m* turno *m (o servicio m)* de guardia.

Bereitschaftspolizei *f* policía *f* móvil *(o de asalto)*, policía *f* armada.

Bergegeld *n*, **Bergelohn** *m* salario *m* de salvamento, precio *m* de salvación.

bergen salvar, rescatar.

Bergrecht *n* Derecho *m* minero *(o de minas)*.

Bergwerkseigentum *n* propiedad *f* minera, dominio *m* minero.

Bericht *m* **einen ~ abfassen** redactar un informe; **amtlicher ~** informe *m* oficial; **~ an die Aufsichtsbehörde** informe *m* para la superioridad; **ausführlicher ~** puntual relato *m*.

Berichterstatter/in *m/f* 1. informador *m*, ~a *f*; 2. *(Gericht)* ponente *m*, *f*, relator *m*, ~a *f*; 3. *(StrafR)* magistrado *m*, ~a *f* instructor ~a *(o ponente)*.

berichtigen corregir, rectificar; *(Schulden)* saldar.

Berichtigung *f* corrección *f*, rectificación *f*, enmienda *f*; **handschriftliche ~** apostilla *f*; **~ des Urteils** aclaración *f* de la sentencia.

Berliner Republik *f* Alemania *f* *(re)*unificada.

Berliner Abkommen *n* Acuerdo *m* sobre Berlín, Tratado *m* de Berlín.

berücksichtigen considerar, tener *(o tomar)* en consideración; **zu ~** *(Versicherung)* computable.

Beruf *m* profesión *f*, oficio *m*, ocupación *f* habitual; **einen ~ ausüben** ejercer una profesión; **in Kammern organisierter ~** profesión *f* colegiada.

berufen 1. nombrar; 2. **sich ~ auf** *(Gesetz)* invocar, acogerse, hacer referencia.

Berufsausübung *f* ejercicio *m* de la profesión.

Berufsbeamter *m*, **Berufsbeamtin** *f* funcionario *m*, ~a *f* de carrera.

Berufsberatung *f* orientación *f* profesional.

Berufsbildung *f* formación *f* profesional.

Berufsfreiheit *f* libertad para elegir *(o ejercer)* una profesión.

Berufsgenossenschaft *f* mutua *f* profesional; mutualidad *f* profesional; mutualidad *f* de accidentes de trabajo.

Berufshaftung *f* responsabilidad *f* profesional.

Berufskrankheit *f* enfermedad *f* causada por la profesión *(o el trabajo o el oficio)*; **entschädigungspflichtige ~** enfermedad *f* profesional indemnizable.

Berufsrichter/in *m/f* juez *m*, ~a *f* de carrera; **~ beim Schwurgericht** juez *m* de Derecho.

Berufsunfähigkeit *f* incapacidad *f* parcial permanente para profesión habitual.

Berufsunfähigkeitsversicherung *f* seguro *m* de incapacidad laboral.

Berufsunfall *m* accidente *m* de trabajo.

Berufsverband *m* asociación *f* profesional *(o gremial)*.

Berufsverbot *n* interdicción *f* profesional absoluta, prohibición *f* de ejercer una profesión; **ein ~ aussprechen** inhabilitar; **~ auf Lebenszeit** *(Cub)* inhabilitación *f* especial perpetua.

Berufsverbrecher/in *m/f* delincuente *m*, *f* profesional.

Berufswahl *f* **freie ~** libertad *f* para elegir profesión.

Berufung *f* 1. *(Rechtsmittel) (demanda f de)* apelación *f*, recurso *m* de apelación; **mit ~ anfechtbar** susceptible de apelación; **sich der ~ anschließen** adherirse a la apelación *f*; **~ einlegen** apelar, interponer recurso de apelación; 2. *(Vorschrift)* invocación *f*; 3. *(Erbschaft)* llamada *f*, llamamiento *m*; **~ als Erbe, zur Erbfolge, zur Erbschaft** llamamiento *m* a la sucesión; 4. *(Amt)* nombramiento *m*.

Berufungsbeklagte/r *f/m* **Berufungsgegner/~in** *m/f* apelado *m*, ~a *f*, parte *f* apelada, recurrido *m*, ~a *f*.

Berufungsgericht *n* tribunal *m* de apelación.

Berufungsverfahren *n* procedimiento *m* de apelación, juicio *m* apelatorio.

Besamung *f* **künstliche ~** inseminación *f* artificial.

Besatzungsgebiet *n* zona *f* de ocupación.

Besatzungsmacht *f* potencia *f* ocupante.

Besatzungsrecht *n* derecho *m* de ocupación.

Besatzungsstatut *n* estatuto *m* de ocupación.

Besatzungszone *f* zona *f* ocupada *(o de ocupación)*.

beschädigen lesionar, dañar, deteriorar.

Beschädigung *f* lesión *f*, deterioro *m*, injuria *f*.

beschaffen procurar, proveer; *(Beweise)* aportar.

Beschaffenheitsangabe *f (WerbeR)* indicación *f* de la naturaleza.

Beschaffung *f* 1. provisión *f*, suministro *m*; 2. *(Beweise)* aportación *f*; 3. adquisición *f*.

Beschaffungskriminalität *f* delincuencia *f* para la obtención de droga *f*.

beschäftigen 1. *(einstellen)* colocar, dar trabajo, emplear; 2. *(sich befassen)* ocuparse.

beschäftigt ocupado, empleado.

Beschäftigung *f* **abhängige ~** empleo *m* a sueldo; **bezahlte ~** actividad *f* remunerada; **geringfügige ~** empleo *m* de baja remuneración; **zumutbare ~** ocupación *f (alternativa)* exigible.

Beschäftigungspflicht *f* obligación *f* de empleo, deber *m* de ocupación.

Beschäftigungsverhältnis *n* **geringfügiges ~** relación *f* laboral de baja remuneración.

Bescheid *m* **ablehnender ~** desestimación *f (administrativa)*; **abschlägiger ~** negativa *f*, denegación *f*; **einen ~ erlassen** dictar una resolución.

bescheinigen amtlich ~ autenticar.

Bescheinigung *f* **amtliche ~** certificación *f* oficial; **ärztliche ~** certificado *m* médico.

Beschimpfung *f* insulto *m*, afrenta *f*; **~ der Flagge** ultraje *m* a la bandera.

Beschlag *m* embargo *m*; **in ~ nehmen, mit ~ belegen, ~ legen auf** embargar, incautar.

Beschlagnahme *f* embargo *m*, confiscación, *(de)*comiso *m*; **die ~ aufheben** desembargar, alzar el embargo; **richterliche ~** secuestro *m* judicial penal.

Beschleunigung *f* **~ des Gerichtsverfahrens** agilización *f* judicial.

Beschleunigungsgesetz *n* ley *f* de aceleración.

beschließen behördlich ~ decretar.
beschlossen ~ und verkündet hago saber, se decreta y publica.
Beschluss *m* 1. *(Strafsachen)* acta *f*; 2. *(Gesetz)* aprobación *f*; 3. *(Verwaltung)* despacho *m*; 4. *(Gericht)* auto *m*; 5. **einen ~ fassen** tomar *(o adoptar)* una decisión.
beschlussfähig con quórum *(suficiente)*; **(nicht) ~ sein** *(no)* alcanzar el quórum.
Beschlussfähigkeit *f* quórum *m*; **~ erreichen** alcanzar el quórum; **die ~ feststellen** comprobar el quórum.
beschlussunfähig ~ sein no tener *(el)* quórum.
Beschlussverfahren *n* proceso *m* sumario.
Beschlussvorlage *f* proyecto *m* de resolución.
Beschneidung *f* circuncisión *f*.
Bescholtenheit *f* deshonestidad *f*.
beschränken limitar, restringir, coartar.
beschränkte Gesellschaft *f* **mit ~er Haftung** sociedad *f* de responsabilidad limitada; **~e persönliche Dienstbarkeit** servidumbre *f* personal limitada; **~es dingliches Recht** derecho *m* real limitado.
Beschränkung *f* restricción *f*, limitación *f*.
beschuldigen acusar, inculpar, culpar, incriminar, imputar; **sich selbst ~** autoinculparse.
Beschuldigte/r *f/m* inculpado *m*, ~a *f*, presunto *m*, ~a *f* culpable.
Beschuldigung *f* inculpación *f*, imputación *f*.
Beschwer *f (Rechtsmittel)* agravio *m*, gravamen *m* procesal.
Beschwerde *f* queja *f*, recurso *m* de alzada; **~ einlegen (od einreichen)** interponer recurso, alzarse *(o reclamar)* en queja; **sofortige ~** queja *f* urgente.
Beschwerdeführer/in *m/f* recurrente *m*, *f*, querellante *m*, *f*.
Beschwerdeverfahren *n* proceso *m* de recurso.
beschweren 1. **sich ~** reclamar, protestar; 2. *(belasten)* cargar, agraviar.
besehen ~ wie *(Immobilien)* a cuerpo cierto, tal cual.
beseitigen 1. *(Dokumente)* sustraer; 2. *(Fehler)* eliminar, suprimir.
Beseitigung *f* 1. *(Dokumente)* sustracción *f*; 2. **~ des Mangels** supresión *f* del vicio.
besetzen 1. *(Gericht)* dotar; 2. *(Land)* ocupar; 3. *(Stelle)* proveer; 4. *(offene Stelle)* cubrir.
besetzt ~ sein *(Gericht)* estar integrado.
Besetzung *f* 1. *(Land)* ocupación *f*; 2. **~ des Gerichts** composición *f* del tribunal; **in großer ~** en pleno; **in voller ~ handeln** ver en pleno.
Besitz *m* **abgeleiteter ~** posesión *f* derivada; **den ~ aufgeben** desposeerse; **bösgläubiger ~** posesión *f* de mala fe; **den ~ entziehen** desposeer, expoliar; **~ ergreifen** posesionarse; **den ~ erlangen** tomar posesión; **in ~ nehmen** tomar, ocupar; **fehlerhafter ~** posesión *f* irregular *(o viciosa)*; **gemeinsamer ~** condominio *m*; **gutgläubiger ~** posesión *f* de buena fe; **körperlicher ~** tenencia *f (física)*; **~ der öffentlichen Hand** dominio fiscal *(o del Estado)*; **unbeschränkter ~** posesión *f* absoluta; **den ~ wiedererlangen** reintegrar*(se en la posesión)*.
Besitzdiener/in *m/f* detentador *m*, ~a *f*, servidor *m*, ~a *f* de la posesión.
Besitzeinweisung *f* asignación *f* de la posesión.
besitzen fehlerhaft ~ ocupar en precario; **rechtmäßig, unrechtmäßig ~** poseer legítimamente, ilegítimamente; **treuhänderisch ~** poseer a título fiduciario.
besitzend poseyente, a título posesorio.
Besitzentsetzung *f*, **Besitzentziehung** *f* desposesión *f*, desposeimiento *m*; **strafbare ~** hurto *m* impropio.
Besitzer/in *m/f* **bösgläubiger, gutgläubiger ~** poseedor *m*, ~a *f* de buena fe, de mala fe; **eigenmächtiger ~, ~ aus verbotener Eigenmacht** intruso *m*, ~a *f*,poseedor *m*, ~a *f* sin título.
Besitzergreifung *f* toma *f* de posesión.
Besitzerlangung *f*, **Besitzerwerb(ung)** *f* adquisición *f* de la posesión.
Besitzklage *f* acción *f* posesoria, interdicto *m*, querella *f* posesoria.
Besitzkonstitut *n* **antizipiertes ~** constitución *f* de posesión anticipada.

Besitzmittler/in *m/f* mediador *m*, ~a *f* posesorio, ~a.
Besitznahme *f* toma *f* de posesión.
Besitzpfandrecht *n* derecho *m* de prenda con posesión.
Besitzprozess *m* juicio *m* posesorio.
Besitzrecht *n* derecho *m* de posesión.
besitzrechtlich jurídico-posesorio.
Besitzschutz *m* tutela *f* de la posesión.
Besitzstand *m* 1. estado *m* posesorio; 2. ventajas *fpl* adquiridas.
Besitzsteuer *f* impuesto *m* sobre la posesión.
Besitzstörung *f* intrusión *f*, perturbación *f* posesoria.
Besitzübergabe *f* entrega *f* de la posesión.
Besitzübertragung *f* transmisión *f* de la posesión.
Besitzurkunde *f* título *m* posesorio.
Besitzwehr *f* defensa *f* de la posesión.
besolden asalariar, dotar, pagar sueldo.
Besoldung *f* salario *m*, sueldo *m*, paga *f*, retribución *f*.
Besoldungsdienstalter *n* antigüedad *f*.
Besoldungsgesetz *n* ley *f* de retribuciones.
Besoldungsordnung *f* régimen *m* de retribuciones.
besonderes Gewaltverhältnis *n* relación *f* real de poder.
Besorgnis *f* **begründete ~ der Befangenheit** sospecha *f* fundada de parcialidad.
Besorgung *f* 1. *(Geld)* provisión *f*, 2. *(Geschäfte)* gestión *f*, despacho *m*; 3. *(Botengang)* recado *m*.
Besserungsanstalt *f* correccional *m* *(antiquiert)*.
Bestallungsurkunde *f* **~ des Notars** título *m* del notario; **~ des Vormunds** carta *f* de tutoría.
Bestand *m* 1. *(Wertpapier)* cartera *f*; 2. *(Geld)* saldo *m*, 3. *(Bilanz)* inventario *m*; 4. *(Vorrat)* existencias *fpl*; 5. *(Recht)* legitimidad *f*.
Bestandteil *m* **wesentlicher, unwesentlicher ~** parte *m* integrante esencial, accesoria.
bestätigen 1. *(Vermutung)* confirmar; 2. **den Empfang ~** acusar recibo; 3. *(Urteil)* ratificar, aprobar.
Bestätigung *f* 1. *(Urkunde)* confirmación *f*; 2. *(Dokument)* autenticación *f*; 3. *(Bescheiningung)* certificación *f*; 4. *(gerichtliche)* homologación *f* judicial; 5. *(Notar)* **~ der Kenntnis von Person** fe *f* de conocimiento, juicio *m* de identidad.
Bestätigungsschreiben *n* cartas *fpl* credenciales.
Bestätigungsurkunde *f* certificado *m* de confirmación.
bestechen sobornar, corromper, cohechar, comprar.
Bestechende/r *f/m* sobornante *m, f*, sobornador *m*, ~a *f*.
bestechlich corruptible, sobornable, venal; **~ sein** venderse.
Bestechlichkeit *f* corruptela *f*, corruptibilidad *f*, venalidad *f*, cohecho *m*.
Bestechung *f* **aktive**, **passive ~** cohecho *m (o soborno m)* activo; pasivo.
Bestechungsgeld *n* soborno *m*, unto *m*, peculado *m*; *(Méx)* mordida *f*.
bestellen fest ~ pedir en firme; **gerichtlich ~** discernir; **mündlich, schriftlich, telefonisch ~** encargar verbalmente, por escrito, por teléfono; **bestellt werden** *(Hypothek)* constituirse.
Besteller/in *m/f* comitente *m, f*, ordenante *m, f*, cliente *m, f*, comprador *m*, ~a *f*, adquirente *m, f*.
Bestellung *f* 1. **gerichtliche ~** discernimiento *m* judicial; 2. *(Recht)* constitución *f*; 3. *(Ernennung)* designación *f*, nombramiento *m*, 4. *(Platz)* reserva *f*; 5. **~ per Internet** telepedido *m*; 6. **~ von Amts wegen** designación *f* de oficio; **~ des Prozessvertreters** designación *f* de procurador.
besteuern gravar con impuestos, imponer contribuciones.
Besteuerte/r *f/m* contribuyente *m, f*.
Besteuerung *f* imposición *f*, fiscalidad *f*, tasación *f*.
Besteuerungsverfahren *n* **automatisiertes ~** procedimiento *m* de imposición automatizado.
bestimmen gesetzlich ~ establecer por ley.
bestimmt dafür ~ destinado al efecto.
Bestimmtheit *f* **mit ~** con certeza; 2. *(Entschiedenheit)* firmeza *f*.
Bestimmtheitserfordernis *f* principio *m* de precisión.

Bestimmtheitsgebot *n (bei unechten Unterlassungsdelikten)* garantía *f* de tipificación, mandato *m* de determinación.
Bestimmtheitsgrundsatz *m* principio *m* de certeza *(o determinabilidad)*.
Bestimmung *f* 1. *(Tag)* fijación *f*; 2. **allgemeine ~** disposición *f* general; 3. *(Vertrag)* cláusula, estipulación *f*; 4. *(Vorschrift)* prescripción *f*; 5. *(Ernennung)* nombramiento *m*; 6. *(Person)* designación *f*; 7. **~ des Strafmaßes** individualización *f* *(o personalidad f)* de la pena.
bestrafen 1. castigar, penar; 2. *(mit Geld)* multar; 3. **exemplarisch ~** escarmentar.
Bestrafung *f* **mildere ~** pena *f* *(o castigo m)* atenuado; **~ nach sich ziehen** traer aparejada una pena.
bestreiten 1. *(leugnen)* negar; 2. *(Kosten)* sufragar; 3. *(Unterhaltung)* sustentar, cubrir el sustento.
Bestreiten *n* **~ einer Urkunde** objeción *f* de documento *(o de falsedad)*; **~ von Tatsachen** negativa *f* de hecho *(o de los hechos)*.
Besuch *m* visita *f*; *(Haft)* «vis a vis» *m*.
Besuchsraum *m (Haft)* sala «vis a vis» *m*.
Besuchsrecht *n* **das ~ regeln** fijar el régimen de visitas.
betäuben narcotizar, aturdir.
Betäubung *f* narcosis *f*, aturdimiento *m*.
Betäubungsmittel *n/pl* narcótico *m*, anestésico *m*; *(Rauschgift)* estupefaciente *m*.
Betäubungsmittelgesetz *n* ley *f* de estupefacientes *(o narcóticos)*.
Betäubungsmittelkriminalität *f* delincuencia *f* con estupefacientes.
beteiligen sich ~ participar; *(Behörde)* intervenir.
Beteiligte/r *f/m* participante *m*, *f*, interesado *m*, ~a *f*; **notwendiger ~** interesado *m* necesario; **voraussichtlicher ~** *(am Delikt)* presunto implicado *m*.
Beteiligung *f* 1. **~ an einer Gesellschaft** participación *f* en el capital social; 2. *(Delikt)* complicidad *f*, implicación *f*.
Beteilungsdarlehen *n* préstamo *m* participativo.
Betrachtungsweise *f* método *m* de examen, consideración *f*.
Betrag *m* **eingeklagter ~** suma *f* *(o importe m)* en litigio; **zu viel erhobener ~** importe *m* percibido en exceso.
Betragen *n* comportamiento *m*.
betragen ascender a, llegar a, ser de, importar, situarse en.
betreiben 1. *(Verfahren)* instruir, diligenciar, promover; 2. *(Geschäfte)* gestionar, tramitar, agenciar.
Betreten ~ verboten! ¡prohibido el paso!.
Betreuung *f* 1. *(D)* curatela *f* para minusválidos y niños; 2. **anwaltschaftliche ~** asistencia *f* letrada; **~sgeld** subsidio por cuidado de los hijos.
Betriebsaufgabe *f* cese *m* de explotación.
Betriebsaufwand *m*, **Betriebsausgaben** *fpl* gastos *mpl* operativos.
Betriebseinnahmen *fpl* ingresos *mpl* operativos.
Betriebsgefahr *f* riesgo *m* de explotación, riesgo *m* empresarial.
Betriebsprüfung *f* auditoría *f* externa.
Betriebsrat *m* 1. comité *m* de empresa; 2. *(Mitglied)* miembro *m* del comité de empresa.
Betriebsrentensatzung *f* reglamento *m* de pensiones de la empresa.
Betriebsrisiko *n* riesgo *m* de explotación *(o de servicio)*.
Betriebsstörung *f* disfunción *f (en el servicio)*, defecto *m* operativo.
Betriebsüberlassung *f* cesión *f* de la explotación.
Betriebsvereinbarung *f* acuerdo *m* empresarial *(o interno)*, pacto *m* de empresa.
Betriebsverfassung *f* régimen *m* orgánico de la empresa.
Betriebsverfassungsgesetz *n* ley *f* constitutiva de la empresa.
Betriebsversammlung *f* asamblea *f* de la empresa.
betrinken sich ~ emborracharse, embriagarse.
Betroffene/r *f/m* interesado *m*, ~a *f*, afectado *m*, ~a *f*; **der Betroffene selbst** el propio interesado.
Betrogene/r *f/m* engañado *m*, ~a *f*, timado *m*, ~a *f*, estafado *m*,~a *f*.
Betrug *m* 1. *(Jur)* fraude *m*, estafa *f*; 2. *(Ehepartner)* engaño *m*; 3. *(beim Spiel)* trampa *f*.

betrügen 1. *(Jur)* estafar, cometer fraude, timar; 2. *(Ehepartner)* engañar; 3. *(beim Spiel)* hacer trampa.
Betrüger/in *m/f* defraudador *m*, ~a *f*, estafador *m*, ~a *f*, timador *m*, ~a *f*, embustero *m*, ~a *f*; *(beim Spiel)* tramposo *m*, ~a *f*.
betrügerisch fraudulento *(StrR)*; **in ~er Absicht** con ánimo fraudulento, fraudulentamente.
Betrugsdelikt *n* delito *m* de fraude *(o de estafa)*.
Betrugsdezernat *n* brigada *f* contra el fraude.
betrunken ~ fahren conducir bajo los efectos del alcohol.
Betteldelikt *n* delito *m* de mendicidad.
Beugehaft arresto *m* reflexivo *(o coactivo)*.
Beugemittel *n* medio *m* de doblegamiento.
Beugestrafe *f* pena *f* coactiva.
beurkunden certificar; **falsch ~** certificar en falso; **notariell ~** protocolizar, escriturar; **gerichtlich ~** legitimar judicialmente; **öffentlich ~** elevar a instrumento público, escriturar.
Beurkundung *f* autentificación; **gerichtliche ~** legitimación *f* judicial; **notarielle ~** protocolización *f*, autorización *f* notarial; **öffentliche ~ (einer Privaturkunde)** elevación *f* a escritura pública, formalización *f* en escritura pública; **keine ~ haben** carecer de fe pública.
beurlauben 1. *(Freistellung)* excedencia *f*; 2. **von einem Amt ~** suspender *(del cargo)*; 3. *(Urlaub geben)* dar vacaciones *(o permiso)*.
Beurlaubung *f* 1. vacaciones *fpl*, permiso *m*; 2. *(situación f de)* excedencia *f*; 3. suspensión *f*.
beurteilen 1. juzgar, enjuiciar; 2. valorar, estimar, apreciar.
Beurteilung *f* **dienstliche ~** conceptuación *f*; **strafrechtliche ~** calificación *f* jurídico-penal.
Beurteilungsspielraum *m* margen *m* de discrecionalidad.
Beute *f* despojo *m*, botín *m*, sustracciones *fpl*.
bevollmächtigen apoderar, constituir apoderado; **jemanden ~** dar poderes a alguien.
Bevollmächtigte/r *f/m* apoderado *m*; 1. *(Anwalt)* abogado *m (que consta)*, letrado *m* patrocinante; 2. *(Jur)* mandatario *m*; 3. *(Economía)* apoderado *m*; 4. *(Pol)* plenipotenciario; 5. **beglaubigter ~** representante *m* autorizado; **einen ~n bestellen** constituir apoderado; **dazu ~** apoderado al efecto; **~ vor den Verwaltungsbehörden** *(Sp)* gestor *m (administrativo)*.
Bevollmächtigung *f* apoderamiento *m*, autorización *f*, procuración *f*.
bevorrechtigt privilegiado, preferente, preferencial, con prioridad; *(im Verkehr)* con prioridad de paso.
bewachen observar, controlar.
Bewachung *f* 1. **~ von Gefangenen** custodia *f* de presos; 2. *(Wache)* guardia *f*.
bewähren *v/refl.* 1. *(Person)* **sich ~** hacer méritos, acreditarse, demostrar su capacidad; 2. *(Sache)* **sich ~** dar buen resultado, probar su eficacia, obtener buenos frutos.
Bewährung *f* **eine Strafe zur ~ aussetzen** aplicar la remisión condicional de la pena; conceder la libertad provisional.
Bewährungsauflage *f* condición *f* de la pena condicional.
Bewährungshelfer/in *m/f* asistente *m*, *f* para el plazo de prueba.
Bewährungsstrafe *f* libertad *f* condicional.
Beweggrund *m* motivo *m*, móvil *m*; **niedriger ~** móvil *m* abyecto, motivo *m* vil.
beweglich 1. **~e Sachen** bienes *mpl* muebles; 2. **~es Kapital** capital *m* flotante.
Bewegungsfreiheit *f* libertad *f* ambulatoria.
Beweis *m* **~ von Amts wegen** prueba *f* de oficio; **~ anbieten, antreten** aducir *(o evacuar)* una prueba; **~ aufnehmen** recibir *(o recoger)* prueba; **~ beibringen** aportar prueba; **zum ~ dessen** en fe de lo cual, en testimonio de ello; **~ erbringen** rendir prueba; **~ erheben** llevar a cabo la prueba; **~ durch Geständnis** prueba *f* confesional; **halber ~** prueba *f* semiplena; **mangels ~es freige-**

sprochen werden quedar libre por falta de pruebas; **~ durch öffentliche Urkunde** prueba *f* documental; **schlagender ~** prueba *f* contundente; **schlüssiger ~** prueba indisputable; **voller ~** prueba *f* plena; **den ~ würdigen** apreciar las pruebas; **als ~ zulassen** admitir como prueba; **zum ~** como prueba.

Beweisanträge *mpl* **~ stellen** petición *f* de recibimiento de prueba.

Beweisantritt *m* aducción *f* de prueba.

Beweisaufnahme *f* práctica *f* de la prueba.

beweisen probar, dar prueba; **urkundlich ~** documentar.

Beweiserhebung *f* práctica *f* de la prueba.

Beweisführung *f (trámite m de)* alegaciones *fpl*, probanza *f*.

Beweisgrund *m* argumento*m*.

Beweislast *f* carga *f* probatoria, onus probandi *(lat)*.

Beweislastumkehr *f* inversión *f* de la prueba, regla *f* de presunción.

Beweismittel *n* medio *m* probatorio, elemento *m* de prueba.

Beweisregel *f* regla *f* de evidencia; **gesetzliche ~** norma *f* legal de prueba.

Beweissicherung *f* aseguramiento *m* de prueba, prueba *f* anticipada.

Beweisstück *n* pieza *f* probatoria.

Beweisthema *n* tema *m* probatorio.

Beweisverfahren *n* procedimiento *m* probatorio; **das ~ eröffnen** recibir el pleito a prueba.

Beweiswürdigung *f* valoración *f* *(o estimación f)* de las pruebas.

Bewerbung *f* solicitud *f*, candidatura *f*, evaluación *f*.

Bewertung *f* valoración *f*, tasación *f*.

bewilligen 1. *(Antrag)* aprobar; 2. *(erlauben)* autorizar; 3. *(Kredit)* otorgar, conceder.

Bewilligung *f* 1. aprobación *f*; 2. autorización *f*; 3. concesión *f*, otorgamiento *m*.

bewusst consciente; **~e Fahrlässigkeit** culpa *f* con previsión, culpa *f* consciente; **~e Lüge** mentira *f* intencionada *(o a propósito)*.

bewusstlos inconsciente; **~ werden** desmayarse.

Bewusstlosigkeit *f* desmayo *m*, pérdida *f* del conocimiento.

Bewusstsein *n* conciencia *f*; **das ~ verlieren** desmayarse, perder el conocimiento; **das ~ wiedererlangen** recobrar el conocimiento, volver en sí.

Bewusstseinsstörung *f* perturbación *f* de conciencia, trastorno *m* mental.

Bezahlfernsehen *n* televisión *f* de pago.

Bezahlung *f* pago *m*, saldo *m*, liquidación; **nur gegen ~** sólo por dinero.

bezeugen 1. testimoniar, testificar, atestiguar, declarar, dar testimonio; 2. *(urkundlich)* documentar.

bezichtigen incriminar, inculpar; **sich selbst ~** incriminarse, inculparse.

Bezichtigung *f* incriminación *f*, inculpación *f*.

beziehen 1. *(Lohn)* cobrar; 2. *(Wohnung)* instalarse; 3. *(kaufen)* comprar.

Beziehung *f* **schuldrechtliche ~** vínculo *m* obligacional.

Beziehungen relaciones; *fpl* **die ~ abbrechen** romper *(o cortar)* las relaciones; **~ aufnehmen** entablar relaciones; **außereheliche ~** relaciones *fpl* sexuales extramatrimoniales; **eheliche ~** relaciones *fpl* matrimoniales; **ehewidrige ~** relaciones *fpl* adúlteras; **verwandtschaftliche ~** vínculos *mpl* de parentesco; **Wiederaufnahme** *f* **der ~** reanudación *f* de las relaciones.

Bezirk *m* distrito.

Bezirksnotar/in *m/f* secretario-notario *m*, secretaria-notaria *f*.

Bezirksrichter/in *m/f (in den ehemaligen Beitrittsgebieten)* juez *m*, ~a *f* de distrito *(o comarcal)*; *(Sp)* juez *m*, ~a *f* de primera instancia e instrucción.

Bezogene/r *f/m* 1. *(beim Wechsel)* librado *m*, ~a *f*, girado *m*, ~a *f*, aceptante *m*, *f*; 2. *(beim Scheck)* banco *m*.

Bezug *m* 1. cobro *m*; 2. adquisición *f*; 3. **~ einer Leistung** percepción *f* de una prestación; **betrügerischer ~ von Sozialleistungen** fraude social.

bezugsfertig llave *f* en mano *m*, habitable.

Bezugsrecht *n* derecho *m* de opción; *(neue Aktien)* derecho *m* preferente de suscripción *(de acciones nuevas)*.

bieten 1. ofrecer; 2. *(Versteigerung)* pujar, licitar.
Bigamie *f* bigamia *f*; **in ~ lebend** bígamo.
Bilanz *f* 1. *(Außenhandel)* balanza *f*; 2. *(Unternehmen)* balance *m*.
Bilanzsteuerrecht *n* normas *fpl* sobre el balance fiscal.
bilateral ~es Abkommen acuerdo *m* bilateral; **~er Vertrag** contrato *m* bilateral.
Bildplatte *f* videodisco *m*.
Bildschirm *m (Computer, TV)* monitor *m*, pantalla *f*.
Bildung *f* 1. *(Ausbildung)* formación *f*, instrucción *f*; 2. *(Erziehung)* educación *f* **allgemeine Bildung** cultura *f* general; 3. **die ~ des Kabinetts** la formación de gobierno; 4. **~ einer krimineller Vereinigung** asociación *f* para delinquir, asociación *f* de malhechores.
Bildungsgutscheine *mpl (Agenda 2010)* vales *mpl* para formación *(de parados)*.
Bildungsrecht *n* legislación *f* en materia de educación.
billig 1. equitativo; 2. barato.
billigen aprobar, consentir.
billigend in kauf nehmen asumir las eventuales consecuencias *fpl (de su actuación)*.
Billigflug *m* vuelo *m* barato.
Billigflagge *f (Mar.)* pabellón *m* de conveniencia.
Billigjob *m* trabajo *m* de baja remuneración.
Billiglohn *m* remuneración *f* baja.
Billigkeit *f* **steuerliche ~** equidad *f* fiscal.
Billigkeitsregel *f* regla *f* de equidad.
Billigung *f* sanción *f*, aprobación *f*.
binden sich ~ obligarse.
bindend vinculante, obligatorio.
Bindung *f* vinculación *f*, obligación *f*, compromiso *m*.
Bindungswirkung *f* efecto *m (o fuerza)* vinculante.
binnen 1. en el término de; **~ 4 Tagen** en 4 días, dentro de 4 días; 2. en el plazo de.
Binnenhandel *m* comercio *m* interior *(o nacional)*.
Binnenmarkt *m* **europäischer ~** mercado *m* único europeo.
Binnenschifffahrt *f* navegación *f* fluvial *(o interior)*.
Bitcoin *m* bitcoin *m (o ciberdivisa)*.
Bittschrift *f*, **Bittgesuch** *n* carta *f* petitoria, súplica*f*.
Bitte *f* **mit der ~ um Berichtigung** con el ruego de rectificación; **mit der ~ um Kenntnisnahme** para información; **mit der ~ um Prüfung** para examen; **mit der ~ um weitere Untersuchung** para examen más amplio.
Blankett *n* 1. firma *f* en blanco; 2. poder *m* en blanco.
Blankettmissbrauch *m* abuso *m* de firma en blanco.
Blankettvorschrift *f* norma *f* en blanco.
blanko al descubierto, en blanco.
Blankogeschäft *n* operación *f* al descubierto.
Blankoindossament *n* endoso *m* en blanco *(o irregular)*.
Blankoscheck *m* cheque *m* en blanco.
Blankounterschrift *f* firma *f* en blanco.
Blankovollmacht *f* poder *m* en blanco, carta *f* blanca.
Blankowechsel *m* letra *f* en blanco; **einen ~ ziehen** librar en blanco.
Blankozession *f* cesión *f* en blanco.
Blasphemie *f* blasfemia *f*, reniego *m*.
Blatt *n* **~ der Akte** folio *m*,hoja *f*, foja *f*.
Blockade *f* **die ~ aufheben** levantar el bloqueo; **die ~ brechen** violar el bloqueo; **eine ~ durchführen** bloquear.
blockieren bloquear.
Blutalkohol *m*, **Blutalkoholgehalt** *n* contenido *m* de alcohol en la sangre.
Blutalkoholkonzentration *f (Abk.: BAK)* cantidad *f* de alcohol en la sangre.
Blutalkoholtest *m* prueba *f* de alcoholemia.
Blutentnahme *f* extracción *f* de sangre.
Blutprobe *f* prueba *f* de sangre.
Blutrache *f* venganza *f* de sangre, venganza *f* sangrienta, vendetta *f*.
Blutschande *f* incesto *m*, cópula *f* fornicaria, estupro *m* incestuoso; **in ~ gezeugtes Kind** hijo *m* incestuoso.
Blutschänder/in *m/f* incestuoso *m*, *~a f*.

Blutsverwandte/r *f/m* consanguíneo *m*.
Blutsverwandtschaft *f* parentesco *m* de sangre, consanguinidad *f*; **~ in gerader Linie** consanguinidad en línea directa *(o lineal)*; **~ in der Seitenlinie** consanguinidad *f* colateral.
Bodenbeschaffenheit *f* naturaleza *f* del suelo.
Bodenkataster *m* catastro *m* de tierras.
Bodenkredit *m* crédito *m* rural, crédito *m* agrícola.
Bodenordnung *f* ordenación *f* del suelo; **städtische ~** régimen urbanístico del suelo.
Bodenrecht *n (lat)* ius soli, régimen *m* del suelo, derecho *m* fundiario.
Bodenreform *f* reforma *f* agraria, reforma *f* del suelo.
Bodenverkehr *m* mercado *m* de terrenos.
Bodenverkehrsgenehmigung *f* autorización *f* de tráfico del suelo, licencia *f* de parcelación de terrenos.
Bodmerei *f* préstamo *m* a la gruesa, ventura *f* de mar *(RG)*.
Bon *m* bono *m*, vale *m*.
bona fide *f (lat)* de buena fe.
Bonität *f (nivel m de)* solvencia *f*.
Bonus-Malus-System *n (Kfz-Versicherung)* sistema *m* bonus-malus.
Bord *n* **ab ~** puesto a bordo; **franko ~, frei an ~** sin gastos a bordo.
Bordell *f* burdel *m*.
Bordellwirt/in *m/f* patrón *m*, ~a *f* de un burdel.
borgen 1. *(verleihen)* prestar, dar prestado; 2. *(entleihen)* tomar prestado.
Börse *f* 1. *(Wertpapiere)* Bolsa *f*; 2. *(Waren)* Lonja *f*.
Börsengesetz *n* ley *f* del mercado de valores.
Börsenmanipulation *f*, **Börsenmanöver** *n* maniobra *f* bursátil.
böser Glaube *m* mala fe *f*.
bösgläubig de mala fe.
Bösgläubigkeit *f* mala fe *f*, fe *f* púnica.
böswillig con malicia, malo, malévolo, malintencionado.
Bote *m*, **Botin** *f* 1. mensajero *m*, recadero *m*; 2. ordenanza *m*; 3. *(Gericht)* alguacil *m*.
Boykott *m* boicot*(eo)* *m*.
boykottieren boicotear.
Brand *m* incendio; **~ stiften, in ~ setzen** incendiar, pegar fuego.
Brandanschlag *m* atentado *m* de incendio.
Brandbombe *f* bomba *f* incendiaria.
Brandmauer *f* muro *m (o barrera f)* contrafuegos.
Brandschutz *m* protección *f* contra incendios.
Brandstifter/in *m/f* incendiario *m*, ~a *f*.
Brandstiftung *f* incendiarismo *m*, incendio *m* provocado.
Brauch *m* uso *m*, costumbre *f*, usanza *f*, hábito *m*.
brauchen necesitar.
Braut *f* novia *f*, prometida *f*.
Bräutigam *m* novio *m*, prometido *m*, desposado *m*.
brechen 1. *(Gesetz)* quebrantar, violar, infringir, vulnerar; 2. *(Recht)* conculcar; 3. *(Bündnis)* romper; 3. **die Ehe ~** cometer adulterio; 4. *(Versprechen, Vetrag)* faltar a.
Brief *m* carta; **mit ~ und Siegel** bajo mi firma y sello.
Briefbombe *f* carta *f* bomba, sobre *m* trampa.
Briefgeheimnis *n* secreto *m* postal.
Briefgrundschuld *f* deuda *f* inmobiliaria de cédula.
Briefhypothek *f* hipoteca *f* con cédula.
Briefmarke *f* sello *m* postal, sello *m* de correos, estampilla *f*, timbre *m*; **vorausentwertete ~** sello preobliterado.
Briefmarkenautomat *m* expendedor *m* automático de sellos.
Briefräuber/in *m/f* ladrón *m*, ~a *f* de buzones.
Briefwahl *f* voto *m* por correo *(o correspondencia)*; **die ~ ausüben, durch ~ wählen** votar por correo, ejercitar por correo el derecho al voto.
Bringschuld *f* obligación *f* de aportar, deuda *f* pagadera en el domicilio del acreedor.
Bruch *m* 1. *(eines Vertrages)* quebranto *m*, ruptura *f*; 2. *(Gesetz)* infracción *f*; 3. **~ des Amtsgeheimnisses, ~ der Amtsverschwiegenheit, ~ des Berufsgeheimnisses** violación *f* del secreto profesional; 4. *(Eid)* perjurio *m*.
Bruchteil *m* **mit dem ~ bedenken** designar en la cuota; **~ der Erbschaft** cuota-parte *f* de la herencia.
Bruchteilseigentümer/~in *m/f* copropietario *m*, ~a *f* por cuotas.

Bruchteilsgemeinschaft *f* comunidad *f* por cuotas.
Brudermörder *m* fratricida *f.*
Brüsseler Vertrag *m* tratado *m* de Bruselas.
Bruttoeinkommen *n* renta *f* bruta, ingresos *mpl* brutos.
Buchberechtigte/r *f/m* titular *m, f* registral.
Bucheintragung *f* registro *m*, empadronamiento *m.*
buchen contabilizar, anotar.
Bücherprüfung *f,* **Bücherrevision** *f* revisión *f (o inspección f)* contable.
Buchführungspflicht *f* deber de llevar *(la)* contabilidad.
Buchführungsrichtlinien *fpl* principios *mpl* contables.
Buchhalter/in *m/f* contable *m, f.*
Buchhaltung *f* contabilidad *f,* contabilización *f.*
Buchhypothek *f* hipoteca *f* sin cédula, hipoteca *f* registral.
Buchung *f* 1. reserva *f;* 2. asiento *m;* **falsche ~** asiento *m* falsificado; **unvollständige ~** asiento *m* ciego; **die ~ vornehmen** consignar la partida.
Buchungsbeleg *m,* **Buchungsnachweis** *m* comprobante *m* contable, justificante *m* de asiento*(s).*
Buchwert *m* valor *m* contable, valor *m* de balance.
Budget *n* presupuesto *m.*
Budgetrecht *n* derecho *m* presupuestario.
Bulle *f (kirchlich-päpstliches Gesetz)* bula *f.*
Bulletin *n* boletín *m;* **ärztliches ~** parte *m* médico *(o facultativo).*
Bund *m* **~ und Länder** Federación *(alemán)* y Estados *mpl* federados.
Bundesagentur *f* **für Arbeit** *(Agenda 2010)* agencia *f* federal de empleo.
Bundesamt *n* oficina *f* federal; **~ für Justiz** Oficina *f* Federal de la Administración *f* de Justicia *f;* **~ für Migration und Flüchtlinge** Oficina *f* Federal de Migración *f* y Refugiados *mpl.*
Bundesangelegenheit *f* asunto *m* federal.
Bundesangestelltentarif *m (Abk.: BAT)* convenio *m* colectivo para los empleados de los servicios públicos.
Bundesanstalt *f* **für Arbeit** *(veraltet)* siehe Bundesagentur für Arbeit.
Bundes | anwalt *m,* **~anwältin** *f* fiscal *m, f (general)* del Estado.
Bundesanwaltschaft *f* Fiscalía *f* Federal.
Bundesanzeiger *m* Boletín *m* Oficial Federal.
Bundesarbeitsgericht *f* Tribunal *m* Federal *(alemán)* de Trabajo.
Bundesaufsicht *f* supervisión *f (o superintendencia)* federal.
Bundesauftragsverwaltung *f* administración de los Estados federados por encargo de la Federación.
Bundesausbildungsförderungsgesetz *n (Abk.: Bafög)* ley *f* federal *(alemana)* de fomento de la realización de estudios superiores.
Bundesbank *f* Banco *m* Central Alemán.
Bundesbankgesetz *n* ley *f* del Banco Central Alemán.
Bundesbeamter *m,* **Bundesbeamtin** *f* funcionario *m,* ~a *f* público, funcionario *m,* ~a *f* de la administración federal.
Bundesbeauftragte/r *f/m* encargado *m,* ~a *f (o comisionado m, ~a f o defensor)* federal.
Bundesbehörde *f* entidad *f (o autoridad f)* federal.
Bundesbürger/in *m/f (ciudadano m, ~a f)* alemán *m,* ~a *f.*
Bundesdisziplinargericht *n* Tribunal Federal *(Alemán)* Disciplinario.
Bundesfinanzhof *m* Tribunal *m* Federal *(Alemán)* Fiscal; *(Sp)* Tribunal *m* Económico-Administrativo.
Bundesgebiet *n* territorio *m* federal.
Bundesgericht *n* tribunal *m* federal; **oberstes ~** Tribunal *m* Supremo federal.
Bundesgerichtshof *m* corte Federal de Justicia.
Bundesgesetz *n* ley *f* federal; **(nicht) zustimmungsbedürftiges ~** ley *(no)* aprobatoria.
Bundesgesetzblatt *n* Boletín *m* Oficial Federal.
Bundesgesetzgebung *f* **ausschließliche ~** legislación *f* federal exclusiva.
Bundesgesundheitsamt *n* Agencia *f* Federal de la Salud.

Bundesgrenzschutz *m* Policía *f* Federal de Fronteras.
Bundeshaushalt *m* presupuesto *m* federal.
Bundesimmissionsschutzgesetz *n* ley *f* federal en materia de inmisiones.
Bundesjagdgesetz *n* ley *f* federal de caza.
Bundesjustizministerium *n* ministerio *m* federal *(alemán)* de Justicia.
Bundeskabinett *n* gobierno *m* federal, consejo *m* de ministros, gabinete *m* alemán.
Bundeskanzler/in *m/f* canciller *m, f* federal.
Bundeskanzleramt *n* cancillería *f* federal.
Bundeskartellamt *n* Oficina *f* Federal Antimonopolio; *(Sp)* Tribunal *m* de la competencia.
Bundeskriminalamt *n* Oficina Federal de Investigación Criminal.
Bundesland *n* Estado *m* federado, Land *m*; **alte Bundesländer** antiguos *m* Estados federados, antigua RFA, ex RFA; **neue Bundesländer** nuevos Estados federados, antigua RDA, ex RDA.
Bundesminister/in *m/f* ministro *m*, ~a *f* federal.
Bundesnachrichtendienst *m* servicio *m (alemán)* de inteligencia.
Bundesnaturschutzgesetz *n* ley *f* federal sobre la protección de la vida silvestre.
Bundesnotarkammer *f* colegio *m* federal de notarios.
Bundesoberbehörde *f* autoridad *f* superior federal.
Bundespatentgericht *n* Corte *f* Federal de Patentes.
Bundespersonalvertretungsgesetz *n* ley federal reguladora de la representación de personal.
Bundespflegesatzverordnung *f* reglamento *m* federal de tarifas asistenciales *(en los hospitales)*.
Bundespolizei *f* policía *f* federal.
Bundespräsident/in *m/f (D)* presidente *m*, ~a *f* federal, jefe *m*, ~a *f* del Estado alemán; 2. *(Schw)* presidente *m*, ~a *f* del gobierno central suizo.
Bundesrat *m* 1. *(D)* cámara alta alemana, *(Sp)* senado *m*; 2. *(Ö)* cámara *f* *(austriaca)* de representantes; 3. *(Schw)* a) consejo *m* federal suizo, gobierno *m* *(central)* suizo b) ministro *m* suizo.
Bundesrechnungshof *m* Tribunal *m* Federal de Cuentas.
Bundesrecht *n* Derecho *m* federal.
Bundesrechtsanwaltsgebührenordnung *f* arancel *m* federal de honorarios de abogado *(RG)*.
Bundesrechtsanwaltskammer *f* colegio *m* federal de abogados.
Bundesrechtsanwaltsordnung *f* Ley *f* *(o Estatuto m)* general de la abogacía.
Bundesregierung *f* Gobierno *m* federal.
Bundesreisekostengesetz *n* ley *f* federal de viáticos.
Bundesrepublik *f* **~ Deutschland** República *f* Federal de Alemania.
Bundesrichter/in *m/f* magistrado *m*, ~a *f* federal.
Bundessache *f* asunto *m* federal.
Bundesseuchengesetz *n* ley *f* federal en materia de epidemias.
Bundessozialgericht *n* Tribunal *m* Federal de lo Social.
Bundessozialhilfegesetz *n* ley *f* Federal de asistencia *(o ayuda f)* social.
Bundesstaat *m* Estado *m* federal, federación *f*.
bundesstaatlich federal, federativo.
Bundesstaatlichkeit *f* principio de Estado federal.
Bundestag *m* cámara *f* baja, *(Sp)* congreso *m* de los diputados.
Bundesstrafregister *n* registro *m* federal de antecedentes penales, *(Sp)* registro *m* central de penados.
Bundestreue *f* lealtad *f* federal.
Bundesverfassung *f* constitución *f* federal.
Bundesverfassungsgericht *n* Tribunal *m* Federal de Garantías Constitucionales.
Bundesversammlung *f* Asamblea *f* Federal.
Bundesversicherungsanstalt *f* **für Angestellte** *(Abk.: BfA)* Instituto *m* federal del seguro de pensiones de los empleados.
Bundesverwaltung *f* administración *f* federal *(o del Estado)*.
Bundesverwaltungsamt *n* Oficina *f* Federal de la Administración *f* del Estado *m*.

Bundesverwaltungsgericht *n* Corte *f* Federal de lo Contencioso-administrativo.
Bundeswehr *f* fuerzas *fpl* armadas alemanas.
Bundeswehrverwaltung *f* administración *f* militar federal.
Bundeszentralregister *n* Registro *m* Central Federal *(de Antecedentes Penales).*
Bundeszwang *m* vía *f* coercitiva *f* federal *(contra Estados federados)*; **den ~ ausüben** intervenir.
Bürge *m*, **Bürgin** *f* fiador *m*, ~a *f*, garante *m*, *f*; **als ~ auftreten, eintreten** salir fiador de, constituirse *(en)* fiador, fiar a; **gesetzlicher ~** fiador *m* legal; **selbstschuldnerischer ~, ~ und Zahler** fiador *m* solidario, fiador *m* sin beneficio de excusión.
bürgen fiar, garantizar; **selbstschuldnerisch ~** garantizar sin beneficio de excusión.
Bürger/in *m/f* ciudadano *m*, vecino *m*; **wahlberechtigter ~** ciudadano *m* con derecho a voto.
Bürgerbegehren *n* petición *f* de los ciudadanos.
Bürgerentscheid *m* referéndum *m*, referendo *m*.
Bürgerinitiative *f* iniciativa *f* ciudadana.
bürgerlich ~ -rechtlich jurídico-civil, jurídico-privado, de Derecho privado.
bürgerlich ~er Tod *m* muerte *f* civil; **~es Gesetzbuch** *n* Código *m* Civil; **~es Recht** *n* Derecho *m* civil.
Bürgerrecht *n* derecho *m* civil, derecho *m* cívico, indigenato *m*.
Bürgerrechtler/in *m/f* defensor *m*, ~a *f* de los derechos civiles.
Bürgerrechtsbewegung *f* movimiento *m* por los derechos civiles.
Bürgerschaftswahl *f* elecciones *fpl* autonómico-municipales en Brema y Hamburgo.
Bürgerversammlung *f* asamblea *f* de vecinos, asamblea *f* vecinal.
Bürgerversicherung *f (D)* seguro *m* de enfermedad universal.
Bürgschaft *f* fianza *f*, caución *f*, garantía *f*; **eine ~ übernehmen** constituirse en fiador *(o garante).*
Bürotechnik *f* ofimática *f*.
Buße *f* 1. daños *mpl* punitivos; 2. *(Geld)* **eine ~ auferlegen** imponer una multa; **mit einer ~ belegen** multar.
büßen expiar.
Bußgeld *n* multa *f (gubernativa)*; **~ nach Tagessätzen** multa *f* por cuotas.
Bußgeldbescheid *m* aviso *m* de multa.
bußgeldbewehrt conminado con multa *f* gubernativa.
Bußgeldkatalog *m* cuadro *m* de multas.
Bußgeldstelle *f* departamento *m (o sección f)* de multas.
Bußgeldverfahren *n* procedimiento *m* de imposición de multas.
Bußgeldverhängung *f* imposición *f* de multas.

C

Cannabis *m* hachís *m*.
Carsharing *n* coche *m* compartido.
case-law *(engl)* Derecho *m* casuístico, case law.
Casus Belli *n* caso *m* de guerra, casus *m* belli.
causa *(lat) (Öst) (Rechtssache)* causa *f*.
causae majores *(lat)* causas *fpl* mayores.
CD-Brenner *m* grabador *m* de CD.
cessio *f* **legis** *(lat)* cesión *f* legal.
Chancengleichheit *f* igualdad *f* de oportunidades.
chancenlos sin oportunidades, sin posibilidades.
Chaos *n* caos *m*, desorden *m*.
Charakter *m* **amtlicher ~** carácter *m* oficial.
Charakterverbrecher/~in *m/f* delincuente *m* crónico.
Charta *f* **~ der Vereinten Nationen** Carta *f* de *(las)* Naciones Unidas; **~ der Grundrechte der Europäischen Union** Carta *f* de los Derechos Fundamentales de la Unión Europea.
Charterpartie *f* 1. contrato *m* de fletamento; 2. certificado del buque en alquiler; 3. **notariell beur-**

kundete ~ póliza *f* de fletamento pública.
Charter *m* 1. flete *m*; 2. fletamento; 3. chárter.
chartern fletar, alquilar, contratar.
Chartervertrag *m* contrato *m* de fletamento *(o de flete o de chárter).*
Chemikaliengesetz *n* ley *f* de sustancias químicas.
CIF ~ -Klausel *f* cláusula CIF; **~ -Preis und Abladekosten** cláusula CIF precio desembarcado.
rebus sic stantibus-Klausel *f* cláusula *f* rebus sic stantibus, cláusula *f* de no cambio de las condiciones originales.
Clearing *n* compensación *f*, clearing *m*.
Clearingabkommen *n*, **Clearingübereinkommen** *n*, **Clearingvertrag** *m* acuerdo *m* de compensación, tratado *m* de compensación *(o clearing).*
Codex *m* código *m*.
Computerbetrug *m* fraude *m* informático, estafa *f* por ordenador *(o computadora).*
Computerbetrüger/in *m/f* pirata *m*, *f* informático.
Computerkriminalität *f* delincuencia *f* *(o piratería f)* informática.
Computermanipulation *f* manipulación *f* informática.
Computermissbrauch *m* abuso *m* *(fraude m)* informático.
Computerpiraterie *f* piratería *f* *(o delincuencia)* informática.
Computerpolizei *f* patrulla *f* cibernética.
Computersabotage *f* sabotaje *m* informático *(o por ordenador).*
Computerspionage *f* espionaje *m* informático.
Computerstraftäter/in *m/f* delincuente *m*, *f* informático.
Computervirus *m* virus *m* *(o gusano m)* informático.
conditio sine qua non *(lat)* conditio *f* sine qua non, condición *f* inexcusable.
Contergankind *n* discapacitado *m* por la talidomida.
Copyright *n* copyright *m*, derechos *mpl* de autor.
Corpus *n* **delicti** cuerpo *m* del delito.
Corpus *n* **juris** cuerpo *m* del Derecho.
Coupon *m* 1. cupón *m*; 2. *(Beleg)* resguardo *m*; 3. talón *m*.
Cousin *m*, **Cousine** *f* primo *m*, prima *f*.
Creutzfeldt-Jakob-Krankheit *f* síndrome *m* *(o enfermedad f)* de CreutzfeldtJakob.
culpa ~ in contrahendo *(lat)* culpa *f* precontractual.
cuota-litis-Honorar ~ *(lat)* honorario *m* según el resultado, honorario *m* cuota litis.
Cybercafé *n* cibercafé *m*.
Cybergeld *n* dinero *m* electrónico.
Cyberpatrol *m* ciberpatrulla *f*.
Cybermobbing *n* ciberacoso *m*.
Cybersex *m* cibersexo *m*, sexo cibernético *(o virtual).*
Cyberspace *m* espacio *m* virtual, ciberespacio.

D

Dachgesellschaft *f* sociedad *f* central, sociedad *f* tutelar, sociedad *f* dominante.
Damnationslegat *n* legado *m* per damnationem.
Damnum *n* daño *m*, *(lat)* disagio *m*.
Darlegungslast *f* carga *f* de alegación.
Darlehen *n* préstamo *m* *(de consumo)*, préstamo *m* simple, mutuo *m*; **partiarisches ~** préstamo *m* parciario; **unverzinsliches ~** préstamo *m* sin interés; **verzinsliches ~** préstamo *m* que devenga intereses; **ein ~ aufnehmen** tomar dinero a préstamo, concertar un préstamo; **ein ~ bewilligen, einräumen, gewähren** conceder, otorgar un préstamo; **ein ~ kündigen** denunciar *(o resolver)* un préstamo.
Darlehensantrag *m* solicitud *f* de préstamo.
Darlehensaufnahme *f* toma *f* del préstamo.
Darlehensgeber/in *m/f* dador *m*, ~a *f* del préstamo, prestador *m*, ~a *f*, prestamista *m*, *f*, mutuante *m*, *f*, acreditante *m*, *f*.

Darlehensnehmer/in *m/f* tomador *m*, ~a *f* del préstamo, prestatario *m*, ~a *f*, mutuatario *m*,~a *f*, acreditado *m*, ~a *f*.

Darlehensvertrag *m* contrato de préstamo *(de consumo)*, contrato *m* de mutuo.

darleihen *(Öst, Schw)* dar en préstamo, prestar.

Dasein *n* 1. *(Leben)* vida *f*, existencia *f*; 2. *(Vorhandensein)* existencia; 3. *(Anwesenheit)* presencia.

Daseinsberechtigung *f* 1. *(Personen)* derecho a la vida *(o a la existencia)*, derecho *m* a vivir; 2. *(Sachen)* razón *f* de ser.

Daseinsfürsorge *f*, **Daseinsvorsorge** *f* previsión *f* de asistencia social.

Datei *f* fichero *m*, archivo *m* de datos.

Daten *n/pl* datos *mpl*; **beweiserhebliche ~** datos *mpl* relevantes para la prueba; **~ fälschen** tergiversar datos; **~ heimlich weitergeben** filtrar datos; **~ löschen** cancelar datos.

Datenbank *f* banco *m (o base f)* de datos.

Datenfälschung *f* falsificación *f (o tergiversación f)* de datos.

Datenklau *m* robo *m* de datos.

Datenschutz *m* protección *f* de datos.

Datenschutzbeauftragter *m* defensor *m* de datos; delegado *m* para la protección de datos.

Datenübertragung *f* transmisión *f (o transferencia f)* de datos.

Datenverarbeitung *f* **elektronische ~** tratamiento *m* electrónico de datos.

datieren fechar, datar.

Datum *n* fecha *f*.

Dauer *f* duración *f*; **von unbestimmter ~** indefinidamente, con carácter indefinido.

Dauerarrest *m* arresto *m* permanente.

Dauerauftrag *m* orden *f* permanente *(o rotativa)*.

Dauerdelikt *n* delito *m* continuo *(o permanente)*.

Dauerlieferungsvertrag *m* contrato *m* de suministro.

Dauerschuldverhältnis *n* relación *f (o contrato m)* de tracto sucesivo, contrato *m* de ejecución sucesiva.

Daumenabdruck *m (anstelle der Unterschrift)* firma *f* con el pulgar.

Dazutun *n* **ohne mein ~** sin mi ayuda.

Deal *m* 1. trato *m*; 2. contrato *m*, acuerdo *m*, negocio *m*.

dealen traficar.

Dealer/in *m/f* traficante *m*, *f (de drogas)*, camello *m*, *f*.

Debatte *f* debate *m*, discusión *f*.

Debet *n* 1. debe *m*, débito *m*; 2. cargo *m*; **ins ~ stellen** cargar en cuenta.

Debitor *m* deudor *m*.

dechiffrieren descifrar.

decken 1. *(Verbrecher)* dar cobertura; 2. *(Kosten)* sufragar, hacer frente; 3. *(Verluste)* compensar.

Deckung *f* 1. *(Verbrecher)* encubrimiento *m*; 2. *(Absicherung)* provisión *f (o existencia f)* de fondos, cobertura *f*, remesa *f*; **~ ist vorhanden** hay provisión de fondos; **ohne ~** al descubierto.

Deckungssumme *f* suma *f* asegurada; importe *m* de la cobertura.

Deckungsverhältnis *n* relación *f (o proporción f)* de cobertura.

Deckungszusage *f* nota *f (o carta f)* de cobertura.

de facto *(lat)* de hecho; **~ -Anerkennung** *f* reconocimiento *m* de facto *(o de hecho)*.

definieren definir; **neu ~** redefinir.

Definition *f* **laut ~** a tenor de la definición, según lo definido.

Defizit *n* déficit *m*, saldo *m* pasivo.

degradieren degradar, postergar, bajar de categoría.

Deichrecht *n* derecho *m* de diques.

de iure *(lat)* de Derecho, de iure.

Dekan/in decano *m*, ~a *f*.

Dekanat *n* decanato *m*.

Deklaration *f* declaración.

deklaratorisch declarativo, declaratorio.

deklarieren declarar, *(Zoll)* aduanar.

dekolonisieren descolonizar.

Dekonzentration *f* desconcentración *f*.

Dekret *n* **ein ~ erlassen** dictar *(o aprobar)* un decreto; **ein ~ verkünden** promulgar un decreto.

Delegation *f* **~ eines Rechts** delegación *f* de un derecho.

delegieren ein Recht ~ delegar un derecho.

Delegierte/r *f/m* delegado *m*, ~a *f*.

Delikt *n* delito *m*, infracción *f*; **aus ~** ex delicto; **eigenhändiges ~** delito *m* de ejecución personal *(o de propia mano)*; **erfolgsqualifiziertes**

~ delito *m* preterintencional; **fahrlässiges ~** delito *m* culposo; **fehlgeschlagenes ~** delito *m* frustrado; **fortgesetzes ~**delito *m* continuado; **gemeinschaftlich begangenes** delito *m* colectivo; **~ vollendetes ~** delito *m* consumado.
deliktsfähig capaz de delinquir.
Deliktsfähigkeit *f* capacidad *f* delictiva *(o delictual)*, capacidad *f* para delinquir.
Deliktshaftung *f* responsabilidad *f* delictiva.
Delinquent *m* delincuente *m*, reo *m*.
Delkredere *n* delcrédere *m*, recambio *m*, garantía *f*; **~ stellen** salir fiador.
Delkredeprovision *f* comisión *f* de garantía.
Deltas *pl (Fingerabdruckverfahren)* deltas.
Demagoge *m* demagogo.
Demarkationslinie *f* línea *f* de demarcación *f*.
Dementi *n* mentís *m*, desmentido *m*.
dementieren desmentir, desautorizar.
Demission *f* dimisión *f*.
Demokrat/in *m/f* demócrata *m, f*.
Demokratie *f* **mittelbare, unmittelbare ~** democracia indirecta, directa; **parlamentarische ~** democracia *f* parlamentaria.
demokratisch democrático.
Demonstrant/in *m/f* manifestante *m/f*.
Demonstrationsstreik *m* huelga *f* de manifestación.
Demonstrationsrecht *n* derecho *m* de manifestación *f*.
demonstrativ ostentativo, ostensible, demostrativo.
demonstrieren 1. *(politisch)* manifestarse; 2. *(vorführen)* demostrar.
Demoskopie *f* sondeo *m* de opinión *f*, demoscopia *f*.
Denkmal *n* **ein ~ setzen** erigir un monumento.
Denkmalschutz *m* protección *f* del patrimonio nacional.
Denkzettel *m* escarmiento *m*.
Denunziant/in *m/f* denunciante *m, f*, denunciador *m*, ~a *f*, delator *m*, ~a *f*; *(Schw)* llamado *m*,~a *f* en causa.
Denunziation *f* denuncia *f*, delación *f*.
denunzieren denunciar, delatar.
Departementsvorsteher/in *m/f (CH)* ministro *m* cantonal.
Deponie *f (Müll)* basurero *m*, vertedero *m*.
Deportation *f* deportación *f*, destierro *m*.
deportieren deportar, desterrar.
Depositen *n/pl* imposiciones *fpl*, depósitos *mpl*.
Depositengeschäft *n* operación *f* de depósitos.
depositum *n* **irregulare, regulare** *(lat)* depósito *m* irregular, regular.
Depotgeschäft *n* operación *f* de custodia.
Depotschein *m* certificado *m (u hoja f o reguardo m)* de depósito.
Deputat *n* remuneración *f* en especie.
Deputation *f* diputación *f*, delegación *f*, comisión *f*.
Deputiertenkammer *f* cámara *f* de diputados.
deregulieren desregular.
Deregulierung *f* desregulación *f*.
Dereliktion *f* derrelicción *f*, desamparo *m*.
Derivat *n* derivado *m*.
Derogation *f* derogación *f*.
Deserteur/in *m/f* desertor *m*, ~a *f*, tránsfuga *m, f*.
Designation *f* designación *f*.
designieren designar.
Despot/in *m/f* déspota *m, f*, tirano *m*, ~a *f*, autócrata *m, f*.
Despotie *f* tiranía *f*, autocracia *f*.
despotisch despótico.
Destinatar *m* destinatario *m*, ~a *f*.
Deszendent *m (Nachkomme)* descendiente *m*.
Deszendenz *f* descendencia *f*.
Detektivbüro *n* agencia *f* de detectives.
Deutscher Gewerkschaftsbund *m (Abk.: DGB) (Gran)* Central *f* Sindical Alemana, *(Con)*Federación *f* Alemana de Sindicatos.
Deutschland *n*, **das Vereinigte ~** la Alemania *f* reunificada.
Deutschlandvertrag *m (regelt das Ende des Besatzungsregimes in der Bundesrepublik Deutschland)*. Acuerdos *mpl* de Bonn.
Devise *f* 1. lema *m*; 2. divisa *f*, moneda *f* extranjera.
Devisenbewirtschaftungsgesetz *n* ley *f* sobre control de cambios.
Devisenmarkt *m* mercado *m* de divisas, mercado *m* cambiario.

Devisenreserven *f/pl* reservas *fpl* de divisas.
Devisenschmuggel *m*, **Devisenschieberei** *f (ugspr)* contrabando *m* de divisas, tráfico *m* ilegal de divisas.
Devolution *f* devolución *f*.
Devolutiveffekt *m (die Wirkung eines Rechtsbehelfs, durch welche die Zuständigkeit zur weiteren Behandlung eines Rechtsstreits bei einer höheren Instanz begründet wird. Im gerichtlichen Verfahren kommt diese Wirkung der Beschwerde, Berufung und Revision zu)* efecto *m* devolutivo.
Dezentralisation *f* descentralización *f*.
dezentralisieren descentralizar.
Dezernat *n* negociado *m*, departamento *m*, sección *f*.
Dezernent/in *m/f* jefe *m*, ~a *f* de sección *(o negociado)*.
DGB *m (Deutscher Gewerkschaftsbund) (Con)*Federación *f* Alemana de Sindicatos, Gran Central Sindical Alemana.
Diäten *fpl* dietas *fpl*.
Dieb/in *m/f* hurtador *m*, ~a *f* ladrón *m*, ~a *f*.
Diebesbande *f* cuadrilla *f* de ladrones.
Diebesbeute *f*, **Diebesgut** *n* botín *m*.
diebisch ratero, ladrón.
Diebstahl *m* **bewaffneter ~** hurto *m* a punta de pistola; **einfacher ~** hurto *m* simple; **fortgesetzter ~** hurto *m* continuado; **geringfügiger, geringwertiger ~** hurto *m* en pequeña escala; **räuberischer ~** robo *m*; **schwerer ~** hurto *m* grave *(o mayor o calificado)*; **~ von Software** robo *m* por procesamiento electrónico de datos; **~ mit Veruntreuung** *(Sp)* hurto *m* con abuso de confianza.
dienen 1. servir; 2. hacer el servicio militar.
dienendes Grundstück *(das Grundstück, auf dem die Belastung ruht)* predio *m (od fundo m)* sirviente.
Diener/in *m/f* criado *m*, ~a *f* sirviente *m, f*, servidor *m*, ~a *f*.
Dienst *m* servicio *m*; **außer ~** ex, antiguo, retirado, jubilado; **~ ableisten, verrichten** prestar, cumplir un servicio; **aus dem ~ scheiden** retirarse, apartarse del servicio; **im ~ sein, ~ haben** estar de servicio; **jemandem einen ~ erweisen** prestar un servicio.
Dienstalter *n (orden m de)* antigüedad *f*.
Dienstaufsicht *f* inspección *f* jerárquica, inspección *f* oficial.
Dienstaufsichtsbeschwerde *f* recurso *m* jerárquico.
Dienstbarkeit *f* **beschränkte persönliche ~** servidumbre *f* personal; **gesetzliche ~** servidumbre *m* forzosa *(o legal)*; **offenkundige ~** servidumbre *f* aparente; **rechtsgeschäftliche ~** servidumbre *f* voluntaria; *(nicht)* **ständig ausgeübte ~** servidumbre *(dis)*continua; **~ auf Unterlassung** servidumbre *f* negativa *(o de no hacer)*; **vertragliche ~** servidumbre *f* voluntaria; **eine ~ bestellen** constituir una servidumbre; **eine ~ löschen** cancelar una servidumbre.
Dienstberechtigte/r *f/m* patrón *m*, ~a *f*, arrendatario *m*, ~a *f*.
Dienstbezüge *mpl* remuneraciones *fpl*, retribuciones *fpl*.
Diensteid *m* **den ~ leisten** jurar el cargo.
Dienstenthebung *f* inhabilitación *f*.
Diensterfindung *f* invención *f* contractual *(o de servicio)*.
Dienstflucht *f* abandono *m* de destino.
Dienstgeheimnis *f* secreto *m* profesional.
Dienstgericht *n* 1. *(RG)* tribunal *m* señorial; 2. *(Öst)* tribunal *m* disciplinario.
Dienstgerichtskammer *f*, sala *f* de gobierno.
Dienstherr/in *m/f* 1. *(Vorgesetzter)* superior *m*, ~a *f*; 2. *(Arbeitgeber)* patrón *m*, patrono *m*.
Dienstleistung *f* 1. servicio *m*, prestación *f*; 2. prestación *f* de *(un)* servicio.
Dienstleistungsfreiheit *f* libertad *f* de prestación de servicios.
Dienstleistungsmarke *f* marca *f* de servicios.
dienstlich oficial, de servicio.
Dienstrang *m* grado *m*, rango; **in einen niederen ~ versetzen** postergar, degradar.
Dienstrecht *n* derecho *m* disciplinario, derecho *m* señorial.

Dienststelle *f* negociado *m*, departamento; **zuständige ~** servicio *m (o autoridad f)* competente.
Dienststrafe *f* pena *f (o corrección f)* disciplinaria.
Dienststrafgericht *n* tribunal *m* disciplinario.
Dienststrafrecht *n* Derecho *m* disciplinario.
dienststrafrechtlich *(jurídico-)*disciplinario.
Dienststrafverfahren, ein ~ gegen einen Beamten einleiten abrir expediente contra un funcionario, expedientar a un funcionario.
Dienstvereinbarung *f* pacto *m* de servicio.
Dienstvergehen *n* falta *f* administrativa, infracción *f* disciplinaria.
Dienstverhältnis *n* relación *f (o contrato m)* de servicio.
Dienstverpflichtete(r) *f (m)* obligado *m*, ~a *f* arrendador *m*, ~a *f*.
Dienstverschaffungsvertrag *m (Der Dienstverschaffungsvertrag ist eine im BGB nicht geregelte, aber allgemein anerkannte besondere Vertragsform. Hierbei verpflichtet sich eine Vertragspartei ggf. gegen Entgelt, der anderen Vertragspartei die Dienst- oder Arbeitsleistung eines Dritten zu verschaffen)* contrato *m* de provisión de servicios.
Dienstvertrag *m* contrato *m* de *(prestación de)* servicios.
Dienstvorgesetzte/r *f/m* superior *m*, ~a *f* jerárquico, ~a *(o en el escalafón)*.
Dienstweg *m* **auf dem ~** por vía jerárquica *(u oficial)*; **den ~ einhalten** observar *(o respetar)* la vía jerárquica.
Dienstzeit *f* 1. *(Ämter)* horario *m* hábil; 2. *(Büros)* horario *m* de oficina; 3. *(Banken)* horario *m* de caja; 4. *(Dienstalter)* años *mpl* de servicio.
Dietrich *m* ganzúa *f*, llave *f* falsa, llave *f* maestra.
diffamieren difamar, calumniar.
Differenz *f* diferencia *f*.
Differenzgeschäft *n* operación *f* a plazo, operación *f* a término, operación *f* a diferencia.
differenzieren diferenciar.
Differenzierung *f* diferenciación *f*.
Differenzierungskriterium *n* criterio *m* de la diferenciación.
Digitalisierung *f* digitalización *f*.
Diktator/in *m/f* dictador *m*,~a *f*.
Diktatur *f* dictadura *f*.
dilatorisch dilatorio.
Ding *n* 1. *(Sache)* cosa *f*; 2. *(Gegenstand)* objeto *m*; 3. **nach Lage der ~e** según el estado de cosas.
dinglich ~e Belastung *f* gravamen *m* real, vinculación *f* de carga real; **~es Recht** *n* derecho *m* real, derecho *m* en la cosa.
direkte Stellvertretung *f* delegación *f* directa; **~e Steuer** *f* impuesto *m* directo; **~er Vorsatz** *m* dolo *m* directo *(o inmediato)*.
Direktwahlen *fpl* elecciones *fpl* directas.
Direktion *f (consejo m de)* dirección *f*, consejo *m* rector.
Direktionsrecht *n* derecho *m (o poder m)* de dirección.
Direktive *f* directiva *f*.
Direktor/in *m/f* director *m*,~a *f*; **geschäftsführender ~** director *m* ejecutivo, director *m* gerente.
Direktversicherung *f* seguro *m* concertado sin intermediario.
Dirne *f* prostituta *f*, ramera *f*.
Disagio *n* disagio *m*, por debajo de la par.
Diskont *m* descuento *m*, bonificación *f*.
diskontieren descontar.
Diskontsatz *m* tasa *f (o tipo m)* de descuento.
diskriminieren discriminar.
Diskriminierung *f* discriminación *f*.
Dispens *m* dispensa *f*, dispensación *f*, exención *f*.
dispensieren dispensar, eximir.
Dispensrecht *n* derecho *m* de dispensa.
disponieren disponer.
Disposition *f* disposición *f*, instrucción *f*.
Dispositionsmaxime *f* principio *m* dispositivo; principio *m* de justicia rogada.
dispositives Recht *n* Derecho *m* dispositivo.
Disput *m* disputa *f*, discusión *f*.
Disputation *f* disputación *f*.
Dissens *m* **offener ~** disenso *m* manifiesto; **versteckter ~** disenso *m* latente.
Dissident/in *m/f* disidente *m*, *f*.
Distanzdelikt *n*, **Distanzverbrechen** *n* delito *m* a distancia.

Distrikt *m* distrito *m*.
Disziplinarakte *f* expediente *m* disciplinario *(o sancionador)*.
Disziplinarbeschwerde *f (Sp)* queja *f*.
Disziplinarbestrafung *f* sanción *f (o pena f)* disciplinaria.
Disziplinargericht *n* tribunal *m* disciplinario *(o correccional)*.
Disziplinargewalt *f* **~ ausüben** ejercer la jurisdicción disciplinaria.
Disziplinarhof *m* sala *f* de gobierno.
disziplinarisch ~ geahndet werden perseguirse por vía disciplinaria.
Disziplinarmaßnahme *f* medida *f* disciplinaria, medida *f* correccional.
Disziplinarrecht *n* Derecho *m (o régimen m)* disciplinario.
Disziplinarstrafrecht *n* Derecho *m* penal disciplinario.
Disziplinarverfahren *n* expediente *m (o procedimiento m)* disciplinario, expediente *m* de régimen interno.
Dividende *f* **~ ausschütten** repartir dividendo *m*.
Dividendenanspruch *m* derecho *m* a *(percibir)* dividendo.
dividendenberechtigt con derecho a dividendo.
Dividendenpapiere valores *mpl* de renta variable.
Dividendenschein *m* cupón *m* de dividendos.
Dokument *n* documento *m*; **abhanden gekommenes ~** documento *m* extraviado; **fragwürdiges, zweifelhaftes ~** documento *m* dudoso; **gefälschtes ~** documento *m* falsificado *(o fabricado)*.
Dokumentenakkreditiv *n* crédito *m* documentario.
dolmetschen interpretar, traducir *(oralmente)*, hacer de intérprete.
Dolmetscher/in *m/f* intérprete *m, f*; **einen ~ bestellen** nombrar *(o designar)* un intérprete; **vereidigter ~** intérprete *m* (público-) jurado; **als ~ zulassen** *(Gericht)* habilitar *(o autorizar)* como intérprete.
dolus *m (lat)* **~ eventualis** dolo *m* eventual; **~ indirectus** dolo *m* indirecto; **~ malus** dolo *m*.
dopen doparse.
Doping *n* dopaje *m*.
Doppelbesteuerungsabkommen *n* convenio *m* de doble imposición.
Doppelbestrafung *f* castigo *m* doble, dualidad *f* punitiva.
Doppelehe *f* bigamia *f*.
Doppelstaatsangehörigkeit *f* doble nacionalidad *f*, ciudadanía *f* doble.
Dossier *n* expediente *m*, documentación *f*.
Dotation *f* dotación *f*.
dotieren dotar.
Doyen *m (franz.)* **~ des diplomatischen Korps** decano *m* del cuerpo diplomático.
drakonisch, ~e Strafe pena *f* durísima *(o draconiana)*.
Draufgabe *f*, **Draufgeld** *n* arras *fpl (confirmatorias)*.
Dreierausschuss *m* comisión *f* trilateral.
Dreiervorschlag *m* terna *f*.
Dreiklassenwahlrecht *n* derecho *m* electoral de tres clases.
Dreimeilenzone *f* zona *f* de tres millas.
Dreißigster *m* trigésimo *m*.
dringend ~ verdächtig con sospecha fundada.
dringlich apremiante, urgente.
Drittausländer/in *m/f (Schengen)* extranjero *m*, ~a *f* de terceros países *(con respecto a la UE)*.
Drittbegünstigte/r *f/m* tercero *m* beneficiario.
Drittel *n* **~ der Erbmasse** tercio *m*.
Dritte/r *f/m* tercero *m*, ~a *f*; de terceros países; **gutgläubiger ~** tercero *m* de buena fe; **haftbar sein gegenüber ~n** ser responsable frente a terceros.
Drittorganschaft *f* ejercicio *m* por tercero *(de actividades societarias)*.
Drittschaden *m* daño *m* a terceros.
Drittschuldner/in *m/f* deudor *m* de un deudor, tercer deudor *m*.
Drittwiderspruchsklage *f (demanda f de)* tercería *f*, tercería *f* de dominio.
Drittwirkung *f* eficacia *f (o efecto)* hacia terceros.
Droge *f* **unter ~n stehen** estar bajo los efectos de la droga *(o de estupefacientes)*.
Drogenabhängigkeit *f* drogo dependencia *f*, drogadicción *f*.
Drogenbeauftragte/r *f/m (m)* comisionado *m* oficial para la droga.
Drogenbekämpfung *f* lucha *f* contra la droga.

Drogenbeschaffungskriminalität *f* delincuencia *f* para la obtención *f* de droga *f*.
Drogenboss *m* capo *m*.
Drogenhandel narcotráfico *m*.
Drogenhändler *m/mpl* narcotraficante *m*, traficante *m* de drogas.
Drogenhehlerei *f* receptación *f* de drogas.
Drogenkartell *n* cártel *m* de narcotraficantes *(o de la droga)*.
Drogenkonsum *n* consumo *m* de drogas *(o estupefacientes)*.
Drogenkriminalität *f* delincuencia *f* *(o criminalidad f)* por drogas.
Drogenmafia *f* mafia *f* de la droga.
Drogenmissbrauch *m* abuso *m* de drogas.
Drogenstrich *m* prostitución *f* para obtener droga.
drogensüchtig drogadicto.
Drogenszene *f* mundillo *m* *(o círculos mpl)* de la droga.
Drogentod *m* muerte *f* por la droga.
Drogentote/r *f/m* víctima *m* *(mortal)* de la droga.
Drohbrief *m* carta *f* *(o escrito m)* de amenazas, carta *f* conminatoria.
drohen mit der Polizei ~ amenazar con llamar a la policía; **mit Gefängnis ~** amenazar con la cárcel.
drohend 1. amenazante, amenazador; 2. inminente.
Drohung *f* amenaza; **~ mit empfindlichem Übel** amenaza *f* simple; **erpresserische ~** amenaza *f* con extorsión; **~ mit Waffengewalt** amenaza *f* a mano armada; **~ ausstoßen** amenazar *(con)*; **~ aussprechen** intimidar.
Druckbuchstaben *mpl* **in ~ schreiben** escribir con letra de imprenta.
drucken imprimir.
Drucksache *f* impreso *m*.
Druckschrift *f* **~ schreiben** escribir con letra de molde.
Dualsystem *n* sistema *m* dual.
Dualität *f* dualidad *f*.
Duell *n* duelo *m*, desafío *m*; **zum ~ fordern** desafiar; **~ ohne Tötungsabsicht** duelo *m* propugnatorio.
Duellant *m* duelista *m, f*.
duellieren sich ~ batirse en duelo.
dulden 1. soportar, aguantar, sufrir; 2. tolerar, admitir; **nicht ~, dass** no tolerar que …
Duldung *f* tolerancia *f*, consentimiento *m*.
Duldungsprokura *f*, **Duldungsvollmacht** *f* poder *m* tácito.
Dumping *n* dumping *m*, competencia *f* desleal; **indirektes, verstecktes ~** dumping *m* indirecto, oculto.
Dunkelarrest *m* calabozo *m*.
Duplik *f* dúplica *f*, duplicación *f*, contrarréplica *f*.
Duplikat *n* duplicado *m*, copia *f*.
Durchfahrtsrecht *n* derecho *m* de paso.
durchführen 1. *(Plan)* ejecutar; 2. llevar a cabo; 3. realizar; 4. *(verwirklichen)* verificar, ejecutar; 5. *(hindurchleiten)* conducir en tránsito; 6. **eine Augenscheinseinnahme ~** hacer una inspección ocular; **Ermittlungen ~** instruir el sumario, efectuar diligencias, realizar pesquisas.
Durchführung *f* 1. *(Handlung)* realización *f*, ejecución *f*, puesta en práctica; 2. *(Gesetz)* actuación *f*; 3. *(Verfahren)* trámite *m*, sustanciación; 4. **die ~ veranlassen** mandar llevar a efecto.
Durchführungsverordnung *f* decreto *m* de ejecución.
Durchgang *m* **im ~** en tránsito, de paso.
Durchgangshandel *m* comercio *m* en tránsito.
Durchgriff *m* penetración *f*.
Durchgriffshaftung *f* responsabilidad *f* velada.
Durchreisesichtvermerk *m* visado *m* de tránsito.
Durchschnitt *m* media *f*, promedio *m*; **im ~** por término medio.
durchschnittlich de media, en promedio, por término medio.
Durchschnittsalter *n* edad *f* media, promedio *m* de edad.
durchsuchen registrar; *(Person)* cachear.
Durchsuchung *f* registro; **eine ~ anordnen** ordenar un registro; **körperliche ~** cacheo *m*; **~ vornehmen** efectuar *(o practicar)* un registro.

Durchsuchungsbefehl *m* auto *m* de registro domiciliario.
Dürftigkeitseinrede *f* excepción *f* de insuficiencia.
dynamisch dinámico; **~e Rente** *f* pensión *f* dinámica *(según subidas salariales).*

E

echt 1. *(wirklich)* real; 2. *(wahr)* verdadero; 3. **~e Urkunde** *f* instrumento *m* auténtico; **als ~ anerkannt** auténtico; 4. **~es Unterlassungsdelikt** *n* delito *m* de omisión propia.
Echtheit *f (der Unterschrift)* autenticidad *f*; **die ~ bestreiten** cuestionar la autenticidad; **~ von Urkunden** genui*(ni)*dad *f* documental.
Echtheitszeugnis *n* certificado *m* de autenticidad.
Ecklohn *m* salario *m* de referencia *(o referencial).*
Edikt *n (RG)* edicto *m*.
Editionspflicht *f (CH)* obligación *f* de presentar.
EDV *(elektronische Datenverarbeitung)* procesamiento *m* electrónico de datos.
Effekt *m* 1. efecto *m*; 2. resultado *m*.
Effekten *mpl* efectos *mpl*, *(títulos-)valores mpl, (Am)* seguridades *fpl*.
effektiv 1. *(tatsächlich)* definitivo, real; 2. *(wirksam)* efectivo, eficaz.
Effektivklausel *f* cláusula *f* de efectividad *(del salario colectivo).*
EG-Recht *n* Derecho *m* comunitario.
EG-Richtlinie *f* directiva *f* comunitaria.
EG-Vertrag *m* Tratado *m (de la)* CE.
Ehe *f* matrimonio; **äußerlich erkennbare ~** matrimonio *m* aparente; **bürgerliche ~** matrimonio *m* civil; **erlaubte ~** matrimonio *m* lícito; **faktische ~** unión *f* de hecho, geheime; **heimliche ~** matrimonio *m* secreto *(o clandestino)*; **gültige ~** matrimonio *m* válido *(o legítimo)*; **nachfolgende ~** matrimonio *m* subsiguiente; **nichtige ~** matrimonio *m* nulo; **~ auf Probe** matrimonio *m* a prueba; **~ ohne Trauschein, wilde ~** pareja *f* de hecho, *(veraltet)* amancebamiento *m*; **standesamtliche ~** matrimonio *m* civil; **vermeintliche ~** matrimonio *m* putativo; **nicht vollzogene ~** matrimonio *m* no consumado; **wilde ~** concubinato *m*; **in wilder ~ leben** vivir amancebado, vivir en concubinato; **zerrüttete ~** matrimonio *m* roto *(o fracasado)*; **aus erster ~** del primer matrimonio; **die ~ aufheben** anular el matrimonio; **die ~ brechen** cometer adulterio; **die ~ eingehen, die ~ schließen** contraer matrimonio, casarse, maridar; **~ führen** hacer vida común; **die ~ scheiden** decretar el divorcio; **die ~ vollziehen** consumar el matrimonio.
Eheaufgebotsverfahren *m* expediente *m* matrimonial.
Eheaufhebung *f* disolución *f* del matrimonio.
Eheaufhebungsklage *f* demanda *f* de disolución de matrimonio.
Eheband *n* vínculo *m* matrimonial.
Eheberatung *f* asesoramiento *f* matrimonial.
Ehebett *n* 1. lecho *m* matrimonial; 2. cama *f* de matrimonio.
Ehebetrug *m* estafa *f* matrimonial.
ehebrechen cometer adulterio.
Ehebrecher/in *m/f* adúltero *m*; adúltera *f*.
ehebrecherisch adulterino, adúltero.
Ehebruch *m* **~ begehen** cometer adulterio; **im ~ gezeugt** adulterino.
Ehedispens *m* dispensa *f* matrimonial.
Eheerschleichung *f* celebración *f* de matrimonio con engaño.
Ehefähigkeit *f* aptitud *f* matrimonial, capacidad *f* para contraer matrimonio.
Ehefähigkeitszeugnis *n* fe *f (o certificado m)* de soltería.
Ehefrau *f*, **Ehemann** *m* esposa *f*, esposo, marido *m*.
ehefremd *(Zwecke, Mittel, Motive, Ziele, Personen)* ajeno al matrimonio *m*.
Ehegatte *m*, **Ehegattin** *f* esposo *m*, esposa *f*, cónyuge *f*; **früherer ~**

exconsorte *m*; **überlebender ~** viudo *m*, supérstite *m*; **wiederverheirateter ~** cónyuge *m* bínubo.
Ehegatten *pl* **geschiedene ~** cónyuges *mpl* divorciados; **getrennt lebende ~** esposos *mpl* separados.
Ehegattenbesteuerung *f* imposición *f* *(o tributación f)* conjunta de los esposos.
Ehegattenerbrecht *n* derecho *m* hereditario del cónyuge.
Ehegattensplitting *n* imposición *f* de los cónyuges tras partición de la renta a partes iguales.
Ehegesetz *n* ley *f* de matrimonio.
Ehegüterrecht *n* régimen *m* de bienes en el matrimonio.
Ehegüterstand *m* régimen *m* económico matrimonial.
Ehegütervertrag *m* capitulaciones *fpl* matrimoniales.
Eheherstellungsklage *f* demanda *f* de establecimiento matrimonial.
Ehehindernis *n* **aufschiebende ~** se impedimentos *mpl (matrimoniales)* relativos; **trennende ~** impedimentos *mpl (matrimoniales)* dirimentes; **vom ~ befreien** dispensar de un impedimento.
Ehekonsens *m* consentimiento *m* de los contrayentes.
Ehekrach *m* pelea *f* matrimonial.
Ehekrise *f* crisis *f* matrimonial.
Eheleben *n* vida *f* matrimonial.
Eheleute *mpl* cónyuges *mpl*, esposos *mpl*, matrimonio *m*, consortes *mpl*.
ehelich conyugal, matrimonial; **für ~ erklären** legitimar; **~e Lebensgemeinschaft** *f* vida *f* conyugal, comunidad de vida matrimonial.
ehelichen casarse, contraer matrimonio, maridar.
Ehelicherklärung *f* **~ durch richterliche Verfügung** declaración *f* de legitimación *f* por auto judicial; **~ durch nachfolgende Ehe** legitimación *f* por matrimonio subsiguiente.
Ehelichkeit *f* legitimidad *f* *(paternofilial)*.
Ehelichkeitsanfechtungsklage *f* acción *f* de impugnación de la filiación legítima.
Ehelichkeitserklärung *f* legitimación *f* de hijo, declaración *f* de legitimidad.
Ehelosigkeit *f* soltería *f*.
Ehemann *m*, **Ehefrau** *f* marido *m*, esposo *m*, cónyuge *m*; esposa *f*, cónyuge *f*.
Ehemündigkeit *f* mayoría *f* de edad matrimonial.
Ehemündigkeitserklärung *f* habilitación *f* de edad para contraer matrimonio.
Ehename *m* **einen ~ bestimmen** fijar *(o acordar o determinar)* el apellido conyugal; **einen ~ führen** utilizar un apellido conyugal.
Ehenichtigkeitserklärung *f* declaración *f* de nulidad del matrimonio.
Ehenichtigkeitsklage *f* demanda *f* de nulidad del matrimonio.
Ehepaar *n* matrimonio *m*, cónyuges *mpl*.
Ehepartner/in *m/f* cónyuge *m*, *f*.
Eheprozess *m* proceso *m* matrimonial.
Eherecht *n* Derecho *m* matrimonial.
Ehesache *f* causa *f* matrimonial.
Ehescheidungsklage *f* demanda *f* de divorcio.
Eheschließende contrayentes *mpl*.
Eheschließung *f* nupcias *fpl*, celebración *f* del matrimonio *m*; **heimliche ~ kirchliche ~** matrimonio *m* canónico *(católicos)* clandestino; **standesamtliches ~** matrimonio *m (por lo)* civil; **~ auf dem Totenbett** matrimonio in articulo mortis *(o en peligro de muerte)*; **ungesetzliche ~** matrimonio *m* ilícito; **zulässige ~** matrimonio *m* lícito.
Ehestand *m* matrimonio *m*, estado *m* matrimonial.
Ehestörungsklage *f* demanda *f* por perturbación matrimonial.
Ehestreitigkeit *f* riña *f (o pelea f)* matrimonial.
Ehetauglichkeitszeugnis *n* certificado *m* de aptitud para el matrimonio.
Eheunfähigkeit *f* incapacidad para *(contraer)* matrimonio.
eheunmündig impúber.
Eheunmündigkeit *f* impubertad *f*.
Eheverbot *n* impedimento *m* matrimonial.
Eheverfehlung *f* infracción *f* matrimonial.
Eheverkündigung *f (CH)* amonestación *f* matrimonial.

Ehevermittler/in *m/f* agente *m*, *f* matrimonial.
Ehevermittlung *f* agencia *f* de matrimonios *(o matrimonial).*
Eheversprechen *n* promesa *f* de matrimonio.
Ehevertrag *m* **~ schließen, abschließen, errichten** otorgar capitulaciones matrimoniales.
Ehezerrüttung *f* fracaso *m* matrimonial.
Ehre *f* honor *m*, fama *f*, honra *f*; **die ~ verletzen** macular.
Ehrenamt *n* cargo *m* honorífico, voluntariado.
ehrenamtlich 1. honorífico, ad honorem; 2. voluntario.
Ehrenannahme *f* aceptación por intervención *f*.
Ehrenbeamter *m*, **Ehrenbeamtin** *f* funcionario *m*, ~a *f* honorífico, ~a *(o no retribuido, ~a).*
Ehrenbeleidigung *f* difamación *f*.
Ehrendoktorwürde *f* doctoría *f* honoris causa.
Ehrenerklärung *f (Widerruf)* retractación *f* formal.
Ehrengericht *n* tribunal *m* de honor, tribunal *m* profesional.
Ehrenkodex *m* código *m* de buenas prácticas *fpl*, código *m* deontológico.
Ehrenrechte *npl* **bürgerliche ~** derechos *mpl* civiles *(honoríficos).*
Ehrenstrafe *f* pena *f* infamante, pena *f* de infamia.
Ehrenwort *n* **auf ~** bajo palabra; **sein ~ geben** prometer por su honor; **mein ~ !** palabra *f* de honor.
Ehrverletzung *f* ultraje *m*, injuria *f*, agravio *m*, delito *m* contra el honor.
eichen contrastar, verificar, aforar.
Eid *m* **einen ~ ablegen, einen ~ leisten** jurar, prestar juramento; **an ~es Statt (erklären)** declarar bajo juramento; **den ~ ablehnen** excusar el juramento; **~ brechen** faltar al juramento; **einem Zeugen den ~ abnehmen** tomar *(o recibir)* juramento de un testigo; juramentar a un testigo; **unter ~ aussagen** declarar *(o afirmar)* bajo juramento; **wissentlich falscher ~** perjurio *m*; **an ~es statt versichern** declarar en forma de afidávit; **unter ~ als Partei aussagen** absolver posiciones, declarar bajo juramento como parte.
Eidbruch *m* perjurio *m*.
eidbrüchig perjuro.
Eidesleistung *f* prestación *f (de juramento)*, jura *f*.
Eidesmündigkeit *f* mayoría *f* de edad para jurar.
eidesstattlich jurado, bajo juramento, bajo juramento de decir verdad.
eidlich juratorio, bajo juramento.
Eigenabtreibung *f* aborto *m* propio.
Eigenbedarf *m* **~ des Vermieters** necesidad *f* propia *(del arrendador).*
Eigenbesitz *m* posesión *f* civil *(o en concepto de dueño).*
Eigenbesitzer/in *m/f* poseedor *m*, ~a, *f* con ánimo de propietario *m*, ~a, *f* dueño *m*, ~a, *f*.
Eigenbetrieb *m* 1. empresa *f* propia; 2. *(Funktion)* régimen *m* de gestión directa.
Eigenschaft *f* **~ aufweisen, haben** ostentar la cualidad, darse la condición de *(en una persona).*
Eigengeschäft *n* 1. negocio *m* propio; 2. operación *f* por cuenta propia.
Eigengesellschaft *f* empresa *f* comunal.
eigenhändig ~es Testament testamento *m* ológrafo; **~ übergeben** entregar en propia mano; **~ geschrieben** autógrafo, de puño y letra.
Eigenhändler/in *m/f* comerciante *m*, *f* por cuenta propia.
Eigenheim *n* casa *f (o vivienda f)* propia.
Eigenjagdbezirk *m* coto *m* privado.
Eigenkapital *n* recursos *mpl* propios, capital *m* propio.
Eigenmacht *f* **verbotene ~** prohibición *f* de uso de fuerza propia, autoridad *f* propia prohibida.
eigenmächtig arbitrario.
Eigenname *m* nombre *m* propio *(o de pila).*
Eigenrecht *n* derecho *m (subjetivo)* propio.
Eigenschaft *f* 1. propiedad *f*; **zugesicherte ~** calidad *f* prometida; 2. cualidad *f*; 3. característica.
Eigentum *n* **alleiniges ~** título único e incondicional; **belastetes, beschränktes ~** dominio *m* imperfecto; **bewegliches, unbewegliches ~** propiedad *f* mueble, inmueble; **in fremdem ~ stehend** propiedad *f* ajena; **geistiges ~** propiedad *f*

intelectual e industrial; **gemeinschaftliches ~** propiedad *f* mancomunada; **~ zur gesamten Hand** propiedad *f* mancomunada; **gemischtes ~** propiedad *f* mixta; **gewerbliches ~** propiedad *f* industrial; **kommerzielles ~** propiedad *f* comercial; **künstlerisches ~** propiedad *f* artística; **lastenfreies, unbelastetes ~** propiedad *f* perfecta, dominio *m* perfecto, propiedad *f* sin cargas; **mit Nießbrauch belastetes ~** nuda propiedad *f*, nuda propietas *(lat)*; **öffentliches ~** dominio *m* público; **~ der toten Hand** bienes *mpl* amortizados; **~ aufgeben** desapropiarse; **~ begründen** constituir *(o fundamentar)* la propiedad; **~ entziehen** privar de la propiedad; **~ erwerben** adquirir propiedad *(o dominio)*, acceder a la propiedad; **jemandes ~ sein** pertenecer en propiedad a alguien; **in jemandes ~ stehen** ser de la propiedad de alguien; **~ veräußern** enajenar la propiedad; **sich das ~ vorbehalten** reservarse la propiedad.

Eigentümer/in *m/f* dueño *m*, ~a *f*, propietario *m*, ~a *f*, dómino *m*, ~a *f*; **~ auf Lebenszeit** propietario *m* vitalicio; **nichtbesitzender ~** propietario *m* no poseedor; **rechtmäßiger ~** dueño *m* en derecho.

Eigentümergemeinschaft *f* comunidad *f* de propietarios.

Eigentümergrundschuld *f* carga *f (o gravamen m)* real, hipoteca *f* unilateral, deuda *f* inmobiliaria de propietario.

Eigentümerhypothek *f* hipoteca *f* de propietario *(o independiente)*.

Eigentumsaufgabe *f* desapropio *m*, der*(r)*elicción *f*, abandono *m* de bienes.

Eigentumsbeschränkung *f* limitación *f* de la propiedad.

Eigentumserwerb *m*, adquisición *f* de *(la)* propiedad.

Eigentumsherausgabeanspruch *m* derecho *m* a reivindicar *(o reclamar)* la propiedad.

Eigentumsherausgabeklage *f* acción *f* reivindicatoria.

Eigentumsrecht *n* título *m* de propiedad, posesión *f* legítima.

Eigentumsstörung *f* perturbación *f* del dominio *(o de la propiedad)*.

Eigentumsübergang *m* **gesetzlicher ~** tradición *f* ministerio legis.

Eigentumsübertragung *f* transmisión *f (o trasferencia f o traspaso m)* de la propiedad.

Eigentumsübertragungsurkunde *f* título *m* traslativo de dominio.

Eigentumsurkunde *f* 1. escritura *f* de propiedad; 2. *(Grundstück)* expediente *m* de dominio.

Eigentumsvermutung *f* presunción *f* de propiedad.

Eigentumsvorbehalt *m* reserva *f* de propiedad *(o de dominio)*.

Eigentumswohnung *f* vivienda *f (o piso m)* en propiedad, vivienda *f* en comunidad.

Eigner/in *m/f* propietario *m*, ~a *f*, dueño *m*, ~a *f*.

Eignungsklausel *f* cláusula *f* de idoneidad.

Eignungszeugnis *n* certificado *m* de aptitud.

Eilrichter/in *m/f* juzgado *m* de guardia.

einbehalten den Lohn ~ retener el salario.

einberufen 1. *(Mil)* llamar a filas, reclutar, alistar; 2. *(Versammlung)* convocar.

einbrechen robar con fractura *(o con escala)*.

Einbrecher/in *m/f* ladrón *m*, ~a *f*, salteador *m*, ~a *f*.

Einbrecherbande *f* banda *f* de ladrones *(o de salteadores)*.

einbringen 1. *(Gesetz)* presentar; 2. *(Kapital)* aportar, contribuir.

Einbringung 1. *(Gesetz)* presentación *f*; 2. *(Kapital)* aportación *f*.

Einbruch *m* robo *m* con fractura, robo *m* domiciliario.

Einbruchsdiebstahl *m* robo *m* con fractura.

einbürgern nacionalizar, naturalizar.

Einbürgerung *f* naturalización *f*, nacionalización *f*.

Einbürgerungsurkunde *f* carta *f* de nacionalización *(o de nacionalidad)*.

Eindringling *m* intruso *m*.

Einfuhrbeschränkungen *fpl* limitaciones *fpl (o restricciones fpl)* a la importación.

einführen 1. *(Waren)* importar; 2. *(Personen)* introducir; 3. *(Steuer)* implantar.

Einfuhrgenehmigung *f* licencia *f* *(o permiso m)* de importación.

Einführungsgesetz *n* **~ zum Bürgerlichen Gesetzbuch** Ley *f* de introducción al Código Civil alemán (EGBGB).

Eingabe *f* **~ an das Gericht** escrito *m* judicial; **schriftliche ~** instancia *f*, solicitud *f*.

Eingangsvermerk *m* asiento *m* de presentación.

Eingehungsbetrug *m* estafa *f* contractual.

eingetragen 1. *(Verein, Genossenschaft)* registrado; 2. **handelsgerichtlich ~** inscrito en el registro mercantil.

eingezogen ~ werden caer en comiso.

eingreifen *(einer Behörde)* intervenir; *(sich einmischen)* entrometerse.

Eingriff *m* **rechtmäßiger ~** intervención *f* conforme a Derecho.

Eingriffsverwaltung *f* administración *f* intervencionista.

einhalten 1. *(Verpflichtung)* cumplir; 2. *(Gesetz)* observar, respetar; 3. *(Bedingung)* atenerse.

Einhaltung *f* **~ der baurechtlichen Vorschriften** legalidad *f* urbanística; **die ~ durchsetzen** forzar la aplicación; **~ der Fristen** cumplimiento *m* *(o respeto m)* de los plazos.

einheimisch 1. *(örtlich)* local 2. *(Inländer)* nacional; 3. *(Bevölkerung)* autóctono.

Einheit *f* **~ des Errichtungsakts** *(Testament)* unidad *f* de acto.

Einheitliche Europäische Akte *f* Acta *f* Única Europea.

Einheitlichkeit *f* **rechtliche ~** unicidad *f* jurídica.

Einheitsstrafe *f* pena *f* privativa de libertad unificada.

Einheitstäterbegriff *m* concepto *m* unitario de autor.

Einheitswährung *f* moneda *f* única, moneda *f* común.

Einheitswert *m* 1. valor *m* unitario, valor *m* fiscal, valor base *m*; 2. *(einer Liegenschaft)* valor *m* unitario catastral.

einig sich ~ werden ponerse de acuerdo, convenir.

einigen sich ~ ponerse de acuerdo.

Einigung *f* 1. **~ mit den Gläubigern** ajuste *m* con los acreedores; 2. **gütliche ~** arreglo *m* amistoso.

Einigungsmangel *m* falta *f* de consenso *(o acuerdo)*, disenso *m*.

Einigungsstelle *f* órgano *m* conciliador.

Einigungsvertrag *m* Tratado *m* de Unificación *f*.

Einkammersystem *n* sistema *m* *(parlamentario)* unicameral.

einkerkern *(veraltet)* recluir en presión, enviar a prisión, internar en prisión.

Einkerkerung *f* encarcelamiento *m*, encarcelación *f*.

einklagbar demandable, actuable, exigible.

einklagen demandar, reclamar *(o exigir)* judicialmente.

Einkommen *n* **~ beziehen** percibir una renta; **~ erzielen** obtener una renta; **~ haben** tener ingresos.

Einkommenssteuer *f* impuesto *m* general sobre las rentas de las personas físicas *(IRPF)*, impuesto *m* sobre la renta.

Einkommenssteuererklärung *f* declaración *f* *(anual)* sobre la renta, declaración *f* fiscal.

Einkünfte *fpl* **~ erzielen** obtener ingresos; **~ haben** tener ingresos.

einlassen sich ~ *(Kläger im Prozess)* personarse, comparecer, constituirse como parte.

Einlassung *f* **förmliche ~** personación *f* en forma; **~ zur Hauptsache** personación *f* en el fondo; **mündliche ~** alegaciones *fpl* verbales.

Einlassungsfrist *f* plazo *m* de contestación *(a la demanda)*, plazo *m* de comparecencia.

einlegen 1. *(Rechtsmittel)* interponer, promover, hacer valer; 2. *(Geld)* imponer, depositar, aportar; **form- und fristgerecht ~** interponer en tiempo y forma.

Einleger/in *m/f* depositante *m*, *f*, impositor *m*, ~a *f*.

Einmanngesellschaft *f* sociedad *f* unipersonal, sociedad *f* individual, sociedad *f* de un solo socio.

einmischen sich ~ intervenir, entrometerse.

Einmischung *f* intervención *f*, injerencia *f*.

Einnahmen *fpl* **~ erzielen, haben** obtener, tener ingresos.

Einnahmeausfall *m* pérdida *f* de ingresos *(o de beneficios).*
Einnahmen *fpl* **~ und Ausgaben** entradas *fpl* y salidas *fpl.*
einnehmen 1. *(Steuern)* recaudar; 2. *(Geld)* percibir.
Einrede *f* **~ der Arglist** excepción *f* de dolo; **besondere ~ der Rechtswidrigkeit** excepción *f* extraordinaria de ilegalidad; **~ des nicht erfüllten Vertrags** excepción *f* de contrato no cumplido; **~ des Notbedarfs** excepción *f* de indigencia; **~ der Unzuständigkeit** excepción *f* de incompetencia; **~ der Vorausklage** excepción *f* de la demanda previa, beneficio *m* de excusión; **~ erheben** excepcionar, oponer excepción; **auf die ~ verzichten** renunciar a la excepción; **~ zurücknehmen** retirar la excepción.
einreichen 1. *(bei Gericht)* presentar; 2. *(Klage)* entablar; 3. *(Antrag, Gesuch)* formular, elevar; **dreifach, zweifach ~** presentar por triplicado, por duplicado.
Einreichung *f* **~ auf dem Dienstweg** petición *f* por conducto reglamentario.
Einreise *f* entrada *f* en el país.
Einrichtung *f* **gemeinnützige ~** entidad *f* no lucrativa, establecimiento *m* de utilidad pública.
einschlägig vorbestraft con antecedentes penales *(en un delito semejante).*
einschließen 1. encerrar; 2. incluir.
Einschließung *f* encierro *m*, encerramiento *m.*
einschmuggeln introducir de contrabando.
einschränken limitar, restringir.
Einschränkung *f* restricción *f*, limitación *f*; **~ eines Rechts** reducción *f* de un derecho.
Einschreibebrief *m* carta *f* certificada; **~ mit Rückschein** carta *f* certificada con acuse de recibo.
einschreiben 1. inscribir, registrar; 2. *(Anmeldung)* dar de alta; 3. *(Brief)* certificar, enviar por certificado.
Einschreiben *n (Post) (correo m)* certificado *m.*
Einschreibung *f (Kurs)* matrícula *f.*
Einschreiten *n* intervención *f.*
einsehen 1. *(Dokument)* examinar; 2. *(Fehler)* reconocer; 3. *(begreifen)* reconocer, entender; 4. *(Register)* verificar, consultar, examinar.
einseitig unilateral; **~er Vertrag** contrato *m* unilateral; **~ verpflichtender Vertrag** contrato *m* unilateral oneroso; **~es Rechtsgeschäft** negocio *m* jurídico unilateral.
einsetzen 1. **einen Erben ~** instituir *(o constituir)* heredero; 2. *(Mittel, Geld)* aplicar, destinar; 3. *(Polizei)* movilizar; **sich für jemanden ~** salir en defensa de alguien.
Einsetzung *f* 1. *(Erben)* institución *f*, constitución *f*; 2. *(Mittel, Geld)* aplicación *f*; 3. *(Truppen)* movilización *f*; 4. *(Amt)* investidura *f.*
Einsicht *f* examen; **~ gewähren** permitir el examen; **mangelnde ~** falta *f* de discernimiento; **nach ~ der Akten** examinado el expediente; **zur ~** *(Akten)* para instrucción; **~ nehmen** examinar.
Einsichtnahme ~ in das Grundbuch consulta *f* de las inscripciones registrales; **~ in Urkunden** exhibición *f* de documentos.
Einsichtsrecht *n* derecho *m* de examen.
einsperren encerrar, meter en la cárcel.
Einsperrung *f* internamiento *m*, encarcelamiento *m.*
Einspruch *m* 1. reclamación *f*, objeción *f*, protesta *f*; 2. recurso *m* administrativo *f*; 3. *(StraR)* recurso *m* de reforma; 3. *(bei Obergericht)* recurso *m* de súplica; 4. *(Disziplinarsache)* instancia *f* de inconformidad; 6. **~ einlegen, einreichen, erheben** vetar, formular protesta, suplicar; **dem ~ stattgeben** estimar la reclamación; **~ als unzulässig verwerfen** rechazar *(o denegar)* el recurso por inadmisible; **den ~ zulassen, den ~ zurücknehmen** admitir, denegar la reclamación.
Einspruchsrecht *n* derecho *m* de reclamación *(o de oposición).*
Einspruchsverfahren *m* procedimiento *m* de oposición.

Einsteigediebstahl *m* **einen ~ begehen** escalar, cometer robo con escalo.
einstellen 1. *(beschäftigen)* emplear, colocar; 2. *(unterbrechen)* suspender; 3. *(Verfahren)* sobreseer.
Einstellung 1. *(Beschäftigung)* colocación, contratación *f*, empleo *m*; 2. **~ des Verfahrens** sobreseimiento *m*, archivo *m* de la causa; 3. *(Unterbrechung)* suspensión *f*; 4. *(Haltung)* actitud *f*, ideas *fpl*.
Einstellungsbeschluss *m* auto *m* de sobreseimiento.
einstweilig ~e Anordnung precautoria *f*, medida *f* provisional; **~e Verfügung** providencia *f* precautoria, interdicto *m* provisorio; medida *f* cautelar; **~er Ruhestand** excedencia *f*, cesantía, retiro *m* temporal.
Eintrag *m* inscripción *f*, anotación *f*.
eintragen sich ~ inscribirse, matricularse, registrarse.
Eintragung *f* **~ von Amts wegen** inscripción *f* de oficio;**~ bewilligen** autorizar la inscripción; **zur ~ anmelden** presentar*(se)* a inscripción; **~ im Einwohnermeldeamt** empadronamiento *m*; **~ im Personenstandsregister** acta *f* de estado civil; **~ in das Strafregister** inscripción *f* en el registro de penados; **die ~ löschen** cancelar la inscripción; **eine ~ vornehmen** practicar una inscripción.
Eintragungsbewilligung *f* autorización *f* de la inscripción.
Eintragungsfähigkeit *f* inscribilidad *f*, registrabilidad *f*.
eintreiben 1. *(Steuer)* recaudar; 2. *(Schulden, Geld)* cobrar.
eintreten 1. *(Verein, Partei)* afiliarse, entrar, adherirse; 2. *(Ereignis)* sobrevenir, ocurrir, suceder; 3. *(Tür)* romper.
Eintritt *m* 1. *(Verein, Partei)* afiliación *f*, adhesión *f*, entrada *f*; 2. **~ der Bedingung** cumplimiento *m* de la condición; 3. **~ des Erbfalls** apertura *f* de la sucesión; 4. **~ in das Rentenalter** alcanzar la edad de jubilación; 5. **~ des Versicherungsfalls** realización *f* de la contingencia asegurada.
Eintrittsalter *n* edad *f* inicial *(o de admisión o de entrada)*.
Eintrittsrecht *n* **kraft ~s erben** suceder por derecho de representación.
Einverleibung *f* anexión *f*, incorporación *f*.
Einvernehmen *n* **im gegenseitigen ~** de mutuo acuerdo; **im ~ mit** de conformidad con; **~ erzielen, herbeiführen** llegar, lograr acuerdo.
Einverständnis *n* **~ erzielen** llegar a un acuerdo, concertar voluntades; **bei fehlendem ~** en caso de discrepancia; **geheimes, strafbares ~** connivencia *f*.
Einwand *m* **~ der Befangenheit** objeción *f* por parcialidad.
Einwanderer *m*, **Einwanderin** *f* **illegaler ~** inmigrante *m*, *f* ilegal *(o clandestino)*; «espaldas *fpl* mojadas».
einweisen 1. instruir; 2. *(Besitz)* investir; 3. *(Amt)* dar posesión de un cargo; 4. internar.
Einweisung *f* **~ in den Besitz** puesta *f* en posesión; **~ in die Haftanstalt anordnen** decidir el ingreso en prisión; **~ in eine Stelle** adjudicación *f* de plaza.
einwenden objetar, poner objeciones.
Einwendung *f* **~ der Nichtigkeit** incidente *m* de nulidad; **rechtshemmende ~** objeción *f* inhibitoria del derecho; **rechtshindernde ~** excepción impeditiva de derecho, **rechtsvernichtende ~** objeción *f* demoledora del derecho; **~ erheben, entgegenhalten** oponer reparo, excepcionar.
Einwilligung *f* **elterliche ~** consentimiento *m* paterno; **mutmaßliche ~** consentimiento *m* presunto; **~ erklären, geben** dar, prestar su consentimiento; **die ~ versagen** denegar *(o no conceder)* el consentimiento.
Einwirkung *f* influencia *f*, efecto.
Einwohnermeldeamt *n* padrón *m*, oficina *f* de empadronamiento.
einzahlen pagar, ingresar, hacer efectivo; **voll ~** *(Aktien)* liberar, desembolsar completamente.
Einzahlung *f* **eine ~ leisten, vornehmen** efectuar un pago *(o ingreso)*.

Einzelhaft *f* prisión *f* incomunicada; **~ anordnen** incomunicar; **strenge ~** régimen *m* celular estricto.
Einzelhäftling *m* incomunicado *m*.
Einzelhandel *m* comercio *m* al por menor *(o al detalle)*, comercio *m* minorista *(o detallista)*.
Einzelkaufmann *m* comerciante *m* individual.
Einzelrechtsnachfolge *f* sucesión *f* *(a título)* singular.
Einzelrichter/in *m/f* juez *m*, ~a *f*; órgano *m* jurisdiccional unipersonal.
Einzelvollmacht *f* poder *m* especial *(o personal)*.
einziehen 1. *(Forderungen)* retraer, cobrar; 2. *(Schuld)* poner al cobro; 3. *(Nachnahme)* reembolsar;4. *(Aktien)* amortizar; 5. *(Geld)* retirar de la circulación; 6. *(Steuern)* recaudar; 7. *(Verbrechenswerkzeug)* decomisar, declarar en comiso; 8. *(in Wohnung)* instalarse; 9. *(Mil)* einziehen reclutar.
Einziehung *f* cobro *m*, confiscación *f*, decomiso, *m*, recaudación *f*.
Einziehungsermächtigung *f* domiciliación *f* de recibos *(o pagos)*.
Einziehungsverfahren *n* *(procedimiento m de)* pago *m* con recogida de recibos.
Einzugsermächtigung *f* domiciliación *f* bancaria.
Eisenbahnabkommen *n f* acuerdo *m* ferroviario.
Elektrizitätsgesellschaft *f (compañía f)* eléctrica *f*.
elektronische Datenverarbeitung *f* computación *f*, informática *f*, procesamiento *m* electrónico de datos.
elektronische Steuererklärung *f* presentación *f* telemática de la declaración *f* de impuestos.
elterliche Gewalt *f* patria potestad *f*, autoridad *f* paterna.
elterliche Sorge *f* cuidado *m* paterno.
Eltern progenitories *pl*
Eltern-Kind-Verhältnis *n* relaciones *fpl* paternofiliales.
Elternmord *m* parricidio *m*.
Elternmörder/in *m/f* parricida *m/f*.
Elternschaft *f* paternidad *f*; padres *mpl*.
Elternteil *m* padre *m*, madre *f*; progenitor *m*.
E-Mail 1. *(System)* correo *m* electrónico; 2. *(Nachricht)* mensaje *m*.
E-Mail-Adresse *f* dirección *f* electrónica.
Emanzipationsbewegung *f* movimiento *m* emancipatorio *(o liberatorio)*.
emanzipieren sich ~ emanciparse, liberarse.
Embargo *n* **ein ~ aufheben** levantar *(o anular)* un embargo; **ein ~ verhängen** decretar *(o imponer)* un embargo; **~ auf Waffen** embargo *m* de armas.
Embryonenschutzgesetz *n (Sp)* ley de reproducción asistida.
Embryonenübertragung *f* transferencia *f* de embriones.
emigrieren 1. emigrar; 2. exil*(i)*arse.
Emissionshandel *m* comercio *m* de emisión *(de gases contaminantes)*.
Empfang *m* recibo *m*; 1. **den ~ bestätigen, bescheinigen, quittieren** acusar recibo, extender carta de pago, extender un recibo; **in ~ nehmen** recibir; 2. *(Hotel)* recepción *f*.
Empfänger/in *m/f* **vom ~ zahlbar** cóbrese al destinatario.
Empfängnisverhütung *f* contracepción *f*, anticoncepción *f*.
Empfängniszeit *f* período *m* de la concepción.
Empfangsbedürftigkeit *f* carácter *m* recepticio.
Empfehlung *f* recomendación *f*; **auf ~** a propuesta.
Endbetrag *m (od Endsumme)* importe *m* total.
Endurteil *n (sentencia f)* definitiva *f*, sentencia *f* decisoria *f*.
Energiebehörde *f* **Internationale ~** Agencia *f* Internacional de la Energía.
Energieeinsparung *f* ahorro *m* de energía.
Energieversorgungsunternehmen *n* empresa *f* suministradora de energía.
Enkel *m*, **Enkelkind** *n*, **Enkelsohn** *m*, **Enkeltochter** *f* nieto *m*, nieta *f*.
Enklave *f* enclave *m*.
Enquête *f* encuesta *f*, sondeo *m*.
Enquêtekommission *f* comisión *f* investigadora.
enteignen expropiar; **jemanden ~** desposeer a alguien; **zu ~** expropiable, a expropiar.

Enteigner/in *m/f* expropiador *m*, ~a *f*, expropiante *m*, *f*.

Enteignete/r *f/m* expropiado *m*, ~a *f*.

Enteignung *f* **lastenfreie ~** expropiación *f* absoluta; **~ im öffentlichen Interesse, ~ zum Wohl der Allgemeinheit** expropiación *f* por razones de utilidad pública.

enteignungsgleich ~er Eingriff *m* intervención *f* con efectos expropiatorios.

enterben desheredar.

Enterbende/r *f/m* desheredador *m*, ~a *f*.

Enterbte/r *f/m* desheredado *m*, ~a *f*.

Enterbung *f* **~ aus gutem Grund, zu Recht erfolgte ~** desheredación *f* justa; **noterbrechtliche ~** desheredación *f* legitimaria.

Entfaltung *f* **(freie) ~ der Persönlichkeit** *(libre)* desarrollo *(o desenvolvimiento m)* de la personalidad.

Entfernung *f* **~ des Angeklagten aus der Hauptverhandlung** alejamiento *m* del acusado de la sala; **~ aus dem Dienst** *(Strafe)* inhabilitación *f* absoluta, separación *f* absoluta.

Entfremdung *f* 1. distanciamiento *m*; 2. alienación *f*; **~ der Zuneigung** *(Scheidungsrecht)* enajenación *f* de afectos.

entführen secuestrar, raptar; *(Flugzeug)* desviar.

Entführer/in *m/f* secuestrador *m*, ~a *f*, captor *m*, ~a *f*, raptor *m*, ~a *f*; *(Flugzeug)* pirata *m*, *f* aéreo.

Entführung *f* **erpresserische ~** secuestro *m* extorsivo *(o con chantaje)*; **~ gegen Lösegeld** secuestro *m* por rescate; **~ aus sexuellen Motiven** secuestro *m* con miras deshonestas; **~ mit Willen** rapto *m* no violento; **~ wider Willen** rapto *m* violento.

entgangener Gewinn *m* lucro *m* cesante, beneficio no obtenido.

Entgelt *n* remuneración *f*, retribución *f*; *(aus Dankbarkeit)* recompensa *f*; **~ zahlen** remunerar, recompensar.

entgelten remunerar, pagar, retribuir, recompensar.

Entgeltfortzahlungsgesetz *n* ley *f* de pago continuado del salario.

entgeltlich *(a título)* oneroso; **~er Vertrag** contrato *m* oneroso.

Entgeltlichkeit *f* onerosidad *f*, remunerabilidad *f*.

enthaupten decapitar.

Enthauptung *f* decapitación *f*.

Enthüllung *f* **~ vertraulicher Informationen** revelación *f* de información confidencial.

entlassen 1. *(Arbeitnehmer)* despedir; 2. *(Beamte)* declarar cesante, cesar, amover; 3. *(vom Dienst)* revocar; 4. *(Vormund)* remover; 5. *(Soldat)* licenciar; 6. *(Gefangene)* excarcelar, poner en libertad, liberar; **bedingt ~ werden** salir en libertad condicional; 7. *(Krankenhaus)* dar de alta.

Entlassung *f* **~ von Arbeitern** despido *m* de trabajadores; **~ eines Beamten** exoneración *f*; **~ auf Bewährung** liberación *f* condicional; **~ aus der elterlichen Sorge** emancipación *f*; **aus dem Gefängnis** excarcelación *f*; **vorzeitige ~ bei guter Führung** excarcelación *f* anticipada por buena conducta, acortamiento de la condena por buena conducta.

entlasten 1. *(Geschäftsführung)* aprobar la gestión; 2. *(Anklage)* exonerar; 3. **steuerlich ~** desgravar *(fiscalmente)*.

Entlastung *f* **~ erteilen** aprobar la gestión; *(Jur)* exculpación *f*, exoneración *f*.

Entlastungsbeweis *m* prueba *f* de descargo.

entleihen tomar prestado.

Entleiher *m* comodatario *m*.

entmündigen incapacitar, inhabilitar, poner bajo tutela.

Entmündigende/r *f/m* **der/die zu Entmündigende** incapacitando *m*, ~a *f*.

entmündigt incapacitado.

Entmündigte(r) *f (m)* incapacitado *m*, ~a *f*, inhábil *m*, *f*.

Entmündigung *f* **~ wegen Geisteskrankheit** interdicción *f* judicial; **~ wegen Verschwendungssucht** incapacitación *f* por prodigalidad.

Entnahme *f* **~ aus den Akten** desglose *m*.

Entnazifizierungsgesetz *n* ley *f* depuradora contra el fascismo *(o nacionalsocialismo)*.

Entnehmen *n* **und Ableiten von Wasser** captación de aguas.
Entpönalisierung *f* despenalización *f.*
Entprivatisierung *f* desprivatización *f.*
entrechten privar de sus derechos.
entschädigen indemnizar, recompensar, reparar, desagraviar, resarcir.
Entschädiger/in *m/f* indemnizador *m*, ~a *f.*
Entschädigte/r *f/m* indemnizado *m*, ~a *f.*
Entschädigung *f* **auf ~ verzichten** renunciar a la indemnización; **angemessene ~** indemnización *f* justa; die **~ festsetzen ~** fijar la indemnización; **leisten** indemnizar; **volle ~** indemnización *f* total.
entschärfen *(Bombe)* desactivar, desarticular.
Entscheid *m* decisión *f*, notificación *f.*
entscheiden 1. *(Prozess)* determinar; 2. *(Gericht)* juzgar, fallar, dictar un fallo, librar sentencia; 3. *(Rechtsstreit)* conocer; 4. *(Streit)* dirimir; 5. *(Zuständigkeiten)* definir.
entscheidend determinante; **~ sein** ser clave.
Entscheidung *f* **abschließende ~** decisión *f* final; **abweisende ~** resolución *f* denegatoria; **angefochtene ~** fallo recurrido *(o apelado)*; **ersetzende ~** sentencia *f* rescisoria; **eine ~ fällen** fallar, dictar fallo; **rechtskräftige ~** resolución *f* en firme; **richterliche ~** auto *m*, fallo *m* judicial; **die ~ an sich ziehen** *(obere Behörde)* recabar el conocimiento.
Entscheidung *f* **die ~ angreifen, anfechten** impugnar, atacar, recurrir la decisión *(o resolución)*; **eine ~ fällen** decidir; *(gerichtlich)* librar sentencia; **~ nach Lage der Akten** resolución *f* según el estado de los autos.
Entscheidungsgewalt *f* **mit ~** con facultades decisorias.
Entscheidungsgründe *mpl* fundamentos *mpl* jurídicos.
entscheidungsreif visto y concluso para sentencia.
Entscheidungssammlung *f* repertorio *m* de jurisprudencia *(o de sentencias).*
Entscheidungsträger/~in *m/f* persona *f* con capacidad para decidir *(o con capacidad decisoria).*
Entschließung *f* **eine ~ annehmen** adoptar una resolución.
Entschließungsantrag *m (Pol)* propuesta *f* de resolución; *(Sp)* proposición *f* no de ley.
Entschluss *m* resolución *f (de voluntad)*, decisión *f.*
entschlüsseln descifrar, decodificar.
Entschlüsselung *f* descifrado *m*, desciframiento *m*, decodificación *f.*
entschuldbar excusable.
Entschuldbarkeit *f* excusabilidad *f*; **~ des Gemeinschuldners** excusabilidad *f* del quebrado.
entschulden desadeudar, librar.
entschuldigen disculpar, excusar.
Entschuldigung *f* **~ des Fehlens** excusa *f* de asistencia; **förmliche ~** retractación *f* pública.
Entschuldigungsgrund *m (StrafR)* causa *f* de extinción de responsabilidad criminal.
Entschuldung *f* desendeudamiento *m.*
entsorgen eliminar *(desechos).*
Entsorgung *f* eliminación *f (de basuras, desechos, etc.).*
entwenden sustraer, quitar, hurtar, ratear, robar.
Entwendung *f* sustracción *f*, hurto *m (leve)*; **~ geringfügiger Gegenstände** hurto *m* constitutivo de falta.
entwerten 1. *(Währung)* devaluar, depreciar; 2. *(Stempelmarken)* obliterar, inutilizar.
Entwertung *f* 1. depreciación *f*; 2. obliteración *f*, inutilización *f.*
Entwicklungshilfe *f* ayuda *f (o cooperación f)* al desarrollo.
entwidmen desafectar.
Entwidmung *f* desafectación *f*, desclasificación.
entwöhnt ~ werden *(Drogen)* ser desintoxicado.
Entwöhnung *f* deshabituación *f*, desintoxicación *f.*
Entwöhnungskur *f* cura *f* de desintoxicación.
entwürdigend degradante.
Entwurf *m* **abgeänderter ~** proyecto enmendado.

entziehen 1. *(Erlaubnis)* retirar; 2. *(Rechte)* desposeer, revocar; 3. *(Macht)* privar.

Entziehung *f* **~ der Befugnis** desautorización *f*; **~ der elterlichen Sorge** *(früher: Gewalt)* privación *f* de la patria potestad; **~ der Fahrerlaubnis** retirada *f* del permiso de conducir; **~ des Passes** retirada *f* del pasaporte; **unberechtigte ~** privación *f* ilegal; **~ einer Vollmacht** revocación *f* de un poder; **~ der Vormundschaft** interdicción *f* del derecho de tutela.

Entziehungsanstalt *f* establecimiento *m* de desintoxicación *(o deshabituación)*.

Entzug *m* privación *f*, retirada *f*, sustracción *f*, evicción *f*.

Enumeration *f (Zuweisung von Zuständigkeiten)* enumeración *f*.

Erbanfall *m* delación *f (o devolución f o apertura)* de la herencia.

Erbanlage *f* factor *m (o carácter m)* hereditario.

Erbanteil *m* **gleicher ~** parte *f* viril; **ungeteilter ~** parte de una sucesión proindiviso.

Erbantritt *m* adición *f* de herencia.

Erbbaurecht *n (derecho m de)* superficie *f*.

Erbbauzins *m* canon *m* enfitéutico.

erbberechtigt con derecho a la herencia, sucesible.

erbbiologisches Gutachten dictamen *m* heredo-biológico.

Erbe *m*, **Erbin** *f* **alleiniger ~** heredero *m*, ~a *f* universal; **benannter, ernannter ~** heredero *m* instituido; **gesetzlicher ~** heredero *m* legítimo, abintestato *m*; **nachgeborener ~** heredero *m* póstumo; **testamentarisch bestimmter ~** heredero *m* testamentario; **einen ~n einsetzen, jemanden zum ~n einsetzen, bestimmen** constituir *(o nombrar o instituir)* heredero a alguien.

Erbeinsetzung *f* institución *f* de heredero; **~ im Ehevertrag** heredamiento *m*.

erben, testamentarisch ~ suceder por testamento.

Erbengemeinschaft *f* comunidad *f* sucesoria *(o hereditaria)*.

Erbenhaftung *f* responsabilidad *f* del heredero.

Erbersatzanspruch *m* derecho *m* sucesorio *(del hijo legítimo)*.

Erbfall *m* muerte *f* del causante, caso *m* sucesorio.

Erbfolge *f* orden *m* de sucesión.

Erbgut *n* 1. bien *m* relicto; 2. genotipo *m*, patrimonio *m* genético.

Erblasser/in *m/f* testador *m*, ~a *f*, causahabiente *m/f*, heredante *m/f*, difunto *m*, ~a *f*, causante *m/f*.

erblich heredero, heredable, hereditario.

Erbmasse *f* masa *f* hereditaria, acervo *m* hereditario.

Erbpacht *f* enfiteusis *f*, censo *m* enfitéutico *(o con dominio)*; **mit ~ belastetes Eigentum** dominio *m* directo; **in ~ nehmen** tomar a foro; **zeitlich (un)begrenzte ~** foro *m* temporal, perpetuo.

Erbpächter/in *m/f* enfiteuta *m*, *f*, censatario *m*, ~a *f*, dueño *m*,~a *f* útil.

Erbpachtvertrag *m* contrato *m* enfitéutico.

Erbpachtzins *m* foro *m*, canon *m*.

erbrechen *(Delikt)* fracturar.

Erbrecht *n* Derecho *m* de sucesiones; derecho hereditario; **~ des Fiskus** sucesión *f* irregular; **gesetzliches ~** sucesión *f* legítima *(o legal)*.

erbringen 1. *(Beweise)* aducir, aportar; 2. *(Leistung)* rendir; 3. *(Gewinn)* producir, rentar, devengar.

Erbschaft *f* **angefallene ~** herencia *f* deferida, **die ~ annehmen** *(od antreten)* adir la herencia; **die ~ ausschlagen** repudiar la herencia; **durch ~ erlangen** acceder por sucesión; **zur ~ gehörig** hereditario; **ruhende ~** herencia *f* yacente; **überschuldete ~** herencia *f* insolvente; **auf die ~ verzichten** renunciar a la herencia.

Erbschaftsanfall *m* delación *f (o apertura f)* de la herencia.

Erbschaftsanspruch *m* derecho *m* sucesorio.

Erbschaftsbesitzer/in *m/f* poseedor *m*, ~a *f* hereditario,~a.

Erbschaftserwerbstitel *m* título *m* sucesorio.

Erbschaftskauf *m* compraventa *f* de herencia.

Erbschaftsklage *f* acción *f* petitoria de herencia.

Erbschaftssteuer *f* impuesto *m* de sucesiones o sucesorio.
Erbschein *m* **den ~ einziehen** retirar el certificado de heredero; **den ~ erteilen, erlassen** emitir, otorgar certificado de herederos.
Erbschleicher/in *m/f* captador *m*, ~a *f* de herencias, heredípeta *m, f.*
Erbteil *m* porción *f* hereditaria, cuota *f* hereditaria.
Erbteilung *f* partición *f (o división f)* de herencia.
Erbunfähigkeit *f* incapacidad *f* para suceder, incapacidad *f* sucesoria.
Erbvertrag *m* contrato *m* sucesorio; **~ mit gegenseitiger Einsetzung zum Erben** pacto *m* de sucesión mutua.
Erbverzichtsvertrag *m* contrato *m* de renuncia sucesoria.
ereignen sich ~ ocurrir, suceder, acontecer; **sich später ~** sobrevenir.
Ereignis *n* **schädigendes ~** evento *m* dañoso; **unabwendbares ~** evento *m* ineludible; **unvorhergesehenes ~** contingencia *f* imprevisible.
erfahren sein ser versado.
Erfahrung *f* 1. experiencia *f*; 2. práctica *f.*
Erfassung *f* 1. *(Daten)* registro *m*; 2. *(Waren)* secuestro *m*; 3. **steuerliche ~** identificación *f* a efectos tributarios, tasación.
erfinden inventar, descubrir.
Erfinder/in *m/f* inventor *m*,~a *f*, descubridor *m*, ~a *f.*
Erfinderrecht *n* Derecho *m* en materia de invención *(o de inventor).*
Erfindung *f* invención *f*, descubrimiento *m.*
Erfindungspatent *n* privilegio *m* de invención, patente *f* de invención.
Erfolg *m* **~ der Klage** prosperidad *f* de la demanda; **~ des Rechtsmittels** estimación *f* del recurso.
Erfolgsdelikt *n* delito *m* material, delito *m* por el resultado.
Erfolgshaftung *f* responsabilidad *f* por el resultado.
Erfolgshonorar *n* cuota *f* litis.
Erfolgshonorarvereinbarung *f* pacto *m* de cuota litis, iguala *f.*
erfolgsqualifiziert calificado por el resultado, preterintencional.
erforderlich unbedingt ~ sein ser requisito indispensable.
Erforderlichkeit *f* necesidad *f*; **~ des Mittels** *(Notwehr)* racionalidad *f* del medio.
erfordern exigir, requerir, necesitar.
Erfordernis *n* **gesetzliches ~** requisito *m* legal; **nach ~** según proceda.
Erfüllbarkeit *f* posibilidad *f* de cumplir.
erfüllen 1. *(Voraussetzungen, Vertrag)* cumplir; 2. *(Zahlungen)* pagar, solventar; 3. *(Wunsch)* corresponder.
Erfüllung *f* cumplimiento; **~ einer Bedingung** cumplimiento *m* de la condición; **~ einer Verpflichtung** cumplimiento *m* de la obligación.
Erfüllungsbetrug *m* estafa *f* de cumplimiento.
Erfüllungsklage *f* acción *f* de cumplimiento.
Erfüllungs | gehilfe *m* **gehilfin** *f* auxiliar *m, f* ejecutivo, ~a.
Erfüllungsort *m* lugar *m* de cumplimiento.
Erfüllungsübernahme *f* asunción *f* del cumplimiento.
Erfüllungsverweigerung *f* denegación *f* del cumplimiento.
ergänzend ~e Vertragsauslegung interpretación *f* supletoria del contrato.
Ergänzung *f* 1. *(Testament)* complementación; 2. *(Schuldnervermögen)* reintegro *m*, complementación *f.*
Ergänzungspfleger/in *m/f* curador *m*, ~a *f* ad hoc.
Ergänzungsgesetz *n* ley *f* complementaria *(o declaratoria).*
Ergänzungsrichter/in *m/f* magistrado *m*, ~a *f* sustituto, ~a, juez *m*, ~a *f* de apoyo.
Ergänzungsurteil *n* sentencia *f* complementaria.
ergeben sich ~ entregarse, capitular; 2. **sich ~ aus** desprenderse de.
Erhalt *m* 1. *(Empfang)* recibo; 2. *(Erhaltung)* mantenimiento *m*, conservación *f.*
erhalten 1. recibir; **dankend ~** recibí; 2. conservar, mantener.
erheben 1. *(Klage)* presentar, elevar, promover, ejercitar; 2. *(Steuern)* recaudar, imponer; 3. **sich ~** sublevarse; 4. *(Truppen)* alzarse.

Erheblichkeit *f* **~ des Mangels** *(Revision)* esencialidad *f* del vicio.
Erhebung *f* 1. *(Klage)* presentación, ejercicio *m*, elevación *f*; 2. *(Abgaben)* recaudación *f*, cobranza *f*, cobro *m*.
erhöhen *(Steuern, Preise)* subir, elevar.
Erhöhung *f* **~ der Zölle** subida *f* de los aranceles.
Erinnerung *f* 1. recuerdo *m*, memoria *f*; 2. *n (Mahnung)* recordatorio *m*; 3. *(Jur)* impugnación *f*.
Erinnerungsschreiben *n* carta *f* recordatoria, carta *f* de insistencia.
erkennen *(Gericht)* entender, juzgar; **jemanden für schuldig ~** declarar culpable.
Erkenntnis *f* 1. *(Einsicht)* cognición *f*, aprehensión *f* cognoscitiva; 2. *(Entscheidung)* sentencia *f*, fallo *m*; **richterliches ~** conocimiento *m* judicial.
Erkenntnisverfahren *n* juicio *m* declarativo, proceso *m* cognoscitivo, juicio *m* de cognición.
erklären für abbruchreif ~ *(Gebäude)* declarar en estado ruinoso; **für abgeschafft ~** declarar abolido; **für allgemeinverbindlich ~** declarar de obligado cumplimiento; **für beendet ~** declarar por visto y concluso; **sich für befangen ~** inhibirse, excusarse; **für nichtig ~** nulificar, dar por nulo; **für null und nichtig ~** declarar nulo y sin valor; **für rechtskräftig (od rechtsgültig) ~** validar, habilitar; **für vollstreckbar ~** ejecutoriar, declarar con fuerza ejecutoria; **sich für zuständig ~** declarar su competencia.
Erklärung *f* **eidliche, eidesstattliche ~** declaración *f* jurada, afidávit *m*; **~ vor Gericht** declaración procesal; **~en abgeben** hacer declaraciones.
Erklärungsirrtum *m* error *m* obstativo, error *m* en la declaración *f*.
erklärungspflichtig obligado a declarar.
Erklärungswille *m* voluntad *f* de declarar.
Erkundigung *f* **~en einziehen** recoger información, procurar informes.
Erlass *m* 1. *(Anordnung einer Verwaltungsbehörde)* decreto *m*, mandato *m*, mandamiento *m*; 2. *(Befreiung)* **~ der Schuld** cancelación *f (o remisión f)* de la pena; **~ von Steuern** desgravación *f*; 3. **~ des Aufgebots** publicación *f* de las amonestaciones; **königlicher ~** Real Decreto *m*; 4. **~ eines Gesetzes** otorgamiento *m (o dictación f)* de una ley.
erlassen 1. *(Gesetz, Urteil)* aprobar, promulgar; 2. *(Steuern, Strafe)* remitir, cancelar, perdonar, indultar; 3. *(Schulden)* condonar.
Erlaubnis *f* **die ~ ausstellen** consignar la autorización; **~ zur Eheschließung** licencia *f* matrimonial *(o para casarse)*; **elterliche ~** autorización *f* paterna; **~ erteilen, geben** otorgar *(o conceder)* permiso; **mit gerichtlicher ~** con la venia judicial.
Erlaubnisirrtum *m* error *m* de permisión *f*.
Erlaubnisvorbehalt *m* claúsula *f (o reserva f)* de permiso *m*.
erlaubt lícito, permitido, consentido.
erläutern explicar, comentar, aclarar.
erledigen 1. *(Akte)* despachar; 2. *(Auftrag)* evacuar, tramitar; 3. **außergerichtlich ~** arreglar extrajudicialmente.
Erledigung *f* despacho *m*, evacuación *f*, tramitación *f*, arreglo.
Erleichterungen *fpl* **~ des Vollzugs** *m* beneficios *mpl* penitenciarios.
Erlös *m* **~ erzielen** obtener un beneficio.
erlöschen extinguir, caducar, cesar.
Erlöschen *n* **~ des Eigentumsrechts** extinción *f* del dominio; **~ eines Patents** caducidad *f (o expiración f)* de una patente;**~ der Vollmacht** cesación *f* del poder.
erlösen salvar, librar, redimir.
ermächtigen autorizar, facultar.
Ermächtigung *f* autorización *f*, poder *m*; **ausdrückliche gesetzliche ~** autorización *f* expresa de una ley.
Ermächtigungsgesetz *n* ley *f* de plenos poderes.
Ermächtigungsgrundlage *f* base *f* jurídica del poder de promulgar.
ermahnen exhortar, conminar.
Ermahnung *f* admonición *f*, exhortación *f*, conminación *f*; *(Erinnerung)* recordatorio *m (Warnung)* amonestación *f*, advertencia *f*.

Ermessen *n* **nach billigem ~** según juicio equitativo; **billiges ~** prudencia *f* razonable; **freies ~** poder *m* discrecional; **das ~ausüben** ejercer la facultad discrecionalmente; **im ~ stehen** ser discrecional; **nach ~ entscheiden** decidir discrecionalmente.
Ermessensfehler *m* defecto *m* en el ejercicio de la potestad discrecional.
Ermessenmissbrauch *m* abuso *m* de discrecionalidad.
Ermessenspielraum *m* margen *m* de discrecionalidad.
Ermessensüberschreitung *f* desviación *f* de poder.
Ermessensvorschrift *f* precepto *m* potestativo.
ermitteln 1. *(Jur)* instruir *(o proseguir)* las diligencias; **gegen jemanden ~** instruir *(sumario)* contra alguien; 2. *(Täter)* establecer; 3. *(Wahrheit)* descubrir.
Ermittler/in *m/f* **verdeckter ~** investigador *m*, ~a *f* encubierto, ~a.
Ermittlung *f* **~en anstellen** investigar, hacer investigaciones; **~ durchführen** instruir el sumario; **~ einleiten** abrir el sumario *(o expediente)*; **verdeckte ~en** investigaciones encubiertas. **Ermittlungsrichter/in** *m/f* magistrado *m*, ~a *f (o juez m, ~a f)* instructor; juez autorizante de las diligencias previas *fpl*.
Ermittlungsverfahren *n* sumario *m*, diligencias *fpl* preliminares; **das ~ abschließen** concluir el sumario; **das ~ betreiben** instruir el sumario *(o la causa)*; **das ~ einleiten, eröffnen** incoar sumario, abrir la investigación; **das ~ einstellen** archivar las diligencias, sobreseer el sumario.
ermorden asesinar.
Ermordete/r *f/m* asesinado *m*, ~a *f*, interfecto *m*, ~a *f*, occiso *m*, ~a *f*.
ernennen designar, nombrar, nominar, instituir.
Ernennung *f* designación *f*, nombramiento *m*, nominación *f*, institución *f*; **eine ~ anfechten** impugnar un nombramiento; **~ auf Widerruf** nombramiento *m* temporal.
Ernennungsurkunde *f* carta *f* de nombramiento, despacho *m*, patente *f*.
eröffnet sein *(z. B. der Weg an das Verwaltungsgericht)* quedar expedita o expedito.
Eröffnung *f* apertura *f*, inicio *m*, notificación *f*.
Eröffnungsbeschluss *m* **einen ~ erlassen** dictar auto *m* de procesamiento.
Eröffnungsbilanz *f* balance *m* inicial.
Eröffnungsverhandlung *f* procedimiento *m* de apertura.
erpressen *(Lösegeld)* extorsionar; 2. *(Person)* chantajear, coaccionar.
Erpresser/in *m/f* extorsionador *m*, ~a *f*, extorsionista *m/f*, chantajista *m*, *f*.
Erpresserbrief *m* carta *f* de chantaje.
erpresserisch extorsivo; **~er Menschenraub** secuestro *m* con chantaje, secuestro *m* extorsivo.
Erpressung *f* delito *m* de extorsión; **räuberische ~** extorsión *f* violenta, chantaje *m* violento, chantaje *m* latrocinante; **~ von Schutzgeld** *(Baskenland)* «impuesto *m* revolucionario»; **verbrecherische ~** extorsión *f* criminal.
erregen, jemandes Zorn ~ irritar a alguien; **Verdacht ~** despertar sospecha.
Erregung *f* **~ öffentlichen Ärgernisses** escándalo *m* público, ultraje *m* público al pudor.
errichten notariell ~ escriturarse ante notario.
Errichtungsakt *m* acta *m* de constitución *f*.
Errichtungsurkunde *f* título *m* constitutivo, escritura *f* de establecimiento *m*.
Errungenschaft *f* gananciales *mpl*, ganancialidad *f*.
Errungenschaftsgemeinschaft *f* sociedad *f* de gananciales.
Ersatz *m* 1. *(Person)* sustituto *m*; 2. *(Produkt)* sucedáneo *m*; 3. **als ~ für** en sustitución de; **als ~ eintreten** sustituir; 4. **jemandem ~ leisten** indemnizar a alguien.
Ersatz | erbe *m*, **~erbin** *f (heredero m, ~a f)* sustituto *m*, ~a *f*.
Ersatzfreiheitsstrafe *f* arresto *m* supletorio, prisión *f* subsidiaria.
Ersatzgeldstrafe *f* pena *f* pecuniaria sustitutiva.
Ersatzhehlerei *f* receptación *f* sustitutiva.

Ersatz(kranken)kasse *f* caja *f* de enfermedad asimilada.
Ersatzlösung *f* solución *f* de recambio.
Ersatzvermächtnis *n* vicelegado *m*.
Ersatzvermächtnisnehmer/in *m/f* legatario *m*, ~a *f* sustituto.
Ersatzvornahme *f* sustitución *f* ejecutiva.
Ersatzzeiten *fpl (VersR)* períodos *mpl* de tiempo sustitutivos.
Ersatzzustellung *f* notificación *f* supletoria, insinuatio *f* ad domum *(lat)*.
Ersatzzwangshaft *f* arresto *m* coercitivo subsidiario, arresto *m* subsidiario por impago de multa.
erscheinen 1. *(vor Gericht)* comparecer, personarse, presentarse **persönlich ~** *(a)*personarse, comparecer por sí; **nicht ~** incomparecer; 2. *(vor Notar)* **es erscheint** comparece; **vor mir ... erscheint** ante mí ... comparece.
Erscheinen *n* **~ vor Gericht, vor dem Notar** comparecencia *f* judicial, notarial; das **persönliche ~ anordnen** ordenar la comparecencia personal de las partes; **~ am Unfallort** *(Richter)* constitución *f* en el lugar del suceso; *(Veröffentlichung)* publicación *f*.
Erschienene/r *f/m* compareciente *m,f*.
erschießen 1. matar a tiros; 2. *(hinrichten)* **standrechtlich ~** fusilar.
Erschießung *f* **standrechtliche ~** *(ejecución f por)* fusilamiento *m*.
Erschießungskommando *n* pelotón *m* de fusilamiento; piquete *m* de ejecución *f*.
erschlagen matar a golpes, matar a palos.
erschleichen conseguir astutamente, obtener por malas artes.
Erschleicher/in *m/f* captador *m*, ~a *f*.
Erschleichung *f* subrepción *f*, obrepción *f*, captación *f* subrepticia; **~ durch Verschweigung der Wahrheit** subrepción *f* callando la verdad; **~ von Beihilfen** subrepción *f* de ayudas; **~ günstigeren Rechts** subrepción *f* de un derecho más favorable.
erschließen 1. *(Märkte)* conquistar, abrir; 2. *(Baugebiet)* urbanizar; 3. *(Bodenschätze)* explotar; 4. *(folgern)* deducir.
Erschließung *f* 1. *(Märkte)* conquista *f*, apertura; 2. *(Baugelände)* urbanización *f*; 3. *(Rohstoffe)* explotación *f*.
Erschöpfung ~ des Instanzenzugs agotamiento *m* de las instancias judiciales; **~ des Rechtsweges** agotamiento *m* de la vía judicial.
Erschwerung *f* **~ der Strafe** agravación *f (o agravamiento m)* de la pena.
Erschwerungsgrund *m* circunstancia *f* agravante.
ersetzen 1. **die Auslagen ~** compensar los gastos; 2. **einen Verlust ~** resarcir un daño; 3. *(auswechseln)* sustituir, cambiar; 4. *(Person)* reemplazar, sustituir.
Ersetzung *f* subrogación *f*, sustitución *f*; **~ von Rechtsvorschriften** absorbilidad *f*; **~ von Sachen durch andere** subrogación *f* real.
Ersetzungsbefugnis *f* facultad alternativa *(lat)*.
ersitzen usucapir, prescribir.
Ersitzung *f* usucapión *f*; prescripción *f* adquisitiva.
erstatten, Anzeige ~ denunciar, poner una denuncia; **Bericht ~** informar; **Kosten ~** reemplazar *(o devolver)* los gastos.
Erstattung *f* **~ der Auslagen** reintegro *m* de los gastos; **~ einer Strafanzeige** presentación *f* de una denuncia.
Erstattungsanspruch *m* demanda *f* de indemnización *(o de devolución)*.
Ersteher *m* subastero *m*.
Erstgeborenenrecht *n*, **Erstgeburtsrecht** *n (derecho m de)* primogenitura *f*.
Erstgericht órgano *m* jurisdiccional *m* de primera instancia *f*.
erstinstanzlich de primera instancia.
ersticken ahogar; asfixiar; *intr* ahogarse.
ersuchen 1. *(Rechtshilfe)* requerir; 2. *(Richter)* exhortar; 3. pedir, solicitar.
Ersuchen *n* **auf ~** a instancia*(s)*, a requerimiento; **~ des Gerichts** exhorto jurisdiccional; **~ an untere, an vorgesetzte Behörde** mandamiento *m*, suplicatorio *m*; **das ~ ablehnen** desechar, rechazar una petición; **das ~ annehmen, bewilligen** dar curso a, aceptar una solicitud;

das ~ entgegennehmen, zulassen recibir, admitir la petición; **über das ~ entscheiden** resolver, decidir sobre la petición.
Ersuchende/r *f/m* requirente *m, f*, suplicante *m, f.*
ersuchter Richter/ersuchte Richterin juez *m*, ~a *f* exhortador, ~a, juez *m*, ~a *f* requerido, ~a.
Ertrag *m* 1. *(Einnahme)* ingreso *m*, renta *f*; 2. *(Agr)* cosecha *f*; 3. rendimiento *m*.
Ertragshoheit *f* soberanía *f* sobre el producto.
Ertragssteuer *f* impuesto *m* sobre los beneficios.
Erwachsene/r *f/m* adulto *m*,~a *f.*
Erwägung *f* **rechtliche ~en** consideraciones *fpl* jurídicas; **tatbestandsmäßige ~en** consideraciones de hecho; **~ anstellen** realizar consideraciones, emitir juicios; **sich von ~ leiten lassen** dejarse llevar *(o guiar)* por consideraciones.
Erweiterungsvertrag *m* contrato *m* de ampliación.
Erwerb *m* **abgeleiteter ~** adquisición *f* derivativa *(o derivada)*; **~ von Todes wegen** mortis causa capio *(lat)*; **bösgläubliger**, **gutgläubiger ~** adquisición *f* de mala fe, de buena fe; **~ unter Lebenden** adquisición *f* inter vivos; **unentgeltlicher ~** adquisición *f* a título gratuito.
erwerben käuflich ~ adquirir por título de compra.
Erwerber/in *m/f* adquirente *m, f*, adquisidor *m*, ~a *f*, comprador *m*, ~a *f*; **bösgläubiger, gutgläubiger ~** adquirente de mala fe, de buena fe; **rechtmäßiger ~** adquirente *m* de justo título; **späterer ~** subadquirente *m*.
erwerbslos parado, en paro, desempleado.
Erwerbstätigkeit *f* actividad *f* remunerada.
Erwerbsunfähigkeit *f* incapacidad *f* para el trabajo, incapacidad *f* permanente total, incapacidad *f* permanente y absoluta para todo trabajo.
Erwerbsverbot *n* prohibición *f* de adquirir.
erwidern 1. **den Besuch ~** devolver la visita; 2. *(antworten)* replicar.
Erwiderung *f* réplica *f.*
Erwiderungsrecht *n* derecho *m* de respuesta *(o réplica)*.
Erwiderungsschrift *f* escrito *m* de réplica.
erwürgen estrangular, ahogar.
erzeugen producir; **Strom ~** generar energía.
Erzeugnis *n* producto *m*, fabricado *m*, artículo *m*.
Erziehungsbeistand *m* asistencia *f* educacional.
Erziehungsgeld *n* subsidio *m* educacional.
Erziehungshilfe *f* **freiwillige ~** servicio *m* voluntario de educación.
Erziehungsmaßregel *f* 1. medida *f* educativa; 2. *(JugendstrafR)* corrección *f* educativa.
Erziehungsrecht *n* derecho *m* a la educación; 2. derecho *m* de educación.
Erziehungsstrafe *f* pena *f* educativa.
erzwingbar coercible.
Erzwingbarkeit *f* coercibilidad *f*, coercitividad *f*, forzosidad *f.*
erzwingen forzar; **prozessual ~** exigir compulsivamente.
Erzwingung *f* coacción *f*; **gerichtliche ~** apremio *m* judicial.
Erzwingungshaft *f* arresto *m* coactivo.
Erzwingungsstrafe *f* pena *f* conminatoria.
EU *f (Europäische Union)* Unión *f* Europea *f.*
EU-Recht *m* Derecho *m* de la Unión *f* Europea *f*
Euratom *f* Comunidad *f* Europea de Energía Atómica, Euratom *f.*
Euro *m* euro; **in ~ abschließen** denominar en euros.
Euroland *n*, **Eurozone** *f* Eurolandia *f*; zona *f* euro, eurozona *f.*
europäisch europeo *m*, ~a *f.*
Europäische Akte Acta *f (Única)* Europea.
Europäische Atomgemeinschaft *f* Comunidad *f* Europea de Energía Atómica, Euratom *f.*
Europäische Gemeinschaft *f* Comunidad *f* Europea.
Europäische Gemeinschaft für Kohle und Stahl *(EGKS)* Comunidad *f* Europea del Carbón y del Acero *(CECA)*.

Europäische Konvention zum Schutz der Menschenrechte und Grundfreiheiten Convenio *m* Europeo para la Protección de los Derechos Humanos y las Libertades Fundamentales.
Europäische Sozialcharta *f* Carta *f* Social Europea.
Europäische Union *f* Unión *f* Europea.
Europäische Wirtschaftliche Interessenvereinigung *f* Asociación *f* Europea de Intereses Económicos, Agrupación *f* Europea de Interés Económico.
Europäische Kommission *f* Comisión *f* Europea.
Europäische Wirtschaftsgemeinschaft *(EWG) f (alt)* Comunidad *f* Económica Europea *(CEE).*
Europäische Währungsunion *(EWS)* Unión Monetaria Europea *(UME).*
Europäische Wirtschafts- und Währungsunion Unión Económica y Monetaria Europea.
Europäischer Gerichtshof *m* Tribunal *m* de Justicia de la Unión Europea.
Europäischer Rat *m* Consejo Europeo *m.*
Europäischer Rechnungshof *m* Tribunal *m* Europeo de Cuentas.
Europäischer Wirtschaftsraum *m (Abk.: EWR)* Espacio *m* Económico Europeo *(EEE).*
Europäisches Gemeinschaftsrecht *n* Derecho *m* comunitario.
Europäisches Parlament *n* Parlamento *m* Europeo.
Europäisches Recht *n* Derecho *m* europeo.
Europäisches System der Zentralbanken *fpl* Sistema *m* Europeo de Bancos Centrales.
Europäisches Währungssystem *(Abk.: EWS)* Sistema *m* Monetario Europeo *(SME).*
Europapass *m* pasaporte *m* europeo.
Europarat *m* Consejo *m* de Europa.
Europarecht *n* Derecho *m* europeo, Derecho de la Unión Europea.
Europaregion *f* euroregión *f.*
Europawahl *f* euroelección *f*, elección *f* europea.
Eurorecht *n* Derecho *m* europeo, Derecho *m* de la Unión Europea.
Eurozone *n* Eurozona *f.*
Euthanasie *f* eutanasia *f.*
EU-Verordnung *f* reglamento *m* europeo.
EU-Vertrag *m* Tratado *m* de la Unión Europea, Tratado *m* de Maastricht.
e.V. *(Abk. für eingetragener Verein)* asociación *f* registrada.
evakuieren evacuar.
Evakuierter *m* evacuado *m.*
Evakuierungsmaßnahmen *fpl* medidas *fpl* de evacuación.
Evaluation *f* evaluación *f.*
Eventualantrag *m* moción *f* secundaria, petición *f* subsidiaria.
Eventualaufrechnung *f (im Prozess)* compensación *f* eventual *(o facultativa).*
Eventualmaxime *f* principio *m* de acumulación eventual, principio *m* de inmediación.
Eventualvorsatz *m* dolo *m* eventual.
evident evidente.
Evidenz *f* evidencia *f.*
Eviktion *f* evicción *f.*
Eviktionsbeklagte/r *f/m* eviccionista *m, f.*
Eviktionshaftung *f* garantía *f* de evicción, saneamiento *m* por evicción.
Eviktionskläger/in *m/f* eviccionario *m*, ~a *f.*
Evokation *f* avocación *f* administrativa.
Evokationsrecht *n* derecho *m* de avocación.
Exaktionsklausel *f* cláusula *f* de cobro.
ex lege *(lat)* ex lege *(lat).*
ex nunc *(lat)* ex nunc *(lat),* von nun an.
ex officio *(lat)* ex officio *(lat).*
ex tunc *(lat)* ex tunc *(lat),* von Anfang an.
Examen *n* examen *m.*
exceptio *f (lat)* exceptio *f (lat).*
exceptio *f* **doli** *(lat)* exceptio *f* doli *f.*
exekutieren ejecutar.
Exekution *f, (Öst: Vollstreckung, Zwangsvollstreckung; siehe dort)* ejecución *f.*
exekutiv ejecutivo.
Exekutive *f (poder m)* ejecutivo *m.*
Exequatur *n (VölkR)* **das ~ erteilen** conceder el exequátur, homologar.
Exhibitionist/in *m/f* exhibicionista *m, f.*
exhumieren exhumar, desenterrar.
Exhumierung *f* exhumación *f.*
Exil *n* **im ~ leben** vivir en el exilio; **im ~ Lebender** exiliado *m*; **ins ~ gehen** exiliarse.

Existenzgründung *f* fundación *f* de una de empresa para subsistir.
Existenzminimum *n* mínimo *m* vital *(o existencial o de subsistencia).*
Exklave *f* exclave *m.*
Exklusivrecht *n* derecho *m* exclusivo *(o de exclusividad).*
Exkommunikation *f* excomunión *f.*
exkommunizieren excomulgar.
Exkulpation *f* exculpación *f.*
exmatrikulieren sich ~ anular la matrícula, exmatricularse; **exmatrikuliert werden** quedar exmatriculado.
expatriieren expatriar, desterrar.
Expatriierung *f* destierro *m,* expatriación *f.*
Expertise *f* peritaje *m,* peritación *f.*
explodieren explotar, estallar.
Explosion *f* explosión *f.*
Export *m* exportación *f.*
exportieren exportar.
expressis verbis *(lat)* expressis verbis *(lat).*
Expropiationsvertrag *m* contrato *m* de expropiación.
Exterritorialitätsprinzip *n* principio *m* de extraterritorialidad *f.*
Extremismus *m* extremismo *m.*
Extremist/in *m/f* extremista *m, f.*
Exzess *m* exceso *m,* preterintención *f,* preterintencionalidad; **~ in der Züchtigung** exceso *m* en la corrección.

F

Fabrikabfälle *mpl* residuos *mpl* *(o desechos mpl)* de las fábricas.
Fabrikationsfehler *m* defecto *m* de fabricación.
Fachanwalt *m,* **Fachanwältin** *f* **~ für Arbeitsrecht** *(abogado m, ~a f)* laboralista *m, f;* **~ für Prozessrecht** *(abogado m)* procesalista *m;* **~ für Steuerrecht** *(abogado m)* fiscalista *m;* **~ für Strafrecht** *(abogado m)* penalista *m;* **~ für Verwaltungsrecht** *(abogado m)* administrativista *m;* **~ für Zivilrecht** *(abogado m)* civilista *m.*
Fachaufsicht *f (Staatsaufsicht)* control *m* de oportunidad.
Fachausschuss *m* **~ für die Freizügigkeit der Arbeitnehmer** *(EU)* Comité *m* Técnico para la Libre Circulación de Trabajadores.
Fachgesetz *n* ley *f* especial.
Fachmann *m* especialista *m* **~ beim Bombenräumkommando** artificiero *m.*
Fachschaft *f* organización *f* gremial; **vertikale ~** sindicato *m* vertical.
Factoring *n* descuento *m* de facturas; factoraje *m.*
facultas *f* **alternativa** *(lat)* obligación *f* con facultad alternativa; facultas *f* alternativa.
fähig 1. capaz; 2. idóneo; 3. cualificado; 3. hábil.
Fähigkeit *f* **mangelnde ~** falta *f* de competencia; **~ der Bekleidung öffentlicher Ämter** capacidad *f* para ostentar cargos públicos.
fahnden perseguir, pesquisar; *(Beweise)* hacer diligencias de comprobación.
Fahndung *f* **~ aufnehmen, einleiten** iniciar la persecución *(o las pesquisas);* **zur ~ ausgeschrieben** en estado de busca y captura; **zur ~ ausschreiben** solicitar la busca y captura.
Fahndungsblatt *n* carta *f* requisitoria.
Fahndungscomputer *m* ordenador *m* *(o computadora f)* policial.
Fahndungserfolg *m* éxito *m* policial.
Fahndungsfoto *n* foto *f* de búsqueda; foto *f* de busca y captura.
Fahndungskartei *f (Fotos)* ficha *f* fotográfica.
Fahndungsliste *f* lista *f* de personas buscadas *(por la policía);* **in (od. auf) der ~ stehen** figurar en requisitoria *(o en reclamaciones judiciales).*
Fahneneid *m* **den ~ leisten** jurar la bandera.
Fahnenflucht *f* deserción *f;* **~ begehen** desertar.
fahnenflüchtig desertor; **~ werden** desertar.
fahren conducir; **unter Einfluss alkoholischer Getränke oder sonstiger berauschender Mittel ~** conducir bajo los efectos de bebidas

alcohólicas, drogas tóxicas o estupefacientes; **ohne Führerschein ~** conducir sin llevar el permiso; **ohne Fahrerlaubnis** conducir sin estar en posesión del correspondiente permiso; **grob verkehrswidrig ~** conducir descuidando gravemente las reglas de la circulación; **rücksichtslos ~** conducir sin miramientos; **in verbotener Richtung ~** ir en sentido prohibido; **~ trotz gerichtlicher Entziehung der Fahrerlaubnis** quebrantamiento *m* de condena de privación del permiso.

Fahrerflucht *f* huida *f* del lugar del accidente; **~ begehen** abandonar a la víctima, omisión *f* de socorro.

Fahrerlaubnis *f* permiso de conducir; **die ~ entziehen** retirar el permiso *(o el carné m)* de conducir; **die ~ erteilen** conceder el permiso de conducir.

Fahrgeschwindigkeit *f* **zulässige ~** velocidad *f* máxima *(autorizada)*.

fahrlässig culposo, imprudente, negligente; **leicht ~** *(Sp)* descuidadamente; **~e Tötung** homicidio *m* por imprudencia.

Fahrlässigkeit *f* descuido; **bewusste, unbewusste ~** culpa *f* consciente, inconsciente; **gewöhnliche, grobe ~** negligencia *f* leve, grave *(o temeraria)*; **~ im Schuldrecht** culpa *f* obligacional; **für ~ einstehen, haften** responder por imprudencia.

Fahrlässigkeitsdelikt *n*, **Fahrlässigkeitstat** *f* delito *m* culposo; delito *m* por imprudencia.

Fahrnis *f* bienes *mpl* muebles.

Fahrnisgemeinschaft *f* comunidad *f* de muebles *(y ganancias)*; comunidad *f* matrimonial de muebles.

Fahrnispfandrecht *n* derecho *m* de prenda mobiliaria.

Fahrnisrecht *n* Derecho *m* de bienes muebles *(y derechos)*.

Fahrt *f* **~ zum Arbeitsplatz** desplazamiento *m* al puesto de trabajo.

Fahrtenbuch *n* libro *m* de ruta, *(Sp)* hoja *f* de ruta.

fahrtüchtig sein encontrarse en condiciones de conducir.

Fahrtüchtigkeit *f* aptitud *f* para conducir.

Fahruntüchtigkeit *f* **absolute ~** incapacidad *f* absoluta de conducir.

Fahrverbot *n* inhabilitación *f* para conducir.

Fahrzeug *n* **beschlagnahmtes ~** vehículo *m* embargado; **~ am Tatort** automóvil *m* en la escena *(o en el lugar de autos)*; **zum Wiederverkauf gestohlenes ~** vehículo *m* robado para su reventa.

Fahrzeugdiebstahl *m* hurto *m (o robo m)* de automóvil.

Fahrzeugbrief *m* carta *f (od patente f o permiso m)* de circulación.

Fahrzeugführer/in *m/f* conductor *m*, ~a *f (del vehículo)*.

Fahrzeughalter/in *m/f* titular *m*, *f* del vehículo *m*, propietario *m*, ~a *f (o dueño m, ~a f)* del vehículo.

Fahrzeugschein *m* permiso *m* de circulación *f*.

Faksimile *n* facsímil*(e)* *m*; **mit ~ unterschreiben** firmar con estampilla.

faktisch de hecho, de facto; **~e Gesellschaft** sociedad *f* de hecho; **~ Handlung** acción *f* de hecho; **~er Vertrag** contrato *m* fáctico.

Faktor *m* factor; **auslösender ~** causa *f (o factor m)* determinante.

Faktura *f* factura *f*, cuenta *f*.

Fakultät *f* **juristische ~** facultad *f* de Derecho.

fakultativ facultativo, potestativo, voluntario.

Fall *m* caso; **einen ~ abschließen** *(StrafR)* cerrar un caso; **den ~ bearbeiten** llevar el caso; **den ~ entscheiden** decidir sobre un caso; entender la causa, someter el caso a decisión; **für den konkreten ~** ad hoc; **einen ~ lösen** resolver un caso; **einen ~ verhandeln** celebrar un juicio, entender una causa; **einen ~ vortragen** exponer *(o plantear)* un caso; **zum ~ gehören** venir a propósito, hacer al caso.

Falle *f* trampa; **eine ~ stellen** tender una trampa.

fallen caer; **unter das Gesetz ~** estar comprendido por la ley; **die Verfahrenskosten ~ der Staatskasse zur Last** las costas son cargadas al Tesoro.

fällen *(Urteil)* pronunciar.

Fallenlassen *n* **~ der Anklage** retirada *f* de la acusación.
fällig 1. *(Steuer, Gebühr)* vencido; **längst ~** sobrevencido; vencido hace mucho; 2. *(Zins)* pagadero; 3. *(Forderung)* exigible; **~ werden am** cumplirse el plazo el, vencer el; **~ werdend** vencedero.
Fälligkeit *f* vencimiento; **bei ~** al vencimiento; **vorzeitige ~** anticipación *f* del vencimiento.
Fälligkeitsdatum *n*, **Fälligkeitstermin** *m* fecha *f (o plazo m)* de vencimiento.
Fallrecht *n* Derecho *m* casuístico *(o del caso)*.
Fallsammlung *f* casuística *f*.
falsch falso; **~e Versicherung an Eides Statt** falso afidávit, falsa declaración *f* jurada.
Falschanzeige *f* denuncia *f* falsa, falsedad *f* en la denuncia.
Falschaussage *f* falso testimonio *m*, declaración *f* falsa; **leichte ~** alteración *f* no sustancial de la verdad.
Falschbeschuldigung *f* denuncia *f* falsa.
Falschbeurkundung *f* **~ im Amt** falsedad *f* material en el ejercicio de funciones.
Falscheid *m* **fahrlässiger ~** falso juramento *m* culposo.
fälschen falsificar, falsear; *(Lebensmittel)* adulterar.
Fälscherbande *f*, **Fälscherring** *m* red *f* de falsificadores.
Falschgeld *n* **~ verbreiten** introducir *(o poner en circulación)* moneda *f* falsa *(o billetes mpl falsificados)*.
Falschmünzer/in *m/f* falsificador *m*, ~a *f (de moneda)*, falsario *m*, ~a *f*.
Fälschung *f* falsificación *f*, falsedad *f*, imitación *f*; **~ durch Änderung, durch Veränderung** falsificación *f* por alteración; **eine ~ begehen** falsear, falsificar, imitar; **~ von Beweismitteln** alteración *f* de la evidencia.
Falschurkunde *f* documento *m* falso.
falsus procurator *m (lat)* falsus procurator *(lat)*, representante *m* sin poder.
Familie *f* **eheliche, rechtmäßige ~** familia *f* legítima; **~ mit nur einem Elternteil** familia *f* monoparental *(o uniparental)*; **kinderreiche ~** familia *f* numerosa; **uneheliche ~** familia *f* extramatrimonial; **zerstörte ~** hogar *m* deshecho, familia *f* deshecha.
Familienbuch *n* libro *m* familiar, libro *m* de familia.
Familienfideikomiss *m* fideicomiso *m* familiar, mayorazgo *m*.
Familiengericht *n* juzgado *m* de familia.
Familiengesellschaft *f* sociedad *f* familiar.
Familienhilfe *f* ayuda *f* a la familia.
Familienname *m* **erster, zweiter ~** primer, segundo apellido; **~ der Mutter, des Vaters** apellido materno, paterno.
Familienoberhaupt *m* cabeza *m (o jefe m)* de familia.
Familienrecht *n* Derecho *m* de familia.
Familienrolle *f* rol *m* familiar.
Familiensache *f* causa *f* de familia.
Familienstand *m* estado *m* civil.
Familienunterhalt *m* sostenimiento *m* de la familia.
Familienzusammenführung *f* reagrupación *f* familiar.
Fangfrage *f* pregunta *f* capciosa.
fassen *(Vorschrift)* redactar.
Fassung *f* 1. *(Gesetz)* redacción *f*; **alte, frühere ~** antigua, anterior redacción *f*; **~ einer Entscheidung** deliberación *f*.
Faustpfand *n* prenda *f* mobiliaria *(o manual)*.
Faustrecht *n* derecho *m* de la fuerza.
Fehlen *n* falta *f*, *(Personen)* ausencia; **bei ~ von** a falta de; **~ der Gerichtsbarkeit** defecto *m* de jurisdicción; **~ der Geschäftsgrundlage** falta *f* de base del negocio; **~ einer Klagemöglichkeit** falta *f* de acción; **~ von Normen** carencia *f* de normas.
Fehler *m* vicio *m*, error *m* falta *f*, defecto *m*; **absoluter ~** error *m* absoluto; **anhaftender ~** defecto *m* propio *(o constitutivo o intrínseco)*; **unheilbarer, heilbarer ~** vicio *m (in)*subsanable; **innerer ~** vicio *m* propio; **materieller ~** vicio *m* sustantivo *(o material o de fondo)*; **äußerlicher, offenbarer ~** vicio *m* patente *(o manifiesto)*; **verborgener ~**

vicio *m* oculto *(o invisible)*; **zufälliger ~** error *m* aleatorio; **~** *mpl* **aufweisen** adolecer de un vicio; **~** *mpl* **beheben, beseitigen** subsanar, eliminar un vicio.

fehlerhaft defectuoso, viciado; **~ machen** viciar.

Fehlerhaftigkeit *f* 1. viciosidad *f*, deficiencia, *f*; 2. *(Verwaltungsakt)* ilegalidad *f*, invalidez *f* ordinaria.

Fehlgeburt *f* aborto *m* natural.

Fehlurteil *n* sentencia *f* equivocada *(o errónea)*, fallo *m* errado.

Feiertag *m* 1. **arbeitsfreier ~** día *m* feriado; 2. **kirchlicher ~** día *m* festivo, fiesta *f* religiosa, fiesta *f* de guardar; 3. **gesetzlicher ~** fiesta *f* oficial, fiesta *f* legalmente prevista.

feilbieten, Waren ~ poner en venta.

feilschen regatear.

Feindbegünstigung *f* **landesverräterische ~** favorecimiento *m* del enemigo.

feindlich hostil.

Fernbleiben *n* **unentschuldigtes ~ von der Arbeit** abandono *m* de servicio sin excusa.

Fernmeldegeheimnis *n* secreto *m* de las comunicaciones.

Fernsehen *n* televisión; *(D)* **~ als öffentlich-rechtliche Anstalt** televisión *f* como corporación *f* jurídico-pública.

Fernsehgebühr *f* canon *m* *(o tasa f)* de televisión.

Fernüberwachung *f* **~ per Video** vigilancia *f* por videocámaras.

fertigstellen terminar.

Fertigstellung *f* terminación *f*, conclusión *f*.

fesseln, jemanden ~ esposar a alguien.

fest 1. *(Angebot)* en firme; 2. *(Geld)* a plazo fijo; 3. **~e Stellung** empleo *m* fijo; **~ bleiben** mantenerse firme.

festgenommen wegen dringenden Tatverdachts ~ werden ser detenido por sospecha fundada de delito.

festhalten aktenmäßig ~ levantar acta; **urkundlich ~** consignar en forma de acta; *(Person)* mantener detenido.

festlegen schriftlich ~ consignar por escrito.

Festnahme *f* **die ~ anordnen** ordenar la captura *(o detención)*; **die ~ ausführen, durchführen** practicar, llevar a cabo la detención; **sich der ~ entziehen** eludir la detención, sustraerse a la detención; **polizeiliche ~** retención *f* policial; **widerrechtliche, willkürliche ~** detención *f* arbitraria.

festnehmen detener, aprehender, prender, arrestar, capturar.

Festpreisvertrag *m* contrato *m* cerrado *(o a precio m fijo)*.

festsetzen 1. *(festnehmen)* arrestar; 2. **vertraglich ~** fijar en *(o por)* contrato; 3. *(Preis, Frist)* fijar, establecer.

Festsetzung *f* 1. detención *f*; 2. estipulación *f*; 3. fijación *f*, establecimiento.

feststellen 1. *(Personalien)* comprobar; 2. **den Sachverhalt ~** instruir el atestado; 3. *(Staatsangehörigkeit)* determinar; 4. **amtlich ~** hacer constar oficialmente.

Feststellung *f* **~ der Beschlussfähigkeit** constatación *f* del quórum; **~ der Erben** reconocimiento *m* de herederos; **gerichtliche ~** constancia *f* *(o declaración f)* judicial; **~ der Nämlichkeit, der Persönlichkeit** identificación *f*; **~ eines Rechts** declaración *f* de un derecho; **polizeiliche ~en** *fpl* diligencias *fpl* de atestado, **tatsächliche ~en** *fpl* hechos *mpl* encontrados *(o comprobados)*; **~ der Vaterschaft** declaración *f* de paternidad; **auf ~ klagen** ejercitar una acción declarativa; **~ treffen** determinar una comprobación.

Feststellungsantrag *m* solicitud *f* de determinación.

Feststellungsklage *f* **negative, positive ~** acción *f* declarativa negativa, positiva.

Feststellungslast *f* carga *f* de la comprobación.

Feststellungsprozess *m* juicio *m* de declarativo *(o declaratorio)*.

Feststellungsurteil *n* **negatives, positives ~** sentencia declarativa negativa/positiva.

Feststellungsverfahren *n* juicio *m* declarativo *(o declaratorio)*.

Feststellungswiderklage *f* demanda *f* de reconvención declarativa.
Feuer- und Beraubungsversicherung *f* **gebündelte ~** seguro *m* combinado de incendio y robo.
Feuerversicherung *f* **~ auf Gegenseitigkeit** mutua *f* de seguros contra incendio.
Feuerwaffe *f* arma *f* de fuego.
Feuerwehr *f* **die ~ alarmieren** avisar a los bomberos.
Fideikommiss *m* **den ~ bestellen** disponer el fideicomiso.
Fideikommiss | erbe *m*, **~erbin** *f* fideicomisario *m*, ~a *f*.
Fideikommissgüter *npl* bienes *mpl* vinculados.
fiduziarisch fiduciario.
Fiktion *f* **juristische ~** ficción *f* de Derecho *(o jurídica)*.
Filiale *f* **~ ohne eigene Rechtsfähigkeit** sucursal *f* sin capacidad jurídica propia.
Filmrecht *n* legislación *f* cinematográfica.
Filmrechte *npl* derechos *mpl* de filmación; derechos *mpl* de adaptación cinematográfica.
Filz *m* tráfico *m* de influencias.
Finanzabkommen *n (Sp)* concierto económico.
Finanzamt *n (Sp)* Delegación *f* de Hacienda, Agencia *f* Estatal de la Administración *f* Tributaria; *(Méx)* Secretaría *f* de Hacienda.
Finanzausgleich *m* **Länder~** compensación *f* interterritorial.
Finanzen *fpl* **die öffentlichen ~ in Ordnung bringen** sanear las finanzas públicas.
Finanzgerichtsbarkeit *f (Sp)* jurisdicción *f* económico-administrativa.
finanziell ~ unterstützen apoyar en el plano financiero.
finanzieren financiar, sufragar, costear.
Finanzierungsabkommen *n* convenio *m* de financiación.
Finanzminister/in *m/f* ministro *m* de Hacienda *(o de Finanzas)*.
Finanzmonopol *n* monopolio *m* fiscal *(o financiero)*.
Finanzplanung *f* contabilidad *f* presupuestaria, planificación *f* financiera.
Finanzrecht *n* Derecho *m* financiero.
Finanzverfassung *f* sistema *m* financiero, constitución *f* financiera.
Finanzvermögen *n* patrimonio *m* financiero *(o fiscal)*, bienes *mpl* del Estado.
Finanzverwaltung *f* 1. *(nicht staatlich)* administración *f* financiera, administración *f* económica; 2. *(staatlich)* hacienda *f (pública)*; *(Sp)* agencia *f* tributaria; 3. **~ der Gemeinde** hacienda *f* municipal.
Findelkind *n* expósito *m*.
finden Verwendung ~ encontrar aplicación, poder utilizarse; **den Tod ~** llegarle la muerte; **eine Spur ~** hallar una pista.
Finderlohn *m* recompensa *f* del hallador *(o descubridor)*.
Fingerabdrücke *mpl* huellas *fpl* digitales *(o dactilares)*; **genetische ~** características *fpl* genéticas.
fingieren fingir, simular; **fingierte Rechnung** *f* factura *f* simulada *(o ficticia)*.
Firma *f* 1. razón *f* social; 2. empresa, establecimiento mercantil; **die ~ führen** 1. girar bajo la razón social; 2. dirigir una empresa.
firmieren llevar *(o tener)* como razón social.
Fischereirecht *n* derecho *m* de pesca, privilegio *m* pesquero.
Fischwilderei *f* pesca *f* en vedado, infracción *f* de pesca.
fiskalisch fiscal, tributario.
Fiskalrecht *n* Derecho *m* fiscal *(o tributario)*.
Fiskus *m* fisco *m*, hacienda *f*, autoridad *f* fiscal; **~ als Erbe** heredero *m* irregular.
Flächennutzungsplan *m* plan *m* de urbanización *(o de ordenación del suelo)*.
Flagge *f* **billige ~** pabellón *m* de conveniencia; **die ~ führen** navegar con pabellón; **neutrale, schwarze, weiße ~** pabellón neutral, negro, blanco.
fliehen darse a la fuga, fugarse.
Flottenabkommen *n* acuerdo *m* naval.
Flucht *f* **zur ~ verhelfen** proporcionar *(o facilitar)* la fuga.
Fluchtgefahr *f* peligro *m* de fuga.
flüchtig ~ sein haberse fugado, evadir la justicia.

Flüchtige/r *f/m (Delinquent)* fugado *m*, ~a *f* huido *m*, ~a *f* **~er Verbrecher** prófugo de la justicia.

Flüchtling *m/f* **anerkannter ~** refugiado *m* reconocido; **~ aus humanitären Gründen** refugiado *m* por motivos humanitarios; **politischer ~** refugiado *m* político.

Flüchtlingslager *n* campo *m* de refugiados.

Fluchtlinie *f* línea *f* de fuga.

Fluglotse *m* controlador *m* del tráfico *m* aéreo.

Flugverbotszone *f* zona *f* de exclusión aérea.

Flugzeugbauvertrag *m* contrato *m* de construcción de aeronaves.

Flurbereinigung *f* concentración *f* parcelaria.

Flurstück *n* unidad *f* catastral, parcela *m*.

Flurschütz *m* **vereidigter ~** guarda *m* jurado.

fob (free on board) fob.

Föderalismus *m* federalismo *m*.

Föderation *f* federación *f*.

Folge *f* **eine ~ sein** resultar; *(nachfolgen)* suceder; **nicht ~ leisten** desatender.

Folgenbeseitigungsanspruch *m* pretensión *f* de eliminación de consecuencias.

Folgerecht *n* 1. derecho *m* de persecución; 2. *(Patent)* transmisión *f* de derechos.

Folgeschaden *m* daño *m* consecuencial, lesiones *fpl* secundarias.

Folter *f* tortura *f*, tormento.

Folterdelikt *n*, **Folterstraftat** *f* delito *m* de tortura.

Folterkammer *f* cámara *f* de torturas.

foltern torturar, atormentar.

Folteropfer *n* víctima *m* de tortura.

fonds *m* **à ~ perdu** a fondo perdido.

Foralrecht *n* Derecho *m* *(o legislación f)* foral; **nicht dem ~ unterliegend** no aforado.

Foralrechtler *m* forista *m*, fuerista *m*, forero *m*.

fordern pedir, demandar, reclamar; **dringend ~** exigir.

fördern promover, promocionar, fomentar, patrocinar; *(abbauen)* extraer; *(unterstützen)* apoyar; **Fördern und Fordern** *(D, Agenda 2010)* promover y exigir.

Fordernde/r *f/m* demandante *m*, *f*, requirente *m*, *f*, reclamante *m*, *f*.

Forderung *f* **eine ~ absichern** garantizar un crédito; **~ abtreten** ceder una pretensión *(o un crédito)*; **eine ~ anerkennen** admitir *(o reconocer)* una reclamación; **eine ~ zum Konkurs anmelden** anunciar un crédito a la masa; **eine ~ beim Insolvenzverwalter anmelden** comunicar la existencia de un crédito al síndico; **eine ~ begleichen** pagar un crédito; **eine ~ beitreiben** cobrar un crédito; **eine ~ bestreiten** contestar un crédito; **eine ~ erheben, geltend machen** hacer valer una reclamación; **eine ~ erlassen** condonar *(o remitir)* una deuda; **gesicherte ~** crédito *m* garantizado; **zugrundeliegende ~** crédito *m* subyacente.

Förderung *f* 1. *(Kohle, Öl)* extracción *f*; 2. *(Unterstützung)* apoyo *m*, promoción.

Forderungsabtretung *f* subrogación *f*.

Forderungspfändung *f* embargo *m* de derechos.

Forderungsrecht *n* derecho *m* de crédito.

Forderungsübergang *m* **gesetzlicher ~** subrogación *f (o cesión f)* legal; **~ kraft Vertrages** subrogación *f* convencional.

Forderungsverletzung *f* **positive ~** infracción *f* positiva de la obligación.

Forderungsvermächtnis *n* legado *m* de crédito.

Forderungsverzicht *m* renuncia *f* a una reclamación.

forensisch forense.

Form *f* **der ~ bedürfen** precisar *(o necesitar o requerir)* una forma; **in gehöriger ~** en buena y debida forma *f*, **~ des Angriffs** forma *f* de ataque; **eigenhändige ~** forma *f* ológrafa; **gesetzliche ~** forma *f* legal; **zwingende ~** forma *f* solemne.

form- und fristgerecht en tiempo y forma.

Formalbeleidigung *f* injuria *f (formal)*.

Formalitäten wesentliche Formalitäten formalidades *fpl* esenciales; **von gewissen ~ befreit sein** estar exento de ciertas formalidades.

formaljuristisch jurídico-formal.
formbedürftig formal, ad solemnitatem *(lat).*
Formel *f* fórmula *f.*
formell ~e Rechtskraft cosa *f* juzgada; **~es Recht** Derecho *m* formal *(o de forma)*; **~e Verfassung** constitución *f* formal.
Formerfordernis *n* requisito *m* formal; **äußeres ~** forma *f* extrínseca.
formfrei, formlos no solemne, no formal; sin forma específica.
Formfreiheit *f* libertad *f* de forma.
formgebunden solemne, formal.
formgerecht en buena y debida forma.
Formmangel *m* vicio *m* de forma, defecto *m* formal.
Formnichtigkeit *f* nulidad de forma.
Formular *n* **amtliches ~** impreso *m* oficial; **ein ~ ausfüllen** *(re)*llenar un formulario.
Formularprozess *m*, **Formularverfahren** *n* procedimiento *m* formulario.
Formungültigkeit *f* ineficacia *f* formal.
Formvorschriften *fpl* **~ erfüllen** cumplir las formalidades legales; **gegen ~ verstoßen** quebrantar *(o vulnerar)* los preceptos sobre la forma.
Forstbesitz *m* **staatlicher ~** propiedad *f* forestal del Estado.
Forstgesetz *n* ley *f* de montes.
Forstrecht *n* Derecho *m* forestal.
fortgesetzt ~e Gütergemeinschaft comunidad *f* continuada; **~e Handlung** acto *m* continuado.
fortsetzen continuar, proseguir.
Fortsetzung *f (des Verfahrens)* continuación *f*, prosecución *f*; **~ der ehelichen Gemeinschaft** continuación *f* de la vida matrimonial.
Fortsetzungsfeststellungsantrag *m* solicitud *f* de determinación.
Fortsetzungszusammenhang *m* conexión *f* de continuidad, conexión *f* continuada.
Forum *n (lat)* fórum *(lat) m.*
Fötus *m* feto *m.*
Fracht *f* flete *m*, carga *f.*
Frachtbrief *m* carta *f* de porte, nota *f* de consignación.
Frachtführer/in *m/f* transportista *m, f*, porteador *m*, ~a *f.*
Frachtgeschäft *n* contrato *m* de transportes.
Frachtvertrag *m* contrato *m* de transporte *(o de fletamento).*
Frage eine ~ aufwerfen plantear una cuestión *(o un problema)*; **eine ~ behandeln** ventilar *(o tratar una cuestión)*; **es erhebt sich die ~, ob** surge la pregunta si …
Fragebogen *m* cuestionario *m.*
fragen preguntar, interrogar.
Fragestunde *f (Parlament)* hora *f* de ruegos y preguntas.
Fraktion *f* grupo *m* parlamentario.
Fraktionszwang *m* disciplina *f* *(o vínculo m)* del grupo parlamentario.
Franchisegeber/in *m/f* franquiciador *m*, ~a *f.*
Franchisenehmer/in *m/f* franquiciado *m*, ~a *f.*
Franchisevertrag *m* contrato *m* de franquicia.
Franchising *n* franquicia *f.*
frankieren franquear.
franko ~ einschließlich … franco comprendido …
Frauenarbeit *f* trabajo *m* femenino.
Frauenhandel *m* trata *f* de mujeres.
Frauenhaus *n* casa-refugio *f* para mujeres maltratadas.
Frauenraub *m* **einen ~ begehen** raptar.
Frauenräuber *m* raptor *m.*
Frauenrechtlerin *f* feminista *f.*
free on board (fob) libre a bordo *(fob).*
frei 1. **gegen Sicherheitsleistung** *(od Kaution)* **auf freien Fuß setzen** poner en libertad bajo fianza; 2. exento; 3. **~ Haus** franco a domicilio; 4. **~e Berufe** profesiones *fpl* liberales, servicios *mpl* profesionales.
freiberuflich de profesión liberal; **~ tätig** profesional *m/f* libre.
Freibetrag *m* **~ für jedes Kind** importe *m* exento por *(cada)* hijo.
Freibeuter/in *m/f* filibustero *m*, ~a *f.*
Freibeuterei *f* filibusterismo *m*, piratería *f.*
Freibeweis *m* prueba *f* libre, prueba *f* innominada.
freibleibend sin compromiso, salvo venta, sujeto a confirmación.
Freibrief *m* 1. carta *f* de franquicia; 2. carta blanca.

Freiexemplar *n* ejemplar gratis *(o gratuito o de regalo).*

Freigabe *f* **~ zum Druck** orden *f* de tírese; **~ als Bauland** autorización *f* de urbanización; **~ zur Bebauung** autorización *f* de uso y ocupación; **~ von Geheimpapieren** desclasificación *f* de papeles;**~ für den Verkehr** apertura *f* al tráfico.

Freigang *m* tercer grado *m* penitenciario.

Freihandelszone *f* **Europäische ~** Asociación *f* Europea de Libre Comercio *m*.

Freihandgeschäft *n* contrato *m* por adjudicación directa.

freihändig ~er Verkauf venta fuera de subasta, venta *f* por licitación privada, venta *f* por gestión directa.

Freiheit *f* **~ auf Ehrenwort** libertad *f* bajo palabra; **~ der Berufswahl** libertad *f* de *(elegir)* profesión; **~ der Meinungsäußerung** libertad *f* de expresión; **der ~ berauben** privar de *(la)* libertad, secuestrar.

Freiheiten *fpl* **bürgerliche ~** libertades *fpl* civiles.

freiheitlich ~ -demokratische Grundordnung ordenamiento *m* *(constitucional)* democrático-liberal.

Freiheitsberaubung *f* privación *f* de libertad, detención *f* ilegal; **~ im Amt** detención *f* ilegal por funcionario.

Freiheitsentziehung *f*, **Freiheitsentzug** *m* privación *f* de libertad, reclusión *f*.

Freiheitsstrafe *f* **~ beantragen** solicitar pena *f* privativa de libertad *(o pena f de prisión)*; **~ verhängen, zur ~ verurteilen, auf ~ erkennen** condenar a *(o imponer)* una pena privativa de libertad.

freikommen ser puesto en libertad.

freilassen libertar, liberar, dejar libre, poner en libertad.

Freilassung *f* 1. **~ aus Mangel an Beweisen** puesta *f* en libertad por falta de pruebas; **~ wegen erwiesener Unschuld** absolución *f* por inculpabilidad comprobada; 2. exención *f*.

freisprechen absolver, dictar la absolución.

freisprechend absolutorio.

Freisprechung *f* declaración *f* de inocencia.

Freispruch *m* absolución *f*, sentencia *f* absolutoria; **~ beantragen** pedir la libre absolución; **bedingter ~** libertad *f* a prueba;**~ aus Mangel an Beweisen, ~ mangels Beweises** absolución *f* por falta de pruebas; **~ aus Rechtsgründen** absolución *f* de Derecho; **~ aus tatsächlichen Gründen** absolución *f* de hecho.

freistellen 1. *(von Verpflichtungen)* dispensar, eximir, exceptuar; 2. dejar elegir, dejar optar.

Freistellung *f* **~ von Lasten** liberación *f* de cargas; **~ von der Steuer** exención *f* tributaria; **unbezahlte ~** excedencia *f*.

Freistellungsverordnung *f* reglamento *m* *(o reglamentación f)* de exención.

Freitod *m* suicidio *m*.

freiverkäuflich *(Arzneimittel)* de venta libre.

freiwillig ~e Gerichtsbarkeit jurisdicción *f* voluntaria; **~e Versicherung** seguro *m* voluntario.

Freizeichnung *f* cláusula *f* de exoneración.

Freizeichnungsklausel *f* cláusula *f* exonerativa de la responsabilidad.

Freizeichnungsverbot *n* prohibición *f* de exoneración *(de la responsabilidad).*

Freizeitarrest *m* arresto *m* de tiempo libre; arresto *m* de días festivos.

Freizügigkeit *f* **~ der Arbeitnehmer** libre *f* circulación *f* de mano de obra; **~ und Niederlassungsfreiheit** libertad *f* de circulación *(o de residencia o de tránsito).*

Fremdbesitz *m* posesión *f* natural, simple tenencia *f*.

Fremdbesitzer/in *m/f* poseedor *m* ~a *f* alieno nomine.

Fremdenrecht *n* Derecho *m* de extranjería.

Fremde/r *f/m* extranjero *m*, ~a *f*, forastero *m*, ~a *f*.

Freundschaft- und Beistandspakt *m* tratado *m* de amistad y asistencia mutua.

Frevel *m* infracción *f*.

freveln cometer un delito.

Frevler/in *m/f* delincuente *m, f*, malhechor *m*, ~a *f*, criminal *m, f*.

Friedensabkommen *n* acuerdo *m* de paz.
Friedensbewegung *f* pacifismo *m*, movimiento *m* pacifista.
Friedensbruch *m* violación *f* *(o quebrantamiento m)* de la paz.
Friedensgericht *n* juzgado *m* de paz.
Friedenspflicht *f* deber *m* de *(mantener la)* paz.
Friedensrichter/in *m/f* juez *m*, ~a *f* de paz.
Friedensverrat *m* traición *f* a la paz.
Friedensvertrag *m* tratado *m* *(o acuerdo m)* de paz.
Friedhofsrecht *n* régimen *m* de los cementerios.
Friedhofsschändung *f* violación *f* de cementerios.
Frist *f* plazo *m*; **~ zum Amtsantritt, zum Dienstantritt** plazo *m* posesorio; **eine ~ anberaumen** abrir un término; **eine ~ bestimmen** señalar un plazo; **eine ~ einhalten** observar un plazo; **innerhalb einer angemessenen ~** en un plazo adecuado; **vertraglich vereinbarte ~** plazo *m* convencional *(o contractual)*.
Fristablauf *m* expiración *f* del plazo.
Fristbeginn *m* comienzo *m* del plazo.
Fristberechnung *f* cómputo *m* del plazo.
fristlos ~e Kündigung rescisión *f* *(del contrato)* en el acto; despido *m* fulminante.
Fristsetzung *f* fijación *f* de un plazo.
Fristverlängerung *f* prolongación *f* del plazo, plazo *m* adicional, prórroga *f* del plazo.
Fruchtbarkeit *f* fertilidad *f*, fecundidad *f*.
fruchtbezugsberechtigt con derecho a usufructo, usufructuario.
Fruchtgenuss *f* usufructo *m*, disfrute *m*.
führen 1. *(Prozess)* instruir; 2. *(Akten)* levantar; 3. *(Vorsitz)* llevar; 4. *(Vormundschaft)* ejercer; 5. *(Geschäft)* gestionar.
Führerschein *m* carnet *(o carné)* de conducir; **den ~ entziehen** retirar el carnet de conducir; **ohne ~ fahren** conducir sin permiso de conducir, guiar sin licencia.
Führerscheinentzug *m* **endgültiger ~** retirada *f* definitiva del permiso de conducir.
Führung *f* 1. **bei guter ~** en caso de buena conducta; **tadelfreie ~** conducta intachable; 2. **~ der Aufsicht** labor *f* de fiscalización; 3. **~ des täglichen Geschäfts** gestión *f* de los negocios diarios; 4. **unberechtigte ~ einer Firma** uso indebido denombre comercial; 5. *(Touristen)* visita *f* guiada; 6. **militärische, politische ~** cúpula *f* militar, política.
Führungsaufsicht *f* vigilancia *f* de conducta.
Führungszeugnis *n* certificado *m* de buena conducta.
füllen, Gesetzeslücken ~ suplir las lagunas legales.
Fund *m* hallazgo *m*.
Fundbüro *n* depósito *m* de objetos perdidos.
Fundsache *f* cosa *f* perdida, cosa *f* hallada.
Fundunterschlagung *f* apropiación *f* indebida de objetos hallados.
Fünfprozentklausel *f* *(D)* correctivo *m* electoral del 5 por ciento.
fungieren actuar, hacer las veces de.
Funktion *f* **richterliche ~** función *f* judicial; **staatliche ~** cargo *m* público.
Furcht *f* temor *m*; **begründete ~ vor Verfolgung** temor fundado de persecución.
Fürsorge *f* **~ für Leben und Gesundheit des Arbeitnehmers** protección *f* de la vida y la salud del trabajador; **öffentliche ~** asistencia *f* pública.
Fürsorgepflicht *f* deber *m* de asistencia y protección.
Fürsprache *f* intercesión *f*.
Fürsprecher/in *m/f* 1. intercesor *m*, ~a *f*; 2. *(Schw)* abogado *m*, ~a *f* defensor, ~a.
furtum *n* **usus** *(lat)* hurto *m* de uso.
Fusionsabkommen *n*, **Fusionsvertrag** *m* contrato *m* *(o convenio m)* de fusión.
Fusionswiderspruchsrecht *n* derecho *m* de oposición a la fusión.
Fusionskontrolle *f* control *m* de fusiones.
Fuß *m* **auf freiem ~** en libertad; **auf freien ~ setzen** poner en libertad.

Fußspuren *fpl* huellas *fpl* de pisadas humanas.

Futtermittelgesetz *n (D)* ley *f* de piensos y forrajes.

G

Gabe *f* 1. *(Schenkung)* donativo *m*; 2. *(Geschenk)* regalo *m*, obsequio *m*; 3. **Opfer~** *ofrenda f*; 4. *(Begabung)* talento *m*, dotes *fpl*, don *m*, facultad *f*.

Gage *f* sueldo *m*, remuneración *f*; **(Film~)** caché *m*.

Galgen *m* **an den ~ bringen** llevar a la horca; **an den ~ kommen** ser ahorcado.

Gangster *m (ugs)* gángster *m*.

Gangsterbande *f* banda *f* de gángsters *(o gánsteres)*.

Gangstertum *n*, **Gangsterunwesen** *n* gangsterismo *m*, raqueterismo *m*.

Ganztagsarbeit *f* trabajo *m* de jornada entera *(o completa)*.

Garant/in *m/f* garante *m, f*, fiador *m*, ~a *f*; **als ~** avalo; por aval.

Garantenpflicht *f* deber *m* de *(l)* garante.

Garantie *f* **eine ~ geben, leisten** garantizar, dar *(o prestar)* garantía, avalar; **ohne ~** sin garantía; **eine ~ stellen** efectuar una garantía; **die ~ übernehmen** asumir la garantía.

Garantieabkommen *n* tratado *m* de garantía.

Garantiebrief *n* aval *m* en carta.

Garantiefonds *m* fondo *m* de garantía.

Garantiefrist *f* plazo *m* de garantía.

garantieren garantizar, prestar *(o dar)* garantía, avalar.

Garantievertrag *m* contrato *m* de garantía; **gegenseitiger ~** contrato *m* de mutua garantía.

Garantiewerte *mpl* valores *mpl* garantizados.

Gardine *f* **hinter schwedischen ~n** entre rejas.

Gasangriff *m* ataque *m* con gases.

Gastarbeiter/in *m/f* trabajador *m*, ~a *f* extranjero, ~a.

Gastland *n* país *m* receptor *(o anfitrión)*.

Gastrecht *n* derecho *m* de hospitalidad.

Gastronomie *f* gastronomía *f*.

Gastwirtschaft *f* hostelería.

Gaststättengesetz *n* ley *f* de establecimientos públicos, ley *f* hotelera.

Gattenmord *m* conyugicidio *m*; **an der Ehefrau** uxoricidio *m*.

Gattenmörder/in *m/f* conyugicida *m, f*, uxoricida *m, f*.

Gattungskauf *m* venta *f* de cosa genérica.

Gattungsschuld *f* obligación *f* genérica, deuda *f* de cosa indeterminada; **die beschränkte ~** la obligación *f* genérica delimitada.

Gattungsvermächtnis *n* legado *m* genérico, legado *m* de cosa indeterminada.

Gau *m* 1. *(Bezirk)* distrito; 2. *Abk. für* **größter anzunehmender Unfall** accidente *m* nuclear; pérdida *f* máxima probable.

Gaunerbande *f* banda *f* de hampones *(o de estafadores)*.

Gaunersprache *f* jerga *f* del hampa, argot *m* delincuente.

Gaunerwelt *f* mundo *m* del hampa, los bajos fondos *mpl*.

Geächtete(r) *f (m)* proscrito *m*, ~a *f*, desterrado *m*, ~a *f*, forajido *m*, ~a *f*.

Gebäude *n* **baufälliges ~** edificio *m* ruinoso; **öffentliches ~** edificio *m* público.

Geber/in *m/f* dador *m*, ~a *f*, donante *m, f*.

Gebiet territorio *m*, región *f*, área *f*; **ein ~ abtreten** ceder un territorio; **besetztes ~** territorio ocupado.

gebieten *(befehlen)* mandar, ordenar; *(verordnen)* decretar; *(verfügen)* disponer.

Gebietshoheit *f* derecho *m* de dominio, soberanía *f* territorial.

Gebietskörperschaft *f* corporación *f* territorial, ente *m* territorial.

Gebietszugehörigkeit *f* vecindad *f* civil.

geboren außerehelich, unehelich ~ nacido fuera de matrimonio.

Geborene(r) *f (m)* **staatenlos ~** apátrida *m* nato.

Gebot *n* 1. *(Angebot)* oferta *f*; **ein ~ abgeben, machen** pujar, hacer una postura, ofrecer; 2. *(Anordnung)*

mandato *m*; 3. *(Versteigerungsgebot)* puja *f*, proposición *f*; 4. *(Befehl)* mandamiento *m*; 5. *(Erlass)* decreto *m*.
Gebotsgesetz *n* ley *f* imperativa.
Gebotsnorm *f* norma *f* preceptiva.
Gebrauch *m* **absichtlicher und ungesetzlicher ~ von Gewalt** uso *m* intencional e ilegal de fuerza *(o violencia)*; **nur zum amtlichen ~** solamente para uso oficial; **~ machen** usar, hacer uso; **unbefugter ~** uso *m* indebido;**~ eines falschen Namens** uso *m* de nombre falso; **den ~ einer Sache gestatten** permitir *(o ceder)* el uso de una cosa; **~ überlassen** ceder el uso; **~ untersagen** prohibir el uso.
Gebrauchmachen *n* **~ von einer (unechten) Urkunde** uso *m* de un documento (falso).
Gebrauchsanmaßung *f* hurto *m* de uso.
Gebrauchsdiebstahl *m* delito *m* de uso.
Gebrauchsentwendung *f* hurto *m* de uso *(impropio)*; **~ im Amt** peculado *m* de uso.
Gebrauchsgegenstände *mpl (persönlich)* efectos *mpl* personales.
Gebrauchsmuster *n* modelo *m* de utilidad *(industrial)*.
Gebrauchsmustereintragung *f* registro *m* de modelos de utilidad.
Gebrauchsrecht *n* derecho *m* de uso.
Gebrauchsüberlassung *f* cesión *f* del uso.
Gebrechlichkeit *f* decrepitud *f*, debilidad *f*, fragilidad, achacosidad *f*.
Gebühren *fpl* derechos *mpl*, tasas *fpl*, tarifas *fpl*; **~ und Auslagen** gastos *mpl* jurídicos; **mit ~ belegen** tasar; **~ der Geschäftsstelle** derechos *mpl* de secretaría; **entrichten, zahlen** pagar *(o satisfacer)* los derechos *(u honorarios)*;**~ festsetzen** fijar *(o determinar)* los derechos *(u honorarios)*; **mit ~ belegen** imponer derechos *(o tasas)*.
gebührenfrei sin gastos, franco *(o exento)* de derechos.
Gebührenfreiheit *f* franquicia *f* de derechos; exención *f* de tasas.
Gebührenordnung *f* reglamento *m* de tasas; Arancel *m*.
gebührenpflichtig sujeto a derechos, tasable; *(Autobahn)* sujeto al pago de peaje.
Gebührenüberhebung *f* exacción *f* ilegal; *(CH)* concusión *f*.
gebunden ~e Arbeit trabajo *m* subordinado; **vertraglich ~** obligado por contrato.
Gebundenheit *f* vinculación *f*; *(Kapital)* inmovilización *f*.
Geburt *f* nacimiento *m*; **eheliche ~** legitimidad *(activa)*; **nachträgliche ~** supernacencia *f*; **uneheliche ~** bastardía *f*, nacimiento *m* ilegítimo.
Geburtenbuch *n* libro *m (o registro m)* de nacimientos.
gebürtig ~ aus natural de; **~er Spanier** español de nacimiento *(o de origen)*.
Geburtsname *m* nombre *m* de soltera.
Geburtsurkunde *f* partida *f (o certificado)* de nacimiento.
Gedankenfreiheit *f* libertad *f* de pensamiento.
Gefahr *f* **drohende ~** peligro *m* inminente; **auf eigene ~** a propio riesgo; **in ~ sein** estar en peligro; **in ~ bringen** poner en peligro; **~ tragen** soportar el riesgo; **~ im Verzug** peligro *m* en la demora; **~ übertragen** ceder *(o pasar)* el riesgo; **~ des Untergangs** riesgo *m* de pérdida *(o de perecimiento)*; **~ der Zerstörung der Sache tragen** correr con el riesgo de destrucción de la cosa.
gefahrbringend peligroso.
gefährden poner en peligro.
Gefährder *m* perturbador *m* potencial.
Gefährdetenhilfe *f* ayuda *f* a personas en peligro de delinquir.
Gefährdung *f* **bei ~ der öffentlichen Ordnung** si hay peligro para el orden público; **bei ~ der Sittlichkeit** si hay peligro para la moralidad.
Gefährdungsdelikt *n* **abstraktes, konkretes ~** delito *m* de peligro abstracto, concreto.
Gefährdungshaftung *f* responsabilidad *f* civil causal, responsabilidad *f* por riesgo, responsabilidad *f* sin culpa, responsabilidad *f* por el riesgo creado.
Gefahrenabwehr *f* **polizeiliche ~** defensa *f* policial contra peligros.
gefährlich ~e Körperverletzung lesión *f* grave.
Gefährlichkeit *f* **~ des Täters** peligrosidad *f* del autor.

Gefahrtragung *f* 1. aceptación *f* de riesgos; 2. titularidad *f* del riesgo.
Gefallene(r) *f (m)* baja *m, f (de guerra).*
Gefälligkeitsattest *n* certificado *m* de complacencia *(o favor).*
gefälscht falso, falsificado, imitado.
gefangen preso, recluso, cautivo.
Gefangenenarbeit *f* **~ innerhalb der Anstalt** trabajo *m* penitenciario intramuros.
Gefangenenbefreiung *f* 1. liberación *f* de presos; 2. evasión *f* de presos.
Gefangenenmeuterei *f* motín *m* carcelario, insurrección *f* de presos.
Gefangene/r *f/m* 1. *(Häftling)* preso *m*; 2. **politischer ~** prisionero *m (político).*
Gefangennahme *f* captura *f.*
Gefängnis *n* cárcel *f*, prisión *f*, penitenciaría *f*; **ins ~ einliefern** encarcelar; **aus dem ~ entlassen** poner en libertad.
Gefängnisaufsichtsbehörde *f* servicio *m* de vigilancia penitenciaria.
Gefängnisstrafe *f* pena *f* de cárcel *(o de prisión)*, pena *f* privativa de libertad.
Gefängniswärter/in *m/f* carcelero *m*, ~a *f*; *(ugs.)* boqueras *m, f.*
Gegenanspruch *m* contrarreclamación *f.*
Gegenbeweis *m* **falls nicht der ~ erbracht wird** salvo prueba en contrario.
Gegendarstellung *f* escrito *m* de réplica.
Gegenforderung *f* contrarreclamación *f*; **als ~** por contra.
Gegenfrage *f* repregunta *f.*
Gegenklage *f* acción *f* reconvencional.
Gegenleistung *f* contrapartida *f*, contraprestación; **als ~ erhalten** recibir como contraprestación.
Gegenpartei *f* parte *f* contraria, colitigante *m*, la otra parte.
Gegensatz *m* contraposición *f.*
Gegenschlag *m* contraataque *m.*
Gegenschwiegereltern *pl* consuegros *mpl.*
Gegenseite *f* parte *f* contraria *(u opositora).*
gegenseitig ~er Vertrag contrato *m* recíproco; **~es Testament** testamento *m* recíproco.
Gegenseitigkeit *f* **auf ~** atendiendo al principio de reciprocidad.
Gegenstand *m* **hinterlegter ~** cosa *f* depositada; **~ des Rechtsmittels** objeto del recurso; **~ und Grund des Ersuchens** objeto *m* y motivo de la comisión rogatoria.
gegenstandslos ~ werden devenir caduco, quedar sin objeto o sin contenido.
Gegenstandswert *m* cuantía *f* del litigio.
Gegenstimme *f* voto *m* en contra *(o contrario).*
Gegenüberstellung *f* **~ von Zeugen** careo; **~ von Zeugen mit mehreren Unbekannten zur Identifizierung desTäters** rueda *f* de presos; **die ~ durchführen** practicar la diligencia de reconocimiento, celebrar careo.
Gegenunterschrift *f* contrafirma *f.*
Gegenvormund *m* protutor *m.*
Gegenvormundschaft *f* protutela *f.*
Gegenvorstellung *f* **der ~ abhelfen** estimar una objeción; **eine ~ einreichen** objetar, plantear *(o formular)* una objeción.
gegenzeichnen refrendar, contrafirmar, dar el visto bueno.
Gegenzeichnung *f* refrendo *m*, visto *m* bueno.
gegenzeichnungspflichtig que necesita refrendo.
Gegner/in *m/f (Prozess)* contrario *m*, ~a *f*, litigante *m, f* contrario, ~a, oponente *m, f.*
Gehaltspfändung *f* embargo *m* del sueldo.
geheim, streng ~ rigurosamente secreto; **~er Vorbehalt** reserva *f* secreta, segunda intención *f*; **~e Wahl** votación *f* secreta, escrutinio *m* secreto.
Geheimbund *m* sociedad *f* secreta.
Geheimdienst *m* servicio *m* de información, servicio *m* de inteligencia, servicio *m* secreto.
Geheimehe *f* matrimonio *m* secreto; *(Gewissensehe)* matrimonio *m* de conciencia.
Geheimnis *n* **ein ~ preisgeben** revelar un secreto; **ein ~ verletzen** violar un secreto; **ein ~ verwerten** hacer uso de un secreto; **ein ~ wahren** guardar un secreto.
Geheimpolizei *f* policía *f* secreta.
Gehilfe *m* 1. auxiliar *m*; 2. cómplice *m.*
Gehirnwäsche *f* lavado *m* de cerebro.

Gehör *n* **rechtliches ~ erhalten (od finden)** ser oído en juicio; **rechtliches ~ gewähren** oír en justicia, conceder garantía de previa audiencia.
Gehorsam *m* **bedingter, unbedingter ~** obediencia relativa, absoluta; **blinder ~** obediencia *f* pasiva *(o ciega)*; **dienstlicher ~** obediencia *f* debida.
Gehorsamspflicht *f* obediencia *f* debida, deber *m* de obediencia.
Gehrecht *n* derecho *m* a tránsito *(de peatones)*.
Geisel *f* **als ~ nehmen** tomar como rehén.
Geiselnahme *f* secuestro *m*, toma *f* de rehenes.
geistig ~e Arbeit trabajo *m* intelectual; **~es Eigentum** propiedad *f* intelectual e industrial; **~ behindert** con deficiencia mental, subnormal, disminuido psíquico.
Geld *n* **~ anlegen** colocar *(o invertir)* dinero, aportar dinero; **~ einzahlen** ingresar dinero; **~ waschen** blanquear dinero.
Geldabfindung *f* **~ bei Kündigung** indemnización *f* de despido.
Geldbetrag *m* importe *m (en dinero)*; monto *m* en numerario.
Geldbuße *f* **mit einer ~ belegen** multar; imponer una sanción pecuniaria; **eine ~ entrichten, zahlen** pagar *(o satisfacer)* una sanción pecuniaria; **eine ~ verhängen** imponer una multa, multar.
Geldersatz *m* indemnización *f* pecuniaria.
Geldfälschung *f* falsificación *f* de moneda *(o de dinero)*.
Geldforderung *f* crédito *m* en dinero.
Geldlohn *m* sueldo *m* en dinero.
Geldschein *m* billete *m (de banco)*.
Geldschuld *f* deuda *f* pecuniaria *(o dineraria)*.
Geldstrafe *f* **auf ~ erkennen** condenar a una pena de multa; **eine ~ verhängen** imponer una pena pecuniaria; **jemanden mit einer ~ belegen, gegen jemanden eine ~ verhängen** imponer una pena pecuniaria *(o multa)* a alguien.
Geldwäsche *f* blanqueo *m* de dinero, lavado *m* de dinero.
Gelegenheitsgesellschaft *f* sociedad *f* momentánea *(o a medias)*.
Gelegenheitstäter/in *m/f*; **Gelegenheitsverbrecher/in** *m/f* delincuente *m/f* ocasional *(o casual)*.
Gelegenheitsurkunde *f* documento *m* ocasional.
Gelegenheitsverbrechen *n* delito *m* de oportunidad.
Geleit *n* **freies ~** salvoconducto.
geloben 1. prometer; 2. jurar.
Gelöbnis *n* **ein ~ ablegen** prometer solemnemente.
gelten, dieses Gesetz gilt für esta ley se aplica a.
geltend ~ machen hacer valer, invocar; **einen Anspruch gerichtlich ~ machen** ejercitar una acción.
Geltendmachung *f* **~ einer Einrede** ejercicio *m* de la excepción; **~ eines Rechts** ejercicio *m* de un derecho; **gerichtliche ~** reclamación *f (o ejercicio m)* judicial.
Geltungsbereich *m* **~ eines Gesetzes** ámbito *m* de aplicación de una ley; **persönlicher ~** ámbito *m* personal de vigencia; **räumlicher ~** ámbito *m* de aplicación territorial; **sachlicher ~** ámbito *m* material de vigencia; **zeitlicher ~** ámbito *m* temporal de vigencia.
gemäß *(+ Dat.)* según, de conformidad con.
Gemeindebürgerrecht *n* **~ erwerben** adquirir la vecindad.
gemeindeeigen municipal, concejil.
Gemeindegebiet *n* término *m* municipal.
Gemeindeordnung *f* ley *f* de régimen local.
Gemeinderat *m* 1. *(Rathaus)* Ayuntamiento *m*, Casa Consistorial; 2. pleno municipal, cabildo, consistorio; 3. *(Gemeinderatmitglied)* concejal.
Gemeinderecht *n* Derecho *m* local *(o municipal)*.
Gemeindesatzung *f* bando *m* municipal.
Gemeindesteuer *f* impuesto *m* *(o arbitrio)* municipal.
Gemeindeverband *m* mancomunidad *f* de municipios.
Gemeindeverfassung *f* régimen *m* local *(o municipal)*.

Gemeindeversammlung *f* asamblea *f* de ciudadanos.
Gemeindeverwaltung *f* administración *f* municipal, ayuntamiento *m*.
gemeindlich municipal, local.
gemein ~e Gefahr peligro *m* común; **~es Recht** Derecho *m* común.
Gemeineigentum *n* propiedad *f* común *(o comunitaria)*.
Gemeingebrauch *m* uso *m* común, servidumbre *f* legal.
gemeingefährlich ~e Mittel medios *mpl* de peligro común; **~er Verbrecher** delincuente peligroso.
Gemeingefährlichkeit *f* peligrosidad *f* común.
Gemeingut *n* bien *m* común.
gemeinnützig ~ sein carecer de fin de lucro, de utilidad pública; **~es Unternehmen** empresa *f* de utilidad pública.
Gemeinnützigkeit *f* utilidad *f* pública, interés *m* social.
gemeinsam ~er Senat *(D)* cámara *f* conjunta de los tribunales federales.
Gemeinschaft *f* **eheähnliche ~** pareja *f* de hecho; **~ zur gesamten Hand** comunidad *f* mancomunada; **eine ~ auflösen** disolver una comunidad; **eine ~ bilden** constituir una comunidad.
gemeinschaftlich en común, mancomún; **allen ~** a todos y a cada uno; **~es Testament** testamento *m* mancomunado, testamento correspectivo, testamento *m* mancomún.
Gemeinschaftsanlagen *fpl* instalaciones *fpl (o elementos mpl)* comunes.
Gemeinschaftsaufgaben *fpl* tareas *fpl (o labores fpl)* de interés común.
Gemeinschaftsgut *n* bien *m* colectivo.
Gemeinschaftsmarke *f* marca *f* comunitaria.
Gemeinschaftsrecht *n* Derecho *m* comunitario, legislación *f* comunitaria, normas *fpl* comunitarias.
Gemeinschaftsumweltpolitik *f* política *f* comunitaria de medio ambiente.
Gemeinschaftsunternehmen *n* 1. empresa *f* comunitaria; 2. empresa *f* mixta, comunidad *f* de riesgo.
Gemeinschaftsverhältnis *n* **personenrechtliches ~** relación *f* de comunidad de derecho personal.
Gemeinschaftswert *m* valor *m* comunitario.
Gemeinschuldner/in *m/f* fallido *m*, ~a *f*, quebrado *m*, ~a *f*, concursado *m*, ~a *f*, insolvente *m/f*; **betrügerischer ~** fallido *m* culpable *(o fraudulento)*.
Gemeinwohl *n* bien *m (o bienestar m)* común.
gemeinwohlverträglich *(D)* compatible con el bien común.
gemischt ~er Vertrag contrato *m* mixto *(o múltiple)*.
genehmigen 1. *(zustimmen)* autorizar; 2. *(erlauben)* permitir; 3. *(bewilligen)* conceder; 4. *(annehmen)* aceptar; 5. *(nachträglich)* ratificar; **gerichtlich ~** homologar.
genehmigtes Kapital capital *m (en acciones)* autorizado.
Genehmigung *f* autorización *f*, permiso *m*, concesión *f*, aceptación *f*, ratificación *f*; **amtliche ~** homologación *f*; **der ~ bedürfen** precisar *(o requerir)* autorización; **die ~ einholen** recabar la autorización; **die ~ erteilen (od geben)** dar el consentimiento *(o el visto bueno)*; **die ~ ablehnen (od versagen)** denegar la autorización; **die ~ widerrufen** revocar la autorización.
genehmigungspflichtig sujeto a autorización.
Generalamnestie *f* amnistía *f (o indulto m)* general.
Generalbundes | anwalt *m* **~anwältin** *f* fiscal *m*, *f* general federal.
Generaldebatte *f* **~ eines Gesetzentwurfs** discusión *f* de la totalidad.
Generalermächtigung *f* apoderamiento *m* genérico.
Generalklausel *f* cláusula *f* general.
Generalkonsens *m* consenso *m* general.
Generalprävention *f* prevención *f* general.
Generalbevollmächtigter *m* apoderado *m* general.
Generalstaats | anwalt *m* **~anwältin** *f* 1. fiscal *m*, *f* general del Estado; 2. fiscal *m*, *f* del tribunal supremo; 3. *(Am)* procurador *m*, ~a *f* general de la Nación.
Generalstreik *m* **den ~ ausrufen** convocar huelga *f* general.

Generalvollmacht *f* poder *m* general, procuración *f* general, autorización *f* general.
genetisch ~er Fingerabdruck digitales *mpl* genéticos, imprenta *f* genética; **~es Profil** perfil *m* genético.
Genickschuss *m* tiro *m* en la nuca.
genießen ein Recht ~ gozar de un derecho.
Genmanipulation *f* manipulación *f* genética *(o de genes)*.
Genosse *m*, **Genossin** *f* socio *m*, ~a *f* cooperativo, ~a, asociado *m*, ~a *f*; **tätiger ~** socio *m* cooperativo trabajador.
Genossenschaft *f* **eingetragene ~** cooperativa registrada; **ländliche, landwirtschaftliche ~** cooperativa *f* agrícola; *(Méx)* ejido *m*.
Genossenschaftsrecht *n* Derecho *m* cooperativo.
Genossenschaftsregister *n* registro *m* de cooperativas.
Genossenschaftsverband *m* federación *f* de cooperativas.
Genötigte/r *f/m* coaccionado *m*, ~a *f*, forzado *m*, ~a *f*.
Genozid *m* genocidio *m*.
Genpatent *n* patente *f* genética.
Gentechniker/in *m/f* genetista *m*, *f*.
Gentechnikgegner/in *m/f* antigenetista *m*, *f*, contrario *m*, ~a *f* a la ingeniería genética.
Gentechnikgesetz *n* ley *f* reguladora de la ingeniería *f* genética.
gentechnisch tecnogenético, de ingeniería genética.
Gentechnologie *f* ingeniería genética, tecnogenética *f*.
Gentest *m* prueba *f* genética.
Genugtuung *f* 1. satisfacción *f*, reparación; 2. *(Schw)* damnum doloris; 3. *(Öst)* indemnización *f* por daños y perjuicios.
Genuss *n* **~ der bürgerlichen Rechte** goce *m* de los derechos civiles; **~ eines Rechts** disfrute *m* de un derecho.
Genussschein *m* bono *m* de disfrute.
gepfändet judicialmente detenido.
Gepflogenheit *f* **gerichtliche ~en** ritos *mpl (o usos mpl o prácticas fpl)* forenses.
geraten, in Insolvenz ~ quebrar, instituirse en quiebra.
gerecht justo; **~er Krieg** guerra *f* justa; **~er Preis** precio *m* justo.
gerechtfertigt equitativo, justificado.
Gerechtigkeit *f* 1. **ausgleichende, austeilende, zuteilende ~** justicia *f* distributiva; 2. servidumbre *f*, privilegio *m*.
Gericht *n* juzgado; **~ erster Instanz, erstinstanzliches ~** juzgado *m (o tribunal m)* de primera instancia; **vor ~ auftreten, erscheinen** personarse, comparecer en juicio *(como parte)*; **vor ~ nicht erscheinen** constituirse en rebeldía; **vor ~ bringen** entablar pleito *(o proceso)*; **diensttuendes ~** turno *m* judicial; **vor ~ einfordern** reclamar en juicio; **bei ~ einreichen** someter al tribunal; **~ der Hauptsache** órgano jurisdiccional *m* competente en la causa; **vor ~ laden** citar *(o emplazar)* ante los tribunales; **letztinstanzliches ~, ~ letzter Instanz** tribunal *m* de última instancia; **oberstes ~** tribunal *m* supremo; **ordentliches ~** tribunal *m* ordinario; **~ in Strafsachen** tribunal *m* de lo penal; **vor ~ vertreten** representar en juicio; **vor ~ vorbringen** someter al tribunal; **zuständiges ~** órgano jurisdiccional *m* competente; **~ zweiter Instanz, zweitinstanzliches ~** tribunal *m* de segunda instancia, tribunal *m* de apelación.
gerichtlich ~e Schritte ergreifen *(od einleiten)* recurrir a los tribunales, postular justicia; **~e Verfolgung** enjuiciamiento *m*; **~e Verfügung** disposición *f (o decreto m)* judicial, resolución *f* interlocutoria.
Gerichtsakten *fpl* expedientes *mpl* judiciales.
Gerichtsassessor/in *m/f* conjuez *m*, ~a *f*, juez *m*, ~a *f* asesor, ~a.
gerichtsärztlich, gerichtsmedizinisch médico-forense, médico-legal.
Gerichtsbarkeit *f* **ausschließliche ~** jurisdicción *f* exclusiva; **besondere ~** jurisdicción *f* extraordinaria; **freiwillige ~** jurisdicción *f* voluntaria; **streitige ~** jurisdicción *f* contenciosa.
Gerichtsbehörden *fpl* autoridades *fpl* judiciales.

Gerichtsbezirk *m* distrito *m* *(o demarcación f)* judiciales.
Gerichtsdiener/in *m/f* ujier *m, f.*
Gerichtsferien *pl* vacaciones *mpl* judiciales.
Gerichtsgebrauch *m* práctica *f (o usos mpl)* judicial(es).
Gerichtshilfe *f* asistencia *f* judicial.
Gerichtshof *m* tribunal *m (o corte f)* de justicia; **oberster ~** tribunal *m* supremo.
Gerichtskasse *f* caja *f* del juzgado *(o tribunal m).*
Gerichtskosten *fpl* **~ erheben** exigir tasas *fpl (o costas fpl)* judiciales; **~ festsetzen** fijar las costas; **von ~ befreien (freistellen)** eximir *(o quedar libre)* del pago de las costas.
Gerichtskostenfestsetzung *f* fijación *f* de las costas.
Gerichtskostengesetz *(Abk.: GKG) n* ley *f* de costas judiciales.
Gerichtsmedizin *f* medicina *f* forense *(o legal).*
Gerichtsordnung *f* orden *m* jurisdiccional.
Gerichtsschranke *f* barra *f.*
Gerichtsschreiber/in *m/f (Schw)* escribano *m,* ~a *f.*
Gerichtssprache *f* lenguaje *m (o estilo m)* forense.
Gerichtssprengel *m* partido *m* judicial.
Gerichtsstand *m* **allgemeiner ~** fuero *m (o competencia f)* general; **ausschließlicher ~** competencia *f* exclusiva; **befreiter ~** privilegio *m* de fuero; **dinglicher ~** competencia *f* real; **eigener ~** fuero *m* propio; **gesetzlicher ~** fuero *m* legal, jurisdicción *f* forzosa; **örtlicher, vereinbarter ~** jurisdicción pactada *(o convenida)*; **~ des Erfüllungsortes** fuero *m* del lugar de cumplimiento; **~ des Wohnsitzes** fuero *m* del domicilio; **den ~ rügen** promover la cuestión de competencia por inhibitoria *(o declinatoria)*; **den ~ vereinbaren** pactar fuero, pactar sumisión a un juez determinado; **auf den eigenen ~ verzichten** renunciar a su fuero.
Gerichtsstandsklausel *f* cláusula *f* atributiva de jurisdicción.
Gerichtsstandsvereinbarung *f* prorrogación *f* de fuero, sumisión *f*, acuerdo *m* atributivo de competencia.
Gerichtstafel *f* tablón *m* de anuncios del juzgado.
Gerichtstag *m* día *m (judicial)* hábil.
Gerichtsverfahren *n* **ein ~ anstrengen (od einleiten)** recurrir a los tribunales, recurrir a la vía judicial, incoar *(o iniciar)* juicio; **~ betreiben, durchführen** sustanciar *(o celebrar)* juicio.
Gerichtsverfassungsgesetz *(Abk.: GVG) n* ley *f* de organización de los tribunales.
Gerichtsverfassungsrecht *n* normativa *f* en materia judicial.
Gerichtsverhandlung *f* vista *f (de la causa)*, sesión *f* judicial.
Gerichtsverwaltung *f* administración *f* judicial.
Gerichtsvollzieher/in *m/f* ejecutor *m,* ~a *f,* agente *m, f* ejecutivo, ~a; *(Sp)* alguacil *m, f.*
Gerichtswachtmeister/~in *m/f* ujier *m, f.*
Geringfügigkeit *f* bagatela *f.*
Gesamtakt *m* acto *m* conjunto *(o colectivo).*
Gesamtgläubiger/in *m/f* acreedor *m,* ~a *f* solidario, ~a, acreedor *m,* ~a *f* común.
Gesamtgläubigerschaft *f* mancomunidad *f* de acreedores, solidaridad *f* activa.
Gesamtgut *n* patrimonio *m* común, bienes *mpl* comunes.
gesamthänderisch mancomunado.
Gesamthandsbesitz *m* posesión *f* en común.
Gesamthandseigentum *n* copropiedad *f* en mano común.
Gesamthandsgemeinschaft *f* comunidad *f* mancomunada.
Gesamtheit *f* unidad *f* jurídica.
Gesamthypothek *f* hipoteca *f* solidaria *(o conjunta).*
Gesamtprokura *f* procuración *f* colectiva.
Gesamtrechtsnachfolge *f* sucesión *f (a título)* universal.
Gesamtschuld *f* obligación *f* solidaria; **echte, unechte ~** solidaridad propia, impropia.

Gesamtschuldner/in *m/f* deudor *m*, ~a *f* solidario, ~a.
gesamtschuldnerisch solidario.
Gesamtschuldverhältnis *n* solidaridad *f* pasiva.
Gesamtstrafe *f* pena *f* total.
Gesamtstreitigkeiten *fpl* desavenencias *fpl* generales.
Gesamtvermächtnis *n* legado *m* universal.
Gesamtvertretung *f* representación *f* colectiva.
Gesamtverweisung *f* reenvío *m* global.
Gesamtvollstreckung *f* ejecución *f* general *(o colectiva)*.
Gesamtvorsatz *m* unidad *f* de resolución criminosa, dolo *m* global.
Geschädigte/r *f/m* damnificado *m*, ~a *f*, siniestrado *m*, ~a *f*, víctima *f*.
Geschäft *n* 1. *(Unternehmen)* empresa *f*, tienda, negocio *m*, establecimiento mercantil *(o comercial)*, local *m* comercial; 2. *(Rechtsgeschäft)* negocio; **ein ~ abschließen** concluir *(o concertar)* un negocio; **ein ~ auflösen** cerrar *(o liquidar)* un negocio; **ein ~ besorgen (od erledigen)** gestionar *(o realizar)* un negocio; **ein ~ betreiben (od führen)** llevar *(o explotar)* un negocio; **ein ~ eröffnen** abrir *(o establecer)* un negocio; **ein ~ führen (od leiten)** regentar *(o dirigir)* un negocio; **ein ~ übertragen** traspasar un negocio.
geschäftlich comercial, mercantil, económico.
Geschäftsanteil *m* cuota *f* de participación *(en el capital)*.
Geschäftsbedingungen *fpl* **allgemeine ~** condiciones *fpl* generales de contratación.
Geschäftsbericht *m* memoria *f*.
Geschäftsbesorgung *f* mandato *m* retribuido.
Geschäftsbesorgungsvertrag *m* contrato *m* de mandato.
Geschäftsbrief *m* carta *f* comercial *(o mercantil)*.
Geschäftsbücher *npl* libros *mpl* contables.
geschäftsfähig, beschränkt ~ sein tener capacidad negocial limitada.
Geschäftsfähigkeit *f* capacidad *f* negocial *(o de contratar)*.
Geschäftsführer/in *m/f* gerente *m/f*, gestor *m*, ~a *f*, administrador *m*, ~a *f*; **alleiniger ~** administrador *m* único; **~ ohne Auftrag** gestor *m* sin mandato; **einen ~ bestellen (od ernennen)** designar gerente, nombrar administrador.
Geschäftsführung *f* gestión *f*, administración *f*, gerencia *f*; **~ ohne Auftrag** gestión *f* de negocios ajenos *(sin mandato)*; **jemandem die ~ entziehen** excluir a alguien de la gestión.
Geschäftsgeheimnis *n* secreto *m* comercial.
Geschäftsherr/in *m/f* titular *m*, *f* *(o dueño m, ~a f)* del negocio.
Geschäftsjahr *n* ejercicio *m* económico.
geschäftsmäßig comercial, con carácter profesional.
Geschäftsordnung *f* reglamento *m* interno, reglamento *m* orgánico.
Geschäftsraummiete *f* arrendamiento *m* de local comercial.
Geschäftssitz *m* sede *f* social, domicilio *m* comercial.
Geschäftsstelle *f (Gericht)* secretaría *f* del juzgado.
Geschäftstag *m* 1. día *m* laborable; 2. *(Staatsverwaltung)* día *m* hábil.
geschäftsunfähig incapaz para contratar.
Geschäftsunfähigkeit *f* incapacidad *(absoluta)* negocial, incapacidad de gestión; **~ wegen Unmündigkeit** incapacidad *f* legal.
Geschäftsverteilung *f (Gericht)* turno *m* de reparto.
Geschäftswert *m* valor *m* comercial *(o extrínseco)*.
Geschäftswille *m* voluntad *f* contractual.
Geschäftszeit *f* 1. *(Läden)* horario *m* comercial; 2. *(Banken)* horario de caja; 3. *(Büro)* horario *f* de oficina.
geschehen ~ in (oder zu …) *(Abkommen in Urkunden)* hecho en …, dado en…
Geschiedene/r *f/m* divorciado *m*, ~a *f*.
geschlechts(un)reif (im)púber.
Geschlechtstrieb *m* instinto *m* sexual.
Geschmacksmuster *n* modelo *m* artístico.
Geschwindigkeitsbegrenzung *f*, **Geschwindigkeitsbeschränkung** *f* limitación *f* de la velocidad.

Geschwister *pl* **eheliche ~** hermanos *mpl* legítimos; **halbbürtige, vollbürtige ~** hermanos *mpl* de un solo vínculo, dedoble vínculo; **~ aus zweiter oder früherer Ehe** hermanastros *mpl.*

Geschworenenamt *n* juradoría *f.*

Geschworenenbank *f* tribunal *m* de jurados.

Geschworenenkollegium *n* jurado *m.*

Geschworener *m* **einen ~n ablehnen** recusar un jurado.

gesehen und genehmigt visto y aprobado.

Gesellschaft *f* **abgebende ~** compañía *f* cedente; **absorbierende, aufnehmende, übernehmende ~** sociedad *f* absorbente *(o fusionante)*; **absorbierte, übernommene ~** sociedad *f* absorbida *(o fusionada)*; **beherrschende, beherrschte ~** sociedad *f* dominante, dominada; **~ mit beschränkter Haftung (GmbH)** sociedad *f* de responsabilidad limitada; **GmbH & Co. KG** sociedad *f* de responsabilidad limitada combinada con una sociedad en comandita *(la sociedad de responsabilidad limitada es la socia colectiva de la sociedad en comandita)*; **bürgerliche ~, ~ des bürgerlichen Rechts, bürgerlich-rechtliche ~** sociedad *f* de Derecho común, sociedad *f* civil; **gemeinnützige ~** compañía *f* de utilidad pública, sociedad *f* de fines no lucrativos; **gemischtwirtschaftliche ~** sociedad *f (de economía)* mixta; **handelsrechtliche ~, ~ des Handelsrechts** sociedad *f* mercantil; **stille ~** sociedad *f* de cuentas en participación, sociedad *f* accidental; **die ~ auflösen** disolver la sociedad; **aus der ~ ausscheiden** retirarse *(o salir)* de la sociedad; **die ~ liquidieren** *(od auseinandersetzen)* liquidar la sociedad; **eine ~ errichten** *(od gründen od bilden)* constituir *(o fundar o establecer)* una sociedad.

Gesellschafter/in *m/f* socio *m*, socia *f*; **ausscheidender ~** socio *m* saliente; **beschränkt haftender ~** socio *m* de responsabilidad limitada; **persönlich haftender ~** socio *m* colectivo; **stiller ~** socio *m* tácito *(o capitalista)*.

Gesellschafterbeschluss *m* acuerdo *m* social.

Gesellschafterversammlung *f* junta *f (general)* de socios, junta *f* social.

Gesellschaftsanteil *m* cuota *f* de participación.

Gesellschaftskapital *n* capital *m* social.

Gesellschaftsrecht *n* Derecho *m* societario *(o de sociedades)*.

Gesellschaftsregister *n* registro *m* de sociedades.

Gesellschaftsschuld *f* deuda *f* social, pasivo *m* social.

Gesellschaftssitz *m* sede *f (o domicilio m)* social.

Gesellschaftsunternehmen *n* empresa *f* en forma de sociedad.

Gesellschaftsvermögen *n* patrimonio *m (o masa f o caudal m)* social.

Gesellschaftsvertrag *m* 1. contrato *m* de sociedad; 2. *(öffentliche Urkunde)* escritura *f* constitutiva de la sociedad.

Gesetz *n* **~ über die allgemeinen Geschäftsbedingungen** ley *f* sobre las condiciones generales de contratación; **ein ~ anführen, sich auf ein ~ berufen** *(od stützen)* ampararse *(o apoyarse)* en una ley, invocar una ley; **ein ~ anwenden** aplicar una ley; **anzuwendendes ~** ley *f* aplicable; **ein ~ aufheben, ein ~ außer Kraft setzen** derogar *(o abolir o abrogar)* una ley; **ein ~ ausfertigen** sancionar una ley; **ein ~ ausführen (durch Verordnungen)** desarrollar una ley; **ein ~ einbringen** presentar un proyecto de ley; **in ein ~ einfügen** incorporar a una ley; **~ zur Regelung der Lohnzahlung an Feiertagen** ley *f* para la reglamentación del pago en días festivos; **kraft ~es, von ~es wegen** por disposición legal; **neu gefasstes ~** ley *f* refundida; **soweit das ~ nichts anderes bestimmt** siempre que la ley no disponga otra cosa; **~ über die Umweltverträglichkeitsprüfung** ley *f* reguladora de la evaluación de las repercusiones medioambientales; **ein ~ verkünden** promulgar una ley; **gegen das ~ verstoßen, ein ~ missachten, ein ~ übertreten, verletzen** contravenir *(o violar o transgredir o infringir o vulnerar o inculcar)* una ley.

Gesetzblatt *n (Sp)* Boletín *m* Oficial del Estado.
Gesetzbuch *n* **Bürgerliches ~** Código *m* Civil.
Gesetzentwurf *m* **einen ~ einbringen** presentar un proyecto *(o una proposición)* de ley.
Gesetzesanalogie *f* analogía *f* legal.
Gesetzesänderung *f* enmienda *f* de una ley.
Gesetzeseinheit *f* unidad *f* de ley.
Gesetzesinitiative *f* iniciativa *f* legislativa.
Gesetzeskonkurrenz *f* concurso *m* *(o concurrencia f)* de leyes.
Gesetzeskraft *f* **mit ~** con fuerza de ley.
Gesetzeslücke *f* **eine ~ auffüllen** *(od füllen)* suplir una laguna *f* legal, colmar un vacío *m* legal.
Gesetzmäßigkeit *f (eines Verwaltungsakts)* legalidad *f.*
Gesetzesrecht *n* Derecho *m* legislado.
Gesetzessammlung *f* conjunto *(o cuerpo m o recopilación f)* de leyes.
Gesetzestatbestand *m* supuesto *m* de hecho.
gesetzestreu sein adherirse a la ley, cumplir la ley.
Gesetzesübertreter/in *m/f,* **Gesetzesverletzer/in** *m/f* violador *m,* ~a *f (o contraventor m, ~a f)* de la ley.
Gesetzesumgehung *f* fraude *m* legal; fraude a la ley.
Gesetzesverordnung *f (Sp)* decreto-ley.
Gesetzesvorbehalt *m* **unter ~** reservado a la ley, bajo reserva legal.
Gesetzesvorlage *f* proyecto *m* de ley.
Gesetzesvorschlag *m* proposición *f* de ley.
gesetzgebend ~e Gewalt poder *m* legislativo.
Gesetzgeber *m* legislador, poder *m* legislativo.
Gesetzgebung *f* **ausschließliche, konkurrierende ~** legislación *f* exclusiva *(dela Federación)*, legislación *f* concurrente*(entre la Federación y los Estados federados)*.
Gesetzgebungsnotstand *(D)* estado *m* de necesidad legislativa; **den ~ erklären** declarar la emergencia legislativa.
Gesetzgebungsrecht *n* potestad *f* legislativa.
Gesetzgebungsverfahren *n* procedimiento legislativo.
Gesetzgebungszuständigkeit *f* facultad *f* normativa, competencia *f* legislativa.
gesetzesgemäß conforme a la ley; **nicht ~** disconforme a la ley.
gesetzlich ~ bestimmt prescrito por la ley; **~e Erbfolge** sucesión *f* legítima *(o ab intestato)*; **~es Erbrecht** sucesión *f* legítima *(o legal)*; **~er Güterstand** régimen *m* legal de bienes, régimen *m* económico matrimonial legal; **~er Richter** juez *m* ordinario *(o legal)*; **~e Vermutung** presunción *f* legal *(o de Derecho)*; **~ verpflichtet** obligado por ley; **~er Vertreter** representante *m* legal *(o legítimo)*; **~es Zahlungsmittel** moneda *f* de curso legal; **~ zulässig** legal, permitido por la ley.
gesetzmäßig conforme a la ley, legítimo, legal.
Gesetzmäßigkeit *f* legitimidad *f,* conformidad *f* con la ley.
gesetzwidrig ilegal, ilícito, contra la ley.
Gesetzwidrigkeit *f* 1. ilegalidad *f,* ilegitimidad *f;* 2. *(Rechtsbruch)* infracción *f* de la ley.
Gestaltungsfreiheit *f* **~ des Gesetzgebers** libre configuración *f* del legislador.
Gestaltungsklage *f* demanda *f* estructural, acción *f* constitutiva.
Gestaltungsrecht *n* **aufhebendes ~** derecho *m* potestativo cancelatorio *(o negativo)*; **rechtsbegründendes ~** derecho potestativo constitutivo.
Gestaltungsurteil *n* sentencia *f* constitutiva.
geständig confeso; **nicht ~** inconfeso; **~ sein** confesar.
Geständnis *n* 1. *(im Zivilprozess)* confesión *f* en procedimiento civil; 2. *(im Strafprozess)* confesión *f* en procedimiento penal; **ein ~ ablegen** confesar; **ein ~ erzwingen** arrancar testimonio.
gestatten autorizar.
gestehen confesar.
Gestehende/r *f/m* confesante *m, f,* confitente *m, f.*

Gesuch *n* **ein ~ ablehnen** no acceder a una solicitud; **ein ~ annehmen, bewilligen** atender una solicitud; **ein ~ bei der Behörde anbringen** dirigir una instancia *(o solicitud)* a la autoridad; **ein ~ abschlägig bescheiden, ein ~ zurückweisen** denegar una solicitud, rechazar una instancia; **dem ~ entsprechen, nachkommen** atender una solicitud; **über das ~ entscheiden, das ~ verbescheiden** decidir *(o resolver)* sobre una solicitud.
gesucht steckbrieflich ~ reclamado por la justica.
Gesundheitsamt *n* delegación *f* de sanidad; autoridad *f* sanitaria.
Gesundheitsbescheinigung *f* certificado *m* de sanidad.
Gesundheitszustand *m* estado *m* de salud.
getrennt ~ lebende Ehegatten esposos *mpl (que viven)* separados.
Getrenntleben *n* separación *f* de hecho de los esposos.
Getto *n* gueto.
Gewähr *f* **ohne ~** sin garantía, sin compromiso; **stillschweigende ~** garantía *f* implícita.
gewähren 1. **Unterhalt ~** dar sustento, sostener; 2. **Kredit ~** conceder crédito; 3. **jemandem ein Recht ~** otorgar un derecho.
Gewährsfrist *f* plazo *m* de garantía.
gewährleisten 1. salir fiador; 2. *(Mängel)* sanear, prestar saneamiento.
Gewährleistung *f* **~ wegen Sachmängeln** saneamiento *m* por vicios físicos, responsabilidad *f* por vicios.
Gewährleistungsansprüche *mpl* derechos *mpl* de saneamiento.
Gewährleistungsrecht *n* 1. derecho *m* a saneamiento; 2. derecho *m* de garantía.
Gewahrsam *m* **amtlicher ~** custodia oficial; **in ~ haben** detener; **in ~ halten** tener bajo custodia; **in ~ nehmen** tomar en custodia; *(Haft)* detener, arrestar; **polizeiliche ~** arresto *m* policial.
Gewahrsamsbruch *m* ruptura *f* de la posesión.
Gewahrsamsinhaber/in *m/f* detentador *m*, ~a *f*, tenedor *m*, ~a *f*.
Gewährsmann *m* garante *m*, fiador *m*, garantizador *m*.
Gewalt *f* **~ anwenden** usar *(de)* la fuerza; violentar; **ausführende ~** *(poder m)* ejecutivo *m*; **elterliche ~** → **elterliche Sorge; gesetzgebende ~** *(poder m)* legislativo *m*; **bei höherer ~** en caso de fuerza mayor; **rechtmäßige ~** autoridad *f* legítima; **richterliche ~** poder *m* judicial.
Gewaltenteilung *f* división *f* de poderes.
Gewalthaber/in *m/f* mandatario *m*, ~a *f*, poderhabiente *m,f*.
gewaltsam con violencia, violento.
Gewalttat *f* acto *m* de violencia.
Gewalttätigkeit *f* violencia *f*, atropello *m*.
Gewaltverbrechen *n* delito *m* violento *(o con violencia)*.
Gewässerverschmutzung *f*, **Gewässerverunreinigung** *f* contaminación del medio acuático, polución *f* de las aguas.
Gewehr *n* fusil *m*, escopeta.
Gewerbe *n* **genehmigungspflichtiges ~** industria *f* sujeta a autorización; **ein ~ ausüben, betreiben** explotar una industria; **Betrieb** *m* **eines ~s** la explotación *f* de una industria.
Gewerbeaufsicht *f* inspección *f* industrial *(o de trabajo)*.
Gewerbeaufsichtsamt *n (servicio m de)* inspección industrial.
Gewerbebetrieb *m* **stehender ~** industria *f* estacionaria.
Gewerbeerlaubnis *f* licencia *f* de apertura *f*, licencia *f* de actividad *f* comercial o industrial.
Gewerbefreiheit *f* libertad *f* de industria.
Gewerbegenehmigung *f* concesión *f* de una industria.
Gewerbeordnung *f* código *m* industrial.
Gewerberaummiete *f* arrendamiento *m* de local comercial.
Gewerberecht *n* derecho *m* industrial.
Gewerbeschein *m* licencia para ejercer el comercio o la industria.
Gewerbesteuer *f* impuesto *m* industrial; impuesto sobre actividades económicas.
Gewerbeuntersagung *f* prohibición *f* de industria *(o comercio)*.

gewerblich ~er Rechtsschutz protección *f* de la propiedad industrial y comercial.
gewillkürt ~e Erbfolge sucesión *f* testada *(o voluntaria)*.
Gewinn *m* **~e abführen** transferir beneficios; **~e abwerfen (od bringen)** producir beneficios, arrojar beneficios; **~ ausschütten** repartir *(o distribuir)* beneficio; **~e ausweisen** consignar *(o arrojar)* beneficios; **~e entnehmen** retirar beneficios; **~e erzielen (od machen od ziehen)** lograr *(u obtener o sacar)* ganancias.
Gewinnanteil *m* participación *f* *(o cuota f)* en los beneficios.
Gewinnausschüttung *f* reparto *m (o repartición f)* de los beneficios.
Gewinnbeteiligung *f* participación *f* en los beneficios.
Gewinnermittlung *f* cálculo *m* *(o averiguación f)* de los beneficios.
Gewinn- und Verlustrechnung *f* cuenta *f* de pérdidas y ganancias.
Gewissensehe *f* matrimonio *m* de conciencia, matrimonio *m* secreto.
Gewissensfreiheit *f* libertad *f* de conciencia *f, derecho m* a la cláusula *f* de conciencia.
Gewissheit *f* certeza *f*.
Gewohnheitsrecht *n* Derecho *m* consuetudinario.
Gewohnheitsverbrecher/in *m/f* delincuente *m, f* habitual *(o común)*, delincuente *m, f* por costumbre.
gez. *(gezeichnet)* fdo. *(firmado)*.
Gier *f* 1. avidez *f*; 2. *(Geldgier)* codicia *f*.
Giftbeibringung *f* envenenamiento *m*.
Giftmischer/in *m/f* emponzoñador *m*, ~a *f*.
Giftmord *m* asesinato *m* por envenenamiento.
Girovertrag *m* acuerdo *m* de compensación.
Glaube *m* **in gutem ~ handeln** actuar de buena fe; **der öffentliche ~ des Grundbuchs** la fe pública registral.
Glaubensfreiheit *f* libertad *f* de cultos.
glaubhaft machen acreditar.
Glaubhaftigkeit *f* credibilidad *f*.
Glaubhaftmachung *f* acreditación *f*, acreditamiento *m*, justificación; **~ der Armut** *(Prozesskostenhilfe)* información *f* acreditativa de pobreza.
Gläubiger/in *m/f* acreedor *m*, ~a *f*; **bevorrechtigter ~** acreedor *m* preferente *(o privilegiado)*; **ungesicherter ~** acreedor *m* sin garantía; **die Befriedigung des ~s** la satisfacción del acreedor; **den ~ benachteiligen** perjudicar al acreedor.
Gläubigeranfechtung *f* acción *f* paulina, acción *f* revocatoria.
Gläubigerversammlung *f* junta *f* *(general)* de acreedores.
Gläubigerverzug *m* mora *f* del acreedor, mora *f* accipiendi *(lat)*.
glaubwürdig creíble, digno de crédito.
Glaubwürdigkeit *f* **die ~ beeinträchtigen** perjudicar la credibilidad *f*; **die ~ herabsetzen** disminuir la credibilidad.
Gleichbehandlungsgesetz *n (D)* Ley *f* de igualdad de trato.
Gleichbehandlungsgrundsatz *m* principio *m* de igualdad de trato.
gleichberechtigt con igualdad de derechos, con los mismos *(o iguales)* derechos.
Gleichberechtigung *f* **~ von Mann und Frau** igualdad *f* de derechos entre el hombre y la mujer.
gleiche Wahl sufragio *m* igual.
gleichgeschlechtlich homosexual.
Gleichgeschlechtlichkeit *f* homosexualidad *f*, identidad *f* de sexo.
Gleichheitsgrundsatz *m* principio *m* de igualdad.
Gleichstellung *f* igualdad *f* de trato.
Gleichstellungsbeauftragter *m* encargado *(o competente en materia)* de la igualdad *f* de trato.
Gleitklausel *f* cláusula *f* móvil *(o de escala)*.
Globalabkommen *n* acuerdo *m* global.
Globalentschädigung *f* indemnización *f* global.
Globalisierung *f* mundialización *f*, globalización *f*.
Globalzession *f* cesión *f* en bloque, cesión *f* global.
Glücksspiel *n* **betrügerisches ~** juego *m* de azar trampeado; **~ und Wette** juegos *mpl* de envite y azar.
Glücksspielvertrag *m* contrato *m* aleatorio, contrato *m* de azar.
GmbH (Gesellschaft mit beschränkter Haftung) ~anteil participación *f* en la sociedad de responsabilidad limitada.

Gnadenakt *m* medida *f* de gracia, indulto *m* individual.
Gnadenerlass *m (Sp)* decreto *m* de indulto.
Gnadenerweis *m* indulto *m*, acto *m* agraciable.
Gnadenfrist *f* plazo *m* de gracia.
Gnadengesuch *n* **~ einreichen** interponer recurso de gracia.
Gott *m*, **Göttin** *f* **„So wahr mir ~ helfe“ (Eidesformel)** «así me ayude Dios».
Gottes | lästerer *m* **~Lästerin** *(RG) f* blasfemo *m*, ~a *f*.
Gotteslästerung *f* **mündliche, schriftliche ~** blasfemia verbal, por escrito.
Grabschändung *f* violación *f* de sepulturas *(o de sepulcros)*.
Grausamkeit *f* ensañamiento *m*, crueldad *f*, ferocidad *f*.
Gremium *n* órgano *m* colegiado; **zwischenstaatliches ~** organismo *m* interestatal *(o intergubernamental)*.
Grenze *f* **eine ~ setzen** fijar *(o establecer)* un límite.
Grenzmauer *f* **gemeinschaftliche ~** pared *f* medianera.
Grenzpolizei *f* policía *f* de fronteras; *(Sp)* guardia *f* civil.
Grenzverrückung *f* alteración *f* de lindes *(o de términos)*.
grob ~e Fahrlässigkeit negligencia *f* temeraria, imprudencia *f* grave; **~er Unfug** desorden *m* grave.
groß ~er Senat claustro *m*.
Großeinsatz *f* **~ der Polizei** operación *f* policial a gran escala.
Großfahndung *f* **~ der Polizei** persecución *f* policial a gran escala *(o con gran despliegue de medios)*.
Großrazzia *f* gran redada *f*.
Grund *m* 1. *(Motiv)* motivo *m*, causa, razón; 2. *(Land)* suelo *m*, terreno *m*.
Grundabgabe *f* contribución *f* territorial.
Grundbesitz *m* propiedad *f* inmueble.
Grundbesitzer/in *m/f* terrateniente *m*, *f*, latifundista *m*, *f*.
Grundbuch *n* **im ~ eintragen, vortragen** inscribir en el registro de la propiedad; **~ führen** llevar el registro de la propiedad.
Grundbuchamt *n* oficina *f* del registro de la propiedad.
Grundbuchauszug *m* certificación *f* registral.
Grundbuchberichtigung *f* rectificación *f* del registro.
Grundbuchbeschwerde *f* recurso *m* gubernativo.
Grundbuchblatt *n* hoja *f (o folio m)* registral.
Grundbucheinsicht *f* **~ gewähren** poner de manifiesto *(o manifestar)* los libros del registro de la propiedad; **~ nehmen** consultar los libros del registro de la propiedad.
Grundbucheintragung *f* inscripción *f* en el registro de la propiedad.
Grundbuchordnung *f* reglamento *m* del registro de la propiedad.
Grundbuchrang *m* rango *m* registral.
Grunddelikt *n* delito *m* base *(o básico)*.
Gründe *mpl* **~ angeben, anführen, darlegen** motivar, presentar *(o alegar)* motivos.
Grunddienstbarkeit *f* servidumbre *f* real *(o predial)*, servidumbre *f* inmobiliaria.
Grundeigentum *n* propiedad *f* inmobiliaria.
Grundeigentümer *m* propietario *m* de inmuebles.
Gründeraktie *f* acción *f* de fundador *(o de emisión)*.
Gründerhaftung *f* responsabilidad *f* de fundador.
Grunderwerbsteuer *f* impuesto *m* sobre las transacciones inmobiliarias.
Grundfreiheiten *fpl* libertades fundamentales *(o públicas)*.
Grundgesetz *n* **Bonner ~** Ley Fundamental de Bonn.
Grundkapital *n (einer AG)* capital *m* social *(SA)*.
Grundlage *f* **gesetzliche ~** fundamento *m* legal.
Grundlohn *m* **versicherter ~** salario *m* base para el cálculo de la cotización.
Grundmiete *f* alquiler *m (o renta f)* base.
Grundordnung *f* **freiheitliche demokratische ~** régimen *m* de libertad *(democrática)*.
Grundpfand *n* prenda *f* inmobiliaria, hipoteca *f*.
Grundpfandrecht *n* derecho *m* de prenda inmobiliaria.
Grundrecht *n* **die ~e wahren** salvaguardar los derechosfundamen-

tales; **die ~e beachten** respetar los derechos fundamentales.
grundrechtserheblich que afecta a derechos fundamentales.
Grundrechtsfähigkeit *f* capacidad *f* jurídica en materia de derechos fundamentales.
Grundrechtsmündigkeit *f* capacidad *f* de obrar en materia de derechos fundamentales.
Grundrechtsschutz *m* protección *f* de los derechos fundamentales.
grundrechtswidrig violatorio de los derechos fundamentales.
Grundrente *f* 1. *(Mindestrente)* pensión *f* mínima; 2. renta *f* inmobiliaria, renta *f* del suelo.
Grundsatz *m* **~ der Chancengleichheit** principio *m* de igualdad de oportunidades; **~ der Gegenseitigkeit** principio *m (o régimen)* de reciprocidad; **~ von Treu und Glauben** principio *m* de buena fe.
Grundsätze *mpl* **allgemeine international-privatrechtliche ~** principios *mpl* generales del Derecho internacional privado.
Grundschuld *f* garantía *f* real inmobiliaria abstracta; **eine ~ bestellen** constituir una garantía real inmobiliaria abstracta; **eine ~ bewilligen** otorgar una garantía real inmobiliaria abstracta; **eine ~ eintragen** inscribir una garantía real inmobiliaria abstracta; **eine ~ löschen** cancelar una garantía real inmobiliaria abstracta.
Grundschuldbrief *m* cédula *f* de deuda territorial.
Grundsteuer *f* impuesto *m* sobre bienes inmuebles.
Grundstück *n* **angrenzendes ~** terreno *m* colindante; **baureifes ~** terreno *m* edificable; **bebautes ~** predio *m* edificado, finca *f*; **dienendes ~** predio *m* sirviente; **herrschendes ~** predio *m* dominante; **landwirtschaftliches ~** predio *m* rural; **unbebautes ~** solar *m*; **ein ~ belasten** gravar una finca; **ein ~ übertragen** transmitir una finca; **ein ~ veräußern** enajenar una finca; **ein ~ zuschreiben** incorporar *(o agregar)* una finca.
Grundstückskauf *m* compraventa *f* de inmuebles.
Grundstücksklage *f* acción *f* inmobiliaria.
Grundstücksrecht *n* 1. Derecho *m* inmobiliario; 2. título *m* de propiedad (de un inmueble).
Grundstücksverkehr *m* transacciones *fpl* inmobiliarias.
Gründung *f* **~ der Gesellschaft** fundación *f* de la sociedad.
Gründungsakt *f* acto *m* constitutivo *(o fundacional)*.
Gründungsfreiheit *f* libertad *f* de constitución.
Gründungsurkunde *f* instrumento *m* constitutivo, escritura *f* fundacional.
Gründungsvertrag *m* contrato *m (o escritura f)* de constitución.
Grundurteil *n* 1. sentencia *f* con reserva de liquidación; 2. sentencia *f (de)* base.
Grundvertrag *m* acta *f* fundacional.
Gruppenakkordlohn *f* salario *m* a destajo colectivo.
Gruppenarbeitsvertrag *m* contrato *m (laboral)* de grupo.
Guerrillakämpfer/in *m/f* guerrillero *m*, ~a *f*.
Guerrillakrieg *m (guerra f de)* guerrilla.
Guerrillero *m* guerrillero *m*.
Guillotine *f* guillotina *f*.
gültig 1. *(Pass)* válido; 2. *(Echtheit)* legítimo; 3. *(Urkunde)* auténtico; 4. *(Gesetz)* vigente.
Gültigkeit *f* **~ erlangen** entrar en vigor; **~ haben** *(Gesetz)* regir; **~ des Vertrages** vigencia *f* del contrato.
Gunst *f* **zu eigenen ~en** en beneficio propio.
Günstigkeitsprinzip *n* principio *m* de favor *(o de favorecimiento)*.
Gut *n* **eingebrachtes ~** bienes *mpl* aportados; **ererbtes ~** bienes *mpl* de abolengo; **lebensnotwendiges ~** bienes *mpl* de primera necesidad.
gute Sitten buenas costumbres *fpl*; **~r Glaube** buena fe *f*.
Gutachten *n* **ein ~ anfertigen** emitir un dictamen; **ein ~ einholen** *(Gericht)* ordenar la emisión de un dictamen; **ärztliches ~** informe *m* facultativo; **ein ~ erstellen, erstatten** emitir dictamen.

Gutachter/in *m/f* experto *m*, ~a *f* perito *m*, ~a *f*.
Güterabwägung *f* valoración *f* *(o evaluación f)* de los bienes *(jurídicos)*.
Gütergemeinschaft *f* **fortgesetzte ~** comunidad *f* de bienes continuada.
Güterrecht *n* **eheliches ~** régimen *m* económico matrimonial.
Güterrechtsregister *m* registro *m* de bienes matrimoniales.
Güterstand *m* **den ~ aufheben** anular el régimen económico del matrimonio; **~ ~beenden** finalizar el régim eneconómico del matrimonio; **~ vereinbaren** pactar *(o estipular)* el régimen económico matrimonial; **~ der Verwaltung und Nutznießung** régimen *m* de administración y usufructo.
Gütertrennung *f* **~ vereinbaren** otorgar régimen de separación de bienes.
Güteverfahren *n* conciliación *f* previa.
Güteverhandlung *f* procedimiento *m* *(o juicio m)* amistoso.
gutgläubig de buena fe; **~er Erwerb** adquisición *f* de buena fe; **~er Erwerber** adquirente *m* de buena fe *(o sin previo conocimiento)*.
Gutgläubigkeit *f* buena fe *f*.
gütlich auf ~em Wege por vía amistosa, amistosamente.
Gutschrift *f* abono *m* *(en cuenta)*; **eine ~ vornehmen** acreditar *(o abonar)* en cuenta.
Gutverwaltung *f* administración *f* de una finca, mayordomía *f*.

H

Haager Gerichtshof *m* *(= Internationaler Gerichtshof Den Haag, IGH) m* Tribunal *m* Internacional de Justicia de La Haya; **~er Kaufrechtsübereinkommen** *n* Convenio *m* de La Haya del Derecho de Compraventa; **~er Landkriegsordnung** Reglamento *m* de La Haya sobre Guerra Terrestre.
Habe *f* patrimonio *m*; **Hab** *n* **und Gut** todos los bienes *mpl*, todas las propiedades *fpl*.
Habeas corpus *(lat)* hábeas corpus *(lat)*.
Habgier *f* codicia *f*, avidez *f*.
Hacker/in *m/f* pirata *m*, *f* informático, ~a, háccker *m*.
Haft *f* **~ anordnen, verhängen** ordenar prisión; **in ~ behalten** retener detenido; **aus der ~ entlassen** excarcelar, soltar; **in ~ nehmen** encarcelar, encerrar; **lebenslange ~** prisión *f* perpetua *(o vitalicia)*.
haftbar ~ machen responsabilizar; **nicht ~** no responsable, irresponsable.
Haftbefehl *m* **einen ~ beantragen** ordenar la detención, pedir orden de arresto; **den ~ aufrechterhalten, bestätigen** mantener la orden de detención, confirmar el mandamiento de arresto; **den ~ außer Vollzug setzen** suspender la orden de arresto; **einen ~ erlassen** dictar auto de prisión; **einen ~ erwirken** cumplir la orden de detención; **den ~ vollstrecken, vollziehen** ejecutar *(o cumplir)* la orden de detención.
Haftbeschwerde *f* recurso *m* contra el auto de prisión.
haften gesamtschuldnerisch ~ responder solidariamente; **für die Gesellschaftsschulden gegenüber Dritten ~** responder de las deudas sociales frente a terceros; **fur Mängel ~** garantizar los vicios, responder de los vicios *(frente al comprador)*; **unbeschränkt und persönlich ~** responder ilimitada y personalmente.
Haftentlassung *f* **bedingte ~** *(puesta f en)* libertad *f* condicional.
Haftfortdauer *f* prolongación *f* de la detención.
Haftgrund *m* motivo *m* de detención.
Häftling *m* preso *m*, recluso *m*, detenido *m*.
Haftpflicht *f (obligación f de)* responsabilidad *f* civil.
Haftpflichtgesetz *n* ley *f* reguladora de la responsabilidad civil.

haftpflichtig responsable.
Haftpflichtversicherung *f* **gesetzliche ~** *(Kfz)* responsabilidad *f* civil obligatoria,responsabilidad civil frente a terceros.
Haftprüfung *f* examen *m* de la detención preventiva.
Haftprüfungsverfahren *n (D)* procedimiento *m* sobre el mantenimiento de la prisión preventiva.
Haftstrafe *f* pena *f* de cárcel, pena *f* carcelaria, pena *f* de privación de libertad.
haftunfähig no apto para el arresto.
Haftung *f* responsabilidad *f*; **auf die Einlage beschränkte ~** responsabilidad *f* limitada a la aportación; **gesamtschuldnerische ~** responsabilidad *f* solidaria; **unbeschränkbare ~** responsabilidad *f* ilimitable; **unbeschränkte ~** responsabilidad *f* ilimitada; **~ für Verkehrsunfälle** responsabilidad*f* derivada de accidentes de circulación; **~ ablehnen (Verpflichteter)** declinar la responsabilidad; **~ ausschließen** exonerar de responsabilidad; **~ beschränken** restringir *(o limitar)* la responsabilidad; **sich der ~ entziehen** eludir la responsabilidad; **die ~ übernehmen** asumir la responsabilidad; **jemanden von der ~ befreien, freistellen** liberar *(o eximir)* de la responsabilidad.
Haftungsausschluss *m* exoneración *f* de la responsabilidad.
Haftungsbegründung *f* negocio *m* creativo de responsabilidad.
Haftungsbescheid *m* acto *m* de declaración de responsabilidad.
Haftungsbeschränkung *f* limitación *f* de la responsabilidad.
Haftungsgrenze *f* 1. límite *m* de responsabilidad; 2. límite *m* del seguro.
Haftungsgrundlage *f* causa *f* de responsabilidad.
Haftungsklage *f* acción *f* de responsabilidad civil.
Haftungsrecht *n* Derecho *m* regulador de la responsabilidad civil.
Hafturlaub *m* permiso *m* eventual, vacaciones *fpl* carcelarias.
Haftverschonung *f* suspensión *f* de la ejecución del auto de prisión; **~ gewähren** acordar la libertad provisional, suspender el auto de prisión; **vorübergehende ~** libertad *f* provisional.
Hagelschaden *m* daño *m* por granizo.
Hagelversicherung *f* seguro *m* por *(o de)* granizo.
Halbgeschwister *pl* **~ mütterlicherseits, väterlicherseits** hermanos *mpl* de madre *(o uterinos)*, hermanos *mpl* de padre *(o consanguíneos)*, hermanastros *mpl*.
halbieren dividir en dos partes iguales.
Halbpacht *f* aparcería *f*, medianería *f*.
Halbpächter/in *m/f* aparcero *m*, ~a *f*, mediero *m*, ~a *f*, medianero *m*, ~a *f*.
Halbteilungsgrundsatz *m (SteuerR)* principio *m* de partición *f* a partes iguales.
Halbwaise *m* huérfano *m* de un progenitor.
Handbuch *n* manual *m*.
Handelsbräuche *mpl* usos *mpl* de comercio.
Handfesseln *fpl (od Handschellen fpl)* esposas *fpl*.
Hälfte *f* **je zur ~ wählen** elegir por mitades.
haltbar defendible *(Urteil, Begründung)*; **mindestens ~ bis …** a consumir antes del …
halten für berechtigt ~ estimar justificado; **sich an den Buchstaben des Gesetzes ~** atenerse literalmente a la ley; **für richtig ~** estimar acertado.
Halter/in *m/f* tenedor *m*, ~a *f*, operador *m*, ~a *f*; *(Fahrzeughalter)* titular *m*, *f* del vehículo.
Halteverbot *n* parada *f* prohibida.
Hammelsprung *m (WahlR)* votación *f* por grupos.
Hand *f* **die ~ heben** *(Abstimmung)* levantar el brazo; **öffentliche ~** sector *m* público; **in öffentlicher ~** de titularidad pública; **unter der ~ verkaufen** vender en el mercado negro, contrabandear; **an Händen und Füßen gefesselt** esposado de pies y manos.
Handel *m* comercio *m*; **~ und Gewerbe** comercio e industria; **in den ~ bringen** comercializar, poner en venta; **~ treiben** practicar el comercio, comerciar, mercadear.

handeln 1. comerciar, negociar; 2. **im Affekt ~** obrar a impulsos; **arglistig ~** obrar a traición; **bösgläubig ~** obrar de mala fe; **fahrlässig ~** obrar con negligencia, obrar culposamente; **gutgläubig ~** obrar de buena fe; **aus Not ~** obrar impelido por la necesidad; **ordnungswidrig ~** cometer una infracción; **pflichtwidrig ~** obrar en contra de su deber; **mit Überlegung ~** obrar deliberadamente; **innerhalb der Vollmacht ~** actuar dentro del poder conferido; **mit Vorbedacht ~** obrar con premeditación.
Handelsabkommen *n* acuerdo *m* comercial.
Handelsbrauch *m* uso *m (o costumbre o hábito m)* comercial.
Handelsbuch *n* libro *m* de contabilidad *(o de comercio).*
Handelsbürgschaft *f* fianza comercial *(o mercantil).*
Handelsembargo *n* embargo *m (o bloqueo m)* comercial.
Handels- und Gewerbefreiheit *f* libertad *f* de comercio e industria.
Handelsgerichtsbarkeit *f* jurisdicción *f* mercantil.
Handelsgeschäft *n* 1. *(Rechtsgeschäft im Handelsbereich)* operación *f* comercial *(o mercantil)*; 2. *(Unternehmen)* establecimiento *m* comercial *(o mercantil).*
Handelsgesellschaft *f* sociedad *f* mercantil.
Handelsgesetzbuch *n* Código *m* mercantil, Código *m* de comercio.
Handelsgewerbe *n* **~ betreiben** ejercer una actividad mercantil.
Handelskammer *f (ZPO)* sala *f* de lo mercantil.
Handelskauf *m* compraventa *f* mercantil *(o comercial).*
Handelsklasse *f* clase *f*, categoría *f.*
Handelsname *m* firma *f*, nombre *m* comercial.
Handelsrecht *n* Derecho *m* mercantil *(o comercial).*
Handelsregister *n* 1. *(D)* registro *m* mercantil *(o comercial)*; 2. *(Sp)* matrícula *f* de comerciantes; 3. *(Arg, Urug)* registro *m* público de comercio; **in das ~ eintragen** inscribir en el registro mercantil; **Auszug** *m* **aus dem ~** extracto *m* del registro mercantil.
Handelsrichter/in *m/f* juez *m*, ~a *f* de un tribunal de lo mercantil, juez *m*, ~a *f* de una sala de lo mercantil.
Handelssache *f* materia *f* comercial *(o mercantil).*
handelsüblich ~ sein ser usual en el comercio.
Handelsverkehr *m* tráfico *m* comercial, comercio *m*.
Handelsvertreter/in *m/f* representante *m* mercantil.
handgemein ~ werden llegar a las manos.
Handgeschäft *n* contrato *m* de ejecución instantánea.
handhaben *(Vorschrift)* aplicar.
Handkauf *m* venta *f* natural, compraventa al contado.
Händler/in *m/f* **ambulanter, konzessionierter, zugelassener ~** comerciante *m, f (o vendedor m, ~a f)* ambulante; agente *m, f* autorizado, ~a.
Handlung *f* **auslieferungsfähige strafbare ~** acción *f* penal justificativa de la extradición; **zu beurkundende ~** acción *f* a documentar; **fahrlässige strafbare ~** culpa *f* delictual; **fahrlässige unerlaubte ~** cuasidelito *m*; **gerichtliche ~** trámite *m* judicial; **strafbare ~** acción *f* punible; **politische strafbare ~** delito *m* político; **unerlaubte ~** acto *m* ilícito, delito *m* civil; **(nicht) vertretbare ~** acto *m (no)* personal; **dem Rechtshilfeersuchen zugrundeliegende strafbare ~** delito *m* en el que se sustenta la comisión rogatoria; **eine ~ vornehmen, vollziehen** verificar, realizar un acto.
Handlungsbevollmächtigte/r *f/m* apoderado *m*,~a *f*, dependiente *m, f* de comercio.
Handlungseinheit *f* **~ im Rechtssinn** unidad *f* jurídica de acción.
handlungsfähig capaz, capacitado para obrar.
Handlungsfähigkeit *f* capacidad *f* para actuar, facultad *f* de acción; **prozessuale, steuerliche ~** capacidad *f* de obrar procesal, tributaria.

Handlungsfreiheit *f* libertad *f* de acción *(o de actuación)*.
Handlungsobjekt *n* objeto *m* del acto *(o de la acción)*.
Handlungsort *m* lugar *m* de la acción.
Handlungspflicht *f* deber *m* de actuar.
Handlungsunfähigkeit *f* incapacidad *f* de obrar.
Handlungsvollmacht *f* poder *m* mercantil.
Handlungswille *m* voluntad *f* de realizar la acción.
Handschelle *f* **~n anlegen** esposar, maniatar; **in ~n** esposado.
Handschenkung *f* donación *f* manual.
Handschriftprobe *f* muestra *f* de escritura.
Handschriftenvergleichsnormen *fpl* estándares *mpl* de comparación de escritura.
Handtaschen | dieb *m*, **~diebin** *f* **Handtaschenräuber/in** *m/f* tironero *m*,~a *f*, robabolsos *m*, *f*.
Handtaschenraub *m* tirón *m*.
Handwerksbetrieb *m* empresa *f* *(o explotación f)* artesanal, taller *m* de artesanía.
Handwerksordnung *f* reglamento del artesanado.
Handwerksrecht *n* Derecho *m* artesanal.
Handwerksrolle *f* registro *m* de oficios.
Hangtäter/in *m/f*, **Hangverbrecher/in** *m/f* 1. reiterante *m*, *f*, multirreincidente *m*, *f*; 2. autor *m*, ~a *f* por tendencia.
Harmonisierung *f* armonización *f*.
Härtefall *m* caso *m* de rigor *(o grave)*, caso *m* extremo; **sozialer ~** caso *m* social.
Hartz-Gesetze *fpl* **das Gesetzespaket Hartz I und II zur Arbeitsmarktreform** el conjunto de leyes Hartz I y II sobrela reforma del mercado laboral alemán *(siehe Schnellvermittlung, Personal-Service-Agenturen, Bildungsgutscheine, Ältere, Arbeitslosenunterstützung, Mini-Jobs, Ich AG, Jobenzentren, Kapital für Arbeit)*; **~ III und IV** Hartz III y IV *(siehe Bundesagentur für Arbeit, CompetenzCenter, Arbeitslosengeld II)*.
Haschisch *n* hachís *m*, chocolate *m*.
Hass *m* odio *m*.

häufen *(Klagen)* acumular.
Häufung *f* *(Klagen)* acumulación *f*.
Hauptaktionär/in *m/f* accionista *m*, *f* principal.
Hauptantrag *m* petición *f* *(o reclamación f)* principal; **über den ~ hinausgehender Antrag** extrapetición *f*.
Hauptforderung *f* crédito *m* principal.
Hauptintervenient *m* interviniente *m* principal.
Hauptintervention *f* tercería *f* excluyente, intervención *f* principal.
Hauptmangel *m* vicio redhibitorio *(o principal)*.
Hauptpatent *n* patente *f* principal.
Hauptpflicht *f* obligación *f* *(o deber)* principal.
Hauptsache *f* **in der ~** en lo principal; **mit der ~ befasst sein** conocer el fondo del litigio; **sich zur ~ einlassen** intervenir en el fondo; **in der ~ entscheiden** resolver sobre el fondo; **in der ~ ergehen** *(Urteil)* recaer sobre el fondo.
Hauptsatzung *f* reglamento *m* general.
Hauptschuld *f* obligación *f* principal.
Hauptschuldige/r *f/m* culpable *mf* principal.
Hauptstrafe *f* pena *f* principal.
Haupttäter/in *m/f* autor *m*, ~a *f* principal.
Hauptverfahren *n* procedimiento *m* principal.
Hauptverhandlung *f* **die ~ ansetzen** señalar el juicio; **in die ~ einführen** trasladar al plenario; **die ~ erneut durchführen** tramitar la vista oral de nuevo; **die ~ eröffnen** elevar la causa a plenario, abrir el juicio oral; **sich zur ~ stellen** presentarse a la vista principal.
Hauptvermächtnis *n* legado *m* principal.
Hauptversammlung *f* *(Abk.: HV)* **eine ~ abhalten** celebrar una junta *f* general; **die ~ einberufen** convocar junta *f* general.
Hauptwohnsitz *m* domicilio *m* principal.
Haupt | zeuge *m* **~zeugin** *f* testigo *m*, *f* principal.
Haus *n* **ab ~** tomado a domicilio; **ein ~ besetzen** ocupar una casa; **frei ~** franco domicilio;**von ~ zu ~** recogido y entregado.

Hausarrest *m* arresto *m* domiciliario, detención *f* en el domicilio.
Hausdiebstahl *m* hurto *m* a domicilio.
Haus(durch)suchung *f* **~ durchführen, vornehmen** efectuar *(o practicar)* registro *m* domiciliario.
Hausdurchsuchung *f* registro *m* domiciliario; **unbefugte ~** registro *m* domiciliario ilegal; **eine ~ durchführen, vornehmen** efectuar *(o practicar)* un registro domiciliario.
Hausdurchsuchungsbefehl *m* mandato *m* de registro domiciliario.
Hausfriedensbruch *m* allanamiento *m* de morada; **~ begehen** allanar la morada, violar el domicilio; **schwerer ~** allanamiento *m* en cuadrilla.
Hausgemeinschaft *f* comunidad *f* de vecinos *(o de propietarios o de inquilinos)*.
Haushalt *m* 1. hogar *m*, economía *f* doméstica; **den ~ führen** gobernar la casa, cuidar de la casa; 2. *(öffentlicher)* presupuesto *m* público; **~ vorlegen** presentar el presupuesto.
Haushaltsgegenstände *mpl*, **Hausrat** *m* objetos *mpl (o enseres mpl)* domésticos.
Haushaltsgesetz *n* ley *f* general de presupuestos *(del Estado)*.
Haushaltsgrundsätze *mpl* **~ für Ausgaben** código *m* de clasificación *(económica)* del gasto público.
Haushaltsplan *m* **den ~ aufstellen** establecer el plan presupuestario; **den ~ bewilligen** aprobar el plan presupuestario.
Haushaltsrecht *n* Derecho *m* presupuestario.
haushaltsrechtlich de Derecho presupuestario, jurídico-presupuestario.
Haushaltsvorlage *f* proyecto *m* de presupuesto.
Hausmiete *f* alquiler *m (urbano)*.
Hausmüll *m (Sp)* desechos *mpl* domésticos y residuos sólidos urbanos.
Hausrat *m* **ehelicher ~** dote *m* doméstica, ajuar doméstico *(matrimonial)*.
Hausratsversicherung *f* seguro *m* *(combinado)* del hogar.
Hausrecht *n* derecho *m* doméstico.
Haustürgeschäft *n* venta *f* a domicilio.
Havarieattest *n* certificado *m* de avería.
hehlen encubrir.
Hehler/in *m/f* encubridor *m*,~a *f*, receptador *m*, ~a *f*.
Hehlerei *f* encubrimiento *m*, *(SP)* receptación *f*; **gewerbsmäßige ~** encubrimiento *m* profesional.
heilen, einen Mangel ~ subsanar un vicio; **die Nichtigkeit, die Unwirksamkeit ~** subsanar la nulidad.
Heilung *f* **~ eines Mangels** subsanación *f* de un vicio; **~ des Vertrags** rehabilitación *f* del contrato.
Heimarbeitsgesetz *n* ley *f* reguladora del trabajo a domicilio.
Heimarbeiter/in *m/f* trabajador *m*, ~a *f* a domicilio.
heimatlos ~er Ausländer extranjero *m* apátrida *(o sin patria o carente de nacionalidad)*.
Heimatrecht *n* Derecho *m* nacional.
Heimfall *m (Sp)* reversión *f*.
Heimfallberechtigte/r *f/m* tenedor *m*, ~a *f* de reversión.
heimlich ~ und illegal clandestino.
Heimtücke *f* alevosía *f*, insidia *f*.
heimtückisch alevoso, insidioso; *(Mord)* a traición.
heiraten kirchlich ~ casarse por la iglesia; **standesamtlich ~** casarse por lo civil.
Heiratsaufgebot *n* amonestaciones *fpl* matrimoniales.
Heiratsbuch *n* registro *m* matrimonial *(o de matrimonio)*.
Heiratserlaubnis *f* permiso *m* de matrimonio; **~ des Sorgeberechtigten** licencia *f* familiar.
heiratsfähig núbil; **noch nicht ~** impúber.
Heiratsgut *n* bienes *fpl* dotales, dote *f*; **~ der Braut** ajuar *m*.
Heiratsschein *m* certificado *m* de matrimonio.
Heiratsschwindler/in *m/f* estafador *m*, ~a *f* matrimonial.
Heiratsurkunde *f* partida *f (o acta f)* de matrimonio.
Heiratszwang *m* matrimonio *m* forzoso.
hemmen 1. *(behindern)* impedir; 2. *(Entwicklung)* frenar; 3. *(Prozess)* contrarrestar.
Hemmung *f* **~ der Rechtskraft, durch Rechtsmittel** suspensión *f* de firmeza por recurso jurídico; **~ der**

Verjährung suspensión *f* de la prescripción.
henken ahorcar.
Henker *m* verdugo *m*, ejecutor *m* de la justicia.
Herabsetzung *f* **~ der Löhne** reducción *f* de los salarios; **~ der Strafe** disminución *f* de la pena.
Heranwachsende/r *f/m* joven *m*, *f* entre 18 y 21 años, semiadulto *m*, ~a *f*, joven *m/f* adulto, ~a.
Herausforderung *f* **~ mit tödlichen Waffen** reto *m (o desafío m)* con armas mortíferas.
Herausgabe *f* 1. *(Sache)* entrega *f*; 2. *(Rückgabe)* devolución *f*; **~ der Erbschaft an Nacherben** restitución *f*.
Herausgabeanspruch *m* derecho *m* a devolución.
herausverlangen eine Sache ~ reivindicar una cosa.
Herkunft *f* **~ der Ware** origen *m* de la mercancía.
Herkunftsbezeichnung *f* denominación *f* de origen.
Herkunftsort *m* lugar *m* de procedencia.
Herleitung *f (von Ansprüchen)* derivación *f*, deducción *f*.
Heroin *n* heroína *f*, caballo *m*.
heroinsüchtig heroinómano.
herrenlos sin dueño; *(Tier)* abandonado; *(Am)* realengo *m*.
Herrschaft *f* **~ ausüben über** ejercer dominio sobre; **tatsächliche ~** señorío *m* de hecho, corpus *(lat)*.
Herrschaftsgewalt *f* **die tatsächliche ~ über eine Sache ausüben** ejercer el poder físico sobre una cosa.
Herrschaftsrecht *n (derecho m de)* soberanía *f*.
herrschend ~es Grundstück predio *m* dominante; **~e Lehre** doctrina *f* mayoritaria; **~e Meinung** opinión *f* predominante.
herunterladen descargar de la red.
hetzen acosar.
Heuchelei *f* hipocresía *f*, falsedad *f*.
heucheln disimular, fingir.
Heuchler/in *m/f* hipócrita *m,f*.
Heuer *f (SeeR)* paga *f*.
Heuervertrag *m* contrato *m* de ajuste.
Hexe *f* bruja *f*.
Hierarchie *f* jerarquía *f*.
Hilfeleistung *f* **einem Unfallgeschädigten die ~ verweigern** no prestar ayuda a la víctima de un accidente; **unterlassene ~** omisión *f* de socorro.
Hilfsantrag *m* petición *f* subsidiaria.
hilfsbedürftig ~ sein tener necesidad de ayuda.
Hilfsbedürftigkeit *f* indigencia.
Hilflosigkeit *f* desamparo *m*, abandono *m*.
hindernd ~e Einrede excepción *f* dilatoria.
Hindernis *n* **gesetzliches, rechtliches ~** impedimento *m* legal.
Hingabe *f* **~ an Erfüllungs Statt** dación *f* en pago.
hinrichten ejecutar, ajusticiar, *(Col)* ultimar.
Hinrichtungsbefehl *m* orden *f* de ejecución.
Hinterbliebene/r *f/m* supérstite *m*, *f*, superviviente *m*, *f*.
Hinterhalt *m* emboscada *f*.
hinterlegen ~ bei depositar ante; **gerichtlich ~** consignar.
Hinterleger/in *m/f* depositante *m*, *f*, depositador *m*, ~a *f* de fianza, fiador *m*, ~a *f*.
Hinterlegung *f* **gerichtliche ~** depósito *m (o consignación f)* judicial; **~ einer Kaution** prestación *f* de fianza; **~ eines Warenzeichens** depósito *m* de una marca.
Hinterlist *f* **~ durch Verbergen der Absicht** alevosía *f* material.
hinterlistig alevoso.
Hintermann *m* «hombre de atrás» *m*.
hinterziehen *(Steuer)* defraudar.
Höchstgeschwindigkeit *f* **die ~ überschreiten** sobrepasar la velocidad máxima.
Hochstapler/in *m/f* estafador *m*, ~a *f*, timador *m*, ~a *f*.
Höchstbetragshypothek *f* hipoteca *f* cerrada.
höchstpersönlich personalísimo.
Höchststrafe *f* penalidad *f* máxima, grado *m* máximo de la pena.
Hochverrat *m* alta *f* traición.
Höfeordnung *f* ordenanza *f* de haciendas agrícolas.
Hoferbe *m* **Hoferbin** *f* heredero *m*, ~a *f* rural único, ~a.

Höhe *f* **~ des Betrags** *m* cuantía *f*, montante *m (del importe) m)*; **der ~ nach** según la cuantía *f*.

Hoheitsgewalt *f* soberanía *f*.

hoheitlich ~ tätig werden actuar soberanamente.

Hoheitsakt *m* acto *m* de soberanía.

Hoheitsgewalt *f* soberanía *f*, jurisdicción *f*.

Hoheitsgewässer *n* aguas *fpl* jurisdiccionales *(o territoriales)*.

Hoheitsrecht *n* 1. dominio *m*; 2. derecho *m* soberano.

Hoheitszeichen *n* **staatliches ~** símbolo de la soberanía del Estado.

höhere Gewalt *f* fuerza *f (o causa f)* mayor.

höherrangig *(Recht)* de rango superior.

Hohn *m* escarnio *m*, sarcasmo *m*.

Holdinggesellschaft *f* sociedad *f* instrumental *(o hólding)*, sociedad *f* de control.

holographisch ~es Testament testamento *m* ológrafo.

Holschuld *f* obligación *f* de entrega *(o de prestación)*, deuda *f* pagadera en el domicilio del deudor.

Honorar *n* **ein ~ bezahlen** proceder a la regulación del honorario, pagar *(o satisfacer)* el honorario; **ein ~ festsetzen** fijar un honorario; **~ des Prozessbevormächtigten** derechos *mpl* de procurador.

Honorarberechnung *f* minuta *f*.

honorieren einen Wechsel nicht ~ no atender una letra *(de cambio)*.

hören die Zeugen ~ (od vernehmen) interrogar a los testigos.

Hörensagen *n* **vom ~** *(Zeuge)* de oídas, de referencia.

Hörigkeit *f* servidumbre *f*, sujeción *f*.

Hungerlohn *m* salario *m* irrisorio.

Hüter/in *m/f* **~ der Verfassung** guardián *m*, ~a *f* de la Constitución.

Hypothek *f* **eine ~ ablösen** rescatar *(o redimir)* una hipoteca; **eine ~ aufnehmen** suscribir una hipoteca; **mit einer ~ belasten** hipotecar, gravar con una hipoteca; **eine ~ bestellen** constituir una hipoteca; **~ an beweglichen Sachen** *(Sp)* hipoteca *f* mobiliaria; **~ ohne Brief** hipoteca *f* sin cédula; **gesetzliche ~** hipoteca *f* legal; **rechtsgeschäftliche ~** hipoteca *f* voluntaria; **die Tilgung einer ~** la purga *f* de una hipoteca.

hypothekarisch ~ belastbar hipotecable; **~ belastet** hipotecado.

Hypothekenbank *f* banco *m* hipotecario.

Hypothekenbrief *m* título *m* de constitución de la hipoteca.

Hypothekenpfandbrief *m* cédula *f* hipotecaria.

Hypothekenrecht *n* Derecho *m* hipotecario.

Hypothekenschuldner/~in *m/f* hipotecante *m*, *f*, deudor *m*, ~a *f* hipotecario, ~a.

Hypothekenübernahme *f* asunción *f* de una hipoteca.

Hypothekenzinsen *mpl* intereses *mpl* hipotecarios.

I

Ich-AG *f (Agenda 2010)* empresa *f* individual *(o familiar)* fundada por un parado.

Idealkonkurrenz *f* **gleichartige ~** concurso *m* ideal homogéneo.

Idealverein *m* asociación *f* de fines ideales, asociación *f* sin fines lucrativos.

Identifizierung *f* **~ des Angreifers** identificación *f* del transgresor; **~ von Beweismitteln** identificación *f* de la evidencia; **~ des Opfers** identificación *f* de la víctima; **~ eines Verdächtigen** identificación *f* de un sospechoso.

Illegale/r *f/m (Ausländer)* clandestino *m*, ~a *f*; *(Arbeiter)* irregular *m*, *f*.

Illegitimität *f* ilegitimidad *f*.

immateriell ~er Schaden daño *m* inmaterial.

Immatrikulation *f* 1. matriculación *f*; 2. matrícula *f*.

immatrikulieren matricularse.

Immissionsschutz *m* protección *f* atmosférica.
Immissionsschutzgesetz *n (Sp)* ley *f* de protección del ambiente atmosférico.
Immobiliarpfändung embargo *m* inmobiliario.
Immobiliarrecht *n* Derecho *m* inmobiliario.
Immobiliarzwangsvollstreckung *f* ejecución *f* inmobiliaria.
Immobiliengesellschaft *f* sociedad *f* inmobiliaria *(o de crédito inmobiliario).*
Immobilienhändler/in *m/f*, **Immobilienmakler/~in** *m/f* agente *m, f* de la propiedad inmobiliaria *(API).*
Immobilienzwangsversteigerung *f* embargo *m* de bienes hipotecados.
immun inmune, inviolable.
Immunität *f* **die ~ aufheben** desaforar, levantar la inmunidad; **mit ~ Ausgestatteter** aforado *m.*
imperativ ~es Mandat mandato *m* imperativo.
Impfpass *m* carnet *m (o carné m)* de vacunación.
Iimpfschein *m* certificado *m* de vacunación.
Impfstoff *m* vacuna *f.*
Impfung *f* vacunación *f.*
implizit implícitamente, tácitamente.
impotent impotente.
Impressum *n* pie *m* de imprenta.
Inaugenscheinnahme *f* **richterliche ~** inspección *f* judicial.
Inbegriff *m (quinta)* esencia *f*, sustancia *f*; **~ der Verhandlung** conjunto *m* de la vista oral.
Inbesitznahme *f* **gewaltsame ~** toma *f* de posesión violenta; **tatsächliche ~** aprehensión física *(o material).*
Indemnität *f* inmunidad *f.*
Indexklausel *f* cláusula *f* de indexación.
Indikation *f* **ethische, eugenische, medizinische ~** indicación *f* ética, eugenésica, terapéutica.
indirekt ~e Steuer impuesto *m* indirecto; **~e Stellvertretung** representación *f* indirecta; **~er Verbotsirrtum** error *m* indirecto *m* de prohibición; **~er Vorsatz** dolo *m* indirecto.
in dubio pro reo *(lat)* in dubio pro reo.
Individualarbeitsrecht *n* Derecho *m* laboral individual, Derecho *m* individual de trabajo.
Individualrechtsgut *n* bien *m* jurídico individual.
individuell individual; **~ bestimmt** individualizado.
Individuum *n* individuo *m.*
Indiz *n* indicio *m*, hecho *m* indiciario, presunción *f* de hecho.
Indizienbeweis *m* prueba *f* indiciaria, prueba *f* circunstancial.
Indizienprozess *m* proceso *m* judicial indiciario, proceso *m* judicial basado en indicios.
Indossament *n* **beschränktes ~** endoso *m* limitado *(o condicional o calificativo)*; **gefälschtes ~** endoso *m* falsificado; **~ ohne Obligo** endoso *m* sin compromiso; **mit ~ versehen** endosar.
Indossant *m* endosador *m*, endosante *m*, girante *m.*
Indossat(ar) *m* endosatario *m*, endosado *m*, girado *m*, tenedor *m* por endoso.
indossieren, blanko ~ endosar en blanco.
Industrie- und Handelskammer *f* cámara *f* de comercio e industria.
Inempfangnahme *f* admisión *f* de una recepción.
infam infame.
Infamie *f* infamia *f.*
Informant *m* informador *m*, informante *m.*
informationshalber a título informativo.
Informationsfreiheit *f* libertad *f* de informar *(o de información).*
Informationsquelle *f* fuente *f* informativa.
Ingebrauchnahme *f* **unbefugte ~** hurto *m* de uso.
Ingerenz *f* injerencia *f.*
Inhaber/in *m/f* titular *m, f*; **~ einer Aktie** tenedor *m*, ~a *f* de una acción; **~ einer Dienstbarkeit** titular *m* de una servidumbre; **~ einer internationalen Hinterlegung** titular *m* de un depósito internacional; **~ eines Patentes** titular *m (o tenedor m)* de una patente; **~ eines Rechtes** titular *m* de un derecho; **~ einer Wohnung** propietario *m (o dueño)* de una

vivienda; **~ sein** detentar *(u ostentar)* la titularidad.

Inhaberaktie *f* acción *f* al portador.

Inhabergrundschuld *f* deuda *f* inmobiliaria al portador.

Inhaberklausel *f* cláusula *f* al portador.

Inhaberpapiere *npl* valores *mpl* mobiliarios al portador.

Inhaberschaft *f* **gemeinsame ~** titularidad *f* compartida.

Inhaberscheck *m* cheque al portador.

Inhaberschuldverschreibung *f* bono *m (o pagaré m)* al portador, obligación *f* al portador.

Inhaberzinsschein *m* cupón *m* de intereses al portador.

inhaftieren detener, encarcelar, llevar a prisión, meter en la cárcel.

inhaftiert ~ sein estar detenido, estar entre rejas.

Inhaftierte/r *f/m* detenido *m*, preso *m*.

Inhaftierung *f* detención *f*, encarcelamiento *m*, aprisionamiento *m*, reclusión *f*.

Inhalt *m* **~ des Gesetzes** contenido *m (o sentido m)* de la ley; **~ der Klage** extremo *m* de la demanda.

Inhaltsirrtum *m* error in qualitate, error in substantia.

Inhaltsnorm *f* norma *f* de contenido.

Initiativrecht *n* **~ des Parlaments, der Regierung** iniciativa *f* parlamentaria, gubernativa.

Injektion *f* **durch ~ nehmen** *(Droge)* administrar por inyección.

Injurie *f (Schw)* injuria *f*, ofensa *f*.

Inkassoindossament *n* endoso *m* al cobro.

Inkassogeschäft *n* operación *f* de cobro.

Inkassovollmacht *f* poder *m* de cobranza *(o cobro)*.

Inkassozession *f* cesión *f* de cobranza.

inkompatibel incompatible.

Inkompatibilitätsgrund *m* causa *f* de la incompatibilidad *f*.

Inkraftsetzung *f* **~ eines Gesetzes** entrada *f* en vigor de una ley; **vorzeitige ~** puesta *f* en vigencia anticipada.

Inkrafttreten *n* **bis zum ~** hasta la entrada en vigor; **vorläufiges ~** entrada *f* en vigor provisional.

innehaben poseer, tener; *(Amt)* ostentar.

Innehabung *f* **tatsächliche ~** *(Sache)* tenencia *f* material.

innerdienstliche Weisungen *fpl* disposiciones *(o instrucciones)* administrativas.

Innenverhältnis *n* relación *f* interna, régimen *m* interior.

Innenvollmacht *f* poder *m* interno.

innere Verwaltung administración *f* interior.

Innung *f* gremio *m*, corporación *f*, hermandad *f*.

inoffiziell oficioso, no oficial, extraoficial.

Inpfandnahme *f* toma *f* en garantía.

inquirieren inquirir.

Inquisitionsgrundsatz *m*, **Inquisitionsmaxime** *f* principio *m* inquisitivo.

Inquisitionsprozess *m* proceso *m* inquisitivo.

Insasse *m*, **Insassin** *f (Haft)* recluso *m*, ~a *f*, interno *m*, ~a *f*.

Insassen *mpl* **~ der Strafvollzugsanstalt** población *f* reclusa *(o penal)*.

Insemination *f* **künstliche ~** inseminación *f* artificial.

Insichgeschäfte *fpl* negocios *m* concluidos consigo mismo; **~ betreiben** practicar tráfico de influencias.

insolvent insolvente.

Insolvenz *f* insolvencia *f*, concurso *m*.

Insolvenzordnung *f* reglamento *m* ordenador de la insolvencia.

Insolvenzdelikt *n*, **Insolvenzstraftat** *f* insolvencia *f* punible.

Insolvenzmasse *f* **die ~ verteilen** liquidar la masa pasiva; **die ~ verwerten** realizar la masa pasiva.

Insolvenzplan einen ~ ausarbeiten elaborar un plan de insolvencia; **den ~ bestätigen** *(bei Gericht)* ratificar el plan de insolvencia; **den ~ zurückweisen** *(Gericht)* rechazar el plan de insolvencia.

Insolvenzverfahren *n* **das ~ aufheben** revocar el procedimiento de insolvencia; **das ~ einstellen** sobreseer el procedimiento de insolvencia; **das ~ eröffnen** incoar *(o abrir)* el procedimiento de insolvencia.

Insolvenzversicherung *f* seguro *m* general de insolvencia.

Insolvenzverwalter/in *m/f* **~ bestellen** nombrar síndico *(o inter-*

ventor); **~ ernennen** designar síndico *(o interventor)*.
Inspekteur *m*, **Inspektor/~in** *m/f* inspector *m*, ~a *f*.
Inspektion *f* inspección *f*.
inspizieren inspeccionar, visitar, someter a revisión.
Installierung *f* **~ von Abhörgeräten** *(„Wanzen")* colocación *f* de micrófonos secretos.
instandhalten mantener.
Instandsetzungkosten *mpl* gastos *mpl* de reparación.
Instanz *f* **einzige ~** instancia única; **in erster ~ erkennen** conocer en primera instancia; **höchste ~** última instancia, último recurso *m*; **höhere ~** superior jerárquico, superioridad; **in letzter ~ entscheiden** juzgar sin apelación; **nächste ~** instancia siguiente; **zweite ~** segunda instancia, segundo grado *(o escalón)*.
Instanzenweg *m* tramitación *f*.
Institut *n* **gerichtsmedizinisches ~** instituto anatómico-forense.
Instrument *n* **neues handelspolitisches ~** nuevo instrumento *m* de política comercial *(UE)*.
Insurgent *m* insurrecto *m*, insurgente *m*.
Insurrektion *f* insurrección *f*.
Integrated Services Digital Network *n (ISDN)* Red Digital de Servicios Integrados *(RDSI)*.
Integration *f* **militärische ~** integración *f* militar.
integrieren integrar.
Integrität *f* **die körperliche ~ verletzen** violar la integridad corporal; **persönliche, territoriale ~** integridad *f* personal, territorial.
Interaktion *f* interacción *f*.
Interesse *n* **im öffentlichen ~ liegen** entrañar un interés público, ser de interés público; **~n beeinträchtigen** menoscabar los intereses; **~n verletzen** violar *(o vulnerar)* los intereses; **~n vertreten** defender los intereses; **~en wahren, wahrnehmen** salvaguardar los intereses.
Interessenjurisprudenz *f* jurisprudencia *f* de intereses.
Interessenkollision *f* **bei ~** en el caso de colisión de intereses.
Interessenkonflikt *m* conflicto *m* de intereses.
Interessenvereinigung *f*, **Interessengruppe** *f* grupo *m* de presión, asociación *f* de intereses.
Interimsabkommen *n* acuerdo *m* interino *(o provisional)*.
Interimsschein *m* certificado *m* *(o resguardo m)* provisional.
interlokales Recht *n* Derecho *m* interregional *(o interlocal)*.
international-privatrechtlich internacional-privatista.
Internationale kriminalpolizeiliche Organisation (INTERPOL) Interpol *f*, Policía *f* Internacional de Investigación Criminal.
internationale Zuständigkeit *f* competencia *f* internacional.
Internationaler Gerichtshof *m* Tribunal *m* International de Justicia.
internationales Privatrecht *n* Derecho *m* internacional privado.
internationales Recht *n* Derecho *m* internacional.
Internet *n* **ins ~ kommen** entrar en Internet; **im ~ surfen** navegar por Internet; **~cafe** café *m* cibernético.
Internetadresse *f* dirección *f* en Internet.
Internetanbieter/in *m/f* proveedor *m*, ~a *f* de Internet.
Internetanschluss *m* conexión *f* a Internet.
internetbasiert con base *(o basado)* en Internet.
Internetbenutzer/in *m/f* usuario *m*, ~a *f* de Internet.
Internetdienstanbieter/in *m/f*, **Internetdienstleister/in** *m/f* proveedor *m*, ~a *f* de servicios *(de)* Internet.
Internet-Café cibercafé *m*, ciberbar *m*.
Interneteinkäufer/in *m/f* comprador *m*, ~a *f* por Internet.
Internet-E-Mail-Adresse *f* dirección de correo electrónico en Internet.
Internetsurfer *m* internauta *m*.
Internetwerbung *f* publicidad *f* por Internet.
Internetzugang *m* acceso a Internet.
internieren internar.
Internierungshaft *f* internamiento *m*, internación *f*.
Interpellation *f* interpelación *f*.
Interpellationsrecht *n* derecho *m* de interpelación.
Interpol *f* Interpol.

Interpretation *f* **extensive ~** interpretación *f* extensiva.
Interregnum *n* interregno *m*.
Intervenient *m* interviniente *m*, tercerista *m*; **als ~ zahlen** pagar por intervención.
intervenieren ~ bei intervenir en.
Intervention *f* **bewaffnete, militärische ~** intervención *f* armada, militar; **völkerrechtliche ~** intervención *f* internacional.
Interventionsklage *f* acción *f* de intervención.
Interzession *f* intercesión *f*.
Intestaterbe *m*, **Intestaterbin** *f* intestado *m*, ~a *f*, heredero *m*, ~a *f* ab intestato.
Intestaterbfolge *f* sucesión *f* intestada, sucesión *f* ab intestato.
Intimität *f* intimidad *f*.
Intimsphäre *f* intimidad *f*.
Invalide *m* inválido *m*.
Invalidenversicherung *f* seguro *m* de invalidez, *(Sp)* seguro *m* de invalidez y de vejez.
Invalidität *f (veraltet)* **dauernde ~** invalidez permanente;**vollständige ~** gran invalidez; **vorläufige, vorübergehende, zeitweilige ~** invalidez temporal, incapacidad laboral transitoria; **vorzeitige ~** invalidez prematura.
Inventar *n* **ein ~ aufnehmen, aufstellen, errichten** inventariar, hacer inventario, formalizar inventario.
Inventar- und Bilanzbuch *n* libro *m* de inventarios*(y balances)*.
Inventur *f* **effektive, körperliche ~** inventario físico *(o material)*; **laufende ~** inventario actualizado.
Inverkehrbringen *n* puesta *f* en circulación, comercialización *f*.
investieren invertir, colocar fondos; **gewinnbringend ~** rentabilizar la inversión.
Investition *f* inversión *f*, colocación; **direkte ~** inversión *f* directa; **eine ~ tätigen** efectuar una inversión.
Investitur *f* investidura *f*.
Investmentfonds *m* fondo *m* de inversión.
Investmentgesellschaft *f* sociedad *f* de cartera, sociedad *f* de inversiones.
investor *m* inversor *m*.
Inzest *m* incesto *m*, estupro *m*.
ipso iure *(lat)* de pleno Derecho.
irreführen desorientar, engañar, despistar.
Irreführung *f* inducción *f* al error.
Irre/r *f/m* demente *m*, *f*, enfermo *m*, ~a *f* mental, loco *m*, ~a *f*.
irreversibel irreversible.
Irrtum *m* **~ oder Auslassung vorbehalten** salvo error u omisión; **außerstrafrechtlicher ~** error *m* extrapenal; **beiderseitiger ~** error *m* bilateral; **nicht wesentlicher ~** error *m* accidental; **strafrechtlicher ~** error *m* jurídico-penal; **wesentlicher ~** error *m* esencial.
irrtümlich por equivocación, por error.
Irrtumsvorbehalt *m* **unter ~** salvo error *(u omisión)*.
Isolationshaft *f* prisión *f* incomunicada.
Isolationszelle *f* celda *f* de aislamiento.
iudex ~ ad quem tribunal *m* ad quem; **~ a quo** tribunal *m* a quo.
ius *n (lat)* **~ puniendi** *(lat)* derecho *m* de castigo, derecho *m* penal *(en sentido subjetivo)*.

J

Ja *n* **das ~ ankreuzen** marcar el sí; **mit ~ stimmen** votar sí.
Jagd *f* **nicht waidgerechte ~** caza *f* furtiva *(por medios prohibidos)*.
Jagdausübung *f* aprovechamiento *m* cinegético.
jagdberechtigt con derecho a caza.
Jagdbezirk *m* coto *m* de caza.
Jagdfrevel *m* delito *m* de caza.
Jagdhüter *m* **vereidigter ~** guarda *m* de caza jurado.
Jagdpachtrecht *n* derecho *m* de arrendamiento de caza.
Jagdrecht *n* 1. *(objektiv)* Derecho *m* de caza; 2. *(subjektiv)* derecho a cazar.

Jagdschein *m* licencia *f* de caza.
Jagdwilderei *f* caza *f* furtiva.
Jagen *n* **unberechtigtes ~** caza *f* prohibida.
Jahr *n* **aufs ~ beziehen** anualizar; **laufendes ~** año *m* corriente *(o en curso).*
Jahresabschluss *m* **den ~ aufstellen** presentar el cierre anual de cuentas; **den ~ genehmigen** aprobar el cierre *m* anual de cuentas.
Jahresbericht *m* memoria *f.*
Jahresbilanz *f* balance *m* anual *(o de fin de ejercicio).*
Jahresgebühr *f* tasa *f* anual, anualidad *f.*
Jahresmiete *f* renta *f* anual de alquiler.
Jobcenter *n (D Agenda 2010)* centros *mpl* de colocación *(fusión de las oficinas de colocación y de lo social).*
Joint venture *n (engl)* 1. empresa *f* mixta; 2. capital *m* riesgo compartido.
Judikative *f* poder *m* judicial.
Judikatur *f* 1. sentencias *fpl*; 2. judicatura *f.*
judizieren juzgar.
Jugendamt *n* departamento *m* tutelar de menores; *(Sp)* consejería *f* de educación y juventud).
Jugendarbeit *f* trabajo *m* de menores.
Jugendarbeitsschutzgesetz *n* ley *f* de protección del trabajo de menores.
Jugendarrest *m* arresto *m* juvenil.
Jugendfürsorge *f* asistencia *f* a la juventud.
jugendgefährdend peligroso para la juventud.
Jugendgefängnis *n* cárcel *f* de menores.
Jugendgericht *n* tribunal *m (tutelar)* de menores.
Jugendgerichtsbarkeit *f* jurisdicción *f* de menores.
Jugendgerichtsgesetz *n* Ley *f* reguladora de la responsabilidad penal del menor.
Jugendgerichtshilfe *f* asistencia *f* judicial a los menores.
Jugendhaftanstalt *f* centro *m* penitenciario de menores.
Jugendheim *n* centro *m* de acogida de menores.
Jugendhilfe *f* protección *f* de menores.
Jugendkriminalität *f* delincuencia *f* de menores, delincuencia *f* juvenil.
jugendlich ~er Straftäter reo *m* juvenil *(o menor).*
Jugendrecht *n* Derecho *m* del menor.
Jugendrichter/in *m/f* juez *m*, ~a *f* de menores.
Jugendschutz *m* protección *f* de menores.
Jugendschutzrecht *n* Derecho *m* de protección de menores.
Jugendstrafanstalt *f* centro *m* penitenciario de menores.
Jugendstrafe *f* pena *f* para menores.
Jugendstrafrecht *n* Derecho *m* penal de menores.
Jugendstraftat *f* infracción *f* cometida por un menor.
Jugendvertretung *f* representación *f* juvenil *(im Betriebsrat).*
Jugendwohlfahrtsgesetz *n (Öst)* ley *f* de beneficencia para la juventud.
Jura *n* **~ studieren** estudiar Derecho.
Jurisdiktion *f* jurisdicción *f.*
Jurisdiktionskonflikt *m* conflicto *m* jurisdiccional *(o de jurisdicción).*
Jurisprudenz *f* 1. ciencia *f* del Derecho, jurispericia; 2. jurisprudencia.
Juristen *mpl* juristas *mpl*, gente *f* de toga.
Juristenrecht *n* derecho *m* de los juristas.
Juristenvereinigung *f* **Deutsch-Spanische ~** Asociación *f* Hispano-Alemana de Juristas.
juristisch ~e Ausbildung formación *f* jurídica; **~e Person** persona *f* jurídica, ente *m* jurídico.
Jury *f* jurado *m.*
Jus *n* **~ primae noctis** derecho *m* de pernada; **~ sanguinis** derecho *m* de la sangre; **~ soli** derecho *m* del suelo.
Justitiar/in *m/f* asesor *m*, ~a *f (o consultor m)* jurídico, ~a; *(alt)* el Justicia; *(Sp)* abogado *m*, ~a *f* empresarial.
Justiz *f* **in die ~ überführen** judicializar; **der ~ übergeben (od überstellen)** someter a la justicia, poner a disposición judicial.
Justizangestellte(r) *f (m)* auxiliar *m, f* de la Administración de justicia.
Justizapparat *m* aparato *m* judicial.
Justizaufsichtsbehörde *f* autoridad *f* judicial inspectora.
Justizbehörden die ~ la justicia, las autoridades judiciales.

Justizhoheit *f* soberanía *f* judicial.
Justizkommunikationsgesetz *n* *(D; bezüglich der elektronischen Kommunikation)* Ley *f* relativa a la comunicación *f* electrónica en la Administración de Justicia.
justiziabel justiciable.
Justiziabilität *f* justiciabilidad.
Justizirrtum *m* extravío *m* de la justica, error *m* judicial.
Justizminister/in *m/f* 1. *(Bundesminister)* ministro *m*, ~a *f* federal de Justicia; 2. *(Landesminister)* consejero *m*, ~a *f* regional de Justicia.
Justizmord *m* asesinato *m* legal *(o judicial o jurídico).*
Justizverwaltung *f* Administración *f* de justicia.
Justizverwaltungsorgan *n* organismo *m* gubernativo de la Administración de justicia.
Justizverweigerung *f* denegación *f* de justicia.
Justizvollzugsanstalt *f* penitenciaría *f*, establecimiento *m* penitenciario.
Justizwachtmeister/in *m/f* ujier *m*, *f*.
Justizwesen *m* *(sistema m o régimen m de)* justicia *f*.
Juwelendieb/in *m/f* ladrón *m*, ~a *f* de joyas.

K

Kabelpfandrecht *n* derecho *m* de prenda sobre cables.
Kabinettsbeschluss *m* decreto *m* del Consejo de Ministros.
Kabotagerecht *n* derecho *m* de cabotaje.
kaduzieren caducar.
Kaduzierung *f* *(declaración f de)* caducidad *f*.
kalendarisch según *(el)* calendario.
Kalenderjahr *n* año *m* natural *(o civil).*
Kalendermonat *m* mes *m* natural.
Kalendertag *m* día *m* civil *(o natural).*
Kalkulationsfehler *m*, **Kalkulationsirrtum** *m* error *m* de cálculo.
Kammer *f* **einer ~ beitreten** colegiarse; **erkennende ~** sala *f* sentenciadora; **~ für Geschäftsverteilung** sala de gobierno; **~ für Handelsachen** sala *f* de lo mercantil; **erste, zweite ~** *(Parlament)* primera, segunda cámara, cámara baja, alta.
Kämmerer *m* *(interventor-)* tesorero *m*.
Kammerpräsident/in *m/f* *(Gericht)* presidente *m*, ~a *f* de la sala.
Kampfhandlungen *fpl* **die ~ beginnen** romper las hostilidades.
Kandidat/in *m/f* candidato *m*, ~a *f*; **sich als ~ stellen** presentar *(su)* candidatura.
Kandidatur *f* candidatura *f*.
kandidieren presentarse como candidato.
Kannbestimmung *f* disposición *f* potestativa.
Kann-Kaufmann *m* empresario que puede inscribirse como comerciante.
Kann-Vorschrift *f* disposición *f* facultativa *(o discrecional).*
kanonisch ~es Recht Derecho *m* canónico.
Kantonalrecht *n* *(Schw)* Derecho *m* cantonal.
Kantonsbürgerrecht *n* *(Schw)* vecindad *f* cantonal.
Kantonsgericht *n* *(Schw)* tribunal *m* de apelación *(del cantón).*
Kantonsverhörrichter/in *m/f* *(Schw)* juez *m*, ~a *f* instructor, ~a cantonal.
Kanzlei *f* *(Anwalt)* despacho *m*, bufete *m*.
Kanzler/in *m/f* canciller, presidente del Gobierno; **~ der Botschaft** secretario *m*, ~a *f* de embajada.
Kaperei *f* *(ugs)* **frei von ~, Beschlagnahme, Insurrektion und bürgerlichen Unruhen** libre de captura, embargo, desórdenes y conmociones civiles.
kapern apresar, capturar.
Kapital *n* **~ anlegen, einsetzen** invertir capital; **mit ~ ausstatten** dotar de *(o con)* capital; **~ einlegen** aportar capital; **~ einzahlen** desembolsar capital; **~ entnehmen** sacar *(o retirar)* capital.

Kapitalabfindung *f* indemnización *f* en capital.
Kapitalanlage *f* inversión de capital *m.*
Kapitalanlagegesellschaft *f* sociedad *f* inversora *(o de inversiones)*, sociedad *f* de cartera.
Kapitalanleger/in *m/f* inversionista *m,f.*
Kapitalanteil *m* **~ des Kommanditisten** aportación *f* del *(socio)* comanditario.
Kapitalerhöhung *f* ampliación *f* de capital.
Kapitalertrag *m* rendimiento *m* del capital.
Kapitalertragssteuer *f* impuesto *m* sobre las utilidades, impuesto *m* sobre las rentas del capital.
Kapitalgesellschaft *f* sociedad *f* de capital *(o capitalista).*
Kapitalherabsetzung *f* reducción *f* de capital.
kapitalisieren capitalizar.
Kapitalmarkt *m* **freier ~** mercado *(de capitales)* abierto.
Kapitalverbrechen *n* delito *m* capital, delito *m* merecedor de la pena capital.
Kapitalverkehr *m* **freier ~** libre circulación *f* de capitales.
Kapitalverkehrsbeschränkung *f* restricción *f* a la libre circulación de capitales.
Kapitalverkehrssteuer *f* impuesto *m* sobre transacciones de capital.
Kapitalverkehrsgesetz *n* ley *f* reguladora del tráfico de capitales.
Kapitulation *f* **bedingungslose ~** capitulación *f* incondicional.
kapitulieren rendirse, entregarse, capitular.
Karenz *f* **bezahlte ~** carencia *f* pagada.
Karenzentschädigung *f* indemnización *f* de carencia.
Karenzfrist *f*, **Karenzzeit** *f* plazo *m* de espera *(o carencia).*
Kartei *f* **~ der Unfallhäufigkeit** *f* *(Versicherung)* «fichero *m* de malos».
Kartell *n* cártel *m*, cartel *m*, acuerdo *m* entre empresas.
Kartellamt *n (Sp)* servicio de defensa *m* de la competencia.
Kartellklage *f* acción *f* antimonopolista.
Kartellrecht *n* Derecho *m* antitrust *(o antimonopolio).*
Kaskoversicherung *f* seguro *m* de casco *(o del buque).*
Kassation *f* **materiellrechtliche ~** casación *f* en el fondo.
Kassationsgericht *n*, **Kassationsgerichtshof** *m*, **Kassationshof** *m* tribunal *m (o corte f)* de casación.
kassatorisch casatorio; *(Klausel)* de caducidad.
Kasse ~ gegen Akzept documentos *mpl* contra aceptación; **~ gegen Dokumente** pago *m* contra entrega de documentos.
Kassenarzt *m*, **Kassenärztin** *f* médico *m*, ~a *f* del seguro.
Kastration *f* castración *f.*
kastrieren castrar.
Katasteramt *n* catastro *m*, registro *m* catastral.
Katasterauszug *m* extracto *m* del catastro.
Katastrophenfall *m* **im ~** en caso de catástrofe.
Kauf *m* **~ auf Probe** compra *f* a prueba; **~ auf Muster** compra *f* sobre muestra; **~ auf Zeit** compra *f* a plazo; **billigend in Kauf nehmen** asumiendo las eventuales consecuencias; **einen ~ abschließen** concertar *(o cerrar)* una compra; **einen ~ tätigen** efectuar una compra.
Kaufauftrag *m* orden *f* de compra.
kaufen für eigene, für fremde Rechnung ~ comprar por cuenta propia, por cuenta ajena; **fest ~** comprar en firme; **schwarz ~** comprar de estraperlo.
Käufer/in *m/f* comprador *m*,~a *f*; **~ von gestohlenem Eigentum** comprador *m* de propiedades robadas; **gutgläubiger ~** comprador *m* de buena fe.
Kaufgegenstand *m* objeto *m* de la compra*(venta) f.*
käuflich 1. comprable, adquirible; 2. sobornable.
Käuflichkeit *f* venalidad *f*, corruptibilidad *f.*
Kaufmann *m* **selbständiger ~** comerciante *m* propietario.
Kaufmannsbrauch *m* uso *m (o hábito m)* de comerciante.
Kaufmannseigenschaft *f* condición *f (o calidad f)* de comerciante.

Kaufmannshaftung *f* responsabilidad *f* del comerciante.
Kaufpreisforderung *f* reclamación *f* del precio *m* de la compra*(venta) f.*
Kaufpreisklage *f* acción *f* de cobro del precio *(de la compraventa).*
Kaufpreisrückzahlungspflicht *f* obligación *f* de reembolsar el precio de la compra*(venta) f.*
Kaufrechtsvermächtnis *n* legado *m* del derecho de compraventa.
Kaufschein *m* comprobante *m (o ticket m)* de la compra.
Kaufurkunde *f* escritura *f* de compraventa.
Kaufvertrag *m* **handschriftlicher, mündlicher ~** contrato *m* privado de compraventa, contrato *m* verbal de compraventa; **notarieller ~** escritura *f* de compraventa; **schriftlicher ~** contrato *m (por)* escrito de compraventa.
Kaufzwang *m* obligación *f* de comprar; **kein ~** entrada libre.
Kausalgeschäft *n* negocio *m (o acto m)* causal.
Kausalitätsverhältnis *n* relación *f* de causalidad.
Kausalzusammenhang *m* nexo *m (o relación f)* causal, relación *f* causa efecto.
Kautelen *fpl* condiciones *fpl*, reservas *fpl.*
Kaution *f* **gegen ~ freilassen** poner en libertad bajo fianza; **eine ~ hinterlegen** depositar una caución; **~ stellen** salir fiador.
Kautionshypothek *f* hipoteca *f* cautelar.
Kautionsschein *m* escritura *f* de fianza.
Kavaliersdelikt *n* peccata minuta, delito de bagatela.
Kenntnis *f* **amtlich ~ nehmen von** tener conocimiento de oficio; **bei ~** a sabiendas; **zur ~ bringen** hacer saber; **zur ~ nehmen** tomar nota; **in ~ setzen** poner en conocimiento; **~ der Strafbarkeit** conocimiento *m* de la punibilidad; **~ des Mangels** evicción *f.*
Kenntnisnahme *f* **zur ~** para su conocimiento, a título informativo; **zur ~ vorlegen** elevar al conocimiento.
Kennzeichen *n* **amtliches (od polizeiliches) ~** la *(placa f de)* matrícula.
Kerker *m* mazmorra *f*, cárcel *m.*
Kettenarbeitsvertrag *m* contrato *m* de trabajo en cadena.
Kettenschenkung *f* donación *f* en cadena.
kidnappen secuestrar.
Kidnapper *m* secuestrador *m.*
Killer/in *m/f* asesino *m*, ~a *f.*
Kind *n* **anerkanntes ~** hijo *m (natural)* reconocido; **angenommenes ~** hijo adoptivo *(o adoptado)*; **ausgesetztes ~** expósito *m*; hijo *m* abandonado *(o encontrado)*; **eheliches ~** hijo *m* matrimonial; **ein ~ mißbrauchen** abusar *(sexualmente)* de un niño; **nichteheliches, uneheliches ~** hijo *m* extramatrimonial; **voreheliches ~** hijo prematrimonial; **ein ~ unterschieben** suponer un parto.
Kinderarbeit *f* trabajo *m* infantil.
Kindergeld *n* subsidio *m (familiar)* por hijos.
Kinderzulage *f*, **Kinderzuschlag** *m* puntos *mpl* por hijos, plus *m* de cargas familiares.
Kindesannahme *f* adopción *f.*
Kindesaussetzung *f* abandono *m (o exposición f)* de niños.
Kindesentführer/in *m/f* secuestrador *m*, ~a *f* de niños.
Kindesentführung *f* secuestro *(o rapto m)* de niños.
Kindesmissbrauch *m* abuso *m* sexual de niños.
Kindesmisshandlung *f* malos tratos *mpl* a niños.
Kindesmord *m* infanticidio *m.*
Kindesmörder/in *m/f* infanticida *m, f.*
Kindesraub *m* robo *m (o rapto m)* de niños.
Kindestötung *f* infanticidio *m.*
Kindesunterschiebung *f* suposición *f* de parto, sustitución *f* de niños.
Kindschaftssache *f* proceso *m* de paternidad y filiación.
Kirchendiebstahl *m* hurto *m* sacrílego.
Kirchengericht *n* tribunal *m* eclesiástico.
Kirchenrecht *n* Derecho *m* canónico.
Kirchensteuer *f* impuesto *m* eclesiástico; *(Sp)* asignación *f* tributaria a fines religiosos.
klagbar procesable, ejercitable; **nicht ~** inactuable; **~ sein** dar lugar a acción.
Klage *f* **die ~ abweisen** desestimar la demanda; **die ~ ändern** transformar *(o cambiar)* la demanda); **~ auf**

Anerkennung der Vaterschaft acción *f* de reconocimiento de la paternidad; **sich der öffentlichen ~ anschließen** sumarse a la acción pública; **eine ~ einreichen, eine Klage erheben** formular *(o entablar)* demanda; **über die ~ entscheiden** resolver sobre la demanda; **auf die ~ erwidern** contestar a la demanda; **~ auf Feststellung des Personenstands** acción *f* de reclamación de estado; **~ führen über** pleitear por; **der ~ stattgeben** estimar la demanda; **die ~ zulassen** admitir la demanda a trámite; **petitorische ~** acción *f* petitoria; **possessorische ~** acción *f* posesoria; **verwaltungsgerichtliche ~** recurso *m* contencioso-administrativo.

Klageabschrift *f* copia *f* de la demanda.

Klageänderung *f* enmienda *f (o modificación f o alteración f)* de la demanda.

Klageanerkenntnis *n* allanamiento *m* a la demanda.

Klageantrag *m* demanda *f*; súplica *f*; **dem ~ entsprechen** estimar la demanda.

Klageart *f* forma *f* de la acción.

Klagebefugnis *f* legitimidad *f* para ejercer la acción.

Klagebegehren *n* petición *f* del demandante.

Klagebegründung *f* cuerpo *m (o fundamentación f)* de la demanda.

Klageeinreichung *f* presentación *f* de la demanda.

Klageerhebung *f* ejercicio *m* de la acción.

Klageerwiderung *f* contestación *f* a la demanda, litiscontestación *f*, oposición *f* a la demanda.

Klagefrist *f* plazo *m* para interponer la demanda.

Klagegegner/in *m/f* parte *f* contraria.

Klagegrund *m* causa pretendi *(lat)*, causa *f (o fundamento m)* de la demanda.

klagen 1. poner un pleito, demandar; **auf Scheidung ~** ejercitar la acción de divorcio, pedi rel divorcio; 2. quejarse, lamentarse.

Klagenhäufung *f*, **Klagenverbindung** *f* acumulación *f* de acciones.

Klagepartei *f* parte *f* actora *(o demandante)*.

Kläger/in *m/f* **als ~ auftreten** erigirse en demandante; **leichtfertiger ~** demandante *m*, *f* temerario, ~a; **öffentlicher ~** acusador *m*, ~a *f* público, ~a.

Klagerücknahme *f* desistimiento *m* de la acción.

Klageschrift *f* escrito *m* de la demanda; **die ~ einreichen** presentar la demanda.

Klageweg *m* **den ~ beschreiten** recurrir a los tribunales *(o a la justicia)*.

Klammeraffe *m (@)* arroba *f*.

Klassenjustiz *f* justicia *f* de clases.

Klassenstärke *(Schulen)* número *m* de alumnos por aula.

Klausel *f* **~ „freibleibend"** cláusula *f* «quedando libre»; **~ „Betrag (od Wert) erhalten"** cláusula «valor recibido».

Kleptomane *m*, **Kleptomanin** *f* cleptómano *m*, ~a *f*.

Kleptomanie *f* cleptomanía *f*.

Klient/in *m/f* cliente *m*, ~a *f*, mandante *m*, *f*.

Klientel *f* clientela *f*, mandantes *mpl*.

Knebel *m (Verbrechen)* mordaza *f*.

knebeln amordazar.

Knebelung *f* mordaza *f*, amordazamiento *m*.

Knebelungsvertrag *m* contrato *m* leonino.

Knechtschaft *f* esclavitud *f*.

Koalitionsfreiheit *f* libertad *f* sindical *(o de coalición o de asociación)*; **negative ~** libertad *f* de no afiliarse *(o asociarse)*.

Kodezisionsverfahren *n* procedimiento *m* de codecisión *f*.

Kodifikation *f* codificación *f*.

kodifikatorisch codificatorio.

kodifizieren codificar.

Kodizillarklausel *f* cláusula *f* codicilar.

Koitus *m* coito *m*.

Kokainhandel *m* tráfico de coca*(ína)*.

Kokainsucht *f* cocainomanía *f*.

kokainsüchtig ~ sein ser *(un)* cocainómano.

Kolchose *f (od Kolchos m)* kolchós *m*.

Kollaborateur/in *m/f* colaboracionista *m*, *f*.

Kollegialbehörde *f* autoridad *f (u órgano m)* colegial.

Kollegialgericht *n* sala *f* colegiada *(de justicia)*; tribunal *m* colegiado; **~ in Strafsachen** audiencia *f* de lo criminal.
Kollektivabkommen *n* tratado *m (o convenio m)* multilateral.
Kollektivarbeitsvertrag *m (Schw)* convenio *m* colectivo.
Kollektivdelikt *n* delito *m* colectivo.
Kollektiveigentum *n* propiedad *f* colectiva *(o comunitaria)*.
Kollektivhaftung *f* responsabilidad *f* colectiva.
Kollektivschuld *f* culpa *f* colectiva; responsabilidad *f* colectiva.
Kollektivvertrag *m (Öst)* convenio *m* colectivo.
Kollision *f* 1. colisión *f*; 2. *(Schiffe, Flugzeuge)* abordo *m*, abordaje *m*.
Kollisionsnorm *f* **allseitige ~** norma *f* de colisión perfecta; **einseitige ~, unvollkommene ~** norma *f* de colisión unilateral, imperfecta; **vollkommene ~** norma *f* de colisión completa.
Kollisionsrecht *n* **nicht temporales ~** Derecho *m* de colisión atemporal.
Kollusion *f* connivencia *f*, colusión *f*.
Kommanditgesellschaft *f* sociedad *f* comanditaria *(o en comandita)*; **~ auf Aktien** sociedad *f* comanditaria *(o en comandita)* por acciones.
Kommanditist/in *m/f (socio m)* comanditista *m, f*; **treuhänderischer ~** comanditario *m* fiduciario.
Kommentar *m (Gesetzestext)* comentario *m (de texto legal)*.
Kommissar/in *m/f* **stellvertretender ~** comisario *m*, ~a *f* suplente.
Kommissariat *n* comisaría *f*, comisariato *m*.
kommissarisch interino, provisional, en comisión.
Kommission *f*, **Europäische ~** Comisión *f* Europea.
Kommissionär/in *m/f (comerciante m)* comisionista *m, f*.
Kommittent/in *m/f* comitente *m, f*, tradens *(lat)*.
kommunal municipal.
Kommunalaufsicht *f* inspección *f* municipal, tutela *f* sobre los municipios.
Kommunalrecht *n* Derecho *m* municipal *(o local)*.
Kommunalsteuer *f* arbitrio *m* municipal, tributo *m* local.
Kommunalwahlen *fpl* elecciones *fpl (o comicios mpl)* municipales; elecciones *fpl* a las administraciones locales.
Kommune *f* municipalidad *f*, entidad *f* local.
Kompatibilität *f* compatibilidad *f*, compaginación.
Kompensationsrecht *n* derecho *m* compensatorio *(o de compensación)*.
kompensieren compensar.
kompetent competente.
Kompetenz *f* **~en abgrenzen** delimitar las competencias; **die ~ ausweiten** ampliar *(o extender)* la competencia; **konkurrierende ~** competencia *f* concurrente; **~ ausüben, wahrnehmen** asumir la competencia; **~ überschreiten** extralimitarse **en la competencia.**
Kompetenzkompetenz *f* competencia *f* para la competencia, competencia *f* en materia de competencia.
Kompetenzkonflikt *m* competencia *f* de jurisdicción, conflictividad *f* competencial, conflicto *m* de competencias.
Kompetenzzentren *(agenda 2010)* centros *mpl* de competencia.
Kompilation *f* compilación *f*.
kompilieren compilar.
Komplementär *m* socio *m* colectivo, socio responsable ilimitadamente.
Komplize *m*, **Komplice** *m*, **Komplizin** *f* cómplice *m, f*, alicate *m, f*.
Komplott *m* complot *m (o compló m)*; **ein ~ schmieden** tramar una conspiración.
Kompromiss *m* compromiso *m*; **einen ~ schließen** llegar a un acuerdo *(o compromiso)*.
Kompromissänderungsantrag *m* enmienda *f* de compromiso.
Kompromissentschließung *f* resolución *f* de compromiso.
Kondominat *f* condominio *m*.
Kondominium *n* condominio *m*.
Konferenz *f* **für Sicherheit und Zusammenarbeit (KSZE)** *(alt)* Conferencia *f* sobre Seguridad y Cooperación en Europa *(CSCE)*;

(seit 1994 umbenannt in OSZE, Organisation für Sicherheit und Zusammenarbeit in Europa).

Konfession *f* confesión *f*, religión *f*, credo *m*.

Konfiskationsrecht *n* normativa *f* en materia de confiscación.

konfiszieren confiscar.

Konflikt *m* **bewaffneter ~** confrontación *f* armada; conflicto *m* armado; **mit dem Gesetz in ~ geraten** infringir la ley.

Konfliktmord *m* asesinato *m* por conflicto.

Konfliktverbrechen *n* delito *m* por conflicto.

Kongress *m* **Internationaler ~ der Obersten Rechnungsprüfungsbehörden** Congreso Internacional de Tribunales de Cuentas.

Königsmord *m* regicidio *m*, magnicidio *m*.

Königsmörder/in *m/f* regicida *m*, *f*, magnicida *m*, *f*.

Konklusion *f* conclusión *f*.

Konkordatsstaat *m* Estado *m* concordatario.

Konkubinat *n* concubinato *m*.

Konkurrenz *f* 1. **unlautere ~** competencia *f* desleal; **vollständige ~** competencia *f* perfecta; 2. **~ von Delikten** concurso *m* de delitos; **~ mehrerer strafbarer Handlungen** concurrencia *f* de varias acciones punibles.

konkurrieren competir con, hacer competencia a.

Konkurs *m (veraltet siehe Insolvenz)* quiebra *f*, insolvencia *f*;**~ abwenden** 1. *(Kaufleute)* eludir la quiebra; 2. *(Nichtkaufleute)* evitar el concurso; **~ anmelden** *(Schuldner)* declararse en quiebra; **~ beantragen** solicitar la quiebra; **~ eröffnen, erklären** *(Gericht)* abrir, declarar, decretar la quiebra *(o concurso)*; **in ~ fallen, in ~ geraten, in ~ gehen, ~ machen** quebrar, hacer quiebra, constituirse en quiebra, ir a la quiebra.

Konkursanfechtung *f* acción *f* revocatoria.

Konkursantrag *m* **~ stellen** instar la quiebra *(o insolvencia)*.

Konkursausfallfonds *m (Sp)* fondo *m* de garantía salarial.

Konkurseröffnung *f* **die ~ beantragen** solicitar la declaración de quiebra.

Konkursforderung *f* **~ anmelden** presentar un crédito contra la quiebra.

Konkursgläubiger/in *m/f* acreedor *m*, ~a *f* del insolvente *(o quebrado)*.

Konkursgrund *m* causa *f* de la insolvencia.

Konkursmasse *f* masa *f* activa.

Konkursstraftat *f* delito *m* de insolvencia punible.

Konkursverfahren *n* procedimiento *m* concursal.

Konkursverwalteramt *n* sindicatura *f*.

Konnexität *f* conexidad *f*.

Konnivenz *f* connivencia *f*.

Konnossement *n* **direktes ~** conocimiento *m* de embarque nominativo; **durchgehendes ~** conocimiento *m* directo; **reines begebbares ~** conocimiento *m* limpio negociable.

Konsens *m* **fehlender ~** falta *f* de conformidad *(o de consenso o de acuerdo)*.

Konsensualvertrag *m* contrato *m* consensual.

Konsignation *f* **in ~ geben** consignar, entregar en consignación.

Konsolidation *f* consolidación *f*.

Konspiration *f* conspiración *f*.

konspirieren conspirar.

konstituieren sich ~ constituirse en.

Konstitutionalismus *m* constitucionalismo *m*.

konstitutionell constitucional.

konstitutiv constitutivo.

konstruktiv ~es Misstrauensvotum moción *f* de censura constructiva.

Konsularrecht *n* Derecho *m* consular.

Konsument/in *m/f* **~ von Designerdrogen** consumidor *m*, ~a *f* recreacional.

Konsumgesellschaft *f* sociedad *f* de*(l)* consumo.

Kontaktsperre *f* bloqueo *m* de contacto, incomunicación *f*; **~ anordnen gegen jd; unter ~ stehen** incomunicar a alguien, dejar incomunicado a alguien; estar incomunicado.

Konterbande *f* contrabando *m*, pase *m*.

Konterbandeware *f* mercancía *f* de contrabando.

Konto *n* **ein ~ anlegen, eröffnen** abrir una cuenta; **auf das ~ einzahlen** ingresar en la cuenta; **das ~ belasten** adeudar, cargar *(en)* cuenta; **dem ~ einen Betrag gutschreiben** abonar en cuenta; **das ~ löschen** cancelar la cuenta; **ein ~ schließen** cerrar una cuenta.

Kontoabschluss *m* cierre *m* de una cuenta.

Kontoauszug *m* extracto *m* de una cuenta.

Kontokorrentinhaber/~in *m/f* cuentacorrentista *m, f,* titular *m, f* de una cuenta corriente.

Kontrahent/in *m/f* 1. contratante *m, f;* 2. adversario *m,* ~a *f* rival *m/f.*

Kontrahierungszwang *m* obligación *f* de contratar, contratación *f* obligatoria *(o forzosa).*

Kontraktbruch *m* incumplimiento *m* de contrato.

kontraktlich contractual.

Kontribution *f* contribución *f.*

Kontrolle *f* **~ von Alkohol am Steuer** control *m* de alcoholemia; **gerichtliche ~** control *m* jurisdiccional; **~ der Verfassungsmäßigkeit** control *m* de la constitucionalidad.

kontrollieren staatlich ~ fiscalizar.

Kontrollrecht *n* derecho *m* de control *(o de fiscalización).*

Konvent *m* convención *f.*

Konvention *f* **Europäische ~ zum Schutz der Menschenrechte und Grundfreiheiten** Convención *f* Europea para la Salvaguardia de los Derechos Humanos y las Libertades Fundamentales.

Konventionalnorm *f* norma *f* convencional, convencionalismo *m* social.

Konventionalscheidung *f* divorcio *m* por consentimiento mutuo.

Konventionalstrafe *f* 1. pena convencional, multa *f* convencional; 2. fianza *f* de incumplimiento.

Konvergenzdelikt *n* delito *m* de convergencia.

Konzentrationslager *n* campo *m* de concentración.

Konzernrecht *n* Derecho *m* de grupos industriales y comerciales.

Konzession *f* **eine ~ ablehnen, versagen** denegar una concesión; **eine ~ beantragen** solicitar una concesión; **der ~ bedürfen** necesitar *(o requerir)* concesión; **die ~ entziehen** retirar la concesión; **eine ~ erteilen, verleihen** otorgar una concesión; *(Méx)* concesionar; **verwaltungsbehördliche ~** concesión *f* administrativa.

Konzessionsabgaben *fpl* regalías *fpl,* tributos *mpl* por concesiones.

Konzessionsurkunde *f* acta *f* de concesión.

Kopf *m* **~ der Klageschrift** exordio *m* de la demanda; **~ einer Urkunde** testa *f,* cabecera *f,* encabezamiento.

köpfen cortar la cabeza, decapitar.

Kopfsteuer *f (derechos mpl de)* capitación *f.*

Kopfpauschale *f (Krankenversicherung)* seguro *m* de enfermedad con prima fija per cápita.

Kopie *f* **beglaubigte ~** copia *f* certificada.

Kopierecht *n* derechos *(Syn: Vervielfältigungsrecht) m* reprográficos.

Körperbehinderte(r) *f (m)* disminuido *m,* ~a *f* físico, ~a, minusválido *m,* ~a *f.*

körperlich ~e Misshandlungen maltratos *mpl* corporales, maltratos *mpl* de obra.

Körperschaft *f* **~ des öffentliches Rechts** corporación *f* de Derecho público; **gesetzgebende ~** ente *m (o cuerpo m)* legislativo.

Körperschaftsteuer *f* **allgemeine ~** *(Sp)* impuesto *m* general sobre la renta de sociedades y demás entidades jurídicas.

Körperverletzung *f* **einfache (od leichte) ~** lesión *f* de pronóstico leve; **schwere ~** lesión *f (de pronóstico)* grave; **~ mit Todesfolge** lesión *f* con resultado de muerte.

Korrespondenz *f* **amtliche ~** correspondencia *f* oficial.

Korrespondenzgeheimnis *n* secreto *m* de la correspondencia.

korrumpieren corromper.

korrupt corrupto.

Korruptionsaffäre *f* caso *m* de corrupción.

Korruptionsskandal *m* escándalo *m* de corrupción.

Korruptionsvorwurf *m* reproche *m* *(o acusación f)* de corrupción.

Kosten *fpl (Gerichtskosten)* costas *fpl* judiciales; **~ anfallen** producirse costas; **außergerichtliche ~** gastos *mpl* extrajudiciales; **~ auferlegen** cargar las costas; **~ erheben** exigir las costas; **die (Prozess)kosten tragen** sufragar las costas *(procesales)*; **~ gegeneinander aufheben** compensar costas recíprocamente; **zu den ~ verurteilen** condenar en costas.

Kostenberechnung *f* cálculo *m* de las costas.

Kostendeckung *f* cobertura *f* de gastos.

Kostenentscheidung *f* decisión *f* sobre las costas, condena *f* en costas.

Kostenerstattung *f* restitución *f* de costas.

Kostenfestsetzung *f* tasación *f* de costas.

Kostenfestsetzungsantrag *m* solicitud *f* de tasación *(de costas)*.

Kostenfestsetzungsbeschluss *m* auto *m* de tasación de costas.

kostenlos libre de gastos, sin costes, gratuito, de gracia.

Kostenordnung *f* reglamento *m* de costas.

kostenpflichtig ~ verurteilen condenado en costas.

Kostenrechnung *f* **die ~ beanstanden** tachar los honorarios.

Kraft *f* **außer ~** derogado; **in ~ bleiben** seguir en vigor; **außer ~ setzen** derogar, abrogar, suspender; **(wieder) in ~ treten** *(vover a)* entrar en vigor; **rückwirkende ~ haben** tener carácter retroactivo.

Kraftfahrzeugbrief *m* tarjeta *f* de circulación, carta *f* del vehículo.

Kraftfahrzeugdiebstahl *m* hurto *m* de automóvil.

Kraftfahrzeughalter/~in *m/f* titular *m, f (o propietario m, ~a f o dueño m, ~a f)* del vehículo.

Kraftfahrzeugkennzeichen *n* **hinteres, vorderes ~** placa *f* de matrícula posterior, delantera.

Kraftfahrzeugpapiere *npl* documentación *f* del vehículo.

Kraftfahrzeugschein *m* siehe *Zulassungsbescheinigung*.

Kraftfahrzeugsteuer *f* impuesto *m* sobre vehículos automóviles *(o de motor)*; *(Sp)* impuesto *m* de vehículos de tracción mecánica.

Kraftfahrzeugunfall *m* accidente *m* de automóvil.

Kraftfahrzeugversicherung *f* seguro *m* de automóviles.

Kraftfahrzeugzulassung *f* permiso *m* *(o patente f)* de circulación.

Kraftloserklärung *f* declaración *f* de no vigencia; *(D)* **zur ~ aufgeboten** anunciado a efectos de declarar la nulidad.

Kraftverkehr *m* circulación *f* de vehículos de motor.

Kraftverkehrsgesetz *n* ley *f* de uso y circulación de vehículos de motor.

Krankenbericht *m* parte *m* médico.

Krankengeldzuschuss *n* aportación *f* del patrono al subsidio *m* de enfermedad.

Krankenhaus *n* **psychiatrisches ~ des Justizvollzugs** sanatorio *m* *(p)*siquiátrico penitenciario.

Krankenkasse *f* **gesetzliche ~** caja de enfermedad de la Seguridad Social.

Krankenschein *m* volante *m* del seguro.

Krankenversicherung *f* **gesetzliche ~** seguro *m* obligatorio de enfermedad; **private ~** seguro *m* de enfermedad privado.

Krankheit *f* **meldepflichtige ~** enfermedad *f* de declaración obligatoria; **quarantänepflichtige ~** enfermedad cuarentenaria.

Kredit *m* **~ unter Auflagen** crédito *m* condicional; **einen ~ aufnehmen** tomar un crédito; **beanspruchter ~** crédito *m* utilizado, **besicherter (od gesicherter) ~** crédito *m* con garantía; **den ~ entziehen** retirar el crédito; **gesperrter ~** crédito *m* bloqueado; **notleidender ~** crédito *m* fallido; **einen ~ einräumen, geben, gewähren, bewilligen** otorgar *(o conceder)* un crédito; **einen ~ kündigen** denunciar un crédito; **einen ~ tilgen** reembolsar *(o devolver)* un crédito.

Kreditantrag *m* solicitud *f* de crédito.

Kreditauftrag *m* mandato *m* crediticio.

Kreditbetrug *m* estafa *f* crediticia.

Kreditbrief *m* **übertragbarer ~** carta *f* de crédito transferible.

Kreditfähigkeit solvencia *f*, acceso *m* al crédito.
Kreditgarantiegesellschaft *f* sociedad *f* de garantía recíproca.
Kreditgeber/in *m/f* acreditante *m, f*, dador *m*, ~a *f* del crédito, prestamista *m, f*.
kreditieren abonar en cuenta.
Kreditinstitut *n* entidad *f* crediticia, instituto *m* de crédito.
Kreditkarte *f* **gefälschte ~** tarjeta *f* de crédito falsificada.
Kreditkauf *m* compraventa *f* a plazo *(o a crédito)*.
Kreditnahme *f* retirada *f* del crédito.
Kreditnehmer/in *m/f* acreditado *m*, ~a *f*, tomador *m*, ~a *f (o deudor m, ~a f)* del crédito, prestatario.
Kreditschädigung *f* descrédito *m*.
Kreditsicherung *f*, **Kreditsicherheit** *f* garantía *f* de un crédito.
Kreditverkauf *m* venta *f* a crédito, venta *f* al fiado, venta *f* cargada en cuenta.
Kreditvermittler/in *m/f* agente *m, f* de negociación de créditos.
Kreditvertrag *m* contrato *m* de crédito.
Kreditwesengesetz *n* ley *f* bancaria, ley *f* del régimen de créditos.
Kreditwucher *m* **gewerbsmäßigen ~ betreiben** dedicarse habitualmente a préstamos usurarios.
kreditwürdig solvente, fiable, digno de crédito.
Kreis *m (D)* subdistrito *m*.
Kreisgericht *n* tribunal *m* de partido.
Kreistag *m (etwa)* diputación *f* provincial.
Kreisverwaltung *f* administración *f* del subdistrito.
Kreuzverhör *n* interrogatorio cruzado *(o contradictorio)*; **ins ~ nehmen** repreguntar, contrainterrogar.
Kriegsdienstverweigerer *(aus Gewissensgründen) m* objetor *m* de conciencia.
Kriegsdienstverweigerung *f* objeción *f* de conciencia.
Kriegserklärung *f* declaración *f* de guerra.
Kriegsgefangenenabkommen *n* convenio *m* relativo a prisioneros de guerra.
Kriegsgefangenenaustausch *m* canje *m* de prisioneros.
Kriegsgefangenschaft *f* cautiverio *m*, cautividad *f*.
Kriegsgericht *n* consejo *m* de guerra.
Kriegsrecht *n* **das ~ ausrufen** implantar la ley marcial.
Kriegsversehrter *m* **~ zu hundert Prozent** inútil *m* total de guerra.
Kriegszustand *m* **den ~ verhängen** declarar el estado de guerra.
Kriminalamt *n* **Bundes~ (BKA)** Oficina *f* federal de investigación criminal.
Kriminalbeamter *m*, **Kriminalbeamtin** *f* funcionario *m*, ~a *f* de la policía judicial.
kriminalisieren criminalizar.
kriminalistisch criminalístico.
Kriminalität *f* **allgemeine ~** delincuencia *f* común; **organisierte ~** delincuencia *(o criminalidad f)* organizada.
Kriminaljustiz *f* justicia *f* penal.
Kriminalpolizei *f* brigada *f* policial.
Kriminalrecht *n* Derecho *m* criminal.
kriminell ~e Bande banda *f* de asesinos *(o criminales)*; **~e Vereinigung** organización *f* criminal.
kriminelle Vereinigung *f* asociación *f* criminal *(o para delinquir)*.
Kriminologe *m*, **Kriminologin** *f* criminólogo *m*, ~a *f*.
Kriminologie *f* criminología *f*.
kriminologisch criminológico.
Kronzeuge *m*, **Kronzeugin** *f* testigo *m, f* principal.
KSZE *f (Konferenz für Sicherheit und Zusammenarbeit in Europa)* Conferencia *f* sobre Seguridad y Cooperación en Europa *(CSCE)*.
Kulpakompensation *f (Öst, ZivR)* compensación *f* de culpas.
Kumulationsprinzip *n* principio *m* de acumulación.
kumulativ ~e Schuldübernahme asunción *f* acumulativa de deuda, coasunción *f*.
Kumulativwirkung *f (SteuerR)* efecto *m* acumulativo.
kündbar 1. *(Hypothek)* rescatable; 2. *(Kredit)* rescincible; 3. *(Auftrag)* cancelable; 4. *(ablösbar)* amortizable; 5. **jederzeit kündbarer Arbeitsvertrag** *(contrato m de)* empleo *m* precario.
Kundendienst *m* servicio *m* postventa, servicio *m* de atención al cliente.

kundgeben seinen letzten Willen ~ otorgar sus últimas voluntades.
kündigen 1. *(einem Mieter)* desahuciar; 2. *(einem Arbeitnehmer)* despedir; 3. *(Stellung)* pedir el despido, pedir la cuenta, rescindir el contrato de trabajo; 4. *(Auftrag)* cancelar; 5. *(Vertrag)* dar por terminado.
Kündigung *f* **~ durch den Arbeitgeber** despido *m*; **~ durch den Arbeitnehmer** autodespido *m*; **~ durch den Vermieter** aviso *m* de desahucio; **außerordentliche ~** denuncia *f* extraordinaria; **befristete ~** despido *m* con preaviso; **betriebsbedingte ~** denuncia *f* por razones técnicas, denuncia *f* basada en las necesidades de la empresa; **fristgebundene ~** denuncia *f* con preaviso; **fristlose ~** despido *m* fulminante *(o en el acto)*; **ordentliche ~** denuncia *f* ordinaria; **personenbedingte ~** denuncia *f* basada en la persona del trabajador; **verhaltensbedingte ~** denuncia *f* basada en la conducta del trabajador; **die ~ aussprechen** dar aviso de despido *(Arbeitsrecht)*, dar aviso de desahucio *(Mietrecht)*.
Kündigungsfreiheit *f* libertad *f* de despido.
Kündigungsfrist *f* plazo *m* de denuncia, plazo *m* de preaviso.
Kündigungsgrund *m* **wichtiger ~** causa *f* justificada de rescisión.
Kündigungsmöglichkeit *f* facultad *f* rescisoria.
Kündigungsschutz *m* 1. *(Mietrecht)* protección *f (de los inquilinos)* contra el desahucio; 2. *(Arbeitsrecht)* protección *f* contra el despido; **den ~ lockern** flexibilizar la protección contra el despido; **die Reform des ~es** la reforma de la protección contra el despido.
Kündigungsschutzgesetz *n (KSchG)* ley *f* de protección contra los despidos.
Kunstbetrug *m* timo *m* de obra de arte.
Kunstfehler *m* **ärztlicher ~** error *m (o fallo m)* médico.
Kunsturheberrechtsgesetz *n* ley *f* sobre el derecho de autor de obras de arte.
Kuppelei *f* proxenetismo *m*, alcahuetería *f*.
Kurator/in *m/f* **~ des Nasciturus** curador *m*, ~a *f* del hijo concebido no nacido.
Kurzarbeit *f (trabajo m a)* jornada reducida.
Kurzarrest *m* arresto *m* breve.
Kurzfassung *f* **~ eines Aktenvorgangs** somero extracto.
Kurzschlusshandlung *f* pronto *m*, maniobra *f* in extremis.
Kurzschlussselbstmord *m* suicidio *m* de corto circuito.
Küstencharta *f* **Europäische ~** Carta *f* Europea del Litoral.
Küstengewässer *n/pl*, **Küstenmeer** aguas *fpl* jurisdiccionales, aguas *fpl* costeras.
Küstenwache *f* policía *f* guardacostas.

L

Labor *n* **gerichtsmedizinisches ~** laboratorio *m* forense; **illegales ~** laboratorio *m* ilícito; **kriminalistisches ~** laboratorio *m* de criminalística.
laden 1. *(zum Termin)* **formgerecht**, **ordnungsgemäß ~** citar en buena y debida forma; **gerichtlich ~** citar judicialmente; 2. *(Waren)* cargar, embarcar.
Ladendieb/in *m/f* ladrón *m*, ~a *f* en tiendas.
Ladendiebstahl *m* ratería *f*.
Ladenschluss *m* hora *f* de cierre de los comercios; horario *m* comercial.
Ladenschlussgesetz *n* ley *f* sobre horarios comerciales.
Ladepapiere *npl* documentos *mpl* de carga.
Ladeschein *m* póliza *f* de cargamento; *(Méx)* título *m* de transporte, conocimiento *m*.
lädieren herir, lesionar.
Ladung *f* **~ von Amts wegen** citación *f* de oficio; **~ des Beklagten** emplazamiento *m*; **einer (der)**

~ Folge leisten personarse, comparecer; **~ vor Gericht** citación *f* judicial; 2. *(von Gütern)* carga *f*, cargamento.

Ladungsfrist *f* plazo *m* de comparecencia *(o de personación)*.

Ladungsschreiben *n* cédula *f* de citación.

Lage nach ~ der Dinge dada la situación del caso.

Lagerhalter/in *m/f* almacenista *m, f*, almacenero *m*, ~a *f*.

Lagerhaus *n* almacén *m*, depósito *m*.

Lagerpfandschein *m* cédula *f* pignoraticia, fianza *f* de depósito.

Lagerschein *m* resguardo *m* de depósito en almacén.

Lagervertrag *m* contrato *m* de depósito.

Laienrichter/in *m/f* juez *m*, ~a *f* no profesional, juez *m*, ~a *f* lego *(en Derecho)*.

Land *n* 1. suelo *m*, tierra; 2. *(Bundesland)* Estado *m* federado.

Landesanwalt *m* Abogado del Estado Federado.

Landesarbeitsgericht *n* tribunal *m* *(o magistratura f)* regional de trabajo.

Landesbehörde *f* autoridad *f* regional.

Landesgesetz *n* ley *f* de un Estado federado.

Landesgesetzgeber/in *m/f* parlamento *m* regional.

Landeshauptmann *m* *(Öst)* presidente *m* de un gobierno regional.

Landesplanung *f* macrourbanismo *m*, planificación *f* territorial.

Landesrecht *n* Derecho *m* regional, Derecho *m* de un Estado federado.

Landesregierung *f* gobierno *m* regional.

Landessozialgericht *n* tribunal *m* regional de lo social.

Landesstrafrecht *n* Derecho *m* penal particular.

Landesverfassungsgericht *n* tribunal *m* constitucional de un Estado federado.

Landesverrat *m* delito *m* contra la seguridad *f* exterior del Estado perpetrado mediante revelación *f* de secretos de Estado.

Landesverräter/in *m/f* traidor *m*, sedicioso *m*.

landesverräterisch sedicioso *m*, ~a *f*, traidor *m*, ~a *f*, traicionero *m*, ~a *f*.

Landesverwaltung *f* administración *f* territorial.

Landfriede *m* **ewiger ~** paz *f* territorial eterna.

Landfriedensbruch *m* perturbación *f* del orden público, bandidaje *m*.

Landgericht *n* tribunal *m* regional, tribunal *f* territorial.

Landkreis *m* subistrito *m*.

Landkrieg *m* **Haager Landkriegsordnung** *f* Reglamento *m* de La Haya sobre la Guerra Terrestre.

Landpacht *f* arrendamiento *m* rústico.

Landpachtvertrag *m* contrato *m* de arrendamiento rústico.

Land | rat *m* **~rätin** *f* subgobernador *m*, ~a *f*, subprefecto *m*,~a *f*.

Landratsamt *n* jefatura *f* de subdistrito.

Landschaftsverband *m* *(D)* mancomunidad *f* de municipios con fines administrativos;*(Sp)* mancomunidad *f* interprovincial.

Landstreicher/in *m/f* **krimineller ~** quinqui *m/f*.

Landstreicherei *f* vagabundismo *m*, vagabundeo *m*, vagancia *f*.

Landtag *m* parlamento *m* regional.

Landtagswahlen *fpl* comicios *fpl* regionales.

Landungsrecht *n* derecho *m* de aterrizaje.

Landwirtschaftsrecht *n* Derecho *m* *(o legislación f)* rural.

Langzeitarbeitslosigkeit *f* paro *m* de larga duración.

Lärm *m* **ruhestörender ~** ruido *m* perturbador del descanso.

Lärmbekämpfung *f* lucha *f* contra el ruido.

Lärmbelästigung *f* contaminación *f* acústica.

Lärmbelastung *f* impacto *m* del ruido, contaminación *f* ambiental sonora.

Lärmschutzmaßnahmen *fpl* medidas *fpl* de protección contra el ruido.

Last *f* **zur ~ fallen** ser cargado a, ser imputable; **frei von jeder ~** libre de toda carga; **jemandem etwas zur ~ legen** inculpar a alguien de algo.

Lasten *fpl*; *(finanzielle Verpfl.)* cargas *fpl* financieras; **zu ~ Dritter** en perjuicio de un tercero; **zu ~ und Gefahr** a cargo y riesgo; **zu unseren ~** a nuestro cargo; **zu**

~ von por cuenta de, a cargo de, imputable a.
Lastenausgleichsabgabe *f* derechos *mpl* de perecuación *f (o compensación f)* de cargas.
lastenfrei exento de cargas *(o de gravámenes).*
Lästerer *m*, **Lästerin** *f* canalla *m, f,* difamador *m*, ~a *f*, cotilla *m, f.*
lästern difamar, blasfemar.
Lastschrift *f* adeudo *m* domiciliado.
Lastschriftanzeige *f* nota *f* de adeudo *(o de cargo).*
Lastschriftverfahren *n* domiciliación *f* de recibos.
Laufbahn *f* **~ des einfachen Dienstes** escala *f* subalterna; **~ des höheren Dienstes** escala *f* técnica.
Laufzeit *f* **gesetzliche ~** vida *f* legal; **vertragliche ~** duración *f* del contrato; **~ eines Wechsels** plazo *m* de vencimiento.
Lauschangriff, großer ~ intervención *f* electrónica, escuchas *fpl* por medios electrónicos.
Lauterkeit *f* **~ des Wettbewerbs** lealtad *f* de la competencia.
Leasingvertrag *m* contrato *m* de arrendamiento *m* financiero, contrato de alquiler-venta, contrato *m* de leasing *m*.
Leben *n* **eheliches ~** vida *f* conyugal; **jemandem nach dem ~ trachten** atentar contra la vida de alguien.
Lebende *pl* **unter ~n** inter vivos *(lat)*, entre vivos.
Lebensarbeitszeit *f* vida *f* laboral activa.
Lebensbescheinigung *f*, **Lebensbestätigung** *f* certificado *m (o testimonio m)* de existencia.
Lebenserfahrung *f* **außerhalb der allgemeinen ~** ajeno a la experiencia general.
Lebensgefahr *f* **drohende ~** peligro *m* inminente de muerte.
Lebensgemeinschaft *f* **eheliche ~** comunidad *f* de vida matrimonial; **die eheliche ~ beenden** romper la convivencia matrimonial; **faktische ~** hogar *m* de hecho; **nichteheliche ~** unión *f* estable, pareja *f* estable, unión *f* de hecho.
lebenslänglich zu ~ verurteilen condenar a perpetuidad *(o a cadena perpetua).*
Lebensmittelrecht *n* Derecho *m* alimentario.
Lebensnachstellung *f* atentado *m* contra la vida.
Lebensrecht *n* derecho *m* vital.
Lebenspartner *m* 1. pareja *f*, compañero *m* sentimental; 2. persona integrante de una unión de hecho de personas homosexuales.
Lebensunterhalt *m* **für seinen ~ aufkommen, seinen bestreiten** ganarse la vida.
Lebensvermutung *f* presunción *f* de vida.
Lebensversicherung *f* seguro *m* de vida.
Lebenszeit *f* **auf ~ ernennen** nombrar de por vida, nombrar vitaliciamente.
ledig soltero *m*.
Legaldefinition *f* definición *f* legal.
Legalenteignung *f* expropiación *f* legal.
Legalisation *f*, **Legalisierung** *f* **konsularische ~** legalización *f* consular.
legalisieren legalizar.
Legalität *f* legalidad *f*, juridicidad *f.*
Legalitätsprinzip *n* principio *m* de legalidad.
Legalservitut *f (Öst)* servidumbre *f* legal.
Legalzession *f* cesión *f (o subrogación f)* legal.
Legat *m (ErbR: Vermächtnis)* legado *m*.
Legende *f* título *m*.
legislativ legislativo.
Legislative *f* poder *m* legislativo.
Legislaturperiode *f* período *m* legislativo.
Legitimation *f*, **Legitimierung** *f* **~ durch nachfolgende Eheschließung** legitimación *f* por subsiguiente matrimonio.
Legitimationspapier *n* título *m* de legitimación.
legitimieren legitimar; **sich ~** comprobar su identidad.
Legitimität *f* legitimidad *f.*
Lehrbuch *n* tratado *m*.
Lehrfreiheit *f* libertad *f* de cátedra, libertad *f* de enseñanza.
Leibesfrucht *f* feto *m*, nasciturus, concebido y no nacido.
Leibesstrafe *f* pena *f* corporal.

Leibesvisitation *f* **eine ~ durchführen** cachear.
Leibgedinge *n die bei der Übergabe eines landwirtschaftl. Anwesens an den Übernehmer übliche lebenslange Versorgung des Übertragenden (Wohnung, Kost usw.)* reserva *f* rústica.
Leibrente *f* renta *f (o pensión f)* vitalicia.
Leibwächter/in *m/f* guardaespaldas *m,f.*
Leiche *f* **eine ~ exhumieren** exhumar *(un cadáver).*
Leichenbeschauer/in *m/f* médico *m* investigador.
Leichenfledderei *f* robo *m* macabro.
Leichenöffnung *f* autopsia*f.*
Leichenraub *m* robo *m* macabro, sustracción *f* de cadáveres.
Leichenschänder/in *m/f* profanador *m,* ~a *f* de cadáveres.
Leichenschändung *f* violación *f* de tumba, profanador *m* de cadáveres.
Leichenschau *f* levantamiento *m* de cadáver, inspección *f* ocular del cadáver.
Leichnam *m* **den ~ freigeben** dar fe del cadáver.
leichtfertig ligero, imprudente, frívolo.
Leichtfertigkeit *f* **~ feststellen** apreciar temeridad.
Leiharbeitsverhältnis *n* relación *f* laboral de cesión.
Leihe *f* comodato *m.*
Leihhaus *n* casa *f* de empeño, monte *m* de piedad.
Leihmutter *f* madre *f* subrogada *(o de alquiler).*
Leihmutterschaft *f* maternidad *f* subrogada.
leisten 1. *(Kaution)* realizar; 2. *(Bürgschaft)* prestar; 3. *(Zahlung)* pagar; 4. *(Militärdienst)* cumplir; 5. *(Arbeit)* prestar; 6. *(Geleistetes)* rendir; 7. *(Ergebenis)* resultar.
Leistung *f* **~ an Erfüllungs Statt** dación *f* en pago.
Leistungen *fpl* **satzungsgemäße ~** prestaciones *fpl* estatutarias; **unentgeltliche ~** prestaciones *fpl* gratuitas; **versicherungsfremde ~** prestaciones *fpl* ajenas al seguro.
Leistungsempfänger/in *m/f* perceptor *m,* ~a *f (o beneficiario m, ~a f)* de prestaciones.
Leistungserbringer/in *m/f* prestatario *m,* ~a *f.*
Leistungsbefehl *m* mandato *m* de prestación *f.*
Leistungsgesellschaft *f* sociedad *f* del rendimiento.
Leistungsinhalt *m* contenido *m* de la prestación.
Leistungsklage *f* acción *f* condenatoria *(a hacer una prestación).*
Leistungsort *m* lugar *m* de la prestación *(o del cumplimiento).*
Leistungspflicht *f* deber *m* de prestación *f.*
Leistungspflichtige/r *f/m* obligado *m,* ~a *f* a la prestación.
Leistungsrecht *n* derecho *m* de prestación.
Leistungsträger/in *m/f* ente *m* prestatario; persona *f* prestataria.
Leistungsurteil *n* condena *f* de hacer una prestación.
Leistungsverwaltung *f* acción *f* administrativa de prestación.
Leistungsverweigerung *f* denegación *f* de la prestación.
Leistungsverweigerungsrecht *n* derecho a negar la prestación.
Leistungsverzug *m* mora solvendi *(lat),* retraso *m* en la prestación.
Leistungswettbewerb *m* concurso *m.*
Leistungswucher *m* prestación *f* usuraria.
Leistungszulage *f* prima *f* al rendimiento.
leiten die Verhandlung ~ dirigir los debates.
leitend ~er Angestellter ejecutivo *m.*
Leiter/in *m/f* **~ der Gerichtskanzlei** escribano *m,* ~a *f.*
Leitung *f* **~ des Gerichts** gobierno *m* del juzgado.
Leitzins *m* tipo *m (de interés)* básico.
Lesung *f* **erste ~** primera lectura *f (de un proyecto de ley).*
letzt ~er Wille última voluntad *f;* **~es Wort** última palabra *f.*
letztwillig de última voluntad, testamentario; **~e Verfügung** *f* de última voluntad *f.*
leugnen ein Recht ~ negar un derecho.
Leugner/in *m/f,* **Leugnende/r** *f/m* negador *m,* ~a *f,*negante *m, f.*
Leumund *m* reputación *f.*
Leumundszeuge *m,* **Leumundszeugin** *f* testigo *m, f* de conducta.

Leumundszeugnis *n* certificado *m* de buena conducta.
Liberalisierung *f* **~ des Handels** liberalización *f* de los intercambios comerciales.
Liebhaberwert *m* valor *m* afectivo.
liefern baldmöglichst ~ entregar cuanto antes; **postwendend ~** entregar a vuelta de correo.
Lieferschein *m* **frei gegen ~** franco contra documentos.
Lieferung *f* **~ auf Abruf** entrega sobre demanda; **freibleibende ~** entrega *f* sin compromiso; **zahlbar bei ~** pagadero a la entrega, por cobrar a la entrega.
Lieferverzug *m* demora *f* en la entrega *(o suministro).*
Lieferzeit *f* plazo *m* de entrega.
liegen ~ lassen *(einen Vorgang)* dar carpetazo, encarpetar.
liegend ~es Gut bien *m* fundiario.
Liegenschaftsrecht *n* derecho *m* inmobiliario, derecho *m* fundiario.
limitieren limitar.
liquid líquido, solvente; **nicht ~** insolvente.
Liquidation *f* **gerichtliche ~** liquidación *f* oficial.
Liquidator/in *m/f* **gerichtlich bestellter ~** liquidador *m*,~a *f* judicial.
List *f (Öst)* ardid *m*, astucia *f*.
Liste *f* **~ des Gerichtspersonals** escalafón *m* judicial; **~ der Vertragsbestimmungen** pliego *m* de especificaciones.
Listenpreis *m* precio *m* de lista, precio *m* según tarifa.
Listenwahlsystem *n* sistema *m* electoral de listas.
Lizenzgeber/in *m/f* licitador *m*, ~a *f*, licitante *m*, *f*, concesionista *m*, *f*.
Lizenzgebühren *fpl* **feste ~** canon *m* fijo.
Lizenzierung *f*, **Lizenzerteilung** *f* otorgamiento *m (o concesión f)* de licencia.
Lizenzinhaber/in *m/f* concesionario *m*, titular *m*, *f*.
Lizenznehmer/in *m/f* licenciatario *m*, regalista *m*.
Lizenzvertrag *m* contrato *m* de licencia.
Lobby *f* grupo *m* de presión, lobby *m*, tráfico *m* de influencias.

Lohn *m* **tariflicher ~** salario *m* acordado en convenio colectivo; **übertariflicher ~** salario *m* superior al acordado en el convenio *(colectivo)*; **variabler ~** salario *m* variable; **den ~ bargeldlos zahlen** pagar el salario sin movimiento de numerario; **den ~ einbehalten** retener el salario.
Lohnabzug *m* deducción *f* del salario.
Lohnausfall *m* pérdida *f* de salario.
Lohnersatzkosten *fpl* elementos *mpl* sustitutorios del salario.
Lohnforderungen *fpl* reivindicaciones *fpl* salariales.
Lohnfortzahlungsgesetz *n* ley *f* reguladora del pago continuado del salario *(en caso de enfermedad).*
Lohngleichheit *f* **~ von Mann und Frau** igualdad *f* de salario del hombre y de la mujer.
Lohnnebenkosten *fpl* gastos *mpl* no salariales; coste *m* salarial accesorio.
Lohnpfändung *f* embargo *m* salarial *(o del sueldo).*
Lohnsicherung *f* garantía *f* del salario.
Lohnsteuer *f (Sp)* impuesto sobre las rentas del trabajo personal *(IRTP).*
Lohnveredelungsindustrie *f* industria *f* maquiladora.
Lohnwucher *m* usura *f* de salarios.
Lohnzahlungspflicht *f* deber *m* de retribución *(salarial).*
Lohnzulage *f*, **Lohnzuschlag** *m* **~ zum Grundlohn** *(Sp)* plus *m* de actividad; **persönliche ~** complemento *m* salarial personal.
Lohnzusatzleistungen *fpl* remuneraciones *fpl* adicionales.
Lokalisierung *f* **~ der Sprengladung** localización *f* del explosivo.
Lokaltermin *m* inspección *f* ocular, reconocimiento *m* judicial; **einen ~ abhalten** ir al lugar del suceso.
lombardfähig, lombardierbar pignorable.
lombardieren pignorar *(o empeñar)* títulos.
Lombardkredit *m* crédito *m* de adelanto sobre valores.
Los *n* **durch das ~ entscheiden** designar *(o decidir)* por sorteo *(o por suerte).*
löschen 1. *(Schuld)* cancelar; 2. *(Brand)* extinguir; 3. **eine Eintragung ~** borrar *(o cancelar)* una inscripción;

4. *(Ladung)* descargar; 5. *(tilgen)* amortizar.
Löschung *f* **~ von Amtswegen** cancelación *f* de oficio *(o automática)*; **~ des Eigentums im Grundbuch** desregistración *f*; **~ von personenbezogenen Daten** cancelación *f* de datos personales; *(Ausladung)* descarga *f*, desembarco *m*.
Löschungsantrag *m* demanda *(o solicitud) f* de cancelación *(o de revocación)*.
Löschungsbewilligung *f* autorización *f* *(o consentimiento m)* de la cancelación.
löschungsfähig ~e Quittung recibo *m* resolutorio.
Löschungsverfahren *n* procedimiento *m* de cancelación.
Löschungsvormerkung *f* anotación *f* preventiva de una cancelación.
Lösegeld *n* **gegen ~ freilassen** liberar por rescate; **~ zahlen** pagar rescate.
lösen 1. *(Fahrkarte)* sacar; 2. *(Vertrag)* anular; 3. *(Verlobung)* romper; 4. *(Aufgabe)* resolver.
losen echar a suertes, rifar.
Lotterie- und Ausspielungsvertrag *m* contrato *m* de juego *(o de rifa)*.
LSD *(Abk. für Lysergic acid diethylamide) n* droga *f* LSD.
Luftabkommen *n* convenio *m* de navegación aérea.
Luftfahrtgesetzbuch *n* Código *m* del aire.
Luftfahrtgesetzgebung *f* legislación *f* aeronáutica.
Luftrecht *n* **internationales ~** Derecho *m* internacional aéreo.
lügen mentir, falsear.
Lügendetektor *m* detector *m* de mentiras.
Lügner/in *m/f* mentiroso *m*, ~a *f*, falsario *m*, ~a *f*.
Lustmord *m* asesinato por lascivia, asesinato *m* de motivación sexual.
lynchen linchar.
Lynchjustiz *f* linchamiento *m*, justicia *f* por la propia mano.

M

Maastricht *n* **~er Vertrag** Tratado *m* de Maastricht.
Machenschaft *f* **unerlaubte ~en** maniobras *fpl (o maquinaciones fpl)* ilícitas.
Macht bewaffnete ~ fuerza *f* militar *(o armada)*; **feindliche ~** potencia *f* enemiga; **an die ~ gelangen** ascender *(o acceder)* al poder; **die ~ übernehmen** asumir el poder.
Machtstellung *f* **wirtschaftliche ~** posición *f* económica poderosa.
Mädchenhandel *m* trata *f* de blancas.
Mädchenname *m* apellido *m* de soltera, apellido *m* prenupcial.
Mädchenschänder *m* estuprador *m*.
Mafia *f* mafia *f*.
mafios mafioso.
Mahnantrag *m* solicitud *f* monitoria.
Mahnbescheid *m* advertencia *f* conminatoria, mandamiento *m* de pago.
mahnen amonestar, reclamar, requerir.
Mahnschreiben *n* reclamación *f* de deuda, carta *f* monitoria.
Mahnung *f* 1. *(Verweis)* amonestación *f*, apercibimiento; 2. *(Aufforderung)* requisición *f*, aviso *m*; 3. *(Ersuchen)* exhorto; 4. *(amtliche Aufforderung)* apremio *m*.
Mahnverfahren *n* procedimiento *m* monitorio, procedimiento *m* de orden terminante.
Mahnwesen *n* reclamación *f* de pagos.
Mail *f* mail *m*, correo *m* electrónico.
Majestätsbeleidigung *f* delito *m* de lesa majestad.
Majorat *n* mayorazgo *m*, derecho *m* de primogenitura.
Majoratserbe *m*, **Majoratserbin** *f* mayorazgo *m*,~a *f*.
Makler/in *m/f* **amtlich zugelassener ~** corredor *m*, ~a *f* oficial; **freier ~** corredor *m* no colegiado; **vereidigter ~** corredor *m* jurado.
Maklergebühr *f* corretaje *m*.
Maklervertrag *m* contrato *m* de corretaje *(o de mediación)*.
mala fides mala fe *f*.
Malus *m* *(Versicherung)* suplemento *m* de prima *(a pagar por exceso des iniestralidad)*.

Mandant/in *m/f* mandante *m, f,* cliente *m, f; (StrfR)* patrocinado *m*, ~a *f.*
Mandat *f* **das ~ ablehnen** excusarse de la defensa; **das ~ ausüben** ejercer el mandato; **freies, imperatives ~** mandato *m* no imperativo, imperativo; **das ~ kündigen, niederlegen** renunciar a la defensa; **das ~ übernehmen, wahrnehmen** aceptar el poder.
Mandatar/in *m/f (Öst: die gewählten Abgeordneten des Nationalrats, der Landtage und der Kommunalparlamente)* mandatario *m*, ~a *f,* encargado *m*, ~a *f.*
Mangel *m* 1. **~ an Arbeitskräften** escasez *f* de mano de obra; **~ an Beweisen** falta *f* de prueba*(s)*; 2. **anhaftender ~** vicio *m* inherente; **augenscheinlicher ~** vicio *m* evidente; **einen ~ beheben** subsanar un vicio *(o defecto)*; **geheimer, verborgener ~** vicio *m (o defecto m)* oculto; **(un)heilbarer ~** defecto *m (in)*subsanable; **wesentlicher ~** vicio *m* capital *(o esencial)*.
Mängel *mpl* **mit ~n behaftet** viciado, vicioso; **frei von ~n** libre de defectos; **~ der Klageschrift** *(Arg)* defecto *m* legal; **~ der Mietsache** vicios *mpl* de la cosa arrendada.
Mängelanzeige *f* aviso *m* de vicios.
Mängelbeseitigung *f* eliminación *f (o subsanación f)* de deficiencias.
mangelhaft 1. escaso, insuficiente, falto; 2. con vicios.
Mängelhaftung *f* responsabilidad *f (o saneamiento m)* por vicios.
mangeln faltar.
Mängelrüge *f* reclamación *f* por vicios.
mangels *(Beweises)* a falta de, por falta de.
Manteltarif *m (D)* acuerdo *m* marco.
Manteltarifvertrag *m* convenio *m* colectivo básico.
Marke *f* **eine ~ anmelden, eintragen** registrar una marca; **eingetragene ~** marca *f* registrada; **hinterlegte ~** marca *f* depositada.
Markenrecht *n* Derecho *m* de marcas.
marktbeherrschend dominante en el mercado.
Marktordnung *f* **Europäische ~** Organización *f* Europea del Mercado.
Marter *f* tormento *m*, martirio *m*, tortura *f.*
martern torturar, atormentar, martirizar.
Masochismus *m* masoquismo *m.*
Massaker *n* matanza *f,* masacre *f.*
Masseforderung *f* crédito *m* de la masa.
Massegläubiger/in *m/f* acreedor *m*, ~a *f* de la masa *(o sin garantía)*.
Massenmord *m* asesinato *m* masivo, matanza *f* en masa.
Massenmörder/in *m/f* asesino *m*, ~a *f* múltiple.
Masseverwalter/in *m/f* síndico *m*, curador *m* de la masa.
Maßgabe nach ~ der Gesetze con arreglo a las leyes, con sujeción a las leyes.
Maßnahme *f* **gerichtliche ~** medida *f* judicial; **polizeiliche ~** medida *f* policial; **eine ~ treffen, ergreifen** adoptar *(o tomar)* una medida.
Maßregelung *f* sanción *f* disciplinaria *(o gubernativa)*.
Maßregelungsverbot *n* prohibición *f* de sanciones disciplinarias *fpl.*
materiell ~e Rechtskraft cosa *f* juzgada material; **~e Verfassung** constitución *f* material; **~er Schaden** daño *m* material; **~es Recht** Derecho *m* material.
materiellrechtlich jurídico-material, de carácter sustantivo, de fondo.
Matrikelnummer *f* número *m* de matrícula.
Matrikelschein *m* certificado *m* de matriculación.
Maulkorberlass *m* decreto *m* amordazante.
Maut *f* peaje *m.*
Mediation *f* mediación *f.*
Medizin *f* **gerichtliche ~** medicina *f* forense.
Mehrheit *f* **die ~ erhalten** obtener la mayoría; **eine ~ zustande bringen** conseguir una mayoría; **die ~ auf sich vereinigen** alzarse con la mayoría.
Mehrheitsbeschluss *m* acuerdo *m* mayoritario.
Mehrheitsbeteiligung *f* 1. participación *f* mayoritaria; 2. paquete *m* mayoritario.
Mehrheitswahl *f* votación *f (o elección o representación)* mayoritaria.
Mehrheitswahlrecht *n* **reines ~** sistema *m* electoral mayoritario puro.

Mehrsprachigkeit *f* **offizielle ~** cooficialidad *f* lingüística.
Mehrstimmrecht *n* derecho *m* de voto plural.
Mehrtäterschaft *f* autoría *f* plural.
Mehrwertsteuer *f* **(MWSt)** impuesto *m* sobre el valor añadido *(o agregado) (IVA)*.
Meidung *f* **bei ~ einer Strafe von** so pena de, bajo prevención de una pena de.
Meineid *m* perjurio *m*, juramento *m* falso; **einen ~ leisten, einen ~ schwören** jurar en falso.
meineidig perjuro.
Meinung *f* **anderer ~ sein** disentir; **~ des Gerichts** opinión *f* per curiam *(lat)*; **die herrschende ~** la opinión predominante.
Meinungsfreiheit *f* libertad *f* de expresión, libertad *f* de pensamiento.
Meistbegünstigungsklausel *f* cláusula *f* de *(la)* nación más favorecida.
Meistbietende/r *f/m* **an den ~n versteigern** rematar al mejor postor; **dem ~n zuschlagen** adjudicar al mejor postor.
Meistgebot *n* mejor postura *f (u oferta f)*.
Meldeamt *n*, **Meldebehörde** *f* padrón *m* municipal, oficina *f* del censo.
melden sich ~ inscribirse; **sich arbeitslos ~** apuntarse al paro; **sich krank ~** darse de baja *(laboral)*.
Meldepflicht *f* **persönliche ~** deber *m* de comparecencia.
meldepflichtig sujeto a declaración *(obligatoria)*, obligado a comparecer.
Meldewesen *n (D)* empadronamiento *m*.
Memorandum *n* memorando *m*.
Menge *f* **verzollte ~** cantidad *f* declarada *(en aduanas)*.
Mensch *m* **~en entführen** secuestrar *(a personas)*; **~en- und Bürgerpflichten** deberes *mpl* del hombre y del ciudadano.
Menschenhandel *m* 1. trata *f* de seres humanos; 2. tráfico *m* ilegal de mano de obra.
Menschenraub *m* secuestro *m*.
Menschenräuber/in *m/f* secuestrador *m*, ~a *f*.
Menschenrechte *npl* derechos *mpl* humanos.
Menschenwürde *f* dignidad *f* humana, dignidad *f* de la persona.
Mentalreservation *f* reserva *f* mental.
Meuchelmord *m* asesinato *m* alevoso.
Meuchelmörder/in *m/f* asesino *m*, ~a *f* alevoso, ~a.
meuchelmörderisch alevoso.
meuchlerisch a traición.
Meuterei *f* **~ an Bord** amotinamiento *m* marítimo; **militärische ~** motín *m* militar.
Meuterer *m* amotinador *m*, rebelde.
meutern amotinarse.
Mietaufhebungsklage *f* acción *f* resolutoria *(del contrato de arriendo)*.
Miete *f* alquiler *m*, arrendamiento *m* *(urbano)*, arrendamiento *m* de uso; **gesetzliche ~** renta *f (o alquiler m)* base; **zur ~** en alquiler.
mieten arrendar, alquilar, tomar en alquiler.
Mieter/in *m/f* inquilino *m*, ~a *f*, arrendatario *m*, ~a *f (urbano, ~a)*; **einen ~ zur Räumung zwingen** desalojar a un inquilino.
Mieterhöhung *f* aumento *m* del alquiler.
Mieterschutzgesetz *n* ley *f* de defensa del inquilino.
Mietgegenstand *m* objeto *m* del arrendamiento.
Mietgesetz *n* ley *f* de arrendamientos urbanos.
Mietkauf *m* leasing *m*, arrendamiento *m* financiero.
Mietpreis *m (precio m del)* alquiler *m*.
Mietpreisbindung *f* **mit ~** de precio tasado.
Mietpreisstopp *m* congelación *f* de los alquileres.
Mietprozess *m* juicio *m* de inquilinato.
Mietrecht *n* Derecho *m* arrendaticio.
Mietverhältnis *n* relación *f* arrendaticia.
Mietvertrag *m* contrato *m* de arrendamiento *(urbano)*, contrato *m* de inquilinato.
Mietvorauszahlung *f* pago *m* del alquiler por anticipado.
Mietwucher *m* usura *f* arrendaticia.
Mietzins *m (renta f de)* alquiler *m*.
mild ~e Strafe pena *f* benigna.
mildernd ~e Umstände circunstancias *fpl* atenuantes.

Milderung *f* **~ der Strafe** atenuación *f* de la pena.
Militärgericht *n* consejo *m* de guerra.
Militärgerichtsbarkeit *f* jurisdicción *f* castrense *(o militar)*, fuero *m* militar.
Militärputsch *m* pronunciamiento *m* *(o golpe m)* militar.
Minderheitenrecht *n* derecho *m* de las minorías.
Minderheitsbeteiligung *f* participación *f* minoritaria.
minderjährig menor *(de edad)*.
Minderjährigkeit *f* minoría *f* de edad.
Minderkaufmann *m* comerciante *m* no registrable.
Minderung *f* reducción *f*, acción *f* cuanto (o *quanti*) minoris; **eine ~ geltend machen** reclamar una reducción *(del precio)*; **eine ~ verlangen** exigir una reducción.
Minderungsklage *f* acción *f* cuanto (o quanti) minoris.
Mindestgebot *n* oferta *f* mínima.
Mindestgeschwindigkeit *f* **vorgeschriebene ~** velocidad *f* mínima.
Mindestkapital *n* capital *m* mínimo.
Mindestlohn *m* **gesetzlicher ~** *(Sp)* salario *m* mínimo interprofesional *(SMI)*.
Mindestrechte *npl* **bürgerliche ~** derechos *mpl* ciudadanos mínimos.
Mindeststrafe *f* grado *m* mínimo de la pena, pena *f* mínima.
Minijob *m*; **~ -Gesetz** ley *f* de empleos de baja remuneración *(o con minisalario)*.
Ministerrat *m (der Europäischen Union)* Consejo *m* de Ministros *(de la Unión Europea)*.
Minus *n* **~ im Kontostand** *(cuenta f al)* descubierto *m*.
Mischehe *f* matrimonio *m* mixto.
Mischtatbestand *m* delito *m* mixto.
Missachtung *f* **~ des Gerichts** obstrucción *f* de la justicia.
Missbilligungsbeschluss *m* voto *m* de desconfianza.
Missbrauch *m* **~ der Amtsgewalt** abuso *m* de autoridad; **~ von Schutzbefohlenen (oder Abhängigen)** abuso *m* sexual con prevalimiento.
Missetat *f* delito *m*.
Missetäter/in *m/f* delincuente *m, f*, malhechor *m*, ~a *f*.
Missgeburt *f* criatura *f* deforme, engendro *m*.
misshandeln jemanden körperlich ~ maltratar *(de obra)* a alguien.
Misshandlung *f* **die ~ Wehrloser** los malos tratos de indefensos.
Misstrauen *n* desconfianza *f*.
Misstrauensantrag *m* moción *f* de censura.
Misstrauensvotum *n* **konstruktives ~** voto *m* de censura constructiva.
Mitangeklagte/r *f/m*, **Mitbeschuldigte/r** *f/m* coencausado *m*, ~a *f*, coprocesado *m*, ~a *f*, coacusado *m*, ~a *f*.
Mitbesitz *m* coposesión *f*, tenencia *f* conjunta.
Mitbesitzer/in *m/f* coposeedor *m*, ~a *f*, coposesor *m*, ~a *f*.
Mitbestimmung *f* **paritätische, überparitätische, unterparitätische ~** cogestión *f* paritaria, sobreparitaria, subparitaria.
Mitbestimmungsgesetz *n* ley *f* sobre la cogestión.
mitbeteiligt copartícipe.
Mitbürge *m* cofiador *m*, cogarante *m*.
Mitbürgschaft *f* fianza *f* solidaria, caución *f* conjunta.
Miteigentum *n* copropiedad *f*, condominio *m*; **~ nach Bruchteilen** propiedad *f* indivisa.
Miteigentümer/in *m/f* copropietario *m*, ~a *f*, condómino *m*, ~a *f*, condueño *m*, ~a *f*.
Miterbe *m*, **Miterbin** *f* **pflichtteilsberechtigter ~** coheredero *m*, ~a *f* legitimario, ~a.
Mitgift *f* dote *f*, bienes *mpl* dotales; **eine ~ bestellen** dotar.
Mitglied *n* **~ der Anwaltskammer** colegiado *m*; **als ~ aufnehmen** admitir como socio, recibir como miembro.
Mitgliedschaft *f* membrecía *f*, calidad *f* de miembro.
Mithaftung *f* **dingliche ~ des Beklagten** garantía *f* formal.
Mitläufer/in *m/f* simpatizante, compañero *m* de ruta.
Mittäter/in *m/f* coautor *m*, ~a *f*, cómplice *m, f*.

Mittäterschaft *f* **sukzessive ~** coautoría *f* sucesiva.
Mittel *n* **~ bereitstellen** presupuestar fondos; **~ bewilligen** habilitar fondos; **~ verwenden** utilizar fondos; **~ zuweisen** asignar fondos.
mittelbar ~e Staatsverwaltung administración *f* corporativa *(o indirecta)* del Estado; **~e Stellvertretung** representación *f* indirecta; **~er Besitz** posesión *f* mediata; **~er Besitzer** poseedor *m* derivado; **~er Schaden** daño *m* directo; **~er Täter** autor *m* indirecto *(o mediato)*; **~er Zwang** coacción *f* indirecta.
Mitunterzeichner/in *m/f* cofirmante *m, f*; firmante *m, f* solidario, ~a.
Mitvermächtnisnehmer/in *m/f* colegatario *m,* ~a *f.*
Mitverpächter/in *m/f* coarrendador *m,* ~a *f.*
Mitverschulden *n* responsabilidad *f* concurrente.
Mitverschwörer/in *m/f* conjurado *m,* ~a *f,* conjurador *m,*~a *f.*
Mitwirkung *f* **~ bei Selbstmord** ayuda *f* al suicidio.
Mitwirkungspflicht *f* **allgemeine ~** obligación *f* general de cooperación.
Mobiliarpfändung *f* embargo *m* de bienes muebles.
Mobiliar(zwangs)vollstreckung *f* ejecución *f (forzosa)* de cosas muebles.
Mogelpackung *f* embalaje *m,* fraudulento *m.*
Monogamie *f* monogamia *f.*
Monokratie *f* monocracia *f.*
Monopol *n* **ein ~ abschaffen** abolir un monopolio; **ein ~ ausüben** monopolizar, ejercer el monopolio.
monopolisieren monopolizar.
Moratorium *n* **ein ~ beantragen** pedir una moratoria; **ein ~ gewähren, bewilligen** conceder una moratoria.
Mord *m* **einen ~ begehen** cometer un asesinato *m.*
morden asesinar.
Mörder/in *m/f m* **berufsmäßiger, gedungener ~** asesino *m,*~a *f* a sueldo, sicario *m,* ~a *f*; **~ aus Leidenschaft** asesino *m* pasional.
Mordlust *f* ansias *fpl* de matar, intención *f* de asesinar.
Mordversuch *m* asesinato *m* frustrado, tentativa *f* de asesinato.
Morphiumsucht *f* morfinomanía *f.*
Motive *npl* **~ eines Gesetzes** exposición *f* de motivos.
Motivirrtum *m* error *m* en el motivo *(o en los motivos).*
Mündel *n* pupilo *m,* tutelado *m.*
Mündelgeld *n* dinero *m* del pupilo.
mündelsicher ~e Wertpapiere con garantía pupilar.
mündig mayor de edad.
Mündigkeit *f* mayoría *f* de edad.
mündlich ~e Verhandlung juicio *m (proceso m)* oral.
Mündlichkeit *f* **~ eines Prozesses** sustanciación *f* oral.
Mündlichkeitsgrundsatz *m,* **Mündlichkeitsprinzip** *n* principio *m* de la oralidad.
Mundraub *m* hurto *m* famélico *(o famular).*
Münzdelikt *n* delito *m* monetario.
Mussbestimmung *f* disposición *f* imperativa.
Musskaufmann *m* comerciante *m* obligado a inscribirse.
Mussvorschrift *f* precepto *m* imperativo, norma *f* imperativa.
mustern inspeccionar.
Mustervertrag *m* contrato *m* tipo *(o normativo).*
mutmaßen suponer, presumir.
mutmaßlich ~e Einwilligung consentimiento *m* presunto.
Mutter *f* **ledige ~** madre *f* soltera.
Muttermord *m* matricidio.
Muttermörder/in *m/f* matricida *m, f.*
Mutterrecht *n* matriarcado *m.*
Mutterschaftsurlaub *m* vacaciones *fpl* por maternidad.
Mutterschutzgesetz *n* ley *f* de protección a la madre.
mutwillig maliciosamente, con intención, a propósito.

N

Nachahmung *f* **~ eines Zeichens** imitación *f* de una marca comercial.
Nachbarrecht *n* Derecho *m* de vecindad.
Nachbesserungsanspruch *m* derecho *m* a obra correctora.
Nachbürge *m*, **Nachbürgin** *f (der Bürge des Bürgen)* subfiador *m*, ~a *f*.
Nachbürgschaft *f* subfianza *f*, doble fianza *f*.
Nachdruck *m* **unbefugter, unerlaubter ~** reimpresión *f* clandestina.
nachehelich pos*(t)*nupcial.
Nacheid *m* juramento *m* posterior *(o asertorio)*.
Nacheile *f* persecución *f (continua)*.
Nacherbe *m*, **Nacherbin** *f* **~ auf den Überrest** heredero *m*, ~a *f* del remanente.
Nacherbschaft *f* sucesión *f* fideicomisaria.
Nacherfüllung *f* cumplimiento *m* suplementario.
Nachfolge *f* sucesión *f*.
Nachfolger/in *m/f* **~ im Besitz** poseedor *m* subsiguiente.
Nachforschung *f* **amtliche ~** indagación *f* oficial.
Nachfrageoligopol *n* oligopsonio *m*.
Nachfrist *f* **angemessene ~** plazo *m* de gracia.
Nachgeborene/r *f/m* póstumo *m*.
nachgiebig ~es Recht Derecho *m* dispositivo.
Nachholung *f* **von Arbeitsstunden** recuperación *f* de horas de trabajo.
Nachkomme *m* descendiente *m*, sucesor *m*.
nachkommen seinen Verpflichtungen ~ atender a sus obligaciones.
Nachlass *m* 1. *(Erbschaft)* herencia, sucesión *f*; **den ~ eröffnen** abrir la sucesión; **den ~ auseinandersetzen, teilen** dividir *(o partir)* la herencia; **der ~ mit unbekannten Erben, der ~ vor Annahme der Erbschaft** la herencia *f* yacente; 2. *(Minderung)* reducción *f*, rebaja *f*, descuento *m*.
Nachlassgericht *n* órgano *m* jurisdiccional sucesorio.
Nachlassgläubiger/in *m/f* acreedor *m*, ~a *f* del caudal relicto.
nachlässig negligente, descuidado, con descuido.
Nachlässigkeitsklausel *f* cláusula *f* de negligencia.
Nachlasskonkurs *m* concurso *m* sucesorio.
Nachlasspfleger/in *m/f* curador *m*, ~a *f* de la herencia.
Nachlasspflegschaft *f* curaduría *f* de la herencia.
Nachlassregelung *f* regulación *f* de la herencia.
Nachlassregister *n* registro *m* de sucesiones.
Nachlassrichter/in *m/f* juez *m* de sucesiones.
Nachlassschulden, Nachlassverbindlichkeiten *fpl* cargas *fpl* de la herencia, deudas *fpl* hereditarias.
Nachlassvergleich *m* convenio *m* entre herederos.
Nachlassverwalter/in *m/f* administrador *m* de la testamentaría.
Nachlassverwaltung *f* administración *f* del caudal relicto.
Nachlassverzeichnis *n* inventario *m* sucesorio.
nachmachen falsificar.
Nachnahme *f* **per ~, gegen ~** contra reembolso.
Nachname *m* apellido *m*, nombre *m* familiar.
Nachpfändung *f* reembargo *m*, embargo subsecuente.
nachprüfen Verwaltungsakten ~ fiscalizar actos administrativos.
Nachprüfung *f* **~ der Echtheit** cotejo *m*; **gerichtliche ~** control *m* jurisdiccional.
nachrangig subordinado.
Nachrede *f* **üble ~** difamación *f*, detracción *f*.
Nachricht *f* **amtliche ~** aviso *m* oficial; **verschlüsselte ~** mensaje *m* en clave *(o en cifra)*, mensaje *m* cifrado.
Nachschieben *n* **~ von Gründen** presentación *f* de causas *(de la demanda durante el proceso)*.

Nachschlüsseldiebstahl *m* hurto *m* con llaves falsas.
Nachschusspflicht *f* obligación *f* de pago suplementario.
nachstellig *(Hypothek)* detrás.
Nachstellung *f* persecución *f*, acoso *m*, acecho *m*.
Nachtat *f* **mitbestrafte ~** hecho *m* posterior copenado; **straflose ~** delito *m* de aprovechamiento.
Nachteil *m* **zum ~ von** en perjuicio de; **jemandem zum ~ gereichen** redundar en perjuicio de alguien; **zu jemandes ~ gereichen** perjudicar a alguien; **~e erleiden, haben** sufrir perjuicios, desventajas.
Nachtrag *m* 1. *(Testament)* codicilo *m*; 2. *(Vertrag)* anexo *m*.
nachtragen 1. añadir; 2. guardar rencor *m*.
nachträglich ~e Unmöglichkeit imposibilidad *f* subsiguiente *(o ulterior)*.
Nachtragsanklage *f* querella *f* suplementaria.
Nachtragshaushalt *m* presupuesto *m* adicional.
Nachtragstestament codicilo *m*; **durch ~** codicilar.
Nachvermächtnis *n* legado *m* indirecto *(o sucesivo)*.
Nachversicherung *f* extensión *f* de la garantía.
Nachweis *m* **~ durch Belege** justificación *f* documental; **~ der Identität** identificación *f*.
Nachzahlung *f* pago *m* suplementario.
Name *m* **den ~n angeben** indicar el nombre; **einen anderen ~n annehmen** cambiar de nombre; **auf den ~en ausstellen** expedir *(o extender)* nominativamente; **im eigenen ~n abschließen** contratar en su propio nombre; **imeigenen ~n handeln** actuar en nombre propio; **einen falschen ~n führen** usurpar el nombre de otro; **im ~n von** en nombre de; **im ~n und Interesse von** en nombre y representación de.
Namens und im Auftrag von en nombre y representación de.
Namensangabe *f* **falsche ~** uso *m* público de nombre supuesto.
Namensehe *f* matrimonio *m* por el nombre.
Namensmissbrauch *m* uso *m* indebido del nombre.
Namensrecht *n* derecho *m* al nombre.
Narkotika *npl* narcóticos, drogas *fpl* narcóticas.
Nationalitätsrecht *n* Derecho *m* de la nacionalidad.
Naturalien *fpl* **in ~ festlegen** *(Pacht)* señalar en especie.
naturalisieren naturalizar, nacionalizar.
Naturalisierungsurkunde *f* carta *f* de ciudadanía *(o de nacionalidad)*.
Naturalleistung *f* prestación *f* en especie.
Naturalobligation *f* obligación *f* natural *(o imperfecta)*.
Naturalrestitution *f* reparación *f* in natura *(lat)*.
natürlich ~e Person persona *f* física.
Naturrecht *n* Derecho *m* natural.
naturrechtlich iusnaturalista, jurídico-natural.
Nebenabrede *f* **mündliche ~** pacto *m* verbal accesorio.
Nebenantrag *m* solicitud *f* accesoria; conclusión *f* subsidiaria.
Nebenbestimmung *f* **~en des Rechtsgeschäfts** elementos *mpl* accidentales del negocio jurídico.
Nebenfolgen *fpl* **~ anordnen** acordar consecuencias *fpl* accesorias.
Nebengesetz *n* **strafrechtliches ~** ley *f* accesoria penal.
Nebenintervenient *m* coadyuvante *m*; **als ~ beitreten** coadyuvar.
Nebenklage *f* demanda *f* accesoria.
Nebenkläger/in *m/f* **sich als ~ anschließen, als ~ beitreten** sumarse a la acción pública como acusador privado.
Nebenkosten *f* gastos *mpl* adicionales.
Nebenpflicht *f* obligación *f* subsidiaria *(o accesoria)*.
Nebenrecht *n* derecho *m* colateral *(o accesorio)*.
nebensächlich accidental, secundario.
Nebenstrafe *f* pena *f* accesoria.
Nebenstrafrecht *n* Derecho *m* penal especial.
Nebenstraftat *f* hecho *m* punible accesorio.
Nebentäter/in *m/f* autor *m*,~a *f* secundario, ~a.
Nebentäterschaft *f* autoría *f* accesoria, coautoría *f* causal.

Nebenverpflichtungen *fpl* obligaciones *fpl* accesorias.
Nebenvertrag *m* subcontrato *m*, subcontratación, contrato *m* accesorio.
Nebenwirkung *f* efecto *m* secundario, efecto colateral.
negativ negativo; *(Entscheidung)* denegatorio, desestimatorio; **~e Koalitionsfreiheit** libertad *f* de no afiliarse; **~es Schuldanerkenntnis** reconocimiento *m* negativo de la deuda; **~es Tatbestandsmerkmal** elemento *m* típico negativo.
Negativattest *n* certificado *m* negativo.
Negativstaater *m (nacional de un Estado no incluido en la lista recogida en el Anexo n° 1 del Reglamento de Extranjería)* nacional *m/f* de Estado menos favorecido.
nehmen an sich ~ aprehender.
Nehmer/in *m/f* tomador *m*, ~a *f*, pagador *m*, ~a *f*.
Neigungskriminalität *f* criminalidad *f* de tendencia.
Nennbetrag *m* valor *m (o importe m)* nominal.
Nennkapital *n* capital *m* nominal.
Nennwert *m* valor *m* nominal.
Netzbetreiber *m* gestor *m* de la red.
Neue Unternehmens-GmbH *f* sociedad *f* limitada nueva empresa.
Neutralitätsabkommen *n* acuerdo *m* de neutralidad.
Nichtablehnbarkeit *f* irrecusabilidad *f*.
Nichtakt *m* acto *m* inexistente.
Nichtanerkennung *f* no reconocimiento *m*.
Nichtanzeige *f* **~ eines Verbrechens** omisión *f* de denuncia *(de un delito)*.
nichtberechtigt no autorizado.
Nichtberechtigte/r *f/m* persona *f* no autorizada.
Nichtehe *f* matrimonio *m* inexistente *(o inválido)*.
nichtehelich ~e Lebensgemeinschaft pareja *f* no institucionalizada.
Nichtehelichkeit *f* ilegitimidad *f* matrimonial.
Nichterfüllung *f* **~ eines Vertrages** incumplimiento *m* de un contrato.
Nichterfüllungshaftung *f* responsabilidad *f* por incumplimiento.
Nichterfüllungsschaden *m* daño *(o perjuicio m)* por incumplimiento.
nichtig absolut ~ absolutamente nulo; **für ~ erklären** anular.
Nichtig(keits)erklärung *f* declaración *f* de nulidad.
Nichtigkeit *f* **absolute, relative ~ der Ehe** nulidad *f* absoluta, relativa del matrimonio; **auf ~ klagen** demandar la nulidad, ejercitar la acción de nulidad; **die ~ erklären, feststellen** anular, declarar nulo; **die ~ geltend machen, sich auf die ~ berufen** alegar la nulidad, invocar la nulidad; **zur ~ führen** acarrear la nulidad.
Nichtigkeitsbeschwerde *f* recurso *m* de nulidad.
Nichtigkeitsklage *f* demanda *f* de nulidad.
Nichtigkeitsmangel *m* **an einem ~ leiden** adolecer de un vicio de nulidad.
Nichtleistung *f* incumplimiento *m* de prestación.
nichtöffentlich a puerta cerrada, no público.
nichtrechtsfähig ~er Verein asociación *f* sin capacidad jurídica.
nichtstreitig no contencioso.
nichtrückwirkend irretroactivo, sin retroactividad.
Nichtvermögensschaden *m* daño *m* no patrimonial.
Nichtzahlung *f* **bei ~ durch Empfänger an Absender zurück** cóbrese o devuélvase.
Nichtzulassung *f* **~ des Rechtsmittels** inadmisión *f (o desechamiento m)* del recurso.
Nichtzulassungsbeschwerde *f* recurso *m* de queja, recurso *m* de súplica.
Nichtzutreffendes streichen táchese lo que no proceda.
niederlassen sich ~ establecerse, domiciliarse, fijar la residencia.
Niederlassung *f* 1. **ständige ~** residencia *f* estable; 2. **eine ~ errichten** establecer una sucursal.
Niederlassungserlaubnis *f* permiso *m* de establecimiento *(o residencia permanente)*.
Niederlassungsfreiheit *f* libertad *f* de establecimiento.
niederlegen sein Amt ~ dimitir de su cargo; **die Arbeit ~** ponerse en

huelga, hacer un paro; **schriftlich ~** dejar escrito, formular por escrito.

Niederschrift *f* **die ~ abfassen** redactar un acta; **eine ~ aufnehmen** redactar un protocolo; **zur ~ aufnehmen** declarar en acta, protocolizar.

niedrig ~er Beweggrund móvil *m* abyecto, motivo *m* vil.

Nießbrauch *m* **eine Sache mit einem ~ belasten, einen ~ an einer Sache bestellen** usufructuar una cosa; **einen ~ bestellen** constituir un usufructo; **eigentlicher, uneigentlicher ~** usufructo *m* propio, impropio; **lebenslänglicher ~** usufructo *m* vitalicio; **~ an Sachen** usufructo *m* sobre cosas; **der ~ besteht an einer Sache** el usufructo recae sobre una cosa; **rechtsgeschäftlicher ~** usufructo *m* voluntario.

Nießbrauchsberechtigte/r *f/m*, **Nießbraucher/in** *m/f* usufructuario *m*,~a *f*, usufructador *m*, ~a *f*; **lebenslänglicher ~** titular *m* de un usufructo vitalicio.

Nießbrauchsrecht *n* derecho *m* de usufructo; **gesetzliches ~** usufructo *m* por disposición legal.

Nießbrauchsvermächtnis *n* legado *m* de usufructo.

Norm *f* **allgemeinverbindliche ~** norma *f* de obligado cumplimiento; **~ mit Gesetzesrang** norma *f* con rango de ley; **eine ~ verletzen, gegen eine ~ verstoßen** infringir una norma.

Normadressat *m* sujeto *m* de Derecho, justiciable.

normativ ~es Tatbestandsmerkmal elemento *m* típico normativo.

Normativbestimmung *f* cláusula *f* normativa, determinación *f* normativa.

Normenkontrolle *f* **abstrakte ~** control *m* abstracto de una norma; recurso *m* de inconstitucionalidad; **konkrete ~** control *m* concreto de una norma; cuestión *f* de inconstitucionalidad.

Normenkontrollantrag *m* recurso *m* directo contra una norma jurídica.

Normenkontrollverfahren *n* recurso *m* de inconstitucionalidad.

Normenhäufung *f* acumulación *f* de normas.

Not *f* 1. *(Notwendigkeit)* necesidad *f*; 2. **zur ~** en caso de apuro; 3. *(Notlage)* emergencia *f*; 4. *(Mühe)* **mit knapper ~** a duras penas; 5. *(Mangel)* escasez *f*, penuria; 6. **in ~ geraten** caer en la miseria; **in ~ sein** estar en la miseria.

Notadresse *f* dirección *f* en caso de necesidad.

Notadressat/in *m/f* interventor *m*, ~a *f* en caso de necesidad.

Notar/in *m/f* **amtierender, beglaubigender, beurkundender ~** notario *m*, ~a *f* autorizante *(o fedatario)*; **durch ~** notarialmente; **vor einem ~ erscheinen** comparecer *(o constituirse)* ante notario.

Notariat *n* notaría *f*, notariado *m*, escribanía *f*.

Notariatsakt *m* acta *f (o acto m)* notarial.

Notariatsgebührenordnung *f*, **Notariatsgebührentabelle** *f* arancel *m* notarial.

Notariatskanzlei *f*, **Notariatspraxis** *f* notaría *f*, notariado *m*.

Notariatsrecht *n* Derecho *m* notarial.

Notariatsurkunde *f* constancia *f* *(o acta f o testimonio m o escritura f)* notarial.

notariell beglaubigt notariado, legalizado por notario.

Notbetrug *m* estafa *f* motivada por necesidad.

Notentwendung *f* hurto *m* motivado por la necesidad.

Noterbe *m*, **Noterbin** *f* heredero *m*, ~a *f* forzoso, ~a *(o necesario, ~a)*; **enterbter ~** heredero *m* preterido.

Noterb(en)recht *n* derecho *m* hereditario forzoso.

Notfall *m* caso *m* de urgencia *(o de emergencia)*.

Notfrist *f* término *m* perentorio, plazo *m* fatal.

Nothilfe *f* auxilio *m* necesario.

Notifikationsrecht *n* derecho *m* de notificación.

notifizieren notificar.

Nötigung *f* coacción *f*, extorsión *f*; **~ des Gerichts** *(Arg)* intimidación *f* a los jueces.

Nötigungsnotstand *m* eximente *f* de fuerza.
Notlage *f* situación *f* precaria *(o de necesidad).*
notorisch notorio.
Notstand *m* **den ~ ausrufen, erklären** declarar el estado de emergencia; **äußerer, innerer ~** emergencia externa, interna.
Notstandsgesetz *n* **einfaches ~** ley *f* simple de emergencia.
Notstandsgesetzgebung *f* legislación *f* de emergencia.
Notstandsmaßnahme *f* medida *f* excepcional *(o de urgencia o de emergencia).*
Nottestament *n* testamento *m* en peligro de muerte, testamento *m* extraordinario *(o privilegiado).*
Notverordnung *f* ordenanza *f* de necesidad *(o de emergencia).*
Notweg *m* camino *m* forzoso.
Notwegdienstbarkeit *f*, **Notwegrecht** *n* servidumbre *f* forzosa de paso, derecho *m* de tránsito.
Notwehr *f* **in ~ handeln, ~ üben** actuar en legítima defensa.
Notwehrexzess *m* exceso *m* en la legítima defensa.
Notwehrrecht *n* derecho *m* a la defensa propia *(o a la legítima defensa).*
Notwehrüberschreitung *f* exceso *m* en la legítima defensa.
notwendig ~e Streitgenossenschaft litisconsorcio *m* necesario; **~e Verwendung** mejora *f* necesaria, gasto *m* necesario.
Novelle *f* enmienda *f (o modificación)* de una ley.
novellieren enmendar.
Novellierung *f* enmienda *f.*
nüchtern sobrio; **~ werden** recuperar la sobriedad.
null und nichtig nulo y sin valor *(o sin efecto)*, absolutamente nulo.
Nutzeigentum *n* dominio *m* útil.
Nutzen *m* **~ ziehen** sacar provecho; **zum ~ von** a beneficio de.
Nutznießer/in *m/f* usufructuario *m*, ~a *f.*
nützlich ~e Verwendung mejora *f (o impensa f)* útil.
Nutznießung *f* usufructo *m*, disfrute.
Nutznießungsrecht *n* derecho *m* de usufructo.
Nutzung *f* **die ~ untersagen** prohibir el uso *(o el goce o el disfrute)*; **~ ziehen aus** sacar provecho *(o utilidades)* de.
Nutzungsart *f* tipo *m* de uso, clase *f* de utilidad.
Nutzungsausfall *m* desutilidad *f.*
Nutzungsentgang *m* desutilidad *f.*
Nutzungspfand *n* anticresis *f*, prenda *f* de disfrute *(o de goce).*
Nutzungsrecht *n* **~ einräumen** otorgar *(o conceder)* el derecho *m* de uso; **~ übertragen** transmitir el derecho de uso.

O

obdachlos sin techo, sin hogar, sin domicilio.
Obdachlosenasyl *n*, **Obdachlosenheim** *n* casa *f* de desamparados, asilo *m (o albergue)* para personas sin hogar.
Obdachlosigkeit *f* desamparo *m.*
Obduktion *f* autopsia *f*, necropsia.
Obergerichtsvollzieher/in *m/f* alguacil *m* mayor.
Obergutachter/in *m/f* perito *m*, ~a *f* tercero, ~a.
Oberlandesgericht *n* tribunal *m* superior de justicia.
Oberstaatsanwalt *m*, **Oberstaatsanwältin** *f* el primer fiscal, la primera fiscal.
Oberst ~es Arbeitsgericht tribunal *m* central de trabajo; **~er Gerichtshof** tribunal *m* supremo de justicia.
Oberverwaltungsgericht *n* tribunal *m* superior de lo contencioso-administrativo.
Obhut *f* **in der ~ bleiben** quedar a cargo; **tatsächliche ~** *(Sp)* guarda de hecho.
Obhutspflicht *f* deber *m* de tutela.
Objekt *n* **befriedetes ~** objeto *m* inmunizado.

objektive Bedingung der Strafbarkeit condición *f* objetiva de punibilidad; **~e Unmöglichkeit** imposibilidad *f* objetiva; **~es Recht** Derecho *m* objetivo; **~es Tatbestandsmerkmal** elemento material; **~es Verfahren** juicio *m (o procedimiento m)* objetivo.
obliegen incumbir, obligar a, tener la obligación de.
obliegend obligatorio.
Obliegenheit *f* **dienstliche ~** deber *m* del cargo; **einer ~ nachkommen** cumplir una obligación *(o deber).*
Obligation *f* **(un)gesicherte ~** obligación sin, con garantía.
obligatorisch obligatorio, obligacional.
Obligo *n* garantía *f*; **ohne ~** sin garantía.
Obmann *m* tercer árbitro *m*, árbitro *m* dirimente; **~ der Geschworenen** presidente *m* del jurado; **~ des Schiedsgerichts** presidente *m* del tribunal arbitral.
Obrigkeit *f* autoridad *f*, poder *m* público.
Observanz *f* observancia.
obsiegend *(Urteil)* victorioso.
offenbar notorio, manifiesto, evidente; **~ sein** resultar evidenciado.
offen der Rechtsweg steht ~ queda abierto el recurso jurisdiccional; **~ sein** vacar.
offenbaren sich ~ manifestarse; **ein Geheimnis ~** desvelar *(o revelar)* un secreto.
Offenbarung *f* manifestación *f*, revelación *f*.
Offenbarungseid *m* juramento *m* declarativo.
offenkundig ~er Mangel defecto *m* manifiesto.
öffentlich público; **~e Aufgabe** misión *f* pública; **~e Beglaubigung** legitimización *f* con fe pública, legalización *f* pública; **~e Dienstbarkeit** servidumbre *f* administrativa; **~e Hand** sector *m* público; **~e Klage** acción *f* pública; **~e Last** carga *f* pública; **~e Meinung** opinión *f* pública; **~e Sache** res publica, cosa *f* pública;**~e Sicherheit und Ordnung** seguridad y orden públicos; **~e Urkunde** documento *m* público; **~e Versteigerung** subasta *f (o almoneda f)* pública; **~e Zustellung** notificación *f* pública *(o edictal)*; **von ~em Belang** de interés público; **~er Dienst** función *f* pública, servicio *m* público; **~er Glaube** fe *f* pública; **~es Gut** dominio *m* público; **~es Interesse** interés *m* público; **~es Recht** Derecho *m* público; **~es Testament** testamento *m* abierto *(o público)*; **~es Wohl** bien *m* público, bienestar *m* común.
Öffentlichkeit *f* **die ~ ausschließen** excluir al público, ordenar que la sesión se celebre a puerta cerrada; **~ der Plenarsitzung** carácter *m* público de la sesión plenaria; **~ des Registers** publicidad *f* registral; **~ der Verhandlung** publicidad *f* de los debates.
öffentlich-rechtlich jurídico-público, de Derecho público; **~e Anstalt** ente *m* jurídico-público; **~er Vertrag** contrato *m* administrativo, contrato *m* de Derecho público.
offerieren ofrecer, ofertar.
Offerte *f* **feste, verbindliche ~** oferta *f* en firme; **freibleibende, unverbindliche ~** oferta *f* sin compromiso.
Offizialdelikt *n* delito *m* perseguible de oficio.
Offizialmaxime *f* principio *m* inquisitivo, principio *m* de oficio.
Offizialverfahren *n* proceso *m* oficial, procedimiento de oficio.
Offizialverteidiger/in *m/f* defensor *m*, ~a *f* de oficio.
Offizialverteidigung *f* defensa *f (o defensoría f)* de oficio.
offiziell oficial, legal.
offiziös extraoficial, oficioso.
Okkupation *f* **friedliche ~** ocupación *f* pacífica; **symbolische ~** ocupación *f* ficticia.
okkupieren ocupar.
Ökologie *f* ecología *f*.
Oligarchie *f* oligarquía *f*.
Oligopol *n* **~ auf der Seite des Angebots/der Nachfrage** oligopolio *m* de oferta/de demanda.
Oligopson *n (= Nachfrageoligopol)* oligopsonio *m*.
Ombudsmann *m* defensor *m* del pueblo.
Opfer *n* **~ der Gewaltherrschaft** víctima *f* de la tiranía.
opfern sich ~ sacrificarse.

Opferschutz *m* protección *f* a las víctimas.
Opiatabhängige/r *f/m* drogadicto *m*, ~a *f*.
Opiate *npl* opiáceos *mpl*, drogas *fpl* opiáceas.
Opiumsucht *f* opiomanía.
Opportunitätsprinzip *n* principio *m* de oportunidad.
Opposition *f* oposición.
oppositionell opositor.
Option *f* **eine ~ ausüben** ejercitar el derecho de opción; **eine ~ einräumen** conceder *(u otorgar)* el derecho de opción.
Optionserklärung *f* **~ zugunsten der spanischen Staatsangehörigkeit** declaración *f* de opción por la nacionalidad española.
ordentlich ~e Gerichtsbarkeit jurisdicción *f* ordinaria; fuero *m* ordinario; **~e Kündigung** despido *m* ordinario; **~er Rechtsweg** vía *f* judicial ordinaria.
Order *f* **an die ~ von** a la orden de; **für mich an die ~ von** páguese a la orden de.
Orderklausel *f* cláusula *f* a la orden.
Orderpapier *n* título *m* a la orden.
Ordnung *f* **gegen die öffentliche ~verstoßen** atentar contra el orden *m* público.
Ordnungsamt *n*, **Ordnungsbehörde** *f* policía *f* gubernativa.
Ordnungsgeld *n* **mit einem ~ bedrohen** conminar con una sanción económica; **~ verhängen** imponer una sanción económica.
ordnungsgemäß ~e Buchführung contabilidad *f* correcta.
Ordnungshaft *f* arresto *m* sustitutorio; *(Méx)* arresto *m* disciplinario.
Ordnungspolizei *f* policía *f* del orden público.
Ordnungsruf *m* llamamiento *m* al orden.
Ordnungsstrafe *f* sanción *f* reglamentaria *(o disciplinaria o administrativa)*.
ordnungswidrig contrario al orden *(público)*, irregular, informal.
Ordnungswidrigkeit *f* **als ~ ahnden** sancionar como infracción administrativa; **eine ~ begehen, sich eine ~ zuschulden lassen** cometer una infracción administrativa.
Organ *n* **ausführendes ~** órgano *m* ejecutivo; **beratendes ~** órgano *m* consultivo; **gesetzgebendes ~** órgano *m* legislativo; **rechtsprechendes ~** órgano jurisdiccional.
Organgesetz *n* Ley *f* del órganica.
Organhaftung *f* responsabilidad *f* del órgano *(u orgánica)*.
Organisationsgewalt *f* potestad *f* organizativa.
Organisationsmangel *m* deficiencia *f* administrativa.
organisiert ~er Streik huelga *f* organizada.
Organspender/in *m/f* donante *m*, *f* de órgano*(s)*.
Organstreit *m*, **Organstreitigkeit** *f* conflicto *m* entre órganos estatales.
Organtransplantation *f*, **Organverpflanzung** *f* trasplante *m* de órgano*(s)*.
Original *n* **mit dem ~ übereinstimmend** *(Urkunde)* fiel al original.
Originalakte *f* auto *m* original.
originalgetreu ad pedem litterae *(lat)*.
Originalurkunde *f* documento *m* original.
originär ~es Eigentums adquisición *f* originaria de la propiedad.
Ort *m* **~ der Festnahme** lugar *m* del arresto; **~ des Geschehens** lugar *m* del suceso; **~ des obrigkeitlichen Handelns** lugar *m* de los actos de la autoridad; **~ der Prozessführung** lugar *m* de tramitación del proceso, lex fori *(lat)*; **~ der Strafverbüßung** lugar *m* de condena; **~ des Vertragsschlusses** lugar *m* de celebración del contrato.
örtliche Zuständigkeit competencia *f* territorial.
Ortsgesetz *n* norma *f* jurídica obligatoria de carácter local.
Ortstermin *m* inspección *f* judicial del lugar; **einen ~ wahrnehmen** *(Richter)* constituirse fuera de la sala del tribunal.
outsourcen *(engl)* externalizar.
Outsourcing *n (engl)* externalización *f*.
OSZE *f (Organisation für Sicherheit und Zusammenarbeit in Europa)* OSCE *f (Organización f de Seguridad y Cooperación en Europa)*.

P

Pacht *f* 1. arrendamiento *m (de uso y de disfrute)*; **~ auf Lebenszeit** arrendamiento *m* vitalicio; **in ~ nehmen** tomar en arrendamiento; **Nichtbezahlung der ~** impago *m (o falta f de pago)* de la renta; **die ~ zahlen** pagar la renta *(o el precio m)* del arrendamiento; 2. siehe Pachtzins.
Pachtabstand *m* rescisión *f* del *(contrato de)* arrendamiento antes de su expiración.
Pachtdauer *f* período *m* de arrendamiento.
pachten tener en arrendamiento.
Pächter/in *m/f* arrendante *m*, *f*, arrendatario *m*, ~a *f*, locatario *m*,~a *f*; **~ mit Beteiligung** aparcero *m*.
Pachtland *n* tierra *f* arrendada.
Pachtsache *f*, **Pachtgegenstand** *m* cosa *f* arrendada.
Pachtverhältnis *n* **Aufhebung** *f* **der ~ses** resolución *f (o rescisión f)* del arrendamiento.
Pachtvertrag *m* **formloser ~** locación *f* informal; **jederzeit kündbarer ~** arrendamiento *m* revocable; **mündlich abgeschlossener ~** contrato *m* de arrendamiento verbal.
Pachtzins *m* renta *f (o canon m)* de arrendamiento.
pactum de non petendo *(lat)* promesa *f* de no pedir.
Päderastie *f* pederastia *f*.
Pädophiler *m* pedófilo *m*.
Pädophilie *f* pedofilia *f*.
Pakt *m* pacto *m*.
paktieren pactar.
Panzerschrank *m* **einen ~ knacken** forzar una caja de seguridad *f*.
Papier *n* **zu ~ bringen** poner por escrito.
Papiergeld *n* dinero-papel; **staatliches ~** papel-moneda *f* del Estado.
Paragraph *m* **einen ~ ändern** modificar un artículo.
Paragraphenwerk *n (eines Vertrages)* articulado *m*.
Paraphe *f* rúbrica *f*.
paraphieren *(VölkR)* rubricar, inicializar.
Paraphierung *f (VölkR)* **~ eines Abkommens** rúbrica *f (o firma provisional)* de un tratado.
Parität *f (BankR)* paridad *f*.
paritätisch paritario.
parken ein Fahrzeug ~ estacionar un vehículo; **ordnungswidriges ~** estacionamiento *m* irregular.
Parken *n* estacionamiento *m*; **~ verboten** prohibido el estacionamiento; **verbotwidriges ~** aparcamiento *m* indebido *(o prohibido)*.
Parkplatz *m* **gebührenfreier ~** zona *f* de aparcamiento gratuito.
Parkverbot *n* estacionamiento *m* prohibido.
Partei *f* partido *(político)*; *(Prozessrecht)*; parte *f*, litigador *m*; **als ~ auftreten** personarse; **beklagte ~** parte *f* demandada, el demandado *m*; **erschienene ~** parte *f* personada; **klagende ~** parte *f* demandante, parte *f* actora; **obsiegende ~** vencedor *m*, parte *f* que vence; **säumige ~** litigante *m* rebelde; **streitende ~** parte *f* litigante, litigante *m*; **unterlegene ~** parte *f* que sucumbe, vencido *m*; **die ~ vertreten** representar a la parte; **die ~ verraten** *(Rechtsanwalt)* prevaricar.
Parteieid *m* juramento *m* de parte.
Parteien *fpl* **die ~** las partes *fpl*.
Parteiänderung *f* cambio *m* de partes.
Parteiantrag *m* **auf ~** a instancia*(s)* de parte.
Parteienfinanzierungsgesetz *n* ley *f* de financiación de los partidos políticos.
Parteifähigkeit *f* capacidad *f* para ser parte, capacidad *f* procesal.
Parteilichkeit *f* parcialidad *f*.
Parteiprozess *m* pleito *m (o proceso m)* entre partes, proceso *m* dispositivo, proceso sin intervención forzosa de abogado.
Parteivereinbarung *f* acuerdo *m* de las partes.
Parteivernehmung *f* audición *f (o interrogatorio m)* de las partes.
Parteiverrat *m* prevaricación *f (de abogado)*.

Partikularrecht *n* Derecho *m* foral.
Partikularrechtsgebiet *n* territorio *m* foral.
Partner *m* 1. compañero sentimental *m*, pareja *f*; 2. socio *m*.
Partnerschaft *f* **nichteheliche ~** unión *f* estable de hecho.
Partnerschaftsgesellschaft *f* sociedad *f* personalista de profesionales.
Parzelle *f* **aus einer ~ bestehend** uniparcelar; **eingeschlossene ~** parcela *f* enclavada; **zusammengelegte ~n** predios *mpl* concentrados.
parzellieren parcelar, lotear, amanzanar.
Pass *m* **einen ~ ausstellen** extender *(o expedir)* un pasaporte; **den ~ einziehen, entziehen** cancelar *(o quitar o retirar)* el pasaporte; **gefälschter ~** pasaporte *m* falseado; **gültiger ~** pasaporte *m* en regla; **verfälschter ~** pasaporte *m* falsificado; **den ~ verlängern** renovar *(o prorrogar)* el pasaporte.
Passierschein *m* pase *m*, salvoconducto *m*.
passiv ~es Wahlrecht derecho *m* electoral pasivo, elegibilidad *f*.
Passivlegitimation *f* legitimación *f* pasiva.
Passkontrolle *f* control *m* de pasaportes.
Passpflicht *f* obligación *f* de tener pasaporte.
Passwesen *n* régimen *m* de pasaportes.
Passwort *n* contraseña *f*, palabra *f* clave, santo y seña.
Passwortfehler *m* error de contraseña.
Passwortsperre *f* bloqueo *m* de contraseña.
Passzwang *m* obligación *f* de llevar pasaporte.
Pate *m*, **Patin** *f* padrino *m*, madrina *f*; **bei einem Kind ~ stehen** apadrinar a un niño.
Patenschaft *f* padrinazgo *m*.
Patent *n* **ein ~ anmelden, beantragen** presentar *(o pedir)* una solicitud de patente; **ein ~ erteilen, vergeben** conceder, otorgar una patente; **~ für ein Erzeugnis** patente *f* de un producto; **Inhaber** *m* **des ~s** titular *m* de la patente; **ein ~ mitbenutzen** utilizar *(o explotar)* una patente en común; **~ für ein Verfahren** patente *f* de un procedimiento; **ein ~ verwerten** explotar una patente; **Verwertung eines ~s** la explotación *f* de una patente.
Patentamt *n* registro *m* de la propiedad industrial, *(Sp)* oficina *f* de patentes; **deutsches ~** Oficina *f* Alemana de Patentes.
Patentanmeldung *f* presentación *f* de la solicitud de patente.
Patentantrag *m* **einen ~ einreichen** presentar una solicitud de patente; **Einreichung** *f* **(od Anmeldung** *f***) eines ~s** depósito *m* de la solicitud de patente.
Patentanwalt *m* abogado *m (o agente m)* de patentes; *(Sp)* agente *m* oficial de la propiedad industrial.
Patentberühmung *f* alusión *f* dolosa a la existencia de una patente.
Patentdauer *f* duración *f* de la patente.
Patenteigentum *n* propiedad *f* de la patente.
Patenteintragung *f* registro *m (o inscripción f)* de la patente.
Patenterteilung *f* concesión *f (u otorgamiento m)* de una patente.
patentfähig, patentierbar patentable.
Patentgericht *m* tribunal *m* de patentes.
Patentgesetz *n* ley *f* sobre patentes, estatuto *m* de la propiedad industrial.
Patentgesuch *n* demanda *f* de patente.
patentieren patentar.
Patentierbarkeit *f*, **Patentfähigkeit** *f* patentabilidad *f*, condición *f* de patentable.
Patentierung *f* acción *f (o acto m)* de patentar.
Patentinhaber/in *m/f* tenedor *m*, ~a *f (o titular m, f)* de la patente.
Patentrecht *n* Derecho *m* de patentes, Derecho *m* de la propiedad industrial.
Patentregister *n*, **Patentrolle** *f* registro *m* de patentes, registro *m* de la propiedad industrial.
Patentschutz Anspruch auf ~ haben tener derecho a la protección otorgada a la patente.
Patentübertragung *f* cesión *f (o transmisión f)* de una patente.
Patenturkunde *f* certificado *m* de patente.

Patentverletzung *f* violación *f* de una patente.
Patronen *fpl* cartuchos *mpl* cargados.
Pay TV *n* televisión *f* de pago.
Pension *f (Beamte)* haberes *mpl* pasivos.
pensionieren sich ~ lassen jubilarse, pasar al régimen de jubilación.
peremptorisch ~ e Einrede excepción *f (u oposición f)* perentoria.
Person *f* **juristische ~** persona *f* jurídica *(o moral)*; **juristische ~ des öffentlichen Rechts** persona *f* jurídica de Derecho público; **natürliche ~** persona *f* física *(o natural)*; **zeugnisunfähige ~** persona *f* inhábil para testificar.
persona *f* **~ (non) grata** persona *f (non)* grata *(lat)*.
Personalakte *f* expediente *m* profesional, hoja *f* de servicios.
Personalausweis *m* documento *m* nacional de identidad, DNI.
Personalien *fpl* **die ~ aufnehmen, feststellen** registrar los datos personales.
Personalitätsprinzip *n* principio *m* personal *(o de personalidad)*.
Personalrat *m* consejo *m* de personal.
Personal-Service-Agenturen *(agenda 2010)* agencias *fpl* de colocación.
Personalstatut *n* ley *f* personal; **~ der Staatsangehörigkeit** personalidad *f* de la ley.
Personalvertretungsgesetz *n* ley *f* de representación del personal.
Personen *fpl* **arbeitnehmerähnliche ~** personas *fpl* asimiladas a los trabajadores.
Personenbeförderungsgesetz *n* ley *f* sobre el transporte de viajeros.
Personenrecht *n* Derecho *m* de personas.
Personenschaden *m* daño *m* personal.
Personensorge *f* **die ~ regeln** proveer cuidado de los hijos.
Personenstand *m* estado *m* civil; **sich den ~ eines andern anmaßen** usurpar el estado civil de otro; **den ~ unterdrücken** ocultar el estado civil; **den ~verändern** alterar el estado civil.
Personenstandsbuch *n* registro *m* del estado civil.
Personenstandsfälschung *f* falsificación *f* de estado civil.
Personenstandsregister *n* registro *m* civil.
Personenvereinigung *f* **nichtrechtsfähige ~** unión *f* de personas carente de personalidad jurídica propia.
Personenversicherung *f* seguro *m* de personas.
persönlich ~ aushändigen entregar en propia mano; **~e Haftung** responsabilidad *f* personal *(o subjetiva)*; **~e Sicherheit** garantía *f* personal; **~er Strafaufhebungsgrund** causa *f* personal de supresión de la pena; **~er Strafausschließungsgrund** causa *f* personal de exclusión de la pena; **~es Erscheinen** comparecencia *f* personal.
Persönlichkeitsrecht *n* **allgemeines ~** derecho *m* general de la personalidad.
pervers perverso; **~ veranlagt sein** tener rasgos perversos.
Petitionsausschuss *m* comisión *f* de peticiones.
Petitionsrecht *n* derecho *m* de petición.
petitorisch petitorio.
Petschaft *f* sello *m* de estampillar *(o lacrar)*.
Pfand *n* **in, zum ~ nehmen** tomar en prenda; **gegen ~ ausleihen** prestar contra prenda; **ein ~ bestellen** constituir una fianza; **als ~ einbehalten** hacer prenda; **ein ~ freigeben** despignorar; **als ~ geben, zum ~ geben** dar en prenda; **durch ~ sichern** garantizar mediante prenda; **als ~ zurückbehalten** retener en prenda; **besitzloses ~** *(Sp)* prenda *f* sin desplazamiento.
pfändbar embargable.
pfänden embargar.
Pfandentstrickung *f* sustracción *f* de objetos embargados.
Pfandgläubiger *m* tenedor *m* de prenda, acreedor *m* prendario.
Pfandhaus *n* monte *m* de piedad.
Pfandkehr *f* hurto *m* impropio, sustracción *f* de prenda.
Pfandleiher *m* prendero *m*, prestamista sobre prenda.
Pfandnehmer *m* tenedor *m* de prenda.

Pfandrecht *n* **~ an beweglichen Sachen** derecho *m* de prenda mobiliario; **~ an Rechten** prenda *f* sobre derechos.
Pfandsache *f* cosa *f* pignorada.
Pfandsicherheit *f* garantía *f* prendaria.
Pfändung *f* **die ~ anordnen** decretar el embargo; **die ~ aufheben** alzar *(o levantar)* el embargo; **die ~ betreiben, vornehmen** practicar *(o trabar)* el embargo.
Pfändungsanzeige *f* comunicación *f* de embargo.
Pfändungs- und Überweisungsbeschluss *m* auto *m* de embargo y adjudicación.
pfändungsfrei inembargable, no embargable, libre de embargo.
Pfändungsgläubiger/in *m/f* acreedor *m*, ~a *f* embargante.
Pfändungspfandrecht *n* derecho *m* de garantía.
Pfändungsschuldner/~in *m/f* deudor *m*, ~a *f* embargado, ~a.
Pfändungsschutz *m* protección *f* contra el embargo.
Pfandverkauf *m* venta *f* de la prenda.
Pfandverwertung *f* realización *f* de la prenda, realización *f* de valor.
Pflegebefohlene/r *f/m* persona *f* bajo curatela.
Pflegebedürftige/r *f/m* persona *f* dependiente, persona que necesita cuidados permanentes.
Pflegeeltern *fpl* padres *mpl* tutelares.
Pflegekind *n* **die Aufnahme eines ~es** el hacerse cargo de un niño bajo curatela.
Pfleger/in *m/f* 1. enfermero *m*; 2. **Amt des ~s** curaduría *f*; **einen ~ bestellen** nombrar un curador; **der für eine Rechtsstreitigkeit bestellte ~** curador ad litem; **~ für eine Leibesfrucht** curador *m* de un concebido.
Pflegeramt *n* curaduría *f*.
Pflegeversicherung *f* seguro *m* de dependencia *(de cuidados permanentes)*, seguro *m* de asistencia domiciliaria.
Pflegschaft *f* curatela *f*, custodia *f*, acogimiento *m*.
Pflicht *f* deber *m*, obligación *f*, cometido *m*; **~ zur Ausbildung** deber *m* de capacitación; **~ zur Auskunftserteilung** deber *m* de dar referencias; **~ zur Ehrerbietung** deber *m* de respeto; **~, Freizeit zur Stellungssuche zu gewähren** deber *m* de conceder tiempo libre para buscar colocación; **~ zum Schutz des Arbeitnehmers gegen Gefahren für Leben und Gesundheit** deber *m* de velar por la seguridad e higiene del trabajo; **~ zur Urlaubsgewährung** deber *m* de conceder vacaciones; **~ zur Zeugniserteilung** deber *m* de extender un certificado; **die ~ erfüllen, der ~ genügen** cumplir el deber; **sich der Erfüllung einer ~ entziehen** rehuir el cumplimiento de una obligación, sustraerse al cumplimiento de una obligación.
pflichtbewusst cumplidor, consciente del deber.
Pflichtbewusstsein *n* sentido *m* del deber.
Pflichten *fpl* **~ des Arbeitgebers** obligaciones *fpl* del patrono; **~ des Arbeitnehmers** obligaciones *fpl* del trabajador.
Pflichtenabwägung *f* ponderación *f* de deberes.
Pflichtenkollision *f* colisión *f* *(o conflicto m)* de deberes.
Pflichterfüllung *f* cumplimiento *m* del deber.
Pflichtexemplar *n* ejemplar *m* de depósito legal.
Pflichtgefühl *n* sentido *m* del deber.
Pflichtplätze *mpl* plazas *fpl* obligatorias.
Pflichtteil *m* **Entziehung** *f* **des ~s** privación *f* de la porción legitimaria; **den ~ geltend machen, verlangen** exigir, reclamar la porción legitimaria.
Pflichtteilsanspruch *m* derecho *m* a la porción legitimaria.
Pflichtteilergänzungsanspruch *m*, **Pflichtteilergänzungsklage** *f* acción *f* ad suplementum.
Pflichtteilsberechtigte/r *f/m* legitimario *m*, ~a *f*.
Pflichtteilsquote *f* cuota *f* legitimaria.
Pflichtteilsrecht *n* derecho *m* legitimario; **das ~ beeinträchtigend** inoficioso.

Pflichtverletzung *f* vulneración *f* de deberes; **eine ~ begehen** incurrir en falta.
Pflichtversicherung *f* seguro *m* obligatorio *m*.
Pflichtverteidiger/in *m/f* abogado *m*, ~a *f* de oficio;**einen ~ beiordnen** proveer de abogado de oficio; **einen ~ bestellen** designar abogado de oficio.
pflichtwidrig contrario a las obligaciones contraídas; **~ handeln** obrar en contra de su deber.
Phantombild *n* retrato *m* robot; **ein ~ erstellen** confeccionar un retrato robot.
Pirat *m* pirata *m*, corsario *m*.
Piratenschiff *n* buque *m* pirata.
Piraterie *f* piratería *f*.
Pistole *f* **mit gezogener ~** a punta de pistola.
plädieren *(vor Gericht)* informar *(oralmente)*; **auf schuldig ~** solicitar la declaración de culpabilidad; abogar por la declaración de culpabilidad.
Plädoyer *n* **~ des Staatsanwalts** informe *m* del fiscal; alegato *m*; **~ des Verteidigers** informe *m* de la defensa; **das ~ halten** rendir informe.
Plagiat *n* plagio *m*, copia *f*; **ein ~ begehen** plagiar, piratear.
Plagiator/in *m/f* plagiador *m*, ~a *f*, plagiario *m*, ~a *f*.
plagiieren plagiar.
Plan *m* **einen ~ ausführen** ejecutar un plan; **einen ~ entwerfen** trazar un plan; **den ~ erfüllen** cumplir el plan.
planen planear, planificar; *(Verbrechen)* premeditar; **insgeheim ~** maquinar.
platzen *(eine Bombe, Mine)* estallar, explotar; **vor Wut ~** estallar de ira.
Plebiszit *n* plebiscito *m*; **durch ~ beschließen** plebiscitar.
plebiszitär ~e Demokratie democracia *f* plebiscitaria.
Pleite *f* **~ gehen, machen** quebrar; **pleite sein** estar sin blanca.
Plenum *n* **~ des Gerichts** pleno *m* del tribunal.
Plombe *f* precinto *m*.
plombieren precintar.
Plünderer *m*, **Plünderin** *f* saqueador *m*, ~a *f*, expoliador *m*,~a *f*.
plündern saquear, expoliar.
Plünderung *f* saqueo *m*, expoliación *f*, hurto *m* calamitoso.
Police *f* **eine ~ ausfertigen, ausstellen** expedir *(o emitir oextender)* una póliza; **eine ~ unterzeichnen** suscribir una póliza.
Polizei *f* **berittene ~** policía *f* montada; **politische ~** *(S)* brigada *f* de investigación social *(BIS)*.
Polizeichef/in *m/f* jefe *m*,~a *f* *(o intendente m, f)* de la policía.
Polizeieskorte *f* escolta *f* policial.
Polizeigefängnis *n* calabozo *m* *(de la comisaría de policía)*.
Polizeigericht *n* tribunal *m* *(o corte f)* de policía.
Polizeipräsidium *n* jefatura *f* *(superior)* de policía.
Polizeirecht *n* Derecho *m* policial.
Polizeirevier *n* comisaría *f* *(de policía)*.
Polizeispitzel *m* confidente *m* *(o informante m)* de la policía.
Polizeistaat *m* régimen policíaco.
Polizeistreife *f* patrulla *f* *(de policía)*.
Polizeistunde *f* hora *f* de cierre *(de establecimientos)*.
Polizeiverfügung *f* disposición *f* policial.
polizeiwidrig antipolicial.
Polizist/in *m/f* policía *m*, *f*; **einfacher ~** agente *m* sin graduación; **~ für Terrorismusbekämpfung** agente *m* antidisturbios.
polygam polígamo.
Polygamie *f* poligamia *f*.
Popularklage *f* acción *f* *(o acusación f)* popular.
Pornofilm *m* película *f* pornográfica.
Pornographie *f* pornografía *f*.
pornographisch pornográfico.
positiv rein ~rechtlich gesehen desde el punto de vista meramente positivo; **~e Forderungsverletzung** violación *f* positiva de obligaciones; **~es Interesse** interés positivo *(constituido)*; **~es Recht** Derecho *m* positivo.
Positivstaater *m* *(nacional de un Estado incluido en la lista recogida en el Anexo n° 1 del Reglamento de Extranjería)* nacional *m/f* de Estado favorecido.
possessorisch ~e Klage acción *f* posesoria *(o de posesión)*.
Postannahmestempel *m* timbre *m* de llegada.

Postanweisung *f* giro *m* postal.
Postgeheimnis *n* secreto *m* postal, secreto *m* de las comunicaciones postales.
postlagernd en lista *f* de correos.
Postulationsfähigkeit *f* ius postulandi *(lat)*, capacidad *f* de postulación *(procesal)*.
postulieren postular.
Potestativbedingung *f* condición *f* potestativa.
Präambel *f* preámbulo *m*.
Präjudiz *n* antejuicio *m*; **ein ~ schaffen** fijar un precedente.
präjudiziell ~es Rechtsverhältnis relación *f* legal prejudicial.
Präklusion *f* preclusión *f*, caducidad *f* de la instancia.
Praktiken *fpl* **diskriminierende ~** prácticas *fpl* discriminatorias.
Pranger *m* **jemanden an den ~ stellen** poner a alguien en la picota.
Prärogative *f (RG)* prerrogativa *f*.
Präsidentschaft *f* **turnusmäßige ~** presidencia *f* rotativa *(o rotatoria)*.
Präsumtion *f* presunción *f*.
Prätendentenstreit *m* litigio *m* entre pretendientes.
Prävention *f* prevención *f*.
Präventivkrieg guerra *f* preventiva.
Praxis *f* **~ der Gerichte** práctica *f* forense, usos *mpl* forenses.
Präzedenzfall *m* **einen ~ schaffen** sentar un precedente.
Präzedenzurteil *n* decisión *f* que hace jurisprudencia.
Preisabsprache *f* **~n treffen** fijar los precios conjuntamente, cometer colusión *f (de precios)*.
Preisbindung *f* **feste ~** régimen *m* de precio fijo.
Preisempfehlung *f* precio *m* recomendado.
Preisgaberecht *n* derecho *m* de abandono.
preisgeben ein Geheimnis ~ revelar *(o descubrir)* un secreto.
Pressedelikt *n* delito *m* de imprenta.
Pressefreiheit *f* libertad *f* de imprenta *(o de prensa)*.
Pressegesetz *n* ley *f* de imprenta *(o de prensa)*.
Presserecht *n* Derecho *m* de *(o régimen m de la)* prensa.
Prima-facie-Beweis *m* prueba *f* prima facie.
Primogenitur *f (ErbR)* primogenitura *f*.
Prinzip *n* **das ~ der Behandlung der Anträge nach ihrer Zeitfolge** el principio del tracto sucesivo; **das ~ der größten Nähe** el principio de la mayor proximidad.
Prinzipal *m (selten f) (Auftraggeber)* principal *m*, mandante *m*.
prinzipiell en principio.
Prioritätsanspruch *m* derecho *m* de prioridad *(subjetivo)*.
Prioritätsprinzip *n* principio *m* de prioridad.
Prioritätsrecht *n* derecho *m* de prioridad *(objetivo)*.
Privateigentum *n* propiedad *f* privada, dominio *m* privado.
privatisieren privatizar.
Privatisierungsbedingungen *fpl* cuaderno *m* de privatización.
Privatklage *f* **sich der ~anschließen, der ~ beitreten** sumarse a la querella; **eine ~ erheben** entablar querella, querellarse.
Privatkläger/in *m/f* acusador *m*, ~a *f* privado, ~a; **als ~ auftreten** actuar como acusador privado.
Privatrecht *n* **internationales ~** Derecho *m* internacional privado.
privat-rechtlich allgemeine ~e Grundsätze principios *mpl* generales del Derecho privado.
Privatsphäre *f* esfera *f* privada.
Privattestament *n* testamento *m* privado.
Privaturkunde *f* documento *m* privado.
Privatversicherungsrecht *n* Derecho *m* del seguro privado.
Privileg *n* **ein ~ einräumen, erteilen, gewähren** conceder *(u otorgar)* un privilegio, privilegiar.
privilegieren privilegiar.
privilegiert privilegiado.
Probearbeitsverhältnis *n* relación *f* laboral de prueba; **Einstellung im ~** colocación *f* a título de prueba.
Probezeit *f* período *m* de prueba.
Produkthaftungsgesetz *n* ley *f* sobre productos defectuosos.
Produzentenhaftung *f* responsabilidad *f* civil del fabricante.

Programmfehler *m* error *m* del programa *(o de programación).*
programmieren programar.
Programmierer/in *m/f* programador *m*, ~a *f.*
Programmierung *f* programación *f.*
Prokura *f* **~ erteilen** otorgar un poder *(general)*; **per ~ zeichnen** firmar por poder *(general).*
Prokurator/in *m/f* procurador *m*, ~a *f.*
Prokurist/in *m/f* apoderado *m*, ~a *f* general.
Prolongation *f* prolongación *f*, prórroga *f*, renovación *f.*
prolongieren prolongar, prorrogar.
Promulgation *f* promulgación *f.*
Propergeschäft *n* negocio *m* en nombre propio.
Prorogation *f* prorrogación *f.*
Prostituierte *f* prostituta *f.*
Prostitution *f* prostitución *f.*
protegieren proteger.
Protektorat *n* protectorado *m.*
Protest *m (WechselR)* **~ mangels Annahme** protesto *m* por falta de aceptación; **~ mangels Zahlung** protesto *m* por falta de pago; **„ohne ~"** «sin gastos»; **der Wechsel geht zu ~** la letra va al protesto; **einen Wechsel zu ~ gehen lassen** protestar una letra.
protestieren protestar *(una letra).*
Protokoll *n* protocolo *m*, acta *f*; **das ~ aufnehmen, führen** redactar el acta, llevar el protocolo; **ins ~ aufnehmen** hacer constar en el acta; **aus dem ~ hervorgehen** constar del *(o en el)* protocolo; **zu ~ nehmen** protocolizar; **das ~ verlesen** dar lectura al protocolo; **im ~ vermerken** incorporar al protocolo; **zu ~ erklären** formalizar *(o declarar)* mediante comparecencia ente …; **zu ~ geben** hacer protocolizar.
Protokollbeamter *m*, **Protokollbeamtin** *f* redactor *m*, ~a *f* del acta, actuario *m*, ~a *f.*
Protokollführer/in *m/f* secretario *m*, ~a *f* de actas.
protokollieren protocolizar.
Protokollierung *f* incorporación *f* al protocolo, protocolización.
Provision *f* **auf ~ arbeiten** trabajar a comisión.
Provokateur/in *m/f* provocador *m*, ~a *f.*
Provokation *f* provocación *f.*
provozieren provocar.
Prozess *m* **einen ~ anstrengen** incoar un proceso, recurrir a los tribunales; **einen ~ führen** litigar *(contra alguien).*
Prozessagent/in *m/f* → Prozessbevollmächtigte/r.
Prozessanwalt *m*, **Prozessanwältin** *f* abogado *m* litigante.
Prozessbetrug *m* dolo *m (o estafa f)* procesal.
Prozessbeteiligte/r *f/m* **weitere Prozessbeteiligte** otras personas que intervienen en el proceso.
Prozessbevollmächtigte/r *f/m* procurador *m*, ~a *f*, representante *m*, *f* en juicio, mandatario *m*, ~a *f.*
prozessfähig capaz para litigar; **für ~ erklären** habilitar.
Prozessfähigkeit *f* capacidad *f (o personalidad f)* procesal.
Prozessfehler *m* vicio *m* procesal.
Prozessführung *f* llevanza *f (o sustanciación f)* del proceso.
Prozessführungsbefugnis *f* derecho *m* de gestión procesal.
Prozessgebühren *fpl* costas *fpl (procesales).*
Prozessgericht *n* tribunal *m* procesal.
Prozessgrund *m* causa *f.*
Prozesshandlung *f* **~ des Gerichts** actuación *f* judicial; **eine ~ vornehmen** evacuar una diligencia.
Prozesshindernis *n* impedimento *m* procesal; **~ seitens der Parteien** impedimento procesal *m* de las partes.
prozessieren litigar, procesar, pleitear.
Prozesskosten *fpl* costas *fpl* procesales; **~ aller Parteien** costas comunes.
Prozesskostenhilfe *f* beneficio *m* de pobreza.
Prozesskostenvorschuss *m* provisión *f* para gastos del juicio.
Prozessordnung *f* ley *f* de enjuiciamiento.
Prozesspartei *f (parte f)* litigante *m.*
Prozessrecht *n* **formales ~** Derecho *f* procesal formal.
Prozessstandschaft *f* legitimación *f* procesal.
Prozesstrennung *f* división *f* de *(la)* causa.

Prozesstricks *mpl* argucias *fpl* procesales, abogaderas *fpl.*
prozessual ~ verfolgbar procesable, enjuiciable.
Prozessunfähigkeit *f* **beschränkte ~** incapacidad *f* procesal limitada.
Prozessurteil *n* sentencia *f* procesal.
Prozessvergleich *m* transacción *f* judicial.
Prozessverschleppung *f* dilación *f* inmotivada del proceso.
Prozessvollmacht *f* poder *m* procesal; poder para pleitos; **die ~ kündigen, widerrufen** revocar los poderes.
Prozessvoraussetzung *f* requisito *m* de procesabilidad.
prüfen baurechtlich ~ revisar urbanísticamente.
Prüfer/in *m/f* **~ des Rechnungshofs** censor, interventor *m*, ~a *f* delegado.
Prüfling *m* examinando *m.*
Prüfung *f* **eine ~ ablegen, machen** examinarse; **sich einer ~ unterziehen** someterse a examen.
Prüfungspflicht *f* **~ (des Grundbuchamts)** función *f* calificadora.
Prüfungsverfahren *n (Patent)* examen *m* de la solicitud de patente.
Prügel *m* **~ beziehen, bekommen** recibir una paliza.
prügeln dar una paliza.
Prügelstrafe *f* pena *f* corporal.
Pseudonym *n* nombre *m* ficticio, *(p)*seudónimo *m.*
Psyche *f* psique *f*, psiquis *f.*
Psychiatrie *f (p)*siquiatría *f.*
psychisch *(p)*síquico.
Psychologie *(p)*sicología *f.*
Psychopath *m (p)*sicópata *m.*
Psychose *f (p)*sicosis *f.*
Psychotherapie *f (p)*sicoterapia *f.*
Publizitätspflicht *f* publicidad *f (registral)* obligatoria.
Putativdelikt *n* delito *m* putativo *(o imaginario).*
Putativgefahr *f* peligro *m* putativo.
Putativnotstand *m* estado *m* de necesidad putativo.
Putativnotwehr *f* legítima defensa *f* putativa.
Putsch *m* pronunciamiento *m*, golpe *m.*
putschen pronunciarse.
Putschversuch *m* **fehlgeschlagener ~** intentona *f* golpista.
Putschwesen *n* golpismo *m.*
Pyromanie *f* piromanía *f.*

Q

Qualifikationskonflikt *m f* conflicto *m* de calificaciones.
Qualifikationstatbestand *m* tipo *m* de calificación.
qualifiziert ~e Mehrheit mayoría *f* cualificada.
Qualität *f* **~ mittlerer Art und Güte** calidad *f* media.
quantifizieren cuantificar.
Quantifizierung *f* cuantificación.
Quarantäne in ~ kommen entrar en cuarentena; **unter ~ stehen** estar bajo cuarentena; **unter ~ stellen** poner bajo cuarentena.
Quarantäneattest *n* carta *f* de sanidad.
Quarantänestation *f* establecimiento *m (o lazareto m)* de cuarentena.
Quasidelikt *n* c*(u)*asidelito *m*, acto *m* ilícito.
Quasikontrakt *m* c*(u)*asicon trato *m.*
Quasimonopol *n* c*(u)*asimonopolio *m.*
quasinegatorisch c*(u)*asinegatorio.
Quasirente *f* c*(u)*asirrenta.
Quasivertrag *m* c*(u)*asicontrato *m.*
Quelle *f* **aus absolut sicherer ~** *(Vermerk)* de fuente fidedigna; **die ~ angeben** consignar *(o indicar)* la fuente.
Quellen *fpl* **~ von sachlichen Beweismitteln** *(bei Verbrechen)* fuentes *fpl* de evidencia física.
Quellensteuer *f* impuesto *m* deducido en la fuente, impuesto *m* en origen.
Querulant *m*, **Querulantin** *f* pleiteador *m*, ~a *f*, pleitista *m, f*, buscapleitos *m, f.*
querulieren querellar.
quittieren extender *(o dar)* recibo; **den Dienst ~** presentar la dimisión.
Quittierung *f* **~ des Dienstes** cese *m* en el servicio, dimisión *f (o separación f)* del cargo.

Quittung *f* **eine ~ ausstellen** extender un recibo; **eine ~ erteilen** dar un recibo; **gegen ~** contra recibo; **eine löschungsfähige ~** el recibo resolutorio; **ohne ~** de mano en mano; **gegen ~ zahlen** pagar contra recibo.
Quorum *n* quórum *m*.
Quotenabdeckung *f* cobertura *f* de cuotas.
Quotenabsprache *f* acuerdo *m* de cuotas.
quotengebunden bajo cuota; **nicht ~** fuera de cuota.
Quotenfrau *f* mujer *f* de cuota.
quotenfrei fuera de cuota; no sujeto a cupo.
Quotenregelung *f* régimen *m* de cuotas.
quotieren 1. asignar cuotas; 2. cotizar.
Quotierung *f* 1. reparto *m* por cuotas *(o cupos)*; 2. cotización *f*.

R

Rabattgesetz *n* ley *f* de las rebajas.
Rabbinatsgericht *n* tribunal *m* rabínico.
Rache *f* **aus ~** por venganza; **~ nehmen** vengarse.
Racheakt *m* acto *m* de venganza.
rächen vengar; **sich ~** vengarse.
Radarkontrolle *f* control *m (de velocidad)* por radar.
Rädelsführer/in *m/f* cabecilla *m, f*, promotor *m*, ~a *f*, jefezuelo *m*, ~a *f*.
Radikalenerlass *m (1972, RFA)* exclusión *f* de la función pública de los radicales o extremistas.
Rahmen *m* **im ~ der Gesetze** con arreglo a *(lo establecido en)* las leyes; **sich im rechtlichen ~ halten** no salirse de la legalidad.
Rahmenabkommen *n* convenio *m* marco *(o básico)*.
Rahmengesetzgebung *f* legislación *f* marco *(o básica)*.
Rahmenstrafe *f* pena *f* de duración indeterminada.
Rahmentarifvertrag *m* convenio *m (colectivo)* marco.
Rahmenverordnung *f* reglamento *m* marco.
randalieren alborotar, armar jaleo.
Randvermerk *m* apostilla *f*, acotación *f*; **einen ~ machen** acotar.
Rangordnung *f* **~ der Gläubiger** prelación *f* de acreedores.
Rangverhältnis *n* orden *m* de preferencia; **~ von Forderungen** prelación *f* de créditos.
Rangvorbehalt *m* reserva *f* de rango *(o de orden)*.
Rassendiskriminierung *f* discriminación *f* racial.
Rassengesetzgebung *f (veraltet)* legislación *f* racial.
Rassentrennung *f* segregación *f* racial.
Rassismus *m* racismo *m*.
rassistisch racista.
Rasterfahndung *f* control *m* de datos personales atendiendo a determinados criterios.
Ratifikationsakt *m* acta *f* de ratificación.
ratifizieren ratificar, refrendar.
Raub *m* 1. *(Rauben)* **einfacher ~** robo *m* simple; **fehlgeschlagener ~** intentona *f* de robo; **~ mit Körperverletzung** robo *m* con lesiones; **schwerer ~** robo *m* grave; **~ mit Waffen** robo *m* a mano armada; **~ mit Todesfolge** robo seguido de muerte; 2. *(Straßen)* atraco *m*; 3. *(Menschen)* secuestro.
Raubdruck *m* edición *f* pirata.
Räuberbande *f* cuadrilla *f (o banda f)* de ladrones.
räuberisch ~e Erpressung chantaje *m* violento; **~er Diebstahl** robo *m*.
Raubkassette *f* casete *f* pirata.
raubkopieren 1. copiar ilegalmente; 2. grabar casetes piratas.
Raubmord *m* asesinato *m* con robo; robo *m* con homicidio.
Raubmörder/in *m/f* ladrón *m*, ~a *f* homicida, ladrón *m*, ~a *f* asesino, ~a.
Raubpressung *f (z. B. einer CD)* producción *f* pirata de discos.
Raubüberfall *m* **bewaffneter ~** atraco *m* a mano armada.
Raucherabteil *n* compartimento *m* de fumadores.
Raucherzone *f* zona *f* para fumadores.

Rauchverbot *n* prohibicón *f* de fumar.
Rauferei *f*, **Raufhandel** *m* riña *f* *(confusa y)* tumultuaria; **~ mit Körperverletzung** lesiones *fpl* en riña tumultuaria.
Raum *m* **rechtsfreier ~** espacio *m* alegal, laguna *f* de Derecho; **straffreier ~** espacio *m* de impunidad.
räumen 1. *(Gerichtssaal)* despejar; 2. *(Wohnung)* desalojar; 3. *(gerichtlich)* lanzar; 4. **zwangsweise ~** desahuciar.
Räumung *f* **~ des Gerichtssaals** desalojo *m* de la sala.
Räumungsklage *f* demanda *f* de desahucio.
Räumungsrecht *n* derecho *m* de desalojo.
Raümungsurteil *n* sentencia *f* de desahucio *(o de lanzamiento).*
Rauschgift *n* estupefaciente *m*, droga; **~ nehmen** drogarse.
Rauschgiftdelikte *pl* drogodelincuencia *f.*
Rauschgiftdezernat *n* negociado *m* *(o brigada f)* de estupefacientes.
Rauschgifthandel *m* narcotráfico.
Rauschgifthändler/in *m/f* narcotraficante *m/f*, traficante *m/f* de drogas.
Rauschgiftkriminalität *f* delincuencia *f* relacionada con las drogas.
Rauschgiftring *m* red *f* de traficantes de drogas.
Rauschgiftschmuggel *m* contrabando *m* de estupefacientes.
Rauschgiftsüchtige/r *f/m* drogadicto *m*, ~a *f*, toxicómano *m*, ~a *f.*
Rauschtat *f* delito *m* de estupefacientes.
Razzia *f* batida *f*, redada; **eine ~ machen, veranstalten** dar una batida.
Realakt *m* acto *m* *(o hecho m)* real.
Realfolium *n* *(Grundbuch)* folio *m* real.
Realinjurie *f* injuria *f* real *(o de obra).*
Realkonkurrenz *f* concurso *m* real de delitos.
Reallast *f* censo *m* fructuario; **mit einer ~ belastet** censido.
Realrechte *npl* derechos *mpl* reales.
Realvertrag *m* contrato *m* real.
Rebellenführer/in *m/f* cabecilla *m, f* rebelde.
Rebellion *f* rebelión *f*, sublevación *f.*
Rechenschaft *f* **~ ablegen** rendir cuentas; **zur ~ ziehen** pedir cuentas, poner un pleito.
Rechenschaftslegungspflicht *f* obligación *f* de rendir cuentas.
Rechnung *f* **für ~ den, den es angeht** por cuenta de quien corresponda; **auf (od für) eigene ~** por cuenta propia; **für fremde ~** por cuenta ajena; **~ legen** rendir cuenta, dar cuenta; **~en prüfen** revisar *(o auditar)* cuentas; fiscalizar contabilidades; **in ~ stellen** anotar en cuenta; **~ vorlegen** explicar, rendir cuenta.
Rechnungshof *m* tribunal *m* de cuentas; *(Am)* contaduría *f* del Estado; **Europäischer -** Tribunal de Cuentas Europeo.
Rechnungsjahr *n* ejercicio *m* contable.
Rechnungslegung *f* rendición *f* de cuentas.
Rechnungsprüfer/in *m/f* revisor *m*, ~a *f (o censor m, ~a f o interventor m, ~a f)* de cuentas.
Rechnungsprüfung *f* auditoría *f (o intervención f, o verificación f, o revisión f)* de cuentas.
Recht *n* 1. **subjektives ~** derecho *m* subjetivo; **ein ~ absprechen** denegar un derecho; 2. **objektives ~** Derecho objetivo; **anwendbares, anzuwendendes ~** Derecho *m* aplicable; **ausländisches ~** Derecho extranjero; **bürgerliches ~** Derecho *m* civil; **nationales ~** Derecho nacional; **sich nach dem ~ richten** actuar según el Derecho; 3. *(Gerechtigkeit)* **er hat sein ~ bekommen** le han hecho justicia; **~ sprechen** administrar justicia; 4. *(Gesamtheit der Gesetze)* **das ~ missachten** contravenirla ley; **von ~s wegen** ipso iure, por Derecho.
Rechte *npl* **~ durchsetzen** hacer valer *(derechos)*; **in die ~ eintreten** subrogarse en los derechos; **mit gleichen ~ und Pflichten** con los mismos derechos y obligaciones; **unbeschadet erworbener ~** sin perjuicio de los derechos adquiridos; **verbriefte ~** derechos *mpl (o activos mpl)* titulizados; **die ~ verletzen** lesionar derechos; **alle ~ vorbehalten** reservados todos los derechos.

rechtens ~ sein ser de justicia, ser legítimo.

rechtfertigen sich ~ justificarse; **nicht zu ~** injustificable.

Rechtfertigung *f* **was sagt er zu seiner ~?** ¿cómo se justifica?, ¿qué es lo que alega en su defensa?.

Rechtfertigungselement *n* elemento *m* de justificación.

Rechtfertigungsgrund *m* causa *f* de justificación.

rechtlich ~ abhängig sujeto a Derecho; **~ nicht geregelt** ajurídico; **~ verbindlich** jurídicamente vinculante; **~es Gehör** derecho *m* de audiencia.

rechtlos excluido del Derecho, privado de derechos.

Rechtlosigkeit *f* ilegalidad *f*, situación *f* fuera del Derecho.

rechtmäßig ~ bestellt válidamente constituido.

Rechtmäßigkeit *f* legitimidad *f*, legalidad *f*, conformidad *f* jurídica.

Rechtsakt *m* hecho *m* jurídico, acta *f*.

Rechtsakt *m* **der Europäischen Gemeinschaften** acto *m* comunitario.

Rechtsänderung *f* cambio *m* jurídico.

Rechtsangleichung *f* armonización *f* jurídica.

Rechtsanspruch *m* título *m* legal.

Rechtsanwalt *m*, **Rechtsanwältin** *f* abogado *m*, abogada *f*.

Rechtsanwaltsanwärter/in *m/f* pasante *m*, *f*.

Rechtsanwaltsgebührenordnung *f* ley de honorarios profesionales de los abogados (obsolet).

Rechtsanwaltsgebührentabelle *f* arancel *m* de honorarios.

Rechtsanwaltskammer *f* **Rechtsanwaltskanzlei** *f* colegio *m* de abogados/bufete *m*.

Rechtsanwaltsvergütungsgesetz *n* ley de honorarios profesionales de los abogados.

Rechtsanwendung *f* **entsprechende ~** aplicación *f* analógica.

Rechtsanwendungsrecht *n* normas *fpl* sobre aplicación.

Rechtsauffassung *f* **die ~ vertreten** defender un criterio jurídico.

Rechtsaufsicht *f* inspección *f* *(o control m)* de naturaleza jurídica.

Rechtsauskunft *f* **eine ~ geben** evacuar una consulta *(jurídica)*.

Rechtsausschuss *m* comisión *f* de justicia.

Rechtsausübung *f* **erlaubte ~** ejercicio *m* legítimo de derecho.

Rechtsbegriff *m* **echter ~** concepto *m* jurídico auténtico.

rechtsbegründend constitutivo *m* de derecho.

Rechtsbehelf *m* **~ einbringen** interponer recurso *(legal)*; **förmlicher ~** recurso *m* administrativo *(ordinario)*.

Rechtsbehelfsbelehrung *f* instrucción *f* sobre los recursos *(procedentes)*.

Rechtsbeistand *m* 1. consultor *m* jurídico; 2. asistencia *f (o defensa f)* jurídica.

Rechtsbelehrung *f* instrucción *f* jurídica, advertencias *fpl*.

Rechtsberater/in *m/f* letrado *m*, ~a *f* asesor, ~a, asesor *m*,~a *f* jurídico, ~a.

Rechtsberatungsgesetz *n* ley de asesoramiento *m* jurídico.

Rechtsberatungsstelle *f* consultorio *m* jurídico.

Rechtsbeschwerde *f* queja *f*, recurso *m* de legitimidad.

Rechtsbesitz *m* posesión *f* de derechos.

Rechtsbeuger/in *m/f* prevaricador *m*, ~a *f*.

Rechtsbeugung *f* prevaricación; **~ begehen** prevaricar.

Rechtsbeziehung *f* **~ begründen** constituir vínculo jurídico; **eine ~ eingehen** iniciar una relación jurídica; **in ~ stehen** mantener un vinculo *m* jurídico.

Rechtsbindung *f* vínculo *m* jurídico.

Rechtsblindheit *f* ceguera *f* jurídica.

Rechtsbrecher/in *m/f* delincuente *m*, *f*, infractor *m*, ~a *f* del Derecho.

Rechtsbruch *m* violación *f* del Derecho.

Rechtseigenschaft *f* calidad *f* jurídica, carácter *m* jurídico.

Rechtseinheit *f* unidad *f* jurídica.

Rechtsentzugsstrafe pena *f* privativa de derechos.

Rechtserwerb *m* **ursprünglicher ~** adquisición *f* directa *(u originaria)* de un derecho.

rechtsfähig ~ sein tene rcapacidad *(o personalidad f)* jurídica; **~er Verein**

asociación *f* con capacidad *(o personalidad f)* jurídica.
Rechtsfähigkeit *f* capacidad *f* jurídica, personalidad *f* ante el Derecho; **volle ~** capacidad *f* jurídica plena.
Rechtsfall *m* **einen ~ entscheiden** conocer de una causa; **schwebender ~** caso *m* ante los tribunales.
Rechtsfindung *f* aplicación *f* jurídica.
Rechtsfolge *f* **mit allen ~n** con plenas consecuencias jurídicas.
Rechtsfolgerung *f* conclusión *f* jurídica.
Rechtsförmlichkeitskontrolle *f* control *m* de la legalidad de los acuerdos.
Rechtsfrage *f* **reine ~** cuestión *f* de puro Derecho; **umstrittene ~** cuestión de Derecho discutida.
Rechtsfrüchte *fpl* frutos *m* jurídicos.
Rechtsgebiet *n* rama *f* del Derecho; **ein ~ regeln** regular una materia jurídica.
Rechtsgeschäft *n* **einseitiges, zweiseitiges ~** negocio *m* jurídico unilateral, bilateral; **ein ~ abschließen** celebrar un negocio jurídico; **formbedürftiges ~** negocio *m* jurídico solemne; **ein ~ vornehmen** concluir un negocio jurídico.
rechtsgeschäftlich negocial, jurídico-negocial; **nicht ~** de carácter no negocial.
Rechtsgeschichte *f* historia *f* del Derecho.
Rechtsgrund *m* **ausreichender ~** causa *f* adecuada; **fehlender ~** falta *f* de causa; **vorgespiegelter ~** causa *f* falsa.
Rechtsgrundsatz *m* **allgemeiner ~** principio *m* general del Derecho.
Rechtsgut *n* **in ein ~ eingreifen** atentar contra un bien jurídico protegido; **geschütztes ~** bien jurídico tutelado; **ein ~ verletzen** lesionar un bien jurídico.
Rechtsgutachten *n* dictamen *m* jurídico, pericia *f* legal.
Rechtshandlung *f* **beurkundete ~** acto *m* jurídico documentado; **die das Eigentum übertragende ~** acto *m* traslativo de propiedad; **~ mit Wirkung auf andere** acto jurídico transitivo.
rechtshängig ~ sein pender.
Rechtshängigkeit *f* **~ einwenden** oponer la excepción de litispendencia.
Rechtshilfe *f* 1. **~ leisten** prestar asistencia jurídica; **~ in Strafsachen** asistencia *f* judicial en material penal; **die Verweigerung der ~** la denegación de asistencia judicial; **im Wege der ~** por vía de asistencia judicial; 2. comisión *f* rogatoria, cooperación *f* judicial; **beschließen, dass um ~ ersucht wird** decidir la comisión rogatoria.
Rechtshilfeersuchen *n* 1. comisión *f* rogatoria *(para un tribunal extranjero)* **~ an ausländischen Richter** comisión *f* rogatoria internacional; 2. carta-orden *f (de tribunal superior a inferior)*; 3. exhorto *m (entre tribunales iguales)*; 4. suplicatorio *m*, suplicatoria *f (de inferior a superior)*.
Rechtshilfegemeinschaft *f* **Europäische ~** Comunidad *f* Europea de Asistencia Judicial.
Rechtshoheit *f* soberanía *f (jurídica)*.
Rechtsinhaber/in *m/f* 1. titular *m*, *f*, derechohabiente *m*, *f*; 2. interesado *m*, ~a *f*.
Rechtsirrtum *m* **außerstrafrechtlicher ~** error *m* de Derecho extrapenal.
Rechtskraft *f* **~ bescheinigen** ejecutoriar, certificar la firmeza *(de una resolución judicial)*; **formelle, materielle ~** autoridad *f* formal, material de la cosa juzgada; **in ~ erwachsen** adquirir fuerza de cosa juzgada, adquirir firmeza; **mit ~** con efectos jurídicos; **~ der Verurteilung** firmeza *f* de la sentencia.
rechtskräftig ~ werden entrar en vigor, llegar a ser firme; **~es Urteil** sentencia *f* firme.
Rechtslage *f* **dingliche ~** estado *m* real; **geltende ~** situación *f* jurídica vigente.
Rechtsmangel *m* 1. vicio *m* jurídico *(o de ley)*; 2. título *m* insuficiente.
Rechtsmängel *mpl* **wegen ~n haften** responder por evicción.
Rechtsmängelhaftung *f* saneamiento *m* por evicción.
Rechtsmissbrauch *m* abuso *m* de Derecho, fraude *m* de ley.

Rechtsmittel *n* **dem ~ abhelfen** declarar haber lugar a recurso; **(außer)ordentliches ~** recurso *m (extra)* ordinario; **ein ~ einlegen** interponer *(un)* recurso; **die Einlegung des ~s** la interposición de*(l)* recurso; **dem ~ stattgeben** admitir el recurso; **einem ~ unterliegen** ser susceptible de recurso; **auf die ~ verzichten** consentir la sentencia; **die Zurücknahme eines ~s** el desistimiento de un recurso; **das ~ zurücknehmen** desistir del recurso.
Rechtsmittelbeklagte/r *f/m* recurrido *m*, ~a *f*, parte *f* recurrida.
Rechtsmittelbelehrung *f* indicación *f* del recurso procedente.
Rechtsmittelgericht *n*, **Rechtsmittelinstanz** *f* instancia *f* de recurso, judex ad quem.
Rechtsmittelkläger/in *m/f* recurrente *m,f*, opositor *m*, ~a *f*, reclamante *m, f*.
Rechtsmittelverzicht *m* renuncia *f* al recurso.
Rechtsnachfolge *f* sucesión *f* en derechos; **~ antreten** suceder a alguien en sus derechos.
Rechtsnachfolger/in *m/f* causahabiente *m, f*.
Rechtsnachteil *m* desventaja *f* jurídica.
Rechtsnorm *f* **primäre, sekundäre ~** norma *f* jurídica primaria, secundaria.
Rechtsobjekt *n* 1. objeto *m* jurídico; 2. materia *f*.
Rechtsordnung *f* **anwendbare ~** ordenamiento *m* jurídico pertinente.
Rechtspersönlichkeit *f* **eigenständige ~** personalidad *f* jurídica propia; **volle ~** personalidad *f* jurídica plena.
Rechtspflege *f* administración *f* de justicia.
Rechtspfleger/in *m/f* administrador *m*, ~a *f* judicial; *(D)* secretario *m*, ~a *f* judicial.
Rechtspflichtlehre *f* teoría *f* del deber jurídico.
Rechtsphilosophie *f* filosofía *f* del Derecho.
rechtspolitisch jurídico-político, político-jurídico.
Rechtspraxis *f* práctica *f* jurídica.
Rechtsprechung *f* **~ begründen, schaffen** sentar jurisprudencia; **höchstrichterliche ~** jurisprudencia *f* de los altos tribunales.
Rechtsprechungsorgane órganos *mpl* jurisdiccionales.
Rechtsprechungssammlung *f* **~ in Jahresbänden** anales *mpl* de jurisprudencia.
Rechtsquelle *f* fuente *f* del Derecho.
Rechtsreferendar/in *m/f* pasante *m, f*, licenciado *m*, ~a *f* en Derecho.
Rechtssache *f* **anhängige ~** causa *f* pendiente; **eilige ~** *(Sp)* asunto urgente *m*.
Rechtssatz *m* precepto *m* jurídico.
Rechtsschein *m* **formaler ~ der Ehe** apariencia *f* jurídica matrimonial.
Rechtsschöpfung *f* creación *f* de Derecho, creación *f* jurídica, legiferación *f*.
Rechtsschule *f* **historische ~** escuela *f* histórica del Derecho.
Rechtsschutz *m* **~ gewähren** amparar; **gerichtlicher ~** tutela *f* jurisdiccional (o judicial); **~ verweigern** denegar la tutela judicial; **vorbeugender ~** tutela *f* cautelar.
Rechtsschutzbedürfnis *n* necesidad *f* de protección jurídica.
Rechtsschutzversicherung *f* seguro *m* de protección jurídica.
Rechtsschutzverweigerung *f* denegación *f* de protección jurídica; indefensión *f*.
Rechtssicherheit *f* certeza *f* jurídica, seguridad *f* jurídica.
Rechtssoziologie *f* sociología *f* del Derecho.
Rechtssprache *f* terminología *f* jurídica, lenguaje *m* jurídico.
Rechtsspruch *m* fallo *m*, sentencia *f*.
Rechtsstaat *m* **demokratischer ~** Estado *m* democrático de Derecho.
Rechtsstaatlichkeit *f* nomocracia *f*, legalidad *f* constitucional.
Rechtsstaatsprinzip *n* principio *m* del Estado de Derecho.
Rechtsstreit *m*, **Rechtsstreitigkeit** *f* **anhängiger ~** causa *f* pendiente; **beigelegter ~** causa *f* resuelta; **einem ~ beitreten** intervenir en una causa; **einen ~ führen** 1. *(Gericht)* conducir un proceso, ver un pleito; 2. *(Partei)* litigar, pleitear contra alguien; **zum ~ führen** dar lugar a litigios; **einen ~ vergleichen**

componer un pleito; **einen ~ verhandeln** verse en pleito; **einen ~ verweisen** *(an anderes Gericht)* trasladar la jurisdicción.
Rechtssubjekt *n* sujeto *m (o ente m)* jurídico.
Rechtssuchender *m* justiciable *m.*
Rechtssystem *n* sistema *m* jurídico.
Rechtstatsache *f* hecho *m* jurídico.
Rechtstitel *n* **verbriefter ~** título *m (jurídico)* registrado.
Rechtstod *m* muerte *f* civil.
Rechtsträger/in *m/f* titular *m, f (jurídico, ~a).*
Rechtsübergang *m* transmisión *f* de derechos, subrogación *f.*
Rechtsübernahme *f* recepción *f* del derecho.
Rechtsübertragung *f* traspaso *m (o transferencia f)* de derechos.
Rechtsunkenntnis *f* ignorancia *f* de la ley *(o del Derecho).*
Rechtsunsicherheit *f* inseguridad *f* jurídica *(o legal).*
rechtsunwirksam sin efectos jurídicos, nulo de Derecho.
Rechtsverbindlichkeit *f* vinculación *f (u obligatoriedad f)* jurídica.
Rechtsverfolgung *f* ejercicio *m* de un derecho.
rechtsvergleichend de Derecho comparado, jurídico-comparativo.
Rechtsverhältnis *n* **das ~ aufheben** disolver una relación *f* jurídica; **ein ~ begründen** constituir una relación jurídica; **ein ~ eingehen** contraer vínculo jurídico.
Rechtsverkehr *m* tráfico *m* jurídico, relaciones *fpl* jurídicas.
Rechtsverletzung *f* **die ~ rügen** denunciar la violación de un derecho.
Rechtsvermutung *f* presunción *f* de Derecho; **die ~ begründen** hacer que se presuma.
Rechtsverordnung *f* **eine ~ erlassen** dictar un decreto *(o reglamento).*
Rechtsverweigerung *f* denegación *(y retardo m)* de justicia.
Rechtsvorgänger/in *m/f* antecesor *m,* ~a *f* jurídico, ~a; *(Abtretender)* cedente *m, f.*
Rechtsweg *m* **auf dem ~** por vía judicial; **den ~ beschreiten** tomar medidas judiciales, incoar un proceso; **ordentlicher ~** vía *f* judicial ordinaria.
Rechtsweggarantie *f* garantía *f* judicial efectiva.
rechtswidrig offensichtlich ~ manifiestamente contrario a la ley; **~e Einwirkung** influencia (o injerencia) *f* ilegal.
Rechtswidrigkeit *f* **materielle, objektive ~** antijuridicidad material, objetiva.
rechtswirksam válido, perfecto; **~ machen** legitimar.
Rechtswirksamkeit *f* validez *f* jurídica, eficacia *f* legal.
Rechtswirkung *f* efecto *m* jurídico, eficacia *f* jurídica; **~ haben** surtir efectos *(jurídicos)*; **mit voller ~** de pleno Derecho.
Rechtswissenschaft *f* jurisprudencia *f,* jurispericia *f;* ciencia *f* del Derecho; **vergleichende ~** Derecho *m* comparado.
Rechtswohltat *f* **~ der geteilten Inanspruchnahme** *(bei Mitbürgen)* beneficio *m* de división; **~ der Trennung** beneficio *m (jurídico)* de separación de patrimonios.
Rechtzeitigkeit *f* temporaneidad *f,* tempestividad *f,* oportunidad *f.*
Rechtszug *m* instancia *f,* tramitación *f,* vía *f* jerárquica.
redlich sich ~ bemühen esforzarse de buena fe.
Redlichkeit *f* honradez *f,* rectitud *f,* integridad *f.*
Reduktion *f* reducción *f.*
Reeder/in *m/f* **~ -Eigentümer, ~ -Vercharterer, ~ -Verfrachter** armador-fletador *m,* armadora-fletadora *f (o armador-propietario m, armadora-propietaria f o fletador m, ~a f principal).*
Referendar/in *m/f* **~ in der Anwaltskanzlei** pasante *m, f* de abogado.
Referendum *n* **~ auf Antrag** referéndum *m* por iniciativa; **verfassungsänderndes ~** referéndum *m* de reforma constitucional.
Referentenentwurf *m* anteproyecto *m.*
Reform *f* **~ der Sozialversicherung** reforma *f* de la seguridad social.
reformieren reformar; *(novellieren)* enmendar.

Regel *f* **in der ~** de ordinario, por regla general.
Regelbedarf *f* necesidad *f* reglamentaria.
Regelfall *m* caso *m* regular *(u ordinario).*
Regelleistung *f* prestación *f* reglamentaria *(u obligatoria).*
regeln gesetzlich ~ legislar, reglamentar; **betrieblich ~** regular por parte de la empresa; **tariflich ~** regular por convenio colectivo.
Regelstrafe *f* pena *f* normal.
Regelung *f* **gesetzliche ~** regulación *f* legal; **privatrechtliche ~** régimen *m* privado; **eine ~ treffen** adoptar una regulación; **eine ~ vereinbaren** acordar una regulación.
Regelunterhalt *m* alimentos *mpl* básicos.
Regie *f* **unter der ~ von** bajo la dirección de; **in eigener ~** por cuenta propia.
regieren allein ~ gobernar en solitario.
Regierung *f* **von SPD und Grünen** gobierno *m (o coalición f)* rojiverde.
Regierungsbezirk *m (D)* distrito *m* gubernamental.
Regierungspräsident *m (D)* jefe *m* de distrito.
Regierungsverordnung *f* decreto *m (gubernamental).*
Regierungsvorlage *f* proyecto *m* gubernamental.
Register *n* **zum ~ anmelden** solicitar la inscripción en el registro; **in ein ~ eintragen** inscribir en un registro; **das ~ führen** llevar el registro; **im ~ löschen** cancelar en el registro; **öffentliches ~** registro *m* público; **~ der Spender** *(Embryonenschutz)* registro *m* nacional de donantes.
Registeramt *n* registraduría *f.*
Registerauszug *n* **einen ~ herstellen** expedir un extracto *m* del Registro, compulsar.
Registergericht *n* tribunal *m* de registro, juzgado *m* registral.
Registerrecht *n* Derecho *m* registral inmobiliario.
Registrierungsbescheinigung *f* certificado *m* de registro.
Registrierungsurkunde *f* escritura *f* de registro.
Regress *m* **jemanden in ~ nehmen** repetir contra alguien; **~ gegen jemanden nehmen** repercutir contra alguien.
Regressanspruch *m* derecho a recurrir, derecho *m* a indemnización.
Regressklage *f* demanda *f* de recurso, acción *f* regresiva.
Regressnehmer/in *m/f* recurrente *m,f,* acreedor *m,* ~a *f* de regreso.
regulieren regular, regularizar, reglamentar.
Regulierung regulación *f,* regularización *f,* reglamentación *f.*
Rehabilitation *f* **berufliche ~** recuperación *f (o recapacitación f)* profesional.
Rehabilitierung *f* **~ des Gemeinschuldners** rehabilitación *f* del deudor fallido.
Reichsgericht *n (RG)* Tribunal *m* Supremo del Reich.
Reichweite *f* **die ~ nicht erkennen** desentenderse del alcance.
Reihenfolge *f* **~ der Einreichung, des Eingangs** orden *f* de presentación.
Reihenregress *m,* **Reihenrückgriff** *m* recurso *m* sucesivo.
Reinschrift *f* **in ~ abfassen** *(Urteil)* poner en limpio.
Reiseausweis *m* documento *m* de viaje; **vorläufiger ~** documento de identificación provisional.
Reisepass *m* pasaporte *m.*
Reisescheck *m* cheque *m* de viaje *(o de viajero).*
Reiseversicherung *f* seguro *m* de viaje*(ros).*
Reisevertrag *m* contrato *m* de viaje.
Rektapapier *n* documento *m* nominativo.
Rekurs *m (D: veraltet; Ö:)* recurso *m.*
relativ ~e Mehrheit mayoría *f* relativa; **~e Unwirksamkeit** nulidad *f* relativa; **~es Recht** derecho *m* relativo.
relativieren relativizar.
relegieren expulsar.
Relevanz *f* **die ~ des Beweises** la pertinencia de la prueba.
Religionsfreiheit *f* **negative, positive ~** libertad *f* de culto negativa, positiva.
Religionsdelikt *n* delito *m* contra la religión.
Religionsgesellschaft *f* confesión *f* religiosa.

Remittent/in *m/f* remitente *m*, *f*, tenedor *m*, ~a *f*.
remuneratorisch ~e Schenkung donación *f* remuneratoria.
Rente *f* 1. *(Altersrente)* pensión *f*; **die ~ berechnen** calcular la pensión; **in ~ gehen** pasar al régimen de jubilación, jubilarse; **eine ~ gewähren** conceder una pensión; **in ~ sein** estar jubilado, ser clase pasiva; 2. *(Geldbetrag)* **ewige ~** anualidad *f* perpetua; 3. *(Kapital)* **lebenslange, lebenslängliche ~** renta *f* vitalicia.
Rentenalter *n* **das ~ erreichen** alcanzar la edad de jubilación.
Rentenanspruch *m* derecho *m* a pensión.
rentenberechtigt con derecho a pensión.
Rentenrecht *n* Derecho *m* de pensiones.
Rentenreform *f* reforma *f* de las pensiones.
Rentenschuld *f* deuda *f* de renta, deuda *f* vitalicia.
Rentenversicherung *f* **gesetzliche ~** seguro *m* de pensiones de la seguridad social; **knappschaftliche ~** seguro *m* de pensiones de los mineros.
Rentner/in *m/f* pensionista *m*, *f*, jubilado *m*, ~a *f*.
Reparationsabkommen *n* convenio *m* sobre reparaciones.
Reparationszahlungen *fpl* pagos *mpl* por reparación.
Repatriierung *f (od Rückführung)* repatriación *f*.
Replik *f* réplica *f*; **auf eine ~ antworten** duplicar.
Repräsentant/in *m/f* representante *m*, *f*.
Repräsentantenhaftung *f* responsabilidad *f* de representación.
repräsentativ ~e Demokratie democracia *f* representativa.
Repressalien *fpl* **mit ~ bekämpfen** represaliar.
Repression *f* represión *f*.
repressiv ~es Verbot mit Befreiungsvorbehalt prohibición *f* represiva con reserva de liberación.
reprivatisieren reprivatizar, desnacionalizar.
Reprivatisierung *f* reprivatización *f*, desnacionalización *f*.
Reptilienfonds fondos *mpl* reservados.
Republikflucht *f (veraltet)* tentativa de huida *(de la RDA)*.
requirieren requerir, requisar; *(Méx)* requisitar.
Requisitionrecht *n* derecho *m* de requisición *f*.
Reserve *f* **frei, freiwillige ~** reserva *f* voluntaria; **gesetzliche ~** reserva *f* legal; **stille ~** reserva *f* tácita.
Resident/in *m/f* residente *m*, *f*.
Residenzkarte *f* **~ für EU-Bürger** tarjeta *f* de residencia.
Residenzpflicht *f* deber *m* de residencia.
Resolutionsentwurf *m* proyecto *m (o propuesta f)* de resolución.
resolutiv *(Schw)* siehe auflösend.
Restitution *f* restitución *f*.
Restitutionsklage *f (D)* acción *f* de revisión.
Restschuldbefreiung *f* **~ erlangen** *(Schuldner)* liberarse del resto de la deuda; **~ erteilen** *(Gericht)* conceder la liberación de la deuda pendiente.
Retentionsrecht *n (Schw)* derecho *m* de retención, derecho *m* a retener.
Retorsionsrecht *n* derecho *m* de retorsión.
Retraktrecht *n* derecho *m* de retracto; **gesetzliches ~** retracto *m* legal.
Reue *f* **tätige ~** arrepentimiento *m* activo; **~ zeigen** arrepentirse.
Reuegeld *n* rescate *m*.
Reuegeldklausel *f* cláusula *f* penal.
Revier *n (Polizei)* comisaría *f*.
revisibel revisable, casable; **~ machen** someter a casación.
Revision *f* 1. **~ der Bücher** compulsa *f* de libros; **interne ~** auditoría *f* interna; **einer ~ unterziehen** someter a revisión; **~ eines Vertrages** revisión *f* de un tratado; 2. **die ~ begründen** fundamentar el recurso de casación; **~ einlegen, einreichen** interponer recurso de casación; **~ wegen Verletzung materiellen Rechts** recurso *m* de casación por infracción de doctrina legal; **die ~ verwerfen** no admitir *(o inadmitir)* el recurso de casación; **die ~ zulassen** admitir el recurso de casación.
Revisionsantrag *m* solicitud *f* de casación.

Revisionsgericht *n* jurisdicción *f* de casación.
Revisionsgrund *m* fundamento *m* de la casación.
Revisionsinstanz *f* instancia *f* de casación.
Rezept *n* **ein ~ ausstellen** extender una receta; **ein ~ fälschen** falsificar una receta; **ein ~ missbrauchen** hacer uso indebido de una receta.
Rezeptdiebstahl *m* hurto *m* de recetas.
Rezeptfälschung *f* falsificación *f* de recetas.
Rezeption *f* **~ des Rechts** recepción *f* del derecho.
Rezess *m* *(veraltet für Vergleich)* acuerdo *m*, pacto, acuerdo *m*.
reziprok ~es Testament testamento *m* recíproco.
Reziprozität *f* reciprocidad *f*.
richten 1. **die Klage richtet sich gegen** la demanda se propone contra; **die Klage richtet sich auf** el fin de la demanda es; 2. **~ können** saber juzgar.
Richter/in *m/f* 1. *(Einzelrichter)* juez *m*; 2. *(Kollegialgericht)* magistrado *m*; 3. *(Militär)* togado *m*; 4. *(Méx)* ministro *m*; **~ mit abweichender Stimme** magistrado *m* disidente *(o discordante)*; **beauftragter ~** juez *m* exhortado *(o comisario)*; **beisitzender ~** juez adjunto; **ein Gericht mit ~n besetzen** dotar un tribunal de jueces; **diensttuender ~** juez *m* de turno *(o de guardia)*; **ehrenamtlicher ~** juez *m* a título honorario; **ersuchter ~** juez *m* requerido; **mitwirkende ~** jueces *mpl* coactuantes; **rechtsgelehrter ~** juez *m* jurisconsulto; **urteilender ~** *(juez m)* sentenciador *m*; **dem ~ vorführen** llevar ante el juez; **dem ~ vorgeführt werden** poner a disposición de la autoridad judicial; **Vorsitzender ~** presidente *m (de la sala)*.
Richteramt *n* profesión *f* judicial, magistratura *f*.
Richterbestechung *f* soborno *m* de jueces.
Richtergesetz *n* **Deutsches ~** ley *f* alemana de la judicatura.
Richterkollegium *n* colegio *m* de jueces.
richterlich judicial, jurisdiccional.
Richterrecht *n* Derecho *m* de creación judicial.
Richterschaft *f*, **Richterstand** *m* cuerpo *m* judicial, judicatura, magistratura *f*.
Richterspruch *m* sentencia *f (o fallo m)* judicial.
richtigstellen rectificar.
Richtigkeit *f* **„für die ~ der Abschrift"** «es conforme con la copia»; **„für die ~ der Übersetzung"** «para certificar la exactitud de la traducción», **„für die ~ der Unterschrift"** «a efectos de certificar la autenticidad de la firma».
Richtlinienkompetenz *f* competencia *f* para la fijación de directrices.
Riester-Rente *f (D)* pensión *f* Riester.
Risiko *n* **auf eigenes ~** a propio riesgo, a riesgo propio; **ein ~ eingehen** correr *(con)* un riesgo; **ein ~ tragen** soportar *(o costear)* un riesgo; **ein ~ übernehmen** asumir un riesgo; **das ~ verteilen** diversificar el riesgo.
Robe *f* toga *f*.
römisch ~es Recht Derecho *m* romano.
Rubrum *n* 1. cabecera *f*, encabezamiento *m*; 2. *(Urteil, Schriftsatz)* caratulados *mpl*; 3. *(Streitsache)* carátula *f* de los autos.
Rückbürge *m* fiador *m* subsidiario.
Rückbürgschaft *f* fianza *f* subsidiaria.
rückerstatten restituir, devolver, reembolsar.
Rückerstattung *f* **~ an** restitución *f* a; **~ der Beiträge** reembolso *m (o devolución f)* de las cuotas.
Rückerstattungsklage *f* acción *f* de restitución *(o devolución)*.
Rückerwerb *m* **~ der Staatsangehörigkeit** recuperación *f* de la nacionalidad.
Rückfalldiebstahl *m* hurto *m* con reincidencia.
rückfällig reincidente; **~ werden** reincidir.
Rückfälligkeit *f* reincidencia *f*, reiteración.
Rückfalltäter/in *m/f*, **Rückfallverbrecher/~in** *m/f* delincuente *m, f (o criminal m, f)* reincidente.
Rückforderungsanspruch *m* derecho *m* a devolución.

Rückgabe *f* **~ der geliehenen Sache** restitución *f* de la cosa prestada.
Rückgewähr *f* devolución *f*, restitución *f*; **~ zur Masse** reintegro a la masa.
Rückgewinnung *f* recuperación *f*.
Rückgriff *m* **~ nehmen gegen** recurrir *(o repetir)* contra.
Rückgriffsrecht *n* derecho *m* de recurso.
Rückkaufsrecht *n* derecho *m* a retraer, derecho *m* de retracto, derecho *m* de retroventa.
Rücknahme *f (Verwaltungsakt m)* anulación *f*.
Rückseite *f* reverso *m*.
Rücksprache *f* **nach ~** después de consultar.
Rückstellung *f* **~en auflösen** liquidar las reservas; **~en bilden** constituir reservas *(o provisiones)*.
Rücktritt *m* **~ von der Erbpacht** *(Sp)* comiso *m*; **seinen ~ einreichen** presentar su dimisión; **~ vom Versuch** desistimiento *m* de la tentativa.
Rücktrittsklausel *f* pacto *m* comisorio.
Rücktrittsrecht *n* derecho *m* de resolución *(o rescisión)*.
Rückübereignung *f* **~ der enteigneten Sache** reversión *f* de la cosa expropiada.
Rückverweisung *f* reenvío *m (simple)*, reenvío *m* de retorno.
rückwirkend con retroactividad, con efectos retroactivos.
Rückwirkung *f* **echte, unechte ~** retroactividad *f* en sentido propio, en sentido impropio.
Rückwirkungsverbot *n* **~ bei Gesetzen** principio *m* de irretroactividad de la ley.
Rückzahlung *f* devolución *f*, reembolso *m*, restitución *f*.
Ruf *m* **~ zur Ordnung** llamamiento *m* al orden; **~ zur Sache** llamada *f* a la cuestión.
Rüge *f* **~ erheben** formular una reclamación, reclamar; **eine ~ erteilen** reprender; **form- und fristgerechte ~** protesta *f* en tiempo y forma; **~ vorbringen** plantear una reclamación.
rügen 1. *(Revision)* impugnar; 2. *(Richter)* acusar; 3. *(Mängel)* reclamar.
Ruhegehalt *n* **gesetzliches ~** pensión *f* legal; **~ im Wartestand** pensión *f* de cesantía.
Ruhen *n* **~ der Arbeitspflicht** suspensión *f* del deber de trabajar; **~ der elterlichen Sorge** suspensión *f* de la patria potestad; **~ des Verfahrens** suspensión *f* del procedimiento; **~ eines Vertrages** suspensión *f* de un contrato.
Ruhestand *m* **im ~** retirado, en situación de pasivo; **einstweiliger ~** excedencia *f*, cesantía *f*; **in den ~ versetzen** retirar, pensionar, jubilar; **in den einstweiligen ~ versetzen** acordar la cesantía; **sich in den ~ versetzen lassen** jubilarse.
Ruhestörung *f* ruidos *mpl* perturbadores nocturnos.
Rundfunkfreiheit *f* libertad *f* de radiodifusión.
rüsten zum Krieg ~ prepararse *(o armarse)* para la guerra.

S

Sabotage *f* sabotaje *m*.
Sabotageakt *m* acto *m* de sabotaje.
Saboteur/in *m/f* saboteador *m*, ~a *f*.
sabotieren sabotear.
Sach- und Rechtsfragen cuestiones *fpl* de hecho y de Derecho; **~ - und Rechtsgründe** fundamentos *mpl* de hecho y de Derecho.
Sachaufklärung *f* esclarecimiento *m* de los hechos.
Sachbearbeiter/in *m/f (oficial m, f)* encargado *m*, ~a *f* de la tramitación.
Sachbefugnis *f* legitimación *f* ad causam.
Sachbeschädigung *f* daño *m* material.
Sachbesitz *m* posesión *f* física *(o de hecho)*.
Sachdarstellung *f* exposición *f* de los hechos.
Sache *f* **eine ~ abgeben** *(Gericht)* pasar los autos; **anhängige ~** causa *f*

pendiente; **die ~ aufrufen** llamar el asunto a vista; **beschädigte ~** cosa *f* dañada; **beschlagnahmte ~** cosa *f* confiscada *(o secuestrada)*; **bewegliche, unbewegliche ~** bien *m* mueble, bien *m* inmueble; **eigene ~** cosa *f* propia; **in der ~ entscheiden** resolver sobre el fondo del asunto; **eine ~ vorbringen** hacer *(o formular o plantear)* una reclamación; **fehlerhafte ~** bien *m (o artículo m)* defectuoso; **fremde ~** cosa *f* ajena; **eine ~ gerichtshängig machen, eine ~ vor Gericht bringen, eine ~ bei Gericht anhängig machen** llevar un asunto ante un tribunal; **herrenlose ~** bien *m* mostrenco, res nullius *(lat)*; **mangelhafte ~** producto *m* defectuoso; **~ mittlerer Art und Güte** cosa *f* que no sea de la calidad inferior ni de la superior; **(nicht) vertretbare ~** bien *m (no)* fungible; **öffentliche ~** bien *m* público; **pfändungsfreie ~** bien *m* inembargable; **rechtskräftig entschiedene ~** cosa *f* juzgada, res judicata *(lat)*; **spruchreife ~** juicio *m* concluso; **streitbefangene ~** cosa *f* litigiosa; **streitige ~** cuestión *f* contenciosa; **unveräußerliche ~** cosa *f* inalienable; **urteilsreife ~** causa *f* conclusa para sentencia; **die ~ verhandeln** ver *(o tratar)* el asunto; **verpfändete ~** cosa *f* prendada *(o empeñada)*; **die ~ zurückverweisen** remitir las actuaciones, ordenar la devolución de la causa; **eine ~ zuteilen** adjudicar una cosa.

Sacheinlage *f* aportación *f* en especie *(o in natura)*.

Sachenrecht *n* Derecho *m* de cosas.

sachenrechtlich jurídico-real.

Sachentscheidung *f* **eine ~ treffen** resolver sobre el fondo.

Sachfirma *f* denominación *f* objetiva, razón *f* comercial *(o social)*.

Sachgesamtheit *f*, **Sachinbegriff** *f* res universalis *(lat)*.

Sachherrschaft *f* poder *m*, señorío *m*.

Sachkenntnis *f* **mit ~** con conocimiento de causa.

Sachkompetenz *f* competencia *f* objetiva.

sachkundig perito, experto, con conocimiento de causa.

Sachlegitimation *f* legitimación *f* objetiva.

sachlich ~e Zuständigkeit competencia *f* objetiva.

Sachmangel *m* **verborgener ~** vicio *m* oculto.

Sachmängelhaftung *f* saneamiento *m (por vicios ocultos)*.

Sachnießbrauch *m* usufructo *m* de cosas.

Sachrüge *f* denuncia *f* de infracción *f* material.

Sachschaden *m* daño *m* material.

Sachurteil *n* **klageabweisendes ~** sentencia *f* desestimatoria *(o absolutoria)*.

Sachverhalt *m* **den ~ erforschen** investigar las circunstancias; **den ~ ermitteln** instruir el atestado; **erwiesener ~** hechos *mpl* probados; **festgestellter ~** hechos *mpl* comprobados; **den ~ feststellen** determinar los hechos; **den ~ schildern, darstellen** exponer *(o relatar)* los hechos *(para su denuncia)*; **verursachender ~** hecho *m* causante.

Sachversicherung *f* seguro *m* de bienes.

sachverständig pericial, experto.

Sachverständige/r *f/m* **ärztlicher ~** perito *m*, ~a *f* médico, ~a; **gerichtlich bestellter (od zugelassener) ~** perito *m* titular; **kriminalistischer ~** experto *m* en criminalística; **einen ~n zuziehen** recurrir a un perito.

Sachverständigenbericht *m*, **Sachverständigengutachten** *n* peritaje *m*, informe *m* pericial, *(Ven)* experticia *f*.

Sachverständigenbeweis *m* prueba *f (dictamen m o informe m)* del perito.

Sachvortrag *m* exposición *f* de los hechos.

Sachwalter/in *m/f* abogado *m*, ~a *f*; *(Öst)* curador *m*, ~a *f*; *(Schw)* síndico *m*, ~a *f* del convenio, interventor *m*, ~a *f* de la suspensión de pagos.

Sachwucher *m* usura *f* de cosa.

Sachzusammenhang *m* conexión *f* objetiva.

Sadismus *m* **symbolischer ~** sadismo *m* simbólico.

Sadist/in *m/f*, **sadistisch** sádico *m*, ~a *f*, sádico *f*.

Saisonvertrag *m* contrato *m* temporal, contrato *m* de trabajo fijo discontinuo.

Säkularisationsgesetz *n (KirchR)* ley *f* desvinculadora; *(Sp)* ley *f* desamortizadora.

säkularisieren secularizar, laicizar, *(Sp)* desamortizar; *(CH)* laicalizar.

Säkularisierung *f* **~ von Kirchengut** desamortización *f* de bienes eclesiásticos.

saldieren saldar, sacar el saldo, finiquitar.

Saldo *m* 1. saldo *m*; 2. *(Schuld)* deuda *f* líquida; 3. *(Guthaben)* líquido; 4. *(Überschuss)* remanente *m*, sobrante *m*.

Sammeln *n* **~ der Beweise** recopilación *f* de las evidencias.

Sammlung *f* **~ von Dekreten** decretero *m*.

Sanierung *f* saneamiento *m*, subsanación *f*; *(Bauten)* rehabilitación *f*.

Sanktion *f* **eine ~ verhängen** sancionar, imponer una sanción.

sanktionieren 1. sancionar, dar fuerza de ley; 2. represaliar.

Sammelwerk *n* compilación *f*, repertorio *m*.

Satisfaktion *f* satisfacción *f*.

Satzung *f* **die ~ ändern** variar los estatutos; **die ~ aufstellen** establecer los estatutos; **die ~ erlassen** dictar *(o aprobar)* una ordenanza *(local)*; **sich eine ~ geben** dotarse de estatutos.

satzungsgemäß con arreglo a los estatutos.

satzungsmäßig estatutario, reglamentario.

Satzungsrecht *n* Derecho *m* reglamentario.

säumig rebelde, contumaz; **nicht ~** diligente; **~ sein, werden** 1. incurrir en mora; 2. constituirse en rebeldía.

Säumige/r *f/m (Prozess)* rebelde *m, f*, incurso *m*, ~a *f* en mora; *(Arg)* inconcurrente *m, f*.

Säumnis *f* 1. *(bei Gericht)* **ausdrückliche ~ des Angeklagten, des Beklagten** rebeldía *f* notoria; **die ~ entschuldigen** purgar la rebeldía; **~ feststellen** declarar la rebeldía; **~ rügen** acusar rebeldía; 2. *(bei Verzug)* demora *f*, retraso *m*, morosidad; 3. *(Steuer)* atraso.

schaden dañar, perjudicar, injuriar.

Schaden *m* **angezeigter ~** siniestro *m* declarado; **einen ~ anmelden** dar aviso de un siniestro; **für den ~ aufkommen** resarcir, responder del daño; **einen ~ ausgleichen** pagar daños y perjuicios; **einen ~ beheben** reparar un daño; **einen ~ beibringen, verursachen** causar un daño *(o un perjuicio)*; **eingetretener, entstandener ~** daño *m* sobrevenido, daño emergente; **einen ~ erleiden** sufrir un daño; **einen ~ ersetzen** indemnizar; **erstattungsfähiger ~** daño *m* resarcible; **für den ~ haften** responder por *(o de)* los daños causados; **einen ~ mindern** aminorar el daño; **den ~ wiedergutmachen** reparar el daño; **jemandem einen ~ zufügen** inferir *(o infligir)* un daño *(o perjuicio)* a alguien.

Schadenersatz *m* **~ fordern** reclamar una indemnización por daños y perjuicios; **~ leisten** pagar *(o indemnizar) (por)* daños y perjuicios; **~ wegen Nichterfüllung** acción *f* indemnizatoria por incumplimiento.

Schadenersatzanspruch *m* derecho *m* a indemnización por daños y perjuicios.

Schadensersatzklage *f* acción *f* indemnizatoria.

Schadensersatzpflicht *f* obligación *f* de indemnizar daños y perjuicios.

Schadensfreiheitsrabatt *m* bonificación *f* por no siniestralidad.

Schadensversicherung *f* seguro *m* de daños.

schädigen 1. *(Interessen)* lesionar; 2. *(Rechte)* menoscabar.

Schädiger/in *m/f* dañador *m*, ~a *f*, injuriante *m, f*, injuriador *m*,~a *f*, autor *m*, ~a *f* de un daño.

Schädigungsabsicht *f* ánimo *m* de perjudicar, intención *f* de dañar.

Schadlosbürgschaft *f* fianza *f* de indemnidad.

Schadloshaltungserklärung *f* carta *f* de indemnización *f*.

Schafott *n* patíbulo *m*.

Scham *f* **die ~ verletzen** atentar al pudor.

Schande *f* deshonra *f*, ignominia, vergüenza *f*.

schänden estuprar, deshonrar, profanar.

Schänder/in *m/f* deshonrador *m*, ~a *f*, ultrajador *m*, ~a *f*.

Schändung *f* estupro *m*, violación *f*, profanación.

Scharfrichter/in *m/f* verdugo *m*, ~a *f*, ejecutor *m*, ~a *f (de la justicia)*.

Schatzfund *m* descubrimiento *m* de tesoro.

Schätzung *f* **amtliche ~** tasación *f* oficial; **gerichtliche ~** evaluación *f* judicial; **eine ~ vornehmen** evaluar, tasar, hacer un evalúo.

Scheck *m* **einen ~ ausfüllen** rellenar un cheque; **einen ~ ausstellen** extender un cheque; **einen ~ bestätigen, beglaubigen** certificar, confirmar un cheque; **einen ~ einlösen** entregar un cheque para su cobro; **einen ~ sperren** revocar *(o bloquear)* un cheque; **einen ~ zur Zahlung vorlegen** presentar un cheque al cobro.

scheiden divorciar, descasar; **sich ~ lassen** divorciarse.

Scheidung *f* **die ~ beantragen** solicitar el divorcio; **die ~ begehren** pedir el divorcio; **die ~ aussprechen** divorciar, decretar el divorcio; **auf ~ der Ehe erkennen** divorciar, dictar sentencia de divorcio; **einvernehmliche, einverständliche ~** divorcio *m* de mutuo acuerdo; **auf ~ klagen** ejercitar la acción de divorcio; **in ~ leben, liegen** encontrarse, estar en trámites de divorcio; **der ~ zustimmen** consentir el divorcio.

Scheidungsantrag *m* petición de divorcio.

Scheidungsprozess *m* **einverständlicher ~** juicio *m* de divorcio voluntario; **streitiger ~** juicio *m* de divorcio contencioso.

Scheidungssache *f* causa *f (o pleito m)* de divorcio.

Schein *m* 1. *(Anschein)* apariencia *f*; 2. *(Geld)* billete *m*; 3. *(Urkunde)* cédula *f*; 4. *(Bescheinigung)* certificado; 5. *(Beleg)* resguardo *m*; 6. *(Gutschein)* bono *m*, cupón *m*; 7. **gegen ~** contra recibo.

Scheinasyl *n* asilo *m* fraudulento.

Scheinasylant/in *m/f* refugiado *m*, a *f* aparente *(o con trampa)*.

Scheinehe *f* matrimonio *m* putativo *(o aparente o ficticio o simulado)*.

Scheinerbe *m*, **Scheinerbin** *f* heredero *m*, ~a *f* presunto,~a *(o putativo, ~a)*.

Scheingeschäft *n* operación *f* ficticia, negocio *m (jurídico)* simulado.

Scheinhinrichtung *f* simulacro *m* de ejecución.

Scheinkauf *m* compra*(venta)* *f* ficticia *(o simulada)*.

Scheinkaufmann *m* comerciante *m* aparente.

Scheinselbstständigkeit *f* empresariado *m* ficticio.

Scheintod *m* muerte *f* aparente.

Scheinurteil *n* fallo *m* simulado.

Scheinvertrag *m* simulación *f* de contrato, contrato *m* fingido.

Scheinvollmacht *f* poder *m* putativo *(o aparente)*.

Scheitern *n* **~ der Ehe** ruptura *f* conyugal, fracaso *m* del matrimonio *m*.

Schelte *f* **eine ~ bekommen** llevarse una reprimenda.

Schengener Abkommen *n* Acuerdo *m* de Schengen.

schenken 1. *(Geschenk)* regalar, obsequiar, donar; 2. *(erlassen)* dispensar.

Schenker/in *m/f*, **Schenkende(r)** *f (m)*, **Schenkungsgeber/in** *m/f* donador *m*, ~a *f*, donante *m*, *f*.

Schenkung *f* **~ mit Auflage** donación *f* modal *(u onerosa)*; **eine ~ ausgleichen** colacionar una donación, **ausgleichspflichtige ~** donación *f* colacionable; **die gemischte ~** donación *f* mixta; **letztwillige ~** donación *f* testamentaria; **~ von Todes wegen** donación *f* mortis causa; **~ unter Lebenden** donación *f* entre vivos; **verschleierte ~** donación *f* simulada; **die ~ widerrufen** revocar la donación.

Schenkungsanfechtung *f* impugnación *f* de la donación.

Schenkungsannahme *f* aceptación *f* de la donación.

Schenkungsempfänger/~in *m/f* donatario *m*.

Schenkungssteuer *f* impuesto *m* sobre donaciones.

Schenkungsversprechen *n* **ein ~ erteilen** otorgar una promesa de donación.

Scherzerklärung *f* declaración *f* en broma.
Schicht *f* 1. *(Gesellschaft)* clase *f*; 2. **~ arbeiten** trabajar por turnos.
Schichtarbeit *f* trabajo *m* por turno*(s)*.
Schickschuld *f* obligación *f* de mandar *(o enviar)*.
schieben *(mit Waren)* traficar; *(Schwarzhandel)* hacer estraperlo.
Schieber/in *m/f* traficante *m, f*, estraperlista *m, f*.
Schiedsabkommen *n* convenio *m* de arbitraje.
Schiedsgericht *n* **das ~anrufen** someterse *(o recurrir)* a arbitraje; **ein ~ bilden** constituir *(o formar)* un tribunal de arbitraje.
schiedsgerichtlich, schiedsgerichtsfähig arbitral; **~ beizulegen** arbitrable.
Schiedsgerichtsbarkeit *f* jurisdicción *f* arbitral; **obligatorische ~** arbitraje *m* obligatorio.
Schiedsgutachter/in *m/f* amigable componedor *m*, ~a *f*, árbitro *m*, ~a *f*, ponente *m/f*; *(Sp)* perito *m*, ~a *f* dirimente.
Schieds(gerichts)klausel *f* cláusula *f* arbitral.
Schiedsrichter/in *m/f* árbitro *m*, ~a *f*; **als ~ entscheiden** arbitrar, decidir como árbitro; **nach Ermessen entscheidender ~** árbitro *m* extrajudicial.
Schiedsspruch *m* laudo *m*, fallo *m* arbitral, **durch ~ entscheidbar** arbitrable; **durch ~ entscheiden** laudar; **sich einem ~ unterwerfen** someterse a arbitraje; **verbindlicher ~** laudo *m* de obligado cumplimiento.
Schiedsstelle *f* comisión *f* de arbitraje, órgano *m* arbitral.
Schiedsurteil *n* laudo *m (arbitral)*.
Schiedsverfahren *n* **~ nach billigem Ermessen** arbitraje *m* de equidad; **förmliches ~** arbitraje *m* de Derecho.
Schiedsvertrag *m* **einen ~ schließen** celebrar un convenio arbitral.
schießen tirar, disparar; **scharf ~** tirar a matar.
Schießerei *f* tiroteo.
Schifffahrtsgericht *n* juzgado *m* de navegación.
Schiff(s)bruch *m* **~ erleiden** naufragar, hacer naufragio, zozobrar.
Schiffshypothek *f* hipoteca *f* sobre buques.
Schiffspfandrecht *n* privilegio *m* marítimo *(o sobre el buque)*.
Schikane *f* 1. *(Quälerei)* vejación *f*; 2. *(Hindernis)* traba *f*; 3. *(Raffinesse)* **mit allen ~n** por todo lo alto.
Schikaneverbot *n* prohibición *f* de ejercicio dañoso.
schikanieren 1. incordiar, molestar, hacer la vida imposible; 2. poner trabas *(u obstáculos)*.
schikanös abusivo, fastidioso.
schimpfen regañar, insultar, reñir.
schinden maltratar, vejar.
Schinder/in *m/f* tirano *m*, ~a *f*, verdugo *m*, ~a *f*, maltratador *m*,~a *f*.
Schizophrenie *f* esquizofrenia *f*.
Schlag *m (Schläge bekommen)* recibir una paliza; **einen ~ ins Gesicht** una bofetada.
schlagen den Gegner ~ derrotar al enemigo.
Schläfer *m (Terrorist, der bis zu seinem Einsatz unauffällig bleibt)* durmiente *m*.
Schläger/in *m/f* matón *m*,~a *f*.
Schlägerei *f* riña *f*, pelea *f*,alboroto *m*.
Schlechterfüllung *f* cumplimiento *m* defectuoso, mal cumplimiento *m*.
Schlechtgläubigkeit *f* mala fe *f*.
Schlechtleistung *f* incumplimiento *m* inexacto, prestación *f* deficiente.
schleichen sich ein~ entrar a hurtadillas.
Schleichhandel *m* contrabando *m*, negocio *m* clandestino.
Schleichware *f* mercancía *f (o artículos mpl)* de contrabando.
Schleichwerbung *f* publicidad *f* solapada *(o encubierta)*.
Schleierfahndung *f* control *m* policial sin sospecha concreta.
Schleuser *m* traficante *m* de inmigrantes clandestinos.
schlichten mediar, conciliar, arbitrar; **vergleichsweise ~** componer amistosamente.
Schlichter/in *m/f* conciliador *m*, juez arbitral, mediador; *(Obmann)* tercero *m* en discordia.
Schlichtung *f* **außergerichtliche, gerichtliche ~** arbitraje *m* impropio, judicial; **freiwillige ~** arbitraje *m* voluntario, conciliación *f* voluntaria.

Schlichtungsstelle *f* comisión *f* de conciliación, junta *f* de conciliación y arbitraje.
Schlichtungsvereinbarung *f* acuerdo *m* colectivo de conciliación.
Schlichtungsverfahren *n* acto *m* de conciliación; **der das ~ einleitende Schriftsatz** escrito *m* de formalización; **gesetzliches ~** procedimiento *m* legal de conciliación; **vertragliches ~** procedimiento *m* de conciliación contractual.
schließen eine Sitzung ~ clausurar una sesión; **die Versammlung ~** cerrar los debates; **einen Vertrag ~** concluir *(o concertar o celebrar)* un contrato; **~ auf** inferir, deducir.
Schluss *m* **~ der Beweisaufnahme** conclusión *f* de la práctica de la prueba; **~ der Zeugenvernehmung** conclusión *f* de la prueba testifical.
Schlusserbe *m*, **Schlusserbin** *f* heredero *m*, ~a *f* final.
schlüssig ~er Beweis prueba *f* concluyente.
Schlüssigkeit *f* carácter *m* concluyente.
Schlussvortrag *m* **den ~ halten** formular las conclusiones definitivas.
schmähen difamar, insultar.
Schmerzensgeld *n* pretium doloris *(lat)*.
Schmiergeld *n* soborno *m*, *(Méx)* mordida *f*.
Schmuggel *m* **bandenmäßiger ~** contrabando *m* en cuadrilla; **gewerbsmäßiger ~** contrabando *m* profesional; **~ treiben** contrabandear, hacer contrabando.
Schmuggler/in *m/f* contrabandista *m/f*.
Schmugglerring *m* red *f (o banda f)* de contrabandistas.
Schnee *m (ugs für Kokain)* cocaína *f*, «nieve» *f*.
Schnellverfahren *n* **gerichtliches ~** procedimiento *m* judicial acelerado; **kriegsgerichtliches ~** consejo *m* de guerra sumario.
Schnellvermittlung *(agenda 2010)* colocación *f* rápida.
Schock *m* **einen ~ erleiden** sufrir una conmoción; **unter ~ stehen** estar conmocionado.
Schöffenbank *f* mesa *f* de escabinos.
Schöffengericht *n* **erweitertes ~** tribunal de dos magistrados y dos escabinos.
Schrift *f* **verleumderische ~** libro *m (o escrito m)* difamador.
Schriftformerfordernis *n* requisito *m* de forma escrita.
Schriftführer/in *m/f* secretario *m*, ~a *f*, escribiente *m, f*.
schriftlich ~ fixiert sein constar por escrito; **~ machen** poner por escrito; **~es Verfahren** procedimiento *m* escrito.
Schriftlichkeit *f* forma *f* escrita.
Schriftsatz *m* **einen ~ einreichen** presentar un escrito; **vorbereitender ~** escrito *m* preparatorio.
Schriftvergleich *m* cotejo *m*, comparación *f* de letras.
Schuld *f* 1. *(Geld)* **eine ~ anerkennen** reconocer una deuda *f*; 2. *(Verantwortlichkeit)* **jemandem die ~ zuschieben** echar la culpa *f* a alguien; 3. *(Jur)* **durch Urteil festgestellte ~** culpabilidad *f* establecida por sentencia.
Schuldabänderungsvertrag *m* contrato *m* de modificación de deuda.
Schuldanerkenntnis *f* reconocimiento *m* de deuda.
Schuldausschließungsgrund *m* excusa *f* absolutoria.
Schuldbefreiung *f* liberación *f* de deuda.
Schuldbeitritt *m* asunción *f* cumulativa de deuda.
Schuldbewußtsein *n* conciencia *f* de culpabilidad.
Schuldenmasse *f* masa *f* pasiva.
Schuldersetzung *f* novación *f*.
Schuldentilgung *f* amortización *f* de deuda*(s)*.
schuldfähig imputable.
Schuldfähigkeit *f* imputabilidad *f*; **verminderte ~** culpabilidad *f* disminuida.
schuldhaft culpable, con culpabilidad.
schuldig 1. deudor *m*; 2. **für ~ befinden** declarar culpable.
Schuldige/r *f/m* culpable *m,f*.
Schuldlosigkeit *f* inculpabilidad *f*, inocencia.
Schuldmerkmal *n* elemento *m* de culpabilidad.
Schuldmitübernahme *f* asunción *f (a)*cumulativa de deuda.
Schuldner/in *m/f* **persönlicher ~** deudor *m*, ~a *f* personal.

Schuldnerverzeichnis *n* lista *f* de deudores; **im ~ stehender Schuldner** listado *m*.
Schuldnerverzug *m* mora solvendi *(lat)*; mora *f* del deudor.
Schuldrecht *n* Derecho *m* de obligaciones.
Schuldschein *m* pagaré *m*.
Schuldspruch *m* **~ fällen** pronunciar fallo de culpabilidad; **~ der Geschworenen** veredicto *m* de culpabilidad.
Schuldübernahme *f* **befreiende ~** asunción *f* privativa de deuda.
Schuldübernahmevertrag *m* contrato *m* de subrogación de deuda.
Schuldumschaffung *f (Novation f)* novación *f*.
schuldunfähig incapaz de culpabilidad, inimputable.
Schuldunfähigkeit *f* inimputabilidad *f*; **volle ~** enajenación *f* plena.
Schuldverhältnis *n* **vertragliches ~** obligación *f* convencional.
Schuldverschreibung *f* **hypothekarisch gesicherte ~** obligación *f* hipotecaria; **~ ohne Tilgungsverpflichtung** obligación *f* no amortizable.
Schuldversprechen *n* promesa *f* de deuda.
Schuldvertrag *m* contrato *m* obligacional.
Schuldvorwurf *m* reproche *m* de culpabilidad.
Schulpflicht *f*, **Schulzwang** *m* escolaridad *f* obligatoria.
Schulrecht *n* Derecho *m* escolar.
Schuss *m* **einen ~ abgeben** disparar un tiro; **gezielter ~** disparo *m* certero; **„goldener" ~** *(Drogentod)* inyección *f* letal; **~ aus unmittelbarer Nähe** disparo *m (hecho)* a bocajarro.
Schusstötung *f* **~ im Affekt** disparo *m* por arrebato.
Schussverletzung *f* herida *f* de bala.
Schusswaffengebrauch *m* empleo *m* de armas de fuego.
Schutz *m* **gerichtlicher ~** protección *f* coactiva, protección judicial; **~ des Gesetzes** tutela *f* de la ley; **~ des Grundbuchs** protección *f* registral.
Schutzbereich *m* ámbito *m* de protección.
schützen *(Patent)* amparar.
Schutzfunktion *f* función *f* tuitiva *(o protectora)*.
Schutzgesetz *n* norma *f* protectora.
Schutzmaßnahme *f* medida *f* protectora *(o de protección)*.
Schutzpflicht *f* deber *m* de protección.
Schutzrecht *n* derecho *m* protegido, derecho *m* de protección, derecho *m* a protección.
Schutzverweigerung *f* denegación *f* de *(la)* protección.
Schwager *m* cuñado *m*.
Schwägerin *f* cuñada *f*.
Schwägerschaft *f* parentesco *m* por afinidad.
Schwangerenberatungsstelle *f* consultorio *m* para embarazadas.
Schwangerschaftsabbruch *m* aborto *m*, interrupción *f* del embarazo.
Schwangerschaftsunterbrechung *f* interrupción *f (voluntaria)* del embarazo.
Schwarzarbeit *f* trabajo *m* ilegal *(o clandestino o negro)*.
Schwarzarbeiter *m* trabajador *m* ilegal *(o clandestino)*.
schwarzfahren *n* 1. viajar sin billete; 2. conducir sin tener carnet de conducir.
Schwarzfahren *n*, **Schwarzfahrerei** *f* polizonaje *m*.
Schwarzfahrer *m* pasajero *m* sin billete, polizón *m*.
Schwarzgeld *n* dinero *m* negro.
Schwarzhandel *m* **~ mit Arbeitskräften** tráfico *m* de mano de obra clandestina; **~ treiben** dedicarse al estraperlo.
Schwarzhändler/in *m/f* estraperlista *m, f*, contrabandista *m, f*, matutero *m*, ~a *f*.
Schwarzhörer/in *m/f (D)* radioyente *m, f* que no paga el canon de radiotelevisión.
Schwarzkauf *m* compra *f* clandestina *(o negra)*.
Schwarzmarkt *m* mercado *m* negro, estraperlo *m*.
Schweben *n (Rechtsstreit)* litispendencia *f*.
schwebend *(Rechtsstreit)* sub judice *(lat)*, pendiente; **~e Unwirksamkeit** ineficacia pendiente, nulidad *f* relativa; **~es Verfahren** asunto *m* pendiente.

Schweigen *n* **~ als Annahme, als Nichtannahme** silencio *m* en señal de aceptación, no aceptación; **~ des Gesetzes, ~ des Gesetzgebers** silencio *m* de la ley; **~ der Verwaltung** silencio *m* administrativo.
Schweigepflicht *f* **ärztliche ~** secreto *m* médico; **~ auferlegen** imponer la obligación de guardar secreto; **unter ~ stehen, der ~ unterliegen** estar obligado al secreto profesional.
Schweigepflichtklausel *f* cláusula *f* que obliga al secreto profesional.
schweres Verbrechen delito *m* grave.
Schwerbeschädigtenrecht *n* régimen jurídico-laboral de los mutilados.
Schwere *f* **~ der Tat** gravedad *f* de los hechos; **~ des Vergehens** seriedad *f* del hecho; **~ der Verletzung** grado *m* de la lesión.
Schwerverletzte(r) *f (m)* herido *m*, ~a *f* de gravedad.
Schwiegermutter *f* suegra *f.*
Schwiegersohn *m* yerno *m*, hijo político.
Schwiegertochter *f* nuera *f*, hija política.
Schwiegervater *m* suegro *m.*
Schwindel *m* engaño *m*, estafa *f*, embaucamiento *m.*
Schwindelfirma *f* empresa *f* ficticia.
Schwindler/in *m/f* embaucador *m*, ~a *f*, timador *m*, ~a *f*, estafador *m*, ~a *f.*
schwören ~, die Wahrheit zu sagen, die ganze Wahrheit und nichts als die Wahrheit jurar decir la verdad, toda la verdad y nada más que la verdad; **einen Meineid ~** perjurar, jurar en falso.
Schwur *m* **einen ~ leisten** prestar juramento.
Schwurgericht *n* tribunal *m* de jurado; tribunal de jurado alemán *(Gran Sala de lo Pena de un Tribunal Regional).*
Seegericht *n* tribunal *m* marítimo.
Seefrachtgeschäft *n* contrato *m* de fletamento.
seelisch ~e Grausamkeit crueldad *f* mental.
Seeraub *m* piratería *f.*
Seeräuber/in *m/f* pirata *m, f.*
Seerecht *n* **internationales ~** Derecho *m* marítimo internacional.
Seetestament *n* testamento *m* en alta mar, testamento *m* marítimo.
Seite *f* **gestempelte ~** folio *m* útil.
Seitenlinie *f (Verwandtschaft)* línea *f* colateral.
Sektion *f (Abteilung)* 1. **zugewiesene ~** sección *f* asignada; 2. *(Leichenöffnung)* disección *f*, autopsia *f.*
Sekundanten *mpl* padrinos *mpl.*
Selbstanzeige *f* autodenuncia *f*, autoinculpación *f.*
Selbstauflösung *f* autodisolución *f.*
Selbstbehalt *m* retención *f.*
Selbstbestimmungsrecht *n* **~ der Völker** derecho *m* de autodeterminación *f* de los pueblos.
Selbsthilfe *f* autoayuda *f.*
Selbsthilferecht *n* derecho *m* de acción directa.
Selbsthilfeverkauf *m* venta *f* de oficio por cuenta del comprador.
Selbstjustiz *f* **~ üben** tomarse la justicia por su mano.
Selbstkontrahent/in *m/f* autocontratante *m, f.*
Selbstkontrahieren *n* autocontratación *f.*
Selbstmord *m* **~ begehen**suicidarse, cometer suicidio; **mit~ drohen** amenazar con suicidarse.
Selbstmörder/in *m/f* suicida *m, f.*
Selbstmordanschlag *m*, **Selbstmordattentat** *n* atentado *m* suicida, kamikaze *m.*
Selbstmordattentäter/~in *m/f* terrorista *m, f* suicida.
Selbstmordkommando *n* comando *m* suicida.
Selbstmordversuch *m* **einen ~ machen** intentar suicidarse.
Selbstschuldner/in *m/f* fiador *m*, ~a *f* de propia deuda.
selbständig sich ~ machen establecerse por su cuenta.
Selbständige(r) *f (m)* autónomo *m*, ~a *f*, trabajador *m*, ~a *f* por cuenta propia.
Selbsttötung *f* suicidio *m.*
Selbstverteidigung *f* **erlaubte ~** legítima defensa *f.*
selbstverwaltung *f* autogobierno *m.*
Selbstverwaltungskörperschaft *f* corporación *f* autogestionaria.
Separatismus *m* separatismo *m.*
Separatist/in *m/f* separatista *m, f.*
separatistisch separatista.

Sequester *m (Verwahrer m)* depositario *m* judicial.
sequestrieren confiscar, secuestrar.
Sequestration *f* administración *f* judicial forzosa.
Server *m (EDV)* servidor *m*.
Servitut *f* **völkerrechtliche ~** servidumbre *f* internacional.
Seuchenpolizei *f* policía *f* de epidemias.
Seuchentestament *n* testamento *m* en caso de epidemia.
Sexualdelikt *n*, **Sexualverbrechen** *n* delito *m* sexual.
Sexualmord *m* asesinato *m* sexual.
Sexualstraftat *f* delito *m (o crimen m)* sexual.
Sexualtäter/in *m/f*, **Sexualverbrecher/in** *m/f* delincuente *m, f* sexual.
sexuell ~er Missbrauch abuso *m* sexual.
Sezession *f* secesión *f*.
Sicherheit *f* **eine ~ bestellen** constituir una garantía; **dingliche ~** garantía *f* real; **~ leisten** prestar fianza; **persönliche ~** garantía *f* personal; **~ stellen** otorgar garantía.
Sicherheitsarrest *m* embargo *m* de seguridad.
Sicherheitsbeauftragter *m* encargado *m* de los asuntos de seguridad; competente *m/f* en materia de seguridad .
Sicherheitsleistung *f* **eine ~ erbringen** prestar fianza; **eine ~ festsetzen** fijar fianza.
sichern hypothekarisch ~ asegurar mediante hipoteca.
Sicherstellung *f* **~ von gestohlenem Eigentum** recuperación *f* de la propiedad robada.
Sicherung *f* **~ von Beweismitteln** recuperación *f* de evidencia; **~ von Fingerabdrücken** levantamiento *m* de huellas digitales.
Sicherungsabtretung *f* cesión *f* fiduciaria; **~ von Rechten** cesión *f* de créditos en garantía.
Sicherungsbeschlagnahme *f* embargo *m* preventivo *(o conservatorio)*.
Sicherungseigentum *n* propiedad *f* fiduciaria *(o en garantía)*.
Sicherungsgeschäft *n* **antizipatorisches ~** cobertura *f* anticipada.
Sicherungsgrundschuld *f (D)* deuda *f* inmobiliaria de seguridad.
Sicherungshypothek *f* hipoteca *f* de garantía *(o de fianza)*.
Sicherungsübereignung *f* transmisión *f* en garantía.
Sicherungsverfahren *n* procedimiento *m* de internamiento.
Sicherungsvertrag *m* contrato *m* de garantía real.
Sicherungsverwahrung *f (D)* internamiento *m* preventivo; **~ auf unbestimmte Zeit** internamiento *m* por tiempo indefinido.
Siegel *n* **ein ~ anlegen, anbringen** fijar *(o colocar)* un sello.
Siegelbruch *m* violación *f* de precintos.
siegeln sellar, fijar sellos.
signatur *f* **elektronische ~** signatura *f (o firma f)* electrónica.
Simultandolmetscher/~in *m/f* intérprete *m, f* de cabina *(o simultáneo, ~a)*.
Sinn *m* **im ~e des Gesetzes** a los efectos de la ley.
sistieren 1. *(Polizei)* detener; 2. *(Prozess)* interrumpir.
Sistierung *f* 1. *(Polizei)* detención *f*; 2. *(Prozess)* interrupción *f*.
Sitte *f* **gegen die guten ~en verstoßen** obrar contra las buenas costumbres; **~n und Gebräuche** usos *mpl* y costumbres.
sittenwidrig contrario a las buenas costumbres.
Sittenwidrigkeit *f* atentado *m* a las buenas costumbres.
Sittlichkeitsdelikt *n*, **Sittlichkeitsverbrechen** *n* delito *m* sexual.
Sittlichkeitsverbrecher/in *m/f* **~ gegen Kinder** delincuente *m, f* sexual contra niños.
Sitz *m* **~ des Amtsgerichts** cabeza de partido judicial; **juristischer ~** domicilio *m* legal *(o necesario)*.
Sitzstreik *m* **einen ~ veranstalten** hacer una sentada, hacer una huelga de brazos caídos.
Sitzung *f* **eine ~ abhalten** celebrar una sesión *(o reunión o junta)*; **eine ~ einberufen** convocar junta; **nicht öffentliche ~** sesión *f (Sp, audiencia f)* a puerta cerrada; **die ~ wiederaufnehmen** reanudar la sesión.

Sitzungpolizei *f* policía *f* de estrados *(o de las vistas).*
Sitzungsprotokoll *n* acta *f* de la sesión *(o de juicio)*; *(Gericht)* diario *m* de sesiones.
Sitzungssaal *m* **den ~ räumen** despejar la sala *(o el local).*
Sklavenhandel *m* tráfico *m* de esclavos.
Sklavenhändler/in *m/f* traficante *m, f* de esclavos.
Sklaventreiber/in *m/f* negrero *m*, ~a *f.*
Smogalarm *m* alerta *f* de smog.
Smoggebiet *n (Sp)* zona *f* declarada de atmósfera contaminada.
sniffen *(ugs) (Droge)* esnifar.
Sodomie *f* sodomía.
Soldatenrecht *n* Derecho *m* militar.
Solidarbürgschaft *f* garantía *f* solidaria.
Solidarhaftung *f* responsabilidad *f* solidaria.
Solidarität *f* **fehlende ~** falta *f* de solidaridad, insolidaridad.
Solidaritätszuschlag *m* recargo *m* de solidaridad *(con el Este de Alemania).*
Sollkaufmann *m* empresario *m* objetivo *(obligado a hacerse comerciante mediante inscripción registral).*
Sollvorschrift *f* prescripción *f* no imperativa.
solvent solvente.
Solvenz *f* solvencia *f.*
Sonderausschuss *m* comisión *f* *(o comité m)* especial.
Sondererbe *m*, **Sondererbin** *f* reservatario *m*, ~a *f.*
Sonderdelikt *n* **echtes, unechtes ~** delito *m* especial propio, impropio.
Sondererbfolge *f* reserva *f* hereditaria; **das der ~ unterliegende Vermögen** los bienes reservables.
Sondergericht *n* juzgado *m (o tribunal m)* privativo.
Sonderkommando *m (Polizei, Militär)* grupo *m* especial de operaciones.
Sondernutzungsrecht *n* derecho *m* especial de aprovechamiento.
Sonderrecht *n* derecho *m* especial; *(Sp)* fuero *m*, Derecho *m* particular.
Sonderrechtsverhältnis *n* relación *f* jurídica especial.
Sondervergünstigung *f* trato *m* a favor.
Sondervermächtnis *n* legado *m* especial.
Sorge *f* **die elterliche ~ ausüben** ejercer el cuidado paterno *(o la custodia paterna).*
Sorgepflicht *f* obligación *f* de guarda y custodia.
Sorgerecht *n* custodia *f*, derecho *m* de guarda; **gemeinsames ~** derecho *m* de guarda mancomunado.
Sorgerechtsverfahren *n* procedimiento *m* de la atribución de la guarda y custodia.
Sorgfalt *f* **erforderliche ~**diligencia *f* exigible, cuidado *m* debido; **die ~ eines ordentlichen Kaufmanns** la diligencia propia de un comerciante ordenado.
Sorgfaltspflicht *f* obligación *f* de obrar con diligencia.
Sorgfaltspflichtverletzung *f* inobservancia *f* del cuidado.
Sortenschutzrecht *n* Derecho *m* de protección de variedades vegetales.
sozial die ~e Frage la cuestión social; **~e Indikation** indicación *f* social; **~er Wohnungsbau** construcción *f* de viviendas protegidas.
Sozialabbau *m* reducción *f* de las prestaciones sociales.
Sozialabgaben *fpl* cargas *fpl* *(o exacciones fpl)* sociales.
Sozialamt *n* oficina *f* de asistencia social.
Sozialgeld *n* ayuda *f* social.
Sozialgericht *n (D)* juzgado de lo social, tribunal de asuntos de seguridad social.
Sozialgesetzbuch *n* código *m (de lo)* social.
Sozialhilfe *f* ayuda *f* social; *(Sp)* acción *f* social.
Sozialleistung *f* prestación *f* social; **freiwillige ~en** prestaciones *fpl* voluntarias.
Sozialpartner *m (meist Pl) (Pol)* **die ~** los agentes sociales, los interlocutores sociales, empresarios y sindicatos.
Sozialpflichtigkeit *f (des Staates)* **~ des Staates** obligación *f* social del Estado.
Sozialrecht *n* Derecho *m* social.
Sozialschädlichkeit *f (Gewohnheitsverbrecher)* peligrosidad *f* social.
Sozialversicherung *f* seguro *m* social; seguridad *f* social.
Sozialversicherungsabkommen *n* convenio *m* de seguridad social.

Sozialversicherungsausweis *m* tarjeta *f (o cartilla f)* de la seguridad social.
Sozialversicherungsbeitrag *m* **Sozialversicherungsbeiträge** *mpl* cuotas *fpl* a la seguridad social.
Sozialversicherungskarte *f* carnet *m* de la seguridad social.
sozialversicherungspflichtig obligado a afiliarse a la seguridad social.
Sozialversicherungsrecht *n* Derecho *m* regulador de la seguridad social.
sozialverträglich ~er Plan plan *m* socialmente compatible.
Sozialverwaltung *f* administración social.
Sozialwohnung *f* vivienda *f* de protección oficial.
Sozietät *f (Anwälte)* bufete *m (o despacho m)* de abogados.
Sozietätsvertrag *m* contrato *m* de sociedad.
Sozius *m* socio *m*, asociado *m*.
Spekulationssteuer *f* impuesto *m* sobre beneficios especulativos.
Spende *f* **~n sammeln** postular.
spenden donar, dar.
Spender/in *m/f* donador *m*, ~a *f*, donante *m*, *f*.
sperren 1. *(Gelder)* bloquear; 2. *(Konto)* intervenir, congelar; 3. *(Kredite)* suspender.
Sperrgebiet *n* zona *f* prohibida.
Sperrmüll *m* basura *f* voluminosa.
Sperrstunde *f* hora *f* de cierre.
Spesenbeleg *m* justificante de gastos.
Spezialmandat *n*, **Spezialhandlungsvollmacht** *f* mandato *m* especial, poder *m* especial.
Spezialprävention *f* prevención *f* especial.
Speziessache *f* cosa *f* específica y determinada.
Speziesschuld *f* obligación *f* específica.
Spezifikationsverkauf *m* venta *f* según condiciones.
Spielabhängigkeit *f* dependencia *f* del juego.
Spielschuld *f* deuda *f* de juego.
Spielsucht *f* ludopatía *f*.
Spion/in *m/f* espía *m*.
Spionage *f* espionaje *m*.
Spionageabwehr *f* servicio *m* de contraespionaje.
spionieren espiar.
Spitzel *m* confidente *m*, espía *m*.
Splitting *n* partición.
Sprechstunde *f* **~n** horario *m* de despacho, horas *fpl* de consulta.
Sprengsatz *m* carga *f* explosiva.
Sprengstoff *m* explosivo.
Sprengstoffanschlag *m* atentado *m* con explosivos.
Sprengstoff | experte *m*, **~expertin** *f* artificiero *m*, ~a *f*.
Spruch *m* **~ des Schwurgerichts** veredicto *m*.
Spruchkörper *m* **besonderer ~** sala *f* especial.
Spruchpraxis *f* decisiones *fpl* jurisprudenciales.
spruchreif fallable, listo *(o presto)* para sentencia.
Sprungregress *m*, **Sprungrückgriff** *m* recurso *m* directo.
Sprungrevision *f (ZPO)* casación *f* por salto.
Spur *f* **eine ~ verfolgen** rastrear, seguir las huellas.
staatenlos ~ Gewordener *m* apátrida *f* por pérdida de la nacionalidad.
Staatenloser *m* **~ von Geburt** apátrida *m* nato.
Staatenlosigkeit *f* falta *f* de nacionalidad.
staatlich ~ genehmigt de aprobación estatal.
Staatsabkommen *n* acuerdo *m* gubernamental.
Staatsangehörige/r *f/m* ciudadano *m*, nacional *m*, súbdito *m*; **~ durch Einbürgerung** nacional *m* no originario.
Staatsangehörigkeit *f* **ausländische ~** nacionalidad *f* extranjera; **eine ~ beibehalten** conservar la nacionalidad; **die ~ des Ehepartners annehmen (od teilen)** seguir la nacionalidad del cónyuge; **doppelte, mehrfache ~** nacionalidad *f* doble, múltiple; **die ~ verleihen** conceder la nacionalidad.
Staatsangehörigkeitsrecht *n* derecho *m* de ciudadanía.
Staatsangehörigkeitsregister *n* registro *m* de ciudadanía.
Staatsamt *n* cargo *m* público; **das höchste ~** la más alta magistratura *(de la nación)*.

Staatsanwalt *m* **Amt n eines ~s** fiscalía *f*; **als ~ auftreten** sostener la acusación; **erster ~** primer fiscal; **leitender ~** fiscal *m* jefe.
Staatsanwaltschaft *f* fiscalía *f*, ministerio *(público)* fiscal, *(Am)* procuraduría *f*.
Staatsaufsicht *f* control *m (o tutela f)* estatal.
Staatsbürger *m* **deutscher ~** ciudadano *m* alemán.
Staatsbürgerschaft *f* ciudadanía *f*.
Staatsdienst *m* **im ~ stehen** estar al servicio del Estado.
Staatsform *f* forma *f* de Estado.
Staatsgebiet *n* territorio *m* nacional.
Staatsgefährdung *f* delitos *mpl* contra la seguridad del Estado.
Staatsgeheimnis *n* secreto *m* de Estado.
Staatsgerichtshof *m* audiencia *f* nacional.
Staatsgewalt *f* poderes *mpl* del Estado.
Staatshaftung *f* responsabilidad *f* civil de la Administración.
Staatskanzlei *f* ministerio *m* de la Presidencia.
Staatskasse *f* **der ~ auferlegen** *(Kosten)* declarar de oficio; **aus der ~** con cargo al erario público.
Staatskommissar/in *m/f* comisario *m*, ~a *f* del Gobierno, interventor *m*, ~a *f* estatal.
Staatslehre *f* Derecho *m* político; **allgemeine ~** teoría *f* general del Estado.
Staatsmann *m* estadista *m*, hombre *m* de Estado.
Staatsnotstand *m* estado *m* de emergencia, situación *f* de emergencia nacional.
Staatsnotwehr *f* derecho *m* de legítima defensa del Estado.
Staatsoberhaupt *n* jefe *m* de Estado.
Staatspräsident/in *m/f* presidente *m*, ~a *f* de la nación.
Staatsprüfung *f* examen *n* oficial de Estado.
Staatsrecht *n* **allgemeines ~** Derecho *m* general del Estado.
Staatsreligion *f* religión *f* oficial del Estado.
Staatsschuld *f* deuda *f* nacional.
Staatsschutzdelikt *n* delito *m* contra la seguridad del Estado.
Staatsstreich *m* golpe *m* de Estado. pronunciamiento.
Staatsvertrag *m* convenio *m* estatal, tratado *m* interestatal.
Staatsverwaltung *f* **dezentral(isiert)e ~** *(Sp)* administración *f* estatal periférica.
Staatsvolk *n* población *f* nacional.
Stab *m* **technischer ~** gabinete *m* técnico.
Städtebauförderungsgesetz *n* ley *f* de desarrollo urbano.
Stadtpolizei *f* policía *f* urbana.
Stadtplanung *f* planificación *f* urbanística.
Stadtrat *m*, **Stadträtin** *f*, 1. *(Gremium)* concejo *m* municipal; 2. *(Staatsratmitglied)* concejal *m*, *f*.
Stadtrecht *n* derecho *m* local.
Stadtstaat *m* Ciudad-Estado *f*, Estado-Ciudad *m*.
Stalker *m* acosador *m*, hostigador *m*, acechador *m*.
Stalking *n (engl)* acecho *m*, acoso *m*, hostigamiento *m*, persecución *f*.
Stand *m* **~ des Verfahrens** estado *m* de la causa; **in den vorigen ~ wiedereinsetzen** reponer el procedimiento.
Standardvertrag *m* contrato *m* tipo.
Standesamt *n* registro *m* civil.
Standesbeamter *m*, **Standesbeamtin** *(o encargado m,~a f*, funcionario *m*, ~a *f* del registro civil.
Standesrecht *n* normas *fpl* deontológicas, Derecho *m* profesional.
Standgericht *n* corte *f* marcial.
Standgerichtsverfahren *n* juicio *m* sumarísimo.
ständig nicht ~e Arbeit trabajo *m* discontinuo.
Standrecht *n* ley *f* marcial, estado *m* de sitio.
Station *f* **~ des Prozesses** fase *f* procesal *(o de procedimiento)*.
Stattgabe *f (einer Klage)* estimación *f*, admisión *f*.
stattgeben der Klage ~ admitir *(o estimar)* la demanda; **dem Rechtsmittel ~** admitir el recurso; **nicht ~** desestimar, hacer caso omiso.
statthaft procedente.
Statthaftigkeit *f* procedencia *f*.
statuieren constituir.

Statusklage *f* acción *f* de estado civil.
Statusprozess *m* juicio *m* relativo al estado familiar.
Statut *n* estatuto *m*.
Statutenwechsel *m* modificación *f* de los estatutos.
Steckbrief *m (carta f)* requisitoria *f*, cartel *m* policial; **einen ~ erlassen** declarar en rebeldía.
steckbrieflich por vía requisitoria.
stehlen hurtar, robar, ladronear.
Stelle *f* 1. cargo *m*, destino *m*; **zuständige ~n** autoridades competentes; 2. empleo *m*, puesto *m* de trabajo; **eine offene ~ besetzen** cubrir una vacante; **sich eine ~ suchen** buscar empleo *(o colocación)*.
stellen einen Antrag bei der Behörde ~ dirigir una instancia a la autoridad; **sich freiwillig der Polizei ~** entregarse a la policía; **Strafantrag ~** presentar instancia *f* de persecución, elevar querella *f* penal.
Stellenvermittlung *f* 1. colocación *f*; 2. agencia *f* de colocaciones.
Stellung *f* **~ einer Kaution, einer Sicherheitsleistung** prestación *f* de fianza, **~ nehmen** alegar, aducir alegaciones.
Stellungnahme *f* **eine ~ abgeben** alegar, aducir alegaciones, evacuar un informe.
stellvertretend vice-, adjunto.
Stellvertreter/in *m/f* **~ des Staatsanwalts** teniente *m*, *f* fiscal.
Stellvertretung *f* **(un)mittelbare ~** representación *f (in)*directa.
Stempel *m* 1. timbre *m*; 2. *(Post)* matasellos.
Stempelabgaben *fpl*, **Stempelgebühren** *fpl* 1. derechos *mpl* de franqueo; 2. derechos *mpl* de timbre.
stempeln estampillar, timbrar, matasellar; *(Dokumente)* refrendar.
Stempelsteuergesetz *n (Sp)* ley *f* del timbre.
Sterbebuch *n*, **Sterberegister** *n* registro *m (o libro m)* de defunciones.
Sterbegeld *n* indemnización *f* para gastos de entierro.
Sterbehilfe *f* **aktive, passive ~** eutanasia *f* activa, pasiva.
sterben ~ ohne Nachkommenschaft, kinderlos ~ morir sin sucesión, sin descendencia; **vor jemandem ~** premorir a alguien.
Sterbeurkunde *f* acta *f (o partida f)* de defunción.
Sterilisation *f* esterilización *f*.
sterilisieren esterilizar.
Steuer *f* **von der ~ absetzen** deducir del impuesto; **direkte, indirekte ~** impuesto directo, indirecto; **~ auf Beurkundungen** impuesto *m* de transacciones yactos jurídicos documentados; **degressive, progressive ~** impuesto *m* degresivo, progresivo; **~ hinterziehen** evadir impuestos; **nicht bezahlte ~** impuesto *m* omitido; **der ~ unterliegen** estar sujeto a imposición; **veranlagte ~** impuesto *m* liquidable.
Steueramnestie *f* amnistía *f* fiscal.
Steuerbefreiung *f* exención *f* contributiva *(o tributaria)*.
Steuerbehörde *f* administración *f (o delegación f)* de Hacienda.
Steuerberater/in *m/f* asesor *m*, ~a *f (técnico-)*fiscal.
Steuerbescheid *m* recibo *m* de contribución, liquidación *f* tributaria; **endgültiger ~** liquidación *f* definitiva; **~ unter Vorbehalt der Nachprüfung, vorläufiger ~** liquidación *f* provisional.
Steuerbetrug *m* fraude *m* fiscal.
Steuerbevollmächtigte/r *f/m (D)* gestor *m*, ~a *f* tributario, ~a.
Steuerbilanz *f* balance *m* impositivo.
Steuererhebung *f* recaudación *f* de impuestos.
Steuererklärung *f* **die ~ abgeben** presentar la declaración de impuestos.
Steuerfahnder/in *m/f* inspector *m*, ~a *f* de Hacienda.
Steuerfahndung *f* 1. inspección *f* fiscal; 2. oficina *f* de vigilancia y represión del fraude.
Steuerfestsetzung *f* liquidación *f* tributaria *(o fiscal)*.
Steuerflucht *f* evasión *f* fiscal *(o tributaria)*.
steuerfrei libre *(o exento)* de impuestos.
Steuerfreibetrag *m* reducción *f* tributaria; franquicia *f* de impuestos.
Steuergeheimnis *n* secreto *m* fiscal *(o tributario)*.
Steuerhehlerei *f* encubrimiento *m (de defraudación)* fiscal.

Steuerhinterziehung *f* defraudación *f* fiscal, evasión *f* tributaria ilícita.
Steuerhoheit *f* potestad *f* tributaria.
Steuerklasse *f* categoría *f* fiscal.
steuerlich ~ begünstigt con bonificación fiscal.
Steuernachforderungen *fpl* impuestos *mpl* complementarios.
Steuernummer *f* número *m* de identificación fiscal.
Steuerpflicht *f* **beschränkte, unbeschränkte ~** obligación *f* fiscal limitada, ilimitada; **der ~ unterliegen, der ~ verfallen** estar sujeto al impuesto.
steuerpflichtig sujeto a tributación, sometido al pago de impuesto, gravable.
Steuerpflichtige(r) *f (m)* contribuyente *m, f,* sujeto *m* pasivo del impuesto.
Steuerrecht *n* **internationales ~** Derecho *m* internacional tributario.
Steuerreform *f* reforma *f* fiscal.
Steuerstrafrecht *n* Derecho *m* penal tributario.
Steuersünder/in *m/f* defraudador *m,* ~a *f (de impuestos).*
Steuerungsfähigkeit *f* capacidad *f* volitiva.
Steuervergehen *n* infracción *f (o delito m)* fiscal.
Steuervergünstigung *f* beneficio *m (o ventaja f)* fiscal.
Stichtag *m* día *m* fijado, plazo *m* tope.
Stichwaffe *f* arma *f* de puño.
Stichwunde *f* cuchillada *f,* herida *f.* puntante
still ~e Gesellschaft sociedad *f* en participación, sociedad *f* de cuentas en participación, sociedad accidental.
Stillgeld *n* subsidio por lactancia.
stillschweigend tácito.
Stillstand *m* **~ der Rechtspflege** cesación *f* de la administración *f* de justicia; **~ des Verfahrens** detención *f* del curso del procedimiento.
Stillzeit *f* tiempo *m* de lactancia.
Stimme *f* **mit beratender ~** con voz pero sin voto; **mit beschließender ~** con voto deliberativo.
Stimmengleichheit *f* **bei ~** en caso de paridad de votos.
Stimmenhäufung *f* voto *m* acumulativo.
Stimmrecht *n* derecho *m* de voto, derecho *m* a voto.
störer *m* perturbador *m,* alterador *m* del orden público.
Störung *f* **~ der öffentlichen Ordnung** alteración *f* del orden público.
Strafanspruch *m* derecho *f* de castigar, pretensión *m* punitiva.
Strafanstalt *f* penitenciaría *f,* establecimiento *m* penitenciario.
Strafantrag *m* **einen ~ stellen** querellarse, presentar querella; **~ des Staatsanwalts** requisitoria *f* fiscal.
Strafantragsteller/in *m/f* querellante *m, f.*
Strafanzeige *f* **~ erstatten** presentar una denuncia, denunciar.
Strafarrest *m* arresto *m* penal.
Strafaufhebungsgrund *m* **persönlicher ~** causa *f* personal de supresión de la pena.
Strafaufschub *m* **~ gewähren** dictar sentencia condicional.
Strafausschließungsgrund *m* **persönlicher ~** causa *f* personal de exclusión de la pena.
Strafaussetzung *f* **bedingte ~, ~ zur Bewährung** remisión *f* condicional de la pena.
strafbar punible, penable, delictivo; **sich ~ machen** incurrir en un delito, **nicht ~** impune.
Strafbarkeit *f* punibilidad *f,* imputabilidad *f;* **die ~ feststellen** deslindar responsabilidades.
Strafbarkeitsirrtum *m* error *m* de Derecho penal.
Strafbefehl *m* **den ~ aufrechterhalten** mantener la orden penal; **~ beantragen** solicitar orden penal; **den ~ bestätigen** confirmar la orden penal; **den ~ aufheben** revocar la orden penal; **~ erlassen** dictar orden penal; **den ~ erwirken** obtener la orden penal; **den ~ vollstrecken** ejecutar la orden penal; **den ~ zustellen** notificar la orden penal.
Strafbestimmung *f* 1. disposición *f* penal; 2. *(Testament)* cláusula *f* conminatoria.
strafbewehrt punible.

Strafdrohung *f* conminación *f* penal.
Strafe *f* **von ~ absehen** prescindirse de la pena; **~ beantragen** requerir *(o pedir)* la aplicación *f* de una pena; **mit einer ~ bedrohen** conminar con una pena; **mit einer ~ belegen** penalizar; **die ganze ~ verbüßen** cumplir íntegramente la pena; **die ~ herabsetzen** rebajar la sentencia; **lebenslange ~** pena *f* perpetua; **unter ~ stellen** penalizar; **eine ~ verhängen** aplicar una pena; **die ~ umwandeln** conmutar la pena *(o la sentencia).*
strafen penar, castigar, sancionar, condenar.
Straferkenntnis *n (Schw)* sentencia *f (o decisión f)* penal.
Straferlass *m* remisión *f (o condonación f)* de la pena; **~ durch Arbeit** redención *f* de penas por el trabajo.
Strafermäßigung *f* reducción *f* de la pena.
straffällig ~ werden incurrir en un delito, delinquir.
Strafgefangene/r *f/m* preso *m*, ~a *f*, presidiario *m*, ~a *f*, recluso *m*, ~a *f*; **bedingt freigelassener ~** delincuente *m* bajo libertad vigilada.
Strafgericht *n* órgano *m* jurisdiccional de lo penal.
Strafgesetz *n* **mildestes, schwerstes ~** ley *f* penal más benigna, más severa.
Strafgesetzbuch *n* Código *m* penal.
Strafgewalt *f* poder *m* punitivo, potestad *f* punitiva.
Strafherabsetzung *f* reducción *f* de la pena.
Strafkammer *f* sala *f (de lo)* penal.
Strafklage *f* **die ~ verbrauchen** agotar el derecho a la acción penal.
Sträfling *m* recluso *m*, ~a *f*, preso *m*, ~a *f*.
Strafmaß *n* extensión *f (o cuantía f)* de la pena; **das ~ ändern** conmutar la sentencia *(o la pena).*
Strafmilderung *f* atenuación *f* de la pena.
Strafmilderungsgrund *m* **allgemeiner ~** atenuante *f* genérica.
strafmündig mayor de edad penal.
Strafmündigkeit *f* mayoría *f* de edad penal.
Strafprozess *m* proceso *m (o juicio m)* penal.
Strafprozessordnung *f* Ley *f* de enjuiciamiento penal *(o criminal).*
Strafrahmen *m* marco *m* penal.
Strafrecht *n* Derecho *m* penal.
strafrechtlich ~ verfolgen procesar.
Strafregister *n* registro *m* penal, registro *m* de antecedentes penales.
Strafrichter/in *m/f* juez *m*, ~a *f* penal, magistrado *m*, ~a *f* de lo criminal.
Strafsache *f* caso *m (o causa f)* penal; **in einer ~ ermitteln** investigar un delito; **eine ~ terminieren** fechar un juicio; **in ~n** en el orden penal.
Strafschärfung *f* agravación *f* de la pena.
Strafschärfungsgrund *m* causa *f* de elevación de la pena.
Strafsenat *m* sala *f* de lo penal.
Straftat *f* **eine ~ aufdecken** descubrir un delito; **eine ~ aufklären** esclarecer el hecho punible; **eine ~ begehen** perpetrar cometer un delito; **eine ~ mit Strafe belegen** penar un delito; **fehlgeschlagene ~** delito *m* frustrado; **~ gegen das Leben** delito *m* contra la vida; **eine ~ unterbinden** impedir un delito; **eine ~ vollenden** consumar un delito; **vorsätzliche ~** delito *m* doloso.
Straftatbestand *m* figura *f* delictiva; **den ~ erfüllen** integrar la figura delictuosa.
Straftäter/in *m/f* delincuente *m*, *f*, criminal *m*, *f*.
Straftilgungsgesetz *n* ley *f* de extinción *f* de la pena.
Strafumwandlung *f* conmutación *f* de la pena *(o de la sentencia).*
strafunmündig menor de edad penal.
Strafunmündigkeit *f* menoría *f* de edad penal.
Strafurteil *n* **ein ~ umwandeln** conmutar una sentencia *(o una pena).*
Strafverbüßung *f* cumplimiento *m* de la pena.
Strafvereitelung *f* **~ bei Tötungsdelikt** encubrimiento *m* de homicidio.
Strafverfahren *n* **das ~ abschließen** terminar la causa; **beschleunigtes ~** proceso *m* abreviado; **sich dem ~ entziehen** sustraerse a la acción penal.
Strafverfolgung *f* **eine ~ einleiten** ejercitar una acciónpenal; **sich der**

~ entziehen sustraerse a la acción de la justicia.
Strafverschärfung *f* agravación *f* *(o endurecimiento m)* de la pena.
Strafverteidiger/in *m/f* abogado *m*, ~a *f (o letrado m, ~a f)* defensor, defensor *m*, ~a *f*.
Strafverteidigung *f* defensa *f*.
Strafvollstreckung *f* **unzulässige ~** ejecución *f* arbitraria de la pena.
Strafvollzug *m* régimen *m* penitenciario; **geschlossener ~** régimen *m* cerrado *(o de primer grado)*; **halboffener ~** régimen de segundo grado, régimen semiabierto; **offener ~** régimen *m* de tercer grado, régimen *m* de cárcel abierta.
Strafvollzugsanstalt *f* penitenciaría *f*, cárcel *f*, prisión *f*; **in die ~ einweisen** encarcelar; **an eine ~ überweisen** dictar auto de prisión.
Strafvollzugs | beamter *m*, **~beamtin** *f* funcionario *m*, ~a *f* de prisiones.
Strafvorschrift *f* norma *f* penal.
Strafzumessung *f* **richterliche ~** graduación *f* judicial de la pena.
Strafzweck *m* fin de la pena.
Strandgut *n* despojos *mpl* del mar.
Strandraub *m* raque *m*.
Strangulation *f* **~ mittels Schnur** estrangulación *f* por ligadura.
strangulieren estrangular.
Straßenbaubehörde *f* servicio *m* de carreteras.
Straßenraub *m* atraco *m* a mano armada *(en vía pública)*.
Straßenräuber/in *m/f* atracador *m*, ~a *f (en vía pública)*.
Straßenrecht *n* Derecho *m* de viabilidad.
Straßenverkehr *m* **zum ~ zulassen** autorizar para circular.
Straßenverkehrsbehörde *f* **obere ~** jefatura *f* central de tráfico.
Straßenverkehrsordnung *f* Código *m* de la circulación.
Straßenverkehrsregelung *f* ordenación *f* vial.
Streife *f* patrulla *f*, ronda *f*.
Streifenwagen *m* coche *m* patrulla.
Streik *m* **zum ~ ausrufen** convocar una huelga; **in den ~ treten** declararse en huelga; **unbefristeter ~** huelga *f* ilimitada.
Streikbrecher/in *m/f* esquirol *m*, *f*.
streiken declararse en huelga, hacer huelga.
Streikposten *m* piquete *m (de huelga)*; **~ stehen, stellen** piquetear.
Streikrecht *n* 1. Derecho *m* de huelga; 2. derecho *m* a la huelga.
Streit *m* 1. controversia *f*; 2. *(vor Gericht)* litigio *m*, pleito *m*.
streiten *(vor Gericht)* pleitear, litigar, contender.
Streitgegenstand *m* causa *f* enjuiciada, objeto *m* litigioso, cuestión *f* debatida.
Streitgenosse *m* litissocio *m*, litisconsorte *m*, colitigante *m*.
Streitgenossenschaft *f* **aktive, klägerische ~** litisconsorcio *m* activo; **passive ~** litisconsorcio *m* pasivo.
streitig ~e Gerichtsbarkeit jurisdicción *f* contenciosa.
Streitigkeiten *fpl* **~ beilegen** resolver litigios, dirimir divergencias.
Streitverkündung *f* litisdenunciación *f*.
Streitwert *m* **den ~ festsetzen** fijar la cuantía del litigio.
streng ~ verboten terminantemente prohibido; **~ vertraulich** absolutamente confidencial.
Strengbeweis *m* prueba *f* legal.
Strichjunge *m* chapero *m*.
Strichmädchen *n* prostituta *f* callejera.
Strohmann *m* testaferro *m*.
Stückschuld *f* deuda *f* de cosa específica.
Stundung *f* **eine ~ erbitten** solicitar moratoria; **~ durch den Richter** término *m* de gracia.
subjektiv ~e Unmöglichkeit imposibilidad *f* subjetiva; **~er Tatbestand** tipo *m* subjetivo; **~es öffentliches Recht** Derecho *m* subjetivo público; **~es Recht** derecho *m* subjetivo; **~es Tatbestandsmerkmal** elemento *m* típico subjetivo; **~es Unrechtselement** elemento *m* subjetivamente injusto.
Subsidiarität *f* **ausdrückliche, stillschweigende ~** subsidiariedad *f* expresa, tácita.
substanziieren *(od substantiieren)* fundamentar, sustentar.
Substitution *f* **erbrechtliche ~** sustitución *f* hereditaria; **gemeine ~** sustitución *f* normal.

subsumieren 1. *(Sachverhalt)* subsumir, tipificar; 2. *(StrfR)* calificar.
Subsumtion *f* subsunción *f*, calificación *f*.
Subsumtionsirrtum *m* error *m* de subsunción *f*.
Subunternehmer/in *m/f* subcontratista *m*, *f*, subcontratante *m*, *f*, subempresario *m*, ~a *f*.
Subvention *f* subvención.
subventionieren subvencionar.
subversiv subversivo.
suchen steckbrieflich ~ buscar por requisitoria.
Suggestivfrage *f* pregunta *f* insidiosa *(o sugestiva)*.
Sühneattest *n*, **Sühnebescheinigung** *f* certificación *f* del acto de conciliación.
Suizid *m* suicidio.
Sukzession *f* **fideikomissarische ~** sucesión *f* fideicomisaria.
Sukzessivgründung *f* fundación *f* sucesiva.
Sukzessivlieferungsvertrag *m* contrato *m* de ejecución periódica.
summarisch sumario.
supranational supranacional.
Surrogat *n* subrogado *m*, sustitutivo *m*, sucedáneo *m*.
Surrogation *f* **dingliche, persönliche ~** subrogación *f* real, personal; **~ kraft Gesetzes** subrogación *f* real.
suspekt sospechoso.
suspendieren suspender.
Suspendierung *f* **vorläufige ~ von einem öffentlichen Amt** suspensión *f* de un cargo público.
Suspensivaussperrung *f* cierre *m* patronal suspensivo.
Suspensivbedingung *f* condición *f* suspensiva.
Suspensiveffekt *m* efecto *m* suspensivo.
swift-code *m* código *m* Swift.
Sympathieaussperrung *f* cierre *m* patronal de solidaridad.
Sympathiestreik *m* paro *m* de solidaridad.
synallagmatisch ~er Vertrag contrato *m* sinalagmático.
Syndikusanwalt *m*, **Syndikusanwältin** *f* abogado *m*, ~a *f* de empresa, abogado *m*,~a *f* asesor, abogado *m*, ~a *f* consultor.
Systemkritiker *m* crítico *m* del sistema.

T

Tadel *m* reprobación *f*.
Tag *m* **~ der Tat** día *m* de autos.
Tagegeld *n* dieta *f*.
Tagelohn *m* **im ~ arbeiten** trabajar a jornal.
Tagelöhner/in *m/f* jornalero *m*, ~a *f*, peón *m*, ~a *f*.
tagen 1. reunirse, celebrar *(una)* reunión; 2. *(beraten)* deliberar.
Tagesgeld *n* 1. per diem; 2. dinero *m* de un día, dinero *m* de día a día.
Tagesordnung *f* orden *m* del día, agenda *f*, calendario *m*.
Tagesordnungspunkt *m* punto *m* del orden del día.
Tagessatz *m* 1. *(Am)* día multa *m*; 2. cuota *f (o tasa f)* diaria.
Tagsatzung *f (Öst)* comparecencia *f*, vista *f* de la causa.
Tagung *f* jornadas *fpl*, simposio *m*, congreso *m*, reunión *f*.
Tagungsort *m* lugar *m* de reunión.
Taktik *f* táctica *f*.
Talar *m* toga *f*.
Talion *f* **die ~** el talión *m*.
Tantieme *f* 1. porcentaje *m* de participación en los beneficios; 2. derechos *mpl* de autor.
Tara *f* tara *f*.
Tarif *m* 1. *(allgemein)* **den ~ anwenden** aplicar la tarifa; **den ~ festsetzen** aplicar la tarifa; 2. convenio *m* colectivo.
Tarifausschlussklausel *f* cláusula *f* de exclusión del convenio.
Tarifautonomie *f* derecho *m* a la negociación colectiva *(o de convenios colectivos)*.
Tariffähigkeit *f* capacidad de concluir convenios.
Tarifgebundenheit *f* sometimiento *m* *(o sujeción f)* al convenio *(colectivo)*.

tarifieren tarif*(ic)*ar.
tariflich 1. conforme a la tarifa; 2. conforme al convenio.
Tariflohn *m* salario *m (de convenio)* colectivo.
Tarifpartner/in *m/f* interlocutor *m*, ~a *f* social; parte *f* contratante de los convenios *(colectivos)*.
Tarifrecht *n* 1. Derecho *m* arancelario; 2. **alleiniges ~** derecho *m* exclusivo de negociar *(convenios colectivos)*.
Tarifverhandlungen *f/pl* negociaciones *fpl* de los convenios *(o colectivas)*.
Tarifvertrag *m* 1. convenio *m* colectivo; **den ~ aushandeln** negociar el convenio colectivo; 2. contrato *m* de tarifa.
tarifvertraglich colectivo-contractual.
Tarifvertragsgesetz *(TVG) n* ley *f* sobre convenios colectivos.
Taschendieb/in *m/f* carterista *m*, *f*, ratero *m*, ~a *f*, bolsillero *m*,~a *f*, bolsero *m*, ~a *f*.
Taschendiebstahl *n* ratería *f*, escamoteo *m*.
Taschengeld *n* 1. *(Kinder)* paga *f*; 2. dinero *m* para gastos menudos *(o personales)*.
Tat *f* **fehlgegangene, fehlgeschlagene ~** tentativa *f* fallida; **auf frischer ~ ertappen** sorprender en el acto *(o en flagrante)*.
Tatbestand *m* 1. *(Strafrecht)* **den ~ aufnehmen** instruir el atestado, levantar atestado; **den ~ erfüllen, verwirklichen** realizar el tipo *(delictivo)*; 2. *(Verfahrensrecht)* resultandos *mpl*, narración *f*.
Tatbestandshandlung *f* conducta *f* típica.
Tatbestandsirrtum *m* **entschuldbarer ~** error *m* de hecho excusable.
Tatbestandsmerkmal *n* elemento *m* típico *(del delito)*.
Tateinheit *f* unidad *f* de acto *(o de hecho o de delito)*, concurrencia *f* ideal.
Tatentschluss *m* decisión *f* de cometer el acto *(o criminal)*.
Täter/in *m/f* autor *m*, ~a *f* del delito, sujeto *m* activo, perpetrador *m*, ~a *f*; **mutmaßlicher ~** autor *m* presunto, culpable *m* presunto; **überführter ~** delincuente *m* convicto.
Täterschaft *f* autoría *f (penal)*; **mittelbare, unmittelbare ~** autoría *f* mediata, autoría *f* inmediata *(o directa)*; **die ~ zugeben** confesar la autoría, confesarse autor de un delito.
Täterstrafrecht *n* Derecho *m* penal de autor.
Tatfrage *f* cuestión *f (o punto m)* de hecho.
Tathandlung *f* comisión *f* delictiva.
Tatherrschaft *f* dominio *m* del hecho.
tätig 1. **~ sein** estar en activo, trabajar; 2. **~ werden** *(Gericht)* actuar, intervenir; 3. **abhängig ~ sein** trabajar por cuenta ajena.
tätige Reue arrepentimiento *m* activo.
Tätigkeit *f* 1. *(Arbeit)* trabajo *m*, ocupación *f*, empleo *m*; 2. *(Beruf)* profesión *f*; 3. *(Aktivität)* actividad *f*, actuación *f*; **eine ~ ausüben** ejercer una actividad; **eine ~entfalten** desarrollar una actividad.
Tätigkeitsdelikt *n* delito *m* de actividad.
Tatirrtum *m* error *m* de hecho, error *m* en el objeto; **wesentlicher ~** error *m* de hecho esencial.
tätlich de obra; **~ werden** llegar a las manos.
Tätlichkeiten *fpl (actos mpl de)* violencia *f*.
Tatmehrheit *f* pluralidad *f* de actos.
Tatmotiv *n* móvil *m*.
Tatort *m* lugar *m* del hecho, lugar *m* de autos, lugar *m* del delito, escenario *m* del crimen.
Tatsache *f* hecho *m*; **bestehende ~** *(im Urteil)* resultado *m* probado; **erwiesene ~** hecho *m* probado; **juristische ~** hecho *m* de relevancia jurídica; **eine ~ bestreiten** negar *(o discutir)* un hecho; **die ~ entstellen** desfigurar *(o desvirtuar)* un hecho; **eine ~ geltend machen** alegar *(o invocar)* un hecho; **eine ~ glaubhaft machen** acreditar un hecho; **eine ~ nachweisen** probar un hecho; **eine ~ untedrdrücken** ocultar un hecho; **eine ~ vorspiegeln, vortäuschen** hacer creer *(o fingir)* un hecho; **eine ~ zugestehen** confesar *(o admitir)* un hecho.
Tatsachenforschung *f* investigación *f* de los hechos.

Tatsachengeständnis *n* confesión *f* de los hechos.
Tatsachenirrtum *m* error *m (material)* de hecho.
tatsächlich und rechtlich de hecho y de Derecho.
Tatstrafrecht *n* Derecho *m* penal del hecho.
Tatumstand *m* circunstancias *fpl* de hecho, circunstancias *fpl* fácticas; **strafausschließender ~** hecho que excluye la pena; **straferhöhender, strafschärfender ~** agravante *m*.
Tatverdacht *m* sospecha *f* de criminalidad objetiva, indicio *m* de criminalidad, sospecha *f* de hecho; **hinreichender ~, bestehen** existir indicios racionales de criminalidad.
Tatverdächtige/r *f/m* sospechoso *m*, ~a *f*.
Tatvollendung *f* consumación *f* del hecho delictivo *(o delito)*.
Tatwaffe *f* arma *f* utilizada *(para el delito)*; **die ~ einziehen** decomisar el arma utilizada *(para el delito)*; **mutmaßliche ~** arma *f* sospechosa.
Tatzeugen *mpl* testigos *mpl* del delito; *(Méx)* testigo *m* in facto.
Taufname *m* nombre *m* de pila *(o de bautismo)*.
Taufregister *n* registro *m* bautismal, libro *m* de bautismos.
Taufschein *m*, **Taufurkunde** *f* partida *f* de bautismo, certificado *m (o fe f)* de bautismo, partida *f* bautismal.
tauglich *(geeignet)* idóneo, *(brauchbar)* útil, apto.
Tauglichkeitsnachweis *m* título *m* de aptitud.
Tauglichkeitszeugnis *n* certificado *m* de aptitud.
Tausch *m* trueque *m*, permuta *f*; **im ~ geben** dar en *(o a)* cambio.
täuschen engañar, embaucar, defraudar, burlar.
Täuschung *f* engaño *m*, zancadilla *f*, timo *m*, fraude *m*; **absichtliche, arglistige ~** dolo *m*, engaño *m* doloso, ocultación *f* astuta.
Taxe *f* 1. *(geschätzt)* tasa *f*, tasación *f*, valoración *f*; 2. *(Gebühr)* tasa *f* tarifa *f*.
taxieren tasar, aforar, valorar, evaluar, justipreciar.
Technik *f (Vorgehensweise)* método *m*, procedimiento *m*, técnica *f*.
Technischer Überwachungsverein *m (TÜV)* Organismo *m* de Inspección Técnica.
Teil *m* 1. *(eines Ganzen)* parte *f*; 2. *(Beitrag)* contribución *f*, cuota *f*, aportación *f*; 3. *(Stück)* pieza *f*, trozo *m*; 4. *(Bestand)* componente *m*.
teilbar divisible, partible; **~e Leistung** prestación *f* divisible *(o partible)*.
Teilbesitz *m* posesión *f* parcial *(o de partes)*.
Teilbesitzer/in *m/f* 1. poseedor *m*, ~a *f* parcial; 2. copropietario *m*, ~a *f*.
Teileigentum *n* propiedad *f* parcial *(o dividida)*.
teilen dividir, partir; *(Land)* lotear, desmembrar.
Teilentschädigung *f* indemnización *f* parcial.
Teilentwurf *m* proyecto *m* parcial.
Teilhaber/in *m/f* socio *m*, ~a *f*, socio *m*, ~a *f* de la empresa, asociado *m*, ~a *f (co)*partícipe *m*, *f*; **stiller ~** socio *m* pasivo *(o capitalista)*.
Teilhaberschaft *f* participación *f*, calidad *f* de socio.
Teilhafter/in *m/f* socio *m* comanditario, socio *m* con responsabilidad limitada.
Teilleistung *f* 1. prestación *f* parcial; 2. pago *m* parcial.
Teilnahme *f* 1. *(Anwesenheit)* presencia *f*, asistencia *f*; 2. complicidad *f*, participación *f*.
Teilnehmer/in *m/f* 1. presente *m*, *f*, asistente *m*, *f*; 2. cómplice *m*, *f*, partícipe *m*, *f*.
Teilnahmeberechtigung *f*, **Teilnahmerecht** *n* derecho *m* a participar *(o a asistir)*.
Teilnichtigkeit *f* nulidad *f (o invalidez f)* parcial.
Teilschuld *f* deuda *f* mancomunada *(o de cuota)*, obligación *f* a prorrata.
Teilschuldner/in *m/f* deudor *m*, ~a *f* mancomunado, ~a.
Teilschuldnerschaft *f* mancomunidad *f* simple *(o a prorrata)*.
Teilstreik *m* huelga *f (o paro m)* parcial.
Teilung *f* 1. *(Aufteilung)* partición *f*, reparto, distribución *f*; 2. *(Nachlass)* división *f*, reparto *m*; 3. *(Land)* desmembración *f*; 4. *(Staat)* escisión *f*.

Teilungsabkommen *n* acuerdo *m* de partición.
Teilungsanordnung *f* ordenación *f* de división, partición por testamento *(o testador)*; **eine ~ durchführen** llevar a cabo la partición de la herencia.
Teilungsklage *f* demanda *f (o acción f)* divisoria.
Teilungsmasse *f* masa *f* activa *(de la quiebra)*, caudal *m* partible *(de la quiebra)*.
Teilurteil *n* sentencia *f* parcial *(o interlocutoria)*.
Teilzahlung *f* pago *m* fraccionado *(o parcial)*.
Teilzahlungsabkommen *n* convenio *m* de pago.
Teilzeit *f* tiempo *m* parcial.
Teilzeitarbeit *f* empleo *m* a jornada parcial *(o a tiempo parcial)*.
Telearbeit *f* teletrabajo *m*.
Telekommunikationsgesetz *n (Sp)* ley de ordenación de las telecomunicaciones.
teleologisch ~e Auslegung *f* interpretación *f* teleológica.
Teleshopping *n* teletienda *f*.
Tendenzbetrieb *m* empresa *f* de tendencia *(o de intencionalidad)* empresa *f* ideológica.
Tenor *m (eines Urteils)* parte *f* dispositiva de la sentencia.
Termin *m* 1. término *m*, fecha *f*, plazo *m*; 2. vista *f*, señalamiento; *(Verhandlungszeitpunkt)* vista *f*, comparecencia *f*; *(vereinbarter Tag)* día, fecha; *(vereinbarte Zeit)* hora *f*, cita; **einen ~ absetzen** anular *(o suspender)* la vista; **den ~ anordnen** hacer un señalamiento; **einen ~ aufheben** revocar la vista; **den ~ anberaumen** señalar día para la comparecencia; **einen neuen ~ bestimmen** señalar otra fecha para la visita; **den ~ festsetzen** señalar día para la vista; **den ~ vertagen, verlegen** aplazar *(o posponer)* el señalamiento; **einen ~ versäumen** no comparecer a la visita, no comparecer al señalamiento; **zum ~ erscheinen** comparecer en audiencia, **zum ~ laden** citar a la vista *(o al señalamiento)*, convocar a comparecencia.
termingerecht en la fecha fijada; **nicht ~** con retraso, a sobrefecha.
terminieren *(zeitlich festlegen)* señalar fecha, fijar un plazo.
Terminierung *f (Gericht)* señalamiento *m* de vista.
terms of trade relaciones *f* reales de intercambio.
territorial territorial.
Territorialitätsprinzip *n* principio *m* de territorialidad.
Territorialstaat *m* Estado *m* territorial.
Territorialstatut *n* estatuto *m* territorial.
Territorium *n* territorio *m*.
Terror *m* 1. *(Schreckensherrschaft)* terror *m*; 2. terrorismo *m*.
Terrorismus *m* terrorismo *m*.
Terrorismusbekämpfung *f* lucha *f* contra el terrorismo.
Terrorist *m* terrorista *m*.
Terroristenunterschlupf *m* piso *m* franco.
Test *m* prueba *f*, test *m*.
Testament *n* testamento *m*, *(disposición f de)* última voluntad; **ein ~ anfechten** impugnar un testamento; das **~ eröffnen** abir el testamento; **ein ~ errichten** testar, otorgar testamento; **ein ~ vollstrecken** ejecutar un testamento; **ein ~ widerrufen** revocar un testamento; **eigenhändiges (holographisches), fremdhändiges, mündliches, notarielles ~** testamento ológrafo, no ológrafo, verbal *(o nuncupativo u oral)*, ante notario *(o auténtico)*.
testamentarisch testamentario, ex *(od por)* testamento.
Testamentsanfechtungsklage *f* querella de inoficioso testamento.
testamentslos ab intestado, intestado, sin testamento.
Testamentsnachtrag *m* codicil*(i)*o *m*.
Testamentsrecht *n* Derecho *m* testamentario.
Testamentsregister *n* registro *m* de testamentos; *(Sp)* registro *m (general)* de actos de última voluntad.
Testamentsurkunde *f* acta *f* de última voluntad, escritura *f* de testamento.
Testamentsvollstrecker/in *m/f* **~ bestellen** nombrar albacea testamentario; **bestimmen, benennen** designar contador-partidor.
Testamentsvollstreckeramt *n* albaceazgo *m*.

Testamentsvollstreckung *f* **~ anordnen** ordenar la ejecución *f* testamentaria.
Testat *n* firma *f.*
Testator/in *m/f* testador *m*, ~a *f*, instituyente *m*, *f.*
testieren 1. *(ein Testament anfertigen)* testamentar, testar; 2. *(attestieren)* certificar.
testierfähig capaz de testar, capacitado para testar.
Testierfähigkeit *f* 1. capacidad *f* para otorgar testamento; 2. poder *m* testatorio.
Testierfreiheit *f* 1. libertad *f* testamentaria *(plena)*; 2. libertad *f* para testar.
Text *m* 1. **beanstandeter ~** texto *m* impugnado; 2. cuerpo *m* de escrito *(Gegensatz; Anrede und Schluss).*
Thema *n* **vom ~ abweichen** salirse de la cuestión, desviarse del tema.
Therapie *f* **sich einer ~ unterziehen** hacer una terapia, someterse a una terapia *f.*
Tierexperiment *n* experimento *m* en *(o con)* animales.
Tierhalter/in *m/f* 1. poseedor *m*, ~a *f* de un animal; 2. dueño *m*, ~a *f* del ganado.
Tierhalterhaftung *f* responsabilidad *f* del dueño de animales.
Tierquäler/in *m/f* maltratador *m*, ~a *f* de animales.
Tierquälerei *f* tortura *f* de animales, maltrato *m* a animales.
Tierschutz *m* protección *f* de *(los)* animales.
Tilgbarkeit amortizabilidad *f*, reembolsabilidad *f.*
tilgen 1. *(Rückgabeschuld)* reembolsar, devolver; 2. *(Kredit)* reintegrar, devolver; 3. *(Schuld)* extinguir; 4. *(Hypothek)* redimir, cancelar, amortizar.
Tilgung *f* 1. reembolso *m*, devolución *f*; 3. reintegro *m*; 3. extinción *f*; 4. remisión *f*, cancelación *f*, amortización *f*; 5. **~ der Hypothek** purga *f* de la hipoteca; **~ des Schuldspruchs** anulación *f* de la sentencia de culpabilidad; **~ von Vorstrafen** cancelación *f* de antecedentes penales.
Tilgungsrate *f* plazo *m* de amortización, cuota *f* de reembolso.
time-scharing *n* propiedad *f* a tiempo compartido; **~ Vertrag** *m* contrato *m* de aprovechamiento de bienes inmuebles por turno.
Titel *m* 1. **akademischer ~** título *m* académico, **einleitender ~** *(Gesetz)* título *m* preliminar; **vollstreckbarer ~** título ejecutorio;2. rubro *m*; 3. *(Anrede)* tratamiento *m*; 4. *(vor Unterschrift)* antefirma *f*; 5. **einen ~ erteilen (Vollstreckung)** otorgar un título *(ejecutivo)*; **einen ~ erwirken** *(bei Gericht)* obtener un título.
Titelschutz *m* protección *f* del título.
Tochter *f* hija *f.*
Tochtergesellschaft *f (sociedad f o compañía)* filial *f.*
Tod *m* fallecimiento *m*, muerte *f*, defunción *f*, óbito *m*, deceso *m*; **~ des Erblassers** muerte *f* del causante.
Todeserklärung *f* declaración *f* de fallecimiento.
Todesstrafe *f* pena *f* capital *(o de muerte)*, última pena *f*; **die ~ vollstrecken** ajusticiar.
Todesurteil *n* sentencia *f* capital, condena *f* a muerte.
Todesvermutung *f* presunción *f* de muerte *(o de fallecimiento)*, muerte *f* presunta.
tödlich 1. *(Krankheit)* mortal; 2. *(Irrtum)* fatal; **~ verunglücken** morir en accidente; **~er Ausgang** desenlace *m* mortal.
Toleranz *f* tolerancia *f.*
Tortur *f* tortura *f.*
tot er war auf der Stelle ~ falleció *(o murió)* en el acto; **für ~ erklären** declarar muerto; **~e Hand** manos *fpl* muertas.
Totalverweigerer *m* insumiso *m.*
Totalverweigerung *f* insumisión *f.*
töten matar, privar de la vida.
Totenschein *m* certificado *m* de defunción.
totgeboren mortinato, natimuerto.
Totgeborene/r *f/m* nacido, ~a muerto, ~a *m*, *f.*
Totgeburt *f* nacimiento *m (de un niño)* muerto, mortinato *m*, natimuerto *m.*
Totschlag *m* homicidio *m (simple)*; **fahrlässiger** homicidio *m* por imprudencia *(o negligencia)*; **räuberi-**

scher robo *m* con homicidio; **versuchter ~** tentativa *f* de homicidio.
Totschläger/in *m/f* homicida *m, f.*
Tötung *f* **fahrlässige ~, ~ im Affekt** homicidio *m* por emoción violenta, homicidio *m* involuntario *(o culposo, o por imprudencia o por negligencia)*, **~ auf Verlangen** homicidio *m* por compasión *(o con consentimiento de la víctima)*, **vorsätzliche ~** homicidio *m* intencional.
Tötungsabsicht *f*, **Tötungswille** *m* intención *f (o propósito m)* de matar; *(lat)* animus necandi.
trachten jemandem nach dem Leben ~ atentar contra la vida de alguien.
Traditionspapier *n* título *m* de tradición, valor *m* en mercaderías.
Träger/in *m/f* titular *m, f*, responsable *m, f*; **~ von Rechten und Pflichten** sujeto *m* de derechos y obligaciones.
Trägerschaft *f* **in staatlicher ~** de titularidad *f* pública.
Transfer *m* transferencia *f.*
transferieren transferir; *(Gewinne)* repatriar.
Transformation *f* transformación *f.*
Transit *m* tránsito.
Transplantation *f* trasplante *m.*
transplantieren trasplantar.
Transport *m* transporte *m.*
transportieren transportar.
Trassant/in *m/f* girador *m*,~a *f*, girante *m, f*, librador *m*, ~a *f.*
Trassat/in *m/f* girado *m*, ~a *f*, librado *m*, ~a *f*, librancista *m, f.*
Tratte *f* letra *f* girada.
trauen 1. casar, desposar; **sich ~ lassen** casarse; 2. **sich ~** atreverse; 3. confiar, tener confianza.
Trauung *f* **kirchliche, standesamtliche ~** celebración del matrimonio por la Iglesia, por lo civil.
Trauzeuge *m* testigo *m (o padrino m)* de *(la)* boda.
Travellerscheck *m* cheque *m* de viajero *(o de viaje)*.
trennen 1. separar; **sich ~** separarse; 2. **Müll ~** separar la basura; 3. *(absondern)* apartar; 4. *(Begriffe)* distinguir, diferenciar.
Trennung *f* **wegen Ehebruchs** separación *f* por adulterio; **einverständliche ~** separación *f* *(matrimonial)* de mutuo acuerdo; **gerichtliche ~** *(Eheverfahren)* separación *f* judicial; **streitige ~** separación contenciosa, **~ von Tisch und Bett** suspensión *f* de vida en común.
treu fiel, leal.
Treu und Glauben *m* bona fides, lealtad y buena fe *f.*
Treubruch *m* infidelidad *f*, perfidia *f.*
treubrüchig infiel, desleal.
Treue *f* fidelidad *f*, lealtad *f.*
Treuepflicht *f* deber *m* de fidelidad *(o de lealtad)*.
Treugeber/in *m/f* representado *m*, ~a *f*, fideicomitente *m, f.*
Treuhand *f* fiducia *f*, depósito *m* fiduciario, administración *f* fiduciaria.
Treuhänder/in *m/f* fiduciario *m*, ~a *f*, fiador *m*, ~a *f*, fideicomisario *m*, ~a *f.*
treuhänderisch fiduciario.
Treuhänderschaft *f* fideicomiso *m*, relación *f* fiduciaria.
Treuhandgesellschaft *f* sociedad *f* fiduciaria.
Treuhandkonto *n* cuenta *f* fiduciaria.
Treuhandschaft *f* fideicomiso *m*, relación fiduciaria.
Treuhandverhältnis *n* relación *f* fiduciaria.
Treunehmer/in *m/f* deudor *m*, ~a *f* fiduciario, ~a fideicomisario, *m*, ~a *f.*
treuwidrig desleal, infiel.
Tribunal *n* tribunal *m*, foro *m.*
Tribut *m* tributo *m.*
Trieb *m* impulso *m*, motivo *m*, inclinación *f.*
Triebtäter/in *m/f* 1. delincuente *m, f (o maníaco m, ~a f)* sexual.
Trinkgeld *n* propina *f.*
Trödelvertrag *m* contrato *m* estimatorio.
Trucksystem *n* trueque *m.*
Trunkenheit *f* **~ im Straßenverkehr** embriaguez *f* conduciendo un vehículo.
Trunkenheit *f* **~ am Steuer** embriaguez *f* al volante.
Trunksucht *f* alcoholismo *m (crónico)*.
Truppendienstgericht *n* tribunal *m* disciplinario militar.
Trust *m* **~ durch Verfügung von Todes wegen** fideicomiso *m* testamentario.
Trustfonds *m* fondo *m* fiduciario *m.*

Tücke *f* malicia *f*, malignidad *f*.
Tumult *m* tumulto *m*, alboroto *m*.
Tun 1. *(Verhalten)* conducta *f*; 2. actividades *fpl*.
Turnus *m* turno *m*; **~ in der Amtsbesetzung** rotación *f* en el cargo.
Tutor/in *m/f* tutor *m*, ~a *f*.
TÜV *m* → Technischer Überwachungsverein.
Typ *m* tipo *m*, modelo *m*.
Typenvertrag *m* contrato *m* tipo, formulario *m* tipo.
Tyrann/in *m/f* tirano *m*, ~a *f*.
Tyrannei *f* tiranía *f*.
Tyrannenmord *m* tiranicidio *m*.
Tyrannenmörder/in *m/f* tiranicida *m*, *f*.

U

Übel jemandem ein ~ zufügen infligir *(o causar)* un mal a alguien.
Übeltäter/in *m/f* delincuente *m*, *f*, malhechor *m*, ~a *f*.
überbauen construir sobre predio vecino.
Überbringer/in *m/f* **auf den ~ lautend, zahlbar an den ~** pagadero al portador.
Überbuchung *f* sobrecontratación *f*, sobreventa *f*.
übereignen *f* transferir, traspasar.
Übereignende/r *f/m*, **Übereigner/in** *m/f* tradente *m*, *f*.
Übereignung *f* cesión *f (o transferencia f)* de propiedad; transmisión *f (o traspaso m)* de dominio; **treuhänderische ~** fideicomiso.
Übereignungsurkunde *f* título *m* traslativo de dominio; título *m* traslaticio de propiedad.
Übereignungsvertrag *m* contrato *m* de transferencia.
übereinkommen convenir, ponerse de acuerdo, consensuar.
Übereinkommen *n* 1. *(Übereinkunft)* convenio *m*, convención *f*; 2. *(Vergleich)* compromiso *m*, arreglo *m*, transacción.
Übereinkunft *f* siehe Übereinkommen.
übereinstimmend 1. *(gleich)* igual, idéntico; 2. *(einhellig)* unánime; **nicht ~** discrepante.
Überfall *m* atraco *m*, asalto *m*, asaltamiento *m*; **bewaffneter ~** atraco a mano armada; **hinterlistiger ~** atraco *m* alevoso; **maskierter ~** atraco *m* a rostro cubierto; **räuberischer ~** ataque *m* latrocinante; **unmaskierter ~** ataque *m* a rostro descubierto.
überfallen 1. *(Bank)* atracar; 2. *(Person)* atacar, asaltar.
überfällig atrasado, con retraso, *(sobre)*vencido; **~ sein** estar en atraso.
überführt ~ und geständig convicto y confeso.
Überführungsbeweis *m* prueba *f* convincente *(o de convicción)*.
Übergabe *f* **aufgeschobene ~** aplazamiento *m* de la entrega; **bedingungslose ~** rendición *f* incondicional; **fingierte ~** entrega *f* simbólica; **öffentliche ~** mancipación *f*; **tatsächliche ~** entrega *m* material *(o física o real o efectiva od manual)*; **die ~ des Verfolgten** la entrega *f* de la persona reclamada.
Übergang *m* **bedingter, unbedingter ~** traspaso *m* condicional, absoluto; **~ von Todes wegen** la transmisión hereditaria *(o sucesoria)*.
Übergangsbestimmung *f* disposición *f* transitoria.
Übergangsgesetz *n* ley *f* transitoria.
übergeben entregar, transferir, ceder; *(Geschäft)* traspasar; **eigenhändig ~** entregar en propia mano.
Übergehung *f* **~ von Pflichtteilsberechtigten** preterición *f* de legitimarios.
übergesetzlich ~er Notstand estado *m* de necesidad supralegal, justificación *f* supralegal.
Übergriffe *mpl* injerencias *fpl* ilegítimas.
Überhang *m* 1. exceso *m*, excedente *m*; 2. atraso *m*.
überlassen 1. *(verkaufen, geben)* ceder, transmitir, transferir; 2. *(anvertrauen)* dejar, confiar; 3. abandonar.

Überlassung *f* 1. cesión, transferencia *f*, transmisión *f*; 2. puesta *f* a disposición; 3. abandono *m*, dejación *f*.
Überlassungsvertrag *m* contrato *m* de cesión.
Überläufer/in *m/f* 1. *(Pol)* tránsfuga *m,f*; 2. *(Mil)* desertor *m*,~a *f*.
Überlebende/r *f/m* superviviente *m, f*, supérstite *m, f*.
Überlebensklausel *f* cláusula *f* de supervivencia.
überleiten *(Recht)* traspasar.
Überleitung *f (von Recht)* traspaso *m*.
Überleitungsgesetz *n* ley *f* transitoria.
Überleitungsvertrag *m* contrato *m* de traspaso.
Übermaß *n* **im ~** en exceso.
Übermaßverbot *n* prohibición *f* de*(l)* exceso.
Übermittlung *f* **~ der Vorladung** notificación *f* de la citación.
Übernachtungsbetrug *m* estafa *f* de alojamiento.
Übernahme *f* **~ eines Amtes** toma *f* de posesión; **~ von Ausländern** acogida *f* de extranjeros; **~ bei Auslieferung** extradición *f* pasiva; **~ in das Beamtenverhältnis** confirmación *f* como funcionario *(público)*; **~ der Hypothekenschuld** asunción *f* de la deuda hipotecaria.
Übernahmeangebot *n* **öffentliches ~** oferta *f* pública de adquisición *(OPA)*.
Übernahmehaftung *f* responsabilidad *f* de la adquisición.
Übernahmeklage *f* demanda *f* de aceptación.
Übernahmevertrag *m* contrato *m* de adquisición.
übernehmen, die Erfüllung ~ asumir el cumplimiento, hacerse cargo de la ejecución; **die Haftung ~** asumir la responsabilidad; **eine Schuld ~** asumir *(o hacerse cargo de)* una deuda; **die Verteidigung eines Angeklagten ~** asumir la defensa de un acusado.
Überpfändung *f* embargo *m* excesivo.
Überprüfungsrecht *n* derecho *m* de revisión.
überreichen ~ mit der Bitte presentar con el ruego de.
überschreiten 1. *(Befugnisse)* traspasar, invadir; 2. *(Zuständigkeit)* extralimitarse; 3. *(Gesetz)* infringir; 4. *(Grenze)* traspasar.
Überschreitung *f* **~ der Befugnis** transgresión *f (o abuso m)* de facultades; **~ der Lieferfrist** retraso *m* en la entrega; **~ eines Verbotes** violación *f (o infracción)* de una prohibición.
Überschuldung *f* 1. exceso *m* de deuda*(s)*; 2. exceso *m* de carga.
Überschuss *m* superávit *m*, excedente *m*.
Überstellung *f* **die ~ eines Sträflings** la transferencia *(o traslación)* de un preso; 2. *(Auslieferung)* extradición *f (pasiva)*, entrega *f*; **~ an der Grenze** puesta *f* al otro lado de la frontera; **~ an die Justiz** consignación *f* a la justicia.
überstimmen vencer *(o derrotar)* por mayoría *(de votos)*.
Überstunde *f* hora *f* extra *(ordinaria)*.
übertragbar 1. *(Besitz, Recht)* transferible, transmisible; 2. *(Recht)* cesible; **nicht ~** intransferible, intransmisible, no cesible.
übertragen 1. *(Rechte)* transmitir, transferir; 2. *(Funktionen)* delegar; 3. *(Vertrauen)* confiar; 4. *(Wechsel)* endosar; 5. *(Vermögen an Gläubiger)* dejar; 6. *(Vollmacht)* conferir, *(Jur)* ceder.
übertragend traslaticio, traslativo.
Übertragung *f* 1. *(von Rechten, von Hoheitsrechten)* traslado *m*, transferencia *f*, transmisión *f*, cesión *f* de soberanía; 2. *(Eigentum)* transmisión *f*, traslación *f*; 3. *(Wohnung, Geschäft)* traspaso *m*; 4. *(Befugnisse, Vollmacht)* delegación *f*; 5. **~ der Vormundschaft** delación *f* de la tutela.
übertreten 1. transgredir, infringir; 2. traspasar; 3. convertirse.
Übertretung *f* 1. transgresión *f*, infracción *f*; 2. traspaso; 3. conversión *f*; **~ des Gesetzes** conculcación *f (o violación f)* de la ley.
überweisen 1. *(Geld)* girar, transferir; 2. *(Sache)* asignar, pasar, adscribir.
Überweisung *f* 1. transferencia *f*, giro *m*; 2. **~ an Zahlungs statt** adjudicación *f* en pago; **~ zur Einziehung** adjudicación *f* para pago.
Überweisungsbeschluss *m* 1. resolución *f* de transferencia; 2. *(Gericht)* resolución *f* de adjudicación.

überzeugen convencer.
Überzeugung *f* convencimiento *m*, convicción *f*; **~ des Gerichts, richterliche ~** convencimiento *m* judicial; **in der ~** estimando.
Überzeugungstat *f* delito *m* por convicción.
Überzeugungstäter/in *m/f* delincuente *m*, *f* *(o autor m,~a f)* por convicción.
überziehen *(Konto)* sobrepasar, dejar al descubierto.
üble Nachrede *f* difamación *f*, detracción.
U-Haft prisión *f* preventiva, arresto *m* provisional.
Ultimatum *n* ultimátum *m*, ultimato *m*.
umbringen matar.
umdatieren cambiar de fecha.
umdeuten convertir.
Umdeutung *f (Verwaltungsakt)* conversión.
umgehen 1. eludir; 2. *(mit Personen)* tratar; 3. *(mit Sachen)* manejar, manipular.
umgehend inmediato, en el acto, sin demora.
Umgehung *f* **~ des Gesetzes** fraude *m* a la ley.
Umgehungsgeschäft *n* negocio *m* para burlar la prohibición.
Umkehr *f* inversión *f*, regreso *m*.
Umkehrschluss *m* conclusión *f* inversa, argumento *m* en contrario.
Umkehrung *f* **~ der Beweislast** inversión *f* de la carga de la prueba.
Umlage *f* 1. contribución *f*, contingente *m*; 2. prorrata *f*.
Umlagesystem *n (Sozialversicherung)* sistema *m* basado en *(el pago de)* cuotas.
Umlauf *m* 1. *(schreiben)* circular *f*; 2. **in ~ bringen** poner en circulación.
Umlaufvermögen *n* capital *m* circulante *(od en circulación)*.
umlegen 1. *(Versicherung)* contribuir; 2. *(Grundstücke)* concentrar; 3. *(Steuer)* prorratear, asignar; 4. *(Termin)* aplazar, adelantar, cambiar; 5. *(ermorden)* matar, dejar seco *(o tieso)*; 6. *(Kosten)* repartir.
Umlegung *f* 1. *(Versicherung)* contribución *f*; 2. *(Grundstücke)* reparcelación *f*, *(Méx)* concentración *f* parcelaria; 3. *(Steuer)* prorrateo *m*, reparto *m*.
Umsatz *m* cifra *f* de negocio*(s)*, volumen *m* de ventas, facturación *f*.
Umsatzsteuer *f* impuesto *m* sobre la cifra *(o volumen)* de negocio*(s)*; *(Urug)* impuesto *m* sobre las ventas y transacciones, *(Arg)* impuesto *m* a las transacciones, *(CH)* impuesto *m* sobre las ventas y transacciones; **~ Identifikationsnummer (USt-IdNr.)** *f* número *f* de identificación fiscal a efectos del IVA.
umsetzen 1. vender, facturar; 2. realizar; 3. transponer.
Umsetzung *f* aplicación *f*, ejecución *f*, transposición *f*, desplazamiento *m* o cambio de puesto de trabajo.
umsonst 1. *(kostenlos)* gratis; 2. *(vergeblich)* en vano.
Umstand *m* 1. **belastender ~** circunstancia *f* incriminatoria; 2. **erschwerender, mildernder ~** circunstancia *f* agravante, atenuante.
umwandeln 1. *(Strafe)* conmutar, transformar; 2. *(Aktien)* convertir.
Umwandlung *f* 1. *(einer Strafe)* conmutación *f*; 2. conversión *f*, transformación *f*.
Umwelt *f* 1. *(Umgebung)* entorno *m*; 2. *(Öko)* medio ambiente *m*.
Umweltabgabe *f* ecotasa *f*.
Umweltaudit *n* auditoría *f* medioambiental.
Umweltbeeinträchtigung *f* impacto *m (o degradación f)* medioambiental.
Umweltdelikt *n* delito *m* contra el medio ambiente, delito *m* ecológico.
umweltfeindlich contaminante, ecológicamente impactante.
umweltfreundlich respetuoso con el medio ambiente.
umweltgefährdend agresivo para el medio ambiente.
umweltgerecht acorde *(o concordante)* con el medio ambiente, ecológico.
Umwelthaftungsgesetz *n* ley *f* de responsabilidad ecológica.
Umweltinformation *f* información *f* medioambiental.
Umweltkriminalität *f* delincuencia *f* medioambiental.
Umweltpolitik *f* política *f* medioambiental *(o ecológica)*.
Umweltprogramm *n* **der Vereinten Nationen** Programa *m* de las

Naciones Unidas para el Medio Ambiente.
Umweltrecht *n* Derecho *m (de protección)* ambiental.
Umweltschäden *mpl* daños *mpl* ecológicos.
Umweltschutz *m* protección *f* del medio ambiente.
umweltverträglich ecocompatible.
Umweltstrafrecht *n* Derecho *m* penal en materia ecológica.
Umweltverträglichkeitsprüfung *f* análisis *m* del impacto medioambiental, evaluación *f* de las repercusiones sobre el medio ambiente.
Umweltverträglichkeitsprüfungsgesetz *n* ley *f* para el control de la incidencia en el medio ambiente.
Umweltzerstörung *f* destrucción *f* del medio ambiente.
Unabänderlichkeit *f* **~ des Urteils** inmutabilidad *f* de la sentencia.
Unabdingbarkeit *f* inderogabilidad *f*, inalienabilidad *f*.
Unabhängigkeit *f* **in die ~ entlassen** independizar.
unablösbar, unablöslich 1. irredimible, inextinguible; 2. no amortizable, no reembolsable.
unabsetzbar *(Richter)* inamovible.
unabwendbar ~es Ereignis hecho *m* ineludible, evento *m* inevitable.
unanfechtbar 1. *(Urteil)* firme, inapelable, inimpugnable, sin posibilidad de recurso; 2. *(Gericht, Argument)* inatacable.
unantastbar *(Menschenrechte)* inviolable.
Unauflöslichkeit *f* **~ der Ehe** indisolubilidad *f* del matrimonio.
Unbedenklichkeitsbescheinigung *f* certificado *m* de no objeción.
unbefristet 1. sin día *(od plazo)* fijo; 2. *(Vertrag, Aufenthalt) (por tiempo)* indefinido.
unbefugt no autorizado, sin autorización.
unbenannt sin denominación propia.
unberührt bleiben no verse afectado *(por)*.
unbeschadet sin perjuicio de.
unbescholten 1. sin antecedentes penales; 2. irreprochable, incorrupto.
unbeschränkt ~e Haftung responsabilidad *f* ilimitada.
Unbestechlichkeit *f* incorruptibilidad *f*.
unbestimmt indeterminado, incierto, indeciso.
unbestritten indiscutible; *(Rechtstitel)* indubitado.
unbeweglich 1. *(Feiertag)* fijo; 2. **~e Sachen** cosas *fpl* inmuebles.
unbeweisbar indemostrable.
unbewusst 1. instintivo; 2. sin darse cuenta; 3. inconsciente.
unbewusst ~e Fahrlässigkeit culpa *f* inconsciente.
unbillig inequitativo, no equitativo.
Unbilligkeit *f* falta *f* de equidad, inequidad *f*.
unbotmäßig insubordinado.
Unbotmäßigkeit *f* insubordinación *f*.
undankbar ingrato *(con o para)*.
Undurchsetzbarkeit *f* **~ eines Rechts** inaplicabilidad *f (o inexigibilidad f)* de un derecho.
unecht ~e Urkunde documento *m* falso; **~es Unterlassungsdelikt** delito *m* de omisión impropia.
Unechtheit *f* falsedad *f*.
unehelich ~es Kind 1. hijo *m* extramatrimonial *(o natural)*; 2. *(bei Ehebruch)* hijo *m* espurio.
Unehelichkeitserklärung *f* declaración *f* de ilegitimidad.
Uneinbringlichkeit *f* **im Falle einer ~** al no poder cobrarse.
uneinklagbar inexigible, no demandable.
Uneinigkeit *f* disconformidad *f*.
unentgeltlich gratuito, gratis; **~er Vertrag** contrato *m* gratuito *(o no oneroso lucrativo)*.
Unentgeltlichkeit *f* gratuidad *f*, título *m* gratuito, falta de contraprestación.
unentschuldbar indisculpable, que no se puede disculpar.
unerlaubt ~e Handlung acto *m (o hecho m)* ilícito.
unfähig 1. incapaz; 2. *(Beruf)* incompetente; 3. *(Militär)* no apto, inútil; 4. *(desp)* inepto.
Unfähigkeit *f* 1. incapacidad, inhabilidad; 2. incompetencia *f*; 3. *(desp)* ineptitud.
Unfall *m* accidente *m*; **einen ~ erleiden** accidentarse, sufrir un accidente, **tödlicher ~** accidente *(con desenlace)* mortal; **einen ~ verursachen** causar un accidente; **~ auf**

dem Wege von oder zur Arbeit accidente *m* in itinere.

Unfallbericht *m* parte *m* del accidente.

Unfallentschädigung *f* indemnización *f* por accidente.

unfallfrei sin accidentes.

Unfalltod *m* muerte *f* por accidente.

Unfallverhütung *f* prevención *f* *(o evitación f)* de accidentes.

Unfallversicherung *f* 1. seguro *m* de accidentes; 2. seguro *m* de enfermedades profesionales; *(Méx)* seguro *m* de riesgos del trabajo.

Unfallverursacher *m* causante *m* del accidente.

unfreiwillig involuntario, no voluntario, forzoso.

Unfreiwilligkeit *f* involuntariedad *f*.

Unfug *m* **grober ~** desorden *m* grave.

ungeboren 1. no nacido; 2. *(aún)* por nacer.

Ungebühr *f* **vor Gericht** desacato *m* al tribunal.

ungebührlich indebido.

ungehorsam desobediente, insumiso, insubordinado.

ungerechtfertigt injustificado; **~e Bereicherung** enriquecimiento *m* injusto *(o injustificado)*; **~e Kündigung** despido *m* improcedente *(o injustificado)*.

Ungerechtigkeit *f* injusticia *f*, atropello *m*, iniquidad; **schreiende ~** crasa injustica, injusticia *f* que clama al cielo.

ungesetzlich ilegal, ilegítimo.

Ungleichbehandlung *f* trato *m* desigual.

Unglück *n* 1. *(Unfall)* accidente *m*; 2. *(Pech)* desgracia *f*, mala suerte *f*; 3. *(großes Unglück)* catástrofe *f*.

Unglücksfall *m* accidente *m*, siniestro *m*.

ungültig inválido, nulo; **~ geworden** *(Pass)* vencido; **für ~ erklären** invalidar; **~ sein** carecer de validez; **~ werden** caducar.

Ungültigkeit *f* invalidación *f*, invalidez.

Ungültigkeitserklärung *f* declaración *f* de nulidad.

Uniformmissbrauch *m* uso *m* indebido de uniforme.

Union *f* 1. *(D)* Unión *f (CDU/CSU)*; 2. **Europäische ~** *(EU)* Unión Europea *(UE)*.

Universalerbe *m*, **Universalerbin** *f* heredero *m*, ~a *f (o sucesor m, ~a f) (a título)* universal.

Universalität *f* universalidad *f*.

Universalsukzession *f* sucesión *f* universal *(o en bloque)*.

Universalvermächtnis *n* legado *m* universal.

Unkenntnis *f* **~ des Gesetzes** desconocimiento *m* de la ley.

Unklagbarkeit *f* indemandabilidad *f*.

unkündbar 1. *(Vertrag)* irrescindible; 2. *(Person)* que no puede ser despedido; 3. *(Stelle)* fijo, permanente.

unlauter ~er Wettbewerb competencia *f* ilícita *(o desleal)*.

unmittelbar directo, inmediato; **~er Besitz** posesión *f* real *(o directa)*; **~ bevorstehend** inminente; **~ geltend** autoejecutivo, autoejecutorio; **~anwendbar sein (EU-Recht)** directamente aplicable**;** **~e Stellvertretung** representación *f* directa; **~e Wahl** elección *f (o votación f)* directa; **~er Zwang** coacción *f* inmediata *(o directa)*.

Unmittelbarkeitsgrundsatz *m* principio *m* de inmediación.

unmöglich imposible; **sich ~ benehmen** comportarse de manera inaceptable.

Unmöglichkeit *f* **anfängliche rechtliche ~** imposibilidad *f* legal directa; **nachfolgende, nachtragende ~** imposibilidad *f* subsiguiente *(o ulterior o sobrevenida)*; **ursprüngliche ~** imposibilidad *f* primitiva; **der Schuldner hat die ~ zu vertreten** la imposibilidad es imputable al deudor.

unmündig 1. *(unreif)* inmaduro; 2. *(Jur)* menor de edad.

Unmündigkeit *f* 1. *(Jur)* minoría *f* de edad; 2. *(Unreife)* inmadurez.

unparteiisch imparcial, neutral.

Unparteilichkeit *f* imparcialidad *f*, neutralidad *f*.

unpfändbar inembargable, insecuestrable.

Unpfändbarkeit *f* **absolute, verhältnismäßige ~** inembargabilidad *f* absoluta, relativa.

unrecht 1. injusto; 2. equivocado; 3. inoportuno.

Unrecht *n* 1. injusticia *f*; **zu ~** injustamente; 2. *(angetanes)* agravio *m*; 3. **~ haben** estar equivocado, no tener razón; 4. *(Unbegründetsein)* sinrazón *f*.
Unrechtsbewusstsein *n* conciencia *f* de la ilicitud *(o de la antijuricidad)*.
Unrechtselement *n* **subjektives ~** elemento *m* subjetivo del delito.
unredlich deshonesto, desleal.
unregelmäßig ~e Verwahrung depósito *m* en mutuo, depósito irregular.
unrichtig 1. *(falsch)* incorrecto, falso; 2. *(ungenau)* inexacto.
Unrichtigkeitsbeweis *m* prueba *f* de falsedad.
Unruhen *fpl* **~ stiften** provocar disturbios.
unsachgemäß falto de objetividad.
Unschuld *f* inocencia.
unschuldig für ~ erklären declarar inocente.
Unschuldigerklärung *f* declaración *f* de inocencia.
Unsicherheit *f* **~ auf den Straßen** inseguridad *f* ciudadana *(o vial)*.
unstatthaft abgewiesen als ~ desestimado por improcedente.
Untätigbleiben *n* **~ des Gerichts** falta *f* de actuación *(o morosidad f)* del tribunal.
Untätigkeit *f* **die ~ rügen** denunciar la mora; **die ~ der Verwaltung** el silencio administrativo.
Untätigkeitsklage *f* demanda *f* fundada en silencio administrativo.
untauglich 1. *(Person)* inidóneo, inapto; 2. *(Militär)* inútil; 3. *(Gerät)* inservible; 4. **~er Versuch** tentativa *f* no idónea.
Unterbeteiligung *f* subparticipación *f*.
unterbrechen 1. interrupción *f*; 2. suspensión *f*.
Unterbrechung *f* interrupción *f*; **~ der mündlichen Verhandlung** suspensión *f* de la vista *(oral)*; **~ des Verfahrens** interrupción *f* del procedimiento; **~ der Verjährung** interrupción *f* de la prescripción.
unterbringen 1. *(beherbergen)* alojar; 2. *(Personen)* depositar, internar; 3. *(Auftrag)* situar, meter; 4. *(Arbeitsplatz)* colocar.
Unterbringung *f* 1. *(Unterkunft)* alojamiento *m*; 2. *(in Anstalt)* internamiento.
unterdrücken reprimir; *(Urkunden)* ocultar.
Unterdrücken *n* **~ einer Urkunde** ocultación *f* de un documento.
unterfertigen firmar, rubricar.
Unterfertigte/r *f/m* signatario *m*, ~a *f*, abajo firmante *m*, *f*, el/la que suscribe.
untergeben inferior, subordinado.
untergeordnet subalterno.
Untergericht *n* tribunal *m* inferior.
Unterhalt *m* alimentos *mpl*, sustento *m*, mantenimiento *m*.
unterhalten alimentar, sostener, sustentar, pagar alimentos, costear.
Unterhaltgewährende/r *f/m*, alimentante *m*, *f*.
Unterhaltsanspruch *m* derecho *m* a alimentos.
Unterhaltsberechtigte/r *f/m*, **Unterhaltsgläubiger/in** *m/f* alimentado *m*, ~a *f*, alimentario *m*, ~a *f*, acreedor *m*, ~a *f* alimentario.
Unterhaltspflicht *f* deuda *f* alimentaria, deber *m* alimentario.
Unterhaltspflichtige/r *f/m*, **Unterhaltsschuldner/in** *m/f* alimentista *m*, *f*, alimentador *m*, ~a *f*, deudor *m*, ~a *f* alimentario.
Unterhaltsprozess *m* juicio *m* de alimentos.
Unterhaltsrecht *n* Derecho *m* de alimentos.
Unterhaltsurteil *m* sentencia *f* en el proceso de alimentos.
Unterhaltsvorschuss *m* provisión *f* para alimentos.
Unterlagen ~ vorlegen, einreichen entregar *(o presentar)* documentos.
Unterlassen omitir, dejar de hacer, no actuar.
Unterlassen *n* omisión *f*, acto *m* omisivo.
unterlassen ~e Hilfeleistung *f* omisión *f* de auxilio *(o socorro)*.
Unterlassung *f* omisión *f*, desistimiento, hecho *m* negativo.
Unterlassungsanspruch *m* pretensión *f* de omisión *(o abstención)*, pretensión *f* omisional.
Unterlassungsdelikt *n* **echtes ~** delito *m* de omisión propia

fahrlässiges ~ delito *m* de omisión culposa *(no querida)*; **unechtes ~** delito *m (de comisión)* perpetrado por omisión.

Unterlassungsklage *f* acción *f* inhibitoria, acción de omisión.

unterliegen 1. *(Aufsicht)* estar sujeto a; 2. *(Gesetz)* estar sujeto a, encontrarse acogido a; 3. *(Anfechtung)* ser susceptible de; 4. *(Prozess)* perder, sucumbir; 5. *(besiegt werden)* ser derrotado.

Untermiete *f* subarriendo *m*, subarrendamiento *m*, subalquiler, subinquilinato *m*.

Untermieter/in *m/f* subarrendatario *m*, ~a *f*, subinquilino *m*, ~a *f*, realquilado *m*, ~a *f*.

Untermietvertrag *m* contrato *m* de subarriendo.

Unternehmen *n* empresa *f*; **beherrschendes, beherrschtes ~** empresa *f* dominante, dominada.

Unternehmensleitung *f* dirección *f* de la empresa.

Unternehmer/in *m/f* empresario *m*, ~a *f*, emprendedor *m*,~a *f*.

Unternehmerpfandrecht *n* prenda *f* de empresa; *(CH)* prenda *f* industrial.

Unterpacht *f* subarriendo.

Unterpächter/in *m/f* subarrendatario *m*.

untersagen interdecir, prohibir.

Untersagung *f* interdicción *f*, prohibición *f*.

unterscheiden distinguir, diferenciar, discernir.

Unterscheidung *f* distinción *f*, diferenciación *f*, discernimiento *m*.

unterschieben ein Kind ~ suponer un parto.

Unterschied *m* **ohne ~** indistintamente.

unterschlagen 1. *(veruntreuen)* malversar, desfalcar; 2. *(verschweigen)* ocultar, silenciar, suprimir; 3. *(Korrespondenz)* interceptar.

Unterschlagung *f* 1. *(Veruntreuung)* **~ öffentlicher Gelder** malversación *f* de fondos públicos, peculado *m*; 2. *(im Amt)* peculado *m*, malversación *f* en el cargo; 3. *(von Beweismaterial)* ocultación *f*, supresión *f*; 4. *(von Briefen)* interceptación *m*.

unterschreiben firmar, poner *(o estampar)* la firma.

unterschrieben eigenhändig ~ firmado de puño y letra, firmado por el interesado; **~ und genehmigt** suscrito de conformidad.

Unterschrift *f* firma *f*, suscripción; **die ~ anerkennen** reconocer la firma; **die ~ beglaubigen** certificar *(o atestar o legitimar)* la firma; **eigenhändige ~** firma *f* autógrafa *(o de su propio puño)*; **elektronische ~** firma *f* electrónica; **eine ~ fälschen** falsificar una firma; **gefälschte ~** firma *f* falsificada; **~ leisten** firmar; **notariell beglaubigte ~** firma *f* legitimada notarialmente *(o por notario)*.

Unterschriftensammlung *f* recogida *f* de firmas.

unterschriftsberechtigt con firma, autorizado para firmar; **nicht ~** sin firma.

untersuchen 1. *(Fall)* inquirir, examinar; 2. *(Haussuchung)* registrar; 3. *(Zoll)* visitar; 4. *(offiziell)* inspeccionar; 5. *(StrfR)* instruir, indagar.

Untersuchung *f* 1. *(Jur)* investigación *f*; 2. *(StrfR)* indagatoria *f*, instrucción *f*; 3. *(Zoll)* vista *f*, visita *f*; **~ am Tatort** investigación *f* preliminar; **gerichtliche ~** instrucción *f* judicial; **gerichtsmedizinische ~** estudio *m* forense; **~ der Handschrift** examen *m* de escritura, análisis *m* caligráfico; **~ mit Lügendetektor** examen *m* con el polígrafo *(o con el detector de mentiras)*; **eine ~ vornehmen, durchführen** efectuar *(o conducir)* una investigación; **sich einer ~ unterziehen** someterse a una investigación *(o a un examen)*.

Untersuchungsausschuss *m* comisión *f* de responsabilidades, comisión *f* investigadora.

Untersuchungsgefangene/r *f/m* preso *m*, ~a *f (o recluso m, ~a f)* preventivo.

Untersuchungsgrundsatz *m* máxima *f* de instrucción.

Untersuchungshaft *f* **~ anordnen** decretar prisión preventiva; **die ~ anrechnen** computar *(o abonar)* la prisión preventiva; **in ~ nehmen** poner en situación de detención preventiva; **in ~sitzen** hallarse en prisión preventiva.

Untersuchungsrichter/in *m/f* juez *m*, ~a *f* instructor; *(Am)* ministro *m*, ~a *f* en visita.
Untervermächtnis *n* sublegado *m*, sustitución *f* de legado.
Untervermächtnisnehmer/in *m/f* sublegatario *m*, ~a *f*.
Untervermieter/in *m/f* subarrendador *m*, sublocador *m*.
Untervermietung *f* subarriendo *m*, subalquiler *m*, sublocación *f*.
unterverpachten subarrendar.
Unterverpächter/in *m/f* subarrendador *m*, ~a *f*.
Untervertrag *m* subcontrato *m*.
Untervollmacht *f* subpoder *m*, subdelegación *f*.
unterzeichnen *(siehe unterschreiben)*.
Unterzeichnete/r *f/m*, **Unterfertigte/r** *f/m* el/la abajo firmante.
Unterzeichnung *f* firma *f*; **zur ~ ausliegen** estar abierto a la firma.
Untreue *f* infidelidad *f*; **eheliche ~** infidelidad *f* conyugal; **~ im Amt** malversación *f*.
Unverantwortlichkeit *f* irresponsabilidad *f*.
unveräußerlich inalienable.
Unverbesserlichkeit *f* incorregibilidad *f*.
unverbindlich sin compromiso.
unvereinbar incompatible.
Unvereinbarkeit *f* incompatibilidad *f*.
Unvererblichkeit *f* intransmisibilidad *f* por herencia.
unverheiratet soltero; (KR) célibe *m*, celibatario *m*.
Unverjährbarkeit *f* imprescriptibilidad *f*.
Unverletzbarkeit, Unverletzlichkeit *f* inviolabilidad *f*, inmunidad *f*, integridad *f*; **~ des Briefgeheimnisses** inviolabilidad *f* de la correspondencia; **~ eines Gebiets** integridad *f* territorial; **~ der Wohnung** inviolabilidad *f* del domicilio.
unvermeidbar, unvermeidlich inevitable, irremediable.
Unvermeidlichkeit *f* inevitabilidad *f*, irremediabilidad *f*.
Unvermögen *n* incapacidad *f*, impotencia *f*.
unverschuldet sin *(tener)* culpa.
Unversetzbarkeit *f* inamovilidad *f* relativa, estabilidad *f*.
Unverstand *m* **grober ~** falta *f* de comprensión burda.
Unverständlichkeit *f* incomprensibilidad *f*.
Unverzichtbarkeit *f* irrenunciabilidad *f*.
unvertretbar ~e Güter bienes *mpl* no fungibles.
unverzüglich sin dilación, inmediato, acto continuo.
unvollkommen 1. *(Person)* imperfecto; 2. *(Arbeit)* defectuoso.
unvollstreckbar, unvollziebar inejecutivo.
unvordenklich inmemorial.
unvoreingenommen sin prejuicios, imparcial, objetivo.
Unvoreingenommenheit *f* imparcialidad *f*, objetividad *f*.
Unvorhersehbarkeit *f* imprevisibilidad.
unvorsätzlich no doloso.
unvorschriftsmäßig irregular.
Unwählbarkeit *f* ineligibilidad *f*.
unwahr falso, inexacto.
Unwahrheit *f* mentira *f*, falsedad *f*; **die ~ sagen** mentir.
unwesentlich insignificante, irrelevante, falto de importancia.
Unwiderlegbarkeit *f* irrefutabilidad *f*, carácter de irrefutable, no refutable.
unwiderruflich irrevocable.
unwiederbringlich 1. *(Verlust)* irreparable; 2. irrecuperable.
Unwiederbringlichkeit *f* 1. *(Verlust)* irreparabilidad *f*; 2. irrecuperabilidad.
unwirksam sin efecto, ineficaz; **~ Dritten gegenüber** sin validez frente a terceros; **~ machen** desvirtuar; **~ werden** caducar.
Unwirksamkeit *f* **rechtliche ~** ineficacia *f* jurídica; **~ eines Testaments** caducidad *f* de un testamento; **vertragliche ~** ineficacia contractual.
Unwirksamkeitserklärung *f* declaración *f* de nulidad.
Unwissenheit *f* ignorancia *f*.
Unzucht *(veraltet) f* abusos *mpl* deshonestos; **~ mit Abhängigen** yacimiento *m* con persona en dependencia; **~ mit Kindern** actos *mpl* deshonestos con niños; **~ an einer Leiche** necrofilia; **~ mit Tieren** sodomía *f*.
unzüchtig *(veraltet)* impúdico, obsceno, deshonesto.

unzulässig inadmisible, prohibido, improcedente.
Unzulässigkeit *f* inadmisibilidad *f*, improcedencia, prohibición *f*; **~ der Klage** inadmisibilidad de la demanda.
Unzulässigkeit *f* **~ neuen Vorbringens** inadmisión *f* de cuestiones nuevas.
unzumutbar ~e Forderung exigencia *f* irrazonable; **~e Härte** dureza *f* inadmisible.
Unzumutbarkeit *f* inadmisibilidad *f*, inexigibilidad *f*, no exigibilidad *f*.
unzurechnungsfähig für ~ erklären declarar inimputable, declarar incapacitado mental.
Unzurechnungsfähigkeit *f* **~ einwenden** alegar locura; **partielle, volle ~** inimputabilidad *f* parcial, plena; **vorübergehende ~** inimputabilidad *f* temporal.
unzuständig incompetente, no competente.
Unzuständigkeit *f* incompetencia *f*; **absolute ~** notoria incompetencia, incompetencia *f* absoluta; **sachliche ~** incompetencia *f* por razón de la materia.
Unzuständigkeitseinrede *f* **die ~ erheben** declinar la jurisdicción.
unzuverlässig inseguro, dudoso, no fiable, negligente.
Unzuverlässigkeit *f* poca fiabilidad *f*, negligencia, falta de seriedad.
Urabstimmung *f* referéndum *m* de huelga.
Urheber/in *m/f* 1. causante *m*, *f*; 2. autor *m*, ~a *f*.
Urheberbenennung *f* llamada *f* del poseedor, laudatio *f* nominis *(o actoris)*.
Urheberrechtsgesetz *n* ley *f* en materia de derechos de autor.
Urheberrecht *n* derecho *m* de autor, derecho *m* intelectual, *(engl)* copyright *m*.
urheberrechtlich ~ geschützt es propiedad, reservados los derechos de autor.
Urkunde *f* 1. documento *m*; 2. *(notarielle)* escritura *(notarial)*; 3. *(Akte)* acta *f*; 4. *(Bescheinigung)* certificado; 5. **eine ~ abfassen** redactar un documento; **eine ~ ausfertigen, ausstellen** extender *(o expedir)* un documento; **durch ~ belegen** documentar; **eine ~ errichten** *(Notar)* otorgar *(o formalizar)* escritura pública.
Urkundenbeweis *m* prueba *f* documental.
Urkundendelikt *n* delito *m* documental.
Urkundenfälscher/in *m/f* falsificador *m*, ~a *f* de documentos, falsario *m*, ~a *f*.
Urkundenfälschung *f* falsedad *f* documental, falsificación *f* de documentos, falsedad *f* material.
Urkundenfeststellungsklage *f* objeción *f* de documento.
Urkundennachtrag *m* postilla *f*, apostilla *f*.
Urkundenprozess *m* proceso *m (o procedimiento m)* documental.
Urkundenunterdrückung *f* falsedad *f* por ocultación *f*, sustracción *f* de documentos.
urkundlich documental, documentario, instrumental.
Urkundsbeamter *m*, **Urkundsbeamtin** *f*, **Urkundsperson** *f (oficial m, f)* funcionario fedatario *m*, ~a *f*, secretario judicial.
Urlaub *m* **bezahlter/unbezahlter ~** vacaciones *fpl* pagadas, no pagadas.
urlaubsberechtigt con derecho a vacaciones.
Urlaubsentgelt *n*, **Urlaubsgeld** *n* retribución *f (extra)* de vacaciones; vacaciones *fpl* pagadas; subsidio *m* de vacaciones.
Urne *f* **zu den ~n gehen** ir a votar, ir a las urnas.
Ursache *f* **bestimmende ~** causa *f* determinante; **mitwirkende ~** condición *f* concomitante; **unmittelbare ~** causa *f* inmediata; **~ und Wirkung** causa y efecto.
Ursachenkette *f*, **Ursachenzusammenhang** *m* nexo *m* causal.
ursächlich causal; **~er Zusammenhang** relación *f* de causalidad.
Ursächlichkeit *f* causal.
Urschrift *f* escritura *f (o documento m o instrumento m)* original; **mit der ~ übereinstimmend** por concuerda, concordante con el original, coincidencia literal con el original.

Ursprung *m* origen *m*.
ursprünglich 1. *(echt)* original, originario; 2. *(anfänglich)* inicial, primero.
ursprüngliche Unmöglichkeit *f* imposibilidad *f* originaria *(od de origen)*.
Urteil *n* 1. *(Meinung)* opinión *f*, juicio *m*; 2. *(Geschworene)* laudo *m*; 3. *(Jur)* sentencia *f*, fallo *m*; **abänderndes ~** sentencia *f* resolutiva; **angefochtenes ~** sentencia *f* recurrida; **begründetes ~** sentencia *f* motivada; **freisprechendes ~** sentencia *f* absolutoria; **bestätigendes, konfirmatorisches ~** sentencia *f* confirmatoria; **letztinstanzliches ~** sentencia *f* de *(o en)* última instancia; **nichtiges ~** sentencia *f* nula; **rechtskräftiges ~** sentencia *f (en)* firme; **schiedsgerichtliches ~** sentencia *f* arbitral; **stattgebendes ~** sentencia *f* condenatoria *(o estimatoria)*; **vollstreckbares ~** *(sentencia f)* ejecutoria *f*; **das ~ abfassen (od absetzen)** redactar la sentencia; **das ~ aufheben** anular *(o revocar)* la sentencia; **das ~aussetzen** suspender la ejecución de la sentencia; **bis zum ~** hasta *(que se pronuncie)* sentencia; **durch ~ entscheiden** sentenciar, decidir por sentencia; **ein ~ erlassen** librar sentencia; **ein ~ fällen** dictar *(o emitir o fallar)* sentencia; **ein ~ kassieren** casar un fallo; **dem ~ nicht nachkommen** quebrantar la sentencia; **das ~ vollstrecken** llevar a efecto la sentencia.
Urteilende/r *f/m* juzgador *m*, ~a *f*.
Urteilsausfertigung *f* copia *f* de la sentencia.
Urteilserschleichung *f (D)* obrepción *f* de sentencia.
Urteilsfindung *f* juzgamiento *m*.
Urteilsgebühr *f (bei Gerichtskosten)* tasa *f* para el período al quedar concluso el juicio para sentencia *(sp)*.
Urteilsgründe *mpl* considerandos *mpl*, fundamentos *mpl* de Derecho.
Urteilstenor *m* parte *f* dispositiva de la sentencia.
Urteilsverkündung *f* pronunciamiento *m*, publicación *f* de *(la)* sentencia.
Urteilsvollstreckung *f* ejecución *f* de la sentencia.
Usance *f* costumbre *f*, uso *m*, usanza *f*.
Usurpation *f* usurpación *f*.
Usurpator/in *m/f* usurpador *m*.
usurpieren usurpar.
Utilitarismus *m* utilitarismo *m*.
utilitaristisch utilitarista.

V

valorem ad ~ ad valorem *(lat)* a valor.
Valuta *f* moneda *f* extranjera.
Valutierung *f* valoración *f* en moneda extranjera.
Vater *m* **ehelicher, unehelicher ~** padre *m* legítimo, ilegítimo; **leiblicher, natürlicher ~** padre *m* de sangre, padre natural; **vermeintlicher ~** padre *m* putativo.
Vater-Kind-Beziehung *f* relación *f* paterno-filial.
väterlich paterno; **~e Gewalt** poder *m* paterno.
väterlicherseits por línea paterna.
Vatermord *m* parricidio *m*.
Vatermörder/in *m/f* parricida *m*, *f*.
Vaterrecht *n* patriarcado *m*.
Vaterschaft *f* **die ~ anerkennen, bestreiten** reconocer, negar la paternidad; **die ~ anfechten** impugnar la paternidad; **uneheliche ~** paternidad *f* ilegítima; **die ~ feststellen** *(Gericht)* declarar la paternidad.
Vaterschaftsanerkennung *f* reconocimiento *m* de la paternidad.
Vaterschaftsanfechtungsklage *f* acción *f* negatoria de la paternidad.
Vaterschaftsbeweis *m* prueba *f* de la paternidad.
Vaterschaftsfeststellung *f* 1. declaración *f* de *(la)* paternidad; 2. investigación *f* de la paternidad.
Vaterschaftsklage *f* acción *f* de paternidad *(o de filiación)*.
Vaterschaftsnachweis *m* prueba *f* de paternidad.
Vaterschaftstest *m* prueba *f* encaminada a determinar la paternidad.

Vaterschaftsvermutung *f* presunción *f* de paternidad.
venire contra factum proprium *(lat)* ir contra sus actos propios.
Verabredung *f* 1. convenio *m*, concertación *f*, confabulación *f*; **nach ~ handeln** *(Straftat)* proceder *(o actuar)* de consuno; 2. *(Treffen)* cita *f*.
verabschieden 1. *(Gesetz)* **einstimmig ~** aprobar por unanimidad; 2. *(sich verabschieden)* despedirse; 3. *(Beamte)* cesar; 4. *(Mil)* licenciar.
verächtlich machen ultrajar.
Verächtlichmachung *f* desprestigio *m*, ultraje *m*, descrédito *m*.
Veränderlichkeit *f* variabilidad *f*, fluctuación *f*, oscilabilidad *f*.
verändern alterar; **den Personenstand ~** alterar el estado civil.
Veränderung *f* **~ der Persönlichkeit** alteración *f* de la personalidad.
Veränderungssperre *f (Baurecht, Sp)* suspensión *f* del otorgamiento de licencia de edificación.
veranlagen 1. *(Umlegung auf Bürger)* amillarar; 2. **steuerlich ~** fijar la imposición *(od tributación)*; **zu hoch, zu niedrig ~** sobretasar, infratasar.
Veranlagung *f* **anteilsmäßige ~** liquidación proporcional; **gemeinsame, getrennte ~** tributación *f* conjunta, separada *(o individual)*.
Veranlagungsteuer *f* impuesto *m* liquidado por estimación.
veranlasst falls ~ en caso de haber lugar.
verantwortlich responsable, garante; **~ gemacht werden** ser hecho responsable; **strafrechtlich nicht ~** exento de responsabilidad penal.
Verantwortlichkeit *f* **strafrechtliche ~** responsabilidad *f* penal.
Verantwortung *f* **die ~ ablehnen** declinar la responsabilidad; **die ~ tragen, übernehmen** asumir la responsabilidad, responsabilizarse.
Verarmung *f* **~ des Schenkers** empobrecimiento *m (o indigencia f)* del donante.
veräußerbar, veräußerlich enajenable, alienable.
Veräußerer *m*, **Veräußerin** *f* enajenante *m*, *f*, enajenador *m*, ~a *f*, vendedor *m*, ~a *f*.
veräußern enajenar, vender, traspasar.
Veräußerung *f* enajenación *f*, traspaso *m*, venta *f*; **entgeltliche ~** enajenación *f* a título oneroso.
Veräußerungsgewinn *m* ganancia *f* por enajenación.
Veräußerungsrecht *n* derecho *m* de enajenación.
Veräußerungsurkunde *f* escritura *f* de enajenación.
Veräußerungsverbot *n* **gesetzliches ~** prohibición *f* legal de enajenar.
Verbalinjurie *f* injuria *f* verbal, ofensa *f* de palabra.
Verband *m* **bürgender ~** *(Zoll)* asociación *f* garante; **staatsähnlicher ~** organismo *m* paraestatal.
Verbandsanmeldung *f (Patent)* solicitud *f* convencional.
Verbandsinteresse *n* interés *m* colectivo.
verbannen desterrar, extrañar, expatriar.
Verbannung *f* destierro *m*, extrañamiento *m*, expatriación *f*.
verbescheiden einen Antrag ~ resolver *(o decidir)* una petición.
verbessern mejorar, corregir.
Verbesserung *f* mejora *f*, mejoramiento *m*, mejoría *f*.
Verbesserungspatent *n* patente *f* de perfeccionamiento.
verbieten prohibir, proscribir, vedar.
verbinden 1. *(Klagen)* acumular; 2. *(verknüpfen)* combinar; 3. *(Verkehr, Telefon)* comunicar.
verbindlich ~ sein für ser obligatorio, tener carácter obligatorio; **für allgemein ~ erklären** declarar de obligatoriedad general; **für beide Teile ~ sein** que obliga a las dos partes, ser obligatorio para ambas partes.
Verbindlichkeit *f* 1. *(Schulden)* deudas *fpl*, obligaciones *fpl*; 2. *(Gesetze)* obligatoriedad *f*, obligación *f*; 3. **von einer ~ befreien** liberar de una obligación; **eine ~ erfüllen** cumplir *(o solventar)* una obligación; **eine ~ gegenüber jemandem eingehen** contraer una obligación con alguien; **streitige ~** obligación *f* en litis, obligación *f* objeto del litigio.

Verbindlichkeiten *fpl (Bilanz)* débitos *mpl*, acreedores *mpl*; **für alle ~ gesamtschuldnerische haften** responder solidariamente de todas las obligaciones; **fällige, langfristige, laufende ~** pasivo *m* vencido, pasivo *m* a largo plazo, pasivo *m* corriente *(o flotante)*; **vermögensrechtliche ~** obligaciones *(jurídico-)*patrimoniales; **streitige ~** obligaciones *fpl* objeto del litigio.

Verbindung *f* **die ~ anordnen** *(Prozessrecht)* otorgar la acumulación; **die ~ mehrerer Verfahren** la acumulación *f* de procesos; **in ~ bringen** relacionar; **eheliche ~** maridaje *m*; **durch ~ oder Vermischung erwerben** adquirir por accesión; **~ von beweglichen Sachen** adjunción *f (o unión f)* de cosas muebles; **~ von beweglichen Sachen mit einem Grundstück** unión *f* de mueble a inmueble; **~ einer Sache miteiner anderen** la incorporación de una cosa a otra.

Verbindungsrichter/in *(EU) m/f* magistrado *m*, ~a *f (o juez m, ~a f)* de enlace.

verborgen ~er Mangel defecto *m (o vicio m)* oculto.

Verbot *n* **das ~ auferlegen** prohibir; **das ~ aufheben** alzar *(o levantar o revocar)* una prohibición, desvedar; **ein ~ durchsetzen** ejecutar *(o forzar)* la prohibición; **gerichtliches ~** interdicto *m*; **~ der Kontaktaufnahme mit** prohibición de comunicarse con; **~ der Rückwirkung** no retroactividad.

verboten prohibido; **~e Eigenmacht** autoridad *f* propia prohibida.

Verbotsgesetz *n* ley *f* prohibitiva.

Verbotsirrtum *m* **(un)verschuldeter ~** error *m* de Derecho *(in)*culpable.

Verbrauch *m* **~ des Klagerechts** consumición *f* procesal; **~ pro Familie** consumo *m* familiar.

Verbraucherinsolvenz *f* concurso *m (o insolvencia f)* de personas físicas no comerciantes.

Verbraucherpreisindex *m* Índice *m* de Precios al Consumo *(IPC)*.

Verbraucherschutz *m* protección *f* de los consumidores *(y usuarios)*.

Verbrauchssteuer *f* impuesto *m* de usos y consumos.

Verbrechen *n* **im Affekt begangenes ~** delito *m* pasional; **~ im Amt** delito *m* de un funcionario; **ein ~ aufklären** esclarecer un delito; **ein ~ begehen** cometer un delito; **fehlgeschlagenes ~** delito frustrado; **gemeines ~** delito *m* común; **gemeingefährliches ~** delito *m* contra la seguridad general; **~ gegen die Menschlichkeit** delito *m* de lesa humanidad; **schweres ~** delito *m* grave; **(un)vollendetes ~** delito *(no)* consumado; **~ wider das Leben ~** delito *m* contra las personas; **~ wider die persönliche Freiheit** delito *m* contra la libertad; **sich eines ~s schuldig machen** ser culpable de un delito, cometer *(o incurrir en)* un delito; **ein ~ vertuschen** ocultar un delito.

Verbrecher/in *m/f* **geborener ~** delincuente *m*, *f* nato; **gemeiner, gewöhnlicher ~** delincuente común; **rückfälliger, vorbestrafter ~** reincidente *m*.

Verbrecheralbum *n* fichero *m* de delincuentes, galería *f* de malhechores.

Verbrecherbande *f* asociación *f* para delinquir.

verbrecherisch delictuoso, delincuencial, criminal.

Verbrecherkartei *f* ficha *f* policial, fichero *m* de delincuentes.

Verbreitung *f* **~ von Falschgeld** expendición *f* de moneda falsa.

verbriefen literalizar, garantizar por escrito; **verbrieft** *(Recht)* amparado por título, incorporado.

verbürgen sich ~ salir fiador.

Verbürgung *f* **~ der Gegenseitigkeit** garantía *f* de reciprocidad.

verbüßen eine Strafe ~ cumplir una condena *(o de una pena)*.

Verdacht *m* **dringender ~** sospecha *f* fundada; **hinreichender ~** sospecha suficiente; **den ~ ablenken** desviar la sospecha; **jemanden in ~ haben** sospechar de alguien; **in ~ geraten** incurrir en sospecha; **~ erregen** hacerse sospechoso, inspirar sospecha; **~ schöpfen** concebir *(o entrar)* en sospecha.

verdächtig der Tat dringend ~ sein encontrarse bajo fundada sospecha de haber cometido el delito.
Verdächtige/r *f/m* sospechoso *m*, ~a *f.*
Verdächtigung *f* sospecha *f*; **falsche ~** denuncia falsa.
Verdachtsstrafe *f* pena *f* por mera sospecha, pena *f* indiciara.
verdienen 1. *(Geld)* ganar; 2. *(Lob)* merecer.
Verdienst *m*, **Verdienst** *n* 1. *(Geld)* salario *m*, ganancia; 2. *(Leistung)* mérito.
Verdienstausfall *m* pérdida *f* de ingresos.
Verdingung *f* **freihändige ~** adjudicación *f* restringida, contratación *f* directa.
Verdingungsordnung *f* reglamento *m* general de contratación; **~ für Bauleistungen** condiciones *fpl* generales para contratos de construcción.
verdunkeln *(von Tatbeständen)* encubrir.
Verdunkelung *f (Strafverfahren)* confabulación *f.*
Verdunkelungsgefahr *f* peligro *m* de entorpecimiento del sumario, riesgo *m* de entorpecimiento de la labor de la justicia.
verehelichen sich ~ casarse, contraer matrimonio.
vereidigen einen Zeugen ~ tomar juramento a un testigo.
vereidigt, ~ werden prestar juramento.
Vereidigung *f* **~ auf die Verfassung** juramento *m* de acatamiento de la Constitución.
Verein *m* **eingetragener ~** sociedad *(o asociación f)* registrada; **~ auf Gegenseitigkeit** sociedad *f* mutua *(o mutualista)*; **gemeinnütziger ~** sociedad *f* de utilidad pública; **(nicht) rechtsfähiger ~** asociación *f* sin/con personalidad jurídica; **verbotener ~** asociación *f* ilegal; **einen ~ auflösen**disolver una asociación, desasociar; **aus dem ~ ausschließen** excluir de la asociación; **einen ~ gründen** asociarse, fundar una asociación.
vereinbaren schriftlich ~ *(Vertrag)* formalizar por escrito; **vertraglich ~** pactar, convenir, estipular.
Vereinbarkeit *f* **~ mit** compatibilidad *f* con.
vereinbart falls nicht anders ~ salvo pacto en contrario; **wie ~** según *(lo)* convenido.
Vereinbarung *f* **abweichende ~** pacto *m* en contrario; **gegenseitige ~** convenio *m* sinalagmático; **~ des Gerichtsstands** prorrogación *f* del fuero *(o de la competencia)*; **güterrechtliche ~** capitulaciones *fpl* matrimoniales; **gütliche ~** convenio *m* amistoso; **eine ~ treffen, schließen, zu einer ~ kommen** pactar, llegar a un acuerdo; **~ des Eigentumsvorbehalts** pacto *m* de reserva de dominio.
vereinbarungsgemäß según *(lo)* convenido.
Vereinigung *f* **geschlossene ~** sociedad *f* cerrada; **kriminelle ~** organización *f* criminal.
Vereinigungsfreiheit *f* libertad *f* asociativa; **religiöse ~** libertad *f* de asociación religiosa.
Vereinsfreiheit *f* libertad *f* de asociación.
Vereinsrecht *n* **öffentliches ~** derecho *m* público de asociaciones.
Vereinsregister *n* registro *m* de personas jurídicas *(o de asociaciones).*
Vereinssatzung *f* estatutos *mpl* de una asociación.
Vereitelung *f* **~ vereinbarter Rechte** desbaratamiento *m* de derechos acordados.
vererbbar heredable.
Vererbbarkeit *f* heredabilidad *f.*
vererben legar, dejar en herencia.
Verfahren *n* **abgekürztes ~** procedimiento *m* abreviado; **~ gegen Abwesende** procedimiento *m* en rebeldía; **das ~ abgeben (an anderes Gericht)** remitir la causa a; **ein gerichtliches ~ anstrengen gegen** proceder judicialmente contra; **das ~ abschließen, schließen, für beendet erklären** declarar por conclusa la causa; **ein ~ aussetzen** suspender el procedimiento; **ein ~ betreiben gegen** seguir un procedimiento contra; **ein ~ durchführen, betreiben, erledigen** instruir, tramitar un expediente; **ein ~ einstellen** sobreseer el procedimiento, absolver de la instancia; **ein ~ eröffnen** abrir *(o incoar)* un

procedimiento; *(Strafprozess)* **gerichtliches ~** procedimiento *m* judicial; **ein ~ einleiten, in Gang setzen** incoar *(o instar o iniciar)* un procedimiento; **das ~ läuft, ist im Gang** el procedimiento se halla en curso; **~ in Ehe- und Kindschaftssachen** proceso *m* sobre el estado civil y condición de las personas; **das ~ einstellen** sobreseer el procedimiento.

Verfahrensbeteiligte/r *f/m* sujeto *m, f* procesal; participante *m/f* en el proceso.

Verfahrensgarantie *f* garantía *f* procesal.

Verfahrensgrundsatz *m* principio *m* del procedimiento.

Verfahrenskosten *pl* costas *fpl (procesales).*

verfahrensleitend de mera tramitación.

Verfahrensmangel *m* **auf schweren ~ stützen** fundar en vicio grave de procedimiento.

verfahrensorientiert procedimental.

Verfahrensrecht *n* Derecho *m* procesal.

verfahrensrechtlich jurídico-procedimental.

Verfahrensrüge *f* denuncia *f* de infracción *f* procedimental; alegación *f* de quebrantamiento *m* de preceptos procesales.

Verfahrensverschleppung *f* dilación *f* inmotivada del proceso.

Verfahrensvorschriften *fpl* **die ~ einhalten** cubrir el expediente.

Verfahrensweg *m* trámite *m*, tramitación *f*.

Verfall *m* **zahlbar bei ~** pagadero al vencimiento.

verfallen ~ lassen dejar caducar.

verfallend caducable; **nicht ~** incaducable.

Verfallsklausel *f* cláusula *f* de caducidad.

Verfallspfand *n* prenda *f* de caducidad.

Verfallsersatzstrafe *f (Öst)* pena *f* de valor sustitutorio.

Verfalltermin *m* fecha *f (o plazo m)* de caducidad.

verfälschen falsear, falsificar, alterar.

Verfälschung *f* **~ von Beweisen** alteración *f* de la evidencia; **~ von Tatsachen** falsificación *f* de los hechos.

Verfassung *f* **die ~ ändern** enmendar la Constitución; **in der ~ regeln** constitucionalizar; **ungeschriebene ~** constitución *f* consuetudinaria.

Verfassungsänderung *f* enmienda *f* de la constitución, reforma *f* constitucional.

Verfassungsauftrag *m* mandato *m* constitucional.

Verfassungsbeschwerde *f* recurso *m* de amparo; *(CH)* recurso *m* de inaplicabilidad; **~ einlegen,** einreichen, erheben interponer *(o formular o presentar)* recurso de amparo; **der ~ stattgeben** estimar el recurso de amparo; **durch ~** en vía de amparo; **die ~ zulassen** admitir el recurso de amparo.

verfassungsfeindlich anticonstitucional.

Verfassungsgarantie *f* garantía *f* constitucional.

verfassungsgemäß constitucional.

Verfassungsgericht *n* Tribunal *m* Constitucional; **dem ~ vorlegen** plantear ante el Tribunal Constitucional.

Verfassungsgerichtsbarkeit *f* jurisdicción *f* constitucional.

Verfassungsgeschichte *f* historia *f* constitucional.

verfassungsgeschichtlich histórico-constitucional.

Verfassungsgrundsatz *m* principio *m* constitucional.

verfassungskonform constitucional.

Verfassungskontrolle *f* intervención *f* formal.

verfassungsmäßig ~e Ordnung orden *m (u ordenamiento m)* constitucional.

Verfassungsmäßigkeit *f* constitucionalidad *f*.

Verfassungsorgan *n* órgano *m* constitucional.

Verfassungsprozess *m* procedimiento *m* constitucional.

Verfassungsrecht *n* **vergleichendes ~** Derecho *m* constitucional comparado.

Verfassungsrechtsprechung *f* jurisprudencia *f* constitucional.

Verfassungsschutz *m* protección *f* de la Constitución; **Bundesamt für ~** brigada *f* de defensa de la Constitución; *(Sp)* brigada *f* político-social.

Verfassungsstreitigkeit *f* conflicto *m* constitucional.
Verfassungsurkunde *f* texto *m (o acta f o carta)* constitucional.
Verfassungsverrat *m* delito *m* contra la Constitución.
Verfassungsverstoß *m* contrafuero *m*.
verfassungswidrig ~ sein incurrir en contrafuero; ser inconstitucional.
Verfassungswidrigkeit *f* inconstitucionalidad *f*, ilegitimidad *f* constitucional.
Verfehlung *f* falta *f*, infracción *f*, error *m*.
Verfolgbarkeit *f* **strafrechtliche ~** procedibilidad *(penal)*.
verfolgen von Amts wegen ~ perseguir de oficio; **gerichtlich ~** procesar, demandar judicialmente; **strafrechtlich ~** procesar criminalmente.
Verfolger/in *m/f* perseguidor *m*, ~a *f*.
Verfolgte/r *f/m* **politisch ~** perseguido *m*, ~a *f* político, ~a *(o por motivos políticos)*.
Verfolgung *f* **~ Unschuldiger** persecución *f* de inocentes; acusación *f* falsa.
Verfolgungsverjährung *f* prescripción *f* de la persecución penal.
Verfrachter *m* porteador *m*, expedidor *m*, transportista.
Verfrachtungsvertrag *m* contrato *m* de fletamento.
verfügen frei ~ können tener *(a)* libre disposición; **gerichtlich ~** proveer.
Verfügung *f* **~ der Vorlegung der Akten an die Anklagebehörde** providencia *f* de devolución de los autos al ministerio fiscal; **amtliche ~** decisión *f* administrativa; **~ zur Aufklärung des Sachverhalts** diligencia *f* para mejor proveer; **einstweilige ~ auf Besitzschutz** interdicto *m*; **eine ~ aufheben** anular *(o revocar)* una providencia; **eine ~ aufrechterhalten** mantener una providencia; **eine ~ bestätigen** confirmar una providencia; **eine ~ beantragen** solicitar que se dicte una providencia; **eine ~ erlassen** *(Gericht)* providenciar, dictar providencia; **eine ~ erwirken** obtener una providencia; **eine einstweilige ~ erlassen** dictar un interdicto, dictar una sentencia de interdicto, dictar un auto provisional; **einstweilige ~ auf Herausgabe** interdicto *m* de recuperar la posesión; **einstweilige ~ auf Unterlassung** interdicto *m* prohibitorio; **letztwillige ~** la disposición de última voluntad; **richterliche ~** providencia *f* judicial; **zur ~ stehen** estar a *(la)* disposición; **zur ~ stehend** disponible; **zur ~ stellen** facilitar, poner a disposición; **testamentarische ~, ~ von Todes wegen** acto *m* mortis causa; **eine ~ zustellen** notificar una providencia.
Verfügungsbefugnis *f* capacidad *f* dispositiva; **die ~ beschränken** inmovilizar *(la capacidad dispositiva)*.
Verfügungsbeschränkung *f* limitación *f* de disponer.
Verfügungsgeschäft *n* negocio *m* dispositivo.
Verfügungsverbot *n* prohibición *f* de disponer.
verführen seducir, sobornar.
Verführung *f* **~ von Minderjährigen** corrupción *f (o perversión f)* de menores.
Vergabe *f* **~ durch Ausschreibung** adjudicación *f* en concurso-subasta; **~ der Lizenz** concesión *f* de la licencia.
Vergehen *n* **einfaches ~** delito *m* simple; **~ während der Gerichtsverhandlung** delito *m* de audiencia; **zusammengesetztes ~** delito *m* completo; **ein ~ begehen** cometer un delito; **sich eines ~s schuldig machen** hacerse culpable de un delito, ser culpable de un delito.
Vergehensstrafe *f* pena *f* correccional.
vergelten 1. *(Entgelt)* remunerar, recompensar; 2. *(StrafR)* tomar represalias.
Vergeltung *f* 1. *(Entgelt)* retribución *f*; 2. **~ als Strafmilderungsgrund** vindicación *f* de ofensa; 3. *(StrafR)* represalia *f*.
Vergeltungsstrafe *f* pena *f* retributiva.
vergewaltigen violar.
Vergewaltiger *m* violador *m*.
Vergewaltigung *f* **~ unter Anwendung von Gewalt** violación *f* con uso de la fuerza.

Vergewaltigungsindikation *f* indicación *f* de violación.
vergiften envenenar, intoxicar.
Vergiftung *f* envenenamiento, intoxicación; **zufällige ~** envenenamiento *m* accidental.
Vergleich *m* 1. *(bei Streitigkeiten)* arreglo *m*, transacción *f*, compromiso; **außergerichtlicher ~** transacción *f* extrajudicial; **gerichtlicher ~** transacción *f* judicial; 2. confrontación *f (von Urkunden)*; 3. *(Schrift)* comparación; 4. *(Sachen)* equiparación *f*; 5. **einen ~ vorschlagen** llamar a conciliación; **einen ~ schließen** avenirse, transigir, concertar *(o celebrar)* una transacción.
Vergleichsverfahren *n (Sp)* expediente *m* de suspensión de pagos.
vergüten 1. *(Arbeit)* remunerar, retribuir; 2. *(Schaden)* indemnizar; 3. *(Verlust)* abonar; 4. *(Auslagen)* reembolsar.
Vergütung *f* **feste ~** retribución *f* fija; **gegen ~ von** mediante el pago de; **~ des Vormunds** honorarios *mpl* del tutor; **~ in Sachleistungen** remuneración *f* en especie; **~ für Überstunden** remuneración *f* de horas extraordinarias.
Vergütungsanspruch *m* derecho *m* a bonificación.
Vergütungspflicht *f* remuneración *f* obligatoria.
verhaften detener, arrestar.
Verhaftung *f* **~ auf Haftbefehl** arresto *m* por orden judicial; **~ wegen Fluchtverdachts** arresto *m* preventivo; **eine ~ vornehmen** proceder a una detención; **~en vornehmen** proceder a varias detenciones.
Verhaftungsrecht *n* derecho *m* de detención.
Verhalten *n* **arglistiges ~** maquinación *f* fraudulenta; **außerdienstliches ~** conducta *f* fuera del trabajo *(o del servicio)*; **fahrlässiges ~** conducta *f* culposa; **gefährdendes ~** conducta *f* peligrosa; **ordnungswidriges ~** desorden *m* público; **prozessuales ~** conducta *f* procesal; **rechtswidriges ~** conducta *f* antijurídica; **strafbares ~** conducta *f* itipificada en el Código penal.
Verhältnisse *npl* **güterrechtliche ~** situación *f* jurídica de los bienes.
verhältnismäßig proporcionado.
Verhältnismäßigkeit *f* **~ der Mittel** proporcionalidad *f (o conveniencia f)* de los medios *(a emplear)*.
Verhältnismäßigkeitsprinzip *n* principio *m* de proporcionalidad; principio *m* de la moderación.
Verhältniswahl *f* escrutinio *m* proporcional.
Verhältniswahlsystem *n* sistema electoral proporcional.
verhandeln mündlich ~ *(Prozess)* ver; **neu ~** ver de nuevo.
verhandelt ~ in … *(Urkunde)* hecho en …; **~ werden** *(Strafsache)* verse.
Verhandlung *f* **~ unter Ausschluss der Öffentlichkeit** sesión *f* a puerta cerrada; **~ zur Hauptsache** debate *m* sobre el fondo; **die mündliche ~ anberaumen (od ansetzen)** señalar la vista; **die ~ aussetzen** suspender la vista *(o la causa)*; **die ~ beginnen, eröffnen** abrir el juicio oral, darse principio a la vista, declarar abiertos los debates; **die ~ durchführen** ver el pleito, celebrar juicio oral; **die ~ führen** dirigir los debates; **die ~ leiten** presidir el juicio oral; **die ~ schließen** cerrar los debates, dar por terminado el juicio oral, dar la causa por concluida; **die ~ vertagen** aplazar la sesión.
Verhandlungen *fpl* **die ~ abbrechen** romper las negociaciones; **~ aufnehmen** entablar negociaciones; **die ~ wiederaufnehmen** reanudar *(o reabrir)* las negociaciones.
Verhandlungsfähigkeit *f* 1. *(Geschäfte)* negociabilidad *f*; 2. *(Prozess)* capacidad *f* procesal.
Verhandlungsgebühr *f* derechos *mpl* de debates.
Verhandlungsgrundsatz *m* principio *m* dispositivo, máxima *f* del juicio procesal.
Verhandlungsniederschrift *f* acta *f* de audiencia.
Verhandlungstermin *m* señalamiento *m* del juicio.
verhandlungsunfähig incapaz de litigar.

verhängen 1. **eine Strafe ~** imponer una pena; 2. **eine Sanktion ~** decretar una sanción.
Verhängung *f* **~ des Belagerungszustandes** declaración del estado de sitio; **~ eines Embargos** aplicación *f* de un embargo; **~ einer Geldstrafe** imposición *f* de una multa; **~ der Todesstrafe** aplicación *f* de la pena de muerte.
Verheimlichung *f* **~ der Geburt eines Kindes** ocultación *f* de parto.
verheiraten sich ~ casarse; *(Frau)* enmaridarse.
Verherrlichung *f* **~ der Gewalt** enaltecimiento *m* de la violencia.
verhindernd inhibitorio.
Verhinderung *f* **rechtliche ~** imposibilidad *f* legal; **~ des Vollzugs einer Strafe** quebrantamiento *m* de condena; **im ~sfalle** en caso de impedimento.
Verhör *n* interrogatorio.
verhören interrogar, tomar la declaración.
verhüten prevenir, evitar.
Verhütung *f* **~ von Unfällen** prevención *f* de accidentes.
Verhütungsmittel *n* medida *f* preventiva.
verjährbar prescriptible.
Verjährbarkeit *f* prescriptibilidad *f*.
verjähren nach (od in) 5 Jahren ~ prescribir a los *(o al cabo de)* 5 años.
Verjährung *f* **rechtsvernichtende ~** prescripción extintiva; **unvordenkliche ~** prescripción *f* inmemorial; **der ~ unterworfen** sujeto a prescripción, prescriptible; **die ~ hemmen** *(Frist läuft weiter)* suspender la prescripción; **die ~ unterbrechen** *(Frist beginnt neu)* interrumpir la prescripción.
Verjährungsfrist *f* plazo *f* de prescripción *(o prescriptivo)*.
Verkauf *m* **bedingter ~** venta *f* condicional *(o con reserva)*; **betrügerischer ~** venta *f* fraudulenta; **~ unter Eigentumsvorbehalt** venta *f* con reserva de dominio; **privatrechtlicher ~** venta *f* por contrato privado; **~ auf Ziel** venta *f* a crédito; **einen ~ durchführen** efectuar *(o realizar)* una venta.
verkaufen schwarz ~ vender al estraperlo; **zu ~** se vende, en venta; **sich teuer ~** venderse caro.
Verkäufer *m* vendedor *m*.
verkaufsfähig 1. *(Waren)* vendible; 2. *(Wertpapiere)* negociable.
Verkaufsrecht *n* **ausschließliches ~** *(venta f)* exclusiva *f*, monopolio *m*.
Verkehr aus dem ~ ziehen retirar de la circulación; **in ~ bringen** poner en circulación, poner en el mercado.
Verkehrsbehörde Oberste ~ Jefatura *f* Central de Tráfico.
Verkehrsdelikt *n* delito *m* de la circulación.
Verkehrsgefährdung *f* **fahrlässige ~** delito *m* de conducción temeraria.
Verkehrsgericht *n* juzgado *m* de circulación.
Verkehrshypothek *f* hipoteca *f* ordinaria *(o común)*.
Verkehrsordnungswidrigkeit *f* infracción *f* de las normas de circulación.
Verkehrspolizist/in *m/f* agente *m, f* de tráfico.
Verkehrsrecht *n* 1. Derecho *m* de tráfico *(o de la circulación)*; 2. *(Eherecht)* derecho *m* de visitas.
verkehrsrechtlich relativo al Derecho de la circulación.
Verkehrsregeln *fpl* reglas *fpl* de circulación *(o de tráfico)*.
Verkehrsregelung *f* reglamentación *f* de tráfico.
Verkehrsrowdy *m* gamberro *m* de la carretera.
Verkehrssicherheit *f* **die ~ schwer beeinträchtigen** perturbar gravemente la seguridad del tráfico.
Verkehrssicherungspflicht *f* deber *m* de garantizar la seguridad del tráfico.
Verkehrssitte *f* **~ im Vertragsrecht** usos *mpl* convencionales; **dem Gesetz entsprechende ~** costumbre conforme a la ley.
Verkehrsstrafrecht *n* Derecho *m* penal de tráfico.
Verkehrssteuer *f* impuesto *m* de circulación.
Verkehrssünder/in *m/f* contraventor *m*, ~a *f* *(o infractor m, ~a f)* de las normas de la circulación.
Verkehrssünderkartei *f* *(D)* registro *m* central de infractores.

Verkehrsunfall *m* accidente *m* de tráfico *(o de circulación)*.
Verkehrsunfallflucht *f* fuga *f* en caso de accidente, huida *f* del causante de un accidente de circulación.
Verkehrsverbot *n* **~ für Krafwagen** paso prohibido a automóviles; **~ für Fahrzeuge über eine bestimmte Breite** ancho limitado.
Verkehrsvorschriften *fpl* reglas *fpl (o normas fpl)* de circulación.
Verkehrszeichen *n* señal *f* de circulación.
verklagen jemanden ~ formar causa *(o demandar)* a alguien.
verklausuliert ~e Vertragsbestimmungen estipulaciones *fpl* contractuales llenas de cláusulas.
verkünden ein Gesetz ~ publicar *(o promulgar)* una ley; **ein Urteil ~** hacer pública la sentencia.
Verkündung *f* **~ eines Gesetzes** promulgación *f (o publicación f)* de una ley; **~ des Testaments** notificación *f* del testamento; **~ des Urteils** publicación *f* de la sentencia.
Verkürzung *f* **~ der Arbeitszeit** acortamiento *m (o reducción f)* de la jornada *(laboral)*.
Verladeschein *m* recibo *m* de carga.
Verlagsrecht *n* **das ~ beantragen** solicitar el derecho de impresión *(o derecho editorial)*.
verlagsrechtlich de Derecho editorial, jurídico-editorial.
Verlagsvertrag *m* contrato *m* de edición.
verlängern 1. *(Frist)* prorrogar; 2. *(Pass, Vertrag)* renovar.
Verlängerung *f* **stillschweigende ~** renovación *f* tácita.
Verlassenschaft *f (Öst, Schw)* herencia *f*, masa *f* hereditaria.
Verlaub *m* **mit ~ gesagt** si se me permite decir.
verleihen 1. *(Film~)* distribuidora f cinematográfica; 2. *(ausleihen)* dar prestado, prestar; 3. *(Preis)* premiar, distinguir, galardonar.
Verleihung *f* **~ der Staatsangehörigkeit** concesión *f* de la ciudadanía *(o de la nacionalidad)*.
verleiten inducir.
Verleitung *f* **~ zur Falschaussage** inducción *f* al falso testimonio, **~ zum Vertragsbruch** inducción *f* al quebrantamiento de contrato.
verletzen 1. *(beleidigen)* ofender, injuriar, herir; 2. *(verwunden)* herir, lesionar; 3. *(Gesetz, Vorschrift)* violar, contravenir, infringir.
Verletzte/r *f/m* lesionado *m*, ~a *f*, herido *m*, ~a *f*, accidentado *m*, ~a *f*.
Verletzung *f* **~ des Amtsgeheimnisses** violación *f* del secreto de funcionario; **~ der Geheimhaltungspflicht** revelación *f* de secretos documentarios; **~ von Rechtsgütern** lesión *f* de bienes jurídicos; **~ des religiösen Gefühls** ofensa *f* a los sentimientos religiosos; **~ der Unterhaltspflicht** incumplimiento *m* del deber de alimentos; **eine ~ aufweisen, haben** presentar una herida.
Verletzungen *fpl* **~ beibringen, zufügen** causar lesiones, lesionar, herir, inferir lesiones; **~ erleiden, davontragen** sufrir heridas.
Verletzungsdelikt *n* delito *m* de lesiones.
verleumden difamar, calumniar.
Verleumder/in *m/f* calumniador *m*, ~a *f* difamador *m*, ~a *f*.
Verleumdung *f* **strafbare ~** calumnia *f* punible.
Verleumdungsklage *f* denuncia *f* por difamación.
Verleumdungsprozess *m* proceso *m* por calumnias *(o difamación)*.
verlieren die Beherrschung ~ perder la serenidad.
verloben sich ~ prometerse.
Verlöbnis *n*, **Verlobung** *f* promesa *f* matrimonial.
Verlust *m* **einen ~ ausweisen** consignar *(o arrojar)* una pérdida; **einen ~ erleiden** sufrir una pérdida; **den ~ vortragen** trasladar pérdidas *(a ejercicios futuros)*; **~ der Rechtsfähigkeit** pérdida *f* de la capacidad jurídica.
vermachen jemandem etwas ~ legar algo a alguien.
Vermächtnis *n* **ein ~ annehmen** aceptar *(o admitir)* un legado; **ein ~ anordnen** legar,ordenar un legado; **ein ~ errichten** establecer un legado; **ein ~ widerrufen** revocar un legado.

Vermächtnisnehmer/in *m/f* heredero *m*, ~a *f* singular, legatario *m*, ~a *f*.
vermählen sich ~ desposarse.
Vermählung *f* casamiento *m*, nupcias *fpl*.
vermeidbar evitable; *(Verbotsirrtum)* vencible.
Vermeidbarkeit *f* evitabilidad *f*.
vermeiden evitar, prevenir.
Vermeidung *f* **zur ~ einer Strafe von** so pena de *(o bajo prevención de una pena de)*.
Vermerk *m* **~ „gesehen"** enterado; **mit ~ im Protokoll** con mención *(u observación)* en el protocolo; **~ „ohne Kosten"** cláusula *f* de devolución sin gastos; **~ der Richtigkeit** visto de exactitud; **einen ~ anbringen, eintragen** anotar, hacer una nota; **einen ~ anfertigen** extender una diligencia, formular una nota.
vermerken im Protokoll ~ reseñar en el protocolo.
vermieten alquilar, arrendar, dar en arriendo; *(SeeR)* fletar en arriendo; **zu ~** se alquila*(n)*.
Vermieter/in *m/f* arrendador *m*, ~a *f*, dueño *m*, ~a *f*, propietario *m*, ~a *f*; *(SeeR)* fletador *m*,~a *f*.
Vermieterpfandrecht *n* embargo *m* arrendaticio, derecho *m* de prenda del arrendador.
Vermietung *f* **betrügerische ~** arrendamiento *m* sin facultad.
Vermischung *f* **~ von Vermögensmassen** *(Nachlass mit Eigenvermögen)* confusión *f* de patrimonios.
vermitteln *(pro)*mediar, intervenir.
Vermittler/in *m/f* intermediario *m*, ~a *f*, negociador *m*, ~a *f*.
Vermittlung *f* **~ von Arbeitskräften** colocación *f* de mano de obra; **durch ~ von** por conducto de.
Vermittlungsausschuss *m* *(Deutschland)* comisión *f* mixta *(Bundestag + Bundesrat)*.
Vermittlungsgebühr *f*, **Vermittlungsprovision** *f* comisión *f* *(de mediación)*, corretaje.
Vermögen *n* **abgesondertes ~** caudal *m* separado; **beaufsichtigtes ~** patrimonio *m* bajo control; **belastetes ~** bienes *mpl* gravados; **eigenes ~** fortuna *f* personal; **ererbtes ~** bienes *mpl* de abolengo; **frei verfügbares ~** bienes *mpl* de libre disposición; **gesperrtes ~** patrimonio *m* bloqueado; **vererbbares ~** bienes *mpl* por heredar; **das ~ einziehen** confiscar el patrimonio.
Vermögensabgabe *f* impuesto *m* sobre el patrimonio.
Vermögensblockierung, Vermögenssperre bloqueo *m* del patrimonio.
Vermögensdelikt *n* delito *m* contra el patrimonio.
Vermögensnachteil *m* daño *m* patrimonial *(o en el patrimonio)*.
Vermögensnachweis *m* certificación *f* del estado patrimonial; *(Öst)* certificación *f* de pobreza.
Vermögenspflegschaft *f* guardaduría; *(CH)* curaduría *f* de bienes.
Vermögensrecht *n* 1. Derecho *m* patrimonial; 2. derecho al patrimonio.
Vermögensschadenversicherung *f* seguro *m* de daños patrimoniales.
Vermögenssorge *f* guarda *f* de los bienes del hijo.
Vermögenssteuer *f* impuesto *m* sobre bienes, impuesto *m* sobre las grandes fortunas; *(Sp)* impuesto *m* extraordinario sobre el patrimonio.
Vermögensstrafe *f* pena *f* patrimonial.
Vermögensübernahme *f* asunción *f* de patrimonio.
Vermögensübertragung *f* **~ an die Gläubiger zur Verwertung durch das Gericht** cesión *f* judicial de bienes.
Vermögensverfall *m* *(D)* ruina *f* patrimonial.
Vermögensverschiebung *f* enajenación *f* fraudulenta de patrimonio.
Vermögensverschleierung *f* ocultación *f* fraudulenta.
Vermögensverwalter/in *m/f* administrador *m*, ~a *f* de bienes.
Vermögensverwaltung *f* **gerichtliche ~** administración *f* judicial.
Vermögensverzeichnis *n* **notarielles ~** inventario patrimonial solemne.
Vermögensvorteil *m* ventaja *f* patrimonial *(o económica)*.
vermummen sich ~ disfrazarse.

Vermummung *f (bei Demonstrationen)* capucha *f.*

Vermummungsverbot *n* prohibición *f* de llevar capucha.

vermuten gesetzlich ~ presumirse de Derecho.

vermutlich presunto, probable.

Vermutung *f* **die ~ begründen** establecer la presunción *f*; **eine ~ entkräften** desvirtuar una presunción; **eine ~ widerlegen** refutar *(o enervar)* una presunción; **gesetzliche ~** presunción *f* de Derecho *(o legal)*; **~ der Rechtmäßigkeit** presunción *f* de legalidad; **~ des Überlebens** presunción *f* de supervivencia; **~ des Vorversterbens** presunción *f* de premoriencia.

Vernachlässigende(r) *f (m) (Personensorge)* abandonante *m, f.*

Vernachlässigung *f* **~ der Fürsorgepflicht** abandono *m* de personas.

vernehmen eidlich ~ interrogar bajo juramento.

Vernehmung *f* **~ des Angeklagten** indagatoria *f*; **~ durch den Angeklagten** interrogatorio *m* de parte; **~ des Angeklagten zu den Anklagepunkten** declaración *f* de cargos; **~ im Ermittlungsverfahren** primeras diligencias *fpl*; **~ zur Person** indagatoria *f*; **~ zur Sache** *(Sp)* preguntas *fpl* útiles; **die ~ anordnen** decretar el interrogatorio, ordenar la declaración; **die ~ durchführen** tomar declaración, practicar el interrogatorio; **zur ~ laden** citar *(o llamar)* a declarar.

Vernehmungsbogen *m*, **Vernehmungsprotokoll** *n* acta *f* de interrogatorio, atestado *m.*

verneinen rechtsirrig ~ denegar con error de Derecho.

vernetzt reticular *m*, reticulado *m*, ~a *f.*

Vernichtung *f* **~ von Beweismitteln** destrucción *f* de pruebas.

Vernommene/r *f/m* **richterlich ~** indagado *m*, ~a *f.*

veröffentlichen *(Gesetze)* promulgar.

Veröffentlichungsrecht *n* **alleiniges ~** derecho *m* exclusivo de publicación.

Veröffentlichungsverbot *n* prohibición *f* de publicación.

verordnen ordenar, decretar, disponer, prescribir.

Verordnung *f* **eine ~ erlassen** decretar, reglamentar, dictar un reglamento; **~ mit Gesetzeskraft** decreto-ley, decreto *m* con fuerza de ley; **gesetzesvertretende ~** decreto *m* ley; **städtische ~** ordenanza *f* municipal.

verpachten arrendar, dar *(o ceder)* en arriendo, dar en arrendamiento.

Verpächter/in *m/f* arrendador *m*, ~a *f* *(rústico, ~a)*; **~ bei der Erbpacht** enfiteuticario, dueño *m*directo.

Verpächterpfandrecht *n* embargo *m* arrendaticio.

Verpachtung *f* arrendamiento *m*, arrendación, locación.

Verpfänder/in *m/f* pignorante *m, f.*

Verpfändung *f* **~ der Rente** empeño *m* de la pensión; **~ von Waren** pignoración *f* de mercancías.

Verpfändungsvertrag *m* contrato *m* pignoraticio *(o de pignoración).*

verpflichten eidlich ~ juramentar; **sich vertraglich ~** obligarse por contrato.

verpflichtet obligado; **vertraglich ~** bajo contrato.

Verpflichtete/r *f/m* obligado; *(Öst) (deudor m)* ejecutado *m.*

Verpflichtung *f* **eine ~ auferlegen** imponer una obligación; **eine ~ aufsstellen** establecer una obligación; **eine ~ begründen** constituir una obligación; **eine ~ eingehen** contraer una obligación; **sich der ~ entziehen** sustraersea la obligación; **eine ~ erfüllen** cumplir una obligación; **seiner ~ nachkommen** hacer frente a una obligación, atender una obligación; **die ~ streckt sich auf, die ~ gilt für** la obligación rige para, la obligación se extiende a; **eine ~ übernehmen** asumir una obligación; **eine ~ verletzen** incumplir una obligación; **gegen die ~ verstoßen** contravenir la obligación; **der ~ zuwiderhandeln** transgredir la obligación; **höchstpersönliche ~** obligación *f* personalísima.

Verpflichtungen *fpl* **seinen ~ nachkommen** atender a sus obligaciones; **die ~ eines jeden** las obligaciones respectivas.

Verpflichtungsgeschäft *n* negocio *m* jurídico obligacional.
Verpflichtungsklage *f* demanda *f* de plena jurisdicción, acción *f* de obligación.
Verpflichtungsurkunde *f* carta *f* de obligación.
Verrat *m* traición *f*, felonía *f*; **~ üben** traicionar.
verraten traicionar.
Verräter/in *m/f* traidor *m*, ~a *f*, traicionero *m*, ~a *f*.
verräterisch traidor, traicionero.
verrucht infame, abyecto.
versammeln sich ~ reunirse.
Versammlung *f* **eine ~ abhalten** celebrar una asamblea; **an einer ~ teilnehmen** asistir a una reunión; **eine ~ einberufen, zu einer ~ laden** convocar una junta, citar a una junta; **verfassungsgebende, verfassungsberatende, konstituierende ~** asamblea *f* constituyente, convención *f*; **~ der Wohnungseigentümer** junta *f* de propietarios.
Versammlungsfreiheit *f* libertad *f* de reunión.
Versammlungsgesetz *n* ley *f* de asambleas.
Versammlungsrecht *n* 1. derecho *m* de reunión; 2. derecho *m* a reunirse.
Versammlungsverbot *n* interdicción *f* de la reunión *(o asamblea)*.
versäumen *(Frist)* no observar el plazo.
Versäumnis *f* **durch ~** en rebeldía.
Versäumnis *f* rebeldía *f*, contumacia *f*.
Versäumnisurteil *n* sentencia *f* en rebeldía, sentencia *f* en contumacia.
Versatzamt *n (Öst)* Monte *m* de Piedad.
verschaffen 1. **sich ~** conseguir, obtener; 2. **jemandem etwas ~** proporcionar, procurar, facilitar algo a alguien.
Verschaffung *f* **~ von Eigentum unter Vorspiegelung falscher Tatsachen** obtención *f* de propiedad bajo apariencias engañosas.
Verschaffungskauf *m* venta *f* de cosa ajena.
Verschaffungsvermächtnis *n* legado *m* de cosa *(específica)* ajena.
verschärfen *(Strafen)* endurecer.
verschenken regalar, dar.
verschieben 1. *(zeitlich)* **die Verhandlung ~** aplazar el debate; 2. *(räumlich)* cambiar de sitio, desplazar; 3. *(Vermögenswerte)* desviar ilícitamente valores patrimoniales.
verschiffen embarcar, consignar, expedir.
Verschleierung *f* 1. *(Bilanz)* retoque *m*; 2. *(Rechtsakt)* ocultación *f*, disfraz *m*.
verschleppen 1. *(Personen)* deportar; 2. *(entführen)* secuestrar; 3. *(Prozess)* obstruir.
Verschleppung *f* 1. *(von Personen)* deportación *f*; 2. *(Entführung)* secuestro *m*; 3. *(Prozess)* obstrucción *f*.
Verschleuderung *f* dilapidación *f*, disipación *f*.
Verschluss *m* **in ~ legen** precintar; **zollamtlicher ~** precinto *m* aduanero; *(Testament)* cierre *m*.
verschlüsseln cifrar, codificar.
verschlüsselt en clave.
Verschlusssache *f* documento *m* confidencial.
Verschmutzer/in *m/f (Umwelt)* contaminante *m*, *f*.
verschollen desaparecido.
Verschollenheitsanzeige *f* aviso *m* de desaparición.
Verschollenheitserklärung *f* **gerichtliche ~** ausencia *f* declarada judicialmente.
verschreiben *(Arzt)* recetar.
verschulden (verursachen) culpa *f*, falta *f*; **sich ~** endeudarse.
Verschulden *n* 1. *(Vorwerfbarkeit)* culpabilidad; 2. *(schuldhaftes Verhalten)* falta *f*; **mitwirkendes ~** culpa *f* común, concurrencia *f* de culpas.
Verschuldenshaftung *f* responsabilidad *f* subjetiva, responsabilidad *f* por culpa.
Verschuldungsfähigkeit *f* capacidad *f* de endeudarse.
Verschuldungsgrenze *f* límite *m* de endeudamiento.
verschwägert ~ sein estar emparentado por matrimonio.
verschweigen arglistiges ~ silencio *m* doloso; **~ von Tatsachen** reticencia *f*; **~ von wahren Tatsachen** subrepción *f*.
verschwenden 1. *(Geld)* despilfarrar, dilapidar; 2. *(Zeit)* desperdiciar.

Verschwendung *f* **~ öffentlicher Gelder** dilapidación *f* de fondos públicos.

verschwiegen 1. *(Person)* reservado, discreto, callado; 2. *(Ort)* retirado, solitario.

Verschwiegenheitspflicht *f* obligación *f* de guardar secreto; **ärztliche ~** secreto *m* médico; **berufliche ~** deber *m* de sigilo profesional.

verschwören sich ~ conspirar, confabularse.

Verschworene/r *f/m*, **Verschwörer/in** *m/f* conspirador *m*, ~a *f*, conjurador *m*, ~a *f*, confabulado *m*, ~a *f*.

Verschwörung *f* **kriminelle ~** conspiración *f* criminal *(o delictiva)*; **~ gegen die öffentliche Sicherheit, ~ gegen die Sicherheit des Staates** complot *m* contra la seguridad del Estado.

versehen mit Vollmachten ~ investido *(o provisto)* de plenos poderes.

Versehen *n* **aus ~** por equivocación, por descuido.

Versender/in *m/f* expedidor *m*, ~a *f*, remitente *m*, *f*, comitente *m*, *f*.

Versendung *f* envío *m*, expedición *f*, despacho *m*, remisión.

Versendungskauf *m* venta *f* por correspondencia, venta *f* de plaza a plaza.

versetzen 1. *(Beamte)* trasladar, dar otro destino; 2. *(Pfand)* empeñar; 3. **jemanden in Angst und Schrecken ~** meter *(o dar)* miedo a alguien.

Versetzung *f* **~ in ein anderes Amt** traslado *m* de destino; **~ in den Ruhestand** pase *m* al régimen de jubilación; **~ in den Wartestand** pase *m* a situación de disponibilidad.

Versicherer *m* asegurador.

versichern 1. asegurar; 2. **sich ~** asegurarse; 3. **eidlich (od eidesstattlich) ~** declarar *(o afirmar)* bajo juramento.

versichert freiwillig ~ asegurado voluntariamente.

Versicherung *f* **eine ~ abschließen, aufnehmen, eingehen** suscribir una póliza, concertar un seguro; **die ~ auflösen** rescatar el seguro; **eine ~ beantragen** solicitar *(o proponer)* un seguro; **die ~ verlängern** prolongar el seguro; **~ an Eides statt, eidesstattliche ~ abgeben** declarar en forma de afidávit *m*, prometer decir la verdad, emitir una declaración jurada; **eidesstattliche ~ abnehmen** recibir un afidávit.

Versicherungsaufsicht *f* superintendencia *f* de seguros; *(Sp)* dirección *f* general de seguros.

Versicherungsbedingungen *fpl* **allgemeine ~** condiciones *fpl* generales del seguro *(o de la póliza)*.

Versicherungsbetrug *m* estafa *f (o fraude)* al seguro.

Versicherungsfall *m* **im ~** si se produce la contingencia asegurada.

Versicherungsgesellschaft *f* compañía *f (o empresa f o sociedad)* aseguradora.

Versicherungskarte *f* 1. tarjeta *f* del seguro; 2. cartilla *f (o tarjeta f)* de la Seguridad Social.

Versicherungsnehmer/~in *m/f* contratante *m*, *f (del seguro)*, tomador *m*, ~a *f* del seguro, suscriptor *m*, ~a *f* del seguro.

Versicherungspflicht *f* seguro *m* obligatorio.

Versicherungspolice *f* **laufende ~** póliza *f* flotante.

Versicherungsprämie *f* prima *f (de seguro)*.

Versicherungsrecht *n* Derecho *m* de seguros.

Versicherungsschein *m* certificado *m* de seguro.

Versicherungssumme *f* suma *f* asegurada, alcance *m* de la cobertura.

Versicherungssteuer *f* impuesto *m* sobre primas, impuesto *m* de seguros.

Versicherungsträger *m* asegurador *m*, institución *f* aseguradora; **Sozial~** entes *mpl* titulares de la Seguridad Social.

Versicherungsurkunde *f* certificado *m* de seguro, póliza *f*.

Versicherungsverein *m* sociedad *f (o compañía)* de seguros.

Versicherungsvertrag *m* contrato *m* de seguro.

Versicherungszwang *m* seguro *m* obligatorio, obligatoriedad *f* de seguro.

versiegeln 1. *(gerichtlich)* precintar; 2. *(mit Lack)* lacrar; 3. *(Paket, Brief)* sellar.
versiegelt precintado, lacrado, sellado.
Versiegelung *f* sellado *m*, lacrado *m*, precintado *m*.
versitzen *(Schw)* perder por prescripción.
Versitzung *f (Schw)* pérdida *f* por prescripción *f*.
versöhnen sich ~ *(Ehegatten)* hacer las paces.
Versöhnungsklausel *f* cláusula *f* de conciliación.
versorgen sich ~ proveerse; **sich selbst ~** autoabastecerse.
Versorgung *f* 1. *(von Kranken)* cuidados *mpl*; 2. *(einer Familie)* mantenimiento *m*, sustento *m*; 3. **ärztliche ~** asistencia *f* médica; 4. *(Belieferung)* abastecimiento *m*, suministro *m*.
Versorgungsansprüche *mpl* derechos *mpl* pasivos.
Versorgungsausgleich *m* compensación *f* de las expectativas de pensión.
versorgungsberechtigt con derecho a manutención.
Versprechen *n* **ein ~ geben** prometer, hacer una promesa; **ein ~ einhalten** cumplir una promesa; **jemanden seines ~s entbinden** liberar *(o eximir)* a alguien de su promesa.
Versprechensempfänger/in *m/f* promisario *m*, ~a*f*.
verstaatlichen nacionalizar, estatificar, estatizar.
Verstaatlichung *f* **~ eines Unternehmen** nacionalización *f* de una empresa.
Versteigerer *m*, **Versteigerin** *f* subastador *m*, ~a *f*, subastero *m*, ~a *f*, licitador *m*, ~a *f*, licitante *m*, *f*; *(Arg)* rematador *m*, ~a *f*, martillero *m*, ~a *f*; *(Ec)* martillador *m*, ~a *f*.
versteigern öffentlich ~ sacar a licitación pública, sacar a pública subasta.
Versteigerung *f* **eine ~ abhalten, durchführen** subastar, celebrar una subasta, hacer una venta a remate; **zur ~ bringen** sacar a subasta, sacar a remate, subastar; **außergerichtliche ~** subasta *f* voluntaria extrajudicial; **notarielle ~** subasta *f* notarial.
Versteigerungslokal *n* **amtliches ~** *(Sp)* sala *f* oficial de subasta.
versterben morir, fallecer.
Versterben *n* **gleichzeitiges ~** comoriencia *f*.
verstorben fallecido *m*, difunto *m*.
Verstoß *m* **~ gegen Baurecht** infracción *f* urbanística; **~ gegen materielles Recht** quebrantamiento *m* del Derecho material.
verstoßen ~ gegen faltar a, incumplir, contravenir; *(eine Frau)* repudiar; **gegen die guten Sitten ~** atentar contra las buenas costumbres; **gegen die Verkehrsregeln ~** infringir las normas de circulación.
Verstoßung *f* **~ von Kindern** abandono *m* de hijos.
Verstrickungsbruch *m* sustracción *f* de cosa propia, defraudación *f* prendaria.
verstümmeln mutilar.
Verstümmelung *f* mutilación *f*.
Verstümmelungsabsicht *f* propósito *m* de mutilar.
Versuch *m* **(un)beendeter ~** tentativa *f* *(in)*acabada; **fehlgeschlagener ~** delito *m* frustrado, intentona *f*; **~ einer Straftat** tentativa *f* de delito; **untauglicher ~** tentativa *f* inidónea; **vollendeter ~** tentativa *f* consumada.
versuchen ein Verbrechen zu vertuschen ~ intentar ocultar un delito.
vertagen sich ~ entrar en receso; **die Verhandlung ~** aplazar el debate.
Vertagung *f* aplazamiento.
verteidigen defender; **sich ~** defenderse.
Verteidiger/in *m/f (abogado m, ~a f)* defensor *m*, ~a *f*; *(Strafsachen)* defensa *f*; **einen ~ bestellen, zuziehen** elegir *(o designar)* defensor; **einen ~ von Amts wegen bestellen** designar abogado *m* de oficio; **den ~ entpflichten** eximir de sus obligaciones al defensor.
Verteidigung *f* **~ vor Gericht** defensa *f* en juicio; **die ~ ablehnen** excusarse de la defensa, rehusar la defensa; **die ~ niederlegen** cesar en la defensa, renunciar a la defensa; **die ~ übernehmen** asumir la defensa, hacerse cargo de la defensa.

Verteidigungsfall *m* **im ~** en estado de defensa.

Verteidigungsnotstand *m* estado *m* de necesidad defensivo.

Verteilung *f* **~ der Beweislast** distribución *f* de la carga probatoria; **~ der elterlichen Sorge** partición *f* filial.

Vertrag *m* **aleatorischer ~** contrato *m* aleatorio *(o de suerte)*; **atypischer ~** contrato *m* atípico *(o innominado)*; **einseitig verpflichtender ~** contrato *m* unilateral; **entgeltlicher ~** contrato *m* oneroso; **gegenseitiger ~** contrato *m* bilateral *(o conmutativo)*; **mündlicher ~** contrato *m* verbal *(o de palabra)*; **schriftlicher ~** contrato *m (por)* escrito; **synallagmatischer ~** contrato *m* sinalagmático; **unentgeltlicher ~** contrato *m* gratuito; **vollkommen zweiseitiger ~** contrato *m* bilateral perfecto; **~ zugunsten Dritter** contrato *m* en beneficio de terceros; **einen ~ schließen, abschließen, eingehen** concertar *(o concluir o estipular)* un contrato, celebrar un contrato; **einen ~ (auf)kündigen** denunciar *(o finalizar)* un contrato; **einen ~ auflösen** disolver *(o resolver)* un contrato; **einen ~ ausführen, durchführen** ejecutar un contrato; **einen ~ auslegen** interpretar un contrato; **einen ~ brechen, missachten, verletzen** infringir, violar, quebrantar un contrato; **einen ~ erfüllen, einhalten** cumplir un contrato, ajustarse a un contrato; **einen ~ erweitern** ampliar los términos del contrato; **einen ~ paraphieren** rubricar un contrato; **sich aus dem ~ ergeben** resultar *(o dimanar)* del contrato; **unter ~ stehen** estar contratado, figura en el contrato; **vom ~ Abstand nehmen** desistir, salirse del contrato; **den ~ verlängern** prorrogar el contrato; **dem ~ zuwiderhandeln, gegen den ~ verstoßen** contravenir el contrato; **vom ~ zurücktreten** desistir de un contrato.

vertraglich ~ verpflichtet bajo contrato.

Vertragabschluss *m* conclusión *f* de un contrato.

Vertragsaufkündigung *f* denuncia *f* de un contrato.

Vertragsauflösung *f* **gerichtliche ~** resolución *f* judicial de contrato.

Vertragsauslegung *f* interpretación *f* de contrato.

Vertragsbedingungen *fpl* **allgemeine ~** condiciones *fpl* generales de contratación *(o de contrato)*.

Vertragsbruch *m* violación *f* contractual, incumplimiento *m* de contrato.

Vertragsfreiheit *f* libertad *f* contractual.

Vertragshändler/in *m/f* agente *m, f* autorizado, ~a, distribuidor *m*, ~a *f* oficial.

Vertragspartei *f*, **Vertragspartner/in** *m/f* parte *f, m* contratante, contratante *m, f*.

Vertragspflichten *fpl* obligaciones *fpl* emanadas de los contratos.

Vertragsrecht *n* Derecho *m* contractual; **völkerrechtliches ~** Derecho *m* de los tratados.

vertragsrechtlich jurídico-contractual.

vertragsschließend ~e Partei *f* contratante *m*, contrayente *m*, estipulante *m*.

Vertragsschluss *m* conclusión *f* del contrato, contratación *f*, concertación *f* contractual.

Vertragsstrafe *f* pena *f* convencional, arra *f* penitencial.

Vertragsunterzeichnung *f* firma *f* de un contrato.

Vertragsurkunde *f* escritura *f* del contrato; **~ in mehreren Ausfertigungen** singrafa *f*.

Vertragsverhältnis *f* vínculo *m* contractual.

Vertragsverlängerung *f* **stillschweigende ~** prórroga *f* tácita del contrato.

Vertragsverletzung *f* incumplimiento *m* del contrato; **fahrlässige ~** culpa *f* contractual; **vorsätzliche ~** incumplimiento *f* doloso del contrato.

Vertrauen confianza *f*, fe *f*, crédito *m*; **das ~ aussprechen** aprobar la *(cuestión de)* confianza.

Vertrauensarzt *m*, **Vertrauensärztin** *f* médico *m*, ~a *f* inspector, ~a del seguro, inspector médico *m*, inspectora médica *f*.

Vertrauensbruch *m* abuso *m* de confianza, indiscreción *f.*
Vertrauensfrage die ~ stellen plantear la cuestión de confianza, solicitar la confianza de la cámara.
Vertrauensgrundsatz *m* principio *m* de confianza.
Vertrauensinteresse *n* intereses *mpl* de confianza.
Vertrauensschaden *m* infidelidad *f.*
Vertrauensschutz *m* protección *f* de la confianza.
Vertrauensstellung *f* cargo *m* de confianza.
Vertrauensvotum *n* voto *m* de confianza.
vertraulich streng ~ absolutamente confidencial.
vertreiben 1. *(Personen)* expulsar, echar, desarraigar; 2. *(Waren)* distribuir, expender, vender, comercializar.
Vertreibung *f* **~ aus dem Besitz** desahucio *m*, lanzamiento *m.*
vertretbar 1. justificable; 2. reemplazable, sustituible, fungible; **(nicht) ~e Sache** bien *m (no)* fungible.
vertreten anwaltlich ~ abogar, con asistencia de letrado; **zu ~ haben** haber de responder.
Vertretenmüssen *n* responsabilidad *f* obligatoria *(u obligada).*
Vertreter/in *m/f* **~ kraft Gesetzes, gesetzlicher ~** representante *m, f* legal *(o legítimo, ~a)*; **~ des Staatsanwalts** teniente *m* fiscal.
Vertretung *f* representación; **anwaltliche ~** asistencia *f* letrada, defensa *f*; **gesetzliche ~** representación *f* legal *(o impropia)*; **unentgeltliche ~** *(Anwalt)* turno *m* de oficio.
Vertretungsmacht *f* poder *m* de representación.
Vertretungsmandat *n (Anwalt)* mandato *m* representativo.
Vertretungszwang *m* representación *f* forzosa.
Vertrieb *m* distribución *f*; **gewerbsmäßiger ~** comercialización *f.*
Vertriebene/r *f/m* **~ deutscher Volkszugehörigkeit** expulsado *m*, ~a *f* de origen étnico alemán.
vertriebsnetz *n* red de distribución *f.*
Vertriebsrecht *n* **ausschließliches ~** derecho *m* exclusivo de comercialización.
verüben *(Verbrechen)* cometer.
Verübung *f (Verbrechen)* perpetración *f.*
Verunglimpfung *f* **~ des Andenkens Verstorbener** delito *m* contra la memoria de difuntos.
veruntreuen defraudar, desfalcar, malversar, apoderarse fraudulentamente.
Veruntreuung *f* **~ im Amt** peculado *m*; **~ öffentlicher Mittel** malversación *f* de caudales públicos.
verursachen 1. *(Kosten)* entrañar; 2. *(Schmerzen)* producir, provocar; 3. *(allgemein)* causar, originar.
Verursacher/in *m/f* causante *m*, ~a *f*, sujeto *m*, ~a *f* causante, causador *m*, ~a *f.*
Verursachung *f* **intellektuelle, psychische ~** causación *f* intelectual, moral; **~ übermäßigen Lärms** contaminación *f* acústica.
verurteilen sentenciar, condenar, sancionar, pronunciar condena.
Verurteilung *f* condena *f*, condenación *f*; **~ in Abwesenheit (des Angeklagten)** condena *f* en rebeldía; **bedingte ~** condena *f* condicional; **~ mit Bewährung** condena *f* con remisión condicional *(de la pena)*; **gerichtliche ~** condena *f* judicial; **strafrechtliche ~** condena *f* penal; **~ zu lebenslänglicher Freiheitsstrafe** condena *f* a reclusión perpetua, condena *f* a cadena perpetua; **~ zum Tode** condena *f* a muerte; **~ auf (od zu einer) Unterlassung** condena *f* de no hacer.
Vervielfältigungsrecht *n* derecho *m* reprográfico *(o de reproducción).*
Verwahranstalt *f* establecimiento *m* de custodia.
verwahren 1. custodiar, tener en custodia, guardar; 2. detener.
Verwahrer/in *m/f* depositario *m*, ~a *f*, consignatario *m*, ~a *f.*
Verwahrung *f* **in ~ geben** depositar, deponer, dar en custodia; **in ~ nehmen** custodiar, tomar en depósito *(o bajo custodia).*
Verwahrungsbruch *m* violación *f* de depósito.

Verwahrungsvertrag *m* contrato *m* de depósito, contrato *m* de custodia de cosas.

Verwaltung *f* **~ kraft Gesetzes** *(Eltern bei Kindesvermögen)* administración *f* legal; **die ~ führen, innehaben** administrar, llevar la administración; **zur ~ übertragen** entregar en administración.

Verwaltungsakt *m* **einen ~ anfechten** impugnar un acto administrativo; **einen ~ angreifen** recurrir un acto administrativo; **den ~ aufheben** anular *(o declarar inválido)* el acto administrativo; **befehlender ~** acto administrativo imperante; **belastender ~** acto *m* administrativo oneroso *(o de gravamen)*; **den ~ begründen, mit Begründung versehen** motivar el acto administrativo; **den ~ bekanntgeben** publicar *(o comunicar)* el acto administrativo; **einen ~ erlassen** adoptar *(o dictar)* un acto administrativo; **rechtswidriger ~** acto administrativo viciado; **den ~ vollziehen** ejecutar el acto administrativo; **den ~ widerrufen** *(rechtsmäßig)* revocar un acto administrativo *(legítimo)*; **einen ~ zurücknehmen** *(rechtswidrig)* revisar *(o anular)* un acto administrativo *(ilegítimo)*.

Verwaltungsbehörde *f* organismo *m* administrativo *(o gubernativo)*.

Verwaltungsbeschwerde *f* recurso *m* administrativo *(o de queja)*.

Verwaltungsgebühren *fpl* tasas *fpl* administrativas, emolumentos *mpl* por gerencia.

Verwaltungsgericht *n* tribunal *m* de lo contencioso-administrativo.

Verwaltungsgerichtsbarkeit *f* jurisdicción *f* de lo contencioso-administrativo.

Verwaltungsgerichtsgesetz *n* ley *f* orgánica del poder ejecutivo.

Verwaltungsgerichtshof *m* tribunal *m* superior de lo contencioso-administrativo.

Verwaltungsprozess *m* proceso *m* de lo contencioso-administrativo.

Verwaltungsprozessrecht *n* Derecho *m* procesal de lo contencioso-administrativo.

Verwaltungsrechtsweg *m* **den ~ beschreiten** *(gerichtlich)* recurrir en *(o por)* vía contencioso-administrativa.

Verwaltungsverfahren *n* **ein ~ einleiten** iniciar *(o incoar)* un procedimiento administrativo; **ein ~ einstellen** suspender la tramitación del expediente.

Verwaltungsverordnung *f*, **Verwaltungsvorschrift** *f* decreto *m* administrativo.

Verwaltungsvollstreckungsgesetz *n* Ley *f* de Ejecución Administrativa.

Verwaltungsweg *m* **auf dem ~** en el orden administrativo; **den ~ beschreiten** *(außergerichtlich)* recurrir en vía administrativa *(o por la vía gubernativa)*; **den ~ erschöpfen** apurar la vía administrativa, agotar la vía gubernativa; **im ~** por vía administrativa.

Verwaltungszwangsverfahren *n* procedimiento *m* coercitivo policial *(o administrativo coercitivo)*.

Verwandtendiebstahl *f* hurto *m* de familiares.

Verwandte/r *f/m* **angeheirateter ~** pariente *m* por afinidad; **~ in absteigender, aufsteigender, in gerader Linie** descendiente *m*, pariente *m* por línea directa, ascendiente *m*; **entfernter, naher ~** el pariente próximo, lejano; **~ ersten Grades** pariente *m* de primer grado; **~ mütterlicherseits, väterlicherseits** pariente *m* materno, paterno.

Verwandtschaft *f* **~ durch Adoption** parentesco *m* adoptivo.

verwandtschaftlich parental; **~e Beziehungen** relaciones *fpl* de parentesco.

Verwandtschaftsrecht *n* Derecho *m* de parentesco.

Verwarnung *f* **mit einer ~ enden** acabar en amonestación; **gerichtliche ~** apercibimiento *m*.

Verwarnungsgeld *n* multa *f* de menor cuantía, multa *f* de amonestación.

Verweigerung *f* **~ der Aussage** negativa a contestar; **~ des Klagerechts** denegación *f* de la acción.

Verweis *m* **einen ~ erteilen** apercibir, reprender, reconvenir; **gerichtlicher ~** reprensión *f* judicial.

verweisen 1. *(Personen)* expulsar; 2. *(Verweis)* amonestar; 3. *(Zuständigkeit)* atribuir; 4. **~ auf ein Gesetz** alegar; 5. **scharf ~** increpar.
Verweisung *f* 1. **~ an ein anderes Gericht** traslado *m* de jurisdicción; 2. *(von Personen)* expulsión *f*.
Verwendung *f* **betrügerische ~** empleo *m* fraudulento; **die ~ nachweisen** justificar el empleo.
verwerfen unanfechtbar ~ rechazar en firme; **als unzulässig ~** desestimar por improcedente.
Verwerfung *f* **~ wegen Unzulässigkeit** declaración *f* pura y simple de inadmisibilidad.
Verwertungsrecht *n (Urheberrecht)* derecho *m* de explotación *(económica)*.
verwirken caducar, perder un derecho por decadencia.
Verwirkungsklausel *f* cláusula *f* de caducidad.
verwunden schwer ~ malherir.
Verzeihung *f* **stillschweigende ~** perdón *f* tácito.
Verzicht *m* **~ auf den Rechtszug** renuncia *f* a la instancia; **den ~ erklären** declarar la renuncia; **den ~ leisten** desistir, renunciar.
Verzichtserklärung *f (declaración f de)* denuncia *f*.
Verzichtsausschlussklausel *f* cláusula *f* antirrenuncia.
verzögernd dilatorio.
Verzögerung *f* **ungebührliche ~** demora *f* indebida.
verzollen aduanar, pagar aduanas, despachar por la aduana.
Verzug *m* **in ~** en mora, moroso; **ohne ~** de forma inmediata; **in ~ geraten** incurrir *(o constituirse)* en mora; **in ~ setzen** poner *(o constituir)* en mora.
Verzugszinsen *mpl* intereses *mpl* de demora.
Veto *m* **ein ~ einlegen, durch ~ unterbinden** vetar, poner veto.
Vetternwirtschaft *f* nepotismo *m*, favoritismo *m*, *(Sp)* yernocracia *f*, tráfico *m* de influencias.
Videosperrfrist *f* período *m* en el que una película no puede divulgarse en vídeo.
Videoüberwachung *f* vigilancia *f* por *(cámara de)* vídeo.
Viktimologie *f* victimología *f*.
Vindikationsklage *f* acción *f* vindicatoria *(o petitoria)*.
Vindikationslegat *n* legado *m* per vindicationem *(lat)*.
vinkuliert ~e Namensaktie acción *f* nominativa vinculada.
Visum *n* **ein ~ anbringen, ein ~ eintragen, mit einem ~ versehen** visar.
vogelfrei fuera de la ley.
Völkermord *m (delito m de)* genocidio *m*.
Völkerrecht *n* Derecho *m* de gentes, Derecho *m* internacional público; **allgemeines ~** Derecho *m* internacional común.
Völkerrechtssubjekt *n* **partielles ~** sujeto *m* parcial de Derecho internacional público.
Volksabstimmung *f* **~ über den Anschluss** plebiscito *m* de adhesión; **~ über die Gebietszugehörigkeit** referéndum *m* territorial.
Volksaufstand *m* insurrección *f* popular.
Volksbegehren *n* petición *f* de plebiscito.
Volksentscheid *m* referéndum *m*, plebiscito.
Volkswirtschaft *f* economía *f* nacional.
vollberechtigt de pleno derecho.
Vollbesitz *m* **im ~ der bürgerlichen Ehrenrechte sein** estar en pleno uso de los derechos civiles.
vollenden acabar, concluir, consumar *(un delito)*.
Vollendung *f* 1. conclusión *f*; 2. consumación *f*; 3. *(Vollkommenheit)* perfección.
volljährig mayor de edad; **~ werden** alcanzar la mayoría de edad; **für ~ erklären** emancipar.
Volljährigkeit *f* **gesetzliche ~** mayoría *f* de edad legal; **~ im Arbeitsrecht** mayoría *f* de edad laboral.
Volljährigskeitserklärung *f* declaración *f* de mayoría de edad; emancipación *f*.
Volljurist *m* jurista *m* pleno, jurista que ha supoerado ambos exámenes estatuales.
Vollkaskoversicherung *f* seguro *m (de automóviles)* a todo riesgo.
Vollkaufmann *m* comerciante *m (pleno)*.

Vollmacht *f* **eine ~ aufheben** revocar un poder; **~ besitzen** estar investido *(o provisto o dotado)* de poder; **beglaubigte ~** poder bastanteado; **eine ~ entziehen** retirar un poder; **eine ~ erteilen** apoderar, otorgar *(o conceder)* poder; **notarielle ~** poder *m* ante notario; **mit ~ versehen, ausstatten** proveer *(o investir)* de poderes; **die ~ prüfen** verificar el poder; **die ~ prüfen und gegenzeichnen** bastantear; **die ~ überschreiten** extralimitarse en sus poderes; **die ~ übertragen** traspasar *(o delegar)* el poder; **eine ~ widerrufen** desapoderar, revocar un poder.
Vollmachtgeber/in *m/f* poderdante *m, f,* mandante *m, f,* otorgante *m, f,* representado *m,* ~a *f.*
Vollmachtinhaber/in *m/f* poderhabiente *m, f.*
Vollmachtnehmer/in *m/f* **Vollmachtempfänger/~in** *m/f* apoderado *m,* ~a *f,* mandatario *m,* ~a *f.*
Vollmachtsurkunde *f* escritura *f* de poder, documento *m* habilitante.
Vollrecht *n* derecho *m* pleno.
Vollsitzung *f* **~ aller Richter** tribunal *m* en pleno.
vollständig ~ und der Wahrheit gemäß íntegra y verídicamente.
vollstreckbar für ~ erklärt werden *(Urteil)* declarar la ejecutoriedad (de la sentencia); **~e Urkunde** documento *m* con fuerza ejecutoria; **~ werden** causar ejecutoria.
Vollstreckbarkeit *f* **die ~ erklären** declarar la ejecutabilidad *(o la ejecutoriedad o el exequátur).*
vollstrecken ~ in proceder contra; **nicht ~** inejecutar; **zu ~** cúmplase; **eine Strafe ~** ejecutar una pena.
Vollstrecker *m* ejecutor *m,* ejecutante *m.*
Vollstreckung *f* **die ~ ablehnen** denegar la ejecución; **die ~ abwehren** oponerse a la ejecución; **die ~ abwenden** evitar la ejecución; **die ~ vereiteln** frustrar *(o impedir)* la ejecución; **die ~ anordnen** despachar *(o decretar)* la ejecución; **die ~ eines Urteils bis zur Entscheidung durch das höhere Gericht aufschieben, aussetzen** suspender la ejecución de una sentencia hasta que recaiga el fallo del tribunal superior; **die ~ beantragen** solicitar la ejecución; **die ~ befriedigen** hacer efectiva la ejecución; **die ~ betreiben gegen** proceder a la ejecución contra; **die ~ einstweilen einstellen** *(SteuerR)* suspender el procedimiento de apremio; **die fruchtlose ~** ejecución *f* infructuosa; **die ~ hemmen** suspender la ejecución; **die ~ einleiten** entablar ejecución; **zur ~ schreiten** proceder a la ejecución; **die ~ gegen Sicherheitsleistung** la ejecución contra fianza; **die ~ unterbrechen** interrumpir la ejecución; **die ~ für unzulässig erklären** declarar improcedente la ejecución; **~ in das Vermögen des Hauptschuldners** excusión *f.*
Vollstreckungsanordnung *f* mandamiento *m* de ejecución.
Vollstreckungsantrag *m* **einen ~ stellen** solicitar la ejecución.
Vollstreckungs | beamter *m,* **~beamtin** *f* agente *m, f (o funcionario m,* ~a *f)* ejecutivo, ~a.
Vollstreckungsbefehl *m* orden *f (o mandamiento m)* de ejecución.
Vollstreckungsbescheid *m* providencia *f* de ejecución.
Vollstreckungsgegenklage *f* reconvención *f* ejecutiva.
Vollstreckungsgericht *n* juzgado *m* de ejecución forzosa.
Vollstreckungsgläubiger/in *m/f (acreedor m,* ~a *f)* ejecutante *m, f.*
Vollstreckungsklausel *f* **~ beantragen** solicitar la cláusula ejecutiva; **~ erteilen** otorgar la cláusula ejecutiva.
Vollstreckungsorgan *n* órgano *m* ejecutor.
Vollstreckungsrichter/in *m/f* juez *m,* ~a *f* ejecutor, ~a; *(Méx)* juez *m,* ~a *f* mixto,~a.
Vollstreckungsschuldner/in *m/f (deudor m)* ejecutado *m.*
Vollstreckungstitel *m* título *m* ejecutivo.
Vollstreckungsvereitelung *f* impedimento *m* de ejecución.
Vollstreckungsverfahren *n* **das ~ einleiten** seguir por la vía de apremio; **das ~ eröffnen** abrir la vía de apremio.

vollziehen 1. *(Ehe)* consumar; 2. *(Verwaltungsakt)* ejecutar; 3. *(Vertrag)* cumplir, ratificar, llevar a efecto.

Vollziehung *f* **die sofortige ~ anordnen** ordenar la ejecución inmediata; **~ des Arrests** ejecución *f* del embargo preventivo; **die ~ aussetzen, hemmen** detener *(o suspender)* la ejecución; **die ~ wird angeordnet** ejecútese.

Vollzug *m* **den ~ aussetzen** suspender la ejecución; **geschlossene ~** *(Haft)* régimen *m* cerrado.

Vollzugs | beamter *m*, **~beamtin** *f* agente *m, f (o funcionario m, ~a f)* ejecutivo, ~a.

Vollzugskrankenhaus *n* centro *m* médico para presos.

Vollzugspolizei *f* policía *f* ejecutiva.

von Amts wegen de oficio.

Vorabentscheidung *f* decisión *f* prejudicial; **~ über den Grund** condena *f* sobre el fundamento de la pretensión.

Voranfrage *f* cuestión *f* previa, pregunta *f* prejudicial.

Vorausbedachte/r *f/m* prelegatario *m*.

Vorausleistungspflicht *f* deber *m* de prestación anticipada.

Vorauspfändung *f* embargo *m* previo.

voraussehbar previsible; **nicht ~** imprevisible.

Voraussehbarkeit *f* previsibilidad.

Vorausvermächtnis *n* prelegado *m*.

Voraussetzung *f* **die ~en aufstellen** establecer los requisitos; **die ~ erfüllen** cumplir *(o satisfacer)* los requisitos.

Vorbedacht *m* **mit ~ handeln** actuar con premeditación.

Vorbedingung *f* prerrequisito, condición *f* previa.

Vorbehalt *m* **unter ~ aller Rechte** con reserva de derechos; **~e anmelden** formular reservas; **~e berücksichtigen** tener por presentadas las alegaciones; **~e machen** formular reparos; **~ verwerten** admitir las alegaciones.

vorbehalten ~ werden quedar a salvo.

Vorbehaltsgut *n* **~ der Ehefrau** bienes *mpl* extradotales *(o parafernales)*.

Vorbereitung *f* **~ des Termins** *(Parteien)* instrucción *f*.

Vorbereitungshaft *f (Abschiebung)* arresto *m* preventivo.

Vorbesitzer/in *m/f* posesor *m (o poseedor m)* anterior.

vorbestraft con antecedentes penales; **~ sein** tener antecedentes penales, con antecedentes penales; **nicht ~** sin antecedentes penales.

Vorbeugehaft *f* prisión *f* reflexiva; **in ~ nehmen** detener preventivamente.

vorbringen 1. *(Gründe)* aducir; 2. *(Beweis)* presentar, exponer.

Vorbringen *n* **~ der Anklage, der Verteidigung** declaración *f* de la acusación, de la defensa.

Vorderrichter/in *m/f* juez *m*, ~a *f* inferior.

Voreid *m* juramento *m* previo *(o promisorio)*.

vorehelich ~e Beziehungen relaciones *fpl* prematrimoniales.

voreingenommen parcial, no imparcial.

Voreingenommenheit *f* parcialidad *f*, falta de imparcialidad.

Vorerbe *m*, **Vorerbin** *f* preheredero *m*, ~a *f*, heredero *m*, ~a *f* fiduciario, ~a, primer, ~a instituido *m*, ~a *f*.

Vorerbschaft *f* sucesión *f* fiduciaria, fideicomiso civil, herencia fideicomitida; **~ des Ehegatten** bienes *mpl* reservables.

Vorfall *m* suceso *m*, incidente.

vorführen *(vor Gericht)* llevar ante el juez, hacer comparecer ante el juez.

Vorführung *f* **zwangsweise ~** comparecencia *f* obligatoria.

Vorführungsbefehl *m* orden *f* de comparecencia.

Vorgang *m* **einen ~ abschließen** concluir *(o dar por terminado)* un asunto; **einen ~ bearbeiten** tramitar un asunto; **getrennter ~** pieza *f* separada.

vorgehen disziplinarrechtlich ~ expedientar; **gerichtlich ~** litigar, proceder judicialmente; **strafrechtlich ~** proceder por vía penal.

Vorgehen *n* **einvernehmliches, einverständliches ~** acción *f* concertada *(o consensuada)*.

vorgelesen ~ und genehmigt (v. u. g.) leído y aprobado.

Vorhalt *m* interpelación *f*.

Vorinstanz *f* tribunal *m (o juez m)* inferior.

Vorkauf *m* adquisición *f* preferente; **gesetzlicher ~**retracto *m* legal.

Vorkaufsberechtigte/r *f/m* retrayente *m*.

Vorkaufsrecht *n* **das ~ ausüben** ejercitar el derecho de adquisición preferente, ejercer el derecho de tanteo.

vorladen *(gerichtlich)* citar para estrados.

Vorladung *f* **gerichtliche ~** citación *f*; **~ zum Termin** llamamiento *m* a juicio; **einer ~ Folge leisten** respetar *(o cumplir)* una citación.

Vorladungsschreiben *n* cédula *f* de emplazamiento; notificación *f* citatoria.

Vorlage *f* **~ der Akten** remisión *f* de expedientes *(o autos)*; **zur ~ an die Behörde, an das Gericht** a efectos de su presentación ante las autoridades, a efectos de su presentación *f* judicial.

Vorlagefrist *f* plazo *m* para la presentación.

vorläufig a título provisional, en interinidad; **~e Einstellung des Verfahrens** sobreseimiento *m* provisional; **~e Festnahme** detención *f* preventiva; **~e Vollstreckbarkeit** ejecutabilidad *f* provisional; **~er Rechtsschutz** garantía *f* legal provisional.

vorlegen Urkunden ~ presentar documentos.

Vorlegung *f* **~ der Beweismittel bei Gericht** presentación *f* de la evidencia en el juicio.

Vorlegungspflicht *f* plazo *m* para la presentación.

vorlesen ganz ~ *(Notar)* leer íntegramente.

Vormann *m* 1. titular *m* anterior; 2. antecesor *m*; 3. capataz *m*.

Vormerkung *f* **~ eines Erbschaftsanspruchs** anotación *f* preliminar de derecho hereditario; **~ einer Klage** anotación *f* preventiva de demanda.

Vormund *m* **einen ~ bestellen** nombrar tutor; **als ~ einsetzen** asignar tutor; **durch Testament bestellter ~** tutor *m* testamentario.

Vormundschaft *f* **aus der ~ entlassen werden** salir de la tutela; **~ über Minderjährige** tutela *f* de menores.

Vormundschaftsgericht *n* tribunal *m* tutelar de menores.

Vornahme *f* **~ einer Eintragung** práctica *f* de un asiento.

vornehmen 1. *(Rechtsgeschäft)* celebrar; 2. *(Verhaftung)* proceder a; 3. *(Prozesshandlungen)* evacuar.

Vorpfändung *f* preembargo *m*, embargo *m* preventivo.

Vorprüfung *f* **staatliche ~** intervención *f* del Estado.

Vorrang *m* **~ einnehmen** anteponer; **~ haben vor** gozar de preferencia sobre, primar sobre; **ohne ~ in der Reihenfolge** sin orden de preferencia; **~ des Gesetzes** supremacía *f (o primacía f)* de la ley.

Vorrecht *n* derecho *m* preferente, derecho *m* de prelación; **ein ~ einräumen** conceder *(u otorgar)* una prerrogativa.

Vorsatz *m* **bedingter ~** dolo *m* eventual; **direkter, unbedingter, unmittelbarer ~** dolo *m* directo *(o inmediato)*; **den ~ ausführen** culminar su propósito; **vom ~ ablassen** cejar en su propósito; **~ und grobe Fahrlässigkeit** culpa lata *(lat)*; **mangelnder ~** falta *f* de intención.

vorsätzlich doloso, intencional, con premeditación.

Vorschlag *m* **einen ~ unterbreiten** hacer *(o presentar)* una proposición.

Vorschrift *f* **eine ~ ausschließen** descartar la aplicación *f* de un precepto; **auf eine ~ verweisen** remitir a una norma; **eine ~ aufheben** derogar una norma *(o un precepto)*; **einer ~ entsprechen** ajustarse *(o atenerse)* a una norma; **der ~ nachkommen** observar *(lo dispuesto en)* una norma.

vorschriftsgemäß, **vorschriftsmäßig** en buena y debida forma, preceptivo.

vorschriftswidrig contrario a lo prescrito *(o a la ley)*.

Vorschub der Unzucht ~ leisten favorecer actos deshonestos.

Vorschuss *m* provisión *f* de fondos, pago *m* adelantado.

Vorsorge *f* **~ treffen** tomar las medidas necesarias.

Vorspiegelung *f* **unter ~ falscher Tatsachen** bajo falsas apariencias.
vorstehend arriba mencionado.
Vorsteuer *f* IVA *m* deducible, IVA *m* soportado.
Vorstrafe *f* **eine ~ tilgen** cancelar los antecedentes penales.
Vorstrafenregister *n* registro *m* central de antecedentes penales.
Vortat *f* acto *m* anterior.
Vortäuschung *f* **~ einer Straftat** simulación *f* de delito; **~ einer Geburt** simulación *f* de parto.
Vorteil *m* **zu jemandes ~ gereichen** redundar en favor de *(o en provecho de).*
Vorteilsannahme *f* admisión *f* de beneficios *(o regalos).*
Vorteilssicherung *f* aprovechamiento *m* de los efectos del delito.
vortragen *(Buchhaltung)* destinar a cuenta *f* nueva.
Voruntersuchung *f* **gerichtliche ~** instrucción *f* previa; **die ~ eröffnen** abrir diligencias.
Vorverbüßung *f* cumplimiento *m* previo.
Vorverfahren *n* diligencias *fpl* previas; **strafrechtliches ~** *(gegen Richter)* antejuicio *m.*
Vorversterben *n* premoriencia *f.*
Vorvertrag *m* contrato *m* preliminar *(o preparatorio)*, precontrato.
Vorverurteilung *f* condena *f* previa.
v. u. g. siehe vorgelesen und genehmigt.
VwGO (Verwaltungsgerichtsordnung) Ley *f* de jurisdicción contencioso-administrativa.

W

Wache *f* 1. *(Polizei)* comisaría *f*; 2. *(Tätigkeit)* **~ stehen, haben** estar de guardia; 3. *(Person)* guardia *f*; 4. *(Mar)* vigía; 5. *(Gebäude)* puesto *m* de guardia; 6. *(bei einem Kranken)* vela *f.*
Wachmann *m* 1. *(Aufseher)* guardián *m*, vigilante *m (de seguridad)*; 2. *(Nacht)* sereno *m* del comercio y vecindad; **vereidigter ~** vigilante *m* jurado.
Waffe *f* **zu den ~n greifen, die ~n strecken** tomar las armas, rendir *(las)* armas; **~n tragen** llevar *(o portar)* armas.
Waffenbesitz *m* **unerlaubter, verbotener ~** tenencia *f* ilícita de armas.
Waffenembargo *n* **das ~ brechen** romper *(o saltarse)* el embargo de armas.
Waffengebrauchsrecht *n* Derecho *m* regulador del uso de armas.
Waffengesetz *n* Ley *f* de armas.
Waffengewalt *f* **mit ~** a mano armada.
Waffenhandel *m* tráfico *m* de armas.
Waffenlager *n* depósito *m* de armas.
Waffenhändler/in *m/f* traficante *m, f* de armas.
Waffenmissbrauch *m* abuso *m* de armas.
Waffenruhe *f* **die ~ halten** mantener la tregua *f*; **die ~ brechen** romper la tregua.
Waffenschein *m* licencia *f* de armas.
Waffenschmuggel *m* contrabando *m* de armas.
Waffenstillstandsabkommen *n* acuerdo *m* de armisticio, convenio *m* de alto el fuego.
Waffenstillstandsverhandlungen *mpl* negociación *f* de armisticio.
Wahl *f* 1. **~en abhalten** celebrar elecciones; **~en ausschreiben** convocar elecciones; **~en durchführen** verificar comicios; 2. *(zwischen zwei Möglichkeiten)* opción *f*, alternativa *f.*
Wahlalter *n (mayoría f de)* edad *f* electoral.
wählbar elegible, **nicht ~** inelegible.
Wählbarkeit *f* elegibilidad *f*, derecho *m* electoral pasivo.
Wahlbeamter *m*, **Wahlbeamtin** *f* funcionario *m*, ~a *f* electivo, ~a.
Wahlbehinderung *f* coacción *f* electoral.
Wahlberechtigte *mpl* **die~n** el censo *(electoral).*
Wahlberechtigte/r *f/m* elector *m*, ~a *f*, votante *m, f*; persona *f* con derecho a votar.
Wahlberechtigung *f* potestad *f (o capacidad f)* electoral; derecho de *(o a)* voto.
Wahlbeschwerde *f (Sp)* recurso *m* de amparo electoral.

Wahlbetrug *m* fraude *m* electoral.
Wahldelikt *n* delito *m* electoral.
Wahleltern *mpl* padres *mpl* adoptivos.
wählen 1. *(auswählen)* elegir; 2. *(durch Abstimmung)* seleccionar, escoger; 3. *(Telefon)* marcar; 4. *(stimmen für)* votar a.
Wähler/in *m/f* elector *m*, ~a *f*, votante *m*, *f*.
Wählergunst *m* índice *m* de intención de voto.
Wählerliste *f* lista *f* electoral.
Wählerpotential *n* potencial *m* electoral.
Wählerschaft *f* electorado *m*, censo *m* *(electoral)*, los electores *mpl*.
Wahlfälschung *f* fraude *m* en las urnas, fraude *m* electoral.
Wahlfeststellung *f* constatación *f (o comprobación f)* potestativa.
Wahlfreiheit *f* libertad *f* de voto.
Wahlgeheimnis *n* secreto *m* del voto.
Wahlgericht *n* tribunal *m* electoral.
Wahlgerichtsstand *m* fuero *m* de competencia opcional, fuero *m* renunciable.
Wahlgesetz *n* ley *f* en materia de régimen electoral.
Wahlgesetzgebung *f* legislación *f* electoral.
Wahlheimat *f* patria *f* adoptiva.
Wahlhelfer/in *m/f* escrutador *m*, ~a *f*.
Wahlkonsul *m* cónsul *m* honorario *(o electo)*.
Wahlkreis *m* circunscripción *f* electoral.
Wahlleiter/in *m/f* presidente *m*, ~a *f* de la mesa electoral.
Wahllokal *n* colegio *m* electoral.
Wahlmann *m* compromisario *m*.
Wahlmündigkeit *f* mayoría *f* de edad *f* electoral.
Wahlordnung *f* reglamento *m* electoral.
Wahlperiode *f* periodo *m* electoral.
Wahlpflicht *f* obligación *f* de votar, voto *m* obligatorio.
Wahlprüfungsausschuss *m* junta *f* electoral.
Wahlrecht *n* 1. *(Subjektives Recht)* derecho a voto; 2. *(Objektives Recht)* Derecho *m* electoral; 3. **allgemeines ~** sufragio *m* universal.
Wahlrechtsreform *f* reforma *f* electoral.
Wahlschuld *f* obligación *f* facultativa *(o alternativa)*.
Wahlurne *f* urna *f (electoral)*.
Wahlverfahrensrecht *n* Derecho *m* del procedimiento electoral.
Wahlvermächtnis *m* legado *m* alternativo, legado *m* de elección.
Wahlverteidiger/in *m/f* abogado *m*, ~a *f* defensor, ~a delibre elección, defensor *m*, ~a *f* designado, ~a por la parte.
Wahlzettel *m* papeleta *f* electoral, papeleta *f* de votación.
Wahndelikt *n*, **Wahnverbrechen** *n* delito *m* putativo *(o imaginario)*.
Wahnsinn *m* demencia *f*, locura *f*, enajenación *f* mental.
wahnsinnig demente, loco, maníaco.
wahr 1. *(wirklich)* real; 2. *(echt)* auténtico; 3. *(wahrheitsgetreu)* verídico; 4. *(wahrheitsentsprechend)* verdadero.
wahren 1. *(Interessen)* salvaguardar; 2. *(Rechte)* defender, mirar por; 3. **ein Geheimnis ~** guardar un secreto.
Wahrheit *f* **zur ~ ermahnen** exhortar a decir la verdad, **die (volle) ~ sagen** decir *(toda)* la verdad, **bei der ~ bleiben** no alterar la verdad.
Wahrheitsbeweis *m* prueba *f* liberatoria; **den ~ antreten** demostrar la verdad de una declaración.
Wahrheitseid *m* juramento *m* de decir la verdad.
Wahrheitsermittlung *f*, **Wahrheitsfindung** *f* averiguación *f* de la verdad.
Wahrheitspflicht *f* deber *m* de veracidad.
Wahrheitsvermutung *f* presunción *f* de veracidad.
Wahrnehmung *f* 1. **~ der Aufgaben** ejercicio *m* de las funciones; 2. **~ von Interessen** defensa de intereses; 3. **~ eines Rechtes** salvaguardia de un derecho.
Wahrnehmungsvertrag *m* contrato *m* de explotación de derechos de autor.
wahrscheinlich probable, verosímil.
Wahrscheinlichkeit *f* verosimilitud *f*, probabilidad *f*.
Wahrscheinlichkeitsvorsatz *m* dolo *m* de probabilidad.
Währung *f* **amtliche ~** moneda *f* oficial.
Währungsabkommen *n* acuerdo *m* monetario.

Währungsreserven *fpl* reservas *fpl* monetarias.
Währungsunion *f* **Europäische ~** Unión *f (económica y)* monetaria europea.
Waisenbeihilfe *f*, **Waisengeld** *n* subsidio *m* por orfandad.
Waldbrandstiftung *f* incendio *m* forestal.
Waldgerechtigkeit *f* servidumbre *f* de bosques.
Waldgesetz *n* ley *f* de bosques, ley *f* forestal.
Waldschaden *m* daño *m* forestal.
Waldschutz *m* protección *f* de los bosques.
Waldsterben *n* muerte *f (lenta)* de los bosques.
Wandelanleihe *f* empréstito *m* convertible.
Wandelschuldverschreibung *f* obligación *f (o empréstito m)* convertible.
Wandlung *f* redhibición *f*; *(grundlegende)* transformación *f*.
Wandlungsanspruch *m*, **Wandlungsklage** *f* acción *f* redhibitoria.
Wappenanmaßung *f*, **Wappenmissbrauch** *m* uso *m* indebido de blasón.
Wappenrecht *n* Derecho *m* heráldico.
Wanze *f (Abhörgerät)* micrófono *m* ilegal, micrófono *m* oculto.
Ware *f* 1. mercancía *f*, mercadería *f*; 2. *(Produkt)* producto *m*; 3. *(Artikel)* artículo *m*.
Warenabkommen *n*, **Internationales ~** Acuerdo *m* Internacional sobre Mercancías.
Warenbegleitpapiere *pl* documentación *f* de la mercancía.
Warenrechnung *f* factura *f* comercial.
Warenverbindlichkeiten *fpl* obligaciones *fpl* comerciales.
Warenverkehrsfreiheit *f* libre circulación *f (o libertad f de circulación)* de mercancías.
Warenzeichen *n* **ein ~ eintragen** inscribir una marca; **ein ~ löschen** cancelar una marca.
warnen avisar, advertir, prevenir.
Warnschuss *m* tiro *m (de aviso)* al aire.
Warnstreik *m* huelga *f* de aviso *(o de advertencia)*.
Wärter/in *m/f* guardia *m*, guardián *m*.
Wartestand *m* **zwangweise in den ~ versetzen** declarar la excedencia forzosa.
Wartungsvertrag *m* contrato *m* de mantenimiento.
Wasserableitungsrecht *n* servidumbre *f* natural de aguas.
Wasserentnahmerecht *n* derecho *m* de saca de agua.
Wassergeld *n* cequiaje *m*, canon *m* de agua.
Wassergerechtigkeit *f* servidumbre *f* de aguas, derecho *m* de acueducto.
Wasserhaushaltsgesetz *n* ley *f* de régimen hidráulico.
Wasserkraftsteuer *f* impuesto *m* sobre la fuerza hidráulica.
Wasserleitungsrecht *n* **gesetzliches ~** servidumbre *f* forzosa de acueducto.
Wasserrecht *n* Derecho *m* regulador del régimen hidráulico.
Wasserschöpfrecht *n* derecho *m* de saca de agua.
Wasserverband *m* confederación *f* hidrográfica.
Web *n* web *f*; **im ~ surfen** navegar por la web.
Wechsel *m* 1. **einen ~ ausstellen** librar una letra; **einen ~ auf jemanden ziehen, einen ~ trassieren** girar una letra contra alguien; **einen ~ honorieren, einlösen** pagar una letra, atender el pago de una letra; **einen ~ zu Protest gehen lassen** protestar una letra, **einen ~ zurückrufen, zurückziehen** retirar una letra; **einen ~ zahlbar stellen** domiciliar una letra; **gezogener ~** letra *f* de cambio, giro *m*, cambial *f*, letra *f* girada; **notleidender ~** letra *f* impagada; **verfallener ~** letra *f* perjudicada; 2. *(Geld~)* cambio *m (de moneda)*; 3. **~ der Staatsangehörigkeit** cambio *m* de soberanía *(o de nacionalidad)*.
wechselbezüglich ~es Testament testamento *m* mutuo.
Wechselbürgschaft *f* aval *m* de letras; **eine ~ geben, leisten** avalar una letra.
Wechselklage *f* acción *f* cambiaria, acción *f* cambial.
Wechselprotest *m* **~ mangels Zahlung** protesto de *(una)* letra por falta de pago.

Wechselprozess *m* proceso *m* cambiario *(o cambial)*.
Wechselrecht *n* Derecho *m* cambiario.
Wechselreiter/in *m/f* girador *m*, ~a *f* fraudulento, ~a.
Wechselreiterei *f* peloteo *m* de letras, libramiento *m* de letras cruzadas.
Wegegerechtigkeit *f* servidumbre *f* de paso.
Wegerecht *n* servidumbre *f* de paso *(o de tránsito o de camino)*, servidumbre *f* transeundi.
Wegeunfall *m* accidente *m* in itinere, accidente *m* en el trayecto al trabajo.
Wegfall *m* **~ der Geschäftsgrundlage** desaparición *f* del fundamento negocial, **~ der Leistung** supresión *f* *(o cese m)* de la prestación.
Wegnahme *f* **~ mit Gewalt** despojo *m* por la fuerza.
Wegnahmerecht *n* derecho *m* de recuperar la posesión, *(lat)* ius tollendi.
wegnehmen quitar, sustraer, alzar.
Wehrbeauftragte/r *f/m* defensor *m*, ~a *f* del soldado.
Wehrdienst *m* servicio *m* militar.
Wehrdienstgericht *n* tribunal *m* militar.
Wehrdienstverweigerer *m* objetor *m* de conciencia.
Wehr- und Zivildienstverweigerer *m*, **Wehr- und Ersatzdienstverweigerer** insumiso *m*.
Wehrdienstverweigerung *f (aus Gewissensgründen)* objeción *f* de conciencia.
Wehr- und Zivildienstverweigerung *f*, **Wehr- und Ersatzdienstverweigerung** *f* insumisión *f*.
Wehrlosigkeit *f* indefensión *f*, desamparo *m*.
Wehrpflicht *f* servicio *m* militar obligatorio.
Wehrpflichtiger *m* **erfasster ~** mozo *m*, recluta *m*, quinto *m*.
Wehrstrafgerichtsbarkeit *f* jurisdicción *f (o justicia f)* militar.
Wehrstrafrecht *n* Derecho *m* penal militar.
Weidedienstbarkeit *f*, **Weidegerechtigkeit** *f* **Weiderecht** *n* servidumbre *f* de pastaje, derecho *m* de pastos.
weigern sich ~ negarse.
Weigerung *f* negativa *f*, repulsa *f*, negación *f*.
Weigerungsgrund *m* motivo *m* de negación.
Weisung *f* **eine ~ einholen** recabar una orden; **eine ~ erteilen** dar *(o impartir)* una orden.
weisungsgemäß ~ handeln atenerse a lo prescrito *(o a las instrucciones)*, cumplir lo ordenado.
Weisungsrecht *n* derecho *m* de dirección, poder *m* directivo.
Weisungsverwaltung *f* administración *f* directiva.
weiter ~e Beschwerde recurso *m* ulterior.
Weitergabe *f* **~ eines Wechsels** transmisión *f* de una letra.
Weiterverkauf *m* reventa *f*.
Weitervermietung *f* subarriendo *m*, subinquilinato *m*.
Weltraumrecht *n* Derecho *m* espacial.
Welturheberrechtsabkommen *n* Convención *f* universal sobre derechos de autor.
Wende *f* **die ~** *(D)* los acontecimientos que desembocaron en la *(re)*unificación alemana *(1989/90)*.
Werbungskosten *mpl* 1. gastos *mpl* inducidos por la profesión; 2. gastos *mpl* en publicidad *(y propaganda)*.
Werklieferung *f* suministro *m* de obra.
Werklieferungsvertrag *m* contrato *m* de obra nueva, contrato *m* de suministro de obra.
Werktag *m* 1. día *m* laboral *(o laborable)*; 2. *(Verwaltung)* día *m* hábil.
Werktarifvertrag *m* contrato *m* colectivo *m* de fábrica.
werktätig 1. *(Arbeiter)* trabajador *m*, obrero *m*, 2. **~e Bevölkerung** población *f* trabajadora, población *f* activa.
Werkunternehmer/in *m/f* contratista *m*, *f*.
Werkvertrag *m* contrato *m* de obra *(o de empresa)*.
Werkzeug *n* **doloses, schuldloses ~** instrumento *m* doloso, agente *m* inocente.
Wert *m* 1. *(Bedeutung)* importancia *f*, relevancia *f*; 2. *(Wertsachen)* objetos *mpl* de valor; 3. *(Ergebnis)* resultado *m*; 4. **im ~ steigen, sinken** subir, bajar de valor; 5. *(Preis)* precio *m*.
Wertangabe *f* declaración *f* *(o indicación f)* del valor.

werten valorar, calificar.
Wertberichtigung *f (re)*ajuste *m* de valor, asignación *f* para depreciación.
Werte *mpl (Börse)* corros *mpl.*
Wertgegenstand *m* valor *m*, objeto *m* de valor.
Wertpapier *n* título *m* mobiliario, título valor *m*, efecto *m*; **mündelsichere ~e** títulos *mpl* con garantía pupilar.
Wertpapierrecht *n* Derecho *m* sobre títulos transferibles, régimen *m* de valores mobiliarios.
Wertsache *f* objeto *m* de valor.
Wertschuld *f* deuda *f* de valor, deuda *f* pecuniaria.
Wertsicherung *f* garantía *f* de valor.
Wertsicherungsklausel, Wertsicherheitsklausel *f* cláusula *f* de estabilidad, cláusula *f* de garantía de valor estable.
Wertstoffhof *m*, **Recyclinghof** *m*, ecoparque *m*.
Wertsystem *n* sistema *m* de valores.
Wertverfall *m*, **Wertminderung** *f*, **Wertverringerung** *f* depreciación *f*, pérdida *f (o merma f)* de valor; minusvalía *f*.
Wertzeichen *n* timbre *m*, sello *m*.
Wertzunahme *f*, **Wertzuwachs** *m* aumento *m (o subida f)* de valor; plusvalía *f*.
wesentlich ~er Bestandteil elemento *m* constitutivo, elemento *m* esencial, parte *f* substancial.
wesenlos insustancial, irreal, inesencial.
Weste *f* **kugelsichere ~** chaleco *m* antibalas, chaleco *m* blindado.
Wettbewerb *m* 1. competencia *f*; 2. *(Veranstaltung)* concurso *m*; 3. *(Sport)* competición *f*; **lauterer, redlicher, ruinöser, unerlaubter, verbotener ~** competencia leal, justa, ruinosa, desleal, prohibida.
Wettbewerbsbeschränkung *f* competencia *f* restringida, limitación *f* de la competencia.
Wettbewerbsordnung *f* reglamento *m* de la competencia.
Wettbewerbsrecht *n* Derecho *m (regulador)* de la competencia.
Wettbewerbsverbot *n* competencia *f* prohibida, prohibición *f* de la competencia.
Wette *f* apuesta; **die ~ gilt!** apostado.
wetten apostar.
wichtig ~er Grund razón *f (o fundamento m)* importante.
Widerbeklagte/r *f/m* reconvenido *m*, ~a *f*, demandado *m*, ~a *f* reconvencional.
Widerklage *f* **~ erheben** reconvenir, formular reconvención *f*, elevar demanda *f* reconvencional, contrademandar; **~ gegen den Privatkläger** contraquerella *f*;**~ im Strafprozess** recriminación *f*.
widerklagen reconvenir.
Widerkläger/in *m/f* actor *m*, ~a *f* reconvencional.
widerklägerisch reconvencional.
widerlegbar refutable, rebatible.
widerlegen refutar, rebatir, desvirtuar, confutar; **eine Vermutung ~** refutar *(o desvirtuar)* una presunción.
Widerlegung *f* refutación *f*, rebatimiento *m*, desvirtuación *f*.
widerrechtlich ilegal, ilegítimo, indebido, ilícito.
Widerrechtlichkeit *f* ilegitimidad *f*, ilegalidad *f*, ilicitud *f*, contrafuero *m*.
Widerruf *m* 1. *(einer Verfügung)* revocación *f*; 2. *(einer Behauptung, einer Aussage)* retractación *f*.
widerrufen 1. *(Bestellung, Befehl)* anular; 2. *(Nachricht)* desmentir; 3. *(Urteil)* revocar; 4. *(Behauptung)* retractarse; 5. **die Schenkung ~** revocar la donación; **ein Testament ~** revocar un testamento.
widerrufbar, widerruflich revocable, abrogable.
Widerruflichkeit *f* revocabilidad *f*, retractabilidad *f*, anulabilidad *f*.
Widerrufsklage *f* acción *f* revocatoria.
Widerrufsklausel *f* cláusula *f* revocatoria.
Widerrufsrecht *n* derecho *m* de revocación.
Widerrufsvorbehalt *m* reserva *f* de revocabilidad *(o de revocación)*.
widersprechen contradecir, contrariar.
widersprechend contradictorio.
Widerspruch *m* **erheben, einlegen, einreichen** formular oposición, oponerse; **~ eintragen** anotar *(o extender)* asiento de contradicción *(en el catastro)*; **~ zurücknehmen** retirar la oposición, desistir de la oposición; **~ zurückweisen** desestimar *(o denegar)* la oposición.

widersprüchlich contradictorio, contrario, antilógico.
Widerspruchsbehörde *f* autoridad *f* de recurso.
Widerspruchsbescheid *m* resolución *f* denegatoria, decisión *f* del recurso de alzada.
Widerspruchsklage *f* demanda *f* de contradicción, tercería *f*, acción *f* de oposición.
Widerspruchskläger/in *m/f* tercerista *m, f*.
Widerspruchsrecht *n* 1. derecho *m* a oponerse; 2. derecho *m* de oposición.
Widerspruchsverfahren *m* procedimiento *m* derecurso, proceso *m* contradictorio.
Widerstand *m* 1. resistencia *f*; 2. *(Pol)* oposición *f*; **~ gegen die Staatsgewalt** resistencia *f* al poder constituido *(o estatal)*, agresión *f* a la autoridad.
Widerstandsrecht *n* 1. derecho *m* a la resistencia; 2. derecho *m* de resistencia.
Widmung *f* **ausdrückliche, stillschweigende ~** dedicación *f* expresa, implícita.
Wiederabbauwert *m* valor *m* de reposición.
Wiederaufgreifen *n* **~ des Verfahrens** *(Verwaltung)* recurso *m* de revisión.
Wiederaufnahme *f* 1. *(Tätigkeit)* reanudar; 2. *(Verfahren)* revisión *f*; 3. *(Verhandlungen)* reanudación *f*; 4. **~ des Verfahrens bei vorläufiger Einstellung** reapertura *f* de la causa.
Wiederaufnahmegericht *n* tribunal *m* de revisión.
Wiederaufnahmeklage *f* recurso *m* de revisión.
Wiederaufnahmekläger/in *m* recurrente *m, f* en revisión.
Wiederaufnahmeverfahren *m* 1. recurso *m* de revisión; 2. reapertura *f* del proceso.
wiederaufnehmen 1. *(Prozess)* abrir *(o instruir)* de nuevo; 2. *(Verfahren)* recomenzar; 3. *(eingestelltes Verfahren)* dar curso; 4. *(Arbeit)* reanudar.
wiederbeschaffen recuperar, reponer.
Wiederbeschaffung *f* recuperación *f*, reposición *f*.
wiedereinberufen volver a convocar.
wiedereinbürgern renacionalizar.
wiedereinsetzen 1. *(in vorigen Stand)* re*(e)*stablecer, restituir; 2. *(Erben)* rehabilitar; 3. *(Monarch)* restaurar.
Wiedereinsetzung *f* **~ in den vorigen Stand** reposición *f* al estado anterior, restitutio *f* in integrum.
wiedereinstellen readmitir, reincorporar.
Wiedereinstellung *f* **zwangsweise ~** readmisión *f* forzosa.
wiedereintragen reinscribir.
wiedereröffnen *(Prozess)* volver a abrir, volver a considerar.
Wiedergutmachung *f* 1. *(Ehre)* rehabilitación *f*; 2. *(Sachen)* reparación *f*, desagravio *m*; **~ des Schadens** reparación *f* del daño; 3. *(Fehler)* subsanación *f*.
Wiedergutmachungsanspruch *m* derecho *m* a reparación.
wiederherstellen 1. *(Kontakt, Ordnung, Gesundheit)* restablecer; 2. *(Gebäude)* restaurar; 3. *(Akten)* reconstituir.
Wiederherstellung *f* 1. *(eines Gebäudes)* reparación *f*; 2. *(Gesundheit, Ordnung)* restablecimiento *m*; 3. *(Akten)* reconstitución *f*; 4. *(des ursprünglichenZustandes)* reposición *f*; 5. *(Patent)* rehabilitación *f*.
wiederholt reiterativamente, iterativamente.
Wiederholung *f* repetición *f*, iteración *f*, reiteración.
Wiederholungsgefahr *f* riesgo *m* *(o peligro m)* de repetición.
Wiederholungstäter/in *m/f* *(multi-)*reincidente *m, f*.
Wiederkauf *m* retroventa *f*, recompra *f*, readquisición *f*.
wiederkaufen retraer, readquirir, recomprar.
Wiederkäufer/in *m/f* retrayente *m, f*, readquirente *m, f*.
Wiederkaufsrecht *n* derecho *m* de retracto, derecho *m* de retroventa, pacto *m* de retro, derecho *m* de saca.
wiedervereinigen *(re)*unificar.
Wiedervereinigung *f* **deutsche ~** *(re)*unificación *f* alemana.
Wiederverheiratung *f* vuelta *f* a contraer matrimonio, nuevas nupcias.

Wiederverkauf *m* re*(tro)*venta *f*, retrovendendo *m*.
Wiederverkäufer/in *m/f* re*(tro)*vendedor *m*, ~a *f*.
wiedervermieten realquilar, subarrendar.
Wiedervermietung *f* subarriendo *m*, realquiler *m*.
Wiedervorlage *f* **zur ~, ~ am ...** para nueva presentación; ... pendiente para el ...
wiederwählbar reelegible.
Wiederwählbarkeit *f* reelegibilidad *f*.
Wiederzulassung *f* readmisión.
Wild *n (pieza f de)* caza *f*, venado *m*.
wildern cazar furtivamente, hacer caza furtiva.
Wilddieb/in *m/f*, **Wilderer** *m* cazador *m*, ~a *f* furtivo, ~a.
Wilddieberei *f*, **Wilddiebstahl** *m* caza *f* furtiva, caza *f* en vedado, furtivismo.
Wille *m* 1. voluntad *f*; 2. *(Absicht)* intención *f*, propósito *m*; 3. *(wollen)* querer; **fehlerhafter ~, fehlerfreier ~** voluntad *f* viciada, voluntad *f* no viciada; **freier ~** libre albedrío *m*, **letzter ~** última voluntad *f*.
Willenserklärung *f* **eine ~ abgeben** emitir una declaración *f* de voluntad; **empfangsbedürftige ~** declaración *f* de voluntad recepticia.
Willensfreiheit *f* autonomía *f* de la voluntad, libre albedrío *m*.
Willensmangel *m* vicio *m* de la voluntad, vicio *m* de consentimiento, voluntad *f* viciada.
Willkür *f* arbitrariedad *f*.
willkürlich arbitrario.
Willkürmaßnahme *f* medida *f* arbitraria.
Winkeladvokat/in *m/f* picapleitos *m,f*, abogado *m*, ~a *f* de secano.
wirken 1. *(Wirkung haben)* actuar, obrar; 2. *(wirksam sein)* surtir efecto, producir efecto.
wirksam ~ werden surtir efecto*(s)*; **~ sein** tener eficacia, tener efecto*(s)*.
Wirksamkeit *f* **die ~ eines Vertrages** la eficacia de un contrato.
Wirkung *f* **auflösende, aufschiebende, befreiende, konstitutive, zivilrechtliche ~** efecto *m* resolutorio, dilatorio, liberatorio, constitutivo, jurídico-civil; **mit ~ vom** con efecto*(s)* a partir de; **mit sofortiger ~** con efecto*(s)* inmediato*(s)*.
Wirkungskreis *m* esfera *f* de acción, ámbito *m* de efectividad.
Wirtschaft *f* 1. economía *f*; 2. **Bau~** ramo de la construcción.
wirtschaftlich ~ zumutbar exigible, que se puede pedir.
Wirtschaftlichkeit *f* 1. productividad; 2. rentabilidad *f*; 3. eficacia *f* económica; 4. ahorro *m*.
Wirtschaftsdelikt *n* delito *m* económico.
Wirtschaftsembargo *n* embargo *m* *(o bloqueo)* económico.
wirtschaftsintegration *f* integración *f* económica.
Wirtschaftskriminalität *f* delincuencia *f* económica.
Writschaftslenkung *f* dirigismo *m* económico, intervención *f* del Estado en la economía.
Wirtschaftspartner/in *m/f* interlocutor *m*, ~a *f* económico, ~a.
Wirtschaftsprüfer/in *m/f* revisor *m*, ~a *f (o censor m, ~a f)* de cuentas, contador *m*, ~a *f* autorizado.
Wirtschaftsrecht *n* Derecho *m* económico, legislación *f* económica.
wirtschaftsrechtlich jurídico-económico.
Wirtschaftsstrafkammer *f* sala *f* de lo económico criminal.
Wirtschaftsstrafrecht *n* Derecho *m* penal económico.
Wirtschaftsstraftat *f* delito *m* económico.
Wirtschaftsunion *f* unión económica.
Wirtschaftsverbrechen *n* delito *m* económico.
Wirtschaftsverfassung *f* sistema *m* *(u ordenamiento m)* económico.
Wirtschaftsverfassungsrecht *n* Derecho *m* constitucional económico.
Wirtschaftsvergehen *n* delito *m* económico, delito *m* de cuello blanco.
Wirtschaftsverwaltungsrecht *n* Derecho *m* económico-administrativo, Derecho *m* administrativo económico.
Wissen *n* **und Wollen** *n* saber y querer *m*, conocimiento *m* y voluntad *f*.

Wissen *n* **wider besseres ~** contrario a su propio saber; **nach bestem ~ und Gewissen** conforme al leal saber y entender, a verdad sabida y en conciencia.
Wissensgesellschaft *f* sociedad *f* del conocimiento *(o del saber).*
Wissenschaftsfreiheit *f* libertad *f* de ciencia.
wissentlich ~ absichtlich a sabiendas; a ciencia y *(a)* conciencia.
Witwe/r *f/m* viuda *f*, viudo *m*.
Witwenpension *f*, **Witwenrente** *f*, **Witwerpension, Witwerrente** *f* pensión *f* de viudedad, pensión *f* de viudez.
Wochenende *n* **langes ~** puente *m*.
Wochenendarrest *m* arresto *m* *(o detención f)* de fin de semana.
Wochenarbeitszeit *f* semana *f* laboral.
Wohl *n* **gemeines ~** bien *m* común.
Wohlergehen *n* **materielles ~** bienestar *m* económico.
wohlerworbene Rechte *npl* derechos *mpl* adquiridos.
Wohlfahrt *f* 1. *(Wohlergehen)* bienestar *m*, prosperidad *f*; 2. servicio *m* de beneficencia.
Wohlfahrtspflege *f* actividad *f* asistencial, actividad *f* benéfica.
Wohlfahrtsstaat *m* Estado *m* del bienestar, Estado *m* providencia, Estado *m* benefactor.
Wohlstandsgesellschaft *f* sociedad *f* del bienestar, sociedad opulenta.
Wohlverhaltensklausel *f* cláusula *f* de buen comportamiento.
wohnen vivir, residir, habitar.
Wohngeld *n* 1. subsidio *m* de vivienda; 2. *(Wohnungseigentümer)* cuota *f* de comunidad *(de propietarios).*
wohnhaft domiciliado, con domicilio en, residente, vecino de.
Wohnort *m* domicilio *m*, *(lugar m de)* residencia *f* habitual.
Wohnraum *m* espacio *m* habitable, alojamiento; **ausreichender ~** vivienda *f* adecuada.
Wohnrecht *n* **dingliches ~** derecho *m* de habitación.
Wohnsitz *m* residencia *f* habitual, domicilio *m (oficial o habitual)*; **ohne festen ~** sin domicilio fijo, errático; **~ begründen** constituir domicilio; **~ nehmen** domiciliarse; **aus der ~ setzen** desahuciar.
Wohnung *f* vivienda *f*, piso *m*.
Wohnungsamt *n (Sp)* fiscalía *f* de la vivienda.
Wohnungsbau *m* construcción *f* de viviendas, edificación *f* residencial; **frei finanzierter ~** construcción *f* *(de vivienda f)* de renta castellana; **sozialer ~** construcción *f* de viviendas de protección oficial.
Wohnungseigentum *n* propiedad *f* horizontal, propiedad *f* por pisos *(o viviendas).*
Wohnungseigentümergemeinschaft *f* comunidad *f* de propietarios.
Wohnungsrecht *n* derecho *m* de habitación.
Wollen *n* querer *m*.
Workaholic *m* esclavo *m* del trabajo, emperrado *m* con el trabajo.
Workshop *m* taller *m*.
Wort *n* **um das ~ bitten** pedir la palabra, **sein ~ brechen** faltar a su palabra; **das ~ erbitten (Anwalt)** pedir la venia para informar; **das ~ ergreifen** hacer uso de la palabra; **das ~ erteilen** conceder la palabra; **das letzte ~ erhalten** tener derecho a la última palabra; **letztes ~** última palabra; **das ~ entziehen** retirar el uso de la palabra; **sich zu ~ melden** pedir la palabra.
Wrack *n* 1. *(Mensch)* piltrafa *f*; 2. *(Schiff)* barco *m* naufragado; 3. *(Flugzeug)* avión *f* de desguace; 4. *(Auto)* coche *m* de desguace.
Wucher *m* **~ betreiben** practicar la usura.
Wucherdarlehen *n* préstamo *m* usurario.
Wucherer *m* usurero *m*, logrero *m*.
Wuchergesetz *n* ley *f* antiusura.
wucherisch usurario.
wuchern practicar la usura, logrear, usur*(e)*ar.
Wuchermiete *f* alquiler *m* usurario.
Wucherzinsen *mpl* intereses *mpl* usurarios.
Wunde *f* herida *f*, lesión.
Würde die ~ beeinträchtigen atentar contra la dignidad.
Würdenträger/in *m/f* dignatario *m*, ~a *f*, **hohe ~** altos dignatarios.

würdigen 1. *(anerkennen)* valorar; 2. *(schätzen)* apreciar; 3. *(Verdienste)* reconocer.
Würdigung *f* **~ der Beweise** juicio *m* de la prueba *(o de valor)*; **freie ~** apreciación *f* libre; **rechtliche ~** valoración *f* jurídica; **strafrechtliche ~ der Tat** valoración *f* jurídico-penal del hecho.
Würgeisen *n* garrote *m*.
Wutanfall *m*, **Wutausbruch** *m* ataque *m* de rabia, ataque *m* de ira, *(regional)* pronto *m*.

X

xenophob xenófobo.

Y

York-Antwerpener Regeln *fpl (SeeR)* Reglas *fpl* de York y de Amberes.

Z

Zahl *f* **laufende ~** número *m* de orden.
zahlbar pagadero, pagable, abonable; **in Raten ~** pagadero por cuotas *(o a plazos)*; **~ bei Sicht** pagadero a la vista.
Zahlbarstellung *f* **~ bei einer Bank** domiciliación *f* bancaria.
zählbar contable.
zahlen 1. verificar el pago, hacer efectivo, hacer frente al pago; 2. *(Geld)* entregar; 3. *(Beiträge)* satisfacer; 4. *(Abgaben)* ingresar; 5. *(Steuern)* abonar, solventar.
zählen contar; *(Stimmen)* escrutar.
Zähler *m (Strom~, Gas~)* contador *m*.
Zahler/in *m/f* **pünktlicher ~** buen pagador *m*, pagador *m* puntual; **säumiger ~** pagador *m* moroso.
Zahlung *f* pago *m*; **an ~s statt** *(veraltet)* en lugar del pago; **die ~en einstellen** suspender los pagos; **die ~ verweigern** rehusar el pago, denegar el pago, negarse a pagar.
Zahlungsanweisung *f* orden *f* de pago.
Zahlungsaufforderung *f* requerimiento *m* de pago.
Zahlungsaufschub *m* **~ gewähren** conceder *(o decretar)* una moratoria.
Zahlungsaufschubverfahren procedimiento *m* para aplazar el pago.
Zahlungsdienstleister *m* prestador *m* de servicios de pago.
Zahlungseinstellung *f* **vorübergehende ~** suspensión *f* *(temporal)* de pagos, sobreseimiento *m* *(transitorio)* de los pagos.
Zahlungseinstellungsverfahren *n* **gerichtliches ~** suspensión *f* de pagos judicial.
zahlungsfähig solvente capaz de hacer frente a sus obligaciones *(de pago)*, capaz de pagar.
Zahlungsfähigkeit *f* solvencia *f*, capacidad *f* de pago.
Zahlungsinstitut *n* entidad *f* de pago.
Zahlungsmittel *n* medio *m* de pago, medio *m* circulante, instrumento *m* de cambio.
zahlungsunfähig sich für ~ erklären declararse en estado de suspensión de pagos; declararse insolvente.
Zahlungsunfähigkeit *f* insolvencia *f* *(relativa)*, iliquidez *f*.
Zahlungsurteil *n* sentencia *f* condenatoria al pago.
Zahlungsverkehr *n* servicio *m* de pago*(s)*; **bargeldloser ~** pago *m* sin movimiento de numerario.
Zahlungsverpflichtete/r *f/m* deudor *m*, ~a *f*, obligado *m*, ~a *f* al pago.
Zahlungsverweigerung *f* negativa *f* al pago.

Zahlungsverzug *m* retraso *m* en el pago, pago *m* retrasado.
Zahlungsvorgang *m* operación *f* de pago.
Zaun *m* cerca *f*, valla.
Zechbetrug *m* 1. impago *m* de hospedaje; 2. estafa *f* al restaurante; 3. ratería de alimentos; 4. *(allgemein)* petardismo *m*.
Zeche *f* 1. mina *f*; 2. cuenta *f* en un bar, restaurante, etc.
Zechpreller/in *m/f* petardista *m, f*.
Zechprellerei *f* petardismo.
Zedent/in *m/f* cedente *m, f*, cesionista *m, f*, endosante *m, f*.
zedierbar cesible, endosable.
zedieren ceder, endosar.
Zedierung *f* ceder.
Zeichen *n* 1. signo *m*; 2. *(Akten)* referencia *f*; 3. *(Merkmal)* rasgo *m*; 4. *(Symbol)* símbolo *m*; 5. **eingetragenes ~** marca *f* registrada; 6. *(Signal)* señal *f* *(Med)* síntoma*m*.
zeichnen 1. *(abbilden)* reproducir, dibujar, delinear; 2. *(skizzieren)* esbozar; 3. *(unterschreiben)*; **Aktien ~** suscribir acciones.
zeichnungsberechtigt autorizado para firmar.
Zeichnungsberechtigung *f*, **Zeichnungsbevollmächtigung** *f* poder *m (o facultad f)* de firma.
Zeichnungsrecht *n* 1. derecho *m* de suscripción *(de acciones, etc)*; 2. *(Unterschrift)* derecho *m* de firma; **~ haben** tener la firma.
Zeit *f* **die ~ anrechnen** computar el tiempo; **auf ~** pro tempore, a plazos, a término; **auf ~ entziehen (Fahrerlaubnis)** retirar temporalmente *(el carné de conducir)*; **auf unbestimmte ~ in Kraft bleiben** permanecer en vigor indefinidamente; **auf unbestimmte ~ vertagen** aplazar sine die.
Zeitablauf *m* 1. decurso *m (o transcurso m)* del tiempo; 2. expiración *f* del término fijado.
Zeitarbeitsvertrag *m* contrato *m (de trabajo)* temporal.
Zeitbestimmung *f* determinación *f* de*(l)* tiempo*(s)*.
Zeitgesetz *n (lat)* lex ad tempus, ley *f* temporal.
Zeitlohn *m* salario-hora *m*, salario *m* por unidad de tiempo.
Zeitpunkt *m* **~ des Angriffs** momento *m*, hora *f* de ataque; **~ der Festnahme** hora *f* del arresto; **~ des Inkraftretens** fecha *f* de entrada en vigor.
Zeitzündung *m* **Bombe mit ~** bomba *f* de relojería.
Zelle *f* 1. *(Terroristen)* **schlafende ~** célula *f* durmiente; 2. *(Gefängnis)* celda *f*; 3. *(Raum~)* celda; 4. *(Telefon~)* cabina *f*.
zensieren 1. censurar; 2. *(benoten)* calificar, dar nota*(s)*.
Zensus *m* censo *m*.
Zentralamt *n* oficina *f* central.
Zentralbank *f* **Europäische ~** Banco *m* Central Europeo.
Zentralgewalt *f* poder *m* central.
zentralisieren centralizar.
Zentralisation *f*, **Zentralisierung** *f* centralización *f*.
Zentralismus *m* centralismo *m*.
zentralistisch centralista.
Zentralkartei *f* **~ des Kraftfahrtbundesamts** *(Sp)* registro *m* central de conductores e infractores.
Zentralregierung *f* gobierno central; *(Sp)* gobierno *m* de la nación.
Zentralregister *n* registro *m* central.
zerrütten 1. *(Ehe)* desunir, destrozar; 2. *(Finanzen, Gesundheit)* arruinar; 3. *(Nerven)* destrozar.
zerrüttet ~e Ehe matrimonio *m* destrozado.
Zerrüttung *f* **~ der ehelichen Beziehungen** perturbación *f* de las relaciones matrimoniales; **unheilbare ~** desavenencia *f* insubsanable.
Zerrüttungsprinzip *n* principio *m* de perturbación.
Zerschlagung *f* **~ einer Bande** desarticulación *f* de una banda.
zerstören destruir, destrozar.
Zerstörung *f* destrucción *f*, destrozo *m*.
Zertifikat *n* certificado *m*.
Zession *f* cesión *f*.
Zessionar/in *m/f* cesionario *m*, ~a *f*, cedido *m*, ~a *f*.
Zessionsurkunde *f* escritura *f* de cesión *(o transmisión)*.
Zeuge *m*, **Zeugin** *f* testigo *m, f* **ablehnbarer ~** testigo *m* tachable; **~ der Anklage** testigo *m* de cargo *(o*

de la parte actora); **berufener ~** testigo *m* rogado; **einen ~n entlassen** despedir a un testigo; **der geeignete ~** el testigo idóneo; **~ vom Hörensagen** testigo *m* de oídas; **der sachverständige ~** el testigo perito; **einen ~n vereidigen** tomar juramento a un testigo; **~ der Verteidigung** testigo *m* de la defensa; **dem ~n einen Vorhalt machen** interpelar al testigo.

Zeugenaussage *f* **falsche ~** falso testimonio *m*.

Zeugenbelehrung *f* instrucción *f* del testigo.

Zeugenbestechung *f* soborno *m* de testigo.

Zeugenbeweis *m* prueba *f* testimonial *(o testifical)*.

Zeugenladung *f* citación *f* de testigos.

Zeugeneid *n* juramento *m* de un testigo.

Zeugenentschädigung *f* dieta *f* de testigo.

Zeugenstand *m* banquillo *m (o estrado m)* de los testigos.

Zeugenvernehmung *f* interrogatorio *m* testifical.

Zeugnis *n* **ärztliches ~** certificado *m* facultativo *(o médico)*; **mündliches ~** testimonio *m*oral.

zeugnisunfähig inhábil para ser testigo.

Zeugnisunfähigkeit *f* incapacidad *f* testifical.

Zeugnisverweigerung *f* excusa *f* de testimonio.

Zeugnisverweigerungsrecht *n* derecho *m* de excusar el testimonio.

zeugungsfähig potente.

zeugungsunfähig impotente.

Ziffer *f* 1. cifra *f*; 2. número *m*; 3. numeral *m*.

Zins *m* 1. *(auf Kapital)* interés; 2. *(Schw, Öst)* alquiler *m*, renta *f*; **einfacher ~** interés *m* simple, **fester ~** interés *m* fijo; **ortsüblicher ~** interés *m* de plaza; **schwankender ~** interés *m* flotante; **vereinbarter, vertraglicher ~** interés *m* convenido.

Zinseszins *m* interés *m* compuesto.

Zinsfuß *m*, **Zinssatz** *m* tipo *m (o tasa f)* de interés.

Zinsschein *m* cupón *m (de intereses)*.

Zitat *n* cita *f*.

Zitation *f (Schw)* cita*(ción)* *f* de personas.

zitieren citar.

zivil 1. civil; 2. *(Preis)* módico.

Zivildienst *m (Sp)* prestación *f* social sustitutoria.

Zivildienstverweigerer *m* insumiso *m*.

Zivilehe *f* **fakultative, obligatorische ~** matrimonio *m* civil facultativo, obligatorio.

Zivilgerichtsbarkeit *f* fuero *m* de lo civil.

Zivilgericht *n* tribunal *m (de lo)* civil.

Zivilgesetz ley *f (de lo)* civil.

Zivilgesetzbuch *n* código *m* civil.

Zivilgesetzgebung *f* legislación *f* civil.

Zivilkammer *f* sala *f* de lo civil.

Zivilklage *f* acción *f (o demanda f)* civil.

Zivilprozess *m* proceso *m (o juicio m)* civil; **gewöhnlicher ~** proceso *m* ordinario.

Zivilprozessordnung *f* Ley *f* de enjuiciamiento civil.

Zivilprozessrecht *n* **internationales ~** Derecho *m* procesal civil internacional.

Zivilrecht *n* ley *f* común, Derecho *m* civil.

Zivilrechtler/in *m/f* civilista *m/f*.

Zivilrichter/in *m/f* juez *m*, ~a *f (de lo)* civil.

Zivilsache *f* asunto *m (o materia f)* civil; **im ~n** en *(o por)* vía civil.

Zivilsenat *m* sala *f* de lo civil.

Zivilschutz *m* protección *f* civil.

Ziviltrauung *f* matrimonio *m* civil.

Zoll *m* 1. *(Gebäude)* aduana *f*; 2. **~ hinterziehen** evadir el arancel, evadir el pago de los derechos arancelarios; **~ oder Steuervergehen** *n* infracción *f* *(o delito m)* fiscal.

Zollamt *n (despacho m de)*aduana, Administración *f* de aduana.

Zollaufsicht *f* servicio *m* de vigilancia aduanera.

Zollbehörde *f* administración *f* de aduanas.

Zolldelikt *n* delito *m* aduanero.

Zollerklärung *f* declaración *f* de aduana.

Zollfahnder/in *m/f* policía *f*, *m* de aduanas.

zollfrei exento *(del pago)* de aduana.

Zollgebiet *n* territorio *m* aduanero.

Zöllner/in *m/f (Sp)* vista *m, f*; agente *m, f* de aduanas, aduanero *m*, ~a *f*.
Zollpapiere *npl* **internationale ~** documentación *f* aduanera internacional.
zollrechtlich jurídico-aduanero, jurídico-arancelario.
Zollunion *f* unión *f* aduanera.
Zone *f* **atomwaffenfreie ~** zona *f* desnuclearizada; **entmilitarisierte ~** zona *f* desmilitarizada; **Frei~** zona *f* franca.
Zubehör *n* **explosives ~** accesorios *mpl* para explosivos.
Zucht *f* 1. *(Ordnung)* disciplina *f*; 2. *(von Tieren)* cría *f*, crianza *f*; 3. *(von Pflanzen)* cultivo *m*.
Zuchthaus *(RG) n* penitenciaría *f*, penal *m*.
züchtigen castigar, azotar.
Züchtigung *f* castigo *m*, azote *m*, corrección *f*.
Züchtigungsrecht *n* poder *m* correccional, derecho *m* de corrección.
Zuchtmittel *n (medio m)* correctivo *m*.
zueignen sich ~ apropiarse.
Zueignung *f* **rechtswidrige ~** apropiación *f* indebida, apropiamiento *m* indebido.
Zueignungsabsicht *m* ánimo *m* de apropiación.
zuerkennen 1. *(Rechte)* conferir, otorgar; 2. *(Strafe)* imponer; 3. *(gerichtlich)* aplicar; 4. *(Prämie)* atribuir, adjudicar.
zuerkennend atributivo.
Zufahrtsgenehmigung *f* licencia *f* de vados.
Zufall *m* **per ~** por casualidad; **vom ~ abhängig** aleatorio; **unanwendbarer ~** caso *m* fortuito inevitable.
Zufallsdelikt delito *m* ocasional *(o casual)*.
Zufallsirrtum *n* error *m* accidental.
Zufallskriminalität *f* delincuencia *f* casual.
Zufallsverbrechen *n* delito *m* casual *(u o casional)*.
Zufallsverbrecher/in *m/f* delincuente *m, f* ocasional *(ocasual)*.
Zugang *m* **~ zum Arbeitsmarkt** acceso *m* al mercado de trabajo; **~ zum Beruf** acceso *m* a la profesión; **freier ~** libertad *f* de acceso, acceso *m* libre; **~ zu den Gerichten** derecho *m* a la justicia; **~ zu öffentlichen Ämtern** acceso *m* a las funciones públicas; **unbefugter ~** acceso *m* indebido.
zugeben die Täterschaft ~ confesarse autor de un delito.
zugehen dem Erklärungsgegner ~ llegar al contrario.
zugestehen eine Tatsache ~ admitir *(o confesar)* un hecho.
Zugewinn *m* ganancias *fpl*.
Zugewinnausgleich *m* compensación *f* de ganancias.
Zugewinngemeinschaft *f* régimen *m* de participación.
zugreifen ~ auf Vermögen intervenir bienes.
Zuhälter *m* proxeneta *m*, rufián *m*, chulo *m*.
Zuhälterei *f* proxenetismo *m*, rufianismo *m*.
Zuhörerraum *m* auditorio *m*.
zukünftig futuro, venidero; en el futuro.
zulassen 1. *(erlauben, zur Prüfung)* admitir; 2. *(Anzeige)* admitir a trámite; 3. *(Einwendungen)* estimar; 4. *(Beschwerde)* acoger a tramitación; 5. *(Privatklage)* ser admitido a trámite; 6. *(Anwalt)* recibir; 7. *(Beruf)* colegiar; 7. *(Kfz)* matricular.
zulässig ~ sein proceder, haber lugar, ser dable; **~ und begründet sein** ser admisible y fundado.
Zulässigkeit *f* 1. *(Rechtsweg)* admisibilidad *f*, licitud *f*; 2. *(Beweis)* pertinencia *f*; **~ von Beweismitteln** admisibilidad *f* de la prueba; **~ der Klage** procedencia *f* de la demanda.
Zulassung *f* 1. *(Anwalt)* habilitación *f*, licencia *f*, admisión; 2. *(Beruf)* colegiación *f*, 3. *(im Ermessen)* autorización; 4. *(Anlagen)* homologación.
Zulassungsbescheinigung *f* certificado *m* de matriculación; permiso *m* de circulación.
Zulassungsnote *f* nota *f* de corte, nota umbral.
Zulassungsvoraussetzung *f* condición *f* de admisibilidad.
zumessen 1. *(Strafe)* graduar; 2. *(Bedeutung)* atribuir importancia.

Zumessung *f* 1. *(Strafe)* graduación *f*; 2. *(Bedeutung)* atribución *f*.
zumutbar ~e Arbeit trabajo razonable, trabajo a aceptar *(por un parado)*.
Zumutbarkeitsklausel *f* cláusula *f* de exigibilidad.
Zuname *m* apellido *m*.
Zunft *f* gremio *m*, corporación *f*, asociación *f* gremial.
Zunftrecht *n* Derecho *m* gremial.
zurechenbar imputable, reprochable, atribuible.
Zurechenbarkeit *f* **strafrechtliche ~** imputabilidad *f* criminal.
zurechnen 1. *(zuschreiben)* atribuir; 2. *(zuordnen)* clasificar; 3. *(hinzurechnen)* incluir.
Zurechnung *f* imputación *f*.
zurechnungsfähig responsable de sus actos, imputable, *(lat)* de mente sana.
Zurechnungsfähige/r *f/m* **vermindert ~** delincuente *m, f* de imputabilidad limitada.
Zurechnungsfähigkeit *f* **(erheblich) verminderte ~** imputabilidad *f* *(o responsabilidad) (notablemente)* disminuida.
zurechnungsunfähig demente, inimputable.
Zurechnungszeit *f* *(Rente)* período *m* adicional.
zurechtweisen amonestar.
Zurechtweisung *f* amonestación.
zurück an *(Verfügung)* vuelva a.
zurückbehalten retener, reservar, conservar.
Zurückbehaltung *f* retención *f*, conservación *f*; **~ von Sachen** *(Amtsdelikt)* retención *f* indebida de cosas.
Zurückbehaltungsberechtigte/r *f/m* retinente *m, f*.
Zurückbehaltungsrecht *n* derecho *m* de retención.
zurückdatieren rectotraer la fecha antedatar.
zurückfordern reclamar.
zurückgeben devolver, restituir, reembolsar, reintegrar.
Zurücknahme *f* **~ der Klage** desistimiento *m* de la acción pública; **~ eines Rechtsmittels** desistimiento *m* de un recurso.
zurücknehmen den Strafantrag ~ retirar la querella.
zurücktreten 1. *(von einem Recht)* renunciar; 2. *(von einem Vorhaben)* desistir; 3. *(von einem Amt)* dimitir, retirarse, cesar en el cargo; 4. *(von einem Vertrag)* rescindir un contrato; 5. **im Rang ~** retroceder en el rango.
zurückverweisen remitir, reenviar, devolver *(la jurisdicción)*.
Zurückverweisung *f* reenvío *m*, retorno *m*, devolución *f*, remisión *f*.
zurückweisen 1. *(Antrag)* resolver sin lugar, desechar, recusar; 2. *(Berufung)* denegar; 3. *(Beschwerde)* desestimar; 4. *(Argumente)* refutar, desautorizar; 5. *(Wechsel)* no honrar; 6. *(Scheck)* impagar; 7. *(Urkunde)* redargüir; 8. *(Einladung)* rehusar; 9. *(Anschuldigung)* rechazar; **als unbegründet ~** desestimar por infundado; **als unzulässig ~** denegar la admisión; **vollständig ~** rechazar de plano.
Zurückweisung *f* **~ von Beweismitteln** *(vor Gericht)* exclusión *f* de evidencia; **~ an der Grenze** rechazamiento *m* en frontera.
zurückzahlen pagar, amortizar, devolver, reembolsar.
zurückziehen 1. *(Gesetz, Kredit)* revocar; 2. *(Auftrag)* anular; 3. *(widerrufen)* retirar; 4. *(Anspruch)* desistir; 5. *(aus dem Verkehr)* retirar; 6. *(Publikationen)* recoger, retirar; 7. *(Angebot)* anular, retractar; 8. **sich zur Beratung ~** retirarse a deliberar.
Zusage *f* 1. *(Versprechen)* promesa *f*; 2. *(positive Antwort)* contestación *f (o respuesta f)* afirmativa; 3. *(Bestätigung)* confirmación; 4. *(auf eine Einladung)* aceptación; 5. *(Einwilligung)* consentimiento *m*; 6. **verbindliche ~** declaración *f* vinculante.
Zusammenhang conexión *f*, relación *f*, contexto; **im ~ stehen** guardar relación; **ursächlicher ~** relación *f* de causalidad, nexo *m* causal.
Zusammenlegung *f* **~ von Gefangenen** reagrupación *f* de presos.
zusammenrotten sich ~ asonarse, agruparse.

Zusammenrottung *f* asonada *f*, motín *m*, facción *f*, *(Sp)* reunión *f* no pacífica.
Zusammenschluss *m* 1. concentración *f*, agrupación; 2. *(von Firmen)* fusión.
Zusammenveranlagung *f* *(Ehegattenesteuerung)* tributación *f* conjunta.
Zusatz *m* 1. *(Urkunde)* apéndice *m*; 2. aditamento, addendum *(lat)*.
zusätzlich adicional, complementario, suplementario.
Zuschlag *m* 1. *(Versteigerung)* adjudicación *f*; 2. **~ für Nachtarbeit** plus *m* por trabajo nocturno; 3. *(Gebühr)* obretasa *f*; 4. *(Lohn)* prima *f*; 5. *(Ratenzahlung)* sobreprima; **den ~erhalten** ganar el contrato; **den ~ erteilen** adjudicar *(el remate)*.
Zuschlagsberechtigte/r *f/m* rematante *m*, *f*.
zuschreiben 1. cargar en cuenta; 2. dar curso reglamentario; 3. *(negatives)* imputar, atribuir.
Zuschreibung *f* 1. asiento *m* en cuenta; 2. imputación *f*; 3. *(Parzelle)* agregación *f*; 4. *(Grundstück)* incorporación *f*.
Zuschuss *m* ayuda *f*; **einen ~ gewähren** conceder una subvención; **öffentlicher ~** asignación *f* del Estado; **staatlicher ~** subsidio *m*.
Zuschussempfänger/in *m/f* subvencionado *m*, ~a *f*, perceptor *m*, ~a *f* de una subvención *(o subsidio)*.
zusichern asegurar, garantizar, prometer.
Zusicherung *f* promesa *f*, garantía *f*.
Zustand *m* 1. *(Lage)* situación *f*; 2. **in betrunkenem ~** en estado de embriaguez; **den früheren ~ (wieder) herstellen** restablecer las cosas a su estado anterior.
zustandig competente, responsable, pertinente.
Zuständigkeit *f* **örtliche ~** competencia *f* territorial *(o local)*, competencia en razón del lugar; **sachliche ~** competencia *f* material *(o en razón de la materia)*; **in die ~ des Gerichts fallen** ser de la competencia del tribunal;**die ~ vereinbaren** pactar el fuero.
zuständigkeitshalber en *(o por)* razón de la competencia.
zustellen 1. *(urkundlich)* dar traslado, notificar; 2. *(Post)* repartir, entregar.
Zustellung *f* 1. *(Post)* entrega *f* a domicilio; **eigenhändige ~** entrega *f* en propia mano; **~ frei Haus** entrega *f* a domicilio; 2. *(urkundlich)* notificación *f* por cédula; 3. **~ von Amts wegen** notificación *f* de oficio; **die ~ anordnen** ordenar la notificación.
Zustellungsurkunde *f* cédula *f* notificadora; **notarielle ~** acta *f* de notificación.
zustimmen 1. dar la razón a; 2. aprobar, asentir, consentir, afirmar.
zustimmend conforme, aprobatorio; **nicht ~** inconforme, disidente.
Zustimmung *f* **der ~ bedürfen** precisar la aprobación; **~ des Ehegatten** licencia *f* marital; **die ~ einholen** recabar la aprobación; **~ erteilen, geben** otorgar su consentimiento, dar su aprobación; **die ~ versagen** denegar el consentimiento.
zustimmungsbedürftig ~ sein precisar la aprobación.
Zustimmungsgesetz *n* ley *f* federativa, ley *f* aprobatoria.
zuteilen asignar, adjudicar.
Zuteilung *f* 1. asignación *f*, adjudicación *f*; 2. *(Kontingent)* cupo *m*, contingente; 3. *(Quote)* cuota *f*, porcentaje *m*.
zuverlässig 1. *(Person)* fiable, formal, de confianza; 2. *(Quelle)* fidedigno; 3. *(Mittel)* eficaz.
Zuverlässigkeit *f* fiabilidad *f*, garantía *f*.
zuwählen cooptar.
Zuwanderungsgesetz *n* Ley *f* de inmigración.
zuwenden 1. atribuir; 2. *(Geld)* proporcionar; 3. *(Mittel)* asignar; 4 *(Geschenke)* donar.
Zuwendung *f* ayuda *f*, asignación *f*, donación *f*.
Zuwendungsempfänger/in *m/f* asignatario *m*, ~a *f*, beneficiario *m*, ~a *f*.
Zuwendungsverhältnis *n* relación *f* de donación.
Zwangsbefugnisse *fpl* poder *m* coactivo.
zuwiderhandeln contravenir, infringir, transgredir, contrariar.

Zuwiderhandelnde/r *f/m* contraventor *m*, ~a *f*, infractor *m*, ~a *f*.
Zuwiderhandlung *f* contravención *f*, infracción *f*, transgresión *f*.
Zwang *m* **bedingter ~** miedo *m* leve; **gerichtlicher ~** compulsión *f*; **körperlicher ~** violencia *f* física; **unmittelbaren ~ anwenden** ejercer coerción *f* directa.
Zwangsakt *m* acto *m* coactivo *(o de coacción)*.
Zwangsarbeit *f* trabajo *m* forzado *(o forzoso)*.
Zwangseid *m* juramento *m* compulsivo.
Zwangseinstellung *f (eines Schwerbeschädigten)* contratación *f* forzosa.
Zwangsenteignung *f* expropiación *f* forzosa.
Zwangserbe *m*, **Zwangserbin** *f (Sp)* heredero *m* forzoso.
Zwangsgeld *n* multa *f* coercitiva, coacción *f* pecuniaria.
Zwangshypothek *f* hipoteca *f* necesaria *(o judicial)*.
Zwangsmittel *mpl* medio *m* coercitivo, medida *f* coercitiva.
Zwangsschlichtung *f* conciliación *f* obligatoria.
Zwangsvergleich *m* convenio *m* forzoso, transacción *f* judicial.
Zwangsversteigerung *f* subasta *f* forzosa *(o judicial)*.
Zwangsvertrag *m* contrato *m* forzoso.
Zwangsverwahrung *f* secuestro *m*, embargo.
Zwangsverwaltung *f* administración *f* forzosa *(o judicial)*.
Zwangsvollstreckung *f* ejecución *f* *(forzosa)*.
Zwangsvollstreckungsrecht *n* derecho *m* de ejecución *f*.
Zwangsvorladung *f* citación *f* judicial.
Zweck *m* 1. *(End~)* finalidad *f*, fin *m*; 2. *(Ziel)* objeto *m*, objetivo *m*, mira *f*, propósito *m*.
zweckdienlich 1. útil; 2. conveniente, oportuno; 3. pertinente.
Zweckentfremdung *f* desnaturalización *f (o apartamiento m)* funcional.
zweckgebunden ligado *(o conexo)* a un fin específico.
zweckmäßig *(nützlich)* útil; *(Verwaltung)* pertinente.
Zweckmäßigkeit *f* **~ einer Entscheidung** conveniencia *f* *(u oportunidad f)* de una decisión.
Zweckstrafe *f* pena *f* finalista *(o finalística)*.
Zweckverband *m* 1. organización *f* racional; 2. *(Gemeinderecht)* mancomunidad *f (de provincias)*.
Zweifel *m* **im ~** en caso de duda; **im ~ zugunsten des Angeklagten** in dubio pro reo, en caso de duda a favor del acusado.
zweifelhaft 1. *(ungewiss)* incierto, dudoso; 2. *(verdächtig)* sospechoso.
Zweigniederlassung *f*, **Zweigstelle** *f* 1. sucursal *m*; 2. *(im Ausland)* oficina *f* *(o representación)* exterior.
Zweikammersystem *n* sistema *m* bicameral, bicameralismo *m*.
zweiseitig ~er Vertrag contrato *m* bilateral.
zweitrangig 1. subsidiario; 2. *(Öst)* de dos dígitos.
Zweitschuldner/in *m/f* deudor *m*, ~a *f* secundario, ~a.
Zweistaatentheorie *f* teoría *f* de los dos Estados.
Zwilling *m* gemelo *m*.
zwingen obligar, compeler; **gerichtlich ~** apremiar.
zwingend coercitivo, preceptivo, forzoso; **~es Recht** Derecho *m* obligatorio *(o imperativo)*.
Zwischenbescheid *m* resolución *f* interlocutoria.
Zwischengesetz *n* ley *f* intermediaria.
Zwischenklage *f* acción *f* interlocutoria.
Zwischenprüfung *f* examen *m* parcial.
zwischenstaatlich interestatal, internacional.
Zischensumme *f* subtotal *m*.
Zwischenurteil *n* sentencia *f* interlocutoria.
Zwischenverfahren *m* procedimiento *m* intermedio; *(Méx)* audición *f* de alegatos.
Zwischenverfügung *f (Verwaltung)* acto *m* interlocutorio, acto *m* resolutorio.
Zwischenvertrag *m* contrato *m* provisional.
Zwölfmeilenzone *f* zona *f* de las doce millas.

Anhänge

Übersicht

Anhang I

Währungen der spanischsprachigen Länder
Moneda de países de habla española

País/Land	Moneda	Währung
Argentina/Argentinien	Peso	Peso
Bolivia/Bolivien	Boliviano	Boliviano
Chile	Peso	Peso
Colombia/Kolumbien	Peso	Peso
Costa Rica	Colón	Colón
Cuba/Kuba	Peso	Peso
Ecuador	Dólar	Dollar
El Salvador	Colón	Colón
España/Spanien	Euro	Euro
Guatemala	Quetsal	Quetzal
Honduras	Lempira	Lempira
Méxiko/Mexiko	Nuevo Peso	Neuer Peso
Nicaragua	Córdoba Oro	Cordoba
Panamá/Panama	Balboa	Balboa
Paraguay	Guaraní	Guaraní
Perú/Peru	Nuevo Sol	Neuer Sol
Puerto Rico	US-Dollar	US-Dollar
República Dominicana/ Dominikanische Republik	Peso	Peso
Uruguay	Peso	Peso
Venezuela	Bolívar	Bolivar

Anhang II

Instanzenzug in Zivilsachen in Spanien
Jurisdicción civil en España

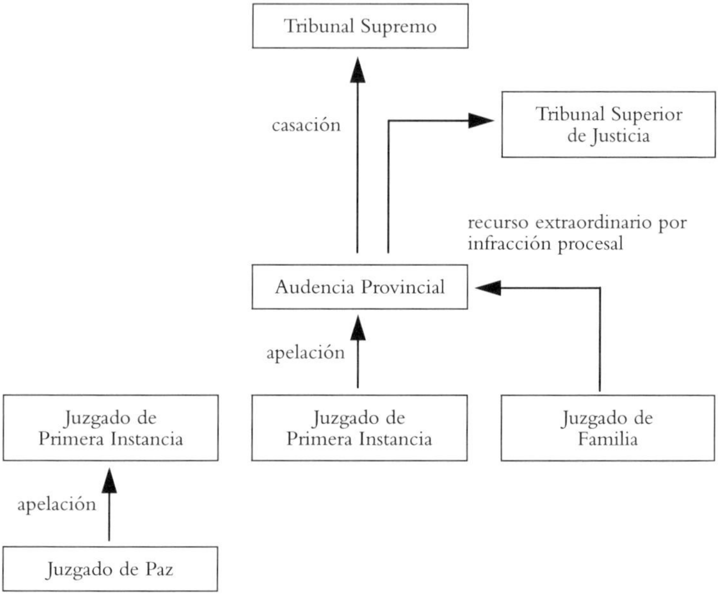

Anhang III

Instanzenzug in Zivilsachen in Deutschland
Jurisdicción civil en Alemania

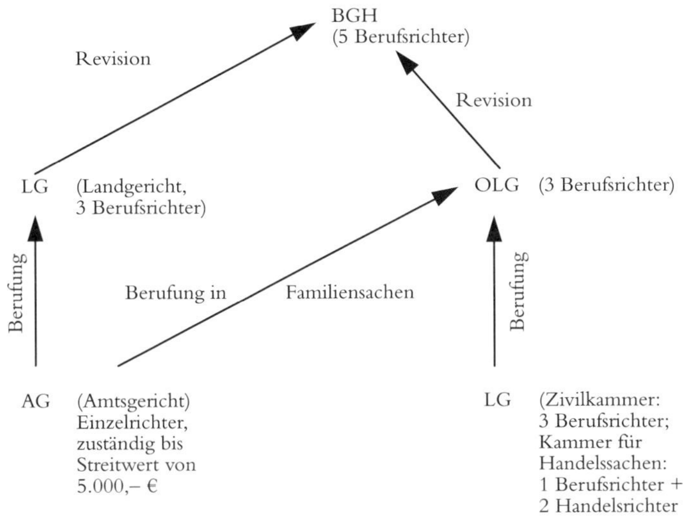

Anhang IV

Instanzenzug in Strafsachen in Spanien
Jurisdicción penal en España

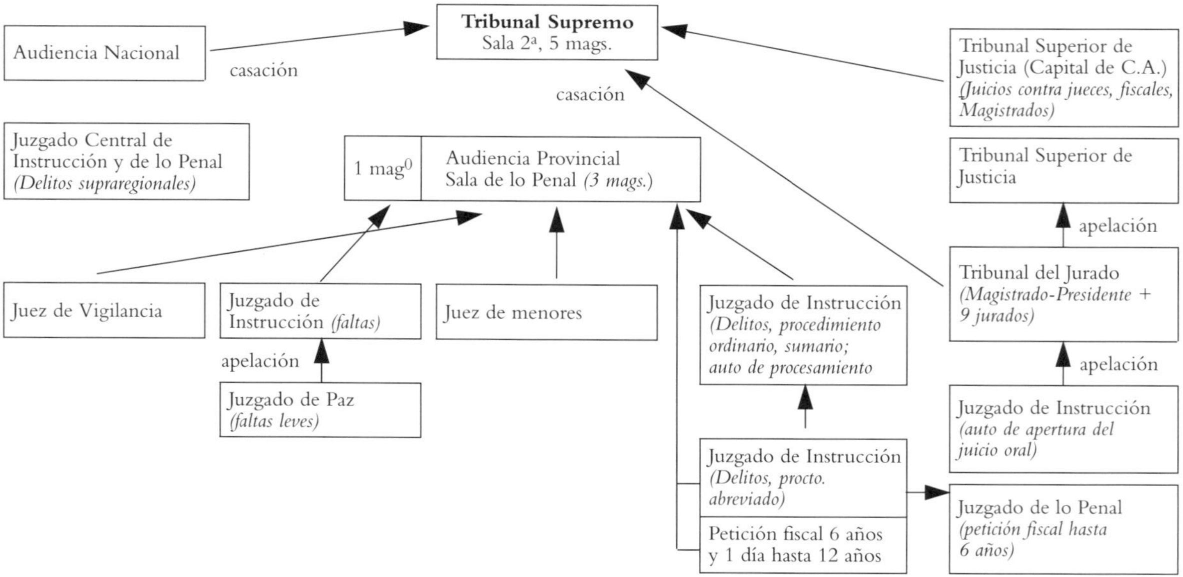

Anhang V

Instanzenzug in Strafsachen in Deutschland
Jurisdicción penal en Alemania

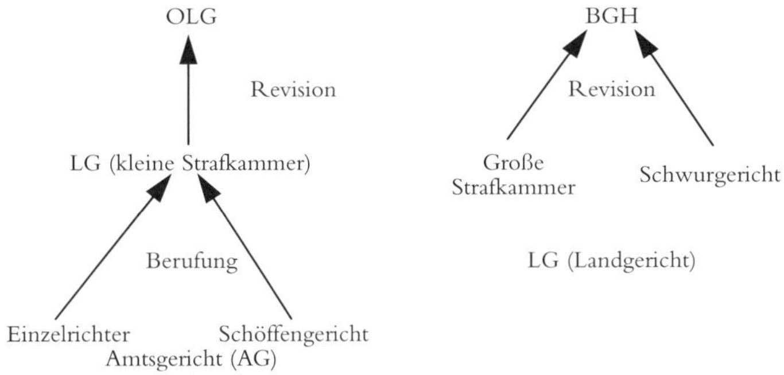